LÉGISLATION

DE

L'ALGÉRIE

LOIS, ORDONNANCES, DÉCRETS ET ARRÊTÉS

PAR ORDRE ALPHABÉTIQUE

AVEC NOTICES ET DEUX TABLES (ANALYTIQUE ET CHRONOLOGIQUE)

PAR

E. SAUTAYRA

PREMIER PRÉSIDENT DE LA COUR D'ALGER
CHEVALIER DE LA LÉGION D'HONNEUR ET DE CHARLES III
OFFICIER D'ACADÉMIE

SECONDE ÉDITION

PARIS

MAISONNEUVE ET Cie, LIBRAIRES-ÉDITEURS

25, QUAI VOLTAIRE, 25

1883

Ouvrages de Monsieur E. SAUTAYRA

EBEN-HAEZER. *Code rabbinique*, traduit par extraits, avec les explications docteurs juifs, la Jurisprudence de la Cour d'Alger et des Notes comparative Droit français et de Droit musulman, par MM. E. Sautayra et Charlevi 1866-1869. 2 vol. in-8°, brochés 12

DROIT MUSULMAN : Du Statut personnel et des Successions, par MM. E. Sauta et Cherbonneau. 1873-1874. 2 vol. in-8°, brochés 16

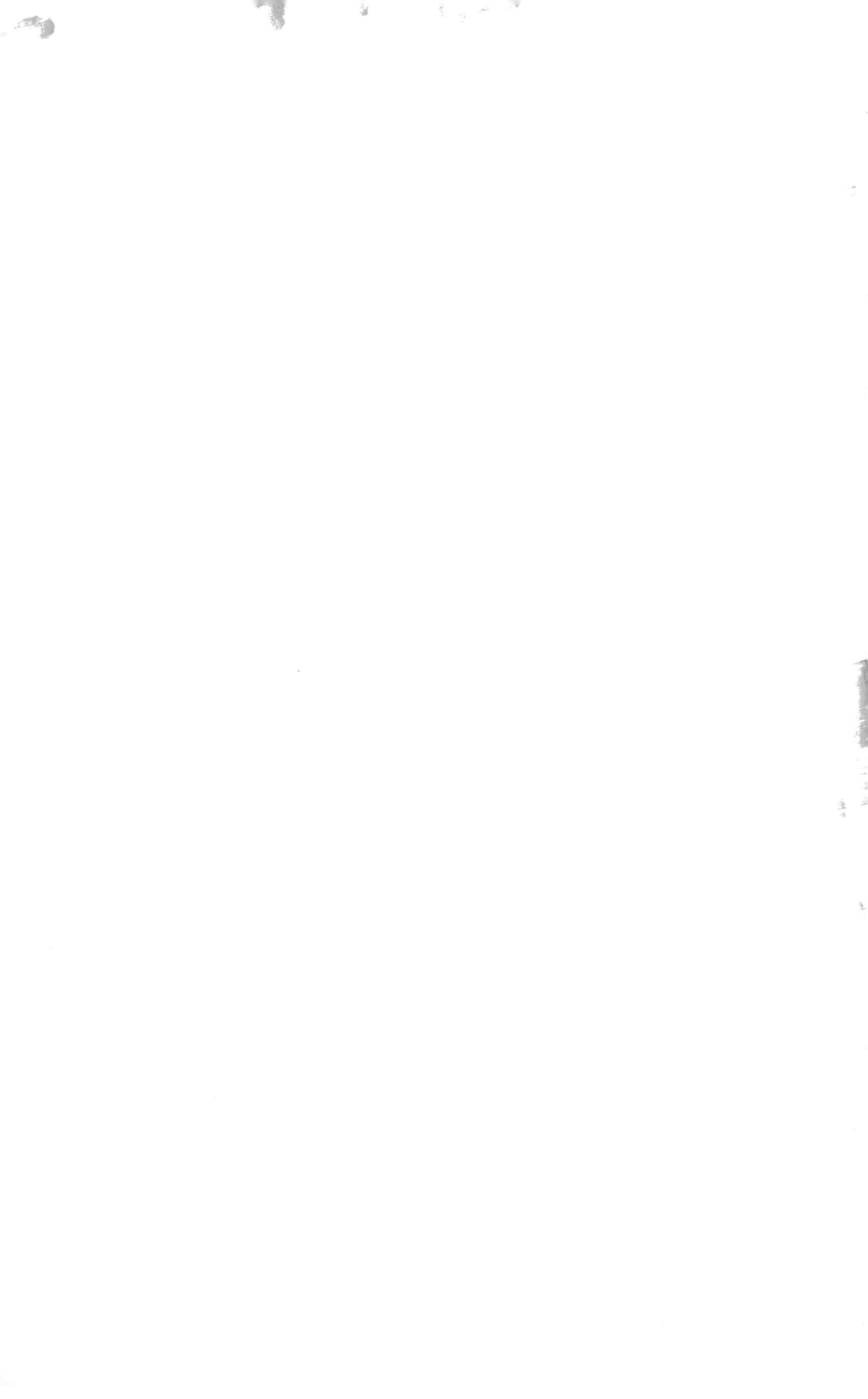

LÉGISLATION

DE L'ALGÉRIE

PARIS. — IMP. C. MARPON ET E. FLAMMARION, RUE RACINE, 26.

LÉGISLATION

DE

L'ALGÉRIE

LOIS, ORDONNANCES, DÉCRETS ET ARRÊTÉS

PAR ORDRE ALPHABÉTIQUE

AVEC NOTICES ET DEUX TABLES (ANALYTIQUE ET CHRONOLOGIQUE)

PAR

E. SAUTAYRA

PREMIER PRÉSIDENT DE LA COUR D'ALGER
CHEVALIER DE LA LÉGION D'HONNEUR ET DE CHARLES III
OFFICIER D'ACADÉMIE

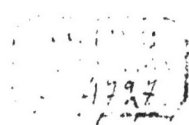

SECONDE EDITION

PARIS

MAISONNEUVE ET Cⁱᵉ, LIBRAIRES-ÉDITEURS

25, QUAI VOLTAIRE, 25

—

1883

PRÉFACE

Aux termes des ordonnances des 22 juillet et 1er septembre 1834, les lois ne deviennent exécutoires en Algérie que par leur promulgation dans le *Bulletin officiel des actes du gouvernement*. Cette disposition, reproduite dans l'ordonnance du 16 avril 1845, dans l'arrêté du 16 décembre 1848 et dans le décret du 27 octobre 1858, est toujours en vigueur, ainsi que l'ont constaté un arrêt de la Cour de cassation du 5 février 1871 et deux avis du Conseil d'État des 12 février 1875 et 26 mai 1876. On pourrait croire, dès lors, que toute la législation de l'Algérie se trouve renfermée dans le *Bulletin officiel*, et qu'il suffit de consulter ce recueil pour connaître les lois, ordonnances, décrets ou arrêtés qui sont exécutoires dans la colonie ; ce serait là une grave erreur. Le principe posé dans les ordonnances de 1834 a reçu, en effet, de nombreuses exceptions.

1° Les lois de douanes sont exécutoires sans promulgation spéciale, aux termes du décret du 25 février 1851, portant : « Les décrets rendus en matière de douanes sont applicables en Algérie à partir du jour où ils seront réputés connus à Alger, d'après les règles établies par le Code civil. »

2° Les décrets qui fixent la valeur des monnaies étrangères en monnaies françaises sont également affranchis de la nécessité d'une promulgation spéciale par un texte formel, l'article 2 du décret du 14 juillet 1865.

3° L'article 6 de l'ordonnance du 22 juillet 1834 constitue une troisième exception. Il dispose : « L'administration de la guerre et celle de la marine demeurent soumises aux lois et ordonnances qui les régissent, » et, par voie de conséquence, les dispositions de nos lois relatives à l'état des officiers dans les corps spéciaux de création récente, aux demi-soldes des marins au cabotage ont été appliquées en Algérie sans y avoir été promulguées; il en est de même du décret sur le rôle des équipages, de la loi sur l'aumônerie militaire.

4° Les lois antérieures à l'ordonnance du 1er septembre 1834 n'ont pas besoin non plus de promulgation spéciale; elles sont, d'après une jurisprudence constante de la Cour de cassation, devenues exécutoires de plein droit par la conquête, en vertu de ce principe de droit public « que les armées françaises, en prenant possession d'un territoire au nom de la France, y apportent avec elles la législation générale de la mère patrie ». Et c'est ainsi qu'ont été appliquées un nombre considérable de nos lois les plus importantes, telles que : le Code civil, le Code de commerce, le Code pénal, le Code forestier, les lois relatives au Conseil d'État, à la Cour de cassation, à la Cour des comptes, aux Ponts et chaussées.

5° Les actes législatifs postérieurs au 1er septembre 1834, concernant spécialement l'Algérie, sont aussi exécutoires sans promulgation. Ceux que n'a point publiés le *Bulletin officiel*, et ils sont nombreux, ont été, pour la plupart, reconnus et consacrés par les pouvoirs publics dans les votes de lois de finances; aussi la Cour d'Alger n'a-t-elle pas hésité à reconnaître leur caractère obligatoire par arrêt du 25 octobre 1865. Parmi les actes auxquels nous faisons ici allusion, il convient de citer : l'ordonnance du 19 mai 1836 qui a institué l'infanterie légère; celle du 7 décembre 1841 constitutive des régiments de tirailleurs algériens; l'arrêté ministériel du 16 septembre 1843 qui a organisé les maghzen, les khiéla et les askars; le décret du 13 février 1852 relatif aux zouaves; celui du 14 août 1854 sur la cavalerie de remonte; l'ordonnance du 26 septembre 1842 fixant le traitement des magistrats; le décret qui élève le traitement des commis-greffiers (22 septembre 1862); l'arrêté ministériel du 8 mars 1862 sur les passages maritimes des fonctionnaires de l'instruction publique et des cultes; la circulaire du 17 mai 1851 sur le culte musulman, réglant les fonctions des muphtis, des imams, des mouderès, des mouheddins, etc.; l'arrêté qui réorganise le bureau de bienfaisance musulman; le décret du 28 avril 1877 qui charge les juges de paix de veiller à l'exécution des jugements et arrêts rendus en matière musulmane.

6° Une sixième exception comprend les lois postérieures à l'ordonnance de 1834 et qui ont eu pour but d'apporter des modifications aux lois déjà exécutoires. Cette exception a été admise par la cour d'Alger en ce qui concerne la loi qui a aboli l'arbitrage forcé (Arrêt du 5 octobre 1859); la loi sur les faillites (Arrêt du 30 juillet 1861); la loi sur les délais de procédure (Arrêt du 23 octobre 1865), c ronsacrée par un arrêt de la Cour de cassation du 17 août 1865, rendu à l'occasion de la loi sur les flagrants délits. La cour suprême a considéré cette loi comme modificative du Code pénal et, bien qu'elle n'y eût pas été promulguée, elle l'a déclarée exécutoire en Algérie dans les termes suivants : « Attendu que les modifications introduites dans le Code pénal par la loi du 13 mai 1865, « se sont incorporées au Code, en font partie intégrante et sont exécutoires de plein « droit en Algérie comme l'était le Code lui-même en vertu de la promulgation générale « faite dans la métropole. » Aux lois sur lesquelles sont intervenues les décisions que nous venons de rapporter, devenues exécutoires sans promulgation spéciale, nous pouvons ajouter les lois relatives aux majorats, aux vices rédhibitoires, au désaveu de paternité en cas de séparation de corps, à la mort civile, à l'abolition de l'article 1781 du Code civil, à l'absence des Français disparus pendant la guerre, à la tenue des registres hypothécaires, à la déportation, à la poste, à l'ordre des avocats, aux sociétés de secours mutuels.

7° Enfin une septième classe d'exception comprend les traités internationaux. Ils sont appliqués dans la colonie, sans promulgation spéciale, toutes les fois qu'ils ne contiennent aucune réserve, conformément à une instruction ministérielle ainsi rapportée dans le *Bulletin de la préfecture d'Alger de* 1868, p. 59 : « Une déclaration du 21 février 1868 détermine les privilèges accordés aux Français en Italie et aux Italiens en France. Cette déclaration ne faisant pas mention de l'Algérie, le gouverneur a consulté le ministre des affaires étrangères, qui a répondu qu'après s'être concerté avec le ministre de la guerre, il avait été entendu, entre les deux départements, que la déclaration du 21 février 1868 devait recevoir l'interprétation la plus libérale et que ses clauses s'appliquaient dès lors, *aussi bien à l'Algérie qu'au territoire continental, aucune réserve n'ayant été faite à cet égard par le gouvernement.* Il convient donc que ladite déclaration soit appliquée sans retard et dans toutes ses parties aux Italiens domiciliés en Algérie. » Les traités de commerce ne sont cependant pas soumis à cette règle; ils reçoivent leur exécution sans promulgation nouvelle, mais alors seulement qu'une clause les a déclarés applicables à l'Algérie (*Tarif officiel des douanes de* 1877).

Ces exceptions au principe de la nécessité d'une promulgation spéciale, nées, pour la plupart, des lacunes ans nombre du *Bulletin officiel des actes du gouvernement* ont été généralement consacrées par la jurisprudence. Deux décisions contraires sont cependant intervenues; l'une émanée de la Cour de Cassation à la date-arrêt du 5 février 1871, porte que le décret du 2 octobre 1870 sur les cours martiales n'avait pas pu être appliqué en

Algérie faute de promulgation, mettant ainsi de côté l'interprétation donnée à l'article 6 de l'ordonnance du 22 juillet 1834; l'autre du 26 mai 1876 rendu par le Conseil d'État, refuse de reconnaître le caractère obligatoire au décret du 28 décembre 1875 sur les préséances, parce qu'il n'a pas été inséré dans le *Bulletin officiel*, alors que ce décret n'a fait qu'apporter quelques modifications au décret de messidor an XII, depuis longtemps applicable. Une pareille contrariété de décisions pourrait, si elle devait persister, avoir pour la colonie les plus graves inconvénients; mais les pouvoirs publics qui s'occupent de l'Algérie avec une active sollicitude ne tarderont certainement pas à la faire cesser et nous aimons à penser qu'ils consacreront, par un acte de souveraineté, le caractère obligatoire de toutes les lois qui, à l'abri des exceptions que nous avons énumérées, sont depuis longtemps appliquées dans la colonie.

Au surplus, les lois, ordonnances ou décrets non promulgués, mais qui, en fait, reçoivent leur exécution, forment une partie et une partie importante de la législation de l'Algérie et devaient naturellement trouver place dans notre publication. Loin de nous borner, comme M. de Ménerville, dans son Dictionnaire, à reproduire les seuls actes législatifs insérés dans le *Bulletin de l'Algérie*, nous avons recherché, dans tous les recueils officiels (*Bulletin des lois*, *Bulletin des ministères*, *Journal militaire*, *Bulletins des préfectures algériennes*, *Tarif officiel des douanes*, etc.) les lois et décrets qui sont appliqués. Nous avons reproduit *in extenso* ceux qui appartiennent à la législation spéciale de la colonie et désigné, presque toujours, mais seulement par leur date et leur objet ceux qui font partie de la législation générale, en ayant soin d'indiquer dans l'un et l'autre cas les sources auxquelles nous avons puisé. Notre travail contient donc un grand nombre d'actes législatifs qui ne pouvaient trouver place dans la publication qui l'a précédé; il contient aussi le tableau des distances, celui des circonscriptions judiciaires avec indication des douars et des tribus du territoire civil et du territoire militaire, les franchises postales, le ressort de chaque mahakma de cadi, le nombre des officiers ministériels, etc., etc., et deux tables, l'une chronologique, l'autre analytique qui rendent toute recherche prompte et facile.

Nous ne saurions terminer sans adresser nos remercîments aux chefs de l'administration algérienne. Ils nous ont tous aidés de leur concours; administration civile, administration militaire, administration centrale, préfectures, municipalités, partout nous avons trouvé le même empressement à nous fournir les documents dont nous avions besoin, et à nous faciliter les moyens de compléter nos recherches.

Les lois ou décrets rendus chaque année intéressant l'Algérie sont si nombreux et ont une telle importance qu'il nous paraît nécessaire d'en faire l'objet d'un supplément annuel. Nous avons arrêté notre travail au 30 juin 1878, nous publierons donc tous les ans, à la même époque des vacances législatives, ce qui aura paru dans l'année écoulée, et nous tiendrons ainsi nos souscripteurs constamment au courant du mouvement et des progrès de la législation.

ABRÉVIATIONS

—

Les seules abréviations sont les suivantes :

B. Préfecture. — Bulletin de la préfecture.

B. O. — Bulletin officiel des actes du commandant en chef (1830 à 1834).

B. — Bulletin officiel des actes du gouvernement (1834 à 1858).

B. M. — Bulletin officiel du ministère de l'Algérie (1858 à décembre 1860).

B. O. — Bulletin officiel des actes du gouvernement (depuis décembre 1860).

———

LÉGISLATION

DE L'ALGÉRIE

A

Abatage d'animaux.

7 août 1856.

Décret portant que les droits d'abatage seront perçus en Algérie par t le de bêtes vivantes (B. 500).

Art. 1. — Les droits d'abatage actuellement perçus au poids sur la viande abattue en Algérie, conformément aux dispositions de l'arrêté du 28 juillet 1842, seront payés par tête de bêtes vivantes, à partir du 1er janvier 1857.
Voy. *Boucherie.*

8 janvier 1869.

Arrêté du gouverneur interdisant l'abatage des vaches et des brebis pleines (B. O. 308).

Art. 1. — L'abatage des vaches et brebis pleines est formellement interdit dans toute l'Algérie.
Art. 2. — Les infractions à cette interdiction seront constatées par des procès-verbaux, et les contrevenants traduits devant les tribunaux compétents pour être punis conformément aux dispositions du Code pénal.

Abatage d'arbres.

8 mars 1871.

Arrêté du commissaire extraordinaire abrogeant l'arrêté du 2 avril 1833 (B. O. 360).

Art. 1. — L'arrêté du 2 avril 1833, aux termes duquel il est défendu à tous propriétaires, fermiers ou colons, européens ou indigènes, d'a-

battre ou d'arracher, quelle que soit son essence, aucun arbre forestier ou fruitier, en plein bois ou en haie, sans en avoir préalablement fait la déclaration et obtenu l'autorisation, est et demeure abrogé.

Absence.

9 août 1871.

Loi destinée à constater judiciairement le sort des Français ayant appartenu aux armées de terre et de mer et qui ont disparu du 19 juillet 1870 au 31 mai 1871 (B. Lois XII. 461.)

Loi non promulguée en Algérie, mais applicable, soit comme contenant modification à une loi en vigueur (le chapitre de l'*Absence*, du Code civil), soit comme visant spécialement les indigènes musulmans, déclarés Français par le sénatus-consulte du 14 juillet 1865, et qui ont pris part à la guerre.

Actes de notoriété.

5 septembre 1851.

Décret concernant les mariages israélites (B. 394).

Art. 1. — Les actes de notoriété qui, aux termes de l'article 70 du Code civil, doivent suppléer l'acte de naissance exigé pour contracter mariage seront affranchis, en faveur des israélites indigènes de l'Algérie, des droits de timbre et d'enregistrement, lorsque lesdits israélites indigènes justifieront qu'à l'époque où ils sont nés la loi française relative à l'état civil n'était pas

1

encore en vigueur et appliquée dans le lieu de leur naissance.

Art. 2. — Le ministère public requerra d'office, et sans frais, l'homologation desdits actes de notoriété.

Art. 3. — Néanmoins, les parties seront tenues d'acquitter la portion des salaires revenant aux greffiers des justices de paix et des tribunaux de première instance.

23 avril 1852.

Décret relatif aux actes de notoriété dressés en faveur des concessionnaires de terre (B. 413).

Art. 1. — A l'avenir, les actes de notoriété destinés à constater les ressources pécuniaires des demandeurs en concessions de terres seront, tant en France qu'en Algérie, passés devant les juges de paix.

Art. 2. — Il sera alloué à tous greffiers de justice de paix pour vacation, par chaque acte, 2 francs.

Les actes de notoriété seront délivrés en brevet, sur papier timbré, et enregistrés au droit fixe de 1 franc.

13 décembre 1858.

Décision ministérielle portant que les actes de notoriété, destinés à remplacer les actes de naissance que les anciens militaires ont à produire pour obtenir leur pension de retraite, seront visés pour timbre et enregistrés gratis (B. M. 12).

Actes sous seing privé.

9 juin 1831.

Arrêté prescrivant la rédaction des conventions dans la langue de chacun des contractants (B. O., p. 103).

Art. 1. — Toute convention quelconque sous seing privé, entre des Européens et des indigènes, ne sera valable qu'autant qu'elle aura été écrite dans les langues des contractants, placées en regard l'une de l'autre.

Affaires indigènes.

Les affaires indigènes, placées dans les attributions des généraux commandant les divisions militaires, sont centralisées à Alger, sous la haute direction du chef d'état-major général.

Les traitements et les indemnités du personnel chargé de cette centralisation figurent au budget de l'Algérie de 1877 pour la somme de 18,790 francs.

Voy. *Bureaux arabes.* — *Divisions.* — *Gouvernement général.*

Affichage. — Afficheurs.

21 juillet 1849.

Arrêté du gouverneur promulguant la loi du 10 décembre 1830 sur l'affichage et la profession d'afficheur (B. 326).

21 juillet 1849.

Arrêté du gouverneur promulguant la loi du 17 février 1834 sur les afficheurs. Contraventions et pénalités (B. 326).

27 octobre 1852.

Décret promulguant l'article 30 de la loi des finances du 8 juillet et le décret du 25 août 1852 établissant les droits à payer pour l'affichage (B. 426).

Art. 1. — Les dispositions de l'article 30 de la loi du 8 juillet 1852 et le décret du 25 août suivant, rendu en exécution de cet article, seront promulgués en Algérie et y seront applicables sous les modifications suivantes :

1° Le payement du droit se fera au bureau de l'enregistrement, dans la circonscription duquel se trouvent les localités où les affiches devront être placées.

2° Dans les localités non constituées en municipalité, l'autorisation ou permis d'afficher sera délivré par les fonctionnaires ou les officiers qui tiennent lieu de l'autorité municipale.

3° Dans les territoires militaires, les contraventions à l'article 30 de la loi du 8 juillet 1852 et aux dispositions du règlement du 25 août suivant, constatées, comme il est dit à l'article 4 de ce règlement, seront poursuivies à la requête du commissaire du gouvernement près le conseil de guerre dans le ressort duquel elles auront été commises et portées devant ce conseil.

4° Les individus qui auront fait inscrire des affiches sur les murs antérieurement à la promulgation du présent décret auront un délai de deux mois, à dater de cette promulgation, pour acquitter le droit d'affichage et se faire délivrer un permis, en se conformant aux dispositions du règlement du 25 août dernier, modifié par celles qui précèdent.

Agriculture.

Les Chambres consultatives d'agriculture, créées en Algérie par décret du 22 avril 1853, n'ont jamais fonctionné; elles ont été remplacées, dans le département d'Alger: par une Société libre d'agriculture, déclarée établissement d'utilité publique, par décret du 1er mai 1861; dans le département de Constantine, par une Société libre d'agriculture approuvée par le préfet le 14 avril 1874; et, dans le département d'Oran, par des Comices agricoles reconstitués en 1875 et subventionnés par le conseil général.

Un décret du 26 mai 1865 avait posé, en principe, la création d'une ferme-école dans le département d'Alger; aucune suite n'a été donnée à cette institution.

1er mai 1861.

Décret reconnaissant la Société d'agriculture d'Alger comme établissement d'utilité publique (B. O. 10).

Art. 1. — La société d'agriculture d'Alger est reconnue comme établissement d'utilité publique, sous le titre de *Société d'agriculture d'Alger*. Ses statuts sont approuvés tels qu'ils sont annexés au présent décret.

STATUTS.

Art. 1. — La société, fondée sous le titre de Société agricole de l'Algérie, prendra celui de *Société d'agriculture d'Alger*.

Art. 2. — Le but de la société est de propager les meilleures méthodes de culture en publiant, au moins tous les trois mois, dans un bulletin, les documents qui lui seront transmis par l'administration, les mémoires qui lui seront adressés par les chambres et les sociétés d'agriculture de l'Algérie, par ses membres et même par toute personne étrangère; de faire des rapports sur toutes les questions qui lui seront proposées par l'autorité, sur des sujets concernant l'agriculture; de recueillir et coordonner tous les renseignements statistiques relatifs au mouvement progressif de la culture en Algérie. — A cet effet, elle établira des correspondances soit en Algérie, soit en France, soit ailleurs.

Art. 3. — Elle ouvrira des concours sur des sujets qu'elle indiquera, dans le but de faire rédiger des mémoires agricoles ou exécuter des travaux de culture.

Art. 4. — Elle pourra distribuer, fonder même des prix, donner des encouragements et des récompenses honorifiques.

Art. 5. — La société se compose de membres honoraires, de membres titulaires ou résidants et de membres correspondants.

Art. 6. — Nul ne sera admis s'il n'est présenté par deux membres titulaires.

Art. 7. — Sont de droit présidents d'honneur de la société d'agriculture d'Alger : — le ministre de la guerre; — le gouverneur général de l'Algérie; le préfet d'Alger.

Art. 8. — Les membres honoraires sont choisis parmi les hommes qui ont rendu des services à l'Algérie, ou qui, parvenus à une haute position dans les sciences, dans l'armée, dans l'administration, peuvent être à la société du plus utile concours. — Ce titre peut être accordé aux anciens membres de la société qui se sont distingués par leur assiduité et leurs travaux. — Les membres honoraires sont inscrits sur le tableau avant les membres titulaires. — Ils ne sont tenus à payer aucun droit d'admission ou de cotisation. — Quand ils assisteront aux séances, ils auront voix délibérative; ils ne pourront voter cependant sur les affaires d'administration intérieure ou de comptabilité. Ils pourront être nommés membres des commissions, mais non du bureau.

Art. 9. — Les membres titulaires devront résider habituellement en Algérie et pouvoir prendre une part active aux travaux de la société.

Art. 10. — Chaque membre titulaire versera dans la caisse de la société, immédiatement après son admission, une somme de 12 fr. En outre, il devra payer une cotisation de 2 fr. par mois, payable par trimestre.

Art. 11. — Tout membre qui ne payera pas exactement sa cotisation pourra, après trois avertissements mensuels donnés par le trésorier, et après délibération, être rayé du tableau comme démissionnaire. — Il y aura exception à cette règle, pour ceux qui feront une absence temporaire de moins d'un an.

Art. 12. — Tout membre titulaire qui quittera l'Algérie ou le voisinage d'Alger, pourra être nommé membre correspondant, et la société votera sur sa demande sans qu'il soit besoin de présentation. — Ce nouveau titre lui appartiendra même de plein droit, s'il justifie que, pendant cinq ans au moins il a pris une part active aux travaux de la société.

Art. 13. — Les membres correspondants sont choisis parmi les notables cultivateurs de l'Algérie, qui, par leur éloignement d'Alger, ne peuvent assister régulièrement aux séances de la société; parmi les hommes distingués dans les sciences agricoles et ceux qui se sont signalés par leur dévouement à la cause de l'Algérie ou qui habitent la France ou l'étranger.

Art. 14. — Tout membre correspondant qui se trouvera momentanément à Alger aura la faculté d'assister aux assemblées générales, mais avec voix consultative seulement; à moins qu'il ne soit nommé membre d'une commission temporaire pour quelque objet spécial, et, dans ce seul cas, il aura voix délibérative.

Art. 15. — La société compte sur le concours de ses membres correspondants pour lui transmettre leurs observations personnelles, leurs mémoires, les ouvrages qu'ils croiraient pouvoir l'intéressor. — Ils seront priés de faire les recherches et d'envoyer les renseignements que la société jugera lui être utiles.

Art. 16. — La société nomme chaque année son bureau en assemblée générale, dans la première quinzaine de janvier. — Le bureau se compose : — 1° D'un président; — 2° De deux vice-présidents; — 3° D'un secrétaire principal; — 4° D'un secrétaire adjoint; — 5° D'un trésorier; — 6° D'un comité de rédaction; — 7° D'une commission de comptabilité.

Art. 17. — Tous les membres du bureau sont nommés à la majorité des suffrages, par vote séparé pour chaque genre de fonctions.

Art. 18. — Les fonctions du président sont de diriger les travaux des séances, proposer les matières à traiter, veiller au maintien du règlement, mettre les objets en délibération, recueillir les avis et prononcer les résultats des délibérations.

Art. 19. — Il pourra assister à toutes les séances des commissions et aura droit de les présider.

Art. 20. — Dans le cas d'absence du président, il sera remplacé par l'un des vice-présidents, suivant leur ordre de nomination.

Art. 21. — Les fonctions du secrétaire principal consistent à tenir le registre des séances, à y inscrire les délibérations, à signer avec le président les actes émanés de la société, à présenter tous les ans, à la séance publique, l'exposé des travaux de la société.

Art. 22. — Le trésorier sera chargé du recouvrement et de l'emploi des fonds.

Art. 23. — Il ne pourra payer aucune somme sans le visa de la commission de comptabilité et le vu bon à payer du président.

Art. 24. — La commission de comptabilité prépare à chaque fin d'année un budget pour l'année suivante, lequel sera soumis à l'assemblée générale qui votera sur chaque article, à la majorité absolue des membres présents.

Art. 25. — Le trésorier aura la surveillance des livres, des archives, et généralement de tous les objets appartenant à la société. Il en transmettra le catalogue et l'inventaire à son successeur.

Art. 26. — Il y aura tous les quinze jours réunion des membres titulaires.

Art. 27. — Le président pourra convoquer extraordinairement la société en assemblée générale.

Art. 28. — Chaque fois qu'une assemblée devra avoir lieu, tous les membres de la société seront convoqués par lettres à domicile. Ces lettres indiqueront les objets à l'ordre du jour.

Art. 29. — A l'heure indiquée par la lettre de convocation, le président, un des vice-présidents, ou à défaut, le doyen d'âge des membres présents, occupe le fauteuil et déclare la séance ouverte.

Art. 30. — Lecture est faite, par le secrétaire, du procès-verbal de la séance précédente.

Art. 31. — Le procès-verbal adopté, lecture est donnée de la correspondance, et les objets à l'ordre du jour sont mis en délibération, en suivant l'ordre indiqué dans les lettres de convocation.

Art. 32. — Après l'épuisement de l'ordre du jour, chaque sociétaire a la faculté de faire des propositions; ces propositions devront être formulées par écrit, signées de leurs auteurs et déposées sur le bureau.

Art. 33. — Toute proposition, pour être prise en considération, devra être appuyée par trois membres.

Art. 34. — Si l'urgence est proclamée par les deux tiers des membres présents, la proposition est développée séance tenante, et l'assemblée en délibère de suite. — S'il n'y a pas urgence, la proposition, prise en considération, est renvoyée à la séance suivante pour être discutée; elle pourra aussi devenir l'objet de l'examen d'une commission. — Dans l'un et l'autre cas, il en sera fait mention dans les convocations.

Art. 35. — L'assemblée désignera ses commissions par scrutin de liste, à la majorité relative des membres présents, et chaque commission élira son président.

Art. 36. — Chaque commission devra dresser un rapport signé de tous ses membres et présenté par celui des commissaires qu'elle choisira pour rapporteur.

Art. 37. — Chaque fois qu'un sujet est mis en délibération, tout membre qui voudra prendre part à la discussion ne pourra exposer son opinion qu'après en avoir demandé l'autorisation au président. — Le président ne pourra refuser la parole ou l'interdire, sans avoir au préalable obtenu l'assentiment de la majorité.

Art. 38. — Le président ne prononcera la clôture de la discussion qu'après avoir consulté l'assemblée.

Art. 39. — L'adoption ou le rejet de toute proposition mise en délibération aura lieu par assis et levé, et à la majorité absolue des membres présents. — Néanmoins, sur la demande de trois membres, le scrutin pourra être secret, et il le sera toujours lorsqu'il s'agira de l'admission d'un nouveau membre.

Art. 40. — Tous les membres de la société, honoraires, titulaires et correspondants, recevront gratuitement les bulletins trimestriels.

Art. 41. — Les ressources de la société consistent : — 1° Dans le versement de chaque membre titulaire, à son entrée dans la société; — 2° Dans le montant des cotisations; — 3° Dans la vente du bulletin; — 4° Dans les subventions et donations du gouvernement, des administrations et des particuliers.

Art. 42. — Aucune dépense ne pourra être faite sans que les fonds pour la couvrir ne soient assurés.

14 avril 1874.

Arrêté du préfet de Constantine approuvant les statuts de la Société libre d'agriculture.

STATUTS.

Art. 1. — Une association libre de propriétaires, de fermiers et d'habitants est constituée sous le nom de *Société d'agriculture de la province de Constantine.*

La Société a pour but de propager les meilleures méthodes de culture, de tenter l'introduction ou l'acclimatation de plantes nouvelles, l'amélioration des animaux domestiques; en un mot, d'aider par tous les moyens possibles au développement des intérêts agricoles du pays.

Art. 2. — La Société délibère sur toutes les questions qui se rattachent à l'agriculture.

Les discussions politiques ou étrangères au but de l'institution sont interdites.

Art. 3. — Le nombre des membres de la Société est illimité.

Art. 4. — Les ressources de la Société se composent de la cotisation de ses membres, des dons et subventions qui peuvent être faits, et des produits de son *Bulletin agricole.*

Art. 5. — Le montant de la cotisation personnelle est de 12 francs par an.

Art. 6. — La Société est représentée et administrée par les soins d'une commission issue de l'élection.

Cette commission comprend quinze membres.

Les fonctions sont essentiellement gratuites.

Art. 7. — La commission d'administration de la Société est renouvelée par moitié tous les ans, au début de l'année agricole qui est fixée au 1er octobre.

Les convocations pour le renouvellement des membres de la commission sont faites, par lettres nominatives et par la voie de la presse ou du *Bulletin* de la Société, au moins huit jours avant la réunion.

Cette réunion aura lieu dans le mois d'octobre.

Les membres de la commission seront élus pour deux années au scrutin de liste à la majorité des suffrages exprimés.

Les membres de la commission seront renouvelables par moitié tous les ans. A la constitution de la première commission, le tirage au sort désignera les membres sortant l'année suivante.

Les membres sortants sont rééligibles.

La commission choisit son président, son vice-président, son secrétaire et son trésorier.

Tout membre qui, sans excuses légitimes, se sera abstenu, pendant trois mois consécutifs, de remplir ses fonctions sera, de plein droit, considéré comme démissionnaire et remplacé dans les formes énoncées ci-dessus et à la plus prochaine réunion.

Art. 8. — Le président de la commission préside les séances générales.

Il a la police de l'assemblée. Il fait observer l'ordre du jour adopté, veille au maintien du règlement, signe la correspondance et fait, avec l'assentiment de la commission, toutes les démarches utiles aux intérêts de la Société.

Art. 9. — En cas d'absence du président, le vice-président, et, à défaut, un des conseillers spécialement désigné par la commission, remplit les fonctions du président.

Art. 10. — Le secrétaire, après s'en être entendu avec le président, convoque la commission et les assemblées générales.

Il rédige les procès-verbaux des séances, rend compte des ouvrages qui sont adressés à la Société et prête son concours au président pour la rédaction et l'expédition de la correspondance.

Art. 11. — La commission pourra s'adjoindre un ou plusieurs secrétaires payés. Les traitements en seront fixés par la commission.

Art. 12. — Le trésorier opère le recouvrement des cotisations annuelles; il acquitte les dépenses ordonnancées par le président.

A l'expiration de chaque exercice, le trésorier présente au bureau un état de la situation financière de la Société. Ce compte est appuyé des pièces justificatives des recettes et des dépenses.

Vérifiée par la commission, cette situation est soumise à l'examen et à la sanction de l'assemblée générale.

Art. 13. — La commission peut autoriser les menues dépenses; mais, en dehors des frais d'affranchissement et de port de lettres, de recouvrement des cotisations, des frais de bureau résultant de la publication du *Bulletin* et autres indispensables à la marche normale de la Société, aucune dépense ne sera effectuée sans le consentement de l'assemblée générale.

Art. 14. — Le budget de la Société est dressé chaque année par la commission et présenté à l'assemblée générale après le compte de l'année expirée.

Toute dérogation apportée au budget en cours d'exercice doit être préalablement approuvée par l'Assemblée générale.

Art. 15. — Les réunions ordinaires de la Société ont lieu en janvier, avril, juillet et octobre au jour, à l'heure et dans le local qui seront indiqués par le président.

Des convocations extraordinaires peuvent avoir lieu, soit par décision de la commission, soit sur la demande motivée de vingt membres au moins et avec l'autorisation de la commission.

Art. 16. — Toute personne qui désire faire partie de la Société doit adresser sa demande au président en exercice.

La commission statue sur l'admission à la majorité des suffrages.

En cas de rejet, le candidat repoussé a le droit d'en appeler à l'assemblée générale, qui statuera souverainement.

Art. 17. — L'ordre du jour des assemblées générales est fixé par la commission.

Les propositions émanant de l'iniative de

membres de la Société doivent être formulées par écrit et remises à la commission au moins quinze jours à l'avance, pour être portées par elle à l'ordre du jour.

Pourront être soumises à la discussion immédiate de l'assemblée générale les propositions dont l'assemblée aura reconnu et voté l'urgence.

Art. 18. — L'assemblée générale peut organiser plusieurs concours dans le courant d'une même année, aux époques qu'elle trouve le plus convenable.

Le règlement de ces concours sera élaboré par la commission et soumis à l'assemblée générale.

Art. 19. — La commission, au nom de la Société, publie un *Bulletin agricole*, mensuel ou bi-mensuel.

Chaque membre de la Société recevra ce bulletin gratuitement.

Le bureau fixera provisoirement le montant de l'abonnement pour les personnes qui ne seraient pas membres de la Société, ainsi que le chiffre de la ligne des annonces.

Il proposera en assemblée générale, au moins trois mois après le commencement de la publication, un projet de règlement dudit *Bulletin*.

Art. 20. — Des distributions de plantes et de semences pourront être faites par la commission aux agriculteurs, membres de la Société, qui lui paraîtront offrir le plus de garanties au point de vue des soins à donner à l'essai, de la compétence personnelle de l'individu, du genre de son exploitation, de la nature des terres de sa propriété, etc.

Les résultats de l'essai seront partagés par moitié avec la Société lorsqu'il s'agira d'une plante à semence. Dans le cas d'arbres, arbustes ou autres, le bureau déterminera le mode de participation de la Société.

Les semences ou boutures provenant d'essais réussis seront réparties par le bureau sur une plus large échelle, mais dans les mêmes conditions de participation, jusqu'à ce que la quantité de semences ou boutures revenant à la Société permette à celle-ci de subvenir à une distribution générale au profit de tous ceux de ses membres qui en feraient la demande.

Art. 21 — L'engagement pris par les sociétaires n'est valable que pour un an.

Toutefois l'inscription sur les listes de la Société et le payement de la cotisation sont et demeurent obligatoires d'année en année pour tous les membres qui n'auront pas, à la fin de chaque année agricole, notifié par lettre spéciale au président de la Société leur dessein formel de n'en plus faire partie.

Reçu est donné de cette déclaration libératoire pour servir de titre au démissionnaire.

Art. 22. — Toute modification à apporter aux présents statuts devra être proposée, soit par la commission, soit par l'initiative de vingt membres.

Aucune modification ne sera adoptée qu'à la majorité des deux tiers au moins des votes exprimés.

Aliénés.

La loi du 30 juin 1838 sur les aliénés est appliquée en Algérie, bien qu'elle n'y ait pas été spécialement promulguée. Les aliénés sont dirigés sur divers établissements de France, et notamment sur ceux d'Aix, de Montpellier, d'Auxerre et de Paris. Les frais auxquels ont donné lieu les aliénés indigents se sont élevés, en 1876, à 60,000 francs pour le département d'Alger, à 34,420 francs pour celui de Constantine, et à 32,000 francs pour celui d'Oran. Dans leur dernière session les conseils généraux des départements d'Alger et d'Oran ont décidé la création, dans leur circonscription respective, d'un asile spécial.

Amendes et condamnations pécuniaires.

17 octobre 1874.

Décret qui charge les contributions diverses du recouvrement des amendes et des condamnations pécuniaires (B. O. 573).

Art. 1er. — Les receveurs des contributions diverses sont substitués aux receveurs de l'enregistrement, en Algérie, pour le recouvrement des amendes et condamnations pécuniaires, autres que celles concernant les droits d'enregistrement, de timbre, de greffe, d'hypothèque, le notariat et la procédure civile. Toutefois, le service des amendes sera centralisé par les trésoriers-payeurs d'Algérie, conformément au mode suivi en France par les trésoriers-payeurs généraux, à l'égard des opérations effectuées par les percepteurs.

Les porteurs de contraintes, en Algérie, pourront remplacer les huissiers pour l'exercice des poursuites en matière d'amendes et de condamnations pécuniaires.

Sont d'ailleurs maintenues toutes les dispositions des lois et règlements qui régissent ce service.

Art. 2. — La remise du service des amendes aux trésoriers-payeurs de l'Algérie et aux receveurs des contributions diverses, aura lieu à l'époque qui sera ultérieurement déterminée par le ministre des finances.

16 août 1875.

Arrêté ministériel pour l'exécution du décret du 17 octobre 1874 (B. O. 622).

Art. 1. — La remise du service des amendes et condamnations pécuniaires aux trésoriers-payeurs de l'Algérie et aux receveurs des contributions diverses, sera faite le 1er janvier 1876.

30 avril 1876.

Arrêté ministériel sur le recouvrement des amendes et condamnations pécuniaires (B. O. 082).

Art. 1. — L'arrêté du ministre de la guerre, en date du 20 septembre 1850, sur les poursuites en matière de contributions directes, et l'instruction du ministre des finances, en date du 20 septembre 1875, concernant le service des amendes et des condamnations pécuniaires, sont applicables au recouvrement des amendes et condamnations en Algérie, sous la réserve des modifications suivantes :

1° Les sommations prescrites par les articles 11 et 32 de l'arrêté du 20 septembre 1850 pour les poursuites en matière de contributions directes, sont remplacées, pour les amendes et condamnations pécuniaires, par les avertissements prescrits aux articles 20 et 27 de l'instruction du ministre des finances, en date du 20 septembre 1875;

2° Les articles 153, 164 et 165 de l'instruction du 20 septembre 1875, seront modifiés ainsi qu'il suit :

« Art. 153. — Il appartient, d'ailleurs, au di-
« recteur des contributions diverses de donner
« aux receveurs et aux porteurs de contraintes les
« conseils et directions nécessaires au recouvre-
« ment des amendes et condamnations. Toute-
« fois, les receveurs sont seuls responsables, en
« vertu de l'arrêté du 20 septembre 1850, des
« poursuites et des moyens conservatoires com-
« mandés par les circonstances. »

« Art. 164. — Les huissiers sont rémunérés d'a-
« près leur tarif réglementaire. Les porteurs de
« contraintes n'ont droit qu'aux allocations déter-
« minées par l'arrêté du 20 septembre 1850. »

« Art. 165. — Tous les frais de poursuites, pour
« le recouvrement des amendes et condamnations
« pécuniaires, sont avancés par le receveur des
« contributions diverses, et remboursés par le
« trésorier-payeur sur la production des pièces
« justificatives, conformément aux dispositions
« du § 54 de la circulaire du 31 octobre 1875. »

31 octobre 1876.

*Décret relatif aux frais de Régie pour recou-
vrement des amendes et condamnations pécuniaires (B. O. 695).*

Art. 1. — Les frais de régie à prélever, par l'administration des contributions diverses, sur le montant des amendes et condamnations pécuniaires qu'elle recouvre pour le compte de tiers ou qui doivent leur être remis, sont calculés et perçus au taux uniforme de cinq pour cent (5 p. 100) à titre de « frais d'administration et de perception. »

Art. 2. — Sont maintenues les dispositions du décret du 18 septembre 1860, fixant à trois pour cent (3 p. 100) du montant des recouvrements effectués, les frais de perception afférents à tous autres produits et revenus classés aux budgets départementaux.

Animaux domestiques.

2 août 1850.

*Arrêté du gouverneur promulguant la loi du
2 juillet 1850, punissant ceux qui exercent
de mauvais traitements sur les animaux domestiques (B. 357).*

Animaux dangereux ou nuisibles.

Les primes pour la destruction des animaux dangereux ou nuisibles sont payées sur les fonds départementaux; elles figurent dans les budgets de 1876, pour les deux territoires civil et militaire, savoir : Alger, 3,000 francs; Constantine, 3,000 francs; Oran, 800 francs.

10 juin 1847.

*Arrêté du gouverneur sur le mode de payement
des primes (B. 257).*

Art. 1. — A l'avenir, les primes à accorder pour destruction des animaux nuisibles, payées jusqu'à ce jour, par exception, sur les fonds secrets, dans l'étendue des territoires mixtes et arabes, seront imputées, ainsi que cela se pratique déjà dans les territoires civils, sur les crédits spécialement ouverts à cet effet au budget local et municipal (aujourd'hui départemental).

Art. 2. — Les dépenses de l'espèce seront justifiées conformément aux règles sur la comptabilité publique en Algérie.

13 octobre 1852.

*Arrêté ministériel portant fixation des primes
(B. 420).*

Art. 1. — La décision du gouverneur général, en date du 22 mars 1844, qui détermine le chiffre des primes à accorder pour la destruction des animaux féroces ou malfaisants, est modifiée ainsi qu'il suit :

Pour un lion ou une lionne.	40 fr.	»
un lionceau de un à six mois. . .	15	»
une panthère	40	»
de jeunes panthères de un à six mois.	15	»
une hyène.	5	»
de jeunes hyènes de un à six mois.	1	50
les chacals de tout âge.	1	50

Art. 2. — La destruction des animaux sera constatée par un procès-verbal dressé, sur papier libre, par le maire ou un fonctionnaire en tenant lieu. — Ce procès-verbal sera présenté, avec les animaux détruits, au sous-préfet ou au commissaire civil. Ce dernier transmettra, avec son avis, le procès-verbal au fonctionnaire chargé de mandater la prime. — En territoire militaire, cette formalité sera remplie par le commandant du cercle. — Les mandats seront envoyés aux parties prenantes par l'intermédiaire des maires ou des fonctionnaires en tenant lieu. — Les animaux détruits resteront la propriété du chasseur.

7 mai 1874.

Arrêté du préfet d'Alger rétablissant les primes pour la destruction des chacals et des hyènes, supprimées par arrêté préfectoral du 6 mars 1873 et élevant de 40 à 60 fr. la prime de la destruction des lions et des panthères. (B. Préfecture d'Alger, 6 déc. 1874.)

Annonces légales.

28 décembre 1870.

Décret relatif aux annonces légales promulgué en Algérie (B. O. 351).

Le prix des annonces légales a été fixé, pour l'année 1878, à 15 centimes la ligne de 30 lettres en caractère de petit romain, dans les trois départements de l'Algérie, savoir: dans le département d'Alger, par arrêté du 31 décembre 1877; dans le département de Constantine, par arrêté du 2 janvier 1878; et dans le département d'Oran, par arrêté du 24 décembre 1877.

Appareils à vapeur.

28 juillet 1860.

Décret promulguant la loi du 21 juillet 850 concernant les contraventions aux règlements sur les appareils et bateaux à vapeur (B. M. 94).

22 février 1865.

Décret qui rend exécutoire en Algérie le décret du 25 janvier 1856 sur les chaudières à vapeur (B. O. 137).

Art. 1er. — Le décret du 25 janvier 1865 concernant les chaudières fermées destinées à produire la vapeur, autres que celles qui sont placées à bord des bateaux, est rendu exécutoire en Algérie; il y sera, à cet effet, publié et promulgué.

Art. 2. — Toutes les dispositions contraires au présent décret sont rapportées.

Voy. *Mines.*

Apprentissage (Contrat d').

17 mars 1851.

Décret promulguant la loi des 22 janvier, 3 et 22 février 1851 relative aux contrats d'apprentissage (B. 381).

Armée.

Les troupes de l'Algérie constituent le 19e corps d'armée. Elles comprennent : 1° les troupes venues de la métropole; 2° les corps spéciaux; 3° l'armée territoriale; 4° le personnel du service actif des douanes; 5° le personnel du service forestier.

Les lois et règlements qui régissent l'armée en France sont exécutoires en Algérie sans avoir besoin d'y être spécialement promulguées, conformément à l'article 6 de l'ordonnance du 22 juillet 1834. Quant aux modifications apportées, et qui constituent la législation spéciale, elles concernent notamment le droit de permutation, la durée des services, l'avancement dans la colonie, les officiers des bureaux arabes, la composition des corps spéciaux et le service obligatoire.

22 juillet 1834.

Ordonnance portant organisation de l'administration supérieure (B. O).

Art. 6. — L'administration de l'armée et celle de la marine demeurent soumises aux lois et ordonnances qui les régissent.

13 février 1852.

Décret relatif aux officiers de Bureaux arabes et aux officiers, sous-officiers ou caporaux servant en Algérie (Journal militaire 1852, p. 300).

Art. 7. — Les officiers, actuellement détachés des régiments de l'intérieur dans les bureaux arabes, entreront dans les corps formant la portion permanente de l'armée d'Afrique, à laquelle devront, à l'avenir, appartenir les militaires investis de ces fonctions spéciales.

Art. 8. — Les officiers appartenant aux corps employés en permanence en Algérie ne pourront y être l'objet de plus de deux promotions consécutives, sans être astreints à la condition de rentrer dans un corps de l'intérieur.

Toutefois, cette disposition ne sera pas applicable aux officiers qui, s'étant livrés avec succès à l'étude de la matière arabe et parlant la langue du pays, seraient susceptibles d'être appelés à remplir des emplois spéciaux, ou dont le maintien en Algérie serait déterminé par des circonstances exceptionnelles.

Art. 9. — Après six ans de séjour en Algérie, les officiers que le climat aurait éprouvés, que l'âge ou des raisons particulières engageraient à demander leur retour en France, rentreront dans les corps de l'intérieur par voie de permutation facultative; ils auront droit aux indemnités attribuées aux officiers permutant d'office.

Art. 10. — Après huit ans de séjour en Algérie, les sous-officiers, caporaux, brigadiers et soldats appartenant à la portion permanente de l'armée d'Afrique, qui en feront la demande, seront rappelés en France et remplacés par des militaires de leur grade pris dans les régiments de l'intérieur.

15 juin 1861.

Loi modifiant la loi des retraites.

Art. 3. — A partir du 1er janvier 1862, le service militaire accompli en Algérie ne sera compté que pour le double de sa durée effective.

30 novembre 1872.

Décret relatif aux engagements et réengagements (B. Lois, XII-1000).

Art. 6. — Muni du certificat qui constate son acceptation par l'autorité maritime ou militaire, le contractant se présente, en Algérie, devant le maire de l'une des villes désignées ci-après : — Province d'Alger : Alger, Aumale, Blida, Bouffarik, Cherchell, Dellys, Douéra, Coléa, Marengo, Médéah, Miliana, Orléansville, Ténez; — Province d'Oran : Aïn Témouchent, Saint-Cloud, Saint-Denis du Sig, Mascara, Mostaganem, Nemours, Oran, Sidi bel Abbès, Tlemcen; — Province de Constantine : Batna, Bone, Bougie, Constantine, Djidjelli, Guelma, Jemmapes, La Calo, Philippeville, Sétif, Soukharas (1).

24 juillet 1873.

Loi sur l'organisation de l'armée qui affecte un corps d'armée spécial à l'Algérie (B. Lois, XII-2189).

28 septembre 1873.

Décret constituant les troupes spéciales à l'Algérie en un corps d'armée distinct (B. G. 500).

Art. 1. — Conformément à l'article 2 de la loi du 24 juillet 1873, sur l'organisation générale de l'armée, les troupes spéciales à l'Algérie constituent un corps d'armée distinct, qui prendra le numéro 19.

Art. 2. — Le commandement de ce corps d'armée est exercé, en temps normal, par le général commandant supérieur des forces de terre et de mer en Algérie.

Art. 3. — L'organisation et la composition détaillée de ce corps d'armée seront déterminées ultérieurement, conformément aux prescriptions de la loi à intervenir sur les cadres de l'armée.

Art. 4. — Il est créé pour le 19e corps d'armée une 19e brigade d'artillerie (1).

Art. 5. — Jusqu'à nouvel ordre, en dehors des corps spéciaux à l'Algérie, les troupes de toutes armes actuellement en Algérie, seront considérées comme provisoirement détachées des corps d'armée de l'intérieur. Leurs relations de service avec ces derniers seront ultérieurement déterminées.

23 novembre 1874.

Décision présidentielle abrogeant la décision impériale du 23 mai 1856 et portant que, conformément à l'article 138 de l'ordonnance du 3 mai 1832, il ne sera plus inscrit d'autres citations pour action d'éclat sur les états de service des officiers employés en Algérie que celles à l'ordre général de l'armée (Journal militaire, 1874, p. 728).

13 mars 1875.

Loi sur la constitution des cadres (B. Lois, XII-4189).

CHAPITRE II.   TROUPES.

Art. 3 (2). — L'infanterie comprend, en outre, les troupes suivantes, spéciales au 19e corps, savoir : 4 régiments de zouaves à 4 bataillons de 4 compagnies, plus 2 compagnies de dépôt; — 3 régiments de tirailleurs algériens à 4 bataillons de 4 compagnies, plus une compagnie de dépôt; — une légion étrangère à 4 bataillons de 4 compagnies; le nombre des bataillons et des compagnies de la légion étrangère pourra être modifié par décret du Président de la République suivant les ressources du recrutement; — trois bataillons d'infanterie légère d'Afrique; le nombre des compagnies de ces bataillons est déterminé par le ministre de la guerre suivant les nécessités du service; — 5 compagnies de discipline, dont une de pionniers et quatre de fusiliers...

Art. 4. — La cavalerie comprend : 4 régiments de chasseurs d'Afrique; — 3 régiments de spahis. Les régiments de chasseurs d'Afrique et de spahis sont à 6 escadrons; ils sont spécialement affectés au 19e corps. — 19 escadrons d'éclaireurs volontaires; — 3 compagnies de remonte en Algérie.

---

(1) Sont ajoutées, aux termes d'un décret du 8 août 1876, (B. G. 669) les maires des villes suivantes : — Département d'Alger : Bordj Menaiel et Tizi Ouzou; — Département d'Oran : Arzew et Relizane; — Département de Constantine : Aïn Beïda.

(1) Ci-après, Loi du 13 mars 1875.
(2) Ainsi modifié par la loi du 15 décembre 1875.

Art. 5. — ...Le service permanent de l'artillerie est assuré en Algérie ; 1° par des batteries à pied détachées des régiments de l'intérieur, et dont un certain nombre sont organisées en batteries montées et en batteries de montagne ; 2° par des compagnies de pontonniers et du train d'artillerie fournies également par les corps de l'intérieur.

Art. 6. — ...A chacun des 19 corps d'armée, correspond un bataillon de sapeurs-mineurs...
— Le service permanent du génie est assuré en Algérie par un certain nombre de compagnies détachées des régiments.

Art. 7. — Le service de l'Algérie (en ce qui touche le train des équipages) est assuré par un certain nombre de compagnies mixtes rattachées pour l'administration aux escadrons de l'intérieur.

Art. 31. — Les affaires indigènes en Algérie comprennent les bureaux arabes et les commandements de cercles.

6 novembre 1875.

Loi ayant pour objet de déterminer les conditions suivant lesquelles les Français domiciliés en Algérie seront soumis au service militaire (B. O. 631).

Art. 1. — Les Français nés en Algérie et qui y ont conservé leur domicile, ceux qui, n'y étant pas nés, y sont domiciliés, ou qui, ayant leurs parents domiciliés sur le territoire continental de la France, ont fixé en Algérie leur résidence habituelle et prennent devant le maire, avant leur inscription sur le tableau de recensement, l'engagement d'y résider dix ans, sont soumis à l'obligation du service militaire personnel imposé à tout Français par la loi du 27 juillet 1872, dans les conditions déterminées par la présente loi.

Art. 2. — Chaque année, les tableaux de recensement des Français ayant atteint l'âge de vingt ans révolus pendant l'année précédente et domiciliés dans la commune sont dressés par le maire ou par le fonctionnaire qui en tient lieu :

1° Sur la déclaration à laquelle sont tenus les jeunes gens, leurs parents ou leurs tuteurs;

2° D'office d'après les registres de l'état-civil et tous autres documents et renseignements (1).

Ces tableaux mentionnent, dans une colonne

(1) Aux termes d'une décision ministérielle du 13 mars 1877, les hommes nés en France de parents espagnols, âgés de 22 à 30 ans doivent être inscrits sur les tableaux de recensement, sauf à eux à faire régulariser leur position militaire vis-à-vis de l'Espagne, conformément au traité du 7 janvier 1862 (Voy. *Traités diplomatiques*).
— Les sujets anglais qui veulent ne pas être soumis à la loi du recrutement doivent produire un certificat émané du ministère et attestant qu'ils sont d'origine anglaise à la seconde génération et qu'ils entendent conserver leur nationalité

d'observations, la profession de chacun des jeunes gens inscrits.

Ils sont publiés et affichés dans les formes prescrites par les articles 63 et 64 du Code civil. La dernière publication doit avoir lieu le 15 janvier au plus tard.

Art. 3. — Les individus qui se trouvent dans les conditions de l'article 9 du Code civil, de l'article 2 de la l. du 7 février 1851 ou de l'article 1er de la loi du 16 décembre 1874, sont portés sur les tableaux de recensement dans l'année qui suit celle de leur majorité, lorsqu'ils ont acquis la qualité de Français.

Après avoir passé sous les drapeaux le temps déterminé par l'article 28 de la présente loi, ces jeunes gens ne sont plus assujettis qu'aux obligations de service restant à accomplir à la classe à laquelle ils appartiennent par leur âge.

Art. 4. — Sont considérés comme domiciliés dans la commune :

1° Les jeunes gens, même émancipés, engagés, absents ou en état d'emprisonnement, si, d'ailleurs, leur père, mère ou tuteur y ont leur domicile;

2° Les jeunes gens mariés dont le père, ou la mère à défaut du père, sont domiciliés dans la commune, à moins qu'ils ne justifient de leur domicile réel dans une autre commune;

3° Les jeunes gens mariés et domiciliés dans la commune, alors même que leur père ou leur mère n'y seraient pas domiciliés;

4° Les jeunes gens nés en Algérie et résidant dans la commune, qui n'ont ni père ni mère, ni tuteur.

Art. 5. — Sont, d'après la notoriété publique, considérés comme ayant l'âge requis, les jeunes gens qui ne peuvent produire ou n'ont pas produit avant les opérations du conseil de révision, un extrait des registres de l'état civil, constatant un âge différent, ou qui, à défaut de registres, ne peuvent prouver ou n'ont pas prouvé leur âge conformément à l'article 46 du Code civil.

Art. 6. — Si, dans les tableaux de recensement, des jeunes gens ont été omis, ils sont inscrits sur les tableaux de recensement de la classe qui est appelée après la découverte de l'omission, à moins qu'ils n'aient trente ans accomplis à l'époque de la publication de ces tableaux.

Après cet âge, ils sont soumis aux obligations de la classe à laquelle ils appartiennent.

Art. 7. — Les tableaux de recensement dressés, en exécution de l'article 2 de la présente loi, sont envoyés en double expédition par les maires ou par les fonctionnaires qui en tiennent lieu au préfet du département qui est chargé de recevoir et d'instruire toutes les réclamations des jeunes gens.

Art. 8. — Les exemptions prévues par l'article 16 et les dispenses du service d'activité, en temps de paix, aux divers titres énumérés dans l'article 17 de la loi du 27 juillet 1872, sont applicables aux jeunes gens appelés à satisfaire au service militaire dans les conditions de la présente loi.

Art. 9. — Sont, à titre conditionnel, dispensés du service militaire :

1° Les membres de l'instruction publique, les élèves de l'École normale supérieure de Paris;

2° Les professeurs des institutions nationales des sourds-muets et des institutions nationales des jeunes aveugles;

3° Les membres et novices des institutions religieuses, vouées à l'enseignement et reconnues comme établissements d'utilité publique, et les directeurs, maîtres, adjoints, élèves maîtres des écoles fondées ou entretenues par les associations laïques, lorsqu'elles remplissent les mêmes conditions et qu'elles existent depuis plus de deux ans ou renferment trente élèves au moins;

4° Les jeunes gens qui, sans être compris dans les paragraphes précédents, se trouvent dans les cas prévus par l'article 79 de la loi du 15 mars 1850 et par l'article 18 de la loi du 10 avril 1867.

Ces jeunes gens devront, avant les opérations du conseil de révision, contracter, devant le recteur de l'Académie, l'engagement de se vouer pendant dix ans à la carrière de l'enseignement.

Cet engagement peut être réalisé par les instituteurs et par les instituteurs-adjoints, mentionnés au paragraphe 3 du présent article, tant dans les écoles publiques que dans les écoles libres désignées à cet effet par le ministre de l'instruction publique, après avis du conseil départemental.

5° Les artistes qui ont remporté les grands prix de l'Institut, à la condition qu'ils passeront à l'école de Rome les années réglementaires et empliront toutes leurs obligations envers l'État;

6° Les élèves pensionnaires de l'école des langues orientales vivantes et les élèves de l'école des Chartes, nommés après examen, à la condition de passer dix ans tant dans lesdites écoles que dans un service public;

7° Les élèves ecclésiastiques désignés à cet effet par les archevêques et par les évêques, et les jeunes gens autorisés à continuer leurs études pour se vouer au ministère dans des cultes salariés par l'État, sous la condition qu'ils seront assujettis au service militaire s'ils cessent les études en vue desquelles ils auront été dispensés, ou si, à vingt-six ans, les premiers ne sont pas entrés dans les ordres majeurs, et les seconds n'ont pas été consacrés ou reçus rabbins.

Art. 10. — Les jeunes gens dispensés, à titre additionnel, du service militaire, qui cessent d'être dans une des positions indiquées à l'article précédent avant d'avoir accompli les conditions qu'il leur impose, sont tenus :

1° D'en faire la déclaration au maire de la commune dans les deux mois, et de retirer copie de leur déclaration ;

De passer sous les drapeaux le temps déterminé par la présente loi, et de satisfaire ensuite aux obligations restant à accomplir à la classe à laquelle ils appartiennent.

Faute par eux de faire la déclaration ci-dessus et de la soumettre au visa du préfet dans le délai d'un mois, ils sont passibles des peines édictées par l'article 60 de la loi du 27 juillet 1872. Ils sont rétablis dans la première classe appelée après la cessation de leurs services, fonctions ou études; mais le temps écoulé depuis la cessation de leurs services, fonctions ou études jusqu'au moment de leur déclaration ne leur est pas compté.

Art. 11. — Les élèves de l'École polytechnique et les élèves de l'École forestière sont considérés comme présents sous les drapeaux pendant le temps passé par eux dans lesdites écoles.

Ceux de ces jeunes gens qui ont satisfait aux examens de sortie et ne sont pas placés dans les armées de terre ou de mer, reçoivent l'application de l'article 36 de la loi du 24 juillet 1873 et de l'article 39 de la loi du 13 mars 1875.

Ceux qui ne satisfont pas aux examens de sortie desdites écoles et qui conservent leur domicile en Algérie ne sont pas appelés sous les drapeaux, mais restent assujettis aux autres obligations imposées aux jeunes gens de la classe sur les tableaux de recensement de laquelle ils figurent.

Art. 12. — Peuvent être ajournés, deux années de suite, à un nouvel examen, les jeunes gens qui, au moment de la réunion du conseil de révision, n'ont pas la taille de 1 m. 54, ou sont reconnus trop faibles de complexion pour un service armé.

Les jeunes gens ainsi ajournés sont tenus, à moins d'une autorisation spéciale, de se représenter au conseil de révision devant lequel ils ont comparu.

Après l'examen définitif, ils sont ou exemptés ou classés, soit dans le service armé, soit dans le service auxiliaire. Ceux qui ont été classés dans le service armé sont appelés à passer sous les drapeaux le temps fixé par l'article 23 de la présente loi, et ils suivent ensuite le sort de leur classe.

Art. 13. — Peuvent être dispensés, à titre provisoire, conformément à l'article 22 de la loi du 27 juillet 1872, comme soutiens indispensables de famille, les jeunes gens qui en remplissent effectivement les devoirs.

La liste est présentée au conseil de révision par le maire.

Ces dispenses peuvent être accordées par département jusqu'à concurrence de 8 p. 100 du nombre des jeunes gens reconnus propres au service, et compris dans la première partie de la liste arrêtée par le conseil de révision en vertu de l'article 21 de la présente loi.

Pourront être renvoyés dans leurs foyers après six mois de service, par décision du gouverneur général, les jeunes gens habitant les fermes et les agglomérations rurales isolées.

Art. 14. — En temps de paix, il peut être accordé des sursis d'appel aux jeunes gens qui en feront la demande un mois au moins avant l'époque fixée pour la réunion du conseil de révision.

À cet effet, ils doivent établir que, soit pour leur apprentissage, soit pour les besoins de l'exploitation agricole, industrielle ou commerciale à laquelle ils se livrent pour leur compte ou pour celui de leurs parents, il est indispensable qu'ils ne soient pas enlevés immédiatement à leurs travaux.

Ce sursis d'appel ne confère ni exemption, ni dispense, il n'est accordé que pour un an et peut néanmoins être renouvelé pour une seconde année.

Le jeune homme qui a obtenu un sursis d'appel est tenu, à l'expiration de ce sursis, de satisfaire à toutes les obligations imposées par l'article 23 de la présente loi.

Art. 15. — Les demandes de sursis adressées au maire sont instruites par lui. Elles sont remises au conseil de révision par le préfet qui y joint, avec ses observations, tous les documents nécessaires.

Les sursis d'appel peuvent être accordés pour chaque département et par classe, jusqu'à concurrence de 4 p. 100 du nombre des jeunes gens reconnus propres au service et compris dans la première partie des listes de recrutement.

Art. 16. — Il est institué dans chaque département de l'Algérie un conseil de révision composé :

Du préfet président, ou, à son défaut, du secrétaire général ou d'un conseiller de préfecture délégué par le préfet.

D'un conseiller de préfecture désigné par le préfet ;

D'un membre du conseil général ;

D'un deuxième membre du conseil général remplaçant le conseiller d'arrondissement jusqu'à ce que les conseils d'arrondissement soient institués en Algérie, — les deux conseillers généraux désignés par la commission permanente du conseil général, conformément à l'article 82 de la loi du 10 août 1871, et à l'article 77 du décret du 23 septembre 1875;

Et d'un officier général ou supérieur désigné par l'autorité militaire.

Un membre de l'intendance, un officier remplissant les fonctions de commandant du dépôt de recrutement et un médecin militaire, ou, à son défaut, un médecin civil désigné par l'autorité militaire, assistent aux opérations du conseil de révision.

Le membre de l'intendance est entendu, dans l'intérêt de la loi, toutes les fois qu'il le demande, et peut faire consigner ses observations au registre des délibérations.

Le gouverneur général civil de l'Algérie déterminera en conseil de gouvernement les localités où, dans chaque département, le conseil de révision devra se transporter, et les portions de territoire qui ressortent de chacune de ces localités

Les maires des communes auxquelles appartiennent les jeunes gens appelés assistent aux séances et peuvent être entendus.

Toutes les décisions sont rendues en séance publique, à la majorité des voix des membres présents.

En cas de partage, la voix du président est prépondérante.

Art. 17. — Les jeunes gens portés sur les tableaux de recensement, ainsi que les jeunes gens des classes précédentes qui ont été ajournés conformément à l'article 12 ci-dessus, sont convoqués, examinés et entendus par le conseil de révision.

S'ils ne se rendent pas à la convocation, ou s'ils ne se font pas représenter, ou s'ils n'obtiennent pas un délai, il est procédé comme s'ils étaient présents.

Art. 18. — Le conseil de révision statue sur les réclamations auxquelles donne lieu l'établissement des tableaux de recensement.

Il prononce la radiation desdits tableaux :

1° Des jeunes gens qui se trouvent dans un des cas d'exclusion des rangs de l'armée, prévus par l'article 7 de la loi du 27 juillet 1872;

2° Des jeunes gens qui auraient été inscrits contrairement aux prescriptions de l'article 1 de la présente loi.

Il statue sur les demandes d'exemption ou de dispense présentées en exécution de l'article 8 ci-dessus.

Dans le cas d'exemption, le conseil ne prononce qu'après avoir entendu le médecin désigné pour l'assister.

Les cas de dispense sont jugés sur la production de documents authentiques et sur des certificats dressés par le maire ou celui qui en fait fonction, assisté de deux témoins domiciliés dans la même commune que le réclamant.

Art. 19. — Lorsque les jeunes gens portés sur les tableaux de recensement ont fait des réclamations dont l'admission ou le rejet dépend de décisions à intervenir sur des questions judiciaires relatives à leur état ou à leurs droits civils, le conseil de révision ajourne sa décision ou ne prend qu'une décision conditionnelle.

Les questions sont jugées contradictoirement avec le préfet, à la requête de la partie la plus diligente. Les tribunaux statuent sans délai, le ministère public entendu.

Art. 20. — Hors les cas prévus par l'article précédent, les décisions du conseil de révision sont définitives. Elles peuvent néanmoins être attaquées devant le Conseil d'État pour incompétence et excès de pouvoir.

Elles peuvent aussi être attaquées pour violation de la loi, mais par le ministre de la guerre seulement et dans l'intérêt de la loi. Toutefois l'annulation profite aux parties lésées.

Art. 21. — Après que le conseil de révision a statué sur les questions auxquelles peut donner lieu l'examen des tableaux de recensement sur

s cas d'exemption et sur ceux de dispense, la
ste du recrutement, par commune, est définiti-
cement arrêtée et signée par tous les membres
u conseil.

Cette liste, divisée en cinq parties, comprend :
1° Tous les jeunes gens déclarés propres au
rvice militaire et qui ne doivent pas être classés
ans les catégories suivantes ;
2° Tous les jeunes gens dispensés du service
activité en temps de paix, en exécution de l'ar-
icle 8 de la présente loi.
3° Tous les jeunes gens conditionnellement dis-
ensés en vertu de l'article 9, les élèves des Écoles
olytechnique et forestière, ainsi que les jeunes
ons liés au service en vertu d'un engagement vo-
ontaire, d'un brevet ou d'une commission, et les
nscrits maritimes ;
4° Les jeunes gens qui, pour défaut de taille ou
our toute autre cause, ont été dispensés du ser-
ice dans l'armée active, mais ont été reconnus
ptes à faire partie d'un des services auxiliaires
e l'armée ;
5° Enfin, les jeunes gens qui ont été ajournés à
n nouvel examen du conseil de révision.
Art. 22. — Quand les listes du recrutement de
outes les communes ont été arrêtées, conformé-
ient aux prescriptions de l'article précédent, le
onseil de révision auquel sont adjoints deux
utres membres du conseil général, également
ésignés par la commission permanente du con-
eil général, prononce sur les demandes de dis-
ense pour soutiens de famille et sur les deman-
es de sursis d'appel.
Les dispositions de l'article 25 de la loi du 27
uillet 1872 sont du reste applicables aux jeunes
ens dispensés ou qui ont obtenu des sursis d'ap-
el en vertu du présent article.
Art. 23. — Il est tenu par département ou par
irconscriptions déterminées, dans chaque dé-
artement, par le gouverneur général civil de
'Algérie, un registre matricule dressé au moyen
es listes mentionnées en l'article 21 ci-dessus,
t sur lequel sont portés tous les jeunes gens qui
'ont pas été déclarés impropres à tout service
ilitaire ou qui n'ont pas été ajournés à un nou-
el examen du conseil de révision.
Ce registre matricule mentionne l'incorpora-
ion de chaque homme inscrit, ou la position
ans laquelle il est laissé, et successivement tous
es changements qui peuvent survenir dans sa
ituation, jusqu'à ce qu'il passe dans l'armée ter-
itoriale.
Art. 24. — Tout homme, inscrit sur le registre
atricule, qui change de domicile, est tenu de
aire la déclaration à la mairie de la commune
u'il quitte et à la mairie du lieu où il vient s'établir.
Le maire de chacune des communes, ou celui
ui en remplit les fonctions, transmet, dans les
uit jours, copie de ladite déclaration au bureau
u registre matricule de la circonscription dans
aquelle se trouve la commune.

Art. 25. — Tout homme inscrit sur le registre
matricule, qui entend se fixer en pays étranger,
est tenu, dans sa déclaration à la mairie de la
commune où il réside, de faire connaître le lieu
où il va établir son domicile, et, dès qu'il est arrivé, d'en prévenir l'agent consulaire de France.

Le maire de la commune transmet, dans les
huit jours, copie de ladite déclaration au bureau du registre matricule de la circonscription
dans laquelle se trouve la commune.

L'agent consulaire, dans les huit jours de la
déclaration, en envoie copie au ministre de la
guerre.

Le Français domicilié en Algérie, qui quitte
la colonie, sans esprit de retour, avant l'âge de
vingt-neuf ans, ou avant d'avoir rempli les conditions de l'engagement prévu par l'article 1er de
la présente loi, est tenu d'accomplir le temps de
service actif prescrit par la loi du 27 juillet 1872,
déduction faite du temps qu'il aura déjà passé
sous les drapeaux.

Il reste ensuite assujetti aux obligations que la
classe, dont il fait partie par son âge, a encore
à remplir, aux termes de la loi du 27 juillet
1872.

Art. 26. — Tout homme qui n'est pas déclaré
impropre à tout service militaire, fait partie de
l'armée active ou de la réserve de l'armée active
pendant neuf années, à l'expiration desquelles il
est tenu de servir dans l'armée territoriale, conformément aux prescriptions des 4°, 5°, 8° et 9°
alinéas de l'article 36 de la loi du 27 juillet
1872.

Art. 27. — Pour l'organisation de l'armée territoriale, l'Algérie sera divisée, par des arrêtés du
gouverneur général, en circonscriptions de régions.

Les hommes au-dessus de quarante ans pourront, en cas d'insurrection, et si les ressources
fournies par la réserve de l'armée active et par
l'armée territoriale sont insuffisantes, être appelés au service et incorporés dans l'armée territoriale.

Art. 28. — La durée du service compte du 1er
avril de l'année où les jeunes gens ont été inscrits sur les tableaux de recensement.

Le temps de présence effective sous les drapeaux est d'une année à partir de l'appel, qui ne
pourra être retardé au delà du 1er septembre de
la même année.

Les jeunes soldats font leur service dans
les corps stationnés en Algérie. Exceptionnellement et par mesure d'ordre, le ministre de la
guerre, sur la proposition du gouverneur général, pourra envoyer dans les corps de troupe du
midi de la France, pour y faire leur année de
service, un certain nombre de ces jeunes gens
d'origine indigène.

A l'expiration de leur année de service effectif,
les jeunes gens sont renvoyés dans leurs foyers
et inscrits sur les contrôles de la réserve.

Toutefois, le militaire qui, après l'année de

service ci-dessus mentionnée, ne sait pas lire et écrire et ne satisfait pas aux examens déterminés par le ministre de la guerre, peut être maintenu au corps pendant une seconde année.

Ceux qui auront justifié d'une capacité suffisante, c'est-à-dire qui auront subi avec succès les examens de fin d'année exigés des volontaires d'un an, pourront obtenir des brevets de sous-officiers ou des commissions équivalentes.

Les jeunes gens compris dans la catégorie déterminée par le paragraphe précédent pourront, en restant une année de plus, soit dans l'armée active, soit dans une école désignée par le ministre de la guerre, et après avoir subi les examens mentionnés en l'article 38 de la loi du 24 juillet 1873, obtenir un brevet de sous-lieutenant auxiliaire ou une commission équivalente.

Art. 29. — Les hommes envoyés dans la réserve sont immatriculés, d'après le mode prescrit par la loi d'organisation du 24 juillet 1873, dans les corps ou portions de corps qui sont le plus spécialement destinés à la défense de la colonie.

L'appel de la réserve peut être fait par classe en commençant par la moins ancienne.

Le gouverneur général de l'Algérie règle, par des arrêtés et suivant les localités et les circonstances, les manœuvres auxquelles les hommes de la réserve en Algérie doivent prendre part.

En cas d'urgence, le gouverneur général civil de l'Algérie peut prendre l'initiative des ordres à donner pour la mobilisation.

Art. 30. — Les hommes de la réserve peuvent se marier sans autorisation.

Les hommes mariés restent soumis aux obligations du service imposées aux classes auxquelles ils appartiennent.

Toutefois, les hommes de la réserve qui sont pères de quatre enfants vivants, passent de droit dans l'armée territoriale.

Art. 31. — Les dispositions des articles 46, 47, 50 et 51 de la loi du 27 juillet 1872, relatifs aux engagements volontaires et aux rengagements sont applicables aux jeunes gens dont il est fait mention à l'article 1er.

Le temps de service exigé par la présente loi leur sera compté à partir du jour de leur engagement.

Néanmoins, les jeunes gens qui n'ont pas encore satisfait à la loi sur le recrutement, pourront contracter en Algérie, au titre des corps qui s'y trouvent stationnés, un engagement volontaire pour la durée d'une année, s'ils remplissent les conditions de l'article 1er de la présente loi.

Ils feront leur année de service dans les conditions de la classe appelée au moment de leur incorporation.

Ces engagements ne pourront se contracter qu'au moment de l'appel d'une classe.

Pour ceux de ces jeunes gens qui termineront leur engagement avant d'avoir été inscrits sur les tableaux du recensement de leur classe, le temps de service dans la réserve commencera à courir de l'expiration dudit engagement.

Les dispositions des lois des 27 juillet 1872 et 24 juillet 1873, concernant le volontariat d'un an, sont également applicables à l'Algérie.

Art. 32. — Les dispositions pénales de la loi du 27 juillet 1872 et de l'article 230 du code de justice militaire, modifié par la loi du 18 mai 1875, sont applicables aux hommes que concerne la présente loi, en tant qu'elles n'y sont pas contraires.

Les délais d'insoumission déterminés par le paragraphe 3 de l'article précité sont modifiés de la manière suivante :

1° Un mois, si l'homme au domicile duquel un ordre d'appel a été notifié demeure en Algérie;

2° Deux mois, s'il demeure en France, dans les îles voisines des contrées limitrophes ou en Europe;

3° Six mois, s'il demeure dans tout autre pays.

En temps de guerre ou en cas de mobilisation par voie d'affiches et de publication sur la voie publique, les délais ci-dessus sont réduits :

1° A quatre jours pour les hommes habitant l'Algérie;

2° A un mois pour les hommes habitant la France, les îles voisines des contrées limitrophes ou l'Europe;

3° Trois mois pour ceux qui habitent dans tout autre pays.

Art. 33. — Les jeunes gens de vingt à trente ans, remplissant les conditions déterminées par l'article 1er de la présente loi, qui ont concouru en France au tirage au sort et qui sont compris dans la portion du contingent appelée à passer cinq années sous les drapeaux, seront, sur leur demande, renvoyés dans leurs foyers après une année de service et inscrits sur les contrôles de la réserve de l'Algérie.

Les hommes âgés de moins de quarante ans, qu'ils aient ou n'aient pas figuré sur le tableau de recensement de leur classe en France, seront inscrits dans l'armée territoriale.

Art. 34. — Le décret du 9 novembre 1859, relatif à l'organisation des milices en Algérie, est abrogé.

Ces milices seront dissoutes par des arrêtés du gouverneur général civil et leurs armes déposées dans les arsenaux de l'État, sauf indemnité pour celles qui seront reconnues la propriété des départements ou des communes.

Sont exceptées de cette mesure, les compagnies de sapeurs-pompiers, qui continueront à être régies par le décret précité du 9 novembre 1859, jusqu'à ce qu'un décret ait pourvu à leur réorganisation.

Tout corps organisé en armes est soumis aux lois militaires, fait partie de l'armée et relève de celui qui la commande.

Art. 35. — Il sera remis chaque année aux

deux Chambres, par le ministre de la guerre, un compte rendu détaillé de l'application de la présente loi au recrutement de l'armée en Algérie pendant l'année précédente.

Art. 36. — La présente loi est exécutoire à partir du 1er janvier 1876.

14 février 1876.

Arrêté du gouverneur qui, pour l'organisation de l'armée territoriale, divise l'Algérie en trois circonscriptions de région (B. O. 641).

Art. 1. — Le territoire de l'Algérie sera divisé en trois circonscriptions de région.

Art. 2. — Les divisions d'Alger, d'Oran et de Constantine formeront chacune une de ces circonscriptions.

Art. 3. — La circonscription de région d'Alger prendra le n° 1, celle d'Oran le n° 2 et celle de Constantine le n° 3.

23 octobre 1876.

Décret portant que le personnel du service actif des douanes, employé en Algérie, entre dans la composition des forces militaires du pays.

Art. 1. — Conformément aux dispositions de l'article 6 de la loi du 27 juillet 1872, de l'article 8 de la loi du 24 juillet 1873 et de celle du 6 novembre 1875, le personnel du service actif des douanes employé en Algérie entre dans la composition des forces militaires du pays.

A dater de l'ordre de mobilisation, aucune démission donnée par un fonctionnaire, un officier, un sous-officier ou préposé dudit service actif, n'est valable qu'après avoir été acceptée par le ministre de la guerre.

Art. 2. — Le personnel à pied du service actif des douanes, y compris les matelots, employé dans la division militaire d'Alger, forme deux compagnies, et dans chacune des divisions d'Oran et de Constantine, une compagnie et une section.

Le personnel des brigades à cheval de la même administration, employé dans chacune des divisions militaires d'Oran et de Constantine, forme un peloton de cavalerie.

Art. 3. — La première des deux compagnies de la division d'Alger et la compagnie de chacune des divisions d'Oran et de Constantine seront composées des hommes propres au service de campagne et dites *compagnies actives;* elles sont destinées à seconder les opérations de l'armée active. La deuxième compagnie de la division d'Alger et la section de chacune des divisions d'Oran et de Constantine comprenant tous les autres préposés et matelots valides sont dites *territoriales* et appelées à concourir au service de l'armée territoriale.

Dans cette formation des compagnies et sections, les préposés et matelots restent, autant que possible, sous les ordres de leurs chefs en temps de paix.

Art. 4. — Les cadres des compagnies, sections et pelotons de douanes sont pris dans le personnel de cette administration. Le cadre d'une compagnie comprendra : un capitaine commandant, deux lieutenants, un sergent major, un sergent-fourrier, sept sergents, quatorze caporaux, deux clairons. Les cadres d'une section comprendront : un lieutenant commandant, un sergent et un caporal-fourrier, trois sergents, six caporaux, un clairon.

Les cadres de chaque peloton de cavalerie comprendront : un lieutenant commandant, deux maréchaux des logis, quatre brigadiers, un trompette.

Art. 5. — L'assimilation suivante sera observée pour les différents grades :

Douanes.	*Armée.*
Sous-brigadier. . . .	Caporal ou brigadier de cavalerie.
Brigadier.	Sous-officier.
Lieutenant.	Lieutenant.
Capitaine.	Capitaine.

Les préposés, matelots et cavaliers auront rang de soldat de 1re classe.

Les dispositions des articles 43 et 57 de la loi du 13 mars 1875, sur les cadres de l'armée, seront applicables aux officiers des douanes.

Art. 6. — Le lieu de rassemblement de chaque compagnie, section ou peloton, sera déterminé à l'avance, afin que les officiers chargés de les commander puissent les réunir au premier ordre.

Art. 7. — Dès que l'ordre de mobilisation de l'armée aura été donné, les compagnies, sections et pelotons de douanes seront à la disposition du gouverneur général de l'Algérie, pour être employés ainsi qu'il est dit à l'article 3 ci-dessus.

Il en sera de même, en cas d'ordre de mobilisation totale ou partielle donné par le gouverneur général, en vertu des pouvoirs qui lui sont conférés par l'article 29 de la loi du 6 novembre 1875.

La mobilisation des compagnies, sections ou pelotons et leur mise en activité seront opérées par les soins des directeurs des douanes en Algérie.

Art. 8. — A dater du jour de leur appel à l'activité, les compagnies, sections ou pelotons de douanes feront partie intégrante de l'armée et jouiront des mêmes droits, honneurs et récompenses que les corps de troupe qui la composent.

Sous le rapport des pensions pour infirmités et blessures et des pensions de veuves, les officiers, sous-officiers, caporaux, brigadiers, soldats et cavaliers jouiront notamment de tous les droits attribués aux militaires du même grade dans l'armée active.

Les lois et règlements qui régissent cette dernière leur sont applicables.

Conformément aux dispositions de l'article 35 de la loi du 24 juillet 1873, les compagnies, sections et pelotons de douanes appelés à l'activité, seront assimilés à l'armée active, pour la solde et les prestations, allocations et indemnités de toute nature.

La solde et les prestations des cavaliers des pelotons de douane seront les mêmes que celles des gendarmes à cheval de la 31e légion.

Art. 9. — L'uniforme et les insignes de grade resteront tels qu'ils existent actuellement.

Le département de la guerre pourvoira à l'armement des compagnies, sections et pelotons de douanes. Il leur fera distribuer les divers objets de campement, dès que l'ordre de mobilisation aura été donné.

Le département des finances continuera à assurer l'habillement et le petit équipement des préposés, ainsi que l'entretien des armes en temps de paix.

Art. 10. — Les compagnies, sections et pelotons de douanes seront soumis, dans la période de paix, à des inspections générales dans la forme déterminée par le ministre de la guerre, de concert avec le ministre des finances.

L'époque de ces inspections sera fixée par le gouverneur général, de concert avec le directeur des douanes de l'Algérie.

Les réunions des troupes de douane appelées à être inspectées auront lieu par fractions assez réduites, pour ne pas occasionner de déplacement onéreux et ne pas compromettre le service spécial des douanes.

Art. 11. — L'organisation de guerre, visée par le présent décret, sera préparée sans retard par l'administration des douanes.

Cette organisation comprendra la constitution des compagnies, sections et pelotons, l'établissement des propositions pour les grades d'officiers, l'indication de l'emplacement des compagnies, sections et pelotons et du lieu de leur rassemblement en cas de mobilisation.

Art. 12. — Les officiers seront nommés par le président de la République, sur la présentation du ministre de la guerre, et d'après les propositions du ministre des finances.

Après la première formation, il ne sera plus conféré de grades qu'en remplacement d'officiers promus ou qui auront quitté le service actif des douanes. Les lettres de service de ces officiers seront renvoyées au ministre de la guerre, en même temps qu'un nouvel état de propositions.

Art. 13. — Dès que les contrôles des compagnies, sections et pelotons seront arrêtés, le directeur des douanes adressera aux commandants des bureaux de recrutement les noms des hommes faisant partie de ces compagnies et astreints au service dans l'armée active ou dans l'armée territoriale.

Il tiendra ensuite ces officiers au courant de toutes les mutations concernant ces hommes et ceux de la même catégorie qui seraient admis ultérieurement dans les compagnies, sections et pelotons de la direction.

Les commandants des bureaux de recrutement n'affecteront ces hommes à aucun corps de l'armée active ou de l'armée territoriale, tant qu'ils resteront dans le service actif des douanes.

Ils conserveront les feuilles mobiles qui les concernent.

11 novembre 1876.

Décret portant que le personnel de l'administration des forêts en Algérie entre dans la force militaire du pays (B. 682).

Art. 1er. — Conformément aux dispositions de l'article 6 de la loi du 27 juillet 1872, de l'article 8 de celle du 24 juillet 1873, et 31 de celle du 6 novembre 1875, le personnel de l'administration des forêts employé en Algérie entre dans la composition des forces militaires du pays.

A dater de l'ordre de mobilisation, aucune démission donnée par un agent ou préposé de cette administration n'est valable qu'après avoir été acceptée par le ministre de la guerre.

Art. 2. — Les agents et préposés sont organisés par département en escadrons, qui prennent la dénomination d'escadrons de chasseurs forestiers.

Art. 3. — Ces escadrons, destinés à seconder les opérations militaires en Algérie, ne forment qu'une seule catégorie, quel que soit l'âge des hommes qui les composent, et sont appelés à concourir au service de l'armée territoriale. Ils peuvent aussi être chargés d'accompagner les colonnes de l'armée active comme guides et éclaireurs.

Dans cette formation des escadrons, les hommes resteront, autant que possible, sous les ordres de leurs chefs en temps de paix.

Art. 4. — Les cadres des escadrons seront pris dans le personnel forestier et comprendront :

Un capitaine commandant;
Un capitaine en second;
Deux lieutenants;
Deux sous-lieutenants;
Un maréchal des logis chef;
Un maréchal des logis fourrier;
Un brigadier fourrier;
Cinq maréchaux des logis;
Dix brigadiers;
Deux trompettes.

Toutefois, le cadre de l'escadron de Constantine comprendra :

Trois sous-lieutenants;
Huit maréchaux des logis;
Seize brigadiers;

Art. 5. — Les sous-officiers seront pris parmi les brigadiers forestiers, et les brigadiers parmi les brigadiers ou les gardes forestiers de première classe.

Les gardes auront rang de cavalier de première classe.

L'assimilation suivante sera observée pour les différents grades d'officiers qui peuvent être donnés aux agents du service forestier, qu'ils sortent ou non de l'école forestière :

Conservateur . . . . lieutenant-colonel.
Inspecteur . . . . Chef d'escadron.
Sous-Inspecteur. . . . . . Capitaine.
Garde général de 1re et de
   2e classe . . . . . . Lieutenant.
Garde général de 3e classe
et garde général en stage
   et adjoint . . . . . Sous-lieutenant.

Les fonctionnaires et agents, non compris dans les cadres des escadrons, pourront recevoir toute autre destination.

Les dispositions des articles 43 et 57 de la loi du 13 mars 1875, sur les cadres de l'armée, seront applicables aux officiers de chasseurs forestiers.

Art. 6. — Le lieu de rassemblement de chaque escadron ou peloton sera déterminé à l'avance, afin que les officiers chargés de les commander puissent les y réunir au premier ordre.

Art. 7. — Dès que l'ordre de mobilisation de l'armée aura été donné, les escadrons de chasseurs forestiers seront à la disposition du gouverneur général, pour être employés ainsi qu'il est dit à l'article 3 ci-dessus.

Il en sera de même en cas d'ordre de mobilisation totale ou partielle donné par le gouverneur général, en vertu des pouvoirs qui lui sont conférés par l'article 29 de la loi du 6 novembre 1875.

La mobilisation des escadrons ou pelotons de chasseurs forestiers et leur mise en activité seront opérées par les soins du conservateur, chef du service forestier en Algérie.

Art. 8. — A dater du jour de l'appel à l'activité, les escadrons de chasseurs forestiers feront partie intégrante de l'armée et jouiront des mêmes droits, honneurs et récompenses que les corps de troupe qui la composent. Sous le rapport des pensions pour infirmités et blessures, des pensions de veuves, les officiers, sous-officiers, brigadiers et cavaliers jouiront notamment de tous les droits attribués aux militaires de même grade dans l'armée active.

Les lois et règlements qui régissent cette dernière leur seront applicables.

Conformément aux dispositions de l'article 35 de la loi du 24 juillet 1873, les escadrons ou pelotons de chasseurs forestiers, appelés à l'activité, seront assimilés à l'armée active pour la solde et les prestations, allocations et indemnités de toute nature.

La solde et les prestations des sous-officiers, brigadiers et cavaliers, seront celles des sous-officiers, brigadiers et gendarmes à cheval de la 31e légion.

Art. 9. — L'uniforme des escadrons de chasseurs forestiers est fixé par le gouverneur général.

Les insignes de grade seront ceux qui ont été adoptés pour les chasseurs forestiers de la métropole.

Le département de la guerre pourvoira à l'armement, au grand équipement et au harnachement des escadrons de chasseurs forestiers; il leur fera distribuer également les divers objets de campement, dès que l'ordre de mobilisation leur aura été donné.

Le gouvernement général de l'Algérie assurera l'habillement, le petit équipement et l'entretien des armes en temps de paix.

Art. 10. — Les escadrons de chasseurs forestiers seront soumis, dans la période de paix, à des inspections générales, dans la forme déterminée par le ministre de la guerre, après avis du gouverneur général. L'époque de ces inspections sera fixée par le gouverneur général, de concert avec le conservateur, chef du service forestier en Algérie.

Les réunions des escadrons appelés à être inspectés auront lieu par fractions assez réduites pour ne pas occasionner de déplacements onéreux et ne pas compromettre le service forestier.

Art. 11. — L'organisation de guerre, visée par le présent décret, sera préparée sans retard par l'administration forestière.

Elle comprendra la constitution des escadrons, l'établissement de propositions pour les grades d'officiers, l'indication de l'emplacement des escadrons et pelotons et du lieu de leur rassemblement en cas de mobilisation.

Art. 12. — Les officiers seront nommés par le président de la République, sur la présentation du ministre de la guerre, et d'après les propositions du gouverneur général.

Leur titre de nomination mentionnera leur affectation à un escadron déterminé.

Dans le cas où le gouverneur général les ferait passer dans une autre résidence, située en dehors de la circonscription de leur escadron ou peloton, leur nomination d'officier se trouvera annulée de plein droit, et leur lettre de service sera renvoyée au ministre de la guerre. Ils ne pourront être pourvus d'un grade dans l'escadron ou peloton de leur nouvelle résidence que si un emploi de ce grade s'y trouve vacant, et ils recevront, dans ce cas, une nouvelle lettre de service.

Art. 13. — Dès que les contrôles de guerre seront arrêtés, le conservateur des forêts adressera, aux commandants des bureaux de recrutement, les noms des hommes faisant partie du personnel placé sous ses ordres et astreints au service dans l'armée active ou dans l'armée territoriale. Il tiendra ensuite ces officiers au courant de toutes les mutations concernant ces hommes

2

et ceux de la même catégorie qui seraient admis ultérieurement dans les escadrons ou pelotons de sa conservation.

Les commandants des bureaux de recrutement n'affecteront les agents forestiers, les élèves de l'École forestière, les gardes forestiers et les gardes auxiliaires à aucun corps de l'armée active ou territoriale tant qu'ils resteront dans le service forestier.

Ils conserveront les feuilles mobiles qui les concernent.

Corps spéciaux.

Les corps spéciaux de l'Algérie comprennent :

Dans l'infanterie : les askar, l'infanterie légère, la légion étrangère, les tirailleurs et les zouaves.

Dans la cavalerie : les chasseurs d'Afrique, les compagnies de remonte, un escadron d'éclaireurs, les goums, les khiéla, les maghzen et les spahis.

Askar.

Voy. ci-après *Khiéla.*

Infanterie légère d'Afrique.

12 mai 1836.

Ordonnance d'organisation (Journal militaire, 1836, p. 784).

Art. 2. — Les bataillons d'infanterie légère d'Afrique ne recevront désormais comme soldats que des militaires qui auront été condamnés correctionnellement à une peine plus grave que celle de trois mois de prison, et auxquels il restera d'ailleurs, après l'expiration ou la remise de leur peine, plus d'une année de service à faire pour compléter le temps exigé par la loi.

Art. 5. — Les trois bataillons d'infanterie légère d'Afrique seront assimilés aux autres bataillons de même arme pour l'armement, les prestations en nature et pour la solde.

Art. 10. — Les soldats des bataillons d'infanterie légère d'Afrique qui se seront fait remarquer devant l'ennemi et ceux qui auront tenu une conduite régulière pendant six mois rentreront, pour y continuer leur service, dans des corps de la ligne.

13 mars 1875.

Loi sur les cadres de l'armée maintenant les trois bataillons.

Légion étrangère.

10 mars 1831.

Loi de formation.

Art. 1. — Il pourra être formé une légion d'étrangers; elle ne pourra être employée que hors du territoire continental.

10 mars 1831.

Ordonnance d'exécution.

Art. 1. — Il sera formé une légion composée d'étrangers.

Art. 2. — Les bataillons de la légion étrangère auront la même formation que les bataillons d'infanterie de ligne française.

Art. 3. — Pour la solde, la masse et l'administration, la légion étrangère sera assimilée aux régiments français.

Art. 4. — Tout étranger qui voudra faire partie de la légion étrangère ne pourra y être admis qu'après avoir contracté devant un sous-intendant un engagement volontaire.

Art. 6. — Pour être reçu à s'engager, les étrangers devront n'avoir pas plus de 40 ans et avoir au moins 18 ans accomplis et la taille de 1m,55.

Ils devront en outre être porteurs :

1° De leur acte de naissance ou de toute autre pièce équivalente;

2° D'un certificat de bonnes vie et mœurs; (

3° D'un certificat d'acceptation de l'autorité militaire, constatant qu'ils ont les qualités requises pour faire un bon service.

14 décembre 1861.

Décret qui réduit à un seul régiment les deux légions précédemment formées.

14 septembre 1864.

Décret portant que les engagements des étrangers ne seront plus reçus que pour cinq années, et que les militaires du régiment étranger seront admis à se rengager pour une durée de deux à cinq années (Journal militaire, 1864, p. 965).

13 mars 1875.

Loi sur la constitution des cadres maintenant une légion étrangère à 4 bataillons de 4 compagnies.

Tirailleurs algériens.

7 décembre 1841.

Ordonnance d'organisation (Journal militaire, 1841, page 64).

Art. 3. — Les emplois de l'état-major et ceux du petit état-major seront expressément dévolus aux militaires français. Il en sera de même des emplois de capitaine, de lieutenant et de sous-lieutenant.

La moitié des emplois de lieutenant et de sous-lieutenant sera affectée aux Français; l'autre moitié demeurera réservée aux indigènes.

Le commandement, même par intérim, d'une compagnie ne pourra jamais être exercé que par un officier français.

Dans les compagnies, les sergents, les caporaux, les tambours ou clairons et les tirailleurs seront tous indigènes.

Art. 9. — Les officiers indigènes n'auront point droit à l'application des dispositions de la loi sur l'état des officiers.

10 octobre 1855.

Décret qui licencie les anciens bataillons et crée trois régiments de tirailleurs algériens.

8 juin 1861.

Décision impériale portant :

Que l'effectif de chacun des régiments de tirailleurs algériens est fixé à 2,000 hommes;

Que les engagements et rengagements seront contractés devant les fonctionnaires de l'intendance et pour une durée de quatre années;

Que le tirailleur qui voudra rester sans interruption sous les drapeaux, devra contracter un engagement dans les trois derniers mois de son service, et qu'il aura droit à une prime et à une haute paye (Journal militaire, 1861, p. 300).

24 octobre 1871.

Décret portant à 56 le nombre de soldats français par chaque régiment de tirailleurs algériens (Journal militaire de 1871, page 374).

19 décembre 1872.

Décision ministérielle portant qu'une section de discipline sera créée dans chaque régiment de tirailleurs algériens (Journal militaire, 1872, p. 838).

Cette section recevra les militaires au titre indigène qui auront été renvoyés au corps après avoir subi une condamnation, ainsi que les tirailleurs, servant au même titre, dont la conduite serait d'un exemple pernicieux pour leurs camarades.

Elle sera commandée par un capitaine ou un lieutenant, suivant le nombre des hommes qui en feront partie. Elle n'aura pas de cadres spéciaux ; ses officiers, sous-officiers et caporaux désignés par les chefs de corps, seront détachés des compagnies de régiment.

Les disciplinaires seront séparés des autres tirailleurs et employés, autant que possible, à des travaux de route et de terrassement.

21 mars 1874.

Décret portant que dans les régiments de tirailleurs algériens les indigènes peuvent être appelés à certains emplois (B. O. 530).

Art. 1. — Dans les régiments de tirailleurs algériens, les emplois du petit état-major, ainsi que ceux de fourrier et de sergent-major de compagnie, pourront être conférés à des militaires indigènes qui, remplissant d'ailleurs les conditions de service et d'ancienneté de grade exigées pour les militaires français, présenteront toutes les garanties nécessaires, par leur conduite, leur instruction et leur aptitude spéciale.

Art. 2. — Tout officier indigène des régiments de tirailleurs algériens pourra être appelé, dans son régiment, au grade de capitaine d'habillement ou de sous-lieutenant adjoint au trésorier, s'il satisfait aux conditions déterminées par les règlements en vigueur, et s'il justifie qu'il possède l'instruction générale et l'aptitude nécessaires.

Toutefois, à grade égal, l'officier français aura toujours le commandement et, après lui, l'officier indigène, quel que soit le rang d'ancienneté de l'un et de l'autre.

Art. 3. — Les militaires indigènes servant dans les régiments de tirailleurs algériens pourront remplir des fonctions dans l'administration civile de l'Algérie.

Art. 4. — Sont abrogées toutes les dispositions contraires au présent décret.

13 mars 1875.

Loi sur les cadres de l'armée constituant 3 régiments de tirailleurs algériens à 4 bataillons de 4 compagnies, plus 2 bataillons de dépôt.

Zouaves.

13 février 1852.

Décret de formation (Journal militaire, 1852, p. 300).

Art. 1. — Il sera formé 3 régiments de zouaves qui prendront les dénominations de 1er, 2e et 3e régiment de zouaves.

Chacun des 3 bataillons du régiment actuel deviendra le noyau des trois corps de nouvelle formation.

Art. 2. — Les régiments de zouaves seront organisés d'après les bases posées par l'ordonnance du 8 septembre 1841 et constitués sur le type du régiment existant.

Art. 3. (Disposition transitoire relative à la formation des cadres.)

13 mars 1875.

Loi sur les cadres établissant 4 régiments de zouaves à 4 bataillons de 4 compagnies et 2 compagnies de dépôt.

Chasseurs d'Afrique.

13 mars 1875.

Loi sur les cadres établissant par...ut les troupes spécial·ment affectées à l'Algérie, 4 régiments de chasseurs d'Afrique à 6 escadrons.

Cavalerie de remonte.

14 août 1854.

Décret qui applique aux 3 compagnies de cavalerie de remonte de l'Algérie, les dispositions du décret du 14 juin 1854 sur les comp·gnies de remonte militaire à l'intérieur (Journal militaire, 1854, p. 397).

13 mars 1875.

Loi sur les cadres conservant en Algérie trois compagnies de remonte.

Éclaireurs.

13 mars 1875.

Loi sur l'organisation de l'armée (B. Lois, XII. 4189).

Art. 4. — La cavalerie comprend : ... 2e 19 escadrons d'éclaireurs volontaires. Ces escadrons, constitués en tout temps, ne sont appelés à l'activité qu'au moment de la mobilisation et des manœuvres; ils sont rattachés pour l'administration à l'un des régiments de cavalerie ou corps d'armée.

30 juillet 1875.

Décret pour l'exécution de la loi ci-dessus (B. O. 655).

22 mars 1876.

Décision ministérielle relative au même objet (B. O. 655).

Quant au 19e escadron, il est rattaché à celui des régiments qui, appartenant à la brigade de cavalerie légère détachée en Algérie, est stationné dans la province d'Alger.

. . . .

En ce qui concerne le 19e escadron, exclusivement recruté en Algérie, les chevaux de cet escadron doivent être de race barbe et entiers ; le commandant du 19e corps d'armée détermine la taille minima de ces chevaux.

Goums.

On appelle *goum* la milice ou garde nationale indigène. Le goum comprend tous les hommes valides possédant un cheval et un fusil; il est placé sous les ordres directs des cheikhs, de spahis ou de khiéla, et, généralement, sous le commandement d'un officier de bureau arabe. Les goums requis ne sont pas payés; en colonne, ils touchent des vivres et du fourrage imputables sur le budget de la guerre.

En pays de montagne, dans les ksours du Sahara, etc., il existe des goums à pied qu'on désigne sous le nom de *saga*.

Khiéla.

16 septembre 1843.

Arrêté ministériel, organisant les khiéla et les askar (Journal militaire, 1843, p. 201).

Art. 1er. — Les chefs indigènes chargés de l'administration du pays arabe pourront être autorisés à réunir sous leurs ordres un certain nombre de cavaliers ou de fantassins indigènes astreints à un service permanent et destinés à donner appui à leur autorité, principalement en ce qui concerne la police du pays et la rentrée des impôts. Les cavaliers auront la dénomination générale de khiéla et les fantassins celle d'askar. Ils seront distingués entre eux par la désignation du chef auprès duquel ils seront placés.

TITRE I.

DES KHIÉLA.

Art. 2. — La solde des khiéla est fixée uniformément à 30 fr. par mois, à l'exclusion de toute allocation en nature. Toutefois, en cas de nécessité absolue, des prestations en nature pourront leur être délivrées pendant la durée des expéditions, mais à la condition expresse d'en rembourser la valeur.

Art. 4. — Les cavaliers seront admis sur la présentation du chef qui doit les employer et sans qu'il y ait obligation pour lui de les recruter exclusivement dans l'étendue de son commandement. Ils résideront à proximité de ce chef. Ils devront toujours être prêts à recevoir et à exécuter ses ordres.

Art. 6. — Les dispositions des articles 3 et 8 de l'arrêté de ce jour pour les maghzen sont applicables aux khiéla.

TITRE II.

DES ASKARS.

Art. 9. — La solde des askars est fixée uniformément pour chaque fantassin à 15 fr. par homme et par mois, à l'exclusion de toute allocation en nature.

TITRE III.

Art. 13. — Les dépenses résultant des organisations autorisées par le présent arrêté seront imputées au budget des services coloniaux, conformément aux dispositions des articles 11 et 65 de l'ordonnance du 21 août 1839.

29 décembre 1876.

Loi des finances portant : solde et indemnités pour pertes de chevaux aux maghzen et khiéla : 163.876 francs.

Maghzen.

16 septembre 1843.

Arrêté ministériel portant organisation des maghzen (Journal militaire, 1843, p. 197).

Art. 1. — Il sera formé dans chacune des provinces d'Alger et d'Oran une cavalerie indigène auxiliaire sous la dénomination générale de maghzen; chaque contingent appelé à cette formation prendra, en outre, la désignation du lieu où il sera organisé.

Art. 2. — La solde des maghzen sera uniformément, pour chaque cavalier, de 15 fr. par mois, à l'exclusion de toute autre allocation en nature pour le temps ordinaire.

Pendant les expéditions les officiers généraux ou supérieurs commandant les colonnes pourront, s'ils en reconnaissent la nécessité, leur accorder, à partir du neuvième jour pour les hommes et du quatrième pour les chevaux, tout ou partie de la ration de vivres et de fourrages.

Art. 3. — Tout cavalier maghzen dont le cheval est tué ou meurt des suites de blessures reçues devant l'ennemi ou dans un service commandé,

a droit à une indemnité de 250 fr. Les pertes de cette nature seront constatées et justifiées par des certificats délivrés par les commandants de colonnes et visés par les officiers généraux commandant de province.

Art. 5. — Les cavaliers admis dans la composition des maghzen seront choisis parmi les hommes les plus braves et les plus influents des tribus. Ils devront être convenablement armés, montés et équipés.

Art. 6. — Les tribus des douairs et smélas jouiront seules, conformément à la convention passée au camp du Figuier, le 16 juin 1835, avec leurs chefs, de l'exemption des impôts généraux exigés de la population indigène. Il sera pourvu, par un arrêté particulier, à la redevance spéciale que ces tribus devront acquitter en exécution de la convention.

L'inscription des cavaliers douairs et smélas dans le maghzen ne leur confère aucun autre privilège que celui résultant de cette même convention.

Art. 7. — Les autres tribus admises à fournir un contingent au maghzen d'Alger et d'Oran resteront assujetties aux impôts généraux ou particuliers.

Art. 8. — Tout cavalier maghzen sera tenu de monter à cheval au premier ordre qui lui sera donné pour tout service commandé par l'autorité française.

Art. 18. — Les dépenses résultant de ces organisations continueront à être supportées par le budget de la guerre (services militaires irréguliers).

9 décembre 1865.

Décision Impériale prescrivant d'affranchir de l'impôt de location les 13 tribus maghzen de la province d'Oran (B. O. 164).

Cette décision a été prise à la suite du rapport suivant :

Sire,

Les Instructions générales approuvées par vous, le 11 juin 1863, ont prescrit d'appliquer le sénatus-consulte du 23 avril 1863 aux tribus établies sur des territoires autrefois maghzen qui réuniraient, comme les tribus arch, les conditions de jouissance permanente et traditionnelle sur lesquelles est basée la déclaration de propriété contenue dans l'article 1 dudit sénatus-consulte.

Les tribus occupant des territoires maghzen sont au nombre de treize dans la province d'Oran, et, par suite de l'incertitude qui a régné pendant longtemps sur la question de domanialité de ces territoires, inscrits sur les sommiers de consistance du domaine, les occupants ont été soumis, au profit de l'État, à un droit de location qui est resté fixé, depuis 1855, à 50 centimes par hectare de terre labourable, et à 25 centimes par hectare de parcours.

Le tableau ci-après fait connaître l'étendue du territoire et le chiffre de la redevance annuelle pour chacune de ces tribus :

TRIBUS.	CONTENANCE.	PRIX de location.
Subdivision de Mostaganem.		
Abîd-Cheraga	8.190ʰ	3.017ᶠ50
Bordjia	12.635	2.631 »
Akerma-Gharaba	7.071	1.894 10
Chelafa	1.000	362 50
Ouled-Boukanel	1.518	647 50
Mekahlia	7.160	2.275 »
Sahary	4.178	1.335 »
Mchah	4.070	1.310 »
Ouled-Ahmed	11.788	3.447 »
Ouled-Sidi-Abdallah	1.400	350 »
Akerma-Cheraga	12.800	3.000 »
Subdivision de Mascara.		
Habra	524	475 »
Charroub-Er-Riz.........	350	115 »
	73.084ʰ	20.312ᶠ60

La reconnaissance du droit de propriété des tribus doit évidemment faire disparaître cette anomalie.

Déjà les décrets des 25 octobre dernier et 9 novembre suivant, qui ont sanctionné la délimitation et la répartition par douars accomplis chez les Abîd-Cheraga et les Bordjia, ont prescrit de rayer des sommiers de consistance du domaine le territoire de ces tribus et les ont affranchies du payement de tout droit de location.

Il serait équitable de faire bénéficier les onze autres tribus de cette exonération sans attendre l'application du sénatus-consulte sur leur territoire.

11 décembre 1872.

Arrêté du gouverneur relatif au port d'armes par les indigènes portant, article 4 : que les maghzen ne prennent les armes que sur les ordres du commandant français (B. O. 452).

Voy. *Armes.*

Spahis.

6 janvier 1874.

Décret de réorganisation (B. Lois, XII. 2687).

CHAPITRE I. — *Organisation. — Recrutement. — Avancement.*

Art. 1. — Les régiments de spahis, créés en Algérie par l'ordonnance du 21 juillet 1845 et réglementés par décisions des 25 juillet 1866 et 30 jan-

vier 1867, le décret du 21 avril 1866 et l'arrêté du 1ᵉʳ mai 1862, recevront une nouvelle organisation.

Art. 2. — Le nombre de ces régiments reste fixé à trois ; chacun d'eux conserve le numéro qui lui est affecté. Chacun de ces régiments a six escadrons.

Art. 3. — Dans chaque régiment de spahis, un certain nombre d'escadrons peuvent être établis sur le territoire militaire à proximité des postes avancés ou des frontières. Les spahis de ces escadrons reçoivent un lot de terrain qu'ils cultivent à leur gré et dont le produit leur appartient exclusivement. Les autres escadrons sont logés dans les bâtiments de l'État. Les officiers et les militaires français ne reçoivent aucun lot de terrain, et, dans aucun cas, ils ne peuvent s'occuper de culture.

Art. 4. — Les spahis sont exempts de l'impôt auquel sont soumis les indigènes des tribus. Toutefois, cette exemption ne s'applique qu'aux terres qui leur sont concédées, en vertu de l'article précédent, et aux troupeaux et animaux qu'ils possèdent en propre ou à leur part, dans le cas où la propriété de ces troupeaux serait indivise.

Art. 5. — Jusqu'à ce qu'il en soit autrement décidé, le 6ᵉ escadron du 1ᵉʳ régiment de spahis reste en entier à la disposition du département de la marine pour être employé au Sénégal. L'effectif et le recrutement de cet escadron sont réglés par des dispositions spéciales concertées entre les ministres de la guerre et de la marine.

Art. 6. — Le ministre de la guerre, sur le rapport du général commandant le 19ᵉ corps d'armée, désigne les escadrons qui doivent être établis sur le territoire militaire, détermine leur emplacement ainsi que l'étendue du territoire à leur affecter.

Art. 7. — Les régiments de spahis se recrutent au moyen d'engagements volontaires. Ils peuvent, en outre, recevoir, pour alimenter le cadre, des militaires venant d'autres corps de l'armée.

Art. 8. — Sur la proposition du chef de corps et avec l'approbation du général commandant la division, tout indigène âgé de dix-huit ans au moins et de quarante ans au plus peut être admis à servir dans les régiments de spahis aux conditions suivantes : 1° réunir les qualités nécessaires pour faire un bon service ; 2° n'avoir pas de mauvais antécédents ; 3° s'engager à servir pendant quatre ans dans les conditions formulées par le présent décret ; 4° présenter un bon cheval qui soit sa propriété. Le spahis pourra être marié ou célibataire ; il devra fournir le même service dans l'un ou dans l'autre cas.

Art. 9. — L'engagement des indigènes est reçu par le sous-intendant militaire, en présence d'un interprète qui en explique les conditions, et de deux témoins pris parmi les officiers, les sous-officiers ou brigadiers indigènes. Le spahis prête, sur le Coran, serment de servir fidèlement la France partout où le Gouvernement juge utile de l'employer, et particulièrement sur toute l'étendue du territoire de l'Algérie; mention de ce serment est faite sur l'acte d'engagement.

Art. 10. — La durée du service est de quatre ans; elle peut être prolongée par des rengagements successifs, de deux ans au moins et de quatre ans au plus, contractés dans la même forme que l'engagement.

Art. 11. — Aucun escadron de spahis ne pourra être exclusivement composé d'indigènes appartenant à une seule tribu.

Art. 12. — Le recrutement des escadrons établis sur le territoire militaire s'effectuera, de préférence, au moyen d'indigènes (gradés ou non gradés) servant ou ayant servi pendant deux ans dans l'un des escadrons casernés.

Art. 13. — Tout cavalier indigène peut être renvoyé du corps pour inaptitude ou mauvaise conduite. Le renvoi est prononcé par le général de division, sur la proposition du chef de corps, accompagné de l'avis du général de brigade.

Art. 14. — L'engagement des Français est contracté conformément aux lois en vigueur. Nul Français, se présentant pour s'engager dans un régiment de spahis, ne peut être admis s'il ne réunit les conditions exigées pour remplir l'un des emplois du cadre, et s'il n'a obtenu le consentement écrit du chef de corps.

Art. 15. — Les militaires appartenant à d'autres corps de l'armée ne peuvent être admis aux spahis qu'autant qu'ils ont au moins trois ans de service à faire ou qu'ils complètent ce temps par un rengagement.

Art. 16. — La composition de cadre de chaque régiment de spahis sera conforme au tableau A annexé au présent décret.

Art. 17. — Les dispositions sur l'avancement en vigueur dans l'armée française sont applicables aux officiers français et aux militaires français des régiments de spahis.

Art. 18. — Les officiers indigènes sont nommés par le Président de la République. Ils ont droit au bénéfice de la loi du 19 mai 1834. Tous les emplois d'officier dont ils peuvent être pourvus leur sont conférés au choix et dans leur régiment. Il n'est dérogé à ce principe qu'à l'égard : 1° de ceux qui sont présentés pour l'avancement à l'un des grades supérieurs et qui peuvent être nommés au choix dans un régiment de cavalerie quelconque, et 2° des capitaines en second qui, s'ils justifient de leur aptitude d'après les règles tracées ci-après, concourrent suivant leur rang d'ancienneté pour l'emploi de capitaine commandant.

Art. 19. — Tout officier indigène peut être appelé à occuper dans son régiment un emploi de capitaine commandant, de trésorier et d'officier d'habillement s'il satisfait aux conditions déterminées par les règlements en vigueur dans l'arme de la cavalerie, et s'il possède l'instruc-

tion générale et l'aptitude nécessaires. Cette instruction et cette aptitude se justifient soit par un cours suivi avec succès à l'école spéciale militaire ou à l'école de cavalerie, soit par le fait d'avoir rempli, pendant un an au moins, l'emploi de maréchal des logis chef ou de maréchal des logis fourrier dans un escadron.

Art. 20. — A grade égal, l'officier français a toujours le commandement, et, après lui, ce commandement appartient à l'officier indigène qui a produit la justification d'aptitude et d'instruction spécifiée à l'article 19. Par suite, l'officier indigène qui n'a pas produit cette justification ne saurait être chargé des détails d'un escadron ou d'un détachement, alors même qu'en l'absence du commandant titulaire il devrait prendre le commandement de l'escadron ou du détachement. Les détails d'administration sont, dans ce cas, confiés à l'officier français ou indigène du grade immédiatement inférieur qui, par sa situation ou son instruction, peut en être chargé.

Art. 21. — La nomination des maréchaux des logis chefs, des maréchaux des logis, des fourriers et des brigadiers français et indigènes, leur rétrogradation et cassation sont soumises aux règles et formalités prescrites pour les corps français. Il en est de même des nominations et cassations des cavaliers de première classe.

Art. 22. — Lorsque des emplois de sous-officier, de brigadier, de maréchal ferrant, de trompette et d'ouvrier vacants dans le cadre, ne peuvent être remplis par des militaires du corps, il y est pourvu par la nomination ou le passage de militaires qui appartiennent soit à d'autres régiments de spahis, soit à des régiments de chasseurs d'Afrique, soit à d'autres corps de cavalerie, et qui remplissent les conditions voulues pour occuper ces emplois. A cet effet, chaque chef de corps établit, au moment de l'inspection générale, un état, par catégories, des vacances dans le cadre auxquelles il pourra y avoir lieu de pourvoir de cette manière dans l'intervalle d'une inspection à l'autre.

CHAPITRE II. — *Commandement. — Service. — Instruction.*

Art. 23. — Le service des régiments de spahis est exclusivement militaire. Ces corps sont, au point de vue du commandement, de la discipline et de l'instruction, régis par les dispositions en vigueur dans l'armée.

Art. 24. — Les spahis peuvent, soit individuellement, soit en détachement, être employés en dehors du corps pour le service des affaires indigènes et la surveillance des tribus.

Ils peuvent également remplir les fonctions d'agha, de caïd, de chaouch ou tout autre emploi rétribué dans l'administration civile de l'Algérie; mais, dans ce cas, bien que ne cessant pas de compter à leur régiment, ils n'ont droit à aucune solde militaire. Les officiers de spahis ont seuls le droit de prendre des ordonnances parmi les soldats du corps.

Art. 25. — Le chef de corps doit inspecter, au moins deux fois par an, les escadrons de son régiment; il est accompagné dans cette tournée par le major.

Les chefs d'escadrons inspectent leurs escadrons tous les trois mois.

Art. 26. — Le capitaine commandant, dans chaque escadron, est responsable de l'instruction de son escadron. Dans chaque escadron, il sera fait un cours de langue arabe aux officiers, sous-officiers, brigadiers et élèves brigadiers français, et un cours de français aux officiers, sous-officiers et brigadiers indigènes. Ces cours sont obligatoires.

CHAPITRE III. — *Administration. — Solde et accessoires de solde. — Masse de remonte et de secours.*

Art. 27. — Les régiments de spahis s'administrent conformément aux dispositions en vigueur dans les corps de l'armée française et sont soumis au même mode de surveillance administrative. Toutefois la fourniture, l'entretien et le remplacement de tous les effets d'habillement, de grand et de petit équipement et de harnachement, sont au compte de la masse individuelle conformément aux règlements en vigueur.

Art. 28. — Les fonctionnaires de l'intendance inspecteront administrativement les escadrons de spahis au moins deux fois par an.

Art. 29. — La solde est payée aux cavaliers tous les dix jours, à terme échu, par l'officier chargé du commandement ou de l'administration de l'escadron ou du détachement.

Art. 30. — La solde, les indemnités, allocations et prestations diverses attribuées aux régiments de spahis sont fixées par le tableau B annexé au présent décret. Sauf le cas de débet à la masse individuelle, la solde de la troupe n'est passible d'aucune retenue et est payée intégralement au cavalier.

Art. 31. — Par dérogation aux dispositions de l'article 27 du présent décret, la masse dite *de remonte*, est conservée. Cette masse, qui continuera à être alimentée et administrée conformément aux dispositions de l'arrêté ministériel du 5 août 1845 est destinée : 1° à l'achat des chevaux de première mise à fournir aux sous-officiers, brigadiers et cavaliers français; 2° au remplacement des pertes de chevaux dans les cas de guerre et autres prévus par l'arrêté ministériel susvisé; 3° éventuellement à la fourniture des chevaux qu'il y aurait lieu d'accorder aux indigènes admis non montés, par exception aux dispositions de l'article 8 du présent décret et en vertu de l'autorisation spéciale des généraux commandant les divisions.

Art. 32. — La durée de la période donnant droit à la gratification de 50 francs pour la conservation des chevaux, par les articles 10 et 11 de l'arrêté ministériel du 5 août 1845 précité, est porté à quatre ans.

Art. 33. — Il sera créé dans chacun des régiments de spahis une masse de secours destinée à être distribuée, en totalité ou en partie, par le ministre de la guerre, aux sous-officiers, brigadiers et spahis indigènes les plus nécessiteux; cette masse sera constituée au moyen d'une somme de 10,000 francs prélevée, à titre de première mise, sur l'avoir actuel de la masse de smala du régiment; elle sera alimentée au moyen d'une retenue de 5 centimes, par journée de présence, exercée sur la prime journalière d'entretien de la masse individuelle de chacun des hommes pouvant participer aux secours. A cet effet, la prime journalière des sous-officiers, brigadiers et spahis indigènes est accrue d'une allocation supplémentaire équivalente.

Art. 34. — Le ministre de la guerre autorise annuellement, dans chaque régiment, la répartition d'une partie de la masse de secours. Aucun sous-officier, brigadier ou spahis ne peut y être compris pour une somme moindre de 25 francs. Les états de distribution dressés par les soins du conseil d'administration sont soumis à l'approbation du ministre par l'inspecteur géné. al.

Art. 35. — Dans l'intervalle des revues et seulement dans les cas urgents, les généraux commandant les divisions sont autorisés à accorder, sur la demande du Conseil d'administration, des secours qui ne peuvent s'élever à plus de 50 francs par homme. Il en est rendu compte immédiatement au commandant du 19e corps d'armée qui en informe le ministre.

Art. 36. — Le ministre peut allouer, dans des cas particuliers, sur la proposition du chef de corps, accompagnée de l'avis du général commandant la division et de l'approbation du général commandant en chef, un secours, une fois payé, aux veuves et aux orphelins des sous-officiers, brigadiers et cavaliers indigènes récemment décédés.

Art. 37. — Le ministre de la guerre peut également, dans des cas exceptionnels, et pour venir en aide à la masse de secours d'un régiment de spahis, prélever sur les fonds de la même masse des autres régiments telle somme qu'il juge nécessaire.

Art. 38. — Le prix des médicaments fournis aux sous-officiers, brigadiers et spahis indigènes ou à leur famille peut être imputé à la masse de secours sur la proposition des conseils d'administration et d'après une autorisation spéciale du ministre.

Art. 39. — La nourriture des chevaux, qu'ils appartiennent aux Français ou aux indigènes, est assurée en nature par les soins de l'administration dans toutes les positions où peuvent se trouver les spahis. Toutefois, les généraux commandant les divisions, tenant compte des difficultés d'exécution du service ou de certaines circonstances qui motiveraient une dérogation au principe, pourront, après avoir obtenu l'approbation du général commandant le 19ᵉ corps d'armée, faire allouer une indemnité représentative en remplacement des rations en nature. Le taux de cette indemnité sera fixé périodiquement par le ministre.

CHAPITRE IV. — *Armement. — Habillement. — Harnachement.*

Art. 40. — Le tableau C, annexé au présent décret, détermine : 1° l'armement des officiers et de la troupe; 2° l'uniforme des officiers, sous-officiers, brigadiers et spahis, ainsi que les insignes des grades; 3° le harnachement des officiers et de la troupe.

CHAPITRE V. — *Dispositions générales et transitoires.*

Art. 41. — La masse des fourrages est supprimée dans chacun des régiments de spahis; l'avoir de cette masse sera versé au Trésor.

Art. 42. — La masse des smalas et la masse de construction des bordjs sont également supprimées dans chaque régiment de spahis. L'avoir de ces masses, après le prélèvement à opérer, en exécution de l'article 33 ci-dessus, sera versé au Trésor, mais seulement le jour où les fonds seront mis à la disposition du ministre de la guerre pour l'entretien des bâtiments existants et pour les constructions jugées nécessaires pour l'établissement des escadrons. Jusqu'à cette époque, tout ou partie de cet avoir sera affecté, par le département de la guerre, aux constructions nouvelles et aux travaux d'entretien.

Art. 43. — Les bordjs et leurs annexes actuellement existants seront classés comme établissements militaires et entretenus par le département de la guerre. Leur mobilier sera également versé à l'État par les comités d'administration de spahis. Le département de la guerre pourvoira à son entretien et à son remplacement.

Art. 44. — Les terrains dont disposent actuellement les régiments de spahis sont et demeurent affectés au département de la guerre pour recevoir la même destination. Ces terrains ne pourront être remis au domaine qu'avec l'approbation du ministre de la guerre.

Art. 45. — Après un concert préalable avec le gouverneur général de l'Algérie, de nouveaux terrains, situés en territoire militaire, pourront, par voie d'échange et d'affectation nouvelle, être mis à la disposition du département de la guerre pour l'établissement des spahis, ainsi qu'il est dit aux articles 3 et 6 du présent décret.

Art. 46. — En cas de déplacement d'un ou de plusieurs escadrons de spahis, les terrains abandonnés qui ne seraient pas employés aux échanges prévus par l'article précédent, feront retour au domaine. Les constructions qui y auront été élevées suivront le sort de ces terrains.

Art. 47. — Les officiers, les sous-officiers et les brigadiers, dont les emplois se trouvent supprimés par le présent décret, seront mis à la suite pour être replacés d'après les règles en vigueur.

Art. 48. — Sont et demeurent abrogées toutes dispositions contraires au présent décret.

13 mars 1875.

Loi sur la constitution des cadres de l'armée, comprenant trois régiments de spahis à six escadrons.

Armes.

12 décembre 1851.

Décret relatif à la vente d'armes et de munitions de guerre aux indigènes (B. 402).

Art. 1. — Sont interdits la vente aux indigènes et l'achat par ceux-ci, d'armes, plomb, pierres à feu, poudre, soufre, salpêtre, ou de toutes autres substances pouvant servir de munitions de guerre ou remplacer la poudre.

Néanmoins, la vente et l'achat de ces objets seront permis à ceux qui auront obtenu une autorisation spéciale.

Cette autorisation, qui devra rester entre les mains, soit du vendeur, soit de l'acheteur, sera délivrée par le chef de l'administration civile, dans les localités où il existe un bureau arabe départemental, et de l'avis de ce bureau, mais seulement aux indigènes relevant de sa juridiction. Dans toutes les autres localités, cette autorisation sera délivrée par le commandant du cercle ou de la subdivision.

Les autorités civiles seront tenues de faire connaître aux commandants des divisions militaires les autorisations qu'elles auront délivrées.

Art. 2. — (Abrogé par le décret du 23 septembre 1872, qui a promulgué la loi du 24 mai 1834).

Art. 3. — La circulation des armes et autres objets énumérés en l'article 1, la proposition de vente et celle d'achat seront punies comme la vente et l'achat consommés.

Art. 4. — La simple détention, par un indigène, de munitions de guerre ou autres substances et matières énumérées en l'article 1, sans autorisation préalable, ou dépassant, par sa quantité, l'autorisation donnée, sera punie des peines édictées en l'article 2.

Art. 5. — Les armes, munitions de guerre, poudre, soufre, salpêtre et toutes autres matières pouvant servir à fabriquer la poudre saisis, dans le cas de contravention au présent décret, seront confisqués. Il en sera de même des moyens de transport.

Art. 6. — Toutes dispositions contraires à celles du présent décret sont et demeurent abrogées.

7 juin 1852.

Arrêté relatif aux étrangers porteurs d'armes prohibées (B. 414).

Article unique. — Les étrangers trouvés porteurs d'armes prohibées seront expulsés de l'Algérie.

Cette mesure ne s'appliquera, à l'égard de ceux contre lesquels des poursuites judiciaires seront exercées, qu'à l'expiration des peines prononcées contre eux, conformément à la législation en vigueur.

7 octobre 1871.

Décret qui promulgue la loi du 10 juin 1871 sur le commerce et la fabrication des armes de guerre (B. O. 380).

23 septembre 1872.

Décret promulguant les lois des 24 mai 1834 et 14 juillet 1860 (B. O. 452).

Art. 1. — La loi du 24 mai 1834, sur les détenteurs d'armes ou de munitions de guerre, et la loi du 14 juillet 1860, sur la fabrication et le commerce des armes de guerre, remises en vigueur par la loi du 9 juin 1871, sont rendues exécutoires en Algérie; à cet effet, elles seront publiées et promulguées à la suite du présent décret, qui sera inséré au *Bulletin des lois*.

11 décembre 1872.

Arrêté du gouverneur général relatif à l'autorisation pour les colons et les indigènes de détenir des armes (B. O. 452.)

Vu le décret du 23 septembre 1872;

Considérant que ledit décret, en promulguant la loi du 24 mai 1834, visée par le décret du 12 décembre 1851, n'abroge aucune disposition des lois et décrets antérieurement en vigueur;

Considérant, toutefois, que l'affirmation de l'applicabilité en Algérie de la loi du 24 mai 1834, peut faire naître des doutes sur la légalité de la détention actuelle, par certains individus, d'armes et de munitions de guerre;

Considérant que les articles 2 et 3 de la loi du 24 mai 1834, soumettent à différentes peines les individus qui, sans y être *également autorisés*, auront détenu des armes ou des munitions de guerre;

Qu'il importe, par conséquent, de préciser les conditions de l'autorisation légale prévue par les articles précités;

Le conseil de Gouvernement entendu;

Art. 1. — Continueront, sur leur demande, et partout où besoin sera, à être autorisés à détenir, dans leur domicile, les armes et munitions de guerre jugées nécessaires par le commandant territorial, pour assurer leur défense et celle de leur famille et la sécurité de leur demeure, tous colons français, d'origine européenne qui, réunissant les conditions requises pour l'obtention d'un port d'armes, résident en dehors de l'action protectrice de toute force armée, soit dans des fermes isolées, soit même dans des centres dépourvus de garnison.

La même autorisation pourra être accordée aux ouvriers employés sur des chantiers isolés ou dans des exploitations industrielles ou forestières.

Pour être admis à jouir du bénéfice de ces dispositions, les colons étrangers d'origine européenne devront produire, pour la période antérieure à leur arrivée dans la colonie, un certificat de leur consul, et, pour la période postérieure, un certificat du maire de leur résidence affirmant qu'ils ne se sont mis dans aucun des cas qui, aux termes de la loi française, entraînent l'interdiction du port d'armes, et que leur moralité présente des garanties suffisantes contre tout abus.

Art. 2. — Les armes et munitions de guerre détenues en vertu des dispositions de l'article précédent seront marquées et enregistrées sur un contrôle signalétique, tenu par les soins du commandant territorial. Les détenteurs devront les représenter à tous délégués du commandement, chaque fois qu'ils les requerront, en se présentant à leur domicile.

En cas de non représentation de tout ou partie des armes, de non justification d'emploi de tout ou partie des munitions, procès-verbal sera dressé et transmis au commandant territorial, qui appréciera, s'il y a lieu, de retirer l'autorisation, et au parquet du procureur de la République, pour telle suite que de droit.

Art. 3. — Les indigènes dont le désarmement n'a pas été prononcé par mesure de haute police resteront en possession de leurs armes de guerre arabes ou kabyles; mais, sauf le cas d'incorporation dans un corps français, il ne pourra leur être délivré d'autorisation pour détenir légalement aucune des armes en usage dans les armées régulières d'Europe ou d'Amérique.

Pour régulariser leur position, lesdits indigènes devront, dans un délai de trois mois à partir du jour de la publication du présent arrêté, présenter leurs armes et munitions à l'autorité militaire de leur circonscription, justifier qu'ils n'appartiennent à aucune collectivité dont le désarmement ait été prescrit, et, en outre, qu'ils ne se sont mis dans aucun cas d'interdiction de port d'armes.

Cette justification admise, ils seront immatriculés sur le contrôle signalétique des hommes armés de leur douar, tribu ou commune, pour le service des goums et maghzen. Leurs armes seront enregistrées et poinçonnées, et il sera délivré aux détenteurs un certificat d'immatriculation sur parchemin, reproduisant leur signalement et la description sommaire des armes et munitions qu'ils auront été légalement autorisés à conserver.

Après l'expiration du délai de trois mois, aucune immatriculation nouvelle ne sera faite avant que les effectifs des goums et maghzen maintenus n'aient été ramenés aux chiffres fixés par les arrêtés du gouverneur qui interviendront pour régler ces matières.

Art. 4. — Les goums et maghzen ne se réunissent et ne prennent les armes qu'en exécution des ordres du commandant français, qui pourvoit en même temps à leur commandement.

Le commandant français détermine également les mesures de protection nécessaires pour assurer la sécurité des migrations de tribus nomades et des caravanes de commerce.

Art. 5. — En dehors de ces conditions spéciales, ou d'un service commandé, il est interdit aux indigènes de circuler en armes, et notamment de paraître armés dans les foires, marchés et autres lieux de rassemblement.

Art. 6. — Les certificats d'immatriculation sont valables pour un an, à partir du jour de leur délivrance. Ils peuvent être prorogés par visas d'année en année. — Le prix du certificat, fixé à 1 franc, est versé au moment de sa délivrance, à la caisse de la commune subdivisionnaire ou de la commune indigène chargée de solder toutes les dépenses occasionnées par l'immatriculation et le poinçonnage des armes. — Les visas sont gratuits.

Art. 7. — Toute infraction aux dispositions précédentes entraîne la radiation du contrôle des hommes armés, le désarmement et le retrait du certificat d'immatriculation, sans préjudice des peines encourues aux termes de la législation en vigueur.

Assistance Judiciaire.

2 mars 1859.

Décret contenant règlement spécial (B. M. 10.)

Art. 1. — L'assistance judiciaire est accordée aux indigents, en Algérie, dans les cas prévus par le présent règlement.

TITRE I.
DE L'ASSISTANCE JUDICIAIRE EN MATIÈRE CIVILE.

CHAPITRE 1. — *Des formes dans lesquelles l'assistance judiciaire est accordée.*

Art. 2. — L'admission à l'assistance judiciaire devant les tribunaux civils, les tribunaux de commerce, les juges de paix, les commissaires civils et les juges militaires, est prononcée par un bureau spécial, établi au chef-lieu judiciaire de chaque arrondissement, et composé : — 1° Du procureur impérial près le tribunal de 1re in-

stance ou de son substitut; — 2° Du directeur de l'enregistrement et des domaines ou d'un agent de cette administration délégué par lui; — 3° D'un délégué du préfet; — 4° De deux autres membres pris parmi les anciens magistrats, les avocats ou anciens avocats, les défenseurs ou anciens défenseurs, les avoués ou anciens avoués, les notaires ou anciens notaires, et qui seront nommés par le tribunal civil.

Art. 3. — Le bureau d'assistance établi près la cour d'appel est composé : — 1° D'un membre du parquet de la cour, désigné par le procureur général; — 2° De deux délégués nommés ainsi qu'il est dit dans les numéros 2 et 3 de l'article précédent; — 3° De deux autres membres parmi les anciens magistrats, les avocats ou anciens avocats, les défenseurs ou anciens défenseurs, les avoués ou anciens avoués, les notaires ou anciens notaires, et qui seront nommés, en assemblée générale, par la cour.

Art. 4. — Lorsqu'un musulman réclame l'assistance judiciaire devant un tribunal français, un des assesseurs musulmans en fonctions au chef-lieu d'arrondissement est adjoint au bureau avec voix délibérative. Cet assesseur est désigné par le procureur impérial, si l'affaire doit être portée devant le tribunal civil, le tribunal de commerce, le juge de paix, le commissaire civil ou devant un juge militaire. — Lorsque le procès ressortit à la cour d'appel, cette désignation est faite par le procureur général.

Art. 5. — Lorsque le nombre des affaires l'exige, le bureau peut, en vertu d'une décision du prince chargé du ministère de l'Algérie et des colonies, prise sur l'avis du tribunal ou de la cour, être divisé en plusieurs sections. — Dans ce cas, les règles prescrites par les articles 2 et 3, relativement au nombre des membres du bureau et à leur nomination, s'appliquent à chaque section.

Art. 6. — Le bureau d'assistance, ou la section, est présidé par le membre du parquet présent à la séance, et, à son défaut, par celui de ses membres que le bureau ou la section désigne. Les fonctions de secrétaire sont remplies par le greffier de la juridiction près laquelle il est établi, ou par un de ses commis assermentés. — Le bureau ne peut délibérer qu'au nombre de trois membres au moins, non compris le secrétaire qui n'a pas voix délibérative. — Les décisions sont prises à la majorité; en cas de partage, la voix du président est prépondérante.

Art. 7. — Les membres du bureau, nommés par le tribunal ou par la cour, sont soumis au renouvellement, au commencement de chaque année judiciaire et dans le mois qui suit la rentrée; les membres sortants peuvent être réélus.

Art. 8. — Toute personne qui réclame l'assistance adresse sa demande sur papier libre au procureur impérial du tribunal de son domicile. Ce magistrat **la soumet au bureau établi près ce** tribunal. Si le tribunal n'est pas compétent pour statuer sur le litige, le bureau se borne à recueillir des renseignements, tant sur l'indigence que sur le fonds de l'affaire. Il peut entendre les parties. Si elles ne sont pas accordées, il transmet, par l'intermédiaire du procureur impérial, la demande, le résultat de ses informations et les pièces, au bureau établi près la juridiction compétente.

Art. 9. — Si la juridiction devant laquelle l'assistance a été admise se déclare incompétente, et que, par suite de cette décision, l'affaire soit portée devant une autre juridiction de même nature et de même ordre, le bénéfice de l'assistance subsiste devant cette dernière juridiction. — Celui qui a été admis à l'assistance judiciaire devant une première juridiction continue à en jouir sur l'appel interjeté contre lui, dans le cas même où il se rendrait incidemment appelant. Il continue pareillement à en jouir sur le pourvoi en cassation formé contre lui. — Lorsque c'est l'assisté qui émet un appel principal ou qui forme un pourvoi en cassation, il ne peut, sur cet appel ou sur ce pourvoi, jouir de l'assistance qu'autant qu'il y est admis par une décision nouvelle. Pour y parvenir, il doit adresser sa demande, savoir : — S'il s'agit d'un appel à porter devant le tribunal civil, au procureur impérial près ce tribunal; — S'il s'agit d'un appel à porter devant la cour impériale, au procureur général près cette cour; — S'il s'agit d'un pourvoi en cassation, au procureur général près la cour de cassation. — Le magistrat à qui la demande est adressée en fait la remise au bureau compétent.

Art. 10. — Quiconque demande à être admis à l'assistance judiciaire doit fournir : — 1° Un extrait du rôle de ses contributions ou un certificat du receveur de son domicile constatant qu'il n'est pas imposé; — 2° Une déclaration constatant qu'il est, à raison de son indigence, dans l'impossibilité d'exercer ses droits en justice, et contenant l'énumération détaillée de ses moyens d'existence, quels qu'ils soient. — Le réclamant affirme la sincérité de sa déclaration devant le maire ou l'adjoint au maire de la commune de son domicile; dans les localités où il n'existe pas de maire, devant le fonctionnaire faisant fonction d'officier de l'état civil, si le réclamant est européen ou israélite; devant le cadi, si le réclamant est musulman; à défaut de cadi dans la localité, devant l'officier des affaires arabes. — Le maire ou le fonctionnaire qui le remplacera pour ce cas, donnera acte au réclamant de son affirmation au bas de sa déclaration.

Art. 11. — Le bureau prend toutes les informations nécessaires pour s'éclairer sur l'indigence du demandeur, si l'instruction déjà faite par le bureau du domicile du demandeur, dans le cas prévu par l'article 8, ne lui fournit pas, à cet égard, des documents suffisants. — Il donne avis à la partie adverse qu'elle peut se présenter devant lui, soit pour contester l'indigence, soit

pour fournir des explications sur le fond. — Si elle comparaît, le bureau emploie ses bons offices pour opérer un arrangement amiable.

Art. 12. — Les décisions du bureau ne contiennent que l'exposé sommaire des faits et des moyens, et la déclaration que l'assistance est accordée ou qu'elle est refusée, sans expression de motifs. — Les décisions du bureau ne sont susceptibles d'aucun recours. — Néanmoins, le procureur général, après avoir pris communication de la décision d'un bureau établi près le tribunal civil et des pièces à l'appui, peut, sans retard de l'instruction ni du jugement, déférer cette décision au bureau d'assistance établi près la cour impériale, pour être réformée s'il y a lieu. — Le procureur général près la cour de cassation et le procureur général près la cour impériale peuvent aussi : à faire envoyer les décisions des bureaux d'assistance qui ont été rendues dans une affaire sur laquelle le bureau d'assistance établi près de l'une ou de l'autre de ces cours est appelé à statuer, si ce dernier bureau en fait la demande. — Hors les cas prévus par les deux paragraphes précédents, les décisions du bureau ne peuvent être communiquées qu'à la personne qui a demandé l'assistance et à ses conseils; le tout sans déplacement. — Elles ne peuvent être produites ni discutées en justice, si ce n'est devant la police correctionnelle, dans le cas prévu par l'article 26 du présent règlement.

CHAP. II. — *Des effets de l'assistance judiciaire.*

Art. 13. — Dans les trois jours de l'admission à l'assistance judiciaire, le procureur impérial envoie au président de la cour ou du tribunal, au juge de paix, au commissaire civil ou au juge militaire, un extrait de la décision portant seulement que l'assistance est accordée; il y joint les pièces de l'affaire. — Si la cause est portée devant la cour ou le tribunal civil, le président invite le bâtonnier de l'ordre des avocats, le président de la chambre des défenseurs ou des avoués et le syndic des huissiers à désigner l'avocat, le défenseur ou l'avoué et l'huissier qui prêteront leur ministère à l'assisté. — S'il n'existe pas de bâtonnier, ou s'il n'y a pas de chambre de discipline des défenseurs, avoués ou huissiers, la désignation est faite par le président du tribunal. — Si la cause est portée devant un tribunal de commerce ou devant un juge de paix, le président du tribunal ou le juge de paix invite le syndic des huissiers à désigner un huissier. Dans les localités où il n'existera pas de syndic, cette désignation sera faite par le juge de paix. — Si la cause est portée devant un commissaire civil, ou un juge militaire, les actes du ministère des huissiers seront faits par l'agent qui en remplit les fonctions. — Dans le même délai de trois jours, le secrétaire envoie un extrait de la décision au receveur de l'enregistrement.

Art. 14. — L'assisté est dispensé provisoirement du payement des sommes dues au trésor pour droit de timbre, d'enregistrement et de greffe, ainsi que de toute consignation d'amende. — Il est aussi dispensé provisoirement du payement des sommes dues aux greffiers ou aux officiers ministériels et aux avocats pour droits, émoluments et honoraires. — Les actes de la procédure faite à la requête de l'assisté sont visés pour timbre et enregistrés en débet. — Le visa pour timbre est donné sur l'original au moment de son enregistrement. — Les actes et titres produits par l'assisté pour justifier de ses droits et qualités sont pareillement visés pour timbre et enregistrés en débet. — Si ces actes et titres sont du nombre de ceux dont les lois ordonnent l'enregistrement dans un délai déterminé, les droits d'enregistrement deviennent exigibles immédiatement après le jugement définitif; il en est de même des sommes dues pour contraventions aux lois sur le timbre. — Si ces actes et titres ne sont pas du nombre de ceux dont les lois ordonnent l'enregistrement dans un délai déterminé, les droits d'enregistrement de ces actes et titres sont assimilés à ceux des actes de la procédure. — Le visa pour timbre et l'enregistrement en débet doivent mentionner la date de la décision qui admet au bénéfice de l'assistance; ils n'ont d'effet, quant aux actes et titres produits par l'assisté, que pour le procès dans lequel la production a eu lieu. — Les frais de transport des juges, des officiers ministériels et experts, les honoraires de ces derniers et les taxes des témoins dont l'audition a été autorisée par le tribunal ou le juge commissaire, sont avancés par le trésor, conformément à l'article 118 du décret du 18 juin 1811. Le paragraphe 6 du présent article s'applique au recouvrement de ces avances.

Art. 15. — Le ministère public est entendu dans toutes les affaires dans lesquelles l'une des parties a été admise au bénéfice de l'assistance.

Art. 16. — Les notaires, greffiers, interprètes, traducteurs et tous les dépositaires publics ne sont tenus à la délivrance ou à la traduction gratuite des actes et expéditions réclamés par l'assisté, que sur une ordonnance du président, du juge de paix, du commissaire civil ou du juge militaire. — Les assesseurs musulmans n'auront provisoirement droit à aucune vacation dans les affaires où il y aura lieu à l'assistance judiciaire, sauf ce qui est dit à l'article 14, en cas de transport.

Art. 17. — En cas de condamnation aux dépens prononcée contre l'adversaire de l'assisté, la taxe comprend tous les droits, frais de toute nature, honoraires et émoluments auxquels l'assisté aurait été tenu s'il n'y avait pas eu assistance judiciaire.

Art. 18. — Dans le cas prévu par l'article précédent, la condamnation est prononcée et l'exécutoire est délivré au nom de l'administration de l'enregistrement et des domaines, qui en poursuit le recouvrement comme en matière d'enregistrement. — Il est délivré un exécutoire séparé au nom de l'administration de l'enregistrement et des domaines pour les droits qui, n'étant pas compris dans l'exécutoire délivré contre la partie adverse, restent dus par l'assisté au trésor, conformément au paragraphe 6 de l'article 14. — L'administration de l'enregistrement et des domaines fait immédiatement aux divers ayants droit la distribution des sommes recouvrées. — La créance du trésor pour les avances qu'il a faites, ainsi que pour tous droits de greffe, d'enregistrement et de timbre, a la préférence sur celle des autres ayants droit.

Art. 19. — En cas de condamnation aux dépens prononcée contre l'assisté, il est procédé, conformément aux règles tracées par l'article précédent, au recouvrement des sommes dues au trésor, en vertu des paragraphes 6 et 9 de l'article 14.

Art. 20. — Les greffiers sont tenus de transmettre, dans le mois, au receveur de l'enregistrement, l'extrait du jugement de condamnation ou l'exécutoire, sous peine de 10 francs d'amende pour chaque extrait de jugement ou chaque exécutoire non transmis dans ledit délai.

CHAP. III. — *Du retrait de l'assistance judiciaire.*

Art. 21. — Devant toutes les juridictions, le bénéfice de l'assistance peut être retiré en tout état de cause, soit avant, soit même après le jugement : — 1° S'il survient à l'assisté des ressources reconnues suffisantes; — 2° S'il a surpris la décision du bureau par une déclaration frauduleuse.

Art. 22. — Le retrait de l'assistance peut être demandé, soit par le ministère public, soit par la partie adverse. — Il peut être aussi prononcé d'office par le bureau. — Dans tous les cas, il est motivé.

Art. 23. — L'assistance judiciaire ne peut être retirée qu'après que l'assisté a été entendu ou mis en demeure de s'expliquer.

Art. 24. — Le retrait de l'assistance judiciaire a pour effet de rendre immédiatement exigibles les droits, honoraires, émoluments et avances de toute nature dont l'assisté avait été dispensé. — Dans tous les cas où l'assistance judiciaire est retirée, le secrétaire du bureau est tenu d'en informer immédiatement le receveur de l'enregistrement, qui procédera au recouvrement et à la répartition suivant les règles tracées en l'art. 18 ci-dessus.

Art. 25. — L'action tendant au recouvrement de l'exécutoire délivré à la régie de l'enregistrement et des domaines, soit contre l'assisté, soit contre la partie adverse, se prescrit par dix ans. — La prescription de l'action de l'adversaire de l'assisté contre celui-ci, pour les dépens auxquels il a été condamné envers lui, reste soumise au droit commun.

Art. 26. — Si le retrait de l'assistance a pour cause une déclaration frauduleuse de l'assisté, relativement à son indigence, celui-ci peut, sur l'avis du bureau, être traduit devant le tribunal de police correctionnelle et condamné, indépendamment du payement des droits et frais de toute nature dont il avait été dispensé, à une amende égale au montant de ces droits et frais, sans que cette amende puisse être au-dessous de 100 francs, et à un emprisonnement de huit jours au moins et six mois au plus. — L'article 463 du Code pénal est applicable.

TITRE II.

DE L'ASSISTANCE JUDICIAIRE EN MATIÈRE CRIMINELLE ET CORRECTIONNELLE.

Art. 27. — Il est pourvu à la défense des accusés devant les cours d'assises, conformément aux dispositions de l'article 294 C. inst. crim.

Art. 28. — Les présidents des tribunaux correctionnels désignent un défenseur d'office aux prévenus poursuivis à la requête du ministère public, ou détenus préventivement, lorsqu'ils en font la demande, et que leur indigence est constatée, soit par les pièces désignées dans l'article 10, soit par tous autres documents.

Art. 29. — Les présidents des cours d'assises et les présidents des tribunaux correctionnels peuvent, même avant le jour fixé pour l'audience, ordonner l'assignation des témoins qui leur sont indiqués par l'accusé ou le prévenu indigent, dans le cas où la déclaration de ces témoins serait jugée utile pour la découverte de la vérité. — Peuvent être également ordonnées d'office toutes productions et vérifications de pièces. — Les mesures ainsi prescrites sont exécutées à la requête du ministère public.

18 août 1876.

Décision ministérielle portant que l'assistance judiciaire ne doit être accordée aux étrangers résidant en France que dans le cas où une convention diplomatique intervenue entre leur pays d'origine et la France a stipulé la réciprocité en matière d'assistance judiciaire.

Aucune convention de cette nature n'est intervenue entre l'empire d'Allemagne et la France.

(B. Ministère de la justice, 1876, p. 197.)

Les États avec lesquels des conventions ont été conclues sont les suivants :

Suisse, 15 juin 1869; — Italie, 19 février 1870; — Bavière, 11 mars 1870; — grand-duché de Luxembourg, 22 mars 1870; — Belgique, 22 mars 1870.

Association internationale.

14 mars 1872.

Loi qui déclare constituer un attentat contre la paix publique toute association internationale qui, sous quelque dénomination que ce soit, aura pour but de provoquer la suspension du travail, l'abolition du droit de propriété, de la famille, de la patrie, de la religion et du libre exercice des cultes (B. G. 411).

Associations syndicales.

31 octobre 1866.

Décret promulguant en Algérie la loi du 21 juin 1865 sur les associations syndicales (B. G. 308).

Art. 1. — Est applicable à l'Algérie la loi du 21 juin 1865 sur les associations syndicales, sous les modifications suivantes :

1° Dans le cas prévu par l'article 18 de la loi précitée (celui où l'exécution des travaux exécutés par les associations syndicales exigerait l'expropriation de terrains pour cause d'utilité publique) l'utilité publique est déclarée et les indemnités dues pour expropriation sont réglées conformément à la législation spéciale de l'Algérie;

2° Le gouverneur général exerce, conformément aux décrets des 10 décembre 1860 et 7 juillet 1864, les pouvoirs attribués par la loi du 21 juin 1865 au ministère de l'agriculture, du commerce et des travaux publics.

Attroupements.

27 juillet 1849.

Promulgation, sans modification, de la loi du 7 juin 1848 sur les attroupements (B. 326).

Aumônerie militaire.

20 mai 1874.

Loi qui organise le service religieux dans l'armée, non promulguée, mais appliquée comme concernant l'administration militaire (B. Lois XII. 3073).

Avocats.

Aux termes de l'arrêté ministériel du 26 novembre 1841, les avocats ne pouvaient plaider devant les tribunaux de l'Algérie qu'en vertu d'une autorisation spéciale du ministre de la guerre. Un arrêté du 16 avril 1848 modifia cet état de choses, et déclara que la profession d'avocat serait exercée au même titre et soumise aux mêmes règles de discipline qu'en

France. Cet arrêté accorda néanmoins aux défenseurs le droit de plaider.

Le gouvernement de la Défense nationale sépara, le 24 octobre 1870, la plaidoirie de la postulation; mais son décret a été rapporté, le 12 décembre 1871, par une loi de l'Assemblée nationale; et, par suite, l'arrêté du 16 avril 1848 a repris toute sa force.

Les lois qui régissent l'ordre des avocats dans la métropole se trouvent ainsi applicables en Algérie; les décrets du 22 mars 1852 sur les conseils de discipline et du 10 mars 1870 sur l'élection du bâtonnier, sont exécutoires, quoique n'ayant pas été spécialement promulgués, et, en fait, ils y reçoivent leur exécution.

16 avril 1848.

Arrêté du gouverneur qui institue l'ordre des avocats (B. 372).

Art. 1. — Il sera formé près la cour d'appel d'Alger et près les tribunaux de son ressort un tableau des avocats.

Art. 2. — La profession d'avocat y sera exercée au même titre, aux mêmes conditions et soumise aux mêmes règles de discipline qu'en France.

Art. 3. — Le premier tableau des avocats sera dressé et arrêté par la Cour d'appel, sur l'avis du procureur général, et pour les tribunaux du ressort, sur l'avis du commissaire du gouvernement près les tribunaux.

Art. 4. — Si, dans les six mois de la formation de ce premier tableau, le nombre des avocats inscrits le permet, il sera procédé à la formation du tableau, à la nomination du bâtonnier et du conseil de discipline, conformément aux dispositions de l'ordonnance du 27 août 1830.

Art. 5. — Jusqu'à ce qu'il ait été statué ou ordonné autrement, les défenseurs actuellement en exercice en Algérie, continueront concurremment avec les avocats inscrits au tableau, de jouir du droit de plaider devant la cour et les tribunaux; ils rempliront en outre provisoirement les fonctions d'avoués.

Art. 6. — Le présent arrêté sera soumis à l'approbation de M. le ministre de la guerre et provisoirement exécuté.

B

Banque de l'Algérie.

4 août 1851.

Loi qui institue à Alger une banque d'escompte, de circulation et de dépôt sous la désignation de Banque de l'Algérie (B. 391).

13 août 1853.

Décret portant règlement sur les opérations et l'administration des succursales de la Banque de l'Algérie (non promulgué).

TITRE I.

DES SUCCURSALES ET DE LEURS OPÉRATIONS.

Art. 1. — Les succursales de la Banque de l'Algérie sont sous la direction immédiate de cette Banque.

Art. 2. — Les comptes des succursales font partie de ceux qui doivent être rendus au gouvernement et aux actionnaires de la Banque.

Art. 3. — Le compte des profits et pertes est réglé tous les six mois dans chaque succursale, et le solde est porté au compte de la Banque.

Art. 4. — Les dépenses annuelles de chaque succursale sont arrêtées par le conseil d'administration de la Banque.

Art. 5. — Les opérations des succursales sont les mêmes que celles de la Banque. Elles sont exécutées sous les conditions et dans les limites déterminées par le conseil d'administration de la Banque.

Art. 6. — Les succursales ne peuvent faire entre elles aucune opération sans une autorisation expresse du conseil d'administration de la Banque.

Art. 8. — Les succursales émettent les mêmes billets que la Banque; ces billets sont frappés d'un timbre indiquant le nom de la succursale à la circulation de laquelle ils appartiennent.

Art. 9. — Les billets émis par chaque succursale sont payables à la caisse de cette succursale. — Néanmoins, ils peuvent être remboursés à Alger par la Banque, lorsque le conseil d'administration le juge convenable. — Les billets émis à Alger peuvent également être remboursés par les succursales, avec l'autorisation du conseil d'administration et aux conditions qu'il détermine.

Art. 10. — Les effets publics sur lesquels les succursales ont fait des avances, ou qu'elles ont admis à titre de garantie, sont transférés au nom de la Banque de l'Algérie. — Les arrérages de ces effets sont payés aux caisses des succursales.

TITRE II.

DE L'ADMINISTRATION DES SUCCURSALES

Du conseil d'administration.

Art. 12. — Le conseil d'administration surveille toutes les parties de l'établissement. — Il arrête les règlements intérieurs, sauf les modifications qui peuvent y être apportées par le conseil d'administration de la Banque. — Il fixe, sous l'approbation du même conseil, les sommes à employer aux escomptes et aux avances. — Il propose l'état annuel des dépenses de la succursale. — Il veille à ce que la succursale ne fasse d'autres opérations que celles qui sont permises par les statuts et qui sont autorisées par la Banque.

Art. 13. — Il est tenu registre des délibérations du conseil d'administration. — Le procès-verbal, approuvé par le conseil, est signé par le directeur et par l'administrateur qui remplit les fonctions de secrétaire.

Art. 14. — Le conseil d'administration se réunit, au moins deux fois par mois, sous la présidence du directeur. — Il se réunit extraordinairement toutes les fois que le directeur le juge nécessaire ou que la demande en est faite par deux administrateurs ou deux censeurs.

Art. 15. — Aucune délibération n'est valable sans le concours du directeur et de la moitié des administrateurs, et la présence de l'un au moins des censeurs. — Le directeur et les administrateurs ont voix délibérative. — En cas de partage, la voix du directeur est prépondérante. — Les censeurs n'ont que voix consultative.

Du comité d'escompte.

Art. 16. — Le conseil d'administration est assisté d'un comité d'escompte. Ce comité est choisi par le conseil d'administration, auquel il est adjoint pour cette nomination, suivant l'importance de la succursale, de dix à seize notables commerçants de la place, actionnaires de la Banque. —

Ces notables commerçants sont désignés, chaque année, par le conseil d'administration de la Banque, sur une liste générale arrêtée par le conseil de la succursale.

Art. 17. — Le comité se compose du directeur, président; de deux administrateurs et de deux à quatre membres pris parmi les notables commerçants précédemment désignés. — Tous les membres du comité d'escompte ont voix délibérative. — Les décisions du comité ne peuvent être prises qu'autant que la moitié des membres au moins y a concouru.

Art. 18. — Le comité d'escompte est exclusivement chargé d'examiner et d'admettre ou de rejeter toute valeur présentée à l'escompte. — En cas de partage, le rejet est prononcé. — Les bordereaux d'admission ou de rejet des valeurs présentées à l'escompte sont signés par tous les membres qui ont assisté à la réunion du comité.

Du directeur.

Art. 19. — Le directeur de chaque succursale est nommé par décret impérial sur la proposition du ministre des finances. — Son traitement est fixé par le ministre des finances et payé par la Banque. — En entrant en fonctions, le directeur est tenu de justifier qu'il est propriétaire de quinze actions de la Banque. — Ces actions doivent être libres et demeurent affectées à la garantie de sa gestion. — Il ne peut être révoqué que par un décret impérial, rendu sur le rapport du ministre des finances. — Il peut être suspendu par le ministre des finances. — En cas d'urgence, il peut être suspendu par le directeur de la Banque, qui rend compte immédiatement au ministre des finances. Cette suspension n'est maintenue qu'autant qu'elle a été, dans le délai d'un mois au plus, confirmée par le ministre.

Art. 20. — Le directeur exécute ou fait exécuter les délibérations du conseil d'administration de la succursale, en se conformant aux instructions transmises par la direction de la Banque. — Il dirige les bureaux, signe la correspondance, ainsi que les acquits ou endossements d'effets, les traites ou mandats à ordre. — Nulle délibération ne peut être exécutée si elle n'est revêtue de la signature du directeur. — Aucune opération d'escompte ou d'avance ne peut être faite sans son approbation.

Art. 21. — Le directeur ne peut faire aucun commerce ni s'intéresser dans aucune entreprise commerciale. — Aucun effet ou engagement revêtu de sa signature ne peut être admis à l'escompte.

Art. 22. — En cas de mort, de maladie ou autre empêchement du directeur, le conseil d'administration nomme un de ses membres pour en remplir provisoirement les fonctions, jusqu'à ce qu'il ait été pourvu à l'intérim par le directeur de la Banque.

Des administrateurs et des censeurs.

Art. 23. — Les administrateurs et les censeurs es succursales sont nommés par le conseil d'administration de la banque.

Art. 24. — En entrant en fonctions, ils sont tenus de justifier de la propriété de cinq actions ui doivent être libres et demeurent inaliénables endant la durée de leurs fonctions.

Art. 25. — Les administrateurs et les censeurs sont nommés pour trois ans et renouvelés par tiers chaque année. Ils peuvent être réélus. — Le sort détermine l'ordre de leur sortie de fonctions pour chacune des deux premières années.

Art. 26. — Les administrateurs et les censeurs çoivent des jetons de présence dont la valeur st fixée par l'assemblée générale des actionnaires de la banque d'Alger.

Art. 27. — Les censeurs veillent spécialement à l'exécution des statuts et des règlements; ils xercent leur surveillance sur toutes les parties de l'établissement; ils peuvent assister aux réunions du comité d'escompte; ils se font représenter l'état des caisses, les registres et le portefeuille; ils proposent toutes les mesures qu'ils croient utiles, et, si leurs propositions ne sont pas adoptées, ils peuvent en requérir la transcription sur le registre des délibérations. — Ils adressent, au moins une fois par trimestre, au conseil d'administration de la banque, un rapport sur l'exercice de leur surveillance.

TITRE III.

DISPOSITIONS GÉNÉRALES.

Art. 28. — Le directeur de la banque nomme t révoque les employés des succursales.

Art. 29. — Les appointements des employés des uccursales sont fixés par le conseil d'administration de la banque, sur la proposition du conseil l'administration des succursales.

Art. 30. — Dans chaque succursale, les actions udiciaires sont exercées au nom du conseil d'administration et à la requête du directeur de la anque, poursuites et diligences du directeur de a succursale.

Art. 31. — Les publications mensuelles imposées à la banque par l'article 30 des statuts doivent omprendre la situation des succursales.

Art. 32. — Le ministre des finances peut déléguer la haute surveillance des succursales aux nspecteurs des finances. — Ces délégués ont outes les attributions des censeurs, et correspondent directement avec lui.

13 août 1853.

écret autorisant la banque de l'Algérie à établir une succursale à Oran (non promulgué).

3 décembre 1856.

Décret portant même autorisation pour Constantine. (B. 503).

30 mars 1861.

Décret qui élève le capital de la banque à 10 millions (B. O. 8).

Art. 1. — Le capital de la banque de l'Algérie est porté de 3 à 10 millions, représentés par 20,000 actions de 500 francs chacune. — L'émission des 14,000 actions nouvelles aura lieu au fur et à mesure des besoins et en vertu de délibérations du conseil d'administration approuvées par notre ministre des finances. — Ces actions seront, en exécution de l'article 10 des statuts, attribuées, par préférence, aux propriétaires des actions déjà émises.

Art. 2. — La quotité du prélèvement ordonné par l'article 31 des statuts pour la constitution du fonds de réserve sera fixée par le conseil d'administration. Ce prélèvement ne pourra, dans aucun cas, être inférieur au tiers de l'excédant des bénéfices nets après payement, aux actionnaires, de l'intérêt à 6 p. 100 du capital par eux versé.

Art. 3. — Aussitôt que le fonds de réserve aura atteint le tiers du capital social, tout prélèvement cessera d'être opéré au profit de ce compte.

Art. 4. — La banque de l'Algérie est autorisée à ouvrir, avec l'approbation de notre ministre des finances, toutes souscriptions à des emprunts publics ou autres, et pour la réalisation de toutes sociétés anonymes, en commandite ou par actions; mais sous la réserve que ces souscriptions n'auront lieu que pour le compte des tiers.

15 janvier 1868.

Décret contenant prorogation de privilége. Statuts (B. O. 257).

Art. 1. — La durée du privilége conféré à la banque de l'Algérie est prorogée jusqu'au 1er novembre 1881.

Art. 2. — Sont approuvées les modifications apportées aux statuts de la banque d'Algérie, telles qu'elles sont contenues dans l'acte ci-annexé, passé le 8 janvier 1868, devant Me Porcellaga, notaire à Alger.

Art. 3. — Sont maintenues les dispositions du décret du 13 août 1853, sur les succursales de la banque de l'Algérie, sauf en ce qui concerne l'article 7 portant fixation du taux de l'escompte, et l'article 11 relatif aux conseils d'administration, lesquels sont modifiés conformément aux dispositions des articles 24 et 52 des statuts approuvés par le présent décret.

STATUTS.

TITRE I.

CONSTITUTION DE LA BANQUE ET NATURE DES OPÉRATIONS QUI LUI SONT DÉVOLUES.

SECTION 1. — Constitution, durée et siége de la Société.

Art. 1. — Il est établi en Algérie une banque d'escompte, de circulation et de dépôts sous la dénomination de banque de l'Algérie.

Art. 2. — Cette banque est constituée en société anonyme.

Art. 3. — Les effets de cette société remontent au 1er novembre 1851, en exécution de la loi du 4 août de la même année. — Et le privilége conféré à la banque de l'Algérie par cette loi est prorogé jusqu'au 1er novembre 1881.

Art. 4. — Le siége de la société est établi dans la ville d'Alger.

Art. 5. — Outre les succursales actuellement existantes de Constantine et d'Oran, il pourra être établi des succursales nouvelles dans les villes de l'Algérie. — Ces établissements sont créés, soit en vertu d'une délibération du conseil d'administration, soit sur l'initiative du gouverneur général de l'Algérie, par un décret de l'Empereur, rendu sur la proposition du ministre des finances, d'accord avec le ministre de la guerre et le Conseil d'État entendu. — Les créations dont le gouverneur de l'Algérie prendrait l'initiative ne peuvent excéder le nombre de trois, ni avoir lieu après le 1er novembre 1876. — Le conseil d'administration doit être appelé au préalable à fournir ses observations.

Art. 6. — Les billets sont remboursables à vue au siége de la banque et de ses succursales. La banque n'est tenue à rembourser que les billets qui lui sont effectivement représentés — Aucune action ne peut lui être intentée, en cas de perte ou de destruction par quelque cause que ce soit.

Art. 7. — Les billets émis par chaque établissement sont payables à la caisse de cet établissement; néanmoins, les billets des succursales peuvent être remboursés à Alger par la banque lorsque le conseil d'administration le trouve convenable. — Les billets de la banque d'Alger peuvent également être remboursés par les succursales, avec l'autorisation du conseil et aux conditions qu'il détermine.

Art. 8. — L'émission et l'annulation des billets payables au porteur et à vue seront déterminées par le conseil d'administration, dans les limites fixées par la loi du 4 août 1851.

SECTION 2. — Du conseil d'administration.

Art. 9. — Le capital est fixé à 10 millions fr. — (Décr. du 30 mars 1861.) — Il est représenté par 20,000 actions de 500 fr. chacune, et se trouve déjà réalisé, pour la moitié, par l'émission de 10,000 actions dont le produit a été versé et réalisé par les souscripteurs aux différentes époques d'émission. — L'émission des 10,000 actions restantes aura lieu au fur et à mesure des besoins, sur délibération du conseil d'administration, approuvée par le ministre des finances.

Art. 10. — Les actions à émettre seront attribuées, par préférence, aux propriétaires des actions déjà émises. — Aucune action ne pourra être émise au-dessous du pair.

Art. 11. — Les actions sont nominatives ou au porteur, au choix du souscripteur; elles sont inscrites sur un registre à souche, et le certificat détaché porte les signatures du directeur, d'un administrateur et d'un censeur. — Les actions au porteur peuvent être déposées à la banque en échange d'un certificat nominatif.

Art. 12. — La transmission des actions nominatives s'opère par une déclaration de transfert signée de son propriétaire ou de son fondé de pouvoir, et visée par un administrateur sur le registre à ce destiné. — S'il y a opposition signifiée à la banque, le transfert ne pourra s'opérer qu'après la levée de l'opposition. — Les titres d'actions sont indivisibles et la banque n'en reconnaît aucun fractionnement. — Les droits et obligations attachés à l'action suivent le titre, dans quelque main qu'il passe; — Et, dans leurs rapports avec la banque, les héritiers ou représentants d'un actionnaire décédé sont tenus de se faire représenter par l'un d'entre eux.

Art. 13. — En aucun cas, les héritiers ou créanciers d'un actionnaire ne peuvent, sous quelque prétexte que ce soit, provoquer l'apposition des scellés sur les biens et valeurs de la société, en demander le partage ou la licitation, ni s'immiscer en aucune manière dans son administration. Ils doivent, pour l'exercice de leurs droits, s'en rapporter aux inventaires sociaux et aux délibérations de l'assemblée générale.

SECTION 3. — Des opérations de la banque.

Art. 14. — La banque ne peut, en aucun cas et sous aucun prétexte, faire d'autres opérations que celles qui lui sont permises par les présents statuts.

Art. 15. — Les opérations de la banque consistent:

1° A escompter les lettres de change et autres effets à ordre ainsi que les traites du trésor public et des caisses publiques;

2° A escompter les obligations négociables, garanties par des récépissés de marchandises déposées dans les magasins publics agréés par l'État, par des transferts de rentes françaises ou des dépôts de lingots, de monnaies, ou de matières d'or et d'argent;

3° A prêter sur des effets publics (rentes françaises), en se conformant à la loi du 17 mai 1834, et à l'ordonnance du 15 juin suivant;

4° A recevoir en compte courant, sans intérêts, les sommes qui lui sont déposées ; à se charger pour le compte des particuliers ou pour celui des établissements publics de l'encaissement des effets qui lui sont remis, et à payer tous mandats et assignations jusqu'à concurrence des sommes encaissées ;

5° A recevoir exceptionnellement et d'après une délibération de son conseil d'administration, en comptes courants à intérêts, les fonds des grands établissements financiers ou autres pour la facilité des crédits ouverts sur ses caisses, en vue des travaux d'intérêt public et de ses dispositions par mandats sur la France ;

6° A recevoir, moyennant un droit de garde, le dépôt volontaire de tous titres, lingots, monnaies et matières d'or et d'argent ;

7° A émettre des billets payables au porteur et à vue, des billets à ordre et des traites ou mandats.

Art. 16. — La banque reçoit à l'escompte les effets à ordre, timbrés, payables en Algérie ou en France, portant la signature de deux personnes, au moins, notoirement solvables, et dont l'une, au moins, doit être domiciliée à Alger ou au siège d'une des succursales. — L'échéance de ces effets ne doit pas dépasser 100 jours de date, ou 60 jours de vue. — La banque refuse d'escompter les effets dits de circulation, créés collusoirement entre les signataires, sans cause ni valeur réelles.

Art. 17. — L'une des signatures exigées par l'article précédent peut être suppléée par la remise, soit d'un connaissement d'expédition de marchandises exportées d'Algérie, soit d'un récépissé de marchandises déposées dans des magasins publics mentionnés à l'article 15 ci-dessus. — Dans ce cas, l'échéance des effets ou obligations ne doit pas dépasser 60 jours de date. — Le débiteur a droit d'anticiper sa libération, et il lui est tenu compte, pour le temps restant à courir, des intérêts calculés au taux déterminé par le conseil d'administration. — La banque ne peut accepter, en garantie, des marchandises dont la conservation serait difficile ou onéreuse.

Art. 18. — Les effets à une signature, garantis comme il est dit ci-dessus, peuvent ne pas être stipulés à ordre.

Art. 19. — Le rapport de la valeur des objets fournis comme garantie additionnelle avec le montant des billets ou engagements qui peuvent être escomptés, dans le cas prévu par l'article 22, est déterminé par les règlements intérieurs de la banque. — Cette proportion ne peut excéder, quant aux avances sur connaissements, la moitié de la valeur de la marchandise au lieu de l'embarquement, et, quant à tous autres effets et marchandises, les deux tiers de la valeur, calculés après déduction de tous droits ou engagements.

Art. 20. — La banque est autorisée à ouvrir, avec l'approbation du ministre des finances, toutes les souscriptions à des emprunts publics ou autres, et pour la réalisation de toute société anonyme, en commandite ou par actions, mais sous la réserve que ces souscriptions n'auront lieu que pour le compte de tiers. — (Décret du 30 mars 1861.)

Art. 21. — En cas de remise d'un connaissement à ordre comme garantie conditionnelle d'un effet de commerce, la marchandise doit être régulièrement assurée.

Art. 22. — En cas de non payement d'un effet garanti par la remise d'un récépissé de marchandises, la banque peut, huit jours après le protêt ou après une simple mise en demeure, par acte extrajudiciaire, faire vendre la marchandise aux enchères et par le ministère d'un courtier, pour se couvrir jusqu'à due concurrence.

Art. 23. — Les garanties additionnelles données à la banque ne font pas obstacle aux poursuites contre les signataires des effets. Ces poursuites pourront être continuées concurremment avec celles qui auront pour objet la réalisation des gages spéciaux constitués au profit de la banque, et jusqu'à l'entier remboursement des sommes avancées, en capital, intérêts et frais.

Art. 24. — Le taux des escomptes de la banque est réglé, tant pour l'établissement principal que pour les succursales, par délibération du conseil d'administration de la banque. — Les bénéfices résultant de l'élévation du taux des escomptes au-dessus de 6 p. 100 sont portés à un compte de réserve extraordinaire.

Art. 25. — L'escompte est perçu à raison du nombre de jours à courir et même d'un seul jour. — Pour les effets payables à plusieurs jours de vue, et si ces effets sont payables hors du lieu de l'escompte, le nombre de jours de vue est augmenté d'un délai calculé suivant les distances.

Art. 26. — Les sommes qui sont versées à la banque à titre de dépôt ne portent point d'intérêt. Ces sommes peuvent être, à la volonté des propriétaires des fonds, retirées ou transportées, par virement, à un autre compte.

Art. 27. — Pour les encaissements opérés à l'extérieur, la banque est autorisée à percevoir un droit de commission qui sera fixé par le conseil d'administration.

Art. 28. — Toute personne notoirement solvable, domiciliée à Alger ou au siège d'une succursale, peut être admise à l'escompte et obtenir un compte courant. — Tout failli non réhabilité ne peut être admis à l'escompte.

Art. 29. — L'admission est prononcée par le conseil d'administration, sur demande appuyée par un de ses membres ou par deux personnes ayant des comptes courants. — Le conseil d'administration peut refuser l'ouverture d'un compte courant et l'admission à l'escompte, sans être tenu d'en donner le motif.

Art. 30. — La qualité d'actionnaire ne donne droit à aucune préférence.

Art. 31. — La banque fournit des récépissés des dépôts volontaires qui lui sont faits ; le récépissé exprime la nature et la valeur des objets déposés, le nom et la demeure du déposant, la date du jour où le dépôt a été fait et celui où il devra être retiré, enfin le numéro du registre d'inscription. Le récépissé n'est point à ordre et ne peut être transmis par voie d'endossement. — La banque perçoit immédiatement, sur la valeur estimative des dépôts, un droit de garde dont la quotité est déterminée d'après un tarif arrêté par le conseil d'administration. Lorsque les dépôts sont retirés avant le temps convenu, le droit de garde perçu est acquis à la banque.

Art. 32. — La banque tient une caisse de réserve qui est affectée aux retraites, indemnités et secours accordés et à accorder aux fonctionnaires et employés. — Cette réserve se compose d'un fonds de dotation prélevé sur les bénéfices et d'une retenue sur les traitements; la quotité du prélèvement et de la retenue, ainsi que de l'emploi des fonds versés à ladite caisse de réserve et la distribution de ces pensions et secours feront l'objet d'un règlement spécial délibéré par le conseil d'administration et soumis à l'approbation du ministre des finances.

Art. 33. — La banque ne peut émettre des traites ou mandats qu'en échange de versements d'espèces ou de billets, et à charge, par elle, de faire, avant l'échéance, la provision des fonds. — L'échéance de ces traites ou mandats ne peut dépasser 10 jours de vue ou 15 jours de date.

Art. 34. — La banque publie tous les mois sa situation dans le *Moniteur de l'Algérie.*

SECTION 4. — Partage des fonds de bénéfices et fonds de réserve.

Art. 35. — Tous les six mois, aux époques des 1er mai et 1er novembre, les livres et comptes sont arrêtés et balancés, et le résultat des opérations de la banque est établi. — Les créances en souffrance ne peuvent être comprises dans le compte de l'actif pour un chiffre excédant la moitié de leur valeur nominale. — Le bilan de la banque établit le compte des bénéfices nets acquis pendant le semestre, déduction faite de toutes les charges.

Art. 36. — Sur ces bénéfices, il est prélevé d'abord une somme suffisante pour servir aux actionnaires l'intérêt du capital versé, à raison de 6 p. 100 l'an. (Décr. du 12 mars 1859.)

Art. 57. — Le surplus de ce bénéfice leur est attribué, à titre de dividende, sauf les prélèvements ci-après : — Un tiers est prélevé pour être affecté à la constitution du fonds de réserve ordinaire fixé au maximum à un tiers du capital réalisé. (Décr. du 30 mars 1861.) — Lorsque les bénéfices, déduction faite des intérêts à 6 p. 100 et après la constitution du fonds de réserve ordinaire, dépassent pour le semestre, 3 p. 100 du capital réalisé, il est prélevé sur l'excédant une somme déterminée par le conseil d'administration et destinée : 1° à constituer un fonds de réserve extraordinaire, concurremment avec les ressources mentionnées à l'article 25 ci-dessus; 2° à l'amortissement intégral des immeubles possédés par la banque.

Art. 38. — En cas d'insuffisance des bénéfices, le complément nécessaire pour servir l'intérêt à 6 p. 100 aux actionnaires est prélevé d'abord sur le fonds de réserve extraordinaire, et à défaut de celui-ci, sur le fonds de réserve ordinaire.

Art. 39. — Indépendamment des prélèvements indiqués ci-dessus (art. 37), un versement a lieu chaque semestre à la caisse de réserve, aux fins et suivant les conditions déterminées par l'article 32.

Art. 40. — Aucune répartition d'intérêt et de dividende ne peut avoir lieu sans l'approbation du ministre des finances.

Art. 41. — Les intérêts et dividendes seront payés tous les mois au siége de l'établissement à Alger, de ses succursales, à Paris et à Marseille, aux établissements indiqués par un avis inséré dans le *Moniteur universel*, dans un journal de Marseille et les principaux journaux de l'Algérie. — Les dividendes de toute cession nominative ou au porteur sont valablement payés au porteur du titre ou du coupon.

TITRE II

DE L'ADMINISTRATION DE LA BANQUE.

SECTION 1. — De l'assemblée générale.

Art. 42. — L'universalité des actionnaires est représentée par l'assemblée générale. — L'assemblée générale se compose de cent actionnaires qui sont, depuis six mois révolus, propriétaires du plus grand nombre d'actions nominatives ou d'actions au porteur, déposées depuis six mois dans les caisses de la banque, à Alger, ou de ses succursales. En cas de parité dans les actions, l'actionnaire le plus anciennement inscrit est préféré. — Toutefois, nul actionnaire non Français ne peut faire partie de l'assemblée générale, s'il n'a son domicile, depuis deux ans au moins, en Algérie, ou en France, ou dans une colonie française.

Art. 43. — Chacun des membres de l'assemblée générale n'a qu'une voix, quel que soit le nombre d'actions qu'il possède.

Art. 44. — Les membres de l'assemblée générale peuvent s'y faire représenter par un fondé de pouvoir, qui doit être lui-même actionnaire de la banque, constaté par dépôt. — La forme des pouvoirs est déterminée par le conseil d'administration; indépendamment du droit personnel qu'il peut avoir, aucun fondé de pouvoir n'a, en cette qualité, droit à plus d'une voix.

Art. 45. — L'assemblée générale se réunit au moins une fois par année, dans le courant du mois de novembre. — Elle est présidée par le directeur. — L'administrateur, secrétaire du conseil d'administration, remplit les fonctions de secrétaire. — Les deux plus forts actionnaires sont scrutateurs.

Art. 46. — Le directeur rend compte à l'assemblée générale de toutes les opérations de la banque, et soumet à son approbation le compte des dépenses de l'administration pour l'année écoulée. — L'assemblée procède ensuite à l'élection des administrateurs et censeurs dont les fonctions sont déterminées ci-après. — Ces nominations ont lieu par bulletin secret, à la majorité absolue ; après deux tours de scrutin, s'il n'est pas formé de majorité absolue, l'assemblée générale procède au scrutin de ballottage entre les candidats qui ont obtenu le plus de voix au second tour.— Lorsqu'il y a égalité de voix au scrutin de ballottage, le plus âgé est élu.

Art. 47. — Les délibérations de l'assemblée générale ne sont valables, dans une première réunion, qu'autant que quarante membres, au moins, y ont participé par eux-mêmes ou par leurs fondés de pouvoir. — Dans le cas où ce nombre ne serait pas atteint, l'assemblée est renvoyée à un mois ; une nouvelle convocation a lieu, et les membres présents à la seconde réunion peuvent délibérer valablement, quel que soit leur nombre, mais seulement sur les objets qui auront été mis à l'ordre du jour de la première réunion.

Art. 48. — L'assemblée générale peut être convoquée extraordinairement toutes les fois que le conseil d'administration en reconnaît la nécessité. — L'assemblée générale doit être convoquée extraordinairement : 1° Lorsque des actionnaires nominatifs ou porteurs d'actions, réunissant ensemble le cinquième au moins des actions, en auront adressé la demande au directeur et au ministre des finances ; — 2° Dans le cas où les pertes auraient réduit le capital de moitié.

Art. 49. — Les convocations ordinaires et extraordinaires sont faites par lettres adressées aux membres de l'assemblée générale, aux domiciles par eux indiqués sur les registres de la banque, et par un avis inséré, un mois au moins avant l'époque de la réunion, dans le *Moniteur universel*, le *Moniteur de l'Algérie*, un des journaux de Marseille et les journaux désignés par le tribunal de commerce d'Alger, aux termes de l'article 42 du Code de commerce. — Les lettres et avis doivent contenir l'indication sommaire de l'objet de la convocation.

Art. 50. — Tout vœu ou toute demande de modifications aux statuts peuvent être présentés à l'assemblée générale par le directeur, au nom du conseil d'administration.—En cas d'adoption à la majorité absolue des suffrages, elle confère au conseil, par sa délibération, les pouvoirs nécessaires pour en suivre la réalisation auprès du gouvernement, même pour les cas qui n'auraient pas été prévus.

Art. 51. — Les délibérations de l'assemblée générale, prises conformément aux statuts, obligent l'universalité des actionnaires, ainsi que la minorité de l'assemblée, absents ou dissidents.

SECTION 2. — Du conseil d'administration.

Art. 52. — L'administration de la banque est confiée à un conseil composé d'un directeur, d'un sous-directeur, de neuf administrateurs et de trois censeurs. — Le trésorier-payeur d'Alger, délégué par le ministre des finances comme commissaire du gouvernement, fait partie du conseil d'administration de la banque et a toutes les attributions du censeur. — Les trésoriers-payeurs d'Oran et de Constantine remplissent les mêmes fonctions auprès des succursales de la banque établies dans lesdites villes. — Le père et le fils, l'oncle et le neveu, les frères ou alliés au même degré, et les associés de la même maison ne peuvent faire partie de la même administration.

Art. 53.— Le conseil d'administration fait tous les règlements du régime intérieur de la banque. — Il détermine, dans les limites ci-dessus fixées, le taux de l'escompte et de l'intérêt, les changes, commissions et droits de garde, le mode à suivre pour l'estimation des lingots, monnaies, matières d'or et d'argent et marchandises diverses. — Il autorise, dans les limites des statuts, toutes les opérations de la banque et en détermine les conditions ; il statue sur les signatures dont les billets de banque doivent être revêtus, sur l'émission, le retrait et l'annulation de ces billets. — Il fixe l'organisation des bureaux, les appointements et salaires des agents ou employés et les dépenses générales de l'administration, lesquelles devront être déterminées chaque année et d'avance. — Les actions judiciaires sont exercées en son nom, aux poursuites et diligences du directeur, soit en demandant, soit en défendant. — Le conseil d'administration confère au directeur tous pouvoirs contre tous débiteurs pour pratiquer toute saisie, prendre hypothèque et donner toute mainlevée, avec ou sans payement.

Art. 54. — Toute délibération ayant pour objet la création, l'émission ou l'annulation des billets devra être approuvée au moins par deux des censeurs mentionnés au premier paragraphe de l'article 52.

Art. 55. — Il est tenu registre des délibérations du conseil d'administration ; le procès-verbal approuvé par le conseil est signé par le directeur et par l'administrateur qui remplit les fonctions de secrétaire.

Art. 56. — Le conseil d'administration se réunit au moins une fois par semaine, sous la présidence du directeur. — Il se réunit extraordinairement toutes les fois que le directeur le juge nécessaire ou que la demande en est faite par deux administrateurs ou deux censeurs.

Art. 57. — Aucune délibération n'est valable sans le concours du directeur, de cinq administrateurs et de la présence de l'un au moins des censeurs. — Le directeur, le sous-directeur et les administrateurs ont voix délibérative. — En cas de partage, la voix du directeur est prépondérante. — Les censeurs n'ont que voix consultative.

Art. 58. — Dans le cas où par suite de vacances survenues dans l'intervalle qui s'écoule entre deux assemblées générales, le nombre des administrateurs se trouve réduit à moins de neuf, le conseil peut pourvoir provisoirement à son remplacement, de manière qu'il y ait toujours neuf administrateurs, et l'assemblée générale, lors de sa première réunion, procédera à l'élection définitive. — Il est procédé de la même manière pour les censeurs. — Les membres élus ne demeurent en exercice que pendant la durée du mandat confié à leur prédécesseur.

Art. 59. — Le compte des opérations de la banque, qui doit être présenté à l'assemblée générale le jour de la réunion périodique, est arrêté par le conseil d'administration et présenté en son nom par le directeur. — Le compte est imprimé et remis au gouverneur général, aux préfets de l'Algérie et à chacun des membres de l'assemblée générale.

SECTION 3. — Du comité d'escompte.

Art. 60. — Le conseil d'administration est assisté d'un comité d'escompte, pour la formation duquel il s'adjoint seize notables commerçants de la place, actionnaires de la banque. — La liste de ces notables commerçants est arrêtée pour chaque année.

Art. 61. — Le comité est exclusivement chargé d'examiner et d'admettre ou de rejeter toute valeur présentée à l'escompte.

Art. 62. — Il se compose du directeur de la banque, président; de deux administrateurs et de quatre membres pris dans la liste des notables commerçants indiqués à l'article 60. — Tous les membres du comité d'escompte ont voix délibérative; en cas de partage, le rejet est prononcé. — Les bordereaux d'admission des valeurs présentées à l'escompte sont signés par tous les membres qui ont assisté à la réunion du comité. — Les décisions du comité ne peuvent être prises qu'autant que quatre membres, au moins, y auraient concouru. — Nul effet ne peut être escompté qu'avec l'approbation formelle du directeur.

SECTION 4. — De la direction.

Art. 63. — Le directeur est nommé par décret de l'empereur, sur la proposition du ministre des finances. — Le traitement du directeur est fixé par arrêté ministériel et payé par la banque. — Le directeur est tenu de justifier qu'il est propriétaire de vingt actions de la banque, ces actions doivent être libres et demeurent inaliénables pendant la durée de ses fonctions.

Art. 64. — Le directeur préside le conseil d'administration et en fait exécuter les délibérations. — Nulle délibération ne peut être exécutée si elle n'est revêtue de la signature du directeur. — Aucune opération d'escompte ou d'avance ne peut être faite sans son approbation.

Art. 65. — Il dirige les bureaux, nomme et révoque les employés, signe la correspondance, les marchés et conventions, les acquits ou endossements d'effets, les traités ou mandats à ordre. — Il peut exercer, par mandataire, tous les pouvoirs qui lui sont délégués pour un ou plusieurs objets déterminés.

Art. 66. — Le directeur ne peut faire aucun commerce ni s'intéresser dans aucune entreprise commerciale; aucun effet ou engagement revêtu de sa signature ne peut être admis à l'escompte.

Art. 67. — Le directeur ne peut être révoqué que par un décret de l'empereur, rendu sur le rapport du ministre des finances.

Art. 68. — Le sous-directeur est nommé par le ministre des finances, qui fixe son traitement payé par la banque. — Il est tenu de justifier qu'il est propriétaire de douze actions de la banque qui doivent être libres et demeureront inaliénables pendant la durée de ses fonctions. — Il est placé sous les ordres du directeur qui détermine ses attributions.

Art. 69. — En cas d'absence, d'empêchement du directeur ou de cessation de ses fonctions, le sous-directeur le remplace dans toutes ses attributions.

SECTION 5. — Des administrateurs.

Art. 70. — Les administrateurs sont nommés par l'assemblée générale des actionnaires. — Ils sont nommés pour trois ans et renouvelés par tiers, chaque année; ils sont rééligibles. — Le sort déterminera l'ordre de la sortie.

Art. 71. — En entrant en fonctions, chacun des administrateurs est tenu de justifier qu'il est propriétaire de six actions; ces actions doivent être libres et demeurent inaliénables pendant la durée de ses fonctions.

Art. 72. — Les administrateurs jouissent d'un droit de présence dont le montant est fixé par l'assemblée générale.

SECTION 6. — Des censeurs.

Art. 73. — Les trois censeurs sont nommés par l'assemblée générale des actionnaires. — Ils sont tenus de justifier qu'ils sont propriétaires de six actions de la banque qui doivent être libres et qui demeureront inaliénables pendant la durée de leurs fonctions.

Art. 74. — Les fonctions des censeurs durent trois ans. Ils sont renouvelés par tiers chaque année. Ils sont rééligibles.

Art. 75. — Les censeurs veillent spécialement à l'exécution des statuts et des règlements de la banque; ils exercent leur surveillance sur toutes les parties de l'établissement; ils peuvent assister aux réunions des comités d'escompte; ils se font représenter l'état des caisses, les registres et les portefeuilles; ils proposent toutes les mesures qu'ils croient utiles, et, si leurs propositions ne sont pas adoptées, ils peuvent en requérir la transcription sur le registre des délibérations. Ils rendent compte à l'assemblée générale, dans chaune de ses réunions, de la surveillance qu'ils ont exercée.—Le rapport annuel est imprimé et distribué avec celui du conseil d'administration. Ils jouissent, comme les administrateurs, du droit de présence.

SECTION 7. — Surveillance directe du ministre des finances.

Art. 76. — Indépendamment de l'action attribuée aux trésoriers-payeurs comme commissaires du gouvernement, le ministre des finances peut déléguer la surveillance de la banque au corps de l'inspection des finances dont le service est permanent en Algérie. — Son délégué a toutes les attributions des censeurs et correspondra directement avec lui.

TITRE III.

DISPOSITIONS GÉNÉRALES.

Art. 77. — Dans le cas où, par suite de pertes sur les opérations de la banque, le capital serait réduit de deux tiers, la liquidation de la société a lieu de plein droit.—Dans le cas où, par la même cause, la réduction serait de moitié, l'assemblée générale, convoquée d'après les articles 48 et 49, peut demander la liquidation. — Cette délibération ne peut être prise que dans une assemblée représentant plus de la moitié des actions déposées. — Si une première assemblée ne réunit pas le nombre d'actions nécessaires, il y a une nouvelle convocation à un mois, et cette nouvelle assemblée délibère valablement, quel que soit le nombre des actions représentées. — En cas de dissolution, le ministre des finances déterminera le mode à suivre pour la liquidation et désignera les agents qui en seront chargés.

Art. 78. — Cinq ans avant l'époque fixée pour l'expiration de la société, l'assemblée générale pourra être appelée à décider si le renouvellement de la société pourra être demandé au gouvernement — Le renouvellement ne pourra être décidé que par la majorité des deux tiers des membres ayant pris part à la délibération. — Ce vote sera obligatoire pour la minorité et l'universalité des actionnaires.

Art. 79. — Toutes les contestations qui peuvent s'élever pendant la durée de la société ou lors de sa liquidation, soit entre les actionnaires et la société, soit entre les actionnaires eux-mêmes, et à raison des affaires sociales, sont jugées conformément à la loi. — Dans le cas de contestations, tout actionnaire doit faire élection de domicile à Alger, et toutes les notifications et assignations sont valablement faites au domicile par lui élu, et sans avoir égard à la distance du domicile réel.—A défaut d'élection de domicile, cette élection a lieu de plein droit, pour les notifications judiciaires, au parquet de M. le procureur impérial près le tribunal civil de première instance d'Alger.—Le domicile élu formellement ou implicitement, comme il vient d'être dit, entraîne at-

tribution de juridiction aux tribunaux compétents d'Alger. — Dont acte, fait et passé à Alger, en l'hôtel de la Banque, dans la salle des délibérations du conseil d'administration. — L'an 1868, le 8 janvier.

11 juillet 1868.

Décret autorisant la Banque de l'Algérie à établir une succursale à Bône (B. O. 274).

12 août 1870.

Loi portant que les billets de la Banque de l'Algérie seront reçus comme monnaie légale et que, jusqu'à nouvel ordre, la Banque est dispensée de l'obligation de rembourser ses billets avec des espèces (B. O. 335).

26 mars 1872.

Loi portant les émissions de billets de la Banque à 48 millions (B. O. 409).

Art. 1. — La limite de 34 millions, fixée par le décret du 26 octobre 1870, pour les émissions des billets de la Banque de l'Algérie, est portée à 48 millions.

Art. 2. — La Banque de l'Algérie est autorisée à émettre des billets de mêmes coupures que la Banque de France.

22 avril 1875.

Décret autorisant la création de deux succursales de la Banque de l'Algérie, l'une à Philippeville, l'autre à Tlemcen (B. O. 607).

Bateaux à vapeur.

17 juillet 1848.

Arrêté du gouverneur instituant à Alger, Bône, Oran et Philippeville des commissions pour la surveillance des bateaux à vapeur (B. 280).

Art. 1. — Il est institué dans chacune des villes d'Alger, d'Oran, de Bône et de Philippeville, une commission chargée de s'assurer que les bateaux à vapeur de commerce français qui stationnent dans les ports de la colonie possèdent toutes les garanties de construction, de stabilité, d'armement et les appareils de sûreté exigés par l'ordonnance du 17 janvier 1846.

Art. 2. — Cette commission devra se composer au moyen de membres pris dans les corps spéciaux des mines, des ponts et chaussées, de la marine et du génie. La présidence sera toujours déférée au membre le plus élevé en grade.

Art. 3. — En cas d'empêchement d'un ou de plusieurs fonctionnaires ou officiers faisant partie de ladite commission, ils seront remplacés par les intérimaires ou suppléants dans leurs fonctions.

12 février 1849.

Arrêté du gouverneur général promulgant l'ordonnance du 17 janvier 1846 sur la construction, la navigation et le service des bateaux à vapeur destinés à naviguer sur mer (B. 311).

12 novembre 1849.

Arrêté du chef du pouvoir exécutif relatif à un nouveau système d'éclairage en feux de couleur pour la nuit (B. 334).

Art. 1. — Les navires à vapeur de la marine marchande seront tenus, pour prévenir les rencontres de nuit, de porter à leurs tambours et en tête de mât, des feux dont la couleur et la distribution ont été réglés à bord des bâtiments à vapeur de la République.

1er septembre 1859.

Décision ministérielle promulgant le décret du 28 mai 1858 et l'arrêté du 22 avril 1859 sur les feux à bord des navires (B. M. 39).

26 juillet 1860.

Décret qui promulgue la loi du 21 juillet 1856 sur les contraventions aux règlements relatifs aux appareils et bateaux à vapeur (B. M. 64).

Baux et locations.

10 août 1846.

Ordonnance sur la durée des baux et les délais pour donner congé (B. 224).

Art. 1. — En Algérie, lorsqu'un bail aura été fait sans écrit, ou que la durée et les clauses ou conditions n'en auront pas été fixées par le contrat, celle des parties qui voudra résilier le bail sera tenue de donner congé à l'autre, savoir : — Cent quatre-vingts jours avant le terme, pour une maison entière, un corps de logis entier, ou une boutique sur la rue; — Quatre-vingt-dix jours avant le terme, pour les appartements au-dessus de 400 francs; — Quarante-cinq jours avant le terme, pour les appartements au-dessous de 400 francs.

Art. 2. — Les termes sont fixés au 15 janvier, 15 avril, 15 juillet et 15 octobre. — A partir du 1er janvier prochain, les congés devront être signifiés de manière que, quel que soit le prix du loyer et la nature de la location, la sortie de tous les locataires ait lieu uniformément aux jours des termes. — Le locataire devra avoir effectué son déménagement le jour du terme avant midi. — Il n'est point, d'ailleurs, dérogé à l'article 1758 C. civil, en ce qui touche les baux faits à tant par an, par mois ou par jour.

Art. 3. — Les mêmes délais seront observés lorsque le preneur ayant été laissé en possession après l'expiration du terme fixé pour sa sortie, il se sera opéré un nouveau bail, conformément aux articles 1738 et 1739 C. civil.

Art. 4. — L'indemnité due par le bailleur au locataire, dans le cas prévu par les articles 1744 et 1745 C. civil, consistera dans une somme égale au prix du loyer, pendant le temps qui devra s'écouler entre le congé et la sortie. — Les articles 1746 et 1747 continueront à servir de base à cette indemnité lorsqu'il s'agira de biens ruraux, de manufactures, usines ou autres établissements du même genre.

Art. 5. — Ne seront point réputés faits par anticipation, et pourront en conséquence être opposés au propriétaire, les payements faits de bonne foi par le sous-locataire, en vertu d'une clause de son bail, ou qui n'excéderont pas un terme de loyer, d'après les distinctions établies par l'article 1 de la présente ordonnance.

Art. 6. — Le bail des meubles fournis pour garnir une maison, un corps de logis, une boutique ou tous autres appartements, sera censé fait pour la durée ordinaire des baux de maisons, corps de logis, boutiques ou autres appartements, d'après les règles établies ci-dessus.

Bibliothèque. — Musée.

5 novembre 1835.

Arrêté du gouverneur général qui crée la bibliothèque d'Alger (non promulgué).

26 août 1844.

Arrêté du gouverneur général qui crée, comme annexe de la bibliothèque, un musée divisé en quatre sections : 1° les antiques; 2° les monuments indigènes; 3° les objets d'art arabe; 4° l'histoire naturelle (non promulgué).

16 août 1848.

Arrêté du pouvoir exécutif qui rattache la bibliothèque-musée au ministère de l'instruction publique (B. 284).

11 juillet 1876.

Arrêté ministériel portant constitution d'un comité d'inspection et d'achats de livres près la bibliothèque-musée d'Alger (B. O. 667).

Boissons.

6 octobre 1855.

Décret promulguant la loi du 5 mai 1855, qui rend applicable aux boissons la loi du 27 mars 1851 sur la répression des fraudes dans les ventes de marchandises, et qui abroge l'article 318 et le n° 6 de l'article 475 du Code pénal (B. 487).

Boissons (Débits de).

5 janvier 1852.

Décret promulguant le décret du 29 décembre 1851 sur la police des cafés et des débits (B. 403).

Art. 1. — Sera promulgué en Algérie le décret du 29 décembre 1851 relatif à l'ouverture, à la police et à la fermeture des cafés, cabarets ou autres débits de boissons à consommer sur place.

Art. 2. — En territoire militaire, les généraux commandant les divisions exerceront les attributions conférées aux préfets dans les départements, et les conseils de guerre connaîtront des délits qui sont déférés, en territoire civil, aux tribunaux correctionnels.

11 mars 1872.

Loi qui autorise les tribunaux à appliquer l'article 463 du Code pénal dans les cas prévus par le décret du 29 décembre 1851 (non promulguée, mais applicable comme modificative d'une loi pénale en vigueur).

Boucherie.

14 juillet 1863.

Arrêté du gouverneur général abrogeant tous les règlements restrictifs du commerce de la boucherie (B. O. 87).

Art. 1. — Sont abrogés les arrêtés relatifs à l'exercice de la boucherie en Algérie, et spécialement toutes les dispositions restrictives consacrées par lesdits arrêtés.

Art. 2. — Est toutefois maintenue la défense faite aux bouchers d'abattre les bestiaux ailleurs que dans les abattoirs, ou, à défaut, dans les lieux désignés à cet effet par l'autorité, sous les peines édictées par l'article 471, n° 15, du Code pénal.

Art. 3. — Toutes les mesures de police relatives à l'exercice de la profession de boucher, de charcutier et de tripier, seront désormais réglées par les autorités municipales, en se conformant au droit commun.

Boulangerie.

14 juillet 1863.

Arrêté du gouverneur général portant abrogation de tous les règlements restrictifs du commerce de la boulangerie (B. O. 87).

Art. 1. — Sont abrogés les arrêtés relatifs à l'exercice de la profession de boulanger en Algérie, et spécialement toutes les dispositions restrictives consacrées par lesdits arrêtés.

Art. 2. — Toutes les mesures de police relatives à l'exercice de ladite industrie seront réglées par les autorités municipales, en se conformant au droit commun.

Bourses de commerce.

16 avril 1862.

Décret qui institue une Bourse de commerce à Alger (B. 411) (1).

Art. 1. — Une Bourse de commerce est instituée dans la ville d'Alger.

Art. 2. — Les frais d'installation, d'entretien et d'administration seront supportés par le budget de la chambre de commerce de cette ville, au moyen des ressources déterminées par l'article 14 de la loi du 23 juillet 1820 et par l'ordonnance du 31 janvier 1847.

Art. 3. — Dans les trois mois de la promulgation en Algérie du présent décret, un règlement pour la police intérieure sera soumis à l'approbation du ministre de la guerre.

15 juin 1852.

Arrêté réglementaire pris par le maire d'Alger pour la police intérieure de la Bourse (approuvé par le ministre de la guerre le 2 août 1852).

Art. 1. — L'ouverture de la Bourse d'Alger aura lieu tous les jours non fériés, à trois heures; la fermeture à quatre. L'ouverture et la fermeture de la Bourse seront annoncées au son de la cloche.

Art. 2. — Un commissaire de police désigné par nous sera chargé de la police de la Bourse pendant sa tenue.

Art. 3. — Il est défendu de s'assembler ailleurs qu'à la Bourse, et à d'autres heures que celles fixées ci-dessus.

(1) Ce règlement n'a point été abrogé, mais la Bourse d'Alger n'existe plus, en fait, depuis que le bâtiment qui lui avait été affecté a été démoli le 8 août 1862. Les affiches et inscriptions prescrites par les articles 9 et 10 de l'arrêté réglementaire du 15 juin 1852, ci-après, ont lieu dans le local de la Chambre de commerce.

Art. 4. — La Bourse est ouverte à toute personne jouissant de ses droits civils et aux étrangers.

Art. 5. — Il est défendu, sous les peines portées par l'article 7 de la loi du 28 ventôse an IX, à toutes les autres personnes que celles nommées par le gouvernement, de s'immiscer, d'une façon quelconque et sous quelque prétexte que ce puisse être, dans les fonctions de courtier de commerce, soit à l'intérieur, soit à l'extérieur de la Bourse. Les commissaires de police sont spécialement chargés de veiller à ce qu'il ne soit pas contrevenu à la présente disposition.

Il est néanmoins permis à tous particuliers de négocier entre eux et par eux-mêmes, les lettres de change, billets à ordre ou au porteur, et tous effets de commerce, et de vendre aussi par eux-mêmes leurs marchandises.

Art. 6. — En cas de contravention aux dispositions du précédent article, les commissaires de police et courtiers de commerce feront connaître les contrevenants au maire et aux officiers de police, lesquels, après vérification des faits et audition des prévenus, pourront, par mesure de police, leur interdire l'entrée de la Bourse.

Art. 7. — Il ne pourra être effectué à la Bourse aucune opération dite *de parquet*.

Art. 8. — A la fin de chaque séance de la Bourse, les courtiers se réuniront pour la vérification des cotes des marchandises et matières premières ou métalliques, et pour faire constater le cours arrêté par le syndic, en présence du commissaire de police, qui portera ledit cours sur un registre spécial.

Art. 9. — Nul commerçant failli ne pourra se présenter à la Bourse, à moins qu'il n'ait obtenu sa réhabilitation.

A la diligence de qui de droit, copie de la demande en réhabilitation restera affichée à la Bourse pendant un délai de deux mois.

Art. 10. — Les noms et demeures de tous les courtiers seront inscrits sur un tableau placé dans un lieu apparent de la Bourse.

Un second tableau contiendra les noms des courtiers suspendus ou révoqués.

Art. 11. — Le présent arrêté sera soumis à l'approbation de l'autorité compétente.

Brevets d'invention.

5 juillet 1850.

Décret portant promulgation de la loi du 5 juillet 1844 (B. 357).

Art. 1. — La loi du 5 juillet 1844 sur les brevets d'invention recevra son exécution en Algérie à partir de la promulgation du présent décret.

Art. 2. — Les pièces exigées par l'article 5 de la loi précitée devront être déposées en triple expédition au secrétariat de la préfecture à Alger, Oran ou Constantine. Une expédition de ces pièces restera déposée sous cachet au secrétariat général de la préfecture, où le dépôt aura été fait pour y recourir au besoin. Les deux autres expéditions seront enfermées dans une seule enveloppe scellée et cachetée par le déposant, pour être adressée au ministre de la guerre.

Art. 3. — Le préfet devra, dans le plus bref délai, après l'enregistrement des demandes adresser au ministre de la guerre, qui la transmettra au ministre de l'agriculture et du commerce, l'enveloppe cachetée contenant les expéditions dont il s'agit, en y joignant les autres pièces exigées par l'article 7 de la loi du 5 juillet 1844. Les brevets délivrés seront envoyés par le ministre du commerce au ministre de la guerre qui les transmettra aux préfets pour être remis aux demandeurs.

Art. 4. — Les taxes prescrites par les articles 5, 11 et 22 de la loi du 5 juillet seront acquittées entre les mains du trésorier-payeur, qui les versera au trésor et qui enverra au ministre de la guerre, pour être transmis au ministre de l'agriculture et du commerce, un état de recouvrement des taxes.

Art. 5. — Les actions pour délits et contrefaçons seront jugées par les tribunaux compétents en Algérie. Le délai des distances fixé par l'article 49 de la loi du 5 juillet sera modifié conformément aux lois et décrets qui, en Algérie, régissent la procédure en matière civile.

12 novembre 1868.

Décret qui promulgue la loi du 23 mai 1868 relativement au certificat à délivrer pour les découvertes ou dessins admis à une exposition autorisée par l'administration (B. G. 291).

12 juin 1869.

Décret promulguant la loi du 31 mai 1856 modificative de la loi du 5 juillet 1844 sur les brevets d'invention (B. G. 314).

8 avril 1878.

Loi portant dérogation, pendant la durée de l'Exposition universelle de 1878, à la déchéance prononcée par l'article 32, paragraphes 2 et 3 de la loi du 5 juillet 1844.

Brocanteurs. — Fripiers.

30 mars 1835.

Arrêté du gouverneur général contenant règlement sur l'exercice de la profession de brocanteur (B. 13).

Art. 1. — Tous individus exerçant la profession de fripier ou de brocanteur sont, à l'avenir, nus d'avoir un registre coté et parafé par le mmissaire de leur résidence, portant en tête eurs nom, demeure et profession; ils inscriront, our par jour, sans aucun blanc ni lacune, sur ce gistre, qui sera soumis chaque mois au visa du-lt commissaire, les objets qu'ils auront achetés, prix d'achat et les nom 'et profession du ven-eur.

Toute contravention à cette disposition sera unie d'une amende de 400 francs, en ce qui con-rne les fripiers en boutique, et de 100 francs n ce qui concerne les brocanteurs sur la voie ublique.

Art. 2. — Les fripiers et brocanteurs représen-ront le registre susmentionné à toute réquisi-'on des officiers ou agents de police, sinon ils eviendront passibles d'une amende de 50 francs, ndépendamment de la saisie des objets volés.

Art. 3. — Il leur est expressément interdit de en acheter :

1° Des enfants ou domestiques qui ne leur re-ettraient pas en même temps le consentement e leurs père et mère, tuteurs ou maitres, non lus que de toutes personnes à eux inconnues, ous peine d'une amende de 400 francs, indépen-amment de la responsabilité des objets qui uraient été volés (1);

3° De tout individu quelconque, des munitions e guerre et autres objets, tels que armes, usten-'les, outils, etc., provenant des magasins de 'Etat, sous les peines énoncées au précédent aragraphe.

Art. 4. — Il est interdit aux fripiers et brocan-urs qui se présentent dans les ventes publiques aites à l'encan : 1° d'empêcher, par quelque oyen que ce soit, le libre accès des particuliers ui veulent enchérir, ni de déprécier les objets is en vente; 2° de s'associer pour obtenir l'ad-udication desdits objets, sauf à se les partager nsuite : le tout à peine de 500 francs d'amende.

Art. 5. — Les brocanteurs sur la voie publique, oit stationnaires, soit ambulants, devront être unis d'une permission de l'intendant civil, u'ils re, résenteront à toute réquisition des com-issaires et agents de police, sous peine de 10 fr. 'amende.

Ces permissions, dont le renouvellement aura ieu tous les ans, seront visées par le commissaire e police, sur l'exhibition de la patente dont esdits brocanteurs doivent être pourvus.

Art. 6. — Il est interdit auxdits brocanteurs de afiquer de leurs permissions, ni de faire exercer eur industrie par des tiers autres que leurs emmes et leurs enfants.

Toute permission saisie sur un tiers sera annu-ée, et le détenteur condamné à l'amende déter-inée par le paragraphe précédent.

Art. 7. — Indépendamment des peines ci-essus déterminées, tous contrevenants en réci-

(1) Le paragraphe 2 a été abrogé par l'arrêté du 24 mars 811. (V. *Effets militaires*).

dive subiront un emprisonnement de dix à vingt jours.

Art. 8. — Les brocanteurs qui auront obtenu la permission d'étaler sur la voie publique payeront les droits d'étalage déterminés par l'autorité mu nicipale.

Bulletin officiel des actes du gouvernement.

5 juillet 1830.

Bulletin des actes du commandant en chef du corps expéditionnaire, *publié en 1843, conte-nant 1 volume* (B. 0).

20 octobre 1834.

Arrêté du gouverneur portant création du Bul-letin officiel des actes du gouvernement (B. 1).

Ce *Bulletin* contient 526 numéros.

27 octobre 1858.

Décret supprimant le Bulletin officiel *précédent et créant le* Bulletin officiel des actes du mi-nistère de l'Algérie (B. M. 2).

Ce *Bulletin* contient 109 numéros.

14 janvier 1861.

Arrêté du gouverneur rétablissant le Bulletin officiel des actes du gouvernement de l'Algérie (B. G. 1).

Ce *Bulletin* est en cours de publication; il con-tient, au 30 juin 1878, 723 numéros.

29 avril 1861.

Arrêté du gouverneur rendant l'abonnement au Bulletin officiel *obligatoire pour les commu-nes de plein exercice, et fixant les conditions d'abonnement pour les particuliers* (B. G. 11).

5 mars 1875.

Arrêté du gouverneur rendant l'abonnement au Bulletin officiel du gouvernement général *obli-gatoire pour les communes mixtes et les com-munes indigènes* (B. G. 507).

Art. 1. — Les communes mixtes et les commu-nes indigènes recevront, à l'avenir, le *Bulletin officiel du gouvernement général*, moyennant un prix d'abonnement fixé à 10 francs par an, lequel devra être inscrit au budget de chacune de ces communes comme dépense obligatoire.

Ce prix sera versé aux caisses des receveurs des domaines.

26 juillet 1876.

Arrêté du gouverneur relatif à la signature du Bulletin officiel (B. O. 663 bis).

Art. 1. — Est et demeure rapporté l'arrêté du 9 août 1874.

Art. 2. — A partir du 1er août prochain, les « ampliations des actes officiels du gouvernement général de l'Algérie » et le *Bulletin officiel* seront signés par le chef du premier bureau de la direction de l'intérieur (des affaires civiles).

Bureaux arabes.

Les bureaux arabes ont été institués par arrêté ministériel du 1er février 1844. Ils se recrutent sur toute l'armée et ne constituent pas un service à part. Agents immédiats du commandement militaire, ils réunissent les éléments de décision que ce commandement est appelé à prendre, transmettent aux chefs indigènes les décisions prises et en assurent l'exécution. Les bureaux arabes n'ont entre eux aucun rapport officiel; leur organisation avait été cependant soumise à une certaine hiérarchie, mais le décret de la Défense nationale du 24 décembre 1870, a circonscrit l'action de chacun d'eux dans le cercle administré directement par le commandement militaire auprès duquel ils sont placés.

Les attributions multiples des bureaux arabes, leur fonctionnement ainsi que le montant des allocations ou indemnités attribuées aux officiers, sont déterminés par une circulaire du gouverneur général, en date du 21 mars 1867, que nous reproduisons ci-après. Ajoutons que les officiers de bureaux arabes reçoivent les citations et mandats de justice destinés aux indigènes du territoire militaire auxquels ils sont chargés de les faire parvenir, et, de plus, que les décrets des 15 mars 1860 et 1er février 1874 les ont constitués officiers de police judiciaire pour les crimes, délits ou contraventions commis en territoire militaire par des indigènes et, dans les cas déterminés, par les Européens.

Le personnel des bureaux arabes se compose, aux termes de la loi du 13 mars 1875, sur les cadres de l'armée, d'officiers hors cadres et d'officiers détachés des corps de troupes.

1er février 1844.

Arrêté ministériel qui organise les bureaux arabes (B. 168).

1er septembre 1847.

Ordonnance d'organisation (B. 262).

Art. 14, § 3. — Toute citation, tout mandat, tout acte de justice concernant les indigènes (du territoire militaire), seront notifiés par l'intermédiaire des bureaux arabes.

11 juin 1850.

Décret relatif à l'avancement des officiers de bureaux arabes (B. 354).

Art. 1. — Les officiers et militaires détachés aux affaires arabes continueront à compter dans leurs corps respectifs, et jouiront, pour l'avancement, des garanties réservées aux officiers employés dans les services spéciaux.

Art. 2. — Les bureaux arabes seront inspectés, tous les ans, dans chaque province, par le général commandant la division.

Art. 3. — Les généraux inspecteurs des affaires arabes rempliront, à l'égard des officiers et militaires de tous grades employés dans ce service, les fonctions attribuées par les règlements aux inspecteurs généraux d'armes.

Art. 4. — Le travail d'inspection générale des bureaux arabes sera centralisé par le gouverneur général auquel il appartient de faire au ministre de la guerre toutes les propositions en faveur des officiers et militaires employés aux affaires arabes qui lui paraîtront les plus méritants.

Art. 5. — L'inscription sur le tableau d'avancement dressé par le gouverneur général constituera, en faveur des officiers et militaires qui en seront l'objet, un titre à l'avancement, aux récompenses et au choix du gouvernement.

19 février 1852.

Décret relatif à la position des officiers de bureaux arabes (B. 407).

Art. 1. — Les officiers et sous-officiers des bureaux arabes continueront d'être considérés comme détachés pour un service spécial, sans cesser de compter dans les corps auxquels ils appartiennent. — Ils seront pris de préférence, autant que possible, dans les corps servant à titre permanent en Algérie, et subsidiairement dans les autres corps aux états-majors employés dans la colonie.

Art. 2. — Les officiers appartenant à des corps qui recevraient l'ordre de rentrer en France, pourront être maintenus dans les bureaux arabes où ils se trouveront placés, sans, toutefois, que leur nombre puisse excéder deux par régiment et un par bataillon formant corps.

Art. 3. — Les généraux commandant les provinces continueront à remplir, à l'égard du personnel des bureaux arabes, les fonctions attribuées aux inspecteurs généraux. — Leurs propositions, transmises au ministre de la guerre par le gouverneur général, avec son avis, sont l'objet d'inscriptions spéciales sur les tableaux d'avancement ou autres récompenses.

6 janvier 1858.

Décision ministérielle. — Cachet des officiers de bureaux arabes (B. M. 15).

Les bureaux arabes ne constituent pas un service à part. Les officiers qui y sont employés sont les agents immédiats du commandant militaire, de qui émanent tous les ordres. En conséquence, un seul cachet, celui du commandant, doit être en usage dans les cercles, les subdivisions et les divisions, pour les affaires arabes et pour les affaires militaires.

15 mars 1860.

Décret portant que la police judiciaire est exercée dans les territoires militaires par les chefs de bureaux arabes et leurs adjoints, concurremment avec les agents désignés à l'article 84 du Code de justice militaire (B. M. 67).
(V. *Justice*).

5 mars 1866.

Décret relatif au recrutement des bureaux arabes (B. G. 170).

Art. 1. — Les différents corps de l'armée stationnés en France sont appelés à concourir au recrutement des bureaux arabes dans les proportions suivantes : 1 officier par régiment d'infanterie, — 1 par régiment de cavalerie, — 1 par deux bataillons de chasseurs à pied, — 1 sur 50 de l'effectif du grade de capitaine, pour le corps d'état-major. — Les corps du génie et de l'artillerie concourront également au recrutement dans la mesure des intérêts du service. — Les officiers appartenant à ces différents corps sont mis à la disposition du gouverneur général de l'Algérie par notre ministre de la guerre.

Art. 2. — Les limites fixées ci-dessus ne sont point applicables au 7e corps d'armée (aujourd'hui 19e) et notamment aux troupes employées à titre permanent en Algérie, dans lesquelles les officiers des bureaux arabes continueront à être choisis de préférence.

Art. 3. — Le gouverneur général adresse mensuellement à notre ministre de la guerre l'état nominatif des officiers employés dans les bureaux arabes.

Art. 4. — Lorsque, par suite du retour en France des corps auxquels ils appartiennent, les officiers employés dans les bureaux arabes se trouveront en excédant du nombre fixé par l'article 1, il leur sera donné un délai de six mois pour permuter avec des officiers appartenant à des corps qui n'auront point participé au recrutement de ces bureaux.

Art. 5. — Les dispositions qui régissent les bureaux arabes sont maintenues en tout ce qui n'est pas contraire au présent décret.

21 mars 1867.

Circulaire du gouverneur sur les attributions des bureaux arabes (B. G. 222).

L'organisation donnée en 1844 aux bureaux arabes a subi, depuis cette époque, diverses modifications dont l'expérience a démontré l'utilité, et qui ont été l'objet de divers arrêtés et circulaires. — Il m'a paru nécessaire de résumer ces modifications, de réglementer avec précision les différentes parties du service des affaires arabes, et de faire concorder les instructions qui régissent la matière avec les principes posés par la lettre impériale du 20 juin 1865 sur la politique de la France en Algérie.

DISPOSITIONS GÉNÉRALES.

Partout et à tous les degrés, les affaires arabes dépendent du commandant militaire qui, seul, a qualité pour signer les ordres et correspondre avec son chef immédiat, ses subordonnés et les différents services suivant les règles de la hiérarchie. — Toutefois, le commandant militaire peut déléguer le chef de son bureau arabe pour signer, en son nom et avec la mention, *par son ordre*, la correspondance ordinaire avec les chefs indigènes et les ordres de détail. Il est interdit au chef du bureau arabe de faire usage d'un cachet particulier.

Les officiers des bureaux arabes sont sous les ordres directs des commandants militaires, et dans des conditions analogues à celles des officiers de l'état-major général par rapport aux commandants des corps d'armée et de division. — C'est par eux que les ordres des commandants militaires sont donnés aux chefs indigènes; c'est par eux que l'exécution en est assurée. Mais c'est toujours au commandant militaire que les chefs indigènes adressent leurs rapports ou leurs lettres ayant trait au service. — Les officiers des affaires arabes ne doivent pas perdre de vue que les chefs indigènes, investis par nous de commandements importants, et ayant parfois des grades élevés dans l'ordre impérial de la Légion d'honneur, ont droit à des égards que commandent ces grandes positions. — Les bureaux arabes n'ont entre eux aucun rapport officiel.

ORGANISATION DES BUREAUX ARABES.

L'organisation des bureaux arabes comprend : — 1° Un bureau politique; — 2° Des directions provinciales) — 3° Des bureaux arabes de 1re et 2e classe, des bureaux-annexes de cercle (1).

Le gouverneur général a, près de lui, un bureau politique des affaires arabes, qui est placé sous l'autorité immédiate du général, sous-gouverneur. — Le général commandant une province a, près de lui et sous son autorité immédiate, une direction provinciale des affaires arabes. — Le général ou l'officier supérieur commandant une subdivision a, près de lui et sous son autorité immédiate, un bureau arabe de 1re classe. — Le commandant supérieur d'un cercle a, près de lui et sous son autorité immédiate, un bureau arabe de 2e classe.

Lorsque le ressort administratif d'un cercle est trop étendu, il peut être créé des annexes de ce cercle. — L'officier chef d'annexe relève directement du commandant du cercle.

Des officiers des affaires arabes peuvent également être détachés sur des points d'un cercle où leur présence est jugée nécessaire. — Si la mission confiée à ces officiers n'est que provisoire et ne concerne que des affaires courantes, ils dépendent du chef du bureau arabe et correspondent avec lui. Mais, lorsque cette mission a un caractère spécial et présente un certain degré d'importance, le commandant supérieur peut se réserver de correspondre directement avec eux. — Si ces officiers sont détachés d'une manière permanente, ils correspondent avec le commandant supérieur.

PERSONNEL.

Le personnel des affaires arabes comprend : — Des officiers titulaires ; — Des officiers stagiaires ; — Des archivistes (civils ou militaires) ; — Des agents inférieurs (khodjas, secrétaires, chaouchs, khiélas). — Des interprètes de l'armée et des spahis sont détachés près des bureaux arabes, d'après les besoins du service. — Dans chaque localité, un médecin est désigné pour être chargé du service de santé du bureau arabe. — Les officiers employés dans les affaires arabes se recrutent dans les corps de l'armée, conformément au décret du 5 mars 1866.

Officiers titulaires. — Les officiers titulaires sont ceux qui, après avoir accompli le temps d'épreuve déterminé par le présent règlement, ont été reconnus aptes au service spécial des affaires arabes et attachés définitivement à ce service.

Officiers stagiaires. — Avant d'être pourvus d'un emploi dans les affaires arabes, les officiers subissent, dans une direction provinciale, un stage dont la durée varie suivant l'aptitude dont ils font preuve, et pendant lequel ils sont initiés aux connaissances nécessaires pour être en mesure de rendre des services immédiats lorsqu'ils seront admis définitivement dans ce service. — Les officiers stagiaires sont nommés par le gouverneur général, sur les propositions faites par les inspecteurs généraux des différentes armes et les généraux commandant les provinces. Le nombre des stagiaires à admettre varie suivant les besoins probables du service.

Les officiers stagiaires sont placés sous les ordres du directeur provincial. Ils suivent un cours de langue arabe. Ils sont aussi initiés aux différentes branches du service des affaires arabes et peuvent être appelés à concourir au travail des bureaux de la direction. Ils sont, à tour de rôle, mis à la disposition du rapporteur près le conseil de guerre et employés à l'instruction des affaires concernant les indigènes. Tous les ans, à l'époque de l'inspection générale des bureaux arabes, il est établi une liste, par ordre de mérite, des officiers stagiaires. Les positions d'adjoints de 2e sont attribuées à ceux-ci, au fur et à mesure des vacances, d'après leur rang d'inscription au dernier classement. — Des officiers stagiaires peuvent être placés dans les bureaux de subdivision et de cercle, lorsque le besoin du service l'exige.

Hiérarchie. — La hiérarchie des officiers titulaires des affaires arabes comprend les positions suivantes : — Chef de bureau de 1re classe ; — Chef de bureau de 2e classe ; — Adjoint de 1re classe ; — Adjoint de 2e classe. — Les officiers titulaires des affaires arabes, sur la proposition des généraux commandant les provinces, sont nommés par le gouverneur général, qui désigne les fonctions auxquelles ils sont appelés.

Composition des bureaux. — En principe, la composition du personnel de chaque bureau arabe est fixée ainsi qu'il suit : — Bureau subdivisionnaire : 1 chef de bureau de 1re classe, 1 adjoint de 1re classe, 1 adjoint de 2e classe, 1 interprète, 2 secrétaires, 1 khodja, 1 chaouch. — Bureau de 2e classe et annexe : 1 chef de bureau de 2e classe, 2 adjoints de 2e classe, 1 interprète, 1 secrétaire, 1 khodja, 1 chaouch.

Avancement sur place. — Comme il peut y avoir avantage, dans certains cas, à maintenir dans son emploi un chef de bureau de 2e classe ou un adjoint de 2e classe appelé par son ancienneté et ses bons services à occuper un degré plus élevé dans la hiérarchie, les officiers de ces deux catégories peuvent être élevés sur place à la classe supérieure. — Lorsque cette circonstance se présentera, un chef de bureau de 2e classe ou un adjoint de 2e classe, suivant le cas, sera appelé à remplir, dans un bureau subdivisionnaire ou une direction provinciale, les fonctions attribuées ordinairement à un officier de classe supérieure à la sienne.

Mutations. — Les généraux commandant les

(1) Le bureau politique et les bureaux divisionnaires ont supprimés par décret du 24 décembre 1870 ci-après.

provinces s'attacheront à ne proposer que le plus rarement possible des mutations concernant les chefs de bureaux. Ces officiers étant chargés, sous l'autorité du commandant supérieur, de la direction politique et administrative des affaires arabes, il importe au bien du service qu'ils soient maintenus le plus longtemps possible dans le même poste, afin d'y acquérir une connaissance complète du pays, des hommes et des affaires. — Il en sera de même pour les adjoints de première classe.

Cette règle, bien que générale, n'est pas absolue. Les convenances du service et les avantages particuliers des officiers devront, les uns et les autres, être pris en considération. — Les adjoints de 2ᵉ classe, au contraire, seront l'objet de mutations fréquentes, principalement au moment où ils viendront de terminer leur stage. Ces changements seront calculés de manière que ces officiers se forment peu à peu aux affaires spéciales à chacune des régions principales de l'Algérie. — Toutes les mutations relatives aux officiers des affaires arabes sont ordonnées par le gouverneur général.

Interprètes. — Les interprètes de l'armée attachés aux affaires arabes sont subordonnés au chef du bureau ou à l'officier qui le remplace en cas d'absence. En règle générale, ils ne doivent pas être chargés de fonctions autres que celles qui ont rapport aux traductions et aux interprétations, sauf les cas exceptionnels, tels que l'absence ou l'empêchement de tous les officiers du bureau. Les interprètes ne peuvent remplacer les adjoints pour aucun détail du service. — Les interprètes attachés aux bureaux arabes prennent rang après les adjoints.

Médecins. — Les médecins chargés du service de santé d'un bureau arabe reçoivent, pour les détails de ce service, des instructions du chef du bureau arabe.

Archivistes. — Les archivistes attachés au bureau politique et aux trois directions provinciales peuvent être choisis dans l'ordre civil. Ils sont chargés de la conversion et du classement des archives, ainsi que des détails relatifs à la comptabilité des centimes additionnels.

Secrétaires français. — Les sous-officiers, caporaux et soldats employés comme secrétaires dans les bureaux arabes, sont divisés en deux classes. Ils sont nommés par le commandant de la province, sur les propositions des commandants des subdivisions et des cercles.

Khodjas et Chaouchs. — Les khodjas et les chaouchs sont nommés et révoqués par les généraux commandant les provinces, sur les propositions des commandants de subdivision et de cercle.

Khiélas, askars. — Les khiélas et les askars sont choisis par le commandant du cercle, dans la limite de l'effectif déterminé pour chaque bureau arabe. — Le choix des cavaliers soldés attachés aux chefs indigènes est laissé à la disposition de ceux-ci, sauf approbation du commandant du cercle. — Les khiélas sont tenus de présenter, lorsqu'ils sont admis, un cheval propre au service.

Spahis. — L'effectif et la composition du détachement de spahis attaché à chaque bureau arabe sont réglés par les articles 12 et 13 du règlement sur les smalas, du 1ᵉʳ mai 1862. — Les spahis attachés aux bureaux arabes sont sous les ordres des chefs de ces bureaux pour tout ce qui concerne le service spécial qu'ils sont appelés à faire et pour la discipline. — Le chef du détachement reste chargé de tous les détails relatifs à l'administration, à la solde des cavaliers et à la surveillance des chevaux. — Il rend compte, chaque jour, au chef du bureau arabe, de la situation morale et matérielle du détachement. — Les spahis détachés dans les bureaux arabes n'ont droit à aucune indemnité en argent quand ils sont envoyés en mission dans l'intérieur des tribus; ils sont, dans ce cas, logés et nourris ainsi que leurs montures. — Les spahis permanents sont choisis avec soin parmi les cavaliers les plus sûrs des régiments sous tous les rapports. Ils doivent connaître parfaitement le pays et les routes qui le traversent. Tout écart de moralité de leur part doit être réprimé énergiquement. Les commandants de cercle provoqueraient sans retard le changement de ceux en qui ils n'auraient pas confiance.

ATTRIBUTIONS.

BUREAUX ARABES. — Leurs attributions comprennent : — La préparation de la correspondance et la réunion des documents concernant la politique, — Le personnel des affaires arabes, — L'organisation politique des commandements indigènes, — Le personnel des chefs indigènes, — Les notices biographiques et les renseignements sur les chefs et les familles influentes indigènes, — Les documents historiques sur les tribus de la province, — Les renseignements géographiques et topographiques, — La statistique, — L'établissement des bases de l'impôt et la constatation des matières imposables, — L'exécution du sénatus-consulte relatif à la constitution de la propriété dans les tribus, — Les questions diverses se rapportant à l'impôt arabe et au domaine de l'État en pays arabe, — La maison des hôtes, — Le budget des centimes additionnels à l'impôt arabe, — Les prestations en nature applicables à l'ouverture ou aux réparations des chemins dans les tribus, — La police des routes et des marchés, — La constatation des crimes et délits commis en territoire militaire par les indigènes et les recherches des auteurs, — La surveillance des corporations religieuses et des zaouïas, — Les commissions disciplinaires, — Les pénitenciers indigènes, — Les prisonniers arabes détenus par mesure politique ou administrative, — L'instruction publique dans les tribus, — La justice musulmane, — La justice en pays kabyle. (V. *Justice*).

BUREAUX DE CERCLES. — Dans chaque cercle, le bureau arabe est l'intermédiaire entre le commandant supérieur et la population indigène pour tous les détails du service. — Le chef du bureau arabe rend compte au commandant du cercle de tous les faits qui sont parvenus à sa connaissance, il assure l'exécution des décisions qui lui sont notifiées et des ordres qui lui sont donnés. Les attributions du bureau arabe du cercle sont :

1° *Correspondance.* — La préparation et le classement de la correspondance officielle du commandant supérieur en ce qui touche aux affaires arabes. Le commandant supérieur remet au chef du bureau, pour être transcrites sur les registres de correspondance, les dépêches qu'il aurait rédigées lui-même. Les registres sont conservés dans les archives du bureau arabe. Cette disposition est indispensable pour assurer la conservation de tous les documents.

2° *Réclamations.* — L'examen des réclamations portées par les indigènes. — Les officiers du bureau les reçoivent du commandant supérieur auquel il est rendu un compte journalier des affaires examinées. Le commandant fait connaître au chef du bureau arabe sa décision sur chacune d'elles. Il peut aussi charger cet officier de leur donner, dans certains cas, une solution, mais cela en son nom.

Il est tenu dans chaque bureau arabe un registre des réclamations et demandes portées par les indigènes. La solution donnée à chaque affaire est indiquée en marge. — Les indigènes peuvent s'adresser directement au commandant supérieur, qui les écoute lui-même ou les fait entendre par les officiers du bureau arabe. — Le commandant supérieur est seul responsable des décisions qui sont prises tant par lui-même que par les officiers du bureau arabe, ses délégués.

3° *Statistiques, Impôt.* — L'établissement des statistiques et la constatation des matières soumises à l'impôt. — Après avoir dressé, avec l'assistance de la djemâa de chaque douar ou fraction, les états constatant les matières imposables, et indiquant en regard de chaque groupe le nom du contribuable, les chefs indigènes les remettent au chef du bureau arabe qui, avec l'aide de ses adjoints, les contrôle et les vérifie. — Le commandant supérieur fixe la période de temps pendant laquelle les indigènes sont admis à prendre communication de ces états et à porter les réclamations qu'ils se croient en droit d'élever. Ces réclamations sont écoutées au bureau arabe ou par le commandant supérieur lui-même.

Les états sont traduits pour servir à l'établissement des états de base de l'impôt. — Après avoir été vérifiés et signés par le commandant supérieur, ils sont adressés par la voie hiérarchique au commandant de la province, qui fait établir les rôles par le service des contributions diverses.

Lorsque les rôles ont été rendus exécutoires, le chef du bureau arabe fait connaître, d'après les ordres du commandant supérieur, le lieu et l'époque du versement. L'ordre de payement écrit, en langue arabe et en langue française en regard, est établi par douar ou par tribu et remis au chef collecteur, après qu'il en a été fait lecture à la djemâa assemblée. Cet ordre indique la cote afférente à chaque contribuable et la somme à payer par le douar ou la fraction; il est signé par le commandant supérieur. — Un ordre collectif est publié sur les marchés et affiché à la porte du bureau arabe. — L'impôt est versé entre les mains du receveur des contributions diverses par les chefs indigènes. Le bureau arabe n'a à intervenir dans cette opération que pour hâter les recouvrements, si la demande en est faite au commandant par le service des contributions diverses.

4° *Police du territoire.* — La police du territoire du cercle. — Sous l'autorité du commandant supérieur, le chef du bureau arabe veille à la tranquillité générale, assure la sûreté des routes, délivre les permis de voyage et surveille les marchés et les caravansérails. Il se tient au courant de tout ce qui se passe dans les tribus et en informe le commandant supérieur.

Aux termes du décret du 15 mars 1860 (ci-dessus), les officiers titulaires des affaires arabes exercent les attributions d'officiers de police judiciaire. — Lorsqu'il apprend qu'un crime ou un délit a été commis par un indigène, le chef du bureau arabe en rend compte au commandant supérieur et se transporte sur les lieux ou y envoie un de ses adjoints pour faire une première instruction, entendre les témoins et assurer l'arrestation des coupables. — Le commandant supérieur adresse par la voie hiérarchique, au général commandant la province, les pièces de l'instruction et le rapport de l'officier de police judiciaire; il y ajoute ses observations, s'il y a lieu.

Le chef du bureau arabe rend compte au commandant supérieur des délits politiques et des infractions de toute nature qui restent en dehors de l'action des tribunaux. — Si le commandant supérieur apprécie que la répression de ces faits n'entraîne pas une punition excédant ses pouvoirs, il prononce lui-même la peine. — Dans le cas contraire, il fait établir, par le chef du bureau arabe ou par un adjoint titulaire, un rapport détaillé qu'il adresse au commandant de la subdivision avec ses observations. — Lorsque la commission disciplinaire du cercle ou de la subdivision se réunit, un officier du bureau arabe remplit les fonctions de rapporteur.

Aux termes de l'arrêté ministériel du 5 avril 1860, le commandant supérieur peut déléguer aux officiers de son bureau arabe le droit de prononcer des punitions dans la limite de 8 jours de prison et 25 francs d'amende. —Cette délégation devra, en règle générale, être réservée pour le cas où ces officiers sont envoyés en mission hors du chef-lieu du cercle (V. *Commissions disciplinaires*).

Le chef du bureau arabe tient un registre d'écrou pour les indigènes détenus préventivement ou administrativement. Ce registre porte l'indication du nom du détenu, de la tribu à laquelle il appartient, du jour de l'entrée et de celui de la sortie et du motif de l'incarcération. La détention ne peut être subie par les indigènes que dans la prison militaire de la place, sauf le cas d'insuffisance des locaux. Les indigènes détenus par mesure administrative sont employés, chaque jour, pendant un certain nombre d'heures, à des travaux d'utilité publique, d'après les ordres du commandant supérieur.

Le chef du bureau arabe tient également un registre dans lequel sont inscrites les amendes prononcées par le commandant supérieur ou ses délégués, par les commissions disciplinaires et par les autorités supérieures. En matière d'amende, les attributions des chefs indigènes sont réglées par l'article 19 de l'arrêté ministériel du 5 avril 1860 (V. *Commissions disciplinaires*).

Le versement des amendes est effectué par les chefs indigènes chez le receveur des contributions diverses, qui fait la répartition entre l'État et les collecteurs. Le bureau arabe reste en dehors de cette opération.

5° *Justice musulmane.* — Surveillance de la justice musulmane. — La surveillance de la justice musulmane appartient en territoire militaire à l'autorité judiciaire, d'une part, et au commandant de la province, de l'autre. — Celui-ci a naturellement pour auxiliaires les commandants de subdivision, de cercle, et les officiers des bureaux arabes. — Le droit de surveillance dont sont investis les commandants supérieurs et, sous leur autorité, les officiers des bureaux arabes, s'exerce dans les limites et dans les conditions déterminées par les circulaires du gouverneur général sur la matière. — En pays kabyle, la même surveillance est exercée à l'égard des décisions prises par les djémâas en matière judiciaire (V. *Justice*).

6° *Instruction publique.* — Instruction publique dans les tribus et écoles arabes-françaises.

7° *Corporations religieuses et zaouïas.* — Surveillance des corporations religieuses et des zaouïas.

8° *Personnel des chefs indigènes.* — Personnel des chefs indigènes. Notices biographiques et renseignements sur les personnages et les familles influentes du pays. — Les officiers des bureaux arabes s'attacheront à connaître parfaitement le personnel des chefs indigènes. Ils doivent être à même de renseigner le commandant supérieur sur la valeur, les qualités, les défauts de chacun de ces agents. Il est nécessaire qu'ils se mettent à l'avance en mesure de lui adresser sans retard, s'il en était besoin, des propositions pour pourvoir aux remplacements. Ils recherchent, dans ce but, quels sont les hommes remplissant les conditions voulues pour chaque commandement, et quels services on peut attendre d'eux.

9° *Topographie,* etc. — Renseignements topographiques, historiques, documents concernant les tribus du cercle.

10° *Maison des hôtes.,* — Surveillance de la maison des hôtes, conservation du mobilier, de la bibliothèque et des archives du bureau arabe, établissement des inventaires de ce matériel.

11° *Service des spahis et khiélas.* — Direction du service des spahis, des khiélas et askars attachés au bureau arabe.

12° *Constitution de la propriété.* — Travaux relatifs à la constitution de la propriété dans les tribus (V. *Propriété*. Loi du 26 juillet 1873).

13° *Travaux exécutés par prestations en nature.* — Surveillance et direction, dans les conditions déterminées par l'arrêté du 20 avril 1863, des travaux exécutés au moyen des prestations en nature.

14° *Rapports mensuels et trimestriels.* — Préparation des rapports mensuels et trimestriels. — Les rapports mensuels fournis dans les cercles sont établis d'après les modèles arrêtés par le gouverneur général. — Les éléments de ces rapports, les renseignements de toute nature qui doivent y trouver place, sont réunis par le chef du bureau arabe, lequel, après avoir pris les instructions du commandant supérieur, prépare ces rapports et les soumet à la signature de ce dernier, comme toutes les autres pièces de la correspondance. — Les chefs d'annexes envoient en temps opportun, au chef-lieu du cercle, les documents relatifs à l'annexe, qui sont nécessaires pour l'établissement de ces rapports. — Les rapports parviennent au gouverneur général par la voie hiérarchique.

15° *Rapports de diverses natures.* — Ces rapports sont préparés dans les mêmes formes que les rapports mensuels et trimestriels.

16° *Commandement des goums dans des cas exceptionnels.* — Le commandement des goums doit, en principe, être laissé aux chefs indigènes. Si des raisons sérieuses font déroger à ce principe, en cas d'opérations de guerre seulement, on ne devra choisir pour marcher à la tête des goums que des officiers très-habitués aux affaires, connaissant très-bien le pays, les hommes, la situation politique et ayant acquis par leurs services une influence réelle sur les chefs indigènes qu'ils peuvent avoir sous leurs ordres.

17° *Réquisitions, convois.* — La réunion et la conduite des convois de réquisition; service des renseignements, des guides et des espions en campagne.

18° *Constatation de l'état civil.* — Essais de constatation de l'état civil dans les tribus.

19° *Comptabilité des centimes additionnels.*

FONCTIONNEMENT DU SERVICE.

Officiers. — Le chef du bureau arabe va, au moins une fois par jour, au rapport chez le commandant supérieur; il lui rend compte des faits survenus dans les vingt-quatre heures, lui soumet les propositions qu'il juge convenables. Il prend note des décisions et des instructions du commandant.

Le chef du bureau arabe répartit le service entre les officiers et les employés du bureau; il leur transmet les ordres qu'il a reçus et veille à leur exécution, dont il reste responsable vis-à-vis du commandant supérieur. — Il assure le service en employant chacun suivant les besoins; il s'efforce de mettre les officiers adjoints en mesure de se suppléer mutuellement et de le remplacer lui-même en cas d'absence ou d'empêchement. — Pour cela, il les fait souvent alterner pour les divers détails du service.

Le commandant supérieur prescrit au chef du bureau arabe et à ses adjoints de fréquentes tournées dans les tribus. Il se fait, s'il le juge à propos, accompagner par l'un d'eux, lorsqu'il visite le cercle. — Cet officier prend note des affaires réglées sur place par le commandant. Le bureau arabe, par la nature de ses attributions, est étranger à tout maniement de fonds.

Interprètes. — Les interprètes sont employés à la traduction et à la rédaction des lettres et pièces arabes, à la traduction par extrait des registres du cadi et de l'état civil. Ils touchent pour la traduction des registres de cadis le droit fixe spécifié par l'article 1 de l'arrêté ministériel du 16 octobre 1860. Ils assistent les officiers chargés d'une instruction judiciaire et, en cas de besoin, celui qui écoute les réclamations. Ils accompagnent, quand cela est nécessaire, le commandant supérieur et les officiers du bureau dans leurs tournées.

Médecins. — Le médecin chargé du service de santé fait, chaque jour, dans le local désigné à cet effet, la visite des employés du bureau et des indigènes qui réclament ses soins. — Il est tenu de traiter à domicile les officiers, l'interprète et les employés mariés du bureau, ainsi que leurs familles, si elles sont domiciliées au chef-lieu du cercle. — Il visite souvent les indigènes admis à l'hôpital militaire. Une fois par semaine et plus souvent, s'il est nécessaire, il passe la visite des détenus; il désigne d'office, pour entrer à l'hôpital, ceux qui sont dans des conditions telles qu'ils ont besoin de soins qui ne sauraient leur être donnés dans la prison.

Le médecin assiste les officiers du bureau arabe quand ils agissent en qualité d'officiers de police judiciaire. — Lorsque son service le lui permet, il fait des tournées dans les tribus. — Le médecin rend compte journellement au chef du bureau arabe des événements survenus dans son service pendant les vingt-quatre heures; il l'avertit, en outre, immédiatement des faits importants. Il lui fait connaître les besoins du service et lui propose les mesures qu'il croit utiles. Le chef du bureau arabe en réfère au commandant supérieur qui prononce.

Secrétaires. — Les secrétaires français exécutent, sous les ordres des officiers, tous les travaux d'écriture relatifs au service des affaires arabes, tels que mise au net de la correspondance, transcription sur les registres, établissement d'états divers, etc. — Ils peuvent remplir les fonctions de greffier dans les instructions judiciaires faites par les officiers du bureau arabe, conformément aux articles 102 et 104 du Code de justice militaire.

Khodjas. — Les khodjas sont spécialement chargés de tous les détails de la correspondance arabe.

Chaouchs. — Les chaouchs sont employés dans les bureaux et à l'extérieur, à exécuter ou faire exécuter des ordres de détails, à porter et à recevoir des dépêches, et à entretenir les différents locaux du bureau dans un état de propreté convenable.

BUREAUX ARABES ANNEXES. — Les attributions des bureaux arabes annexes sont les mêmes que celles des bureaux arabes. Le fonctionnement du service y est assuré d'après les mêmes principes, avec les différences suivantes : — Le chef du bureau-annexe rend compte par écrit au commandant du cercle, aux époques fixées par celui-ci, des événements survenus, et lui fait parvenir les documents qui doivent prendre place dans les divers rapports. Il l'informe sans retard de tous les faits importants qui peuvent se produire. — Il règle, par délégation du commandant supérieur, les affaires que celui-ci ne s'est pas spécialement réservées et qui demandent une prompte solution.

En matière de punitions à prononcer, les pouvoirs du commandant supérieur peuvent être délégués au chef du bureau annexe par le général commandant la province. — Le commandant du cercle peut déléguer au chef de son bureau-annexe le droit d'infliger des punitions dans les limites de 8 jours de prison et 25 francs d'amende.

Si le chef du bureau-annexe n'est pas en même temps commandant militaire du poste, il relève de l'officier chargé de ces fonctions pour tout ce

qui touche à la discipline et au service intérieur de la place. — Il ne relève que du commandant du cercle pour tout ce qui a rapport
à l'administration et au commandement des
indigènes.

ALLOCATIONS. — SOLDE, INDEMNITÉ, FRAIS
DE BUREAU.

Officiers. — Les officiers et les médecins attachés aux affaires arabes ont droit, suivant leur
position hiérarchique et l'emploi qu'ils occupent,
à des allocations de différentes natures, savoir :
Rations de fourrage (médecins et officiers d'infanterie). — Indemnités pour frais de représentation et de déplacement. — Indemnités pour frais
de bureau.

Les officiers des affaires arabes appartenant à
les corps de troupes à cheval, sont montés d'après
les règles établies pour leur arme. — Les officiers
d'infanterie employés dans les bureaux arabes
reçoivent du service de la remonte, à titre gratuit, deux chevaux s'ils sont titulaires, et un seul
pendant la durée de leur stage. Ils ont droit aux
rations de fourrage d'après le nombre de chevaux
qui leur est accordé. Toutefois, une ration supplémentaire de fourrage est allouée aux direc-
eurs, ainsi qu'aux chefs de bureau de première
et deuxième classe qui justifient de la possession
d'une troisième monture.

Les médecins militaires chargés du service de
santé dans un bureau arabe reçoivent un cheval à
titre temporaire, s'ils ne sont pas d'ailleurs attachés à un corps de troupes à cheval. Ils touchent
une ration de fourrage au titre du corps qui les a
montés.

Les officiers titulaires des affaires arabes reçoivent, à titre de frais de déplacement et de représentation, une indemnité annuelle, fixée ainsi
qu'il suit pour chacun des degrés de la hiérarchie,
savoir : — Chef du bureau politique, 3,000 francs.
— Directeur, 2,000 francs. — Chef de bureau de
première classe, 1,200 francs. — Chef de bureau
de deuxième classe, 900 francs. — Adjoint de première classe, 900 francs. — Adjoint de deuxième
classe, 600 francs. — Cette indemnité est attachée
à l'emploi et non aux fonctions particulières.

Les allocations aux médecins seront fixées
lorsque le service des officiers de santé des bureaux arabes sera organisé. — Les officiers stagiaires reçoivent, pour subvenir aux frais d'achat
et d'entretien de harnachement et livres d'études,
une indemnité annuelle de 360 francs.

Les indemnités allouées aux chefs des divers
bureaux arabes, à titre de frais de bureau, sont
fixées de la manière suivante : — Bureau politique, 3,000 francs. — Direction provinciale,
1,800 francs. — Bureau subdivisionnaire, 1,500 fr.
— Bureau du cercle ou annexe, 800 francs. —
Les officiers détachés d'une manière permanente
hors du chef-lieu d'un cercle reçoivent pour subvenir aux frais de bureau qui leur incombent une
allocation annuelle de 240 francs.

Archivistes. — Les archivistes militaires att..
chés au bureau politique et aux directions provinciales reçoivent l'indemnité attribuée aux adjoints
de première classe. Les archivistes civils sont
divisés en deux classes dont les traitements sont
fixés ainsi qu'il suit : première classe, 2,100 francs,
— Deuxième classe, 1,800 francs.

Secrétaires français. — Les secrétaires français touchent, en dehors de la solde de leur grade,
une indemnité annuelle de : — 300 francs pour la
première classe. — 270 francs pour la deuxième
classe.

Khodjas. — Les khodjas sont divisés en trois
classes auxquelles sont affectés des traitements
fixés ainsi qu'il suit : — Première classe, 1,500 fr.
— Deuxième classe, 1,200 francs. — Troisième
classe, 900 francs.

Le nombre de khodjas attachés aux bureaux
arabes est fixé à 51, dont 10 de première classe,
13 de deuxième classe et 28 de troisième classe.
— Les khodjas attachés au bureau politique, aux
directions provinciales et aux bureaux subdivisionnaires, sont rangés de droit dans la deuxième
classe. Ils sont promus à la première en raison
de leurs services et de leur ancienneté. — Les
khodjas des bureaux arabes de cercle ou des
annexes sont d'abord compris dans la troisième
classe; ils sont élevés à la deuxième par rang
d'ancienneté.

Chaouchs. — Les chaouchs attachés au bureau
politique, aux directions provinciales et aux bureaux subdivisionnaires, reçoivent un traitement
de 900 francs. — Le traitement des chaouchs attachés aux bureaux arabes de cercle et aux annexes
est fixé à 600 francs.

OFFICIERS, MÉDECINS EN TOURNÉE. — TRANSPORTS,
DIFFA, ALFA.

Les officiers, médecins et interprètes attachés
aux bureaux arabes ont droit à l'alfa et à la diffa,
lorsqu'ils sont en service dans le cercle. — Il est
accordé à chacun d'eux, pour le transport de sa
tente et de ses bagages, deux mulets ou chevaux
de bât qui seront fournis par les tribus. Ces bêtes
de somme seront changées, autant que possible,
après chaque journée de marche. — Les journées
de travail de conducteur et de bête de somme
fournies pour ce service seront comptées aux
propriétaires des animaux, en déduction de leur
quote-part dans les prestations en nature pour
ouverture et entretien des routes.

Les spahis et khiélas envoyés en mission dans
le cercle ont droit à l'alfa et à la diffa. — La diffa
comprend le gîte et la nourriture, qui sont fournis
l'un et l'autre d'après les habitudes du pays. —
Les denrées qui entrent dans la composition des
repas sont celles que produit la localité ou dont
les habitants eux-mêmes font usage. Il est formellement interdit à tout agent de l'autorité ayant
droit à l'hospitalité d'exiger qu'il lui en soit

fourni d'une nature différente. — L'alfa comprend les moyens d'attache pour les animaux, l'orge et le fourrage. Cette dernière denrée d'après les ressources de la localité et la saison.

24 décembre 1870.

Décret portant suppression des bureaux arabes divisionnaires et subdivisionnaires ainsi que du bureau politique (B. O. 351).

Art. 2. — Les officiers de bureaux arabes maintenus, jusqu'à dispositions contraires, auprès des commandants chargés de l'administration des territoires dits *militaires*, sont les agents de ces commandants; ils n'ont pas personnellement l'autorité. — Toute correspondance officielle, en dehors des commandants administrateurs, est interdite aux bureaux arabes.

Art. 3. — Le bureau arabe, dit *politique*, est supprimé, et ses attributions se trouvent, de droit, réparties entre le cabinet du commissaire extraordinaire et l'état-major du général commandant les forces de terre et de mer, sous la responsabilité respective du commissaire et du général. — Ces deux hauts fonctionnaires s'appliqueront à répartir ces attributions le plus promptement possible entre les préfets des départements et les généraux commandant les divisions.

Art. 4. — Les bureaux arabes divisionnaires et subdivisionnaires deviennent de simples bureaux arabes, dont l'action ne s'exerce que dans le cercle administré directement par le commandant militaire près duquel ils sont placés.

Art. 5. — Tout mouvement insurrectionnel qui aura lieu dans un cercle administré militairement, entraînera obligatoirement la comparution en conseil de guerre de l'officier administrateur et de ses chefs et adjoints de bureau arabe, lesquels auront à justifier de leurs efforts pour prévenir la révolte, et des mesures prises pour en empêcher l'extension. — La procédure, même en cas d'acquittement, sera toujours transmise au ministre de l'intérieur.

17 avril 1873.

Arrêté du gouverneur portant suppression des bureaux arabes d'Oran et de Mostaganem (B. 480).

Art. 1. — Les bureaux arabes d'Oran et de Mostaganem sont supprimés.

Art. 2. — Les tribus de l'ancien cercle de Mostaganem restées sous l'autorité militaire formeront une annexe, dite de Mostaganem, qui relèvera directement de l'autorité administrative du général commandant la division d'Oran.

1er février 1874.

Décret qui constitue officiers de police judiciaire dans les territoires administrés l'autorité militaire, où il n'existe pas d'officier de police ordinaire, les chefs des affaires indigènes et leurs adjoints, pour les crimes délits ou contraventions commis par les Européens (B. O. 520).

V. *Justice.*

13 mars 1875.

Loi sur la constitution des cadres de l'armée

Art. 31. Les affaires indigènes en Algérie comprennent les bureaux arabes et les commandements de cercles. — Le personnel des bureaux arabes se compose d'officiers hors cadres d'officiers détachés des corps de troupe. — personnel hors cadre comprend, au maximum cinq chefs de bataillon ou d'escadron et soixante dix capitaines. — Les officiers détachés des corps de troupe sont du grade de lieutenant ou de sous lieutenant; leur nombre est variable et proportionnel aux besoins du service.

Bureaux de bienfaisance européens.

Les bureaux de bienfaisance européens ont été organisés en Algérie sur les mêmes bases qu'en France par décret du 13 juillet 1849. La loi du 21 mai 1873 qui a modifié, dans la métropole, la composition des commissions administratives, n'a pas été promulguée dans la colonie et n'y est pas appliquée. Les bureaux de bienfaisance de l'Algérie fonctionnent sous le contrôle du conseil municipal du préfet, et d'un inspecteur spécial. Leurs receveurs, placés sous la surveillance de l'administration des contributions diverses, sont justiciables de la Cour des comptes.

Il existe 21 bureaux de bienfaisance : 9 dans le département d'Alger, 7 dans celui d'Oran et 6 dans celui de Constantine. Ils perçoivent d'après les derniers relevés, 290,000 francs par an et distribuent des secours à plus de 15,000 indigents.

13 juillet 1849.

Décret relatif à l'établissement de bureaux de bienfaisance (B. 328).

Art. 2. — Il pourra être établi, dans chaque commune de l'Algérie, un bureau de bienfaisance pour la distribution des secours à domicile le. — Ces bureaux seront institués conformément aux lois, ordonnances et règlements qui gissent en France les mêmes institutions. — Ils uiront des droits, prérogatives et actions spéifiés dans le paragraphe 1 de l'article précédent (1).

Art. 3. — Les droits perçus en France au profit es hospices et bureaux de bienfaisance, sur les als, spectacles, concerts, feux d'artifice, danses et ètes quelconques où le public est admis en ayant, seront perçus en Algérie dans les mêmes ormes et proportions, et affectés à la même desination.

Art. 4. — Les administrateurs des hospices et urcaux de bienfaisance de l'Algérie sont autolsés à faire procéder à des quêtes dans les édices consacrés aux cérémonies religieuses, à y lacer des troncs pour recevoir les aumônes, insi que dans tous les établissements et lieux ublics à ce convenables.

Art. 5 — En conséquence des dispositions qui récèdent, sont rendus exécutoires en Algérie les ois, ordonnances et règlements de la métropole, ctuellement en vigueur, touchant l'organisation, a dotation, l'administration et la comptabilité es bureaux de bienfaisance.

12 février 1858.

rrêté ministériel promulguant le décret du 17 juin 1852, relatif à la formation et au renouvellement des commissions administratives des bureaux de bienfaisance (B. 518).

19 mars 1858.

écision ministérielle fixant les remises accordées aux receveurs municipaux, faisant fonctions de trésoriers des établissements de bienfaisance, à 1 pour 100 sur les premiers 10,000 francs à 0 fr. 50 pour 100 sur les sommes au delà de 10,000 francs. (B. Préfecture d'Alger, 71 de 1865).

26 mars 1862.

rrêté du gouverneur général organisant l'inspection des établissements de bienfaisance (B. O. 47).

Art. 1. — Le service d'inspection des établissements hospitaliers et pénitentiaires se divise en eux sections : celle des établissements de bienaisance et celle des prisons.

Art. 2. — L'inspection des établissements de une et de l'autre section, dans les trois départe-

(1) Cet article est ainsi conçu : Paragraphe 1. — Les ópitaux et hospices civils de l'Algérie sont déclarés étalissements publics, jouissant de l'existence civile. Ils exer-eront tous les droits, prérogatives et actions attachés à e titre.

ments algériens, est respectivement confiée à deux fonctionnaires spéciaux. — Ces deux fonctionnaires ont le siège de leur résidence à Alger. Ils relèvent du gouvernement général de l'Algérie, et sont spécialement placés sous les ordres du directeur général des services civils.

Art. 3. — Les inspecteurs ont deux sortes d'attributions, dont les unes s'accomplissent pendant la durée de leurs tournées, et les autres dans l'intervalle de ces tournées.

Art. 4. — Dans l'intervalle de leurs tournées, ils sont appelés à exprimer leur avis sur les affaires qui sont soumises à leur examen par l'administration supérieure.

Art. 5. — Ils peuvent être réunis en conseil, sur la convocation spéciale du directeur général des services civils, pour l'examen et la discussion des projets de cahier des charges afférents à des dépenses et fournitures excédant 10,000 francs et imputables sur le budget de l'État. — Ils peuvent également être convoqués à l'effet d'examiner en conseil les règlements et projets de toute nature qui, aux termes des règlements de la métropole, doivent être soumis à l'approbation du ministre de l'intérieur. — A défaut de désignation contraire, le conseil des inspecteurs est présidé par le secrétaire général de la direction générale des services civils. Prennent également part aux discussions du conseil, le chef de la section chargé du service intéressé et, s'il y a lieu, l'employé spécialement désigné à cet effet par le secrétaire général.

Art. 6. — Indépendamment des missions extraordinaires qui peuvent leur être confiées, les inspecteur font, chaque année, une tournée dans chacun des départements de l'Algérie, en se conformant à l'itinéraire et aux instructions spéciales qui leur sont adressées par le directeur général des services civils.

Art. 7. — L'inspection des établissements de bienfaisance comprend les hôpitaux, hospices, infirmeries et les quartiers d'aliénés exceptionnellement annexés à ces établissements, les bureaux de bienfaisance, les enfants trouvés, abandonnés et orphelins, monts-de-piété, dispensaires, caisses d'épargne, sociétés de secours mutuels approuvées, maison de refuge recevant des subsides, et toutes autres institutions subventionnées par l'État, les départements ou les communes.

Art. 8. — L'inspection des prisons comprend les maisons d'arrêt, de justice et de correction, les geôles municipales, les maisons centrales de force, de correction ou de réclusion soumises au régime de l'entreprise ou à la régie et tous autres établissements de répression.

Art. 9. — Dans chacun de ces établissements, l'inspecteur procède conformément aux instructions qui lui sont données par le gouverneur général et, à défaut, conformément aux lois et règlements de la métropole.

Art. 10. — Le service des inspecteurs est divisé en trois classes dont les traitements annuels sont fixés comme suit : 1re classe, 7,000 francs ; 2e classe, 6,000 francs ; 3e classe, 5,000 francs. — Nul ne peut être promu à la classe immédiatement supérieure, s'il ne compte pas trois années de service dans la classe inférieure. — Les inspecteurs actuellement en fonctions prendront rang dans la classe correspondante au traitement dont ils sont déjà titulaires.

Art. 11. — Les traitements des inspecteurs sont à la charge du budget de l'État. Des dispositions ultérieures détermineront l'époque et les conditions dans lesquelles le traitement de l'inspecteur des établissements de bienfaisance cessera d'être payé sur les fonds départementaux, pour être imputé sur le budget de l'Algérie.

Art. 12. — Sont abrogés, en ce qu'ils ont de contraire aux dispositions ci-dessus, les arrêtés, règlements et instructions antérieurs au présent arrêté.

Art. 13. — Le présent arrêté sera mis en vigueur à partir du 1er janvier 1862.

22 mai 1865.

Arrêté du gouverneur accordant aux receveurs des contributions diverses, faisant fonctions de trésoriers des bureaux de bienfaisance, les mêmes remises qu'aux receveurs municipaux chargés de cette gestion (B. Préfecture d'Alger, 71 de 1865).

10 juin 1870.

Décision du gouverneur général appliquant en Algérie une décision ministérielle du 22 février 1870, portant que, dans l'état actuel de la législation, le droit de réquisition ne peut être conféré aux ordonnateurs des communes et des bureaux de bienfaisance (B. Préfecture d'Alger, 144 de 1870,.

BUREAUX DE BIENFAISANCE CRÉÉS :

Alger, 31 juillet 1856 ; — Blidah, 31 juillet 1856 ; — Oran, 31 juillet 1856 ; — Mostaganem, 31 juillet 1856 ; — Tlemcen, 31 juillet 1856 ; — Constantine, 31 juillet 1856 ; — Philippeville, 31 juillet 1856 ; — Bone, 31 juillet 1856 ; — Médéa, 31 juillet 1856 ; — Mascara, 31 juillet 1856 ; — Orléansville, 10 mars 1859 ; — Arzew, 28 juin 1859 ; — Sétif, 11 mars 1860 ; — Saint-Denis du Sig, 4 mai 1861 ; — Guelma, 10 mai 1862 ; — Bouffarik, 20 janvier 1866 ; — Relizane, 31 août 1867 ; — Mustapha, 10 juillet 1871 ; — Boghar, 26 octobre 1871 ; — Coléa, 25 janvier 1875 ; — Mondovi, 14 avril 1875.

Bureau de bienfaisance musulman.

Un décret du 5 décembre 1857 a créé à Alger un bureau spécial de bienfaisance pour les musulmans. Ce bureau, réorganisé par un arrêté du gouverneur général du 7 mars 1874, distribue des secours aux malades, aux vieillards, aux indigents ; il est chargé en outre de l'administration d'une maison d'asile, d'un orphelinat, d'ouvroirs, d'une salle d'asile et de la constitution de bourses d'apprentissage.

5 décembre 1857.

Décret qui crée un bureau spécial de bienfaisance musulmane, à Alger (B. 516).

Art. 1. — Un bureau de bienfaisance spécial est créé à Alger pour la distribution des secours aux indigènes musulmans.

Ce bureau se compose (1) :

Art. 3. — Le bureau de bienfaisance musulman de la commune d'Alger est déclaré établissement d'utilité publique, jouissant de l'existence civile. En conséquence, il pourra être autorisé à accepter des dons et legs.

Ceux faits par les Européens auront lieu d'après les lois en vigueur ; ceux faits par les musulmans pourront être reçus selon les formes de la loi musulmane.

7 mars 1874.

Arrêté du gouverneur contenant règlement du bureau (non inséré au Bulletin officiel).

TITRE I.
ORGANISATION ET COMPOSITION DU BUREAU.

Art. 1. — L'administration du bureau de bienfaisance musulman se compose de cinq membres musulmans choisis parmi les habitants de la commune ; ils sont nommés par le préfet, sur la proposition du maire ; ils peuvent être suspendus de leurs fonctions par le préfet, à charge d'en référer immédiatement au gouverneur général, qui peut seul prononcer la révocation.

Art. 2. — Le maire de la commune est de droit membre et président du bureau de bienfaisance musulman.

En cas d'absence ou d'empêchement du maire ou de l'adjoint en faisant fonctions, la présidence appartient au plus ancien des membres européens présents et à défaut d'ancienneté au plus âgé.

Le maire ou l'adjoint qui en remplit les fonctions ont seuls voix prépondérante en cas de partage.

Art. 3. — La commission administrative est renouvelée chaque année, par la sortie d'un membre européen et d'un membre musulman.

Le renouvellement est déterminé par la voie du sort, pendant la première période et ensuite par l'ancienneté.

(1) V. décret 7 mars 1874 (ci-après).

Les membres sortants sont rééligibles.

En cas de remplacement dans le cours d'une année, les fonctions du nouveau membre expirent à l'époque où auraient cessé celles du membre remplacé.

Art. 4. — La dissolution de la commission, comme la révocation des membres, est prononcée par le gouverneur général, sur la proposition du préfet.

Art. 5. — Le maire président convoque les assemblées extraordinaires quand il le juge convenable.

Une convocation extraordinaire peut être également faite par les administrateurs de service, après en avoir référé au maire et au cas où ce dernier aurait refusé de le faire.

Art. 6. — Dans le cas de désaccord entre le maire et la commission administrative, celle-ci peut exercer collectivement, en dehors de ce fonctionnaire, le droit de correspondre avec l'autorité supérieure.

Art. 7. — Le bureau de bienfaisance musulman d'Alger est chargé de la répartition de tous les secours mis à sa disposition par l'administration ou par les particuliers.

Il dirige, surveille, administre les services et établissements spéciaux à l'assistance des musulmans dans la commune d'Alger et pourvoit à leurs dépenses.

Art. 8. — Le bureau s'assemble à jour fixe et au moins une fois par mois. Il délibère à la majorité des membres présents, dont le nombre ne pourra être inférieur à six, non compris le maire ou l'adjoint qui en remplit les fonctions, et ce, sous la présidence d'un membre européen.

Les délibérations sont rédigées par le secrétaire, en forme de procès-verbaux, sur un registre coté et paraphé par le président.

Art. 9. — Le bureau tient ses séances dans le lieu qui est désigné par lui et de concert avec le maire président.

Art. 10. — Les membres du bureau qui ont manqué à trois réunions consécutives ordinaires ou extraordinaires, sans avoir fait agréer leurs motifs d'excuses, peuvent être considérés comme démissionnaires et remplacés.

Art. 11. — Chaque année, dans la première quinzaine de janvier, le bureau désigne, parmi les membres français et par la voie du scrutin, un ordonnateur des dépenses qui est chargé de faire effectuer la recette de toutes les ressources du bureau et de faire acquitter toutes les dépenses.

Art. 12. — Un membre européen, avec un membre indigène du bureau, à tour de rôle, pendant quinze jours, se rendent, à heure déterminée, dans le local des séances du bureau à l'effet de prendre les décisions provisoires et de prononcer sur les secours urgents qui peuvent être demandés, à charge d'en rendre compte à la commission dans sa première réunion et de faire approuver les mesures prises par eux.

Art. 13. — Des commissaires, des dames de charité françaises et musulmanes de la ville et de sa banlieue peuvent être adjoints au bureau et attachés spécialement à chacun des quartiers de la commune ou aux établissements spéciaux dépendant dudit bureau et dont il sera question plus loin.

Leur nomination et leur révocation appartiennent au bureau qui en détermine aussi le nombre.

Art. 14. — Leurs fonctions consistent à recevoir les demandes des malheureux, à constater leurs besoins, leur conduite, à leur distribuer des secours en nature à domicile, à s'assurer du bon usage qu'ils en font, à constater les changements de domicile, à dresser l'état des renseignements qu'ils obtiennent et à rendre compte des bons en nature et en argent et de tous les secours dont la distribution leur a été confiée.

Art. 15. — Il y a près du bureau des médecins choisis de préférence parmi les musulmans qui ont obtenu le diplôme de docteurs et des sages-femmes. Le nombre, le traitement, la nomination et la révocation de ces agents sont arrêtés par le préfet sur la proposition du bureau.

Art. 16. — Les médecins visitent les malades indigènes qui les appellent ou qui leur sont indiqués par les administrateurs du bureau, les commissaires ou les dames de charité.

Art. 17. — Les sages-femmes, choisies de préférence parmi les musulmanes autorisées à exercer cette profession, font les accouchements et donnent leurs soins aux indigentes enceintes ou en couches. Elles doivent appeler un médecin du bureau, quand les accouchements présentent des difficultés.

Art. 18. — Les médecins et sages-femmes fournissent au bureau les renseignements et documents nécessaires pour établir, tous les trois mois, l'état des malades qu'ils ont été appelés à visiter.

Art. 19. — Le bureau peut prendre, avec l'approbation du préfet, soit un receveur spécial, soit le receveur d'un service public de la ville, auquel est confié le soin d'effectuer les recettes et les dépenses. Le choix et la nomination du comptable, la fixation de son traitement ou indemnité et de son cautionnement, sont arrêtés par le préfet, sur la proposition du bureau, et conformément aux lois et règlements généraux sur la matière.

Le receveur peut assister aux séances du bureau, avec voix consultative, mais il ne signe pas les procès-verbaux.

Art. 20. — Un secrétaire est attaché au bureau, et au besoin, un ou plusieurs commis aux écritures ; ces employés sont au choix et à la nomination du président du bureau. Leur nombre et leur traitement sont fixés par une délibération de la commission administrative, qui n'aura d'effet qu'après son approbation par l'autorité préfectorale.

Art. 21. — Le secrétaire se tient tous les jours dans le local affecté au bureau de bienfaisance musulman, aux heures fixées par la commission administrative. Il reçoit les demandes verbales ou écrites, les enregistre et les transmet au président ou aux membres administrateurs de service. Il assiste aux séances de la commission administrative avec voix consultative.

Sous la surveillance du président et des membres de service, le secrétaire tient toutes les écritures réglementaires; il prépare la correspondance, rédige et expédie les ordonnances de recettes et de dépenses.

Le secrétaire tient le registre des délibérations et tous les autres registres du service administratif; il surveille les travaux des bureaux.

Le secrétaire a de plus la garde des registres, papiers et archives du bureau dont il est responsable.

Art. 22. — La commission peut attacher au service du bureau un chaouch et une chaoucha (homme et femme de peine) pour faire les courses, porter les correspondances et faire le service matériel du bureau.

Leur traitement sera fixé par la commission administrative, sous réserve de l'approbation du préfet.

TITRE II.

DES SECOURS ET DE LEUR DISTRIBUTION.

Art. 23. — Tous les musulmans malheureux ont droit aux secours toutes les fois que les circonstances les mettent dans l'impossibilité de fournir à leurs premiers besoins.

Art. 24. — Les secours qu'accorde le bureau de bienfaisance sont ordinaires ou extraordinaires.

Ils sont ordinaires et annuels pour :

Les aveugles;
Les paralytiques;
Les cancérés;
Les infirmes;
Les vieillards;

Les enfants abandonnés et les orphelins jusqu'à ce qu'il ait été pourvu à leur placement ou qu'ils soient en état de se suffire à eux-mêmes.

Ils sont extraordinaires et temporaires pour :

Les blessés;
Les malades;

Les femmes en couches, ou les mères nourrices ayant d'autres enfants à soutenir, ou se trouvant sans aucun moyen d'existence;

Les chefs de famille ayant à leur charge des enfants en bas âge.

Les personnes qui se trouvent dans des cas extraordinaires ou imprévus.

Art. 25. — Les blessures, les maladies, les infirmités seront constatées par un médecin du bureau, et la condition d'orphelin ou d'abandon pour les enfants sera constatée par l'autorité municipale.

Art. 26. — Nul indigent ne peut recevoir un secours, s'il n'a été admis par une délibération du bureau, s'il n'est musulman et domicilié dans la commune depuis plus d'une année.

Art. 27. — Les secours pourront être refusés aux indigents qui n'enverront pas leurs enfants soit à l'école, soit aux ateliers spéciaux de travail organisés pour eux.

Ils seront refusés à ceux qui ne feront pas vacciner leurs enfants ou qui les laisseront vagabonder.

Art. 28. — Les secours seront distribués en argent et en nature, payés à la caisse du receveur sur bons ou livrets. Ils ne seront remis à domicile, par les soins du bureau, qu'autant que les indigents malades ou infirmes, ou reconnus appartenir à la classe des pauvres honteux seront dans l'impossibilité de se transporter chez le receveur.

Chaque mois le receveur remettra au bureau la liste nominative des individus secourus à domicile.

Art. 29. — Le bureau s'applique directement et par l'intermédiaire des auxiliaires qu'il a choisis, à procurer de l'ouvrage aux indigents valides.

Il organise, s'il y a lieu, des ateliers de charité, principalement pour les jeunes filles; ouvre aux vieillards, aux orphelins, aux infirmes, des asiles de refuge.

TITRE III.

RESSOURCES. — BUDGET. — COMPTABILITÉ.

Art. 30. — Les ressources du bureau se composent de subventions et dotations, de dons et legs;

Du produit des quêtes, collectes, souscriptions et des troncs placés dans les mosquées et zaouïas.

Du produit des droits perçus sur les fêtes et réunions indigènes publiques, sur les cafés maures ayant musique indigène, spectacle ou expositions pour attirer le public.

Art. 31. — Dans la première quinzaine du mois d'avril de chaque année, le bureau dresse le budget de ses recettes et de ses dépenses présumées pour l'année suivante, de manière que son budget puisse être soumis au conseil municipal dans la session ordinaire du mois de mai.

Art. 32. — Le receveur a seul qualité pour opérer les recettes et le payement des dépenses du bureau.

Il tient :

1° Un livre-journal pour l'enregistrement journalier des recettes et des dépenses, présentant jour par jour la situation de l'établissement;

2° Les livres de détail destinés à l'enregistrement par catégories des recettes et des dépenses;

3° Un livre de quittances à souches pour la constatation des recettes;

4° Un livre pour le mouvement du magasin.

Art. 33. — Il est tenu par le bureau :

1° Un livre-sommier de tous les pauvres inscrits;

2° Un livre de radiations;

3° Un sommier spécial des orphelins et des enfants abandonnés assistés;

4° Des bulletins mobiles pour chaque indigent;

5° Des livrets pour les pauvres admis aux secours permanents et mensuels.

Art. 34. — Le receveur rendra son compte de gestion, dans la forme prescrite par les règlements et instructions ministérielles sur la comptabilité des établissements de bienfaisance.

Art. 35. — Le bureau rendra à la fin de chaque exercice un compte moral de ses opérations.

Art. 36. — Les dépenses de toute nature seront acquittées par le receveur sur des bons ou mandats de l'ordonnateur, lesquels mentionnent l'objet de la dépense, la date de la délibération qui l'établit, et le nom de la personne en faveur de qui elle a été votée.

Le cachet du bureau est apposé sur ces bons.

Les secours permanents sont payés mensuellement et par douzième, sur la présentation du livret. Le receveur en fait l'avance sur la caisse et en est couvert par un mandat de l'ordonnateur sur le vu des feuilles de distribution arrêtées chaque jour par le receveur et certifiées par les employés présents au payement.

Art. 37. — Le président et les membres du bureau doivent rester étrangers à tout maniement de deniers.

Art. 38. — Le bureau de bienfaisance est soumis au contrôle et à l'inspection des agents spéciaux des finances, comme tous les établissements d'assistance publique, et particulièrement à celle de l'inspecteur central, dont le service a été créé par un arrêté du gouverneur général du 26 mars 1862.

TITRE IV.

SERVICES SPÉCIAUX — ANNEXES

Art. 39. — Indépendamment du service des secours proprement dits, qui fait l'objet des dispositions qui précèdent, le bureau de bienfaisance musulman est chargé de divers établissements d'assistance musulmane créés à Alger depuis 1858.

Ces établissements se composent:

1° D'une maison d'asile ou refuge pour les vieillards et incurables indigènes des deux sexes;

2° D'un orphelinat annexe pour les jeunes garçons et pour les jeunes filles orphelines ou abandonnées musulmanes de la commune.

3° De bourses d'apprentissage, destinées à initier les enfants (jeunes garçons) des musulmans pauvres à nos industries;

4° D'ouvroirs ou ateliers de charité subventionnés pour les jeunes filles et les ouvrières musulmanes, en vue de les habituer à gagner leur vie par le travail.

5° D'une salle d'asile ouverte aux jeunes enfants pauvres de 4 à 7 ans.

Art. 40. — Ces établissements détachés du bureau, en vertu de l'arrêté du 18 mars 1865, ont été rendus et restent soumis à sa direction surveillance et administration, comme spéciaux à la population musulmane de la ville d'Alger.

Les conditions de leur organisation sont déterminées par les dispositions ci-après, modifiant leur organisation primitive.

Art. 41. — Les dotations actuelles de ces établissements n'ont point une affectation spéciale et absolue, elles font masse avec les ressources ordinaires ou extraordinaires du bureau, et les allocations à attribuer auxdits établissements spéciaux peuvent varier d'une année à l'autre, selon les besoins, avec l'autorisation du préfet.

Toutefois les établissements existants ne peuvent être supprimés qu'en vertu d'un arrêté du gouverneur général.

Art. 42. — En raison du caractère particulier de ces institutions qui sont hospitalières, la commission du bureau de bienfaisance, au point de vue de sa capacité civile, est assimilée aux commissions administratives des hospices et établissements publics et soumise aux mêmes règlements.

Maison de refuge des vieillards infirmes.

Art. 43. — La maison d'asile ou refuge est ouverte, dans la limite des crédits inscrits au budget du bureau, aux vieillards, aux infirmes et aux incurables musulmans d'Alger des deux sexes.

Art. 44. — La direction de l'établissement est confiée aux soins de dames françaises, laïques, mariées ou veuves, sous la surveillance de la commission administrative et des dames de charité.

Son personnel, choisi par le bureau, se compose:

1° D'une directrice laïque, française, mariée ou veuve;

2° D'une surveillante musulmane;

3° D'une concierge musulmane, faisant l'office d'infirmière;

4° D'une cuisinière indigène.

Art. 45. — Il est pourvu à la nourriture et à l'entretien des indigènes, au moyen d'un abonnement passé avec la directrice de l'asile; les conventions à intervenir sont soumises à l'approbation du préfet.

Art. 46. — La directrice est responsable du matériel fourni par le bureau de bienfaisance, et qui, après avoir été pris en charge, est inscrit sur un registre d'inventaire.

Art. 47. — Les dépenses ne peuvent être effectuées qu'avec l'autorisation du bureau; elles sont payées par le receveur, dans les formes réglementaires.

Art. 48. — L'admission des pensionnaires est prononcée par le bureau, sur la proposition de l'un de ses membres ou des dames de charité, après les constatations nécessaires par le médecin du bureau.

Art. 49. — Les mouvements d'entrée et de sortie sont constatés par la directrice, sur un registre matricule et le bulletin de ces mouvements est envoyé, chaque semaine, au bureau pour faciliter le contrôle.

Art. 50. — Les pensionnaires qui possèdent des valeurs en argent ou en bijoux doivent les déposer entre les mains du trésorier du bureau, qui en donne récépissé détaillé et en inscrit le dépôt sur un registre spécial, conformément aux dispositions de l'article 1,111 de l'instruction générale du 20 juin 1859, sur la comptabilité publique, lesquelles sont applicables au bureau, aussi bien que celles de l'article 1,070 de la même instruction relatives aux biens appartenant aux malades et aux enfants assistés décédés.

Art. 51. — Les pensionnaires peuvent sortir et rentrer librement pendant le jour, mais ils sont astreints dans l'établissement aux règles d'ordre, de propreté et de discipline arrêtées par le bureau, sur la proposition de la directrice. Ceux qui sont assez valides doivent concourir, dans la limite de leurs forces, au nettoyage de la maison, au blanchissage du linge, à l'entretien des effets et autres menus travaux d'intérieur; ceux qui s'y refuseraient, ou qui, par leur indiscipline, causeraient quelque désordre ou scandale dans la maison, seront expulsés, au besoin sur une décision prise d'urgence par les administrateurs de semaine, sauf au bureau à statuer définitivement à sa première réunion.

Art. 52. — La directrice tient seulement les écritures d'ordre qui lui seront indiquées par le bureau, mais la comptabilité proprement dite de l'établissement incombe au receveur du bureau et au secrétaire.

Art. 53. — Les dames de charité, commissaires ou membres du bureau chargés spécialement de la surveillance de l'établissement, feront au bureau un rapport mensuel oral ou écrit, sur le régime alimentaire, la propreté et la tenue de la maison et des pensionnaires. Mention spéciale sera faite de ce rapport dans les délibérations du bureau.

TITRE V.

ORPHELINS ET ABANDONNÉS.

Ar. 54. — Le bureau de bienfaisance musulman pourvoit, dans la limite de ses ressources, aux besoins des enfants orphelins ou abandonnés des deux sexes, pourvu que leurs parents aient eu, avant leur décès, ou leur départ, ou leur domicile d'assistance dans la commune d'Alger. Selon leur âge il assure leur entretien, leur nourriture et leur éducation; il a la tutelle de ces enfants, jusqu'à leur majorité, ou jusqu'à ce qu'ils aient été réclamés par des parents justifiant de leur qualité et de leurs pouvoirs. Dans ce dernier cas, le bureau peut exiger le remboursement des dépenses exposées par lui pour l'entretien des enfants réclamés.

Art. 55. — Il traite, soit avec des établissements publics, soit avec des particuliers, chez lesquels il place les enfants en vertu d'un contrat d'éducation et d'apprentissage en due forme.

Art. 56. — Il tient un contrôle spécial de ce mode d'assistance, sur lequel sont inscrits les enfants admis par lui comme orphelins ou abandonnés en vertu d'une délibération spéciale.

Art. 57. — Pour les jeunes garçons, à défaut d'orphelinat spécial, il les place en apprentissage chez des artisans, soit musulmans, soit européens, et autant que possible chez des cultivateurs, à charge de pourvoir à leur entretien et à leur instruction pratique, jusqu'à ce qu'ils soient en situation de gagner leur vie par le travail.

Il place à l'école des arts et métiers qui pourrait exister dans la province d'Alger, soit dans tout autre établissement agricole ou industriel qui viendrait à se créer, tous ceux qui sont susceptibles d'y être admis.

Art. 58. — Les jeunes filles orphelines et abandonnées sont recueillies par les soins du bureau et élevées dans une maison spéciale confiée à la direction d'une dame française laïque, mariée ou veuve, d'après une convention analogue à celle passée pour la maison de refuge des vieillards. Le bureau traite avec la directrice par voie d'abonnement, en vertu d'un marché approuvé par le préfet.

Un règlement spécial, soumis à l'approbation du préfet, détermine les conditions d'instruction et d'éducation à donner aux enfants.

Art. 59. — Quand les jeunes filles sont en âge d'être placées, soit comme domestiques, soit comme ouvrières, le bureau les confie à des familles recommandables de la commune, en vertu de conventions particulières.

Art. 60. — Le produit du travail des orphelins entretenus par le bureau appartient au bureau pour deux tiers; lorsque leur apprentissage est terminé, un tiers au moins de leur salaire est placé en leur nom à la caisse d'épargne, pour les livrets leur être remis à leur majorité, ou à l'époque de leur émancipation par le mariage.

Art. 61. — Est reconnu comme établissement de bienfaisance musulman, remis au bureau de bienfaisance et pris en charge par lui, l'orphelinat des jeunes filles musulmanes, fondé à titre d'essai, rue des Pyramides, par la charité privée.

TITRE VI.

OUVRAGES ET ATELIERS DE CHARITÉ. — BOURSES D'APPRENTISSAGE.

Art. 62. — Le bureau de bienfaisance musulman a encore pour mission d'organiser, dans la limite de ses ressources, des ouvroirs et des ateliers de charité pour faciliter aux enfants pauvres l'apprentissage de métiers qui leur assurent des moyens d'existence pour l'avenir.

Art. 63. — Pour les jeunes garçons, lorsque les

parents consentent à passer avec les patrons arti- sans des contrats réguliers d'apprentissage, que les métiers à apprendre aux enfants sont recon- nus d'une utilité sérieuse pour eux, que les pa- rents et les patrons contractants présentent des garanties réelles de moralité, le bureau peut in- tervenir au contrat et subventionner, soit le pa- tron, soit la famille de l'enfant, soit l'enfant lui- même, isolément ou ensemble, en leur accordant une prime calculée sur la durée de l'apprentis- sage. Les conditions de chiffre, de payement, sont fixées par le bureau, avec l'approbation du préfet.

Art. 64. — Cette prime, en aucun cas, ne pourra dépasser au total un maximum de 400 francs par enfant pour toute la durée de l'apprentissage.

Art. 65. — Le bureau arrête la nomenclature des métiers dont l'apprentissage peut être encou- ragé dans un but de charité.

Art. 66. — Pour les jeunes filles pauvres, le bureau favorisera l'ouverture d'ouvroirs ou ate- liers dont l'objet est de leur faciliter l'apprentis- sage des travaux d'aiguille, de tricot, de couture, broderie, lingerie, confection, etc.

Le bureau subventionne ces établissements libres, quand les directrices lui présentent des garanties de moralité suffisantes et consentent à se soumettre aux conditions de surveillance et de contrôle déterminées ci-après, d'une manière générale, et dont les détails particuliers seront fixés par une convention soumise à l'approbation du préfet.

Art. 67. — La subvention du bureau à ces sortes d'établissements consiste dans l'octroi fait aux directrices, outre une subvention annuelle, fixée par le bureau soit des locaux nécessaires aux ateliers et à leur logement personnel, soit d'une indemnité pécuniaire déterminée.

Art. 68. — Le bureau surveille les établissements par les soins de membres délégués, de commis- saires, de dames de charité ; il impose aux direc- trices un programme des travaux à apprendre aux enfants ; il fixe un tarif de salaires pour tra- vaux à la tâche ou à la journée, de manière que ce salaire soit suffisant et proportionné au travail ; s'il doit tenir compte des intérêts des directrices, il doit surtout sauvegarder ceux des enfants.

Il fixe le minimum des enfants apprentis de chaque ouvroir en raison du chiffre de la sub- vention.

Les directrices sont tenues de recevoir les en- fants pauvres qui leur sont envoyés par le bureau, lequel répartit au besoin celles des familles in- scrites sur ses contrôles entre les différents ou- vroirs subventionnés par lui.

En outre des travaux manuels, les directrices doivent donner aux enfants des notions pratiques et usuelles de la langue française.

Art. 69. — Pour faciliter la surveillance et son contrôle, il impose aux directrices une compta- bilité d'ordre déterminée ; il les oblige à donner aux ouvrières et aux apprenties un livret sur le-

quel doit être inscrit, chaque semaine au moins, et régulièrement, le travail effectué et le salaire gagné.

Les directrices sont tenues de faire le payement des salaires à jour et heure fixes, déterminés par le bureau, afin que l'un des membres du bureau, commissaire ou dame de charité délégués, puisse y assister, entendre les réclamations des enfants et les explications des directrices et rendre compte au bureau.

Art. 70. — L'inexécution par les directrices des conditions générales et particulières à elles im- posées entraînera la suppression de la subven- tion ; cette subvention toutefois pour les établis- sements actuellement existants ne pourra être prononcée que par le gouverneur général.

Art. 71. — Sont reconnus comme ouvroirs sub- ventionnés, et, à ce titre, établissements de bien- faisance musulmans :

1° L'ouvroir de la rue de Toulon ;
2° Celui de la rue Abderhaman ;
3° Celui de la rue des Pyramides.

TITRE VII.

SALLE D'ASILE.

Art. 72. — La salle d'asile est ouverte aux en- fants pauvres des deux sexes et de l'âge de 4 à 7 ans, son personnel se compose :

1° D'une directrice française, mariée ou veuve
2° D'une sous-maîtresse française ;
3° D'une surveillante musulmane ;
4° D'une femme de peine, musulmane ;

Le nombre des enfants à y admettre est pro- portionné aux ressources du bureau et fixé an- nuellement par le bureau, lors de la préparation du budget.

Art. 73. — Les jeunes garçons sont séparés au- tant que possible des jeunes filles ; ces dernières dès l'âge de six ans sont habituées aux travaux d'aiguille à leur portée et préparées à leur en- trée dans les ouvroirs.

Art. 74. — Pendant leur séjour à la salle d'a- sile, les enfants pauvres, admis par le bureau, y recevront un repas par jour. La directrice chargée de la salle d'asile recevra une indemnité qui ne pourra dépasser 10 centimes par jour et par en- fant, pour la couvrir de ce repas.

Art. 75. — Ce secours destiné à encourager la fréquentation de l'asile pourra être continué pen- dant un an aux jeunes filles qui, en quittant l'asile, entreront dans l'un des ouvroirs sub- ventionnés par le bureau de bienfaisance mu- sulman.

Art. 76. — La directrice chargée de la salle d'asile des enfants musulmans devra leur ap- prendre la connaissance pratique de la langue française et se soumettre aux règlements géné- raux des salles d'asiles particuliers aux enfants européens ; un règlement particulier sera arrêté par le préfet sur la proposition du bureau.

TITRE VIII

DISPOSITIONS GÉNÉRALES.

Art. 77. — Toutes les fournitures nécessaires au service du bureau et des établissements annexes sont adjugées, en séances publiques, sur cahier des charges préalablement soumis à l'approbation du préfet.

Art. 78. — Les dépenses du bureau de bienfaisance musulman d'Alger sont classées en ordinaires et extraordinaires.

Dans la première catégorie, figurent comme obligatoires dans la limite des ressources générales :

1° Les secours proprement dits à donner en argent et en nature aux pauvres musulmans de la commune.

2° Les dépenses de la maison d'asile pour les vieillards, les infirmes, les malades, etc.

3° Les dépenses d'entretien et d'éducation des enfants orphelins et abandonnés.

Dans la deuxième catégorie sont comprises les dépenses qui n'ont qu'un caractère d'utilité relative et qu'il convient de n'entreprendre que dans la limite des crédits laissés disponibles, après qu'il a été convenablement satisfait aux besoins de la première catégorie. Telles sont les dépenses qui concernent :

1° Les ouvroirs et ateliers de charité ;

2° Les bourses d'apprentissage destinées aux enfants non orphelins et la salle d'asile.

Art. 79. — Sont applicables au bureau de bienfaisance, les lois, ordonnances, décrets et règlements généraux de la métropole, actuellement en vigueur, en matière d'assistance légale, sauf les exceptions résultant des décrets du 5 décembre 1857 et du 20 décembre 1860 et du décret du 18 août 1868.

Sont abrogés les arrêtés antérieurs en ce qu'ils ont de contraire au présent décret.

Bureaux de placement.

Le décret du 25 mars 1852 qui régit en France les bureaux de placement n'a pas été promulgué en Algérie. Il est remplacé, dans le département d'Alger, par un arrêté préfectoral du 10 août 1861 qui reproduit, avec quelques adjonctions, la législation de la métropole.

10 août 1861.

Arrêté du préfet d'Alger réglementant les bureaux de placement (B. de la Préfecture, 175 de 1861).

Art. 1. — Nul ne pourra, à l'avenir, ouvrir dans toute l'étendue du département d'Alger un bureau de placement, sous quelque titre et pour quelque profession et emplois que ce soit, sans une permission spéciale délivrée à Alger par l'autorité préfectorale, et dans toutes les autres localités par l'autorité municipale.

Cette autorisation ne pourra être accordée qu'à des personnes d'une moralité reconnue.

Les possesseurs actuels de bureaux de placement ont un délai d'un mois pour se pourvoir de ladite permission.

Art. 2. — Toute demande en autorisation devra être établie sur timbre de 35 centimes, et énoncer les conditions auxquelles le requérant se propose d'exercer son industrie.

Le candidat joindra à sa demande son acte de naissance et un certificat de moralité délivré par le commissaire de sa section ou par le maire de sa commune.

Il indiquera le local où il se propose d'établir son bureau.

Art. 3. — L'arrêté d'autorisation sera personnel.

En cas de changement de résidence, le nouveau local devra être agréé par l'administration.

Toute succursale est prohibée.

Art. 4. — Le titulaire autorisé devra tenir un registre qui servira à l'inscription des personnes qui demanderont à être placées. Ce registre sera signé et paraphé sur chaque feuille par le maire ou le commissaire de police, au visa duquel il sera soumis du 1er au 5 de chaque mois.

Il contiendra dix colonnes indiquant : 1° numéro d'ordre ; 2° date de l'inscription ; 3° nom ; 4° prénoms ; 5° âge ; 6° lieu de naissance ; 7° profession ; 8° domicile ; 9° pièces produites ; 10° nom des maîtres ou patrons de la personne placée.

Il sera représenté à toute réquisition des agents de l'autorité. Les pièces produites ne pourront être retenues par le placeur sans l'assentiment du postulant ; elles lui seront, en tous cas, restituées à sa première réquisition.

Art. 5. — L'arrêté d'autorisation réglera le tarif des droits de placement qui pourront être perçus par le gérant, et, s'il y a lieu, le taux du droit d'inscription qui, dans aucun cas, ne pourra excéder 75 centimes.

Art. 6. — Le placeur sera tenu de délivrer gratuitement à chaque personne inscrite, et au moment même de l'inscription, un bulletin portant le numéro d'ordre de l'inscription, les conditions du tarif fixé pour le bureau, et la quittance de la somme qu'il aurait reçue, soit à titre de droit d'inscription, soit à titre d'avance sur le droit de placement.

Cette avance sur le droit de placement sera toujours restituée à la première réquisition du déposant qui renoncera à être placé par l'entremise du bureau où aura eu lieu l'inscription.

En cas de refus de restitution, la contestation sera portée immédiatement devant le commissaire de police qui, au besoin, dressera procès-verbal.

Le tarif du droit de placement sera fixe ; il ne pourra être ni augmenté ni diminué au gré du placeur.

Ce droit ne sera dû au placeur qu'autant qu'il aura procuré un emploi, et ne lui sera définitivement acquis qu'après un délai déterminé, pour chaque bureau, par l'arrêté d'autorisation.

Aucune somme, autre que celle ci-dessus indiquée, ne pourra être perçue, à titre de cautionnement, ou sous quelque dénomination que ce soit, tant par le gérant que par la personne interposée.

Art. 7. — En l'absence de conventions contraires, le montant du droit de placement indiqué au bulletin pourra toujours être payé au placeur par le maître ou patron et imputé sur les gages ou salaires de la personne placée.

Art. 8. — Il est formellement défendu aux placeurs d'annoncer, soit sur leurs registres, soit sur des tableaux ou affiches apposés intérieurement ou extérieurement, soit par tout autre moyen de publicité, des places ou emplois qu'ils n'auraient pas mandat de procurer.

Art. 9. — Sont interdites toutes connivences, toutes manœuvres frauduleuses, tendant à faire croire à un placement qui ne serait pas sérieux, ou ayant pour but d'agir contre une personne placée, dans l'espoir d'une nouvelle rétribution.

Art. 10. — Il est également défendu au gérant d'un bureau de placement d'envoyer des mineurs dans des maisons ou chez des individus mal famés, et généralement de se prêter à aucune manœuvre contraire aux mœurs.

Art. 11. — Les dispositions des articles 6, 7, 8, 9 et 10 du présent arrêté seront textuellement insérées sur le bulletin délivré aux personnes inscrites.

Art. 12. — Le tarif des droits dont la perception sera autorisée devra toujours être affiché ostensiblement, avec un exemplaire de l'arrêté d'autorisation, dans l'intérieur de chaque bureau de placement.

Art. 13. — En cas d'infraction aux articles 6, 7, 8, 9 et 10 précités, tout bureau de placement pourra être fermé par voie administrative.

Le retrait d'autorisation aura lieu également, et ce sera sans préjudice des peines édictées par la loi, s'il est prouvé qu'il y a eu, sous prétexte de placement, excitation à la débauche.

Art. 14. — Les retraits de permission et les règlements émanés de l'autorité municipale en vertu des dispositions qui précèdent ne seront exécutoires qu'après l'approbation du préfet.

C

Caisse des Dépôts et Consignations.

14 octobre 1851.

Décret qui organise en Algérie la Caisse des dépôts et consignations (B. 400).

Art. 1. — Les dépôts et consignations effectués en Algérie sont soumis aux formes d'administration et de comptabilité qui régissent le service des dépôts et consignations de France.

Art. 2. — Les trésoriers-payeurs de l'Algérie rempliront, vis-à-vis de la Caisse des dépôts et consignations, les fonctions attribuées en France aux receveurs généraux des finances. — Les dispositions du titre 6 de l'ordonnance du 22 mai 1816 leur sont entièrement applicables.

Art. 3. — Toutes les sommes et valeurs que la Caisse des dépôts et consignations est autorisée à recevoir, aux termes des lois, ordonnances et règlements qui régissent son service, seront versées aux trésoriers-payeurs, et encaissées par eux comme préposés de ladite caisse.

Art. 4. — Le présent décret recevra son exécution à partir du 1er janvier 1852.

Art. 5. — Toutes dispositions contraires à celles qui précèdent sont et demeurent abrogées.

4 mars 1863.

Décret qui attribue aux payeurs particuliers les fonctions de receveurs particuliers des finances (B. G. 202).

Art. 1. — Les payeurs particuliers, établis dans les villes de l'Algérie où réside un tribunal de première instance, rempliront, vis-à-vis la Caisse des dépôts et consignations, les fonctions attribuées dans la métropole aux receveurs particuliers des finances.

Art. 2. — Le présent décret recevra son exécution à partir du 1er mai 1863.

20 juillet 1851.

Loi relative aux consignations judiciaires (non promulguée en Algérie, mais exécutoire comme contenant une modification à la loi du 28 avril 1816, sur les dépôts d'espèces à la Caisse des consignations, ladite loi en vigueur dans l'colonie depuis le 1er janvier 1852, aux termes du décret ci-dessus du 14 octobre 1851).

Caisses d'épargne.

La législation de la métropole relative aux caisses d'épargne a été rendue applicable en Algérie par décret du 22 septembre 1852. Depuis lors, 7 établissements de ce genre ont été organisés, savoir : le 22 septembre 1852 à Alger, le 11 avril 1854 à Bône et à Philippeville, le 13 avril 1855 à Oran, le 21 avril 1858 à Constantine et le 11 novembre 1865 à Mostaganem et à Tlemcen. Le nombre des livrets ouverts a suivi chaque année une progression croissante; il s'est élevé, dans le courant de l'année 1876, à 4,234, représentant un dépôt de 495,928 francs.

22 septembre 1852.

Décret rendant applicables les lois, ordonnances et décrets relatifs aux caisses d'épargne (B. 424).

Art. 1. — Sont déclarés applicables à l'Algérie, les lois du 5 juin 1835, 31 mars 1837, 22 juin 1845 et 30 juin 1851, l'ordonnance du 28 juillet 1846 et le décret du 15 avril 1852, relatifs aux caisses d'épargne et de prévoyance.

22 septembre 1852.

Décret autorisant la caisse d'épargne et de prévoyance d'Alger (B. 424).

Art. 1. — La caisse d'épargne et de prévoyance fondée à Alger est autorisée. — Sont approuvés les statuts de ladite caisse annexés au présent décret.

Art. 2. — La présente autorisation pourra être révoquée en cas de violation ou de non-exécution des statuts approuvés, sans préjudice des droits des tiers.

Art. 3. — La caisse d'épargne d'Alger sera tenue d'adresser au commencement de chaque année, par l'intermédiaire du préfet, au gouverneur général, qui le transmettra au ministre de la guerre, un extrait de son état de situation au 31 décembre précédent.

Statuts de la caisse d'épargne et de prévoyance d'Alger (1).

Art. 1. — Il est fondé une caisse d'épargne et de prévoyance à Alger.

Art. 2. — Cette caisse est destinée à recevoir en dépôt, les sommes qui lui seront confiées par toutes personnes qui désireront y verser leurs épargnes. Elle sera mise en activité aussitôt que les présents statuts auront reçu l'autorisation du gouvernement.

Art. 3. — Le fonds de dotation de la caisse se composera de dons et souscriptions recueillies en sa faveur. — Jusqu'à ce que les intérêts de ce fonds et les bénéfices de l'établissement puissent suffire aux frais d'administration, les sommes nécessaires pour les compléter seront fournies par la commune d'Alger. — Un registre sera ouvert au secrétariat de la mairie pour recevoir les souscriptions. — Le capital du fonds de dotation est placé en rentes sur l'État, et ne peut être aliéné sans l'approbation du ministre de la guerre : les intérêts seuls peuvent être employés au payement des frais d'administration. — Une salle de la mairie sera destinée à l'administration de la caisse d'épargne.

Art. 4. — La caisse d'épargne sera administrée par un conseil composé de (2) douze administrateurs. Les fonctions dureront six ans; ils seront renouvelés, par tiers, tous les deux ans. — Les administrateurs sortants seront désignés par le sort pour les deux premières séries, et ensuite par ancienneté. Ils seront rééligibles.

Art. 5. — Les douze administrateurs seront choisis par le conseil municipal, savoir : Trois parmi les membres dudit conseil; Neuf parmi les personnes domiciliées dans la commune d'Alger, qui figurent dans la liste des donateurs ou souscripteurs mentionnés à l'article 3.

Art. 6. — Le maire préside le conseil des administrateurs. Il peut se faire remplacer par un adjoint (3).

Art. 7. — Les administrateurs élisent, à la majorité des suffrages, un vice-président et un secrétaire. Ils arrêtent, pour l'administration intérieure, un règlement qui est soumis à l'approbation du ministre de la guerre (4).

Art. 8. — Si les administrateurs décident que la direction et la tenue du bureau doivent être confiées à un employé spécial et salarié, cet employé

(1) Les statuts de la caisse d'épargne de Bône, qui sont suivis dans toutes les autres caisses de l'Algérie, présentent avec ceux de la caisse d'Alger quelques différences que nous signalons en notes sous les articles qui les concernent.

(2) Du maire et de...

(3) Et à défaut de ce dernier par un vice-président choisi parmi les administrateurs.

(4) Ils peuvent établir un bureau d'administration composé de cinq membres, dont au moins un conseiller municipal, lesquels sont choisis parmi eux pour régir la caisse et en surveiller le service.

era nommé par le maire sur la proposition des dministrateurs.

Art. 9. — Aucune délibération ne peut avoir lieu sans le concours du président et de six administrateurs au moins.—Toutes les décisions du onseil d'administration sont prises à la majorité bsolue des voix. En cas de partage, celle du président est prépondérante.—Il est tenu registre des procès-verbaux de chaque séance.

Art. 10. — La caisse ne reçoit pas de dépôt de moins de 1 franc, ni de plus de 300 francs par chaque versement (1) du même déposant. — Il n'est reçu, toutefois, aucun versement lorsque les dépôts successifs ont atteint, en y comprenant les intérêts, le capital de 1,000 francs.

Art. 11. — Lorsqu'un déposant aura versé la somme nécessaire pour l'achat d'une inscription de rente de 10 francs au moins, la caisse pourra, sur la demande du déposant, en faire l'achat au nom de ce dernier, qui n'aura à supporter aucun frais.

Lorsque, par suite du règlement annuel des intérêts, un compte excédera le maximum de 1,000 francs fixé par la loi, si le déposant pendant un délai de trois mois n'a pas réduit son crédit au-dessous de cette limite, l'administration de la caisse d'épargne achètera pour son compte, et sans frais, 10 francs de rente en 4 1/2 p. 100 lorsque le prix (2) ne sera pas au-dessus du pair, et en 3 p. 100 si le cours de la rente de 4 1/2 dépasse cette limite. — Aussi longtemps que le déposant ne réclamera pas la remise de son inscription de rente, les arrérages seront touchés par la caisse et portés en accroissement au crédit du déposant. — Le présent article sera transcrit sur tous les livrets.

Art. 12. — Les remplaçants (3), dans les armées de terre et de mer, seront admis à déposer en un seul versement le prix stipulé dans l'acte de remplacement, à quelque prix qu'il s'élève. — Les marins, portés sur les contrôles de l'inscription maritime, seront admis à déposer en un seul versement le montant de leur solde, décompte et salaire, au moment soit de leur embarquement, soit de leur débarquement. — Les dispositions (4) du précédent article seront du reste appliquées à ces divers dépôts pour les ramener (5) à la limite fixée par la loi. Toutefois, les remplaçants n'y seront soumis qu'à l'expiration de leur engagement. — L'origine des fonds admis à ces versements exceptionnels doit être justifiée dans les formes établies par l'ordonnance du 28 juillet 1846.

Art. 13. — Les sociétés de secours mutuels autres que celles déclarées établissements d'utilité publique (6) seront admises à faire des versements, mais le crédit de leur compte ne pourra excéder 8,000 francs en capital et intérêts. — Lorsque ce maximum aura été atteint, les dispositions de l'article 11 (1) des présents statuts leur seront appliquées, et les achats effectués sans frais, s'il y a lieu, par l'administration de la caisse d'épargne seront de 100 francs de rente.

Art. 14. — Les dépôts seront inscrits au nom du déposant sur un livret, numéroté et contresigné par un administrateur et par le secrétaire. — L'intérêt sera réglé à la fin de chaque année. Il sera capitalisé et produira intérêt pour l'année suivante. — Les remboursements successifs seront inscrits au livret, qui sera retenu lors du remboursement intégral.—Aucun déposant ne pourra avoir plus d'un livret en son nom (2), soit à la caisse d'Alger, soit sur deux ou plusieurs autres caisses d'épargne. Le contrevenant sera privé de tout intérêt et de la faculté d'avoir un compte à la caisse.

Art. 15. — L'intérêt des sommes versées à la caisse est le même que celui qui est alloué par la caisse des dépôts et consignations (3), et qui est en ce moment fixé à 4 1/2 p. 100, sous la déduction, toutefois, de la retenue autorisée par la loi au profit de la caisse d'épargne. — La quotité de cette retenue, obligatoire pour 1/4 p. 100 et facultative pour 1/4 p. 100, conformément à l'article 7 de la loi du 30 juin 1851, sera déterminée, au mois de décembre de chaque année, pour l'année suivante, par délibération du conseil d'administration. — Le taux d'intérêt résultant de la quotité de la retenue sera rendu public par la voie des journaux du département.

Art. 15. — L'intérêt est alloué sur toutes sommes de 1 franc. Les fractions au-dessous de 1 franc ne seront pas productives d'intérêt. Il commence à courir du jour de la semaine suivante correspondant à celui du dépôt, et cesse de courir à partir du même jour de la semaine qui précédera le remboursement, conformément à l'article 5 du décret du 15 avril 1852.

Art. 17. — Les sommes déposées à la caisse d'épargne seront, dans les vingt-quatre heures, versées en compte courant à la caisse des dépôts et consignations, conformément à la loi du 31 mars 1857 (4).

(1) 2 de la loi du 30 juin 1851.
(2) Ou sous des noms supposés.
(3) *Et qui est en ce moment de 4 1/2 p. 100 n'est pas reproduit.*
(4) Et au décret du 15 avril 1852. Elles ne peuvent être retirées de cette caisse que dans la forme prescrite par l'article 11 dudit décret.

Articles ajoutés.

Art. 18. — Les dépôts peuvent être retirés en totalité ou en partie, à la volonté des déposants, en prévenant deux semaines à l'avance et sans préjudice du règlement d'intérêt, ainsi qu'il est fixé ci-dessus. — La caisse se réserve la faculté de rembourser avant l'expiration de ce délai.

Art. 20. — Les certificats de propriété destinés aux retraits

(1) Chaque semaine, *au lieu de* par chaque versement.
(2) Est au-dessous, *au lieu de* ne sera pas au-dessus.
(3) Et les rengagés.
(4) De l'article 2 de la loi du 30 juin 1851.
(5) Au maximum fixé par l'article 2 de la même loi.
(6) Et les sociétés approuvées conformément au décret du 26 mars 1852.

Art. 18. — En cas de décès d'un déposant, les sommes par lui déposées dans la caisse d'épargne seront restituées, ainsi que les sommes qu'elles auront produites, à ses héritiers, qui devront se présenter à la caisse, où ils recevront les instructions nécessaires pour obtenir ce remboursement.

Art. 19. — A la fin de chaque année, les administrateurs présenteront au conseil municipal le compte de l'administration de l'année écoulée. Ce compte sera réglé et définitivement approuvé par ledit conseil. Il sera rendu public.

Art. 20. — La dissolution de la caisse arrivant pour quelque cause que ce soit, les valeurs qui resteront libres après le remboursement de tous les dépôts et le payement de toutes les dettes, demeureront destinées à la prolongation et au renouvellement de l'établissement, s'il y a lieu; sinon, elles seront, après délibération du conseil municipal, employées à des œuvres de bienfaisance.

Caisses de retraite.

31 décembre 1853.

Arrêté du gouverneur promulguant la loi du 9 juin 1853 établissant une caisse de re-

de fonds versés dans les caisses d'épargne doivent être délivrés dans les formes et d'après les règles prescrites par la loi du 28 floréal an VII.

Art. 21. — Lorsqu'il s'est écoulé un délai de trente ans à partir tant du dernier versement ou remboursement que de tout achat de rente et de toute autre opération effectuée à la demande des déposants, les sommes que détiennent les caisses d'épargne au compte de ceux-ci sont placées en rentes sur l'État, et les titres de ces rentes, comme les titres des rentes achetées, soit en vertu de la loi du 22 juin 1845, soit en vertu de la loi du 31 juillet 1851, à la demande des déposants, ou d'office, sont remis à la caisse des dépôts et consignations pour le compte des déposants.

A partir du même moment et jusqu'à la réclamation des déposants, le service des arrérages de la rente est suspendu. — Les reliquats des placements en rentes ci-dessus énoncés et les sommes qui, à raison de leur insuffisance, n'auraient pu être converties en rentes sur l'État, demeurent, à la même époque, acquis définitivement aux caisses d'épargne.

A l'égard des versements faits sous la condition stipulée par le donateur que le titulaire n'en pourra disposer qu'après une époque déterminée, le délai de trente ans ne court qu'à partir de cette époque. A l'égard des sommes déposées pour le compte des remplaçants dans les armées de terre et de mer, le délai de trente ans ne court qu'à partir de l'expiration de leur engagement. Dans tous les cas, les noms des déposants sont publiés au *Moniteur* et dans la *feuille d'annonces judiciaires* de l'arrondissement où est située la caisse d'épargne dépositaire, six mois avant l'expiration du délai de trente ans fixé ci-dessus.

Art. 22. Les modifications qui pourraient être faites aux présents statuts doivent être délibérées et adoptées par le conseil d'administration, à la majorité absolue des membres qui le composent; elles ne sont exécutoires qu'après l'approbation du gouvernement.

Articles 19, 23 et 24, comme aux articles 18, 19 et 20 des statuts d'Alger.

traite pour tous les employés et fonctionnaires directement rétribués par l'État; et le décret du 9 novembre 1853, rendu pour l'exécution de la loi du 9 juin (B. 451).

30 juillet 1862.

Arrêté du gouverneur approuvant l'établissement d'une caisse de retraite pour les employés de la commune de Bône, à partir du 1er septembre 1862 (B. O. 61).

26 décembre 1873.

Arrêté du gouverneur approuvant l'établissement d'une caisse de retraite pour les employés de la commune d'Alger, à partir du 1er janvier 1874 (B. O. 514).

19 juillet 1876.

Arrêté du gouverneur approuvant l'établissement d'une caisse de retraite pour les employés de la commune de Constantine, à partir du 1er janvier 1876 (B. O. 672)

Cantonnement.

Le cantonnement était une mesure destinée à resserrer les tribus dans les territoires qu'elles pouvaient exploiter et à fournir des terres pour la colonisation européenne. Cette mesure pouvait avoir sa raison d'être alors que le territoire était divisé en deux zones, l'une conservée aux indigènes et l'autre ouverte aux Européens, et qu'il était défendu à ces derniers d'acquérir des immeubles dans la zone réservée; mais le cantonnement dut être nécessairement abandonné lorsque les zones disparurent, que les indigènes furent déclarés propriétaires des terres dont ils avaient la jouissance permanente et traditionnelle et que la transmission des biens entre Européens et indigènes fut rendue libre (sénatus-consulte du 22 avril 1863).

Le cantonnement, prescrit en 1847 et en 1858, n'a reçu que des commencements d'exécution restés sans suite.

Nous reproduisons, quoiqu'ils soient sans utilité pratique, des extraits de deux circulaires émanées du maréchal Bugeaud et du maréchal Randon, relatives au cantonnement.

10 avril 1847.

Circulaire du gouverneur relative à la colonisation. (B. 258).

Je crois vous avoir dit, plusieurs fois, que ma doctrine politique, vis-à-vis des arabes, était

on pas de les refouler, mais de les mêler à notre
lonisation, non pas de les déposséder de toutes
urs terres pour les porter ailleurs, mais de les
sserrer sur le territoire qu'ils possèdent et dont
s jouissent depuis longtemps, lorsque ce terri-
lre est disproportionné avec la population de
tribu.

20 mai 1858.

ireulaire du gouverneur sur le cantonnement.

La question du cantonnement des indigènes a
ue importance immense, et l'on peut dire qu'elle
omine l'œuvre entière de la colonisation. Elle
oit avoir, en effet, pour résultat principal de nous
urnir des ressources territoriales suffisantes
our que la colonisation européenne puisse
rogresser rationnellement et équitablement;
lle aura de plus ce grand avantage, en posant des
imites à l'expansion de l'élément colonial, de
alimer les justes appréhensions qui agitent trop
ouvent les populations indigènes.
Je désire donc que cette question du canton-
ement, qui est pour tous d'une si impérieuse
écessité, sorte enfin de la spéculation pour
ntrer dans l'ordre des faits, et que les autorités
rovinciales s'occupent de sa réalisation, d'après
es bases arrêtées à l'avance et dont je vais vous
onner l'indication sommaire.

apitulation.

5 juillet 1830.

*onvention entre le général en chef de l'armée
française et S. A. le dey d'Alger (B. O).*

Le fort de la Casbah, tous les autres forts qui
épendent d'Alger, et le port de cette ville, seront
emis aux troupes françaises, ce matin, à dix
eures (heure française).
Le général en chef de l'armée française s'en-
age envers S. A. le dey d'Alger à lui laisser sa
iberté et la possession de toutes ses richesses
ersonnelles.
Le dey sera libre de se retirer avec toute sa fa-
uille et ses richesses particulières dans le lieu
u'il fixera; et tant qu'il restera à Alger, il y
era, lui et sa famille, sous la protection du gé-
éral en chef de l'armée française. Une garde ga-
antira la sûreté de sa personne et celle de sa fa-
ille.
Le général en chef assure à tous les soldats de
a milice les mêmes avantages et la même pro-
ection.
L'exercice de la religion mahométane restera
ibre. La liberté des habitants de toutes les classes, leur religion, leurs propriétés, leur commerce
et leur industrie, ne recevront aucune atteinte.
Leurs femmes seront respectées.

Le général en chef en prend l'engagement sur
l'honneur.
L'échange de cette convention sera fait avant
dix heures, ce matin, et les troupes françaises entreront aussitôt après dans la Casbah, et successivement dans tous les forts de la ville et de la
marine.

Carrières.

29 janvier 1854.

*Arrêté ministériel contenant règlement général
pour l'exploitation des carrières en Algérie
(B. 458).*

Art. 1. — Les carrières de toute nature, ouvertes
ou à ouvrir en Algérie, sont soumises aux mesures d'ordre et de police ci-après déterminées.

TITRE I.
DES DÉCLARATIONS.

Art. 2. — Tout propriétaire ou entrepreneur qui
voudra continuer l'exploitation d'une carrière,
soit à ciel ouvert, soit par galeries souterraines,
ou en ouvrir une nouvelle dans un terrain particulier, ou dans un terrain domanial, est tenu d'en
faire la déclaration au maire de la commune où
la carrière est située.
Art. 3. — La déclaration sera faite en deux expéditions, dont une sur papier timbré. — Elle contiendra l'énonciation des noms, prénoms et demeure du propriétaire ou entrepreneur, et de ses
droits à la propriété ou à la jouissance du fonds
où la carrière est située; elle fera connaître d'une
manière précise l'emplacement de la carrière et
sa situation par rapport aux habitations, bâtiments et chemins les plus voisins; elle indiquera
la nature de la masse à extraire, l'épaisseur et la
nature des terres ou bancs de rochers qui la recouvrent, le mode d'exploitation à ciel ouvert ou
par galeries souterraines.
Art. 4. — Si l'exploitation doit avoir lieu par
galeries souterraines, il sera joint à la déclaration un plan des lieux, également en deux expéditions et à l'échelle de 2 millimètres par mètre;
sur ce plan seront indiqués le périmètre du terrain sur lequel l'exploitant aura acquis le droit
d'établir des fouilles, ainsi que ses tenants et
aboutissants; les chemins, édifices, canaux, rigoles et constructions quelconques existant sur
ledit terrain ou dans son voisinage, dans un rayon
de 25 mètres au moins; l'emplacement des orifices
des puits ou des galeries projetées. — S'il existe
des travaux souterrains déjà exécutés, ils seront
figurés sur le plan en projection horizontale et
en coupe verticale.
Art. 5. — Si l'exploitation est entreprise par
une personne étrangère à la commune où la carrière est située, cette personne devra faire élection de domicile dans ladite commune.

Dans le cas où l'exploitation devrait se faire pour le compte d'une société, le représentant de la société devra faire également élection de domicile dans la commune.—Le domicile élu, dans l'un comme dans l'autre cas, sera indiqué dans la déclaration.

Art. 6.—La déclaration sera faite : 1°—Pour les carrières actuellement en activité, dans le délai de deux mois, à dater de la promulgation du présent décret; — 2° Pour les carrières nouvelles à ouvrir, un mois au moins avant le commencement des travaux. — Sera considérée comme carrière nouvelle : —1° Toute carrière abandonnée et dont on voudrait reprendre l'exploitation; — 2° Toute carrière à ciel ouvert dans laquelle on voudrait introduire le mode d'exploitation par galeries souterraines.

Art. 7. — Les déclarations seront classées dans les archives de la mairie.—Un extrait de chacune d'elles, contenant les noms, prénoms et domicile du déclarant, l'indication de la situation de la carrière, de la nature de la masse à extraire et du mode d'exploitation, sera inscrit à la date de la réception sur un registre spécial. — Une des expéditions de la déclaration et du plan qui y est joint, quand il s'agit de carrière souterraine, sera transmise sans délai au préfet par l'intermédiaire du sous-préfet de l'arrondissement ou du commissaire civil.

Art. 8. — Faute par les propriétaires ou entrepreneurs d'avoir fait la déclaration ci-dessus prescrite, l'administration pourra ordonner la suspension provisoire des travaux illicitement entrepris, sans préjudice de la peine encourue pour la contravention résultant du défaut de déclaration.

TITRE II.

DES RÈGLES DE L'EXPLOITATION.

SECTION 1. — Des carrières exploitées à ciel ouvert.

Art. 9. — Les terres qui recouvrent la masse seront coupées en retraite par banquettes ou avec un talus suffisant pour prévenir tout éboulement.

Art. 10. — L'exploitation de la masse ne pourra être poursuivie que jusqu'à la distance horizontale de 10 mètres des chemins à voitures, édifices ou constructions quelconques, augmentée d'un mètre par chaque mètre d'épaisseur des terres de recouvrement.

La distance prescrite par le paragraphe précédent pourra être augmentée par le préfet du département, sur le rapport de l'ingénieur des mines, lorsque la nature des terres de recouvrement ou toute autre circonstance particulière l'exigeront.

Art. 11. — Le préfet détermine par des arrêtés pris sur l'avis du maire et le rapport de l'ingénieur des mines les distances à observer par rapport aux sentiers de piétons et aux rigoles ou tuyaux de conduite des eaux. — Lorsqu'il s'agit de rigoles ou tuyaux de conduite d'eau dépendant du domaine national ou départemental l'avis du maire ne sera plus obligatoire, mais l'ingénieur des ponts et chaussées sera nécessairement consulté.

Art. 12. — Lorsque l'abord d'une carrière sera reconnu dangereux, il devra être garanti, soit par un fossé creusé au pourtour et dont les déblais seront rejetés du côté des travaux pour y former une berge, soit par un mur ou une palissade en bois de un mètre de hauteur au moins, soit par tout autre moyen de clôture qui sera reconnu offrir des conditions équivalentes de sécurité. Ces clôtures seront accompagnées, s'il y a lieu, d'une rigole pour détourner les eaux. — Les dispositions qui précèdent seront applicables aux carrières abandonnées. Les travaux de clôture seront, dans ce cas, à la charge du propriétaire du fonds dans lequel la carrière est située, sauf son recours contre l'ancien exploitant.

Art. 13. — Les procédés d'abatage de la masse exploitée ou des terres de recouvrement, qui seront reconnus dangereux pour les ouvriers, pourront être interdits par des arrêtés du préfet rendus sur l'avis de l'ingénieur des mines. — Dans le tirage à la poudre, l'exploitant se conformera à toutes les mesures de précaution et de sûreté qui lui seront prescrites par l'autorité. — S'il est fait usage des mines à fourneaux chargées de un kilogramme ou plus de poudre, il sera placé, avant que l'on ne mette le feu, des signaux apparents pour prévenir les passants dans un rayon de trois cents mètres au moins de distance du centre du fourneau. L'exploitant sera tenu, en outre, de prévenir, avant le chargement du fourneau, le maire de la commune, qui pourra prescrire telles autres mesures de précaution qu'il jugera convenables, et même interdire le chargement, s'il pense que l'explosion puisse compromettre la solidité des chemins, édifices ou constructions quelconques, sauf recours au préfet de la part de l'exploitant. Le chargement du fourneau sera, en tous cas, ajourné jusqu'à la décision du préfet.

SECTION 2. — Des carrières souterraines.

Art. 14. — Les voies par lesquelles on entrera dans les carrières, puits ou galeries, seront toujours maintenues en bon état. Leurs parois seront consolidées par des revêtements en bois ou en maçonnerie, quand il en sera besoin. — Les puits seront garnis d'échelles construites et assujetties solidement, pour l'entrée et la sortie des ouvriers. — Les machines, câbles et tonnes d'extraction seront solidement établis et constamment entretenus en bon état.

Art. 15. — Aucune excavation souterraine ne pourra être ouverte ou poursuivie, sans une autorisation spéciale du préfet, que jusqu'à une distance horizontale de dix mètres des habitations, chemins, rivières, rigoles ou conduites d'eau, édifices et constructions quelconques existant à la surface. — Cette distance sera augmentée de un mètre par chaque mètre de hauteur de l'excavation.

Art. 16. — Les exploitants se conformeront, pour tout ce qui concerne la sûreté des ouvriers et la solidité des travaux, notamment pour les moyens de consolidation des puits, galeries et autres excavations, les dispositions ou les dimensions des piliers de masse et les précautions à prendre pour prévenir les accidents dans le tirage à la poudre, aux mesures qui leur seront prescrites par le préfet sur le rapport de l'ingénieur des mines.

TITRE III

DISPOSITIONS GÉNÉRALES APPLICABLES AUX CARRIÈRES A CIEL OUVERT ET AUX CARRIÈRES SOUTERRAINES.

Art. 17. — Tout propriétaire ou entrepreneur de carrières est tenu : — 1° De faciliter la visite de sa carrière à tous les fonctionnaires chargés de la surveillance des travaux; — 2° D'adresser au maire de la commune, toutes les fois qu'il en fera la demande, la déclaration du nombre d'ouvriers qu'il emploie et la liste nominative desdits ouvriers; — 3° De n'employer que des ouvriers porteurs de livrets, aux termes de la loi du 22 germinal an XI et des règlements de l'Algérie; — 4° De ne pas admettre dans ses travaux d'enfants au-dessous de dix ans.

TITRE IV.

DE LA SURVEILLANCE ADMINISTRATIVE.

Art. 18. — L'exploitation des carrières est surveillée, sous l'autorité du préfet, par les ingénieurs des mines et les agents sous leurs ordres, et concurremment par les maires et autres officiers de police municipale, conformément aux dispositions des articles 47, 48, 50, 81 et 82 de la loi du 21 avril 1810, de l'article 40 du décret du 17 novembre 1810, et du décret du 3 janvier 1813 sur la police souterraine.

Art. 19. — Les ingénieurs des mines, gardes-mines et autres agents sous leurs ordres visiteront les carrières dans leurs tournées; ils rédigeront des procès-verbaux de ces visites et laisseront, s'il y a lieu, aux exploitants, des instructions écrites pour la conduite des travaux sous le rapport de la sûreté et de la salubrité. Les ingénieurs adresseront au préfet une copie desdits procès-verbaux ou instructions.

Art. 20. — L'ingénieur des mines informera le préfet de tout vice ou abus qu'il aurait observé dans sa visite, et provoquera les moyens d'amélioration et les mesures d'ordre dont il aura reconnu l'utilité. Il sera statué par le préfet sur les propositions de l'ingénieur.

Art. 21. — Dans le cas où, par une cause quelconque, l'exploitation d'une carrière compromettrait la sûreté publique, la conservation des puits, la solidité des travaux, la sécurité des ouvriers, celle du sol ou des habitations de la surface, le propriétaire ou l'entrepreneur sera tenu d'en donner immédiatement avis au maire de la commune où la carrière est située et au préfet du département.

Art. 22. — L'ingénieur des mines, aussitôt qu'il sera prévenu par le préfet ou autrement, et, à son défaut, le garde-mines se rendra sur les lieux, dressera procès-verbal de leur état, et enverra ce procès-verbal au préfet en y joignant l'indication des mesures qu'il jugera convenables pour faire cesser le danger. — Le maire pourra aussi adresser au préfet ses observations en ce qui concerne la sûreté des personnes et des propriétés. — Le préfet statuera après avoir entendu l'exploitant, sauf recours au gouverneur général, le conseil du gouvernement entendu. En cas d'urgence, l'ingénieur en fera mention dans son rapport, et le préfet pourra ordonner que son arrêté soit provisoirement exécuté.

Art. 23. — Si le propriétaire ou l'entrepreneur, sur la notification qui lui sera faite de l'arrêté du préfet, ne se conforme pas aux mesures prescrites dans le délai qui lui aura été fixé, il y sera pourvu d'office, et à ses frais, par les soins de l'administration.

Art. 24. — En cas de péril imminent reconnu par l'ingénieur des mines dans la visite d'une carrière, cet ingénieur fera, sous sa responsabilité, les réquisitions nécessaires aux autorités locales pour qu'il y soit pourvu sur-le-champ, conformément à l'article 5 du décret du 3 janvier 1813. — Le maire pourra toujours d'ailleurs, dans le cas prévu au présent article et en l'absence de l'ingénieur, prendre toutes les mesures que lui paraît recommander l'intérêt de la sûreté publique.

Art. 25. — En cas d'accident survenu dans une carrière, et qui aurait occasionné la mort ou des blessures à une ou plusieurs personnes, ouvriers ou autres, le propriétaire ou l'entrepreneur est tenu d'en donner avis immédiatement au maire de la commune. — Le maire en informera sans délai le préfet et l'ingénieur des mines ou le garde-mines à la résidence la plus rapprochée. En outre, il se transportera immédiatement sur le lieu de l'événement et dressera un procès-verbal qu'il transmettra au procureur impérial et dont il enverra copie au préfet. — L'ingénieur des mines, ou, à son défaut, le garde-mines se rendra sur les lieux aussitôt que possible; il visitera la carrière, recherchera les circonstances et les causes de l'accident, et dressera du tout un procès-verbal qu'il adressera au procureur impérial et dont il enverra copie au préfet. — L'ingénieur des mines ou le garde-mines se conformera, pour les autres mesures à prendre, aux dispositions du décret du 3 janvier 1813. — Sur le vu des pièces, le procureur impérial poursuivra, s'il y a lieu, les auteurs de l'accident devant le tribunal de police correctionnelle pour l'application des peines prononcées par les articles 319 et 320 du

Code pénal, sans préjudice de tous dommages-intérêts.

Art. 26. — Il sera procédé ainsi qu'il est dit aux articles 21, 23, 24 et 25 ci-dessus dans le cas où, à défaut d'avis donné par le propriétaire ou l'entrepreneur de la carrière, les faits seront parvenus autrement à la connaissance du maire ou de l'adjoint, sans préjudice des poursuites qui pourront être exercées contre ledit propriétaire ou entrepreneur pour la contravention résultant du défaut d'avertissement.

Art. 27. — Tout propriétaire ou entrepreneur de carrières souterraines sera tenu de faire dresser ou compléter le plan de ses travaux dès qu'il en sera requis par le préfet, et dans le délai fixé par ce magistrat. — S'il refuse ou néglige d'obtempérer à cette réquisition, le plan sera levé d'office, à ses frais, à la diligence de l'administration.

Art. 28. — Lorsque des travaux auront été exécutés ou des plans levés d'office dans les cas prévus par les articles 23 et 27 ci-dessus, le montant des frais sera réglé par le préfet, et le recouvrement s'en opérera contre qui de droit, comme en matière de contributions, sur des rôles rendus exécutoires par le préfet. — En cas de réclamation, le conseil de préfecture sera appelé à statuer, sauf recours au Conseil d'État.

Art. 29. — Tout propriétaire ou entrepreneur qui voudra abandonner une carrière souterraine est tenu d'en faire la déclaration au préfet par l'intermédiaire du maire de la commune où la carrière est située. Le préfet fera reconnaître les lieux par l'ingénieur des mines et prendra, sur son rapport, les mesures qu'il jugera nécessaires dans l'intérêt de la sûreté publique.

Art. 30. — Les dispositions des articles 22, 23 et 24 ci-dessus sont applicables à toute époque, aux carrières souterraines abandonnées, dont l'existence compromettrait la sûreté publique. — Les travaux prescrits seront, dans ce cas, soit à la charge du propriétaire du fonds dans lequel la carrière est située, soit à la charge de l'entrepreneur en terrain domanial, sauf recours contre l'ancien exploitant.

TITRE V.

DE LA CONSTATATION, DE LA POURSUITE ET DE LA RÉPRESSION DES CONTRAVENTIONS.

Art. 31. — Les contraventions aux dispositions du présent règlement et aux arrêtés préfectoraux rendus en exécution de ce règlement, commises par les propriétaires, entrepreneurs ou exploitants de carrières, seront constatées par les maires et adjoints, par les commissaires de police, gardes champêtres et autres officiers de police judiciaire, et concurremment par les ingénieurs des mines et les gardes-mines ou agents placés sous leurs ordres et ayant qualité pour verbaliser.

Art. 32. — Les procès-verbaux seront visés pour timbre et enregistrés en débet : ils seront affirmés

dans les formes et délais prescrits par la loi, pour ceux de ces procès-verbaux qui ont besoin de l'affirmation.

Art. 33. — Lesdits procès-verbaux seront transmis en originaux à qui de droit, et les contrevenants poursuivis d'office devant la juridiction compétente, sans préjudice des dommages-intérêts des parties. — Copies des procès-verbaux seront transmises aux préfets.

Art. 34. — Les contraventions aux dispositions du présent règlement qui auraient pour effet de porter atteinte à la conservation des routes nationales et départementales, des canaux, rivières, ports ou autres ouvrages dépendant du domaine public, seront constatées et poursuivies par voie administrative, conformément à ce qui est prescrit par la loi du 29 floréal an X et les décrets des 18 août 1810 et 16 décembre 1811. — Les procès-verbaux dressés par les ingénieurs ou conducteurs des ponts et chaussées, par les ingénieurs des mines et gardes-mines, et par les autres fonctionnaires et agents désignés en l'article 2 de la loi du 29 floréal an X, seront visés pour timbre et enregistrés en débet : ils seront, après affirmation s'il y a lieu, transmis sans délai aux sous-préfet, ou au commissaire civil, qui ordonnera par provision, et sauf recours au préfet, ce que de droit pour faire cesser le dommage. — Il sera statué définitivement par le conseil de préfecture, conformément aux lois et règlements.

TITRE VI.

DISPOSITIONS GÉNÉRALES.

Art. 35. — Les attributions conférées aux préfets, sous-préfets et maires, seront remplies en territoire militaire, par le général commandant la division et par les officiers investis, sous ses ordres, de commandements militaires, conformément à la législation de l'Algérie.

Art. 36. — Les attributions conférées aux tribunaux de police correctionnelle, aux tribunaux de simple police et aux conseils de préfecture, seront remplies, en territoire militaire, par les juridictions correspondantes.

Art. 37. — Par dérogation aux dispositions contenues dans les titres IV et V du présent règlement, les attributions confiées par ces dispositions aux ingénieurs des mines seront exercées respectivement par les ingénieurs des ponts et chaussées ou par les officiers du génie militaire pour les carrières du domaine de l'État, qui sont exploitées pour le compte du service des ponts et chaussées ou pour celui du génie militaire.

Art. 38. — Dans les zones de servitude des places de guerre, les carrières ne peuvent être ouvertes sans l'autorisation préalable du génie militaire.

Art. 39. — Le présent arrêté sera publié à la diligence du gouverneur général de l'Algérie et des préfets, et par les soins des maires dans les communes où il existe des exploitations de car-

res, il en sera, en outre, donné connaissance
éciale par les maires aux entrepreneurs des
rrières.

asier judiciaire.

Le casier judiciaire fonctionne, en Algérie,
ans les mêmes conditions qu'en France;
us n'avons donc qu'à indiquer la date des
tes qui ont prescrit son établissement et fixé
s droits des greffiers ou du Trésor.

6 novembre 1850.

*rculaire ministérielle instituant les casiers
judiciaires.*

30 août 1855.

*rculaire ministérielle établissant au minis-
tère de la justice un casier central,*

28 novembre 1874.

*rculaire ministérielle fixant à 3 fr. 50 le
prix des extraits du casier judiciaire délivrés
à des particuliers.*

10 avril 1877.

*écret portant que les extraits du casier cen-
tral continueront à être remis aux particuliers par les greffiers des tribunaux de première instance et que ceux-ci rembourseront
au trésor 1 franc pour droits de recherche
sur le prix de 3 fr. 50 qu'ils sont autorisés
à percevoir* (B. Lois. XII, 6957).

hambres de commerce.

Cinq chambres de commerce ont été suc-
ssivement instituées en Algérie; la pre-
ère, celle d'Alger, date du 7 décembre 1830;
e reçut les attributions que la législation
étropolitaine conférait aux chambres de
mmerce de France et, par ce fait, la légis-
tion française est devenue exécutoire dans la
lonie.

Les membres composant ces chambres,
signés d'abord par le gouverneur, furent
suite nommés à l'élection et composés,
mme la population algérienne, de Français,
israélites, de musulmans et d'étrangers. Les
raélites, naturalisés français par le décret du
octobre 1870, n'ont plus constitué de popu-
lion séparée et n'ont plus eu besoin de
présentation spéciale; les étrangers ont
rdu, par le décret du 20 septembre 1873,

leurs droits d'électeurs et d'éligibles; il n'existe
donc plus aujourd'hui que deux éléments
dans la composition des chambres de commerce : des Français (y compris des israélites)
et des musulmans. Ces derniers en nombre
restreint : 3 sur 15 à Alger et 2 sur 12 dans
les autres localités.

Il est pourvu aux dépenses des chambres de
commerce par une contribution spéciale sur
les patentes, fixée chaque année par décret
du président de la République.

7 décembre 1830.

*Arrêté du commandant en chef instituant une
chambre de commerce à Alger.*

4 octobre 1844.

*Arrêté ministériel instituant une chambre de
commerce à Oran et à Philippeville* (B. 187).

15 avril 1845.

Ordonnance sur l'organisation de l'Algérie
(B. 107).

Art. 10. — Les chambres de commerce et
toutes autres sociétés ayant pour objet des intérêts publics sont instituées par une ordonnance.

19 décembre 1848.

*Arrêté du pouvoir exécutif, créant une chambre
de commerce à Bône* (B. 205)

19 décembre 1848.

*Arrêté qui fixe à 15 le nombre des membres
de la chambre de commerce d'Alger (1).*

20 janvier 1851.

*Décret fixant la circonscription des chambres
de commerce* (B. 376).

Art. 1 — La circonscription des chambres de
commerce d'Alger et d'Oran comprendra respectivement les territoires civil et militaire des
provinces d'Alger et d'Oran.

La circonscription de la chambre de commerce
de Philippeville comprendra (2) :

La circonscription de la chambre de commerce
de Bône comprendra les territoires civil et militaire de l'arrondissement et de la subdivision
de Bône.

(1) Savoir : 12 Français et 3 musulmans (décret du
20 septembre 1873).
(2) L'arrondissement de Philippeville et la commune de
Bougie (Décret du 2 mars 1870).

5 mars 1855

Décret promulguant les décrets du 3 septembre 1851 et 30 août 1852 constitutifs des chambres de commerce (B. 477).

Art. 1 — Les décrets du 3 septembre 1851 et 30 août 1852, sur l'organisation des chambres de commerce en France, publiés à la suite du présent décret, sont rendus applicables en Algérie, moyennant les modifications mentionnées aux articles 2 et 3.

Art. 2. — Seront éligibles les commerçants français, indigènes et étrangers, (1) établis en Algérie, âgés de 30 ans au moins et exerçant le commerce ou une industrie depuis trois ans, dont deux ans au lieu où réside la chambre de commerce.

Art. 3. — Les chambres de commerce de l'Algérie peuvent correspondre directement avec le ministre de l'agriculture et du commerce; mais, dans ce cas, elles devront faire connaître aux préfets de leur département et au gouverneur général l'objet et la teneur de leur communication.

Art. 4. — Toutes les dispositions antérieures, relatives à l'organisation des chambres de commerce algériennes, sont et demeurent abrogées.

22 mars 1856.

Décret instituant une chambre de commerce à Constantine (B. 404).

Art 1. — Il est créé dans la province de Constantine une troisième chambre de commerce qui siégera à Constantine.

Art. 2. — La circonscription de la chambre de Philippeville comprendra : l'arrondissement de Philippeville et la commune de Bougie (Décret du 2 mars 1870).

Il n'est apporté aucune modification à la circonscription de la chambre de commerce de Bône.

Art. 4. — La circonscription de la chambre de commerce de Constantine comprendra tous les territoires civil et militaire de la province restés en dehors des deux autres chambres.

2 mars 1870.

Décret qui porte à 12 le nombre des membres de chacune des chambres de commerce de Bône, Constantine, Oran et Philippeville (2) (B. G. 228).

(1) Les étrangers ne sont plus éligibles (Décret du 20 septembre 1873).

(2) Ce nombre de 12 se répartit ainsi : 10 Français (israélites compris) et 2 musulmans. — Décret du 20 septembre 1873.

17 janvier 1872.

Décret qui étend aux chambres de commerce les dispositions de la loi du 21 décembre 18.. sur le mode d'élection des tribunaux commerce (B. G. 416).

20 septembre 1873.

Décret relatif à la formation des listes électorales pour l'élection des chambres de commerce (B. 500).

Art. 1er. — Les listes des électeurs désignés conformément aux articles 618 et 619 du Code commerce, modifiés par la loi du 21 décembre 1871, pour nommer les membres des tribunaux de commerce, seront augmentées, par la commission désignée en l'article 2 de ladite loi, de négociants musulmans réunissant les conditions de probité, d'esprit d'ordre et d'économie requises, et dont le nombre pourra atteindre, s'il y a lieu, le 1/10e du total de la liste primitive. Les listes, ainsi complétées, serviront de base à l'élection des membres des chambres de commerce.

A défaut de tribunal de commerce dans les arrondissements ou cantons compris dans la circonscription d'une chambre de commerce, il sera dressé pour lesdits arrondissements et dans les formes prescrites par la loi du 21 décembre 18.. des listes d'électeurs complétées suivant les indications qui précèdent.

Art. 2. — Les conditions d'éligibilité déterminées par l'article 620 du Code de commerce, modifié par la loi, en ce qui concerne les juges des tribunaux de commerce, sont applicables aux élections des membres des chambres de commerce. Les négociants musulmans réunissant ces conditions seront toutefois éligibles, et le nombre des sièges qui leur seront attribués dans les chambres de commerce sera de trois pour Alger, de deux pour chacune des autres villes de l'Algérie.

L'élection aura lieu entre les électeurs français et les électeurs indigènes, au scrutin de liste.

Art. 3. — Les assemblées électorales se tiennent dans la ville où siège la chambre de commerce, et, s'il y a lieu, dans les autres localités de la circonscription désignées par le préfet du département.

Il est procédé à la convocation des électeurs aux opérations électorales, conformément aux dispositions de l'article 621 du Code de commerce modifié par la loi sus-visée, relative à l'élection des juges des tribunaux de commerce.

Le recensement général des votes a lieu dans la ville où siège la chambre de commerce; le président de l'assemblée proclame le résultat de l'élection. Le procès-verbal est rédigé en triple original. Le président transmet immédiatement s trois originaux au préfet, qui en adresse un gouverneur général de l'Algérie et un au président de la chambre.

Art. 4. — Sont abrogés les décrets du 5 mars 55 et subsidiairement ceux des 3 septembre 51 et 30 août 1852, en tout ce qu'ils ont de conaire aux dispositions ci-dessus édictées, et nomment l'article 2 du décret du 5 mars 1855, en qui concerne l'éligibilité des négocian⁺s étranrs.

28 décembre 1877.

écret qui fixe la contribution spéciale destinée à l'acquittement des dépenses des chambres et bourses de commerce pour l'année 1878 (B. 700).

Art 1ᵉ. — Une contribution spéciale de trente-sept mille quatre cents francs (37,400 fr.) destinée à l'acquittement des dépenses des chambres et bourses de commerce des trois départements de l'Algérie, pendant l'année 1878, plus 5 centimes par franc pour couvrir les non-valeurs, et 3 centimes aussi par franc pour subvenir aux frais de perception, sera payée, en Algérie, par les patentés inscrits sur les matrices de ladite année et répartie conformément au tableau ci-annexé.

Art. 2. — Le produit de ladite contribution sera mis, au moyen de mandats de remboursement délivrés par les préfets, à la disposition des chambres de commerce qui rendent compte de leur gestion au gouverneur général civil de l'Algérie.

ableau annexé au décret du 28 décembre 1877, fixant, pour l'année 1878, la contribution spéciale destinée à l'acquittement des dépenses des Chambres et Bourses de Commerce en Algérie.

| NOMS | | CHAMBRES | SOMMES | PATENTES IMPOSABLES. |
DES VILLES.	DES DÉPARTEMENTS.	ou BOURSES.	à IMPOSER.	
Alger.	Alger.	Chambre.	10.500	Patentés de tout le département.
dᵒ	dᵒ	Bourse.	1.000	dᵒ de la commune d'Alger.
Oran.	Oran.	Chambre.	11.200	dᵒ de tout le département.
Constantine.	Constantine.	dᵒ	6.400	dᵒ de la circonscription de la Chambre.
Bône.	dᵒ	dᵒ	5.000	dᵒ dᵒ
Philippeville.	dᵒ	dᵒ	3.300	dᵒ dᵒ
		TOTAL.	37.100	

hasse.

Même législation qu'en France, à cette seule exception près que la connaissance des délits est dévolue aux juges de paix à compétence étendue.

22 mars 1850.

écret qui promulgue la loi du 3 mai 1844 et l'ordonnance du 5 mai 1845 rendue en exécution (B. 375).

Art. 1. — La loi du 3 mai 1844, sur la police de a chasse, et l'ordonnance du 5 mai 1845, rendue n exécution de l'article 10 de ladite loi, seront romulguées en Algérie, à la suite du présent écret.

Elles y seront applicables et exécutoires, sauf es modifications ci-après déterminées.

Art. 2 et 3 aujourd'hui sans objet.

Art. 4. — Les préfets pourront prendre des arrêtés : — 1ᵒ Pour autoriser, en tous temps, la chasse des bêtes fauves, et déterminer les conditions, le mode et le procédé de cette chasse; — 2ᵉ Pour autoriser la chasse à tir de la caille, aux époques, dans les lieux et sous les conditions qu'il serait utile de régler, dans l'intérêt des récoltes et des propriétés.

8 décembre 1852.

Décret promulguant en Algérie le décret du 4 août 1852 sur les gratifications à accorder aux gardes et aux gendarmes (B. 430).

31 janvier 1860.

Arrêté permanent du préfet d'Alger sur la chasse aux oiseaux de passage, au gibier d'eau, et sur la destruction des animaux dangereux ou malfaisants. (B. de la Préfecture de 1869).

Art. 1. — La chasse aux *oiseaux de passage*, notamment à la caille, au râle de genêt et à la poule de Carthage, ainsi qu'au *gibier d'eau*, dans les marais, sur les étangs, fleuves et rivières, est autorisée dans le département d'Alger, *mais à tir seulement*, jusqu'à une époque déterminée, chaque année, par l'arrêté de fermeture de la chasse.

Art. 2. — Peuvent être détruits en tous temps, et par tous moyens, sauf l'incendie : 1° les chacals, renards, belettes, mangoustes ou ratons, genettes, chats sauvages, sangliers, lynx, hyènes, panthères et lions; 2° les vautours, aigles, buses, faucons, éperviers, milans et busards.

Peuvent également être détruits en tous temps, mais seulement dans les conditions suivantes : 1° les moineaux, par l'emploi du fusil; 2° les lapins, à l'aide du furet avec bourses et sans chiens.

Art. 3. — La vente et le colportage de ces différents animaux tués ou capturés par des moyens légaux sont autorisés.

Art. 4. — Il est fait défense de prendre ou de détruire les œufs ou les couvées de toute espèce d'oiseaux autres que ceux indiqués à l'article 2.

Art. 5. — La chasse est prohibée en temps de neige. Cette défense n'est pas applicable à la chasse du gibier d'eau dans les marais, sur les étangs, fleuves et rivières.

Art. 6. — Les contraventions au présent arrêté seront constatées et poursuivies conformément aux lois.

Art. 7. — L'arrêté permanent du 5 février 1867 est rapporté.

8 janvier 1873.

Décret promulguant en Algérie la loi des finances du 26 décembre 1872, portant le prix du permis de chasse à 25 francs (B. O. 400).

22 janvier 1874.

Loi qui modifie les articles 3 et 9 de la loi du 3 mai 1844 sur la police de la chasse, non promulguée, mais applicable comme modifiant une loi en vigueur (B. Lois, XII, 2053).

15 décembre 1876.

Arrêté du préfet d'Oran permanent (B. Préfecture 2 de 1878).

Art. 1. — La chasse aux oiseaux de passage, notamment à la caille ainsi qu'au gibier d'eau, dans les marais, sur les étangs, fleuves et rivières, est autorisée (dans le département d'Oran), mais à tir seulement, jusqu'à une époque

déterminée chaque année par l'arrêté de fermeture de la chasse.

Art. 2. — Peuvent être détruits en tous temps et par tous les moyens, sauf l'incendie : 1° les chacals, renards, belettes, mangoustes ou ratons, genettes, chats sauvages, sangliers, lynx, hyènes, panthères et lions; 2° les vautours, aigles, buses, faucons, éperviers, milans et busards.

Peuvent également être détruits en tous temps, mais seulement dans les conditions suivantes : 1° les moineaux par l'emploi du fusil; 2° les lapins à l'aide du furet avec bourses et sans chien autre que le chien espagnol dit *galgo* (race pure).

Art. 3. — La vente et le colportage de ces animaux tués ou capturés par des moyens légaux sont autorisés.

Art. 4. — Il est fait défense de prendre ou de détruire les œufs ou les couvées de toutes espèces d'oiseaux autres que ceux indiqués à l'article 2.

Art. 5. — La chasse est prohibée en temps de neige. Cette défense n'est pas applicable à la chasse au gibier d'eau dans les marais, sur les étangs, fleuves et rivières.

Art. 6. — Toute chasse, soit au *filet*, soit à l'aide d'*engins, appeaux, appelants, chanterelles*, soit au moyen de la *glu*, est formellement interdite et prohibée, la loi n'autorisant que la chasse à tir, à courre, à cor et à cri, ainsi que l'emploi du furet et des bourses, mais ces derniers exclusivement pour la destruction des lapins. L'usage du miroir demeure, en outre, permis pour la chasse à tir des alouettes.

Art. 7. — Les contraventions au présent arrêté seront constatées et poursuivies conformément aux lois.

17 janvier 1877.

Arrêté annuel du préfet de Constantine sur la fermeture de la chasse et les chasses exceptionnelles.

Art. 1. — A partir du 1er février 1877, la chasse est interdite dans le département de Constantine, sur les terres non closes, cultivées ou non cultivées, sous les peines portées par la loi du 3 mai 1844, sauf les exceptions ci-après.

Art. 2. — La chasse à tir d'oiseaux de passage, y compris la caille, celle au gibier d'eau, dans les marais, sur les étangs, fleuves et rivières, est permise, dans toute l'étendue du département, du 1er février au 30 avril 1877; nul ne pourra s'y livrer sans être porteur d'un permis de chasse.

Art. 3. — La chasse est prohibée en temps de neige.

Art. 4. — Il est fait défense de prendre ou de détruire les œufs et les couvées de toute espèce d'oiseaux autres que ceux indiqués à l'article 5 ci-après.

Art. 5. — Les propriétaires, les fermiers et les gens à leurs gages pourront repousser ou détruire en tous temps, sans permis de chasse et par tous les moyens, mais sur leurs propres fonds seulement, les animaux malfaisants et nuisibles, tels que les lions, panthères, hyènes, sangliers, chacals, lynx, blaireaux, fouines, martres, ratons et autres bêtes puantes; les aigles, buses, faucons, éperviers, milans, busards, merles, grosbecs, étourneaux, moineaux, alouettes et guêpiers.

Art. 6. — Il est interdit de mettre en vente, de vendre, d'acheter, transporter ou colporter du gibier pendant le temps où la chasse n'est pas permise.

En conséquence, tout gibier qui sera mis en vente ou colporté après cette époque sera immédiatement saisi et distribué aux établissements de bienfaisance.

Art. 7. — Les pères, mères et tuteurs sont civilement responsables de toutes les contraventions au présent arrêté qui seraient commises par leurs enfants mineurs ou pupilles. La même responsabilité est imposée aux maîtres ou commettants, à l'égard de leurs domestiques et préposés.

Art. 8. — Les contraventions au présent arrêté seront constatées et réprimées conformément à la loi.

Chemins de fer.

Les chemins de fer sont régis en Algérie par la législation de la métropole, spécialement promulguée par les décrets des 11 et 27 juillet 1862 et 7 mai 1874.

Le réseau algérien, déterminé par le décret du 8 avril 1857, a été concédé presque entièrement et une commission spéciale a été chargée, le 12 février 1878, de dresser la liste des voies qu'il y aurait lieu d'établir pour le compléter.

Les lignes d'intérêt général actuellement exploitées sont celles d'Alger à Oran, 426 kilomètres; de Philippeville à Constantine, 87 kilomètres; de Bône à Guelma, 90 kilomètres; du Tlélat à Bel-Abbès, 50 kilomètres; en totalité, 653 kilomètres. — Il existe aussi un chemin de fer d'intérêt privé de Bône à Aïn-Mokra, d'une longueur de 32 kilomètres, concédé, en 1863, à la société des mines de Mokta el Hadid et en pleine exploitation.

Les lignes en voie de construction sont celles de la Maison-Carrée à l'Alma (département d'Alger), de Constantine à Sétif, de Guelma au Kroubs, de Duvivier à Souk-Arrhas (département de Constantine), d'Arzew à Saïda (département d'Oran).

8 avril 1877.

Décret relatif au réseau des chemins de fer algériens (B. 508.)

Art. 1. — Il sera créé en Algérie un réseau de chemins de fer embrassant les trois provinces. — Ce réseau se composera : — 1° d'une ligne parallèle à la mer, suivant, à l'est, le parcours entre Alger et Constantine, et passant par ou près Aumale et Sétif; à l'ouest, le parcours entre Alger et Oran, et passant par ou près Blidah, Amourah, Orléansville, Saint-Denis du Sig et Sainte-Barbe; — 2° de lignes partant des principaux ports et aboutissant à la ligne parallèle à la mer, savoir : à l'est, de Philippeville ou Stora à Constantine, de Bougie à Sétif, de Bône à Constantine, en passant par Guelma; à l'ouest, de Ténez à Orléansville, d'Arzew et Mostaganem à Relizane, et d'Oran à Tlemcen, en passant par Sainte-Barbe et Sidi bel Abbès.

20 juin 1860.

Loi relative aux subventions à accorder par l'État (B. M. 89.)

Art. 1. — Le ministre de l'Algérie et des colonies est autorisé à s'engager, au nom de l'État, au payement d'une subvention de 6 millions de francs pour l'exécution des chemins de fer ci-après désignés : — 1° de la mer à Constantine; — 2° d'Alger, à partir de l'enceinte fortifiée, à Blidah; — 3° de Saint-Denis du Sig à Oran, avec prolongement jusqu'au port; — lesdits chemins faisant partie du réseau des chemins de fer algériens, tel qu'il est défini par le décret du 8 avril 1857. — Le montant de ladite subvention se compose: 1° pour 1,500,000 francs, de la valeur des travaux exécutés en 1858, sur les fonds de l'État, entre Alger et Blidah; 2° pour le surplus de trois annuités de 1,500,000 francs chacune, payables à partir du 1er janvier 1862.

Art. 2. — Le ministre de l'Algérie et des colonies est autorisé, en outre, à garantir au nom de l'État, jusqu'à l'expiration d'une période de soixante-quinze ans, un intérêt de 5 p. 100, amortissement compris, sur le capital à employer pour l'établissement des chemins de fer ci-dessus désignés. — Le capital garanti pour l'ensemble de ces chemins de fer ne pourra excéder la somme de 55 millions de francs. — En conséquence, l'intérêt garanti annuellement par l'État ne pourra excéder 2,750,000 francs. — La garantie d'intérêt s'exercera sur l'ensemble des lignes concédées, à partir du 1er janvier de l'année qui suivra l'époque de la mise en exploitation de la totalité desdites lignes.

Art. 3. — A dater de la promulgation du décret de concession jusqu'à l'expiration du délai fixé par le cahier des charges pour la construction des chemins concédés, la Compagnie aura la faculté d'introduire, en franchise de tous droits de douane, à charge de réexportation après l'achèvement des travaux, les wagons, machines et autres objets d'outillage destinés à la construction desdits chemins. — Les mesures propres à garantir l'emploi exclusif à la construction des chemins de fer désignés à l'article 1er des objets introduits en Algérie, en exécution du présent article, seront concertées entre le ministre de l'Algérie et des colonies et le ministre des finances.

18 septembre 1860.

Décret qui autorise la Compagnie des chemins de fer algériens créée à Paris et approuve ses statuts (B. M. 107).

14 juillet 1862.

Décret qui promulgue la loi du 15 juillet 1845 sur la police des chemins fer (B. G. 59).

27 juillet 1862.

Décret qui promulgue : 1° l'ordonnance du 15 novembre 1846 sur la police et l'exploitation des chemins de fer; 2° la loi du 27 février 1850 relative aux commissaires de surveillance; 3° le décret du 26 juillet 1852 sur les inspections et l'exploitation commerciale; 4° le décret du 22 février 1855 portant création d'un service spécial de surveillance (B. G. 62).

21 août 1862

Décret qui crée deux emplois de commissaire de surveillance (B. G. 63).

11 juin 1863.

Loi qui approuve la convention passée avec la Compagnie Paris-Lyon-Méditerranée pour la construction des chemins de fer algériens (B. G. 92).

30 août 1864.

Arrêté du gouverneur qui promulgue l'arrêté ministériel du 20 avril 1863 concernant le tarif des droits d'emmagasinage des colis non réclamés dans les six mois (B. G. 120).

29 avril 1874.

Décret qui déclare d'utilité publique l'exécution du chemin de fer d'Arzew à Saïda, avec prolongement sur Géryville, et approuve la convention passée pour l'exploitation dudit chemin de fer (B. G. 581).

Art. 1. — Est déclaré d'utilité publique l'établissement du chemin de fer d'Arzew à Saïda, avec prolongement sur 70 kilomètres dans la direction de Géryville.

Est approuvée la convention passée, le 20 décembre 1873, entre le gouverneur général civil de l'Algérie et la Compagnie franco-algérienne, et modifiée par acte du 16 mars 1874, ladite convention portant concession du chemin de fer d'Arzew à Saïda, avec son prolongement vers Géryville, et du droit exclusif d'exploiter l'alfa sur une étendue de 320,000 hectares de terrains des Hauts-Plateaux, situés dans la subdivision de Mascara.

Ladite convention restera annexée au présent décret.

Art. 2. — La société concessionnaire devra se renfermer, à moins d'une autorisation spéciale du Gouvernement, dans l'objet des statuts en date du 13 février 1873.

Art. 3. — Aucune émission d'obligations par la société concessionnaire ne pourra avoir lieu qu'en vertu d'une autorisation donnée par le ministre de l'intérieur, après avis du ministre des finances, et sur la proposition du gouverneur général civil de l'Algérie.

En aucun cas, il ne pourra être émis d'obligations pour une somme supérieure à la moitié du capital total à réaliser par la Compagnie.

Aucune émission d'obligations ne pourra d'ailleurs être autorisée avant que la moitié du capital-actions ait été versée et employée en achats de terrains ou travaux, en approvisionnement sur place ou en dépôt de cautionnement.

7 mai 1874.

Décret qui promulgue la loi du 12 juillet 1865 sur les chemins de fer d'intérêt local (B. G. 540).

Art. 1. — La loi du 12 juillet 1865, sur les chemins de fer d'intérêt local dans la métropole, est rendue exécutoire en Algérie, à l'exception des articles 5, 6 et 7.

Art. 2. — L'article 3 de ladite loi est remplacé par la disposition suivante :

« Les ressources créées en vertu du décret du 5 juillet 1854 peuvent être affectées, en tout ou en partie, par les communes ou les départements, à la dépense des chemins de fer d'intérêt local. »

7 mai 1874.

Décret qui déclare d'utilité publique l'établissement d'un chemin de fer de Bône à Guelma (B. G. 540).

Art. 1. — Est déclaré d'utilité publique l'établissement d'un chemin de fer de Bône à Guelma

Le département de Constantine est autorisé à pourvoir à l'exécution de ce chemin, comme chemin de fer d'intérêt local, suivant les dispositions de la loi du 12 juillet 1865 et du décret, en date de ce jour, qui rend cette loi exécutoire en Algérie, et conformément aux clauses et conditions des conventions passées, le 13 septembre 1872 et le 4 mars 1874, entre le préfet de Constantine, agissant pour le compte du département, et le sieur Ernest Goüin, administrateur de la société de construction des Batignolles, agissant pour le compte de ladite société, ainsi que du cahier des charges y annexé.

Des copies certifiées de ces conventions et cahier des charges resteront annexées au présent décret.

Art. 2. — Dans le cas où il serait reconnu nécessaire de réunir le chemin de fer de Bône à Guelma au réseau des chemins de fer d'intérêt général, l'État pourra se substituer au département pour l'exercice de la faculté de rachat de la concession qui lui est attribuée par l'article 30 du cahier des charges; mais il devra rembourser les sommes que le département aurait versées à titre de garantie d'intérêts, en exécution de la convention précitée.

Art. 3. — Aucune émission d'obligations ne pourra avoir lieu qu'en vertu d'une autorisation donnée par le ministre de l'intérieur, après avis du ministre des finances et sur les propositions du gouverneur général civil de l'Algérie.

En aucun cas il ne pourra être émis d'obligations pour une somme supérieure au montant du capital-actions.

Aucune émission d'obligations ne pourra d'ailleurs être autorisée avant que les quatre cinquièmes du capital-actions aient été versés et employés en achats de terrains, travaux, approvisionnements sur place ou en dépôt de cautionnement, et sous la condition que les émissions d'obligations successivement autorisées ne pourront jamais dépasser le montant des versements effectués sur le capital-actions.

30 novembre 1874.

Décret qui déclare d'utilité publique l'établissement d'un chemin de fer d'intérêt local de Sainte-Barbe-du-Tlélat à Sidi-bel-Abbès (B. O. 601).

Art. 1. — Est déclaré d'utilité publique l'établissement d'un chemin de fer de Sainte-Barbe-du-Tlélat à Sidi-bel-Abbès. La présente déclaration d'utilité publique sera considérée comme non avenue si les expropriations nécessaires pour l'exécution des travaux ne sont pas accomplies dans le délai de deux ans, à partir de la notification du présent décret.

Art. 2. — Le département d'Oran est autorisé à pourvoir à l'exécution de ce chemin, comme chemin de fer d'intérêt local, suivant les dispositions de la loi du 12 juillet 1865 et du décret du 7 mai 1874, qui rend cette loi exécutoire en Algérie, et conformément aux clauses et conditions de la convention passée, le 7 mai 1874, entre le préfet d'Oran, agissant pour le compte du département, et la société, représentée par les sieurs Soignette et Cⁱᵉ, ainsi que du cahier des charges y annexé.

Des copies certifiées des conventions et cahier des charges resteront annexées au présent décret.

Art. 3. — Dans le cas où il serait reconnu nécessaire de classer le chemin de fer du Tlélat à Sidi-bel-Abbès comme chemin de fer d'intérêt général, l'État pourra se subroger aux droits et obligations qui résultent, pour le département, des conventions et cahier des charges précités, à la charge de rembourser au département les sommes qu'il aurait versées à titre de garantie d'intérêt, en exécution de ladite convention.

Art. 4. — Aucune émission d'obligations ne pourra avoir lieu qu'en vertu d'une autorisation donnée par le ministre de l'intérieur, après avis du ministre des finances, sur les propositions du gouverneur général civil de l'Algérie.

En aucun cas, il ne pourra être émis d'obligations pour une somme supérieure au montant du capital-actions.

Aucune émission d'obligations ne pourra, d'ailleurs, être autorisée avant que les quatre cinquièmes du capital-actions aient été versés et employés en achats de terrains, travaux, approvisionnements sur place ou en dépôt de cautionnement, et encore sous la condition que les émissions d'obligations successivement autorisées ne pourront jamais dépasser le montant des versements effectués sur le capital-actions.

Art. 5. — Le compte rendu détaillé des résultats de l'exploitation, comprenant les dépenses de premier établissement et d'exploitation et les recettes brutes, sera remis, tous les trois mois, au préfet du département, qui l'enverra au ministre de l'intérieur, pour être inséré au *Journal officiel.*

Art. 6. — La convention passée, le 7 mai 1874, entre le préfet d'Oran et les concessionnaires, et le cahier des charges y annexé ne seront passibles que du droit fixe d'enregistrement.

Art. 7. — Les ministres de l'intérieur et le gouverneur général civil de l'Algérie sont chargés, chacun en ce qui le concerne, de l'exécution du présent décret.

15 décembre 1875.

Loi relative à l'établissement d'un chemin de fer de Constantine à Sétif (B. O. 659).

Art. 1. — Est déclaré d'utilité publique l'établissement d'un chemin de fer de Constantine à Sétif, ledit chemin partant de la gare de Constantine, sur le chemin de fer de cette ville à Philippeville, et passant par ou près de Kroubs, les Ouled-Rahmoun, El Guerra, Saint-Donat et les Eulmas.

Art. 2. — Est approuvée la convention passée, le 26 juillet 1873, entre le gouverneur général civil de l'Algérie et le sieur *Joret (Pierre-François-Henri)*, ingénieur-constructeur, demeurant à Paris, rue Taitbout, 80, agissant tant en son nom personnel qu'au nom des sieurs *Tellier-Henrotte, Durieu* et *Kohn-Reinach*, ladite convention portant concession du chemin de fer énoncé à l'article 1.

Art. 3. — Aucune émission d'obligations par la société anonyme que les concessionnaires devront former ne pourra avoir lieu qu'en vertu d'une autorisation donnée par le ministre de l'intérieur après avis du ministre des finances et sur la proposition du gouverneur général civil de l'Algérie.

En aucun cas, il ne pourra être émis d'obligations pour une somme supérieure à la moitié du capital total à réaliser par la Compagnie, sans que, conformément à la convention susvisée, le capital à réaliser en actions puisse être inférieur à la somme de 10 millions de francs.

Aucune émission d'obligations ne pourra, d'ailleurs, être autorisée avant que la moitié du capital-actions ait été versée et employée en achats de terrains ou travaux, en approvisionnements sur place ou en dépôt de cautionnement.

Art. 4. — Le compte rendu détaillé des résultats de l'exploitation, comprenant les recettes et les dépenses du premier établissement et celles d'exploitation, sera remis tous les trois mois au gouvernement général civil de l'Algérie et inséré au *Journal officiel de la République française*.

Art. 5. — La convention et le cahier des charges annexés à la présente loi ne seront passibles que du droit fixe de 3 francs.

8 mars 1876.

Décret qui fixe au 7 mai 1877 le point de départ de la concession de quatre-vingt-dix-neuf ans faite à la Compagnie d'exploitation du chemin de fer de Bône à Guelma (B. G. 650).

22 mars 1876.

Décret qui approuve la convention passée entre le gouverneur général civil de l'Algérie et la Compagnie franco-algérienne, pour la délimitation des terrains sur lesquels l'exploitation de l'Alfa est concédée à cette Compagnie (B. G. 663).

Art. 1. — Est approuvée la convention passée le 20 novembre 1873, entre le gouverneur général civil de l'Algérie et la Compagnie franco-algérienne; ladite convention modifiant l'article 2 de la convention primitive et fixant définitivement, sans garantie de contenance, le périmètre des terrains sur lesquels l'exploitation de l'Alfa est concédée à ladite Compagnie.

La présente approbation n'est donnée que sous la condition de l'acceptation, par l'assemblée générale de la Compagnie franco-algérienne, des modifications stipulées dans les délibérations ci-dessus visées, et notamment dans celle de la commune mixte de Daya, en ce qui concerne tant la convention du 20 novembre 1873 que celle du 20 décembre 1873.

Ces délibérations resteront annexées au présent décret avec la nouvelle convention et le plan, sur lequel le périmètre de la concession est indiqué par un liseré rouge.

26 mars 1877.

Loi qui déclare d'utilité publique la concession de divers chemins de fer en Algérie (B. Lois, XII. 6113).

Art. 1. — Est déclaré d'utilité publique l'établissement des chemins de fer ci-après :

1° De Duvivier à Souk-Arrhas;

2° De Guelma à la ligne de Constantine à Sétif, aux abords du Kroubs, en passant par Hammam-Meskoutine.

Art. 2. — Sont approuvés : 1° la convention relative à la concession de ces chemins de fer, y compris le prolongement de la ligne de Duvivier à Souk-Arrhas jusqu'à Sidi-el-Hemessi, passée, le 11 janvier 1877, entre le gouverneur général civil de l'Algérie et la société de construction des Batignolles, aux lieu et place de laquelle est substituée la Compagnie des chemins de fer de Bône à Guelma, en vertu d'un traité en date du 15 février 1877; 2° la convention additionnelle passée, le 8 mars 1877, entre le gouverneur général civil de l'Algérie et la Compagnie du chemin de fer de Bône à Guelma.

Art. 3. — Le chemin de fer de Bône à Guelma est déclaré d'intérêt général et sera compris, à ce titre, dans le réseau des chemins énoncés à l'article 1.

Un décret rendu en Conseil d'État réglera les conditions de la substitution de l'État au département de Constantine.

Art. 4. — Le capital-actions de la Compagnie du chemin de fer de Bône à Guelma, actuellement de douze millions de francs (12,000,000 fr.), sera porté à 30 millions de francs (30,000,000 fr.) au moins.

Les émissions d'obligations ne pourront avoir lieu qu'en vertu d'autorisations données par le ministre des travaux publics, après avis du ministre des finances et sur la proposition du gouverneur général civil de l'Algérie.

En aucun cas, il ne pourra être émis d'obligations pour une somme supérieure au double du capital-actions.

Aucune émission d'obligations ne pourra d'ailleurs être autorisée avant que les deux tiers du capital-actions aient été versés.

Ce versement étant effectué, le ministre des travaux publics pourra, après avis du ministre des finances et après avis du gouverneur général civil de l'Algérie, autoriser, sur la demande de la compagnie, des émissions immédiates d'obligations, sous la double condition :

1° Que les sommes provenant de ces émissions seront employées en bons du Trésor ;

2° Que ces bons seront déposés à la Caisse des dépôts et consignations et ne seront remis à la compagnie que sur autorisation du ministre des travaux publics et du ministre des finances, au fur et à mesure de l'avancement des travaux, après justification, d'une part, de l'emploi, en achat de terrains, travaux, approvisionnements, d'une somme au moins égale à celle dont la libre disposition sera demandée par la compagnie ; d'autre part, de l'emploi du capital-actions dans la même proportion que l'emploi du capital-obligations et dans les conditions qui viennent d'être énumérées.

Art. 5. — Le compte rendu détaillé des résultats de l'exploitation pour toutes les lignes comprises dans la convention sus-visée sera remis tous les trois mois au gouverneur général civil de l'Algérie, au ministre des travaux publics, au ministre des finances, et inséré au *Journal officiel de la République française*.

Art. 6. — Les conventions et traité mentionnés ci-dessus et le cahier des charges annexé à la présente loi ne seront passibles que du droit fixe de trois francs. (3 fr.)

La présente loi, délibérée et adoptée par le Sénat et par la Chambre des députés, sera exécutée comme loi de l'État.

20 décembre 1877.

Décret déclarant d'utilité publique l'établissement d'un chemin de fer de la Maison-Carrée à l'Alma (B. O. 707).

Art. 1. — Est déclaré d'utilité publique l'établissement d'un chemin de fer d'intérêt local dirigé de la station de la Maison-Carrée, sur la ligne d'Alger à Oran, au village de l'Alma.

La présente déclaration d'utilité publique sera considérée comme non avenue si les expropriations nécessaires pour l'exécution dudit chemin de fer ne sont pas accomplies dans le délai de deux ans, à partir de la date du présent décret.

Art. 2. — Le département d'Alger est autorisé à pourvoir à l'exécution de ce chemin de fer d'intérêt local, suivant les dispositions de la loi du 12 juillet 1865 et du décret du 7 mai 1874, qui rend cette loi exécutoire en Algérie, et conformément aux clauses et conditions de la convention passée, le 31 août 1877, avec le sieur Joret, ainsi que du cahier des charges annexé à cette convention.

Des copies certifiées, de ces convention et cahier des charges, resteront annexées au présent décret.

Art. 3. — Dans le cas où il serait reconnu nécessaire de classer le chemin sus-mentionné comme ligne d'intérêt général, l'État pourra se subroger aux droits et obligations qui résultent, pour le département, des convention et cahier des charges précités, à la charge de rembourser au département les sommes qu'il aurait versées, à titre de garantie d'intérêt, en exécution de ladite convention.

Art. 4. — Aucune émission d'obligations ne pourra avoir lieu qu'en vertu d'une autorisation donnée par le ministre des travaux publics, de concert avec le gouverneur général de l'Algérie, et après avis du ministre des finances.

En aucun cas, il ne pourra être émis d'obligations pour une somme supérieure au montant du capital-actions, qui sera fixé à la moitié de la dépense jugée nécessaire pour le complet établissement et la mise en exploitation du chemin de fer, et ce capital-actions devra être effectivement versé, sans qu'il puisse être tenu compte des actions libérées ou à libérer autrement qu'en argent.

Aucune émission d'obligations ne pourra, d'ailleurs, être autorisée avant que les quatre cinquièmes du capital-actions aient été versés et employés en achats de terrains, travaux, approvisionnements sur place ou en dépôt de cautionnement.

Toutefois, le concessionnaire pourra être autorisé à émettre des obligations lorsque la totalité du capital-actions aura été versée, et s'il est dûment justifié que plus de la moitié de ce capital-actions a été employée dans les termes du paragraphe précédent; mais les fonds provenant de ces émissions anticipées devront être déposés, soit à la Banque de France, soit à la Banque de l'Algérie, ou à la Caisse des dépôts et consignations, et ne pourront être mis à la disposition du concessionnaire que sur l'autorisation formelle du gouverneur général de l'Algérie.

Art. 5. — Le compte rendu détaillé des résultats de l'exploitation, comprenant les dépenses de premier établissement et d'exploitation et les recettes brutes, sera remis, tous les trois mois, au gouverneur général de l'Algérie, qui l'enverra au ministre des travaux publics pour être inséré au *Journal officiel*.

12 février 1878.

Institution d'une commission régionale relative aux chemins de fer de l'Algérie.

TITRE I.

Art. 1. — Il est établi une commission technique et administrative chargée, en ce qui concerne l'Algérie :

1° De dresser la liste des voies ferrées à établir pour compléter le réseau actuel d'intérêt général

6

de la colonie, en dehors de celles qui ont été déjà concédées, déclarées d'utilité publique ou prévues par la loi ;

2° De rechercher les lignes qui font aujourd'hui partie du réseau d'intérêt local, régulièrement concédé, et qu'il conviendrait d'incorporer au réseau d'intérêt général ;

3° De classer, en une liste unique, par ordre de priorité d'exécution, toutes les lignes du réseau complémentaire, tant celles dont la construction a déjà été projetée que celles qui seraient proposées par la commission, en vertu des paragraphes 1 et 2 du présent article.

A l'appui de cette liste, la commission devra dresser une ou plusieurs cartes et présenter un rapport justificatif.

Art. 2. — Cette commission sera composée de trois inspecteurs généraux des ponts et chaussées, y compris l'inspecteur général chargé de l'inspection des travaux publics en Algérie, d'un maître des requêtes au Conseil d'État, d'un inspecteur principal de l'exploitation commerciale, de deux ingénieurs en chef des ponts et chaussées ayant pris une part importante à la construction ou à l'exploitation des chemins de fer, et d'un ingénieur des mines attaché au service de l'Algérie.

Art. 3. — Le secrétaire général du ministère des travaux publics, le directeur général des affaires civiles de l'Algérie et le directeur des chemins de fer font partie de droit de la commission.

Art. 4. — Les rapports et documents à l'appui, produits par la commission, seront soumis au conseil général des ponts et chaussées, appelé à donner son avis sur ces propositions.

Art. 5. — Le ministre des travaux publics prendra l'avis du ministre de la guerre, en ce qui concerne l'intérêt stratégique, sur le classement proposé par le conseil général des ponts et chaussées ; puis, après avoir arrêté ce classement, il le convertira en un projet de loi et le portera devant les Chambres, sans préjudice des décisions ultérieures que les pouvoirs compétents auraient à prendre sur la déclaration d'utilité publique, sur les voies et moyens, sur le mode d'établissement et d'exploitation, enfin sur la concession, s'il y a lieu.

TITRE II.
NOMINATION DE LA COMMISSION.

Chemins vicinaux.

5 juillet 1854.

Décret portant règlement sur les chemins vicinaux (B. 465).

TITRE I.
CHEMINS VICINAUX.

Art. 1. — Les chemins vicinaux légalement reconnus sont à la charge des communes, sans préjudice des autres ressources créées par le présent décret.

Art. 2. — La déclaration de vicinalité sera prononcée par le préfet, après une enquête dont il déterminera la forme et la durée, et sur l'avis du conseil municipal. — L'arrêté du préfet fixera les dimensions et les limites des chemins. — Le déclassement des chemins vicinaux s'opérera de la même manière et après les mêmes formalités.

TITRE II.
RESSOURCES EXTRAORDINAIRES AFFECTÉES AUX CHEMINS VICINAUX.

Art. 3. — En cas d'insuffisance des ressources ordinaires des communes ou des crédits portés au budget local et municipal pour cette nature de dépense, il sera pourvu aux travaux d'ouverture et d'entretien des chemins vicinaux à l'aide, soit de prestations en nature, dont le maximum est fixé à trois jours de travail, soit d'une contribution spéciale. — Le conseil municipal pourra voter l'une ou l'autre de ces ressources ou toutes les deux concurremment.

Art. 4. — Tout habitant de l'Algérie, européen ou indigène, tout chef de famille ou d'établissement à titre de propriétaire, de régisseur, de fermier ou de colon partiaire, pourra être appelé à fournir chaque année une prestation de trois jours : 1° Pour sa personne et pour chaque individu mâle valide, âgé de dix-huit ans au moins et de cinquante-cinq ans au plus, membre ou serviteur de la famille ; 2° pour chacune des charrettes ou voitures attelées, et, en outre, pour chacune des bêtes de somme, de trait, de selle, au service de la famille ou de l'établissement dans la commune. — Le chef de famille ou d'établissement qui n'habiterait pas l'Algérie, ou qui, habitant, ne serait pas assujetti à la prestation pour sa personne, n'en sera pas moins soumis aux autres obligations imposées par les numéros 1 et 2 du présent article. — Les indigents sont exempts de la prestation.

Art. 5. — La prestation sera appréciée en argent conformément à la valeur qui aura été attribuée annuellement pour la commune, ou pour les localités non érigées en commune à chaque espèce de journées, par le préfet, en conseil de préfecture. — La prestation pourra être acquittée en nature ou en argent, au gré du prestataire ; toutefois qu'il n'aura pas opté dans les délais prescrits, la prestation sera de droit exigible en argent. La prestation non rachetée en argent pourra être convertie en tâches, d'après les bases et les évaluations préalablement fixées par le conseil municipal.

Art. 6. — Si le conseil municipal, mis en demeure, n'a pas voté dans la session désignée à cet effet les prestations et contributions spéciales ou si la commune n'en a pas fait emploi dans les délais prescrits, le préfet pourra d'office imposer la commune à faire exécuter les travaux.

haque année le préfet transmettra au gouverneur général un état des prestations établies d'office.

Art. 7. — Il sera dressé, dans chaque commune u dans chaque localité non érigée en commune, ne matrice des personnes qui peuvent être tenues ux prestations. — Cet état sera rédigé par une ommission composée du maire qui la présidera t de commissaires désignés par le sous-préfet, ssistés, dans les communes, du receveur des contributions diverses. — Le nombre des commissaires sera de trois à neuf, selon l'importance es communes ou localités; ils seront désignés, haque année, par le sous-préfet, sur une liste de andidats d'un nombre double de celui des commissaires présentée par le maire.

Art. 8. — Cet état restera déposé à la mairie endant un mois, pour être communiqué au ublic; un registre sera ouvert pour recevoir les éclamations pendant le même délai. — A l'expiration du mois, l'état-matrice et les réclamations ui se seront produites seront mis sous les yeux u conseil municipal; ce conseil rectifiera, s'il y lieu, l'état-matrice qui devra être soumis à l'approbation du préfet, et révisé tous les ans, en rocédant comme il est dit ci-dessus.

Art. 9. — L'état-matrice ainsi établi servira de ase au rôle de prestation qu'il y aura lieu de bliger par suite du vote du conseil municipal ou e la décision du préfet, prise d'office. Les rôles e prestations seront certifiés par le maire et rendus exécutoires par les préfets.

Art. 10. — Le recouvrement des prestations sera oursuivi comme en matière de patentes et les égrèvements seront prononcés sans frais; les omptes seront rendus comme pour les dépenses ommunales ou celles qui sont portées au budget ocal et municipal.

Art. 11. — Les demandes en dégrèvement seront nstruites par le service des contributions diverses; elles seront communiquées à la commission chargée de rédiger l'état-matrice, pour avoir on avis. Il sera statué à leur égard comme en atière de patentes.

Art. 12. — Lorsqu'un chemin vicinal intéressera lusieurs communes ou plusieurs localités, le réfet, sur l'avis des conseils municipaux, désignera les communes ou localités qui devront oncourir à sa construction ou à son entretien, t fixera la proportion dans laquelle chacune 'elles y contribuera.

TITRE III.

CHEMINS VICINAUX DE GRANDE COMMUNICATION.

Art. 13. — Les chemins vicinaux peuvent, selon leur importance, être déclarés chemins vicinaux de grande communication, par le gouverneur général en conseil de gouvernement, sur l'avis des conseils municipaux et sur la proposition du préfet. — Sur les mêmes avis et proposition, le gouverneur général détermine la direction de chaque chemin vicinal et désigne les communes qui doivent contribuer à sa construction ou à son entretien. — Le préfet fixe la largeur et les limites du chemin et détermine annuellement la proportion dans laquelle chaque commune doit concourir à la construction et à l'entretien de la ligne vicinale dont elle dépend; il statue sur les offres faites par les particuliers, associations de particuliers ou de communes. — Dans le cas où un chemin de grande communication dessert les deux territoires, civil et militaire, la largeur et les limites en sont réglés par le gouverneur général.

Art. 14. — Les chemins vicinaux de grande communication, et, dans les cas extraordinaires, les autres chemins vicinaux pourront recevoir des subventions, soit sur les fonds ordinaires du budget départemental, soit au moyen des impositions extraordinaires qui seraient autorisées au profit desdits chemins. — La distribution des subventions sera faite, en ayant égard aux ressources, aux besoins et aux sacrifices des communes, par le préfet, qui en rendra compte chaque année au gouverneur général. — Les communes acquitteront la portion des dépenses mises à leur charge au moyen de leurs revenus ordinaires, et, en cas d'insuffisance, au moyen de deux journées de prestations sur les trois journées autorisées par l'article 3 et des ressources spéciales votées par le conseil municipal.

Art. 15. — Les chemins vicinaux de grande communication sont placés sous l'autorité du préfet; les dispositions de l'article 5 du présent décret leur sont applicables.

TITRE IV.

DISPOSITIONS GÉNÉRALES.

Art. 16. — Les chemins vicinaux reconnus et maintenus comme tels sont imprescriptibles.

Art. 17. — Jusqu'à ce qu'il en soit autrement ordonné, le service des ponts et chaussées continuera d'être chargé des projets, de l'exécution, de l'entretien, de la surveillance et de la police des chemins vicinaux (1). — Les indemnités à allouer aux ingénieurs pour ce service seront fixées par le ministre de la guerre.

Art. 18. — Toutes les fois qu'un chemin vicinal entretenu à l'état de viabilité sera habituellement ou temporairement dégradé par des exploitations de mines, de carrières, de forêts ou de toutes autres entreprises industrielles appartenant à des particuliers, à des établissements publics ou à l'État, il pourra y avoir lieu à imposer aux entrepreneurs ou propriétaires, suivant que l'exploitation ou les transports auront eu lieu pour les uns ou pour les autres, des subventions spéciales, dont la quotité sera propor-

(1) Plusieurs communes ont institué des agents voyers et les départements d'Alger et d'Oran ont établi chacun un service de voirie départementale.

tionnée à la dégradation extraordinaire qui devra être attribuée aux exploitations. — Ces subventions pourront, au choix des subventionnaires, être acquittées en argent ou en prestation en nature, et seront exclusivement affectées à ceux des chemins qui y auront donné lieu. — Elles seront réglées annuellement, sur la demande de l'autorité locale, par le conseil de préfecture, après les expertises contradictoires, et recouvrées comme en matière de patentes. — Les experts seront nommés d'après le mode déterminé par l'article suivant. — Ces subventions pourront aussi être déterminées par abonnement; elles seront réglées dans ce cas par le conseil du gouvernement.

Art. 19. — Les extractions de matériaux, les dépôts ou enlèvements de terre, les occupations temporaires de terrains seront autorisés par arrêté du préfet, lequel désignera les lieux. Cet arrêté sera notifié aux parties intéressées au moins dix jours avant que son exécution puisse être commencée. — Si l'indemnité ne peut être fixée à l'amiable, elle sera réglée par le conseil de préfecture, sur le rapport d'experts nommés, l'un par le sous-préfet, et l'autre par le propriétaire. — En cas de désaccord, le tiers expert sera nommé par le conseil de préfecture.

Art. 20. — Les arrêtés des préfets portant reconnaissance et fixation de la largeur d'un chemin vicinal attribuent définitivement au chemin le sol compris dans les limites qu'ils déterminent. — Le droit des propriétaires se résout en une indemnité qui sera réglée à l'amiable, par le juge de paix, sur le rapport d'experts nommés conformément à l'article précédent. — En cas de désaccord entre les experts nommés par le sous-préfet et le propriétaire, il sera procédé dans les formes prescrites par l'article 19, paragraphe 3.

Art. 21. — L'action en indemnité des propriétaires pour les terrains qui auront servi à la confection des chemins vicinaux et pour extraction des matériaux sera prescrite par le laps de deux ans.

Art. 22. — En cas de changement de direction ou d'abandon d'un chemin vicinal en tout ou en partie, les propriétaires riverains dans la partie de ce chemin qui cessera de servir de voie de communication pourront faire leur soumission, s'en rendre acquéreurs et en payer la valeur qui sera fixée par des experts nommés dans la forme déterminée par les articles 19 et 20.

Art. 23. — Les plans provisoires, certificats, significations, jugements, contrats, marchés, adjudications de travaux, quittances et autres actes ayant pour objet exclusif la construction, l'entretien et la réparation des chemins vicinaux, seront enregistrés moyennant le droit fixe de 1 franc. — Les actions civiles intentées par les communes ou dirigées contre elles, relativement à leurs chemins, seront jugées comme

affaires sommaires et urgentes, conformément à l'article 405 du Code de procédure civile.

Art. 24. — Dans l'année qui suivra la promulgation du présent décret, chaque préfet fera, pour en assurer l'exécution, un règlement qui sera communiqué au conseil de gouvernement et transmis avec ses observations et l'avis du gouverneur général au ministre de la guerre pour être approuvé s'il y a lieu (1).

TITRE V.

DISPOSITIONS SPÉCIALES.

Art. 25. — (Devenu sans application.)

Art. 26. — En territoire militaire, les généraux commandants supérieurs des divisions, les commandants des subdivisions, les commandants de places, les directeurs des fortifications, les officiers chefs du génie exerceront les attributions correspondantes des préfets, sous-préfets, maires, juges de paix, ingénieurs en chef et ingénieurs ordinaires des ponts et chaussées.

Art. 27. — Toutes les fois qu'il s'agira de décisions devant être prises par les préfets en conseil de préfecture, les généraux commandants supérieurs des divisions rendront les mêmes décisions relativement au territoire militaire. — Les recours contre les décisions des généraux commandants supérieurs des divisions et contre celles des préfets, prises en conseil de préfecture en vertu du présent décret, seront portés devant le gouverneur général statuant définitivement, le conseil de gouvernement entendu.

Art. 28. — Le gouverneur général prendra toutes les mesures qu'il jugera convenables, en en rendant compte au ministre de la guerre, pour l'ouverture et l'entretien des chemins intéressant exclusivement les tribus administrées militairement, ainsi que pour l'établissement et l'emploi des prestations auxquelles elles pourront être imposées.

V. pour les chemins vicinaux en territoire militaire, *Prestations*.

Chèques.

Les lois des 14 juin 1865 et 19 février 1874 sont appliquées en Algérie quoique n'y ayant pas été spécialement promulguées.

Chevaux.

L'administration a recours pour améliorer la race des chevaux et encourager l'élevage à trois moyens : les haras, les courses et les primes.

Les haras, établis et entretenus aux frais de

(1 En exécution de cet article, le préfet d'Alger a dressé un règlement à la date du 14 décembre 1875 (Bulletin de la préfecture de 1876).

l'État, sont au nombre de trois, un par département, à Mostaganem, Blidah et Constantine. Ils contiennent 552 étalons donnant tous les ans 27 à 30,000 saillies.

Les courses, organisées par arrêté ministériel du 9 août 1859, reçoivent des subventions du gouvernement et des conseils généraux.

Quant aux primes, elles s'élèvent chaque année à 10,000 francs par département et sont réparties conformément à l'arrêté ministériel du 31 mars 1877, par voie de concours et par fractions de 100 à 150 francs.

9 août 1859.

Arrêté ministériel contenant règlement des courses de chevaux (B. M., 35).

TITRE I.

Art. 1. — Les courses de chevaux de l'Algérie auront lieu dans chaque province aux époques fixées par le ministre de l'Algérie et des colonies. — Il ne sera fait que des courses de vitesse.

Art. 2. — La présidence d'honneur des courses est dévolue, dans chaque province, au fonctionnaire civil ou militaire du rang le plus élevé, selon l'ordre des préséances réglé par le décret du 24 messidor an XII.

Art. 3. — Le colonel directeur des haras et remontes, les commandants de dépôts de remontes et les commandants de haras et dépôts d'étalons, remplissent les fonctions de commissaires du gouvernement pour les courses. — Ils les surveillent et en rendent compte au président. — Ils peuvent être suppléés par les officiers de remonte.

Art. 4. — Une commission des courses est nommée par le général commandant la division, et choisie parmi les membres du conseil général de la province et du conseil municipal du chef-lieu, les officiers de l'armée, les éleveurs civils, les employés d'administration et les chefs arabes. — Elle est chargée de préparer le programme des courses, de le soumettre à l'approbation du commandant de la division, et de régler, avec l'approbation de cet officier général, tous les détails de leur installation matérielle. — En cas de partage des voix, la voix du président est prépondérante. — Nul ne peut être membre de la commission s'il est directement ou indirectement engagé dans les courses.

Art. 5. — La commission nomme dans son sein une sous-commission de sept membres, qui prend la dénomination de *Jury des courses*. — Font de droit partie du jury: le président de la commission, un membre du conseil général de la province, un officier de remonte, le chef du bureau arabe de la province, deux chefs indigènes, un vétérinaire. — Ce jury statue sur toutes les questions relatives aux courses. Il prend les dispositions qui lui paraissent convenables pour le terrain des courses, le pesage des jockeys, la désignation des juges de départ et d'arrivée.

Art. 6. — Le jury propose au président d'exclure, soit à toujours, soit pour un temps limité, du droit de faire courir dans les courses du gouvernement tout éleveur ou jockey qui se serait rendu coupable de fraude ou de violence.

Art. 7. — Il constate l'identité des chevaux engagés.

Art. 8. — Le jury dresse procès-verbal de toutes ses opérations. — Ce procès-verbal, transmis dans le délai de vingt-quatre heures au général commandant la division, est, à la diligence de ce fonctionnaire, adressé dans le plus bref délai au ministre de l'Algérie et des colonies.

Art. 9. — Toutes les réclamations ou contestations élevées au sujet des courses sont jugées en dernier ressort par le jury des courses. — Dans tous les cas, le jury peut en référer à la commission des courses, si l'importance ou la difficulté de la question lui paraît l'exiger.

TITRE II.

Art. 10. — Ne seront admis à faire courir, dans la province, que les habitants qui y ont leur résidence. Toutefois, le prix de l'Empereur et le prix du ministère de l'Algérie et des colonies pourront être disputés par tous les chevaux nés et élevés en Algérie, quelle que soit la résidence de leurs propriétaires.

Art. 11. — Les courses sont divisées : 1° en courses entre Européens; 2° en courses entre indigènes; 3° en courses mixtes d'Européens et d'indigènes. Les courses entre indigènes seront classées comme il suit : Les courses des aghas, les courses des caïds, les courses des chefs de grandes tentes, les courses des Arabes de petites tentes. Enfin, les courses des Arabes de toute condition, propriétaires de poulains et pouliches de trois à quatre ans, ayant, dans les deux années qui ont précédé celle des courses, obtenu des primes de cercle, d'arrondissement ou de division.

Art. 12. — Les aghas, caïds et chefs de tentes sont libres de monter leurs chevaux eux-mêmes ou de les faire monter par leurs parents. Mais ils ne peuvent faire courir leurs serviteurs ou autres gens à leurs gages que pour les courses de poulains et pouliches primés, comme il est dit en l'article 34. Pour les courses mixtes, ils ont le droit de faire monter leurs chevaux par des jockeys européens.

Art. 13. — Les Arabes non compris dans les désignations mentionnées à l'article 10 sont admis à disputer entre eux un ou plusieurs prix de vitesse.

Art. 14. — Tout Arabe est admis à courir ou à faire courir aux courses de poulains ou pouliches primés.

Art. 15. — Tous les chevaux nés dans la colonie (chevaux hongres exceptés) sont admis aux courses du gouvernement dans les séries d'âges ci-après : — Poulains et pouliches de 3 à 4 ans. — Chevaux entiers et juments de 5 ans et au-dessus. — Les chevaux d'officiers appartenant à l'État sont exclus.

Art. 16. — Les coureurs européens se font ins-crire au moins huit jours à l'avance, par lettre, chez le chef du bureau arabe du chef-lieu, et versent entre ses mains le prix d'entrée. — L'in-scription des indigènes se fait à chaque chef-lieu de subdivision, entre les mains du chef du bureau arabe qui reçoit les entrées. — Les chefs de bu-reaux arabes subdivisionnaires transmettent au chef du bureau arabe de la division, quinze jours avant les courses, les listes d'inscription relatant les noms des coureurs, le nom de la tribu, le si-gnalement du cheval et l'indication de son ori-gine. — Au moment de l'inscription, chaque pro-priétaire doit fournir le signalement exact du cheval engagé. — Toutes les inscriptions sont centralisées chez le président de la commission. — La veille du jour des courses, la commission se fait représenter sur l'hippodrome les chevaux inscrits et elle constate leur identité. — Cette opération faite, chaque coureur reçoit une carte d'entrée avec un numéro d'ordre qu'il doit repré-senter, au moment de la course, aux commissaires nommés à cet effet. Cette carte porte le signale-ment du cheval.

Art. 17. — Le costume des coureurs européens est fixé comme il suit : Gants blancs, casquette ronde, cravate blanche, veste de couleur bouton-née, culotte ou pantalon blanc collant, bottes molles, éperons en argent ou en acier poli. — Les indigènes montant leurs chevaux conservent la tenue et le harnachement arabes.

TITRE III.

Art. 18. — Les jockeys européens, avant d'en-trer en lice, sont pesés avec le harnachement. Tout ce que porte le cheval, à l'exception des fers, peut être pesé. — Le poids imputable à chaque cheval est ainsi réglé : — De trois ans, 50 kilog.; — de quatre ans, 60 kilog.; — De cinq ans et au-dessus, 63 kilog. 1/2. — Les juments porteront 2 kilog. en moins. — Tout cheval n'ayant pas porté le poids déterminé par la con-dition de la course est distancé. — Les commis-saires des courses s'entendent avec les chefs arabes pour décider si les coureurs indigènes doivent être pesés ou non. — Dans les courses entre Européens, tout cheval qui a gagné antérieure-ment un prix de même classe porte une surcharge de 5 kilog. pour les chevaux et 2 kilog. pour les poulains.

Art. 19. — La place des chevaux au départ est tirée au sort.

Art. 20. — S'il se présente, pour disputer un même prix, un nombre de chevaux trop considé-rable pour qu'ils puissent sans danger entrer en lice en même temps, les concurrents sont divisés en pelotons de huit chevaux au plus, qui courront successivement. — Les chevaux qui doivent for-mer chaque peloton sont désignés par le sort; les vainqueurs de chaque peloton concourent entre eux, et le prix est accordé au cheval qui, dans cette dernière course, sera arrivé le premier.

Art. 21. — La commission fixe, d'après l'âge et la qualité des chevaux engagés par les Européens, le nombre de tours d'hippodrome à parcourir à chaque épreuve, et le nombre d'épreuves à subir; en aucun cas il n'est parcouru plus de deux tours et moins d'un. Les chevaux de quatre ans et au-dessous ne peuvent être astreints à plus d'un tour. — Les courses entre indigènes se composent d'un seul tour d'hippodrome; après quoi les vain-queurs de chaque peloton concourent ensemble pour l'épreuve définitive de chaque course.

Art. 22. — Le commandant du dépôt de remonte de la province place les chevaux et donne le signal du départ.

Art. 23. — A l'heure fixée pour chaque course, la cloche sonne, la lice est ouverte et le départ a lieu sans que l'on attende les absents. — La mise d'entrée de ceux-ci n'en est pas moins due.

Art. 24. — Dans les courses à plusieurs épreuves, il est accordé entre chaque épreuve, savoir : Vingt minutes de repos pour celles à un tour, et une demi-heure pour celles à deux tours d'hippo-drome.

Art. 25. — Quand, en courant, un cheval passe en dedans des poteaux, il est distancé, à moins qu'on ne le fasse retourner et rentrer dans la lice à l'endroit même où il en est sorti.

Art. 26. — Le premier cheval dont la tête dé-passe le but gagne la course. — S'il y a incerti-tude de la part des juges, les deux chevaux arri-vés les premiers au but dans les conditions de vitesse requises doivent courir l'un contre l'autre, à moins que les parties ne consentent à partager le prix.

Art. 27. — Lorsque, dans une course, un jockey en pousse un autre, le croise ou l'empêche par un moyen quelconque d'avancer, le cheval monté par le jockey peut être distancé, ainsi que tout autre cheval appartenant entièrement ou en partie au même propriétaire.

Art. 28. — Après la course, les jockeys doivent rester à cheval jusqu'à l'endroit où ils sont pesés; s'ils descendent avant d'y arriver, les chevaux qu'ils montent sont distancés. — Si, par suite d'un accident, un jockey est hors d'état de re-tourner à cheval jusqu'aux balances, il peut, mais dans ce cas seulement, y être porté ou con-duit.

Art. 29. — Aucun prix n'est gagné si l'épreuve n'a été accomplie dans un maximum de temps fixé ainsi qu'il suit, savoir : — Deux minutes quinze secondes pour un tour d'hippodr... — Quatre minutes quarante secondes pour deux tours. — Les hippodromes mesureront 1... ...res sur leur bord interne. — Toutefois, dans les courses à plusieurs épreuves, on ne court contre le temps qu'à la première épreuve ; dans les autres épreuves, le prix appartient au cheval arrivé le premier, sans avoir égard au temps qu'il a mis à courir. — Les prix sont remis sur-le-champ à qui de droit. — Les vainqueurs de chaque catégorie reçoivent, en outre, une carte attestant leur succès. — Les cartes, écrites en français et en arabe, sont délivrées, autant que possible, séance tenante, et signées par les membres du jury. Elles relatent le nom du propriétaire, sa qualité et son domicile, le nom et le signalement complet du cheval. — La couleur des cartes est : — 1º Pour les vainqueurs de peloton, vert; — 2º Pour les vainqueurs définitifs, rouge; — 3º Pour les vainqueurs de courses de poulains primés, bleu.

Art. 30. — Aucune course particulière ne peut avoir lieu sur l'hippodrome, le jour des courses, sans l'autorisation de la commission.

Art. 31. — Toute contestation relative à la conduite des cavaliers engagés est jugée aussitôt par le jury.

TITRE IV.

DES DIFFÉRENTES ESPÈCES DE COURSES.

Des courses en partie liée.

Art. 32. — Dans les courses en partie liée, aucun propriétaire ne peut faire courir plus d'un cheval lui appartenant, en totalité ou en partie, quand même les chevaux seraient engagés sous les noms de personnes différentes. — Sont formellement interdits tous arrangements par lesquels des propriétaires de chevaux admis à courir s'intéresseraient les uns et les autres dans leurs chances de gagner.

Art. 33. — Pour les courses en partie liée, un poteau est placé à 100 mètres en arrière du but; les chevaux qui n'ont pas dépassé ce poteau lorsque le premier cheval dépasse le but sont distancés et ne peuvent plus courir les épreuves suivantes.

Courses de poulains et pouliches primés.

Art. 34. — Sont admis à ces courses les poulains et pouliches de 3 à 4 ans, primés dans les concours de cercles, de subdivisions et divisions des deux années antérieures à celle des courses. — Ces courses sont divisées en deux classes : — Première classe, poulains et pouliches de 4 ans. — Deuxième classe, poulains et pouliches de 3 ans. — La distance à parcourir pour l'une et l'autre classe est de 1,500 mètres. — L'exhibition des cartes de prime est exigée; la commission décide si des preuves testimoniales peuvent être admises à défaut de ces cartes. — Les propriétaires ne payent point d'entrée. — Ils sont libres de monter leurs animaux eux-mêmes, ou de les faire monter par leurs parents ou des gens à gages. — Les jockeys sont pesés, et les dispositions de l'article 18 appliquées.

Courses de haies.

Art. 35. — Il peut être institué des courses de haies, auxquelles sont appelés à prendre part, sans payer d'entrée, les sous-officiers de troupes à cheval en garnison dans la ville où ont lieu les courses. — Le général commandant la division peut y faire participer quelques sous-officiers des autres garnisons.

TITRE V.

DISPOSITIONS GÉNÉRALES.

Art. 36. — Les officiers, sous-officiers, brigadiers et cavaliers indigènes des régiments de spahis, appartenant à des familles de grandes tentes, peuvent engager leurs chevaux immatriculés, à la condition de fournir un certificat constatant que ces chevaux sont nés et élevés chez eux.

Art. 37. — Les prix accordés par les conseils généraux et les conseils municipaux sont disputés et distribués conformément aux votes de ces conseils et aux prescriptions du présent règlement. — Les courses auxquelles ces prix donnent lieu sont réputées courses du Gouvernement et qualifient les chevaux qui y prendront part.

Entrées.

Art. 38. — Chaque année, l'arrêté ministériel qui fixera l'époque des courses déterminera le prix des entrées. Le montant des entrées sera intégralement appliqué à augmenter la valeur des prix distribués aux vainqueurs.

Art. 39. — Aucune entrée n'est payée pour les courses indiquées à l'article 35.

Art. 40. — Les dispositions de l'arrêté réglementaire du ministre de l'agriculture et du commerce, en date du 17 février 1853, concernant les courses de chevaux, demeurent applicables à celles de l'Algérie, en tout ce qui n'est pas contraire au présent règlement.

31 mars 1877.

Arrêté ministériel constituant des primes d'encouragement pour l'élevage des chevaux.

Art. 1. — Dans le but d'encourager l'élève du cheval barbe en Algérie, le ministre de la guerre autorise le prélèvement d'une somme de 30,000 fr. sur le crédit affecté par le budget aux achats d'étalons.

Art. 2. — Cette somme devra être répartie par voie de concours, en primes de 150 francs et de 100 francs, aux éleveurs européens ou indigènes qui auront présenté les meilleurs produits.

Art. 3. — Chaque province sera divisée, pour la distribution de ces primes, en cercles.

Tous les ans, dans le courant du mois de mai, à l'époque fixée par le gouverneur général civil de l'Algérie, les réunions de concours auron lieu simultanément, pour toute l'Algérie, aux chefs-lieux de cercle.

Art. 4. — Les poulains entiers et les pouliches de race barbe de trois ans, élevés chez les Européens et chez les indigènes d'un cercle, concourront pour les primes.

Ces primes seront réparties entre les différents cercles en raison du nombre de juments qui auront été saillies à la monte de l'année précédente.

Art. 5. — Le commandant de la division nommera, pour chaque cercle, une commission de cinq membres composée ainsi qu'il suit :

1° Le commandant du cercle, président;
2° Un officier de cavalerie;
3° Un officier du bureau arabe;
4° Deux chefs indigènes.

Dans le cas où l'officier du bureau arabe n'appartiendrait pas à l'arme de la cavalerie, un des deux chefs indigènes sera remplacé par un deuxième officier de cavalerie ou par un vétérinaire.

Il est essentiel que les membres de cette commission appartenant à la cavalerie soient au nombre de deux au moins.

Nul ne pourra être membre d'une commission s'il a un ou plusieurs animaux présentés.

Art. 6. — Les commissions jugent sans appel. Si des circonstances imprévues les réduisaient, au moment d'opérer, au nombre de quatre, la voix du président deviendrait prépondérante; une plus grande réduction forcerait les membres restants à s'adjoindre sur-le-champ des commissaires pris sur les lieux.

Art. 7. — Les primes seront de 150 et 100 francs : Celles de 150 francs ne devront être accordées exclusivement qu'aux produits accompagnés de leur mère et du propriétaire possesseur de la carte de saillie. Ces conditions sont de rigueur pour l'obtention de cette prime.

Les primes ne devront, en aucun cas, être scindées.

Art. 8. — Les commissions chargées de classer les animaux présentés, qui devront tous avoir trois ans, peuvent délivrer exceptionnellement des certificats de mentions honorables pour les animaux d'élite qui n'auraient pu être primés en raison du chiffre limité des primes.

Ces mentions auront, auprès des officiers acheteurs, les mêmes priviléges que les certificats remis aux propriétaires des sujets primés.

Art. 9. — Les primes sont payées publiquement, séance tenante (en espèces aux indigènes). Un certificat rédigé en français et en arabe, portant le signalement de l'animal primé, son origine, le nom du propriétaire, est remis au propriétaire, qui sera prévenu par le président de la commission qu'il a le plus grand intérêt à conserver ce certificat pour le présenter à la remonte lors de la vente, parce que les officiers acheteurs ont ordre de rémunérer les soins donnés aux élèves

par une augmentation sensible dans le prix d'achat.

Art. 10. — Un état signalétique des animaux primés, indiquant le nom de leurs ascendants, les noms, qualités et domicile des propriétaires, sera adressé par les soins du président de la commission au général commandant la subdivision, et transmis par ce dernier au général commandant la division, qui en donnera communication au commandant du dépôt de remonte de la province.

Ce dernier officier fera transcrire ces renseignements sur un registre *ad hoc* déposé aux archives du dépôt.

Art. 11. — Chaque commission joindra à cet état un procès-verbal, en double expédition, de son opération, indiquant le nombre, par sexe, des animaux présentés, ses appréciations sur l'ensemble de leurs qualités, de leur état d'entretien, enfin, sur l'effet moral des primes sur les éleveurs.

Une des expéditions de ce procès-verbal sera adressée, par la voie hiérarchique, au gouverneur général.

Les primes ainsi accordées sont distribuées, au printemps de chaque année, aux poulains et pouliches de trois ans.

Chiens (Taxe sur les).

Le décret du 4 août 1856 et l'arrêté ministériel du 6 du même mois, qui ont établi en Algérie la taxe sur les chiens, n'ont fait qu'appliquer les principes de la loi du 2 mai 1855 qui régit la matière dans la métropole. Ces actes portent en effet : 1° que la taxe sera levée au profit des communes; 2° qu'elle ne pourra pas excéder 10 francs, ni être inférieure à 1 franc; 3° que les chiens seront divisés en deux catégories comprenant : la première les chiens d'agrément et la seconde les chiens de garde.

Les tarifs, dans les limites ci-dessus fixées, sont établis par arrêtés du gouverneur général, rendus en conseil de gouvernement. Les arrêtés actuellement en vigueur portent les dates suivantes :

Pour le département d'Alger : 6 avril 1877. — Pour le département de Constantine : 19 janvier 1857 et 25 janvier 1876. — Pour le département d'Oran : 15 janvier 1869 et 7 juillet 1875.

4 août 1856.

Décret portant établissement d'une taxe sur les chiens (B. 501).

Art. 1. — A partir du 1ᵉʳ janvier 1857, il sera établi en Algérie, dans toutes les localités érigées en communes, et à leur profit, une taxe sur les chiens.

Art. 2. — Cette taxe ne pourra excéder 10 francs, ni être inférieure à 1 franc.

Art. 3. — Des arrêtés rendus par le gouverneur général, en conseil de gouvernement, règleront, sur la proposition des conseils municipaux, et après avis des conseils de préfecture, les tarifs à appliquer dans chaque commune. — A défaut de présentation de tarifs par la commune, il est statué d'office et de la même manière par le gouverneur général sur la proposition du préfet.

Art. 4. — Les tarifs établis en exécution de l'article 2 pourront être revisés à la fin de chaque période de trois ans.

Art. 5. — Le ministre de l'intérieur déterminera, par un arrêté, après avis du conseil de gouvernement de l'Algérie, les formes à suivre pour l'assiette de l'impôt et les cas où l'infraction aux dispositions de cet arrêté donnera lieu à un accroissement de taxe. Cet accroissement ne pourra s'élever à plus du quadruple de la taxe fixée par les tarifs.

Art. 6. — Le recouvrement des taxes autorisées par le présent décret sera opéré par les receveurs municipaux. Il y sera procédé, comme pour la taxe sur les loyers, édictée par l'arrêté du 4 novembre 1848.

6 août 1856.

Arrêté ministériel portant règlement sur l'assiette et le recouvrement de cette taxe (B. 501).

TITRE I.

DE L'ASSIETTE DE LA TAXE.

Art. 1. — Les tarifs pour l'établissement de l'impôt qui doit être perçu au profit des communes, sur les chiens, ne peuvent comprendre que deux taxes dans les limites de l'article 2 du décret du 4 août 1856. — La taxe la plus élevée porte sur les chiens d'agrément ou servant à la chasse. — La taxe la moins élevée porte sur les chiens de garde, comprenant ceux qui servent à guider les aveugles, à garder les troupeaux, les habitations, magasins, ateliers, etc., et en général tous ceux qui ne sont pas compris dans la catégorie précédente. — Les chiens qui peuvent être classés dans la première ou dans la seconde catégorie sont rangés dans celle dont la taxe est la plus élevée.

Art. 2. — La taxe est due pour les chiens possédés au 1 janvier, à l'exception de ceux qui, à cette époque, sont encore nourris par la mère. — La taxe est due pour l'année entière.

Art. 3. — Lorsque le contribuable décède dans le courant de l'année, ses héritiers sont redevables de la portion de taxe non encore acquittée.

Art. 4. — En cas de déménagement du contribuable hors du ressort de la perception, la taxe est immédiatement exigible pour la totalité de l'année courante.

Art. 5. — Du 1er octobre de chaque année au 15 janvier de l'année suivante, les possesseurs de chiens devront faire, à la mairie, une déclaration indiquant le nombre de leurs chiens, et les usages auxquels ils les sont destinés, en se conformant aux distinctions établies en l'article 1 du présent arrêté. — Ceux qui auront fait cette déclaration avant le 1er janvier devront la rectifier s'il est survenu quelque changement dans le nombre ou la destination de leurs chiens.

Art. 6. — Les déclarations prescrites par l'article précédent sont inscrites sur un registre spécial. Il en est donné reçu aux déclarants; les récépissés font mention des noms et prénoms des déclarants, de la date de la déclaration, du nombre et de l'usage des chiens déclarés.

Art. 7. — Du 15 au 31 janvier, il sera dressé un état-matrice des personnes imposables; cet état sera rédigé par une commission composée du maire, qui la présidera, et de commissaires, au nombre de 3 à 9, désignés par le préfet ou le sous-préfet, assistés du receveur municipal. — En cas de refus du maire et des commissaires de prêter leur concours pour la rédaction de l'état-matrice, le receveur municipal le dressera d'office.

Art. 8. — L'état-matrice présente les noms, prénoms et demeures des imposables, le nombre de chiens qu'ils possèdent et la catégorie à laquelle chaque animal appartient. — L'état-matrice relate, en outre, les déclarations faites par les possesseurs de chiens, avec les détails nécessaires pour permettre d'apprécier les différences entre les déclarations et les faits constatés.

Art. 9. — Du 1er au 15 février, le receveur municipal procédera à la confection des rôles d'après les états-matrices rédigés conformément aux prescriptions ci-dessus. — Il est procédé, pour la mise à exécution et la publication des rôles, la distribution des avertissements et le recouvrement des taxes, comme en matière de taxe sur les loyers, conformément à l'article 6 du décret du 4 août 1856, et aux articles 2, 3 et 4 du présent arrêté. — Toutefois, la taxe est payable en un seul versement pour toute cote qui n'excédera pas 1 franc. Les cotes supérieures à 1 franc seront acquittées par portions égales, en autant de termes qu'il restera de mois à courir à dater de la publication des rôles, ainsi que cela est prescrit pour les patentes par l'article 26 de l'ordonnance du 21 janvier 1847.

TITRE II.

DES INFRACTIONS AU PRÉSENT RÈGLEMENT.

Art. 10. — Sont passibles d'un accroissement de taxe : 1° celui qui, possédant un ou plusieurs chiens, n'a pas fait de déclaration ; 2° celui qui a fait une déclaration incomplète ou inexacte. — Dans le premier cas, la taxe sera triplée, et dans le second elle sera doublée pour les chiens non déclarés ou portés avec une fausse désignation. — Lorsqu'un contribuable aura été soumis à un accroissement de taxe, et que, l'année suivante, il ne fera pas la déclaration exigée, ou fera une déclaration incomplète ou inexacte, la taxe sera quadruplée dans le premier cas et triplée dans le second.

Art. 11. — Lorsque les faits pouvant donner lieu à des accroissements de taxe n'ont pas été constatés en temps utile pour entrer dans la formation du rôle primitif, il est dressé, dans le cours de l'année, un rôle supplémentaire conformément aux dispositions du présent arrêté.

TITRE III.

DES FRAIS DE PERCEPTION, DE CONFECTION DES RÔLES ET DES AVERTISSEMENTS.

Art. 12. — Les frais d'impression relatifs à l'assiette de la taxe sur les chiens, ceux de l'établissement des rôles, de la confection et de la distribution des avertissements sont à la charge des communes.

Cimetières (Européens).

24 mai 1851.

Décret qui rend applicable à l'Algérie, sous modifications, le décret de prairial an XII et l'ordonnance du 6 décembre 1843 sur le régime des cimetières (B. 386).

Art. 1. — Le décret du 23 prairial an XII et l'ordonnance du 6 décembre 1843 sont applicables aux cimetières européens en Algérie, sauf les modifications ci-après.

Art. 2. — Les cimetières ne peuvent être établis à moins de 100 mètres de distance de l'enceinte des villes, bourgs et centres de population agricole. — Les cimetières existant à une distance de moins de 35 mètres de l'enceinte des villes, bourgs et centres de population agricole, seront transférés, dans le plus court délai possible, à la distance prescrite par le paragraphe précédent. — La translation sera ordonnée, pour les localités non érigées en communes, par un arrêté du préfet, pris en conseil de préfecture, ou du général commandant la division, la commission consultative entendue.

Art. 3. — Les cimetières seront clos. — Le mode de clôture sera déterminé par l'administration.

Art. 4. — (Sans objet.)

Art. 5. — Les terrains ayant servi de cimetières ne peuvent être aliénés et mis dans le commerce que dix années révolues après la déclaration d'interdiction. — Toutefois, ces terrains peuvent être affermés cinq années après la fermeture des cimetières, à la condition que ces terrains ne pourront être qu'ensemencés et plantés, et qu'il n'y sera fait aucune fouille ou fondation pour des constructions de bâtiment avant l'expiration d'un délai de dix années, conformément au paragraphe précédent.

Art. 6. — Toute construction d'habitation, tout creusement de puits, à moins de 35 mètres de distance de l'enceinte des cimetières, sont interdits. — Au delà de 35 mètres, et jusqu'à 100 mètres de rayon autour de ladite enceinte, aucune habitation ne peut être élevée, ni aucun puits creusé, sans autorisation de l'administration. — Les bâtiments existant à une distance de moins de 35 mètres ne peuvent être ni restaurés ni augmentés. — Un arrêté du préfet ou du général commandant la division, pris sur la demande de l'autorité municipale ou du fonctionnaire qui en tient lieu, peut, après expertise contradictoire, ordonner le comblement des puits existant à une distance de moins de 35 mètres.

Art. 7. — (Modifié ainsi par décret du 22 novembre 1852, B. 427.) — Les tarifs de concession de terrain, dans les cimetières européens, seront fixés par le gouverneur général, sur l'avis du conseil du gouvernement. — Les tarifs seront proposés par les conseils municipaux. — Les arrêtés de fixation seront insérés au *Bulletin officiel des actes du gouvernement de l'Algérie.*

Art. 8. — (N'est plus applicable.)

Art. 9. — Aucune concession dans les cimetières, à titre d'hommage public, ne pourra être accordée sans l'autorisation du ministre de la guerre (aujourd'hui du gouverneur général).

Art. 10. — Sont abrogés tous les arrêtés locaux contraires aux dispositions du présent décret, et notamment l'arrêté du gouverneur du 6 juillet 1842.

Cimetières (musulmans).

13 janvier 1844.

Arrêté du directeur de l'intérieur relatif au cimetière des mozabites à Alger (B. 166).

Art. 1. — Est affecté à l'établissement du nouveau cimetière des mozabites le terrain d'une superficie de 1,800 mètres environ, acquis par le chef de cette corporation, au lieu dit Djebel sidi ben Nour, et limité : au nord, par la route de la Pointe-Pescade ; au sud, par un petit chemin de ceinture allant à Bouzaréah ; à l'est, par la propriété du Maure ben Louzen, à 100 mètres environ du cimetière européen ; à l'ouest, par le ravin correspondant à la première batterie après le fort des Anglais.

15 février 1855.

Décision ministérielle portant que la propriété des cimetières musulmans appartient aux communes, et que la police rentre dans les attributions municipales.

30 janvier 1878.

Arrêté du gouverneur autorisant la remise à une commune d'un cimetière musulman.

Art. 1. — Le service des domaines est autorisé à remettre à la commune de Birkadem (département d'Alger), pour être affecté au culte musulman et aux inhumations, un lot de terrain domanial d'une superficie totale de 14 ares 35 centiares, à la condition d'assurer et de laisser audit immeuble, sous peine de rétrocession gratuite et immédiate au domaine de l'État, l'affectation en vue de laquelle il est remis d'après l'état ci-après :

1° Cimetière musulman, portant le n° 53 du plan, de la contenance de 14 ares 35 centiares, situé à Birkadem (Haouch-bel-Hadj), affecté aux inhumations, d'une valeur de 50 francs.

30 janvier 1878.

Arrêté du gouverneur relatif à la remise du cimetière de Crescia.

Art. 1. — Le service des domaines est autorisé à remettre à la commune de Crescia (département d'Alger), pour être affectés au culte musulman et aux inhumations, deux lots de terrains domaniaux d'une superficie totale de 3 hectares 96 ares 80 centiares, à la condition de laisser auxdits immeubles, sous peine de rétrocession gratuite et immédiate au domaine de l'État, l'affectation en vue de laquelle ils sont remis d'après l'état ci-après :

1° Marabout et cimetière musulman attenant, portant le n° 1 du plan, de la contenance de 3 hectares 18 ares 30 centiares, situés à Crescia, affectés au culte musulman et aux inhumations, d'une valeur de 170 francs ;

2° Marabout et cimetière musulman attenant, portant le n° 17 bis du plan, de la contenance de 78 ares 50 centiares, situés à Crescia (Haouch ben Chaoua), affectés au culte musulman et aux inhumations, d'une valeur de 600 francs.

Code civil.

Le Code civil n'a pas été promulgué en Algérie, mais il y est devenu exécutoire par le fait seul de la conquête.

Les lois postérieures qui ont apporté des modifications à divers articles de ce code sont également exécutoires, sans qu'il y ait à rechercher si elles ont été ou non l'objet d'une promulgation spéciale. Telles sont :

Les lois des 12 mai 1835 et 7 mai 1849 qui ont aboli les majorats;

La loi du 20 mai 1838 sur les vices rédhibitoires ;

La loi du 22 mars 1849 relative au droit pour l'étranger de réclamer la qualité de Français;

La loi du 10 juillet 1850 sur publicité des contrats de mariage;

La loi du 6 décembre 1850 concernant le désaveu de paternité en cas de séparation de corps;

La loi du 10 décembre 1850 ayant pour but de faciliter le mariage des indigents, la légitimation de leurs enfants naturels et le retrait de ces enfants déposés dans les hospices;

La loi du 31 mai 1854 abolissant la mort civile;

Les lois des 22 juillet 1867 et 19 décembre 1871 sur la contrainte par corps.

La loi du 2 août 1868 abrogeant l'article 1781 du Code civil;

Le décret du 14 décembre 1870 qui modifie, pendant la guerre, l'exercice de la puissance paternelle et l'émancipation des enfants;

Le décret du 23 décembre 1870 relatif aux publications de mariage pendant la durée de la guerre;

La loi du 9 août 1871 destinée à constater le sort des Français ayant appartenu aux armées de terre et de mer et qui ont disparu pendant la guerre;

La loi du 5 janvier 1875 et le décret du 28 août suivant modifiant l'article 2,200 du Code civil concernant la tenue des registres hypothécaires ;

Et le décret du 7 juin 1875 qui dispense les hospices et autres établissements de bienfaisance des formalités de purge des hypothèques pour les acquisitions d'immeubles, alors que le prix n'excède pas 500 francs.

Colonies pénitentiaires.

La loi du 5 août 1850 relative aux colonies pénitentiaires a été promulguée en Algérie le 21 du même mois ; mais ce n'est que longtemps après, le 12 mai 1868, qu'a été organisée la seule colonie qui existe de ce côté de la Méditerranée. Elle contenait, au 31 décembre 1876, 138 jeunes détenus.

24 août 1850.

Promulgation par le gouverneur de la loi du 5 août 1850 portant règlement des colonies pénitentiaires (B. 360).

12 mai 1868.

Arrêté du gouverneur autorisant la fondation comme établissement privé, sur les haouchs M'zéra et Ben-Aïda, commune de l'Alma près d'Alger, d'une colonie agricole et pénitentiaire de jeunes détenus dont le nombre est fixé à 120 (B. O. 208).

Colonisation. — CENTRES DE POPULATION.

Le peuplement de la colonie par les immigrants européens, et surtout par les Français, a été, de tous temps, le but poursuivi par l'administration. Elle a employé pour y parvenir deux moyens directs principaux : la concession de terres (1) et la création de centres ou villages. Jusqu'en 1863 les concessions n'ont été faites et les centres créés que dans la zone de la colonisation, celle ouverte aux Européens et dans laquelle seule les acquisitions d'immeubles étaient autorisées (articles 16, 18 et 20 de l'ordonnance du 1er octobre 1844); mais le sénatus-consulte du 22 avril 1863, ayant inauguré un système nouveau fondé sur la libre transmission des biens entre Européens et indigènes, les colons ont pu être installés dans toutes les parties du territoire présentant des conditions convenables de sécurité, de salubrité et de viabilité.

Il résulte d'une publication officielle, faite en 1877, qu'il a été créé, tant en territoire civil qu'en territoire militaire, de 1871 à 1876, 126 villages ou hameaux, et que 25 centres établis précédemment ont été agrandis, savoir :

Départements.	Centres-nouveaux.	Centres agrandis.	Surface territoriale.
Alger.	40	6	73,396 hect.
Constantine.	50	12	164,933 —
Oran.	36	7	50,502 —
Ensemble.	126	25	288,831 hect.

Les circulaires que nous reproduisons indiquent les règles prescrites pour la création ou l'agrandissement des centres de population européenne.

23 décembre 1857.

Circulaire du gouverneur relative à l'installation des colons (non publiée dans le Bulletin officiel).

Dans l'ensemble des faits de la colonisation sur les diverses parties de l'Algérie, il en est un

(1) V. *Concessions.*

qui domine tous les autres : c'est le succès incontestable et presque immédiat de la petite propriété; c'est surtout la petite propriété qui a contribué plus que tout autre système au peuplement agricole du pays. Moins préoccupé que le grand propriétaire de la cherté et de la rareté de main-d'œuvre étrangère dont il a moins besoin, le petit propriétaire, installé dans les villages ou ailleurs, s'établit de sa personne, cultive de ses bras, bâtit de ses deniers et forme souche d'une génération destinée à vivre sur le sol. C'est donc à l'installation du plus grand nombre de colons de cette catégorie que l'administration doit s'attacher plus particulièrement, sans négliger la constitution de la grande et de la moyenne propriété.

La multiplication des villages est, sans doute, la première des conditions, et je ne saurais trop vous inviter à procéder sans relâche, aux études nécessaires à cet effet. Mais les villages, créés dans les conditions voulues par les règlements, ne sauraient être nombreux, ni rapidement exécutés.

. . . .

Si, dans le peuplement par les villages, il y a cet avantage résultant du groupement des colons de condenser la résistance dans l'hypothèse d'une attaque, il y a cet inconvénient grave pour le cultivateur, d'être placé à une distance quelquefois considérable de son champ, d'être exposé à des pertes de temps et de récoltes, faute d'une surveillance immédiate, et de subir dans ces longs trajets du village à la concession des insolations dangereuses, ou, tout au moins, les inclémences ordinaires de toutes les saisons. J'ai donc décidé qu'il serait fait choix, tous les ans, d'un certain nombre de terrains destinés à l'établissement de la petite propriété. Votre choix doit se porter tout d'abord sur les terres les plus voisines des centres de population, de telle sorte que tous les vides soient remplis, et que les colons, tout en trouvant dans des centres des facilités d'approvisionnement, en soient en quelque sorte eux-mêmes les gardes avancés.

29 novembre 1864.

Circulaire du gouverneur sur la formation de nouveaux périmètres de colonisation (B. O. 133).

Le sénatus-consulte a inauguré un nouveau régime de colonisation, basé principalement sur la transmission des biens entre Européens et indigènes. Mais pour que cette liberté des transactions, dès à présent édictée pour toutes les terres *melk*, et qui sera successivement étendue à de nouvelles zones, au fur et à mesure de l'appropriation individuelle du sol dans les tribus devienne effective et réellement profitable au point de vue du peuplement du pays et de son développement, il ne suffit pas que le principe en ait été solennellement proclamé. L'expérience a démontré que le champ ouvert à la liberté des ntrats ne s'étend véritablement que dans le you d'influence des centres de population ag-lomérée, vers lesquels convergent les voies de mmunication, où s'exercent les industries né-ssaires aux besoins usuels de la vie, où enfin s colons trouvent des moyens assurés de satis-ction pour leurs intérêts moraux et matériels. est donc vers la création de nouveaux péri-ètres de colonisation, en vue de la formation o nouveaux centres de population, que doivent ndre tous les efforts de l'administration al-érienne.

Mais il importe avant tout de tracer som-nairement les principes qui devront la diriger ans cette opération. Trop souvent des villages nt été créés dans des conditions de solitude bsolue et à des distances considérables de tout utre établissement européen. Dès lors, sans loyens de communication avec les autres centres e production, ils ne pouvaient trouver en eux-nème, à cause du pe t d'importance assignée à eur population, les éléments de vitalité néces-aire. Le village ainsi que la ferme ne peuvent rospérer que lorsqu'ils s'appuient sur un autre illage, sur une autre ferme.

Les efforts de la colonisation devront donc tre portés de préférence là où existent déjà des oies de communication, sur les points où la léfense du pays peut exiger la formation d'un illage, c'est-à-dire d'un centre naturel de résis-ance, et s'étendre ensuite par zones successives u littoral vers l'intérieur. Toutefois avant d'ouvrir es zones nouvelles à l'activité européenne, il im-orte de s'occuper de l'agrandissement des péri-ètres déjà existants et, si faire se peut, d'en réer autour des villes et des points principaux 'occupation, de telle façon que ces périmètres illent toujours se rapprochant les uns des au-res et forment un réseau continu et de coloni-ation compacte, dans lequel les deux popula-ions, indigène et européenne, se mêleront pour e prêter un mutuel secours : secours de main-'œuvre d'un côté, de capital, de science agricole de l'autre.

En ce qui concerne les nouveaux périmètres, vous aurez préalablement à toute proposition de formation, à vous rendre un compte exact des conditions économiques et agricoles dans les-quelles pourra se faire leur établissement.

Le plus grand soin devra être apporté dans le choix des zones, et, à cet effet, vous aurez à examiner personnellement les travaux des com-missions, et à constater si les centres projetés remplissent les conditions désirables aux divers points de vue de la sécurité, de l'influence poli-tique, de la salubrité, des eaux potables et d'ir-rigation, des communications, du commerce et de la dépense.

Arrivant ensuite aux moyens d'exécution, le lotissement des terres méritera également un soin tout particulier. Il conviendra toujours d'a-voir égard dans la formation des lots aux con-venances locales, aux diverses qualités des terres, aux facilités d'irrigation, et, enfin, aux chemins d'exploitation.

Ce n'est que par un lotissement bien entendu qu'on peut arriver à la constitution solide et ré-gulière de la propriété, qui est la base première de toute bonne colonisation, car elle est le sti-mulant le plus actif du travail, de l'immobi-lisation des capitaux et de l'émigration elle-même (1).

Commerce (Code de).

Le Code de commerce n'a pas été promulgué en Algérie. Il y est devenu exécutoire par le fait de la conquête, et toutes les lois qui, depuis, ont modifié quelques-uns de ses articles y sont applicables sans promulgation spéciale. Citons notamment :

La loi du 28 mai 1838 sur les faillites;

Le décret du 28 avril 1856 promulguant la déclaration du congrès de Paris relative à l'abolition de la course, à la marchandise ennemie sous p i neutre et à d'autres points de droit ritime;

La loi du 17 illet 1856 portant abrogation des articles 51 à 63 du Code de commerce concernant l'arbitrage forcé;

La loi du même jour relative aux concor-dats par abandon;

La loi du 3 mai 1862 portant modification des délais en matière commerciale et fixant à un mois le délai des ajournements devant les tribunaux d'Algérie, pour les personnes domi-ciliées en France;

La loi du 23 mai 1863 sur le gage commer-cial;

La loi du 12 février 1872 modifiant les articles 450 et 550 du Code de commerce concernant les baux des locaux occupés par des faillis.

(1) Ces règles ont été rappelées dans une récente circu-laire du gouverneur général qui recommande :

« D'agrandir, partout où cela est possible, les territoires des centres anciennement créés, en leur adjoignant les terres que le séquestre, des transactions ou des échanges laisseront ou rendront disponibles, et de partager ces extensions en lots de ferme, variant de 30 à 100 hec-tares, selon la qualité et la situation des terres;

« De choisir de préférence, pour les nouveaux centres à créer, les emplacements sur les routes existantes, fré-quentées ratiquables en toute saison, à proximité des points déjà cupés, de façon à grouper la colonisation, à éviter l'isolement nuisible à la sécurité, à aider aux tran-sactions par des relations faciles, et à assurer l'admi-nistration par une action plus directe. »

Commissaires-priseurs.

Les commissaires priseurs sont régis par l'arrêté ministériel du 1er juin 1841. Ils sont nommés par le ministre de la justice sur les propositions du premier président et du procureur général. Ils déposent un cautionnement, prêtent serment devant le tribunal civil avant d'entrer en fonctions et perçoivent sur le produit des ventes réalisées un droit de sept francs cinquante centimes pour cent (7,50 %), non compris les déboursés.

Les commissaires priseurs sont assujettis aux lois de France relatives à la patente, au cautionnement, à la tenue des répertoires, etc.

Leurs charges ne sont point susceptibles d'être cédées. Tout traité qui interviendrait à ce sujet entraînerait leur destitution.

Les commissaires priseurs nommés jusqu'à ce jour sont au nombre de 13 seulement, ainsi répartis : Alger 4, Blidah 1, Oran 2, Mostaganem 1, Tlemcem 1, Bône 1, Constantine 2 et Philippeville 1. Dans toutes les autres localités les fonctions de commissaire priseur sont remplies par les greffiers des justices de paix.

Ceux d'entre eux qui ne résident pas dans la même localité que le receveur de l'enregistrement ont été autorisés, par un arrêté du gouverneur du 27 février 1875, à faire par écrit la déclaration préalable à laquelle ils sont tenus.

1er juin 1841.

Arrêté ministériel contenant règlement général sur les fonctions de commissaire-priseur (B. 98).

Art. 1. — Les commissaires-priseurs institués en Algérie procèdent exclusivement (1), dans le lieu de leur résidence et dans un rayon de 4 kilomètres, à la vente aux enchères publiques de tous les biens meubles et marchandises neuves (2) ou d'occasion, à l'exception des droits mobiliers incorporels, dont la vente s'effectuera par le ministère des notaires. — Pourront néanmoins les huissiers procéder, concurremment et par continuation de poursuites, à la vente des fruits et objets mobiliers saisis.

(1) Sauf les courtiers de marchandises pour les ventes ordonnées par le tribunal de commerce (V. *Courtiers*) et les préposés de l'administration (art. 3 ci-après).

(2) La vente en détail des marchandises neuves, aux enchères avec ou sans assistance d'officier public, est interdite par la loi du 25 juin 1841 promulguée en Algérie par arrêté du 21 avril 1848 (B. 273), sauf les exceptions prévues.

Art. 2. — Les ventes seront faites au comptant. Le commissaire-priseur sera responsable de la réalisation immédiate des prix, à moins qu'il n'y ait terme accordé ou consenti par les propriétaires des objets vendus.

Art. 3. — Les préposés de l'administration continueront à vendre publiquement aux enchères les meubles et effets mobiliers appartenant à l'État, d'après les lois et ordonnances en vigueur. Il sera toutefois loisible à l'administration de confier ces ventes aux commissaires-priseurs. — Ces derniers procéderont seuls aux ventes faites pour le compte de l'État lorsqu'elles intéresseront des tiers.

Art. 4. — Il est interdit à tous particuliers et tous autres [officiers publics de s'immiscer dans les prisées et ventes attribuées aux commissaires priseurs, à peine d'une amende qui ne pourra excéder la moitié du prix des objets prisés ou vendus, sans préjudice de tels dommages-intérêts qu'il appartiendra.

Art. 5. — Les commissaires-priseurs pourront recevoir toutes déclarations concernant les ventes, recevoir et viser toutes les oppositions qui y seront formées, introduire devant les autorités compétentes tous référés auxquels leurs opérations donneraient lieu, et, à cet effet, ajourner, par procès-verbal, les parties intéressées devant lesdites autorités.

Art. 6. — Toute opposition, toute saisie-arrêt formée entre les mains des commissaires-priseurs, toute signification de jugements qui en prononcent la validité seront sans effet, à moins que l'original desdites opposition, saisie-arrêt ou signification de jugement n'ait été visé par le commissaire-priseur ; en cas d'absence ou de refus, il en sera dressé procès-verbal par l'huissier, qui sera tenu de le faire viser par le maire ou le fonctionnaire qui en tiendra lieu.

Art. 7. — Les commissaires-priseurs auront la police dans les ventes ; ils pourront faire toutes réquisitions aux dépositaires de la force publique pour y maintenir l'ordre, et dresser tous procès-verbaux de rébellion. Ils seront tenus de porter dans l'exercice de leurs fonctions, l'habit noir complet, la ceinture noire et le chapeau à la française.

Art. 8. — Le ministre de la justice détermine le nombre et la résidence des commissaires-priseurs, qui sont nommés et révocables par lui. Les titulaires actuels devront se pourvoir d'une commission confirmative, qui leur sera délivrée s'il y a lieu.

Art. 9. — Nul ne sera admis aux fonctions de commissaire-priseur : — 1° S'il n'est Français ou domicilié en Afrique depuis plus de cinq ans ; — 2° S'il n'a satisfait aux lois sur le recrutement de l'armée ; — 3° S'il n'est âgé de vingt-cinq ans accomplis ; — 4° S'il ne justifie de sa moralité.

Art. 10. — Tout traité direct ou indirect pour

cession, transmission ou exploitation en commun e titre ou clientèle de commissaire-priseur est interdit, à peine de destitution. La destitution sera prononcée même contre le successeur régulièrement nommé, à quelque époque que soit constatée l'existence d'accords ou de conventions quelconques avec le précédent titulaire.

Art. 11. — Il est interdit aux commissaires-priseurs, à peine de destitution : 1° de se rendre adjudicataires, directement ou indirectement, 'objets qu'ils sont chargés de priser ou de vendre ; 2° d'exercer par eux-mêmes, par personnes interposées ou prête-noms, la profession de marchands de meubles, de marchands fripiers ou tapissiers, et même d'être associés à aucun commerce de cette nature ; 3° de vendre de gré à gré t autrement qu'aux enchères publiques ; 4° de comprendre dans les ventes des meubles, objets mobiliers ou marchandises non appartenant aux personnes dénommées dans les déclarations prescrites par l'article 13.

Art. 12. — Les commissaires-priseurs tiendront n répertoire sur lequel ils inscriront leurs opérations jour par jour, et qui sera préalablement isé au commencement, coté et parafé à chaque age par le juge du tribunal civil ou le juge de aix de leur résidence.

Ce répertoire, qui énoncera les noms des propriétaires, la nature des objets vendus, la date t le montant de la vente, et la quotité des droits 'enregistrement perçus, sera arrêté, tous les trois ois, par le receveur de l'enregistrement : une xpédition en sera déposée chaque année, avant e 1ᵉʳ mars, au greffe du tribunal.

Art. 13. — Aucun commissaire-priseur ne pourra rocéder à une vente avant d'en avoir préalablement fait la déclaration au bureau d'enregistrement dans l'arrondissement duquel la vente aura lieu. — Cette déclaration sera inscrite, à sa date, ur un registre spécial, et signée du commissaire-priseur ; elle contiendra les noms, qualité et domicile de l'officier public, du requérant et de la personne dont les meubles ou effets mobiliers seront mis en vente, avec l'indication de l'endroit où la vente se fera et du jour de son ouverture.

Art. 14. — Les commissaires-priseurs transcriront en tête de leurs procès-verbaux de vente les copies de leurs déclarations. Chaque objet adjugé sera porté de suite au procès-verbal ; le prix y sera inscrit en toutes lettres, et tiré hors ligne en chiffres. — Chaque séance sera close et signée par l'officier public et deux témoins domiciliés. — Lorsqu'une vente aura lieu par suite d'inventaire, il en sera fait mention au procès-verbal avec indication de la date de l'inventaire et du nom du notaire qui y aura procédé.

Art. 15. — Toute contravention aux dispositions contenues dans les articles 12, 13 et 14 sera punie d'une amende de 50 francs, sans préjudice des dommages-intérêts dus aux parties, s il y a lieu. — Les amendes seront recouvrées comme

en matière d'enregistrement. — A défaut de constatation par procès-verbaux des contraventions aux dispositions du présent arrêté, la preuve par témoins sera toujours admissible.

Art. 16. — Les commissaires-priseurs se conformeront aux lois, ordonnances, arrêtés et règlements sur la vente de certaines marchandises, telles que armes, substances réputées dangereuses, matières d'or et d'argent, matériel d'imprimerie, voitures de place et autres, à l'égard desquelles des précautions ou formalités particulières sont prescrites.

Art. 17. — Les préposés de la régie de l'enregistrement sont autorisés à se transporter dans tous les lieux où se feront des ventes publiques et par enchères, et à s'y faire représenter les procès-verbaux de vente et les copies des déclarations préalables. Ils constateront en la forme ordinaire les contraventions qu'ils auront reconnues.

Art. 18. — Les procès-verbaux des commissaires-priseurs seront exécutoires par provision, en vertu d'une simple ordonnance d'*exequatur* rendue par eux.

Art. 19. — Les procès-verbaux de prisée et de vente de meubles seront enregistrés, pour chaque vacation, dans les dix jours de sa date.

Art. 20. — Tout commissaire-priseur sera tenu de déclarer au pied de la minute de son procès-verbal, en le présentant à l'enregistrement, et de certifier par sa signature qu'il a ou n'a pas connaissance d'oppositions aux scellés ou autres opérations qui ont précédé ladite vente.

Art. 21. — Dans la huitaine de la consommation des ventes, les commissaires-priseurs devront rendre leurs comptes aux ayants droit ; ils recevront quittance et décharge en la forme prescrite par l'avis du Conseil d'État, du 21 octobre 1809. — S'il existe des oppositions, comme aussi en cas de contestations entre les intéressés et lorsque les ventes ont été ordonnées par justice, ils effectueront le dépôt du reliquat à la caisse des dépôts et consignations.

Art. 22. — Après le dixième jour à partir de la dernière séance du procès-verbal de vente, les commissaires-priseurs seront débiteurs envers qui de droit, et au taux légal, de l'intérêt des sommes demeurées entre leurs mains.

Art. 23. — En cas de retard dans le compte à rendre aux parties ou dans le dépôt à effectuer, le procureur général, sur la demande de tout intéressé et même d'office, fera au commissaire-priseur toutes réquisitions nécessaires et provoquera, s'il y a lieu, la suspension ou la révocation.

Art. 24. — Le directeur des finances (aujourd'hui des affaires civiles et financières), sur l'avis du procureur général, décernera contrainte contre le commissaire-priseur pour le versement, dans la caisse publique, du reliquat des ventes dont il n'aura pas été compté avec les parties. L'exécution des contraintes aura lieu comme en matière d'enregistrement.

Art. 25. — Les commissaires-priseurs sont assujettis à un cautionnement en numéraire fixé, pour Alger, à 2,000 francs, et pour toutes les autres résidences à 1,000 francs. — Ce cautionnement sera affecté par privilége à l'acquittement des condamnations prononcées ou des contraintes décernées contre les titulaires, à raison de leurs fonctions.

Art. 26. — Avant d'entrer en exercice, et après avoir justifié du versement de leur cautionnement et s'être pourvus de patente, les commissaires-priseurs prêtent devant le tribunal civil le serment suivant :

« Je jure obéissance aux lois, ordonnances, arrêtés et réglements en vigueur dans l'Algérie, et de remplir les devoirs de ma profession avec exactitude et probité. »

Art. 27.—Tout commissaire-priseur qui se sera absenté de sa résidence pendant plus de vingt jours, sans un congé régulièrement obtenu, sera considéré comme démissionnaire et remplacé.

Art. 28. — Il est alloué aux commissaires-priseurs (1) : — 1° Pour droit de prisée et par chaque vacation de trois heures, 6 francs; — 2° Pour assistance aux référés, 5 francs; — 3° Pour tous droits de vente, non compris les déboursés faits pour y parvenir et pour en acquitter les droits, 7 fr. 50 pour 100, quel que soit le produit de la vente (2); — 4° Pour consignation à la caisse, quand il y aura lieu, 5 francs; — 5° Pour seconde expédition ou extrait de procès-verbaux de vente, pour chaque rôle de trente lignes à la page, 1 fr. 50.

Art. 29. — Lorsque la taxe des vacations, droits et remises alloués aux commissaires-priseurs sera requise, elle sera faite par le juge civil du tribunal de première instance, ou par le juge de paix du district.

Art. 30. — Toutes perceptions directes ou indirectes autres que celles autorisées, à quelque titre et sous quelque dénomination que ce soit, sont formellement interdites. — L'infraction à cette disposition sera punie de destitution, sans préjudice de l'action en répétition de la partie lésée, et des peines prononcées par la loi contre la concussion.

Art. 31. — Il est également interdit aux commissaires-priseurs de faire aucun abonnement ou modification, à raison des droits ci-dessus fixés, si ce n'est avec l'État ou les établissements publics. Toute contravention sera punie d'une sus-

(1) V. ci-après, arrêté du 25 août 1812.
(2) Complété par arrêté minist. du 7 janvier 1812, ainsi conçu : « Art. 1. Les droits proportionnels alloués aux commissaires-priseurs par l'art. 28, § 3, de l'arrêté du 1er juin 1811, à raison des ventes auxquelles ils sont appelés à procéder, seront acquittés par l'acheteur. Cette obligation sera mentionnée dans les affiches indicatives de la vente. »

pension de trois à six mois; en cas de récidive, la destitution sera prononcée.

Art. 32. — Il y aura, entre les commissaires-priseurs d'une même résidence, une bourse commune, dans laquelle entrera la moitié des droits proportionnels qui leur sont alloués sur chaque vente. — Toute convention entre les commissaires-priseurs, qui aurait pour objet de réduire ou modifier directement ou indirectement le taux ci-dessus fixé, est nulle de plein droit, et les officiers ministériels qui y auront concouru seront passibles des peines prononcées par l'article 31 ci-dessus.

Art. 33. — Les fonds de la bourse commune sont affectés, comme garantie spéciale, au payement des deniers produits par les ventes; ils seront saisissables.

Art. 34. — La répartition des fonds de la bourse commune sera faite tous les mois, par portions égales, entre les commissaires-priseurs.

Art. 35. — Les commissaires-priseurs sont placés sous la surveillance du procureur général, qui leur adresse, au besoin, les avertissements qu'il juge nécessaires. Quand il y a lieu à suspension ou révocation, il est statué par le ministre, sur le rapport du procureur général, qui provoque et transmet les explications de l'inculpé.

Art. 36. — Les commissaires-priseurs se conformeront aux dispositions des lois générales ou spéciales sur les patentes, les cautionnements, l'enregistrement, la tenue des répertoires et leurs vérifications, en tout ce qui n'a pas été prévu par le présent arrêté.

Art. 37.—Tout commissaire-priseur qui cessera ses fonctions sera tenu de remettre ses minutes à son successeur, et, s'il n'en est pas nommé, à l'officier public désigné par le tribunal.

Art. 38. — Tous arrêtés et réglements antérieurs, relatifs aux commissaires-priseurs, sont abrogés.

25 août 1842.

Arrêté ministériel qui modifie le tarif des droits de vente (B. 125).

Art. 1. — Sont exceptées des dispositions du tarif établi par l'article 28 de l'arrêté du 1er juin 1811 : — 1° les ventes de navires agrès ou apparaux, et de marchandises ou effets quelconques, faites en vertu de jugements, décisions ou ordonnances de la juridiction consulaire dans les circonstances suivantes : après faillite, par suite de sauvetage, pour cause d'avarie, de délaissement, de liquidation forcée et de laissé pour compte; — 2° les ventes publiques volontaires faites par des commerçants, de navires, agrès ou apparaux, et de marchandises autres qu'effets mobiliers ou à usage.

Art. 2. — Dans les ventes énumérées en l'article qui précède, il sera alloué aux commissaires-priseurs : — 3 p. 100 jusqu'à 5,000 francs inclusivement; — 2 p. 100 de 5,000 à 10,000 francs; — 1 1/2 p. 100 au-dessus de 10,000 francs.

Art. 3. — Moyennant l'allocation allouée ci-dessus, tous les frais quelconques de publicité, d'emmagasinage et de vente, sauf les droits d'enregistrement, resteront à la charge des commissaires-priseurs.

Art. 4. — Sont expressément maintenues, en ce qui n'y est point dérogé par le présent arrêté, les dispositions des arrêtés antérieurs sur la matière.

18 novembre 1846.

Arrêté ministériel relatif à l'institution d'offices dans les territoires mixtes (1) (B. 243).

Art. 1. — Il sera institué des commissaires-priseurs dans les territoires mixtes, selon les besoins des localités et des populations.

Art. 2. — Seront applicables à ces officiers publics, sous les modifications suivantes, les dispositions des arrêtés des 1er juin 1841, 7 janvier et 25 août 1842.

Art. 3. — Nul ne sera admis aux fonctions de commissaire-priseur, s'il n'est Français ou naturalisé Français.

Art. 4. — Les juges rempliront, à l'égard des commissaires-priseurs des territoires mixtes, les attributions qui sont dévolues au procureur du roi, aux tribunaux de première instance et à leurs présidents, par l'arrêté du 1er juin 1841.

Art. 5. — Ces commissaires-priseurs seront assujettis à un cautionnement de 1,000 francs en numéraire.

Art. 6. — Ils prêteront serment devant la cour royale. Ils instrumenteront exclusivement dans les lieux de leur résidence et dans un rayon de 4 kilomètres.

Art. 7. — Ils ne pourront s'absenter plus de cinq jours du lieu de leur résidence sans autorisation du juge, sous peine d'être, selon les circonstances, réputés démissionnaires.

4 août 1859.

Décision ministérielle portant que la redevance à laquelle peuvent prétendre les commissaires-priseurs pour remboursement des avances faites par eux à l'occasion des ventes collectives de peu de valeur est réduite à 3 p. 100 (non publiée, mais notifiée le 11 août 1859).

21 septembre 1860.

Arrêté ministériel qui fixe à 5,000 francs le cautionnement de chaque commissaire-pri-

(1) Les territoires mixtes étaient, aux termes de l'article 13 de l'ordonn. du 15 avril 1845, ceux sur lesquels la population civile européenne, encore peu nombreuse, ne comportait pas une complète organisation des services publics. Cette distinction n'existe plus aujourd'hui.

seur chargé du service du mont-de-piété d'Alger (D. M. 102).

27 février 1875.

Arrêté du gouvernement relatif à la déclaration préalable aux ventes aux enchères d'objets mobiliers (B. O. 597).

Art. 1. — Les officiers ministériels résidant dans une localité autre que celle où se trouve le bureau de l'enregistrement dont dépend leur office pourront ne pas se transporter à ce bureau pour y souscrire la déclaration préalable aux ventes aux enchères d'objets mobiliers qu'ils sont chargés d'effectuer.

Art. 2. — Cette déclaration sera remplacée, le cas échéant, par une déclaration établie sur papier timbré et rédigée dans les formes déterminées par l'article 3 de la loi du 22 pluviôse an VII; le déclarant devra l'adresser au receveur de l'enregistrement de la circonscription, assez à temps pour qu'elle lui parvienne un jour au moins avant la vente.

Après l'avoir transcrite sur le registre à ce destiné, le receveur la renverra à l'officier ministériel expéditeur, revêtue de la mention du numéro sous lequel elle aura été transcrite.

Commissions disciplinaires.

Jusqu'à la constitution du ministère de l'Algérie, les généraux commandant les subdivisions ont appliqué directement les peines de la détention dans un pénitencier ou de l'amende, pour réprimer certains délits, sauf approbation des généraux de division, du gouverneur ou du ministre de la guerre, suivant les cas. Un arrêté ministériel du 21 septembre 1858 a supprimé ce droit et l'a transféré à des commissions disciplinaires, dont la composition, la compétence et le mode de procéder ont été successivement modifiés par les arrêtés des 5 avril 1860, 26 juin 1872, 9 juillet et 21 septembre 1873. Toute cette législation est aujourd'hui abrogée et remplacée par l'arrêté ci-après, du 14 novembre 1874.

14 novembre 1874.

Arrêté du gouverneur général relatif aux commissions disciplinaires (B. 577).

Art. 1. — Une commission disciplinaire est instituée à Alger, près du gouverneur général, et dans chaque chef-lieu de subdivision, de cercle ou d'annexe.

Art. 2. — La commission siégeant à Alger prend le nom de commission disciplinaire supé-

7

rieure des indigènes non naturalisés citoyens français.

Elle est présidée par le gouverneur général et composée des membres suivants :

1° Le directeur général des affaires civiles et financières, vice-président;

2° Le chef du parquet de la Cour d'appel;

3° Le chef d'état-major général;

4° L'amiral commandant de la marine;

5° Le général commandant du génie.

Art. 3. — En cas d'absence ou d'empêchement du directeur général des affaires civiles et financières, le gouverneur général empêché, désigne celui des membres titulaires qui doit exercer la présidence.

Art. 4. — Les membres absents sont suppléés par les fonctionnaires ou officiers qui, par leur position, sont appelés à exercer l'intérim de leurs fonctions normales.

Art. 5. — Les membres suppléants prendront rang après les membres titulaires; les membres civils dans l'ordre de préséance des titulaires qu'ils suppléent; les membres militaires, dans l'ordre que leur assigne leur grade et leur ancienneté.

Art. 6. — Les commissions disciplinaires de subdivision sont composées : du commandant de la subdivision président, d'un membre du parquet ou du juge de paix et de deux officiers supérieurs de la garnison, désignés par le commandant de la subdivision.

Art. 7. — Les commissions disciplinaires de cercle ou d'annexe sont composées du commandant du cercle ou chef d'annexe, président, du juge de paix ou de son suppléant, d'un officier de la garnison, autant que possible du grade de capitaine, ou, au moins, commandant de compagnie ou de détachement.

Un second officier est désigné d'avance comme membre suppléant pour siéger, soit en cas d'absence simultanée du juge de paix et de son suppléant, soit en cas d'absence du commandant supérieur ou du chef d'annexe.

Art. 8. — Dans les chefs-lieux de cercle qui sont à la fois chefs-lieux de subdivisions, la commission disciplinaire est présidée par un officier supérieur, délégué par le commandant de la subdivision.

Art. 9. — Un officier titulaire des affaires indigènes du cercle ou de l'annexe où le délit a été commis instruit l'affaire et adresse son rapport au commandant supérieur ou au chef d'annexe qui, si le fait n'exige pas une répression supérieure à celle que peut proposer la commission disciplinaire locale, soumet directement l'affaire à cette commission.

Si le fait exige une punition plus forte, le rapport est adressé au commandant de la subdivision qui, selon le cas, saisit la commission subdivisionnaire ou envoie les pièces de l'instruction au général commandant la division.

Art. 10. — Le rapport est fait :

Devant la commission disciplinaire supérieure, par un fonctionnaire civil ou un officier désigné par le gouverneur général;

Devant les commissions de subdivision, de cercle ou d'annexe, par un officier du service des affaires indigènes, et, de préférence, par celui qui a fait le rapport.

Art. 11. — Les fonctions de greffier sont remplies dans chaque commission, sur la désignation du président :

A Alger, par un employé civil ou un officier; dans les chefs-lieux de subdivision, par un officier; dans les chefs-lieux de cercles ou d'annexe, par un sous-officier ou par un des secrétaires civils ou militaires des mairies des communes mixtes ou indigènes.

Art. 12. — Un interprète est désigné par le président pour faire le service près de chaque commission.

Art. 13. — Les commissions disciplinaires connaissent des actes d'hostilité, crimes et délits commis en territoire militaire, par des indigènes de ces mêmes territoires non naturalisés citoyens français, et qu'il est impossible de déférer aux tribunaux civils ou militaires.

Toutefois, ces commissions ne peuvent connaître des affaires où un citoyen français, un Européen, un israélite ou un indigène résidant en territoire civil, se trouvera partie intéressée.

Art. 14. — La commission disciplinaire supérieure propose l'éloignement de l'Algérie ou l'internement des indigènes signalés comme dangereux pour le maintien de la domination française ou de l'ordre public, et les peines supérieures à celles spécifiées à l'article 16 ci-après.

Art. 15. — Les commissions disciplinaires de subdivision, de cercle et d'annexe prononcent :

1° La détention dans un pénitencier indigène;

2° L'amende.

Elles formulent, le cas échéant, des propositions relatives aux dommages-intérêts à allouer et à leur répartition.

Les peines de prison datent du jour de la décision et reçoivent une exécution provisoire immédiate; mais elles ne sont définitives qu'après approbation du gouverneur général.

Art. 16. — Le maximum de peines à infliger est :

Pour les commissions de subdivision :

Un an de prison et 1,000 francs d'amende.

Pour les commissions de cercle et d'annexe :

Deux mois de prison et 200 francs d'amende.

Art. 17. — Les commissions disciplinaires siégeant dans les chefs-lieux d'annexe, de cercle et de subdivision, tiennent audience à des jours déterminés à l'avance.

La commission supérieure est convoquée par le président, toutes les fois qu'il est nécessaire.

Art. 18. — Les délibérations des commissions disciplinaires sont valables, pourvu que trois membres soient présents.

En cas d'absence ou d'empêchement, le président d'une commission autre que la commission supérieure désigne pour le remplacer un des membres titulaires présents.

Les officiers ne peuvent être désignés que d'après leur ordre de grade et d'ancienneté.

Art. 19. — Le prévenu doit comparaître en personne devant les commissions disciplinaires.

Il a le droit de se faire assister d'un défenseur, et, sur sa demande, la commission peut l'autoriser à faire entendre des témoins.

Pour les affaires renvoyées, après une première décision, devant les commissions subdivisionnaires ou devant la commission supérieure, le président décide s'il sera statué sur le rapport et la production des pièces, sans comparution du prévenu.

Art. 20. — Les décisions sont prises à la majorité des voix, le président exprimant son avis le dernier.

En cas de partage des voix, la décision de la commission est interprétée dans le sens le plus favorable au prévenu.

Art. 21. — Si la commission reconnaît que le crime ou délit qui lui est déféré entraîne une peine excédant ses pouvoirs, elle consigne au procès-verbal son avis motivé sur les causes qui l'empêchent de se prononcer et sur la suite qui lui paraît devoir être donnée à l'affaire.

Art. 22. — Le procès-verbal contient :

1° Les noms et qualités des membres de la commission présente;

2° Les noms, l'âge, la profession du prévenu; sa position au point de vue du statut personnel; l'indication de sa tribu et la mention que cette tribu est en territoire militaire;

3° L'indication sommaire des motifs de sa comparution;

4° Le libellé de la décision avec l'avis motivé ou non de chaque membre sur la culpabilité, ou la peine prononcée ou sur la suite à donner à l'affaire;

5° Les propositions relatives aux dommages-intérêts.

Art. 23. — Le procès-verbal signé par les membres présents, le rapport et les pièces à l'appui sont, dans tous les cas, transmis par la voie hiérarchique au gouverneur général, après que le général commandant la subdivision et le général commandant la division ont émis leur avis sur la suite à donner à la décision rendue et aux propositions faites.

Art. 24. — Le procès-verbal revêtu du visa approbatif ou des observations du gouverneur général est renvoyé, par la voie hiérarchique, aux commandants de subdivision, de cercle ou d'annexe, pour servir à ce que de droit et être conservé aux archives locales.

Art. 25. — En dehors de la juridiction des tribunaux ordinaires, des conseils de guerre et en dehors des commissions disciplinaires, les indigènes musulmans non naturalisés français et résidant sur les territoires militaires, peuvent être punis directement par les commandants militaires ou leurs délégués :

1° Pour contravention de police, conformément aux règlements existants.

2° Pour fautes commises dans le service militaire ou administratif.

3° Pour des méfaits et des délits dont l'importance ne dépasse pas une valeur de 50 francs.

Art. 26. — Dans les cas prévus à l'article précédent, les chefs militaires chargés de l'administration des territoires militaires peuvent infliger aux indigènes musulmans non naturalisés de ces territoires :

Le commandant de la division, deux mois de prison et 300 francs d'amende.

Le commandant de la subdivision, un mois de prison et 100 francs d'amende.

Les commandants de cercle ou d'annexe, quinze jours de prison et 50 francs d'amende.

Le commandant supérieur ou chef d'annexe peut déléguer aux officiers de son bureau arabe et aux chefs de postes avancés le droit de prononcer des punitions dans la limite de huit jours de prison et 30 francs d'amende.

Ces délégations sont toutefois réservées pour le cas où ces officiers sont envoyés en mission, hors du chef-lieu du cercle ou de l'annexe.

Art. 27. — A quelque degré de la hiérarchie qu'ils appartiennent, les chefs indigènes ne pourront infliger la peine de l'emprisonnement.

Quand ils auront à procéder de leur propre initiative à une arrestation, en cas de flagrant délit ou pour des causes intéressant immédiatement l'ordre public, ils devront en rendre compte sans délai à l'autorité française dont ils relèvent et lui faire immédiatement conduire les prévenus.

Les chefs indigènes relevant directement de l'autorité française, pourront frapper des amendes jusqu'à concurrence de 20 francs, pour les contraventions de police et les manquements de minime importance.

Les amendes infligées par les chefs indigènes ne sont perçues qu'après visa approbatif de l'autorité française dont ils relèvent.

Art. 28. — En cas de troubles ou d'insurrection, les attributions des commissions disciplinaires peuvent être exercées dans leur entier par les commandants de subdivision, de cercle ou d'annexe, après décision du général commandant la division qui rend compte au gouverneur général, avec pièces à l'appui.

Art. 29. — Toutes les dispositions contraires au présent arrêté sont abrogées.

Communes.

L'organisation municipale ne date, en Algérie, que de l'année 1847. L'ordonnance du

28 septembre constitua des communes indépendantes, ayant chacune une existence propre, des recettes ordinaires et extraordinaires, et des dépenses divisées, comme en France, en dépenses obligatoires et en dépenses facultatives. Leur administration fut confiée à des maires et à des adjoints nommés par le pouvoir central, pouvant être suspendus ou révoqués par lui, et assistés de conseils municipaux, désignés par le gouverneur, qui pouvaient, eux aussi, être révoqués et qui étaient appelés à délibérer ou à donner leur avis sur les matières placées dans leurs attributions.

Les ressources mises à la disposition des communes comprenaient principalement la portion attribuée aux communes dans l'impôt des patentes, les droits de place, de mesurage, d'abatage, de voirie, les concessions dans les cimetières et les amendes; elles étaient insuffisantes; aussi l'ordonnance fit-elle figurer (article 43 paragraphe 8) dans leurs recettes extraordinaires le montant des subventions annuelles allouées par le ministre de la guerre sur les fonds généraux du budget départemental. Un arrêté du 4 novembre 1848 supprima la subvention et, pour parer à l'insuffisance des budgets, attribua aux communes une part dans le produit de l'octroi de mer et les autorisa, en outre, à prélever à leur profit une taxe sur les loyers. Les revenus municipaux s'accrurent par la suite d'une taxe pour les chemins vicinaux (décret du 5 juillet 1854), de l'impôt sur les chiens (loi du 2 mai 1855), de l'élévation progressive de la proportion dans le produit de l'octroi de mer les communes le perçoivent aujourd'hui en totalité sous la seule déduction des frais de perception) et atteignirent alors l'importance réclamée par les besoins multiples et pressants de communes de création récente. C'est ainsi que les recettes d'une des plus grandes communes de l'Algérie, la commune de Constantine, figurent au budget de l'année 1877, pour la somme de 1,206,565 francs, dont 81,710 francs pour la taxe des loyers, 252,233 francs pour l'octroi de mer, 3,953 francs pour la taxe des chiens, 22,361 francs pour les prestations des chemins vicinaux, 120,000 francs pour les droits de place dans les halles, 295,000 francs pour mesurage de grains, 195,000 francs pour droits d'abatage, etc., etc...

Les conseils municipaux ont aujourd'hui une organisation semblable à celle des conseils de France, avec cette seule différence ue, suivant la population, il peut leur être adjoint, par voie d'élection, des indigènes et des étrangers européens. Ces conseils font des règlements; ils prennent des délibérations et donnent leur avis. Ils tiennent leur mandat du suffrage universel.

Les maires et les adjoints sont, comme dans la métropole et en vertu de la même loi (12 août 1876), nommés par les conseils ou choisis dans leur sein par le président de la République.

Les communes ainsi constituées n'existent qu'en territoire civil; elles s'appellent plus spécialement communes de plein exercice. Il en existe 171, savoir: 70 dans le département d'Alger, 52 dans le département de Constantine, 49 dans le département d'Oran.

Les communes de plein exercice ne s'étendent pas sur la totalité du territoire civil; il existe des parties de ce territoire où l'élément indigène est dominant, mais où les Européens ont cependant fondé des établissements; dans ces localités la commune s'appelle commune mixte; elle est régie suivant les mêmes règles que les communes de plein exercice, toutefois l'administration y est confiée à un agent du gouvernement remplissant les fonctions dévolues aux maires et qui prend le titre d'administrateur; le conseil municipal y est nommé par le préfet et se compose de Français notables et de cheikhs ou chefs des douars de la circonscription.

Le territoire militaire est également divisé en communes, aux termes de l'arrêté du gouverneur général du 20 mai 1868. Quelques-unes de ces communes, établies sur les territoires habités par des indigènes et des Européens, sont désignées, comme en territoire civil, sous le nom de communes mixtes et sont administrées comme elles. Le commandant du cercle ou de l'annexe y remplit les fonctions de maire. Il est assisté d'un conseil nommé par le général de division. On compte 16 communes mixtes dans le territoire militaire se répartissant ainsi: 4 dans la division d'Alger, 3 dans celle de Constantine et 9 dans celle d'Oran.

Toutes les communes mixtes, celles du territoire civil comme celles du territoire militaire, perçoivent sur les Européens les mêmes droits que les communes de plein exercice; elles participent aussi à la distribution du produit de l'octroi de mer, mais l'élément indigène, au lieu de compter pour un huitième de son effectif, ne figure sur les états de répartition que pour un quarantième. Quant aux indigènes ils sont soumis, dans ces communes comme dans les autres, à l'impôt arabe et aux centimes additionnels.

Les autres communes du territoire militaire appelées d'abord, par l'arrêté d'organisation, communes subdivisionnaires parce qu'elles comprenaient toute l'étendue d'une subdivision, sont désignées, depuis l'arrêté du 13 novembre 1874, sous le nom de communes indigènes. Établies dans le sud de l'Algérie, en dehors de la zone de colonisation et sur de vastes espaces, la plupart incultes, où les Européens n'ont pas encore fondé d'établissements, chacune d'elles a pour circonscription celle d'un cercle ou d'une annexe. Elles ont leur existence propre, leurs recettes ordinaires et extraordinaires et leurs dépenses obligatoires ou facultatives. Elles sont administrées par le commandant supérieur du cercle ou par le chef de l'annexe, assistés, l'un et l'autre, d'une commission municipale. Leur budget et leurs comptes administratifs sont réglés annuellement par le général commandant la division.

Les douars compris dans la circonscription de ces dernières communes, et qui ont été constitués par application du sénatus-consulte du 22 avril 1863, forment des sections administrées par une djemaa composée du caïd ou du cheikh et de 8 à 12 notables, nommés par le général commandant la division.

Le nombre des communes indigènes est de 29, savoir : dans la division d'Alger, 11; dans la division de Constantine, 16; dans la division d'Oran, 2.

Communes de plein exercice.

28 septembre 1847.

Ordonnance relative à l'organisation municipale en Algérie (B. 263).

DE L'ORGANISATION MUNICIPALE EN ALGÉRIE.

Art. 1. — Les centres de population, en Algérie, pourront être érigés en communes par ordonnances, lorsqu'ils auront acquis le développement nécessaire. Ces ordonnances seront rendues sur le rapport du ministre de la guerre et sur la proposition du gouverneur général, le conseil supérieur entendu : elles détermineront la circonscription de la commune (1).

(1) Malgré les termes formels de cet article, des communes ont été constituées par arrêtés du gouverneur général et même par arrêtés préfectoraux (ci-après).

(2) Le titre I de cette ordonnance a été abrogé par l'article 15 du décret du 27 décembre 1866 (ci-après).

TITRE II (2).

DE L'ADMINISTRATION MUNICIPALE.

CHAPITRE I. — *Des attributions des maires et des conseils municipaux.*

SECTION 1. — Des attributions des maires.

Art. 25. — Les maires remplissent les fonctions d'officier de l'état civil; ils remplissent également celles d'officier de police judiciaire, conformément au Code d'instruction criminelle.

Art. 26. — Le maire est chargé, sous l'autorité de l'administration supérieure : — 1° de la publication et de l'exécution des lois, ordonnances et arrêtés; — 2° des fonctions spéciales qui lui sont dévolues par les lois, ordonnances et arrêtés; — 3° de l'exécution des mesures de sûreté générale.

Art. 27. — Le maire est chargé, sous la surveillance de l'administration supérieure : 1° de la police municipale, de la police rurale, de la voirie municipale, et de pourvoir à l'exécution des actes de l'autorité supérieure qui y sont relatifs; — 2° de la conservation et de l'administration des propriétés de la commune, et de faire, en conséquence, tous actes conservatoires de ces droits; — 3° de la gestion des revenus, de la surveillance des établissements communaux et de celle de la comptabilité communale; — 4° de la proposition du budget et de l'ordonnancement des dépenses; — 5° de la direction des travaux communaux; — 6° de souscrire les marchés, de passer les baux des biens et les adjudications des travaux communaux dans les formes établies par les ordonnances et règlements; — 7° de souscrire dans les mêmes formes les actes de vente, échange, partage, acceptation de dons ou legs, acquisitions, transactions, lorsque ces actes auront été préalablement autorisés, conformément aux dispositions de la présente ordonnance et de celle du 15 avril 1845; — 8° de représenter la commune en justice, soit en demandant, soit en défendant.

Art. 28. — Lorsque le maire procède à une adjudication publique pour le compte de la commune, il est assisté de deux membres du conseil municipal désignés d'avance par le conseil, ou, à son défaut, appelés dans l'ordre du tableau. — Le receveur municipal est appelé à toutes les adjudications. — Toutes les difficultés qui peuvent s'élever sur les opérations préparatoires de l'adjudication sont résolues, séance tenante, par le maire et les deux conseillers assistants, à la majorité des voix, sauf le recours de droit.

Art. 29. — Les adjudications ne seront valables et définitives, à l'égard des communes, qu'autant qu'elles auront été approuvées : — par le sous-préfet, si la dépense n'excède pas 5,000 francs

— par le préfet, si la dépense est supérieure à 5,000 francs et inférieure à 10,000 francs; — par le gouverneur général, si la dépense excède 10,000 francs et ne dépasse pas 30,000 francs; — dans les autres cas, par notre ministre de l'intérieur.

Art. 30. — Le maire prend des arrêtés, à l'effet : — 1° d'ordonner les mesures locales sur les objets confiés à sa vigilance et à son autorité; — 2° de publier de nouveau les lois, ordonnances, arrêtés et règlements de police, et de rappeler les habitants à leur observation. — Les arrêtés pris par le maire sont immédiatement adressés à l'autorité supérieure du ressort, laquelle peut toujours les annuler ou en suspendre l'exécution.

Art. 31. — Les arrêtés municipaux qui portent règlement permanent ne sont exécutoires qu'après l'approbation du préfet.

Art. 32. — Le maire nomme à tous les emplois communaux pour lesquels les lois, ordonnances et arrêtés ne prescrivent pas un mode spécial de nomination. — Il suspend et révoque les titulaires de ces emplois.

Art. 33. — Le maire est seul chargé de l'administration de la commune; mais il peut déléguer une partie de ses fonctions à un ou plusieurs de ses adjoints, et, en l'absence des adjoints, à ceux des conseillers municipaux qui sont appelés à en faire les fonctions.

SECTION 2. — Des attributions des conseils municipaux (1).

Art. 34. — Le conseil municipal délibère sur les objets suivants :

1° Le mode d'administration des biens communaux;

2° Le mode de jouissance et la répartition des pâturages et fruits communaux, ainsi que les conditions à imposer aux parties prenantes;

3° Le budget de la commune, et, en général, toutes les dépenses et recettes, soit ordinaires, soit extraordinaires;

4° Les tarifs et règlements de perception de tous les revenus propres à la commune;

5° Les acquisitions, aliénations et échanges de propriétés communales, leur affectation aux différents services publics, et, en général, tout ce qui intéresse leur conservation et leur amélioration;

6° Les conditions des baux de biens donnés à ferme ou à loyer par la commune, ainsi que celles des baux des biens pris à loyer par la commune;

7° Les projets de construction, des grosses réparations, d'entretien et de démolition, et, en général, tous les travaux à entreprendre;

8° L'ouverture des chemins vicinaux, des rues et places publiques, et les projets d'alignements de la voirie municipale;

(1) V. ci-après (décret, 19 décembre 1808) les matières que les conseils municipaux règlent par leurs délibérations.

9° Le parcours et la vaine pâture;

10° L'acceptation des dons et legs faits à la commune ou aux établissements communaux;

11° Les actions judiciaires et transactions, et tous les autres objets sur lesquels les lois, ordonnances et arrêtés appellent les conseils municipaux à délibérer.

Art. 35. — Les délibérations des conseils municipaux sont adressées à l'autorité civile supérieure du ressort. — Ces délibérations sont soumises à l'approbation du directeur des affaires civiles, sauf celles qui, d'après les lois, ordonnances et arrêtés, doivent être approuvées par le gouverneur général, par notre ministre de la guerre (intérieur) ou par ordonnance royale.

Art. 36. — Les conseils municipaux sont toujours appelés à donner leur avis sur les objets suivants : — 1° les circonscriptions relatives aux cultes; — 2° les circonscriptions relatives à la distribution des secours publics; — 3° les projets d'alignement de grande voirie, dans l'intérieur des villes, bourgs et villages; — 4° l'acceptation des dons et legs faits aux établissements de charité et de bienfaisance ayant un caractère communal; — 5° les autorisations d'emprunter, d'acquérir, d'échanger, d'aliéner, de plaider ou de transiger, demandées par les mêmes établissements; — 6° les budgets et les comptes des mêmes établissements; — 7° les budgets et les comptes des fabriques et autres administrations préposées à l'entretien des cultes dont les ministres sont salariés par l'État, lorsqu'elles reçoivent des subventions sur les fonds communaux; — 8° enfin, tous les objets sur lesquels les conseils municipaux seront consultés par les directeurs ou les sous-directeurs des affaires civiles (préfets ou sous-préfets).

Art. 37. — Le conseil municipal délibère sur les comptes annuellement présentés par le maire. — Il entend, débat et arrête, sauf le règlement définitif par l'autorité supérieure compétente, les comptes des deniers des receveurs.

Art. 38. — Le conseil municipal peut exprimer son vœu sur tous les objets d'intérêt local.

Art. 39. — Dans les séances où les comptes d'administration du maire sont débattus, le conseil municipal désigne au scrutin celui de ses membres qui exerce la présidence. — Le maire peut assister à la délibération; il doit se retirer au moment où le conseil municipal va émettre son vote. — Le président adresse directement la délibération à l'autorité supérieure du ressort.

CHAPITRE II. — *Des dépenses et recettes et des budgets des communes.*

Art. 40. — Les dépenses des communes sont obligatoires ou facultatives.

Sont obligatoires les dépenses suivantes :

1° L'acquittement des dettes exigibles;

2° Les frais d'administration et de perception des droits et revenus municipaux;

3° Les prélèvements autorisés, remboursements et restitutions sur ces produits;

4° Les traitements des maires et les frais de bureau des mairies et de l'état civil;

5° Les frais d'entretien des horloges publiques;

6° Les dépenses des écoles communales;

7° Les dépenses des cultes mises à la charge de la commune par les lois, ordonnances et arrêtés;

8° Les traitements et frais de bureau du service de pesage et mesurage publics;

9° Les dépenses des milices et du service des pompes à incendie;

10° Les traitements des gardes de biens et bois communaux et des gardes champêtres;

11° Les traitements et frais de bureau de la police locale, du service de la petite voirie, de celui des inhumations, et de celui des fourrières publiques;

12° Les frais de nettoiement et d'éclairage de la voie publique;

13° Les frais de loyer des immeubles destinés aux services ci-dessus spécifiés;

14° Les dépenses des travaux et bâtiments civils comprenant : 1° l'ouverture, la construction et l'entretien des chemins vicinaux mis à la charge de la commune par les lois, ordonnances et arrêtés; 2° l'alignement, le nivellement et le pavage des rues des petites voiries, à l'exception de ceux de ces travaux qui sont à la charge des propriétaires; 3° les aqueducs, canaux, égouts et fontaines, dans les rues de petite voirie et hors des villes sur les chemins vicinaux; 4° les dépenses de grosses et simples réparations et entretien des bâtiments affectés aux services communaux;

15° Toutes les autres dépenses mises à la charge des communes par une disposition des ordonnances spéciales de l'Algérie (1).

Toutes les dépenses autres que les précédentes sont facultatives.

Art. 41. — Les recettes des communes sont or-

(1) Ont été également classés au rang de dépenses obligatoires à la charge des communes :

1° Le logement des conseillers désignés pour les assises. Décret du 18 nov. 1851;

2° Le logement des médecins de colonisation. Arrêté du 5 avril 1878, art. 32;

3° L'abonnement au *Bulletin officiel* des actes du gouvernement (B. O. 11);

4° L'indemnité de logement aux curés et desservants et autres ministres des cultes chrétiens, lorsqu'il n'existe pas de bâtiment affecté à leur logement;

5° Les secours aux fabriques des églises et autres administration préposées aux cultes, en cas d'insuffisance de leurs revenus justifiée par leurs comptes et budgets;

6° Les grosses réparations aux églises, temples et presbytères;

Sont facultatives les dépenses d'acquisition ou de construction des mêmes édifices.

7° Les dépenses des prétoires des justices de paix. Décret, 1er avril 1863.

dinaires ou extraordinaires. — Les recettes ordinaires des communes se composent :

1° Des produits tels que loyers et fermages, rentes foncières et valeurs des récoltes des immeubles appartenant à la commune;

2° De la portion attribuée aux communes sur le produit de l'impôt des patentes;

3° Des droits de place dans les halles, foires et marchés publics;

4° Des droits d'abatage dans les abattoirs publics, d'après les tarifs dûment autorisés;

5° Du produit des permis de stationnement, de vente et des locations sur la voie publique, sur les ports, rivières et autres lieux publics;

6° Du produit des péages communaux, des droits de pesage, mesurage et jaugeage;

7° Des droits de voirie et autres droits légalement établis;

8° Du produit des fourrières publiques;

9° Du prix des concessions de terrains dans les cimetières communaux;

10° Du produit des concessions d'eau, de l'enlèvement des boues et immondices de la voie publique, de l'équarrissage et autres concessions autorisées pour les services communaux;

11° Du produit des expéditions des actes administratifs et des actes de l'état civil;

12° De la portion des amendes et confiscations attribuées par les lois, ordonnances et arrêtés aux communes;

13° Du produit des saisies opérées pour contraventions aux règlements de police;

14° Du produit des rétributions mensuelles des élèves admis aux écoles communales;

Et généralement du produit de toutes taxes de ville et de police dont la perception est légalement autorisée (2).

Art. 42. — Les recettes extraordinaires des communes se composent :

1° Du produit des contributions directes ou indirectes, que les communes pourront être autorisées ultérieurement à établir, à leur profit, par des ordonnances royales délibérées dans la forme des règlements d'administration publique;

2° Du prix des biens communaux aliénés;

3° Du prix de vente d'objets mobiliers provenant des services municipaux;

4° Des dons et legs;

5° Du remboursement des capitaux exigibles et rentes constituées;

6° Du produit des coupes extraordinaires des bois appartenant aux communes;

7° Du produit des emprunts;

Et de toutes autres recettes accidentelles.

Art. 43. — L'excédant des recettes sur les dépenses de l'exercice expiré et réglé sera porté en première ligne dans les ressources du budget de chaque commune, pour l'exercice suivant.

Art. 44. — (Approbation des budgets ci-après Décret du 10 décembre 1868, art. 10).

(2) Ci-après, arrêté du 1 nov. 1843.

Art. 45. — Les crédits qui pourraient être reconnus nécessaires après le règlement du budget sont délibérés conformément aux articles précédents et doivent être approuvés par l'autorité appelée à régler le budget. Toutefois, dans les communes dont le budget est réglé par décrets, les crédits supplémentaires pourront être approuvés, en cas d'urgence, par le gouverneur général.

Art. 46. — Dans le cas où, par une cause quelconque, le budget d'une commune n'aurait pas été approuvé avant le commencement de l'exercice, les recettes et dépenses ordinaires continueront, jusqu'à l'approbation de ce budget, à être faites conformément à celui de l'année précédente.

Art. 47. — Les dépenses proposées au budget d'une commune peuvent être rejetées ou réduites par l'arrêté qui règle ce budget.

Art. 48. — Les conseils municipaux peuvent porter au budget un crédit pour dépenses imprévues. — La somme inscrite pour ce crédit ne pourra être réduite ou rejetée qu'autant que les revenus ordinaires, après avoir satisfait à toutes les dépenses obligatoires, ne permettraient pas d'y faire face, ou qu'elle excéderait le dixième des recettes extraordinaires. — Le crédit pour dépenses imprévues sera employé par le maire avec l'approbation des préfets et sous-préfets.

Art. 49. — Les dépenses proposées au budget d'une commune ne peuvent être augmentées, et il ne peut y en être introduit de nouvelles par l'autorité appelée à les régler définitivement, qu'autant qu'elles sont obligatoires.

Art. 50. — Si un conseil municipal n'allouait pas les fonds exigés pour une dépense obligatoire, ou n'allouait qu'une somme insuffisante, l'allocation nécessaire serait inscrite au budget par l'autorité appelée à le régler définitivement. — Dans tous les cas, le conseil municipal sera appelé à en délibérer. — S'il s'agit d'une dépense annuelle et variable, elle sera inscrite pour sa quotité moyenne pendant les trois dernières années. S'il s'agit d'une dépense annuelle et fixe de sa nature, elle sera inscrite pour sa quotité réelle. — Si les ressources de la commune sont insuffisantes pour couvrir les dépenses obligatoires inscrites d'office en vertu du précédent article, il y sera pourvu par le conseil municipal, ou, en cas de refus de sa part, au moyen d'une contribution extraordinaire. — Cette contribution sera établie par l'autorité chargée de régler le budget par voie d'addition aux contributions directes ou indirectes créées en vertu de l'article 42, n° 1, et dans les limites du maximum fixé annuellement par décret, et, en cas d'insuffisance, par un décret spécial.

Art. 51. — (Emprunts. — Décret du 19 décembre 1868, ci-après.)

Art. 52. — Les tarifs des droits de voirie sont réglés par arrêté du gouverneur général, le conseil supérieur entendu.

Art. 53. — Les taxes particulières dues par les habitants ou propriétaires en vertu des ordonnances ou arrêtés sont réparties, par délibération du conseil municipal, approuvée par le préfet. — Ces taxes seront perçues suivant les formes établies pour le recouvrement des contributions diverses.

Art. 54. — Aucune construction nouvelle ou reconstruction entière ou partielle ne pourra être autorisée que sur la production des projets et devis. Ces projets et devis seront soumis à l'approbation de notre ministre de l'intérieur quand la dépense excédera 30,000 francs. S'ils ne s'élèvent pas à ce chiffre, ils seront approuvés par le gouverneur général, le conseil supérieur entendu.

Art. 55. — Les dispositions de la loi du 10 vendémiaire an IV sur la responsabilité civile des communes, résultant des attentats commis sur le territoire de la commune, soit envers les personnes, soit envers les propriétés, sont applicables aux centres de population de l'Algérie qui sont érigés en communes.

CHAPITRE III. — *Des acquisitions, aliénations, baux, dons et legs.*

Art. 56. — Les délibérations des conseils municipaux ayant pour objet des acquisitions, ventes ou échanges d'immeubles, le partage de biens indivis, sont soumises à l'approbation des préfets, le conseil de préfecture entendu, quand il s'agit d'une valeur n'excédant pas 3,000 francs pour les communes dont le revenu est au-dessous de 100,000 francs, et 10,000 francs pour les autres communes. — S'il s'agit d'une valeur supérieure, il est statué par le gouverneur général.

Art. 57. — Les délibérations des conseils municipaux ayant pour objet des baux de biens pris ou donnés à loyer par la commune ne seront exécutoires qu'autant qu'elles auront été approuvées : 1° par les préfets, lorsque leur durée n'excédera pas neuf ans pour les biens ruraux, et trois ans pour les autres biens; — 2° par le gouverneur général dans les autres cas.

Art. 58. — Les délibérations des conseils municipaux portant refus ou acceptation de dons et legs mobiliers, ou de sommes d'argent faits à la commune et aux établissements communaux, seront soumises à l'approbation des préfets, le conseil de préfecture entendu; s'il s'agit de dons et legs mobiliers d'une valeur de plus de 3,000 francs, ou de dons et legs immobiliers, les délibérations sont soumises à notre approbation. — Le maire peut toujours, à titre conservatoire, accepter les dons et legs, en vertu de la délibération du conseil municipal; l'arrêté qui intervient ensuite a effet du jour de cette acceptation.

Art. 59. — La vente des biens mobiliers et immobiliers des communes autres que ceux qui servent à un usage public pourra, sur la demande de tout créancier porteur de titres exécutoires être autorisée par un arrêté du gouverneur général en conseil supérieur. — Cet arrêté déterminera les formes de la vente.

CHAPITRE IV. — *Des actions judiciaires et des transactions.*

Art. 60. — Nulle commune ne peut intenter une action en justice sans y être autorisée par le conseil de préfecture. — Après tout jugement intervenu, la commune ne peut se pourvoir devant un autre degré de juridiction qu'en vertu d'une nouvelle autorisation du même conseil.

Art. 61. — Quiconque voudra intenter une action contre une commune sera tenu d'adresser préalablement au préfet un mémoire exposant les motifs de sa réclamation. Il lui en sera donné récépissé. — La présentation du mémoire interrompra toutes prescriptions et déchéances. — Le préfet transmettra le mémoire au maire, avec l'autorisation de convoquer immédiatement le conseil municipal pour en délibérer.

Art. 62. — La délibération du conseil municipal sera, dans tous les cas, renvoyée au conseil de préfecture, qui décidera si la commune doit être autorisée à ester en justice. — La décision du conseil de préfecture devra être rendue dans le délai de deux mois à partir de la date du récépissé énoncé en l'article précédent.

Art. 63. — Toute décision du conseil de préfecture portant refus d'autorisation devra être motivée. — En cas de refus d'autorisation, le maire pourra, en vertu d'une délibération du conseil municipal, se pourvoir devant nous en notre Conseil d'État. — Le pourvoi sera introduit et jugé administrativement; il devra être interjeté dans le délai de trois mois, à dater de la notification de la décision du conseil de préfecture. — Il devra être statué sur le pourvoi, dans le délai de deux mois, à partir du jour de son enregistrement au secrétariat général de notre Conseil d'État.

Art. 64. — L'action ne pourra être intentée qu'après la décision du conseil de préfecture, et, à défaut de décision dans le délai fixé par l'article 62, qu'après l'expiration de ce délai. — En cas de pourvoi contre la décision du conseil de préfecture, l'instance sera suspendue jusqu'à ce qu'il ait été statué sur le pourvoi, et, à défaut de décision dans le délai fixé par l'article précédent, jusqu'à l'expiration de ce délai. — En aucun cas, la commune ne pourra défendre à l'action qu'autant qu'elle y aura été régulièrement et expressément autorisée.

Art. 65. — Le maire peut, toutefois, sans autorisation préalable, intenter toute action possessoire et y défendre, et faire tous actes conservatoires et interruptifs des déchéances et prescriptions.

Art. 66. — Toute transaction consentie par un conseil municipal ne peut être exécutée qu'après l'homologation, par arrêté de notre ministre de la guerre (intérieur), s'il s'agit d'objets mobiliers d'une valeur supérieure à 3,000 francs, ou d'objets immobiliers, et, dans les autres cas, par arrêté du préfet, le conseil de préfecture entendu.

CHAPITRE V. — *Comptabilité des communes.*

Art. 67. — Les comptes des maires, pour l'exercice clos, sont présentés au conseil municipal avant la délibération du budget. Ils sont approuvés par l'autorité chargée de régler définitivement le budget.

Art. 68. — Le maire seul peut délivrer des mandats. S'il refusait d'ordonnancer une dépense régulièrement autorisée et liquide, il serait statué par les préfets. — Dans ce cas, l'arrêté des préfets et sous-préfets tiendra lieu de mandat.

Art. 69. — Les recettes et dépenses communales s'effectuent par les soins des receveurs municipaux. — Les excédants des recettes sur les dépenses seront versés au trésor, suivant les formes et d'après les conditions déterminées par les règlements.

Art. 70. — Toutes les recettes municipales pour lesquelles il n'est point prescrit un mode spécial de recouvrement s'effectuent sur des états dressés par le maire. Ces états sont exécutoires après qu'ils ont été visés par le préfet.

Art. 71. — Les oppositions, lorsque la matière est de la compétence des tribunaux ordinaires, sont jugées comme affaires sommaires, et la commune peut y défendre sans autorisation du conseil de préfecture.

Art. 72. — Les budgets et les comptes des communes restent déposés à la mairie, où tout contribuable a droit d'en prendre connaissance.

Dispositions générales.

Art. 73. — Les sous-préfets informent immédiatement le préfet des autorisations qu'ils ont données en vertu de la présente ordonnance. — Tous les trois mois, le préfet rend compte au gouverneur général tant desdites autorisations que de celles qu'il a personnellement accordées. Ce compte est transmis à notre ministre de l'intérieur par le gouverneur général, avec ses observations. — Les préfets doivent adresser au ministre, dans le courant du mois de juillet, un tableau général annuel de la situation financière des communes de leurs départements respectifs.

Art. 74. — Toutes les dispositions contraires à la présente ordonnance sont et demeurent abrogées.

Art. 75. — La présente ordonnance sera exécutoire à partir du 1er janvier 1848.

4 novembre 1848.

Arrêté du chef du pouvoir exécutif sur la dotation et les revenus des communes (B. 390).

TITRE I.

CONSTITUTION DE LA PROPRIÉTÉ COMMUNALE.

Art. 1. — Les édifices et bâtiments domaniaux

actuellement occupés par les services de l'administration municipale en Algérie sont concédés gratuitement aux communes en pleine propriété.

Art. 2. — La remise de la propriété desdits bâtiments sera faite aux maires des communes par les agents de l'administration de l'enregistrement et des domaines, en vertu d'un arrêté du gouverneur général, pris sur la proposition du préfet.

Art. 3. — L'État se réserve la faculté de reprendre, pendant cinq ans, parmi les édifices actuellement occupés, ceux qu'il jugerait convenables, à la charge de donner, en échange, d'autres bâtiments domaniaux susceptibles de recevoir la même destination. — Les concessions ainsi faites à titre d'échange auront lieu en vertu d'un arrêté du chef du pouvoir exécutif, rendu sur la proposition du ministre de la guerre, (intérieur), le conseil supérieur préalablement entendu.

Art. 4. — Des immeubles domaniaux qui seraient reconnus, à l'avenir, susceptibles d'être affectés à des services municipaux, pourront être concédés aux communes, en toute propriété, à titre gratuit. — Les concessions seront faites dans la forme et aux conditions établies dans l'article précédent.

Art. 5. — Indépendamment des immeubles ci-dessus désignés, il sera constitué, en faveur de chaque commune, une dotation en immeubles, susceptible de produire des revenus, et provenant des domaines de l'État. — Ces concessions auront lieu à titre gratuit ; elles auront lieu en la forme prescrite par le paragraphe 2 de l'article 3 du présent arrêté.

Art. 6. — Le mode des jouissances des biens ainsi concédés sera réglé par l'autorité administrative supérieure du ressort, le conseil municipal entendu. — Les revenus provenant desdits biens seront exclusivement affectés aux dépenses d'utilité publique.

Art. 7. — Ces biens ne pourront être vendus par l'administration municipale qu'à la charge de faire le remploi du prix des ventes (1). — Ils pourront être échangés contre d'autres immeubles d'un produit au moins égal.

Art. 8. — Les échanges ou ventes des biens concédés par l'État aux communes et le remploi du prix des ventes ne pourront être autorisés qu'en vertu d'un arrêté du chef du pouvoir exécutif, rendu sur la proposition du ministre de l'intérieur, le conseil supérieur préalablement entendu.

TITRE II.

REVENUS DES COMMUNES.

Art. 9. — Les lois qui régissent en France l'administration municipale sont applicables dans l'Algérie, en ce qui concerne : — 1° les acquisitions, échanges, ventes, mises en ferme ou

(1) V. décret du 23 juill. 1860.

locations de biens autres que ceux compris de le domaine municipal ; — 2° l'acceptation ou refus de dons et legs mobiliers et immobiliers — 3° les actions judiciaires intéressant les communes. — L'avis du conseil supérieur tient lieu de celui du Conseil d'État.

Art. 10. — Les ressources ordinaires des communes de l'Algérie se composent : — 1° des venus des biens concédés aux communes ; 2° de la part attribuée à chacune d'elles dans produit de l'octroi de mer, conformément à l'article 12 ci-après ; — 3° des produits énumérés dans les paragraphes 2 et suivants de l'article de l'ordonnance du 28 septembre 1847 ; produit de la taxe spéciale ci-après déterminé.

Art. 11. — Les ressources extraordinaires communes se composent : — 1° des produits énumérés dans les paragraphes 2, 3, 4, 5, 6 de l'article 42 de l'ordonnance du 28 septembre 1847 ; — 2° du produit des taxes extraordinaires que les communes auront été autorisées à s'imposer.

Art. 12. — L'octroi, établi aux ports de mer des villes du littoral de l'Algérie, par l'ordonnance du 21 décembre 1844, continuera d'être perçu conformément à ladite ordonnance (1).

TITRE III.

DE LA TAXE SUR LES LOYERS.

Art. 13. — Il sera perçu, dans chaque commune, au profit de la caisse municipale, une taxe sur les loyers. — Cette taxe aura pour base valeur locative de l'habitation ; elle ne pourra dépasser le dixième de cette valeur. — Elle sera payée par chaque habitant français, indigène étranger de tout sexe, et non réputé indigent

(1) V. Octroi de mer.

(2) La taxe des loyers est due par tous les habitants la commune, à l'exception seulement des consuls d'Italie d'Espagne, des États-Unis, de la Suède et Norwège, qui sont affranchis par les traités internationaux.

Quant aux étrangers, le gouverneur a donné, le 28 let 1868, les instructions suivantes insérées dans le Bulletin de la préfecture d'Alger, en 1869.

. . . .

« L'administration des contributions directes, en France est arrivée à diviser les étrangers en deux catégories exemptant les uns et imposant les autres.

« 1° Elle ne porte pas sur la matrice des rôles les étrangers de passage, c'est-à-dire ceux qui, accidentellement viennent à Nice dans les mois de novembre et décembre pour y rester jusqu'à la fin de mars, louant un appartement meublé qu'ils laissent en partant à la disposition propriétaire, lequel en dispose à son gré ;

« 2° Mais elle considère comme imposables les étrangers qui séjournent le plus habituellement à Nice pendant l'hiver et y occupent le même appartement pendant plusieurs saisons consécutives.

. . . .

« Je pense, monsieur le préfet, que l'administration appartienne à un intérêt réel à favoriser, autant que possible tendance des étrangers à donner la préférence au littoral algérien pour le choix de leurs stations d'hiver. Ils lais-

Art. 14. — La taxe pour les loyers est due pour toute habitation meublée, alors même que le propriétaire ou locataire n'y a pas établi son domicile réel, et ne l'habite que temporairement.

Art. 15. — La cote de chaque contribuable sera déterminée d'après le loyer de son habitation personnelle et de celle de sa famille. — Ne sont point compris dans l'évaluation des loyers d'habitation : — 1° les magasins, boutiques, comptoirs, auberges, usines et ateliers, pour raison desquels les habitants payent patente ; — 2° les granges, bergeries, étables, ou autres bâtiments servant aux exploitations rurales ; — 3° les bureaux des fonctionnaires publics ou employées ; — 4° les parties des bâtiments qui servent aux élèves dans les maisons d'éducation. — Les jardins d'agrément attenant à l'habitation doivent entrer dans l'évaluation du loyer. — Il en sera de même des remises, écuries, terrasses et autres dépenses de luxe ou d'agrément.

Art. 16. — Les officiers de terre et de mer ayant des habitations particulières, soit pour eux, soit pour leur famille, les officiers sans troupes, officiers d'état-major, officiers de gendarmerie, les employés de la guerre et de la marine dans les garnisons et dans les ports, les préposés de l'administration des douanes non casernés, sont imposables à la taxe sur les loyers, d'après le même mode et dans les mêmes proportions que les autres contribuables.

Art. 17. — Les fonctionnaires, les ministres du culte et les employés civils et militaires, logés gratuitement dans les bâtiments appartenant à l'État ou aux communes, sont imposables d'après la valeur locative des parties de ces bâtiments affectées à leur habitation personnelle et à celle de leur famille.

Art. 18. — Les habitants qui n'occupent que des appartements garnis ne seront assujettis à la taxe qu'à raison de la valeur locative de leur logement, évalué comme logement non meublé.

Art. 19. — Pour l'établissement du rôle de la taxe sur leur loyer, il sera, à la diligence de l'autorité communale, et par des commissaires désignés par le conseil municipal, procédé chaque année à un recensement général des contribuables. — Ces commissaires seront au nombre de cinq par commune, dont deux au moins choisis en dehors du conseil municipal. — Dans les villes et dans les communes rurales divisées en sec-

tions, il pourra être établi une commission de recensement pour chaque quartier ou section de commune.

Art. 20. — L'opération du recensement terminée, les commissaires se réuniront sous la présidence du maire ou de l'adjoint. — Ils rédigeront la matrice du rôle et détermineront, pour chacun des habitants passibles de la taxe, la valeur locative qui doit servir de base à sa cotisation. — Le receveur municipal assistera à cette réunion avec voix délibérative ; il remplira les fonctions de secrétaire.

Art. 21. — Les loyers sont évalués, soit d'après les conventions réelles, soit par comparaison avec l'ensemble des loyers analogues et notoirement connus.

Art. 22. — Les commissaires désigneront ceux des habitants qui leur paraîtront devoir être exemptés de la taxe. — Le travail des commissaires sera soumis, par le maire, au conseil municipal, qui arrêtera le rôle des contribuables. — Le conseil déterminera le *quantum* de la taxe pour l'année où le rôle sera mis en recouvrement, en se conformant d'ailleurs aux prescriptions de l'article 13.

Art. 23. — La taxe sur les loyers est recouvrable par douzième échu.

Art. 24. — Le rôle de ladite taxe ne pourra être mis en recouvrement qu'après avoir été rendu exécutoire par le préfet du département. — Cette formalité remplie, le rôle sera porté à la connaissance des contribuables par voie d'affiches et d'avertissement individuel ; l'avertissement énoncera : — le montant de la taxe imposée au contribuable ; — la valeur locative qui lui sert de base ; — le *quantum* de la taxe par rapport au loyer ; — le mode d'acquittement ; — le délai et le mode des réclamations.

Art. 25. — L'autorité municipale publiera l'arrêté qui rend le rôle exécutoire immédiatement après sa réception dans la commune. — L'arrêté sera affiché à l'extérieur de la mairie et de l'église paroissiale, ainsi que dans tous les autres lieux destinés à recevoir les affiches et actes émanés de l'autorité publique. — L'autorité municipale fera connaître en même temps la date de l'arrêté qui a rendu le rôle exécutoire, précisera le délai dans lequel les réclamations devront être présentées, et fera connaître les formalités à remplir par les réclamants.

Art. 26. — Tout contribuable qui se prétendra surtaxé ou indûment imposé devra présenter sa réclamation dans les trois mois de la publication du rôle. — La réclamation devra être rédigée sur papier timbré, si elle porte sur une cote de 30 francs et au-dessus. — Toute réclamation devra être accompagnée de pièces justificatives et de la quittance des termes échus. — Elle sera déposée à la mairie, où il en sera donné récépissé. — Le maire transmettra immédiatement la réclamation, avec ses observations, au sous-

dans les localités qu'ils choisissent, par les dépenses de toutes natures qu'ils y font, une large compensation à la taxe locative que, rigoureusement, on a pu leur imposer jusqu'à présent. Les communes, et elles entendent bien leurs intérêts, ont plus d'avantages à retirer de la présence des étrangers dans leurs circonscriptions que la perception des taxes trop rigoureusement exigées, et que cette seule considération pourrait éloigner.

« Je vous invite, en conséquence, monsieur le préfet, à donner des instructions dans le sens des indications qui précèdent à M. le directeur des contributions diverses et aux maires des communes de votre département. »

préfet, qui, dans le délai de quinzaine, adressera le tout au préfet, avec son propre avis.

Art. 27. — Il sera statué en dernier ressort, par le conseil de préfecture, dans les deux mois qui suivront l'enregistrement de la réclamation, au secrétariat de la préfecture.

Art. 28. — Tout contribuable en retard pourra être poursuivi par voie de saisie et de vente mobilière, à la requête du receveur municipal, en vertu d'une autorisation délivrée par le sous-préfet, sur la proposition du maire. — La poursuite n'aura lieu qu'après deux sommations préalables, à dix jours de distance. La première de ces sommations sera sans frais. — Elles seront signifiées au contribuable en personne, ou remises à son domicile, en cas d'absence, par le ministère d'un agent municipal ou de l'autorité publique.

Art. 29. — La taxe sur les loyers est établie pour l'année entière; lorsqu'un contribuable viendra à décéder dans le courant de l'année, ses héritiers seront tenus d'acquitter le montant de sa cote.

Art. 30. — En cas de déménagement hors de la commune, comme en cas de vente volontaire ou forcée, la taxe sera exigée du contribuable pour la totalité de l'année courante. — Les propriétaires, et, à leur place, les principaux locataires, sont responsables vis-à-vis de l'administration municipale de la cotisation de leur location, lorsque ceux-ci ont déménagé hors de la commune, sans satisfaire à l'obligation spécifiée dans le paragraphe précédent.

TITRE IV.

DES RECEVEURS MUNICIPAUX.

Art. 31 et suivants. — Abrogés par décret du 20 janvier 1858. (V. *Receveurs municipaux*.)

5 mai 1855.

Loi sur la composition et le mode de nomination des corps municipaux, rendue applicable à l'Algérie, par décret du 27 décembre 1866 (ci-après) (B. O. 214).

Art. 1, 2, 3, 4. — (Remplacés par le décret du 27 décembre 1866 et les lois des 14 avril 1871 et 12 août 1876 ci-après.)

Art. 5. — Ne peuvent être ni maires ni adjoints:

1° Les préfets, sous-préfets, secrétaires généraux et conseillers de préfecture;

2° Les membres des cours, des tribunaux de première instance et des justices de paix;

3° Les ministres des cultes;

4° Les militaires et employés des armées de terre ou de mer en activité de service ou en disponibilité.

5° Les ingénieurs des ponts et chaussées et des mines en activité de service, les conducteurs des ponts et chaussées et les agents voyers, les agents et employés des administrations financières des forêts, ainsi que les gardes des établissements publics et particuliers;

7° Les commissaires et agents de police;

8° Les fonctionnaires et employés des collèges communaux et les instituteurs communaux (libres;

9° Les comptables et les fermiers des revenus communaux et les agents salariés par la commune.

Néanmoins les juges suppléants aux tribunaux de première instance et les suppléants des juges de paix peuvent être maires ou adjoints.

Les agents salariés du maire ne peuvent être ses adjoints. Il y a incompatibilité entre les fonctions de maire et d'adjoint et le service de la garde nationale.

Art. 6. — (V. article 8, décret du 27 décembre 1866.)

Art. 7. — Les membres du conseil municipal sont élus par les électeurs inscrits sur la liste communale dressée en vertu de l'article 13 du décret du 3 février 1852 (pour l'Algérie, en vertu de l'article 11 du décret 1866). — Le préfet peut par un arrêté pris en conseil de préfecture, diviser les communes en sections électorales. (Ce droit appartient aujourd'hui au conseil général. V. ci-après, *conseils généraux*, — Décret du 23 septembre 1875, article 43.)

Art. 8. — (V. articles 12 du 27 décembre 1866 et 8 de la loi du 14 avril 1871.)

Art. 9. — Ne peuvent être conseillers municipaux:

1° Les comptables de deniers communaux et les agents salariés de la commune;

2° Les entrepreneurs de services communaux;

3° Les domestiques attachés à la personne;

4° Les individus dispensés de subvenir aux charges communales, et ceux qui sont secourus par le bureau de bienfaisance.

Art. 10. — Les fonctions de conseiller municipal sont incompatibles avec celles:

1° De préfet, sous-préfet, secrétaires généraux et conseillers de préfecture;

2° De commissaires et d'agents de police;

3° De militaires ou employés des armées de terre et de mer en activité de service;

4° De ministres des divers cultes en exercice dans la commune.

Nul ne pourra être membre de plusieurs conseils communaux.

Art. 11. — Dans les communes de 500 âmes et au-dessus, les parents au degré de père, de fils, de frère, et les alliés au même degré, ne peuvent être en même temps membres du conseil municipal.

Art. 12. — Tout conseiller municipal qui, par une cause survenue postérieurement à sa nomination, se trouve dans les cas prévus par les articles 9, 10 et 11, est déclaré démissionnaire par le préfet, sauf recours au conseil de préfecture.

Art. 13. — Les conseils municipaux peuvent être suspendus par le préfet; la dissolution ne ut être prononcée que par l'Empereur. La suspension prononcée par le préfet sera de deux is et pourra être prolongée par le ministre l'intérieur jusqu'à une année. (En Algérie, pouvoirs ministériels sont conférés au gouverneur général par le décret du 10 décembre ', art. 1, 6 et 7.) A l'expiration de ce délai, si dissolution n'a pas été prononcée par un dé-t, le conseil municipal reprend ses fonctions. En cas de suspension, le préfet nomme immédiatement une commission pour remplir les fonctions du conseil municipal dont la suspension a été prononcée. — En cas de dissolution, la commission est nommée soit par l'Empereur, soit par préfet, suivant la distinction établie (pour lgérie) par l'article 2 du décret du 27 décembre ''. — Le nombre des membres de cette commission ne peut être inférieur à la moitié de lui des conseillers municipaux. La commission mmée, en cas de dissolution, peut être maintenue en fonctions jusqu'au renouvellement quincennal..... (triennal, article 8 de la loi du 14 avril 71.)

Art. 14. — (Article relatif aux villes de Paris et Lyon.)

SECTION II. — Assemblée des Conseils municipaux.

Art. 15. — Les conseils municipaux s'assemblent en session ordinaire quatre fois l'année : commencement de février, mai, août et novembre. Chaque session peut durer dix jours. — préfet ou le sous-préfet prescrit la convocation extraordinaire du conseil municipal, ou utorise sur la demande du maire, toutes les is que les intérêts de la commune l'exigent. — convocation peut également avoir lieu pour un jet spécial et déterminé sur la demande du rs des membres du conseil municipal, adressée rectement au préfet, qui ne peut la refuser que r un arrêté motivé. Cet arrêté est notifié aux clamants qui peuvent se pourvoir devant le ministre de l'intérieur.

Art. 16. — La convocation se fait par écrit et domicile. — Quand le conseil municipal se réunit en session ordinaire, la convocation se fait is jours avant celui de la réunion. Quand le conseil municipal est convoqué extraordinairement, la convocation se fait cinq urs au moins avant celui de la réunion. Elle ntient l'indication des objets spéciaux et déterminés pour lesquels le conseil doit s'assembler. Dans les sessions ordinaires, le conseil peut occuper de toutes les matières qui rentrent ns ses attributions. — En cas de réunion extraordinaire, le conseil ne peut s'occuper que des jets pour lesquels il a été spécialement convoqué. — En cas d'urgence, le sous-préfet peut réger les délais de convocation.

Art. 17. — Le conseil municipal ne peut délibérer que lorsque la majorité des membres en ercice assiste à la séance. Lorsqu'après deux nvocations successives, à huit jours d'intervalle et dûment constatées, les membres du conseil municipal ne sont pas réunis en nombre suffisant, la délibération prise après la troisième convocation est valable, quel que soit le nombre des membres présents.

Art. 18. — Les conseillers siègent dans l'ordre du tableau. — Les résolutions sont prises à la majorité absolue des suffrages. Il est voté au scrutin secret toutes les fois que trois des membres le demandent.

Art. 19. — Le maire préside le conseil municipal et a voix prépondérante en cas de partage. — Les mêmes droits appartiennent à l'adjoint qui le remplace. — Dans tout autre cas les adjoints pris en dehors du conseil ont seulement droit d'y siéger avec voix consultative. — Les fonctions de secrétaire sont remplies par un des membres du conseil, nommé au scrutin secret et à la majorité des membres présents. Le secrétaire est nommé pour chaque session.

Art. 20. — Tout membre du conseil municipal qui, sans motif légitime, a manqué à trois convocations consécutives, peut être déclaré démissionnaire par le préfet, sauf recours, dans les dix jours de la notification, devant le conseil de préfecture.

Art. 21. — Les membres du conseil municipal ne peuvent prendre de décisions relatives aux affaires dans lesquelles ils ont un intérêt, soit en leur nom personnel, soit comme mandataires.

Art. 22. — Les séances des conseils municipaux ne sont pas publiques. — Les délibérations sont inscrites par ordre de date, sur un registre coté et paraphé par le sous-préfet. — Elles sont signées par tous les membres présents à la séance, ou mention est faite de la cause qui les a empêchés de signer. — Copie en est adressée au préfet ou au sous-préfet dans la huitaine. — Tout habitant ou contribuable de la commune a droit de demander communication sans déplacement et de prendre copie des délibérations du conseil municipal de sa commune.

Art. 23. — Toute délibération du conseil municipal portant sur un objet étranger à ses attributions est nulle de plein droit. Le préfet, en conseil de préfecture, en déclare la nullité. En cas de réclamation du conseil municipal, il est statué par un décret de l'empereur, le Conseil d'État entendu.

Art. 24. — Sont également nulles de plein droit toutes les délibérations prises par un conseil municipal hors de sa réunion légale. Le préfet, en conseil de préfecture, déclare l'illégalité de la réunion et la nullité des délibérations.

Art. 25. — Tout conseil municipal qui se mettrait en correspondance avec un ou plusieurs autres conseils, ou qui publierait des proclamations ou adresses, sera immédiatement suspendu par le préfet.

Art. 26. — Tout éditeur, imprimeur, journaliste ou autre, qui rendra publics les actes interdits au conseil municipal par les articles 24 et 25 de la présente loi, sera passible des peines portées en l'article 122 du Code pénal.

SECTION 3. — Assemblée des électeurs municipaux et voie de recours contre les opérations électorales.

Art. 27. — L'assemblée des électeurs est convoquée par le préfet, aux jours déterminés par l'article 33 de la présente loi.

Art. 28. — Lorsqu'il y aura lieu de remplacer des conseillers municipaux élus par des sections conformément à l'article 7 de la présente loi, ces remplacements seront faits par les sections auxquelles appartenaient ces conseillers.

Art. 29. — Les sections sont présidées, savoir: la première par le maire, et les autres successivement, par les adjoints dans l'ordre de nomination et par les conseillers municipaux dans l'ordre du tableau.

Art. 30. — Le président a seul la police de l'assemblée. — Ces assemblées ne peuvent s'occuper d'autres objets que des élections qui leur sont attribuées; toute discussion, toute délibération leur sont interdites.

Art. 31. — Les deux plus âgés et les deux plus jeunes des électeurs présents à l'ouverture de la séance, sachant lire et écrire, remplissent les fonctions de scrutateurs. Le secrétaire est désigné par le président et les scrutateurs. Dans les délibérations du bureau il n'a que voix consultative. Trois membres du bureau au moins doivent être présents pendant tout le cours des opérations.

Art. 32. — Les assemblées des électeurs communaux procèdent aux élections qui leur sont attribuées, au scrutin de liste.

Art. 33. — (Durée du scrutin, article 7 de la loi du 14 avril 1871.)

Art. 34. — Le bureau juge provisoirement les difficultés qui s'élèvent sur les opérations de l'assemblée. — Ses décisions sont motivées. — Toutes les réclamations et décisions sont insérées au procès-verbal; les pièces et les bulletins qui s'y rapportent y sont annexés après avoir été paraphés par le bureau.

Art. 35. — Pendant toute la durée des opérations, une copie de la liste des électeurs certifiée par le maire, contenant les noms, domicile, qualification de chacun des inscrits, reste déposée sur la table autour de laquelle siége le bureau.

Art. 36. — Nul ne peut être admis à voter s'il n'est inscrit sur cette liste. Toutefois, seront admis à voter, quoique non inscrits, les électeurs porteurs d'une décision du juge de paix ordonnant leur inscription, ou d'un arrêt de la cour de cassation annulant un jugement qui aurait prononcé leur radiation.

Art. 37. — Nul électeur ne peut entrer dans l'assemblée s'il est porteur d'armes quelconques.

Art. 38. — Les électeurs sont appelés successivement à voter par ordre alphabétique. — Ils apportent leurs bulletins préparés en dehors de l'assemblée. — Le papier doit être blanc et sans signes extérieurs. — A l'appel de son nom, l'é-

lecteur remet au président son bulletin fermé. — Le président le dépose dans la boîte du scrutin, laquelle doit, avant le commencement du vote, avoir été fermée à deux serrures dont les clefs restent, l'une entre les mains du président, l'autre entre les mains du scrutateur le plus âgé. — Le vote de chaque électeur est constaté sur la liste, en marge de son nom, par la signature ou le paraphe de l'un des membres du bureau. — L'appel étant terminé, il est procédé au réappel, par ordre alphabétique, des électeurs qui n'ont pas voté.

Art. 39. — Le président doit constater, au commencement de l'opération, l'heure à laquelle le scrutin est ouvert. Le scrutin ne peut être fermé qu'après être resté ouvert pendant trois heures au moins. — Le président constate l'heure à laquelle le scrutin est clos, et, après cette déclaration, aucun vote ne peut être reçu.

Art. 40. — Après la clôture du scrutin, il est procédé au dépouillement de la manière suivante: — La boîte du scrutin est ouverte et le nombre des bulletins vérifié; si ce nombre est plus grand ou moindre que celui des votants, il en est fait mention au procès-verbal. — Le président désigne parmi les électeurs présents un certain nombre de scrutateurs. — Le président et les membres du bureau surveillent l'opération du dépouillement. Ils peuvent y procéder eux-mêmes s'il y a moins de 300 votants.

Art. 41. — (Dépouillement du scrutin. — Il a lieu immédiatement, article 7 de la loi du 14 avril 1871.)

Art. 42. — Les bulletins sont valables, bien qu'ils portent plus ou moins de noms qu'il n'y a de conseillers à élire. Les derniers noms inscrits, au delà de ce nombre, ne sont pas comptés. Les bulletins blancs ou illisibles, ceux qui ne contiennent pas une désignation suffisante, ou qui contiennent une désignation ou qualification inconstitutionnelle ou dans lesquels les votants se font connaître, n'entrent pas en compte dans le résultat du dépouillement, mais ils sont annexés au procès-verbal.

Art. 43. — Immédiatement après le dépouillement, le président proclame le résultat du scrutin. Le procès-verbal des opérations électorales est dressé par le secrétaire; il est signé par lui et par les autres membres du bureau. Une copie, également signée du secrétaire et des membres du bureau en est aussitôt envoyée au préfet par l'intermédiaire du sous-préfet. Les bulletins autres que ceux qui doivent être annexés au procès-verbal sont brûlés en présence des électeurs.

Art. 44. — Nul n'est élu au premier tour de scrutin, s'il n'a réuni: 1° la majorité absolue des suffrages exprimés; 2° un nombre de suffrages égal au quart des électeurs inscrits. — Au deuxième tour de scrutin, l'élection a lieu à la majorité relative, quel que soit le nombre des votants. Les deux tours de scrutin peuvent avoir lieu le même jour. — Dans le cas où le deuxième tour de scruin ne peut avoir lieu le même jour, l'assemblée est de droit convoquée pour le dimanche suivant. Si plusieurs candidats obtiennent le même nombre de suffrages, l'élection est acquise au plus âgé.

Art. 45. — Tout électeur a droit d'arguer de nullité les opérations de l'assemblée dont il fait partie. — Les réclamations doivent être consignées au procès-verbal, sinon elles doivent être, à peine de nullité, déposées au secrétariat de la mairie, dans le délai de cinq jours, à dater du jour de l'élection. — Elles sont immédiatement adressées au préfet par l'intermédiaire du sous-préfet. Elles peuvent aussi être déposées à la préfecture ou à la sous-préfecture dans le même délai de cinq jours. — Il est statué par le conseil de préfecture, sauf recours au Conseil d'État. — Si le conseil de préfecture n'a pas prononcé dans le courant d'un mois à compter de la réception des pièces à la préfecture la réclamation est considérée comme rejetée. Les réclamants peuvent se pourvoir au Conseil d'État dans le délai de trois mois. — En cas de recours au Conseil d'État, le pourvoi est jugé sans frais.

Art. 46. — Le préfet, s'il estime que les conditions et les formes légalement prescrites n'ont pas été remplies, peut également, dans le délai de quinze jours, à dater de la réception du procès-verbal, déférer les opérations électorales au conseil de préfecture. — Le recours au Conseil d'État contre la décision du conseil de préfecture est ouvert, soit au préfet, soit aux parties intéressées, dans les délais et les formes réglés par l'article précédent.

Art. 47. — Dans le cas où une réclamation formée en vertu de la présente loi implique la solution préjudicielle d'une question d'État, le conseil de préfecture renvoie les parties à se pourvoir devant les juges compétents, et fixe un bref délai dans lequel la partie qui aura élevé la question préjudicielle doit justifier de ses diligences.

Art. 48. — Dans le cas où l'annulation de tout ou partie des élections est devenue définitive, l'assemblée des électeurs est convoquée dans un délai qui ne peut excéder trois mois.

Art. 49. — (Disposition transitoire.)

28 juillet 1860.

Décret relatif à l'aliénation des immeubles communaux (B. M. 94).

Art. 1. — Indépendamment de la faculté qui leur est attribuée, par l'article 7 de l'arrêté du 4 novembre 1848, de vendre, à charge de remploi, les biens composant leur dotation immobilière, les communes de l'Algérie peuvent être autorisées à aliéner ces biens pour le prix en être affecté à la construction d'édifices communaux, à l'exécution de travaux d'intérêt commun, à la part incombant à la commune ou au concours offert par elle dans la dépense des travaux publics à exécuter par l'État.

Art. 2 — Ces aliénations sont autorisées par arrêté du ministre de l'intérieur, après délibération du conseil municipal pour les communes de plein exercice, et avis du préfet en conseil de préfecture ou du général en conseil des affaires civiles. — L'arrêté déterminera pour chaque aliénation le mode d'après lequel il y sera procédé.

1er avril 1865.

Décret classant comme obligatoires les dépenses des prétoires des justices de paix (B. O. 113).

Art. 1. — A partir du 1er janvier 1866, les dépenses afférentes au loyer et aux réparations locatives, ainsi qu'à l'achat et à l'entretien du mobilier des prétoires de justice de paix, seront acquittées, à titre de dépenses obligatoires, par les communes dans lesquelles sera établi le siège de cette juridiction.

Art. 2. — Les menues dépenses des prétoires de justice de paix, telles que chauffage, éclairage, frais d'impression et fournitures de bureau, continueront à être supportées, à titre de dépenses obligatoires, par les budgets provinciaux.

27 décembre 1866 (1).

Décret sur l'organisation municipale. — Étrangers. — Indigènes (B. O. 211).

Art. 1. — Le corps municipal de chaque commune se compose des maires, d'un ou plusieurs adjoints et des conseillers municipaux. Aucun traitement n'est affecté aux fonctions de maire et d'adjoint. Toutefois les maires peuvent recevoir une indemnité dont le taux est fixé, pour chaque commune, par le gouverneur général, après avis du conseil municipal; cette indemnité est portée au budget de la commune comme dépense obligatoire. (2)

Art. 2. — Les maires et adjoints sont nommés par l'Empereur dans les chefs-lieux de département et d'arrondissement. Dans les autres communes ils sont nommés par le préfet (3).

Art. 3. — Nomination des maires. (V. décret du 12 août 1876, ci-après.)

(1) Ce décret n'a été maintenu, ainsi que cela résulte de la discussion qui a eu lieu à l'Assemblée nationale le 27 avril 1871 (V. le *Journal officiel* du lendemain), qu'en ce qui concerne les indigènes et les étrangers. — Il l'a été aussi relativement aux dispositions qui n'ont pas été remplacées par les lois de 1871 et 1876. — L'article 1 nous paraît abrogé par l'article 19 de la dernière loi citée; nous le reproduisons néanmoins parce qu'il continue à recevoir son applicatio..

(2) L'indemnité prévue par cet article est allouée dans les communes importantes de l'Algérie. Elle figure, par exemple, dans le budget de Constantine de l'année 1878 pour la somme de 8,000 francs.

(3) V. Loi du 16 août 1876 (ci-après). La disposition de

Art. 4. — Le nombre des adjoints de chaque commune est déterminé par décret. Ceux d'entre eux qui sont spécialement désignés pour une section de commune sont chargés, sous la surveillance et l'autorité du maire, d'y remplir les fonctions d'officier de l'état civil et d'y assurer l'exécution des lois et des règlements de police.

Art. 5. — En cas d'absence ou d'empêchement, le maire est remplacé par l'adjoint ou un des adjoints résidant au chef-lieu de la commune, dans l'ordre des nominations. En cas d'absence ou d'empêchement du maire ou des adjoints, le maire est remplacé par un conseiller municipal désigné par le préfet, ou, à défaut de désignation, par le conseiller municipal français ou naturalisé français, le premier dans l'ordre du tableau. En cas d'absence ou d'empêchement, l'adjoint spécial d'une section est remplacé par un conseiller municipal de la section, désigné par le préfet, ou, à défaut de conseiller municipal, par un notable habitant de la section ou par tout autre intérimaire désigné par le préfet.

Art. 6. — Dans les communes où la population musulmane est assez nombreuse pour qu'il y ait lieu de prendre à son égard des mesures spéciales, cette population est administrée, sous la surveillance et l'autorité du maire, par des adjoints indigènes. — Ces adjoints peuvent être pris en dehors du conseil et de la commune. — Ils peuvent recevoir un traitement dont le taux est fixé par le gouverneur général, après avis du conseil municipal. Ce traitement est porté au budget de la commune comme dépense obligatoire.

Art. 7. — L'autorité des adjoints indigènes ne s'exerce que sur leurs coreligionnaires. — Indépendamment des attributions qui peuvent leur être déléguées par le maire, ils sont particulièrement chargés : — de fournir à l'autorité municipale tous les renseignements qui intéressent le maintien de la tranquillité et la police du pays ; — d'assister les agents du trésor et de la commune pour les opérations de recensement en matières de taxes et d'impôts ; — de prêter, à toute réquisition, leur concours aux agents chargés du recouvrement des deniers publics. — Ils ne sont chargés de la tenue des registres de l'état civil musulman qu'en vertu d'une délégation spéciale du maire. — Ils siègent au conseil municipal au même titre que les autres adjoints. — En cas d'absence ou d'empêchement, l'adjoint indigène est remplacé par un conseiller municipal indigène désigné par le préfet, ou, à défaut, par un notable habitant indigène ou par tout autre intérimaire désigné par le préfet.

Art. 8. — Chaque commune a un conseil municipal composé de : — 9 membres dans les communes de 2,000 habitants et au-dessous ; — 12 dans celles de 2,001 à 10,000 ; — 18 dans celles de 10,001 à 30,000 ; — 24 au delà de 30,000.

Art. 9. — Dans chaque commune : — les citoyens français ou naturalisés ; — les indigènes musulmans ; — les indigènes israélites (1). — Les étrangers élisent, conformément aux dispositions ci-après, leurs représentants respectifs au conseil municipal.

Art. 10. — Sont admis à voter : 1° tout citoyen français ou naturalisé français âgé de 21 ans, domicilié depuis au moins un an dans la commune et inscrit sur les rôles des impositions et taxes municipales ; — 2° tout indigène âgé de 25 ans ayant un an de domicile dans la commune ; — 3° tout étranger remplissant les mêmes conditions et ayant trois années de résidence en Algérie.

Les indigènes et les étrangers devront, en outre, se trouver dans l'une des conditions suivantes : — être propriétaire foncier ou fermier d'une propriété rurale ; — exercer une profession, un commerce ou une industrie soumis à l'impôt des patentes ; — être employé de l'État, du département ou de la commune ; — être membre de la Légion d'honneur, décoré de la médaille militaire, d'une médaille d'honneur ou d'une médaille commémorative donnée ou autorisée par le gouvernement français, ou titulaire d'une pension de retraite.

Art. 11. — Il est dressé, pour chaque commune, par sections municipales et par catégories d'habitants, une liste comprenant : — les citoyens français ou naturalisés ; — les indigènes musulmans ; — les étrangers remplissant les conditions énumérées en l'article 10.

Art. 12. — Sont éligibles : tous les indigènes ou étrangers âgés de 25 ans et domiciliés dans la commune depuis trois ans au moins, inscrits sur la liste communale.

Art. 13. — Chacune des deux dernières catégories d'habitants, désignées par l'article 11, a droit de représentation dans le conseil municipal dès que sa population atteint le chiffre de cent individus. — Le nombre des conseillers appartenant aux deux dernières catégories ne peut dépasser le tiers du nombre total des membres du conseil municipal, ni être inférieur à trois. — Le nombre des membres à élire pour chacune des deux catégories ci-dessus désignées est fixé, pour chaque commune, par un arrêté du gouverneur général, le conseil du gouvernement entendu.

Art. 14. — Durée des fonctions des conseils municipaux. — Loi du 14 avril 1871.

Art. 15. — Sont applicables à l'Algérie toutes les dispositions des trois premières sections de la loi du 5 mai 1855, sur l'organisation municipale en France, auxquelles il n'est pas dérogé par le présent décret. — Les dispositions du titre 1 de l'ordonnance du 28 septembre 1847 sont abrogées.

Art. 16. — Des arrêtés du gouverneur général,

---

l'article 2 n'a plus d'intérêt que pour le cas de dissolution du conseil municipal et de nomination d'une commission.

(1) Les israélites, devenus français par la naturalisation, n'ont plus à élire de représentants spéciaux :

délibérés en conseil du gouvernement pourvoiront : — 1° A l'organisation municipale des tribus délimitées en exécution du sénatus-consulte du 22 avril 1863; — 2° A celle des territoires qui ne renferment pas encore une population européenne suffisante pour recevoir l'application immédiate des dispositions du présent décret.

18 août 1868.

Décret relatif à l'administration des indigènes par les autorités municipales (B. O. 281).

TITRE I.

DISPOSITIONS GÉNÉRALES.

Art. 1. — Les indigènes établis sur le territoire civil sont administrés par l'autorité municipale de la commune dont ils font partie. — Ils supportent les charges municipales imposées aux autres habitants de la commune. Ils restent, en même temps, soumis à l'impôt arabe jusqu'à sa conversion en un impôt territorial.

Art. 2. — Les bureaux arabes départementaux, créés près de chaque préfecture par le décret du 8 août 1851, sont supprimés. — Néanmoins, l'autorité préfectorale conserve les attributions suivantes, qui lui étaient dévolues par l'article 2 dudit décret :

Police politique des indigènes; — organisation et personnel de l'instruction publique et du culte musulman ; — surveillance des sociétés religieuses connues sous le nom de khouans; — secours politiques aux indigents arabes; — surveillance des armuriers indigènes et autorisation d'achat d'armes et de munitions de guerre par les indigènes ; — préparation, de concert avec le service financier, des rôles de l'impôt arabe.

Les attributions suivantes, mentionnées au même article :

Surveillance des corporations ; — gestion et surveillance des établissemen's de bienfaisance spéciaux aux musulmans ; — surveillance des marchés; — sages-femmes musulmanes ; — dellals ou encanteurs; sont dévolues à l'autorité municipale, qui exerce, d'ailleurs, toutes les autres attributions de son ressort, aux termes de la législation existante.

Art. 3. — L'organisation actuelle des corporations dites de Berranis est abrogée. — La population indigène flottante dont se composent lesdites corporations est soumise aux lois et règlements ordinaires de police générale et municipale, et, en outre, aux arrêtés spéciaux à intervenir à son égard. — Les contraventions et délits commis par les Berranis sont déférés aux juridictions de droit commun.

Art. 4. — Les divers services spéciaux d'assistance musulmane, ainsi que les écoles musulmanes françaises et d'adultes, instituées dans les villes, en exécution du décret du 14 juillet 1850, aujourd'hui à la charge des budgets provinciaux,

sont, en ce qui concerne l'administration, remis à l'autorité municipale. — Les revenus des biens des anciennes corporations religieuses dont les produits étaient affectés aux services d'assistance musulmane continuent d'être perçus au titre des budgets provinciaux. — Il est pourvu aux dépenses de ces services et à celles des écoles musulmanes françaises et d'adultes par un prélèvement annuel fait par le gouverneur général sur le fonds commun aux trois provinces, mais sans que le total des subventions ainsi allouées puisse dépasser le chiffre des dépenses qui figure au budget de l'exercice 1867 (1). — Des arrêtés du gouverneur général détermineront la composition des bureaux de bienfaisance musulmans, et l'organisation des divers services et établissements spéciaux qui s'y rattachent.

Art. 5. — Les groupes de population indigène établis sur le territoire d'une commune divisée en plusieurs sections seront répartis entre ces diverses sections par des arrêtés du gouverneur général, le conseil de gouvernement entendu.

TITRE II

DES ADJOINTS INDIGÈNES.

Art. 6. — Le gouverneur général détermine, par des arrêtés, les communes où doivent être établis des adjoints indigènes, ainsi que le nombre et la résidence de ces agents. — L'adjoint indigène est placé sous l'autorité immédiate du maire ou de l'adjoint spécial, suivant qu'il est institué au chef-lieu de la commune ou dans une section ou annexe.

Art. 7. — Des instructions spéciales du gouverneur général détermineront les devoirs que les adjoints indigènes sont principalement tenus de remplir, indépendamment de ceux qui leur incombent, en vertu de l'article 7 du décret du 27 décembre 1866.

Art. 8. — Les adjoints indigènes veilleront spécialement à ce que les déclarations de naissances et de décès soient faites exactement par leurs coreligionnaires à l'officier de l'état civil.

Art. 9. — Il est interdit aux adjoints indigènes de statuer sur les contestations de musulman à musulman, lesquelles doivent toujours être déférées aux juges de paix ou cadis.

Art. 10. — Les adjoints indigènes sont nommés par le gouverneur général dans les chefs-lieux de département et d'arrondissement, et par les préfets dans les autres communes. — Ils sont révoqués par des arrêtés du gouverneur général.

TITRE III.

DES GARDES CHAMPÊTRES INDIGÈNES.

Art. 11. — Les gardes champêtres indigènes sont placés sous les ordres du maire ou de l'ad-

_____

(1) V. Écoles arabes françaises. — Culte musulman.

8

joint spécial, et, par délégation, de l'adjoint indigène. Ils fonctionnent, comme agents de la police rurale, concurremment avec les gardes champêtres français. — Ils prétent serment devant le juge de paix de la circonscription. — Leurs rapports sont reçus par le juge de paix, le maire ou l'adjoint de la section, à titre de renseignement. — Ils sont tenus de prêter main-forte aux officiers de la police judiciaire et à la gendarmerie, toutes les fois qu'ils en seront requis, et de faciliter l'exécution des ordres dont la gendarmerie aura été chargée. — Ils notifient, sans frais, aux habitants indigènes de la commune, verbalement ou par simple lettre, les avertissements ou citations émanant de l'autorité. — Ils peuvent être chargés des fonctions de porteurs de contraintes, et reçoivent, dans ce cas, la rétribution affectée à ces fonctions. — Ils sont nommés par le préfet.

TITRE IV.

SERVICE D'ORDRE ET DE SURETÉ.

Art. 12. — Dans les communes où les indigènes n'auront point été admis dans la milice (1), ce service sera remplacé par un service obligatoire de patrouilles et de gardes, aux jours et lieux qui seront prescrits par l'autorité préfectorale, ou, en cas d'urgence, par le maire, à charge de rendre compte immédiatement des dispositions prises. — Pour l'exécution de ce service d'ordre et de sûreté, qui sera toujours placé sous le commandement d'un officier de la police judiciaire, d'un gendarme, d'un milicien gradé ou d'un indigène commissionné à cet effet par le préfet, il sera dressé dans chaque commune un contrôle de tous les indigènes musulmans de dix-huit à quarante ans, reconnus aptes audit service. — Ce contrôle sera dressé, sur les renseignements fournis par l'adjoint indigène, par le conseil de recensement de la milice, auquel sera adjoint, pour cette opération, un membre musulman, choisi dans le conseil municipal ou parmi les électeurs de la commune ou de la section. — Dans les localités où la milice ne sera pas organisée, le conseil de recensement sera remplacé par une commission spéciale de trois membres au moins, présidée par le maire, par l'adjoint spécial ou par un conseiller français délégué à cet effet; un membre musulman, désigné comme il est dit au paragraphe précédent, fera nécessairement partie de ladite commission. — Les recours contre les décisions du conseil ou de la commission de recensement seront, comme en matière de milice, portés au jury de révision. — Sont exclus des contrôles du service d'ordre et de sûreté tous les individus exclus de la milice en vertu de l'article 10 du décret du 9 novembre 1859. — Sont dispensés du service les indigènes

atteints de maladies ou infirmités, absents pour cause connue, employés dans les services de l'État, de la province ou de la commune, domestiques attachés à la personne, ceux enfin pour lesquels le service habituel serait une charge trop onéreuse.

Art. 13. — Le refus d'obtempérer à un service d'ordre et de sûreté, commandé en vertu du paragraphe 1 de l'article 12, sera, comme en matière de milice, puni de la prison. — Cette peine sera de six heures au moins et de deux jours au plus pour la première infraction; elle pourra être portée à trois jours pour une seconde infraction dans le délai de trois mois après la première.—A défaut de prison ou de local en tenant lieu, la peine de l'emprisonnement sera remplacée par une amende de 1 franc au moins et de 10 francs au plus, au profit de la commune.

Art. 14. — Le délinquant, sur le rapport du chef de poste ou de patrouille, sera traduit devant le conseil de discipline de la milice, qui sera saisi par le maire ou par l'adjoint spécial. A défaut du conseil de discipline, le délinquant sera traduit devant le juge de simple police, comme pour le cas de flagrant délit.

Art. 15. — Après deux condamnations pour refus de service, le délinquant est, en cas de troisième refus de service dans l'année, traduit devant le tribunal de police correctionnelle et puni d'un emprisonnement qui ne peut être de moins de six jours, ni excéder dix jours.—En cas de récidive dans l'année, à partir du jugement correctionnel, le délinquant est traduit de nouveau devant le tribunal de police correctionnelle et puni d'un emprisonnement qui ne peut être de moins de dix jours, ni excéder vingt jours. Il est, en outre, condamné aux frais et à une amende qui ne peut pas être moindre de 16 francs, ni excéder 30 francs, dans le premier cas, et dans le deuxième être moindre de 30 francs, ni excéder 100 francs.

TITRE V.

OCTROI DE MER.

Art. 16. — La part de l'octroi de mer attribuée aux communes, au prorata de la population, sera, quant à l'élément indigène, élevée du dixième au huitième de l'effectif de cette ordonnance (1).

TITRE VI.

DISPOSITIONS ANTÉRIEURES ABROGÉES.

Art. 17. — Sont abrogés: les deux décrets du 8 août 1854, sur les bureaux arabes départementaux et sur l'administration de la population musulmane en territoire civil; — le décret du 3 septembre 1850, sur les corporations de Berranis; — le décret du 14 juillet 1850, sur les écoles musulmanes françaises; — les paragra-

---

(1) La milice a été supprimée en exécution de l'article 21 de la loi du 6 novembre 1875 (V. *Armée*).

(1) Cette proportion a été maintenue par décret du 13 janvier 1875 (B. O., 591).

phes 2 et 3 de l'article 1 et l'article 2 du décret du 5 décembre 1857, sur l'organisation du bureau de bienfaisance musulman d'Alger ; — le paragraphe 8, article 48 du décret du 27 octobre 1858, sur l'organisation administrative de l'Algérie ; — le paragraphe 3 de l'article 1 de l'arrêté ministériel du 11 novembre 1854.

19 décembre 1868.

Décret fixant les attributions des conseils municipaux en Algérie (B. O. 301).

TITRE I.

DES ATTRIBUTIONS DES CONSEILS MUNICIPAUX.

Art. 1. — Les conseils municipaux de l'Algérie règlent par leurs délibérations les affaires ci-après désignées, savoir :

1° Les acquisitions d'immeubles, lorsque la dépense, totalisée avec celle des autres acquisitions déjà votées dans le même exercice, ne dépasse pas le dixième des revenus ordinaires de la commune ;

2° Les conditions des baux à loyer des maisons et bâtiments appartenant à la commune, pourvu que la durée du bail ne dépasse pas 18 ans ;

3° Les projets, plans et devis de grosses réparations et d'entretien, lorsque la dépense totale afférente à ces projets et aux autres projets de même nature, adoptés dans le même exercice, ne dépasse pas le cinquième des revenus ordinaires de la commune, ni, en aucun cas, une somme de 50,000 francs ;

4° Le tarif des droits de place à percevoir dans les halles, foires et marchés ;

5° Les droits à percevoir pour permis de stationnement et de location sur les rues, places et autres lieux dépendant du domaine public communal ;

6° Le tarif des concessions dans les cimetières ;

7° Les assurances des bâtiments communaux ;

8° L'affectation d'une propriété communale à un service communal, lorsque cette propriété n'est encore affectée à aucun service public, sauf les règles prescrites par des lois particulières ;

9° L'acceptation ou le refus de dons ou legs faits à la commune, sans charges, conditions ou affectation immobilière, lorsque ces dons ou legs ne donnent pas lieu à réclamation. — En cas de désaccord entre le maire et le conseil municipal, la délibération ne sera exécutoire qu'après approbation du préfet.

Art. 2. — Lorsque le budget communal pourvoit à toutes les dépenses obligatoires et qu'il n'applique aucune recette extraordinaire aux dépenses soit obligatoires, soit facultatives, les allocations portées audit budget par le conseil municipal, pour les dépenses facultatives, ne peuvent être ni changées, ni modifiées par l'arrêté du préfet ou du gouverneur général qui règle le budget.

Art. 3. — Les conseils municipaux votent et règlent, par leurs délibérations, les emprunts communaux remboursables sur ressources ordinaires ou extraordinaires, quand l'amortissement ne dépasse pas douze années. En cas de désaccord entre le maire et le conseil municipal, la délibération ne sera exécutoire qu'après l'approbation du préfet.

Art. 4. — Les conseils municipaux votent, sauf approbation du préfet, les emprunts remboursables sur les revenus ordinaires, dans un délai excédant douze années.

Art. 5. — L'article 18 de la loi du 18 juillet 1837 est applicable aux délibérations prises par les conseils municipaux en exécution des articles 1, 2 et 3 qui précèdent (1).

Art. 6. — Tout emprunt remboursable sur ressources extraordinaires, dans un délai excédant douze années, est autorisé par décret impérial, rendu sur le rapport de notre ministre de la guerre, et d'après les propositions du gouverneur général de l'Algérie, le conseil de gouvernement entendu.

Art. 7. — Les délibérations des commissions administratives des hospices, hôpitaux et autres établissements charitables communaux, concernant un emprunt, sont exécutoires en vertu d'un arrêté du préfet, sur avis conforme du conseil municipal, lorsque la somme à emprunter ne dépasse pas le chiffre des revenus ordinaires de l'établissement, et que le remboursement doit être fait dans un délai de douze années. — Si la somme à emprunter dépasse ledit chiffre, ou si le délai de remboursement est supérieur à douze années, l'emprunt ne peut être autorisé que par un décret rendu en la forme indiquée à l'article 6 ci-dessus.

Art. 8. — Les changements dans la circonscription territoriale des communes faisant partie du même arrondissement, canton ou district, sont définitivement approuvés par les préfets, après l'accomplissement des formalités prévues aux articles 1, 2 et 3 du titre 1 de la loi du 18 juillet 1837 (2), en cas de consentement des conseils municipaux, et sur avis conforme du conseil général. — Si l'avis du conseil général est contraire, ou si les changements proposés dans les circonscrip-

(1) Art. 18. — Expédition de toute délibération sur un des objets énoncés en l'article précédent est immédiatement adressée par le maire au sous-préfet, qui en délivre ou fait délivrer récépissé. La délibération est exécutoire si, dans les 30 jours qui suivent la date du récépissé, le préfet ne l'a pas annulée, soit d'office pour violation d'une disposition de loi ou d'un règlement d'administration publique, soit sur la réclamation de toute partie intéressée. — Toutefois, le préfet peut suspendre l'exécution de la délibération pendant un autre délai de trente jours.

(2) #### TITRE I.

DES RÉUNIONS DES DIVISIONS ET FORMATIONS DE COMMUNES.

Art. 1. — Aucune réunion, division ou formation de commune ne pourra avoir lieu que conformément aux règles ci-après.

Art. 2. — Toutes les fois qu'il s'agira de réunir plusieurs

tions communales modifient la composition d'un département, d'un arrondissement, d'un canton ou d'un district, il est statué par décret impérial. — Tous autres changements dans la circonscription territoriale des communes sont autorisés également par décrets impériaux. — Ces décrets sont rendus en la forme indiquée à l'article 6 ci-dessus.

Art. 9. — La création des bureaux de bienfaisance est autorisée par les préfets, sur l'avis des conseils municipaux.

TITRE II.

DISPOSITIONS CONCERNANT LES COMMUNES CHEFS-LIEUX DE DÉPARTEMENT.

Art. 10. — Les budgets des communes chefs-lieux de département sont approuvés par le gouverneur général. — Les budgets des autres communes sont approuvés par les préfets.

Art. 11. — Les traités à passer pour l'exécution par entreprise des travaux déclarés d'utilité publique, dans les communes chefs-lieux de département, sont approuvés par arrêté du gouverneur général. — Dans les autres communes, ces traités sont approuvés par les préfets (1).

Art. 12. — Les receveurs municipaux des communes chefs-lieux de département sont nommés par le gouverneur général. — Les receveurs municipaux des autres communes sont nommés par les préfets.

TITRE III.

DISPOSITIONS DIVERSES.

Art. 13. — Dans le cas où une commune sera divisée en sections pour l'élection des conseillers municipaux, conformément à l'article 7 de la loi du 5 mai 1855, la réunion des électeurs ne pourra avoir lieu avant le dixième jour à compter de l'arrêté du préfet.

communes en une seule ou de distraire une section de commune, soit pour la réunir à une autre, soit pour l'ériger en commune séparée, le préfet prescrira préalablement dans les communes intéressées une enquête, tant sur le projet en lui-même que sur ses conditions. — Les conseils municipaux, assistés des plus imposés (en Algérie, les plus imposés sont remplacés par des notables désignés par les préfets), en nombre égal à celui de leurs membres, les conseillers d'arrondissement (il n'y a point encore en Algérie de conseil d'arrondissement) et le conseil général donneront leur avis.

Art. 3. — Si le projet concerne une section de commune, il sera créé, pour cette section, une commission syndicale. Un arrêté du préfet déterminera le nombre des membres de la commission. — Ils seront élus par les électeurs municipaux domiciliés dans la section, et si le nombre des électeurs n'est pas double de celui des membres à élire, la commission sera composée des plus imposés de la section. (En Algérie : des notables désignés par le préfet.) — La commission nommera son président. Elle sera chargée de donner son avis sur le projet.

(1) V. *Travaux publics*. Faculté pour les communes de recourir au service des ponts et chaussées.

Art. 14. — Les gardes champêtres sont chargés de rechercher, chacun dans le territoire pour lequel il est assermenté, les contraventions aux règlements de police municipale. Ils dressent des procès-verbaux pour constater les contraventions.

Art. 15. — Nul ne peut être maire ou adjoint dans une commune et conseiller municipal dans une autre commune.

Art. 16. — La commission nommée, en cas de dissolution d'un conseil municipal, conformément à l'article 13 de la loi du 5 mai 1855, peut être maintenue en fonction pendant trois ans.

Art. 17. — (Ainsi modifié par décret du 8 août 1869) : Le décret du 23 juin 1860, rendant exécutoire en Algérie l'article 50 de la loi du 5 mai 1855, est abrogé. Toutefois, dans les villes chefs-lieux de département, l'organisation du personnel chargé du service de la police est réglée, sur l'avis du conseil municipal, par un arrêté du gouverneur général, le conseil de gouvernement entendu. — Le personnel secondaire de la police continue d'être nommé, dans toutes les communes de l'Algérie, par les préfets, sur la proposition des maires.

Art. 18. — (Ainsi modifié par décret du 8 août 1869) : Dans les chefs-lieux de département, si le conseil municipal n'allouait pas les fonds exigés par les besoins du service de la police, l'allocation serait inscrite au budget par un arrêté du gouverneur général, le conseil de gouvernement entendu.

Art. 19. — La commune d'Alger recevra sur le budget de l'État, en raison des dépenses extraordinaires de police générale qui lui incombent comme chef-lieu du gouvernement, une subvention, dont le chiffre sera déterminé, chaque année, au budget du gouverneur général de l'Algérie.

Art. 20. — Toutes les dispositions des lois, ordonnances et décrets antérieurs demeurent abrogées en ce qu'elles ont de contraire au présent décret.

14 avril 1871.

Loi sur les conseils municipaux (B. O. 303).

Art. 1. — Immédiatement après la publication de la présente loi, les commissions municipales, les présidents des commissions, les maires et les adjoints en exercice et choisis en dehors du conseil municipal cesseront leurs fonctions. Provisoirement, et jusqu'à l'installation des nouveaux conseils municipaux, les fonctions de maires, d'adjoints et de présidents des bureaux électoraux dans les communes administrées par des commissions municipales ou par des maires et adjoints pris en dehors du conseil municipal, seront remplies par les membres des derniers conseils municipaux élus, en suivant l'ordre d'inscription sur le tableau. — Seront considérés comme derniers conseils municipaux élus ceux qui ont té nommés à l'élection le 25 septembre 1870 ou depuis, et qui seront encore en exercice au moment de la publication de la présente loi.

Art. 2. — Dans le plus bref délai, après la promulgation de la présente loi, le gouvernement convoquera les électeurs dans toutes les communes pour procéder au renouvellement intégral des conseils municipaux.

Art. 3. — Les élections auront lieu au scrutin de liste pour toute la commune. Néanmoins, la commune pourra être divisée en sections dont chacune élira un nombre de conseillers proportionné au chiffre de sa population. — En aucun cas, ce fractionnement ne pourra être fait de manière qu'une section ait à élire moins de deux conseillers. Le fractionnement sera fait par le conseil général sur l'initiative, soit du préfet, soit d'un membre du conseil général, ou enfin du conseil municipal de la commune intéressée. Chaque année, dans sa session ordinaire, le conseil général procédera, par un travail d'ensemble comprenant toutes les communes du département, à la révision des sections, et en dressera un tableau qui sera permanent pour les élections municipales à faire dans l'année. En attendant qu'il ait été procédé à la réélection des conseils généraux, la division en sections sera faite par arrêtés du préfet.

Art. 4. — Sont électeurs tous les citoyens français âgés de vingt et un ans accomplis, jouissant de leurs droits civils et politiques, n'étant dans aucun cas d'incapacité prévu par la loi et de plus ayant, depuis une année au moins, leur domicile réel dans la commune.—Sont éligibles au conseil municipal d'une commune, tous les électeurs âgés de vingt-cinq ans, réunissant les conditions voulues par le paragraphe précédent, sauf les cas d'incapacité et d'incompatibilité prévus par les lois en vigueur et l'article 5 de la présente loi.—Toutefois, il pourra être nommé au conseil municipal d'une commune, sans la condition de domicile, un quart des membres qui le composeront, à la condition, par les élus non domiciliés, de payer dans ladite commune une des quatre contributions directes.

Art. 5. — Ne peuvent être élus membres des conseils municipaux : 1° les juges de paix titulaires dans les cantons où ils exercent leurs fonctions; 2° les membres amovibles des tribunaux de première instance dans les communes de leur arrondissement.

Art. 6. — Dans les trois jours qui suivront la publication de la présente loi, les listes spéciales aux élections municipales seront dressées dans toutes les communes. — Les réclamations seront reçues pendant trois jours après l'expiration du délai précédent, et jugées dans les trois jours qui suivront, par une commission composée de trois conseillers en suivant l'ordre d'inscription sur le tableau, sauf l'appel au juge de paix et le pourvoi en cassation, qui suivront leur cours sans

que les opérations électorales puissent être retardées.

Art. 7. — Dans toutes les communes, quelle que soit leur population, le scrutin ne durera qu'un jour. — Il sera ouvert et clos le dimanche. — Le dépouillement sera fait immédiatement.

Art. 8. — Les conseils municipaux nommés resteront en fonctions jusqu'à la promulgation de la loi organique sur les municipalités. Néanmoins, la durée de ces fonctions ne pourra excéder trois ans. Dans l'intervalle, on ne procédera à de nouvelles élections que si le nombre des conseillers avait été réduit de plus d'un quart. — Toutefois, dans les communes divisées en sections ou arrondissements, il y aura toujours lieu à faire des élections partielles toutes les fois que par suite de décès ou pertes des droits politiques, la section n'aurait plus aucun représentant dans le conseil.

Art. 9. — Le conseil municipal élira le maire et les adjoints parmi ses membres, au scrutin secret et à la majorité absolue. Si, après deux scrutins, aucun candidat n'a obtenu la majorité, il sera procédé à un tour de ballottage entre les deux candidats qui auront obtenu le plus de suffrages. En cas d'égalité de suffrages, le plus âgé sera nommé. — Les maires et les adjoints, ainsi nommés, seront révocables par décret. — Les maires destitués ne seront pas rééligibles pendant une année. — La nomination des maires et adjoints aura lieu provisoirement, par décret du gouvernement, dans les villes de plus de 20,000 âmes et dans les chefs-lieux de département et d'arrondissement, quelle qu'en soit la population. Les maires seront pris dans le conseil municipal.

Avant de procéder à la nomination des maires, il sera pourvu aux vacances existant dans le conseil municipal. — V. Loi du 12 août 1876 ci-après.

Art 10 à 17. — Relatifs à la ville de Paris.

Art. 18. — Provisoirement et en attendant que l'Assemblée nationale ait statué sur ces matières, continueront à être observées les lois actuellement en vigueur sur l'organisation et les attributions municipales dans celles de leurs dispositions qui ne sont pas contraires à la présente loi.

Art. 19. — Les fonctions de maire, d'adjoints et de conseillers municipaux, sont essentiellement gratuites.

Art. 20.— Le décret du 27 décembre 1866 reste en vigueur pour l'Algérie (1).

29 août 1871.

Arrêté du gouverneur sur la formation des listes et la remise des cartes aux électeurs (B. G. 372).

Art. 1. — Il sera formé dans toutes les mairies une première liste préparatoire sur laquelle seront portés tous les individus de la commune,

(1) V. ci-devant la note au décret, 27 décembre 1866.

présumés réunir les conditions voulues pour l'exercice du droit de vote.

Art. 2. — Sur le vû de cette liste, il sera envoyé à chacun de ces électeurs présumés un bulletin (modèle n° 1), qu'il sera tenu de remplir, de signer et de renvoyer ensuite à la mairie. — Tout électeur qui ne saura ni écrire, ni signer, devra rapporter lui-même son bulletin, qu'il fera remplir par l'employé du bureau, sur les indications qu'il lui fournira. Il se fera, en outre, accompagner d'un citoyen, électeur comme lui, à l'effet d'attester son identité, qui signera le susdit bulletin en son lieu et place.

Art. 3. — Les bulletins une fois rentrés, ou le jour de la clôture des listes étant arrivé, il sera procédé à l'établissement de la liste définitive (modèle n° 2) qui ne devra comprendre que le nom de ceux qui se seront conformés aux prescriptions de l'article précédent. — Cette liste sera établie en double expédition, dont l'une sera envoyée au préfet.

Art. 4. — Quant aux citoyens non inscrits sur cette liste et qui croiraient avoir cependant le droit d'y figurer, toute action leur est réservée, à la charge par eux de présenter leurs réclamations dans les délais et les formes prescrits par la loi.

Art. 5. — Aucun électeur ne sera admis à voter s'il n'est inscrit sur la liste définitivement arrêtée et s'il n'est porteur de la carte qui doit lui avoir été distribuée. Cette carte (modèle n° 3) devra être signée par lui, et s'il ne sait, il sera procédé comme il est dit au dernier paragraphe de l'article 2. — Sera toutefois admis à voter sans carte l'électeur qui aura perdu celle qui lui aura été délivrée, s'il est inscrit et si le bureau se trouve suffisamment édifié sur son identité. — Sera également recevable à déposer son vote, tout électeur qui, quoique non muni de carte ni même inscrit, présentera une décision du juge de paix ordonnant son inscription, ou un arrêt de la Cour de cassation annulant un jugement qui aurait prononcé sa radiation.

Art. 6. — Les cartes ne seront plus envoyées à domicile. L'électeur sera tenu de venir retirer la sienne lui-même à la mairie, où elle sera constamment à sa disposition jusqu'au moment du vote. A quelque moment qu'elle soit retirée, la carte ne sera remise à l'électeur que sur son reçu ou celui du citoyen qui devra l'accompagner et signer pour lui s'il ne sait pas signer lui-même (modèle n° 4).

Art. 7. — Le vote sera constaté sur un état spécial (modèle n° 5), dont les indications devront être scrupuleusement remplies.

Art. 8. — Le relevé des votes aura lieu au moyen d'un pointage sur la pièce (modèle n° 6) destinée à assurer tout à la fois la rapidité de l'opération et l'exactitude des nombres.

Art. 9. — Pour l'avenir, la liste devra être tenue au courant, au moyen d'un jeu de fiches (modèle n° 7) sur lequel seront exactement con-

signées, pour chaque électeur, au moyen notamment des actes de l'état civil et des documents judiciaires, toute mutation ou modification survenues dans son état.

Art. 10. — Les instructions précédemment données continueront à recevoir leur exécution en tout ce qui n'est pas contraire au présent arrêté.

7 juillet 1874.

Loi relative à l'électorat municipal (B. O. 557).

Art. 1. — A partir de la promulgation de la présente loi, une liste électorale relative aux élections municipales sera dressée dans chaque commune par une commission composée du maire, d'un délégué de l'administration désigné par le préfet, et d'un délégué choisi par le conseil municipal.

Dans les communes qui auront été divisées en sections électorales, la liste sera dressée dans chaque section par une commission composée : 1° du maire ou adjoint ou d'un conseiller municipal dans l'ordre du tableau; 2° d'un délégué de l'administration désigné par le préfet; 3° d'un délégué choisi par le conseil municipal.

Lorsque la commune est divisée en plusieurs cantons, le sectionnement devra être opéré de telle sorte qu'une section électorale ne puisse comprendre des portions de territoire appartenant à plusieurs cantons. . . . .

(Paragraphes relatifs à Paris et Lyon.)

Art. 2. — Les listes seront déposées au secrétariat de la mairie, communiquées et publiées conformément à l'article 2 du décret réglementaire du 2 février 1852.

Les demandes en inscription ou en radiation devront être formées dans le délai de vingt jours à partir de la publication des listes; elles seront soumises aux commissions indiquées dans l'article 1er, auxquelles seront adjoints deux autres délégués du conseil municipal.

(Paragraphe relatif à Paris et Lyon.)

Art. 3. — L'appel des décisions de ces commissions sera porté devant le juge de paix, qui statuera conformément aux dispositions du décret organique du 2 février 1852.

Art. 4. — L'électeur qui aura été l'objet d'une radiation d'office de la part des commissions désignées à l'article 1, ou dont l'inscription aura été contestée devant lesdites commissions, sera averti, sans frais, par le maire et pourra présenter ses observations.

Notification de la décision des commissions sera, dans les trois jours, faite aux parties intéressées, par écrit et à domicile, par les soins de l'administration municipale; elles pourront interjeter appel dans les cinq jours de la notification.

Les listes électorales seront réunies en un registre et conservées dans les archives de la commune.

Tout électeur pourra prendre communication et copie de la liste électorale.

Art. 5. — Sont inscrits sur la liste des électeurs municipaux tous les citoyens âgés de vingt et un ans, jouissant de leurs droits civils et politiques, et n'étant dans aucun cas d'incapacité prévu par la loi :

1° Qui sont nés dans la commune ou ont satisfait à la loi du recrutement, et, s'ils n'y ont pas conservé leur résidence, sont venus s'y établir depuis six mois au moins;

2° Qui, même n'étant pas nés dans la commune, y auront été inscrits depuis un an au rôle d'une des quatre contributions directes ou au rôle des prestations en nature, et, s'ils ne résident pas dans la commune, auront déclaré vouloir y exercer leurs droits électoraux. Seront également inscrits, aux termes du présent paragraphe, les membres de la famille des mêmes électeurs compris dans la cote de la prestation en nature, alors même qu'ils n'y sont pas personnellement portés, et les habitants qui, en raison de leur âge ou de leur santé, auront cessé d'être soumis à cet impôt;

3° Qui se sont mariés dans la commune et justifieront qu'ils y résident depuis un an au moins;

4° Qui, ne se trouvant pas dans un des cas ci-dessus, demanderont à être inscrits sur la liste électorale, et justifieront d'une résidence de deux années consécutives dans la commune. Ils devront déclarer le lieu et la date de leur naissance.

Tout électeur inscrit sur la liste électorale pourra réclamer la radiation ou l'inscription d'un individu omis ou indûment inscrit;

5° Qui, en vertu de l'article 2 du traité de paix du 10 mai 1871, ont opté pour la nationalité française et déclaré fixer leur résidence dans la commune, conformément à la loi du 19 juin 1871;

6° Qui sont assujettis à une résidence obligatoire dans la commune, en qualité soit de ministre des cultes reconnus par l'État, soit de fonctionnaires publics.

Sont également inscrits les citoyens qui, ne remplissant pas les conditions d'âge et de résidence ci-dessus indiquées lors de la formation des listes, les rempliront avant la clôture définitive.

L'absence de la commune résultant du service militaire ne portera aucune atteinte aux règles ci-dessus édictées pour l'inscription sur les listes électorales.

Art. 6. — Ceux qui, à l'aide de déclarations frauduleuses ou de faux certificats, se seront fait inscrire ou auront tenté de se faire inscrire indûment sur une liste électorale; ceux qui, à l'aide des mêmes moyens, auront fait inscrire ou rayer, tenté de faire inscrire ou rayer indûment un citoyen, et les complices de ces délits, seront passibles d'un emprisonnement de six jours à un an, et d'une amende de 50 à 500 francs.

Les coupables pourront, en outre, être privés pendant deux ans de l'exercice de leurs droits civiques.

L'article 463 du Code pénal est dans tous les cas applicable.

Art. 7. — Les dispositions des lois antérieures ne sont abrogées qu'en ce qu'elles ont de contraire à la présente loi.

Art. 8. — Pour l'année 1874, les listes seront dressées immédiatement après la promulgation de la présente loi, et les délais déterminés par les décrets du 2 février 1852 seront observés.

1er août 1874.

Décret promulguant la loi du 7 juillet 1874 sur l'électorat municipal (B. O., 557).

Art. 1. — La loi du 7 juillet 1874 est rendue exécutoire en Algérie. A cet effet, elle sera publiée et promulguée à la suite du présent décret, qui sera inséré au *Bulletin officiel du gouvernement général civil de l'Algérie*.

Art. 2. — En outre des conditions déterminées par la loi du 7 juillet 1874, l'inscription depuis un an au rôle de la taxe municipale sur les loyers donne droit, en Algérie, à l'inscription sur la liste des électeurs municipaux.

Art. 3. — Le gouverneur général civil de l'Algérie fixera, par un arrêté spécial, les délais pour la confection des nouvelles listes électorales municipales.

10 août 1874.

Arrêté du gouverneur général relatif à la confection des listes électorales (B. O. 557).

Art. 1. — Les listes électorales relatives aux élections municipales seront immédiatement dressées dans toutes les communes par les commissions instituées conformément à l'article 1 de la loi du 7 juillet 1874.

Art. 2. — Ces listes seront déposées au secrétariat de la mairie, au plus tard le 15 septembre 1874.

Avis du dépôt sera, le même jour, donné par affiches aux lieux accoutumés.

Copie de la liste et du procès-verbal constatant l'accomplissement des formalités ci-dessus sera en même temps transmise au sous-préfet de l'arrondissement, qui l'adressera dans les deux jours, avec ses observations, au préfet du département.

Art. 3. — Les demandes en radiation ou en inscription devront être déposées au secrétariat de la mairie, le 5 octobre suivant, au plus tard. Il devra y être fait droit dans un délai qui ne pourra dépasser le 10 du même mois.

Art. 4. — Le 5 novembre 1874, les commissions désignées à l'article 1 de la loi arrêteront définitivement les listes après y avoir apporté les rectifications régulièrement ordonnées, tant par les commissions désignées en l'article 2 de la loi, que par les décisions des juges de paix.

La minute de la liste restera déposée au secrétariat de la commune ; une expédition en sera immédiatement transmise au préfet, pour être déposée au secrétariat général du département.

Dans les communes divisées en sections électorales, les listes des diverses sections, telles qu'elles auront été arrêtées par les commissions spéciales, seront, en outre, réunies en une seule liste alphabétique pour toute la commune ; cette liste restera déposée au secrétariat de la mairie.

Art. 5.— Les seules modifications qui pourront être apportées, après le 5 novembre, aux listes ainsi arrêtées, sont celles qui résulteraient, soit de décisions rendues par les juges de paix sur des réclamations régulièrement introduites, soit de décès ou de jugements passés en force de chose jugée et entraînant la privation des droits civils et politiques.

10 septembre 1874.

Décret rendant applicables aux musulmans et aux étrangers habitant l'Algérie la loi du 7 juillet 1874 (B. O. 566).

Art. 1. — Les habitants indigènes, musulmans et étrangers de l'Algérie, devront, pour être admis à l'électorat municipal, remplir, outre toutes les conditions exigées par l'article 10 du décret du 27 décembre 1866, celle d'une résidence de deux années consécutives dans la commune.

Ils n'y seront inscrits sur la liste électorale qu'après en avoir fait la demande et avoir déclaré le lieu et la date de leur naissance.

Tout électeur inscrit sur la liste électorale pourra réclamer l'inscription ou la radiation, sur cette liste, d'un indigène musulman ou d'un étranger qui y serait omis ou indûment inscrit.

Art. 2 — Un arrêté du gouverneur général civil de l'Algérie réglera les détails d'application du présent décret.

25 septembre 1874.

Arrêté du gouverneur général relatif à l'application du décret ci-dessus (B. O. 566).

Art. 1. — Les habitants indigènes, musulmans ou étrangers de l'Algérie, devront, pour être inscrits sur la liste électorale municipale, en faire parvenir la demande au maire, dans les dix premiers jours du mois d'octobre prochain, en justifiant qu'ils remplissent ou rempliront, avant la clôture définitive de cette liste, les conditions exigées par les décrets des 27 décembre 1866 et 10 septembre 1874, et en déclarant le lieu et la date de leur naissance.

Les demandes de l'espèce seront mentionnées, par ordre de date, sur le registre tenu dans chaque mairie, conformément à l'article 19 du décret organique du 2 février 1852, et il en sera donné récépissé par l'autorité municipale.

Elles pourront être formées par lettre *signée* ou verbalement ; mais, dans ce dernier cas, la mention qui en sera faite audit registre devra être signée par le postulant, qui, s'il ne sait pas signer, tracera une croix en regard de cette mention.

L'examen de ces demandes sera confié, dans chaque commune, à une commission composée du maire, d'un délégué de l'administration désigné par le préfet et d'un délégué choisi par le conseil municipal.

Dans les communes divisées en sections électorales, l'examen des demandes d'inscription sera confié, dans chaque section, à une commission, composée :

1° Du maire ou d'un adjoint, ou d'un conseiller municipal, dans l'ordre du tableau ;

2° D'un délégué de l'administration, désigné par le préfet ;

3° D'un délégué choisi par le conseil municipal.

Pour les communes ayant plusieurs justices de paix, le sectionnement devra être opéré de telle sorte qu'une section électorale ne puisse comprendre des portions de territoire appartenant à plusieurs circonscriptions judiciaires.

Art. 2. — La liste des électeurs sera dressée par chacune de ces commissions, puis déposée au secrétariat de la mairie, pour être communiquée à tout requérant et publiée, dès le 11 octobre prochain, par voie d'affiches, aux lieux accoutumés.

Copie de la liste et du procès-verbal constatant l'accomplissement des formalités ci-dessus énoncées, sera, en même temps, transmise au sous-préfet de l'arrondissement, qui l'adressera, dans les deux jours, avec ses observations, au préfet du département.

Les réclamations tendant à l'inscription ou à la radiation, sur cette liste, d'un indigène musulman ou d'un étranger, devront, pour recevoir la suite qu'elles pourront comporter, parvenir au maire, du 11 au 20 du même mois, inclusivement.

Il devra y être fait droit dans un délai qui ne pourra dépasser le 25 octobre prochain, par la commission indiquée en l'article 1er, et à laquelle seront adjoints deux autres délégués du conseil municipal.

Dans les trois jours suivants, le maire notifiera par écrit et à domicile la décision intervenue à la partie intéressée, qui pourra en interjeter appel dans les cinq jours de cette notification.

Art. 3. — L'appel des décisions de la commission chargée du jugement des *réclamations* sera porté devant le juge de paix, qui statuera conformément aux dispositions du décret organique du 2 février 1852 et donnera avis des infirmations par lui prononcées, au préfet et au maire, dans un délai de trois jours, en exécution du décret réglementaire du 2 février 1852.

Art. 4 — Le 18 novembre prochain, les commissions désignées en l'article 4 arrêteront définitivement la liste des électeurs indigènes musulmans ou étrangers, après y avoir apporté les rectifications régulièrement ordonnées, tant par la commission chargée de juger les réclamations, que par les décisions du juge de paix.

La minute de cette liste sera conservée dans les archives de la commune, et tout électeur pourra en prendre communication et copie. Une expédition en sera immédiatement transmise au préfet pour être déposée au secrétariat général de la préfecture.

Dans les communes divisées en sections électorales, les listes des diverses sections, telles qu'elles auront été arrêtées par les commissions spéciales, seront, en outre, réunies en une seule liste alphabétique pour toute la commune; cette liste restera déposée au secrétariat de la mairie.

Art. 5. — Les seules modifications qui pourront être apportées, après le 18 novembre prochain, aux listes ainsi arrêtées, sont celles qui résulteraient soit de décisions rendues par les juges de paix, sur des réclamations régulièrement introduites, soit de décès ou de jugements passés en force de chose jugée et entraînant la privation des droits civils et politiques.

12 août 1876.

Loi relative à la nomination des maires
(B. O. 609).

Art. 1. — Les articles 1 et 2 de la loi du 20 janvier 1874, relatifs à la nomination des maires et des adjoints, sont abrogés.

Art. 2. — Provisoirement, et jusqu'au vote de la loi organique municipale, il sera procédé à la nomination des maires et adjoints, conformément aux règles suivantes :

Le conseil municipal élit le maire et les adjoints parmi ses membres, au scrutin secret et à la majorité absolue. Si, après deux scrutins, aucun candidat n'a obtenu la majorité, il est procédé à un scrutin de ballottage entre les deux candidats qui ont obtenu le plus de suffrages. En cas d'égalité de suffrage, le plus âgé est nommé.

La séance dans laquelle il est procédé à l'élection du maire est présidée par le plus âgé des membres du conseil municipal.

Dans les communes, chefs-lieux de département, d'arrondissement et de canton, les maires et adjoints sont nommés parmi les membres du conseil municipal, par décret du président de la République.

Art. 3. — La présente loi est applicable à l'Algérie, sous réserves des dispositions du décret du 27 décembre 1866, relatives à la nomination des adjoints indigènes musulmans.

DÉPARTEMENT D'ALGER.

ARRONDISSEMENT D'ALGER.

AIN-TAYA (1).

14 septembre 1870.

Arrêté préfectoral qui érige Aïn-Taya en commune de plein exercice.

13 septembre 1875.

Décret qui crée la section du Cap (B. O. 632).

Art. 1. — Il est créé dans la commune d'Aïn-Taya une section municipale qui prendra le nom de section du Cap.

Municipalité : 1 maire et 2 adjoints.

ALGER.

17 décembre 1843.

Arrêté délimitant la commune d'Alger (B. 164).

14 septembre 1870.

Arrêté préfectoral qui détache de la commune d'Alger les sections de Saint-Eugène (y compris la pointe Pescade), El-Biar et la Bouzaréa, et les constitue en communes de plein exercice.

26 janvier 1871.

Décret qui détache la section de Mustapha, et la constitue en commune séparée (B. O. 354).

Municipalité : 1 maire et 4 adjoints

ALMA.

22 août 1861.

Décret portant que la commune de l'Alma, outre le territoire de son chef-lieu, comprend les territoires des villages de Regahia, Saint-Pierre et Saint-Paul, ainsi que la ferme du Corso, qui formeront trois sections (B. O. 31).

14 septembre 1870.

Arrêté préfectoral qui détache les sections de Regahia et Saint-Pierre et Saint-Paul et les constitue en communes séparées.

Municipalité : 1 maire et 2 adjoints.

V. pour les circonscriptions les cartes mises à la fin du volume.

AMEUR-EL-AIN.

31 décembre 1856.

Décret portant que le centre de population d'Ameur-el-Aïn forme une section de la commune de Marengo (B. 504).

14 septembre 1870.

Arrêté préfectoral qui érige Ameur-el-Aïn en commune de plein exercice et lui assigne pour limites celles de l'ancienne section.

Municipalité : 1 maire et 1 adjoint.

ARBA.

22 août 1861.

Décret qui constitue la commune de l'Arba, comprenant le territoire de Rivet, qui forme section de commune (B. O. 31).

5 novembre 1875.

Décret portant que le douar de Sidi-Naceur est définitivement rattaché à la commune de plein exercice de l'Arba, dont il formera une section adm istrée, sous l'autorité du maire, par un adjoint spécial (B. O. 632).

Municipalité : 1 maire et 3 adjoints.

ATTATBA.

2 octobre 1869.

Arrêté préfectoral érigeant en commune Attatba (ancienne section de Coléa).

Municipalité : 1 maire et 1 adjoint.

AUMALE.

5 septembre 1859.

Décret qui érige en commune le centre d'Aumale (B. M. 41).

28 juillet 1870.

Décret qui distrait du territoire militaire et les rattache à la commune d'Aumale : la terre de Smeïda, le versant nord du Dirah et un terrain de 14 hectares entre la limite du Dirah et la tribu des Oulad-Driss (B. O. 339).

Municipalité : 1 maire et 1 adjoint.

BABA-HASSEN.

10 mai 1875.

Décret qui érige Baba-Hassen en commune de plein exercice (B. O. 612).

Municipalité : 1 maire et 1 adjoint.

BENI-MERED.

8 novembre 1873.

Décret qui érige Beni-Méred en commune (B. O. 510).

Municipalité : 1 maire et 1 adjoint.

BEROUAGHIA.

27 janvier 1869.

Décret érigeant en commune le centre de Berouaghia, comprenant le territoire assigné par décret du 3 mars 1860, augmenté de divers territoires, le tout d'une contenance de 2,177 hectares 14 ares 10 centiares (B. O. 303).

Municipalité : 1 maire et 1 adjoint

BIRKADEM.

31 décembre 1856.

Décret qui constitue la commune de Birkadem comprenant Saoula (B. 501).

Municipalité : 1 maire et 2 adjoints.

BIRMANDREIS.

30 novembre 1869.

Arrêté préfectoral qui a distrait la section de Birmandreis de la commune de Birkadem et l'a constituée en commune séparée.

Municipalité : 1 maire et 1 adjoint.

BIR-RABALOU.

28 novembre 1874.

Décret qui érige la commune de Bir-Rabalou, en y comprenant la tribu des Oulad-Brahim (B. O. 585).

Municipalité : 1 maire et 2 adjoints résidant, l'un au chef-lieu et l'autre au village des Trembles.

BIRTOUTA.

10 août 1875.

Décret qui crée la commune de Birtouta.

Municipalité : 1 maire et 1 adjoint.

BLAD-GUITOUN.

30 novembre 1874.

Décret qui érige Blad-Guitoun en commune de plein exercice (B. O. 585).

6 août 1875.

Décret divisant la commune en sections (B. O. 622).

Art. 1. — La commune de plein exercice de Blad-Guitoun, d'une superficie totale de 12,529 hectares, est divisée en cinq sections, savoir :

La première section comprendra le village et le territoire de Blad-Guitoun ;

La deuxième section comprendra le village et le territoire de Zaâtra ;

La troisième section comprendra le village et le territoire de Zamouri ;

La quatrième section comprendra le douar Isser-El-Ouïdan ;

La cinquième section comprendra le village d'Isserbourg et les fermes d'El-Ouïdan.

Art. 2. — Il y aura un adjoint au maire pour chacune des sections sus-mentionnées.

Municipalité : 1 maire et 5 adjoints.

BLIDAH.

31 janvier 1848.

Ordonnance qui érige Blidah en commune et en fixe les limites (B. 200).

22 août 1861.

Décret portant que la commune de Blidah, outre le territoire de son chef-lieu, comprend les territoires de Joinville, Montpensier, Dalmatie et Beni-Mered (1), formant chacun section de commune (B. O. 31).

3 décembre 1875.

Arrêté du gouverneur qui rattache les douars de Sidi el-Kebir et Sidi el-Fodhil à la commune de Blidah, dont ils formeront chacun une section (B. O. 633).

(1) Beni-Mered a été constitué en commune séparée le 8 novembre 1873.

21 septembre 1876.

Décret rattachant à la commune de Blidah le douar Ghellaïe qui formera une section et sera administré, sous l'autorité du maire, par un adjoint indigène (B. O. 675).

Municipalité : 1 maire et 7 adjoints.

BOGHAR.

14 septembre 1870.

Arrêté préfectoral qui érige Boghar en commune de plein exercice.

1er octobre 1875.

Décret qui rattache à la commune de Boghar la partie du douar des Ouled-Hamza, située sur la rive gauche du Chéliff. Cette partie du douar formant une section administrée, sous l'autorité du maire, par un adjoint (B. O. 627).

Municipalité : 1 maire et 2 adjoints.

BOGHARI.

27 janvier 1869.

Décret qui constitue en commune le district de Boghari, ayant pour chef-lieu Boghari et pour annexe Boghar (B. O. 303).

14 septembre 1870.

Arrêté préfectoral qui détache Boghar et le constitue en commune séparée.

1er octobre 1875.

Décret qui rattache à la commune de Boghari la partie du douar des Ouled-Hamza, située sur la rive droite de Chéliff, et en constitue une section administrée, sous l'autorité du maire, par un adjoint (B. O. 627).

Municipalité : 1 maire et 2 adjoints.

BOUFARIK.

21 novembre 1851.

Décret qui crée la commune de Boufarik avec une fraction des Beni-Miscera (B. 397).

31 décembre 1856.

Décret qui annexe Souma et Chebli à la commune de Boufarik (B. 501).

22 août 1861.

Décret qui annexe Bouinam, formant section de commune, et distrait Chebli, constitué en commune séparée (B. O. 31).

14 septembre 1870.

Arrêté préfectoral qui détache Souma et le constitue en commune de plein exercice.

20 novembre 1875.

Décret qui rattache à la commune de Boufarik (section de Bouinam) la partie du douar Haman-Mélouan, située sur la rive gauche de l'Harrach (B. O. 632).

Municipalité : 1 maire et 2 adjoints.

BOURKIKA.

25 mars 1874.

Décret qui distrait la section de Bourkika de la commune de Marengo et l'érige en commune de plein exercice (B. O. 532).

Municipalité : 1 maire et 1 adjoint.

BOUZARÉA.

14 septembre 1870.

Arrêté préfectoral détachant la Bouzaréa de la commune d'Alger et la constitue en commune de plein exercice.

Municipalité : 1 maire et 1 adjoint.

CASTIGLIONE.

4 novembre 1869.

Arrêté préfectoral qui distrait de la commune de Coléa les sections de Bérard, Tefeschoun et Castiglione et les constitue en communes dont le chef-lieu est Castiglione.

Municipalité : 1 maire et 3 adjoints.

CHEBLI.

22 août 1861.

Décret qui distrait Chebli de la commune de Boufarik et l'érige en commune séparée (B. O. 31).

Municipalité : 1 maire et 1 adjoint.

CHÉRAGAS.

31 décembre 1856.

Décret qui crée la commune de Chéragas (B. 501).

22 août 1861.

Décret qui annexe à la commune de Chéragas les territoires de Guyotville, Sidi Ferruch, Staouéli et Zéralda, formant chacun une section (B. O. 31).

28 novembre 1874.

Décret qui distrait Guyotville de Chéragas et l'érige en commune séparée (B. O. 584).

Municipalité : 1 maire et 4 adjoints.

CHERCHELL.

17 juin 1854.

Décret qui crée la commune de Cherchell avec deux annexes, Novi et Zurich, formant chacune une section (B. 462).

Municipalité : 1 maire et 3 adjoints.

CHIFFA (LA).

20 mai 1870.

Décret qui distrait la Chiffa de la commune de Mouzaïaville et l'érige en commune séparée (B. O. 331).

Municipalité : 1 maire et 1 adjoint.

COLÉA.

21 novembre 1851.

Décret qui constitue la commune de Coléa (B. 307).

21 août 1861.

Décret portant que la commune de Coléa, outre le territoire du chef-lieu et les annexes de Fouka et Daouda, comprend les territoires de Bérard, de Tefeschoun et de Castiglione formant autant de sections de commune (B.O. 31).

4 novembre 1869.

Arrêté préfectoral qui distrait les trois sections de Bérard, Tefeschoun et Castiglione pour former la commune de Castiglione.

Municipalité : 1 maire et 3 adjoints.

CRESCIA.

10 mai 1875.

Décret qui érige Crescia en commune de plein exercice.

Municipalité : 1 maire et 1 adjoint.

DÉLY-IBRAHIM.

31 décembre 1856.

*Décret qui institue la commune de Dély-Ibra-
him avec trois sections à El-Achour, Drariah
et Ouled-Fayet (B. 504).*

8 décembre 1870.

*Arrêté préfectoral qui distrait la section de
Drariah et la constitue en commune séparée.*

21 novembre 1876.

*Décret qui constitue El-Achour en commune
séparée (B. O. 686).*

Municipalité : 1 maire et 2 adjoints.

DOUÉRA.

21 novembre 1851.

*Décret qui constitue la commune de Douéra
avec deux sections à Sainte-Amélie et à
Saint-Ferdinand (B. 397).*

Municipalité : 1 maire et 3 adjoints.

DRARIAH.

8 décembre 1870.

*Arrêté préfectoral qui distrait la section de
Drariah de la commune de Dély-Ibrahim et
la constitue en commune séparée.*

Municipalité : 1 maire et 1 adjoint.   .

EL-ACHOUR.

21 novembre 1876.

*Décret qui érige El-Achour en commune de
plein exercice (B. O. 686).*

Municipalité : 1 maire et 1 adjoint.

EL-AFFROUN.

25 mars 1874.

*Décret qui distrait les centres d'El-Affroun et
de Bou-Roumi de la commune de Mouzaï-
ville et les érige en commune de plein exercice sous le nom d'El-Affroun (B. O. 539).*

Municipalité : 1 maire et 1 adjoint.

EL-BIAR.

14 septembre 1870.

Arrêté préfectoral qui détache El-Biar de la

commune d'Alger et constitue cette section en
commune de plein exercice.

Municipalité : 1 maire et 1 adjoint.

FONDOUK.

31 décembre 1856.

*Décret qui érige la commune du Fondouk avec
une fraction des Kachena de la plaine (B.
504).*

22 août 1861.

*Décret qui ajoute au territoire du Fondouk
celui du village d'Hamedi, qui forme section
de commune (B. O. 31).*

27 février 1867.

*Décret indiquant la ligne séparative des deux
communes de Rouïba et du Fondouk (B. O.
225).*

Art. 1. -- La ligne de séparation des deux communes de Rouïba et du Fondouk, qui était précédemment l'ancienne route d'Alger à Dellys, est
reportée au chemin du Hamiz à l'Oued Réghaïa,
connu sous le nom de Trek Chemas, conformément au plan annexé au présent décret.

Municipalité : 1 maire et 2 adjoints.

GUYOTVILLE.

28 novembre 1874.

*Décret portant érection de Guyotville en
commune de plein exercice (B. O. 584).*

Municipalité : 1 maire et 1 adjoint.

HUSSEIN-DEY.

20 mai 1870.

*Décret qui distrait la section d'Hussein-Dey
de la commune de Kouba et la constitue en
commune de plein exercice (B. O. 331).*

Municipalité : 1 maire et 1 adjoint.

KOUBA.

31 décembre 1856

*Décret qui érige Kouba en commune avec
Hussein-Dey pour annexe (B. 504).*

20 mai 1870.

*Décret qui distrait Hussein-Dey de Kouba et
la constitue en commune séparée (B.O. 331).*

Municipalité : 1 maire et 1 adjoint.

MAHELMA.

14 septembre 1870.

Arrêté préfectoral qui érige Mahelma en commune.

Municipalité : 1 maire et 1 adjoint.

MAISON-CARRÉE.

31 décembre 1856.

Décret portant que la commune de la Rassauta comprend le territoire de la Rassauta proprement dit et ceux du Fort de l'Eau, de la Maison-Carrée avec la Maison-Blanche, d'Aïn-Taya avec Aïn-Beïda, Rouïba avec Matifoux, formant quatre sections (B. 504).

22 août 1861.

Décret qui distrait les deux sections de Rouïba et d'Aïn-Taya de la commune de la Rassauta et constitue la commune de Rouïba (B. O. 31).

14 août 1869.

Décret portant que la commune de la Rassauta portera désormais le nom de Maison-Carrée, du centre qui en est le chef-lieu (B. O. 315).

14 septembre 1870.

Arrêté préfectoral constituant la commune de Pirette (Rassauta) comprenant les territoi... du Fort de l'Eau et de la Maison-Blanche.

Municipalité : 1 maire et 1 adjoint.

MARENGO.

31 décembre 1856.

Décret qui constitue la commune de Marengo. Cette commune comprend les centres de Bourkika, Tipaza, Ameur-el-Aïn et Montebello, qui forment autant de sections (B. 504).

14 septembre 1870.

Arrêté préfectoral qui détache la section de Ameur-el-Aïn et en constitue une commune séparée.

25 mars 1874.

Décret qui distrait de la commune de Marengo la section de Bourkika et en fait une commune séparée (B. O. 532).

Municipalité : 1 maire et 3 adjoints.

MÉDÉA.

17 juin 1854.

Décret qui constitue la commune de Médéa avec les annexes ou sections de Damiette, de Lodi et le centre de Mouzaïa-les-Mines (B. 402).

31 décembre 1856.

Décret qui érige le centre de Mouzaïa en commune sous le nom de Mouzaïaville (B. 504).

30 octobre 1875.

Décret qui rattache le douar Tamesguida à la commune de plein exercice de Médéa, dont il formera une section (B. O. 632).

Municipalité : 1 maire et 4 adjoints.

MÉNERVILLE.

30 novembre 1874.

Décret qui érige en commune le Col des Beni-Aïcha (B. O. 585).

Art. 1. — Le centre du Col des Beni-Aïcha est détaché de l'Alma et érigé en commune de plein exercice, sous le nom de Beni-Aïcha.

La commune de Beni Aïcha comprend :

1° Une section chef-lieu se composant du village et du territoire dits jusqu'à présent : Col des Beni-Aïcha;

2° La section annexe de Souk-el-Haad, se composant du village et du territoire de ce nom;

3° La section annexe de Bellefontaine, se composant du village et du territoire en dépendant, lequel s'étendra jusqu'à la rive droite de l'Oued Corso.

2 janvier 1877.

Décret portant que la commune du Col des Beni-Aïcha prendra désormais le nom de Ménerville (B. O. 680).

Municipalité : 1 maire et 3 adjoints.

MOUZAIAVILLE.

31 décembre 1856.

Décret créant la commune de Mouzaïaville (B. 504).

22 août 1861.

Décret portant que la commune comprend le territoire du village, le village de la Chiffa avec M'ta el Habbous, le village d'El Affroun avec Bou-Roumi, lesquels forment chacun une section (B. O. 31).

20 mai 1870.

Décret qui distrait la section de la Chiffa et en fait une section séparée (B. O. 331).

25 mars 1874.

Décret qui constitue El-Affroun et Bou-Roumi en commune séparée (B. O. 539).

Municipalité : 1 maire et 1 adjoint.

MUSTAPHA.

26 janvier 1871.

Décret qui érige Mustapha en commune (B. O. 354).

Municipalité : 1 maire et 1 adjoint.

OUED-EL-ALLEUG.

22 août 1861.

Décret qui constitue la commune (B. O. 31).

Municipalité : 1 maire et 1 adjoint.

RASSAUTA.

14 septembre 1870.

Arrêté préfectoral qui crée, sous le nom de Pirette, (aujourd'hui Rassauta, du nom du centre) une commune comprenant le territoire du Fort de l'Eau et de la Maison-Blanche.

Municipalité : 1 maire et 1 adjoint.

RÉGAIA (LA).

14 septembre 1870.

Arrêté préfectoral qui constitue la commune de La Régaïa.

Municipalité : 1 maire et 1 adjoint.

ROUIBA.

22 août 1861.

Décret qui crée la commune de Rouïba et la compose du territoire de Rouïba, des hameaux d'Aïn-Béïda et de Matifou, et du village d'Aïn-Taya, formant une section (B. O. 31).

27 février 1867.

Décret fixant la limite des communes de Rouïba et de Fondouk (B. O. 225).

V. Fondouk.

14 septembre 1870.

Arrêté préfectoral constituant en commune la section d'Aïn-Taya.

Municipalité : 1 maire et 1 adjoint.

ROVIGO.

22 août 1861.

Décret qui crée la commune de Rovigo avec une fraction des Beni-Miscera (B. O. 31).

20 novembre 1875.

Décret portant que le douar de Sidi-Hamouda est définitivement rattaché à la commune de plein exercice de Rovigo, dont il formera une section administrée, sous l'autorité du maire, par un adjoint spécial (B. O. 632).

20 novembre 1875.

Décret rattachant à la commune de Rovigo la partie du douar Hammam-Melouan, située sur la rive droite de l'Harrach (B. O. 632).

Municipalité : 1 maire et 2 adjoints.

SAINT-EUGÈNE.

14 septembre 1870.

Arrêté préfectoral qui constitue la commune de Saint-Eugène, en y comprenant la pointe Pescade.

Municipalité : 1 maire et 1 adjoint.

SAINT-PIERRE, SAINT-PAUL.

14 septembre 1870.

Arrêté préfectoral constituant la commune de Saint-Pierre, Saint-Paul, avec une partie de la tribu des Khachena de la plaine.

Municipalité : 1 maire et 1 adjoint.

SIDI MOUSSA.

22 août 1861.

Décret qui crée la commune de Sidi Moussa (B. O. 31).

Municipalité : 1 maire et 1 adjoint.

SOUMA.

14 septembre 1870.

Arrêté préfectoral qui distrait la section de Souma de la commune de Boufarik et la constitue en commune de plein exercice.

21 septembre 1876.

Décret rattachant à la commune de Souma le douar Ferouka, qui forme une section administrée, sous l'autorité du maire, par un adjoint indigène (B. O. 675).

Municipalité : 1 maire et 2 adjoints.

ARRONDISSEMENT DE MILIANA.

AFFREVILLE.

14 septembre 1870.

Arrêté préfectoral qui érige Affreville, y compris Lavarande, en commune de plein exercice.

3 août 1876.

Décret qui rattache le douar Sbahia à la commune de plein exercice d'Affreville, dont il formera une section administrée, sous l'autorité du maire, par un adjoint indigène (B. O. 671).

Municipalité : 1 maire et 3 adjoints.

AIN-SULTAN.

14 septembre 1870.

Arrêté préfectoral qui distrait la section d'Aïn-Sultan de la commune de Miliana et l'érige en commune de plein exercice.

3 août 1876.

Décret qui rattache le douar Oued-Deurdeur à la commune de plein exercice de Aïn-Sultan, dont il formera une section administrée, sous l'autorité du maire, par un adjoint indigène (B. M. 671).

Municipalité : 1 maire et 2 adjoints.

BOU-MEDFA.

14 septembre 1870.

Arrêté préfectoral constituant la commune de Bou-Medfa.

Municipalité : 1 maire et 1 adjoint.

DUPERRÉ.

5 septembre 1859.

Décret qui crée la commune de Duperré (B. M. 41).

3 août 1876.

Décret portant que les douars Bou-Zehar et Arib sont définitivement rattachés à la commune de plein exercice de Duperré, dont ils formeront chacune une section administrée, sous l'autorité du maire, par un adjoint indigène (B. O. 671).

Municipalité : 1 maire et 3 adjoints.

MILIANA.

17 juin 1854.

Décret qui constitue la commune de Miliana avec Affreville pour section (B. 402).

14 septembre 1870.

Arrêté qui distrait de la commune de Miliana la section d'Affreville et la constitue en commune séparée.

Municipalité : 1 maire et 1 adjoint.

SAINT-CYPRIEN-DES-ATTAFS.

24 octobre 1874.

Arrêté du gouverneur qui constitue le douar Rouïna en commune mixte dont le centre administratif est placé au village de Saint-Cyprien-des-Attafs (B. O. 572).

29 novembre 1876.

Arrêté du gouverneur portant qu'à partir du 1er janvier 1877 la commune mixte de Saint-Cyprien-les-Attafs cessera de faire partie du territoire de commandement et sera rattachée au territoire de Miliana (B. O. 684).

29 janvier 1878.

Arrêté du gouverneur érigeant en commune de plein exercice la commune mixte de Saint-Cyprien-des-Attafs (B. O. 711).

Municipalité : 1 maire et 1 adjoint.

TÉNIET-EL-HAAD.

27 janvier 1869.

Décret qui érige en commune de plein exercice Téniet-el-Haad et son territoire (B. O. 303).

13 avril 1876.

Décret portant que le douar Beni-Mehares est rattaché définitivement à la commune de plein exercice de Téniet-el-Haad, dont il formera une section administrée, sous l'autorité du maire, par un adjoint (B. O. 659).

Municipalité : 1 maire et 2 adjoints.

VESOUL-BÉNIAN.

31 décembre 1856.

Décret instituant la commune de Vesoul-Bénian, comprenant Vesoul-Bénian et Bou-Medfa (B. 504).

14 septembre 1870.

Arrêté préfectoral détachant le centre de Bou-Medfa et le constituant en commune séparée.

Municipalité : 1 maire et 1 adjoint.

ARRONDISSEMENT D'ORLÉANSVILLE.

MONTENOTTE.

14 septembre 1870.

Arrêté préfectoral qui distrait la section de Montenotte de la commune de Ténès et la constitue en commune de plein exercice, comprenant les Ouled Arbia, les Arrouas, les Mains et les Merachiche.

Municipalité : 1 maire et 1 adjoint.

ORLÉANSVILLE.

31 décembre 1856.

Décret qui crée la commune d'Orléansville avec deux annexes ou sections à la Ferme et à Ponteba (B. 504).

Municipalité : 1 maire et 3 adjoints.

TÉNÈS.

17 juin 1854.

Décret qui érige en commune la ville de Ténès avec une annexe ou section à Montenotte et, en outre, avec le vieux Ténès, les Mégans, les Charrers et les Terraguia.

14 septembre 1870.

Arrêté préfectoral qui érige la section de Montenotte en commune de plein exercice.

Municipalité : 1 maire et 1 adjoint.

ARRONDISSEMENT DE TIZI-OUZOU.

BORDJ-MENAIEL.

18 novembre 1870.

Arrêté préfectoral qui distrait Bordj-Menaiel de la commune de Dellys et constitue ce centre en commune de plein exercice.

6 août 1875.

Décret qui divise la commune en trois sections (B. O. 622).

Art. 1. — La commune de plein exercice de Bordj-Menaiel, d'une superficie totale de 12,885 hectares, est divisée en trois sections, savoir : la première section comprendra le territoire actuel de la commune et les agrandissements nord et sud; la deuxième section comprendra le territoire d'Isserville; la troisième section comprendra le douar de Beni-Mekla.

Art. 2. — Il y aura un adjoint au maire pour chacune des sections sus-mentionnées.

Municipalité : 1 maire et 3 adjoints.

DELLYS.

31 décembre 1856.

Décret qui crée la commune de Dellys avec N'Choud pour annexe (B. 504).

1er avril 1865.

Décret qui crée une seconde section (B. O. 143).

Art. 1. — Les centres de population de Ben-N'Choud, Rebeval et T'nien sont réunis en section annexe de la commune de Dellys et placés sous l'autorité d'un adjoint de ladite commune, qui devra résider dans la section.

Art. 2. — L'emploi d'adjoint au maire de Dellys, créé par le décret du 31 décembre 1856, à la résidence de Ben-N'Choud est supprimé.

Municipalité : 1 maire et 2 adjoints.

DRA-EL-MIZAN.

11 septembre 1873.

Décret qui crée la commune de Dra-el-Mizan (B. O. 490).

21 mai 1875.

Arrêté du gouverneur qui divise la commune

9

en deux sections : l'une au chef-lieu, l'autre
à Bou-Phaïma (B. O. 611).

Municipalité : 1 maire et 2 adjoints.

FORT-NATIONAL.

13 septembre 1873.

*Décret qui crée la commune de plein exercice
de Fort-National (B. O. 499).*

Municipalité : 1 maire et 1 adjoint.

TIZI-OUZOU.

13 septembre 1873.

*Décret qui crée la commune de Tizi-Ouzou
(B. O. 499).*

3 juin 1875.

*Arrêté du gouverneur qui divise la commune
en deux sections, l'une au chef-lieu, l'autre
à Bou-Khalfa.*

4 juillet 1876.

*Arrêté du gouverneur qui réunit à la commune
de plein exercice le douar Belloua compris
entre le Sebaou et le territoire de Tizi-
Ouzou (B. O. 607).*

Municipalité : 1 maire et 2 adjoints.

DÉPARTEMENT DE CONSTANTINE

ARRONDISSEMENT DE BONE.

AIN-MOKRA.

10 décembre 1868.

*Décret qui constitue la commune d'Aïn-Mokra,
comprenant l'azel de ce nom, Oued-el-Aneb et
l'azel Fedj-Moussa provenant du territoire
militaire (B. O. 300).*

Municipalité : 1 maire et 1 adjoint.

BARRAL.

7 novembre 1870.

*Arrêté préfectoral qui distrait la section de
Barral de la commune de Mondovi et la constitue en commune séparée (B. de la préfecture,
1870, p. 331).*

Municipalité : 1 maire et 1 adjoint.

BONE.

31 janvier 1848.

*Ordonnance qui constitue la commune de Bône
(B. 209).*

Municipalité : 1 maire et 2 adjoints.

BUGEAUD.

22 août 1861.

*Décret qui crée la commune de Bugeaud
(B. O. 31).*

10 août 1868.

*Décret qui rattache deux parcelles à la commune
de Bugeaud (B. O. 300).*

Municipalité : 1 maire et 1 adjoint

DUVIVIER.

22 août 1861.

*Décret qui constitue la commune de Duvivier
(B. O. 331).*

10 décembre 1868.

*Décret portant que la commune de Duvivier
comprend, outre son territoire : 1° les hameaux de Medjez-Sfa et d'Aïn-Tahamimine,
distraits de Souk-Arrhas et formant section ;
2° le territoire de Bou-Zarra ; 3° un groupe
provenant du territoire militaire (B. O. 300).*

Municipalité : 1 maire et 2 adjoints.

DUZERVILLE.

22 août 1861.

*Décret qui institue Duzerville avec El-Hadjar
pour annexe (B. O. 31).*

10 décembre 1868.

*Décret rattachant à la commune de Duzerville
une parcelle et un groupe provenant du territoire militaire (B. O. 300).*

Municipalité : 1 maire et 2 adjoints.

HERBILLON.

10 décembre 1869.

*Arrêté préfectoral qui crée la commune
d'Herbillon (B. de la préfecture, 1870, p. 333).*

Municipalité : 1 maire et 1 adjoint.

LA CALLE.

31 décembre 1856.

Décret qui institue la commune de La Calle, comprenant Oum Teboul (B. 504).

10 décembre 1868.

Décret portant que la commune comprend le territoire de Kef-oum-Teboul, provenant du territoire militaire et constitué en section (B. O. 300).

Municipalité : 1 maire et 2 adjoints.

MONDOVI.

22 août 1861.

Décret qui institue la commune de Mondovi avec Barral pour annexe (B. O. 31).

27 février 1869.

Décret qui rattache à Barral des territoires militaires (B. O. 309).

7 novembre 1870.

Décret qui distrait la section de Barral et la constitue en commune séparée.

27 octobre 1875.

Arrêté du gouverneur portant que le douar des Ouled-Serim (partie située sur la rive gauche de la Seybouse), cessera de faire partie du territoire militaire du cercle de Bône, et sera rattaché à la commune de Mondovi, à partir du 1ᵉʳ janvier 1876 (B. O. 639).

Municipalité : 1 maire et 1 adjoint.

NECHMEYA.

7 novembre 1870.

Arrêté préfectoral qui distrait la section de Nechmeya de la commune de Penthièvre et la constitue en commune séparée (B. de la préfecture, 1870, p. 331).

Municipalité : 1 maire et 1 adjoint.

PENTHIÈVRE.

22 août 1861.

Décret qui constitue la commune de Penthièvre avec la section de Nechmeya (B. O. 31).

10 décembre 1868.

Décret qui augmente le territoire de deux parcelles : l'une dépendant de Penthièvre, l'autre de Nechmeya (B. O. 300).

7 novembre 1870.

Arrêté préfectoral qui constitue Nechmeya en commune séparée.

Municipalité : 1 maire et 1 adjoint.

RANDON.

10 décembre 1868.

Décret qui institue la commune de Randon, comprenant la circonscription rurale des Beni-Urgine, l'azel Besbès et d'autres parcelles provenant du territoire militaire (B. O. 300).

Municipalité : 1 maire et 1 adjoint.

ARRONDISSEMENT DE BOUGIE.

BOUGIE.

17 juin 1854.

Décret qui constitue en commune la ville de Bougie et sa banlieue (B. O. 462).

Municipalité : 1 maire et 1 adjoint.

DJIDJELLI.

18 février 1860.

Décret qui érige le district de Djidjelli en commune (B. M. 65).

27 février 1869.

Décret rattachant à la commune un groupe provenant du territoire militaire (B. O. 309).

17 octobre 1874.

Décret qui rattache à la commune de plein exercice de Djidjelli le douar des Beni-Caïd, qui formera une section.

Municipalité : 1 maire et 2 adjoints.

ARRONDISSEMENT DE CONSTANTINE.

AIN-BEIDA.

10 décembre 1868.

Décret qui crée la commune d'Aïn-Beïda avec

la *Meskiana pour annexe ou section* (B. G. 300).

Municipalité : 1 maire et 2 adjoints.

AIN-SMARA.

8 octobre 1869.

Arrêté préfectoral qui distrait la section d'Aïn-Smara de la commune de l'Oued-Atménia et l'érige en commune de plein exercice (B. de la Préfecture, 1869, p. 218).

18 mars 1874.

Décret qui distrait la section de l'Oued-Seguin pour en faire une commune séparée (B. G. 533).

Municipalité : 1 maire et 1 adjoint.

BATNA.

18 février 1860.

Décret qui constitue la commune de Batna avec Lambèse et son territoire pour section (B. M. 65).

10 mars 1864.

Décret qui crée une section comprenant les centres de Fesdis et Ksaia (B. G. 116).

8 octobre 1869.

Arrêté préfectoral qui érige Lambèse en commune séparée.

Municipalité : 1 maire et 2 adjoints.

BISKRA.

22 mai 1878.

Arrêté du gouverneur qui crée la commune de plein exercice de Biskra, au lieu et place de l'ancienne commune mixte, laquelle était composée de la ville, de l'oasis et d'une partie de la banlieue, et se trouvait englobée en entier dans la tribu des Zibans (B. G. 783).

Municipalité : 1 maire et 1 adjoint.

BIZOT.

10 décembre 1868.

Décret qui distrait la section de Bizot de la commune de Condé et la constitue en commune séparée (B. G. 300).

3 novembre 1874.

Arrêté du gouverneur qui rattache à la commune de plein exercice de Bizot le douar des Ouled-Braham, comprenant l'Azel-el-Fouini. Ce douar formera section (B. G. 531 et 578)

Municipalité : 1 maire et 2 adjoints.

CONDÉ-SMENDOU.

22 août 1861.

Décret qui crée la commune de Condé-Smendou avec Bizot pour section (B. G. 31).

10 décembre 1868.

Décret qui érige Bizot en commune séparée (B. G. 300).

3 novembre 1874.

Décret qui rattache à la commune de Condé-Smendou les douars de l'Oued-Sbikha et de Sferdjela, qui forment chacun une section (B. G. 578).

Municipalité : 1 maire et 3 adjoints.

CONSTANTINE.

26 avril 1854.

Décret qui crée la commune de Constantine, composée de la ville et de sa banlieue, comprenant Sidi-Mabrouk (B. 459).

15 octobre 1866.

Décret qui distrait le Hamma de la commune de Constantine (B. G. 204).

10 décembre 1868.

Décret qui rattache à la commune de Constantine la parcelle marquée C, distraite de la commune du Kroub et le melk Ben-Djelloul, provenant du territoire militaire (B. G. 300).

Municipalité : 1 maire et 2 adjoints.

HAMMA.

15 octobre 1866

Décret qui distrait la section du Hamma de la commune de Constantine et la constitue en commune séparée avec le centre d'Aïn-Kerma (B. G. 204).

10 décembre 1868.

Décret portant que plusieurs parcelles de terre sont rattachées à la commune du Hamma et que le centre d'Aïn-Kerma forme une section de commune (B. O. 300).

Municipalité : 1 maire et 2 adjoints.

KROUB.

28 janvier 1860

Décret portant que la vallée du Bou-Merzoug est divisée en cinq circonscriptions communales (B. M. 57).

28 mars 1863.

Décret qui crée la commune du Kroub (B. O. 80).

Art. 1. — Les cinq centres de population de la vallée du Bou-Merzoug sont réunis et érigés en une seule commune de plein exercice, sous le nom de commune du Kroub. — Cette commune a pour chef-lieu le Kroub avec son territoire, ceux de Lamblèche et de Madjiba, et pour annexe le centre des Ouled-Rahmoun, avec son territoire et celui de Guerfa.

10 décembre 1868.

Décret portant agrandissement du territoire. Le territoire de El-Haria et de Madjeba sont érigés en section de commune sous le nom de section d'El-Haria (B. O. 300).

8 octobre 1869.

Arrêté préfectoral qui distrait la section des Ouled-Rahmoun et la constitue en commune séparée.

3 décembre 1877.

Décret qui détache de la commune le territoire de Guettar-el-Aïch (B. O. 706).

Municipalité : 1 maire et 2 adjoints.

GUETTAR-EL-AICH.

3 décembre 1877.

Décret qui détache Guettar-el-Aïch de la commune du Kroub et en forme une commune séparée (B. O. 706).

Municipalité : 1 maire et 1 adjoint.

LAMBÈSE.

8 octobre 1869.

Arrêté préfectoral qui distrait la section de Lambèse de la commune de Batna et la constitue en commune séparée (B. de la Préfecture, 1869, p. 218).

Municipalité : 1 maire et 1 adjoint.

OUED-ATMÉNIA.

10 décembre 1868.

Décret qui constitue la commune de l'Oued-Atménia (B. O. 300).

La commune de l'Oued-Atménia comprend : — Le territoire du centre de ce nom; — ceux des centres d'Aïn-Smara et de l'Oued-Séguin (y compris Bou-Ikni et les Ouled-Aréma), déjà en territoire civil; — le territoire de l'Oued-Dékri, les concessions isolées et les parcelles domaniales joignant ces territoires, groupes 10, 11, 12, 12 *bis* et 12 *ter*, provenant du territoire militaire, et dans lesquels se trouve une parcelle appartenant à la tribu des Télarma et formant enclave dans une propriété européenne.—Cette commune comprend ainsi, outre le territoire du chef-lieu, trois sections à Aïn-Smara, à l'Oued-Séguin et à l'Oued-Dékri.

8 octobre 1869.

Arrêté préfectoral qui érige Aïn-Smara avec Séguin en commune séparée.

3 juillet 1875.

Arrêté du gouverneur qui détache la section de l'Oued-Dékri et la réunit à la commune mixte de Châteaudun (B. O. 613).

7 novembre 1876.

Décret rattachant le douar de Dambers à la commune de l'Oued-Atménia, dont il formera une section (B. O. 683).

Municipalité : 1 maire et 2 adjoints.

OULED-RAHMOUN.

8 octobre 1869.

Arrêté préfectoral qui distrait la section des Ouled-Rahmoun de la commune du Kroub et la constitue en commune séparée (B. de la Préfecture, 1869, p. 217).

Municipalité : 1 maire et 1 adjoint.

OUED-SÉGUIN.

18 mars 1874.

Décret distrayant la section de l'Oued-Séguin de la commune d'Aïn-Smara et l'érigeant en commune de plein exercice (B. O. 533).

Municipalité : 1 maire et 1 adjoint.

OUED-ZÉNATI.

10 décembre 1868.

Décret qui crée la commune de l'Oued-Zénati (B. O. 300).

La commune de l'Oued-Zénati comprend le territoire du centre de Sidi-Tamtam et les terrains vendus à la Société générale algérienne dans les caïdats des Souhalia, de l'Oued-Zénati, des Sellaoua et des Ameur Chéraga.

3 septembre 1870.

Décret qui agrandit le territoire (B. O. 312).

Art 1. — Sont distraits du territoire militaire de la province de Constantine et rattachés à la commune de l'Oued-Zénati, 17 azels domaniaux désignés sous les noms de : — Bou-el-Merouani; — Zmarra-ben-M'rad; — Ben-Arraas; — Blad-el-Hoffra-el-Amor; — El-Messaï; — Miguès-bab ou Knessa; — Blad-ben-Biski; — Blad-ben-Babès; — Bou-Mchenal; — Ben-bou-Arioua-Aïn-Djemel; — Bou-Ariba; — Blad-el-Goufil; — Ben Saad-Allah; — Bou-Hamza; — El-Haïta; — Bou-Kara; — Ben-Sultan-Arkou; présentant ensemble une superficie de 10,640 hectares 84 ares.

Municipalité : 1 maire et 2 adjoints.

ROUFFACH.

7 mai 1874.

Décret qui constitue la commune de Rouffach avec la section d'Aïn-Kerma (B. O. 515).

Municipalité ; 1 maire et 2 adjoints.

ARRONDISSEMENT DE GUELMA.

CLAUZEL.

18 mars 1874.

Décret qui érige en commune le territoire de Clauzel distrait de la commune de Guelma, comprenant Aïn-Amora et Aïn-Rhoul (B. O. 533).

Municipalité : 1 maire et 1 adjoint.

ENCHIR-SAID.

10 décembre 1868.

Décret qui constitue en commune le village d'Enchir-Saïd (B. O. 300).

Municipalité : 1 maire et 1 adjoint.

GUELAAT-BOU-SBA.

5 juillet 1875.

Décret qui distrait la section de Guelaat-bou-Sba de la commune d'Héliopolis et la constitue en commune séparée (B. O. 613)

Municipalité : 1 maire et 1 adjoint.

GUELMA.

17 juin 1854.

Décret qui constitue la commune de Guelma avec les sections d'Héliopolis, de Millésimo et de Petit (B. O. 402).

13 février 1858.

Décret qui ajoute deux sections : Guelaa-bou-Sba et l'Oued-Touta (B. O. 519).

10 décembre 1868.

Décret qui érige en communes séparées : Héliopolis avec Guelaa-bou-Sba et Millésimo avec Petit. La commune de Guelma comprend outre le territoire du chef-lieu et ceux de l'Oued-Touta et de Medjes-Amar : 1° les parcelles des Boufar, des ouled Halassa et d'Hammam-Meskoutine; 2° les terrains domaniaux des Ouled-Harrid, le territoire de l'Oued-Cherf et une parcelle des Beni-Addi. Les territoires de l'Oued-Cherf, de Medjes-Amar réunis à deux autres parcelles formant la section de l'Oued-Cherf (B. O. 300).

18 mars 1874.

Décret qui retranche la section de Clauzel pour en constituer une commune séparée (B. O. 533).

5 juillet 1875.

Décret qui distrait la section de Guelma-bou-Sba et en forme une commune séparée (B. O. 613).

27 octobre 1875.

Arrêté du gouverneur qui rattache à la commune de Guelma les douars Beni-Marmi, Beni-Mezzeline, Khezara, Ouled-Senan, Ouled-Harrid et Beni-Ourzeddin (B. O. 620).

Municipalité : 1 maire et 3 adjoints.

HÉLIOPOLIS.

10 décembre 1868.

Décret qui crée la commune d'Héliopolis avec une section à Guelaat-bou-Sba (B. O. 300).

5 juillet 1875.

Décret qui érige Guelaat-bou-Sba en commune séparée.

Municipalité : 1 maire et 1 adjoint.

MILLÉSIMO.

10 décembre 1868.

Décret qui crée la commune de Millésimo avec une section à Petit et un hameau provenant du territoire militaire (Bled-Ghaffar) (B. O. 300).

15 mars 1877.

Décret qui érige Petit en commune séparée (B. O. 694).

Municipalité : 1 maire et 1 adjoint.

PETIT.

15 mars 1877.

Décret qui distrait la section de Petit de la commune de Millésimo et la constitue en commune séparée (B. O. 694).

Municipalité : 1 maire et 1 adjoint.

SOUK-ARRHAS.

22 août 1861.

Décret qui crée la commune de Souk-Arrhas avec une annexe à Medjez-Sfa (B. O. 31).

10 décembre 1868.

Décret qui rattache à Duvivier le hameau de Medjez-Sfa (B. O. 300).

Municipalité : 1 maire et 1 adjoint.

EL-ARROUCH.

22 août 1861.

Décret qui constitue la commune de El-Arrouch avec El-Kantour pour section (B. O. 31).

10 décembre 1868.

Décret rattachant à la commune d'El-Arrouch les melks Mechmech et Bou-Zitoun, les azels Refred, Aïata et Aïn-Kebira, Le melk; Zitoun et les trois azels réunis à la section de El-Kantour (B. O. 300).

15 décembre 1870.

Arrêté préfectoral qui érige El-Kantour en commune séparée.

3 novembre 1874.

Décret qui rattache le douar Refref à la commune d'El-Arrouch, dont il formera une section (B. O. 578).

Municipalité : 1 maire et 2 adjoints.

EL-KANTOUR.

15 décembre 1870

Arrêté préfectoral qui distrait la section d'El-Kantour de la commune d'El-Arrouch et la constitue en commune séparée avec Bou-Zitoun, Aïata et Aïn-Kebira (B. de la préfecture, 1870, p. 335).

3 novembre 1874.

Décret qui rattache à la commune d'El-Kantour le douar d'Oum-el-Chouk, constitué en section (B. O. 578).

Municipalité : 1 maire et 2 adjoints.

GASTONVILLE.

22 août 1861.

Décret qui crée la commune de Gastonville (B. O. 31).

3 novembre 1874.

Décret qui rattache à la commune de Gastonville le douar des Oued-Ksob (B. O. 578).

Municipalité : 1 maire et 1 adjoint.

GASTU.

10 décembre 1868.

*Décret qui crée la commune de Gastu, compre-
nant le territoire du village, le domaine
d'Emchekel et l'asel El-Gouersa* (B. O. 300).

Municipalité : 1 maire et 1 adjoint.

JEMMAPES.

31 décembre 1856.

*Décret qui constitue la commune de Jemmapes
avec trois sections : Ahmed-ben-Ali, Sidi-
Nassar et Filfila* (B. 504).

10 décembre 1868.

*Décret portant que le territoire de Ras-el-ma est
rattaché à la section d'Ahmed-ben-Ali* (B. O.
300).

18 janvier 1875.

*Décret qui distrait le douar Arb-Filfila de la
commune de Jemmapes pour le rattacher à
la commune de Philippeville* (B. O. 575).

Municipalité : 1 maire et 3 adjoints.

PHILIPPEVILLE.

31 janvier 1848.

*Ordonnance qui crée la commune de Philippe-
ville avec la section de Saint-Antoine* (B.
269).

10 décembre 1868.

*Décret qui rattache à la commune de Philip-
peville le territoire des Beni-Bechir, les
terres d'El-Magen et d'Eddis, et qui distrait
le village Damrémont de la section de Valée
pour en former une nouvelle section* (B. O.
300).

15 décembre 1870.

*Arrêté préfectoral qui distrait la section de
Stora de la commune de Philippeville et la
constitue en commune séparée.*

18 janvier 1875.

*Décret qui rattache à la commune de Philippe-
ville le douar Arb-Filfila, distrait de la commune de Jemmapes.*

Municipalité : 1 maire et 5 adjoints.

ROBERTVILLE.

22 août 1861.

*Décret qui constitue en commune le centre de
Robertville* (B. O. 31).

10 décembre 1868.

*Décret qui rattache à la commune de Robert-
ville deux parcelles et une partie du douar
des Arb-Estahia* (B. O. 300).

3 novembre 1874.

*Décret qui rattache à la commune de Robert-
ville les deux douars Arb-Estahia et Bou-
Naïm-Sfifsa* (B. O. 578).

Municipalité : 1 maire et 1 adjoint.

SAINT-CHARLES.

22 août 1861.

*Décret qui constitue la commune de
Saint-Charles* (B. O. 31).

18 décembre 1868.

*Décret qui rattache une parcelle à la commune
de Saint-Charles* (B. O. 300).

18 janvier 1875.

*Décret qui rattache à la commune de Saint-
Charles le douar Aïn-Gharab* (B. O. 593).

Municipalité : 1 maire et 1 adjoint.

STORA.

15 décembre 1870.

*Arrêté préfectoral qui distrait la section de
Stora de la commune de Philippeville, et la
constitue en commune séparée* (B. de la préfecture, 1870, p. 335).

Municipalité : 1 maire et 1 adjoint.

ARRONDISSEMENT DE SÉTIF.

BORDJ-BOU-ARRÉRIDJ.

3 septembre 1870.

*Décret qui constitue Bordj-Bou-Arréridj en
commune de plein exercice* (B. O. 342).

Municipalité : 1 maire et 1 adjoint

BOU'IIRA.

22 août 1851.

Décret qui crée la commune de Bouhira avec deux annexes: Messaoud et Aïn-Arnat.

Municipalité : 1 maire et 3 adjoints.

EL-OURICIA.

28 mars 1863.

Décret qui constitue la commune de El-Ouricia avec l'annexe de Mahouan (B. G. 80).

Municipalité : 1 maire et 2 adjoints.

SAINT-ARNAUD.

10 décembre 1868.

Décret qui constitue la commune de Saint-Arnaud, comprenant, outre le village de ce nom, le hameau de l'Oued-Deheb et les établissements européens de l'Oued-Djerman. Le territoire de l'Oued-Deheb forme une section (B. G. 300).

12 novembre 1876

Décret qui rattache le douar Guelt-Zerga à la commune de Saint-Arnaud, dont il formera une section (B. G. 686).

Municipalité : 1 maire et 3 adjoints.

SÉTIF.

17 juin 1854.

Décret qui constitue en commune la ville de Sétif et sa banlieue (B. 462).

Municipalité : 1 maire et 2 adjoints.

DÉPARTEMENT D'ORAN.

ARRONDISSEMENT DE MASCARA.

MASCARA.

17 juin 1854.

Décret qui institue la commune de Mascara, comprenant comme sections de commune les villages de Saint-André et de Saint-Hippolyte et une partie de la plaine d'El-Ghris (B. 462).

27 janvier 1869.

Décret aux termes duquel la commune de Mascara comprend, outre le territoire qui lui a été assigné par décret du 17 juin 1854 : — 1° le territoire du centre de l'Oued-el-Hammam; — 2° celui de Selatna et de sa banlieue; — 3° une partie de l'annexe de Saint-André; — 4° une partie des prairies domaniales de Sidi-Kodni (B. G. 303).

Municipalité : 1 maire et 4 adjoints.

TIARET.

27 janvier 1869.

Décret qui constitue la commune avec le faubourg de Sidi-Kaled (B. G. 303).

Municipalité : 1 maire et 1 adjoint.

ARRONDISSEMENT DE MOSTAGANEM.

ABOUKIR.

31 décembre 1856.

Décret qui érige la commune d'Aboukir avec deux sections à Blad-Touaria et à Aïn-si-Chérif, comprenant la tribu des Ouled-Malef et une fraction de celle des Dradeb (B. 504).

6 juillet 1869.

Arrêté préfectoral qui distrait la section de Blad-Touaria de la commune d'Aboukir et la constitue en commune de plein exercice.

Municipalité : 1 maire et 2 adjoints.

AIN-BOUDINAR.

22 septembre 1870.

Arrêté préfectoral qui détache la section d'Aïn-Boudinar de la commune de Pélissier et la constitue en commune de plein exercice, avec les Cheurfa el Hammam et une partie des Ouled-Bou-Ramel et d'El-Goufiral.

Municipalité : 1 maire et 1 adjoint.

AIN-NOUISSY.

27 octobre 1869.

Arrêté préfectoral qui distrait la section d'Aïn-Nouissy de la commune de Rivoli et la constitue en commune de plein exercice, avec les Ouled-Hamdan et une partie des Dradeb.

Municipalité : 1 maire et 1 adjoint.

AIN-TEDELÈS.

31 décembre 1856.

Décret qui constitue la commune d'Aïn-Tedelès avec deux sections : l'une à Sourk-el-Mitou, l'autre à Pont-du-Chéliff (B. 504).

Les Cheurfa el Hamadia et une partie des Ouled-Bou-Kamel ont été de plus rattachés à la commune d'Aïn-Tedelès.

25 mars 1874.

Décret qui détache Sourk-el-Mitou de la commune d'Aïn-Tedelès pour en faire une commune séparée.

Municipalité : 1 maire et 2 adjoints.

BLAD-TOUARIAH.

6 juillet 1869.

Arrêté préfectoral qui distrait la section de Blad-Touariah de la commune d'Aboukir, et la constitue en commune de plein exercice comprenant une partie de la tribu de Goufirat et la tribu des Ouled-Sidi-Abdallah.

Municipalité : 1 maire et 1 adjoint.

BOUGUIRAT.

6 juillet 1869.

Arrêté préfectoral qui distrait de Relizane la section de Bouguirat et la constitue en commune de plein exercice. Les concessions d'Aïn-Madar sont rattachées à Bouguirat. (Décret du 1er avril 1865.)

Municipalité : 1 maire et 1 adjoint.

LA STIDIA.

27 octobre 1869.

Arrêté préfectoral qui distrait la section de La Stidia de la commune de Rivoli et la constitue en commune de plein exercice, et comprend dans la nouvelle commune une partie des Abid-Cheraga.

Municipalité : 1 maire et 1 adjoint.

MAZAGRAN.

22 septembre 1870.

Arrêté préfectoral qui distrait la section de Mazagran de la commune de Mostaganem et la constitue en commune de plein exercice, avec les centres d'Ouréah et de Cristel.

Municipalité : 1 maire et 1 adjoint.

MOSTAGANEM.

31 janvier 1843.

Ordonnance qui crée la commune de Mostaganem (B. 269).

12 janvier 1853.

Arrêté du gouverneur qui annexe à la commune de Mostaganem Rivoli, Aïn-Nouissy, Si-Chérif, Aboukir, Blad-Touaria, Aïn-Tedelès, Sourk-el-Mitou, Tounin, Kharouba, Aïn-Boudinar, La Stidia, Pélissier (B. 430).

Tous ces centres ont été successivement constitués en communes de plein exercice, sauf Si-Chérif qui est annexé à Rivoli, et Kharouba qui reste attaché à la commune de Mostaganem, avec une fraction des Hachem et une des Bou-Kamel.

Municipalité : 1 maire et 2 adjoints.

PÉLISSIER.

31 décembre 1856.

Décret qui érige en commune, sous le nom de Pélissier, le village des Litérés, avec deux sections à Tounin et à Aïn-Boudinar, et une fraction de Goufirat et des Dradeb.

22 septembre 1870.

Arrêté préfectoral qui distrait les sections de Tounin et d'Aïn-Boudinar et en fait deux communes séparées.

Municipalité : 1 maire et 1 adjoint.

RELIZANE.

1er avril 1865.

Décret qui crée la commune de Relizane avec deux sections : l'Hillil et Bouguirat (B. G. 146).

6 juillet 1869.

Arrêté préfectoral qui constitue Bouguirat en commune séparée.

17 janvier 1874.

Arrêté du gouverneur portant que le douar de

Murdja - el - Guergar, faisant actuellement partie de l'annexe de Mostaganem, est rattaché à la circonscription civile de Relizane (B. C, 548).

Municipalité : 1 maire et 2 adjoints.

RIVOLI.

31 décembre 1856.

Décret qui constitue la commune de Rivoli, comprenant Aïn-Nouissy et La Stidia et une fraction des Dradeb. (B. 504).

27 octobre 1869.

Arrêté préfectoral qui constitue Aïn-Nouissy et La Stidia en communes séparées.

Municipalité : 1 maire et 1 adjoint.

SOURK-EL-MITOU.

25 mars 1874.

Décret qui érige en commune de plein exercice la section de Sourk-el-Mitou dépendant de la commune d'Aïn-Tedelès et y adjoint les Chelafa et les Ouled-Sidi-Abdallah.

Municipalité : 1 maire et 1 adjoint.

TOUNIN.

22 septembre 1870.

Arrêté préfectoral qui distrait Tounin de la commune de Pélissier et en forme une commune séparée avec une fraction des Hachem.

Municipalité : 1 maire et 1 adjoint.

ARRONDISSEMENT D'ORAN.

AIN-EL-ARBA.

22 septembre 1870.

Arrêté préfectoral qui distrait la section d'Aïn el-Arba de la commune d'Aïn-Temouchent, et la constitue en commune de plein exercice avec M'léta et une fraction de la tribu des Douairs.

Municipalité : 1 maire et 1 adjoint.

AIN-EL-TURK.

23 mars 1864.

Décret qui distrait le centre d'Aïn-el-Turk de la commune d'Oran et la constitue en commune de plein exercice avec deux sections à Bou-Sfer et aux Andalouses (B. O. 100).

27 octobre 1869.

Arrêté préfectoral qui distrait de la commune d'Aïn-el-Turk la section de Bou-Sfer et celle des Andalouses.

Municipalité : 1 maire et 1 adjoint.

AIN-TEMOUCHENT.

27 janvier 1869.

Décret qui érige Aïn-Temouchent en commune de plein exercice. La commune d'Aïn-Temouchent comprend le territoire du district de ce nom et embrasse : 1° le territoire d'Aïn-Khial qui forme une section de commune avec celui d'El-Bridje; 2° le territoire de Rio-Salado formant une section avec ceux de Terga et d'Er-Rahel; et 3° le territoire d'Aïn-el-Arba, formant section avec celui de M'leta (B. O. 303).

22 septembre 1870.

Arrêté préfectoral qui érige Aïn-el-Arba en commune séparée.

Municipalité : 1 maire et 3 adjoints.

ARZEW.

31 décembre 1856.

Décret qui crée la commune d'Arzew, laquelle comprend, outre le territoire de cette ville, les anciennes colonies agricoles de Damesme et de Saint-Leu et le centre de Mulči-Magoun. Les deux premières formant sections de commune. — Elle comprend aussi la tribu des Amyan (B. 504).

18 février 1860.

Décret rattachant à la commune d'Arzew la section de Sainte-Léonie, avec l'annexe de Christel distraits de la commune de Saint-Cloud (B. M. 65).

Municipalité : 1 maire et 4 adjoints.

ASSI-AMEUR.

22 septembre 1870.

Arrêté préfectoral qui distrait le centre d'Assi-Ameur de la commune de Fleurus et le constitue en commune de plein exercice.

Municipalité : 1 maire et 1 adjoint.

ASSI-BEN-OKBA.

22 septembre 1870.

Arrêté préfectoral qui distrait la section d'Assi-ben-Okba de la commune de Fleurus et la constitue en commune de plein exercice.

Municipalité : 1 maire et 1 adjoint.

ASSI-BOU-NIF.

22 septembre 1870.

Arrêté préfectoral qui distrait la section d'Assi-bou-Nif de la commune de Fleurus et la constitue en commune de plein exercice.

Municipalité : 1 maire et 1 adjoint.

BOU-SFER.

27 octobre 1869.

Arrêté préfectoral qui distrait la section de Bou-Sfer de la commune d'Aïn-el-Turk et la constitue en commune de plein exercice avec les Andalouses pour section. — La tribu des Gamra dépend de cette commune.

Municipalité : 1 maire et 2 adjoints.

BOU-TLÉLIS.

23 mars 1864.

Décret qui distrait de la commune de Misserghin la section de Bou-Tlélis et la constitue en commune de plein exercice avec une fraction de la tribu des Douairs (B. O. 109).

1er avril 1865.

Décret qu' ... ache à la commune de Bou-T... le centre de Lourmel (B. O. 140).

22 septembre 1870.

Arrêté préfectoral qui distrait le centre de Lourmel et en fait une commune de plein exercice.

Municipalité : 1 maire et 1 adjoint.

FLEURUS.

décembre 1856.

Décret qui constitue la commune de Fleurus. (B. 504).

Art. 19. — La commune de Fleurus comprend,

outre le territoire de ce centre, celui des villages d'Assi-Ben-Okba, Assi-Ameur et Assi-Bou-Nif, formant trois sections de commune.

22 septembre 1870.

Arrêté préfectoral qui distrait les trois sections de la commune de Fleurus et les constitue en communes de plein exercice.

Municipalité : 1 maire et 1 adjoint.

KLÉBER.

22 septembre 1870.

Arrêté préfectoral qui distrait la section de Kléber de la commune de Saint-Cloud et la constitue en commune de plein exercice

Municipalité : 1 maire et 1 adjoint.

LOURMEL.

22 septembre 1870

Arrêté préfectoral qui distrait de la commune de Bou-Tlélis la section de Lourmel et la constitue en commune de plein exercice, avec une fraction de la tribu des Douairs.

17 janvier 1876.

Décret portant que le centre d'Er-Rahel est érigé en section de la commune de Lourmel et que cette section sera administrée, sous l'autorité du maire de la commune, par un adjoint spécial (B. O. 640).

Municipalité : 1 maire et 2 adjoints.

MANGIN.

22 décembre 1869.

Arrêté préfectoral constituant la commune de Mangin.

Municipalité : 1 maire et 1 adjoint.

MERS-EL-KÉBIR.

23 mars 1864.

Décret qui crée la commune de Mers-el-Kébir, comprenant les centres de Mers-el-Kébir de Saint-André (B. O. 109).

Municipalité : 1 maire et 1 adjoint.

MISSERGHIN.

31 décembre 1856.

Décret constituant la commune de Misserghi

laquelle comprend, outre le territoire de M16serghin, celui de Bou-Tlélis (B. 504). — La commune comprend aussi huit douars.

23 mars 1864.

Décret qui distrait la section de Bou-Tlélis et en forme une commune de plein exercice (B. O. 109).

30 septembre 1875.

Arrêté du gouverneur qui rattache provisoirement le grand Lac salé ou Sebka à la commune de Misserghin (B. O. 620).

Municipalité : 1 maire et 1 adjoint.

MOCTA-DOUZ.

22 septembre 1870.

Arrêté préfectoral qui détache de la commune de Saint-Denis-du-Sig la section de Mocta-Douz et la constitue en commune de plein exercice; une fraction des Bou-Taleb est rattachée à cette commune.

Municipalité : 1 maire et 1 adjoint.

ORAN.

31 janvier 1848.

Ordonnance qui érige la commune d'Oran et comprend dans sa circonscription Mers-el-Kébir et la Sénia (B. 269).

31 décembre 1856.

Décret qui rattache à la commune d'Oran les territoires d'Aïn-el-Turk et Bou-Sfer (B. 504).

23 mars 1864.

Décret qui distrait de la commune d'Oran les sections de Mers-el-Kébir, d'Aïn-el-Turk et Bou-Sfer, et les constitue en commune de plein exercice (B. O. 109).

26 janvier 1874.

Décret qui distrait la section de la Sénia et la constitue en commune séparée (B. O. 534).

Municipalité : 1 maire et 2 adjoints.

PERREGAUX.

22 septembre 1870.

Arrêté préfectoral qui distrait la section de Perregaux de la commune de Saint-Denis

du-Sig et la constitue en commune de plein exercice; une fraction des Bou-Taleb dépend de cette commune.

Municipalité : 1 maire et 1 adjoint.

SAINTE-BARBE-DU-TLÉLAT.

31 décembre 1856.

Décret qui érige Sainte-Barbe-du-Tlélat, ancien annexe de Saint-Denis-du-Sig, en commune de plein exercice avec une fraction de la tribu des Douairs (B. 504).

22 septembre 1870.

Arrêté préfectoral qui rattache à la commune de Sainte-Barbe-du-Tlélat la section de Tafaraoui.

Municipalité : 1 maire et 2 adjoints.

SAINT-CLOUD.

31 décembre 1856.

Décret qui crée la commune de Saint-Cloud, comprenant le territoire de ce village, ceux de Kléber, de Méfessour et le centre de Sainte-Léonie, formant section avec l'annexe de Christel (B. 504).

18 février 1860.

Décret qui distrait la section de Sainte-Léonie et l'annexe de Christel de la commune de Saint-Cloud et les rattache à la commune d'Arzew (B. M. 65).

22 septembre 1870.

Arrêté préfectoral qui distrait le centre de Kléber de la commune de Saint-Cloud et le constitue en commune de plein exercice.

Municipalité : 1 maire et 2 adjoints.

SAINT-DENIS-DU-SIG.

31 décembre 1856.

Décret qui crée la commune de Saint-Denis-du-Sig et lui assigne les limites du commissariat civil, moins le territoire de Sainte-Barbe-du-Tlélat (B. 504): une fraction des Douairs est rattachée à la commune.

27 janvier 1869.

Décret aux termes duquel la commune de Saint-Denis-du-Sig comprend, outre le terri-

toire qui lui a été assigné par décret du 31 décembre 1856 : — 1° les lotissements de la ½ lac de l'Habra (rive droite et rive gauche), affectée à la colonisation; — 2° les 24,000 hectares aliénés en vue de la construction du barrage de l'Habra : ces deux groupes seront compris dans la section communale de Perrégaux.

22 septembre 1870.

Arrêté préfectoral qui distrait la section de Perrégaux et la constitue en commune séparée.

Municipalité : 1 maire et 1 adjoint.

SAINT-LOUIS.

31 décembre 1856.

Décret qui crée la commune de Saint-Louis, comprenant, outre ce centre, celui d'Assi-Ben-Ferdah (B. 504).

18 février 1860.

Décret rectifiant les limites de la commune et y rattachant la tribu des Gharabas (B. M. 65).

Municipalité : 1 maire et 2 adjoints.

LA SÉNIA.

26 janvier 1874.

Décret qui constitue la commune de la Sénia (B. G. 534).

Municipalité : 1 maire et 1 adjoint.

SIDI-CHAMY.

31 décembre 1856.

Décret constituant la commune de Sidi-Chamy, comprenant, outre le territoire de ce village, les annexes d'Arcole, Assi-el-Biod et l'Étoile, l'annexe d'Arcole formant seule une section de commune (B. 504).

18 février 1860.

Décret qui ajoute deux douars à la commune (B. M. 65).

Municipalité : 1 maire et 2 adjoints.

TAMZOURA.

27 janvier 1869.

Décret qui crée la commune de Tamzoura comprenant, outre le centre de ce nom — 1° ceux d'Arbal et d'El Khémis; — 2° le territoire de Tafaraouï (B. G. 303) La tribu des Smalas fait partie de cette commune.

22 septembre 1870.

Arrêté préfectoral qui distrait la section de Tafaraouï de la commune Tamzoura et la rattache à la commune Sainte-Barbe du Tlélat.

Municipalité : 1 maire et 1 adjoint.

VALMY.

31 décembre 1856.

Décret qui crée la commune de Valmy, ayant pour annexe le village de Mangin (B. 504). Deux fractions de tribus sont rattachées à la commune.

22 décembre 1869.

Décret qui distrait Mangin de la commune de Valmy et la constitue en commune de plein exercice.

Municipalité : 1 maire et 1 adjoint.

ARRONDISSEMENT DE SIDI-BEL-ABBÈS.

SIDI-BEL-ABBÈS.

31 décembre 1856.

Décret qui constitue la commune de Sidi-Bel-Abbès, laquelle comprend les centres de Sidi Lhassen, Sidi Brahim et Sidi-Kaled et une fraction des Haredj (B. 504).

27 janvier 1869.

Décret qui rattache à la commune de Bel-Abbès les sections de Thessalah et des Trembles (B. G. 303).

5 mars 1874.

Décret qui constitue St-Lhassen, Thessalah et les Trembles en communes séparées (B.-O, 539).

Municipalité : 1 maire et 1 adjoint.

SIDI-LHASSEN

25 mars 1874.

Décret qui érige en commune de plein exercice la section de Sidi-Lhassen dépendant de la commune de Sidi-bel-Abbès (B. O. 539).

Municipalité : 1 maire et 1 adjoint.

THESSALAH.

25 mars 1874.

Décret qui érige en commune de plein exercice la section du Thessalah dépendant de la commune de Sidi-Bel-abbès (B. O. 539).

Cette section comprenait, d'après le décret du 27 janvier 1869, les territoires d'Aïn-Soffra, Aïn-Trid, Hadjar-Zerga, El-Braïka et Aïn-el-Khémis.

Municipalité : 1 maire et 1 adjoint.

TREMBLES (LES).

25 mars 1874.

Décret érigeant en commune de plein exercice la section des Trembles dépendant de la commune de Sidi-Bel-Abbès (B. O. 539).

Cette section comprenait, d'après le décret du 27 janvier 1869, les territoires des Trembles, de Zélifa, de l'Oued-Imbert, de la Djemaa, et de Mékreda.

Municipalité : 1 maire et 1 adjoint.

ARRONDISSEMENT DE TLEMCEN.

HENNAYA.

26 janvier 1874.

Décret qui distrait Hennaya de la commune de Tlemcen et l'érige en commune de plein exercice avec Aïn-el-Hadjar (B. O. 534).

14 avril 1874.

Arrêté du gouverneur qui rattache le douar des Ouled-Alaa à la commune d'Hennaya (B. O. 534).

28 août 1877.

Arrêté du gouverneur qui distrait le douar des Ouled-Alaa de la commune d'Hennaya et le rattache à la commune mixte de Tlemcen (B. O. 699).

Municipalité : 1 maire et 1 adjoint.

NEMOURS.

27 janvier 1869.

Décret qui constitue la commune de Nemours comprenant le territoire de l'ancien district, les Ouled-Ziri et le village de Sidi-Amar (B. O. 303).

Municipalité : 1 maire et 1 adjoint.

TLEMCEN.

17 Juin 1854.

Décret qui constitue la commune de Tlemcen, comprenant le territoire du chef-lieu et comme sections de communes les territoires des villages de Dréa, Négrier, Saf-Saf, Mansourah, et Hennaya (B. 462),

27 Janvier 1869.

Décret qui rattache à la commune de Tlemcen: 1° le territoire du centre de Lamoricière; 2° le territoire du pont de l'Isser avec les concessions voisines de la Société générale algérienne, de l'Amigué et de Fritz-Glokner (B. O. 303).

26 Janvier 1874.

Décret qui érige Hennaya en commune séparée (B. O. 534).

10 juillet 1875.

Arrêté du gouverneur qui détache Lamoricière de la commune de plein exercice de Tlemcen et la rattache à la commune mixte de Lamoricière (B. O. 615).

Municipalité : 1 maire 6 adjoints.

27 octobre 1874.

Tableau des circonscriptions électorales du département d'Alger et du nombre des conseillers municipaux de chaque commune, modifié d'après le dénombrement de la population de 1876 et l'arrêté du gouverneur du 29 décembre 1877 (B. de la Préfecture 1876 et B. O. 705).

ARRONDISSEMENT D'ALGER.

COMMUNES.	SECTIONS ÉLECTORALES.	FRANÇAIS.	MUSULMANS.	ÉTRANGERS.	TOTAUX.
Aïn-Taya	Aïn-Taya	3	1	2	9
	Le Cap	3			
Alger		18	3	3	24
Alma		8	3	1	12
Ameur-el-Aïn		6	2	1	9
Arba	Arba (chef-lieu)	7	2	2	12
	Rivet	1			
Attatba		6	2	1	9
Aumale		9	2	1	12
Baba-Hassen		7	»	2	9
Beni-Méred		8	»	1	9
Berrouaghia		8	1	»	9
Birkadem	Birkadem (chef-lieu)	9	2	1	12
	Saoula	1			
Birmandreis		6	1	2	9
Bir-Rabalou	Bir-Raboulou (ch.-l)	9	3	»	12
	Les Trembles	1			
Birtouta		7	1	1	9
Blad-Guitoun	Blad-Guitoun (ch.-l.)	3	3	»	12
	Zantra	2			
	Zamouri	2			
	Isserbourg	2			
Blida	Blida (chef-lieu)	9	4	2	18
	Dalmatie	1			
	Joinville	1			
	Montpensier	1			
Boghar		9	2	1	12
Boghari		7	1	1	9
Boufarik	Boufarik (chef-lieu)	7	3	1	12
	Boulnan	1			
Bourkika		7	2	»	9
Bouzaréa		6	2	1	9
Castiglione	Castiglione (ch.-lieu)	3	1	2	9
	Bérard	2			
	Téeschoun	1			
Chebli		6	2	1	9
Chéragas	Chéragas (chef-lieu)	5	2	2	12
	Sidi-Ferruch	1			
	Staouéli	1			
	Zéralda	1			
Cherchell	Cherchell (chef-lieu)	5	3	1	12
	Novi	2			
	Zurich	1			
La Chiffa		6	2	1	9
Crescia		7	1	1	9
Dély-Ibrahim	Dély-Ibrahim (chef-l)	7	»	2	9
	Ouled-Fayct	1			

ARRONDISSEMENT D'ALGER (Suite).

COMMUNES.	SECTIONS ÉLECTORALES.	FRANÇAIS.	MUSULMANS.	ÉTRANGERS.	TOTAL X.
Douéra	Douéra (chef-lieu)	9	2	1	12
	Sainte-Amélie				
	Saint-Ferdinand				
Draria		6	2	1	9
El-Achour		9	»	»	9
El-Affroun		7	1	1	9
El-Biar		6	1	2	9
Fondouck		8	3	1	12
Guyotville		7	»	2	9
Hussein-Dey		8	1	3	12
Coléa	Coléa (chef-lieu)	5	2	2	12
	Douaouda	1			
	Fouka	2			
Kouba		6	1	2	9
Mahelma		6	2	1	9
Maison-Carrée		8	2	2	12
Marengo	Marengo (chef-lieu)	7	2	1	12
	Montébello	1			
	Tipaza	1			
Médéa	Médéa (chef-lieu)	11	3	1	18
	Damiette				
	Lodi				
Ménerville	Col (chef-lieu)	4	2	1	12
	Belle-Fontaine	3			
	Souk-el-Hadd	2			
Mouzaïaville		9	2	1	12
Mustapha		9	1	2	12
Oued-el-Alleug		9	2	1	12
La Rassauta		8	1	3	12
La Reghaïa		6	2	1	9
Routba		6	2	1	9
Rovigo		8	3	1	12
St-Eugène		7	1	1	9
St-Pierre, St-Paul	St-Pierre	8	3	1	12
	St-Paul				
Sidi-Moussa		6	2	1	9
Souma		9	2	1	12

ARRONDISSEMENT DE MILIANA.

COMMUNES.	SECTIONS ÉLECTORALES.	FRANÇAIS.	MUSULMANS.	ÉTRANGERS.	TOTAL X.
Affreville	Affreville (chef-lieu)	8	3	1	12
	Lavarande				
Aïn-Sultan		9	3	»	12
Bou-Medfa		6	3	»	9
Duperré		9	3	»	12
Miliana		9	2	1	12
Saint-Cyprien-des-Attafs (1)		6	3	»	9
Teniet-el-Hadd		9	2	1	12
Vesoul-Benian		9	»	»	9

ARRONDISSEMENT D'ORLÉANSVILLE.

COMMUNES.	SECTIONS ÉLECTORALES.	FRANÇAIS.	MUSULMANS.	ÉTRANGERS.	TOTAL X.
Montenotte		8	4	»	12
Orléansville	Orléansville (chef-l.)	6	2	1	12
	La Ferme	2			
	Pontéba	1			
Ténès		8	3	1	12

(1) Le conseil municipal a été constitué par arrêté du 11 février 1878 (B. O. 711).

COMMUNES.	SECTIONS ÉLECTORALES.	FRANÇAIS.	MUSULMANS.	ÉTRANGERS.	TOTAUX.
ARRONDISSEMENT DE TIZI-OUZOU.					
Bordj-Menaiel.	Bordj-Menaiel.... 6 / Isserville.... 3 / Dellys (chef-lieu). 0		3	»	13
Dellys.	Rebeval.... 2 / Ben-N'choud et Oulad-Keddach..		3	2	18
Dra-el-Mizan.	Dra-el-Mizan. 5 / Bou-Faïna. 2		2	»	9
Fort-National.	0		»	»	9
Tizi-Ouzou	Tizi-Ouzou. 9 / Bou-Khalfa.		3	»	12

31 décembre 1877.

Tableau des sections électorales du département de Constantine, dressées par le conseil général, et du nombre des conseillers municipaux, suivant le dénombrement de la population de 1876, et l'arrêté du gouverneur du 29 décembre 1877 (B. de la préfecture, n° 1 de 1878, et B. G. 705).

COMMUNES.	SECTIONS ÉLECTORALES.	FRANÇAIS.	MUSULMANS.	ÉTRANGERS.	TOTAUX.
ARRONDISSEMENT DE BONE.					
Aïn-Mokra.		8	2	2	12
Barral.		8	1	»	9
Bône.		13	2	3	18
Bugeaud.		6	2	1	9
Duvivier.	Duvivier. / Medjez-Sfa.	6	2	1	9
Duzerville.		8	3	1	12
Herbillon.		6	3	»	9
La Calle.	La Calle. / Oum-Theboul	8	1	3	12
Mondovi.	Mondovi. / Les Fermes.	7	1	1	9
Nechmeya.		7	2	»	9
Penthièvre.		6	2	1	9
Randon.	Randon. / Oued-Besbès	8	3	1	12

COMMUNES.	SECTIONS ÉLECTORALES.	FRANÇAIS.	MUSULMANS.	ÉTRANGERS.	TOTAUX.
ARRONDISSEMENT DE BOUGIE.					
Bougie.		9	2	1	12
Djidjelli.		8	3	1	12
ARRONDISSEMENT DE CONSTANTINE.					
Aïn-Beïda.	Aïn-Beïda. / La Meskina.	8	3	1	12
Aïn-Smara.		8	4	»	12
Batna.	Batna. / Fesdis et Ksaïa.	9	2	1	12
Biskra (1).		6	2	1	9
Bizot.		8	4	»	12
Condé-Smendou.		8	3	1	12
Constantine.		18	4	2	24
Hamma.		8	4	»	12
Kroub.	Kroub / El Haria.	8	3	1	12
Guettar-el-Aïch (2).		7	2	»	9
Lambèse.		6	3	»	9
Oued-Atménia.	Bled-Youssef. / Bou-Malek.	8	4	»	12
Ouled-Rahmoun.		6	3	»	9
Ouled-Seguin.		6	3	»	9
Oued-Zenati.	Oued-Zenati. / Aïn-Abid.	8	3	1	12
Rouffach.	Rouffach. / Aïn-Kerma.	8	4	»	12
ARRONDISSEMENT DE GUELMA.					
Clauzel.		6	3	»	9
Enchir-Saïd.		6	3	»	9
Guelaat-bou-Sba.		7	2	»	9
Guelma.	Guelma. / Oued-Toula.	9	2	1	12
Héliopolis.		6	3	»	9
Millésimo.		6	3	»	9
Petit.		6	3	»	9
Souk-Ahrras.		9	2	1	12
ARRONDISSEMENT DE PHILIPPEVILLE.					
El-Arrouch.		6	2	1	9
El-Kantour.		8	4	»	12
Gastonville.		8	4	»	12
Gastu.		6	3	»	9
Jemmapes.	Jemmapes. / Ahmed-ben-Ali. / Sidi-Nassar	6	1	2	9
Philippeville.	Philippeville. / Damrémont / Saint-Antoine. / Valée	13	1	4	18
Robertville.		8	4	»	12
Saint-Charles.		8	3	1	12
Stora.		6	»	3	9

(1) Arrêté du gouverneur du 5 juillet 1878.
(2) Arrêté du gouverneur du 21 décembre 1877.

ARRONDISSEMENT DE SÉTIF.

COMMUNES.	SECTIONS ÉLECTORALES.	FRANÇAIS.	MUSULMANS.	ÉTRANGERS.	TOTAUX.
Bordj-bou-Arréridj		6	2	1	9
Bouhira	Bouhira. Messaoud. Aïn-Arnat.	6	3	»	9
El Ouricia	El.Ouricia. Mahouan.	6	3	»	9
Saint-Arnaud	Saint-Arnaud. Oued-Deheb.	9	3	»	12
Sétif	Sétif. Mesloug.	9	1	2	12

10 janvier 1877.

Tableau des circonscriptions électorales du département d'Oran et du nombre des conseillers municipaux de chaque commune, établi d'après le dénombrement de la population de 1870 et l'arrêté du gouverneur du 29 décembre 1877 (B. Préfecture de 1877 et B. G. 705).

ARRONDISSEMENT DE MASCARA.

COMMUNES.	SECTIONS ÉLECTORALES.	FRANÇAIS.	MUSULMANS.	ÉTRANGERS.	TOTAUX.
Mascara	Mascara. Saint-André. Saint-Hippolyte. Oued-el-Hammam.	13	2	1	18
Tiaret		9	1	2	12

ARRONDISSEMENT DE MOSTAGANEM.

COMMUNES.	SECTIONS ÉLECTORALES.	FRANÇAIS.	MUSULMANS.	ÉTRANGERS.	TOTAUX.
Aboukir	Aboukir. Aïn-Sidi-Chérif.	9	3	»	12
Aïn-Boudinar		6	3	»	9
Aïn-Nouissy		6	3	»	9
Aïn-Tédelès	Aïn-Tédelès. Pont-du-Chélif.	9	3	»	12
Blad-Touaria		6	3	»	9
Bouguirat		9	»	»	9
La Stidia		6	»	3	9
Mazagran		6	2	1	9
Mostaganem		13	3	2	18
Pélissier		9	3	»	12
Relizane	Relizane. L'Hillil.	10	1	1	12

ARRONDISSEMENT DE MOSTAGANEM (Suite).

COMMUNES.	SECTIONS ÉLECTORALES.	FRANÇAIS.	MUSULMANS.	ÉTRANGERS.	TOTAUX.
Rivoli		6	3	»	9
Souk-el-Mitou		6	3	»	9
Touuin		6	3	»	9

ARRONDISSEMENT D'ORAN.

COMMUNES.	SECTIONS ÉLECTORALES.	FRANÇAIS.	MUSULMANS.	ÉTRANGERS.	TOTAUX.
Aïn-el-Arba		6	2	1	9
Aïn-el-Turk		6	»	3	9
Aïn-Témouchent	Aïn-Témouchent. Aïn-Kial. Rio-Salado.	9	1	2	12
Arzew	Arzew. Bettiona. Damesme. Hamyans. Saint-Leu. Sainte-Léonie.	8	»	1	9
Assi-Ameur		9	»	»	9
Assi-ben-Okba		8	»	1	9
Assi-bou-Nif		8	»	1	9
Bou-Sfer	Bou-Sfer. Les Andalouses.	9	2	1	12
Bou-Tlélis		6	2	1	9
Fleurus		6	»	3	9
Kléber		8	»	1	9
Lourmel	Lourmel. Er-Rahel.	7	»	2	9
Mangin		9	»	»	9
Mers-el-Kébir		6	»	3	9
Misserghin		9	2	1	12
Mocta-Douz		6	1	2	9
Oran		18	2	4	24
Perrégaux		9	1	2	12
Sainte-Barbe-du-Tlélat	Sainte-Barbe-du-Tlélat. Tafaraoui.	7	1	1	9
Saint-Cloud	Saint-Cloud. Mefessour.	9	2	1	12
St-Denis-du-Sig		9	1	2	12
Saint-Louis	Saint-Louis. Assi-ben-Ferréah.	7	1	1	9
Sénia (La)		6	»	3	9
Sidi-Chamy	Sidi-Chamy. Arcole.	6	1	2	9
Tamzourah		7	2	»	9
Valmy		6	2	1	9

ARRONDISSEMENT DE BEL-ABBÈS.

COMMUNES.	SECTIONS ÉLECTORALES.	FRANÇAIS.	MUSULMANS.	ÉTRANGERS.	TOTAUX.
Sidi-bel-Abbès	Sidi-bel-Abbès. Sidi-Brahim. Sidi-Kaled.	13	2	3	18
Sidi-Lassen		6	»	3	9
Thessalah		6	3	»	9
Trembles (Les)		6	1	2	9

ARRONDISSEMENT DE TLEMCEN.

COMMUNES.	SECTIONS ÉLECTORALES.	FRANÇAIS.	MUSULMANS.	ÉTRANGERS.	TOTAUX.
Hennaya		6	2	1	9
Nemours		9	1	2	12
Tlemcen	Tlemcen. Bréa. Mansourah. Négrier. Saf-Saf. Pont-de-l'Isser.	13	4	1	18

Communes Indigènes,

20 mai 1868,

Arrêté du gouverneur général portant organisation municipale du territoire militaire (B. O. 267).

Art. 1. — Le territoire militaire de chaque subdivision est divisé en communes mixtes et en communes subdivisionnaires (remplacées par les communes indigènes).

Art. 2. — (Relatif aux communes mixtes.)

Art. 3. — Les communes subdivisionnaires comprennent les douars constitués en exécution du sénatus-consulte du 22 avril 1863, et les tribus qui seront successivement soumises à son application. — Les communes subdivisionnaires ont pour centre administratif le chef-lieu de la subdivision.

Art. 4. — Les communes divisionnaires (*indigènes*) sont personnes civiles. Elles exercent, à ce titre, tous les droits, prérogatives et actions dont les communes de plein exercice sont investies par la loi.

TITRE II (1).

DES COMMUNES SUBDIVISIONNAIRES.

SECTION 1. — Du domaine des communes subdivisionnaires.

Art. 15. — Le domaine des communes subdivisionnaires se compose :

1° Des biens déclarés biens communaux et des droits conférés aux communes par la législation;

2° Des biens et des dotations qui sont ou qui pourront être attribués aux communes par la législation spéciale de l'Algérie.

Au fur et à mesure de la constitution des communes mixtes, des arrêtés du gouverneur général répartissent, suivant qu'il y a lieu, entre ces communes et la commune subdivisionnaire, les constructions élevées, soit au moyen de fonds provenant des cotisations des tribus, soit au moyen des centimes additionnels à l'impôt arabe. — Toutefois, les biens communaux attribués aux douars légalement constitués resteront, dans tous les cas, la propriété exclusive de ces douars.

SECTION 2. — De l'administration des communes subdivisionnaires et des conseils subdivisionnaires.

Art. 16. — Les communes subdivisionnaires sont administrées par le commandant de la subdivision, assisté d'un conseil composé des commandants des cercles, du sous-intendant militaire, des commandants du génie, du chef du bureau arabe de la subdivision, et de notables indigènes,

en nombre égal à celui des cercles, sans que ce nombre puisse être inférieur à quatre.

Art. 17. — Les conseillers indigènes sont nommés, pour trois ans, par le gouverneur général, et sont susceptibles d'être renommés. Ils peuvent être suspendus ou révoqués de leurs fonctions par arrêté du gouverneur général.

Art. 18. — Les conseils subdivisionnaires se réunissent ordinairement deux fois par an, au mois de mai et au mois d'octobre. Chaque session peut durer dix jours.

Art. 19. — Les généraux commandant les provinces peuvent, en outre, prescrire la convocation extraordinaire d'un conseil, ou l'autoriser, sur la demande du commandant de la subdivision, toutes les fois qu'ils le jugent utile.

Art. 20. — Le commandant de la subdivision préside le conseil. Les fonctions de secrétaire sont remplies par le chef du bureau arabe subdivisionnaire (1).

Art. 21. — Le conseil subdivisionnaire ne peut délibérer que lorsque la majorité des membres se trouve présente. Les décisions se prennent à la majorité des voix, et, en cas de partage, celle du président est prépondérante.

Art. 22. — Il est interdit aux conseils subdivisionnaires de prendre aucune délibération sur des objets étrangers à leurs attributions, ou hors de leur réunion légale, et de se mettre en correspondance avec les autres conseils.

Art. 23. — Les délibérations des conseils sont inscrites, par ordre de date, sur un registre coté et paraphé par le général commandant la province ou son délégué. Elles sont signées par tous les membres présents à la séance, ou mention est faite de la cause qui les empêche de signer.

SECTION 3. — Des attributions municipales du commandant de la subdivision, président du conseil subdivisionnaire.

Art. 24. — Le président du conseil subdivisionnaire est chargé de la publication des lois, décrets et arrêtés, et généralement des fonctions dévolues aux maires par la législation spéciale à l'Algérie, notamment :

1° De la conservation et de l'administration des propriétés de la commune subdivisionnaire, et de faire, en conséquence, tous actes conservatoires de ses droits;

2° De la gestion des revenus, de la surveillance des établissements communaux et de celle de la comptabilité communale;

3° De la proposition du budget;

4° De l'ordonnancement des dépenses par l'intermédiaire des fonctionnaires de l'intendance militaire ou du service du génie;

5° Des travaux communaux;

6° De souscrire les marchés, de passer les baux de biens dans les formes établies par les règlements;

---

(1) TITRE I. — Communes mixtes du territoire militaire.

(1) Ci-après arrêté du 13 novembre 1871, art. 4.

7° De souscrire, dans les mêmes formes, les actes de vente, échange, partage, acceptation de dons ou legs, acquisition, transaction, lorsque ces actes auront été préalablement autorisés.

Art. 25. — Lorsqu'il y a lieu de procéder à une adjudication, le président du conseil subdivisionnaire se fait représenter par le fonctionnaire de l'intendance militaire chargé des ordonnancements; celui-ci est assisté de deux membres du conseil. — Le receveur des contributions diverses du chef-lieu, chargé de la comptabilité de la commune subdivisionnaire, est appelé à toutes les adjudications.

Art. 26. — Toutes les difficultés qui peuvent se présenter sur les opérations préparatoires des adjudications sont résolues séance tenante, à la majorité des voix, par le fonctionnaire de l'intendance et les deux conseillers, sauf le recours de droit.

Art. 27. — Les adjudications ne sont valables et définitives qu'autant qu'elles ont été approuvées par le général commandant la province, si la dépense ne dépasse pas 10,000 francs, et par le gouverneur général dans tous les autres cas.

Art. 28. — Le président du conseil subdivisionnaire nomme à tous les emplois communaux pour lesquels il n'est pas prescrit un mode spécial de nomination. Il suspend et révoque les titulaires de ces emplois.

Art. 29. — Le conseil délibère sur les objets suivants :

1° Le mode d'administration des biens de la commune subdivisionnaire;

2° Le budget de la commune subdivisionnaire, et, en général, toutes les recettes et les dépenses, soit ordinaires, soit extraordinaires;

2° Les acquisitions, aliénations et échanges de propriétés communales, leur affectation aux différents services publics, et, en général, tout ce qui intéresse leur conservation et leur amélioration ;

4° Les conditions des baux de biens donnés ou pris à ferme ou à loyer;

5° Les projets de constructions, de grosses réparations, d'entretien et de démolition, et, en général, tous les travaux à entreprendre;

6° L'ouverture des chemins vicinaux;

7° L'acceptation des dons et legs faits à la commune subdivisionnaire ou aux établissements qui en dépendent;

8° Les actions judiciaires et les transactions sur lesquelles les conseils municipaux sont appelés à délibérer, d'après les lois et ordonnances.

Art. 30. — Les délibérations des conseils subdivisionnaires sont adressées au général commandant la province, qui les transmet au gouverneur général. — Elles ne sont exécutoires qu'après avoir reçu l'approbation du général commandant la province, ou du gouverneur général, dans les cas spéciaux déterminés par le présent arrêté.

Art. 31. — Le conseil subdivisionnaire est toujours appelé à donner son avis sur les comptes annuellement présentés par son président, administrateur de la commune. Il entend, débat, arrête, sauf le règlement définitif par le gouverneur général, les comptes de deniers du receveur. — Le conseil peut exprimer ses vœux sur tous les objets d'intérêt local.

Art. 32. — Dans les séances où les comptes d'administration du président sont débattus, la présidence est dévolue à l'officier présent le plus élevé en grade, après le commandant de la subdivision. Celui-ci peut assister à la séance, mais il doit se retirer au moment où le conseil va émettre son vote.

SECTION 4. — Des dépenses et recettes et des budgets des communes subdivisionnaires.

Art. 33. — Les dépenses des communes subdivisionnaires sont obligatoires ou facultatives.

Sont obligatoires les dépenses suivantes :

1° L'acquittement des dettes exigibles;

2° Les frais d'administration et de perception des droits et revenus de la commune subdivisionnaire;

3° Les prélèvements autorisés, remboursements et restitutions sur ces produits;

4° Les traitements des agents employés à un service de surveillance et de police;

5° L'entretien des mobiliers des bureaux arabes et des hôtels des commandants de subdivisions et de cercles;

6° L'hébergement des hôtes dans les chefs-lieux de subdivision et de cercle et dans les annexes;

7° L'entretien des indigènes traduits ou condamnés devant les commissions disciplinaires;

8° Les dépenses d'assistance publique;

9° Celles relatives à l'instruction publique, telles que création et entretien des écoles des douars, des écoles arabes-françaises, entretien d'élèves indigènes dans les médersas, dans les écoles professionnelles, dans les collèges arabes-français ou à l'école de médecine;

10° Les dépenses de matériel de la justice musulmane et du culte;

11° L'achat et l'entretien des étalons de tribus;

12° L'entretien des travaux faits;

13° Les dépenses obligatoires des douars-communes n'ayant pas les revenus suffisants pour y faire face, notamment les dépenses des traitements des secrétaires des djemâas et celles de l'achat des registres de l'état civil. (Arrêté postérieur des 5-31 octobre 1870. — B. O. 312.)

Art. 34. — Toutes les dépenses autres que les précédentes sont facultatives.

Art. 35. — Les recettes des communes subdivisionnaires sont ordinaires ou extraordinaires.

Art. 36. — Les recettes ordinaires se composent :

1° Des centimes additionnels à l'impôt arabe, dont le taux est déterminé par le gouverneur général;

2° Des produits, tels que loyers et fermages,

rentes foncières et valeurs productives quelconques, des immeubles appartenant à la commune subdivisionnaire;

3° Des droits de place, de pesage, de mesurage et de jaugeage dans les halles, foires et marchés publics de la commune subdivisionnaire, les douars constitués en vertu du sénatus-consulte exceptés;

4° De la portion des amendes payées par les indigènes des tribus ou des douars qui n'est pas attribuée aux chefs indigènes par les arrêtés spéciaux sur la matière.

Art. 37. — Les recettes extraordinaires se composent :

1° Du prix de vente des biens aliénés et qui faisaient partie des propriétés de la commune subdivisionnaire;

2° Du prix de vente des objets provenant des services subdivisionnaires, tels que mobiliers des hôtels de la subdivision, des cercles, des bureaux arabes ou des écoles arabes-françaises;

3° Des dons et legs;

4° Du remboursement des capitaux exigibles et rentes constituées;

5° Du produit des cotisations volontaires que certaines tribus ou portions de tribus seraient autorisées à s'imposer extraordinairement pour subvenir à une dépense déterminée.

Art. 38. — L'excédant des recettes sur les dépenses de l'exercice expiré et réglé, sera porté en première ligne dans les ressources du budget de chaque commune subdivisionnaire pour l'exercice suivant.

Art. 39. — Ce budget, présenté par le commandant de la subdivision et voté par le conseil, est réglé définitivement par le gouverneur général, auquel il est transmis par le général commandant la province.

Art. 40. — Les crédits qui pourraient être reconnus nécessaires, après le règlement du budget, sont délibérés conformément aux articles précédents, et sont l'objet de chapitres additionnels qui doivent être soumis à l'approbation du gouverneur général.

Art. 41. — Les dépenses proposées au budget d'une commune subdivisionnaire peuvent être réduites ou rejetées par l'arrêté qui règle ce budget.

Art. 42. — Les conseils subdivisionnaires peuvent porter au budget un crédit pour dépenses imprévues, mais ce crédit ne peut être employé qu'avec l'autorisation du général commandant la province.

Art. 43. — Les dépenses proposées au budget ne peuvent être augmentées, et il ne peut en être introduit de nouvelles qu'autant qu'elles sont obligatoires.

Art. 44. — Les fonds provenant des budgets des communes subdivisionnaires sont consacrés intégralement et exclusivement aux dépenses d'utilité commune, spéciales aux tribus ou douars de cette subdivision.

Art. 45. — Néanmoins, il en est fait chaque année déduction d'une somme fixée par le gouverneur général, et qui, dans aucun cas, ne pourra dépasser le vingtième des recettes. Elle est applicable à l'établissement d'un fonds commun particulier à chaque province et destiné à subvenir aux dépenses suivantes :

1° Frais généraux et impressions relatifs à l'administration des tribus ;

2° Indemnité pour frais de bureaux attribuée au directeur des affaires arabes de la province;

3° Entretien du mobilier de la direction des affaires arabes;

4° Hébergement des hôtes au chef-lieu de la province;

5° Entretien des indigènes détenus au chef-lieu de la province ;

6° Secours et frais de médicaments pour les indigènes du territoire militaire, de passage au chef-lieu de province;

7° Part de la province dans les dépenses d'entretien des détenus indigènes de passage à Alger, et d'hébergement des hôtes du gouverneur général;

8° Part de la province dans les frais généraux et d'impression particuliers au territoire militaire de l'Algérie;

9° Secours pour les indigènes des provinces d'Oran et de Constantine, de passage à Alger.

10° Entretien du mobilier du bureau politique.

11° Part de la province dans les allocations attribuées à l'inspecteur des établissements d'instruction publique ouverts aux indigènes.

Art. 46. — Le fonds commun donne lieu à l'établissement d'un budget spécial, administré par le général commandant la province et réglé par le gouverneur général, d'après les principes admis pour les budgets des communes subdivisionnaires, sauf en ce qui concerne l'assistance du conseil subdivisionnaire.

SECTION 5. — Des acquisitions, aliénations, baux, dons et legs.

Art. 47. — Les délibérations des conseils subdivisionnaires ayant pour objet des acquisitions, ventes ou échanges d'immeubles, le partage de biens indivis, sont soumises à l'approbation du général commandant la province, quand il s'agit d'une valeur n'excédant pas 5,000 francs, et, dans tous les autres cas, à l'approbation du gouverneur général.

Art. 48. — Les délibérations des conseils subdivisionnaires ayant pour objet des baux de biens pris ou donnés à loyer, ne sont exécutoires qu'autant qu'elles ont été approuvées par le général commandant la province, lorsque la durée des baux n'excède pas neuf ans, et dans tous les autres cas, par le gouverneur général.

Art. 49. — Les délibérations des conseils subdivisionnaires, portant refus ou acceptation de dons ou legs mobiliers ou de sommes d'argent faits à la commune ou à des établissements qui en dépendent, sont soumises à l'approbation du général commandant la province, si la valeur ne s'élève pas à plus de 3,000 francs. — Si cette valeur est supérieure à 3,000 francs, ou si les dons ou legs sont immobiliers par leur nature, les délibérations sont soumises à l'approbation du gouverneur général.

Section 6. — Comptabilité.

Art. 50. — Les recettes et les dépenses admises aux budgets des communes subdivisionnaires, ainsi que les dépenses payées sur le fonds commun, forment, dans la comptabilité des receveurs des contributions diverses, un service spécial dont ils doivent compte, conformément aux règles tracées dans le décret du 20 janvier 1858 sur les recettes municipales en Algérie.

Art. 51. — Les budgets des communes subdivisionnaires et du fonds commun sont préparés au mois d'octobre de chaque année, et soumis par les généraux commandant les provinces à l'approbation du gouverneur général dans le courant du mois de novembre.

Art. 52. — Les dépenses imputées sur lesdits budgets sont acquittées sur des mandats délivrés par l'intendance militaire ou par le service du génie.

Art. 53. — Les règles de la comptabilité des communes de plein exercice sont applicables à la comptabilité des communes subdivisionnaires et du fonds commun, en ce qui touche la division et la durée des exercices, la justification, le contrôle, l'ordonnancement et le payement des dépenses, le maximum de l'encaisse des receveurs et, enfin, le mode d'écritures et de comptabilité.

Art. 54. — Les comptes des receveurs des contributions, en ce qui concerne le recouvrement et l'emploi des sommes appartenant aux budgets des communes subdivisionnaires ou au fonds commun, sont rendus dans les délais et conformément aux règles qui s'appliquent aux receveurs municipaux en Algérie. Les comptes administratifs sont réglés par le gouverneur général.

Section 7. — De l'organisation et des attributions des djemâas des douars.

Art. 55. — Les douars constitués par décrets impériaux en exécution du sénatus-consulte du 22 avril 1863, forment, dans la commune subdivisionnaire, des sections distinctes, dans les conditions ci-après déterminées.

Art. 56. — La djemâa de chaque douar constitué par les opérations du sénatus-consulte du 22 avril 1863, se compose du caïd ou du cheikh du douar, président, et de notables choisis dans le douar.

Art. 57. — Le nombre des notables est de 8 pour les douars qui n'ont pas 1,000 habitants, de 10 pour les douars qui ont 1,000 habitants et moins de 1,500, de 12 pour les douars de 1,500 habitants et au-dessus.

Art. 58. — Les membres de la djemâa sont nommés pour trois ans par le général commandant la province, et sont susceptibles d'être renommés. Ils peuvent être suspendus ou révoqués de leurs fonctions par le général commandant la province.

Art. 59. — Nul ne peut être membre d'une djemâa s'il n'est âgé de vingt-cinq ans accomplis et s'il ne jouit de tous ses droits civils.

Art. 60. — Les fonctions de membre de la djemâa sont gratuites.

Art. 61. — Il est attaché à chaque djemâa un secrétaire qui remplit en même temps les fonctions d'inspecteur dans le douar, et qui est, en outre, chargé, sous la surveillance du caïd ou du cheikh du douar et le contrôle de la djemâa, de la tenue des registres de l'état civil. — Dans les douars où existent des écoles arabes-françaises, le maître-adjoint remplit gratuitement ces fonctions.

Art. 62. — Les djemâas se réunissent ordinairement quatre fois par an, dans le premier mois de chaque trimestre. — Elles peuvent, en outre, être convoquées extraordinairement par les généraux commandant les subdivisions, lorsqu'ils le jugent utile.

Art. 63. — Les djemâas délibèrent sur les objets suivants :

1° Le mode d'administration et de jouissance des biens communaux;

2° Le mode de jouissance et la répartition des fruits communaux, ainsi que les conditions imposées aux parties prenantes;

3° Les conditions de baux de biens donnés à ferme ou à loyer par le douar, ainsi que celles des baux des biens pris à loyer par le douar;

4° L'aliénation des biens communaux, conformément aux dispositions des articles 16, 17, 18, 19, 20, 21 et 22 du décret du 23 mai 1863 (1);

5° Les actions judiciaires et transactions;

6° Les travaux d'utilité publique à entreprendre, les prestations à fournir, conformément aux dispositions de l'arrêté du 29 avril 1865;

7° Les contributions extraordinaires pour l'exécution des travaux d'utilité publique.

Art. 64. — Les djemâas peuvent, en outre, être consultées, par l'autorité administrative, sur les besoins du culte et de l'instruction publique, sur le mode d'assiette et de répartition de l'impôt, ainsi que sur les contestations nées de la répartition des terres collectives de culture du douar.

Art. 65. — Les délibérations sont inscrites sur un registre coté et paraphé par le commandant du cercle, qui est tenu par le secrétaire de la djemâa et qui reste déposé chez son président. Elles sont signées par les membres présents à la séance, ou mention est faite de la cause qui les empêche de signer; copie en est adressée par le président de la djemâa à l'autorité supérieure. — Elles ne sont exécutoires qu'après avoir reçu

(1) V. au mot *Propriété*.

l'approbation du général commandant la province ou du gouverneur général, selon les distinctions établies par le décret du 23 mai 1863 et par le présent arrêté.

Art. 66. — Les recettes de toute nature des douars constitués sont rattachées au budget de la commune subdivisionnaire, et versées à la caisse des contributions. — A l'exception de celles qui proviennent des centimes additionnels à l'impôt arabe, et sont perçues en vertu des dispositions de l'arrêté ministériel du 30 juillet 1855, ces recettes sont affectées aux dépenses du douar. Il est, à cet effet, ouvert sur le budget un compte spécial pour chaque douar.

Art. 67. — (Remplacé par arrêté du 5 octobre 1870 :)

« Les douars peuvent être autorisés, en vue de l'exécution de travaux d'une utilité reconnue, à s'imposer des centimes spéciaux, fixés en raison de la population locale et perçus en même temps que l'impôt principal. »

Communes constituées (1).

DIVISION D'ALGER.

ARBA

25 novembre 1873.

Arrêté du gouverneur qui transforme la circonscription cantonnale de Tablat en cercle, et constitue une commune indigène dont le chef-lieu est à l'Arba.

FORT-NATIONAL.

25 décembre 1873.

Arrêté du gouverneur général constituant le cercle spécial et la commune indigène de Fort-National (B. 517).

Art. 1. — Les territoires du Fort-National et de Mekla sont, transitoirement, réunis sous le titre de Cercle spécial de Fort-National; ils forment une commune indigène, divisée en quatorze sections (2). Cette commune est administrée par le général commandant la subdivision, assisté d'un adjoint civil et d'une commission municipale.

Art. 2. — Chaque section a sa djemâa, ou assemblée locale, organe des intérêts et des besoins de la section, et dont les membres sont choisis, parmi les notables du pays, en nombre égal à celui des toufiks.

(1) Voir, pour les circonscriptions, les cartes et les indications fournies, aux mots: *Divisions militaires* et *Justice.*
(2) En dix-huit sections, arrêté ci-après du 7 septembre 1876.

Ils sont nommés pour trois ans par le général commandant la division.

Art. 3. — Le président de la djemâa est un agent rétribué du commandement; il transmet ses ordres et en assure l'exécution.

Il est spécialement chargé :
De la présidence de la djemâa;
De la surveillance du pays;
Du maintien de la sécurité.

Il est nommé pour trois ans par le gouverneur général civil.

Art. 4. — Dans chaque toufik, un amin exerce les fonctions de la police administrative; il assiste et renseigne les agents chargés de l'assiette et de la perception de l'impôt.

L'amin est nommé pour trois ans par le général commandant la division.

Art. 5. — Ni le président de la djemâa, ni l'amin de toufik, n'ont le droit d'appliquer des peines; ils se bornent à livrer ou à signaler au commandement les indigènes présumés auteurs de crimes, délits ou contraventions.

Art. 6. — Le président de la djemâa et l'amin de toufik ont le droit de requérir les gens de leur circonscription pour l'exécution des ordres de l'autorité, pour l'arrestation des malfaiteurs et de tous les individus qui troublent la tranquillité.

Tout refus d'obéissance à ces réquisitions est puni conformément aux dispositions de l'arrêté ministériel du 5 avril 1860, et de l'arrêté du gouverneur général du 20 février 1872.

Art. 7. — La djemâa de chaque section se réunit, soit à des époques fixées, soit en vertu d'autorisations spéciales du commandement, dans le lieu de la résidence de son président.

Elle élit un ou deux suppléants au commencement de chaque session.

Lorsque le commandant juge convenable de désigner un officier pour assister aux délibérations de la djemâa, cet officier en a la présidence.

Un khodja, pris en dehors des membres de la djemâa, sera chargé de consigner sur un registre ses délibérations et d'en conserver le dépôt.

La djemâa de section est chargée d'exprimer des vœux relativement à la gestion des biens appartenant à la section ou aux toufiks qui en dépendent, et à l'emploi des centimes additionnels ou autres recettes provenant de la section.

Art. 8. — La commission municipale se compose (ainsi modifiée par arrêté du gouverneur du 13 mai 1876 (B. G. 659) :

Du général commandant la subdivision, président; du commandant supérieur du cercle de Fort-National, vice-président; du juge de paix de Fort-National; de l'adjoint civil; du commandant du génie; de l'officier chargé, sous les ordres du général commandant la subdivision, de la direction des affaires indigènes; et d'un nombre de notables égal à celui des sections, nommés par le général commandant la division.

Art. 9. — Les sections 3, 4, 5 et 6 du titre II de l'arrêté du 20 mai 1868 (articles 24 à 54), sur l'organisation municipale du territoire militaire, sont applicables à l'organisation municipale du cercle spécial de Fort-National, sauf la dérogation apportée à l'article 52 de cet arrêté par l'article 45, paragraphe 4, du décret du 11 septembre 1873.

Art. 10. — Sont également applicables au budget dudit cercle spécial, sous la réserve du paragraphe 4 de l'article 15, les articles 11, 12 et 13 du même décret relatif au budget des communes indigènes de l'arrondissement de Dellys.

Le budget du cercle spécial sera établi dans une forme qui permettra de dégager distinctement les recettes et dépenses afférentes à chacune des quatorze sections indiquées à l'article 1 ci-dessus.

7 septembre 1876.

Arrêté du gouverneur répartissant le territoire de Fort-National en dix-huit sections (B. O. 672).

Art. 1 — La commune indigène du cercle spécial de Fort-National, comprenant actuellement dix-sept sections, suivant les dispositions de l'arrêté sus-visé, sera répartie en dix-huit sections, dont la composition est déterminée ainsi qu'il suit :

1. Flissct El-Behar.— 2. Beni-Djennad de l'Est; Beni-Djennad de l'Ouest; Beni Djennad El-Behar. — 3 Zerkhfaoua; Beni-Flik. — 4. Tigrin; Beni-Hassain; Azzouza; Iril-Nzckri. — 5. Beni-Ghobri. — 6. Beni-Idjeur-Sahel; Beni-Idjeur-Djebel. — 7. Illiten; Beni-Itourar. — 8. Beni-Yahla; Beni-Menguellat; Beni-bou-Chaib.—9. Beni-Fraoucen; Beni-Khclili. — 10. Illoula ou Malou; Beni Ziki. —11. Beni-Attaf; Beni-bou-Akkach; Beni-bou-Drar.— 12. Beni-Yenni.— 13. Beni-Ouassif; Beni-Sedka; Odgal. — 14. Beni-Seaka Chenacha; Ouadia — 15. Douar de Tikobaïn; douar de Mekla. — 16. Beni-Iraten-bou-Adda. — 17. Beni-Iraten ou Fella. — 18. Akbil; Beni-bou-Youssef.

DIVISION DE CONSTANTINE.

AKBOU.

23 décembre 1873.

Arrêté du gouverneur qui constitue le cercle et la commune indigène d'Akbou.—Subdivision de Sétif (B. O. 515).

BOUGIE.

20 décembre 1873.

Arrêté du gouverneur qui constitue le cercle et la commune indigène de Bougie. — Subdivision de Sétif (B. O. 515).

DJIDJELLI.

23 décembre 1873.

Arrêté du gouverneur qui constitue le cercle et la commune indigène de Djidjelli.—Subdivision de Sétif (B. O. 515).

EL-MILIAH.

24 décembre 1873.

Arrêté du gouverneur constituant l'annexe (devenu cercle) et la commune indigène de El-Miliah. — Subdivision de Constantine (B. O. 515).

LA-CALLE.

20 décembre 1873.

Arrêté du gouverneur qui constitue le cercle et la commune indigène de La-Calle. — Subdivision de Bône (B. O. 515).

TAKITOUNT.

24 décembre 1873.

Arrêté du gouverneur constituant l'annexe et la commune indigène de Takitount. — Subdivision de Sétif (B. O. 515).

13 novembre 1874.

Arrêté du gouverneur supprimant les communes subdivisionnaires et créant des communes indigènes (B. O.).

Art. 1. — Les communes subdivisionnaires, organisées par l'arrêté du 20 mai 1868, sont supprimées à partir du 1er janvier 1875.

Art. 2. — Les circonscriptions territoriales et administratives existant sous la dénomination de cercles ou annexes, seront érigées successivement en communes indigènes ayant leur autonomie et leur budget distinct.

Les cercles ou annexes qui, par l'insuffisance de leurs ressources financières et administratives, ne pourraient pas immédiatement être érigées en communes indépendantes, formeront provisoirement des sections de communes indigènes.

Sont, dès ce moment, érigées en communes indigènes du territoire militaire, les circonscriptions administratives dénommées dans le tableau ci-après :

SUBDIVISIONS	CERCLES OU ANNEXES érigées en communes indigènes.	CHEF-LIEU de COMMUNE.
DIVISION D'ALGER.		
MÉDÉA.	Médéa.	Médéa.
	Boghar.	Boghar.
	Djelfa.	Djelfa.
	Laghouat.	Laghouat.
ORLÉANSVILLE.	Miliana.	Miliana.
	Tenlet-el-Haad. . .	Tenlet-el-Haad.
	Orléansville. . . .	Orléansville
AUMALE.	Aumale, avec Beni-Mansour pour section.	
	Aumale.	Aumale.
	Bouçaâda.	Bouçaâda.
DIVISION D'ORAN.		
ORAN.	Mostaganem (1). .	Mostaganem.
	Zemmora (2). . . .	Zemmora.
	Ammi-Moussa (3).	Ammi-Moussa.
MASCARA.	Mascara avec Frendah pour section (4). .	Mascara.
	Tiaret, avec Aflou pour section. .	Tiaret.
	Saïda avec Géryville pour section (5). . . .	Saïda.
TLEMCEN.	Tlemcen avec Sebdou, Daya, Nemours et Lalla-Maghnia pour sections (6). . .	Tlemcen.
DIVISION DE CONSTANTINE.		
CONSTANTINE.	Constantine (7). .	Constantine.
	Aïn-Beïda.	Aïn-Beïda.
	Tébessa.	Tébessa.
BONE.	Bone.	Bone.
	Guelma (8).	Guelma.
	Souk-Ahrras. . . .	Souk-Ahrras.
BATNA.	Batna avec Barika pour section. . . .	Batna.
	Khenchela.	Khenchela.
	Biskra.	Biskra.
SÉTIF.	Sétif.	Sétif.
	Bordj-bou-Arréridj avec M'sila pour section.	Bordj-bou-Arréridj.

(1) Constituée depuis en commune mixte du territoire civil.

(2) Commune mixte du territoire militaire.

(3) Idem.

(4) Mascara a été constitué depuis en commune mixte de territoire civil, et Frendah en commune mixte de territoire militaire.

(5) Saïda a été divisé en deux communes, l'une commune mixte et l'autre commune indigène. Géryville est devenu commune mixte de territoire militaire.

(6) Tlemcen, commune mixte de territoire civil; les quatre sections, communes mixtes de territoire militaire.

(7) La commune indigène s'appelle aujourd'hui, du nom de l'annexe, Fedj-Mzala (ci-après).

(8) Commune mixte de territoire civil.

Art. 3. — Les nouvelles communes (1) provenant de la désagrégation des communes subdivisionnaires, restent soumises au régime du commandement, en conformité des dispositions de l'arrêté du 20 mai 1868.

Art. 4. — Elles sont administrées, suivant le cas, par le commandant supérieur du cercle ou par le chef de l'annexe, assistés, l'un et l'autre, d'une commission municipale.

L'administrateur de la commune indigène est, en sa qualité de maire, ordonnateur des dépenses de la commune, sauf l'exception prévue à l'article 5 du présent arrêté.

Dans les communes indigènes dotées de ressources suffisantes, il pourra être institué auprès de l'administrateur militaire un adjoint civil qui remplira les fonctions de secrétaire de la commune indigène.

Les adjoints civils nommés par le gouverneur général, et rétribués sur les fonds de l'État, pourront recevoir une indemnité sur le budget de la commune indigène.

Dans les communes où il ne sera pas créé un emploi spécial d'adjoint civil, les fonctions de secrétaire de la commune indigène pourront être confiées à l'instituteur.

Art. 5. — Le service du génie demeure chargé, jusqu'à nouvel ordre, des travaux des communes indigènes et de l'ordonnancement des dépenses qui s'y rapportent.

En vue de préparer une remise ultérieure de ces travaux aux commissions municipales, des agents voyers pourront être nommés par le général commandant la division, sur la proposition du directeur du génie, dans les communes possédant les ressources nécessaires et une étendue territoriale suffisante pour justifier cette création.

Ces agents seront sous les ordres des officiers du génie, et contribueront à l'étude et à l'exécution des travaux de toute nature payés sur les fonds de la commune.

Art. 6. — Les budgets et comptes administratifs des communes indigènes du territoire militaire seront réglés dans la province par le général commandant la division (bureau civil).

Une copie du compte administratif de chaque commune indigène sera fournie en fin d'exercice au gouverneur général de l'Algérie.

Art. 7. — Les comptes des communes subdivisionnaires seront arrêtés le 31 décembre 1874, et le boni constaté à cette date sera réparti, suivant les règles et usages établis, entre les nouvelles communes indigènes dont le fonctionnement devra être assuré à partir du 1er janvier 1875.

Art. 8. — Les dispositions de l'arrêté du 20 mai 1868 sont maintenues et deviennent applicables aux communes indigènes du territoire militaire, notamment en ce qui concerne :

1° La définition du domaine communal;

(1) Nouvelles, par opposition aux huit désignées ci-dessus et constituées en 1871.

2° Le mode d'administration des biens communaux;

3. La nomenclature des recettes et des dépenses;

4° Enfin, les règles de comptabilité et le mode de présentation des comptes.

Art. 9. — Conformément aux dispositions de l'article 45 de l'arrêté précité et de l'article 2 de l'arrêté du 2 janvier 1874, les communes indigènes du territoire militaire continueront à alimenter, par voie de contingent, les divers budgets du fonds commun de chaque division (dépenses générales, pénitentiers, medersa, etc.), et le budget du fonds commun général de l'Algérie. Ces contingents seront fixés annuellement par arrêté du gouverneur général, sur les propositions respectives des généraux commandant les divisions.

Art. 10. — Sont abrogées toutes dispositions contraires à celles du présent arrêté.

25 janvier 1878.

Arrêté supprimant le cercle de Constantine et créant l'annexe et la commune indigène de Fedj-Mzala (B. 711).

Art. 1. — Le cercle de Constantine (territoire militaire) est supprimé.

Art. 2. — Les tribus qui en faisaient partie sont réparties de la manière suivante:

Les caïdats du Ferdjioua, du Zouagha, des Ouled-Kebbeb et de l'Oued-Bousselah sont constitués en un annexe, relevant directement de M. le général commandant la subdivision de Constantine, qui prendra le nom d'annexe de Fedj-Mzala, et dont le chef-lieu sera audit lieu de Fedj-Mzala (Ferdjioua).

(Les autres tribus sont rattachées au territoire civil).

Communes mixtes. — Territoire civil (1).

18 août 1868.

Décret sur l'administration des indigènes en territoire civil (B. O. 281) (V. Communes de plein exercice).

11 septembre 1871.

Arrêté du gouverneur constituant les circonscriptions cantonales (B. O. 373.)

24 novembre 1871.

Arrêté du gouverneur sur l'organisation communale de la région tellienne (B. O. 384).

Art. 3. — Sont modifiés ainsi qu'il suit les articles 6 et 7 de l'arrêté du 20 mai 1868 (2).

---

(1) Il y a actuellement 43 communes mixtes en territoire civil: 13 dans le département d'Alger, 18 dans celui de Constantine et 12 dans celui d'Oran.

(2) V. ci-après *Communes mixtes. — Territoire militaire.*

Art. 6. — (Modifié à nouveau par arrêté du 22 juillet 1874 (B. O. 555).

La composition des commissions municipales des communes mixtes en territoire civil, sera réglée par l'arrêté de création, en tenant compte des besoins locaux, et, notamment, du nombre des sections à établir.

Art. 7. — Le maire, les adjoints et les membres des commissions municipales sont nommés, pour trois ans, par le préfet, et peuvent toujours être renommés.

Art. 4. — Les douars constitués en exécution du sénatus-consulte du 22 avril 1863, ainsi que les tribus qui ne font partie, ni d'une commune de plein exercice, ni d'une commune mixte (du territoire militaire) constituent, dans chaque canton tellien, une commune indigène (mixte du territoire civil) administrée par un fonctionnaire civil résidant au chef-lieu de canton et assisté d'une commission municipale composée des présidents de Djemâa. Chaque douar-commune, constitué en vertu du sénatus-consulte, forme une section distincte de la commune indigène. Toutes les dispositions du titre II section 1 de l'arrêté du 20 mai 1868 (1) sont applicables aux nouvelles communes au fur et à mesure de leur constitution.

19 janvier 1875.

Décret qui fixe la part des communes mixtes dans la répartition du produit net de l'octroi de mer (B. O. 591).

Art. 1 — Jusqu'à ce qu'il en soit autrement ordonné, la part des communes mixtes dans la répartition du produit net de l'octroi municipal de mer sera basée, quant à l'élément indigène, sur le quarantième de l'effectif de cette population. La part de l'élément indigène dans les communes de plein exercice, reste fixée au huitième de l'effectif de cette population.

24 décembre 1875.

Arrêté du gouverneur qui remplace la dénomination de circonscription cantonale par celle de commune mixte (B. O. 637).

Art. 1. — La dénomination de circonscription cantonale est supprimée, et sera, désormais, remplacée par celle de commune mixte.

Art. 2. — Le fonctionnaire placé à la tête d'une commune mixte prendra le titre d'administrateur de la commune mixte. Il pourra faire précéder ce titre de la qualité de commissaire civil, s'il exerce actuellement ses fonctions administratives en ladite qualité (2).

30 décembre 1876.

Arrêté du gouverneur fixant les conditions à remplir pour être nommé administrateur de

---

(1) V. ci-devant *Communes indigènes.*

(2) L'administrateur est officier de police judiciaire. — Arrêté du 30 avril 1872 (V. *Justice*).

commune mixte ou adjoint à l'administrateur (B. 687).

Art. 1. — Les administrateurs de communes mixtes sont choisis parmi les employés de l'administration civile de l'Algérie, de préférence licenciés en droit, comptant au moins dix ans de services, qui justifient de la connaissance de la langue arabe et qui sont proposés par le directeur général des affaires civiles et financières ou par les préfets des départements.

Les adjoints aux administrateurs doivent avoir au moins quatre ans de services et justifier de la connaissance de la langue arabe.

Art. 2. — Peuvent également être nommés administrateurs ou adjoints aux administrateurs de communes mixtes, les officiers ou anciens officiers de l'armée d'Afrique, parlant l'arabe et présentés par les généraux commandant les divisions.

Art. 3. — Les administrateurs de communes mixtes portent l'uniforme attribué aux commissaires civils par l'arrêté ministériel du 27 avril 1846.

Les adjoints aux administrateurs ont l'uniforme que le même arrêté donne aux secrétaires de commissariats civils (1).

Art. 4. — Les traitements des administrateurs et adjoints aux administrateurs sont fixés ainsi qu'il suit :

Administrateur de 1re classe. . . . . . . 5.000 fr.
    Id.   2e 4.500
    Id.   3e 4.000
Adjoints aux administrateurs de 1re classe 3.000
    Id.   2e 2.700
    Id.   3e. . . . 2.400

Art. 5. — Les dispositions de l'arrêté du 16 avril 1862, sur l'avancement et la discipline des employés des services départementaux sont applicables aux administrateurs et aux adjoints aux administrateurs.

(V. *Préfectures, personnel.*)

DÉPARTEMENT D'ALGER

ARRONDISSEMENT D'ALGER.

BEN-CHICAO.

1er juin 1875.

Arrêté du gouverneur qui institue la commune mixte de Berrouaghia (B. O. 611).

Art. 1. — Sont constitués en une commune mixte, dont ils formeront chacun une section : 1° la partie du douar Gheraba, non comprise dans le territoire du village des Hasseïn-ben-Ali; 2° le douar Ouled-Drahim; 3° le douar Ouled-Mellal.

(1) V. *Uniformes.*

Art. 2. — Le nombre des membres de la commission municipale de cette commune, qui prendra le nom de Berrouaghia (aujourd'hui Ben-Chicao), est fixé ainsi qu'il suit :

Le commissaire civil, maire; le secrétaire du commissariat civil, premier adjoint; trois membres français; trois membres indigènes musulmans, faisant respectivement fonctions d'adjoints dans chacune des sections.

Le centre de colonisation, Hasseïn-ben-Ali, dont le territoire est prélevé sur celui des Ouzera et sur le douar Gheraba, sera remis par l'autorité militaire à l'autorité civile, le 1er janvier 1876, pour former une section de ladite commune, administrée sous la direction du commissaire civil, maire, par un adjoint français, qui sera membre de la commission municipale.

14 décembre 1877.

Arrêté du gouverneur qui agrandit cette commune mixte et lui donne le nom de Ben-Chicao (B. O. 706).

Art. 1. — Les douars-communes d'Ouled-Ferguen, d'Ouled-Térif, de Mérachda, de Beni-bou-Yacoub, des Ouzera et de Zaatit, seront distraits, à partir du 1er janvier 1878, de la commune indigène de Médéa (département d'Alger), et réunis à la commune mixte de Berrouaghia, dont ils formeront six sections distinctes.

Art. 2. — La commune mixte portera à l'avenir le nom de Ben-Chicao, et son chef-lieu, fixé actuellement à Berrouaghia, sera transporté dans ce village.

Art. 3. — Les douars ci-dessus désignés seront représentés, au sein de la commission municipale de la commune mixte, par six membres pris en sus du nombre fixé par l'arrêté du 1er juin 1875.

Ces membres seront chargés des fonctions d'adjoint spécial dans leurs sections respectives.

CHARON.

2 juillet 1877.

Arrêté du gouverneur créant la commune mixte de Charron (B. O. 606).

Art. 1. — Le territoire distrait de la commune indigène d'Orléansville formera, à l'avenir, une commune mixte distincte dont le chef-lieu est fixé à Charron, et qui en portera le nom.

Art. 2. — Cette commune sera divisée en trois sections, savoir :

1° Le village de Charron; — 2° douar-commune de Faftout (partie); — 3° douar-commune de Zeboudj-El-Oust.

Art. 3. — La commission municipale sera composée de 9 membres :

Le maire, président; 1 adjoint français; 2 adjoints indigènes pour les sections de Faftout et de Zeboudj; 3 membres français et 2 indigènes.

GOURAYA.

27 avril 1876.

Arrêté du gouverneur qui constitue la commune mixte de Gouraya (B. O. 631).

Art. 1. — Sont constitués en commune mixte, dont ils formeront chacun une section, le centre de Gouraya, ainsi que les tribus de Gouraya, des Larhat, des Zatima et des Beni-Zioul.

Art. 2. — L'administrateur de cette commune mixte qui prendra le nom de Gouraya, son centre administratif, sera assisté d'un adjoint à l'administrateur et d'une commission municipale de neuf membres, dont cinq français (1) et quatre indigènes musulmans (2), remplissant les fonctions d'adjoints indigènes dans chacune de leurs tribus respectives.

31 janvier 1878.

Arrêté du gouverneur qui réunit deux douars à la commune mixte de Gouraya (Mobacher, 6 février 1878).

Art. 1. — Les douars-communes de Sidi-Simiane et d'El-Gourine sont distraits de la commune indigène de Miliana et réunis à la commune mixte de Gouraya, dont ils forment deux sections.

Art. 2. — Ils seront représentés au sein de la commission municipale de Gouraya par deux membres choisis parmi les habitants de cette section.

Ces membres, pris en sus du nombre fixé par l'arrêté du 27 juin 1877, seront chargés des fonctions d'adjoint indigène.

MEURAD.

3 août 1876.

Arrêté du gouverneur portant constitution de la commune mixte de Meurad (B. O. 607).

Art. 1. — Sont constitués en commune mixte les douars Oued-Djer, Sahel et Beni-Merit, comprenant les fermes des Yarsen et le village de Meurad (partie).

Art. 2. — L'administrateur de cette commune mixte, qui aura pour chef-lieu le village de Meurad, dont elle prendra le nom, sera assisté d'une commission municipale de 9 membres, dont 1 adjoint français pour les fermes de Yarsen, 1 adjoint français pour le village de Meurad (partie), 4 membres français et 3 membres indigènes remplissant les fonctions d'adjoints indigènes dans leurs douars respectifs.

(1) Onze membres dont sept français. Arrêté du 27 juin 1877 (B. O. 696)

(2) Six musulmans. Arrêté du 31 janvier 1878.

PALESTRO.

23 avril 1875.

Arrêté du gouverneur portant constitution de la commune mixte de Palestro (B. O. 605).

Art. 1. — Le territoire de Palestro est érigé en commune mixte, dont le centre administratif est Palestro, et qui se divise en huit sections, savoir :

La première, dite de Palestro, et comprenant le village et son territoire de colonisation; la deuxième, dite des Ammal; la troisième, dite des Khachna-El-Djebel, et comprenant le hameau du Col des Beni-Amram; la quatrième, des Ouled-Medjkam; la cinquième, des Beni-Kaïfoun; la sixième, de Senedja; la septième, de Mosbah; la huitième, de Bou-Derbala.

Art. 2. — La commune mixte a pour maire l'administrateur de Palestro, qui est assisté d'une commission municipale composée de : 1 adjoint français pour la section de Palestro; 1 adjoint français pour le hameau du Col des Beni-Amra; 6 membres français; 7 membres indigènes musulmans, faisant fonctions d'adjoints dans chacune des sept dernières sections.

ARRONDISSEMENT DE MILIANA.

ADELIA.

14 juillet 1874.

Arrêté du gouverneur qui constitue la commune d'Adélia (B. O. 635).

Art. 1. — Les deux douars d'Adélia et de Bou-Hallouan distraits du cercle de Miliana forment, sous le nom d'Adélia, une commune mixte qui sera administrée par un maire, sous la direction immédiate du sous-préfet de Miliana, avec l'assistance d'une commission municipale composée de 7 membres, dont 3 européens et 4 indigènes.

30 septembre 1875.

Arrêté du gouverneur qui rattache deux douars à cette commune (B. O. 620).

Art. 1. — Les douars-communes de l'Oued-Sebt et d'El-Hammam sont rattachés à la commune mixte d'Adélia.

Art. 2. — Ces douars, ainsi que ceux d'Adélia et de Bou-Hallouan, formeront chacun, dans ladite commune mixte, une section administrée sous l'autorité du maire, par un adjoint indigène qui fera partie de la commission municipale, composée de 7 membres, dont 3 européens et 4 indigènes.

Art. 3. — La commune mixte d'Adélia sera placée sous l'autorité d'un administrateur, assisté d'un premier adjoint et résidant à Vesoul-Benian.

MALAKOFF.

14 juillet 1874.

Arrêté du gouverneur qui constitue la commune mixte de Malakoff (B. O. 553).

Art. 1. — Les quatre douars-communes d'El-Adjeraf, de Sidi-el-Aroussi, d'Oum-el-Drou et de Chembel, distraits du territoire du cercle d'Orléansville, forment une commune mixte, qui portera le nom de Malakoff.

Art. 2. — Le chef-lieu de ladite commune est fixé à Orléansville.

14 août 1875.

Arrêté du gouverneur qui divise en sections la commune 'e Malakoff (B. O. 618).

Art. 1. — La commune mixte de Malakoff est divisée en cinq sections, dont la première comprend le village de Malakoff; la deuxième, le douar El-Adjeraf; la troisième, le douar Sidi-el-Aroussi; la quatrième, le douar Chembel; la cinquième, le douar Oum-el-Drou.

Art. 2. — Cette commune mixte, dont le siège est maintenu à Orléansville, sera administrée directement par le sous-préfet de l'arrondissement, assisté d'un premier adjoint (le secrétaire de la sous-préfecture) et d'une commission municipale de neuf membres, savoir :

1 adjoint français pour le centre de Malakoff, 4 notables français, 4 notables indigènes, remplissant les fonctions d'adjoints dans leurs douars respectifs.

20 juillet 1876.

Arrêté du gouverneur qui réunit un douar et une tribu à la commune de Malakoff (B. O. 657).

Art. 1. — Le douar de l'Oued-Sly et la tribu des Ouled-Farès cesseront de faire partie du territoire militaire du cercle d'Orléansville, le 1er août prochain, et seront remis à l'autorité civile pour être rattachés à la commune mixte de Malakoff, dont ils formeront deux sections, administrées chacune par un adjoint indigène faisant partie de la commission municipale.

OUED-FODDA.

8 avril 1874.

Arrêté du gouverneur qui constitue la commune mixte de l'Oued-Fodda (B. O. 532).

Art. 1. — Le centre de l'Oued-Fodda est constitué en commune mixte avec les douars-commu-

nes de Fodda et de Tiberkanin, qui sont, par suite, détachés de la commune subdivisionnaire de Miliana.

Art. 2. — Cette commune mixte relèvera du cercle d'Orléansville, dans lequel passent les deux douars de Fodda et de Tiberkanin.

Art. 3. — Le nombre des membres de la commission municipale de la commune mixte de l'Oued-Fodda est fixé ainsi qu'il suit : 1 maire et 1 adjoint français; 3 conseillers français; 2 conseillers indigènes, dont l'un pour le douar de l'Oued-Fodda et l'autre pour le douar de Tiberkanin.

Le maire, l'adjoint et les conseillers, seront nommés pour trois ans, par le général commandant la division.

Art. 4. — La commune mixte de l'Oued-Fodda est constituée à dater du 1er mai 1874.

23 octobre 1875.

Arrêté du gouverneur qui fait remise à l'autorité civile de la commune de l'Oued-Fodda, pour être rattachée à la commune d'Orléansville, le 1er janvier 1876 (B. O. 627).

14 décembre 1877.

Arrêté du gouverneur réunissant cinq douars à la commune mixte de l'Oued-Fodda (B. O. 700).

Art. 1. — Les douars-communes de Tharin, de Chemla, des Beni-Boukni, des Harrar, du Chélif et des Beni-Ghomeriau, désignés par une teinte verte au plan annexé, seront distraits, à partir du 1er janvier 1878, de la commune indigène de Miliana et réunis à la commune mixte de l'Oued-Fodda, dont ils formeront cinq sections distinctes.

Art 2. — Les douars ci-dessus désignés seront représentés, au sein de la commission municipale de la commune mixte, par cinq membres pris en sus du nombre fixé par l'arrêté du 8 avril 1874.

Ces membres seront chargés des fonctions d'adjoint spécial dans leur section respective.

TÉNÈS.

27 avril 1876.

Arrêté du gouverneur qui constitue la commune mixte de Ténès (B. O. 654).

Art. 1. — Seront constitués en commune mixte, dont ils formeront chacun une section, les douars Hennis, Beni-Tamoun, Bagdoura, Maïn, Touïra, Beni-Haoua, Sinfita, Baache, Talana et Beni-Mazoug.

Art. 2. — L'administrateur de cette commune mixte, qui prendra le nom de Ténès, son centre administratif, sera assisté d'un adjoint à l'administrateur et d'une commission municipale de

15 membres, dont 5 français et 10 indigènes musulmans, remplissant les fonctions d'adjoints dans leurs douars respectifs.

DRA-EL-MIZAN.

24 janvier 1876.

Arrêté du gouverneur portant création de la commune mixte de Dra-el-Mizan (B. O. 639).

Art. 1. — Il est constitué une commune mixte qui aura pour centre administratif Dra-el-Mizan et qui prendra le nom de ce centre.

Elle sera divisée en quinze sections, savoir :
1. Territoire de colonisation de Bordj-Boghni. — 2. Territoire de colonisation d'Aïn-Zaouïa. — 3. Douar Nezlioua. — 4. Douar Beni-Maaned. — 5. Douar Harchaoua et partie septentrionale du douar Ouled-Aziz. — 6. Douar Frikat. — 7. Douar Beni-S'maïl. — 8. Douar Beni-Koufi. — 9. Douar Beni-Mendès. — 10. Douar Beni-bou-Gherdan. — 11. Douar Beni-bou-Addou. — 12. Douar Cheurfa et Ighil ou Moula. — 13. Douar Mechtras. — 14. Douar M'Kira et Abid (forêt de Bou-Mani). — 15. Douar Flissa-M'zala et Tizi-bou-R'ennif.

Art. 2. — L'administrateur de cette commune sera assisté d'un administrateur adjoint et d'une commission municipale de 17 membres, dont 1 adjoint municipal et 1 membre français pour chacun des centres d'Aïn-Zaouïa et de Bordj-Boghni, et 13 membres indigènes musulmans remplissant les fonctions d'adjoint municipal dans leur section respective.

ISSERS.

23 août 1875.

Arrêté du gouverneur portant création de la commune mixte des Issers (B. O. 623).

Art. 1. — Sont érigés en commune mixte les centres de colonisation d'Azib-Zamoun, du Camp-du-Maréchal, de Bois-Sacré, de Kouanin et du cap Djinet, ainsi que de la partie du territoire de Dra-ben-Kedda, situé sur la rive gauche de l'oued Baghdoura, et les douars de Bou-Berac, d'Aïn-Mouder, des Ouled-Smir, des Raïcha, des Ouled-Aïssa, de Sebaou el Kedim, de Kaf-Aogab, de Si-Ali-ben-Nab, partie situé sur la rive gauche de Daguedoura, de Tala-Imedran, des Beni-Chennacha, de l'oued Chender et de Rouafa, d'une superficie totale de 43,991 hectares environ.

Cette commune mixte, qui prendra le nom des Issers, sera divisée en quatorze sections, savoir :
1. Territoire d'Azib-Zamoun, du Camp-du-Maré-

chal et de la partie de Dra-ben-Khedda, situé sur la rive gauche de l'oued Baghdoura. — 2. Kouanin, Sebaou-el-Kédim et Kaf-Aogab. — 3. Bois-Sacré. — 4. Douar Bou-Berac. — 5. Douar Aïn-Mouder. — 6. Territoire du cap Djinet. — 7. Douar des Ouled-Smir. — 8. Douar des Ouled-Aïssa. — 9. Douar Raïcha. — 10. Douar Rouafa. — 11. Douar Oued Chender. — 12. Douar Beni-Chennacha. — 13. Douar Si-Ali-bou-Nab (partie située sur la rive gauche de l'oued Baghdoura). — 14. Dour de Tata-Imedran.

Art. 2. — La commission municipale de la commune mixte des Issers sera composée comme il suit :

L'administrateur président; 1 premier adjoint, 4 adjoints français pour les sections 1, 2, 3 et 6; 10 adjoints indigènes pour les sections 4, 5 et 7 à 14 (un par douar).

DELLYS.

15 décembre 1875.

Arrêté du gouverneur qui constitue la commune mixte de Dellys (B. O. 633).

Art. 1. — Sont érigés en commune mixte, les douars-communes de Beni-Slyem, Beni-Ouaguenoun, Makouda, Yaskaren et Sidi-Naaman.

Art. 2. — Cette commune mixte prendra le nom de Dellys, son centre administratif.

Chacun des douar-communes sus-mentionnés en forme une section sous la direction d'un adjoint indigène, relevant de l'administration de la commune mixte.

Art. 3. — La commission municipale de la commune mixte de Dellys est présidée par l'administrateur ou par son délégué; elle est composée des adjoints des sections.

TIZI-OUZOU.

16 juin 1875.

Arrêté du gouverneur qui constitue la commune mixte de Tizi-Ouzou (B. O. 612).

Art. 1. — Les douars-communes de Bétrouna, Beni-Khélifa, Maatka, Belloua (partie) (1), Beni-Zemenzer, Beni-Aïssi, Oulad-Aïssa-Mimoun, Sik ou Meddour, Dra-ben-Kedda (partie), Douala et Beni-Mahmoud sont érigés en une commune mixte, ayant pour centre administratif Tizi-Ouzou, et dont ils formeront, chacun, une section.

Cette commune, divisée en onze sections, sera administrée par le sous-préfet, 1 délégué, 1 adjoint français et 11 adjoints indigènes.

(1) La partie du douar Belloua, situé entre le Sebaou, a été réunie à la commune de plein exercice de Tizi-Ouzou (Arrêté du 4 juillet 1876).

DÉPARTEMENT DE CONSTANTINE.

AIN-MOKRA.

30 septembre 1875.

Arrêté du gouverneur qui constitue la commune mixte d'Aïn-Mokra (B. O. 627).

Art. 1.—Le douar des Ouïchaoua cesse de faire partie de la circonscription cantonale de Bône et est rattaché au district d'Aïn-Mokra.

Art. 2. — Le district d'Aïn-Mokra est constitué en une commune mixte, qui aura pour centre administratif Oued-el-Aneb, et qui sera divisé en quatre sections :

La première section comprendra les douars Beni-M'hamed et Fedj-Moussa ; — la deuxième comprendra le douar Treat ; — la troisième comprendra les douars Senhadja, Beni-Merouan et Aïn-Nechma ; — la quatrième comprend les Ouïchahoua et Oued-Atla.

Art. 3.—L'administrateur de la commune mixte d'Aïn-Mokra sera assisté d'un premier adjoint et d'une commission municipale de 11 membres, dont 3 français et 8 indigènes, ces derniers faisant fonctions d'adjoints dans leurs douars respectifs.

BÔNE.

13 avril 1876.

Arrêté du gouverneur qui institue la commune mixte de Bône (B. O. 651).

Art. 1. — Sont constitués en une commune mixte, dont ils formeront chacun une section, les douars Merdès, Beni-Urgine, Oulhaça, Eulma-Kechkcha, Cheurfa, Oued-Dardara, El-Aouara, Dragmena, Tolha et Oued-Serim (partie située sur la rive gauche de la Seybouse).

3 mai 1877.

Arrêté du gouverneur remplaçant l'article 2 de l'arrêté ci-dessus (B. O. 604).

Art. 2. — Cette commune mixte, dont le chef-lieu est fixé à Bône et qui en portera le nom, sera administrée par une commission municipale composée de quinze membres, savoir :

Le sous-préfet, président ; — le secrétaire de la sous-préfecture, premier adjoint ; — un adjoint français ; — deux membres français ; — un adjoint indigène pour chacune des sections.

BOUGIE.

31 mars 1874.

Arrêté du gouverneur qui crée la commune mixte de Bougie (B. O. 531).

Art. 1. — Les quatre douars-communes d'Aït-Amer ou Ali, Aït-Timsit, Madala, Oued-Summam, les territoires des cinq villages de Réunion, Oued-Amizour, Kseur, El-Maten, Oued-Marsa, la partie du territoire de la tribu des Ouled-si-Mhamed-Amokran, enclavée entre la Réunion et les douars-communes de l'Oued-Summam et de Madala, cessent de faire partie du territoire militaire de Bougie et sont rattachés à la circonscription civile, pour former une commune mixte, qui sera administrée par le commissaire civil de Bougie.

29 janvier 1877.

Arrêté du gouverneur divisant la commune mixte de Bougie en dix sections (B. O. 600).

Art. 1. — La commune mixte de Bougie est divisée en dix sections :

La première section comprend le village de la Réunion ; — la deuxième, les villages de El-Kseur et d'Ilmaten ; — la troisième, le village de l'Oued-Amizour ; — la quatrième, le village de l'Oued-Marsa ; — la cinquième, le douar-commune des Beni-Amrous ; — la sixième, le douar-commune de Djoua ; — la septième, le douar-commune des Beni-Messaoud ; — la huitième, le douar-commune de Madala ; — la neuvième, le douar-commune de Sidi-Timzit ; — la dixième, le douar-commune de Aït-Amer ou Ali.

Art. 2. — Cette commune mixte aura son centre administratif à Bougie.

Elle sera administrée par le sous-préfet, assisté d'une commission municipale composée de quatorze membres, savoir :

1° Le secrétaire de la sous-préfecture, premier adjoint ; — 2° un adjoint spécial et un membre français pour chacune des trois premières sections ; — 3° un adjoint spécial indigène pour chacune des sept dernières sections.

DUQUESNE.

25 novembre 1874.

Arrêté du gouverneur qui constitue la commune mixte de Duquesne (B. O. 570).

Art. 1. — Le centre de Duquesne est institué en commune mixte, avec les villages de Cheddia et de Strasbourg et la partie restante des douars Marabot-Moussa et Djendjen. Chacun de ces territoires formera une section de la commune mixte qui, jusqu'à nouvel ordre, restera placée sous l'autorité du commandant militaire.

4 juin 1875.

Arrêté du gouverneur qui fait remise de la commune de Duquesne à l'autorité civile (B. O. 612).

18 décembre 1876.

Arrêté du gouverneur qui rattache à la commune de Duquesne le village de Taher (B. O. 680).

Art. 1. — A partir du 1er janvier 1877, le territoire du village projeté à Taher cessera de faire partie de la commune indigène de Djidjelli, et sera rattaché à la commune mixte de Duquesne.

23 juin 1877.

Arrêté du gouverneur qui divise la commune de Duquesne en quatre sections (B. O. 690).

Art. 1. — La première section comprend les villages de Duquesne et de Cheddia; la deuxième, le village de Strasbourg; la troisième, le village de Taher, avec le territoire de Djendeu; la quatrième, le douar de M'rabot-Moussa.

Art. 2. — La commission municipale de cette commune sera composée, savoir:

1° De l'administrateur-maire, président; — 2° de 3 adjoints français pour les sections de Duquesne, de Strasbourg et de Taher, et de 1 adjoint indigène pour la section de M'rabot-Moussa; — 3° de 4 membres français, pour les centres de Duquesne, de Cheddia, de Strasbourg et de Taher, et de 1 membre indigène pour la section de Taher.

ARRONDISSEMENT DE CONSTANTINE.

AIN-M'LILA.

28 novembre 1874.

Arrêté du gouverneur qui constitue la commune mixte de Aïn-M'lila (B. O. 579).

Art. 1. — Sont érigés en commune mixte le centre d'Aïn-M'lila et les douars-communes dont les noms suivent, savoir: Douar des Amour-Srahouïa; Ouled-Nasseur; Ouled-Azziz; Ouled-Belaguel; El-Kouachi; Ouled-Sekhar; Ouled-Djehich; Ouled-Gassem, Ouled-Kaled; Dreïd-El-Hezebri.

Art. 2. — Cette commune mixte aura pour cen-

tre administratif le village d'Aïn-M'lila, dont elle prendra le nom.

Chaque douar formera une section de commune.

Art. 3. — La commune d'Aïn-M'lila sera administrée par un maire, avec l'assistance d'une commission municipale, composée de 13 membres, savoir: 1 adjoint français à Aïn-M'lila; 2 membres français; 10 membres indigènes faisant fonction d'adjoints dans leurs douars respectifs.

24 décembre 1874 et 15 février 1875.

Arrêté du gouverneur qui réunit à cette commune les douars des Ouled-Sellem, d'El-Meraouna et des Ouled-Zaï, et porte à quatorze le nombre des sections et des membres indigènes de la commission municipale (B. O. 583 et 595).

BATNA.

5 mai 1875

Arrêté du gouverneur qui constitue en commune mixte le district de Batna (B. O. 608).

Art. 1. — Le district de Batna est constitué en commune mixte, dont le centre administratif est au chef-lieu du district. Elle est divisée en neuf sections, comprenant: la première section, les Ouled-Si-Ali-Tahament; la deuxième section, les Ouled-Zaïd; la troisième section, les Ouled-Atsman; la quatrième section, les Ouled-Herman (El-Khorareb); la cinquième section, les Ouled-Boudjema; la sixième section, les Haracta-D'erma-Dhara; la septième section, les Haracta-Djerma-Guebala; la huitième section, les Aïn-El-Hassafeur; la neuvième section, les El-Kasseriou.

Art. 2. — Le nombre des membres de la commission municipale de cette commune est fixé ainsi qu'il suit:

Le commissaire civil, maire, président; le secrétaire du commissaire civil, faisant fonctions d'adjoint; 1 membre français, faisant fonctions d'adjoint pour le territoire du centre européen d'Aïn-Yggout; 9 membres indigènes musulmans, faisant respectivement fonctions d'adjoints indigènes dans les neuf sections.

21 décembre 1875.

Arrêté du gouverneur qui rattache le village d'Aïn-Touta à la commune mixte de Batna (B. O. 633).

Art. 1. — Le village d'Aïn-Touta cessera de faire partie du territoire militaire, et sera rattaché, à partir du 1er janvier 1876, à la commune mixte de Batna, dont il formera une section, administrée, sous l'autorité de l'administrateur, par un adjoint français.

CHATEAUDUN.

7 novembre 1874.

Arrêté du gouverneur portant constitution de la commune mixte de Châteaudun (B.O. 570).

Art. 1. — Le district de Châteaudun est constitué en commune mixte, divisée en huit sections : la première comprend les douars de Dambers (1) et de Megalsa; la deuxième, le douar d'Aïoun-el-Hadjez; la troisième, les douars de Ras-Seguin et de Tim-Telacin, la quatrième, le douar des Ouled-bou-Haoufan; la cinquième, le douar de Zaouïa-ben-Zaroug; la sixième, le douar des Ouled-el-Brana; la septième, les douars des Ouled-Haïf et des Ouled-el-Arbi, avec le territoire du village de Saint-Donat; la huitième, le douar des Ouled-Zerga et les territoires des villages de Châteaudun, d'Aïn-Mellouk et du Centre en création au Moulin-Gassiot.

Art. 2. — Cette commune mixte ayant son centre administratif à Châteaudun, sera administrée par le commissaire civil, qui aura pour premier adjoint le secrétaire du commissariat civil, et sera assistée d'une commission municipale, composée de 11 membres, savoir :

3 adjoints français : l'un pour Châteaudun et le Moulin-Gassiot, l'autre pour Aïn-Mellouk et le douar des Ouled-Zerga, le troisième pour Saint-Donat; 1 membre français et 7 membres musulmans remplissant les fonctions d'adjoint indigène pour chacune des sept premières circonscriptions, le village de Saint-Donat excepté.

3 juillet 1875.

Arrêté du gouverneur qui détache la section de l'Oued-Dekri de la commune de plein exercice de l'Oued-Athménia et la réunit à la commune de Châteaudun (B. O. 613).

7 novembre 1876.

Décret qui distrait le douar des Dambers de la commune mixte de Châteaudun et le rattache à la commune de plein exercice de l'Oued-Athménia (B. O. 683).

MILAH.

4 juillet 1874.

Arrêté du gouverneur qui constitue la commune mixte de Milah (B. O. 551).

Art. 1. — Le district de Milah est constitué en commune mixte, divisée en huit sections et dont le centre administratif est à Milah.

(1) Distrait (Décret du 7 novembre 1876 ci-après).

La première section comprend la ville de Milah et sa banlieue; la deuxième section, les villages de Sidi-Khalifa et d'Aïn-Tin, les azels et le douar de *Serraouïas*; la troisième section, les Ouled-bou-Hallouf; la quatrième section, le douar de Kermouda; la cinquième, Sidi-Mérouan; la sixième, les Beni-Haroun; la septième, le douar d'Abdel-Melech; la huitième, le douar de Guettara et l'azel El-Fouïni.

Art. 2. — Cette commune mixte sera administrée par le commissaire civil, avec l'assistance d'une commission municipale, composée de onze membres, savoir :

2 adjoints français : l'un à Milah, l'autre à Sidi-Khalifa;

1 adjoint indigène, à Milah;

1 membre français;

7 membres indigènes, faisant fonctions d'adjoints dans les douars respectifs.

OUED-ZENATI (AÏN REGADA).

5 avril 1876.

Arrêté du gouverneur qui constitue la commune mixte de l'Oued-Zenati (B. O. 651).

Art. 1. — Sont constitués en commune mixte, sous le nom de l'Oued-Zenati, les douars et azels ci-après, qui sont divisés en huit sections, savoir :

Première section : le douar des Zanatia; deuxième section : le douar Merachda et l'azel Sacrania; troisième section : le douar El-Ahsasna; quatrième section : le douar Aïn-Melouk; cinquième section : Sidi-Marh; sixième section : Bir-Mouten; septième section : Sellaoua-Anouna; huitième section : les douars Kanguet, Sabat, Ouled-Ahmed et Ouled-Sassi.

Art. 2. — L'administrateur de cette commune mixte, dont le centre sera au village de l'Oued-Zenati, aura pour adjoint le secrétaire de ce district, et sera assisté d'une commission municipale composée de 12 membres français et de 8 membres indigènes musulmans; ces derniers rempliront les fonctions d'adjoints dans leurs sections respectives.

21 juin 1877.

Arrêté du gouverneur portant que le chef-lieu de la commune mixte de l'Oued-Zenati est transporté à Aïn-Regada (B. O. 600).

ARRONDISSEMENT DE GUELMA.

GUELMA.

18 septembre 1876.

Arrêté du gouverneur qui constitue la commune mixte de Guelma (B. O. 672).

Art. 1. — Les douars El-Fedjoudj, Beni-Addi

11

Bou-Hamdane, Selib, Taya, Mouelfa, Beni-Marmi, Beni-Mezzeline, Beni Ourzeddin, Khezaras, Aïn-Rihana, Oulad-Senan, Oulad-Harrid, sont constitués en une commune mixte qui prendra le nom de Guelma, son chef-lieu, et sera divisée en huit sections :

La première comprenant les douars El-Fedjoudj et Beni-Addi; la deuxième comprenant le douar Bou-Hamdane; la troisième comprenant les douars Selib et Taya; la quatrième comprenant les douars Mouelfa et Aïn-Rihana; la cinquième comprenant le douar Beni-Marmi; la sixième comprenant le douar Beni-Mezzeline; la septième comprenant les douars Beni-Ourzeddin et Khezazas; la huitième comprenant les douars Oulad-Senan et Oulad-Harrid.

Art. 2. — Cette commune mixte, ayant son siège a Guelma, sera administrée par le sous-préfet de l'arrondissement, qui aura pour premier adjoint le secrétaire de la sous-préfecture, et sera assisté d'une commission municipale composée de 11 membres, dont 3 français et 8 musulmans; ces derniers remplissant les fonctions d'adjoints dans leurs sections respectives.

COLLO.

6 novembre 1868.

Arrêté du gouverneur qui crée la commune mixte de Collo territoire militaire (B. O. 287).

20 avril 1874.

Arrêté du gouverneur qui constitue la commune mixte de Collo (B. O. 550).

Art. 1. — La commune mixte de Collo, comprenant les trois douars-communes de Collo, Arb-Sidi-Achour, Ouled-Mazouz, est rattachée au territoire civil du département de Constantine, et relèvera, en cette qualité, de l'arrondissement de Philippeville.

24 avril 1878.

Arrêté du gouverneur réunissant cinq douars à la commune mixte de Collo (B. O. 718).

Art. 1. — Les douars-communes de Tekla, d'Arb-Guerguera, de Demnia, d'El-Atba et de Taabna sont distraits de la commune indigène de Collo et réunis à la commune mixte du même nom, dont ils formeront quatre sections distinctes.

Art. 2. — Les douars ci-dessus désignés seront représentés au sein de la commission municipale par 4 membres. Ces membres seront chargés des fonctions d'adjoints indigènes dans leurs sections respectives.

PHILIPPEVILLE.

30 septembre 1875.

Arrêté du gouverneur qui crée la commune mixte de Philippeville (B. O. 626).

Art. 1. — Sont constitués en commune mixte les douars des Oulad-Nouar, M'sala, Zeramna et Medjadja. Cette commune mixte dont le chef-lieu administratif sera Philippeville, prendra le nom de ce chef-lieu et sera divisée en quatre sections.

Art. 2. — La commune mixte de Philippeville sera administrée par le sous-préfet de l'arrondissement, qui sera assisté d'une commission municipale de 5 membres, dont 1 notable français et 4 conseillers indigènes remplissan les fonctions d'adjoints dans leurs sections respectives.

EL-ARROUCH.

5 janvier 1875.

Arrêté du gouverneur qui constitue la commune mixte de El-Arrouch (B. O. 580).

Art. 1. — Le district d'El-Arrouch est constitué en une commune mixte, dont le centre administratif est au chef-lieu de ce district. Elle est divisée en dix sections, savoir :

La première section, du Djebel-Ghédire; la deuxième, des Oulad-Messaoud; la troisième, du Kandek-Asla; la quatrième, d'Azabra; la cinquième, des Oulad-Hamza; la sixième, des Oulad-Habeba; la septième, de Korfan; la huitième, de Rerazla; la neuvième, des Oulad-Derradj; la dixième, des Beni-Hamed.

Art. 2. — Le nombre des membres de la commission municipale de cette commune mixte est fixé ainsi qu'il suit : le commissaire civil, maire, président; le secrétaire du commissariat, faisant fonctions d'adjoint; 2 membres français; 10 membres indigènes musulmans, faisant respectivement fonctions d'adjoints dans les dix sections.

JEMMAPES.

15 octobre 1874.

Arrêté du gouverneur constituant la commune mixte de Jemmapes.

Art. 1. — Le district de Jemmapes est constitué en commune mixte avec les douars communaux des Guerbès, des Redjetas, d'Aïn-Skikda, de Tengout, de Bou-Taleb, de Guerasla-d'Oum-Nehal, de Melilla-d'El-Grar, de Meziel et des Oulad-Urara; chacun de ces douars formera une section communale.

Art. 2. — Le nombre des membres de la commission municipale de cette commune mixte est fixé ainsi qu'il suit : l'administrateur, président; 1 adjoint français pour la section de Tengout et le village de la Robertsau; 3 membres français pris dans l'ensemble de la population de la commune mixte et 11 membres indigènes, dont 1 pour le douar Tengout et 10 faisant fonctions d'adjoints dans chacun des autres douars.

ARRONDISSEMENT DE SÉTIF.

AIN-ABESSA.

1er décembre 1874.

Arrêté du gouverneur qui constitue la commune mixte d'Aïn-Abessa (B. O. 584).

Art. 1. — Sont constitués en commune mixte les villages d'Aïn-Abessa, de Faucigny et d'Aïn-Rouah, ainsi que les douars El-Anini, Takoka, El-Hammama, Matroua et Gherazla.

Cette commune mixte, dont le centre administratif sera Aïn-Abessa, prendra le nom de ce village et sera divisée en huit sections.

Art. 2. — Le nombre des membres de la commission municipale de la commune mixte d'Aïn-Abessa est fixée ainsi qu'il suit :

Le maire, président; 3 adjoints et 3 conseillers français (un par village); 5 conseillers indigènes, remplissant les fonctions d'adjoints dans leurs douars respectifs.

17 janvier 1876.

Arrêté du gouverneur qui augmente la commission municipale d'un membre français qui y représentera la section chef-lieu (B. O. 637).

26 octobre 1877.

Arrêté du gouverneur qui rattache un douar à cette commune (B. O. 701).

Art. 1. — Le douar-commune de Cherfa sera distrait, à partir du 1er janvier 1878, de la commune de Sétif et réuni à la commune mixte d'Aïn-Abessa, dont il formera une section.

Art. 2. — Il sera représenté au sein de la commission municipale d'Aïn-Abessa par un membre choisi parmi les habitants de la section.

Ce membre, pris en sus du nombre fixé par l'arrêté du 1er décembre 1874, sera chargé des fonctions d'adjoint spécial.

BORDJ-BOU-ARRÉRIDJ.

13 novembre 1874.

Arrêté du gouverneur qui constitue la commune mixte de Bordj-bou-Arréridj (B. O. 605).

Art. 1. — Le district de Bordj-bou-Arréridj est constitué en commune mixte, divisée en six sections, et dont le centre administratif est au chef-lieu de ce district.

La première section comprendra la partie du territoire d'Aïn-Tagrout, affectée au village européen de ce nom; la seconde, le douar-commune d'Aïn-Tagrout, les fractions de Choufra et de Cédrata; la troisième, les douars-communes de Sidi-Embarek et de Bir-Aïssa; la quatrième, le douar-commune d'El-Anasser, les fractions de Gemmour et de Tassera; la cinquième, le douar de Sennada; la sixième, les douars de la Medjana et d'Aïn-Sultan.

Art. 2. — Le nombre des membres de la commission municipale de Bordj-bou-Arréridj est fixé ainsi qu'il suit :

Le commissaire civil, maire, président; le secrétaire du commissariat civil faisant fonctions d'adjoint français pour la section européenne d'Aïn-Tagrout; 2 membres français; 5 membres indigènes musulmans faisant fonctions d'adjoints dans les cinq sections indigènes.

EULMAS.

7 novembre 1874.

Arrêté du gouverneur qui constitue la commune mixte des Eulmas (B. O. 576).

Art. 1. — Le district de Saint-Arnaud est constitué en commune mixte, divisée en neuf sections dont le centre administratif est Saint-Arnaud.

La première section comprend le village de Bir-el-Arch; la deuxième, les douars Sakra et Tella; la troisième les douars de Bellaa; la quatrième, le douar de Bazer; la cinquième, le douar de Merloutt la sixième, le douar des Ouled-Bel-Aouchat; la septième, le douar des Ouled-Zaïm; la huitième, les douars des Ouled-Bel-Kheïr et Mekancha; la neuvième, le douar de Beïda-Bordj.

Art. 2. — Cette commune mixte, qui prendra le nom des Eulmas, sera administrée par le commissaire civil, qui aura pour premier adjoint le secrétaire du commissariat civil et sera assisté d'une commission municipale composée de dix membres, savoir : 1 adjoint français à Bir-el-Arch; 1 membre français représentant la population européen de Beïda-Bordj; 8 membres indigènes faisant fonctions d'adjoints dans les huit dernières sections.

SÉTIF.

18 mars 1875.

Arrêté du gouverneur qui constitue la commune mixte de Sétif (B. O. 599).

Art. 1. — Sont constitués en commune mixte

les douars : Ouled-Adouan, Ouled-Mansour et Chabia réunis; Ouled-Allil-ben-Nacer, Medjounès, Ouled-Sabor, Guidjel, Ben-Diab, Guellal, Malha et la tribu des Ouled-Mosly.

Cette commune mixte, dont le centre sera Sétif, prendra le nom de son chef-lieu et sera divisée en neuf sections.

Art. 2. — La commune mixte de Sétif sera administrée par le sous-préfet de l'arrondissement, qui aura pour premier adjoint le secrétaire de la sous-préfecture; pour deuxième adjoint, un agent à la nomination du préfet, et qui sera assisté d'une commission municipale de onze membres : 2 notables français, 9 conseillers indigènes, remplissant les fonctions d'adjoints dans leurs sections respectives.

DÉPARTEMENT D'ORAN.

ARRONDISSEMENT DE MASCARA

MASCARA.

22 septembre 1877.

Arrêté du gouverneur général réunissant les communes mixtes de Mascara et de l'Oued-Taria en une seule commune, dont le chef-lieu est fixé à Mascara et en porte le nom. (B. O. 700).

Art. 1. — Les communes mixtes de Mascara et de l'Oued-Taria sont réunies en une seule commune dont le chef-lieu est fixé à Mascara et qui en portera le nom.

Art. 2. — Cette commune est divisée en vingt sept sections savoir :

Les centres de Palikao, de Froha, d'Aïn-Fekan, d'Oued-Taria et de Franchetti;

Les douars-communes de Sedjirara, des Beni-N'eigh, des Ferragaig, des Hadjadja, des Ouled-Sidi-Daho, des Ouled-Saïd, des Beni-Khemis, de Bahourat, de Tirennifine, de Maoussa, d'Aïn-Defla, de Sidi-ben-Moussa, de Zellaga, de Froha, de Fekan, de Sidi-ben-Hanéfia, d'El-Gueithna, de Makda, de Benian, de Guerdjoun, de Meh'ir, de Souk-el-Barbata.

Art. 3. — La commission municipale se composera de 35 membres :

Le sous-préfet de l'arrondissement de Mascara, président :

Le secrétaire de la sous-préfecture, 1er adjoint.

Un employé de la sous-préfecture, 2e adjoint, 5 adjoints et 5 membres français pour les sections de Palikao, de Froha, d'Aïn-Fekan, d'Oued-Taria et de Franchetti; un adjoint indigène pour chacune des autres sections.

ARRONDISSEMENT DE MOSTAGANEM.

CASSAIGNE.

30 décembre 1875.

Arrêté du gouverneur créant la commune mixte de Cassaigne (B. O. 637).

Art. 1. — Sont constitués en commune mixte les centres de colonisation de Cassaigne, Renault, Aïn-Ouillis et Bosquet, ainsi que la tribu de Mazouna et les douars communes de Chouachi, des Ouled-Khelouf-Souhalia, de Zerrifa, d'Achacha, de Nekmaria, des Ouled-Khelouf-Djeba'lia, de Tazgaït, des Ouled-Maallah, de M'zila, de Guerouaou, d'Abi-el-Gorin, d'Ouarizan, des Ouled-Slama, de Taghria, des Beni-Zenthis et de Mediouna.

Art. 2. — Cette commune mixte, qui prend le nom de Cassaigne, son centre administratif, est divisée en deux groupes : celui de Cassaigne et celui de Renault.

Il est placé dans chacun de ces groupes un administrateur adjoint, sous l'autorité de l'administrateur de la commune.

Art. 3. — Les centres de colonisation de Cassaigne, Renault, Aïn-Ouillis et Bosquet, seront administrés par des adjoints municipaux, nommés par le préfet et choisis dans la population du groupe auquel ils appartiennent.

Art. 4. — La commission municipale de la commune mixte de Cassaigne est composée ainsi qu'il suit :

L'administrateur, président;

Les deux administrateurs-adjoints;

L'adjoint municipal et deux notables français pour Cassaigne;

L'adjoint municipal et un notable français pour Bosquet;

L'adjoint municipal et un notable français pour Aïn-Ouillis;

L'adjoint et deux notables français pour Renault;

Dix-sept adjoints indigènes (un pour chaque douar-commune).

INKERMANN.

30 juillet 1875.

Arrêté du gouverneur portant création de la commune mixte d'Inkermann (B. O. 616).

Art. 1. — Les centres de population d'Inkermann et de Saint-Aimé, ainsi que les six-douars communes : Kaïba, Oulad-Addi, Djerara, Hamadena, Abd-el-Gouf et Merdja-el-Oargar forment une commune mixte, dont le chef-lieu est Inker-mann.

Art. 2. — Cette commune mixte, qui prendra le nom de son chef-lieu, sera administrée par un fonctionnaire civil, assisté d'un premier adjoint et d'une commission municipale, composée de 12 membres, savoir :

1 adjoint et 2 notables français pour chacun des deux centres de colonisation ; 6 adjoints-indigènes (un pour chaque douar).

MOSTAGANEM.

23 septembre 1874.

Arrêté du gouverneur qui constitue la commune de Mostaganem (B. O. 568).

Art. 1. — Le centre de population de Scira, ainsi que les 16 douars : Oulad-Saoussi, Kadadra, Beni-Yahyi, Ahl-el-Ossian, Sahoufra, Sefafa et terrains, Hels, Hassainia, Oulad-bou-Abca, Oulad-Chafa, Oulad-Dani, Chelafa, Ouled-Sidi-Brahim, Ouled-bou-Kamel, Oulad-Si-Yousef, Oouflrat-Sâcita, forment une commune mixte dont le chef-lieu est Mostaganem.

Cette commune mixte, qui prendra le nom de son chef-lieu, sera administrée par le sous-préfet de l'arrondissement, assisté d'un premier adjoint (le secrétaire de la sous-préfecture), d'un second adjoint à la nomination du préfet et d'une commission municipale de 23 membres, savoir :

7 notables français, 16 adjoints indigènes.

RELIZANE.

30 juillet 1875.

Arrêté du gouverneur qui détermine la circonscription de la commune mixte de Relizane (B. O. 610).

Art. 2. — La commune mixte de Relizane est formée des douze douars dénommés ci-après : Ghomeri, Sidi-Saada, Guerbouça, Guerefria, Goualize, Tahamda, Messalchia, Mina, Zgaler, El-Guettar, Bel-Hacel, Oued-Djemaa.

Art. 3. — Cette commune, dont le siège administratif est maintenu à Relizane, sera administrée par un fonctionnaire civil, assisté d'un premier adjoint et d'une commission municipale de 14 membres, savoir : 2 notables français et 12 adjoints indigènes (un pour chaque douar).

1er janvier 1876.

Arrêté du gouverneur qui rattache à la commune mixte de Relizane les douars Kalaa, Douairs-Flittas et Ouled-bou-Ali.

AIN-TEMOUCHENT.

23 septembre 1874.

Arrêté du gouverneur qui constitue la commune d'Aïn-Temouchent (B. O. 568).

Art. 1. — Les centres de population de Chabat-el-Leham et de Hammam-bou-Hadjar, ainsi que les dix douars : Sidi-bou-Ahmoud, Sidi-ben-Adda, Sidi-Dahan, Aoub-el-Hil, Aghlal, Souf-el-Fell, oued Berkèche, oued Sebbah, Bou-Hadjar et Sidi-Borkti forment une commune mixte dont le chef-lieu est Aïn-Temouchent.

Cette commune mixte, qui prendra le nom de son chef-lieu, sera administrée par le commissaire civil du district, assisté d'un premier adjoint (le secrétaire du commissariat civil) et d'une commission municipale de dix-sept membres, savoir :

2 adjoints français pour les centres de Chabat-el-Leham, et de Hammam-bou-Hadjar, 5 notables français et 10 adjoints indigènes.

28 juillet 1875.

Arrêté du gouverneur concernant l'annexe de Hammam-bou-Hadjar (B. O. 610.)

Art. 1. — L'annexe de Hammam-bou-Hadjar, comprise dans la commune mixte d'Aïn-Temouchent, se composera du centre de colonisation de Hammam-ben-Hadjar et des douars-communes des oued Berkech, oued Sebbah et Hammam-bou-Hadjar.

Art. 2. — L'administrateur de la commune mixte d'Aïn-Témouchent sera assisté d'un adjoint spécial, chargé de l'administration de cette annexe.

SAINT-DENIS-DU-SIG.

23 septembre 1874.

Arrêté du gouverneur qui constitue la commune mixte de Saint-Denis-du-Sig (B. O. 568).

Art. 1. — Les huit douars : Hel-el-Aïd, Louggaz, Sidi-Ali-Chérif, Le Krouf, Ferraga, Otba-Djillaba, Otba-Djemmala et Aïn-Cheurfa, forment une commune mixte, dont le chef-lieu est Saint-Denis-du-Sig.

Cette commune mixte, qui prendra le nom de son chef-lieu, sera administrée par le commissaire civil du district, assisté d'un premier adjoint (le secrétaire du commissariat civil), et d'une commission municipale composée de dix membres, savoir :

2 notables français, 8 adjoints indigènes.

30 septembre 1875.

Arrêté du gouverneur rattachant le douar des Alaïmia et la forêt de Muley-Ismael à la commune mixte de Saint-Denis-du-Sig, dont ils formeront chacun une section administrée, sous l'autorité du commissaire civil, par un agent indigène (B. O. 627).

SAINT-LUCIEN.

23 septembre 1874.

Arrêté du gouverneur qui constitue la commune mixte (B. O. 568).

Art. 1. — Les neuf douars : Meftah, Tenazet, Sidi-Ghalem, Tenia, El-Keçar, El-Gada, Telilat, Toumiat, Oum-el-Ghelaz forment une commune mixte dont le chef-lieu est Sainte-Barbe-du-Tlétat.

Cette commune mixte, qui prendra le nom de son chef-lieu, sera administrée par le commissaire civil du district, assisté d'un premier adjoint (le secrétaire du commissariat civil) et d'une commission municipale de quinze membres, savoir : 6 notables français et 9 adjoints indigènes.

3 avril 1878.

Arrêté du gouverneur qui change le nom de la commune (B. O. 717).

Art. 1. — Le chef-lieu de la commune de Sainte-Barbe-du-Tlélat est transporté à Saint-Lucien; ladite commune mixte portera désormais le nom de Saint-Lucien.

ARRONDISSEMENT DE SIDI-BEL-ABBÈS.

BOU-KANÉFIS.

10 juillet 1875.

Arrêté du gouverneur portant création de la commune mixte de Bou-Kanéfis (B. O. 610).

Art. 1. — Les centres de colonisation de Bou-Kanéfis et de Sidi-Ali-ben-Youb, ainsi que les douars de Messer-Tifilès, Tirénat et Sidi-Yacoub, forment, suivant le plan ci-annexé, une commune mixte, dont le chef-lieu est Bou-Kanéfis.

Art. 2. — Cette commune mixte, qui prendra le nom de son chef-lieu, sera administrée par un fonctionnaire civil, assisté d'un premier adjoint et d'une commission municipale de huit membres, savoir : un adjoint et un notable français pour chaque centre de colonisation, et un notable indigène, faisant fonctions d'adjoint pour chaque douar.

MEKERRA.

30 juillet 1875.

Arrêté du gouverneur qui constitue la commune mixte de Mekerra (B. O. 616).

Art. 1. — La composition territoriale de la commune mixte de Mekerra comprend les centres et les douars dont les noms suivent :

1° Le village français de la Tenira, y compris une partie de la forêt de ce nom, qui appartenait précédemment au douar de Meser, le village de Zérouela et les douars Ouled-Riah, Nemaïcha, Atamnia, Oued-Ghazzi, M'haddid, Hamyans, Tilmouni.

Ces villages et douars sont placés sous l'action directe de l'administration de la commune mixte;

2° Le village français Zûzef et les douars Oued-Mebtouch, Tiliouïn, Bou-Djebaa, Zûzef.

Ces villages et ces douars formeront une annexe placée sous l'action d'un adjoint spécial, résidant à Zûzef.

Art. 2. — La commune de la Mekerra est administrée par un fonctionnaire civil, résidant à Sidi-bel-Abbès, et assisté d'un premier adjoint.

La commission municipale comprendra dix-neuf membres, savoir : 1 adjoint et 1 notable français, pour chacun des trois centres de colonisation; 1 notable français, pris, autant que possible, dans les isolés de chaque section, et 1 adjoint indigène pour chacun des onze douars.

ARRONDISSEMENT DE TLEMCEN.

LAMORICIÈRE.

23 septembre 1874.

Arrêté du gouverneur général constitutif de la commune mixte de Lamoricière (B. O. 568).

Art. 1. — Le centre de population d'Aïn-Ferra, ainsi que les 4 douars de la tribu des Ahl-el-Oued-Djebel et le douar des Ouled-Mimoun, forment une commune mixte, dont le chef-lieu est Lamoricière.

Cette commune mixte, qui prendra le nom de son chef-lieu, sera administrée par le commissaire civil du district, assisté d'un premier adjoint (le secrétaire du commissariat civil), et d'une commission municipale de 10 membres savoir :

Un adjoint français pour le centre d'Aïn-Ferra, 4 notables français, 3 adjoints indigènes et 2 notables indigènes.

10 juillet 1875.

Arrêté du gouverneur portant que la section de Lamoricière est rattachée à la commune mixte de Lamoricière (B. O. 615).

2 août 1875.

Arrêté du gouverneur relatif à la composition de la commission municipale (B. O. 618).

Art. 1. — La section de Lamoricière sera représentée, dans la commission municipale de la commune mixte de ce nom, par trois membres français, dont l'un remplira les fonctions d'adjoint spécial.

TLEMCEN.

23 septembre 1874.

Arrêté du gouverneur qui constitue la commune mixte de Tlemcen (B. O. 568).

Art. 1. — Les centres de population de Sidi-Amara, de Remchi et de Tekbalet, ainsi que les douze douars : Ahl-Zelboun, Ouled-Hamrou, Beni-Nester, Beni-Mélilia, Ouled-Riah, Zenata, El-Fehoul, Seban-Chioukh, Sidi-Ali-Chaïd, Tafna, Ouled-Sidi-Abdelli et Beni-Ouazan, forment une commune mixte, dont le chef-lieu est Tlemcen.

Cette commune mixte, qui prendra le nom de son chef-lieu, sera administrée par le sous-préfet de l'arrondissement, assisté d'un premier adjoint (le secrétaire de la sous-préfecture), d'un second adjoint, à la nomination du préfet, et d'une commission de 11 membres, savoir :

3 adjoints français pour les centres de Sidi-Amara, de Remchi et de Tekbalet, 2 notables français, 5 adjoints-indigènes.

27 avril 1875.

Arrêté du gouverneur qui supprime la commune mixte de Beni-Saf (B. O. 607).

Art. 1. — La commune mixte des Beni-Saf est supprimée.

La partie de son territoire, située sur la rive droite de la Tafna, est rattachée à la commune mixte de Tlemcen ; l'autre partie est réunie à la commune indigène de Tlemcen (territoire militaire).

25 juillet 1875.

Arrêté du gouverneur qui constitue la section des Beni-Saf (B. O. 620).

Art. 1. — Les sections de la commune mixte de Tlemcen, dites des Beni-Saf, des Beni-Fouzech et des Beni-Riman, sont réunies, sous le nom de Beni-Saf, en une seule section, qui sera représentée dans la commission municipale de la commune mixte de Tlemcen, par deux adjoints.

13 novembre 1875.

Arrêté du gouverneur qui rattache à la commune mixte la tribu des Beni-Ournid (B. O. 631).

28 août 1877.

Arrêté du gouverneur qui rattache à la commune de Tlemcen le douar des Ouled-Alaa (B. O. 699).

Art. 1. — Le douar des Ouled-Alaa sera distrait, à partir du 1er janvier 1878, de la commune d'Hennaya, et réuni à la commune mixte de Tlemcen, dont il formera une nouvelle section.

Communes mixtes du territoire militaire.

20 mai 1868.

Arrêté du gouverneur portant organisation municipale du territoire militaire (B. O. 267).

DE L'ORGANISATION MUNICIPALE DU TERRITOIRE MILITAIRE.

Art. 1. — Le territoire militaire de chaque subdivision est divisé en communes mixtes et en communes subdivisionnaires.

Art. 2. — Les communes mixtes comprennent les centres de population habités à la fois par des indigènes et par des européens, et qui, possédant des ressources propres, ne renferment pas encore une population européenne suffisante pour recevoir l'application immédiate du décret du 27 décembre 1866 (1). Les communes mixtes peuvent être divisées en sections par l'arrêté qui en détermine l'organisation et la délimitation. Elles ont pour centre administratif le chef-lieu du cercle ou de l'annexe.

Art. 3. — (Communes indigènes).

Art. 4. — Les communes mixtes et les communes subdivisionnaires sont personnes civiles. Elles exercent, à ce titre, tous les droits, prérogatives et actions dont les communes de plein exercice sont investies par la loi.

TITRE I.

DES COMMUNES MIXTES.

Section 1. — Du domaine des communes mixtes.

Art. 5. — Le domaine des communes mixtes se compose des biens meubles et immeubles réputés biens communaux pour les communes de plein exercice.

Section 2. — De l'organisation des commissions municipales des communes mixtes.

Art. 6. — Les communes mixtes sont adm

(1) V. *Communes de plein exercice.*

trées par des commissions municipales composées :
du commandant du cercle ou du chef d'annexe ;
du commandant de place ; du juge de paix ; des
adjoints des chefs-lieux et des sections de la commune ; de 5 membres choisis parmi les habitants
de la circonscription communale et remplissant
les conditions imposées par le décret du 27 décembre
1866 pour faire partie des conseils municipaux.

Art. 7. — Les adjoints du chef-lieu et des sections de la commune et les membres des commissions municipales, autres que le commandant du
cercle, le commandant de place et le juge de paix,
sont nommés pour trois ans par le général commandant la province, et sont susceptibles d'être
renommés.

Art. 8. — Ils peuvent être suspendus par arrêté du général commandant la province. — Cet
arrêté cesse d'avoir son effet, s'il n'est confirmé
dans le délai de deux mois par le gouverneur général. — Ils ne peuvent être révoqués que par
arrêté du gouverneur général.

Art. 9. — Les fonctions des membres des commissions sont gratuites.

Section 3. — De l'administration des communes mixtes.

Art. 10. — Les commissions municipales se
réunissent ordinairement quatre fois par an au
commencement des mois de février, mai, août et
novembre. — Elles sont présidées par le commandant du cercle, et, en son absence, par l'officier qui le remplace. — Chaque session peut
durer dix jours. — Elles peuvent en outre être
convoquées extraordinairement, par le général
commandant la province, lorsqu'il le juge utile.

Art. 11. — Les commissions municipales délibèrent sur toutes les matières soumises aux conseils municipaux des communes de plein exercice
par les articles 34, 35, 36, 37 et 38 de l'ordonnance
du 28 septembre 1847.

Art. 12. — Les dépenses et les recettes des
communes mixtes, les acquisitions, aliénations,
baux, dons et legs faits à leur profit ou consentis
par elles, sont réglés par les dispositions de l'ordonnance du 28 septembre 1847, de l'arrêt du
4 novembre 1848 et du décret du 28 juillet 1860,
en tout ce qui n'est pas contraire au présent arrêté. — Il en est de même en ce qui concerne les actions judiciaires, les transactions et la comptabilité.

Art. 13. — Le commandant du cercle, président
de la commission municipale, administre les
biens de la commune mixte, dirige les travaux
d'intérêt commun, prépare le budget, ordonnance
les dépenses, surveille la comptabilité, nomme
aux emplois communaux pour lesquels les lois,
ordonnances et arrêtés ne prescrivent pas un
mode spécial de nomination, suspend et révoque
les titulaires de ces emplois. — Il exerce les fonctions d'officier de police judiciaire. — Celles
d'officier de l'état civil continuent d'être exercées
par le commandant de place ou par l'adjoint civil délégué. — Lorsque la commune mixte est di-

visée en sections, il est institué, pour chaque section, hors du chef-lieu, un adjoint spécial, chargé
des fonctions d'officier de l'état-civil et des autres
attributions municipales qu'il conviendrait au
commandant du cercle de lui déléguer.

Art. 14. — Dans les communes mixtes où il
existe un receveur des contributions diverses, il
remplit les fonctions de receveur communal, à
défaut, un receveur communal spécial peut être
nommé par le gouverneur général, sur la proposition du général commandant la province. Ce
comptable est soumis aux mêmes règles et obligations que les receveurs municipaux des communes de plein exercice.

18 janvier 1875.

*Décret portant que les communes mixtes pren-
dront part à la distribution des produits de
l'octroi de mer, et que l'élément indigène
sera compté pour 1/10e de son effectif.* (B. O.
541).

DIVISION D'ALGER.

BOUÇAADA.

21 novembre 1876.

*Arrêté du gouverneur qui constitue la com-
mune mixte comprenant la ville et une partie
de la banlieue englobée en entier dans le caïdat
de Bouçaada* (B. O. 287).

(Commission administrative composée, en dehors des membres désignés par l'arrêté du 30
mai 1868, d'un adjoint français, de deux adjoints
musulmans, de deux membres européens, d'un
israélite et de deux musulmans.)

BOUIRA.

22 septembre 1874.

*Arrêté du gouverneur qui constitue la com-
mune mixte de Bouïra* (B. O. 562).

Art. 1. — Le centre de Bouïra est constitué en
commune mixte, avec les douars-communes de
Ouled-Bellil, de Sidi-Zouika, de Sidi-Khelifa,
d'Aïn-Tiziret, qui sont détachés de la commune
indigène d'Aumale, et dont chacun formera une
section communale.

Art. 2. — Cette commune mixte relèvera du
cercle d'Aumale.

Art. 3. — Le nombre des membres de la commission municipale de la commune mixte de
Bouïra est fixé ainsi qu'il suit : 1 maire et 1 adjoint français ; 6 membres français ; 4 membres
indigènes, dont chacun représentera un des
douars des Ouled-Bellil, de Sidi-Zouika, de Sidi-
Khelifa, et d'Aïn-Tiziret.

DJELFA.

6 novembre 1868.

Arrêté du gouverneur qui crée la commune mixte de Djelfa, englobée en entier dans le territoire de Ouled-Naïl (B. O. 287).

(Commission administrative composée, en dehors des membres désignés par l'article 6 de l'arrêté du 20 mai 1868, d'un adjoint français, d'un adjoint musulman, de trois membres européens et de deux conseillers musulmans.)

LAGHOUAT.

6 novembre 1868.

Arrêté du gouverneur qui crée la commune mixte de Laghouat comprenant la ville, l'oasis et les terres irrigables cultivées par [les habitants de la ville, englobée en entier dans le territoire de la tribu des Larba (B. O. 287).

(Commission administrative composée en dehors des membres désignés, arrêté du 20 mai 1868, article 6, d'un adjoint français, de 2 adjoints musulmans, de 2 membres européens et 2 musulmans et 1 israélite.)

DIVISION DE CONSTANTINE.

AKBOU.

6 janvier 1875.

Arrêté du gouverneur qui constitue en une commune mixte le village d'Akbou et les village et douar de Tazemalt (B. O. 588).

Art. 1. — Le village d'Akbou, celui de Tazemalt et le douar de ce nom, sont constitués en une commune mixte dont ils formeront chacun une section, et dont le centre administratif sera Akbou.

Art. 2. — Le nombre des membres de la commission municipale de cette commune mixte est fixé ainsi qu'il suit: le commandant supérieur du cercle, faisant fonctions de maire, président; deux adjoints français, un pour chacune des sections européennes d'Akbou et de Tazemalt, et un adjoint indigène pour le douar de Tazemalt; deux membres français ; un membre indigène.

8 février 1876.

Arrêté du gouverneur qui augmente de deux membres français la commission municipale de la commune mixte d'Akbou (B. O. 800).

Arrêté du gouverneur qui réunit le territoire d'Ighzer-Amokran à la commune mixte d'Akbou (B. O. 604).

Art. 1. — Le territoire d'Ighzer Amokran est distrait de la commune indigène d'Akbou et réuni à la commune mixte de ce nom, dont il formera une nouvelle section.

Art. 2. — Un membre choisi parmi les habitants de cette section la représentera au sein de la commission municipale.

Ce membre, pris en sus du nombre fixé par les arrêtés des 6 janvier 1875 et 8 février 1876, sera chargé, dans ladite section, des fonctions d'adjoint spécial.

KHENCHELA.

4 décembre 1874.

Arrêté du gouverneur fixant les limites de la commune mixte de Khenchela (B. O. 580).

Art. 1. — Le centre de Khenchela, subdivision de Batna, est constitué en commune mixte avec le douar-commune du même nom.

Art. 2. — La commune mixte de Khenchela sera administrée par le commandant supérieur du cercle, assisté d'une commission municipale ainsi composée :

Pour le centre de Khenchela : 1 adjoint français, 4 membres européens et 1 membre indigène. Pour le douar-commune du même nom : 1 adjoint indigène.

TÉBESSA.

6 novembre 1868.

Arrêté du gouverneur qui crée la commune de Tébessa, limitée au douar du même nom (B. O. 287).

(Commission administrative composée, en dehors des membres désignés par l'arrêté du 20 mai 1868, de 1 adjoint français, de 2 adjoints musulmans, de 2 membres européens, de 1 israélite et de 2 musulmans.)

DIVISION D'ORAN.

AMMI-MOUSSA.

6 mars 1877.

Arrêté du gouverneur réunissant en une seule commune mixte, chef-lieu Ammi-Moussa, la

commune mixte de ce nom et la commune indigène du Rihou (B. O. 691).

Art. 1. — La commune mixte d'Ammi-Moussa
et la commune indigène du Rihou sont réunies
en une seule commune mixte, dont le chef-lieu
est fixé à Ammi-Moussa et qui en portera le nom.

Art. 2. — Cette commune est divisée en vingt-
trois sections, conformément au plan ci-annexé,
savoir : le centre d'Ammi-Moussa; les quatorze
douars-communes des Oulad-el-Abbès, Oulad-
bou-Ikni, Marlouna, Oulad-Defelten, Meukoura,
Oulad-Ismeur, Oulad-Mondjeur, El-Adjama, Touarès, Oulad-bou-Riah, Ouled-Yaïch, Oulad-Sabeur, Chekkala, Mekenessa; les huit tribus de
Matmata, Hallouya-Cheragas, Hallouya-Gharaba,
Massem, Oulad-Berkau, Ouled-Bakhta, Kheraïch-
Cheraga, Kheraïch-Gharaba.

Art. 3. — La commmission municipale sera
composée de vingt-neuf membres : le commandant supérieur du cercle, président; le chef du
bureau des affaires indigènes, premier adjoint;
1 adjoint et 2 membres français pour la section
d'Ammi-Moussa; 1 adjoint indigène pour chacune des autres sections; l'agha des Beni-Ouragh;
le caïd des caïds des Beni-Meslem.

DAYA.

6 novembre 1868.

*Arrêté du gouverneur qui crée la commune
mixte de Daya (B. O. 287).*

30 décembre 1875.

*Arrêté du gouverneur qui fixe les limites de la
commune mixte de Daya (B. O. 637)*

Art. 1. — Les centres de population de Daya et
Magenta, les trois douars-communes de l'Oued-
Selloun, de l'Oued-Taourira et de l'Oum-El-Doud,
ainsi que les trois tribus des Oulad-Amram, des
Oulad-Athia et des Oulad-Ralagh forment une
commune mixte dont le chef-lieu est Daya.

Cette commune mixte, qui prendra le nom de
son chef-lieu, sera administrée par le commandant supérieur du cercle, assisté du premier adjoint (le chef de bureau des affaires indigènes) et
d'une commission municipale de neuf membres,
savoir : 2 adjoints français, 1 notable français et
6 adjoints indigènes.

FRENDAH.

30 décembre 1875.

*Arrêté du gouverneur qui crée la commune
mixte de Frendah (B. O. 637).*

Art. 1. — Les centres de population de Frendah et de Cacherou, les quatre douars-communes
Haboucha, El-Bordj, Temaznia et Haddad, ainsi
que les seize tribus M'Hamid, Oulad-Aïssa-Bel-

Abbès, Oulad-Bou-Ziri, Chelog, Oulad-Sidi-Ben-
Halima, Mahoudia, Khallafa-El-Gheraba, Khallafa-
El-Cheraga, Beni-Ouindjel, Haouarets, Keselna,
Oulad-Zeïan-El-Gheraba, Dehalsa, Ghouadi, Me-
rabtin-El-Gheraba et Hassinat forment une com-
mune mixte dont le chef-lieu est Mascara.

Le centre de Frendah forme une section de la
commune mixte.

Cette commune mixte, qui prendra le nom de
Frendah, sera administrée par le général commandant la subdivision, ayant pour premier adjoint le chef du bureau des affaires indigènes de
Mascara, et avec l'assistance d'une commission
municipale de vingt-cinq membres, savoir : le
bach-agha de Frendah, l'agha d'El-Bordj, l'agha
des Hachem, 1 adjoint français pour chacun des
centres de Frendah et de Cacherou et 20 adjoints
indigènes.

GÉRYVILLE.

30 décembre 1875.

*Arrêté du gouverneur portant création de la
commune mixte de Géryville (B. O. 637).*

Art. 1. — Le centre de Géryville et les dix-
huit tribus des Oulad-Ziad-ech-Cheraga, Oulad-
Ziad-El-Gheraba, Derraga-El-Cheraga, Derraga-
El-Gheraba, Oulad-Ma'Alla, Akerma, Oulad-Abd-
El-Kerim, Oulad-Serour, Oulad-Sidi-El-Hadj-
ben-Amar, Stitten, Mecheria, Ghassoul, Brezina,
El-Arbaouat, El-Abiod-Sidi-Cheikh, Chellala-
Dahroula, Chellala-Gueblia et Bou-Semghoun
forment une commune mixte dont le chef-lieu
est Géryville.

Cette commune mixte, qui prendra le nom de
son chef-lieu, sera administrée par le commandant supérieur du cercle, assisté d'un premier
adjoint (le chef du bureau des affaires indigènes),
et d'une commission municipale de dix-neuf
membres, savoir :

Un adjoint français pour le centre de Géryville,
et dix-huit adjoints indigènes.

LALLA-MAGHNIA.

30 décembre 1875.

*Arrêté du gouverneur qui crée la commune
mixte de Lalla-Maghnia (B. O. 637).*

Art. 1. — Les centres de population de Maghnia et de Oar-Roubau, les quatre douars-communes de Zemmora, Djouïdat, Oulad-Sidi-Med-
jahed et Maaziz, ainsi que les huit tribus des Beni-
Ouassin, Beni-bou-Saïd, Oulad-Riah, Ahlbel-Ga-
fer, Ahl-Tameksalet, Oulad-Hammou, Oulad-Addou et Zaoula-Sidi-Ahmed forment une commune
mixte dont le chef-lieu est Maghnia.

Cette commune mixte, qui prendra le nom de

son chef-lieu, sera administrée par le commandant supérieur du cercle, assisté d'un premier adjoint (le chef du bureau des affaires indigènes) et d'une commission municipale de dix-huit membres, savoir :

L'agha des Oulad-Riah, deux adjoints français pour les centres de Maghnia et de Ghar-Rouban, trois notables français et douze adjoints indigènes.

NEMOURS.

30 décembre 1875.

Arrêté du gouverneur qui crée la commune de Nemours (B. O. 637).

Art. 1. — Les cinq douars-communes de Nedromah, Beni-Mesir, Beni-Mishel, Souhalia, Zaouïet-El-Mira, ainsi que les onze tribus de Djebala, M'sirda, Achache, Oulad-Athia, Beni-Mengouch-El-Tahta, Oulad-Dedouch, Beni-Ouarsous, Nousf-Achour, Abeghain', Beni-Abed et Oulhassa-El-Gheraba, forment une commune mixte dont le chef-lieu est Nemours.

Cette commune mixte, qui prendra le nom de son chef-lieu, sera administrée par le chef de l'annexe, assisté d'un premier adjoint (l'adjoint du chef de l'annexe) et d'une commission municipale de dix-huit membres, savoir :

10 adjoints indigènes et 2 notables français ou européens, représentant la population française ou européenne de la commune mixte.

10 février 1876.

Arrêté du gouverneur portant que la commission municipale de la commune mixte de Nemours est augmentée d'un adjoint français qui représentera la section de Nedromah (B. O. 531).

SAIDA.

6 novembre 1868.

Arrêté du gouverneur créant la commune mixte de Saïda (B. O. 287).

30 décembre 1875.

Arrêté du gouverneur qui modifie les limites de la commune mixte de Saïda (B. O. 637).

Art. 1. — Les centres de population de Saïda et de Nazereng, et les trois douars-communes Douï-Thabet, Tafreut et Nazereng forment une commune mixte dont le chef-lieu est Saïda.

Cette commune mixte, qui prendra le nom du chef-lieu, sera administrée par le commandant supérieur du cercle, assisté d'un premier adjoint (le chef du bureau des affaires indigènes) et d'une commission municipale de dix membres, savoir :

2 adjoints français pour les centres de Saïda et de Nazereng, 3 notables français, 3 adjoints indigènes et 2 notables indigènes.

SEBDOU.

30 décembre 1875.

Arrêté du gouverneur qui constitue la commune mixte de Sebdou (B. O. 637).

Art. 1. — Le centre de population de Sebdou, les deux douars-communes d'Aïn-Ghoraba et de Sebdou, ainsi que les vingt-huit tribus du Khemis, El-Azaïl, El-Kef, Oulad-El-Nehar, Angad, Beni-Smiel, Akerma, Oulad-Mansourah, El-Bekakra, Beni-Metaref, Oulad-Serour, Oulad-Messaoud, Oulad-Ahmed, Megan, Meghaoulia, Oulad-Toumi, El-Ferada, Oulad-Embarek, Oulad-Farès, Sendan, Oulad - Sidi - Ahmed - ben - Medjedout, Chourfa, Aïn-Sefissifa, Aïn-Sefra, Thyout, Asla, Moghar-El-Fougani, Moghar-El-Tahtani forment une commune mixte dont le chef-lieu est Sebdou.

Cette commune mixte, qui prendra le nom de son chef-lieu, sera administrée par le commandant supérieur du cercle, assisté d'un premier adjoint (le chef du bureau des affaires indigènes) et d'une commission municipale de 33 membres, savoir : l'agha des Beni-Snous, 1 adjoint français pour le centre de Sebdou, 1 notable français et 30 adjoints indigènes.

ZEMMORAH.

6 mars 1877.

Arrêté du gouverneur qui réunit à la commune mixte de Zemmorah la commune indigène des Flittas (B. O. 691).

Art. 1. — La commune mixte de Zemmorah et la commune indigène des Flittas sont réunies en une seule commune mixte, dont le chef-lieu est fixé à Zemmorah, et qui en portera le nom.

Art. 2. — Cette commune est divisée en vingt-trois sections, conformément au plan ci-annexé, savoir : les centres de Zemmora et de Mendez : les douze douars-commune de Haratsa, Oulad R fa, Dar-ben-Abdallah, Beni-Issad, El-Habecha, Oulad-Barkat, Oued-el-Hamoul, Beni-Dergoun, Amamra, Oulad-Souïd, Oulad-Sid, Ben-Aouda ; les neuf tribus des Oulad-Sidi-el-Azreug, Chouala, Beni-Louma, Oulad-Rached, Oulad-Ameur, Oulad-bel-Aaïd, Oulad-Sidi-Yahia-ben-Hamed, Oulad-Sidi-Ahmed-ben-Mohamed et El-Anatra.

Art. 3. — La commission municipale sera composée de 28 membres :

Le chef d'annexe, président ; l'adjoint de première classe du bureau des affaires indigènes, premier adjoint; 2 adjoints et 2 membres français pour les sections de Zemmorah et de Mendez; 1 adjoint indigène pour chacune des autres sections; le caïd des caïds des Flittas.

Concessions.

Les attributions de terres aux immigrants ont été faites sous trois formes différentes : concessions, ventes, locations. Sous la première, le concessionnaire recevait un titre provisoire; il était mis immédiatement en possession et devait, dans un délai déterminé, remplir certaines conditions, sous clauses résolutoires. Si dans le délai imposé les conditions étaient exécutées, procès-verbal était dressé et le concessionnaire recevait un titre définitif qui le rendait propriétaire des immeubles concédés; si au contraire les conditions n'avaient pas été remplies, en totalité ou en partie, l'administration pouvait, à sa volonté, accorder des délais ou prononcer la déchéance du concessionnaire, et, dans ce cas, reprendre possession des terrains compris dans la concession. Ce système, réglé par un arrêté du gouverneur du 18 avril 1841 et deux ordonnances des 21 juillet 1845 et 5 juin 1847, a été remplacé, aux termes du décret du 23 juillet 1860, par celui des ventes à prix fixe, aux enchères ou de gré à gré, conférant immédiatement à l'acquéreur la toute propriété. Un décret postérieur, du 31 décembre 1861, a affranchi des clauses résolutoires les anciennes concessions et a placé les concessionnaires dans une situation identique à celle des acquéreurs. Le régime inauguré par le décret du 23 juillet 1860 n'a point été abrogé; mais un décret du 16 octobre 1871, rendu en exécution des lois des 21 juin et 15 septembre précédents, qui avaient concédé 100,000 hectares de terre aux habitants de l'Alsace et de la Lorraine, a autorisé le gouverneur à consentir, sous promesse de propriété définitive et sous les conditions déterminées, des locations de terres domaniales. C'est le système actuellement suivi. Ce système, régi par le décret du 15 juillet 1874, qui a remplacé celui du 16 octobre 1871, a soulevé de vives critiques; il a été diversement interprété, quant aux droits qu'il attribue aux locataires, par les tribunaux de l'Algérie, et nous paraît dès lors devoir appeler dans un délai rapproché l'attention des pouvoirs publics.

V. *Domaines.*

21 juin 1871.

Loi qui attribue 100,000 hectares de terres en Algérie aux habitants de l'Alsace-Lorraine (B. O. 368).

Art. 1. — Une concession de 100.000 hectares des meilleures terres dont l'État dispose en Algérie est attribuée, à titre gratuit, aux habitants de l'Alsace et de la Lorraine qui voudraient conserver la nationalité française et qui prendraient l'engagement de se rendre en Algérie pour y mettre en valeur et exploiter les terrains ainsi concédés.

Art. 2. — Une commission de 15 membres sera nommée par les bureaux de l'assemblée pour étudier et préparer la série de mesures destinées à réglementer l'exécution de la présente loi, e pour déterminer, en outre, dans quelle proportion et de quelle manière l'État devra intervenir, en dehors de la concession des terres, pour faciliter l'installation des nouveaux immigrants.

15 septembre 1871.

Loi sur l'exécution de la loi précédente (B. O. 380).

Art. 1. — Il est institué à Belfort et à Nancy des commissions à l'effet de recevoir les demandes des habitants de l'Alsace et de la Lorraine qui, voulant conserver la nationalité française, prendraient, conformément à l'article 1 de la loi du 21 juin 1871 l'engagement de se rendre en Algérie pour y cultiver et mettre en valeur les terres dont la concession leur serait faite par l'État à titre gratuit.

Art. 2. — L'État pourvoira au transport par mer des émigrants entre les ports de France et ceux de l'Algérie les plus rapprochés des colonies à établir.

Art. 3. — (Aujourd'hui sans objet.)

Art. 4. — Indépendamment des lots individuels chaque colonie devra comprendre un communal, en bois s'il y en a, et en terres de parcours dont l'étendue sera proportionnée au chiffre de la population présumée.

Art. 5. — Chaque chef de famille sera mis par les soins de l'administration, en possession de son lot urbain et rural, avec titre et plan, aussitôt après son arrivée. Le choix des lots aura lieu par ordre d'arrivée; autant que possible leur étendue devra être en rapport avec le nombre de membres de la famille et l'importance des ressources pécuniaires dont elle dispose.

Art. 6. — Chaque centre de population sera pourvu aux frais de l'État: — 1° d'eaux alimentaires (fontaine ou puits, lavoir et abreuvoir); — 2° d'une mairie; — 3° d'une école; — 4° d'un édifice du culte avec ses accessoires obligés; — 5° des voies de communication nécessaires pour les relier à l'artère principale de la contrée et aux centres voisins.

Art. 7. — Les immigrants seront employés de préférence à tous autres ouvriers aux travaux de toute nature qui sont mis à la charge de l'État par l'article précédent.

Art. 8. — En attendant la construction des maisons d'habitation, l'État pourvoira les colons des moyens de campement, comme pour les troupes en campagne.

Art. 9. — Chaque colonie sera constituée en commune de plein exercice, aussitôt l'arrivée des deux tiers des habitants qui doivent la former.

Art. 10. — Il sera pourvu aux diverses dépenses rendues obligatoires par la présente loi, au moyen de crédits ouverts au budget de l'Algérie chapitre « colonisation ».

16 octobre 1871 (1).

Décret contenant les mesures d'exécution de la loi du 15 septembre 1871 (B. O. 380).

10 octobre 1872.

Décret modifiant celui du 16 octobre 1871 (B. O. 413).

15 juillet 1874.

Décret abrogeant le titre II du décret du 16 octobre 1871 et le décret du 10 octobre 1872, et les remplaçant par des dispositions nouvelles (B. 555).

Art. 1. — Le titre II du décret du 16 octobre 1871 et le décret du 10 octobre 1872 sont abrogés et remplacés par les dispositions suivantes :

Art. 2. — Le gouverneur général est autorisé à consentir, sous promesse de propriété définitive, des locations de terres domaniales, d'une durée de cinq années, en faveur de tous Français d'origine européenne ou naturalisés, qui justifieront de la possession de ressources suffisantes pour vivre pendant une année.

A titre de récompense exceptionnelle, la même faveur pourra être accordée, le conseil de gouvernement entendu, à tous indigènes non naturalisés qui auront rendu des services signalés à la France, en servant dans les corps constitués de l'armée de terre et de mer.

La liste des concessionnaires de cette dernière catégorie sera publiée trimestriellement.

Art. 3. — La location est faite, à condition de résidence personnelle, sur la terre louée pendant toute la durée du bail.

Art. 4. — Le locataire payera annuellement et d'avance, à la caisse du receveur de la situation des biens, la somme de 1 franc, quelque soit l'étendue de son lot.

(1) Ce décret se composait de deux titres, tous deux successivement abrogés.

Art. 5. — La contenance de chaque lot est proportionnée à la composition de la famille, à raison de 10 hectares au plus et de 3 hectares au moins par tête (hommes, femmes, enfants — les gens à gages ne comptant pas).

Les célibataires pourront être admis aux concessions ; ils ne jouiront, sur leur lot, que d'une superficie maximum de 10 hectares. Le complément leur sera remis après seulement qu'ils auront contracté mariage, et, jusque-là, il restera entre les mains de la commune, qui en aura la jouissance provisoire.

Après le délai de cinq ans, si le concessionnaire n'est pas marié, l'État pourra disposer du complément réservé, soit au profit de la commune, soit au profit d'un particulier.

L'étendue d'une concession ne pourra être moindre de 20 hectares ni excéder 50 hectares, si l'attribution est comprise sur le territoire d'un centre de population ; elle pourra atteindre 100 hectares, s'il s'agit de lots de fermes isolées.

Art. 6. — A l'expiration de la cinquième année, le bail sera converti en titre définitif de propriété, sous la simple réserve de ne point vendre, pendant une nouvelle période de cinq ans, à tous indigènes non naturalisés.

En cas de contravention à la défense qui précède, la concession sera résolue de plein droit au profit de l'État.

Le titre de propriété, établi par le service des domaines, est enregistré gratis et transcrit, sans autres frais que le salaire du conservateur, le tout à la diligence du service des domaines et aux frais du titulaire.

Art. 7. — A l'expiration de la troisième année, si la condition de résidence a été remplie, le locataire pourra céder le droit au bail à tout autre individu remplissant les conditions prévues par le paragraphe 1 de l'article 2, pour obtenir lui-même une concession, et cela avec clauses et conditions convenues entre eux. La même faculté est accordée aux différents concessionnaires du bail qui viendraient à se succéder dans le cours des deux dernières années.

A chaque cession, le contrat de substitution devra être notifié en due forme au receveur des domaines de la situation des biens.

Le titre définitif de propriété est délivré, en fin de bail, au dernier cessionnaire occupant.

Art. 8. — Le bail est résilié de plein droit, si, passé un délai de six mois, à partir du jour de sa notification, le titulaire ne s'est jamais conformé aux prescriptions de l'article 3.

En ce cas, l'État reprend purement et simplement possession de la terre louée.

Néanmoins, si le locataire a fait sur l'immeuble des améliorations utiles et permanentes, il sera procédé publiquement, par voie administrative, à l'adjudication du droit au bail.

Cette adjudication pourra être tranchée en faveur de tous enchérisseurs et à l'exclusion des indigènes non naturalisés.

Le prix d'adjudication, déduction faite des frais et compensation faite de dommages, s'il y a lieu, appartiendra au locataire déchu ou à ses ayants cause.

S'il ne se présente aucun adjudicataire, l'immeuble fait définitivement retour à l'État, franc et quitte de toute charge.

La déchéance est prononcée par le préfet du département, ou le général commandant la division, suivant le territoire, le conseil de préfecture entendu, trois mois après la mise en demeure adressée au locataire, laquelle vaudra citation d'avoir à fournir, dans ledit délai, ses explications au conseil.

Art. 9. — Les colons déjà installés, en vertu du titre II du décret du 16 octobre 1871, et dont la durée des baux est de neuf années, jouiront, de plein droit, du bénéfice des modifications apportées par le présent décret aux prescriptions de ce titre.

Art. 10. — Pendant cinq ans, le concessionnaire, devenu propriétaire, sera affranchi de tous impôts qui, devant être perçus au profit de l'État, pourraient être établis sur la propriété immobilière en Algérie.

Art. 11. — Les sociétés qui s'engageraient à construire et à peupler, dans un but d'industrie ou de colonisation, un ou plusieurs villages, pourront recevoir des concessions de terres aux conditions fixées par le présent décret, mais à charge par elles d'en consentir la rétrocession au profit des familles d'ouvriers ou de cultivateurs d'origine française. Les rétrocessions s'effectueront dans les délais qui seront stipulés par l'administration, de concert avec les sociétés.

Art. 12. — Les terres qui ne se prêtent pas à la création de villages et qui sont alloties sous la dénomination de fermes isolées, d'une contenance variant entre les limites extrêmes de 50 à 100 hectares, pourront être vendues aux enchères publiques, dont les indigènes non naturalisés sont exclus.

L'acquéreur ne pourra revendre sa terre, avant dix années, à des indigènes non naturalisés.

En cas de contravention à la défense qui précède, la concession sera résolue, de plein droit, au profit de l'État.

Art. 13. — Tout locataire établi dans les conditions du présent décret, est autorisé à transférer, à titre de garantie des prêts qui lui seraient consentis, pour édifier ses bâtiments d'habitation ou d'exploitation, soit pour se procurer le cheptel et les semences nécessaires, le droit qui lui est attribué par l'article 7 du dit décret, de céder son bail. Toutefois, et bien que ce droit en question ne s'ouvre, pour le locataire, qu'à l'expiration de la troisième année de résidence, le transfert dont il s'agit pourra en être fait dès l'expiration de la seconde année de résidence seulement.

Le transfert devra être accepté par le préfet du département, ou le général commandant la division, selon le territoire, et mentionné sur chacun des deux exemplaires du bail lui même, à peine de nullité.

L'acte en vertu duquel il sera consenti sera enregistré au droit fixe de 1 fr. 50, et transcrit sans autres frais que le salaire du conservateur et les droits de timbre.

Art. 14. — A défaut de payement dans les termes convenus, et un mois après un commandement resté sans effet, le créancier bénéficiaire du transfert aura le droit, soit de requérir de l'administration la vente, par adjudication publique, du droit au bail sur une mise à prix correspondant au montant de sa créance, en capital, intérêts et frais, soit de céder le bail à un tiers réunissant les conditions requises par le paragraphe 1er de l'article 2, et de se rembourser sur le prix jusqu'à due concurrence. Dans ce cas, il notifiera l'acte de cession au locataire qui, dans les huit jours, pourra, conformément à l'article 8 du présent décret, requérir qu'il soit procédé, aux enchères publiques, à l'adjudication du droit au bail sur la mise à prix déterminée par le contrat de cession. S'il ne survient pas d'enchères, la cession demeurera définitive.

Au cas d'adjudication directement requise, s'il ne survient pas d'enchères, le créancier aura le choix ou d'abaisser la mise à prix, ou de traiter, de gré à gré, avec un tiers réunissant les conditions exigées, ou de requérir l'attribution définitive des constructions et bâtiments d'exploitation, ainsi que le sol sur lequel ils seront établis; le surplus faisant retour au domaine de l'État.

Art. 15. — En cas de déchéance du locataire ou de ses ayants cause, le droit du créancier de transférer le bail peut être exercé immédiatement, sauf l'application, s'il y a lieu, de l'article 8.

Art. 16. — Le ministre de l'intérieur et le gouverneur général civil de l'Algérie sont chargés, chacun en ce qui le concerne, de l'exécution du présent décret.

Conflit d'attributions.

30 décembre 1848.

Décret réglementaire (B. 308).

Art. 1. — En Algérie, le conflit d'attributions entre les tribunaux et l'autorité administrative ne sera jamais élevé en matière criminelle.

Art. 2. — Il ne pourra être élevé de conflit, en matière de police correctionnelle, que dans les deux cas suivants : — 1° lorsque la répression du délit est attribuée à l'autorité administrative par une disposition, soit des lois générales, soit des ordonnances ou arrêtés ayant force de loi en Algérie; — 2° lorsque le jugement à rendre par le tribunal dépendra d'une question préjudicielle dont la connaissance appartiendrait à l'autorité administrative par une disposition, soit des lois générales, soit des ordonnances ou arrêtés ayant force de loi en Algérie. — Dans ce dernier cas, le conflit ne pourra être élevé que sur la question préjudicielle.

Art. 3 — Ne donneront pas lieu au conflit : — 1° le défaut d'autorisation, soit de la part du gouvernement, lorsqu'il s'agit de poursuites contre ses agents, soit de la part du conseil de préfecture, lorsqu'il s'agit de contestations judiciaires dans lesquelles son autorisation est nécessaire; — 2° le défaut d'accomplissement des formalités à remplir devant l'administration, préalablement aux poursuites judiciaires.

Art. 4. — Hors le cas prévu ci-après par le dernier paragraphe de l'article 8 du présent arrêté, il ne pourra jamais être de conflit après les jugements rendus en dernier ressort ou acquiescés, ni après des arrêts définitifs. — Néanmoins, le conflit pourra être élevé en cause d'appel, s'il ne l'a pas été en première instance, ou s'il l'a été irrégulièrement après les délais prescrits par l'article 8 du présent arrêté.

Art. 5. — Le conflit d'attribution ne pourra être élevé que dans les formes et de la manière déterminée par les articles suivants.

Art. 6. — Lorsqu'un préfet estimera que la connaissance d'une question portée devant un tribunal de première instance ou devant la cour d'appel, est attribuée à l'autorité administrative par une disposition, soit des lois générales, soit des ordonnances ou arrêtés ayant force de loi en Algérie, il pourra, alors même que l'administration ne serait pas en cause, demander le renvoi de l'affaire devant l'autorité compétente.

À cet effet, le préfet enverra au procureur de la République ou au procureur général un mémoire dans lequel sera rapportée la disposition, soit des lois générales, soit des ordonnances ou arrêtés ayant force de loi en Algérie, qui attribue la connaissance du litige à l'autorité administrative. — Dans la quinzaine de la réception du mémoire, ou immédiatement, si la cause est au rôle, le procureur de la République ou le procureur général fera connaître au tribunal ou à la cour la demande formée par le préfet. — Il requerra le renvoi, si la revendication lui paraît fondée.

Art. 7. — Après que le tribunal ou la cour aura statué sur le déclinatoire, le procureur de la République ou le procureur général adressera au préfet, dans les cinq jours qui suivront le jugement ou l'arrêt, copie de ses conclusions ou réquisitions et du jugement ou de l'arrêt rendu sur la compétence. La date de l'envoi sera consignée sur un registre tenu à cet effet au parquet.

Art. 8. — Si le déclinatoire est rejeté, le préfet, s'il estime qu'il y ait lieu, pourra élever le conflit dans le mois de l'envoi, pour tout délai. — Si le déclinatoire est admis, le préfet pourra également, et sans qu'il soit tenu de proposer un nouveau déclinatoire, élever le conflit dans le mois qui suivra la signification de l'acte d'appel, si la partie interjette appel du jugement. — Le conflit pourra être élevé dans ledit délai, alors même que le tribunal ou la cour aurait, avant l'expiration de ce délai, passé outre au jugement du fond.

Art. 9. — Dans tous les cas, l'arrêté par lequel le préfet élèvera le conflit et revendiquera la cause, devra viser le jugement intervenu, et l'acte d'appel s'il y a lieu; la disposition, soit des lois générales, soit des ordonnances ou arrêtés ayant force de loi en Algérie, qui attribue à l'administration la connaissance du point litigieux, y sera textuellement insérée.

Art. 10. — Lorsque le préfet aura élevé le conflit, il sera tenu de faire déposer son arrêté et les pièces y visées au greffe du tribunal ou de la cour. — Il lui sera donné récépissé de ce dépôt, sans délai et sans frais.

Art. 11. — Si, dans le délai d'un mois, cet arrêté n'a pas été déposé au greffe, le conflit ne pourra plus être élevé devant le tribunal saisi de l'affaire.

Art. 12. — Après le dépôt au greffe de l'arrêté, le greffier le remettra immédiatement au procureur de la République ou au procureur général, qui le communiquera au tribunal ou à la cour, dans la chambre du conseil, et requerra que, conformément à l'article 27 de la loi du 21 fructidor an III, il soit sursis à toute procédure judiciaire.

Art. 13. — Après la communication ci-dessus, l'arrêté du préfet et les pièces seront rétablis au greffe, où ils resteront déposés pendant quinze jours. Le procureur de la République ou le procureur général en préviendra de suite les parties ou leurs défenseurs, lesquels pourront en prendre communication sans déplacement, et remettre dans le même délai de quinzaine, au parquet du procureur de la République ou du procureur général, leurs observations sur la question de compétence, avec tous les documents à l'appui.

Art. 14. — Le rapport sur les conflits ne pourra être présenté qu'après la production des pièces ci-après énoncées, savoir : — la citation; — les conclusions des parties; — le déclinatoire proposé par le préfet; — le jugement de compétence; — l'arrêté de conflit.

À l'expiration du délai fixé par l'article 13, ces pièces seront adressées, par le procureur de la République ou par le procureur général, au ministre de la justice, qui devra lui adresser, par le plus prochain courrier, un récépissé énonciatif des pièces envoyées, lequel sera déposé au greffe du tribunal ou de la cour.

Dans les vingt-quatre heures de la réception de ces pièces, le ministre de la justice en donnera communication au ministre de la guerre pour avoir ses observations.

Dans quinze jours, pour tout délai, ces observations seront transmises au ministre de la justice, qui en fera le renvoi immédiatement au secrétariet de l'autorité chargée de statuer sur les conflits.

Art. 15. — Il sera statué sur le conflit dans le délai de trois mois, à dater de la réception des pièces au ministère de la justice.

Art. 16. — Si, quarante jours après l'expiration du délai fixé par l'article précédent, l'autorité judiciaire n'a pas reçu notification de la décision rendue sur le conflit, elle pourra procéder au jugement de l'affaire.

Art. 17. — Au cas où le conflit serait élevé dans les matières correctionnelles comprises dans l'exception prévue par l'article 2 du présent arrêté, il sera procédé conformément aux articles 6, 7 et 8.

Conseil d'État.

La législation qui concerne le Conseil d'État n'a pas été promulguée en Algérie, mais elle y est devenue exécutoire par le fait seul de la conquête. Les lois et décrets postérieurs y sont également exécutoires comme modifiant une législation existante. Notons spécialement la loi suivante :

11 juin 1859.

Loi relative aux délais de pourvoi pour les habitants de l'Algérie (B. M. 31).

Art. 1. — Les délais à observer dans les instances portées devant le Conseil d'État par les habitants de l'Algérie, seront les mêmes que les délais réglés par le décret du 22 juillet 1806 pour les habitants de la France continentale. — L'article 13 du même décret cessera de leur être appliqué.

Art. 3. — Toutes les dispositions contraires à la présente loi sont abrogées.

Conseils généraux.

L'article 16 du décret du 9 décembre 1848 avait décidé qu'il y aurait, dans chacun des départements de l'Algérie, un conseil général électif avec les mêmes attributions qu'en France; mais cette disposition ne fut pas mise en pratique, et ce n'est que dix ans plus tard que les assemblées départementales reçurent une organisation et fonctionnèrent dans la colonie. Les conseils généraux, aux termes du décret du 27 octobre 1858, se composaient de douze membres au moins, de vingt, et plus tard de vingt-cinq au plus, tous nommés par le chef de l'État, et avaient pour attributions de délibérer sur un certain nombre de ma-

tières, de formuler des avis et d'émettre des vœux. — Le budget se composait en recettes, notamment de la part revenant à la province dans le produit net de l'impôt arabe. Cette organisation fut modifiée en ce qui concernait la composition des conseils, par un décret du 11 juin 1870, portant que les assemblées départementales comprendraient à l'avenir des Français, des israélites indigènes, des étrangers et des indigènes musulmans nommés à l'élection pour le territoire civil, et de Français et de musulmans choisis par le gouverneur pour représenter le territoire militaire.

Mais ce dernier décret n'eut pas une longue durée; il fut abrogé le 28 décembre suivant et remplacé par des dispositions qui limitèrent aux seuls Français ou naturalisés le droit d'être électeurs et éligibles, qui portèrent à trente le nombre des membres élus de chaque conseil général, maintinrent à six le nombre des assesseurs musulmans nommés par le ministre de l'intérieur, et rendirent applicables en Algérie les règles alors suivies en France et celles qui seraient établies plus tard. La loi organique du 10 août 1871 suivit de près; bien que non promulguée en Algérie, elle y fut cependant aussitôt appliquée. Les conseils généraux élirent leurs bureaux; ils nommèrent chacun une commission départementale, réglèrent définitivement les affaires énumérées dans les articles 36, 42, 43 et 46 de la loi. Puis, à la suite d'un dissentiment survenu entre un préfet et une commission départementale, le Conseil d'État déclara par arrêt du 12 février 1875 que la loi du 10 août 1871 n'ayant pas été promulguée spécialement en Algérie, n'y était pas applicable; et c'est alors, pour faire cesser la situation anormale faite à la colonie, qu'intervint le décret du 23 septembre 1875 qui régit aujourd'hui les conseils généraux. Ce décret reproduit textuellement la loi du 10 août 1871, avec quelques légères modifications de détail nécessitées par la législation spéciale de l'Algérie; il maintient les assesseurs musulmans, et conserve aux budgets départementaux, sous une rubrique générale, une part de l'impôt arabe, part qu'un décret postérieur du 22 octobre 1875 a fixé aux cinq dixièmes. C'est là un point important: l'impôt arabe forme et formera à lui seul, tant que l'impôt direct ne sera pas établi en Algérie et que, par suite, il ne pourra pas être perçu de centimes additionnels, la presque totalité des ressources départementales. Voici, en effet, l'extrait des budgets des recettes pour l'année 1876.

Recettes.	Alger.	Constantine.	Oran.
Impôt arabe...	1,800,000	2,200,000	1,375,000
Divers........	23,000	70,400	57,51 »
Remboursements.	43,257	80,000	39,415
Total......	1,806,257	2,350,400	1,471,960

29 août 1871.

Arrêté du gouverneur relatif à la formation de la liste électorale et à la remise des cartes (B. O. 372).

V. *Communes.*

23 septembre 1875.

Décret d'organisation (B. O. 625).

TITRE I.

DISPOSITIONS GÉNÉRALES.

Art. 1. — Il y a dans chaque département de l'Algérie un conseil général composé de membres français et d'assesseurs musulmans.

Art. 2. — Le conseil général élit dans son sein une commission départementale.

Art. 3. — Le préfet est le représentant du pouvoir exécutif dans le territoire civil du département.

Il est, en outre, chargé de l'instruction préalable des affaires, ainsi que de l'exécution des décisions du conseil général et de la commission départementale.

Les pouvoirs administratifs du général commandant la division sont limités au territoire de commandement.

Le général exerce dans ce territoire toutes les attributions dévolues à l'autorité préfectorale.

TITRE II.

DE LA FORMATION DES CONSEILS GÉNÉRAUX.

Art. 4. — Un arrêté du gouverneur général, en conseil de gouvernement, désigne le chef-lieu et la composition des circonscriptions appelés à élire chacune un conseiller général français, en tenant compte du chiffre de la population et de la superficie du territoire de chaque circonscription.

Pour toutes les opérations électorales, le chef-lieu de la circonscription tient lieu du chef-lieu de canton en France.

Art. 5. — L'élection des conseillers généraux français se fait au suffrage universel, dans chaque commune, sur la liste des électeurs français dressée pour les élections municipales.

Les assesseurs musulmans sont choisis parmi les notables indigènes domiciliés dans le département et y possédant des propriétés. Ils sont nommés par le gouverneur général et siégent au même titre que les membres élus.

Art. 6. — Sont éligibles au conseil général tous les citoyens inscrits sur une liste d'électeurs ou justifiant qu'ils devaient y être inscrits avant le jour de l'élection, âgés de vingt-cinq ans accomplis, qui sont domiciliés dans le département, et ceux qui, sans y être domiciliés, y sont inscrits au rôle d'une des contributions directes au 1er janvier de l'année dans laquelle se fait l'élection, ou justifient qu'ils devaient y être inscrits à ce jour ou qu'ils ont acquis dans le département, par héritage ou autrement, une propriété foncière avant le jour fixé pour l'élection.

Toutefois, le nombre des conseillers généraux non domiciliés ne pourra dépasser le quart du nombre total dont le conseil doit être composé.

Art. 7. — Ne peuvent être élus au conseil général les citoyens qui sont pourvus d'un conseil judiciaire.

Art. 8. — Ne peuvent être élus membres des conseils généraux de l'Algérie :

1° Les membres du conseil de gouvernement, les préfets, sous-préfets, secrétaires généraux et conseillers de préfecture, les commissaires civils;

2° Le procureur général, les avocats généraux et substituts du procureur général près la cour d'Alger;

3° Les présidents, vice-présidents, juges titulaires et suppléants salariés, juges d'instruction et membres du parquet des tribunaux de première instance, dans l'arrondissement du tribunal;

4° Les juges de paix et suppléants salariés, dans leur circonscription;

5° Les officiers de l'armée de terre et de mer en activité de service en Algérie;

6° Les commissaires et agents de police;

7° Les ingénieurs des ponts et chaussées et des mines;

8° Le recteur et les inspecteurs d'académie, les inspecteurs des écoles primaires;

9° Les ministres des différents cultes, dans les circonscriptions de leur ressort;

10° Les employés des bureaux de la direction générale des affaires civiles et financières, et généralement les employés de l'administration rétribués sur les fonds de l'État.

Art. 9. — Le mandat de conseiller général est incompatible, dans le département, avec les fonctions d'architecte départemental, d'agent voyer, et généralement de tous les agents salariés ou subventionnés sur les fonds départementaux.

Art. 10. — La même incompatibilité existe à l'égard des entrepreneurs des services départementaux, y compris les voies ferrées pour lesquelles le département assure des garanties d'intérêt.

Art. 11. — Nul ne peut être membre de plusieurs conseils généraux.

Art. 12. — Les collèges électoraux sont convoqués par le pouvoir exécutif.

12

Il doit y avoir un intervalle de quinze jours francs, au moins, entre la date du décret de convocation et le jour de l'élection, qui sera toujours un dimanche. Le scrutin est ouvert à sept heures du matin et clos le même jour à six heures. Le dépouillement a lieu immédiatement.

Lorsqu'un second tour de scrutin est nécessaire, il y est procédé le dimanche suivant.

Art. 13. — Immédiatement après le dépouillement du scrutin, les procès-verbaux de chaque commune, arrêtés et signés, sont envoyés au chef-lieu de la circonscription par les membres du bureau. Le recensement général des votes est fait par le bureau du chef-lieu, et le résultat est proclamé par son président, qui adresse tous les procès-verbaux et les pièces au préfet.

Art. 14. — Nul n'est élu membre du conseil général au premier tour de scrutin, s'il n'a réuni :

1° La majorité absolue des suffrages exprimés ;
2° Un nombre de suffrages égal au quart de celui des électeurs inscrits.

Au second tour de scrutin, l'élection a lieu à la majorité relative, quel que soit le nombre des votants. Si plusieurs candidats obtiennent le même nombre de suffrages, l'élection est acquise au plus âgé.

Art. 15. — Les élections pourront être arguées de nullité par tout électeur de la circonscription, par les candidats et par les membres du conseil général. — Si la réclamation n'a pas été consignée dans le procès-verbal, elle doit être déposée dans les dix jours qui suivent l'élection, soit au secrétariat de la section du contentieux du Conseil d'État, soit au secrétariat général de la préfecture du département où l'élection a eu lieu. Il en sera donné récépissé.

La réclamation sera, dans tous les cas, notifiée à la partie intéressée dans le délai d'un mois à compter du jour de l'élection. Le préfet transmettra au Conseil d'État, dans les dix jours qui suivront leur réception, les réclamations consignées au procès-verbal ou déposées au secrétariat général de la préfecture. Le préfet aura, pour réclamer contre les élections, un délai de vingt jours à partir du jour où il aura reçu les procès-verbaux des opérations électorales : il enverra sa réclamation au Conseil d'État ; elle ne pourra être fondée que sur l'inobservation des conditions et formalités prescrites par les lois.

Art. 16. — Les réclamations seront examinées au Conseil d'État suivant les formes adoptées pour le jugement des affaires contentieuses. Elles seront jugées sans frais, dispensées du timbre et du ministère des avocats au Conseil d'État ; elles seront jugées dans le délai de trois mois à partir de l'arrivée des pièces au secrétariat du Conseil d'État. Lorsqu'il y aura lieu à renvoi devant les tribunaux, le délai de trois mois ne courra que du jour où la décision judiciaire sera devenue définitive. Le débat ne pourra porter que sur les griefs relevés dans les réclamations, à l'exception des moyens d'ordre public qui pourront être produits en tout état de cause. Lorsque la réclamation est fondée sur l'incapacité légale de l'élu, le Conseil d'État sursoit à statuer jusqu'à ce que la question préjudicielle ait été jugée par les tribunaux compétents, et fixe un bref délai dans lequel la partie qui aura élevé la question préjudicielle doit justifier de ses diligences. S'il y a appel, l'acte d'appel doit, sous peine de nullité, être notifié à la partie dans les dix jours du jugement, quelle que soit la distance des lieux. Les questions préjudicielles seront jugées sommairement par les tribunaux et conformément au paragraphe 1 de l'article 33 de la loi du 19 avril 1831.

Art. 17. — Le conseiller général élu dans plusieurs circonscriptions est tenu de déclarer son option au président du conseil général dans les trois jours qui suivront l'ouverture de la session, et, en cas de contestation, à partir de la notification de la décision du Conseil d'État.

A défaut d'option dans ce délai, le conseil général déterminera, en séance publique et par la voie du sort, à quelle circonscription le conseiller appartiendra. Lorsque le nombre des conseillers non domiciliés dans le département dépasse le quart du conseil, le conseil général procède de la même façon pour désigner celui ou ceux dont l'élection doit être annulée. Si une question préjudicielle s'élève sur le domicile, le conseil général sursoit, et le tirage au sort est fait par la commission départementale pendant l'intervalle des sessions.

Art. 18. — Tout conseiller général qui, par une cause survenue postérieurement à son élection, se trouve dans un des cas prévus par les articles 7, 8, 9 et 10, ou se trouve frappé de l'une des incapacités qui font perdre la qualité d'électeur, est déclaré démissionnaire par le conseil général, soit d'office, soit sur les réclamations de tout électeur.

Art. 19. — Lorsqu'un conseiller aura manqué à une session ordinaire sans excuse légitime admise par le conseil, il sera déclaré démissionnaire par le conseil général dans la dernière séance de la session.

Art. 20. — Lorsqu'un conseiller général donne sa démission, il l'adresse au président du conseil général ou au président de la commission départementale, qui en donne immédiatement avis au préfet.

Art. 21. — Les conseillers généraux sont nommés pour six ans ; ils sont renouvelés par moitié tous les trois ans, et indéfiniment rééligibles. En cas de renouvellement intégral, à la session qui suit ce renouvellement, le conseil général divise les circonscriptions du département en deux séries, en répartissant, autant que possible, dans une proportion égale, les circonscriptions de chaque arrondissement dans chacune des séries, et il procède ensuite à un tirage au sort pour régler l'ordre du renouvellement des séries.

Les assesseurs musulmans sont nommés pour

six ans, renouvelables par moitié aux mêmes époques que les conseillers généraux élus.

Art. 22. — En cas de vacance par décès, option, démission, par une des causes énumérées aux articles 17, 18 et 19, ou par toute autre cause, les électeurs devront être réunis dans le délai de trois mois.

Toutefois, si le renouvellement légal de la série à laquelle appartient le siége vacant doit avoir lieu avant la prochaine session ordinaire du conseil général, l'élection partielle se fera à la même époque.

La commission départementale est chargée de veiller à l'exécution du présent article. Elle adresse ses réquisitions au préfet, et, s'il y a lieu, au gouverneur général civil de l'Algérie.

TITRE III.

DES SESSIONS DES CONSEILS GÉNÉRAUX.

Art. 23. — Les conseils généraux ont chaque année deux sessions ordinaires.

La session dans laquelle sont délibérés le budget et les comptes, commence de plein droit le premier lundi qui suit le 1er octobre et ne pourra être retardée que par un décret.

L'ouverture de la première session annuelle aura lieu, de plein droit, le second lundi qui suit le jour de Pâques (ainsi modifié par décret du 30 septembre 1876).

La durée de la session d'octobre ne pourra excéder un mois ; celle de l'autre session ordinaire ne pourra excéder quinze jours.

Art. 24. — Les conseils généraux peuvent être réunis extraordinairement :

1° Par décret du chef du pouvoir exécutif;

2° Si les deux tiers des membres en adressent la demande écrite au président.

Dans ce cas, le président est tenu d'en donner avis immédiatement au préfet, qui devra convoquer d'urgence et informer le général commandant la division.

La durée des sessions extraordinaires ne pourra excéder huit jours.

Art. 25. — A l'ouverture de la session d'octobre, le conseil général réuni sous la présidence du doyen d'âge des conseillers généraux élus, le plus jeune membre élu faisant fonctions de secrétaire, nomme au scrutin secret et à la majorité absolue son président, un ou plusieurs vice-présidents et ses secrétaires.

Leurs fonctions durent jusqu'à la session d'octobre de l'année suivante.

Art. 26. — Le conseil général fait son règlement intérieur. Toutefois, lorsque le conseil général nomme des commissions pour l'examen des affaires qui lui sont soumises, un assesseur musulman au moins fait partie de chaque commission. A défaut de désignation par le conseil général d'un assesseur musulman par commission, cette désignation est faite d'office par le préfet du département.

Art. 27. — Le préfet du département et le général commandant la division ont entrée au conseil général; ils sont entendus quand ils le demandent et assistent aux délibérations, excepté lorsqu'il s'agit de l'apurement du compte administratif. Le général commandant la division peut toujours se faire représenter au conseil général par le directeur des fortifications.

Art. 28. — Les séances des conseils généraux sont publiques.

Néanmoins, sur la demande de cinq membres, du président ou du préfet, le conseil général, par assis et levé, sans débats, décide s'il se formera en comité secret.

Art. 29. — Le président a seul la police de l'assemblée.

Il peut faire expulser de l'auditoire ou arrêter tout individu qui trouble l'ordre.

En cas de crime ou de délit, il en dresse procès-verbal, et le procureur de la République en est immédiatement saisi.

Art. 30. — Le conseil général ne peut délibérer si la moitié plus un de ses membres, dont il doit être composé, n'est présent.

Les votes sont recueillis au scrutin public, toutes les fois que le sixième des membres présents le demande. En cas de partage, la voix du président est prépondérante.

Néanmoins, les votes sur les nominations ont toujours lieu au scrutin secret.

Le résultat des scrutins publics, énonçant les noms des votants, est reproduit au procès-verbal.

Art. 31. — Les conseils généraux devront établir jour par jour un compte rendu sommaire et officiel de leurs séances, qui sera tenu à la disposition de tous les journaux du département, dans les quarante-huit heures qui suivront la séance.

Les journaux ne pourront apprécier une discussion du conseil général sans reproduire, en même temps, la portion du compte rendu afférente à cette discussion.

Toute contravention à cette disposition sera punie d'une amende de cinquante à cinq cents francs.

Art. 32. — Les procès-verbaux des séances, rédigés par un des secrétaires, sont arrêtés au commencement de chaque séance, et signés par le président et le secrétaire.

Ils contiennent les rapports, les noms des membres qui ont pris part à la discussion et l'analyse de leurs opinions.

Tout électeur ou contribuable du département a le droit de demander la communication sans déplacement et de prendre copie de toutes les délibérations du conseil général, ainsi que des procès-verbaux des séances publiques, et de les reproduire par la voie de la presse.

Art. 33. — Tout acte et toute délibération d'un conseil général, relatifs à des objets qui ne sont pas légalement compris dans ses attributions, sont nuls et de nul effet.

La nullité est prononcée par un décret rendu dans la forme des règlements d'administration publique.

Art. 34. — Toute délibération prise hors des réunions du conseil, prévues ou autorisées par le présent décret, est nulle et de nul effet.

Le préfet, par un arrêté motivé, déclare la réunion illégale, prononce la nullité des actes, prend toutes les mesures nécessaires pour que l'assemblée se sépare immédiatement, et transmet son arrêté au procureur général, pour l'exécution des lois et l'application, s'il y a lieu, des peines déterminées par l'article 258 du Code pénal. En cas de condamnation, les membres condamnés sont déclarés par le jugement, exclus du conseil et inéligibles pendant les trois années qui suivront la condamnation.

Art. 35. — Pendant les sessions de l'Assemblée nationale, la dissolution d'un conseil général ne peut être prononcée par le chef du pouvoir exécutif que sous l'obligation expresse d'en rendre compte à l'Assemblée dans le plus bref délai possible. En ce cas, une loi fixe la date de la nouvelle élection, et décide si la commission départementale doit conserver son mandat jusqu'à la réunion du nouveau conseil général, ou autorise le pouvoir exécutif à en nommer provisoirement un autre.

Art. 36. — Dans l'intervalle des sessions de l'Assemblée nationale, le chef du pouvoir exécutif peut prononcer la dissolution d'un conseil général pour des causes spéciales à ce conseil.

Le décret de dissolution doit être motivé.

Il ne peut jamais être rendu par voie de mesure générale. Il convoque, en même temps, les électeurs du département pour le quatrième dimanche qui suivra sa date. Le nouveau conseil général se réunit de plein droit le deuxième lundi après l'élection, et nomme sa commission départementale.

TITRE IV.

DES ATTRIBUTIONS DES CONSEILS GÉNÉRAUX.

Art. 37. — Le conseil général répartit chaque année, à sa session d'octobre, les contributions directes, conformément aux règles établies par les lois.

Avant d'effectuer cette répartition, il statue sur les demandes délibérées par les conseils compétents, en réduction de contingent.

Art. 38. — Le conseil général prononce définitivement sur les demandes en réduction de contingent formées par les communes et préalablement soumises au conseil compétent.

Art. 39. — Si le conseil général ne se réunissait pas, ou s'il se séparait sans avoir arrêté la répartition des contributions directes, il y serait pourvu par le gouverneur général, en conseil de gouvernement.

Art. 40. — Le conseil général vote les centimes additionnels dans les conditions déterminées par la loi relative à l'établissement de l'impôt direct en Algérie.

Il peut voter également les emprunts départementaux, remboursables dans un délai qui ne pourra excéder quinze années, sur les ressources ordinaires et extraordinaires.

Art. 41. — Dans le cas où le conseil général voterait une contribution extraordinaire ou un emprunt au delà des limites déterminées dans l'article précédent, cette contribution ou cet emprunt ne pourrait être autorisé que par une loi.

Art. 42. — Le conseil général arrête, chaque année, à sa section d'octobre, dans les limites fixées annuellement par la loi de finances, le maximum du nombre des centimes extraordinaires que les conseils municipaux sont autorisés à voter pour en affecter le produit à des dépenses extraordinaires d'utilité communale.

Si le conseil général se sépare sans l'avoir arrêté, le maximum fixé pour l'année précédente est maintenu jusqu'à la session d'octobre de l'année suivante.

Art. 43. — Chaque année, dans sa session d'octobre, le conseil général, par un travail d'ensemble comprenant toutes les communes du département, procède à la révision des sections électorales et en dresse le tableau.

Art. 44. — Le conseil général opère la reconnaissance, détermine la largeur et prescrit l'ouverture et le redressement des chemins vicinaux de grande communication et d'intérêt commun.

Les délibérations qu'il prend à cet égard produisent les effets spécifiés aux articles 15 et 16 de la loi du 21 mai 1836.

Art. 45. — Le conseil général, sur l'avis motivé du directeur et de la commission de surveillance, pour les écoles normales; du proviseur ou du principal et du bureau d'administration, pour les lycées ou collèges; du chef d'institution, pour les institutions d'enseignement libre, nomme et révoque les titulaires des bourses entretenues sur les fonds départementaux.

L'autorité universitaire ou le chef d'institution libre, peut prononcer la révocation dans les cas d'urgence; ils en donnent avis immédiatement au président de la commission départementale et en font connaître les motifs.

Le conseil général détermine les conditions auxquelles seront tenus de satisfaire les candidats aux fonctions rétribuées exclusivement sur les fonds départementaux, et les règles des concours d'après lesquelles les nominations devront être faites.

Néanmoins, sont maintenus les droits des archivistes paléographes, tels qu'ils sont réglés par le décret du 4 février 1850.

Art. 46. — Le conseil général statue définitivement sur les objets ci-après désignés, savoir :

1° Acquisition, aliénation et échange des propriétés départementales, mobilière ou immobilière, quand ces propriétés ne sont pas affectées à l'un des services énumérés au n° 4 ;

2° Mode de gestion des propriétés départementales;

3° Baux de biens donnés ou pris à ferme ou à loyer, quelle qu'en soit la durée;

4° Changement de destination des propriétés et édifices départementaux autres que les hôtels de préfecture et des locaux affectés aux cours d'assises, aux tribunaux, aux écoles normales, au casernement de la gendarmerie et aux prisons;

5° Acceptation ou refus de dons et de legs faits au département, quand ils ne donnent pas lieu à réclamation;

6° Classement et direction des routes départementales;

Projets, plans et devis des travaux à exécuter pour la construction, la rectification ou l'entretien desdites routes;

Désignation des services qui seront chargés de leur construction et de leur entretien;

7° Classement et direction des chemins vicinaux de grande communication et d'intérêt commun; désignation des communes qui doivent concourir à la construction et à l'entretien desdits chemins, et fixation du contingent annuel de chaque commune : le tout sur l'avis des conseils compétents;

Répartition des subventions accordées, sur les fonds de l'État ou du département, aux chemins vicinaux de toute catégorie;

Désignation des services auxquels sera confiée l'exécution des travaux sur les chemins vicinaux de grande communication et d'intérêt commun, et mode d'exécution des travaux à la charge du département;

Taux de la conversion en argent des journées de prestation;

8° Déclassement des routes départementales, des chemins vicinaux de grande communication et d'intérêt commun;

9° Projets, plans et devis de tous autres travaux à exécuter sur les fonds départementaux et désignation des services auxquels ces travaux seront confiés;

10° Offres faites par les communes, les associations ou les particuliers, pour concourir à des dépenses quelconques d'intérêt départemental;

11° Concessions à des associations, à des compagnies ou à des particuliers de travaux d'intérêt départemental;

12° Direction des chemins de fer d'intérêt local, mode et condition de leur construction; traités et dispositions nécessaires pour en assurer l'exploitation;

13° Établissement et entretien des bacs et passages d'eau sur les routes et chemins à la charge du département; fixation des tarifs de péage;

14° Assurances des bâtiments départementaux;

15° Actions à intenter ou à soutenir au nom du département; sauf les cas d'urgence, dans lesquels la commission départementale pourra statuer;

16° Transactions concernant les droits des départements;

17° Recettes de toute nature et dépenses des établissements d'aliénés appartenant au département; approbation des traités passés avec des établissements privés ou publics pour le traitement des aliénés du département;

18° Service des enfants assistés;

19° Part de la dépense des aliénés et des enfants assistés qui sera mise à la charge des communes, et bases de la répartition à faire entre elles;

20° Créations d'institutions départementales d'assistance publique, et service de l'assistance publique dans les établissements départementaux;

21° Établissement et organisation des caisses de retraite, ou tout autre mode de rémunération, en faveur des agents salariés sur les fonds départementaux;

22° Part contributive du département aux dépenses des travaux qui intéressent à la fois le département et les communes;

23° Difficultés élevées relativement à la répartition de la dépense des travaux qui intéressent plusieurs communes du département;

24° Délibérations des conseils municipaux, ayant pour but l'établissement, la suppression ou les changements de foires et marchés;

25° Changements à la circonscription des communes des mêmes arrondissements ou districts et à la désignation de leurs chefs-lieux, lorsqu'il y a accord entre les conseils municipaux.

Art. 47. — Les délibérations par lesquelles les conseils généraux statuent définitivement, sont exécutoires si, dans le délai de vingt jours, à partir de la clôture de la session, le préfet n'a pas demandé l'annulation pour excès de pouvoir ou pour violation d'une disposition légale.

Le recours formé par le préfet doit être notifié au président du conseil général et au président de la commission départementale. Si dans le délai de deux mois, à partir de la notification, l'annulation n'a pas été prononcée, la délibération est exécutoire.

Cette annulation ne peut être prononcée que par un décret rendu dans la forme des règlements d'administration publique.

Art. 48. — Le conseil général délibère :

1° Sur l'acquisition, l'aliénation et l'échange des propriétés départementales affectées aux hôtels de préfecture et de sous-préfectures, aux écoles normales, aux cours d'assises et tribunaux, au casernement de la gendarmerie et aux prisons;

2° Sur le changement de destination des propriétés départementales affectées à l'un des services ci-dessus énumérés;

3° Sur la part contributive à imposer au département dans les travaux exécutés par l'État, qui intéressent le département;

4° Sur tous les autres objets sur lesquels il est appelé à délibérer par les lois et règlements, et généralement sur tous les objets d'intérêt départemental dont il est saisi, soit par une proposition du préfet, soit par l'initiative d'un de ses membres.

Art. 49. — Les délibérations prises par le conseil général sur les matières énumérées à l'article précédent, sont exécutoires si, dans le délai de trois mois, à partir de la clôture de la session, un décret motivé n'en a pas suspendu l'exécution.

Art. 50. — Le conseil général donne son avis :

1° Sur les changements proposés à la circonscription du territoire du département, des arrondissements, des districts et des communes, et la désignation des chefs-lieux, sauf le cas où il statue définitivement, conformément à l'article 46 n° 25 ;

2° Sur l'application des dispositions de l'article 90 du Code forestier, relatives à la soumission au régime forestier des bois, taillis ou futaies appartenant aux communes, et à la conversion en bois, de terrains en pâturages ;

3° Sur les délibérations des conseils municipaux, relatives à l'aménagement, au mode d'exploitation, à l'aliénation et au défrichement des bois communaux ;

Sur les modifications à apporter au tarif de perception de l'octroi de mer, et généralement sur tous les objets sur lesquels il est appelé à donner son avis, en vertu des lois et règlements, ou sur lesquels il est consulté par les ministres compétents ou par le gouverneur général.

Art. 51. — Le conseil général peut adresser directement au ministre compétent ou au gouverneur général, par l'intermédiaire de son président, les réclamations qu'il aurait à présenter dans l'intérêt spécial du département, ainsi que son opinion sur l'état et les besoins des différents services publics, en ce qui touche le département.

Il peut charger un ou plusieurs de ses membres de recueillir sur les lieux les renseignements qui lui sont nécessaires pour statuer sur les affaires qui sont placées dans ses attributions.

Tous vœux politiques lui sont interdits. Néanmoins, il peut émettre des vœux sur toutes les questions économiques, d'administration générale et de colonisation.

Art. 52. — Les chefs de service des administrations publiques dans le département sont tenus de fournir verbalement ou par écrit tous les renseignements qui leur seraient réclamés par le conseil général sur les questions qui intéressent le département.

Art. 53. — Le préfet accepte ou refuse les dons et legs faits au département, en vertu, soit de la décision du conseil général, quand il n'y a pas de réclamations des familles, soit de la décision du gouvernement, quand il y a réclamation.

Le préfet peut toujours, à titre conservatoire, accepter les dons et legs. La décision du conseil général ou du gouvernement, qui intervient ensuite, a effet du jour de son acceptation.

Art. 54. — Le préfet intente les actions en vertu de la décision du conseil général, et il peut, sur l'avis conforme de la commission départementale, défendre à toute action intentée contre le département.

Il fait tous actes conservatoires et interruptifs de déchéance.

En cas de litige entre l'État et le département l'action est intentée ou soutenue, au nom du département, par un membre de la commission départementale désigné par elle.

Le préfet, sur l'avis conforme de la commission départementale, passe les contrats au nom du département.

Art. 55. — Aucune action judiciaire, autre que les actions possessoires, ne peut, à peine de nullité, être intentée contre un département qu'autant que le demandeur a préalablement adressé au préfet un mémoire exposant l'objet et les motifs de sa réclamation.

Il lui en est donné récépissé.

L'action ne peut être portée devant les tribunaux que deux mois après la date du récépissé, sans préjudice des actes conservatoires.

La remise du mémoire interrompra la prescription, si elle est suivie d'une demande en justice dans le délai de trois mois.

Art. 56. — A la session d'octobre, le préfet rend compte au conseil général, par un rapport spécial et détaillé, de la situation du département et de l'état des différents services publics.

A l'autre session ordinaire, il présente au conseil général un rapport sur les affaires qui doivent lui être soumises pendant cette session.

Ces rapports sont imprimés et distribués à tous les membres du conseil général huit jours au moins avant l'ouverture de la session.

TITRE V.

DU BUDGET ET DES COMPTES DU DÉPARTEMENT.

Art. 57. — Le projet du budget du département est préparé par le préfet, de concert avec le général commandant la division, et présenté par le préfet, qui est tenu de le communiquer à la commission départementale, avec les pièces à l'appui, dix jours au moins avant l'ouverture de la session d'octobre. Le budget comprend les recettes et dépenses des deux territoires du département.

Le budget, délibéré par le conseil général, est définitivement réglé par décret.

Il se divise en budget ordinaire et budget extraordinaire.

Art. 58. — Les recettes du budget ordinaire se composent :

1° Du produit des centimes ordinaires additionnels, dont le nombre est fixé annuellement par la loi de finances ;

2° Du produit des centimes autorisés pour les dépenses des chemins vicinaux et de l'instruction primaire par les lois des 21 mai 1836, 15 mars

1850 et 10 avril 1867, dont l'affectation spéciale est maintenue ;

3° Du produit des centimes spéciaux affectés à la confection du cadastre par la loi du 2 août 1839 ;

4° Du revenu et du produit des propriétés départementales ;

5° Du produit des expéditions d'anciennes pièces ou d'actes de la préfecture déposés aux archives ;

6° Du produit des droits de péage des bacs et passages d'eau sur les routes et chemins à la charge du département ; des autres droits de péage et de tous autres droits concédés au département par les lois (1) ;

7° Des contingents de l'État et des communes pour le service des aliénés et des enfants assistés, et de toute autre subvention applicable au budget ordinaire ;

8° Du contingent des communes et autres ressources éventuelles pour le service vicinal et pour les chemins de fer d'intérêt local.

Art. 59. — Les recettes du budget extraordinaire se composent :

1° Du produit des centimes extraordinaires votés annuellement par le conseil général, dans les limites déterminées par des lois spéciales ;

2° Du produit des emprunts ;

3° Des dons et legs ;

4° Du produit des biens aliénés ;

5° Du remboursement des capitaux exigibles et des rentes rachetées ;

6° De toutes autres recettes accidentelles.

Art. 60. — Le budget ordinaire comprend les dépenses suivantes :

1° Loyer des hôtels de préfecture et de sous-préfecture ; ameublement et entretien du mobilier (2) desdits hôtels, ameublement des bureaux des affaires civiles du territoire de commandement dans les chefs-lieux de division et de subdivision, loyer, mobilier et entretien du local nécessaire à la réunion du conseil départemental d'instruction publique et du bureau de l'inspecteur de l'Académie ;

2° Casernement ordinaire des brigades de gendarmerie ;

3° Loyer, entretien, mobilier, et menues dépenses des cours d'assises, tribunaux civils, tribunaux de commerce et tribunaux musulmans, et menues dépenses des justices de paix ;

4° Frais d'impression et de publication de listes pour les élections consulaires, frais d'impression des cadres pour la formation des listes électorales et des listes du jury ;

5° Dépenses ordinaires d'utilité départementale ;

(1) Et notamment la part revenant à chaque département dans l'impôt arabe, — soit les 5/10 — V impôts arabes. — Décret 22 octobre 1875.

(2) V. Mobilier administratif.

6° Dépenses imputées sur les centimes spéciaux établis en vertu des lois des 2 août 1829, 21 mai 1836, 15 mars 1850 et 10 avril 1867.

Néanmoins, les départements qui, pour assurer le service des chemins vicinaux et de l'instruction primaire, n'auront pas besoin de faire emploi de la totalité des centimes spéciaux, pourront en appliquer le surplus aux autres dépenses de leur budget ordinaire. L'affectation de l'excédant du produit des trois centimes spéciaux de l'instruction primaire à des dépenses étrangères à ce service, ne pourra avoir lieu qu'à l'une des sessions de l'année suivante, et lorsque cet excédant aura été constaté en fin d'exercice.

Art. 61. — Si un conseil général omet d'inscrire au budget un crédit suffisant pour l'acquittement des dépenses énoncées aux nos 1, 2, 3 et 4 de l'article précédent, ou pour l'acquittement des dettes exigibles, il y est pourvu au moyen d'une contribution spéciale portant sur les quatre contributions directes et établie par un décret, si elle est dans les limites du maximum fixé annuellement par la loi de finances, ou par une loi, si elle doit excéder ce maximum.

Le décret est rendu dans la forme des règlements d'administration publique, et inséré au Bulletin des lois.

Aucune autre dépense ne peut être inscrite d'office dans le budget ordinaire, et les allocations qui y sont portées par le conseil général ne peuvent être ni changées ni modifiées par le décret qui règle le budget.

Art. 62. — Le budget extraordinaire comprend les dépenses qui sont imputées sur les recettes énumérées à l'article 59.

Art. 63. — Les fonds qui n'auront pu recevoir leur emploi dans le cours de l'exercice seront reportés, après clôture, sur l'exercice en cours d'exécution, avec l'affectation qu'ils avaient au budget voté par le conseil général.

Les fonds libres provenant d'emprunts, de centimes ordinaires et extraordinaires recouvrés ou à recouvrer dans l'exercice, ou de toute autre recette, seront cumulés suivant la nature de leur origine, avec les ressources de l'exercice en cours d'exécution, pour recevoir l'affectation nouvelle qui pourra leur être donnée par le conseil général dans le budget rectificatif de l'exercice courant.

Les conseils généraux peuvent porter au budget un crédit pour dépenses imprévues.

Art. 64. — Le comptable chargé du recouvrement des ressources éventuelles est tenu de faire, sous sa responsabilité, toutes les diligences nécessaires pour la rentrée de ces produits.

Les rôles et états des produits sont rendus exécutoires par le préfet et par lui remis au comptable.

Les oppositions, lorsque la matière est de la compétence des tribunaux ordinaires, sont jugées comme affaires sommaires.

Art. 65. — Le comptable chargé du service des dépenses départementales ne peut payer que sur les mandats délivrés, par le préfet, dans la limite des crédits ouverts par les budgets du département.

Art. 66. — Le conseil général entend et débat les comptes d'administration qui lui sont présentés par le préfet, concernant les recettes et les dépenses du budget départemental.

Les comptes doivent être communiqués à la commission départementale, avec les pièces à l'appui, dix jours au moins avant l'ouverture de la session d'octobre.

Les observations du conseil général sur les comptes présentés à son examen sont adressées directement par son président au gouverneur général civil de l'Algérie.

Ces comptes, provisoirement arrêtés par le conseil général, sont définitivement réglés par décret.

A la session d'octobre, le préfet soumet au conseil général le compte annuel de l'emploi des ressources municipales affectées aux chemins de grande communication et d'intérêt commun.

Art. 67. — Les budgets et les comptes du département définitivement réglés sont rendus publics par la voie de l'impression.

Art. 68. — Les secours pour travaux concernant les églises et presbytères;

Les secours généraux à des établissements et institution de bienfaisance;

Les subventions aux communes pour acquisition, construction et réparation de maisons d'école et de salles d'asile;

Les subventions aux comices et associations agricoles ne pourront être allouées par le gouverneur général civil de l'Algérie que sur la proposition du conseil général du département,

A cet effet, le conseil général dressera un tableau collectif des propositions, en les classant par ordre d'urgence.

TITRE VI.

DE LA COMMISSION DÉPARTEMENTALE.

Art. 69. — La commission départementale est élue chaque année à la fin de la session d'octobre.

Elle se compose de cinq membres français et d'un membre musulman désigné par le gouverneur général civil de l'Algérie; elle comprend un membre choisi, autant que possible, parmi les conseillers élus ou domiciliés dans chaque arrondissement.

Les membres de la commission sont indéfiniment rééligibles.

Art. 70. — (Ainsi modifié par la loi du 6 mars 1877). Les fonctions de membre de la commission départementale sont incompatibles avec celles de maire du chef-lieu du département et avec le mandat de député ou de sénateur.

Art. 71. — La commission départementale est présidée par le plus âgé des membres élus. Elle élit elle-même son secrétaire. Elle siège à la préfecture, et prend, sous l'approbation du conseil général et avec le concours du préfet, toutes les mesures nécessaires pour assurer son service.

Art. 72. — La commission départementale ne peut délibérer si la majorité de ses membres n'est présente.

Les décisions sont prises à la majorité absolue des voix.

En cas de partage, la voix du président est prépondérante.

Il est tenu procès-verbal des délibérations. Les procès-verbaux font mention du nom des membres présents.

Art. 73. — La commission départementale se réunit au moins une fois par mois, aux époques et pour le nombre de jours qu'elle détermine elle-même, sans préjudice du droit qui appartient à son président et au préfet de la convoquer extraordinairement.

Art. 74. — Tout membre de la commission départementale qui s'absente des séances pendant deux mois consécutifs, sans excuse légitime admise par la commission, est réputé démissionnaire.

Il est pourvu à son remplacement à la plus prochaine session du conseil général.

Art. 75. — Les membres de la commission départementale ne reçoivent pas de traitement.

Art. 76. — Le préfet ou son représentant assiste aux séances de la commission; ils sont entendus quand ils le demandent. Il en est de même du général commandant la division, ou de son représentant, lorsque la commission départementale est saisie d'une affaire concernant le territoire de commandement.

Les chefs de service des administrations publiques dans le département sont tenus de fournir, verbalement ou par écrit, tous les renseignements qui leur seraient réclamés par la commission départementale, sur les affaires placées dans ses attributions.

Art. 77. — La commission départementale règle les affaires qui lui sont renvoyées par le conseil général, dans les limites de la délégation qui lui est faite.

Elle délibère sur toutes les questions qui lui sont déférées par la loi, et elle donne son avis au préfet sur toutes les questions qu'il lui soumet ou sur lesquelles elle croit devoir appeler son attention dans l'intérêt du département.

Art. 78. — Le préfet est tenu d'adresser à la commission départementale, au commencement de chaque mois, l'état détaillé des ordonnances de délégation qu'il a reçues et des mandats de payement qu'il a délivrés pendant le mois précédent, concernant le budget départemental.

La même obligation existe pour les ingénieurs en chef, sous-ordonnateurs délégués.

Art. 79. — A l'ouverture de chaque session ordinaire du conseil général, la commission départementale lui fait un rapport sur l'ensemble de ses travaux et lui soumet toutes les propositions qu'elle croit utiles.

A l'ouverture de la session d'octobre, elle lui présente dans un rapport sommaire ses observations sur le budget proposé par le préfet.

Ces rapports sont imprimés et distribués, à moins que la commission n'en décide autrement.

Art. 80. — Chaque année, à la session d'octobre, la commission départementale présente au conseil général le relevé de tous les emprunts communaux et de toutes les contributions extraordinaires communales qui ont été votées depuis la précédente session d'octobre, avec indication du chiffre total des centimes extraordinaires et des dettes dont chaque commune est grevée.

Art. 81. — La commission départementale, après avoir entendu l'avis ou les propositions du préfet :

1° Répartit les subdivisions diverses portées au budget départemental, et dont le conseil général ne s'est pas réservé la distribution, les fonds provenant des amendes de police correctionnelle et les fonds provenant du rachat des prestations en nature sur les lignes que ces prestations concernent;

2° Détermine l'ordre de priorité des travaux à la charge du département, lorsque cet ordre n'a pas été fixé par le conseil général;

3° Fixe l'époque et le mode d'adjudication ou de réalisation des emprunts départementaux, lorsqu'ils n'ont pas été fixés par le conseil général;

4° Fixe l'époque de l'adjudication des travaux d'utilité départementale.

Art. 82. — La commission départementale vérifie l'état des archives et celui du mobilier appartenant au département.

Art. 83 — La commission départementale peut charger un ou plusieurs de ses membres d'une mission relative à des objets compris dans ses attributions.

Art. 84. — En cas de désaccord entre la commission départementale et le préfet, l'affaire peut être renvoyée à la plus prochaine session du conseil général, qui statuera définitivement.

En cas de conflit entre la commission départementale et le préfet, comme aussi dans le cas où la commission aurait outre-passé ses attributions, le conseil général sera immédiatement convoqué, conformément aux dispositions de l'article 24 du présent décret, et statuera sur les faits qui lui auront été soumis.

Le conseil général pourra, s'il le juge convenable, procéder dès lors à la nomination d'une nouvelle commission départementale.

Art. 85. — La commission départementale prononce, sur l'avis des conseils municipaux, la déclaration de vicinalité, le classement, l'ouverture et le redressement des chemins vicinaux ordinaires, la fixation de la largeur et de la limite desdits chemins.

Elle exerce, à cet égard, les pouvoirs conférés au préfet par les articles 15 et 16 de la loi du 21 mai 1836.

Elle approuve les abonnements relatifs aux subventions spéciales pour la dégradation des chemins vicinaux, conformément au dernier paragraphe de l'article 14 de la même loi.

Art. 86. — La commission départementale approuve le tarif des évaluations cadastrales, et elle exerce à cet égard les pouvoirs attribués au préfet en conseil de préfecture par la loi du 15 septembre 1807 et le règlement du 15 mars 1827.

Elle nomme les membres des commissions syndicales dans le cas où il s'agit d'entreprises subventionnées par le département, conformément à l'article 23 de la loi du 21 juin 1865.

Art. 87. — Les décisions prises par la commission départementale, sur les matières énumérées aux articles 85 et 86 du présent décret, seront communiquées aux préfets en même temps qu'aux conseils municipaux et aux autres parties intéressées.

Elles pourront être frappées d'appel devant le conseil général pour cause d'inopportunité ou de fausse appréciation des faits, soit par le préfet, soit par les conseils municipaux ou par toute autre partie intéressée. L'appel doit être notifié au président de la commission, dans le délai d'un mois, à partir de la communication de la décision. Le conseil général statuera définitivement à sa plus prochaine session.

Elles pourront aussi être déférées au Conseil d'État, statuant au contentieux, pour cause d'excès de pouvoir ou de violation de la loi ou d'un règlement d'administration publique.

Le recours au Conseil d'État doit avoir lieu dans le délai de deux mois, à partir de la communication de la décision attaquée. Il peut être formé sans frais, et il est suspensif dans tous les cas.

TITRE VII.

DES INTÉRÊTS COMMUNS A PLUSIEURS DÉPARTEMENTS.

Art. 88. — Deux ou plusieurs conseils généraux peuvent provoquer entre eux, par l'entremise de leurs présidents, et après en avoir averti les préfets, une entente sur les objets d'utilité départementale compris dans leurs attributions et qui intéressent à la fois leurs départements respectifs.

Ils peuvent faire des conventions, à l'effet d'entreprendre ou de conserver à frais communs des ouvrages ou des institutions d'utilité commune.

Art. 89. — Les questions d'intérêt commun seront débattues dans des conférences où chaque conseil général sera représenté, soit par sa commission départementale, soit par une commission spéciale nommée à cet effet.

Les préfets des départements intéressés pourront toujours assister à ces conférences.

Les décisions qui y seront prises ne seront exécutoires qu'après avoir été ratifiées par tous les conseils généraux intéressés, et sous les réserves énoncées aux articles 47 et 49 du présent décret.

Art. 90. — Si des questions autres que celles que prévoit l'article 88 étaient mises en discussion, le préfet du département où la conférence a lieu déclarerait la réunion dissoute.

Toute délibération prise après cette déclaration donnerait lieu à l'application des dispositions et pénalités énoncées à l'article 31 du présent décret.

Art. 91. — Lors de l'ouverture de chaque session, le préfet du département désigne un interprète qui assiste aux séances du conseil général et de la commission départementale.

L'interprète désigné, avant d'entrer en fonctions, prête serment entre les mains du président.

DISPOSITIONS SPÉCIALES ET TRANSITOIRES.

Art. 92. — Sont et demeurent abrogées les dispositions du décret du 27 octobre 1858, relatives aux conseils généraux, et généralement toutes les dispositions contraires au présent décret.

Art. 93. — Pour les élections qui ont eu lieu avant le présent décret, les réclamations pourront être faites par les électeurs de la circonscription, les candidats, les membres du conseil général et le préfet, dans les vingt jours, à partir de la promulgation.

Art. 94. — Les conseils généraux sont dessaisis des réclamations qui ont été portées devant eux dans les sessions précédentes.

Les ayants droit pourront se pourvoir au Conseil d'État dans les délais de l'article précédent.

20 août 1877.

Arrêté du gouverneur qui fixe la composition des circonscriptions électorales (B. G. 608).

N° d'ordre	CHEFS-LIEUX des circonscriptions.	COMPOSITION TERRITORIALE des circonscriptions.
	DÉPARTEMENT D'ALGER.	
1	Alger	1re partie du canton nord et faubourg Bab-El-Oued (1).
2	Alger	2e partie du canton nord.
3	Alger	1re partie du canton sud, intra-muros (2).
4	Alger	2e partie du canton sud.
5	Mustapha	Commune de Mustapha. — d'El-Biar.
6	Saint-Eugène	Commune de Saint-Eugène. — de la Bouzaréa.

(1) A partir de la porte de France, rue de la Marine (côté nord), jusqu'à sa rencontre avec la rue Bab-El-Oued, au coin de l'hôtel de la Régence; rue Bab-El-Oued sur les deux côtés jusqu'à la place Bab-El-Oued; enceinte du Lycée; boulevard et rampe Valée, faubourg Bab-El-Oued, cité Bugeaud comprise jusqu'à la mer.

(2) Rue de la Marine (côté sud), place du Gouvernement, jusqu'à l'entrée de la rue Vialar; rue Vialar (côté sud), jusqu'à sa rencontre avec la rue de la Lyre; rue de la Lyre, jusqu'à sa rencontre avec la rue Porte-Neuve, rue Porte-Neuve jusqu'aux anciens remparts; de ceux-ci à la rue du Centaure, place de la Lyre, descente de l'escalier monumental du Théâtre, rue Corneille, place Bresson, jusqu'à l'escalier qui conduit à la mer.

N° d'ordre	CHEFS-LIEUX des circonscriptions.	COMPOSITION TERRITORIALE des circonscriptions.
7	Chéragas	Commune de Chéragas. — de Guyotville. — de Dély-Ibrahim. — d'El-Achour. — de Drariah.
8	Hussein-Dey	Commune d'Hussein-Dey. — de Birkadem. — de Birmandreis. — de Kouba.
9	Douéra	Commune de Douéra. — de Baba-Hassen. — de Crescia. — de Mahelma.
10	Maison-Carrée	Commune de la Maison-Carrée. — d'Aïn-Taya. — de l'Alma. — du Fondouk et douar Arba-tache. — de Rouiba. — de Réghaïa. — de Rassauta. — de Ménerville. — de Blad-Guitoun (moins les villages d'Isserbourg et Zamouri et le douar d'Isser-El-Ouidan). — de Saint-Pierre, Saint-Paul et douar Bou-Zegza.
11	Arba	Commune de l'Arba. — de Rovigo (moins la partie du douar Hammam-Mélouan située sur la rive droite de de l'Harrach). — de Sidi-Moussa.
12	Dellys	Commune de Dellys. — mixte de Dellys. Village de Bois-Sacré (de la commune mixte des Issers).
13	Bordj-Ménaïel	Commune de Bordj-Ménaïel. — mixte des Issers (moins le village de Bois-Sacré). — de Tizi-Ouzou. — mixte de Tizi-Ouzou. — de Dra-el-Mizan. — mixte de Dra-el-Mizan. — de Fort-National. — indigène de Fort-National. — mixte de Palestro. Zamouri (village), Isserbourg (fermes isolées), Isser-El-Ouidan (douar) — sections de la commune de Blad-Guitoun).

N° D'ORDRE.	CHEFS-LIEUX des circonscriptions.	COMPOSITION TERRITORIALE des circonscriptions.
14	Aumale	Commune d'Aumale. — de Bir-Rabalou, et douar d'El-Bethem. — mixte de Bouçada. — mixte de Bordj-Bouïra. — indigène de l'Arba. — indigène de Bouçada. — indigène d'Aumale.
15	Blida	Commune de Blida. — de Béni-Méred. Douar de Ferrouka (de la commune de Souma).
16	Boufarik	Commune de Boufarik. — de Birtouta. — de Chebli. — de Souma (moins le douar de Ferrouka). Douar Hammam-Mélouan.
17	Koléa	Commune de Koléa. — de Castiglione. — d'Attaba.
18	Mouzaïaville	Commune de Mouzaïaville. — d'El-Affroun. — de la Chiffa. — d'Oued-El-Alleug.
19	Marengo	Commune de Marengo. — de Bourkika. — de Bou. Medfa. — de Vesou. Benian. — d'Ameur-El-Aïn. — mixte de Meurad. Douars Oued-Sebt et El-Hammam (de la commune mixte d'Adélia).
20	Cherchell	Commune de Cherchell. — mixte Gouraya.
21	Miliana	Commune de Miliana. — mixte d'Adélia (moins les douars Oued-Sebt et El-Hammam).
22	Orléansville	Commune d'Orléansville. — mixte de Malakoff. — mixte d'Oued-Fodda. — mixte de Charon. — indigène d'Orléansville.
23	Affreville	Commune d'Affreville. — d'Aïn-Sultan. — de Duperré. — de Teniet-el-Haad. — indigène de Miliana. — mixte de Saint-Cyprien. — indigène de Téniet-El-Haad.
24	Ténès	Commune de Ténès. — de Montenotte. — mixte de Ténès.
25	Médéa	Commune de Médéa. — de Berrouaghia. — mixte de Chicao. — indigène de Médéa (moins le douar des Beni-Hassein).
26	Boghari	Commune de Boghari. — de Boghar. — indigène de Boghar. — mixte et indigène de Djelfa. — mixte et indigène de Laghouat. Douar des Beni-Hassein (section de la commune indigène de Médéa).

N° D'ORDRE.	CHEFS-LIEUX des circonscriptions.	COMPOSITION TERRITORIALE des circonscriptions.
		DÉPARTEMENT DE CONSTANTINE.
1	Constantine	Toute la partie intrà-muros de l'ancien canton est.
2	Constantine	Toute la partie intrà-muros de l'ancien canton ouest.
3	Constantine	Les faubourgs et la banlieue.
4	Hamma	Commune du Hamma. — de Bizot. — de Condé. — de Rouffach. Commune mixte de Milah. Commune indigène d'El-Milia. Commune indigène de Constantine (partie située à l'ouest de Constantine).
5	Khroub	Commune du Khroub. — des Ouled Rahmoun. — de l'Oued Zenati. — d'Aïn Smara. — de l'Oued Seguin. — de l'Oued Atménia. Commune mixte d'Aïn Mlila. — de Châteaudun. — de l'Oued Zenati. Commune indigène de Constantine (partie située au sud de Constantine).
6	Batna	Commune de Batna. — de Lambèse. — mixte de Batna. — indigène de Batna. Communes mixte et indigène de Biskra
7	Aïn-Beïda	Commune d'Aïn-Beïda. — indigène d'Aïn-Beïda. Communes mixte et indigène de Tébessa. Communes mixte et indigène de Khenchela.
8	Philippeville	Philippeville, commune (moins ses annexes et ses sections). Commune mixte de Collo.
9	Stora	Commune de Stora. — de Saint-Charles. Saint-Antoine, Damrémont, Valée et annexes de Philippeville. Douar Arb Frala. Commune indigène de Collo. — mixte de Philippeville.
10	El-Arrouch	Commune d'El-Arrouch. — d'El-Kantour. — de Robertville. — de Gastonville. — mixte d'El-Arrouch.
11	Jemmapes	Commune de Jemmapes. — de Gastu. — mixte de Jemmapes.
12	Djidjelli	Commune de Djidjelli. — mixte de Duquesne. — indigène de Djidjelli.

N° d'ordre	CHEFS-LIEUX des circonscriptions.	COMPOSITION TERRITORIALE des circonscriptions.
13	Bône (nord).	Nord. — Ligne partant de la mer passant par le Château-d'Eau, contournant le théâtre, longeant la place de Strasbourg, traversant les rues Mesguier et Bugeaud pour rejoindre la rue Négrier, où elle suit jusqu'à la porte des Karézas la route départementale n° 1, pour gagner la limite de la commune.
14	Bône (sud).	Sud. — Toute la partie de la ville et de la banlieue, au sud de la ligne désignée dans la circonscription de Bône (nord).
15	Bugeaud.	Commune de Bugeaud, — d'Herbillon. — de Duzerville. — d'Aïn-Mokra. — de Randon. — mixte d'Aïn-Mokra. Beni-Urdjine et Merdès (douars de la commune mixte de Bône).
16	Mondovi.	Commune de Mondovi. — de Barral. — de Penthièvre. — de Nechmeya. — mixte de Bône (moins les douars des Beni-Urdjine et des Merdès). — indigène de Bône.
17	La Calle.	Commune de la Calle. — indigène de la Calle.
18	Souk-Ahrras.	Commune de Souk-Ahrras. — de Duvivier. — indigène de Souk-Ahrras.
19	Guelma.	Commune de Guelma, — de Clauzel.
20	Héliopolis.	Commune d'Héliopolis. — de Guelaät-bou-Sba. — de Millésimo. — de Petit. — d'Enchir-Saïd. — mixte de Guelma.
21	Sétif.	Commune de Sétif.
22	Saint-Arnaud	Commune de Saint-Arnaud. — de Bouhira. — d'El-Ouricia. — mixte de Sétif. — mixte d'Aïn Abessa. — mixte des Eulma. — indigène de Takitount. — indigène de Sétif.
23	Bordj-bou-Arréridj.	Commune de Bordj-bou-Arréridj. — mixte de Bordj-bou-Arréridj. — indigène de Bordj-bou Arréridj.
24	Bougie.	Commune de Bougie. — mixte de Bougie. — indigène de Bougie. Communes mixte et indigène d'Akbou.

N° d'ordre	CHEFS-LIEUX des circonscriptions.	COMPOSITION TERRITORIALE des circonscriptions.
		DÉPARTEMENT D'ORAN.
1	Oran	Quartier de la Blanca, quartier de la Marine et banlieue.
2	Oran	Quartier de la République, quartier Philippe et banlieue.
3	Oran	Quartier de Karguentah, commune de la Sénia.
4	Mers-el-Kebir	Commune de Mers-el-Kebir. — d'Aïn-El-Turk. — de Bou-Sfer.
5	Valmy.	Commune de Valmy. — de Sidi-Chami. — de Mangin. — de Sainte-Barbe-du-Tlélat. — de Tamzourah. — mixte de Saint-Lucien.
6	Misserghin.	Commune de Misserghin. — de Bou-Tlélis. — de Lourmel.
7	Saint-Cloud.	Commune de Saint-Cloud. — de Fleurus. — d'Assi-Ameur. — d'Assi-ben-Okba. — d'Assi-bou-Nif. — de Saint-Louis.
8	Arzew.	Commune d'Arzew, — de Kléber.
9	Aïn-Témouchent.	Commune d'Aïn-Témouchent. — d'Aïn-El-Arba. — mixte d'Aïn-Témouchent.
10	Saint-Denis-du-Sig.	Commune de Saint-Denis-du-Sig. — de Perrégaux. — de Mocta Douz. — mixte de Saint-Denis-du-Sig.
11	Sidi-bel-Abbès (ville).	Commune de Sidi-bel-Abbès (moins les sections de Sidi-Khaled et Sidi-Brahim).
12	Sidi-bel-Abbès.	Sidi-Khaled, Sidi-Brahim, Sections de la commune de Sidi-bel-Abbès. Commune de Sidi-Lhassen. — de Tessalah. — des Trembles. Commune mixte de la Mekerra. — de Daya. — de Bou-Kanéfis.
13	Mostaganem.	Commune de Mostaganem (la ville).
14	Aboukir.	Commune de Mostaganem (moins la ville). — de Mazagran. — d'Aboukir. — de Blad-Thouariat. — d'Aïn-Nouïssy. — de la Stidia. — mixte de Mostaganem.
15	Pélissier.	Commune de Pélissier. — d'Aïn-bou-Dinar. — de Tounin. — d'Aïn-Tédelès. — de Sourk-El-Mitou. Partie de la commune mixte de Cassaigne, comprise dans le canton de Cassaigne. Commune de Rivoli. Commune de Relizane. — de Bouguirat.

N° D'ORDRE.	CHEFS-LIEUX des circonscriptions.	COMPOSITION TERRITORIALE des circonscriptions.
16	Relizane . . .	Commune mixte de Relizane. — d'Inkermann. — de Cassaigne, partie comprise dans le canton d'Inker- mann. — de Zemmorah (moins le centre de la Rahouïa et tribu des Ouled-Rached) d'Ammi-Moussa.
17	Mascara. . . .	Commune de Mascara (moins les sec- tions de Saint-André, de Saint- Hippolyte et d'Oued-El-Hammam).
18	St - André de Mascara . .	Saint-André, Saint-Hippolyte, Oued el Hammam — Sections de la commune de Mascara. Commune mixte de Mascara. — d'Oued-Taria. — de Frendah-Mascara (moins le centre de Frendah). — de Géryville. Communes mixte et indigène de Saïda.
19	Tiaret.	Commune de Tiaret. — indigène de Tiaret-Aflou. Centre de Frendah (section de la commune mixte de Frendah-Mas- cara). Ouled-Rached et centre de la Rahouïa (section de la commune mixte de Zemmorah).
20	Tlemcen . . .	Tlemcen, ville et faubourgs.
21	Hennaya . . .	Commune de Tlemcen (moins la ville et les faubourgs). — d'Hennaya. — mixte de Tlemcen. — mixte de Lamoricière. — mixte de Sebdou.
22	Nemours . . .	Commune de Nemours. — mixte de Nemours. — mixte de Lalla-Maghnia.

Conseil de gouvernement.

Depuis la conquête, il a toujours été placé près du chef de l'administration de l'Algérie un conseil chargé de donner son avis sur toutes les affaires renvoyées à son examen. Appelé d'abord commission du gouvernement (6 juillet 1830), puis successivement comité (16 octobre 1830), commission administrative (1er juin 1831), conseil d'administration (22 juillet 1834), conseil supérieur d'adminis- tration (15 avril 1845), conseil de gouverne- ment (9 décembre 1848), conseil supérieur de l'Algérie (21 novembre 1858), conseil consul- tatif (10 décembre 1860), conseil consultatif du gouvernement (24 octobre 1870 : il est dé-

signé aujourd'hui sous la dénomination de conseil de gouvernement. Ce conseil possède des attributions purement consultatives fixées par les décrets des 10 décembre 1860 et 30 avril 1861 : il se compose, aux termes du décret de réorganisation du 11 août 1875 : du gouver- neur général, président, de dix hauts fonc- tionnaires, de trois conseillers rapporteurs et d'un secrétaire. Les préfets et les généraux commandant les divisions militaires peuvent être appelés à assister aux séances du conseil; ils y ont voix délibérative.

Un décret du 24 avril 1869 permet de con- férer l'honorariat aux conseillers rapporteurs.

24 juillet 1869.

Décret relatif à l'honorariat (B. O. 313).

Le titre d'honoraires de leurs anciennes fonc- tions pourra être conféré aux conseillers rappor- teurs du conseil du gouvernement. Ils auront, dans les cérémonies publiques, le même rang que les préfets honoraires.

10 décembre 1860.

Décret sur l'organisation du gouvernement et de la haute administration de l'Algérie (B. O. 1).

Art. 9. — Un conseil consultatif est placé au- près du gouverneur général et sous sa prési- dence. . . . . . . Le conseil consultatif donne son avis sur toutes les affaires renvoyées à son examen par le gouverneur général.

30 avril 1861.

Décret sur les attributions du conseil consul- tatif du gouvernement (B. O. 13).

Art. 1. — Le conseil consultatif institué au- près du gouverneur général, est appelé à don- ner nécessairement son avis sur les affaires sui- vantes :

1° Établissement ou modifications des circon- scriptions administratives, judiciaires, commu- nales. Désignation des chefs-lieux;

2° Établissement de périmètres de colonisation;

3° Cantonnement des indigènes;

4° Création de centres de population;

5° Plans d'allotissement de terres à affecter à la colonisation;

6° Concessions de terres d'une étendue de plus de 30 hectares; concessions de mines, de dessé- chements de marais;

7° Concession d'exploitation de biens doma- niaux pour une durée de plus de neuf années, lorsque l'évaluation des charges annuelles de toute espèce imposées au concessionnaire est supérieure à 1,000 francs (terres, forêts, carrières, salines, lacs et sources, droits de chasse);

8° Exploitation de madragues et de pêcheries;

9° Ventes de gré à gré et échanges d'immeubles domaniaux, à la suite des expertises réglementaires, lorsque lesdits immeubles ont une valeur supérieure à 10,000 francs;

10° Acquisitions et transactions pour compte de l'État, dans la limite du paragraphe précédent;

11° Soumission des forêts au régime forestier;

12° Concessions d'immeubles domaniaux aux provinces, aux communes, aux hospices et aux établissements d'utilité publique;

13° Affectation d'immeubles domaniaux aux services publics, civils ou militaires;

14° Déclaration d'utilité publique pour les cas d'expropriation;

15° Apposition et mainlevée de séquestre;

16° Créations et autorisations d'établissements de bourses et chambres de commerce, de chambres consultatives d'agriculture, de sociétés anonymes, tontines, banques, comptoirs d'escompte, de conseils de prud'hommes, d'hôpitaux, d'hospices, orphelinats, bureaux de bienfaisance, monts-de-piété et autres institutions ayant pour objet un intérêt public;

17° Caisses de retraite en faveur des agents des administrations provinciales ou communales;

18° Acceptation de dons et legs aux provinces, aux communes ou aux établissements décrétés d'utilité publique, lorsqu'il y a réclamation de la part des familles.

19° Établissement, modification et suppression d'impôts au profit de l'État, des provinces ou des communes; tarifs de droits de douane ou d'octroi;

20° Bases et mode de perception des contributions arabes, tarifs y relatifs;

21° Ouverture et tracé des routes à exécuter au compte de l'État ou des provinces;

22° Projet, plans et devis des travaux à exécuter au compte de l'État ou des provinces, lorsque la dépense qui doit en résulter est évaluée à plus de 30,000 francs. — Mode d'exécution en régie ou par entreprise et conditions à imposer par les cahiers des charges;

23° Marchés et fournitures de toutes sortes à faire au compte de l'État dans la limite indiquée au paragraphe précédent;

24° Emprunts à contracter par les provinces ou par les communes, sauf, en ce qui touche ces dernières, les cas où il peut être statué directement par l'autorité locale;

25° Comptes administratifs des budgets provinciaux des communes dont les revenus s'élèvent à plus de 300,000 francs, et des budgets des centimes additionnels à l'impôt arabe;

26° Législation et règlements organiques sur l'état civil, le culte, la justice et l'instruction publique des indigènes.

Art 2. — Le conseil consultatif est appelé, en outre, à donner son avis sur tous les projets de lois, décrets et règlements généraux intéressant l'administration, le commerce, les finances ou la colonisation en Algérie.

Art. 5. — Le conseil consultatif ne peut délibérer qu'autant que la moitié des membres, y compris le président, sont présents à la séance. — Les avis sont donnés à la majorité des voix; en cas de partage, la voix du président est prépondérante.

Lorsque le conseil sera saisi de l'examen de questions ne rentrant pas dans les attributions des membres qui le composent, notamment de projets relatifs à l'administration indigène en territoire militaire, le gouverneur général pourra appeler à y siéger, avec une voix consultative, le chef du service ou l'officier compétent.

Art. 4. — Toutes dispositions contraires au présent décret sont et demeurent abrogées.

7 octobre 1871.

Décret qui reconstitue le conseil de gouvernement et lui confère les attributions telles qu'elles sont déterminées par les décrets du 10 décembre 1860 et 30 avril 1861 (B. O. 380).

11 septembre 1873.

Décret relatif aux conseillers rapporteurs et au secrétaire (B. O. 497).

Art. 3, § 2. — Il est créé deux emplois de conseiller-rapporteur près le conseil du gouvernement, avec voix délibérative. Les titulaires de ces emplois prendront rang après le recteur de l'Académie, dans l'ordre de leur nomination.

Art. 4. — Un secrétaire, nommé par décret et placé sous les ordres du directeur général des affaires civiles et financières, rédigera les procès-verbaux et tiendra les archives du conseil de gouvernement.

Art. 5. — Les traitements des conseillers-rapporteurs et du secrétaire sont fixés ainsi qu'il suit:

Conseillers - rapporteurs : première classe, 12,000 francs; — deuxième classe, 10,000 francs; — secrétaire, 6,000 francs.

20 juillet 1875.

Décret créant un troisième emploi de conseiller-rapporteur avec voix délibérative dans les affaires dont le rapport lui est confié (B. 616).

11 août 1875.

Décret sur la composition du conseil de gouvernement (B. O. 624).

Art. 4. — Le gouverneur général civil de l'Algérie est assisté d'un conseil de gouvernement.

Sont nommés membres de ce conseil : 1° le gouverneur général, président; 2° le directeur général des affaires civiles et financières, vice-président; 3° le premier président de la cour d'appel; 4° l'archevêque d'Alger; 5° le procureur général près la cour d'appel; 6° le général, chef d'état-major général; 7° l'amiral, commandant supérieur de la marine; 8° le général, commandant supérieur du génie; 9° l'inspecteur général des travaux civils; 10° l'inspecteur général des finances; 11° le recteur de l'Académie; 12° les conseillers rapporteurs.

Art. 3. — Les préfets des départements et les officiers généraux commandant les divisions territoriales peuvent être appelés par le gouverneur général à assister aux séances du conseil. — Ils y ont voix délibérative et siègent dans l'ordre de préséance qui leur appartient.

Art. 3. — En cas d'absence simultanée du gouverneur général président et du directeur général des affaires civiles et financières, vice-président du conseil de gouvernement, la présidence du conseil appartient au membre titulaire placé le premier dans l'ordre hiérarchique.

Le membre du conseil de gouvernement absent ou empêché est remplacé par le fonctionnaire qui le supplée dans la direction du service et qui, résidant à Alger, vient immédiatement après lui dans l'ordre hiérarchique.

Le membre suppléant prend rang au conseil après les membres titulaires.

Art. 4. — Un secrétaire nommé par décret et placé sous les ordres du directeur général des affaires civiles et financières rédige les procès-verbaux et tient les archives du conseil de gouvernement.

Il peut suppléer les conseillers rapporteurs absents ou empêchés. — Il n'a, toutefois, dans ce cas, que voix consultative.

Art. 5. — Les attributions du conseil de gouvernement restent fixées par les décrets des 10 décembre 1860 et 30 avril 1861.

Conseils de préfecture.

Même législation qu'en France, sauf quelques points de détail concernant les secrétaires généraux des préfectures, le remplacement des conseillers absents ou empêchés, le nombre des conseillers, leur division en trois classes et le traitement affecté à chacune d'elles, les conditions d'aptitude exigées et une modification apportée à une règle de procédure.

Les attributions des conseils de préfecture, limitées d'abord au territoire civil administré par les préfets, a été étendu au territoire militaire par le décret du 7 juillet 1864, qui a supprimé les conseils des affaires civiles précédemment institués près des généraux commandant les divisions.

L'honorariat peut être conféré, comme en France, et en vertu de la même loi, aux conseillers de préfecture.

9 décembre 1848.

Décret instituant les conseils de préfecture (B. 313).

Art. 13. — Il y aura auprès de chaque préfet un conseil de préfecture ayant les mêmes attributions qu'en France. Le conseil de préfecture devra en outre émettre son avis sur toutes les affaires qui lui seront soumises par le préfet.

27 octobre 1858.

Décret sur l'organisation de l'Algérie (B. M. 2).

Art. 7. — Il y a près de chaque préfecture un secrétaire général pris en dehors du conseil de préfecture et n'en faisant pas partie.

Art. 9, § 2. — Lorsqu'un conseil de préfecture se trouve incomplet par suite de vacance, d'absence ou d'empêchement d'un de ses membres, le préfet désigne, pour le suppléer, un conseiller général ou un chef de bureau de la préfecture.

18 décembre 1862.

Décret sur la division des conseillers en trois classes (B. G. 70).

Art. 1. — Les conseillers de préfecture de l'Algérie sont divisés en trois classes, dont les traitements sont fixés ainsi qu'il suit : première classe, 5,000 francs; — deuxième classe, 4,500 francs; — troisième classe, 4,000 francs. Le nombre des conseillers de première classe ne pourra excéder le tiers des membres en exercice. — La promotion à une classe supérieure ne peut être obtenue qu'après cinq ans au moins d'exercice dans la classe immédiatement inférieure. Les promotions peuvent avoir lieu sur place, par décisions du gouverneur général, dans la limite des crédits ouverts au budget.

Art. 2. — Toutes dispositions antérieures contraires sont rapportées.

16 avril 1863.

Décret promulguant le décret du 30 décembre 1862, sur la publicité des audiences des conseils de préfecture (B. G. 97).

Art. 1er. — Le décret du 30 décembre 1862, portant qu'à l'avenir les audiences du conseil de préfecture statuant sur les affaires contentieuses seront publiques, est rendu exécutoire en Algérie et y sera promulgué à cet effet. Toutefois, l'article 4 dudit décret sera, pour l'Algérie, remplacé par la disposition suivante : « En cas d'insuffisance de membres nécessaires pour délibérer ; il y sera pourvu conformément au § 2 de l'article 9 du décret du 27 octobre 1858. »

7 juillet 1864.

Décret d'organisation (B. O. 121).

Art. 26. — Les attributions des conseils des affaires civiles supprimés sont réunies à celles des conseils de préfecture dont la juridiction est étendue à tout le territoire de la province.

25 mars 1865.

Décret augmentant le nombre des conseillers de préfecture (B. O. 140).

Art. 1. — Le nombre des membres des conseils de préfecture de l'Algérie est porté à cinq pour la province d'Alger, et à quatre pour chacune des provinces d'Oran et de Constantine. — Un des membres du conseil de préfecture, désigné à cet effet par le gouverneur général, sur la proposition du général commandant la province, remplira les fonctions de substitut du commissaire de gouvernement, dans les affaires contentieuses où le secrétaire général ne pourra occuper le siége du ministère public.

Art. 2. — Toutes les dispositions contraires au présent décret sont rapportées.

19 décembre 1863.

Décret sur l'organisation des conseils de préfecture (B. O. 302).

Art. 1. — Nul ne peut être nommé conseiller de préfecture en Algérie, s'il n'est âgé de 25 ans accomplis ; s'il n'est, en outre, licencié en droit, ou s'il n'a rempli, pendant 10 ans, au moins, des fonctions rétribuées dans l'ordre administratif ou judiciaire, ou bien s'il n'a été, pendant le même espace de temps, membre d'un conseil général ou maire.

Art. 2. — Les fonctions de conseiller de préfecture sont incompatibles avec un autre emploi public et avec l'exercice d'une profession.

Art. 3. — Chaque année, un arrêté du gouverneur général de l'Algérie désigne, pour chaque province, un conseiller de préfecture qui devra présider le conseil, en cas d'absence ou d'empêchement du préfet.

Art. 4. — A l'avenir, seront portées devant les conseils de préfecture toutes les affaires contentieuses dont le jugement est attribué au préfet, en conseil de préfecture, sauf recours au Conseil d'État.

Art. 5. — Le recours au Conseil d'État contre les arrêtés des conseils de préfecture relatifs aux contraventions dont la répression leur est confiée par la loi, peut avoir lieu par simple mémoire déposé au secrétariat général de la préfecture ou à la sous-préfecture, et sans l'intervention d'un avocat au Conseil d'État. Il est délivré au déposant récépissé du mémoire qui doit être transmis immédiatement par le préfet au secrétaire général du Conseil d'État.

Art. 6. — Sont applicables aux conseils de préfecture de l'Algérie les dispositions de l'article 85 et des articles 88 et suivants du titre V du Code de procédure civile, et celle de l'article 1036 du même code.

Art. 7. — Les dispositions de nos décrets des 27 octobre 1858, 7 juillet 1863, 30 décembre 1862 (ce dernier promulgué par le décret du 16 avril 1863), 18 décembre 1862, et 25 mars 1865, sur les conseils de préfecture en Algérie, continueront d'y recevoir leur exécution.

19 décembre 1863.

Décret promulgant le décret du 12 juillet 1865 concernant le mode de procéder (B. O. 302).

Art. 1. — Notre décret du 12 juillet 1865 est rendu exécutoire en Algérie et y sera promulgué à cet effet. — Toutefois, les paragraphes 2 et 4 de l'article 8 et l'article 12 dudit décret sont modifiés ainsi qu'il suit :

Art. 8. — § 2. « Dans les cinq jours qui suivent la rédaction d'un procès-verbal de contravention et son affirmation quand elle est exigée, le sous-préfet ou le fonctionnaire civil ou militaire qui en tient lieu, fait faire au contrevenant notification de la copie du procès-verbal, ainsi que de l'affirmation avec la citation devant le conseil de préfecture. »

§ 4. « La citation doit indiquer au contrevenant qu'il est tenu de fournir ses défenses écrites dans le délai de 30 jours à partir de la notification qui lui est faite, et l'inviter à faire connaître s'il entend user du droit de présenter des observations orales. »

Art. 12. — « Toute partie qui a fait connaître l'intention de présenter des observations orales doit être avertie par lettre non affranchie, à son domicile ou à celui de son défenseur ou mandataire quand elle en a désigné un, du jour ou l'affaire sera appelée en audience publique ; cet avertissement sera donné huit jours avant la séance. »

24 juillet 1860.

Décret rendant exécutoire en Algérie le décret du 15 mars 1854 autorisant de conférer l'honorariat aux conseillers de préfecture (B. O. 313).

Conseil supérieur de gouvernement.

Le conseil supérieur de gouvernement, institué par le décret du 10 décembre 1860, est chargé de l'examen du budget de l'Algérie, de l'assiette et de la répartition des impôts. Il se réunit en session ordinaire après la session des conseils généraux et peut être convoqué en session extraordinaire par le gouverneur lorsqu'il y a lieu. Il se compose, aux termes du décret de réorganisation du 11 août 1875, de 38 membres, dont 18 délégués des conseils généraux. Ces délégués reçoivent une indemnité de séjour et des frais de déplacement.

11 août 1875.

Décret relatif au conseil supérieur de gouvernement (B. O. 624).

TITRE II.

CONSEIL SUPÉRIEUR DE GOUVERNEMENT.

Art. 6.—Le conseil supérieur de gouvernement se compose : des membres du conseil de gouvernement ; — des officiers généraux commandant les divisions territoriales ; — des préfets des départements ; — de six délégués du conseil général de chaque département.

Les délégués des conseils généraux sont nommés pour trois ans, à l'élection, dans la session d'octobre. L'élection a lieu au scrutin de liste et à la majorité absolue des suffrages.

Art. 7. — Le conseil supérieur de gouvernement est chargé d'examiner le projet de budget, l'assiette et la répartition des impôts préparés par les soins du gouverneur général.

Art. 8.— Le conseil supérieur de gouvernement se réunit en session ordinaire, après la session dans laquelle les conseils généraux ont été appelés à voter le budget.

Le gouverneur général le convoque en session extraordinaire toutes les fois qu'il y a lieu.

Art. 9. — La durée des sessions est fixée par le gouverneur général. Elle ne peut dépasser vingt jours.

Art. 10. — Les membres du conseil supérieur sont convoqués par lettres closes du gouverneur général.

Art. 11. — A l'ouverture de chaque session, le conseil supérieur élit un deuxième vice-président.

Art. 12. — Le conseil supérieur ne peut délibérer qu'autant qu'il réunit la majorité des membres, soit dix-neuf membres au moins.

Les délibérations sont prises à la majorité des membres présents.

Les votes ont lieu par assis et levé.

Toutefois, il est recouru au scrutin secret, si ce mode est demandé par quatre membres au moins.

Art. 13.— Les procès-verbaux présentent l'analyse des discussions, sans désigner nominativement les membres qui y ont pris part.

Art. 14. — Les procès-verbaux peuvent être publiés après la session, en vertu d'un vote du conseil supérieur de gouvernement, et avec l'approbation du gouverneur général.

Pendant la session et sous les mêmes conditions, un résumé sommaire des délibérations peut être communiqué à la presse locale.

Art. 15. — Le ministre de l'intérieur et le gouverneur général civil de l'Algérie sont chargés de l'exécution du présent décret.

7 mars 1876.

Décret fixant l'indemnité allouée aux membres des conseils généraux délégués au conseil supérieur (B. O. 646).

Art. 1. — Les membres des conseils généraux délégués au conseil supérieur de gouvernement de l'Algérie reçoivent une indemnité.

Art. 2. — Cette indemnité est fixée à 20 francs par jour de présence à Alger, pendant la durée de la session.

Indépendamment de l'indemnité ci-dessus, les délégués qui ont leur résidence hors d'Alger, reçoivent des frais de déplacement, fixés à 3 francs par myriamètre, tant pour se rendre aux convocations que pour rejoindre leur domicile.

Conseillers démissionnaires.

3 mars 1876.

Décret qui promulgue en Algérie la loi du 7 juin 1873, portant que tout membre d'un conseil général, d'arrondissement ou municipal qui, sans excuse valable, aura refusé de remplir les fonctions qui lui sont dévolues par les lois, sera déclaré démissionnaire (B. O. 642).

Constitution.

25 février 1875.

Loi relative à l'organisation des pouvoirs publics (B. O. 591).

16 juillet 1875.

Loi constitutionnelle sur le rapport des pouvoirs publics (B. O. 614).

13

Consuls.

2 août 1836.

Décret d'attributions et d'organisation (B. 37).

Art. 47. — Aucun agent consulaire étranger ne peut être admis à l'exercice de ses fonctions, dans les possessions françaises du nord de l'Afrique, qu'en vertu d'un *exequatur* délivré par le gouvernement et transmis au gouverneur général.

21 décembre 1864.

Instruction du gouverneur portant que les consuls ou vice-consuls des nations étrangères, à l'exception des représentants anglais, doivent être exemptés, en Algérie, de toute contribution directe, personnelle, mobilière ou taxe municipale y assimilée, à la condition, toutefois, 1° que ces agents consulaires soient sujets de la nation qu'ils représentent, 2° qu'ils ne se livrent à aucune opération commerciale.

Contrainte par corps.

Même législation qu'en France.

27 juillet 1867.

Décret promulguant la loi du 22 juillet 1867 qui a aboli en matière civile et commerciale et contre les étrangers la contrainte par corps (B. O. 239).

10 mai 1872.

Décret promulguant la loi du 19 décembre 1871 qui rétablit la contrainte par corps pour le recouvrement des frais dus à l'État (B. O. 416).

Contributions directes.

Des cinq contributions directes qui existent en France, deux seulement sont perçues en Algérie; les patentes et les redevances des mines et carrières. La cote personnelle et mobilière est représentée par un impôt municipal sur les loyers. La contribution sur les portes et fenêtres n'est pas établie. Quant à la cinquième, la contribution foncière, elle est admise en principe depuis une décision impériale du 2 juillet 1864. L'administration fait tous ses efforts pour l'appliquer le plus promptement possible; elle a dans ce but organisé : 1° un service de cadastre (8 mai 1868); puis, 2° une direction de contributions

directes par département, avec la législation métropolitaine (21 novembre 1874), et enfin, 3° des brigades provisoires de géomètres (8 avril 1875).

La contribution foncière adoptée par deux des conseils généraux de l'Algérie et par le conseil supérieur dans sa session de 1877 est déjà appliquée dans plusieurs communes à titre de taxe municipale et pour assurer le remboursement d'emprunts contractés; c'est ainsi que la commune d'Alger a été autorisée, par décret du 17 janvier 1871, à établir, pendant 15 années, une taxe sur les revenus nets des immeubles situés dans sa circonscription, et qu'une autorisation analogue a été accordée à la commune de Bône, par décret du 4 décembre 1876, et à la commune de Mustapha, par décret du 18 mai 1878.

Le service des contributions directes figure dans le budget des dépenses de l'Algérie de l'année 1877 pour la somme totale de 414,150 francs se décomposant ainsi : personnel, 234,600 francs; matériel, comprenant les allocations fixes à l'abonnement, les indemnités variables et autres, 179,550 francs.

12 juillet 1848.

Arrêté du gouverneur aux termes duquel il est pourvu aux dépenses de bureau et d'entretien du mobilier des services financiers, au moyen d'un abonnement annuel payable par trimestre (B. 278).

2 juillet 1864.

Décision impériale portant : 1° que la contribution foncière sera établie, à partir d'une époque et suivant les règles qui seront déterminées ultérieurement par un décret, sur toutes les propriétés immobilières privées, urbaines ou rurales, qui ne sont point aujourd'hui ou qui ne seraient point, à cette époque, assujetties aux impôts arabes; 2° qu'à cet effet, les matrices foncières et les autres états et rôles nécessaires seront dressés dans un bref délai; 3° qu'on se conformera, pour ces opérations, aux lois et règlements suivis en France, sauf à faire modifier les dispositions qui ne seraient pas susceptibles d'être appliquées en Algérie, à raison de certains détails de son organisation administrative (B. O. 117).

8 mai 1868.

Arrêté du gouverneur contenant organisation du service du cadastre (B. O. 265).

Art. 1. — En attendant la réorganisation des

services financiers en Algérie, les opérations cadastrales prescrites par la décision impériale du 2 juillet 1861 sont placées, dans chaque province, sous la direction d'un inspecteur des contributions directes, qui prend le titre de chef du service du cadastre, et qui entrera en fonctions à partir du 1er juin 1868.

Art. 2. — Le personnel affecté au cadastre se compose dans chaque province : — d'un inspecteur des contributions directes, chef de service, chargé de la direction et de la surveillance de tous les travaux ; — d'un employé supérieur des contributions directes, chargé du contrôle et de la surveillance des travaux extérieurs ; — de quatre contrôleurs des contributions directes, dont le nombre sera augmenté en proportion des besoins ; — d'un vérificateur, temporairement détaché du service de la topographie dans les bureaux du cadastre, chargé, sous la direction du chef de service, de la centralisation et de la vérification des travaux d'art ; — d'un triangulateur ; — d'un nombre de géomètres et d'élèves géomètres, ou d'autres agents auxiliaires, suffisant pour assurer la marche des travaux.

Art. 3. — Jusqu'à ce qu'il y ait été pourvu par les lois de finances, il sera imputé sur les fonds des chapitres 10, article 2 (contributions), et 12, article 3 (topographie), du budget législatif, les sommes correspondantes à l'ensemble des émoluments affectés aux agents désignés à l'article précédent.—Ces sommes sont fixées, pour l'exercice à raison des sept douzièmes de la dépense normales de l'exercice, à 31,208 francs sur le chapitre 10, article 2, et à 178,675 francs sur le chapitre 12, article 3.—Les indemnités afférentes aux opérations du cadastre formeront un budget spécial à la charge des provinces; les ressources de ce budget, annuellement fixées par le gouverneur général, sont prélevées sur le fonds commun des budgets provinciaux. — Le chef de service du cadastre est institué sous-ordonnateur.

Art. 4. — Pour les programmes annuels des travaux à exécuter, comme pour les comptes des recettes et des dépenses du budget spécial du cadastre, il sera procédé suivant les règles établies par l'article 3 du règlement du 3 octobre 1821 et par l'article 22 de la loi du 31 juillet 1821.

Art. 5. — Dans le cas où, indépendamment de la part revenant à chaque province dans la distribution du fonds commun, les conseils généraux voteraient des fonds pour accélérer les travaux du cadastre, il pourra être fait, sur ce fonds commun et conformément aux dispositions de l'article 21 de la loi du 31 juillet 1821, une attribution supplémentaire égale aux sommes votées.

21 novembre 1874.

Décret portant création d'une direction de contributions directes dans chacun des trois

départements d'Alger, d'Oran et de Constantine (B. 582).

Art. 1. — Il est créé une direction des contributions directes dans chacun des départements d'Alger, d'Oran et de Constantine.

Art. 2. — Au personnel continental attaché à chaque direction sont adjoints des agents coloniaux spécialement chargés des opérations relatives à l'assiette de l'impôt arabe dans les territoires non cadastrés.

Art. 3. — Les relations des directeurs des contributions directes avec le directeur général des affaires civiles et financières, et, suivant les territoires, avec les préfets des départements et les généraux commandant les divisions, sont les mêmes que celles qui existent dans la métropole entre ces directeurs et le directeur général et les préfets.

Art. 4. — Les dispositions des lois, ordonnances, décrets et règlements qui régissent en France l'organisation du personnel, et les attributions des contributions directes, sont applicables en Algérie, sauf les exceptions résultant de l'organisation administrative du pays, particulièrement en ce qui concerne les travaux d'art du cadastre, qui continueront à être préparés par le service spécial de la topographie.

Art. 5. — Le gouverneur général réglera les détails et moyens d'exécution du présent décret. Il statuera sur le mode de recrutement et de nomination des agents coloniaux.

Art. 6. — Le décret du 8 mai 1872, portant création d'un service central des contributions directes et du recensement, est et demeure rapporté.

21 décembre 1874

Arrêté du gouverneur réglant les détails et moyens d'exécution du décret qui précède (D. G. 582).

TITRE I

Art. 1. — Les agents coloniaux, adjoints au personnel continental des contributions directes en Algérie, conformément à l'article 2 du décret du 21 novembre 1874, pour être spécialement chargés des opérations relatives à l'assiette de l'impôt arabe, dans les territoires non cadastrés, sont désignés sous la dénomination de répartiteurs.

Ils sont nommés par le directeur général des affaires civiles et financières, au nom du gouverneur général.

Art. 2. — Le personnel des répartiteurs est recruté par la voie du concours, dans les conditions déterminées par le titre II du présent arrêté.

Art. 3. — Le personnel de ce service comprend des répartiteurs adjoints et des répartiteurs titulaires, ces derniers divisés en six classes.

Nul ne peut être nommé répartiteur titulaire, s'il n'a été au moins une année répartiteur-adjoint, et si, après ce stage, il n'a été reconnu apte à entrer définitivement dans les cadres du service.

Le nombre des emplois de chacune des catégories sera ultérieurement fixé d'après les besoins du service.

Art. 4. — Le traitement affecté à chaque classe de répartiteurs est fixé ainsi qu'il suit :

Première classe, 3,600 francs ; — deuxième classe, 3,000 francs ; — troisième classe, 2,700 fr. ; — quatrième classe, 2,400 francs ; — cinquième classe, 2,100 francs ; sixième classe, 1,800 francs.

Ces traitements sont soumis aux retenues réglementaires pour les pensions de retraite.

Les répartiteurs-adjoints reçoivent une indemnité annuelle de 1,500 francs, non sujette à retenue.

Art. 5. — Il est alloué, en outre, aux répartiteurs titulaires, une indemnité de 1,200 francs par an, pour frais de tournées.

Les répartiteurs-adjoints ont droit à cette même indemnité quand ils gèrent une circonscription à titre d'intérimaires.

Art. 6. — La durée du stage, dans chaque classe de répartiteurs, est de deux ans au moins.

TITRE II.

Art. 7. — Tout candidat à l'emploi de répartiteur-adjoint doit justifier qu'il a eu vingt ans au moins et trente ans au plus, au 1er janvier de l'année du concours.

Toutefois, les anciens militaires et les employés civils ayant au moins cinq ans de stage dans un service de l'État, d'un département ou d'une commune, peuvent être autorisés à prendre part au concours jusqu'à l'âge de trente-six ans accomplis.

Art. 8. — Les candidats doivent se faire inscrire à la direction générale des affaires civiles et financières, deux mois au moins avant la date fixée pour l'ouverture des examens.

Tout postulant est tenu de produire, à l'appui de sa demande d'admission au concours :

1° Une expédition, dûment légalisée, de son acte de naissance ;

2° Un certificat des autorités locales constatant qu'il est Français ou naturalisé Français, et qu'il est de bonnes vie et mœurs.

Si le candidat a été militaire, il produira, en outre, son congé de libération ; s'il est ou s'il a été employé dans une administration civile, il produira un certificat, délivré par le chef du service, attestant qu'il a bien rempli ses fonctions et faisant connaître les motifs de sa sortie de cette administration.

3° Un certificat du médecin désigné par l'administration, constatant qu'il jouit d'une bonne constitution, et qu'il n'est atteint d'aucune infirmité qui le rende impropre à un service essentiellement actif.

Art. 9. — Le directeur général des affaires ci-viles et financières arrête la liste des candidats admis à concourir aux emplois de répartiteurs-adjoints.

Art. 10. — Le programme de l'examen pour l'admission dans le service des répartiteurs est arrêté ainsi qu'il suit :

ÉPREUVES ÉCRITES.

1° Une page d'écriture faite sous la dictée, sur papier non réglé. Le candidat pourra en corriger l'orthographe sur-le-champ, sans toutefois recourir à aucun livre ni secours étranger ;

2° La même page recopiée à main posée ;

3° Analyse grammaticale d'une partie du texte de la dictée ;

4° Établissement d'états et de tableaux conformes à un modèle indiqué ;

5° Solution de problèmes sur les éléments de l'arithmétique et de la géométrie ;

6° Solution de questions sur la géographie de France et de l'Algérie ;

7° Rédaction d'une lettre ou d'une note sur un sujet donné ;

8° Traduction d'une lettre arabe facile ;

9° Dessin et lavis d'un plan.

ÉPREUVES ORALES.

Les épreuves orales portent sur les éléments : 1° de la grammaire française ; 2° de l'arithmétique (fractions anciennes et décimales, proportions et système métrique) ; 3° de la géométrie et de l'arpentage ; 4° de la comptabilité ; 5° de la langue arabe (notions de grammaire et de conversation).

Art. 11. — Les examens ont lieu, au chef-lieu de chaque département, devant une commission composée ainsi qu'il suit :

Le directeur des contributions directes et du cadastre ; un chef de bureau de la préfecture ; un inspecteur ou un contrôleur principal des contributions directes ; un vérificateur du service topographique ; un interprète judiciaire ou militaire, pour la langue arabe. — Le premier commis de direction des contributions directes remplira les fonctions de secrétaire, avec voix consultative.

Art. 12. — Les appréciations de la commission sur le résultat de l'examen des candidats pour chacune des épreuves de l'examen écrit, et chaque paragraphe de l'examen oral, sont exprimées par des chiffres qui ont, respectivement, la signification ci-après :

0, néant ; 1, très-mal ; 2, mal ; 3-4, médiocrement ; 5-6-7, assez bien ; 8-9, bien ; 10, très-bien.

Ces résultats sont consignés dans des procès-verbaux, auxquels sont annexées les épreuves écrites de chaque candidat, sa demande avec les pièces justificatives qui y ont été jointes, et, si le postulant est bachelier ès lettres ou ès sciences, une copie de son diplôme.

Le comité d'examen dresse, en outre, par ordre de mérite, la liste des candidats qu'il juge susceptibles d'être admis, et sur laquelle sont indiquées les notes obtenues par chacun d'eux sur les diverses parties de l'examen écrit ou oral.

Toutes ces pièces, ainsi que les dossiers concernant les sujets jugés inadmissibles, sont adressés au directeur général des affaires civiles et financières, qui fixe le classement et arrête la liste des candidats admissibles.

Art. 13. — Les candidats qui ont échoué à un premier examen, peuvent être autorisés à se présenter une seconde fois. Après deux échecs, ils sont radiés des listes d'admission au concours.

TITRE III.

DISPOSITIONS TRANSITOIRES.

Art. 14. — Les agents du service des recenseurs, supprimé par l'article 6 du décret du 21 novembre 1874, qu'il ne sera pas nécessaire de replacer dans les cadres du service topographique dont ils faisaient précédemment partie, et qui rempliront les conditions exigées, passent, avec leur traitement actuel, dans le cadre des répartiteurs.

Toutefois, les recenseurs-adjoints ne seront titularisés dans les fonctions de répartiteurs, qu'à la condition qu'ils justifieront, devant le comité d'examen mentionné à l'article 11 ci-dessus, de la connaissance des éléments de la langue arabe.

Art. 15. — Si le nombre des candidats déclarés, à la suite des plus prochains concours, admissibles à l'emploi de répartiteurs-adjoints, n'est pas suffisant pour pourvoir aux besoins du service, les candidats qui ayant, d'ailleurs, satisfait à toutes les autres conditions du programme, ne posséderaient pas les notions de la langue arabe requises par le règlement, pourront, à titre exceptionnel, être admis en qualité de répartiteurs-adjoints, sous la réserve qu'ils ne seront titularisés comme répartiteurs de 6e classe que lorsqu'ils auront subi avec succès l'examen réglementaire sur cette partie du programme.

27 mars 1877.

Arrêté du gouverneur portant organisation du service des répartiteurs, et fixant leurs émoluments (B. 693).

Art. 1. — A partir du 1er avril 1877, les recenseurs actuellement en fonctions dans les trois départements de l'Algérie, prendront le titre de répartiteurs, en exécution de l'arrêté du 21 novembre 1874.

A dater de cette même époque, les répartiteurs recevront à titre provisoire, en sus des traitements fixes et de l'allocation pour frais de tournées déterminés par ledit arrêté, les indemnités ci-après :

1° Une indemnité fixe de 150 francs par an, à l'abonnement pour loyer et fournitures de bureau ;

2° 0 fr. 0025m par hectare de superficie recensée ;

3° 0 fr. 05 c. par article de rôles des impôts *Zekkat, Achour* et *Lezma*;

4° 0 fr. 03 c. par avertissement distribué aux indigènes dans les territoires civils où la recette est encore confiée aux chefs collecteurs.

Art. 2. — Sont maintenues les dispositions contenues dans l'arrêté du 21 décembre 1874, en ce qu'elles n'ont pas de contraire ou présent arrêté.

Contributions diverses.

Les contributions diverses constituent une des cinq régies financières instituées par l'ordonnance du 2 janvier 1846 (V. *Finances*). Elles perçoivent les impôts arabes, les droits de patentes, de licence et de garantie, les redevances des mines et carrières, le prix des poudres à feu et des tabacs fabriqués provenant des manufactures nationales. Elles sont également chargées de la perception des amendes judiciaires, ainsi que des droits afférents aux budgets, soit des départements, soit des hôpitaux ou hospices civils constitués en établissements coloniaux. Les receveurs des contributions diverses remplissent, en outre, dans les communes du territoire militaire, les fonctions de receveurs municipaux. Pour assurer le recouvrement de ces droits, l'administration est autorisée à exercer des poursuites dans les conditions déterminées par un arrêté ministériel du 20 septembre 1850, toujours en vigueur.

Les directeurs des contributions diverses sont chargés, par un décret du 20 janvier 1858, des attributions dévolues en France aux receveurs des finances pour la surveillance des recettes municipales (V. *Receveurs municipaux*). Ils exercent la même surveillance sur les bureaux de bienfaisance, des syndicats, etc.

L'administration des contributions diverses figure au budget de l'Algérie de 1877, en recettes (non compris les perceptions opérées pour les départements, les hôpitaux et les communes du territoire militaire) : pour la somme de 9,701,100 francs, et en dépenses (personnel, accessoires et matériel) : pour celle de 836,301 francs.

13 juillet 1848.

Arrêté du gouverneur portant qu'il est pourvu aux dépenses matérielles de bureau et d'entretien, par les chefs de services des contributions diverses, au moyen d'un abonnement annuel payable par trimestre (B. 278).

20 septembre 1850.

Arrêté ministériel relatif au recouvrement des contributions diverses (B. 306).

1re PARTIE. — *Obligations des redevables et droits des receveurs.*

Art. 1. — Tout débiteur de droits ou sommes dont le recouvrement est confié à l'administration des contributions diverses peut être poursuivi, s'il n'est pas libéré dans les dix jours qui suivent l'époque fixée pour le payement.

Art. 2. — Les héritiers ou légataires peuvent être poursuivis solidairement, à raison des sommes dues par ceux dont ils ont hérité ou auxquels ils ont succédé.

Art. 3. — Les redevables, en réclamation, sont tenus de payer les droits à leur charge qui viendront à échoir, dans les trois mois qui suivront leur réclamation,

Art. 4. — Nul fonctionnaire n'a le droit de surseoir au recouvrement des contributions et redevances de toute nature, ni aux poursuites qui ont ce recouvrement pour objet.

Art. 5. — Les receveurs des contributions diverses ont seuls qualité pour effectuer et poursuivre le recouvrement des sommes dues au Trésor, et celui de toutes contributions locales et spéciales établies dans les formes voulues par les ordonnances, décrets et arrêtés.

Art. 6. — Le privilège attribué à la perception des deniers publics, au profit du Trésor, pour le recouvrement des contributions diverses, s'exerce avant tout autre, sans préjudice du droit antérieurement acquis à des tiers. — Il est réglé ainsi qu'il suit : pour l'année échue et l'année courante sur les meubles et effets mobiliers appartenant aux redevables, en quelque lieu qu'ils se trouvent.

Art. 7. — Le privilège attribué au Trésor ne préjudicie point aux droits qui peuvent être exercés, en son nom, sur les biens immeubles des redevables, comme tout autre créancier.

Art. 8. — Tous receveurs, agents, économes, notaires, commissaires priseurs, fermiers, locataires et autres dépositaires et débiteurs de deniers provenant du chef des redevables et affectés au privilège du Trésor et de la caisse départementale sont tenus, sur la demande qui leur en est faite par le receveur chargé du recouvrement, de payer en l'acquit des redevables, sur le montant et jusqu'à concurrence des sommes qu'ils doivent ou qui sont entre leurs mains, les sommes dues par ces derniers. Les commissaires priseurs, séquestres et autres dépositaires sont autorisés à payer d'office les sommes dues avant de procéder à la délivrance des deniers. — Les quittances des receveurs leur sont allouées en compte.

Art. 9. — Les propriétaires et principaux locataires de maisons doivent, un mois avant l'époque du déménagement de leurs locataires ou sous-locataires, se faire représenter, par ces derniers, les quittances de leurs contributions comprenant toutes les sommes exigibles à l'époque du déménagement, et, à défaut de cette présentation, en donner immédiatement avis au receveur et retirer une reconnaissance par écrit de cet avertissement. — Si le receveur refuse de recevoir la déclaration faite à l'époque prescrite et d'en délivrer une reconnaissance, elle peut lui être notifiée par ministère d'huissier, et, dans ce cas, les frais de l'acte sont à la charge du receveur.

Art. 10. — Dans le cas de déménagement furtif, les propriétaires ou les principaux locataires sont responsables des termes échus de leurs locataires, s'ils n'ont fait constater, dans les trois jours, ce déménagement par le maire, le juge de paix ou le commissaire de police. — La remise au receveur d'une expédition du procès-verbal de déménagement furtif, dressé dans le délai voulu, dispense le propriétaire ou le principal locataire de toute garantie, si la remise est prouvée par une reconnaissance du receveur. — Le receveur exerce son privilège sur les meubles enlevés partout où ils se trouvent, conformément à l'article 6.

Art. 11. — Les droits et privilèges attribués au Trésor et à la caisse départementale pour le recouvrement des contributions, s'étendent au recouvrement des frais dûment taxés.

Art. 12. — Les receveurs qui ont laissé passer trois années, à compter du jour de la constatation des droits sans faire de poursuites contre un redevable ou qui, après avoir commencé les poursuites, les ont abandonnées pendant trois ans, sont déchus de leurs droits contre le redevable et restent responsables vis-à-vis du Trésor ou de la caisse (départementale) ; passé ce délai de trois ans, toutes poursuites leur sont interdites.

Art. 13. — Le receveur ne peut commencer les poursuites avec frais, qu'après avoir prévenu le redevable retardataire par une sommation sans frais (modèle n° 1).

Art. 14. — La sommation sans frais est signifiée au domicile du redevable, et remise, en cas d'absence dudit redevable, à la personne qui le représente, et, à défaut, entre les mains du maire, qui demeure chargé de la notification. — La sommation sans frais doit être remise huit jours avant le premier acte de poursuites donnant lieu à des frais ; mais le receveur n'est pas tenu de la renouveler pour la contribution d'un même contribuable dans le courant de l'exercice. La date de la remise de la sommation sans frais doit être constatée sur les sommiers.

Art. 15. — Les poursuites comprennent, sans division d'exercice, toutes les sommes dues par le même redevable.

Art. 16. — Aucune poursuite donnant lieu à des frais ne peut être exercée, savoir : pour la sommation avec frais, qu'en vertu d'un ordre du receveur et d'un état arrêté et signé par lui, et remis à l'agent des poursuites; — pour les degrés de commandement, saisie et vente, qu'en vertu d'une contrainte décernée par le receveur des contributions, visée, dans l'arrondissement, chef-lieu de chaque province, par le préfet, et dans les autres localités par le sous-préfet, par les commissaires civils ou par toute autorité en faisant fonctions.

Art. 17. — La sommation avec frais décernée par le receveur n'est point sujette au timbre, elle est collective et nominative; elle est établie suivant le modèle n° 2.

Art. 18. — La signification de la sommation avec frais a lieu par la remise d'un bulletin (modèle n° 3) au domicile du débiteur poursuivi; en l'absence du débiteur, ce bulletin est laissé à la personne représentant le redevable, et, à défaut, entre les mains du maire, qui demeure chargé de la notification. — Le porteur de contraintes indique le nom de la personne à laquelle la sommation avec frais est remise. — Il fait signer cette personne; si elle refuse de le faire, il constate ce refus.

2ᵉ PARTIE. — Agents de poursuites.

Art. 19. — Les poursuites en matières de contributions dues au Trésor ou de sommes comprises dans le budget départemental sont exercées par des porteurs de contraintes, lesquels agissent dans tous les degrés de poursuites.

Art. 20. — Le nombre des porteurs de contraintes est fixé par le préfet du département, sous l'approbation du ministre.

Art. 21. — Les porteurs de contraintes sont nommés par le préfet du département. Ils prêtent serment devant les autorités désignées au paragraphe 2 de l'article 14.

Art. 22. — Les collecteurs et préposés du service des contributions ou du service municipal peuvent être commissionnés porteurs de contraintes dans les localités où le préfet le juge convenable.

Art. 23. — Les porteurs de contraintes, dans l'exercice de leurs fonctions, doivent être munis de leur commission. Ils la mentionnent dans leurs actes et la représentent à toute réquisition (modèle n° 4).

Art. 24. — Les porteurs de contraintes remplissent les fonctions d'huissiers pour les droits dont le recouvrement est confié à l'administration des contributions diverses; en cette qualité ils font les commandements, saisies et ventes, à moins qu'il n'existe des commissaires-priseurs dans les localités où ils exercent leurs poursuites; dans ce cas, les commissaires-priseurs sont chargés des ventes.

Art. 25. — Les porteurs de contraintes ne sont pas assujettis au droit de patente.

Art. 26. — Dans les localités où il ne peut être créé de porteurs de contraintes, le chef de service autorise les receveurs à se servir des huissiers près des tribunaux, pour l'exécution de

actes réservés aux porteurs de contraintes, en se conformant, pour les frais, aux fixations du présent arrêté.

Art. 27. — Les porteurs de contraintes jouissent d'un traitement fixe qui est déterminé par le ministre de la guerre sur la proposition du préfet. Toutefois, lorsque, pour l'exercice de leurs fonctions, ils doivent se rendre dans des localités distantes d'au moins 6 kilomètres du lieu de leur résidence, ils ont droit, indépendamment de leur traitement fixe, à une indemnité réglée à raison de 3 francs par jour.

Art. 28. — Les porteurs de contraintes ne peuvent, dans aucun cas, ni sous aucun prétexte, recevoir, sous peine de destitution, aucune somme des redevables pour les payements, soit des contributions ou droits donnant lieu aux poursuites, soit des frais mêmes desdites poursuites. — Les contribuables qui payeraient entre leurs mains s'exposeraient à payer deux fois.

Art. 29. — Il est interdit aux porteurs de contraintes d'exercer aucune poursuite sans une autorisation régulière, donnée dans les formes déterminées par l'article 16, sous peine de destitution.

Art. 30. — Les porteurs de contraintes sont assujettis à tenir un répertoire coté et paraphé par le juge de paix, visé gratuitement pour timbre par le receveur de l'enregistrement. Ils y portent tous les actes de leur ministère sujets au timbre et à l'enregistrement, soit gratis, soit payés, sous peine d'une amende de 5 francs par chaque omission. — Chaque article du répertoire doit contenir : 1° son numéro; 2° la date de l'acte; 3° sa nature; 4° les noms et prénoms des parties et leur domicile; 5° la relation de l'enregistrement. — Ce répertoire doit également contenir, dans une colonne distincte, le coût de chaque acte, d'après les fixations du présent arrêté. Dans les dix premiers jours de chaque trimestre, ce répertoire est présenté au receveur de l'enregistrement pour être revêtu de son visa (1). Le porteur de contraintes est tenu, en outre, de communiquer son répertoire à toute réquisition aux agents, soit de l'enregistrement, soit des contributions diverses, à peine d'une amende de 50 francs en cas de refus.

Art. 31. — En cas d'injures et rébellion contre les agents des poursuites, ils en dresseront procès-verbal; ce procès-verbal, visé par le maire, est enregistré et envoyé au chef de service des contributions, lequel dénonce le fait aux tribunaux, s'il y a lieu.

3ᵉ PARTIE. — Moyens et degrés des poursuites.

Art. 32. — Les degrés de poursuites sont établis ainsi qu'il suit, savoir : premier degré, somma-

(1) L'arrêté portait une amende de 10 francs contre le porteur de contraintes qui ne remettait pas son répertoire pour le faire viser, mais cette disposition a été abrogée par une décision du 27 février 1854 (B. 435).

tion avec frais ; deuxième degré, commandement ; troisième degré, saisie ; quatrième degré, vente.

Art. 33. — Les poursuites ne pourront être exercées que dans l'ordre établi par l'article précédent, et qu'en observant entre chaque degré le délai déterminé ci-après.

PREMIER DEGRÉ DE POURSUITE. — SOMMATION AVEC FRAIS.

Art. 34. — Les poursuites par voie de sommation avec frais sont employées contre les redevables retardataires qui ne se sont pas libérés huit jours après l'avertissement sans frais mentionné par l'article 13 du présent.

Art. 35. — La signification de la sommation avec frais aux contribuables a lieu dans les formes prescrites par l'article 18.

Art. 36. — Lorsqu'un redevable, qui a reçu une sommation avec frais, devient débiteur de nouvelles sommes sans avoir, depuis la date de la remise de ladite sommation, payé intégralement la somme qui était alors exigible, le même acte de poursuite ne doit pas être répété pour ces nouveaux droits ; il y a lieu de procéder pour la totalité de la dette par degrés de poursuites subséquentes, à moins qu'il ne s'agisse de sommes appartenant à l'exercice suivant ; il en est de même pour les poursuites des autres degrés qu'il y aurait à exercer ultérieurement.

Art. 37. — Le coût du bulletin de la sommation avec frais est fixé comme il est dit au tarif ci-annexé (article 76).

DEUXIÈME DEGRÉ DE POURSUITES.—COMMANDEMENT.

Art. 38. — Le commandement n'a lieu que huit jours après la remise de la sommation avec frais.

Art. 39. — Aucun redevable ne peut être poursuivi par voie de commandement qu'en vertu d'une contrainte, ainsi qu'il est dit en l'article 16. — La contrainte comprend l'ordre de procéder à la saisie, si le contribuable ne se libère pas dans le délai de trois jours à compter de la signification du commandement.—Elle est conforme au modèle n° 5.

Art. 40. — Les commandements sont faits et délivrés par les porteurs de contraintes sur des imprimés conformes au modèle n° 6.

Art. 41. — Le prix du commandement est fixé uniformément pour l'original et la copie, conformément au tarif ci-annexé.

Art. 42. — Lorsqu'un redevable aura quitté, sans être libéré, la localité où les droits auront été constatés à sa charge, il pourra être procédé immédiatement contre lui par voie de commandement. Dans ce cas, le receveur de cette localité décerne une contrainte et l'envoie au chef de service, lequel la vise et la transmet au receveur de la nouvelle résidence du débiteur où ladite contrainte, après avoir été soumise au visa de l'autorité, désignée au paragraphe 2 de l'article 16, est mise à exécution par un porteur de contraintes.

Art. 43. — Si le redevable qui s'est mis dans le cas d'être poursuivi de la manière indiquée dans l'article précédent, se libère dans l'intervalle de l'expédition de la contrainte à la signification du commandement, ou des autres poursuites dirigées contre lui, il ne doit pas moins le payement des frais encourus.

TROISIÈME DEGRÉ DE POURSUITES. — SAISIE.

Art. 44. — La saisie est toujours précédée d'un commandement ; elle ne peut avoir lieu que trois jours après la signification dudit commandement ; elle est effectuée en exécution de la même contrainte.

Art. 45. — La saisie est faite pour toutes les sommes qui sont devenues exigibles au jour de la vente, quoique le commandement ait exprimé une somme moindre.

Art. 46. — Les saisies s'exécutent par les porteurs de contraintes, d'après les formes prescrites pour les saisies judiciaires (Code de procédure).

Art. 47. — La saisie est exécutée nonobstant toute opposition, sauf à l'opposant à se pourvoir par-devant le conseil de préfecture.

Art. 48. — Si, au moment où le porteur de contraintes vient à effectuer une saisie, le redevable retardataire demande à se libérer, l'agent de poursuites doit, sur la déclaration écrite du débiteur, suspendre la saisie et inscrire au procès-verbal le motif de cette suspension, en relatant sur la quittance du receveur, qui doit lui être représentée, la justification qui lui serait produite du dépôt fait par le retardataire de la somme par lui due entre les mains du maire, lorsque la poursuite s'exerce dans une autre localité que celle de la résidence du receveur qui a décerné la contrainte.

Dans le cas ci-dessus, le redevable doit seulement les frais déjà faits et liquidés suivant le tarif placé à la fin du présent arrêté.

Art. 49. — En cas de revendication des meubles et effets saisis, la revendication n'est portée devant les tribunaux qu'après avoir été, conformément aux lois des 5 novembre 1790 et 12 novembre 1808, déférée à l'autorité administrative. En conséquence, le receveur se pourvoit auprès du préfet par l'intermédiaire du chef de service pour être statué par lui, s'il y a lieu.

Art. 50.—Le porteur de contraintes qui, se présentant pour saisir, trouve une saisie déjà faite, se borne à procéder au récolement des meubles et effets saisis, et, s'il y a lieu, provoque la vente, ainsi qu'il est prescrit par le Code de procédure.

Art. 51. — Lorsque le porteur de contraintes ne peut exécuter sa commission parce que les portes sont fermées ou que l'ouverture en est refusée, il a le droit d'établir un gardien aux portes pour empêcher le divertissement. — Il se retire sur-le-champ devant le maire ou l'adjoint, lequel autorise l'ouverture des portes, y assiste et reste présent à la saisie des meubles et effets. L'ouverture des portes et la saisie sont constatées par un seul procès-verbal dressé par le porteur de contraintes et signé en outre par le maire ou son adjoint.

Art. 52. — Le procès-verbal de saisie fait mention de la réquisition faite au saisi de présenter un gardien volontaire. — Le porteur de contraintes est tenu d'admettre ce gardien sur l'attestation de solvabilité fondée par le maire de la commune.

Art. 53. — Si le saisi ne présente pas de gardien, le porteur de contraintes en établit un d'office, en observant les prohibitions portées par l'article 598 du Code de procédure.

Art. 54. — Les gardiens à la saisie sont contraignables par corps pour la représentation des objets saisis.

Art. 55. — Si le gardien des effets mobiliers saisis ne les représente pas, le receveur se pourvoit auprès du fonctionnaire désigné en l'article 16, en autorisation de poursuivre ce gardien devant le tribunal civil, à l'effet de le condamner par corps au payement des sommes dues et des frais de poursuites, conformément aux articles 2060, 2063 et 2069 (Code civil), et à la loi du 17 avril 1832 sur la contrainte par corps.

Art. 56. — En cas de soustraction frauduleuse, les gardiens d'objets saisis, autres que le saisi lui-même, peuvent être poursuivis par voie criminelle. — Le redevable qui aura détruit, détourné ou tenté de détourner les objets saisis sur lui et confiés à sa garde ou à celle d'un tiers, peut être poursuivi conformément aux dispositions du Code pénal.

Art. 57. — Ne peuvent être saisis : — les lits et vêtements nécessaires au redevable et à sa famille ; — les outils et métiers à travailler ; — les chevaux, bœufs, mulets et autres bêtes de somme ou de trait servant au labour ; — les charrues, charrettes, ustensiles et instruments aratoires, harnais de bêtes de labourage ; — les livres relatifs à la profession du saisi, jusqu'à la somme de 300 francs à son choix ; — les machines et instruments servant à l'enseignement pratique ou exercice des sciences et arts, jusqu'à concurrence de la même somme et au choix du saisi ; — les équipements des militaires suivant l'ordonnance et le grade. — Il est laissé au saisi une vache à lait ou deux chèvres, ou trois brebis à son choix, avec les pailles, fourrages et grains nécessaires pour la nourriture et la litière de ces animaux pendant un mois, plus la quantité de grains et de graines nécessaire à l'ensemencement ordinaire des terres. — Les abeilles, les vers à soie, les feuilles de mûrier ne sont saisissables que dans les temps déterminés par les lois et usages ruraux. Les porteurs de contraintes qui contreviennent à ces dispositions sont passibles d'une amende de 100 francs.

Art. 58. — A défaut d'objets saisissables, et lorsqu'il sera constant qu'il n'existe aucun moyen d'obtenir le payement de la somme due, il est dressé, sur papier libre, un procès-verbal de carence en présence de deux témoins ; ce procès-verbal doit être certifié par le maire.

Art. 59. — Le préfet décide, selon les différents cas d'insolvabilité, s'il y a lieu de mettre les frais de ce procès-verbal à la charge du receveur, ou s'ils sont susceptibles d'être imputés, comme la somme due, sur les fonds de non-valeurs.

Art. 60. — L'insolvabilité des redevables sera constatée de la manière suivante : — pour les retardataires qui auraient primitivement été réputés solvables, et contre lesquels une saisie, précédée de commandement, aurait été intentée, il sera fait usage du procès-verbal de carence prescrit par l'article 58 ci-dessus ; — 2° pour les redevables dont l'insolvabilité serait notoire, les receveurs devront se borner, au moment où ils reconnaîtront cette insolvabilité, à obtenir (en exécution de l'arrêté du gouvernement, du 6 messidor an X) des certificats des maires attestant l'indigence desdits redevables.

QUATRIÈME DEGRÉ DE POURSUITES. — VENTE.

Art. 61. — Aucune vente ne peut s'effectuer qu'en vertu d'une autorisation spéciale donnée par les autorités désignées à l'article 16, paragraphe 2, sur la demande expresse du receveur.

Art. 62. — Il n'est procédé à la vente des meubles et effets saisis que huit jours après la clôture du procès-verbal de saisie. — Néanmoins, ce délai peut être abrégé suivant les circonstances par les autorités désignées à l'article 16, paragraphe 2.

Art. 63. — Les ventes sont faites par les commissaires-priseurs dans les villes où ils sont établis, ou par les porteurs de contrainte suivant le cas prévu à l'article 24. — Les porteurs de contrainte et les commissaires-priseurs sont tenus, sous leur responsabilité, de discontinuer la vente aussitôt que son produit est suffisant pour solder le montant des sommes dues et les frais de poursuites.

Art. 64. — La vente doit avoir lieu dans la localité où s'opère la saisie. Il ne peut être dérogé à cette règle que d'après l'assentiment des autorités désignées à l'article 16. Dans ce dernier cas, la vente s'opère au marché le plus voisin ou à celui qui est jugé le plus avantageux. — Les frais de transport des meubles et objet saisis sont réglés par les autorités sus-désignées.

Art. 65. — Il est défendu aux porteurs de contraintes et aux receveurs de s'adjuger ou se faire adjuger aucun des objets vendus en conséquence des poursuites faites ou dirigées par eux, sous peine de destitution.

Art. 66. — Le receveur doit être présent à la vente ou s'y faire représenter pour en recevoir les deniers ; il est responsable desdits deniers.

Art. 67. — Immédiatement après avoir reçu le produit de la vente, le receveur émarge les sommiers jusqu'à concurrence des sommes dues par le saisi, frais compris, et lui en délivre quittance à souche.

Art. 68. — En cas de contestations sur la légalité de la vente, il sera statué par le conseil de préfecture, sauf recours au Conseil d'État. — En cas d'opposition sur les fonds provenant de la vente, la distribution sera faite, s'il y a lieu, par le tribunal.

Art. 69. — Toute vente faite contrairement aux formalités prescrites par le présent arrêté donne lieu à des poursuites contre ceux qui y ont procédé, et les frais restent à leur charge.

MOYENS CONSERVATOIRES.

Art. 70. — A défaut de payement par un receveur, agent, économe, notaire, commissaire-priseur ou autre dépositaire et débiteur de deniers provenant d'un redevable, le receveur fait, entre les mains desdits dépositaires et débiteurs de deniers, une saisie-arrêt ou opposition.

Art. 71. — La saisie-arrêt ou opposition s'opère à la requête du receveur par le ministère d'un huissier ou d'un porteur de contraintes, sans autre diligence et sans qu'il soit besoin d'autorisation préalable, suivant les formes réglées par le Code de procédure ; il en suit l'effet conformément aux dispositions de ce Code. — La saisie-arrêt n'est pas nécessaire lorsqu'un receveur a fait constater sa demande ou sa saisie-arrêt dans un procès-verbal de vente d'effets mobiliers dressé par un officier ministériel.

Art. 72. — Lorsqu'une saisie-arrêt ou opposition doit-être faite entre les mains d'un receveur ou de tout autre dépositaire de deniers publics, le porteur de contraintes se conforme aux formalités prescrites par le décret du 18 août 1807.

Art. 73. — Lorsqu'un receveur est informé d'un commencement d'enlèvement furtif de malles ou effets mobiliers, et qu'il y a lieu de craindre la disparition du gage de la dette, il a le droit, s'il y a eu un commandement, de faire procéder immédiatement et sans autre ordre ou autorisation, à la saisie exécutoire par un porteur de contraintes, et, à son défaut, par un huissier des tribunaux.

Art. 74. — Si le commandement n'a pas été fait, le receveur établit d'office, soit au domicile du redevable, soit dans le lieu ou existe le gage de l'impôt, un gardien chargé de veiller à sa conservation, en attendant qu'il puisse être procédé aux poursuites ultérieures qui devront, dans ce cas, commencer sous cinq jours au plus tard.

Art. 75. — Lorsqu'il y a lieu d'appliquer les dispositions autorisées par les articles 73 et 74 ci-dessus, le receveur en informe le maire de la résidence du redevable, et en rend compte au chef du service de la province, en lui demandant ses instructions. — Dans tous les cas, la vente ne peut être faite que dans la forme prescrite par le présent arrêté.

RÈGLEMENT DES FRAIS DE POURSUITES.

Art. 76. — Les frais de poursuites sont réglés ainsi qu'il suit :

La sommation avec frais, devant être rédigée en simple expédition, 15 cent. ; — commandement (original et copie), 1 fr. ; — saisie (original et copie), 3 fr. ; — vente (original et copie), 4 fr. — Il sera fait recette des frais ci-dessus au profit du Trésor.

Art. 77. — Les droits d'enregistrement et de timbre des actes de commandements, saisies et ventes, ne sont pas compris dans ce tarif.

Art. 78. — Les autres frais de poursuites, tels que ceux de gardien, et dont il n'est pas fait recette au profit du Trésor, seront réglés par le président du tribunal civil ou le juge de paix.

DISPOSITIONS COMMUNES AUX POURSUITES DE DIVERS DEGRÉS.

Art. 79. — La sommation avec frais n'est soumise ni au timbre ni à l'enregistrement.

Art. 80. — Les actes de commandement, saisie-arrêt, saisie-exécution, vente et tous autres actes y relatifs, doivent être sur papier timbré et enregistrés dans les quatre jours, non compris celui de la date.

Art. 81. — Seront enregistrés gratis les actes de poursuites et tous autres actes, tant en action qu'en défense, ayant pour objet le recouvrement des contributions et autres sommes comprises au budget (départemental), lorsqu'il s'agira de cotes ou créances non excédant en total la somme de 100 francs.

Art. 82. — Lorsque dans le délai de quatre jours, mentionné en l'article 80, les redevables se seront libérés intégralement, toutes les cotes de poursuites (les procès-verbaux de vente exceptés) non encore présentées à l'enregistrement, peuvent, quoique ayant pour objet le recouvrement de sommes excédant 100 francs, être admises à la formalité gratis. Dans ce cas, indépendamment de l'annotation sur le répertoire, les porteurs de contraintes doivent faire mention sur l'acte de poursuite, de la libération intégrale du redevable, et faire certifier cette déclaration par le receveur.

Art. 83. — Chacun des actes de poursuites relate le prix auquel il est taxé, sous peine de nullité.

Art. 84. — Il sera fait usage, pour les divers degrés de poursuites de papiers imprimés aux frais de l'administration, qui seront remis, au fur et à mesure des besoins, aux porteurs de contraintes. — Les actes de tous les degrés, sans exception, à distribuer aux contribuables devront être imprimés sur un papier de couleur différente pour chaque degré de poursuites. — Tous les actes, à l'exception de la sommation avec frais, devront être timbrés à l'extraordinaire par les soins des receveurs, qui feront l'avance des frais de timbre, et qui se les feront rembourser par les redevables.

30 juin 1852.

Arrêté ministériel contenant le tarif des droits à percevoir au profit du Trésor (1) pour les actes dressés par les porteurs de contraintes et non prévus dans l'arrêté précédent (B. 417)

1° SAISIE-ARRÊT OU OPPOSITION.

Dénonciation ou saisie avec assignation en validité (original et copie).	1'50
Dénonciation au tiers saisi de l'assignation en validité (original et copie)	1 50
Assignation au tiers saisi en déclaration affirmative (original et copie).	1 50

2° SAISIE-EXÉCUTION.

Copie du procès-verbal au gardien quand ce n'est pas le saisi.	50

3° FRAIS DE VENTE A SUITE DE SAISIE-EXÉCUTION.

Procès-verbal du récolement (original seulement).	2' »
Procès-verbal d'affiches, auquel sera joint l'original de l'affiche.	1 50
Original d'affiches et placards manuscrits. .	50
Copie des placards ou affiches.	25
Extrait de la déclaration de vente au receveur d'enregistrement.	50

4° ACTES EXTRAORDINAIRES.

Sommation à un propriétaire ou principal locataire de payer la contribution due par le locataire, en cas de déménagement (original et copie).	1 50
Sommation à un débiteur de deniers affectés au privilége du Trésor (original et copie)	1 50
Procès-verbal de récolement, en cas de saisie-exécution antérieure, contenant sommation au premier saisissant de vendre (original).	2 »
Copie au saisi.	50
Copie au gardien.	50
Procès-verbal de défaut de vente ou de renvoi (original).	1 50
Copie à la partie.	50
Copie au gardien.	50
Sommation à la partie non domiciliée dans la commune où la saisie a eu lieu, ou absente, de se trouver à la vente le jour indiqué au procès-verbal de renvoi (original).	1 »
Copie.	50
Procès-verbal constatant la non représentation des objets saisis (original et copie).	3 »

(1) Ces droits représentent la moitié de la taxe accordée aux huissiers.

Sommation au saisissant par le receveur opposant, de faire vendre dans la huitaine (original et copie).	1'50
Exploit d'opposition sur le prix d'une vente à la requête de tiers (original)	1 »
Copie au saisissant.	50
Copie à l'huissier.	50
Assignation en référé.	1 »

Cours d'assises.

Les cours d'assises ont été instituées en Algérie par décret du 19 août 1854. Elles se composaient de cinq magistrats statuant comme jurés et comme juges, et se réunissaient tous les quatre mois en session ordinaire dans toutes les villes où siégeaient des tribunaux de première instance. Le décret du 21 octobre 1870 a fait cesser ce régime; il a introduit le jury dans la colonie et organisé les cours d'assises comme elles le sont en France. Deux exceptions ont été cependant maintenues. Dans les départements d'Alger et d'Oran, la cour d'assises ne se réunit qu'au chef-lieu; dans le département de Constantine, au contraire, elle siège tout à la fois au chef-lieu et dans la ville de Bône. En France, les sessions sont trimestrielles; en Algérie, elles ont lieu seulement tous les quatre mois. Notons enfin que la loi sur le jury, rendue applicable en Algérie, est celle du 7 août 1848 qui, en 1870, paraissait devoir être remise en vigueur dans la métropole.

19 août 1854.

Décret qui institue les cours d'assises (B. 470).

Art. 4. — Les cours d'assises connaissent de tous les faits qualifiés crimes par la loi.

Art. 12. — Les dispositions du chapitre 3 de la loi du 20 avril et du titre II du décret du 6 juillet 1810, relatives à l'ouverture, à la tenue et à la clôture des assises; les chapitres du Code d'instruction criminelle relatifs: 1° à la formation des cours d'assises; 2° à la procédure devant la cour d'assises; 3° enfin à l'examen, au jugement et à l'exécution, sont applicables en Algérie.

18 novembre 1854.

Décret relatif au logement du président des assises (B. 472).

Art. 1. — Dans toute commune de l'Algérie où se tiendront les assises, le président sera logé, aux frais de la commune, dans des appartements convenables et meublés.

24 octobre 1870.

Décret portant organisation du jury et des cours d'assises en Algérie (B. O. 343).

Art. 1. — A partir du 1er janvier 1871, les cours d'assises d'Algérie statueront avec l'assistance des jurés.

Art. 2. — Le décret rendu le 14 octobre 1870 par le gouvernement de Paris, remettant provisoirement en vigueur le décret du 7 août 1848 sur le jury, avec certaines modifications, sera appliqué en Algérie.

La compétence de la cour d'assises d'Alger comprendra les arrondissements d'Alger et de Blida; celle de la cour d'assises d'Oran, les arrondissements de Tlemcen et de Mostaganem; celle de la cour d'assises de Constantine, les arrondissements de Philippeville et de Sétif; il y aura une cour d'assises dans l'arrondissement de Bône.

Les sessions ordinaires se tiendront tous les quatre mois dans chaque cour d'assises.

Art. 3. — La liste annuelle du jury comprendra 400 noms pour le département d'Alger, 300 pour chacun des départements d'Oran et de Constantine, et 200 pour l'arrondissement de Bône, sans que l'insuffisance du nombre des jurés puisse empêcher les opérations des cours d'assises.

La liste spéciale comprendra, quel que soit leur nombre, tous les jurés résidant dans la ville où siège la cour d'assises.

Art. 4. — Quinze jours au moins avant l'ouverture des assises, le premier président de la cour d'appel d'Alger, les présidents des tribunaux de Bône, de Constantine et d'Oran tireront au sort, en audience publique, sur la liste annuelle, 36 noms qui formeront la liste du jury pour toute la durée de la session.

Ils tireront en outre les noms de dix jurés suppléants sur la liste spéciale dressée en vertu de l'article précédent.

Si, au jour indiqué pour le jugement de chaque affaire, il y a moins de trente jurés présents, ce nombre sera complété par les jurés suppléants, suivant l'ordre de leur inscription, et, en cas d'insuffisance, par des jurés tirés au sort et en audience publique, parmi les jurés inscrits sur la liste spéciale.

Art. 5. — Nul ne pourra être tenu de faire le service de juré plus d'une fois sur deux sessions ordinaires ou extraordinaires.

Art. 6. — Est abrogé le titre III du décret du 19 août 1854. Les dispositions du Code d'instruction criminelle sur la formation des cours d'assises seront applicables à l'Algérie (1), à l'exception de l'incompatibilité prévue par l'article 257, paragraphe 2 du Code d'instruction criminelle.

. (1) Ainsi se trouve applicable l'article 396 du Code d'instruction criminelle qui condamne à une amende de 500 fr. le juré défaillant, et l'article 19 de la loi du 4 juin 1853 qui permet de réduire cette amende à 200 fr.

Art. 7. — Toutes dispositions des lois et ordonnances contraires au présent décret sont et demeurent abrogées.

7 août 1848.

Décret sur le jury (B. O. 343).

TITRE I.

DE LA COMPOSITION GÉNÉRALE DU JURY.

Art. 1. — Tous les Français âgés de trente ans, jouissant des droits civils et politiques, seront portés sur la liste générale du jury, sauf les cas d'incapacité ou de dispense prévus par les articles suivants :

Art. 2. — Ne peuvent être jurés : 1° ceux qui ne savent pas lire et écrire en français; — 2° les domestiques et serviteurs à gages.

Art. 3. — Sont incapables d'être jurés : — ceux à qui l'exercice de tout ou partie des droits politiques, civils et de famille a été interdit; — les faillis non réhabilités; — les interdits et ceux qui sont pourvus d'un conseil judiciaire; — ceux qui sont en état d'accusation ou de contumace; — les individus qui ont été condamnés, soit à des peines afflictives ou infamantes, soit à des peines correctionnelles pour des faits qualifiés crimes par la loi, ou pour délits de vol, d'escroquerie, abus de confiance, usure, attentat aux mœurs, vagabondage ou mendicité, et ceux qui, à raison d'un autre délit, auront été condamnés à plus d'un an d'emprisonnement. — Les condamnations pour délit politique n'entraîneront l'incapacité qu'autant que le jugement la prononcerait.

Art. 4. — Les fonctions de juré sont incompatibles avec celles de représentant du peuple, de ministre, de sous-secrétaire d'État, de secrétaire général d'un ministère, de préfet, de sous-préfet, de juge, de procureur général, de procureur de la République et de leurs substituts, de ministre d'un culte quelconque, de membre du Conseil d'État, de commissaire de la République près les administrations ou régies, de fonctionnaire ou préposé d'un service actif, de militaire en activité de service, d'instituteur primaire communal.

Art. 5. — Pourront, sur leur demande, ne point être portés sur la liste : 1° les septuagénaires; 2° les citoyens qui, vivant d'un travail journalier, justifieraient qu'ils ne peuvent supporter les charges résultant des fonctions de juré.

Art. 6. — La liste des jurés pour chaque commune sera dressée par le maire sur la liste générale des électeurs; il se conformera aux prescriptions des articles précédents; cette liste sera, par ses soins, affichée sur la porte de l'église, de la maison commune et partout où il jugera convenable. — Pendant les dix jours qui suivront cette publication, tout citoyen pourra réclamer, soit contre une inscription, soit contre une omission, en déposant sa réclamation à la mairie. Cette réclamation sera jugée dans les huit jours par le conseil municipal, sauf recours devant le tribunal civil, s'il s'agit d'incapacité légale, ou, s'il s'agit de toute autre cause, devant le conseil de préfecture, lequel statuera définitivement et sans frais. Ce recours sera formé dans les trois jours de la notification, faite administrativement, de la décision du conseil municipal. — Le tribunal statuera également en dernier ressort, les parties intéressées présentes ou dûment appelées. La cause sera jugée sommairement, toutes affaires cessantes, et sans qu'il soit besoin du ministère d'avoué. Les actes judiciaires auxquels l'affaire donnera lieu seront exempts de timbre et enregistrés gratis. — L'affaire sera rapportée en audience publique par un des membres du tribunal, et le jugement sera prononcé après que les parties et le ministère public auront été entendus. — Les décisions du tribunal et du conseil de préfecture devront être rendues, au plus tard, dans les quinze jours du recours. — les additions et retranchements opérés par suite des décisions intervenues sur les réclamations, seront affichés dans la commune, conformément au paragraphe 1 du précédent article.

Art. 7. — La liste des jurés sera permanente. — Tous les ans, avant le 15 septembre, le maire rectifiera cette liste, en retranchant les jurés qui seraient décédés ou devenus incapables, et en ajoutant les citoyens qui auraient acquis les conditions exigées. — La liste ainsi rectifiée sera publiée comme il est dit en l'article ci-dessus, et tout citoyen pourra, dans le délai de dix jours, faire la réclamation prévue par ce même article, laquelle sera jugée dans les formes indiquées.

Art. 8. — Avant le 1er novembre de chaque année, le maire transmet au préfet la liste des jurés de la commune. Le préfet dresse sans retard la liste générale du département par canton et par ordre alphabétique. La liste de chaque canton est envoyée au juge de paix.

TITRE II.
DE LA COMPOSITION DE LA LISTE ANNUELLE.

Art. 9. — La liste annuelle du jury, pour chaque département, comprendra un juré par 200 habitants, en prenant pour base le tableau officiel de la population; toutefois, le nombre total des jurés ne pourra excéder 3,000 dans le département de la Seine, et 1,500 dans les autres départements. Chaque année, il sera formé sur la liste générale et en dehors de la liste annuelle du jury, une liste spéciale de jurés suppléants, pris parmi les jurés de la ville où se tiennent les assises; elle sera pour chaque département de 50, et pour Paris de 300.

Art. 10. — Le nombre des jurés pour la liste annuelle sera réparti, à Paris, entre les arrondissements, et, dans les départements, entre les cantons, proportionnellement au nombre des jurés portés sur la liste générale. Cette répartition sera faite par le préfet en conseil de préfec-

ture. — En adressant au juge de paix l'arrêté de répartition, le préfet lui indiquera le nom des jurés désignés par le sort dans le cours de l'année courante.

Art. 11. — Les jurés de chaque canton qui devront faire partie de la liste annuelle seront désignés par une commission composée : — 1° du conseiller général du canton, qui en sera président; — 2° du juge de paix, vice-président; — 3° et de deux membres du conseil municipal de chaque commune du canton, désignés spécialement par ce conseil dans la première quinzaine du mois d'août de chaque année. — Le maire devra, sans délai, faire connaître au préfet et au juge de paix les noms des membres désignés.

Art. 12. — Dans les cantons ne comprenant qu'une seule commune, la commission sera composée : — 1° du conseiller général, président; — 2° du juge de paix, vice-président; — 3° de cinq membres du conseil municipal, désignés conformément à l'article 11.

Art. 13. — Dans les communes divisées en plusieurs cantons, il n'y aura qu'une seule commission pour tous les cantons. — Elle sera composée : — 1° des conseillers généraux des cantons, dont le plus âgé sera le président; — 2° des juges de paix, dont le plus ancien sera le vice-président; — 3° de deux membres du conseil municipal de la ville pour chaque canton, désigné comme il est dit en l'article 11; — 4° de deux membres du conseil municipal de chaque commune rurale faisant partie des cantons, et désignés comme il est dit ci-dessus.

Art. 14. — Dans la ville de Paris, la commission sera composée pour chaque arrondissement : — 1° de trois membres du conseil municipal, dont le plus âgé sera le président. Ils seront désignés par le conseil municipal et pris, autant que possible, parmi ceux qui demeurent dans l'arrondissement; — 2° du maire et des adjoints de l'arrondissement; — 3° du juge de paix. — Dans les cantons des arrondissements de Sceaux et de Saint-Denis, la commission sera composée comme il est dit en l'article 11, et le président, à défaut de conseiller général, sera le juge de paix du canton.

Art. 15. — La commission s'assemblera dans la dernière quinzaine de novembre, au chef-lieu de canton, aux jour et heure indiqués par le préfet. Chaque membre sera convoqué par un avertissement notifié dans la forme administrative. Cette commission ne pourra procéder aux opérations qui lui sont confiées qu'autant qu'elle sera composée de la moitié plus un des membres qui doivent en faire partie.

Art. 16. — Chaque membre absent, dont les excuses n'auront pas été agréées par l'assemblée, pourra être condamné à une amende de 15 francs au moins et de 100 francs au plus. Elle sera prononcée par le tribunal de première instance de l'arrondissement, jugeant en matière civile, et conformément à l'article 6, sur le vu d'un extrait du procès-verbal de la commission constatant l'absence. La partie intéressée sera appelée par un simple avertissement délivré en la forme administrative.

Art. 17. — La liste sera rédigée en double exemplaire et signée séance tenante. Un double est transmis immédiatement au préfet par le président de l'assemblée. L'autre double reste au greffe de la justice de paix, où chaque citoyen peut en prendre communication. — Il en sera de même de la liste des jurés suppléants.

Art. 18. — Le préfet dresse sans retard la liste générale du département, par ordre alphabétique, sur les listes des cantons. Il dresse également, par ordre alphabétique, la liste des suppléants prescrite par l'article 9. Ces listes ainsi rédigées seront, avant le 15 décembre de chaque année, transmises au tribunal chargé de la tenue des assises.

Art. 19. — Si, dans le cours de l'année, il survient des décès ou des incapacités, le maire de chaque commune sera tenu d'en instruire immédiatement le président du tribunal ou de la cour. Il sera statué conformément à l'article 390 du Code d'instruction criminelle.

TITRE III.

DE LA COMPOSITION DE LA LISTE DU JURY POUR CHAQUE DÉPARTEMENT

Art. 20. — Dix jours au moins avant l'ouverture des assises, le président de la cour d'appel, ou le président du chef-lieu judiciaire, dans les villes où il n'y aura pas de cour d'appel, tirera au sort, en audience publique, sur la liste annuelle, les noms des trente-six jurés qui formeront la liste de la session; il tirera en outre six jurés sur la liste supplémentaire. — Si, au jour indiqué pour le jugement de chaque affaire, il y a moins de trente jurés présents, ce nombre sera complété par les jurés suppléants, suivant l'ordre de leur inscription, et, en cas d'insuffisance, par les jurés tirés au sort, et en audience publique, parmi les jurés inscrits sur la liste supplémentaire, subsidiairement parmi les jurés de la ville inscrits sur la liste annuelle, ou enfin parmi les trois cents jurés premiers inscrits sur la liste générale de la ville.

TITRE IV.

DISPOSITIONS GÉNÉRALES.

Art. 21. — Nul ne peut être contraint à remplir les fonctions de juré plus d'une fois en trois années.

Art. 22. — Toutes les dispositions du Code d'instruction criminelle, auquel il n'est pas dérogé, continueront d'être appliquées.

TITRE V.

DISPOSITIONS TRANSITOIRES.

Art. 23. — Après la promulgation de la présente loi, il sera immédiatement procédé à la composition de la liste générale, de la liste annuelle et de la liste supplémentaire. Ces deux dernières seront transmises sans délai au greffe. Les jurés extraits de ces listes feront seuls le service des assises qui s'ouvriront ultérieurement. — Les listes ainsi rédigées serviront, en outre, pour l'année 1849.

19 décembre 1870.

Décret fixant les indemnités accordées aux présidents d'assises (B. O. 351).

Art. 1. — A partir de la première session des assises de 1871, l'indemnité accordée à chacun des conseillers délégués pour présider aux cours d'assises ordinaires de l'Algérie, sera de 600 francs pour le magistrat qui présidera successivement à Constantine et à Bône, et de 500 francs pour le président des assises d'Oran.

1er juillet 1876.

Décision ministérielle portant que les prescriptions de la chancellerie du 15 juin 1864, en vertu desquelles les présidents d'assises doivent recevoir les visites en robe et les rendre en habit noir et cravate blanche sont encore en vigueur (B. Ministère justice, 1876, p. 124).

14 août 1876.

Décision ministérielle portant que, par dérogation aux instructions du ministère de la guerre, les présidents d'assises recevront toujours une sentinelle d'honneur pendant toute la durée de la session des assises (Journal militaire, 1876, p. 64).

Cour de cassation.

Aucune des lois relatives à la cour de cassation n'a été promulguée en Algérie; elles y sont cependant toutes exécutoires en vertu des règles que nous avons déjà exposées (V. préface).

Cour des comptes.

La cour des comptes exerce, sur les comptables de l'Algérie, la même action que sur les comptables de la métropole, bien qu'aucune des lois qui la régit n'ait été promulguée dans la colonie, et ce, par application des règles auxquelles nous avons, souvent déjà, fait allusion et que nous avons exposées dans notre préface.

Courtiers en marchandises.

Même législation qu'en France, sauf quelques dispositions de détail.

25 août 1867.

Décret sur la profession de courtier de marchandises (B. O. 251).

Ce décret reproduit littéralement le titre 1 et l'article 20 de la loi du 18 juillet 1866, seuls susceptibles d'être appliqués en Algérie. L'article 9 du décret donne au gouverneur le droit de prescrire la forme dans laquelle sera constaté le cours des marchandises, tandis que le même article de la loi exige, en France, un règlement d'administration publique.

23 juin 1869.

Arrêté du gouverneur concernant l'établissement des mercuriales (B. O. 314).

Cet arrêté reproduit textuellement le décret du 22 décembre 1866 portant règlement d'administration publique; il modifie l'article 10 et ajoute cinq articles nouveaux portant les numéros 11, 12, 13, 14 et 15.

Art. 10. — Les décisions sont prises dans les réunions générales (des courtiers), ainsi que dans les réunions de section, à la majorité des membres présents.

Art. 11.—Le tableau des mercuriales sera dressé et publié sous le contrôle de la chambre de commerce, dans la forme arrêtée ultérieurement à la promulgation du décret du 25 août 1867. — Il contiendra d'ailleurs autant que possible le relevé des affaires traitées par les courtiers inscrits ou non inscrits.

Art. 12. — Les documents rassemblés dans les archives des anciens syndicats de courtiers et relatifs, soit au cours des marchandises, soit aux affaires traitées officiellement pour les opérations de commerce, seront remis au syndicat des courtiers inscrits, s'il en existe, ou, dans le cas contraire, seront déposés au secrétariat de la chambre de commerce de la circonscription qui, désormais, centralisera tout ce qui se rapportera à la fixation des prix courants.

Art. 13. — Les certifications des prix courants, même celles qui seraient antérieures au nouveau fonctionnement des courtiers en marchandise,

seront faites par le président de la chambre syndicale des courtiers inscrits, et, à défaut, par le président que la réunion générale de la chambre de commerce aura désigné annuellement.

Art. 14. — Dans les villes où la suppression des anciens syndicats aurait entraîné une interruption dans l'établissement des mercuriales, la chambre de commerce aura à pourvoir à cette lacune jusqu'au jour où il sera fait application de la nouvelle réglementation.

Art. 15. — Le cours du fret et le relevé des nolissements devront être établis et publiés périodiquement par le syndicat des courtiers maritimes de chaque port, en même temps que la mercuriale du prix légal. — Dans le cas où il n'existerait pas de syndicat de courtiers maritimes, la chambre de commerce aura à faire établir ces cours par les courtiers maritimes de sa circonscription.

15 avril 1876.

Arrêté du gouverneur fixant les droits et les vacations des courtiers de commerce (B. O. 651).

Art. 1. — Les courtiers inscrits près le tribunal de commerce d'Alger, désigné pour procéder aux ventes publiques des marchandises en toute matière, y compris les faillites, percevront pour leurs honoraires un droit de 2 p. 100 sur le montant de la vente jusqu'à 1.000 francs, et 1 p. 100 sur le surplus.

Ce droit sera supporté par l'acheteur.

Art. 2. — Seront à la charge des vendeurs les frais de publicité et autres préliminaires à la vente; le coût du timbre et de l'enregistrement reste à la charge de l'acheteur, en exécution de l'article 31 de la loi du 22 frimaire an VII.

Art. 3. — En cas de non-vente faute d'enchérisseur, ou pour toute autre cause non imputable au courtier, les propriétaires ou détenteurs de marchandises devront payer une vacation de 8 francs au courtier, indépendamment des frais indiqués à l'article 2 ci-dessus.

Art. 4. — Si le produit du droit à percevoir de l'acheteur par le courtier est inférieur au montant d'une vacation, le vendeur devra tenir compte de la différence au courtier.

Art. 5. — L'estimation des marchandises déposées dans les magasins généraux sera payée au courtier inscrit, chargé de procéder à cette opération, à raison de 8 francs par vacation.

Courtiers maritimes.

Les courtiers maritimes, dont le nombre est fixé pour chacun des ports de l'Algérie, doivent remplir des conditions déterminées d'aptitude et de moralité. Ils perçoivent des droits de courtage et de traduction qui sont les mêmes pour tous les navires, sans distinction entre les français et les étrangers, et pour tous les ports de l'Algérie, sauf La Calle pour les bateaux corailleurs et Mers-el-Kébir pour les navires en relâche.

14 janvier 1863.

Arrêté du gouverneur fixant les droits de courtage maritime et de traduction pour le port d'Alger (B. O. 74).

Art. 1. — La perception des droits de courtage pour la conduite des navires à Alger aura lieu, à l'avenir, de la manière et dans les conditions suivantes :

1ʳᵉ CATÉGORIE. — Grand cabotage.

Navires à voiles français, chargés en totalité ou en partie : à l'entrée, 25 centimes par tonne de jauge ; à la sortie, 12 centimes et demi par tonne.

Navires à voiles étrangers. (Mêmes droits que pour les navires français. — Décret du 31 octobre 1873.)

Ces droits seront applicables sans distinction de provenance et de destination, jusqu'à la limite de 300 tonneaux. Pour tout navire dépassant ce tonnage, le droit de conduite ne sera perçu qu'à raison de 10 centimes sur l'excédant de 300 tonneaux.

2ᵉ CATÉGORIE. — Cabotage sur le littoral algérien.

Navires chargés en totalité ou en partie sur lest ou de relâche : de 1 à 25 tonneaux, droit fixe, 15 francs pour l'entrée et la sortie ; au-dessus de 25 tonneaux, droit fixe, 20 francs pour l'entrée et la sortie.

Ces droits ne seront applicables qu'aux navires dits *balancelles*, attachés aux ports de l'Algérie. Quant aux autres navires faisant accidentellement le cabotage du littoral, il leur sera fait application des taxes du grand cabotage.

3ᵉ CATÉGORIE. — Cabotage entre Alger et les ports du littoral espagnol (îles Baléares comprises).

De 1 à 60 tonneaux, droit fixe de 25 francs, entrée et sortie ; au-dessus de 60 tonneaux, droits du grand cabotage.

4ᵉ CATÉGORIE. — Paquebots à vapeur.

Français, droit fixe, 40 francs pour l'entrée et la sortie.

Étrangers. (Comme pour les français.)

Quels que soient le tonnage et la force des navires, chargés ou sur lest, avec ou sans passagers.

Vapeurs en relâche ou faisant escale dans les divers ports de l'Algérie : la moitié des droits ci-dessus.

Art. 2. — Les traductions de pièces faites par les courtiers interprètes, dans le cas de contestation prévu par l'article 80 du Code de commerce, seront taxées comme il se pratique en France, savoir :

Pour une traite endossée ou non, 3 francs ; — id. avec protêt et compte de retour, 6 francs ; — pour un connaissement ordinaire, 4 francs ; — id. extraordinaire, 6 francs ; — actes judiciaires, la première page, 6 francs ; — chacune des autres pages, 4 francs.

Art. 3. — Tous règlements antérieurs sont abrogés.

4 août 1864.

Arrêté du gouverneur fixant les droits de courtage dans le port de La Calle (B. O. 118).

Art. 1. — Le tarif des droits de courtage sur les bateaux corailleurs dans le port de La Calle est fixé ainsi qu'il suit :

Pour chaque bateau au-dessus de 6 tonnes et péchant toute l'année, 30 francs ; — id. ne péchant que pendant la saison d'été, 20 francs ; — pour chaque bateau de 6 tonneaux et au-dessous, pour l'année entière, 20 francs.

Art. 2. — Le courtier de La Calle sera tenu d'afficher, dans un endroit apparent de son bureau, une pancarte portant que son intervention est entièrement facultative, et que tout armateur ou patron parlant français pourra agir en personne et même par un consignataire auprès de la douane.

30 août 1864.

Arrêté du gouverneur qui applique le tarif d'Alger à tous les ports du département d'Oran (B. O. 113).

12 novembre 1864.

Arrêté du gouverneur ajoutant aux droits autorisés par l'arrêté du 14 janvier 1863. — Grand cabotage. — Navires en relâche. — Navires entrant ou sortant sur lest : à l'entrée et à la sortie, 10 centimes par tonneau (B. O. 128).

10 août 1865.

Arrêté du gouverneur appliquant l'arrêté du 12 novembre 1864 aux ports du département d'Oran, Mers-el-Kébir excepté. Le droit dans ce dernier port pour les navires en relâche est fixé, à l'entrée et à la sortie, à 15 centimes par tonneau de jauge (B. O. 153).

19 janvier 1870.

Arrêté du gouverneur rendant applicable, dans le département de Constantine, le tarif du

*département d'Alger et abrogeant tous arrétés
antérieurs, à l'exception de celui du 4 août
1854 relatif à la Calle (B. O. 321).*

31 octobre 1873.

*Arrêté du gouverneur sur les droits de courtage
maritime (B. O. 504).*

Art. 1. — Les droits de courtage pour la conduite des navires étrangers dans tous les ports
de l'Algérie seront désormais les mêmes que pour
les navires français.

Art. 2. — Sont supprimées, en conséquence,
toutes les dispositions de l'article 1 des arrêtés
des 14 janvier 1863, 30 août 1864 et 19 janvier 1870,
qui sont spéciales aux navires étrangers à voiles
ou à vapeur.

17 janvier 1876.

*Décret fixant les conditions pour être admis
courtier maritime en Algérie (B. 640).*

Art. 1. — Nul ne sera admis désormais aux
fonctions de courtier maritime s'il n'est Français
et ne remplit les conditions exigées par les paragraphes 2, 3, 4 et 5 de l'article 14 de l'arrêté
ministériel du 6 mai 1844 (1).

Art. 2. — Les courtiers maritimes ont la faculté
de recourir, pour l'exercice de celles de leurs
attributions qui nécessitent la connaissance de
langues étrangères, à l'intermédiaire d'interprètes
qui, après avoir justifié de leur aptitude devant
les chambres de commerce, auront prêté serment
devant le tribunal de commerce.

Lesdits courtiers peuvent exercer leur ministère
à l'égard de tous navires, à quelque nation qu'ils
appartiennent.

Art. 3. — Le nombre des offices de courtier
maritime est fixé ainsi qu'il suit, pour chaque
port de l'Algérie :
Alger 4; Dellys 1; Cherchell 1; Tenès 1; Bougie 2; Djidjelli 1; Phillippeville 4; Bône 3; La
Calle 2; Mostaganem 2; Arzew 2; Oran 4; Nemours 1.
Il sera procédé, par voie d'extinction, à la réduction du nombre des offices de courtier, dans
les localités où ce nombre excède actuellement
les limites des cadres fixés par le présent article.

Art. 4. — Sont abrogées les dispositions de
l'arrêté ministériel du 6 mai 1844, qui sont contraires à celles du présent décret.

(1) Art. 14. — 2° S'il n'a vingt-cinq ans accomplis; —
3° s'il n'a satisfait à la loi du recrutement; — 4° s'il ne
réside depuis deux ans au moins en Algérie, dont un au
moins dans la ville où il demande à exercer lesdites fonctions; — 5° s'il ne produit un certificat de moralité et s'il
n'a fait vérifier sa capacité.

Crédit foncier.

11 janvier 1860.

*Décret qui étend à l'Algérie le privilège assuré
au Crédit foncier de France (B. M. 74).*

Art. 1. — Le privilège accordé au Crédit foncier de France par nos décrets des 28 mars et 10
décembre 1852 est étendu au territoire de l'Algérie.

Art. 2. — Les prêts qui seront faits par le Crédit foncier de France aux propriétaires d'immeubles situés en Algérie ne pourront dépasser
5 p. 100 de la totalité des prêts qui auront été effectués sur le territoire continental de la France.
— Cette proportion ne pourra être augmentée
que par un décret rendu dans la forme des règlements d'administration publique, sur la demande du conseil d'administration du Crédit
foncier, approuvée par l'assemblée générale des
actionnaires.

Art. 3. — Les prêts seront réalisés en numéraire; ils seront remboursables par annuités, comprenant : 1° l'intérêt; 2° la somme nécessaire
pour amortir la dette dans le délai de trente ans
au plus; 3° les frais d'administration. — Le taux
de l'intérêt ne pourra dépasser 8 p. 100 et l'allocation pour frais d'administration n'excédera pas
1 fr. 20 cent. — Pour les emprunts d'une durée
moindre de trente ans, l'annuité sera établie sur
les mêmes bases que ci-dessus.

Art. 4. — Dans tous les cas de remboursement
anticipés, l'indemnité allouée à la société par
l'article 63 des statuts est fixée à 50 centimes
p. 100.

Art. 5. — Pendant toute la durée du privilège
de la société, les bureaux de l'administration du
Crédit foncier seront établis à Alger, dans une
maison dont la jouissance gratuite lui sera assurée par le ministre de l'Algérie et des colonies.
— Pendant le même temps, les agents du Crédit
foncier auront droit au transport gratuit des
côtes de France aux côtes de l'Algérie.

10 mars 1860.

*Décret qui promulgue   · Algérie les décrets
des 28 février, 28 :   30 juillet, 10 décembre 1852 et 22 mars 1853; la loi du
10 juin 1853; les décrets des 21 décembre
1855, 24 juin et 6 juillet 1858, et 28 juin
1856; la loi du 19 juin 1857 et le décret du
16 août 1859, relatifs à l'organisation et
au fonctionnement du Crédit foncier (B. M.
74).*

17 janvier 1862.

Décret promulguant la loi du 6 juillet 1860
(B. O. 74).

Art. 1. — La loi du 6 juillet 1860, qui autorise la société de Crédit foncier de France à prêter aux départements, aux communes et aux associations syndicales les sommes qu'ils auraient obtenu la faculté d'emprunter sera promulguée en Algérie et y recevra son application.

Cultes.

Il existe, en Algérie, quatre cultes légalement reconnus : le culte catholique, le culte israélite, le culte protestant et le culte musulman. Le culte catholique est régi par les mêmes lois qu'en France, notamment par la loi du 18 germinal an X, bien qu'elle n'ait pas été l'objet d'une promulgation spéciale. Il comprend 1 archevêché, à Alger; 2 évêchés, à Constantine et à Oran, et un nombre de paroisses qui s'élevait, à la fin de 1876, à 220. Le culte protestant est soumis également aux dispositions le concernant dans la loi de germinal, au décret du 29 novembre 1871 sur les circonscriptions synodales et, en outre, aux règles tracées dans deux décrets spéciaux à l'Algérie, en date des 14 septembre 1859 et 12 janvier 1867; il est représenté par 1 consistoire par département et par 14 paroisses. Le culte israélite, organisé par décrets des 9 novembre 1845 et 12 janvier 1867, comprend 3 consistoires : à Alger, Constantine et Oran, et plusieurs rabbinats. Ces trois cultes, détachés du ministère de la guerre lors de la création du ministère de l'Algérie, sont rentrés, le 10 décembre 1860, dans les attributions du ministère des cultes.

Quant au culte musulman, maintenu par la capitulation du 5 juillet 1830, il ressortit au gouvernement général de l'Algérie et fonctionne conformément à une circulaire du 17 mai 1851 qui n'a pas, que nous sachions, été publiée jusqu'à ce jour. Les frais du culte musulman figurent au budget de 1877, savoir : personnel, 157,860 francs; matériel, 51,680 francs; ensemble, 209,530 francs. Le produit des biens habous provenant des anciennes corporations et touché par le gouvernement général s'élève, d'après le même budget, à 132,900 francs.

Culte catholique.

2 août 1836.

Arrêté ministériel sur les attributions
du gouverneur général (B. 37).

Art. 46. — Aucun bref de la cour de Rome, à l'exception de ceux de pénitencerie, ne peut être reçu ni publié dans les possessions françaises du nord de l'Afrique qu'avec l'autorisation du gouverneur, donnée d'après les ordres du ministre de la guerre. — Aucun ecclésiastique envoyé par la cour de Rome n'y peut être, sans la même autorisation, reconnu avec un caractère public officiel. — Aucune congrégation appartenant à la religion chrétienne ne peut y être établie sans son autorisation spéciale.

25 août 1838.

Ordonnance instituant, à Alger, un évêché
suffragant de la métropole d'Aix (B. 59).

9 janvier 1867.

Décret instituant l'archevêché d'Alger, et les
évêchés de Constantine et d'Oran (B. O.
247).

Art. 1. — L'église épiscopale d'Alger est érigée en métropole. Elle aura pour suffragantes les églises épiscopales de Constantine et d'Oran, érigées par les articles 2 et 3 du présent décret.

Art. 2. — La province de Constantine formera, à l'avenir, un diocèse suffragant de la métropole d'Alger. — Le siége épiscopal sera établi à Constantine.

Art. 3. — La province d'Oran formera, à l'avenir, un diocèse suffragant de la métropole d'Alger. — Le siége épiscopal sera établi à Oran.

Art. 4. — Les trois bulles délivrées à Rome, sur notre proposition, par S. S. le pape Pie IX, le 8 des calendes d'août (25 juillet) de l'année de l'Incarnation 1866, portant érection canonique de l'archevêché d'Alger, et des évêchés de Constantine et d'Oran comme suffragants de ce siége, sont reçues et seront publiées dans l'Empire en la forme ordinaire.

Art. 5. — Lesdites bulles d'érection sont reçues sans approbation des clauses, formules ou expressions qu'elles renferment, et qui sont ou pourraient être contraires à la constitution, aux lois de l'Empire, aux franchises, libertés ou maximes de l'Église gallicane.

Art. 6. — Lesdites bulles seront transcrites en latin et en français sur les registres de notre Conseil d'État; mention de ladite transcription sera faite sur l'original par le secrétaire général du conseil.

Culte Israélite.

9 novembre 1845.

Ordonnance d'organisation (B. 215 *bis*).

SECTION 1. — De l'organisation du culte israélite
en Algérie.

Art. 1, 2, 3, 4, — Abrogés.

Art. 5. — Les traitements du grand rabbin du
consistoire algérien et des rabbins des consistoires provinciaux, ainsi que les frais d'administration du consistoire algérien, seront à la
charge de l'État.

Art. 6. — Les membres des consistoires, au
jour de leur installation, prêteront, en levant la
main, le serment suivant :

« Devant le Dieu tout-puissant, créateur du ciel
et de la terre, qui défend de prendre son nom
en vain, et qui punit le parjure, je jure obéissance aux lois, ordonnances et règlements publiés ou qui seront publiés par le gouvernement
français. »

Ce serment sera prêté devant le gouverneur général ou devant le fonctionnaire qu'il aura délégué à cet effet.

Art. 7. — Le consistoire algérien (1) réglera
l'organisation, le nombre et la circonscription des
synagogues particulières ainsi que le nombre et
le mode de nomination des rabbins et des ministres officiants nécessaires à l'exercice du culte.
— Ses décisions seront soumises à l'autorité administrative, et ne seront exécutoires qu'après
avoir été approuvées par elle.

Art. 8. — Nul ne pourra exercer les fonctions
du culte, soit à titre de rabbin, soit à titre de
ministre officiant, sans être institué à cet effet
par le consistoire. La nomination des rabbins,
autres que les grands rabbins, et des ministres
officiants sera soumise à l'approbation du ministre de la guerre (des cultes).

Art. 9. — Les fonctions des consistoires sont :
1° de maintenir l'ordre dans l'intérieur des synagogues, et de veiller à ce que, pour cause ou
sous prétexte de religion, il ne se forme, sans une
autorisation expresse, aucune assemblée de prières ; de nommer les desservants du temple et autres agents du culte, notamment les schohets ;
2° de veiller à ce que les familles envoient leurs
enfants dans les salles d'asile et dans les écoles,
et de prendre les mesures qui paraîtront nécessaires à cet effet ; — 3° d'encourager les israélites
à l'exercice des professions utiles et plus particulièrement des travaux agricoles ; — 4° de surveiller l'emploi des sommes destinées aux frais du
culte, des salles d'asile et des écoles qui seront
établies en vertu de la section 2 de la présente
ordonnance, et à tous autres frais de même nature.

(1) Supprimé (V. Décret 16 septembre 1857).

Art. 10. — Les fonctions du grand rabbin et
des rabbins sont : — 1° d'enseigner la religion,
de rappeler en toute circonstance l'obéissance
aux lois, la fidélité à la France et le devoir de la
défendre ; — 2° d'officier, de faire les prédications,
de réciter des prières dans toutes les synagogues
de leur circonscription ; — 3° d'assister aux inhumations et de célébrer les mariages religieux ;
— 4° d'inspecter les salles d'asile et les écoles
israélites qui seront établies en vertu de la section 2 de la présente ordonnance, et d'y surveiller
l'enseignement religieux. — Dans les synagogues
où il n'y a pas de rabbins, ou en leur absence, les
ministres officiants remplissent les fonctions des
rabbins.

Art. 11. (Sans objet depuis la suppression du
consistoire algérien.)

Art. 12. — Les grands rabbins membres des
consistoires pourront prononcer contre les autres rabbins et les ministres officiants de leurs
circonscriptions respectives une suspension d'un
mois au plus, sur l'avis du consistoire.

Art. 13. — Notre ministre des cultes pourra
suspendre les grands rabbins, membres des consistoires, soit d'office, soit sur la demande du
consistoire. — Les autres rabbins et les ministres officiants pourront être révoqués par le consistoire, avec l'approbation de notre ministre des
cultes.

Art. 14. — La suspension des fonctions entraîne,
pendant sa durée, la réduction à moitié du traitement de celui qui en est l'objet.

Art. 15. — Les consistoires nommeront, auprès
de chacune des synagogues établies en vertu de
l'article 7, un commissaire qui exercera, sous
leur autorité, les fonctions qu'ils lui auront déléguées.

Art. 16. — Une fois par an, à jour fixe, chaque
consistoire invitera les notables de sa circonscription à se réunir à lui pour arrêter la fixation des frais généraux de la circonscription et
leur répartition entre les diverses synagogues.
— Les notables seront annuellement désignés,
au nombre de dix, par l'autorité administrative.

Art. 17. — Les frais généraux comprendront :
— 1° les dépenses d'administration non payées
par l'État ; — 2° les subventions pour les salles
d'asile et pour les écoles israélites ; — 3° les subventions pour la reconstruction et les réparations
des synagogues ; — 4° les dépenses diverses considérées par le consistoire algérien ou chaque
consistoire provincial comme étant utiles ou nécessaires.

Art. 18. — Une fois l'an et à jour fixe, le commissaire institué près de chaque synagogue invitera sept notables désignés comme ci-dessus à
se réunir à lui pour arrêter l'état des dépenses
et des recettes de la synagogue.

Art. 19. — Les dépenses comprendront : —
1° la portion des frais généraux mis à la charge
de la synagogue en vertu des articles 16 et 17 ;
— 2° les traitements des rabbins, des ministres

officiants et des agents de la synagogue;—3° tous les frais locaux du culte et les distributions de bienfaisance.

Art. 20. — Les recettes comprendront le produit de la location des places dans les synagogues et celui des offrandes et cotisations volontaires.

Art. 21. — Les états de dépenses et de recettes et les comptes seront soumis à l'approbation des consistoires, et devront être communiqués à l'administration toutes les fois qu'elle en réclamera la production.

Art. 22. — A partir du jour de l'installation des consistoires, toutes les autorités spéciales aux israélites de l'Algérie, autres que celles qui sont instituées par la présente ordonnance, demeureront abolies.

Section 2. — Des écoles israélites en Algérie.

Art. 23. — Il sera créé en Algérie des salles d'asile et des écoles pour les israélites des deux sexes.

Art. 24. — Ces salles d'asile et ces écoles seront établies dans des locaux fournis à cet effet par l'administration. Elles seront entretenues au moyen des subventions des consistoires, des rétributions des élèves payants, et, s'il y a lieu, des subventions qui pourront être accordées par le gouvernement.

Art. 25. — Les salles d'asiles et les écoles israélites seront placées sous la surveillance de l'administration, qui prendra l'avis des consistoires pour la nomination et la révocation des maîtres, les mesures de discipline, les matières de l'enseignement et la création des comités des écoles. — L'enseignement comprendra l'instruction religieuse et l'étude de la langue française (1).

10 juillet 1861.

Décret conférant aux consistoires algériens la possibilité d'exercer les droits de personnes civiles (B. O. 26).

Art. 1. — Les consistoires israélites établis ou à établir en Algérie sont appelés à exercer les droits inhérents à la qualité de personne civile, en se conformant aux règles tracées par la législation relative à la réorganisation du culte israélite dans la métropole et spécialement par l'article 64 de l'ordonnance du 25 mai 1844.

4 août 1861.

Décret faisant remise aux consistoires des immeubles affectés au culte israélite (B. O. 31).

Art. 1. — Les édifices et bâtiments domaniaux actuellement affectés au culte mosaïque en Al-

(1) V. *Instruction publique.*

gérie sont concédés aux consistoires israélites à titre gratuit et en pleine propriété.

Art. 2. — La remise de la propriété desdits bâtiments sera faite aux présidents des consistoires par les agents de l'administration de l'enregistrement et des domaines, en vertu d'arrêtés pris par le gouverneur général, sur la proposition des généraux commandant les divisions ou des préfets, suivant le territoire.

Art. 3. — Pendant cinq ans l'État se réserve la faculté de reprendre, parmi les édifices actuellement occupés, ceux qu'il jugerait convenables, à la charge de donner en échange d'autres bâtiments domaniaux susceptibles de recevoir la même destination. Les concessions ainsi faites à titre d'échange auront lieu en vertu de décrets rendus sur le rapport de notre ministre de la guerre et la proposition du gouverneur général.

16 septembre 1867.

...ret portant une nouvelle organisation des consistoires en Algérie (B. O. 253).

Art. 1. — Il y a, en Algérie, pour chacune des trois provinces, un consistoire israélite siégeant, l'un à Alger, l'autre à Oran, et le troisième à Constantine.

Art. 2. — Chacun de ces consistoires est composé de six membres laïques et d'un grand rabbin. — Les consistoires sont présidés par un des membres laïques choisis par eux. Ils ne peuvent délibérer qu'au nombre de quatre membres au moins. En cas de partage, la voix du président sera prépondérante.

Art. 3. — Les grands rabbins de l'Algérie seront choisis parmi les rabbins français ou indigènes âgés de trente ans au moins, et pourvu du diplôme du second degré rabbinique.

Art. 5. — Les membres laïques des consistoires seront nommés pour huit ans et renouvelés par moitié tous les quatre ans.

Art. 6. — Les consistoires de l'Algérie ont, dans leurs circonscriptions respectives, les attributions que l'ordonnance du 9 novembre 1845 confère au consistoire algérien, lequel est et demeure supprimé.

Art. 7. — Le consistoire central des israélites de France est l'intermédiaire entre le gouvernement et les consistoires de l'Algérie. Chacun de ces consistoires sera représenté au sein du consistoire central par un membre laïque choisi parmi les électeurs résidant à Paris et agréé par nous.

Art. 8. — Continueront à être observés, dans toutes les dispositions qui ne sont pas contraires au présent décret, les règlements antérieurs spéciaux à l'Algérie.

20 novembre 1869.

Décret portant que les frais du logement des ministres du culte israélite, rétribués par l'État, sont à la charge des communes (B. O. 322).

15 novembre 1876.

Décret relatif à la nomination des rabbins en Algérie (B. O. 684).

Art. 1. — Les rabbins de l'Algérie seront nommés par le consistoire central des israélites.

Ils seront choisis parmi les israélites de France et d'Algérie, âgés de vingt-cinq ans au moins et pourvus du diplôme rabbinique délivré par le consistoire central.

Leur nomination sera soumise à l'approbation du ministre des cultes.

Culte protestant.

14 septembre 1859.

Décret qui réorganise les cultes protestants en Algérie (1) (B. M. 43).

Art. 2. — Il y a une paroisse partout où l'État rétribue un ou plusieurs pasteurs.

Lorsque l'État rétribue deux pasteurs dans une paroisse composée, en nombre notables, de membres de l'Église réformée et de membres de l'Église de la confession d'Augsbourg, il y a un pasteur pour chacune des deux communions.

Art. 3. — Les protestants habitant les localités où le gouvernement n'a pas encore institué de pasteurs sont rattachés administrativement à la paroisse la plus voisine.

Art. 4. — Chaque paroisse a un conseil presbytéral composé de quatre membres laïques au moins, de huit au plus, choisis en nombre égal, autant que possible, parmi les membres de l'Église réformée et ceux de l'Église de la confession d'Augsbourg.

Art. 7. — Le conseil presbytéral est présidé par le pasteur ou le plus ancien des pasteurs.

Dans les paroisses où il y a des pasteurs des deux communions, la présidence est exercée alternativement, et d'année en année, par le pasteur ou le plus ancien des pasteurs de chaque communion.

Art. 8. — Les conseils presbytéraux se réunissent, sur la convocation du président, une fois au moins tous les trois mois, en séance ordinaire. Ils sont convoqués extraordinairement pour les besoins du service et sur la demande motivée de deux membres.

Art. 9. — Le conseil presbytéral maintient l'ordre et la discipline dans la paroisse.

(1) Les articles non reproduits ont été abrogés par le décret du 12 janvier 1867, ci-après.

Il veille à l'entretien du temple, du presbytère et des écoles.

Il administre les biens de l'église, et surveille l'exécution des fondations pieuses et des legs.

Il nomme les employés de l'église.

Il recueille les aumônes et en règle les emplois.

Il accepte, sous l'approbation de l'autorité supérieure, les dons et legs faits à son église.

Art. 10. — Le conseil presbytéral soumet au consistoire les actes d'administration et les demandes qui, par leur nature, exigent l'approbation ou la décision de l'autorité supérieure.

Sont également soumises au consistoire toutes difficultés entre les pasteurs et les conseils presbytéraux.

DU CONSISTOIRE.

Art. 17. — Le consistoire veille à la célébration régulière du culte, au maintien de la liturgie et de la discipline, à l'expédition des affaires dans les diverses paroisses, ainsi qu'à l'application des dispositions de l'article 4 ci-dessus.

Il surveille l'administration des biens des paroisses; il administre les biens consistoriaux et les établissements de bienfaisance protestants.

Il accepte, sous l'approbation de l'autorité supérieure, les dons et legs faits au consistoire ou, indivisément, aux églises de son ressort.

Il arrête les budgets, vérifie et approuve les comptes des conseils presbytéraux.

Art. 18. — Les pasteurs du culte réformé sont nommés par le consistoire, sous notre approbation.

Les pasteurs de la confession d'Ausbourg sont nommés par le directoire de cette église. Mais la nomination ne nous est soumise qu'après que le consistoire a été entendu par le ministre.

Art. 19. — Le consistoire statue sur la suspension des pasteurs, sauf l'approbation du ministre (des cultes).

Il statue également sur la destitution des pasteurs, sauf notre approbation. Toutefois, lorsqu'il s'agit d'un pasteur de la confession d'Augsbourg, la destitution prononcée par le consistoire ne nous est soumise qu'après que le directoire a été entendu par le ministre.

Art. 20. — Le consistoire règle les tournées des pasteurs, et il détermine les indemnités et gratifications auxquelles ces pasteurs peuvent avoir droit.

Art. 22. — Les articles organiques de la loi du 18 germinal an X et les autres lois et règlements concernant les cultes, exécutoires en Algérie, continueront d'être appliqués dans tout ce qui n'est pas contraire au présent décret.

12 janvier 1867.

Décret qui modifie le précédent (B. O. 216).

Art. 1. — Les conseils presbytéraux institués par notre décret du 14 septembre 1859 seront élus à l'avenir par les protestants âgés de vingt-cinq ans, établis en Algérie depuis deux ans ou appelés à y résider pour un service public.

Art. 2. — Pour être inscrit au registre électoral, il faut contribuer aux charges de la paroisse et établir, par les certificats d'usage, qu'on a été admis depuis deux ans au moins dans une église du culte protestant (1).

Art. 3. — Le registre paroissial est tenu en double sous le contrôle du conseil presbytéral et du consistoire; les inscriptions sont reçues sur un exemplaire déposé chez le président du conseil presbytéral; l'autre exemplaire reste aux archives du conseil.

Art. 4. — Le registre paroissial est révisé tous les ans.

La liste des inscriptions nouvelles et des radiations, arrêtée annuellement par le conseil presbytéral, est affichée dans le temple dix jours au moins avant l'ouverture des opérations électorales. Pendant ce délai, les réclamations concernant les inscriptions ou les radiations peuvent être adressées au conseil presbytéral.

Art. 5. — Nulle réclamation pour cause d'inscription ou radiation n'est prise en considération si elle n'est formulée par écrit et signée du réclamant.

En cas d'indignité notoire ou d'incapacités résultant de condamnations judiciaires, la radiation est prononcée sans discussion et à l'unanimité des voix.

Art. 6. — Dans chacune des trois provinces de l'Algérie, le culte protestant est placé sous l'autorité supérieure d'un consistoire composé des pasteurs de la province et de représentants laïques choisis parmi les électeurs du ressort consistorial âgés de trente ans. Chaque conseil presbytéral nomme à cet effet des représentants en nombre double de ses pasteurs et pris par moitié dans les deux cultes.

Art. 7. — Les membres laïques des consistoires et des conseils presbytéraux sont renouvelés tous les trois ans par moitié. Les membres sortants sont rééligibles.

Lorsque, dans l'intervalle, une vacance vient à se produire, le consistoire décide s'il y a lieu de procéder à une élection partielle. L'élection ne peut être différée si le conseil presbytéral ou le consistoire a perdu le tiers de ses membres.

Art. 8. — Le consistoire est présidé alternativement par un des pasteurs du chef lieu élu, d'année en année, parmi les pasteurs des deux communions.

Le secrétaire est élu parmi les membres laïques qui appartiennent à une autre communion que le président.

Des exceptions à ces dispositions peuvent être accordées par notre ministre des cultes, sur la demande expresse du consistoire.

(1) Cette dernière disposition ne fait qu'appliquer à l'Algérie la règle adoptée en France pour les églises du culte réformé et de la confession d'Augsbourg.

Art. 9. — Le consistoire soumet à l'approbation de notre ministre des cultes les procès-verbaux des élections, en y joignant son avis sur la validité des opérations.

Art. 10. — Les consistoires exercent, dans leurs circonscriptions respectives, les attributions que le décret du 11 septembre 1859 confère au consistoire de l'Algérie, lequel est et demeure supprimé.

Art. 11. — Les précédents articles remplacent les articles 1, 5, 6, 11, 12, 13, 14, 15, 16, 21, 23, 24, 25 et suivants de notre décret du 11 septembre 1859, lequel continue d'être appliqué dans tout ce qui n'est pas contraire au présent décret.

29 novembre 1871.

Décret organisant les circonscriptions synodales (B. G. 381).

Art. 1. — Les 103 consistoires des églises réformées de la France et de l'Algérie sont répartis en 21 circonscriptions synodales, conformément au tableau annexé au présent décret.

Art. 2. — Chaque consistoire élira un pasteur et un laïque qui seront ses représentants au synode de sa circonscription.

Art. 3. — Ces représentants se réuniront du 1er au 15 mars, dans l'un des chefs-lieux consistoriaux de leur circonscription synodale, pour élire des délégués à un synode général, qui sera ultérieurement convoqué à Paris.

Art. 4. — Le nombre des délégués à élire pour le synode général est fixé d'après le nombre des pasteurs de chaque circonscription synodale, à raison de 1 par 6 pasteurs, et selon la progression suivante : 2 délégués pour tout nombre de 6 à 12 pasteurs inclusivement; 3 délégués pour tout nombre de 13 à 18 pasteurs inclusivement, etc., conformément au tableau annexé au présent décret. — La moitié de ces délégués, si leur nombre est pair, la moitié plus un, si leur nombre est impair, seront laïques.

(Suit le tableau des consistoires répartis en circonscriptions synodales, avec le nombre des délégués à élire pour le synode général. — 21e circonscription. — Algérie : 2 délégués. — Consistoires d'Alger, Constantine, Oran, 8 pasteurs.)

3 mars 1877.

Décret élevant le traitement des pasteurs des églises consistoriales d'Algérie (B. 693).

Art. 1. — Sont portés de 3,000 à 3,500 francs, à partir du 1er janvier 1877, les traitements des pasteurs de Blida, de Cherchell et de Boufarik (Église consistoriale d'Alger), de Tlemcen, de Mostaganem et de Mascara (Église consistoriale d'Oran), et de Bône, de Philippeville, d'Aïn-Arnat et de Guelma (Église consistoriale de Constantine).

Culte musulman.

17 mai 1851.

Circulaire du gouverneur général contenant organisation du culte musulman.

CLASSIFICATION DES ÉTABLISSEMENTS RELIGIEUX MUSULMANS.

Les établissements religieux musulmans sont divisés en cinq classes eu égard au chiffre plus ou moins élevé de la population musulmane dans chaque localité et au degré d'importance religieuse de chaque établissement en particulier. Les établissements de première classe se composent des mosquées principales ayant un *mouderrès;* ceux de deuxième classe comprennent les mosquées ayant une tribune pour la *khotba* et qui sont situées dans les villes populeuses ; ceux de troisième classe, les mosquées à tribune moins importantes. — Les mosquées qui n'ont pas de tribune pour la khotba et les oratoires principaux consacrés à des marabouts sont compris dans la quatrième classe. Enfin, les plus petites chapelles desservies par un seul agent forment la cinquième classe.

Le personnel attaché aux établissements religieux se divise en deux catégories : le personnel supérieur et le personnel inférieur.

Le personnel supérieur comprend :

1° Le *muphti,* chef du culte, dans la circonscription territoriale qui lui est assignée;

2° L'*iman,* dont les attributions sont de diriger les prières et le service religieux et de faire périodiquement diverses instructions ou lectures.

Le personnel inférieur se compose des agents ci-après :

1° Le *mouderrès,* ou professeur spécialement chargé de l'enseignement supérieur dans les mosquées de première classe, où il fait des cours préparatoires par suite desquels les élèves peuvent concourir pour être admis dans les médreças;

2° Le chef des lecteurs ou *bach-hazzal;*

3° Les lecteurs à divers titres, tels que hazzabine, lecteurs du Koran; *tenbih-el-anam,* ou lecteurs de l'ouvrage intitulé : *Tenbih-el-Anam* (Avertissements aux créatures); *moueddin-es-sedda* qui, dans les mosquées hanafites, récitent le Koran tous les vendredis, etc., etc.

4° Le *bach-moueddin,* qui a sous ses ordres les mouakkatin et surveille le service des moueddin ou crieurs de la grande mosquée d'Alger;

5° Les *mouakkatin,* préposés à la détermination de l'heure pour la prière, et dirigeant, dans la même mosquée, chacun un tour de service des moueddin;

6° Les *moueddin,* ou crieurs des mosquées, principalement chargés d'indiquer, du haut du minaret, les heures des prières;

7° Les élèves désignés sous le nom de *nas-el-houdour* ou *tolba,* destinés aux fonctions du culte, qui suivent régulièrement les cours publics ouverts dans les mosquées.

PERSONNEL AFFÉRENT A CHAQUE CIRCONSCRIPTION ET A CHAQUE CLASSE D'ÉTABLISSEMENT.

L'emploi de muphti est conservé dans chacune des villes où il a été institué.

Les muphti-hanafi ne seront maintenus que dans les villes où la population, attachée au rite hanafi, est assez nombreuse et dispose de mosquées particulières.

Chaque établissement sera desservi, suivant les classes à laquelle il appartiendra, par les fonctionnaires de l'ordre ci-dessus indiqué ou par quelques-uns d'entre eux seulement.

En l'absence ou à défaut du muphti, l'imam remplit les fonctions de khateb dans les mosquées de première, de deuxième et de troisième classe, c'est-à-dire qu'il y prononce tous les vendredis la prière appelée *khotba.*

Si la mosquée principale du chef-lieu de la circonscription assignée au muphti appartient à la troisième classe, il n'y est pas nommé d'imam; le muphti en remplit les fonctions, et peut, au besoin, être suppléé pour lesdites fonctions par un agent subalterne (hazzab ou moueddine).

Le moueddine ou crieur attaché à un établissement de quatrième classe joint à ses fonctions celles de lecteur.

Les imam attachés aux établissements d'un ordre inférieur, et notamment ceux de cinquième classe, seront tenus de donner aux jeunes musulmans indigents des leçons gratuites de lecture et d'écriture. Les muphtis devront s'assurer de leur ponctualité à cet égard ; ils détermineront les heures auxquelles l'enseignement dont il s'agit aura lieu dans chaque mosquée.

PERSONNEL SUPÉRIEUR.

Les traitements attribués au personnel supérieur du culte sont imputés au budget de l'Algérie.

Demeurent à la charge du budget même (loi du 23 décembre 1875) les traitements attribués au personnel inférieur et les frais d'entretien consistant en achat de tapis, lampes, huile et autres objets nécessaires à la célébration du culte.

Le tableau ci-après détermine la quotité de ces allocations :

1° Muphti.	Ville d'Alger.	3,000 fr.
	Ville de 1er ordre. . . .	1,800
	— de 2e ordre. . . .	1,500
	— de 3e ordre. . . .	1,200
2° Imam.	Mosquée principale d'Alger.	1,200 fr.
	Autres mosquées de 1re classe.	900
	Mosquées des autres classes, de 3 à	700
3° Imam adjoint.	Mosquée d'Alger. . . .	300 fr.

PERSONNEL INFÉRIEUR.

1° Mouderrès, mosquées de 1re classe, 900 à 1,000 francs;

2° Chef des lecteurs, mosquées de 1re classe, 720 à 780 francs;

3° Lecteurs de { 1re classe, de 180 à 210 francs; 2e classe, de 150 à 180 francs;

4° Bach-Moureddin, Alger, 600 francs;

5° Mouakkat, Alger, 420 francs;

6° Moureddin, de 300 à 390 francs;

7° Élève rétribué, Alger, 220 francs.

FRAIS D'ENTRETIEN DU CULTE.

Mosquées principales d'Alger, 5,400 francs;

Mosquées de 1re classe, 1,500 francs;

Autres, de 800 à 900 francs.

Chacun des titulaires aux emplois sus-désignés pourra être chargé de fonctions extraordinaires pour la célébration du culte, soit pendant le Ramadan, soit dans toute autre partie de l'année, sans avoir droit à aucune indemnité en dehors du traitement fixé dans le tableau qui précède.

31 décembre 1873.

Arrêté du gouverneur portant que la nomination des muphtis appartient au gouverneur et celle des autres fonctionnaires au préfet (B. O. 516).

23 décembre 1875.

Loi des finances qui a rattaché au budget de l'Algérie les dépenses du culte musulman.

D

Défenseurs.

La profession de défenseur a été réglementée par un arrêté ministériel du 26 novembre 1841 pris en vertu de l'article 73 de l'ordonnance du 28 février précédent. Aux termes de ce règlement, les défenseurs avaient seuls qualité pour représenter les parties et pour plaider devant les tribunaux de l'Algérie; ils étaient nommés par le ministre de la guerre, après avoir justifié qu'ils remplissaient les conditions d'aptitude déterminées; ils déposaient un cautionnement et prêtaient serment avant d'entrer en fonctions; le procureur général et les procureurs près les tribunaux de première instance avaient un droit exclusif de présentation et de surveillance. Ces règles ont été modifiées, en partie, par divers actes législatifs postérieurs. Ainsi: l'ordonnance du 16 avril 1843, qui a promulgué le Code de procédure, a implicitement supprimé l'autorisation qui était nécessaire aux défenseurs pour exercer leur ministère devant les juges de paix (art. 3 de l'arrêté de 1841) et celle qui pouvait leur être accordée de l'exercer hors de leur arrondissement judiciaire (art. 7); l'arrêté du 16 mai 1848, qui a institué en Algérie l'ordre des avocats, a accordé à ces derniers, concurremment avec les défenseurs, le droit de plaidoirie; l'arrêté du 17 juillet 1848 a autorisé les plaideurs devant les tribunaux de commerce à se faire représenter, comme en France, du reste, par tout mandataire pourvu d'un pouvoir spécial; l'arrêté du 29 juillet de la même année a admis les défenseurs à élire un conseil de discipline à Alger et un syndic dans les autres tribunaux du ressort; le décret du 13 décembre 1858, qui a créé la première présidence, a conféré au premier président, aux termes d'une décision ministérielle du 19 décembre 1876, le droit de présentation concurremment avec le procureur général; le décret du 2 mars 1859, en organisant l'assistance judiciaire, a rendu sans objet la disposition de l'article 19 de l'ordonnance de 1841, aux termes de laquelle le procureur général devait désigner chaque année deux défenseurs chargés de donner gratuitement des consultations aux indigents; enfin, le décret du 10 décembre 1860 a transféré au ministre de la justice les attributions précédemment confiées au ministre de la guerre.

Les offices de défenseurs ne sont point susceptibles d'être cédés; ils sont au nombre de 55, savoir : 8 à la Cour et 47 près des tribunaux de première instance : 8 à Alger, 5 à Blida, 4 à Bône, 3 à Bougie, 5 à Constantine, 4 à Mostaganem, 5 à Oran, 4 à Philippeville, 3 à Sétif, 3 à Tizi-Ouzou et 3 à Tlemcen.

26 novembre 1841.

Arrêté ministériel contenant règlement sur la profession de défenseurs (B. 108).

Art. 1. — Les défenseurs ont seuls qualité pour plaider et conclure devant la cour d'appel et les tribunaux français de l'Algérie, pour faire et signer tous les actes nécessaires à l'instruction des causes civiles et commerciales et à l'exécution des jugements ou arrêts, défendre les accusés ou prévenus devant les tribunaux criminels ou correctionnels; le tout sans préjudice du droit des parties de se défendre elles-mêmes, et de l'exécution de l'article 295 du Code d'instruction criminelle.

Seront toutefois admis à plaider en toute matière, devant les tribunaux de l'Algérie, les avocats inscrits au tableau de leur ordre.

Art. 2.—Les tribunaux devront, même d'office, et sauf les exceptions portées en l'article précédent, interdire la parole à quiconque n'étant ni intéressé dans la contestation ni pourvu du titre de défenseur se présenterait pour la soutenir ou y défendre.

Art. 4. — La comparution et le consentement de la partie présente, et interpellée par le juge, tiendront lieu à son défenseur du pouvoir spécial requis par l'article 412 du Code de procédure civile.

Il y aura présomption de mandat en faveur du défenseur qui se présentera porteur de la copie d'ajournement et des pièces du procès.

Art. 5. — Le nombre des défenseurs est fixé à douze pour les tribunaux d'Alger, et à quatre pour chacun des tribunaux de Bône et d'Oran. — Ils sont nommés par le ministre de la justice, sur la proposition du procureur général.

Art. 6. — Tout aspirant au titre de défenseur devra : 1° être âgé de vingt-cinq ans accomplis et jouir des droits civils et politiques ; 2° avoir obtenu le diplôme de licencié en droit, et, en outre, justifier de deux années de travail dans l'étude d'un avoué en France, ou d'un défenseur en Algérie; 3° être Français, ou résidant depuis cinq années consécutives en Algérie; 4° avoir satisfait à la loi du recrutement; 5° justifier de sa moralité.

Art. 7. — Les défenseurs ne peuvent exercer leur ministère hors des limites de l'arrondissement judiciaire pour lequel ils ont été nommés, et où ils sont tenus de résider.

Art. 8. — Tout défenseur qui, sans autorisation et hors le cas d'excuse vérifiée, aura cessé pendant deux mois consécutifs de paraître aux audiences, sera considéré comme démissionnaire, et il sera pourvu à son remplacement.

Art. 9. — L'article 91 de la loi du 28 avril 1816 n'est point applicable aux défenseurs institués par le présent arrêté. Tout traité pour la cession ou transmission de titres ou clientèles, à quelque époque qu'il apparaisse, et alors même qu'il n'aurait pas été suivi d'effet, entraînera la révocation, soit du défenseur encore en exercice, soit de son successeur, si la nomination avait suivi le traité.

Art. 10. — Les défenseurs sont assujettis à un cautionnement, fixé, pour la résidence d'Alger, à 4,000 francs, pour toutes les autres à 2,000 francs, et qui devra appartenir en propre au titulaire.

Les défenseurs actuellement en exercice devront, dans le délai d'une année, libérer les cautionnements par eux versés de toute intervention de bailleurs de fonds et de tout privilège de deuxième ordre, faute de quoi, et ledit délai passé, ils seront considérés comme démissionnaires.

Lorsque l'intégralité du cautionnement sera affectée par des conventions quelconques ou des jugements passés en force de chose jugée, le défenseur sera tenu de le remplacer ou le compléter dans les deux mois de l'invitation qui lui en sera adressée par le procureur général; après l'expiration de ce délai, il sera pourvu à son remplacement.

Le cautionnement des défenseurs demeure affecté, par le privilège, à la garantie des condamnations qu'ils auraient encourues à raison de l'exercice de leurs fonctions.

Art. 11. — Avant d'entrer en exercice, les défenseurs prêtent le serment suivant :

« Je jure obéissance aux lois, ordonnances, arrêtés ou règlements obligatoires en Algérie, et de remplir avec exactitude et probité les devoirs de ma profession. »

Le serment est prêté devant la cour par les défenseurs nommés à la résidence d'Alger, et par tous les autres devant les tribunaux auxquels ils sont attachés. — Les défenseurs ne sont admis au serment qu'après avoir justifié du versement de leur cautionnement. — Ils seront déchus du bénéfice de leur nomination si, dans les deux mois du jour où elle aura été notifiée, ils ne se sont pas conformés aux prescriptions du présent article.

Art. 12. — Les défenseurs ont droit à des honoraires. Ils ont action pour leur recouvrement.

En matière civile ou commerciale, les défenseurs, tant en demandant qu'en défendant, sont tenus de dresser, chacun pour sa partie, un état de frais, lequel ne peut contenir, outre les déboursés, qu'un article unique d'honoraires, portés en un seul chiffre pour tous soins donnés à l'affaire, plaidoiries, mémoires et autres diligences quelconques, jusques et compris le jugement définitif. Il est interdit de faire figurer dans cet état aucun droit ou vacation résultant de l'application des tarifs de France, sauf toutefois l'exception portée en l'article 14.

Les états sont déposés en double au greffe pour être taxés par le juge. Mention est faite de la taxe sur les deux originaux de l'état, dont l'un est remis au défenseur, qui ne peut rien exiger au delà de la taxe.

Le juge détermine la portion des frais taxés qui doit être mise, dans la liquidation, à la charge de la partie condamnée aux dépens; cette liquidation ne peut comprendre, à titre d'honoraires et selon l'importance des affaires, que, savoir :

Pour obtention d'un arrêt contradictoire, 20 à 60 francs; pour obtention d'un jugement contradictoire, 10 à 30 francs, et la moitié de ces sommes pour l'obtention d'un arrêt ou jugement par défaut.

Art. 14. — Pour les poursuites de saisie immobilière, les licitations et ventes en justice de biens immeubles, les procédures d'ordre ou de distributions par contribution entre créanciers, les droits et vacations passés aux avoués de Paris par les tarifs de France seront, par le juge taxateur, et sur état dressé comme il est dit en l'article précédent, alloué aux défenseurs sans distinction de résidence, mais ils n'auront droit à aucun autre émolument à titre d'honoraires. Il ne leur sera, dans aucun cas, rien passé pour rédaction d'actes quelconques du ministère des huissiers. Les autres contestations portées à l'audience à l'occasion de l'exécution des jugements et actes hors les cas prévus par le présent article donneront lieu à l'application de l'article 12.

Art. 15. — Seront tenus, les défenseurs, de donner au bas de l'état mentionné aux articles précédents quittance aux parties, soit des honoraires taxés par le juge, soit de toutes autres sommes volontairement payées au même titre.

Art. 16. — Toute clause ou condition qui aurait pour objet d'éluder la taxe exigée par les articles 12 et 14 est réputée non écrite, sans préjudice de telles peines qu'il appartiendra contre le défenseur.

Art. 17. — En matière criminelle ou correctionnelle, les défenseurs ne sont assujettis à aucune taxe. Ils sont néanmoins tenus de délivrer quittance des sommes par eux reçues pour soins donnés à la défense. Il leur est interdit, à peine de révocation, d'exiger et d'accepter des accusés ou prévenus, préalablement au jugement, des engagements ou garanties pour le payement de leurs honoraires.

Art. 18. — Toutes les fois qu'ils auront été désignés d'office par le juge pour défendre les ac-

cusés ou prévenus devant les tribunaux criminels ou correctionnels, ou devant les conseils de guerre, les défenseurs ne pourront refuser leur ministère sans avoir fait agréer leur excuse.

Art. 20. — L'exercice de la profession de défenseur est incompatible avec toute fonction publique salariée, toute autre profession et toute espèce de négoce.

Art. 21. — Il est interdit aux défenseurs, à peine de révocation : — 1° de se rendre directement ou indirectement adjudicataire des biens meubles et immeubles dont ils sont chargés de poursuivre la vente; — 2° de se rendre cessionnaires de droits successifs ou litigieux; — 3° de faire avec leurs parties des conventions, aléatoires ou autres, subordonnées à l'événement du procès; — 4° de s'associer, soit entre eux, soit avec des tiers, pour l'exploitation de leur office et le partage de ses produits.

Art. 22. — Les peines encourues par les défenseurs pour toute infraction à laquelle le présent arrêté n'attache pas une peine particulière sont, selon la gravité des cas, le rappel à l'ordre, la suspension pour six mois au plus, la révocation.

Art. 23. — Les défenseurs sont placés sous la surveillance du procureur général, qui prononce, selon les cas, après les avoir entendus, le rappel à l'ordre ou les réprimandes, et leur donne d'ailleurs les avertissements qu'il juge convenables. — Les pouvoirs du procureur général sont exercés par le procureur du roi hors de la province d'Alger.

Quand il y a lieu à suspension ou révocation, il est statué par le ministre sur le rapport du procureur général, qui provoque et reçoit les explications de l'inculpé, en cas d'urgence.

Art. 24. — Si les défenseurs s'écartent à l'audience du respect dû aux lois et à la justice, les tribunaux peuvent, dans tous les cas, prononcer en dernier ressort le rappel à l'ordre, la réprimande ou la suspension pendant deux mois au plus.

Lorsque les tribunaux estiment qu'il y a lieu à l'application d'une peine plus grave, il est dressé procès-verbal des faits, lequel est, sans délai, transmis au procureur général. Le défenseur inculpé est invité à faire connaître par écrit ses moyens de défense. Le ministre prononce au vu desdites pièces et sur le rapport du procureur général.

Art. 25. — Il est institué une chambre de discipline, dont les attributions consistent : — 1° à donner son avis sur toute plainte portée contre un défenseur; — 2° à intervenir officieusement pour prévenir tout débat, soit entre défenseurs, soit entre les défenseurs et les parties; — 3° à représenter les intérêts collectifs des défenseurs pour toutes demandes ou réclamations, et dans toutes relatives ou communications avec le procureur général. — Les attributions de la chambre de discipline seront, dans les autres résidences, conférées à un défenseur, qui prendra le nom de syndic.

Art. 26. — Les défenseurs ne peuvent, dans les actes de leur ministère, prendre d'autre titre que celui assigné à leur profession par l'ordonnance du 28 février 1841 et le présent arrêté. — Ils sont tenus de se présenter en robe aux audiences. Les licenciés en droit portent les insignes de ce grade, et sont admis à plaider couverts.

Art. 27. — Sont maintenus en exercice les défenseurs nommés depuis le 27 janvier 1843, alors même qu'ils ne réuniraient pas toutes les conditions exigées par le présent arrêté, et sans qu'il soit besoin de commissions confirmatives.

Art. 28. — Toutes dispositions antérieures sur l'exercice de la profession de défenseur sont abrogées.

17 juillet 1848.

Arrêté du gouverneur sur les défenseurs.

Art. 2. — Devant les tribunaux de commerce, la défense des parties pourra être présentée par toute personne pourvue d'un pouvoir spécial à cet effet. — Ce pouvoir sera présumé en faveur de l'avocat ou du défenseur porteur de l'original ou de la copie de la citation.

29 juillet 1848.

Arrêté du gouverneur instituant les chambres de discipline.

Art. 1. — Chaque année, dans la première quinzaine de décembre, le corps des défenseurs près la Cour d'appel et le corps des défenseurs près le tribunal de première instance d'Alger, éliront chacun une chambre de discipline. — Chaque chambre de discipline sera composée de quatre membres, savoir : un président, un rapporteur, un trésorier et un secrétaire. — Les défenseurs attachés à chacun des tribunaux du ressort éliront à la même époque un syndic. — L'élection aura lieu à la majorité absolue des suffrages.

Art. 2. — Les attributions des chambres de discipline et des syndics demeurent telles qu'elles sont déterminées par l'article 25 de l'arrêté du 26 novembre 1841.

14 novembre 1874.

Décret autorisant les défenseurs de Bougie et de Tizi-Ouzou à représenter les indigènes devant les juges de paix (B. O. 578).

Art. 1. — Les défenseurs près les tribunaux civils de Tizi-Ouzou et de Bougie peuvent être admis, sur la demande expresse des parties, à représenter les indigènes arabes ou kabyles, ou musulmans étrangers, et à défendre leurs inté-

rêts, concurremment avec les oukils, devant les justices de paix de ces arrondissements, soit en premier, soit en dernier ressort, en se conformant, d'ailleurs, aux prescriptions des articles 15, 25 et suivants du décret du 13 décembre 1866 et 12 du décret du 29 août 1874.

Art. 2. — Le garde des sceaux, ministre de la Justice, est chargé de l'exécution du présent décret.

Dellals (1).

5 mars 1855.

Arrêté ministériel contenant réglement
(B. 470).

Art. 1. — La profession de dellal ne peut être exercée que par des indigènes musulmans, pourvus d'une autorisation délivrée dans les formes et conditions indiquées par les articles 3 et 4 du présent arrêté. — Cette autorisation est essentiellement révocable.

Art. 2. — Dans toutes les localités où cela sera reconnu possible, les dellals musulmans seront constitués, suivant le territoire, par arrêtés des généraux commandant les divisions ou des préfets des départements, en corporations placées sous la direction d'un amin (2) assisté d'un khodja (3). — La surveillance de ces corporations appartient à l'autorité administrative.

Art. 3. — Les dellals, leur amin et leur khodja sont nommés, en territoire militaire, par le général commandant la division ; en territoire civil, par le préfet. Le nombre des dellals est fixé proportionnellement aux besoins de chaque localité.

Art. 4. — Nul ne peut être admis à exercer la profession de dellal, s'il n'est âgé de vingt-cinq ans et s'il ne justifie : 1° d'un certificat de moralité ; 2° du versement d'un cautionnement dont l'importance sera déterminée pour chaque localité par le général ou le préfet, et qui, en aucun cas, ne pourra dépasser 150 francs. — L'amin est soumis à un cautionnement double de celui du dellal. — Le khodja est dispensé de cautionnement, à moins qu'il ne soit pris parmi les dellals.

Art. 5. — L'amin distribue entre les dellals le travail des ventes et le service de garde nocturne du bureau où sera établie la caisse de la corporation. — La clef de cette caisse restera entre les mains de l'amin. — Il préside aux ventes, en reçoit et paye le montant. — Il est enfin chargé de la police de la corporation et de celle de la salle de vente. Il peut faire toutes réquisitions pour y maintenir l'ordre.

(1) Encanteurs.
(2) Syndic.
(3) Secrétaire.

Art. 6. — Les dellals, leur amin et leur khodja prêtent serment, avant d'entrer en fonctions, entre les mains du délégué du général ou du préfet.

Art. 7. — Les objets mobiliers destinés à la vente seront, au moment même du dépôt, évalués par l'amin, assisté d'un dellal et du propriétaire desdits objets.

Art. 8. — Les objets seront ensuite inscrits sur un registre où seront mentionnés, sous un numéro d'ordre pour chaque objet : — la date du dépôt; — le nom du propriétaire; — l'évaluation de l'objet; — le nom du dellal chargé de la vente; — le nom de l'acheteur; — les droits perçus; — et toutes observations qu'il y aura lieu. — Ce registre sera visé, coté et paraphé par l'autorité administrative et arrêté chaque jour par l'amin.

Art. 9. — Les lieu, jour et heure de vente dans chaque localité seront fixés par un règlement de l'autorité locale.

Art. 10. — Les objets à vendre pourront être mis à l'enchère dans tous les quartiers de la ville; mais l'adjudication définitive ne sera déclarée qu'au lieu désigné par l'autorité et en présence de l'amin. Elle ne pourra être prononcée au-dessous de l'estimation que du consentement du vendeur.

Art. 11. — Il sera délivré au vendeur un reçu des objets par lui déposés, avec indication de leur valeur estimative, et à l'acheteur un reçu du prix.

Art. 12. — La corporation est responsable des objets déposés, et, après la vente, de leur prix. — L'actif de la corporation et l'ensemble des cautionnements sont affectés à cette garantie.

Art. 13. — Le vendeur aura toujours, avant l'adjudication, le droit de retirer, sans frais, un objet qu'il aurait confié aux dellals. — Aussitôt après l'adjudication, il lui sera fait remise du prix, sur lequel seront retenus les droits de vente.

Art. 14. — L'amin percevra sur le prix d'adjudication, au profit de la société : 5 p. 100, de 1 à 25 francs; — 4 p. 100, de 25 à 50 francs; — 2 1/2 p. 100, de 50 à 100 francs; — 2 p. 100, de 100 francs et au-dessus.

Art. 15. — La taxation déterminée par le tarif faisant suite à l'arrêté du 20 juillet 1848, sur la justice musulmane, continuera à être appliquée aux dellals qui auront prêté leur ministère aux ventes faites par les cadis.

Art. 16. — Le premier de chaque mois, les bénéfices seront, après le prélèvement de tous les frais, partagés entre l'amin, les dellals et le khodja. — L'amin recevra deux parts; chacun des dellals et le khodja, une part.

Art. 17. — Il est interdit à l'amin et aux dellals de prêter leur ministère pour vendre des objets appartenant à des personnes frappées d'incapacité par la loi musulmane. — En outre, fait défense expresse aux amins, aux dellals et aux khodjas de se rendre directement ou indirecte-

ment adjudicataires des objets qu'ils sont chargés de vendre, et de se livrer ou d'être associés à aucun commerce ayant quelque rapport avec la profession de dellal.

Art. 18. — L'autorité administrative pourra prononcer contre le dellal qui se sera rendu coupable d'infraction aux règles prescrites ci-dessus, soit la révocation, soit la suspension de cinq jours à trois mois, avec privation, jusqu'à l'expiration de la peine, de toute part dans les bénéfices communs.

Art. 19. — Les perceptions non autorisées par le présent règlement, les soustractions, détournements et substitutions d'effets, seront punis conformément aux dispositions du code pénal.

Art. 20. — Les dispositions du présent arrêté sont applicables aux dellals non réunis en corporation, dans tout ce qu'elles ne renferment pas de spécial à l'existence de ces associations.

Déportation.

Les deux lois des 8 juin 1850 et 23 mars 1872 sur la déportation n'ont pas été promulguées en Algérie; mais elles y sont mises à exécution comme accessoires du Code pénal.

Dépôts musulmans.

2 novembre 1855.

Arrêté du gouverneur portant règlement
(B. 488).

Art. 1. — La valeur des dépôts, dits amaïns, que reçoivent les cadis est illimitée. Ils se composent de valeurs en numéraire ou en papier, lingots d'or ou d'argent, bijoux ou matière précieuses. — Ces dépôts sont de quatre espèces : — 1° ceux des absents; — 2° ceux que la justice conserve jusqu'au moment de la solution d'un procès; — 3° ceux des orphelins; — 4° ceux des interdits.

Art. 2. — Tous les dépôts reçus par les cadis sont versés par eux dans les dix jours au bit-el-mal. Toutefois ils peuvent conserver les sommes nécessaires pour servir, pendant trois mois, les nafaka (pensions alimentaires) aux ayants droit.

Art. 3. — Les versements seront toujours accompagnés de bordereaux dressés par les adouls et signés par eux et le cadi. Ils indiqueront la date de la remise au cadi, la valeur des dépôts, leur nature et leur origine.

Art. 4. — Les bijoux, pierreries et matières précieuses, appartenant à des absents, des mineurs ou des interdits, seront versés en présence d'un agent du domaine; ils seront placés dans des paquets scellés et revêtus des cachets : 1° du cadi déposant; 2° de l'oukil du bit-el-mal; 3° de l'agent du domaine. Ces paquets sont accompagnés d'un état descriptif en trois expéditions : une pour le cadi, une pour le bit-el-mal et l'autre pour l'administration des domaines.

Art. 5. — Les restitutions des dépôts en partie ou en totalité aux ayants droit ne pourront avoir lieu que sur le vu d'une invitation écrite du cadi ou d'un jugement en due forme.

Art. 6. — La restitution des bijoux, pierreries, etc., spécifiés à l'article 4, aura lieu en présence de l'agent des domaines.

Art. 7. — Les cadis sont tenus de conserver intactes les valeurs qui leur ont été remises en dépôt pendant le temps qu'elles restent entre leurs mains; ils ne doivent ni en disposer, ni les changer, ni les altérer.

Art. 8. — Les cadis demeurent responsables de toutes les valeurs qu'ils ont reçues, jusqu'au moment où ils les livrent au bit el mal, et en reçoivent un récépissé.

Art. 9. — Les oukils du bit-el-mal sont soumis aux mêmes obligations que les cadis pour la conservation des valeurs placées entre leurs mains, ainsi qu'il est dit à l'article 7.

Art. 10 — Ils sont responsables de toutes les valeurs qu'ils conservent en dépôt, jusqu'à ce qu'ils aient reçu décharge des ayants droit régulièrement autorisés.

Députés.

30 novembre 1875.

Loi sur l'élection des députés (B. O.635).

Art. 19. — Chaque département de l'Algérie nomme un député.

Art. 20. — Les électeurs résidant en Algérie dans une localité non érigée en commune seront inscrits sur la liste électorale de la commune la plus proche.

Lorsqu'il y aura lieu d'établir des sections électorales, soit pour grouper des communes mixtes dans chacune desquelles le nombre des électeurs serait insuffisant, soit pour réunir les électeurs résidant dans les localités non érigées en communes, les arrêtés pour fixer le siège de ces sections seront pris par le gouverneur général, sur le rapport du préfet ou du général commandant la division.

Direction générale des affaires civiles et financières (attributions).

L'administration civile a toujours été centralisée entre les mains d'un haut fonctionnaire et dirigée par lui sous l'autorité du gouverneur. Ce haut fonctionnaire, appelé d'abord intendant civil, puis directeur de l'intérieur, directeur des affaires civiles, directeur général, secrétaire général, a reçu du décret du 29 mars 1871 le titre de directeur général des affaires civiles et financières. Ses attributions n'ont pas été délimitées, et il faut remonter, pour les connaître, aux décrets des 26 décembre 1860 et 13 avril 1861 et à l'arrêté du 13 mars 1861, implicitement remis en vigueur par le décret du 26 mars 1871 qui a rétabli la direction générale. Le directeur, en dehors des attributions qui lui sont conférées par les actes de 1860 et 1861, remplit les fonctions dévolues autrefois au directeur des finances. C'est donc sous ses ordres et sa surveillance que sont placées les régies financières (ordonnance du 2 janvier 1846); c'est lui qui décerne les contraintes contre les commissaires-priseurs dans le cas prévu par l'article 21 de l'arrêté du 1er juin 1841, etc., etc. Le gouvernement actuel paraît, du reste, avoir voulu faire au directeur des affaires civiles et financières une position semblable à celle du directeur des services civils de 1860 en le nommant, par décret du 6 mars 1877, conseiller d'État en service extraordinaire et lui conférant ainsi, non-seulement entrée au Conseil d'État, mais encore la possibilité d'être désigné pour soutenir devant les Chambres le budget de l'Algérie et les projets de loi qui intéressent la colonie.

La direction générale figure au budget des dépenses de 1877 pour la somme de 346,660 francs qui se décompose ainsi : personnel, y compris le traitement du directeur, 239,500 francs; gens de service, 21,168 francs; mobilier, fournitures, impressions et locations d'immeubles, 89,000 francs.

Le personnel de la direction est soumis, pour la nomination et l'avancement, à des règles, dont le concours ou les services rendus forment la base et qui sont formulées dans des arrêtés spéciaux des 12 janvier et 1er décembre 1875, 15 février et 11 décembre 1876.

26 décembre 1860.

Décret portant organisation de la direction générale des services civils (B. O. 1).

Art. 1. — La direction générale des services civils en Algérie comprend : — le cabinet du directeur; — trois divisions comprenant un nombre de sections et d'employés de diverses classes suffisant pour assurer l'exécution du service. — Les attributions des divisions sont déterminées ainsi qu'il suit : — première, administration générale, provinciale et communale; — deuxième, domaine, colonisation et travaux publics; — troisième, comptabilité générale, services financiers, douanes, commerce et industrie.

Art. 2. — En cas d'absence ou d'empêchement du directeur général des services civils, le gouverneur général désigne le fonctionnaire chargé de le suppléer.

Art. 3. — Le gouverneur général nomme les chefs de division, les chefs et les employés de tous grades de la direction générale. — Il détermine, par un arrêté, les conditions d'admission et d'avancement dans le personnel de cette administration.

13 mars 1861.

Arrêté du gouverneur général indiquant les attributions du gouverneur général déléguées au directeur général des affaires civiles (B. O. 5).

Article unique. — Les objets suivants, compris dans les pouvoirs à nous conférés par les articles 6 et 7 du décret du 10 décembre 1860, sont par nous délégués au directeur général des services civils :

1° Nomination aux emplois de l'administration centrale de l'Algérie, jusqu'au grade de commis principal inclusivement;

2° Nomination des agents des services extérieurs autres que les chefs de service;

3° Délivrance des commissions ou lettres de service, aux fonctionnaires ou agents nommés par l'Empereur ou par nous;

4° Visa des commissions délivrées par les ministres compétents aux agents des services métropolitains détachés en Algérie;

5° Propositions aux ministres et directeurs généraux compétents pour l'avancement des agents appartenant aux administrations continentales, jusqu'au grade de chef de service inclusivement;

6° Liquidation des dépenses imputables au budget du gouvernement de l'Algérie;

7° Délégation des crédits afférents aux budgets provinciaux et locaux;

8° Règlement des budgets et comptes des centimes additionnels à l'impôt arabe;

9° Allocations et virements de crédits sur les mêmes budgets;

10° Examen et approbation des états des restes à recouvrer, présentés par les employés comptables des services financiers;

11° Dégrèvements ou modérations d'impôts, y compris les impôts arabes, jusqu'à la somme de 1,000 francs;

12° Remises ou modérations des amendes et peines pécuniaires ne dépassant pas 500 francs, dues par suite de contraventions aux lois sur l'enregistrement, le timbre, le notariat, les poids

et mesures et les contributions diverses autres que celles prononcées par les tribunaux;

13° Approbation des cahiers des charges, adjudications, marchés de gré à gré, plans et devis soumis à la sanction ministérielle, pourvu que la dépense des travaux ou fournitures ne dépasse pas 100,000 francs;

14° Décisions au sujet des questions de perception en matière d'enregistrement et de timbre;

Autorisations préalables aux instances en cette matière;

15° Approbation des états d'assiette des coupes à effectuer dans les forêts domaniales et de toutes autres opérations de simple administration desdites forêts;

16° Instructions générales et spéciales pour l'exécution des lois, décrets et arrêtés;

17° Décisions au sujet des demandes de congés formées par les agents, à la nomination du directeur général des services civils, et par les divers employés détachés des administrations continentales autres que les chefs de service;

18° Enfin, signature de la correspondance administrative pour toutes les affaires que nous ne nous serons pas réservées.

13 avril 1861.

Décret réglant les attributions du directeur général (B. O. 10).

Art. 1. — Le directeur général des services civils en Algérie exerce, sous l'autorité du gouverneur général et en son nom, la direction de l'administration civile.

Il propose et soumet au gouverneur général toutes les mesures qui intéressent la colonisation, l'agriculture, le commerce et les travaux publics, ainsi que celles qui ont pour objet d'assurer l'exécution des lois, décrets, règlements généraux et instructions concernant l'administration publique.

Art. 2. — Il prend les ordres du gouverneur général sur la correspondance administrative et les propositions intéressant les affaires civiles, des généraux divisionnaires, des préfets et des chefs de service qui correspondent directement avec le gouverneur général.

Art. 3. — Il statue sur ceux des objets compris dans les attributions administratives de gouverneur général que ce dernier jugé à propos de lui déléguer; il signe par délégation toute la correspondance administrative que le gouverneur général ne s'est pas réservée.

8 mars 1877.

Décret qui nomme M. Lemyre de Villers, directeur général conseiller d'État en service extraordinaire (B. O. 601).

Direction générale (personnel).

12 janvier 1875.

Arrêté du gouverneur général sur l'organisation des bureaux de la direction générale des services civils (B. 587).

CHAPITRE I. — *Du conseil d'administration.*

Art. 1. — Il est institué à la direction générale des affaires civiles et financières de l'Algérie un conseil d'administration composé, sous la présidence du directeur général, d'un conseiller de gouvernement, vice-président, des chefs de bureau de la direction générale, membres.

Art. 2. — Le conseiller de gouvernement vice-président du conseil d'administration est désigné, chaque année, par le gouverneur général et peut être indéfiniment renommé.

. Les fonctions de secrétaire sont remplies par un sous-chef de bureau, à la désignation du directeur général des affaires civiles et financières.

Art. 3. — Le conseil d'administration délibère sur les questions dont il est saisi par le gouverneur général ou par le directeur général des affaires civiles et financières:

Il prépare les règlements d'ordre intérieur;

Il donne avis sur l'admission des postulants qui se présentent pour subir les concours d'entrée, ainsi que sur les conditions et les formes des examens;

Il dresse le tableau annuel d'avancement des employés.

CHAPITRE II. — *Des cadres et de l'admission dans les cadres.*

Art. 4. — Les cadres du personnel de la direction générale des affaires civiles et financières sont fixés par le gouverneur général, suivant les besoins du service.

Art. 5. — Les catégories des emplois sont divisées en classes, ainsi qu'il suit :

CHEFS DE BUREAU.

De première classe, 9,000 francs; de deuxième classe, 8,000 francs; de troisième classe, 7,000 fr.

SOUS-CHEFS DE BUREAU.

De première classe, 6,000 francs; de deuxième classe, 5,500 francs; de troisième classe, 5,000 fr.

COMMIS PRINCIPAUX (1).

COMMIS RÉDACTEURS.

De première classe, 2,400 francs; de deuxième classe, 2,100 francs; de troisième classe, 1,800 fr.

COMMIS ORDINAIRES.

De première classe, 3,000 francs; de deuxième classe, 2,700 francs; de troisième classe, 2,400 fr.;

(1) V. ci-après, arrêté du 11 décembre 1876.

de quatrième classe, 2,100 francs; de cinquième classe, 1,800 francs; de sixième classe, 1,500 francs.

Art. 6. — Les chefs et sous-chefs de bureau sont nommés par le gouverneur général, sur la proposition du directeur général des affaires civiles et financières.

Ils sont choisis dans le personnel supérieur de la direction générale et dans le personnel supérieur des services administratifs provinciaux de l'Algérie.

CHAPITRE III. — *Recrutement des employés.*

Art. 7. — Tout aspirant à un emploi de début dans les bureaux de la direction générale des affaires civiles et financières doit justifier :

Qu'il est Français ou naturalisé Français;

Qu'il a plus de dix-huit ans et moins de trente ans, s'il est candidat à un emploi de commis-rédacteur; moins de trente-six ans, s'il est candidat à un emploi de commis ordinaire.

Il adresse sa demande au directeur général des affaires civiles et financières, et y joint les pièces propres à établir sa situation et à faire connaître ses antécédents.

COMMIS RÉDACTEURS.

Art. 8. — Les candidats aux emplois de commis-rédacteur doivent justifier d'un diplôme de bachelier ès lettres ou de bachelier ès sciences.

Art. 9. — Les commis-rédacteurs sont admis par la voie du concours.

Art. 10. — Le programme du concours est fixé par le gouverneur général, qui désigne les membres du jury et le nombre des emplois mis au concours.

Ce programme est déposé au secrétariat de la direction générale des affaires civiles et financières, au moins deux mois avant l'ouverture du concours, qui a lieu, tous les ans, au mois d'octobre.

Art. 11. — Le gouverneur général arrête la liste des candidats agréés à subir les épreuves du concours.

Art. 12. — Le jury du concours, présidé par un conseiller de gouvernement, est désigné par le gouverneur général.

Art. 13. — Les candidats déclarés admissibles à la suite du concours sont attachés en qualité d'employés stagiaires, soit à la direction générale des affaires civiles et financières, soit à l'une des préfectures de l'Algérie, suivant leur ordre de classement.

Ils touchent une indemnité mensuelle de cent-cinquante francs (150 francs), non susceptible de retenue pour le service des pensions civiles.

Art. 14. — Après une année de stage et sur le rapport qui est fait de leur aptitude, le gouverneur général prononce sur les points suivants: 1° si le stagiaire doit être conservé et pourvu d'un emploi de commis-rédacteur titulaire dans l'administration algérienne; 2° s'il doit être congédié; 3° s'il doit être astreint à un nouveau stage d'un an, après lequel il sera pris, à son égard, une décision définitive.

Art. 15. — L'employé stagiaire reconnu apte à être titulaire reçoit du gouverneur général une commission de commis-rédacteur de troisième classe.

Art. 16. — Sont dispensés du stage les candidats pourvus d'un diplôme de licencié en droit ou d'un certificat constatant qu'ils ont subi, avec succès, l'examen institué par le décret du 4 décembre 1849, pour l'obtention de la prime de la langue arabe (1).

COMMIS ORDINAIRES.

Art. 17. — Les aspirants aux emplois de commis ordinaire sont soumis à un examen dont les formes et les conditions sont déterminées par le directeur des affaires civiles et financières.

Ils sont nommés par le directeur général, au vu des résultats de l'examen.

Art. 18. — La moitié des emplois de commis ordinaire est réservée aux sous-officiers des armées de terre et de mer, remplissant les conditions prévues par la loi du 21 juillet 1873.

Art. 19. — Les commis ordinaires qui remplissent d'ailleurs les conditions déterminées par l'article 8 ci-dessus peuvent toujours concourir pour l'emploi de commis-rédacteur.

S'ils sont reconnus admissibles, à la suite du concours, ils passent dans la catégorie des commis-rédacteurs, avec le traitement dont ils sont en possession.

CHAPITRE IV. — *De l'avancement.*

Art. 20. — L'avancement des employés a lieu par grade et par classe de traitement dans chaque grade. Il est donné, au vu du tableau d'avancement, dressé par le conseil d'administration, non à l'ancienneté de l'employé dans le grade ou la classe, mais à la capacité, aux services rendus et aux services que l'État peut attendre dans l'avenir.

Toutefois, aucun employé ne peut, même à titre exceptionnel, recevoir plus d'un avancement chaque année.

Art. 21. — Il est expressément tenu compte aux employés portés au tableau d'avancement des connaissances en langue arabe dont ils justifieront.

Art. 22. — Le grade de commis principal dans les bureaux de la direction générale des affaires civiles et financières est donné au concours (2).

Art. 23. — Sont admis à concourir pour le grade de commis principal dans les bureaux de la direction générale:

(1) Disposition ajoutée par arrêté du 1ᵉʳ décembre 1875 (B. O. 632). « Sont également dispensés du stage les candidats appartenant déjà à une administration publique et soumis à la retenue réglementaire pour le service des pensions civiles. »

(2) V. arrêté du 11 décembre 1876 ci-après.

1° Les commis-rédacteurs de première classe et les commis ordinaires de première classe de la direction générale; 2° les employés des administrations publiques rétribués sur les fonds de l'État; 3° les interprètes titulaires de l'armée; 4° les anciens élèves des écoles spéciales de gouvernement; 5° les licenciés en droit. Les candidats des quatre dernières catégories doivent, au préalable, être agréés par le conseil d'administration et par décision spéciale du gouverneur général, rendue sur le rapport du directeur général des affaires civiles et financières.

Art. 24. — Le programme des connaissances et des épreuves pour le grade de commis principal est arrêté par le gouverneur général et publié au moins deux mois à l'avance.

L'époque du concours et le nombre des places à attribuer sont fixés en même temps.

Le jury du concours est formé comme il est dit à l'article 12.

Art. 25. — Les commis-rédacteurs et les commis principaux de la direction générale des affaires civiles et financières peuvent être appelés, sur leur demande, aux emplois, dont le gouverneur général a la nomination, dans les services administratifs provinciaux de l'Algérie.

Art. 26. — Les employés titulaires des services administratifs provinciaux de l'Algérie (préfecture et bureaux civils des généraux commandant les divisions), peuvent être admis, avec le traitement attaché à leur grade, dans les bureaux de la direction générale des affaires civiles et financières, par décision du gouverneur général, sur l'avis du conseil d'administration (1).

Art. 27. — A la fin de chaque année, le conseil d'administration, en établissant le tableau d'avancement, dresse la liste des chefs, sous-chefs et employés de la direction générale aptes à exercer des fonctions publiques et qui se font inscrire comme candidats à ces fonctions.

Cette liste est jointe aux tableaux établis, dans le même but, par les préfets, en ce qui concerne les territoires de commandement, par les généraux commandant les divisions, pour le personnel des services administratifs provinciaux.

Art. 28. — Les employés appelés à satisfaire à la loi du 27 juillet 1872, sur le service militaire, conservent leur position dans les cadres de la direction générale des affaires civiles et financières, pendant toute la durée de leur présence sous les drapeaux. Toutefois, leur traitement demeure suspendu.

CHAPITRE V. — *De la discipline.*

Art. 29. — Les employés de tous grades de la direction générale des affaires civiles et financières ne peuvent contracter mariage qu'après l'autorisation du gouverneur général.

(1) Disposition ajoutée par arrêté du 15 février 1876 (B. O. 611). « Les employés titulaires des ministères sont également admis par décision spéciale et directe du gouverneur général. »

Tout employé qui contrevient à la disposition qui précède est considéré comme démissionnaire.

Art. 30. — Les infractions aux règles de service et les écarts de la conduite privée donnent lieu, contre les employés, aux peines disciplinaires suivantes : 1° réprimande ; 2° retenue disciplinaire de 1 à 30 jours de solde ; 3° retrait d'un grade ou d'une classe ; 4° révocation. — Les peines des deux premières catégories sont infligées par le directeur général des affaires civiles et financières ; celles des deux autres, par le gouverneur général.

CHAPITRE VI. — Des congés.

Art. 31. — Les congés sont accordés par décision du gouverneur général pour les chefs et sous-chefs de bureau, et par le directeur général des affaires civiles et financières, pour les autres employés.

Art. 32. — Sont abrogées toutes les dispositions antérieures contraires au présent arrêté.

11 décembre 1876.

Arrêté du gouverneur portant modification au règlement du 12 janvier 1875 (B. O. 687).

Art. 1. — Sont admis à passer au grade de commis principal, sans condition de nouvel examen, les commis rédacteurs de 1re classe pourvus du diplôme de licencié en droit, ou de la prime pour connaissance de la langue arabe.

Art. 2. — Les commis rédacteurs et les commis ordinaires chargés spécialement de travaux de comptabilité et qui se distinguent par des services exceptionnels peuvent, par des arrêtés du gouverneur général, rendus sur l'avis du conseil d'administration et sur la proposition du directeur général des affaires civiles et financières, être dispensés des épreuves du concours pour être promus au grade de commis principal.

Art. 3. — Les traitements attachés aux emplois de commis principal sont fixés ainsi qu'il suit :

Commis principal Chef de section. . .		4,500 fr.
—	de 1re classe.	4,000
—	de 2me classe.	3,500
—	de 3me classe.	3,000

Distances.

La distance de Paris à Alger est fixée par un décret du 23 février 1851 à 160 myriamètres. Quant à la distance qui sépare entre eux les centres et les villes de l'Algérie, elle est établie par des tableaux dressés par les préfets, conformément à la loi. Ces tableaux sont très-développés ; ils comprennent non-seulement les centres européens, mais encore les douars, et même un grand nombre de maisons isolées, des fermes, des puits, des embranchements de routes, des centres projetés, etc., etc. De pareils états ne pouvaient pas prendre place dans notre travail ; nous en avons extrait ce qui concerne les centres importants, c'est-à-dire ceux qui ont été constitués en commune, la plupart de ceux qui forment des sections de communes et quelques autres. Nous avons dans cet extrait réparé quelques omissions et quelques erreurs matérielles (erreurs de typographie évidemment) qui s'étaient glissées dans les tableaux lors de leur impression.

25 février 1851.

Décret relatif à la promulgation des lois de douane (B. 381).

Art. 2. — La distance légale de Paris à Alger est fixée à 160 myriamètres.

Tableaux des distances *(extraits des tableaux officiels)*

DÉSIGNATION des COMMUNES OU CENTRES de population.	NOMS DES CHEFS-LIEUX JUDICIAIRES		DISTANCE DE CHAQUE CENTRE.		
	CANTON.	ARRONDISSEMENT.	au canton.	à l'arrondissement.	au département.
DÉPARTEMENT D'ALGER.			kilom.	kilom.	kilom.
Adélia	Miliana.	Blida	5	81	130
Affreville	Miliana.	Blida	0	92	110
Affroun (El)	Blida.	Blida.	18	18	67
Aïn-Bessem	Aumale.	Alger.	18	123	123
Aïn-El-Madhi.	Médéa.	Blida	50	91	140

15

DÉSIGNATION des COMMUNES OU CENTRES de population.	NOMS DES CHEFS-LIEUX JUDICIAIRES		DISTANCE DE CHAQUE CENTRE		
	CANTON.	ARRONDISSEMENT.	au canton.	à l'arrondissement.	au département.
			kilom.	kilom.	kilom.
Aïn-Sultan	Miliana	Blida	16	100	149
Aïn-Taya	Alger	Alger	32	32	32
Alma	Ménerville	Alger	17	37	37
Ameur-El-Aïn	Marengo	Blida	14	24	73
Arba (L')	Arba	Alger	»	30	30
Attatba	Coléa	Alger	11	49	49
Aumale	Aumale	Alger	»	125	125
Azib-Zamoun	Bordj-Ménaiel	Tizi-Ouzou	11	23	82
Baba-Hassen	Douéra	Alger	5	19	19
Bello-Fontaine	Ménerville	Alger	6	48	48
Belloua	Tizi-Ouzou	Tizi-Ouzou	3	3	107
Ben-N'choud	Dellys	Tizi-Ouzou	11	25	95
Beni-Méred	Blida	Blida	7	7	42
Beni-Miscera	Arba	Alger	30	60	60
Bérard	Coléa	Alger	17	52	52
Berbessa	Coléa	Alger	4	42	42
Berouaghia	Médéa	Blida	32	73	122
Bir-Djaïch	Aumale	Alger	10	122	122
Birkadem	Alger	Alger	11	11	11
Birmandreis	Alger	Alger	7	7	7
Bir-Rabalou	Aumale	Alger	20	105	105
Birtouta	Boufarik	Alger	12	23	23
Blad-Guittoun	Ménerville	Alger	7	62	62
Blida	Blida	Blida	»	»	49
Boghar	Boghari	Blida	7	183	172
Boghari	Boghari	Blida	»	118	166
Bois-Sacré	Bordj-Ménaiel	Tizi-Ouzou	26	40	96
Bordj-Ménaiel	Bordj-Ménaiel	Tizi-Ouzou	»	34	71
Bouçada	Bouçada	Alger	»	253	253
Boufarik	Boufarik	Alger	»	35	35
Bouinan	Boufarik	Alger	13	41	41
Bouira	Aumale	Alger	34	126	126
Bou-Khalfa	Tizi-Ouzou	Tizi-Ouzou	3	3	107
Bou-Medfa	Miliana	Blida	35	57	105
Bourkika	Marengo	Blida	6	32	72
Bou-Roumi	Blida	Blida	18	18	65
Bouzaréa	Alger	Alger	8	8	8
Camp-du-Maréchal	Bordj-Ménaiel	Tizi-Ouzou	17	16	88
Castiglione	Coléa	Alger	8	43	43
Charon	Orléansville	Blida	21	201	250
Chebli	Boufarik	Alger	9	32	32
Cheragas	Alger	Alger	13	13	13
Cherchell	Cherchell	Blida	»	65	109
Chiffa (La)	Blida	Blida	8	8	57
Coléa	Coléa	Alger	»	38	38
Corso (Le)	Ménerville	Alger	10	44	44
Crescia	Douéra	Alger	4	19	19
Dalmatie	Blida	Blida	4	4	45
Damiette	Médéa	Blida	5	46	95
Dellys	Dellys	Tizi-Ouzou	»	36	107
Dely-Ibrahim	Alger	Alger	11	11	11
Dépôt de mendicité	Alger	Alger	10	10	10
Djelfa	Djelfa	Blida	»	285	334
Douaouda	Coléa	Alger	5	33	33
Douéra	Douéra	Alger	»	23	23
Dra-ben-Kadda	Tizi-Ouzou	Tizi-Ouzou	10	10	94
Dra-el-Mizan	Dra-El-Mizan	Tizi-Ouzou	»	46	113
Draria	Alger	Alger	11	11	11
Duperré	Duperré	Blida	»	117	166
El-Achour	Alger	Alger	12	12	12
El-Affroun	Blida	Blida	18	18	67
El-Biar	Alger	Alger	6	6	6
Ferme (La)	Orléansville	Blida	1	181	230
Ferouka	Boufarik	Alger	8	43	43
Fondouk (Le)	Arba	Alger	19	32	32
Fort de l'eau	Alger	Alger	19	19	19
Fort-National	Fort-National	Tizi-Ouzou	»	27	132
Fouka	Coléa	Alger	6	36	36

DÉSIGNATION des COMMUNES OU CENTRES de population.	CANTON.	ARRONDISSEMENT.	au canton.	à l'arrondissement.	au département.
			kilom.	kilom.	kilom.
Gouraya	Cherchell.	Blida.	29	94	131
Gué de Constantine. . .	Alger.	Alger.	14	14	14
Guelt-el-Zerga.	Aumale.	Alger.	9	120	120
Guyotville.	Alger.	Alger.	15	15	15
Hammam-Mélouan . . .	Arba.	Alger. . . .	16	31	31
Haussonviller.	Bordj-Ménaiel.	Tizi-Ouzou. . . .	10	24	81
Heumis.	Ténès.	Blida. . . .	30	203	252
Hussein-Dey	Alger.	Alger. . . .	7	7	7
Isserbourg	Ménerville.	Alger. . . .	20	75	75
Isserville.	Bordj-Ménaiel. . . .	Tizi-Ouzou. . .	8	43	65
Joinville	Blida.	Blida. . . .	2	2	51
Kouba	Alger.	Alger. . . .	8	8	8
Laghouat	Laghouat.	Blida. . . .	»	400	449
Lavarande	Miliana.	Blida. . .	14	97	146
Lodi.	Médéa.	Blida. . .	4	45	94
Mahelma.	Douéra. . . .	Alger. . .	10	32	32
Maison-Blanche. . . .	Alger.	Alger. . .	10	10	10
Maison-Carrée. . . .	Alger. . . .	Alger. . .	12	12	12
Malakoff.	Orléansville. . . .	Blida. . .	15	180	220
Marengo.	Marengo. . . .	Blida. . .	»	35	75
Matifou.	Alger. . . .	Alger. . .	32	32	32
Médéa.	Médéa. . . .	Blida. . .	»	41	90
Meggan	Boghari. . . .	Blida. . .	130	218	205
Mékla.	Fort-National. . . .	Tizi-Ouzou. . .	14	18	127
Ménerville.	Ménerville. . . .	Alger. . .	»	51	51
Messaoud.	Coléa. . . .	Alger. . .	4	41	41
Meurad.	Marengo. . .	Blida. . .	4	42	79
M'fatah.	Boghari. . .	Blida. . .	15	133	180
Miliana.	Miliana. . .	Blida. . .	»	83	132
Montebello.	Marengo. . .	Blida. . .	13	35	62
Montenotte.	Ténès. . . .	Blida. . .	7	240	275
Montpensier.	Blida. . .	Blida. . .	2	2	47
Mouzaïaville.	Blida. . .	Blida. . .	12	12	61
Mustapha inférieur. . .	Alger. . . .	Alger. . .	3	3	3
— supérieur . .	Alger. . . .	Alger. . .	4	4	4
Novi	Cherchell . . .	Blida. . .	7	73	109
Orléansville	Orléansville. . .	Blida. . .	»	180	229
Oued-El-Alleug . . .	Blida. . .	Blida. . .	10	10	46
Oued-Fodda	Orléansville . . .	Blida. . .	21	159	208
Oued-Rouina.	Duperré . . .	Blida. . .	18	133	182
Ouled-Farès	Duperré . . .	Blida. . .	18	108	246
Ouled-Fayet	Alger. . .	Alger. . .	16	16	16
Ouled-Mendil	Douéra. . .	Alger. . .	4	28	28
Palestro	Ménerville. . .	Alger. . .	25	79	79
Pointe Pescade	Alger. . .	Alger. . .	6	6	6
Pontéba.	Orléansville. . .	Blida. . .	8	173	222
Quatre-Chemins. . . .	Boufarik. . .	Alger. . .	8	28	28
Rassauta (La)	Alger. . .	Alger. . .	21	21	21
Reboval.	Dellys. . .	Tizi-Ouzou. . .	17	20	90
Reghaïa (La)	Ménerville. . .	Alger. . .	23	31	31
Rivet.	Alger. . .	Alger. . .	28	28	28
Ioulba	Alger. . .	Alger. . .	25	25	25
Rovigo.	Arba. . .	Alger. . .	7	30	30
Ruisseau (Le)	Alger. . .	Alger. . .	6	6	6
St-Cyprien-des-Attafs. .	Duperré . .	Blida. . .	26	112	190
Saint-Eugène.	Alger. . .	Alger. . .	3	3	3
Saint-Ferdinand. . . .	Douéra. . .	Alger. . .	7	28	28
Saint-Paul.	Ménerville. . .	Alger. . .	29	36	36
Saint-Pierre	Ménerville. . .	Alger. . .	25	40	40
Sainte-Amélie.	Douéra. . .	Alger. . .	6	28	28
Saoula	Alger. . .	Alger. . .	15	15	15
Sidi-Ferruch.	Alger. . .	Alger. . .	24	24	24
Sidi-Moussa	Arba. . .	Alger. . .	7	23	23
Souk-El-Hâad.	Ménerville. . .	Alger. . .	6	60	60
Souma	Boufarik. . .	Alger. . .	7	42	42
Staouéli	Alger. . .	Alger. . .	23	23	23
Tablat	Arba. . .	Alger. . .	41	71	71
Tamesguida	Médéa. . .	Blida. . .	14	55	104

DÉSIGNATION des COMMUNES OU CENTRES de population.	NOMS DES CHEFS-LIEUX JUDICIAIRES		DISTANCE DE CHAQUE CENTRE			
	CANTON.	ARRONDISSEMENT.	au canton.	à l'arrondissement.	au département.	à Alger.
			kilom.	kilom.	kilom.	kilom.
Tefeschoun.	Coléa.	Alger.	9	47	47	»
Ténès.	Ténès.	Blida.	»	233	232	»
Téniet-El-Hâad	Téniet-El-Hâad	Blida	»	150	199	»
Tipaza.	Marengo.	Blida	12	46	95	»
Tizi-Ouzou.	Tizi-Ouzou.	Tizi-Ouzou	10	115	115	»
Trembles (Les)	Aumale	Alger.	23	62	111	»
Vesoul-Béniau.	Miliana.	Blida	15	69	69	»
Ziatra	Ménerville.	Alger.	19	73	73	»
Zamouri	Ménerville.	Alger.	20	26	26	»
Zéralda.	Alger.	Alger.	15	51	88	»
Zurich	Cherchell.	Blida	15	51	88	»

DÉPARTEMENT DE CONSTANTINE.

	CANTON.	ARRONDISSEMENT.	au canton.	à l'arrondissement.	au département.	à Alger.
Ahmed-ben-Ali	Jemmapes.	Philippeville.	4	39	80	396
Aïn-Abessa.	Sétif.	Sétif.	25	25	151	320
Aïn-Amara.	Guelma.	Bône	42	80	94	351
Aïn-Arnat	Sétif.	Sétif.	9	9	135	295
Aïn-Beïda.	Aïn-Beïda	Constantine	»	115	115	515
Aïn-Kerma.	Constantine	Constantine	20	20	20	450
Aïn-Messaoud.	Sétif.	Sétif.	15	15	141	289
Aïn-M'lila	Constantine	Constantine	49	49	49	470
Aïn-Mokra.	Oued-el-Aneb. . . .	Bône	12	31	102	496
Aïn-Regada.	Oued-Zenati. . . .	Constantine	14	58	58	488
Aïn-Smara.	Oued-Athménia. . . .	Constantine	21	19	19	411
Aïn-Sultan.	Bordj-Bou-Arréridj. . .	Sétif.	8	73	199	247
Akbou.	Akbou	Bougie	»	72	247	282
Arb-Filfila.	Philippeville.	Philippeville.	32	32	85	392
Barral	Mondovi	Bône	6	31	170	496
Barika	Batna.	Constantine	10	210	210	649
Batna.	Batna.	Constantine	»	110	110	519
Beni-Aziz	Takitount	Bougie	45	129	135	330
Beni-Caïd	Mondovi.	Bône	24	46	190	511
Bibans (Portes de Fer). .	Bordj-Bou-Arréridj. . .	Sétif.	55	120	246	184
Biskra	Biskra	Constantine	»	241	244	674
Bizot	Constantine. . . .	Constantine	15	15	15	445
Bône	Bône.	Bône	»	»	180	465
Bordj-bou-Arréridj. . .	Bordj.	Sétif.	»	65	191	239
Bougie	Bougie	Bougie	»	»	267	210
Bouhira	Sétif.	Sétif.	14	14	140	294
Bugeaud	Bône.	Bône	13	13	193	478
Châteaudun	Oued-Athménia. . . .	Constantine	15	55	55	375
Clauzel	Guelma.	Bône	20	84	96	526
Collo	Collo	Philippeville.	»	60	147	300
Condé (Smendou)	Condé	Constantine	»	28	28	438 (1)
Constantine	Constantine. . . .	Constantine	»	»	»	430
Dambar	Oued-Athménia. . . .	Constantine	8	34	34	400
Damrémont	Philippeville. . . .	Philippeville.	5	5	82	305
Djidjelli	Djidjelli	Bougie	»	70	163	280
Duquesne	Djidjelli	Bougie	9	79	172	289
Duvivier.	Mondovi.	Bône.	34	59	137	567
Duzerville	Bône.	Bône.	11	11	169	476
El Aria	Constantine. . . .	Constantine	32	32	32	462
El-Arrouch	El-Arrouch. . . .	Philippeville.	»	32	58	392
El-Hadjar	Bône.	Bône	11	11	169	476
El-Kantour	El-Arrouch. . . .	Philippeville.	18	48	42	408
El-Ksour.	Bougie	Bougie	26	26	293	236
El-Mader	Batna.	Constantine	25	108	108	538
El-Milia	Milah.	Constantine	50	101	101	475 (2)
El-Ouricia	Sétif.	Sétif.	12	12	138	316
Enchir-Saïd	Guelma.	Bône	23	80	137	568
Eulmas.	Saint-Arnaud. . . .	Sétif.	»	26	100	330
Ferdjiana	Constantine. . . .	Constantine	110	110	110	540
Fermatou	Sétif.	Sétif.	4	4	130	308
Fesdis et Ksala	Batna.	Constantine	13	112	112	542

(1) Voie de terre. La distance par mer est de 419 kilomètres.
(2) Voie de terre. La distance par mer est de 518 kilomètres.

DÉSIGNATION des COMMUNES OU CENTRES de population.	NOMS DES CHEFS-LIEUX JUDICIAIRES		DISTANCE DE CHAQUE CENTRE			
	CANTON.	ARRONDISSEMENT.	au canton.	à l'arrondissement.	au départe- ment.	à Alger.
			kilom.	kilom.	kilom.	kilom.
Gastonville.	El-Arrouch.	Philippeville	0	25	61	385
Gastu.	Jemmapes.	Philippeville.	21	53	112	412
Guelma.	Guelma.	Bône.	»	64	116	516
Guelt-Zerga.	Saint-Arnaud.	Sétif.	0	25	107	320
Guelâat-bou-Sba.	Guelma.	Bône.	11	53	127	557
Guettar-El-Aych	Constantine.	Constantine.	26	26	36	156
Héliopolis.	Guelma.	Bône.	5	59	121	551
Herbillon.	Oued-El-Aneb.	Bône.	20	70	181	521
Hamma.	Constantine.	Constantine.	8	8	8	138
Hammam - Meskoutine.	Guelma.	Bône.	20	84	96	526
Jemmapes.	Jemmapes.	Philippeville.	»	32	91	392
Kef-oum-Teboul	La Calle.	Bône.	10	90	270	555
Kroub (Le).	Constantine.	Constantine.	16	16	16	116
La Calle	La Calle.	Bône.	»	80	260	515
Lambèse.	Batna.	Constantine.	11	130	130	500
Mahouan.	Sétif.	Sétif.	12	12	138	316
Medjez-Sfa.	Mondovi.	Bône.	43	68	116	533
Meskiana.	Aïn-Béïda.	Constantine.	32	114	114	574
Mesloug.	Sétif.	Sétif.	11	11	137	315
Messaoud.	Sétif.	Sétif.	15	15	141	289
Milah.	Milah.	Constantine.	»	52	52	425
Millésimo.	Guelma.	Bône.	4	69	120	550
M'lila.	Ouled-Rahmoun.	Constantine.	23	49	49	179
Mondovi.	Mondovi.	Bône.	»	25	175	490
M'sila.	Bordj-Bou-Arréridj.	Sétif.	58	123	249	297
Nechmaya.	Mondovi.	Bône.	5	30	150	508
Oued-Athménia.	Oued-Athménia.	Constantine.	»	40	40	390
Oued-Deshes.	Bône.	Bône.	24	24	174	480
Oued-Chaïr.	Bordj-Bou-Arréridj.	Sétif.	20	45	171	259
Oued-Deheb.	Sétif.	Sétif.	33	33	123	337
Oued-Dekri.	Oued-Athménia.	Constantine.	10	50	0	380
Oued-el-Aneb.	Oued-el-Aneb.	Bône.	»	27	207	492
Oued-Seguin.	Oued-Athménia.	Constantine.	24	35	35	114
Oued-Touta.	Guelma.	Bône.	8	65	124	530
Oued-Zenati.	Oued-Zenati.	Constantine.	»	72	72	502
Ouled-Abd-el-Nour.	Oued-Athménia.	Constantine.	49	89	89	311
Ouled-Broham.	Constantine.	Constantine.	22	22	22	152
Ouled-Rahmoun.	Ouled-Rahmoun	Constantine.	»	26	26	156
Ouled-Zerga.	Oued-Athménia.	Constantine.	30	70	70	360
Penthièvre.	Mondovi.	Bône.	42	33	117	498
Petit	Guelma.	Bône.	8	72	124	531
Philippeville.	Philippeville.	Philippeville.	»	»	87	390
Randon.	Bone.	Bône.	17	17	197	482
Robertville.	El-Arrouch.	Philippeville.	7	32	60	392
Rouffach.	Constantine.	Constantine.	»	21	21	151
Saint-Antoine.	Philippeville.	Philippeville.	0	0	81	360
Saint-Arnaud.	Saint-Arnaud.	Sétif.	»	26	160	330
Saint-Charles.	Philippeville.	Philippeville.	17	17	70	377
Senhadja.	Oued-El-Aneb.	Bône.	16	33	213	498
Sétif.	Sétif.	Sétif.	»	»	126	301
Sidi-Nassar.	Jemmapes.	Philippeville.	4	45	95	405
Sidi-Tamtam.	Oued-Zenati.	Constantine.	4	68	68	498
Souk-Ahrras.	Souk-Arrhas.	Bône.	»	99	187	561
Stora.	Philippeville.	Philippeville.	4	4	91	361
Strasbourg.	Djidjelli.	Bougie.	18	88	»	208
Takitount.	Takitount.	Bougie.	»	84	161	204
Tébessa.	Tébessa.	Constantine.	»	210	210	640
Touggurt.	Biskra.	Constantine.	201	450	450	880
Valée.	Philippeville.	Philippeville.	0	0	83	360

DÉPARTEMENT D'ORAN.

Aboukir.	Mostaganem.	Mostaganem.	18	18	106	336
Aïn-Boudinar.	Mostaganem.	Mostaganem.	12	12	100	301
Aïn-el-Arba.	Aïn-Témouchent.	Oran.	38	70	70	490
Aïn-el-Turk.	Oran.	Oran.	20	20	20	440
Aïn-Kial.	Aïn-Témouchent.	Oran.	15	87	87	507
Aïn-Nouissy.	Mostaganem.	Mostaganem.	10	10	85	430

DÉSIGNATION des COMMUNES OU CENTRES de population.	NOMS DES CHEFS-LIEUX JUDICIAIRES		DISTANCE DE CHAQUE CENTRE			
	CANTON.	ARRONDISSEMENT.	au canton.	à l'arrondissement.	au département.	à Alger.
			kilom.	kilom.	kilom.	kilom.
Aïn-Sidi-Chérif	Mostaganem	Mostaganem	12	12	106	337
Aïn-Témouchent	Aïn-Témouchent	Oran	»	72	72	492
Aïn-Tédelès	Mostaganem	Mostaganem	21	21	109	375
Andalouses (les)	Oran	Oran	27	27	27	447
Ammi-Moussa	Inkermann	Mostaganem	21	121	192	275
Arcole	Oran	Oran	8	8	8	425
Arzew	Saint-Cloud	Oran	14	43	43	394
Assi-Ameur	Saint-Cloud	Oran	10	19	19	430
Assi-Ben-Féréah	Saint-Cloud	Oran	12	25	25	442
Assi-Ben-Okba	Saint-Cloud	Oran	8	21	21	428
Assi-Bou-Nif	Saint-Cloud	Oran	14	15	15	434
Blad-Touaria	Mostaganem	Mostaganem	18	18	100	342
Bouguirat	Relizane	Mostaganem	32	27	108	327
Bou-Kanefls	Sidi-bel-Abbès	Oran	20	101	101	472
Bou-Sfer	Oran	Oran	20	20	20	410
Bou-Tlélis	Oran	Oran	30	30	30	450
Bréa	Tlemcen	Tlemcen	4	4	143	563
Cassaigne	Cassaigne	Mostaganem	»	52	143	406
Daya	Daya	Oran	»	154	154	523
Damesme	Saint-Cloud	Oran	14	47	47	390
Fleurus	Saint-Cloud	Oran	9	22	22	412
Frendah	Tiaret	Mostaganem	48	184	203	428
Gamras	Oran	Oran	42	42	42	462
Géryville	Saïda	Mostaganem	163	304	323	611
Hennaya	Tlemcen	Tlemcen	11	11	150	569
Inkermann	Inkermann	Mostaganem	»	98	170	254
Kléber	Saint-Cloud	Oran	6	35	35	116
Lalla-Maghnia	Nemours	Tlemcen	45	55	184	613
Lamoricière	Lamoricière	Tlemcen	»	34	173	592
La Sénia	Oran	Oran	7	7	7	415
La Stidia	Mostaganem	Mostaganem	15	15	75	369
L'Hillil	Relizane	Mostaganem	20	38	126	315
Lourmel	Oran	Oran	42	42	42	462
Mangin	Oran	Oran	12	12	12	415
Mansourah	Tlemcen	Tlemcen	2	2	141	560
Mascara	Mascara	Mostaganem	»	81	100	410
Mazagran	Mostaganem	Mostaganem	4	4	84	358
Messesoun	Saint-Cloud	Oran	5	33	33	405
Mers-El-Kébir	Oran	Oran	8	8	8	428
Misserghin	Oran	Oran	14	17	14	434
Mocta-Douz	Saint-Denis-du-Sig	Oran	17	40	70	337
Mostaganem	Mostaganem	Mostaganem	»	»	89	354
Négrier	Tlemcen	Tlemcen	7	7	132	551
Nemours	Nemours	Tlemcen	»	100	233	658 (1)
Oued-El-Hammam	Mascara	Mostaganem	21	69	79	389
Oran	Oran	Oran	»	»	»	420
Pélissier	Mostaganem	Mostaganem	4	4	93	358
Perrégaux	Perrégaux	Mostaganem	»	39	75	346
Pont-du-Chélif	Mostaganem	Mostaganem	28	28	118	382
Pont-de-l'Isser	Tlemcen	Tlemcen	32	32	107	526
Rahel (Er)	Oran	Oran	52	52	52	472
Relizane	Relizane	Mostaganem	»	58	146	296
Rio-Salado	Aïn-Témouchent	Mostaganem	15	60	60	480
Rivoli	Mostaganem	Mostaganem	8	8	96	346
Saf-Saf	Tlemcen	Tlemcen	4	4	134	554
Saïda	Saïda	Mostaganem	»	155	158	160
Saint-André	Mascara	Mostaganem	7	87	107	417
Saint-Cloud	Saint-Cloud	Oran	»	29	29	410
Saint-Denis-du-Sig	Saint-Denis-du-Sig	Oran	»	53	53	370
Saint-Hippolyte	Mascara	Mostaganem	3	84	103	413
Saint-Luc	Saint-Cloud	Oran	15	41	41	393
Saint-Louis	Saint-Cloud	Oran	14	27	27	424
Sainte-Barbe-du-Tlélat	Sainte-Barbe-du-Tlélat	Oran	»	28	28	392
Sainte-Léonie	Saint-Cloud	Oran	7	36	36	400
Sebdou	Sebdou	Tlemcen	»	43	182	601

(1) Comptée par terre, la voie de mer étant toujours incertaine. La distance par mer est officiellement de Nemours à Oran 165 kilomètres, et de Nemours à Alger 581.

DÉSIGNATION des COMMUNES OU CENTRES de population.	NOMS DES CHEFS-LIEUX JUDICIAIRES		DISTANCE DE CHAQ E ENTRE			
	CANTON.	ARRONDISSEMENT.	au canton.	à l'arrondissement.	du département.	à Alger.
			kilom.	kilom.	kilom.	kilom.
Sidi-Bel-Abbès......	Sidi-bel-Abbès......	Oran............	»	83	83	452
Sidi-Brahim........	Sidi-bel-Abbès......	Oran............	11	72	72	441
Sidi-Chamy........	Oran............	Oran............	12	12	12	432
Sidi-Khaled........	Bel-Abbès.......	Oran............	13	96	96	465
Sidi-Lhassen.......	Bel-Abbès.......	Oran............	6	89	89	458
Sourk-El-Mitou.....	Mostaganem......	Mostaganem......	25	25	113	379
Tafaraoui.........	Sainte-Barbe-du-Tlélat.	Oran............	17	45	45	409
Tamzoura.........	Sainte-Barbe-du-Tlélat.	Oran............	30	30	39	425
Taria (Oued).......	Mascara.........	Mostaganem......	20	101	120	430
Tessalah.........	Bel-Abbès.......	Oran............	15	108	98	467
Tiaret...........	Tiaret..........	Mostaganem......	»	57	217	395
Tlemcen..........	Tlemcen.........	Tlemcen.........	»	»	139	558
Tounin...........	Mostaganem......	Mostaganem......	9	9	97	363
Trembles (Les)....	Bel-Abbès.......	Oran............	16	65	65	430
Valmy...........	Oran...........	Oran............	13	13	13	407
Zemmorah.........	Relizane........	Mostaganem......	20	78	106	316

Divisions militaires.

Les divisions militaires constituent, en Algérie, des circonscriptions de commandement et des circonscriptions administratives. Chacune d'elles comprend plusieurs subdivisions, chaque subdivision un ou plusieurs cercles; toute circonscription peut, en outre, avoir une ou plusieurs annexes.

Les généraux placés à la tête de chaque division sont chargés : 1° de commander, sous les ordres du commandant en chef du 19° corps, toutes les troupes françaises et indigènes placées dans leurs circonscriptions; 2° d'administrer les populations des territoires militaires.

Ils exercent leur commandement dans les mêmes conditions, avec les mêmes droits et les mêmes prérogatives qu'en France; ils ont sous leurs ordres les commandants militaires des subdivisions, des cercles et des annexes, et sont assistés d'officiers d'état-major et des services spéciaux tels qu'ils existent dans la métropole.

Comme administrateurs, ils ont dans leurs territoires les mêmes attributions que les préfets en territoire civil, et sont assistés de bureaux civils, de bureaux arabes et de chefs indigènes. Les bureaux civils sont exclusivement chargés, comme leur nom l'indique, de l'expédition des affaires civiles, affaires qui prennent de jour en jour plus d'importance, par l'accroissement de la population européenne et la création des communes mixtes en territoire militaire. Les employés de ces bureaux sont assimilés pour leur nomination, leur traitement, leur avancement et la discipline, aux employés des préfectures. Les bureaux arabes sont les agents directs du chef militaire vis-à-vis des indigènes, chargés spécialement de faire connaître les ordres donnés et d'en assurer l'exécution. (V. *Bureaux arabes*). Quant aux chefs indigènes, ils sont chargés, sous des dénominations différentes et dans un cercle d'action plus ou moins étendu, de la police politique et judiciaire, de la perception des impôts et de l'exécution des ordres émanés du commandement. L'ordonnance du 15 avril 1845 a établi entre eux la hiérarchie suivante : 1° khalifat (lieutenant), le représentant le plus élevé du chef de l'État ou du gouvernement; 2° agha, — bach'agha (originairement chefs militaires), chargés de l'administration de plusieurs tribus; 3° caïd, chef d'une tribu; 4° cheikh, chargé d'une fraction de tribu; mais cette hiérarchie, antérieure à la conquête et que nous n'avons fait que conserver, ne s'est étendue avec un caractère de généralité que dans la province d'Oran et dans celle d'Alger, et encore le titre de khalifat n'a-t-il été accordé que très-exceptionnellement et à titre de distinction personnelle. Dans la province de Constantine, où les chefs, à peu près indépendants des deys, étaient nommés par leurs fractions, ils portaient le titre de cheikhs, et ce n'est guère que sous ce titre ou sous celui de caïd qu'on les a désignés. Cette hiérarchie n'a plus, au surplus, une grande importance depuis que les chefs indigènes, qui, à l'origine de notre domination, pouvaient, chacun suivant son titre, frapper des amendes différentes et condamner à un plus ou moins grand nombre de jours de prison, ont vu leur droit de répression limité à une amende fixée pour tous au maximum de 20 francs. (V. *Commissions disciplinaires.*)

Il y a en Algérie 3 divisions militaires comprenant 12 subdivisions, 31 cercles et 8 annexes, savoir :

DIVISIONS.	SUBDIVISIONS	CERCLES.	ANNEXES.
ALGER.	Alger.		Alger.
	Aumale.	Aumale. Bouçaada.	Beni-Mansour.
	Dellys.	Fort National.	
	Médéah.	Boghar. Djelfa. Laghouat. Médéah.	
	Orléansville.	Milianah. Orléansville. Teniet-el-Had.	
CONSTANTINE.	Batna.	Batna. Biskra. Kenchela	
	Bône.	Bône. La Calle. Souk-Ahrras.	
	Constantine.	Aïn-Beïda. Djidjelli. El-Milia. Tébessa.	Fedj-M'zala. Collo.
	Sétif.	Akbou. Bordj-bou-Arréridj. Bougie. Sétif.	M'sila. Takitount.
ORAN.	Mascara.	Frendah. Géryville. Saïda. Tiaret.	Afiou.
	Oran.	Ammi-Moussa. Zemmorah.	
	Tlemcen.	Daya. Lalla-Maghnia. Nemours. Sebdou.	

Une annexe, celle de Touggurt, a été supprimée le 22 mai 1874, et les caïdats dont il se composait ont été répartis dans les cercles de Biskra et de Laghouat.

La circonscription des annexes, cercles, subdivisions ou divisions ne peut être indiquée que par le nom des centres, des douars ou des tribus qui les composent. Ce travail a été établi officiellement dans un décret du 10 août 1875 relatif à la justice et que nous reproduisons plus loin. Nous ne pouvons que nous y référer.

L'administration des tribus des territoires militaires est portée au budget de l'année 1877 pour la somme de 426,340 francs, se décomposant ainsi : personnel, 326,750 francs ; matériel, frais de bureau, chauffage, éclairage, 99,590 francs.

15 avril 1845.

Ordonnance portant que chaque province se divise en khalifats, aghaliks, caïdats et cheikats (B. 207).

21 mars 1867.

Circulaire du gouverneur aux termes de laquelle les trois divisions de l'Algérie se répartissent en subdivisions, les subdivisions en cercles et ceux-ci en annexe lorsque leur ressort est trop étendu (B. O. 222).

31 mai 1870.

Décret portant que les généraux commandant les divisions ont, dans les territoires militaires, les attributions dévolues aux préfets dans les territoires civils (B. O. 329).
V. *Préfectures.*

11 juin 1870.

Arrêté du gouverneur général en exécution du décret du 31 mai 1870 (B. O. 329).

Art. 1. — Il est institué, auprès de chaque général commandant de province, un bureau administratif, pour l'expédition des affaires civiles ; ce bureau est composé : — d'un chef de bureau et de deux employés titulaires.

Art. 2. — Le personnel des bureaux administratifs des généraux sera recruté, pour sa première formation, dans les cadres actuels de l'administration provinciale. — Les employés continueront d'être rétribués conformément au tarif

des traitements adopté pour les préfectures; ils
restent soumis aux mêmes règlements, quant à
l'admission dans les cadres, à l'avancement et à
la discipline.

Art. 3. — Abrogé par décret du 24 octobre 1870.

Art. 4. — En vertu de l'article 26, paragraphe 2
du décret du 7 juillet 1861, qui étend à tout le
territoire de chaque province la juridiction du
conseil de préfecture, le général prendra l'avis de
ce conseil dans toutes les matières où le préfet
doit statuer en conseil de préfecture. — Il saisira
directement le conseil, soit en matière conten-
tieuse, soit en matière purement consultative. —
Pour les affaires du territoire militaire, le conseil
de préfecture sera toujours présidé par son vice-
président.

Art. 5. — Les préfets adressent périodiquement au gouverneur général des rapports d'ensemble sur la situation de leurs départements
respectifs. — Des rapports semblables sont fournis par les généraux commandant les provinces
pour ce qui concerne l'administration des territoires militaires.

Art. 6. — Le budget provincial comprend les
deux territoires. Il est préparé de concert entre
le préfet et le général. Il est présenté au conseil
général par le préfet.

Art. 7. — A partir du 1 août 1870, les dépenses
provinciales seront ordonnancées : — en territoire civil, par le préfet; — en territoire militaire,
par l'intendant militaire pour les dépenses administratives, et pour les travaux, par le directeur des fortifications ou le directeur de l'artillerie, suivant les cas.

24 octobre 1870.

Décret sur l'organisation de l'Algérie
(B. G. 343).

Art. 1. — ..... Jusqu'à ce qu'il en ait été
décidé autrement, les populations européennes et
indigènes établies dans les territoires dits actuellement territoires militaires continueront à être
administrées par l'autorité militaire, sous la modification portée à l'article 8.

Art. 6. — Un général de division, commandant
les forces de terre et de mer réunies dans les
trois départements, administre les populations
européenne et indigène actuellement soumises à
l'autorité militaire, comme il est dit à l'article 4.
Il a sous ses ordres les bureaux arabes.

Art. 8. — . . . .
Néanmoins, le préfet a sous ses ordres les chefs
des différents services civils et financiers dont
l'action s'étend sur les diverses populations de
l'Algérie et qu'il surveille en vertu de son autorité directe.

Tout centre où l'autorité civile jugera qu'il
existe un nombre d'Européens suffisant pour former un conseil municipal sera constitué en commune qui relèvera de l'autorité préfectorale.

31 décembre 1873.

*Arrêté du gouverneur qui délègue aux com-
mandants de divisions, pour le territoire militaire, les mêmes attributions qu'aux préfets
en territoire civil (B. O. 518).*
V. *Préfectures.*

12 janvier 1874

*Arrêté du gouverneur concernant le personnel
des bureaux administratifs et leurs traitements (B. O. 562).*
V. *Préfectures.*

10 mars 1876.

*Arrêté du gouverneur qui institue des adjoints
civils aux généraux commandant les subdivisions (B. O. 647).*

Art. 1. — Il est institué dans les subdivisions de
l'Algérie, qui seront successivement désignées par
le gouverneur général, suivant les besoins du
service, des adjoints civils aux généraux commandant ces subdivisions.

Art. 2. — L'adjoint civil est placé sous l'autorité directe d commandant de la subdivision, qui
devra l'employer à l'étude de toutes les questions
qui sont du ressort de l'administration civile,
et notamment de celles concernant : 1° l'assiette
des impôts et la statistique; 2° la reconnaissance
des biens du domaine; 3° la comptabilité des
communes indigènes; 4° les prestations pour l'ouverture et l'entretien des chemins vicinaux; 5° l'exploitation des forêts et des mines; 6° les règlements d'usage des eaux et les concessions de chutes
d'eau; 7° les projets de colonisation et de travaux
publics, l'installation des colons dans les villages;
8° la constitution de la propriété et de l'état civil
chez les indigènes.

Art. 3. — Les adjoints civils sont divisés en adjoints stagiaires et en adjoints titulaires.

Ils sont nommés par le gouverneur général sur
la proposition du général commandant la division
et le rapport du directeur général des affaires
civiles et financières.

Art. 4. — Nul ne peut être nommé adjoint civil
stagiaire :

1° S'il n'est Français et âgé de plus de vingt-
deux ans et de moins de trente ans;

2° S'il n'est licencié en droit.

Art. 5. — Nul ne peut être adjoint civil titulaire
s'il ne compte deux années de service comme
adjoint stagiaire et s'il ne possède une connaissance de la langue arabe suffisante pour les besoins du service.

Toutefois, peuvent être nommés adjoints titulaires, sans condition d'âge, les anciens élèves des
écoles spéciales du gouvernement et les employés
de l'administration algérienne, ayant au moins

cinq années de services administratifs directement rétribués par l'État, et parlant l'arabe.

Art. 6. — Les adjoints civils stagiaires jouissent d'un traitement annuel de 2,400 francs.

Art. 7. — Les adjoints civils titulaires sont soumis, pour l'avancement et la discipline, aux règles édictées par l'arrêté du 16 avril 1862.

Ils sont assimilés pour le traitement aux commis principaux et aux sous-chefs de bureau de l'administration provinciale.

V. *Préfectures.*

Domaine.

Le domaine de l'État se compose, aux termes de l'article 4 de la loi du 16 juin 1851, des biens appartenant à l'État, notamment de ceux provenant des anciennes corporations et de ceux qui lui sont dévolus par suite de déshérence, des droits mobiliers et immobiliers de l'ancien beylik, des biens séquestrés et des bois et forêts. Ces biens peuvent être loués, vendus, échangés ou concédés dans les conditions prévues par l'arrêté du 14 mai 1841, par l'ordonnance du 9 novembre 1845, et par les décrets des 25 juillet 1860, 31 décembre 1864, 6 janvier 1869 et 15 juillet 1874 (ce dernier au mot *Concessions*).

La législation spéciale au domaine comprend, en outre, un décret du 2 avril 1851 sur le partage des biens indivis entre l'État et les particuliers, un décret du 28 décembre 1855 sur les instances domaniales, et plusieurs actes qui ont autorisé la constitution de rentes au profit du domaine, et en ont réduit l'importance ou facilité l'extinction ; actes que nous devons signaler ici, mais que nous ne reproduisons qu'au mot *propriété*, sous l'ordonnance du 1er octobre 1844 qui leur sert de base et de point de départ.

L'administration des domaines, réunie au timbre et à l'enregistrement, constitue une régie financière ; elle est organisée sur les mêmes bases qu'en France ; elle comprend, en Algérie, 144 fonctionnaires détachés de la métropole et 66 agents coloniaux, et figure au budget de 1877, savoir : en recettes pour la somme de 7,193,350 francs, dont 2,655,810 francs afférents spécialement au service des domaines, et en dépenses pour la somme de 993,875 francs, soit : 601,825 fr. affectés au personnel et 392,050 au matériel, fournitures, frais d'exécution et autres.

7 décembre 1830.

Arrêté du gouverneur qui réunit au domaine les propriétés appartenant à la Mecque et Médine ou aux mosquées (B. O. p. 50).

Art. 1. — Toutes les maisons, magasins, boutiques, jardins, locaux et établissements quelconques dont les revenus sont affectés, à quelque titre que ce soit, à la Mecque et à Médine, aux mosquées, ou ayant d'autres affectations spéciales, seront, à l'avenir, régis, loués ou affermés par l'administration des domaines, qui en touchera les revenus et en rendra compte à qui de droit.

Art. 2. — Moyennant la disposition qui précède, l'administration des domaines devra pourvoir à tous les frais d'entretien et toutes les autres dépenses au payement desquelles les revenus desdits immeubles sont spécialement affectés.

14 mai 1841.

Arrêté ministériel relatif aux formalités pour les ventes, échanges et concessions de terres domaniales (B. 98).

Art. 1 et 2. — Remplacés (décret du 25 juillet 1860).

Art. 3. — Tous les actes portant transmission en propriété ou usufruit des biens provenant du domaine ou des corporations seront assujettis aux règles ordinaires de l'enregistrement et déposés, en minute, aux archives de la direction des finances.

Art. 4. — (Ainsi modifié par arrêté du 1er mai 1841. (B. 176.) La grosse et les expéditions à délivrer aux parties donneront lieu, indépendamment des droits d'enregistrement, d'hypothèque et de timbre, au payement de 50 centimes par rôle qui seront employés à indemniser les expéditionnaires chargés de ce travail.

Art. 5. — Lorsque les actes de vente ou de concession donneront lieu à des clauses emportant obligation de la part des tiers non acquéreurs, hypothèques et garanties judiciaires fournies par l'acquéreur ou le concessionnaire pour plus grande sûreté du payement du prix, ces conventions supplémentaires et additionnelles aux conditions ordinaires des aliénations consenties par l'administration seront rédigées, en acte notarié, aux frais desdits concessionnaires et acquéreurs.

23 mars 1843.

Arrêté ministériel qui réunit au domaine les immeubles des établissements religieux (B. 147).

Art. 1. — Les recettes et les dépenses de toute nature des corporations et établissements religieux sont rattachées au budget colonial.

Art. 2. — Les immeubles appartenant aux établissements religieux déjà gérés par le domaine en vertu de décisions antérieures continueront à être régis par cette administration.

Art. 3. — Les immeubles provenant de la dotation des établissements qui ont cessé d'avoir une affectation religieuse seront immédiatement réunis à ceux compris dans l'article précédent et administrés conformément aux mêmes règles.

Art. 4. — Les immeubles appartenant aux établissements encore consacrés au culte seront successivement réunis au domaine, mais en vertu de décisions spéciales. Ceux de la corporation du bit-el-mal sont également compris dans cette catégorie.

Art. 5. — Le produit présumé des immeubles gérés par le domaine sera, chaque année, porté au budget colonial, et fera partie des ressources de chaque exercice.

Art. 6. — Les dépenses afférentes au personnel religieux, à l'entretien des mosquées et marabouts, aux frais du culte, aux pensions ou secours accordés, à quelque titre que ce soit, aux lettrés de la religion musulmane, mekaouïs, andaloux, etc., etc., ainsi qu'aux pensions de toute nature, secours et aumônes, seront portées au budget de l'intérieur pour être acquittées conformément aux règles ordinaires sur les crédits coloniaux ouverts à cette direction.

Art. 7. — Les dépenses afférentes aux frais de perception et d'administration seront portées aux crédits du budget colonial applicables aux services financiers, et acquittées dans les limites de ces crédits.

Art. 8. — Les modifications résultant du présent arrêté, qui recevra son exécution à partir du 1er janvier 1843, seront opérées au budget des dépenses coloniales pour l'exercice courant.

10 mai 1845.

Arrêté ministériel fixant le cautionnement des inspecteurs et vérificateurs de l'enregistrement et des domaines (B. 201).

Art. 1. — Les inspecteurs et vérificateurs de l'enregistrement et des domaines en Algérie sont, comme en France, soumis à un cautionnement en numéraire de 2,400 francs pour les premiers, et de 1,800 francs pour les seconds.

Art. 2. — Les dispositions spéciales qui, sous ce rapport, les concernent sur le continent leur sont également applicables en Algérie.

9 novembre 1845.

Ordonnance contenant règlement sur l'administration des biens domaniaux (B. 214).

Art. 1. — Il sera dressé par chaque province un état des biens domaniaux.

Art. 2. — Lorsqu'il y a lieu d'affecter un bien domanial à un service public, la demande en est faite par le chef de service, et elle est communiquée au directeur des finances et du commerce. — Elle est effectuée par une décision de notre ministre de la guerre rendue sur la proposition ou l'avis du gouverneur général, le conseil supérieur d'administration entendu.

Art. 3. — Il sera dressé un tableau de ces affectations. Ce tableau sera constamment tenu à jour. Il contiendra la date de l'affectation et l'indication du service auquel l'immeuble est affecté, ainsi que sa valeur estimative.

Art. 4. — Les immeubles domaniaux qui ne sont pas affectés à un service public doivent être affermés dans les formes suivantes. — Les baux ont lieu aux enchères publiques, sur des cahiers de charges approuvés par notre ministre de la guerre. Ils sont faits dans la forme administrative et passés par le directeur des finances et du commerce. — Néanmoins, si des circonstances exceptionnelles l'exigent, les baux peuvent être faits de gré à gré, avec l'autorisation de notre ministre de la guerre, sur l'avis du conseil supérieur d'administration. — La durée des baux n'excédera pas neuf ans.

Art. 5. — Lorsqu'il y a lieu d'affermer, en tout ou en partie, des immeubles ou portions d'immeubles domaniaux, affectés à un service public, il est procédé conformément à l'article précédent.

Art. 6. — Ceux des biens faisant partie du domaine public ou considérés comme des dépendances de ce domaine, et qui sont de nature à produire des fruits, peuvent être momentanément affermés dans les formes établies par l'article 4 de la présente ordonnance.

Art. 7. — Les baux mentionnés aux articles 5 et 6 sont essentiellement révocables sans indemnité.

Art. 8. — Toute cession de bail doit être autorisée par notre ministre de la guerre, sinon, elle sera de plein droit nulle et de nul effet, sans qu'il soit besoin de jugement.

TITRE II.

Remplacé par le décret du 23 juillet 1860.

3 octobre 1848.

Arrêté du gouverneur ordonnant la remise au domaine des immeubles appartenant aux mosquées, zaouias, etc. (B. 289).

Art. 1. — Les immeubles appartenant aux mosquées, marabouts, zaouias, et en général à tous les établissements religieux musulmans qui sont encore exceptionnellement régis par des oukils, seront réunis au domaine, qui les administrera conformément aux règlements.

Art. 2. — Cette remise aura lieu dans les dix jours de la réquisition, qui en sera faite à chaque oukil par les soins du domaine. Elle sera accompagnée des titres, registres et autres documents relatifs à la gestion desdits immeubles, et d'un état nominatif des locataires indiquant la date do chaque bail en cours de durée, le montant du loyer annuel et l'époque du dernier payement.

Art. 3. — Chaque oukil remettra, en outre, à l'agent du service des domaines de la localité, dans ledit délai, les titres constitutifs des anas et rentes foncières dus à l'établissement dont il a la gestion et un état indiquant les immeubles grevés, le montant de la redevance, l'époque de l'exigibilité et la date des derniers payements.

11 juin 1850.

Arrêté ministériel fixant le cautionnement des directeurs de l'enregistrement et des domaines (B. 353).

Art. 1. — Les directeurs de l'enregistrement et des domaines en Algérie sont, comme en France, soumis à un cautionnement en numéraire de 4,000 francs pour la première classe; 3,500 pour la deuxième; 3,000 francs pour la troisième.

Art. 2. — Les dispositions spéciales qui, sous ce rapport, les concernent sur le continent, leur sont également applicables en Algérie.

16 avril 1851.

Loi sur la propriété (B. 388).

TITRE I.

DU DOMAINE NATIONAL EN ALGÉRIE.

Art. 1. — Le domaine national comprend le domaine public et le domaine de l'État.

Art. 2. — Le domaine public se compose : — 1° des biens de toute nature que le Code civil et les lois générales de la France déclarent non susceptibles de propriété privée; — 2°. des canaux d'irrigation, de navigation et de dessèchement exécutés par l'État ou pour son compte dans un but d'utilité publique, et des dépendances de ces canaux; des aqueducs et des puits à l'usage du public; — 3° des lacs salés, des cours d'eau de toutes sortes et des sources. — Néanmoins sont reconnus et maintenus, tels qu'ils existent, les droits privés de propriété, d'usufruit, d'usage légalement acquis antérieurement à la promulgation de la présente loi sur les lacs salés, les cours d'eaux et les sources, et les tribunaux ordinaires restent seuls juges des contestations qui peuvent s'élever sur ces droits.

Art. 3. — L'exploitation et la jouissance des canaux, lacs et sources, pourront être concédés par l'État, dans les cas, suivant les formes et aux conditions qui seront déterminés par un règlement d'administration publique.

Art. 4. — Le domaine de l'État se compose : — 1° des biens qui, en France, sont dévolus à l'État soit par les articles 33, 539, 541, 742, 773 du Code civil et par la législation sur les épaves, soit par suite de déshérence, en vertu de l'article 768 du Code civil en ce qui concerne les Français

et les étrangers, et en vertu du droit musulman en ce qui concerne les indigènes; — 2° des biens et droits mobiliers et immobiliers provenant du beylik et de tous autres, réunis au domaine par des arrêtés ou ordonnances rendus antérieurement à la promulgation de la présente loi; — 3° des biens séquestrés qui auront été réunis au domaine de l'État dans les cas et suivant les formes prévus par l'ordonnance du 31 octobre 1845; — 4° des bois et forêts, sous la réserve des droits de propriété et d'usage régulièrement acquis avant la promulgation de la présente loi. — Des règlements d'administration publique détermineront le mode d'exercice des droits d'usage.

Art. 5. — Les mines et minières sont réglés par la législation générale de la France.

Art. 6. — Les biens dépendant du domaine de l'État pourront être aliénés, échangés, concédés, donnés à bail ou affectés à des services publics, dans les formes et aux conditions qui seront ultérieurement déterminées par la loi.

Art. 7. — Chaque année, le ministre rend compte à l'assemblée législative de l'état du domaine national en Algérie, et lui fait connaître le nombre, la nature et l'importance des immeubles aliénés, affectés à des services publics ou concédés.

TITRE II.

DU DOMAINE DÉPARTEMENTAL ET DU DOMAINE COMMUNAL.

Art. 8. — Le domaine départemental se compose : — 1° des édifices et bâtiments domaniaux qui sont ou seront affectés aux différents services de l'administration départementale; — 2° des biens meubles et immeubles, et des droits attribués aux départements par la législation générale de la France.

Art. 9. — Le domaine communal se compose : — 1° des édifices et bâtiments domaniaux qui sont ou seront affectés au service de l'administration communale; — 2° des biens déclarés biens communaux et des droits conférés aux communes par la législation générale de la France; — 3° des biens et des dotations qui sont ou qui pourront être attribués aux communes par la législation spéciale de l'Algérie.

TITRE III.

DE LA PROPRIÉTÉ PRIVÉE.

V. *Propriété.*

2 avril 1854.

Décret relatif au partage des biens indivis entre l'État et des particuliers (B. 459).

TITRE I.

DU PARTAGE DES BIENS INDIVIS.

Art. 1. — Il sera procédé par l'autorité administrative au partage et, s'il y a lieu, à la licitation des biens indivis entre le domaine de l'État et les particuliers en Algérie, conformément aux dispositions du présent décret.

Art. 2. — Ceux de ces biens qui seront reconnus n'être susceptibles d'être partagés seront vendus en totalité aux enchères publiques, et le produit de la vente sera réparti entre l'État et les autres intéressés.

Art. 3. — Toutes contestations, tant sur le fond que sur la forme des partages, des allotissements ou abandonnements et des licitations seront déférées au conseil de préfecture, sauf appel au Conseil d'État.

Art. 4. — La fixation de la quotité afférente à l'État, dans la propriété indivise, sera déterminée soit d'après les titres, soit, en cas d'absence ou d'insuffisance de titres, par voie d'enquête administrative.

Art. 5. — Les partages, en ce qui concerne la distinction et l'attribution de la part revenant à l'État et les ventes sur licitation, seront réputés contradictoires avec le domaine à l'égard de tout copropriétaire, après l'accomplissement des formalités prescrites au titre 2 du présent décret.

TITRE II.

DU MODE DE PROCÉDER EN MATIÈRE DE PARTAGE.

Art. 6. — La demande en partage ou en licitation sera introduite devant le préfet, par simple requête, soit par le chef du service des domaines, soit par l'un des copropriétaires.

Art 7. — Dans la quinzaine, à dater de la réception de cette demande, le préfet fera insérer au *Moniteur Algérien*, dans l'un des journaux du département, et, s'il s'agit d'indigènes, dans le *Mobacher*, l'avis qu'il sera procédé, contradictoirement avec le domaine, à la distraction de la part revenant à l'État, dans la propriété indivise, et qu'il sera fait masse du surplus pour être attribué aux copropriétaires. — Notification administrative de cet avis sera faite à chacune des parties intéressées. Dans le cas où celles-ci ne seraient pas connues comme dans celui où leur domicile actuel serait ignoré, la notification administrative sera faite au parquet du procureur impérial. — Cette notification contiendra sommation aux intéressés d'avoir à désigner, dans le délai d'un mois, un expert, pour procéder, avec celui qui sera désigné par le chef du service des domaines, aux opérations d'estimation et de formation des lots.

Art. 8. — Les copropriétaires de l'État, quel que soit leur nombre, ne pourront nommer qu'un seul expert.

Art. 9. — Dans le délai de soixante jours, à dater des publications et notifications prescrites à l'article 7, toute partie intéressée sera tenue de produire ses titres et de fournir par écrit ses observations. Le dépôt en sera fait, sur récépissé, au secrétariat de la préfecture.

Art. 10. — A l'expiration du délai prescrit en l'article précédent, le préfet ordonnera qu'il soit procédé aux opérations du partage. — Il donnera acte aux parties de la nomination des experts, et, à défaut de nomination, il y procédera lui-même d'office par le même acte, et fixera, en outre, le délai dans lequel les experts devront prêter serment devant l'autorité qu'il aura désignée.

Art. 11. — Faute par lesdits experts ou l'un d'eux de remplir cette formalité dans le délai prescrit, le préfet pourvoira d'office à leur remplacement.

Art. 12. — Les experts procéderont à l'estimation des immeubles et à la formation des lots, en raison des droits respectifs de l'État et des particuliers. En cas de désaccord, ils nommeront immédiatement un tiers expert; à défaut de nomination dans la huitaine du désaccord, le choix du tiers expert sera fait d'office par le préfet. Le tiers expert devra prêter serment, dans la huitaine, devant l'autorité désignée en vertu de l'article 10.

Art. 13. — Les experts devront procéder dans le mois, et le tiers expert dans la quinzaine qui suivront leur prestation de serment. Ils déposeront leur rapport au secrétariat de la préfecture.

Art. 14. — L'expert ou le tiers expert qui, après avoir prêté serment, ne remplira pas sa mission, sera remplacé d'office par le préfet. — Il pourra être condamné par le conseil de préfecture aux frais frustatoires.

Art. 15. — S'il s'élève des difficultés sur l'exécution de l'arrêté qui aura ordonné de procéder aux opérations du partage, le préfet renverra les parties devant le conseil de préfecture, pour être statué ce que de droit.

Art. 16. — Le procès-verbal de l'attribution des lots, soit par la voie du sort, soit par abandonnement, suivant qu'il aura été réglé par arrêté du préfet, sera homologué par l'arrêté du conseil de préfecture prononçant le partage. — Les arrêtés de partage seront notifiés administrativement aux parties intéressées, à la diligence de l'administration des domaines, dans la même forme que l'avis prescrit à l'article 7 du présent décret. — Ils seront transmis au ministre de la guerre. — Ces arrêtés deviendront définitifs si les parties ne se sont pas pourvues au Conseil d'État dans le délai de trois mois à partir de la notification.

Art. 17. — Les immeubles reconnus non susceptibles de partage seront vendus aux enchères publiques, d'après les formes établies en Algérie pour la vente des biens du domaine.

Art. 18. — Ces immeubles seront revendus dans la même forme à la folle enchère de l'adjudicataire qui n'effectuerait pas des payements aux échéances fixées.

Art. 19. — Le prix de ces adjudications sera versé par les acquéreurs, savoir : pour ce qui se trouvera dû à l'État, dans la caisse du receveur des domaines; et pour ce qui sera dû aux copropriétaires, entre leurs mains, sur la déclaration qui leur aura été fournie par le préfet, de la portion qui leur reviendra dans le produit de ces ventes.

Art. 20. — Les frais d'expertise et autres faits pour parvenir à la vente seront prélevés sur le prix, comme frais de poursuites privilégiés et payés immédiatement.

Art. 21. — Les frais de partage et de traduction de titres, s'il y a lieu, seront supportés par l'État et les copartageors, au prorata de leurs droits. — Ces frais seront taxés par le préfet.

Art. 22. — Tous actes et pièces relatifs à l'exécution du présent décret seront dispensés de la formalité du timbre et enregistrés gratis.

Dispositions spéciales.

Art. 23. — A l'égard des partages de biens indivis et situés dans les territoires militaires, toutes les attributions qui sont exclusivement du ressort du préfet seront exercées par le commandant de la division. — Les contestations qui s'élèveront seront déférées au conseil de préfecture (1). — En conséquence, les publications et notifications prescrites par l'article 7 de l'arrêté déclaratif du partage mentionué aux articles 10 et 16, la nomination des experts et tiers experts, dans les cas prévus aux articles 10, 11, 12 et 14, seront faits par le commandant de la division. — Sera également faite, à sa diligence, devant le juge de la situation de l'immeuble, l'enquête administrative prescrite par l'article 4. — Enfin, les dépôts de pièces et de rapports indiqués aux articles 9 et 13 seront effectués au secrétariat de la division, et le tout transmis au conseil de préfecture pour être, par lui, statué conformément aux articles 15 et 16.

Art. 24. — Dans toutes les instances en partage où des indigènes sont intéressés, les notifications administratives exigées par les articles 7 et 16 seront faites par l'intermédiaire du bureau arabe de la situation des biens.

Art. 25. — Les tribunaux civils de l'Algérie sont dessaisis des instances en partage actuellement pendantes devant eux. Il sera statué sur ces instances dans les formes prescrites au présent décret

28 décembre 1855.

Décret relatif aux instances domaniales
(B. 493).

Art. 1. — Préalablement à toute action contre le domaine de l'État ou le domaine départemental de l'Algérie, les demandeurs seront tenus de se pourvoir devant le préfet du département, par simple mémoire avec production de pièces à l'appui. Ce mémoire devra contenir élection de domicile au siège du tribunal compétent. — Il en sera délivré un récépissé, qui interrompra la

(1) L'illégalité de cette attribution a été reconnue par le Conseil d'État (arrêt du 23 février 1866).

prescription de l'action, lorsqu'il aura été, dans les trois mois de sa date, suivi d'une assignation en justice. — Dans les quarante jours, à partir de la date du récépissé, le préfet notifiera aux parties, dans la forme administrative et au domicile élu, les réponses de l'administration.

Art. 2. — Nulle action relative à une propriété domaniale ou départementale ne pourra être portée devant les tribunaux au nom de l'État ou des départements, si, préalablement, le préfet n'a fait notifier, en la forme administrative, aux parties intéressées, l'objet et les motifs de la demande, avec invitation de faire connaître leurs observations en réponse dans les quarante jours, à partir de la notification. Cette notification interrompra la prescriptio. de l'action, comme il est dit en l'article 1. — Après l'expiration de ce délai de quarante jours, il sera procédé et statué ainsi qu'il appartiendra. — Communication des pièces, sans déplacement, sera donnée aux parties, si elles le requièrent.

Art. 3. — Toute audience sera refusée au demandeur, s'il n'est justifié de l'accomplissement des formalités prescrites par les articles 1 et 2 ci-dessus. — L'assignation donnée avant que ces formalités aient été remplies et que les délais soient expirés sera considérée comme nulle et non avenue.

Art. 4. — L'instruction aura lieu et le jugement sera rendu par simples mémoires respectivement signifiés. — Toutefois, les parties pourront, après cette signification, constituer defenseur, mais, dans ce cas, les frais résultant de cette constitution et des plaidoiries demeureront à la charge de la partie qui les aura occasionnés.

Art. 5. — Il ne sera statué par le tribunal qu'après communication au ministère public, dont les conclusions seront mentionnées au jugement.

Art. 6. — Toutes notifications ou significations de mémoires, pièces, actes judiciaires ou extrajudiciaires, en matière domaniale, seront faites au préfet, en la personne du directeur des domaines, ou, à défaut, du receveur résidant au siège du tribunal, qui devra connaître de l'action. Ce fonctionnaire délivrera le récépissé prescrit par l'article 1, et fournira les communications dont il est parlé dans l'article 2.

Art 7. — Les requêtes civiles et tierces oppositions seront introduites et jugées conformément aux dispositions qui précèdent.

Art. 8. — Il ne pourra valablement être transigé sur les actions litigieuses intéressant le domaine sans l'autorisation préalable de notre ministre de la guerre. — Cette autorisation est également nécessaire pour l'acquiescement aux jugements de première instance qui auront rejeté les demandes de l'administration, ou prononcé contre elle des condamnations.

Art. 9. — Les règles posées par le présent décret s'appliqueront aux instances en matière domaniale à suivre dans les territoires militaires. Les fonctionnaires et les services civils y seront substitués par les autorités, et les services militaires dans l'ordre de leurs attributions.

Art. 10. — Les instances relatives à l'enregistrement, au timbre et aux autres prescriptions confiées à l'administration des domaines, continueront à être régies par les lois spéciales concernant la matière.

25 juillet 1860.

Décret relatif à l'aliénation des terres domaniales (B. M. 88).

TITRE I.

DES PÉRIMÈTRES DE COLONISATION.

Art. 1. — Les terres appartenant à un titre quelconque à l'État sont inscrites sur les sommiers de consistance des domaines et affectées, en totalité ou en partie, à l'établissement de périmètres de colonisation.

Art. 2. — Les projets de périmètres de colonisation sont préparés, en territoire civil, par les préfets ; en territoire militaire, par les généraux commandant les divisions. — Ils sont arrêtés par le ministre de l'Algérie et des colonies. — Réserve y est faite, s'il y a lieu, de terrains propres à l'exécution de travaux publics, à la fondation des villes, de villages et hameaux, à la formation de communaux ou autres biens d'établissements publics.

Art. 3. — La décision ministérielle qui arrête un périmètre de colonisation désigne les parties du lotissement et les numéros des lots qui doivent être tenus en réserve tant pour l'application du paragraphe 3 de l'article précédent que pour le placement immédiat de colons, et détermine le mode d'aliénation des autres lots, conformément aux dispositions du présent décret.

Art. 4. — La décision du ministre est insérée au *Bulletin officiel de l'Algérie et des colonies*, et reçoit, indépendamment des publications et dépôts obligatoires résultant des dispositions qui suivent, toute autre publicité qu'il juge convenable. — Une notice annexe, accompagnée d'un plan de lotissement et d'un tableau indicatif des lots, avec leurs numéros d'ordre, fait connaître la situation du périmètre, sa superficie, les cours d'eau, fontaines et sources qui s'y trouvent, les routes et chemins ouverts ou dont l'ouverture est arrêtée, les centres de population déjà existants, etc.

TITRE II.

DES MODES D'ALIÉNATION.

Art. 5. — Les terres comprises, en exécution des dispositions précédentes, dans les périmètres de colonisation, sont aliénables par vente à prix fixe ou par vente aux enchères publiques. — Elles peuvent aussi être aliénées, sous les conditions déterminées par le présent décret, par vente de gré à gré, par voie d'échange, par voie de concession.

SECTION I. — De la vente à prix fixe.

Art. 6. — Les ventes à prix fixe sont affranchies de toute charge relative à la mise en valeur du sol.

Art. 7. — Le prix de chaque lot à vendre est fixé par le ministre, sur l'avis d'une commission composée du préfet ou du général commandant la division, suivant le territoire, du chef de service des domaines, d'un membre du conseil général de la province, désigné par le ministre, et de deux autres personnes également nommées par lui.

Art. 8. — Le prix est payable par tiers, dont un tiers comptant, et les deux autres d'année en année.

Art. 9. — Au moment du payement du premier tiers du prix, le receveur des domaines mentionne la vente sur le tableau indicatif et sur le plan de lotissement, fait signer à l'acquéreur le contrat de vente et le fait mettre immédiatement en possession. Il est dressé contradictoirement et sans frais procès-verbal de cette première opération.

Art. 10. — Le contrat de vente est enregistré et transcrit aux frais de l'acquéreur, qui en reçoit une expédition dans le délai d'un mois à dater du jour de la vente.

Art. 11. — Les ventes à prix fixe sont faites par le receveur des domaines. — La mise en vente est précédée des publications prescrites par l'article 4. Elle est, en outre, annoncée par voie d'affiches. Le plan de lotissement reste déposé au bureau du receveur pour être communiqué au public pendant deux mois au moins avant le jour de la vente. Il est également à la disposition du public tant que tous les lots qui y sont compris n'ont pas été vendus.

Art. 12. — Les acquéreurs ne sont admis qu'à dater du jour fixé par le ministre pour l'ouverture de la vente. — Le même individu peut se rendre acquéreur de plusieurs lots. — Tout demandeur est tenu, sous peine de nullité de sa demande, de verser immédiatement entre les mains du receveur, à titre de dépôt de garantie, une somme égale au tiers du prix de la vente de chacun des lots soumissionnés. Le lendemain, cette somme est encaissée définitivement, en déduction du prix de la vente, ou restituée au déposant, suivant que la vente est ou non réalisée. — Si deux ou plusieurs personnes, voulant acquérir le même lot, se présentent le même jour, pendant le temps compris entre l'ouverture et la fermeture réglementaires du bureau du receveur, une enchère publique est ouverte à huitaine par les soins du receveur, et le lot est acquis au plus offrant, aux conditions de payement déterminées par l'article 8, et sans qu'il soit besoin d'aucune approbation de l'autorité supérieure. Des affiches, dont une apposée dans le bureau du receveur, font connaître le jour et l'heure de l'enchère.

Art. 13. — Au commencement de chaque trimestre, les préfets et les généraux commandant les divisions, suivant le territoire, transmettent au ministre un état des ventes effectuées pendant le trimestre précédent. — Cet état indique le montant du prix de chaque lot par numéro. Il est certifié par le directeur des domaines et visé par le préfet ou le général.

Art. 14. — A l'expiration de l'année qui suit le jour fixé pour l'ouverture de la vente, le ministre détermine à nouveau, conformément aux dispositions du présent décret, le mode d'aliénation des lots qui n'ont pas été vendus.

Section 2. — De la vente aux enchères publiques.

Art. 15. — La mise à prix des terres désignées pour être vendues aux enchères publiques est établie par expertise. — Le jour de la vente est fixé par le ministre sous l'observation des publications et délais prescrits par l'article 2.

Art. 16. — Les adjudications ne sont valables et exécutoires qu'après l'approbation du ministre. — Cette approbation doit toujours précéder l'entrée en possession de l'adjudicataire, à moins qu'il n'y ait urgence reconnue.

Section 3. — De la vente de gré à gré.

Art. 17. — Sauf en ce qui concerne les départements, les communes et les établissements publics, les aliénations de gré à gré ne peuvent être faites qu'en cas d'indivision, d'enclave, et de préemption légale ou d'indice de possession de bonne foi.

Art. 18. — Les ventes de gré à gré sont précédées d'une estimation contradictoire. — L'acte de vente dressé par le directeur des domaines, soumis à l'examen du conseil de préfecture ou du conseil des affaires civiles, est transmis, avec avis, au ministre par le préfet ou le général commandant la division. — Il est statué définitivement par un décret impérial rendu sur le rapport du ministre.

Art. 19. — Lorsque l'estimation est inférieure à 10,000 francs, l'acte de vente est approuvé par le ministre, qui nous soumet, tous les trois mois, l'état des ventes ainsi effectuées.

Section 4. — De l'échange.

Art. 20. — Toute demande d'échange doit être adressée directement au ministre. — Si le ministre estime qu'il puisse y avoir lieu à échange, la demande est par lui renvoyée, suivant le territoire, au préfet ou au général commandant la division. — Il est fait estimation contradictoire des biens par experts, désignés, l'un par le directeur des domaines, l'autre par le propriétaire. Un tiers expert est désigné par le président du tribunal de la situation des biens. — Les résultats de l'expertise sont constatés par un procès-verbal affirmé par les experts. — Le dossier de l'affaire, accompagné des titres de propriété et de l'état des charges, servitudes et hypothèques, est renvoyé à l'examen du conseil de préfecture ou du conseil des affaires civiles, qui délibère sur l'utilité et les conditions de l'échange. Le préfet ou le général commandant la division donne son avis et le ministre décide s'il y a lieu de passer acte avec l'échangiste.

Art. 21. — Le contrat d'échange détermine la soulte à payer, s'il y a lieu; il contient la désignation de la nature, de la consistance et de la situation des immeubles, avec énonciation des charges et servitudes dont ils peuvent être grevés; il relate les titres de propriété, les actes qui constatent la libération des prix, enfin les procès-verbaux d'estimation qui doivent y demeurer annexés. — Si la valeur de l'échange est inférieure à 10,000 francs, le contrat est approuvé par le ministre, qui nous rend compte tous les trois mois, comme il est dit à l'article 19. — Tout échange d'une valeur supérieure est soumis à notre approbation. — L'entrée en possession de l'échangiste n'a lieu qu'après l'approbation. Elle est subordonnée, dans tous les cas, à la radiation des hypothèques de l'immeuble cédé par l'échangiste.

Art. 22. — Le contrat d'échange est enregistré gratis et transcrit sans autre frais que le salaire du conservateur. — La soulte est régie, quant au droit proportionnel d'enregistrement, par les dispositions relatives aux aliénations des biens de l'État. — Les frais de l'échange sont supportés moitié par l'État, moitié par l'échangiste. — Les formalités établies par l'article 2191 du Code civil, par les avis du Conseil d'État des 9 mai 1807 et 5 mai 1812, et par l'article 1 de la loi du 23 mars 1855, sont remplies à la diligence de l'administration des domaines. — S'il existe des inscriptions sur l'immeuble cédé par l'échangiste, il est tenu d'en rapporter mainlevée et radiation dans les quatre mois de la transcription du contrat d'échange, à moins qu'il ne lui ait été accordé un plus long délai. — Faute par lui de rapporter ces mainlevée et radiation, le contrat d'échange est résilié et l'échangiste demeure passible de tous les frais auxquels l'échange à donné lieu. — L'acte d'échange, ainsi que toutes les pièces et titres, est déposé aux archives de la direction des domaines.

Section 5. — Des concessions (1).

Art. 23. — Sur les lots réservés, conformément aux dispositions des articles 2 et 3 du présent décret, le ministre peut faire des concessions d'une contenance au maximum de 30 hectares au profit d'anciens militaires, d'immigrants ou de cultivateurs résidant en Algérie. Les travaux imposés à ces concessionnaires seront limités à la construction d'une habitation. — Le ministre peut, par une décision spéciale à chaque lotissement, déléguer aux préfets et aux généraux le droit de faire ces concessions. — Des états trimestriels certifiés des concessions ainsi faites sont adressés au ministre.

(1) V. ci-après décret du 31 décembre 1861, article 11.

Art. 24. — Des concessions d'une plus grande étendue peuvent être exceptionnellement accordées par nous, sur le rapport de notre ministre de l'Algérie et des colonies, notre Conseil d'État entendu. — Le décret qui accorde la concession en détermine les conditions.

Art. 25. — Ne sont pas soumises aux conditions du présent décret les concessions qui peuvent être faites aux communes, aux départements et aux établissements publics.

TITRE III

DISPOSITIONS TRANSITOIRES.

Art. 26. — Est affranchi des obligations relatives aux plantations et au mode de mise en culture tout propriétaire d'une concession accordée antérieurement au présent décret qui aura rempli la condition de bâtir stipulée dans son titre.

Art. 27. — Pourront être régularisées, conformément aux dispositions actuellement existantes, les concessions qui ont fait l'objet de mises en possession provisoire ou de demandes sur lesquelles les conseils de préfecture ou les conseils des affaires civiles auront délibéré antérieurement à la promulgation du présent décret.

Art 28. — Les prescriptions des sections 2, 3, 4 et 5, du titre 2 sont applicables aux immeubles urbains.

Art. 29. — Toutes dispositions contraires au présent décret sont et demeurent abrogées.

12 août 1864.

Décret relatif à l'exécution des articles 1, 2 et 3 du décret précédent (B. O. 122).

Art. 1. — A l'avenir, les projets de périmètre de colonisation à préparer, en conformité des dispositions des articles 1, 2 et 3 du décret du 25 juillet 1860 ne seront exécutoires qu'après avoir été arrêtés par nous, le Conseil d'État entendu.

31 décembre 1864.

Décret relatif à la vente à prix fixe et à bureau ouvert des terres domaniales en Algérie. Abolition des clauses résolutoires (B. O. 131).

Art. 1. — Les terres appartenant à l'État, alloties en vue de la création ou de l'agrandissement des périmètres de colonisation constitués conformément aux dispositions de notre décret du 12 août 1864, seront à l'avenir aliénées par la voie de la vente à prix fixe et à bureau ouvert, sauf les exceptions déterminées par les articles 11 et 12 du présent décret. — Le prix de chaque lot à vendre est fixé par le gouvernement général, le conseil de gouvernement entendu.

Art. 2. — Les ventes à prix fixe sont faites par le receveur des domaines de la circonscription où sont situées les terres. — Elles sont, deux mois au moins avant l'opération, annoncées par voie d'affiches, et elles se continuent jusqu'à complet épuisement des lots. — Une notice, accompagnée d'un plan d'allotissement et de rattachement et d'un tableau indicatif des lots fait connaître la situation du périmètre mis en vente, les cours d'eau, fontaines et sources qui s'y trouvent, les voies de communication ouvertes ou dont l'ouverture est arrêtée, les centres de population les plus proches, et tous autres renseignements propres à faire connaître les ressources de la localité. — Cette notice est reproduite avec ses annexes par les affiches, et l'ensemble de ces documents reste en outre à la disposition du public, jusqu'à la clôture de la vente, dans les bureaux du receveur des domaines.

Art. 3. — Si deux ou plusieurs personnes voulant acquérir le même lot se présentent dans la même séance devant le receveur chargé de la vente, une enchère publique est ouverte trois jours après, et le lot est acquis au plus offrant, dans les conditions de payement indiquées à l'article 4 du présent décret. — Des affiches apposées à la diligence du receveur font connaître le jour et l'heure de l'enchère.

Art. 4. — Le prix de chaque lot est payable par cinquième : le premier cinquième au moment de la vente, et les autres d'année en année. — L'intérêt légal en Algérie est dû pour la partie du prix non payée au comptant (1).

Art. 5. — Aussitôt que le premier cinquième du prix a été versé, le receveur des domaines fait signer à l'acquéreur le contrat de vente et le fait mettre en possession.

Art. 6. — L'acquéreur paye, en sus du prix de la vente, les droits de timbre, d'enregistrement et de transcription hypothécaire du contrat, dont une expédition lui est remise dans le délai d'un mois à partir du jour de la vente.

Art. 7. — En cas de retard dans le payement du prix, la déchéance de l'acquéreur peut être prononcée conformément à l'article 8 de la loi du 15 floréal an X, par arrêté du gouverneur général, pris sur la proposition de l'autorité provinciale compétente.

Art. 8. — La vente est faite sans autre condition résolutoire que celle prévue à l'article 7 ci-dessus.

Art. 9. — Le gouvernement général nous rend compte, au commencement de chaque trimestre des ventes effectuées pendant le trimestre précédent.

Art. 10. — Dès qu'un périmètre de colonisation comptera une population suffisante, il sera créé une ou plusieurs communes de plein exercice.

(1) Réduit au taux de 5 p. 100 par décret postérieur du 21 juillet 1866, et payement du premier cinquième exigé au moment seulement de la signature du contrat de vente.

Art. 11. — Le système de concession des terres autorisé par les articles 23 et 24 du décret du 25 juillet 1860 est et demeure supprimé. — Toutefois, lorsqu'il y aura lieu de faciliter la formation de groupes de population présentant un caractère particulier d'utilité, la délivrance de concessions pourra être exceptionnellement autorisée par nous, sur le rapport de notre ministre de la guerre, d'après les propositions du gouverneur général de l'Algérie et par décret spécial.— Ce décret désignera le nom des concessionnaires, le numéro et l'étendue des lots attribués, et réglera les conditions des concessions. — Peut être également autorisée par voie de décret impérial la cession par l'État d'immeubles domaniaux en vue de l'exécution de travaux d'utilité publique.

Art. 12. — Les concessions faites jusqu'à ce jour sont et demeurent affranchies de toute clause résolutoire autre que celle du payement ou du rachat de la rente sans préjudice des réserves temporaires stipulées dans l'acte de concession.

Art. 13. — Sont maintenues les dispositions des sections 2, 3 et 4 du décret du 25 juillet 1860 relatives aux propriétés domaniales désignées pour être vendues aux enchères, aux conditions et aux formes de la vente de gré à gré et des échanges, ainsi que les dispositions de l'article 25 du décret précité concernant les concessions à faire aux départements, aux communes et aux établissements publics.

Art. 14. — Toutes les dispositions contraires au présent décret sont et demeurent abrogées.

6 janvier 1869.

Décret qui étend la faculté de la vente de gré à gré des immeubles domaniaux (B. O. 309).

Art. 1. — Indépendamment des cas spécifiés par l'article 17 du décret du 25 juillet 1860, des ventes de gré à gré de terrains domaniaux peuvent être consenties, dans les formes indiquées par la section 3 dudit décret, pour favoriser la création, sur le parcours des routes, d'hôtelleries, dépôts d'approvisionnements, relais, gîtes d'étapes ou autres groupes d'habitations nécessaires à la sécurité du commerce et de la circulation.

6 février 1871.

Décret qui ordonne la remise au domaine de l'État des immeubles compris dans le domaine militaire et qui ne sont pas indispensables au service de la guerre (B. O. 337).

Art. 2. — Le prix des immeubles remis au service des domaines pour être aliénés au profit du génie militaire, mais dont la vente n'a pas encore été effectuée à la date du présent décret, sera encaissé pour le compte de l'État.

Art. 3. — Tous les immeubles actuellement compris dans le domaine militaire en Algérie, et qui ne sont pas indispensables au service de la guerre, seront immédiatement restitués au domaine de l'État, et il en sera disposé dans les conditions prévues par la législation en vigueur dans les départements algériens, en ce qui concerne les biens domaniaux ordinaires.

15 juillet 1874.

Décret relatif aux concessions ou aux locations de terres (B. O. 555).

V. *Concessions.*

Domaine maritime.

20 mars 1875.

Décret qui rend exécutoire en Algérie l'article 2 de la loi du 20 novembre 1872 (B. O.

Art. 1. — L'article 2 de la loi de finances, 20 décembre 1872, est rendu exécutoire en Algérie, en ce qui concerne les redevances auxquelles sont assujettis, au profit de l'État, tant les établissements de pêche fondés sur le domaine maritime ou sur des propriétés privées alimentées par l'eau de la mer, que les occupations, à titre précaire, des plages ou toutes autres dépendances du domaine public maritime.

Art. 2. — Un arrêté du gouverneur général civil de l'Algérie déterminera les formes et conditions dans lesquelles pourront être accordées les concessions d'établissements de pêches ou d'occupations temporaires sur le domaine maritime.

Douanes.

L'Algérie est soumise, en matière de douanes, à la législation générale de la métropole (décret du 25 février 1851), sauf en ce qui concerne l'impôt sur le sel, quelques taxes intérieures et le droit de statistique qui ne sont pas perçus. Elle est soumise également à une loi spéciale, celle du 7 juillet 1867.

RÉGIME SPÉCIAL.

Aux termes de cette loi les produits naturels ou fabriqués de l'Algérie sont exportés en franchise dans les ports de la métropole et à l'étranger dans les mêmes conditions que s'ils provenaient de France. Comme importation, les produits français et les produits étrangers qui ont été nationalisés, en payant en France le montant des droits, entrent en franchise en Algérie; les produits étrangers non nationalisés sont divisés en quatre classes : la première paye des droits spécialement déterminés, la seconde est assujettie au payement du tiers seulement des droits perçus dans la métropole, la troisième est frappée des mêmes droits qu'en France et la quatrième, qui comprend tous les produits non portés dans les trois premières classes, est admise en franchise; quant aux importations par terre, elles sont exemptes de droits pour tous les produits naturels ou fabriqués à Tunis, au Maroc ou dans le sud, et sont soumises au même régime qu'à l'importation par mer lorsqu'elles comprennent des marchandises de toute autre origine. Ce régime a été légèrement modifié par des décrets qui, de 1873 à 1875, ont interdit l'entrée en Algérie des sarments de vigne, des monnaies étrangères de cuivre et de billion, et des écorces à tan provenant de Tunis par voie de terre, et par la loi du 16 mars 1875 qui a établi un nouveau tarif pour les sucres, les cafés et les chocolats.

Toutes les marchandises peuvent être importées par les divers bureaux établis, à l'exception des tissus, taxés *ad valorem* en vertu de traités, qui doivent être déclarés pour le payement des droits à Alger ou à Oran.

En dehors des droits fixés il est perçu en Algérie : 2 décimes à titre de subvention extraordinaire (loi de prairial), 3 francs par 100 kilos sur les produits originaires des contrées hors d'Europe (loi du 30 janvier 1872), 4 p. 100 additionnels sur les droits d'entrée et de sortie et 5 p 100 sur les amendes et condamnations judiciaires (loi du 30 décembre 1873).

ENTREPOTS.

Des entrepôts réels ont été autorisés par les ordonnances des 11 novembre 1835, 17 janvier et 2 décembre 1845, dans tous les ports d'Algérie; mais il n'en a été ouvert que deux, Alger, le 20 mars 1837 et à Oran, le 20 juin 1837; ils sont tous les deux soumis au régime de la métropole.

Deux entrepôts fictifs existent aussi dans les mêmes villes; les marchandises y sont traitées comme dans les établissements similaires de France; elles peuvent rester déposées pendant une année et être retirées pour être expédiées sur toutes destinations (tarif officiel de 1877, n° 273). Dans les autres ports de l'Algérie et sur les frontières de terre, partout où existent des bureaux de douanes, les marchandises peuvent être mises en entrepôts fictifs spéciaux avec interdiction de réexportation. La durée de ces entrepôts est

de deux ans à Bône et à Philippeville et d'un an, avec faculté de l'augmenter de six mois, dans les autres bureaux. Quant à l'interdiction d'exportation, elle n'est pas absolue; elle n'existe pas en effet pour les sucres et les cafés dirigés sur Biskra (tarif 271), ni pour les marchandises taxées à 20 francs et au-dessous les 100 kilos sortant par les bureaux de Nemours, Lalla-Maghnia, La Calle, Souk-Ahrras et Tébessa. La loi du 15 janvier 1870 avait ajouté à ces bureaux ceux de Géryville, Laghouat et Bouçâada; mais ces derniers ont été supprimés depuis.

Les produits déposés dans les entrepôts, même dans les entrepôts fictifs spéciaux, peuvent être dirigés sur d'autres entrepôts (tarif n° 273).

Quant aux marchandises passibles du droit d'octroi de mer, il est permis de les mettre en entrepôt fictif avec faculté de réexportation dans tous les ports où existe un bureau de douanes. Ces mêmes marchandises peuvent aussi, sauf les boissons, être reçues en entrepôt réel (décret du 6 novembre 1876).

TRANSIT.

Les bureaux d'entrepôt réel sont ouverts au transit à l'entrée et à la sortie sans exception. Quant aux autres bureaux, ils peuvent faire les opérations de transit à l'entrée, mais à la condition que les marchandises seront frappées d'un droit de 20 francs et au-dessous et sortiront par un des bureaux ci-dessus désignés ou que les marchandises consistant en sucres, cafés, seront expédiés sur Biskra (tarif n° 274).

PAYS FRANC.

L'oasis de Biskra, dans un rayon de 50 kilomètres en arrière de la place, a été déclaré pays franc pour toute marchandise ne payant pas plus de 20 francs les 100 kilos, et pour les sucres et cafés, quels que soient les droits auxquels ils sont assujettis (décrets des 15 janvier 1870 et 28 avril 1871).

DROITS DE NAVIGATION.

L'administration des douanes est chargée en outre de percevoir les droits de navigation. Ces droits sont établis sur le tonnage légal, c'est-à-dire d'après le tonnage porté aux papiers de bord pour les bâtiments anglais, allemands, autrichiens, belges ou américains (des États-Unis), et d'après la constatation de la capacité faite à l'arrivée dans chaque port pour les navires danois, italiens, espagnols, hollandais ou suédois (tarif officiel des douanes de 1877).

La navigation entre la France et l'Algérie et entre l'Algérie et la France peut être faite par tous pavillons, sans surtaxe. Le cabotage est réservé aux navires français ou francisés remplissant les conditions déterminées par les décrets des 7 septembre 1856 et 9 juillet 1871 (V. *Navigation*). Il peut être fait cependant, en vertu de traités spéciaux, par les bâtiments italiens (traité du 13 juin 1862), et par les bateaux monégasques (traité du 9 novembre 1865). Le gouverneur général peut même admettre les navires étrangers à cette navigation (loi du 19 mai 1866).

Tout navire français qui prend la mer doit avoir à son bord son acte de francisation et se munir d'un congé. Tout navire étranger ne peut quitter le port dans lequel il a abordé qu'après s'être fait délivrer un passe-port (ordonnance du 16 décembre 1843).

DROITS DE QUAI.

Les droits de quai de cinquante centimes établis par la loi du 20 janvier 1872 sont perçus sur toutes les marchandises ou sur les passagers débarqués et qui n'ont pas été chargés en France. Ces droits ne peuvent, dans aucun cas, excéder la somme qui aurait été perçue suivant le tonnage des navires d'après le taux fixé par la loi de 1872.

DROIT DE PÉAGE.

Un droit de vingt-cinq centimes par tonneau est perçu exceptionnellement à Philippeville en vertu de la loi du 17 décembre 1875.

TRAITÉS DE COMMERCE.

Les traités de commerce et de navigation consentis entre la France et les nations étrangères ne sont applicables en Algérie qu'en vertu d'une disposition expresse (tarif officiel n° 271. V. *Traités*).

DROITS SANITAIRES ET DIVERS.

L'administration des douanes perçoit enfin, en Algérie comme en France, des droits sanitaires, des droits accidentels, des droits de plombage, estampillage, etc.

Les douanes constituent une des cinq régies financières instituées en Algérie par l'ordonnance du 2 janvier 1846. Elles sont organisées comme en France et sont rattachées au ministère des finances. Les perceptions opérées par leurs soins se sont élevées, d'après le budget de 1877, non compris l'octroi

municipal de mer, à la somme de 4,915,800 fr., savoir : douanes, 4,467,400 francs ; droits de navigation, 95,400 francs ; recettes accessoires, 293,700 francs ; amendes et confiscations, 18,800 francs ; plombages et estampillages, 2,700 francs. Droits sanitaires et parts, 37,800 francs.

11 novembre 1835.

Ordonnance du roi concernant les droits de navigation et de douane à percevoir dans les possessions françaises du nord de l'Afrique.

TITRE V

ENTREPOTS

Art. 17. — Il pourra être établi, pour les marchandises étrangères et les productions des colonies françaises, un entrepôt réel dans les villes d'Alger, Bône et Oran, à charge par ces villes de se conformer à l'article 24 de la loi du 8 floréal an XI (1).

20 mars 1837.

Arrêté du gouverneur portant règlement et tarif des droits à percevoir à l'entrepôt d'Alger.

V. ci-après arrêtés 7 juin 1876 et 15 mai 1877.

16 décembre 1843.

Ordonnance sur le régime commercial de l'Algérie (B. 165).

Art. 4. — Seront affranchis de tout droit de navigation : 1° les navires français et les sandales algériennes ; — 2° les navires étrangers entrant en relâche forcée ou librement dans ces ports, et qui n'y feront aucune opération de commerce.

Art. 5. — Les embarcations étrangères employées en Algérie à la pêche du corail ou du poisson, ou aux transports, comme allèges dans l'intérieur des ports, et les embarcations françaises attachées auxdits ports, porteront un numéro d'ordre, ainsi que l'indication du nom des propriétaires et du port d'attache, sous peine de 500 francs d'amende. Ces indications seront reproduites dans un passe port ou congé dont chacune de ces embarcations devra être accompagnée, sous peine d'une amende de 100 francs.

Ces passe-ports ou congés seront valables pour un an. Leur prix est fixé ainsi qu'il suit, savoir : congés des bateaux français de tout tonnage 1 franc ; passe-ports des bateaux étrangers de

(1) Cette faculté a été étendue par la loi du 9 juin 1845 et les décrets des 6 mars 1860 et 15 mars 1877 à tous les ports de mer de l'Algérie.

moins de 10 tonnes, 5 francs; de 10 à 30 tonnes, 15 francs; de plus de 30 tonnes, 30 francs ;

Art. 6. — Les navires étrangers seront tenus, à leur sortie des ports de l'Algérie, de se pourvoir d'un passe-port. Le prix de ce passe-port, ainsi que celui des permis qui seront délivrés pour l'embarquement et le débarquement des marchandises, est fixé à 50 centimes. — Il ne sera pas exigé de droit d'expédition, d'acquit, ni de certificat.

12 octobre 1848.

Arrêté du gouverneur général portant remise du service des douanes au ministère des finances (B. 291).

Art. 1. — L'administration des douanes en Algérie sera remise au ministère des finances.

Art. 2. — La législation douanière de l'Algérie est celle qui régit la métropole, sauf les modifications qui sont ou seront reconnues nécessaires dans les tarifs des droits à l'importation ou à l'exportation. — Ces modifications continueront d'avoir lieu, de concert entre les départements des finances, de l'agriculture et du commerce.

Art. 3. — Les comptes de recettes seront adressés périodiquement par les agents du service des douanes au ministère des finances.

Art. 4. — Les dépenses du service des douanes seront réglées exclusivement par le ministre des finances, qui en déterminera l'imputation sur les crédits rattachés à cet effet au budget de son département.

Toutefois, le département de la guerre (le gouvernement général) continuera d'être chargé de pourvoir à l'installation du service des douanes au moyen de fonds spéciaux alloués à son budget, soit par l'appropriation de bâtiments domaniaux, soit par des constructions neuves exécutées, sur l'initiative du département des finances et après concert avec lui, par les services du génie et des bâtiments civils organisés en Algérie. — Il continuera également d'être chargé de l'entretien des bâtiments et locaux affectés aux douanes ou loués pour ce service par le département des finances.

25 février 1851.

Décret relatif à la promulgation des lois de douane en Algérie—Distance légale de Paris à Alger (B. 381).

Art. 1. — Les lois et décrets rendus en matière de douane seront applicables en Algérie à compter du jour où ils seront réputés connus à Alger suivant les règles établies par le Code civil (1).

(1) Cette disposition n'est plus applicable depuis le nouveau mode de promulgation (V. *Promulgation*).

Art. 2. — La distance légale de Paris à Alger est fixée à 160 myriamètres.

11 août 1853.

Décret relatif aux entrepôts (B. 444).

Art. 8. — Il pourra être établi un entrepôt réel dans chacune des villes où il existera un bureau de douane, à charge par ces villes de se conformer à l'article 25 de la loi du 8 floréal an XI. Aucun établissement de cette nature ne pourra toutefois être formé qu'en vertu d'une autorisation accordée par décret.

Art. 9. — Jusqu'à ce que les entrepôts réels soient régulièrement constitués, les marchandises pourront : 1° être déposées en douane à charge par les propriétaires d'en acquitter les droits d'importation et de magasinage dans le délai d'un an; 2° être admises en entrepôt fictif sous les formalités prescrites par l'article 15 de la loi du 8 floréal an XI et sous la condition de renoncer à la faculté de réexportation. La durée de l'entrepôt fictif est fixée à une année; sur la demande des entrepositaires, elle pourra être prolongée de six mois.

Art. 10. — (Octroi municipal).

Art. 11. — Les délits et contraventions seront déférés savoir : en territoire civil aux tribunaux ordinaires et en territoire militaire aux conseils de guerre (1). Ces tribunaux appliqueront les peines et réparations civiles édictées par la législation de la métropole.

20 juin 1857.

Décret portant que l'entrepôt réel des douanes créé en principe à Oran, par ordonnance du 16 décembre 1843, sera ouvert à partir du 1er juillet 1857 (B. 510).

19 mai 1866.

Loi supprimant les droits de tonnage en principe; mais autorisant la perception de ceux créés ou à créer pour subvenir au payement des emprunts contractés pour l'amélioration des ports (B. O. 186).

Dispositions spéciales à l'Algérie :

Art. 9. — La navigation entre la France et l'Algérie et l'étranger pourra s'effectuer par tous pavillons. — Le cabotage d'un port à l'autre de cette possession française pourra, sur une autorisation du gouverneur général de l'Algérie, être fait par des navires étrangers.

Art. 10. — Les surtaxes de navigation établies en Algérie sur les marchandises importées par navires étrangers sont supprimées. Sont égale-

(1) V. *Justice*.

ment supprimées les modérations de droits accordées par l'ordonnance du 16 décembre 1843.

17 juillet 1867.

Loi concernant le régime commercial de l'Algérie (B. G. 230).

TITRE I.

Art. 1. — Les produits naturels ou fabriqués originaires de l'Algérie seront, à leur importation directe dans les ports de France, admis en franchise des droits de douane. La franchise sera également appliquée aux produits étrangers, introduits d'Algérie en France, qui auront été nationalisés, à leur entrée en Algérie, par le payement intégral des droits de douane tels qu'ils sont fixés par le tableau C annexé à la présente loi. — Les produits étrangers introduits d'Algérie en France, qui auront payé les droits portés aux tableaux A et B, ne seront admis à entrer en France qu'à la condition d'acquitter la différence entre le tarif de l'Algérie et le tarif de la France.

Art. 2. — Les produits naturels ou fabriqués originaires de la France, à l'exception des sucres, et les produits étrangers, nationalisés par le payement des droits, seront, à leur importation directe dans les ports de l'Algérie, admis en franchise.

Art. 3. — Les exceptions à la franchise des droits de sortie inscrites, soit dans le tarif général, soit dans les tarifs conventionnels, ne seront pas applicables aux exportations effectuées de l'Algérie en France ou de France en Algérie.

TITRE II.

RAPPORTS AVEC L'ÉTRANGER.

§ 1. — *Importation par mer.*

Art. 4. — Les produits étrangers non énumérés aux tableaux A, B et C, annexés à la présente loi, seront admis en franchise à leur importation dans les ports de l'Algérie.

Art. 5. — Conformément à la réserve inscrite dans l'article 1, qui précède, les produits étrangers payeront, savoir : ceux énumérés au tableau A, les droits fixés par ledit tableau ; les produits énumérés au tableau B, le tiers des droits établis par le tarif général de France ou par les tarifs conventionnels, et ceux énumérés au tableau C, l'intégralité de ces droits. — Dans ces deux derniers cas, l'importateur aura le choix entre le tarif général et les tarifs conventionnels. — Les produits frappés de prohibition par le tarif général seront, selon qu'ils sont compris dans le tableau B ou le tableau C, admis sans distinction de provenance, sous le payement du tiers ou de l'intégralité des droits inscrits dans les tarifs conventionnels.

§ 2. — *Importations par les frontières de terre.*

Art. 6. — Les produits étrangers importés en Algérie par les frontières de terre seront soumis au régime établi par le tableau D annexé à la présente loi.

Art. 7. — Les marchandises exportées de l'Algérie à destination de l'étranger seront soumises au même régime que si l'exportation avait lieu de France.

TITRE III.

DISPOSITIONS GÉNÉRALES.

Art. 8. — La nomenclature des tableaux A, B, C et D annexés à la présente loi pourra être modifiée par des décrets de l'Empereur. Ces décrets devront être convertis en projets de loi et soumis, dans le délai d'une année, à la sanction du Corps législatif.

Art. 9. — Les lois, ordonnances, décrets et règlements actuellement applicables en matière de douane dans la métropole seront également appliqués en Algérie, en tout ce qui n'est pas contraire aux dispositions de la présente loi.

TABLEAU A. — *Tarif spécial à certaines denrées.*

Sucres bruts de toute origine, 10 francs les 100 kilog. — Sucres raffinés de toute origine, 15 francs. — Cafés, 12 francs. — Poivre et piment, en grains ou moulus, 15 francs. — Clous de girofle, 50 francs. — Id. griffes, 12 francs. — Cannelle de toute espèce et cassia lignea, 15 francs. — Muscades en coques, 50 francs. — Sans coques, 75 francs. — Macis, 75 francs. — Vanille, 100 francs. — Tabacs en feuilles ou en côtes, 20 francs. — Id. fabriqués, 40 francs.

TABLEAU B. — *Marchandises étrangères admises en Algérie moyennant le payement du tiers des droits applicables dans la métropole.*

Fontes. — Fers en barre et rails; Tôles. — Fils de fer. — Acier en barres, en bandes ou en tôles. — Cuivre pur ou allié, laminé. — Plomb laminé. — Produits chimiques. — Poterie fine, savoir : porcelaines, grès fin, faïence fine et les variétés de faïence stannifère. — Verres autres que les verres à vitres et cristaux. — Papiers. — Machines et mécaniques de toute sorte à vapeur ou autres, en appareils complets ou en pièces détachées autres que les machines ou mécaniques servant à l'agriculture. — Outils autres que les outils aratoires. — Armes de commerce. — Ouvrages en métaux de toute sorte autres que ceux servant à l'agriculture.

Tableau C. — *Marchandises étrangères ad-mises en Algérie moyennant le payement in-tégral des droits applicables dans la mé-tropole.*

Morue de pêche étrangère. — Tissus de toute sorte. — Bâtiments de mer et embarcations de toute sorte. — Effets à usage. — Boissons fermentées et distillées. — Armes et munitions de guerre prohibées. — Contrefaçons prohibées.

Tableau D. — *Importations par les frontières de terre.*

Produits naturels ou fabriqués originaires de la Régence de Tunis, de l'empire du Maroc et du sud de l'Algérie ; exempts. — Idem, de toute autre origine : même régime qu'à l'importation par mer.

15 janvier 1870.

Décret fixant le régime douanier sur les frontières du Sud.—Bureaux ouverts au transit (B. O. 322).

Art. 1. — Les bureaux de douanes de Nemours Lalla-Maghnia, Tlemcen, Tebessa, Souk-Ahrras et La Calle sont ouverts au transit des marchandises ne payant pas plus de 20 francs les 100 kilog. — La réexportation des marchandises placées en entrepôt fictif, conformément à l'article 9 du décret du 11 août 1853, et ne payant pas plus de 20 francs les 100 kilos, pourra avoir lieu par les bureaux précités, ainsi que par ceux de Géryville, Laghouat et Bouçâada.

Art. 2. — L'oasis de Biskra, jusqu'à l'étendue d'un rayon de 50 kilomètres en arrière de la place est, pour ces mêmes marchandises, déclarée pays franc. L'exportation pour Biskra et le pays franc sera contrôlée au poste d'El-Kantara, mais elle ne sera réputée complète qu'après l'arrivée et la vérification de la marchandise à Biskra même (1).

Art. 3. — Les dispositions contraires au présent décret sont abrogées.

8 juillet 1871.

Loi portant augmentation de droits (2) (B. O. 360).

Art. 13. — Vins autres que de liqueur, 5 francs l'hectolitre ; vins de liqueur, 20 francs l'hectolitre.

Art. 14. — Alcools : eau-de-vie en bouteilles, 80 francs l'hectolitre de liquide ; en fûts, 30 francs l'hectolitre d'alcool pur.—Alcools autres, 30 francs l'hectolitre d'alcool pur.

Art. 15. — Liqueurs, 85 francs l'hectolitre de liquide.

(1) V. ci-après décret du 28 avril 1874.
(2) Applicable en Algérie, mais seulement aux boissons fermentées, par application de la loi du 17 juillet 1867.

22 janvier 1872.

Loi établissant un droit pour frais de statistique commerciale.

(Non appliquée en Algérie.)

30 janvier 1872.

Loi sur la marine marchande. — Surtaxe de pavillon.

Art. 1. — Les marchandises importées par navires étrangers autres que celles provenant des colonies françaises seront passibles de surtaxes de pavillons fixées par 100 kilogrammes, comme ci-après :

Des pays hors d'Europe et du bassin de la Méditerranée, 75 centimes.

Des pays hors d'Europe, en deçà des caps Horn et de Bonne-Espérance, 1 fr. 50.

Des pays au delà des caps, 2 francs.

Art. 2. — Toutefois, les surtaxes édictées par l'article précédent ne seront pas applicables au guano (1).

Art. 3. — Les marchandises des pays hors d'Europe seront passibles, à leur importation des entrepôts d'Europe, d'une surtaxe de trois francs (3 fr.) par 100 kilogrammes.

Cette disposition n'est pas applicable aux marchandises que les lois actuellement en vigueur assujettissent à des surcharges plus élevées.

Art. 4. — Les dispositions des articles 1 et 3 sont applicables aux relations de l'Algérie avec l'étranger.

Art. 5. — Les droits à l'importation des bâtiments de mer sont fixés comme suit :

BATIMENTS GRÉÉS ET ARMÉS.

A voiles, en bois, 40 francs par tonneau de jauge.

A voiles, en bois et fer, 50 francs par tonneau de jauge.

A voiles, en fer, 60 francs par tonneau de jauge.

A vapeur, droits ci-dessus, augmentés du droit afférent à la machine.

COQUES DE BATIMENTS DE MER.

En bois, 30 francs par tonneau de jauge.
En bois et fer, 40 —
En fer, 60 —

Ces droits ne seront pas applicables aux navires étrangers dont l'achat antérieur à la promulgation de la présente loi sera justifié par des actes authentiques ou sous seing privé ayant date certaine.

Art. 6. — Les navires de tous pavillons, venant de l'étranger ou des colonies et possessions françaises, chargés en totalité ou en partie, ac-

(1) Articles abrogés. Loi du 28 juillet 1873.

ment supprimées les modérations de droits accordées par l'ordonnance du 16 décembre 1843.

17 juillet 1867.

Loi concernant le régime commercial de l'Algérie (B. O. 239).

TITRE I.

Art. 1. — Les produits naturels ou fabriqués originaires de l'Algérie seront, à leur importation directe dans les ports de France, admis en franchise des droits de douane. La franchise sera également appliquée aux produits étrangers, introduits d'Algérie en France, qui auront été nationalisés, à leur entrée en Algérie, par le payement intégral des droits de douane tels qu'ils sont fixés par le tableau C annexé à la présente loi. — Les produits étrangers introduits d'Algérie en France, qui auront payé les droits portés aux tableaux A et B, ne seront admis à entrer en France qu'à la condition d'acquitter la différence entre le tarif de l'Algérie et le tarif de la France.

Art. 2. — Les produits naturels ou fabriqués originaires de la France, à l'exception des sucres, et les produits étrangers, nationalisés par le payement des droits, seront, à leur importation directe dans les ports de l'Algérie, admis en franchise.

Art. 3. — Les exceptions à la franchise des droits de sortie inscrites, soit dans le tarif général, soit dans les tarifs conventionnels, ne seront pas applicables aux exportations effectuées de l'Algérie en France ou de France en Algérie.

TITRE II.

RAPPORTS AVEC L'ÉTRANGER.

§ 1. — *Importation par mer.*

Art. 4. — Les produits étrangers non énumérés aux tableaux A, B et C, annexés à la présente loi, seront admis en franchise à leur importation dans les ports de l'Algérie.

Art. 5. — Conformément à la réserve inscrite dans l'article 1, qui précède, les produits étrangers payeront, savoir : ceux énumérés au tableau A, les droits fixés par ledit tableau ; les produits énumérés au tableau B, le tiers des droits établis par le tarif général de France ou par les tarifs conventionnels, et ceux énumérés au tableau C, l'intégralité de ces droits. — Dans ces deux derniers cas, l'importateur aura le choix entre le tarif général et les tarifs conventionnels. — Les produits frappés de prohibition par le tarif général seront, selon qu'ils sont compris dans le tableau B ou le tableau C, admis sans distinction de provenance, sous le payement du tiers ou de

l'intégralité des droits inscrits dans les tarifs conventionnels.

§ 2. — *Importations par les frontières de terre.*

Art. 6. — Les produits étrangers importés en Algérie par les frontières de terre seront soumis au régime établi par le tableau D annexé à la présente loi.

Art. 7. — Les marchandises exportées de l'Algérie à destination de l'étranger seront soumises au même régime que si l'exportation avait lieu de France.

TITRE III.

DISPOSITIONS GÉNÉRALES.

Art. 8. — La nomenclature des tableaux A, B, C et D annexés à la présente loi pourra être modifiée par des décrets de l'Empereur. Ces décrets devront être convertis en projets de loi et soumis, dans le délai d'une année, à la sanction du Corps législatif.

Art. 9. — Les lois, ordonnances, décrets et règlements actuellement applicables en matière de douane dans la métropole seront également appliqués en Algérie, en tout ce qui n'est pas contraire aux dispositions de la présente loi.

TABLEAU A. — *Tarif spécial à certaines denrées.*

Sucres bruts de toute origine, 10 francs les 100 kilog. — Sucres raffinés de toute origine, 15 francs. — Cafés, 12 francs. — Poivre et piment, en grains ou moulus, 15 francs. — Clous de girofle, 50 francs. — Id. griffes, 12 francs. — Cannelle de toute espèce et cassia lignea, 15 francs. — Muscades en coques, 50 francs. — Sans coques, 75 francs. — Macis, 75 francs. — Vanille, 100 francs. — Tabacs en feuilles ou en côtes, 20 francs. — Id. fabriqués, 40 francs.

TABLEAU B. — *Marchandises étrangères admises en Algérie moyennant le payement du tiers des droits applicables dans la métropole.*

Fontes. — Fers en barre et rails ; Tôles. — Fils de fer. — Acier en barres, en bandes ou en tôles. — Cuivre pur ou allié, laminé. — Plomb laminé. — Produits chimiques. — Poterie fine, savoir : porcelaines, grès fin, faïence fine et les variétés de faïence stannifère. — Verres autres que les verres à vitres et cristaux. — Papiers. — Machines et mécaniques de toute sorte à vapeur ou autres, en appareils complets ou en pièces détachées autres que les machines ou mécaniques servant à l'agriculture. — Outils autres que les outils aratoires. — Armes de commerce. — Ouvrages en métaux de toute sorte autres que ceux servant à l'agriculture.

franc continuera à être contrôlée conformément aux dispositions de l'article 2 du décret du 15 janvier 1870.

15 février 1875.

Loi relative aux crédits et escomptes en matière de douanes et de contributions indirectes (B. O. 607).

19 mars 1875.

Loi qui modifie les droits d'entrée en Algérie sur les sucres, les cafés et les chocolats (B. O. 000).

Art. 3. — Est ratifié et converti en loi le décret du 29 décembre 1873, aux termes duquel :

Les droits fixés par le tableau A, annexé à la loi du 17 juillet 1867, pour l'importation en Algérie des sucres et cafés, sont modifiés ainsi qu'il suit :

Sucres bruts de toute origine, 20 francs les 100 kilogrammes.

Sucres raffinés de toute nature, 30 francs les 100 kilogrammes.

Cafés, 30 francs les 100 kilogrammes.

Art. 4. — Est ratifié et converti en loi le décret du 31 juillet 1873, aux termes duquel :

Les chocolats et cacaos broyés de provenance étrangère importés en Algérie payeront les droits du tarif métropolitain ;

Les chocolats et cacaos broyés importés d'Algérie en France seront soumis aux droits d'importation ci-après, décimes compris :

Chocolats, 89 fr. 25 les 100 kilogrammes.

Cacaos broyés, 116 fr. 66 les 100 kilogrammes.

20 mars 1875.

Loi modifiant les droits de quai en Algérie (B. O. 000).

Art. 1. — Le droit de quai de 50 centimes ou de 1 franc par tonneau de jauge, établi par la loi du 30 janvier 1872, sera perçu dans les ports de l'Algérie par tonneau d'affrètement sur les marchandises débarquées.

Art. 2. — Le droit de quai sera également perçu proportionnellement au nombre de passagers débarqués et fixé comme suit :

1° Un tonneau pour chaque passager débarqué; chaque enfant, quel que soit son âge, étant compté pour un passager ;

2° Deux tonneaux pour un cheval;

3° Trois tonneaux par voiture à deux roues, et quatre tonneaux par voiture à plus de deux roues.

Les bagages des passagers, y compris les petites provisions de voyage qu'ils ont avec eux, ne seront pas comptés dans l'évaluation des marchandises débarquées.

14 avril 1875.

Décret qui prohibe l'importation par voie de terre des écorces à tan de provenance tunisienne (B. Lois XII, n° 4,135).

17 décembre 1875.

Loi relative au port de Philippeville (B. O. 633).

Art. 1. — Le gouverneur général civil de l'Algérie est autorisé à accepter, au nom de l'État, l'offre faite par la chambre de commerce de Philippeville, ainsi qu'il résulte de ses délibérations des 4 mars et 9 juin 1875, d'avancer à l'État la somme de deux millions de francs (2,000,000 fr.), à l'effet de hâter l'achèvement des travaux du port de Philippeville.

Art. 2. — La chambre de commerce de Philippeville est autorisée à emprunter, à un taux qui n'excédera pas six pour cent (6 pour 100), la somme de deux millions de francs (2.000,000 fr.) montant des avances faites à l'État.

Cet emprunt pourra être réalisé, soit avec publicité et concurrence, soit par voie de souscription, soit de gré à gré, avec faculté d'émettre des obligations au porteur ou transmissibles par voie d'endossement.

Si l'emprunt est contracté auprès d'un établissement public de crédit, la chambre de commerce devra se conformer aux conditions statutaires de cet établissement, sans toutefois que la commission perçue en sus de l'intérêt puisse dépasser quarante-cinq centimes pour cent francs (0,45 pour 100).

Art. 3. — La chambre de commerce de Philippeville effectuera entre les mains de l'État des versements annuels variant de quatre cent mille à six cent mille francs (400,000 à 600,000 fr.), à la volonté de la chambre de commerce, pourvu toutefois que le versement total soit opéré en quatre années à partir du 1ᵉʳ janvier 1876.

Il demeure entendu que ladite chambre ne sera tenue à ces versements annuels qu'après l'épuisement du crédit alloué par l'État.

Les fonds successivement versés par la chambre de commerce de Philippeville jusqu'à concurrence de ladite somme de deux millions (2,000,000 fr.) porteront intérêt au taux de quatre et demi pour cent (4 1/2 pour 100) à dater de leur versement.

L'amortissement calculé au même taux de quatre et demi pour cent (4 1/2 pour cent) pourra s'effectuer en quinze annuités, payables par termes semestriels, à partir de la date du premier versement. Toutefois, l'administration réduira, autant qu'elle le jugera convenable, la période d'amortissement en accroissant la quotité des payements semestriels.

Art. 4. — Il sera établi au port de Philippeville, à partir du 1ᵉʳ janvier 1876, un droit de vingt-cinq centimes (0 fr. 25) par tonneau de jauge sur tout navire français ou étranger ayant pour provenance ou pour destination la France ou l'étranger, qui entrera chargé ou viendra prendre charge dans le port de Philippeville ou celui de son annexe, Stora.

Le matériel naval de l'État sera exempt du droit de tonnage.

Art. 5. — La perception du droit sus-mentionné est concédée à la chambre de commerce pour couvrir la différence entre le taux de l'intérêt payé par l'État à la chambre de commerce et celui qu'elle aura elle-même payé aux souscripteurs de l'emprunt qu'elle est autorisée à contracter. Cette perception cessera après l'entier remboursement de la somme formant cette différence.

7 juin 1876.

Arrêté établissant un nouveau tarif des droits à percevoir à l'entrepôt réel d'Alger (B. O. 661).

Art. 1. — Le tarif annexé à l'arrêté du 20 mars 1837 est remplacé par le tarif suivant:

Acides, 25 cent. les 100 kilos, les dangereux exceptés.

Albâtre ouvré, 1 fr. 50 par mètre cube d'encombrement.

Alpiste et millet, 10 c. les 100 kilos bruts.

Ambre gris, 1 fr. 50 les 100 kilos bruts.

Amidon, 10 c. les 100 kilos bruts.

Antimoine, 10 c. les 100 kilos bruts.

Argent brut en masse, lingots ou ouvrage détruits, 25 c. p. 100 fr.

Argent battu, tiré, filé ou laminé, 25 c. p. 100 fr.

Argent vif (mercure natif), 50 c. les 100 kilos bruts.

Armes de guerre, de chasse, de luxe, 50 c. les 100 kilos bruts.

Baumes de toute espèce, 50 c. les 100 kilos bruts.

Beurre salé, 25 c. les 100 kilos bruts.

Bijouterie d'or et d'argent, 25 c. p. 100 fr.

Bimbeloterie, 1 fr. 50 par mètre cube d'encombrement.

Bleu de Prusse, 50 c. les 100 kilos bruts.

Boissons distillées (eaux-de-vie de toutes sortes, liqueurs), 50 c. les 100 kilos bruts en fût.

Boissons fermentées : vins, vinaigre, autres 50 c. les 100 kilos bruts en fût.

Boissons fermentées : vins en caisse, 50 c. les 100 kilos bruts.

Bonbons, 1 fr. 50 les 100 kilos bruts.

Bougies et cierges de toutes sortes, 50 c. les 100 kilos bruts.

Cacao, 50 c. les 100 kilos bruts.

Café, 30 c. les 100 kilos bruts.

Camphre, 50 c. les 100 kilos bruts.

Cannelle, 50 c. les 100 kilos bruts.

Caractères d'imprimerie, 25 c. les 100 kilos bruts.

Carmin, 50 c. les 100 kilos bruts.

Cartes de toutes sortes, 50 c. les 100 kilos bruts.

Cartons de toutes sortes, 50 c. les 100 kilos bruts.

Cassia lignea, 1 fr. 50 les 100 kilos bruts.

Chandelle, 25 c. les 100 kilos bruts.

Chapeaux de paille et d'écorce, 1 fr. 50 par mètre cube d'encombrement.

Chicorée moulue, 30 c. les 100 kilos bruts.

Chocolat, 50 c. les 100 kilos bruts.

Cire brute, 25 c. les 100 kilos bruts.

Cire ouvrée, 25 c. les 100 kilos bruts.

Cochenille, 2 fr. les 100 kilos bruts.

Confitures, 1 fr. les 100 kilos bruts.

Corail brut ou taillé, 1 fr. les 100 kilos bruts.

Couleurs à dénommer, 25 c. les 100 kilos bruts.

Coutellerie, 1 fr. les 100 kilos bruts.

Crayons, 1 fr. les 100 kilos bruts.

Encre à écrire ou à imprimer, 50 c. les 100 kilos bruts.

Épices préparées, 1 fr. les 100 kilos bruts.

Éponges, 1 fr. 50 par mètre cube d'encombrement.

Espèces médicales (végétaux), 50 c. les 100 kilos bruts.

Fils de chanvre ou de lin, 25 c. les 100 kilos bruts.

Fils de coton, 30 c. les 100 kilos bruts.

Fils autres, 30 c. les 100 kilos bruts.

Fromages, 25 c. les 100 kilos bruts.

Fruits de table, secs ou confits, 50 c. les 100 kilos bruts.

Gingembre, 50 c. les 100 kilos bruts.

Girofle, 50 c. les 100 kilos bruts.

Gomme, 50 c. les 100 kilos bruts.

Grains durs à tailler, 25 c. les 100 kilos bruts.

Gravures et lithographies, 1 fr. 50 les 100 kilos bruts.

Horlogerie, 1 fr. 50 le mètre cube à l'encombrement.

Indigo, 1 fr. les 100 kilos bruts.

Instruments aratoires, 1 fr. 50 c. le mètre cube à l'encombrement.

Instruments de musique, 1 fr. 50 c. le mètre cube à l'encombrement.

Instruments autres, 1 fr. 50 c. le mètre cube à l'encombrement.

Kermès, 25 c. les 100 kilos bruts.

Liége brut, 50 c. les 100 kilos bruts.

Liége ouvré, 60 c. les 100 kilos bruts.

Limes et râpes, 30 c. les 100 kilos bruts.

Livres, 30 c. les 100 kilos bruts.

Machines et mécaniques, 1 fr. 50 c. le mètre cube à l'encombrement.

Médicaments composés, 1 fr. les 100 kilos bruts.

Mélasse, 25 c. les 100 kilos bruts.

Mercerie, 50 c. les 100 kilos bruts.

Meubles, 1 fr. 50 c. le mètre cube à l'encombrement.

Modes, 1 fr. 50 c. le mètre cube à l'encombrement.

Monnaie d'or et d'argent, 25 c par 100 fr.

Muscades, 50 c. les 100 kilos bruts.

Nattes, 20 c. les 100 kilos bruts.

Objets de collection, 1 fr. 50 le mètre cube à l'encombrement.

Or brut, battu, en feuilles, tiré ou filé, 25 c. p. 100 fr.

Orfévrerie, 25 c. p. 100 fr.

Outils, 25 c. les 100 kilos bruts.

Ouvrages en bois, 25 c. les 100 kilos bruts.

Ouvrages en fer et en acier, 20 c. les 100 kilos bruts.

Ouvrages en cuivre, 30 c. les 100 kilos bruts.

Ouvrages en poils, 30 c. les 100 kilos bruts.

Parfumerie, 1 fr. les 100 kilos bruts.

Pâtes diverses, 20 c. les 100 kilos bruts.

Peaux préparées ou ouvrées, 25 c. les 100 kilos bruts.

Pelleteries, 50 c. les 100 kilos bruts.

Perles, 4 fr. les 100 kilos bruts.

Piment, 25 c. les 100 kilos bruts.

Plaques, 25 c. pour 100 fr.

Plumes à écrire, 50 c. les 100 kilos bruts.

Plumes de parures, 1 fr. les 100 kilos bruts.

Plumes à lit, 50 c. les 100 kilos bruts.

Poivre, 20 c. les 100 kilos bruts.

Produits chimiques non dénommés, 50 c. les 100 kilos bruts.

Riz, 10 c. les 100 kilos bruts.

Savons, 20 c. les 100 kilos bruts.

Sellerie, 40 c. les 100 kilos bruts.

Sirop, 50 c. les 100 kilos bruts.

Sucre, 25 c. les 100 kilos bruts.

Soies, 50 c. les 100 kilos bruts.

Tabacs en fûts et Amérique, 25 c. par quintal et par mois.

Tabacs en balles pressées, 30 c. par quintal et par mois.

Tabacs cubant plus d'un tiers de mètre cube par 100 kilos, 40 c. par quintal et par mois.

Tabacs fabriqués, en caisse, 50 c. par quintal et par mois.

Tabletteries, 1 fr. 50 c. le mètre cube à l'encombrement.

Thé, 50 c. les 100 kilos bruts.

Tissus de coton, 30 c. les 100 kilos bruts.

Tissus de soie, 1 fr. les 100 kilos bruts.

Tissus de fil de chanvre, 30 c. les 100 kilos bruts.

Tissus de laines, 50 c. les 100 kilos bruts.

Tissus non dénommés, 50 c. les 100 kilos bruts.

Vanille, 2 fr. les 100 kilos bruts.

Vannerie, 40 c. les 100 kilos bruts.

Verres et cristaux, 40 c. les 100 kilos bruts.

Voitures, 1 fr. 50 le mètre cube à l'encombrement.

Art. 2. — Les articles non dénommés au tarif ci-dessus sont taxés par assimilation avec ceux dont ils se rapprocheront le plus.

6 novembre 1876.

Décret qui étend aux marchandises venant de France et passibles des droits d'octroi de mer la faculté d'admission dans les entrepôts réels de l'Algérie.

Art. 1. — Les dispositions des ordonnances relatives à l'admission dans les dépôts réels des marchandises étrangères et des productions des colonies françaises sont étendues aux marchandises provenant de France et passibles des droits d'octroi de mer, les boissons exceptées.

Art. 2. — Les ministres de l'agriculture et du commerce, de l'intérieur, des finances et le gouverneur général civil de l'Algérie sont chargés, chacun en ce qui le concerne, de l'exécution du présent décret.

12 mars 1877.

Loi sur la perception du droit de quai à Alger (B. O. 692).

Article unique. — Le droit de quai perçu en Algérie, en vertu des articles 1 et 2 de la loi du 20 mars 1873, ne pourra, dans aucun cas, excéder la somme qui aurait été perçue d'après le taux fixé par la loi du 30 janvier 1872.

La présente loi, délibérée et adoptée par le Sénat et par la Chambre des députés, sera exécutée comme loi de l'État.

25 mars 1877.

Décret qui ouvre le port Beni-Saff aux opérations de commerce (B. O. 692).

Art. 1. — Le port de Beni-Saff, arrondissement de Tlemcen, département d'Oran, est ouvert aux opérations du commerce avec les pays étrangers et avec les ports occupés de l'Algérie.

Art. 2. — Le même port est ajouté aux ports désignés par les articles 3 et 4 de la loi du 9 juin 1845, tant pour l'exportation des marchandises de l'Algérie, expédiées sur la France, que pour l'importation des marchandises expédiées de France sur l'Algérie.

15 mai 1877.

Arrêté créant de nouveaux droits à l'entrepôt réel d'Alger (B. O. 694).

Art. 1. — Les droits suivants sont ajoutés à ceux qui figurent au tarif établi par l'arrêté du 7 juin 1876, savoir :

1° Prime d'assurance contre l'incendie, par mois et par valeur de 1,000 francs, 0 fr. 25.

2° Droit de reconnaissance, par 100 kilogrammes, 0 fr. 25, ou au mètre cube, pour les colis encombrants, 0 fr. 20.

3° Taxe sur les transferts, sans déplacement par 1,000 kilogrammes, 0 fr. 20.

Cette dernière taxe ne pourra dépasser un mavimum de 5 francs, ni descendre au-dessous de 1 franc.

Art. 2. — Les intéressés auront la faculté d'assurer eux-mêmes leurs marchandises, à charge par eux de justifier de l'assurance dans les 24 heures; de leur côté, les entreposeurs seront tenus de contracter des polices flottantes de contre-assurance, en rapport avec l'importance de l'établissement.

Drainage.

5 septembre 1859.

Décret promulguant en Algérie la loi du 10 juin 1854 sur le drainage (B. M. 28).

Art. 1. — La loi du 10 juin 1854 sur le drainage sera promulguée en Algérie sous les modifications suivantes :

Art. 3. — En cas d'exécution de l'article 4 de la loi du 10 juin 1854, l'utilité publique est déclarée et les indemnités dues pour expropriation sont réglées conformément à la législation spéciale de l'Algérie.

Art. 4. — Il n'est point dérogé par le présent décret aux lois et règlements sur la propriété et la police des eaux en Algérie.

Dunes.

1er mai 1861.

Décret qui promulgue le décret du 14 décembre 1810 sur les dunes (B. O. 14).

Art. 1. — Le décret du 14 décembre 1810 réglant les mesures à prendre pour l'ensemencement, la plantion et la culture des végétaux les plus favorables à la fixation des dunes sera promulgué en Algérie et y recevra son application.

21 juillet 1862.

Décret promulguant le décret du 20 avril 1862 portant que les travaux de fixation, d'entretien, de conservation et d'exploitation des dunes sur le littoral maritime sont placés dans les attributions du ministre des finances et confiés à l'administration des forêts. Ledit décret ajoutant que les attributions dévolues au ministre des finances sont remplies en Algérie par le gouverneur général (B. O. 63).

E

Eaux minérales.

Les eaux minérales sont régies par la même législation que dans la métropole. Le nombre des sources reconnues, et la plupart analysées, s'élève, d'après une notice officielle dressée par les ingénieurs des mines, et qui figure à l'Exposition universelle, à plus de quatre-vingts.

21 décembre 1864.

Décret qui rend applicable en Algérie la législation sur les eaux minérales (B. 130).

Art. 1. — La loi du 14 juillet 1856 sur la conservation et l'aménagement des sources d'eaux minérales, les décrets des 8 septembre 1856 et 28 janvier 1860, contenant les règlements d'administration publique exigés par les articles 18 et 19 de ladite loi, ainsi que celles des dispositions de l'ordonnance du 18 juin 1823 auxquelles il n'est pas dérogé par le décret précité du 28 janvier 1860, seront rendus exécutoires en Algérie et y seront à cet effet publiés et promulgués à la suite du présent décret.

Art. 2. — Conformément à l'article 3 de la loi du 16 juin 1851, l'exploitation et la jouissance des sources d'eaux minérales qui font partie du domaine public pourront être aliénées temporairement, suivant les formes édictées par l'article 10 du décret du 10 décembre 1860, et aux conditions qui seront déterminées par les cahiers des charges spéciaux à chaque exploitation.

École d'agriculture.

14 avril 1877.

Création de deux bourses à l'École nationale d'agriculture de Montpellier en faveur des jeunes gens originaires du département d'Alger (B. Préfecture d'Alger, 1877, p. 151).

Écoles arabes et arabes-françaises.

Les établissements d'instruction destinés aux Indigènes sont de deux sortes : les uns, tolérés seulement par nous, ne sont fréquentés que par les Arabes, et existaient avant la conquête ; les autres, fondés par l'administration française, ont pour but de nous assimiler progressivement la race indigène en la rapprochant peu à peu de nos mœurs par l'éducation et l'initiant à nos connaissances.

1° ÉCOLES ARABES.

L'instruction primaire était plus répandue en Algérie, sous la domination turque, qu'on ne le croit généralement. A côté de chaque mosquée ou de chaque lieu saint se trouvait une école, connue sous les noms de *zaouïa*, *mecid* ou *derer*, entretenue aux frais de la mosquée ou par des fondations pieuses, et dans laquelle les enfants apprenaient, de six à quinze ans, la lecture et l'écriture arabes, le calcul, et quelquefois le partage des successions, toujours compliqué en pays de polygamie. L'instituteur ou *thaleb* recevait une minime rétribution mensuelle, en nature ou en argent, et des cadeaux à certaines fêtes, et lorsqu'un enfant avait fait preuve de progrès en récitant un chapitre du Coran. Dans tout l'Islam, en effet, le Coran est le code pédagogique, aussi bien que le code juridique et religieux ; les écoliers n'ont guère d'autre livre que le Coran, et leurs exercices d'écriture même consistent à en copier le texte sur des tablettes en bois, assez semblables à nos ardoises. Dans les tribus éloignées de toute mosquée, une tente, dite *chérïa*, fournie par le chef ou les principaux habitants, servait de salle de classe. Les plus petits douars avaient leur école, et les centres d'enseignement faisaient moins défaut que les méthodes (1).

(1) *Instruction publique en Algérie*, par M. de Salve, recteur de l'Académie d'Alger.

Le nombre des *zaouïas* ou *derers* s'élève, d'après un recensement récent, à près de 2,000, recevant plus de 25,000 élèves.

2° ÉCOLES ARABES-FRANÇAISES.

La création d'écoles arabes-françaises, sous la direction d'un maître français et d'un adjoint musulman, date de 1850. Trente-neuf établissements de cette nature ont été successivement organisés : 13 écoles, en territoire civil, dépendent de l'académie, et 26, en territoire militaire, sont placées sous la surveillance du recteur et des généraux commandant les divisions. Ces dernières ont été réorganisées par un arrêté du gouverneur général, du 26 février 1876.

Toutes les écoles ouvertes aux indigènes sont soumises à une inspection spéciale, organisée par décret du 1er octobre 1863 et par arrêté du gouverneur du 2 novembre suivant.

1er octobre 1863.

Décret créant un emploi d'inspecteur (B. O. 95).

Art. 1. — Il est créé en Algérie un emploi d'inspecteur des établissements d'instruction publique ouverts aux indigènes.

Art. 2. — Des arrêtés du gouverneur général de l'Algérie fixeront les attributions de l'inspecteur et les époques des inspections.

2 novembre 1863.

Arrêté du gouverneur fixant les attributions de l'inspecteur des écoles musulmanes (B. O. 96).

TITRE I.

ATTRIBUTIONS DE L'INSPECTEUR.

Art. 1. — Tous les établissements d'instruction publique ouverts aux indigènes, en Algérie, sont soumis à des inspections périodiques.

Art. 2. — Dans toutes les écoles qu'il visitera, l'inspecteur portera son attention : 1° sur l'état matériel et la tenue générale de l'établissement ; 2° sur le caractère moral de l'école ; 3° sur l'enseignement et les méthodes. — Il assistera aux leçons et interrogera les élèves.

Art. 3. — Il examinera spécialement quels livres sont en usage ou manquent dans les diverses écoles. Il proposera l'adoption des ouvrages qui lui paraîtraient convenir aux écoles des divers degrés.

Art. 4. — A la fin de chaque trimestre, il adressera au gouverneur général un rapport sur la situation et les besoins des écoles soumises à son inspection. Il dressera, en outre, au mois de janvier, la statistique annuelle de ces écoles sur des cadres conformes au modèle n° 4.

TITRE II.

DES TOURNÉES D'INSPECTION.

Art. 5. — L'inspecteur dressera, dans les derniers jours de chaque trimestre, le tableau des écoles qui devront être de sa part l'objet d'une inspection dans le courant du trimestre suivant. Ce tableau, comprenant un projet d'itinéraire, devra être établi conformément au modèle n° 1, et sera soumis au gouverneur général, qui le renverra à l'inspecteur avec les modifications qui lui auront paru convenables.

Art. 6. — L'inspecteur se rendra au moins une fois par an dans les chefs-lieux de division et de subdivision et visitera les medersas, écoles arabes-françaises, écoles arabes et zaouïas de ces chefs-lieux.

Art. 7. — Les écoles établies dans les autres centres de population et dans les postes et cercles des tribus seront inspectées au moins une fois tous les trois ans.

Art. 8. — Après la visite de chaque école, un bulletin d'inspection, conforme au modèle n° 2, sera établi et immédiatement adressé au gouverneur général. — L'inspecteur consigne les observations ou recommandations qu'il a faites verbalement à l'instituteur sur un registre qui sera déposé à l'école pour être représenté aux chefs ou autorités qui ont sur l'école un droit de surveillance.

TITRE III.

FRAIS DE TOURNÉES.

Art. 9. — Il est alloué à l'inspecteur des frais de tournées en raison du nombre de journées d'inspection hors d'Alger et des distances parcourues.

Art. 10. — A cet effet, un crédit annuel de 3,000 francs sera inscrit au budget des centimes additionnels et des tribus de l'Algérie.

Art. 11. — Les frais de tournées sont décomptés à raison de 10 francs par jour d'absence et de 15 centimes par kilomètre parcouru.

Art. 12. — L'inspecteur établira l'état des frais de tournées, conformément au modèle n° 3. Cet état sera adressé par lui au sous-intendant chargé de l'administration des centimes additionnels, avec un double de l'état n° 1. — L'intendant, après avoir vérifié la conformité de ces deux états, ordonnancera le montant des frais acquis à l'inspecteur, en se renfermant dans la limite du crédit inscrit au budget.

Art. 13. — La somme qui restera disponible sur les fonds inscrits au budget pour frais de tournées servira à allouer des gratifications à ceux des instituteurs qui se seront fait remarquer par leur zèle.

2 mai 1865.

Arrêté du gouverneur contenant règlement sur les écoles arabes-françaises en territoire civil (B. O. 147).

Art. 1. — L'enseignement primaire est gratuit dans les écoles arabes-françaises de l'Algérie. — Il comprend : les éléments de la langue française; la lecture et l'écriture du français; les éléments du calcul et le système légal des poids et mesures; la lecture et l'écriture de l'arabe.

Art. 2. — Le personnel de chaque école se compose d'un directeur français et d'un maître adjoint musulman.

Art. 3. — Les directeurs sont nommés par le gouverneur général, et les maîtres adjoints par les généraux commandant les provinces. — Les candidats sont proposés par les préfets pour les écoles ouvertes en territoire civil.

Art. 4. — Nul ne peut être nommé directeur s'il n'est pourvu du brevet de capacité exigé pour les instituteurs primaires en France. — Toutefois, il sera tenu compte aux aspirants aux emplois de directeurs de leurs connaissances dans la langue arabe, et l'acquisition de ces connaissances sera un motif de préférence pour le choix des directeurs.

Art. 5. — Les directeurs et les maîtres-adjoints sont divisés en classes et leur traitement est fixé ainsi qu'il suit pour chacune des classes. (V. *Instruction publique*, décret du 27 mai 1878.)

Art. 6. — Une somme de 500 francs sera allouée, au moment de la création de chaque école, pour l'achat du mobilier classique.

Art. 7. — Chaque école sera également pourvue, à l'usage du directeur, d'un mobilier particulier dont la valeur est fixée à 600 francs. — Toute rétribution et prestation autres que celles mentionnées ci-dessus sont supprimées.

Art. 8. — Les arrêtés portant création des écoles arabes-françaises détermineront la manière dont il sera pourvu aux dépenses du personnel et du matériel de ces établissements.

Art. 9. — Des arrêtés des généraux commandant les provinces réglementeront tout ce qui tient au régime intérieur et à la discipline des écoles arabes-françaises.

DISPOSITION TRANSITOIRE.

Art. 10. — Les directeurs et maîtres-adjoints des écoles créées en vertu de l'article 1 du décret du 14 juillet 1850, dans les villes d'Alger, de Constantine, de Bône, d'Oran, de Blidah et de Mostaganem, et nommés antérieurement à la promulgation du présent arrêté, seront élevés à la première ou à la deuxième classe de leur emploi, eu égard à leur mérite, à l'ancienneté de leurs services et aux avantages dont ils jouissaient, en vertu de l'article 6 dudit décret, qui cessera d'être appliqué.

25 février 1876.

Arrêté du gouverneur contenant organisation des écoles arabes-françaises en territoire de commandement (B. O. 643).

Art. 1. — L'enseignement primaire est gratuit dans les écoles arabes-françaises des territoires de commandement. Il comprend : les éléments de la langue française; la lecture et l'écriture du français; les éléments du calcul et le système légal des poids et mesures; la lecture et l'écriture de la langue arabe.

Art. 2. — Le personnel de chaque école se compose au moins d'un directeur français et d'un maître-adjoint musulman.

Art. 3. — Le directeur et les maîtres-adjoints sont nommés par le recteur et révoqués par le gouverneur général sur la proposition du recteur.

Art. 4. — Nul ne peut être nommé directeur, à titre définitif, s'il n'est pourvu du brevet de capacité pour l'enseignement primaire.

Art. 5. — Les directeurs sont divisés en quatre classes, et les adjoints en trois classes. Leur traitement est fixé ainsi qu'il suit :

	Directeurs.	Adjoints français.	Adjoints indigènes.
1re classe.	2,100 fr.	15,00 fr.	1,100 fr.
2e classe.	1,100	1,300	1,200
3e classe.	1,700	1,200	1,000
4e classe.	1,400		

Les augmentations de traitement, spécifiées dans les articles 3, 4 et 5 de la loi du 19 juillet 1875, sur le traitement des instituteurs en France, seront applicables aux instituteurs placés dans les écoles arabes-françaises, à dater du 1er janvier 1877.

Art. 6. — Une somme de 500 francs sera allouée, au moment de la création de chaque école, pour l'achat du mobilier classique.

Art. 7. — Chaque école sera également pourvue, à l'usage du directeur, d'un mobilier particulier dont la valeur est fixée à 600 francs. Toutes rétributions ou prestations autres que celles mentionnées ci-dessus sont supprimées.

Art. 8. — Un règlement dressé par le recteur, après avis des conseils départementaux, déterminera tout ce qui tient au régime intérieur et à la discipline des écoles arabes-françaises. Ce règlement sera soumis à l'approbation du gouverneur général.

Art. 9. — Les généraux commandant les divisions et le recteur de l'académie sont chargés, chacun en ce qui le concerne, de l'exécution du présent arrêté.

École des arts et métiers.

Une école des arts et métiers, créée à Fort-National, a été licenciée à la suite de l'insur-rection de 1871. La loi des finances du 15 décembre 1875 a ordonné qu'une école serait installée à Dellys. Elle est en construction.

École de médecine.

4 août 1857.

Décret qui institue une école préparatoire de médecine et de pharmacie à Alger (B. 512).

Art. 1. — Une école préparatoire de médecine et de pharmacie est instituée dans la ville d'Alger. — Le siège de l'école sera établi dans un édifice domanial qui, à cet effet, sera cédé gratuitement à la ville d'Alger, à la charge par elle de pourvoir à l'entretien des bâtiments. — L'hôpital civil et l'hôpital militaire devront concourir au service de la clinique médicale et chirurgicale de ladite école, et mettre à la disposition des élèves toutes les ressources d'instruction qu'offre, pour la pratique de l'art de guérir, une grande réunion de malades. — Il sera pourvu aux moyens d'exécution, conformément aux dispositions qui seront ultérieurement concertées entre les autorités locales et approuvées par le ministre de l'instruction publique et des cultes.

Art. 2. — L'enseignement de l'école préparatoire de médecine et de pharmacie d'Alger est distribué entre huit professeurs titulaires, de la manière suivante : — chaire d'anatomie et de physiologie; — de pathologie externe; — de clinique externe; — de pathologie interne; — de clinique interne ; — d'accouchement, des maladies des femmes et des enfants; — de chimie et de pharmacie; — d'histoire naturelle médicale et matière médicale; — quatre professeurs suppléants sont, en outre, attachés à ladite école. — Un des professeurs titulaires, désigné par le ministre de l'instruction publique, remplira les fonctions de directeur. — Celles de secrétaire agent-comptable seront remplies par le secrétaire de l'académie d'Alger (1).

Art. — Les traitements du personnel de l'école sont fixés ainsi qu'il suit : professeurs titulaires, 2,000 francs; — id. suppléants, 1,500 francs; chef des travaux anatomiques, 1,000 francs; — prosecteurs, 600 francs; — préparateur, 600 francs. — Le professeur nommé aux fonctions de directeur jouira, à ce titre, d'un supplément de traitement de 400 francs. — Le secrétaire de l'académie d'Alger, secrétaire agent-comptable de l'école, jouit à ce titre d'une indemnité annuelle de 300 francs (2).

Art. 4. — Ainsi qu'il est prescrit par l'ordon-

(1) Cette dernière disposition abrogée par décret du 31 décembre 1861.

(2) Dernière disposition abrogée par décret du 31 décembre 1861.

nance du 13 octobre 1840, il sera pourvu par la ville d'Alger à toutes dépenses, soit du personnel, soit du matériel de l'école, dont les recettes propres, provenant du prix des inscriptions et du reliquat du prix des examens, prélèvement fait des droits de présence des examinateurs, seront versées dans la caisse municipale. — Toutefois, il sera alloué, en déduction de ces dépenses, sur les fonds du budget départemental de l'Algérie : 1° une somme de 10,000 francs, une fois payée, pour frais de première installation; — 2° une subvention annuelle de 8,000 francs. — L'école sera organisée dès que le conseil municipal d'Alger aura, par une délibération spéciale, régulièrement approuvée, voté les crédits nécessaires pour assurer l'exécution des dispositions qui précèdent.

Art. 5. — L'école préparatoire de médecine et de pharmacie d'Alger est placée, quant aux sessions d'examen, dans la circonscription de la faculté de médecine et de l'école supérieure de pharmacie de Montpellier.

Art. 6.— Les certificats d'aptitude ou diplômes délivrés par l'école préparatoire de médecine et de pharmacie d'Alger vaudront pour toute l'étendue de la colonie, sans que ceux qui voudront changer de province soient tenus de subir de nouveaux examens et d'obtenir un nouveau certificat d'aptitude; mais cette condition sera imposée à ceux qui voudraient exercer dans un département de la métropole.

Art. 7. — Les officiers de santé, pharmaciens et sages-femmes de 2° classe, reçus par l'école préparatoire de médecine et de pharmacie d'Alger, devront faire viser leur diplôme ou certificat d'aptitude à la préfecture de la province où ils entendent exercer leur profession; en cas de changement de résidence, ils devront obtenir un nouveau visa.

Art. 8.— Les indigènes qui auront reçu l'enseignement du degré supérieur dans les écoles arabes-françaises seront admis à l'école préparatoire, sur la production d'un certificat d'études visé par l'autorité administrative, et sur l'attestation donnée, après examen, par le directeur du collège impérial arabe-français, qu'ils sont en état de suivre les cours. — Le diplôme spécial délivré, en vertu de l'article 21 du décret du 14 mars 1857, aux élèves indigènes du collège impérial arabe-français, dispensera de toutes formalités quant à l'aptitude scolaire.

Art. 9. — Les étrangers, chrétiens ou musulmans(1), seront également admis à l'école préparatoire en justifiant de leur aptitude à suivre les cours. Cette aptitude sera constatée et certifiée par le recteur de l'académie d'Alger pour les étrangers chrétiens, et par le directeur du collège impérial arabe-français pour les étrangers musulmans. — Les titres délivrés par le Jury

(1) Et israélites (Décret du 27 janvier 1865).

d'examen de l'école aux élèves étrangers ne seront valables pour l'Algérie qu'en vertu d'une autorisation spéciale du ministre de la guerre.

Art. 10. — Celles des dispositions des ordonnances et décrets visés en tête du présent (1), auxquelles il n'est pas dérogé, sont rendues exécutoires en Algérie et applicables à l'école préparatoire de médecine et de pharmacie d'Alger.

21 novembre 1862.

Arrêté du gouverneur promulguant: 1° le décret du 22 août 1854, qui contient des dispositions sur les inscriptions à prendre par les élèves en médecine ou pharmacie et les certificats à délivrer par les écoles préparatoires; 2° le décret du 23 octobre 1854, qui fixe le prix des inscriptions dans les écoles préparatoires de médecine et de pharmacie à 25 francs (B. O. 68).

31 décembre 1864.

Décret rapportant le dernier paragraphe des articles 2 et 3 du décret du 4 août 1857 (non promulgué).

27 janvier 1865.

Décret étendant aux étrangers israélites les dispositions du § 1, article 9, du décret constitutif de l'École de médecine (non promulgué).

4 février 1874.

Décret portant que les suppléants des écoles préparatoires de médecine et de pharmacie sont nommés au concours (B. Lois, XII, n° 2781).

14 juillet 1875.

Décret portant que les études pour obtenir le diplôme de pharmacie durent six années, dont trois années de stage officinal et trois années de cours suivis dans une école supérieure de pharmacie ou dans une école préparatoire de médecine ou de pharmacie (B. Lois, XII, n° 4390).

14 juillet 1875.

Décret portant qu'il y a dans chaque école préparatoire de médecine ou de pharmacie qui

(1) Ce sont les ordonnances des 13 octobre 1840 et 12 mars 1841, relatives aux écoles préparatoires de médecine et de pharmacie; le décret du 22 août 1854 sur le régime des établissements d'enseignement supérieur et le décret du 23 octobre 1854, ces deux derniers promulgués une seconde fois par arrêté du 21 novembre 1862.

ne sont pas de plein exercice, quatre emplois de suppléants. Les suppléants sont astreints à un enseignement permanent pendant un semestre de l'année scolaire, leur traitement annuel est de 600 francs (B. Lois, XII, n° 4391).

4 février 1876.

Décret instituant le concours pour les places de professeurs suppléants et de chef des travaux dans les écoles préparatoires de médecine et de pharmacie.

10 août 1877.

Décret portant à onze au moins le nombre des professeurs dans les écoles préparatoires de médecine et de pharmacie, et fixant le traitement minimum des professeurs titulaires à 2,500 francs et celui des suppléants à 1,000 francs (B. Lois, XII, n° 6249).

30 novembre 1877.

Arrêté du gouverneur général concernant les boursiers indigènes (B. O. 703).

Art. 1. — Un concours pour l'obtention des bourses de l'État, sera ouvert chaque année, à Alger, entre les élèves indigènes qui fréquentent les établissements d'instruction publique.

Art. 2. — Le nombre des bourses à accorder chaque année est fixé à trois.

Art. 3. — Une commission d'examen composée :
De l'inspecteur de l'Académie d'Alger,
D'un professeur de l'École de médecine,
D'un professeur du lycée,
Se réunira tous les ans, dans la première quinzaine du mois de juillet, pour procéder aux opérations du concours, dont les épreuves seront ultérieurement déterminées.

Art. 4. — Les candidats reconnus admissibles seront nommés boursiers de l'État et recevront, à ce titre, une indemnité annuelle de 400 francs. Les frais d'étude seront directement payés par l'administration à l'agent comptable de l'école de médecine.

Art. 5. — La dépense résultant de cette organisation sera supportée par le budget de l'Algérie.

30 novembre 1877.

Arrêté du gouverneur général, arrêtant le programme du concours ci-dessus (B. O. 712).

PROGRAMME.
§ 1er.
Épreuves écrites.

1° Une composition française sur un sujet donné;

cette composition servira d'épreuve pour l'orthographe;
2° Une composition en mathématiques;
3° Une composition sur les sciences physiques et naturelles.

Épreuves orales.

1° Langue et grammaire française;
2° Notions sommaires d'histoire de France et de géographie générale;
3° Arithmétique;
4° Géométrie élémentaire;
5° Algèbre jusqu'aux équations du 2e degré exclusivement;
6° Éléments de mécanique;
7° Physique;
8° Chimie;
9° Histoire naturelle (zoologie et botanique).
L'examen oral durera une heure environ.
Pour le détail des connaissances scientifiques, les candidats devront se reporter au programme des trois premières années de l'enseignement secondaire spécial dans les lycées.

§ 2.
Formalités et conditions à remplir.

Aucun candidat ne sera admis au concours qui aura lieu dans les cinq premiers jours du mois de juillet de chaque année, à Alger, s'il n'a justifié qu'il est âgé de dix-huit ans accomplis.
Il devra adresser à M. le recteur de l'académie d'Alger, avant le 1er juin, sa demande accompagnée des pièces suivantes :
1° Son acte de naissance, ou, à défaut, un acte de notoriété;
2° Un certificat de bonne vie et mœurs;

Écoles de la Métropole.

Toutes les écoles de la métropole sont ouvertes aux Algériens; notons entre autres, d'après les avis de concours officiellement publiés :
L'école normale spéciale de Cluny. — L'école navale. — L'école des maîtres ouvriers mineurs d'Alais. — L'école des mineurs de Saint-Étienne. — L'école Polytechnique. — Le Prytanée. — L'école Saint-Cyr.

École normale d'instituteurs.

4 mars 1865.

Décret qui crée à Alger une école normale d'instituteurs (B. O. 143).

Art. 1. — Une école normale d'instituteurs est créée à Alger pour les Européens et les indigènes.

17

Art. 2. — Un arrêté de notre ministre de l'instruction publique, concerté avec notre ministre de la guerre et le gouverneur général de l'Algérie, réglera tout ce qui se rapporte au personnel des maîtres et des élèves, à l'enseignement et à l'administration de la nouvelle école.

3 août 1865.

Arrêté ministériel contenant règlement pour le fonctionnement de l'école normale primaire, concerté entre les deux ministres de la guerre et de l'instruction publique (B. O. 157).

Art. 1. — L'école normale primaire d'Alger recevra 30 élèves-maîtres boursiers, dont 20 français et 10 indigènes, répartis en trois années. Toutefois, ces chiffres pourront varier selon les besoins auxquels l'école devra pourvoir. Le prix de la bourse est fixé à 600 francs. Six bourses sont entretenues par le ministre de l'instruction publique, six par le gouvernement général de l'Algérie et dix-huit par les provinces d'Alger, d'Oran et de Constantine. — Les bourses entretenues par l'État, les départements, les associations charitables et les particuliers en faveur des élèves-maîtres, sont entières ou divisés par quarts. L'école peut recevoir, en outre, des pensionnaires et des externes.

Art. 2. — L'enseignement est donné par un directeur, trois maîtres-adjoints internes et un maître chargé de la direction de l'école annexe. Un aumônier et un iman attachés à l'établissement s'occupent, chacun en ce qui le concerne, de l'instruction religieuse des élèves. — L'enseignement du chant, de la langue arabe, de l'agriculture et de la gymnastique est confié à des maîtres externes.

Art. 3. — Le traitement de ces fonctionnaires est fixé comme il suit :

Directeur, 4.500 francs. — Aumônier, 1,000 francs. — Iman, 1,000 francs. — Maîtres-adjoints internes 2,400 francs. — Maître-adjoint chargé de l'école annexe, facultativement et moyennant pension à la table commune, 3,000 francs. — Professeur d'arabe, 2,000 francs. — Maître de chant, 1,000. — Maître d'agriculture, 1,000. — Maître de gymnastique, 500 francs.

Le traitement du directeur est payé sur les fonds du budget du ministre de l'instruction publique; celui des maîtres-adjoints et les autres dépenses ordinaires restent à la charge du gouvernement général ou des provinces de l'Algérie.

Art. 4. — Sont arrêtés comme il suit la répartition de l'enseignement et le tableau des leçons:

1re année (leçons par semaine) :—Instruction religieuse, 2.—Pédagogie, principe d'éducation et d'enseignement, 3.—Écriture, 5.—Lecture et récitation, 5.—Langue française. Grammaire et exercices de style, 5.—Arithmétique et système métrique. Applications, 5.—Dessin linéaire à la main sans instruments, 3.—Géographie et his-

toire, 2.—Chant et orgue, 2.—Agriculture, 1.—Histoire naturelle. Botanique (2e semestre), 1.—Langue arabe, 3.—Gymnastique, 1.—Total 38.

2e année (leçons par semaine) :—Instruction religieuse, 2.—Pédagogie. Principes d'éducation et d'enseignement, 1.—Écriture, 3.—Lecture et récitation, 3. — Langue française. Grammaire et exercice de style, 5.—Arithmétique. Système métrique; applications à l'agriculture, au commerce et à l'industrie, 4. — Éléments de géométrie, 2.—Dessin linéaire avec les instruments et à la main, 3.—Géographie et histoire, 2.—Chant et orgue, 2.—Agriculture, 1.—Histoire naturelle. Zoologie et botanique, 1.—Sciences physiques. Physique et chimie, 2.—Langue arabe, 3.—Gymnastique, 1.—Exercices pratiques dans l'école annexe et dans une école arabe-française.—Total 35.

3e année (leçons par semaine) :—Instruction religieuse, 2.—Pédagogie. Principes d'éducation et d'enseignement, 1.—Écriture, 3.—Lecture et récitation, 3.—Langue et littérature françaises, 3.—Complément d'arithmétique et notions d'algèbre, 3.—Géométrie pratique, arpentage, nivellement, levé de plans, 2.—Dessin linéaire, ornements, lavis, dessin ombré, 2.—Géographie et histoire, 2. – Chant et orgue, 2.—Agriculture, 1.—Histoire naturelle, anatomie, physiologie, hygiène, minéralogie et géologie, 1. — Sciences physiques. Suite de la physique et de la chimie. Cosmographie et météorologie, 2.—Mécanique et industrie, 1.—Langue arabe, 3.—Actes de l'état civil et administration communale, 1.—Exercices pratiques dans l'école annexe et dans une école arabe-française.—Total 33.

Lever des élèves-maîtres, quatre heures et demie du matin ; coucher, neuf heures et demie du soir. Le travail au jardin a lieu pendant les récréations, et notamment le jeudi, aux heures qui permettront de s'y livrer sans compromettre la santé des élèves. Les prières et les exercices religieux des élèves indigènes se font dans une pièce séparée, sous la surveillance d'un iman.

Art. 5. — L'enseignement est, autant que possible, spécial à chaque division, à l'exception, toutefois, de l'écriture, du dessin, du chant, des travaux pratiques d'agriculture et de la gymnastique, qui peuvent être l'objet de leçons communes aux élèves des trois cours. — L'enseignement des diverses parties du programme, réparti entre les trois années du cours normal, est donné, sous le rapport pédagogique, conformément aux prescriptions du règlement du 31 juillet 1851, et à celles de la circulaire ministérielle du 2 octobre 1863. — (Suit la liste des ouvrages fixée pour l'année scolaire 1865-1866.) — La direction pédagogique donnée à l'enseignement devra être appropriée aux besoins particuliers de la colonie; elle sera l'objet d'une instruction spéciale du ministre de l'instruction publique.

Art. 6. — Pour être admis à l'École normale primaire d'Alger, il faut avoir seize ans au 1er janvier de l'année de l'admission et vingt-deux au plus. Le gouverneur général peut accorder des dispenses d'âge aux aspirants qui ne remplissent pas ces conditions. — L'acte de naissance des candidats indigènes est, au besoin, suppléé par un acte de notoriété dressé, sur l'attestation de trois témoins, par le cadi en territoire militaire, et par le juge de paix en territoire civil. — L'inscription et l'enquête relatives aux candidats ont lieu conformément aux dispositions des articles 15, 16 et 17 du décret du 24 mars 1851 (V. *Bulletin des lois*); mais ce n'est qu'à la suite d'un examen qu'ils subissent devant la commission de surveillance, commission dont le directeur fait nécessairement partie, que leur admission est définitivement prononcée par le gouverneur général de l'Algérie.

Art. 7. — La commission de surveillance, composée de 5 membres et du directeur, est nommée pour trois ans, par le gouverneur général, sur la présentation du recteur de l'académie d'Alger. — Ses attributions sont déterminées par les articles 11, 12, 13 et 14 du décret du 24 mars 1851.

Art. 8. — La discipline et le régime intérieur de l'école sont réglés par les articles 21, 23, 24 et 25 du même décret. — Les vacances durent six semaines au plus, et sont fixées par le gouverneur général, sur la proposition du recteur.

Art. 9. — Les élèves-maîtres indigènes seront l'objet de soins particuliers, aussi bien sous le rapport de l'exercice de leur culte que sous le rapport de la nourriture et des soins de propreté. — Si la commission de surveillance le juge convenable, une négresse sera attachée à l'établissement pour cet objet spécial.

Art. 10. L'école annexe sera gratuite et pourra recevoir des enfants indigènes et des enfants européens.

Art. 11. — Le résumé des notes trimestrielles prescrit par l'article 12 du décret du 24 mars 1851, et le rapport annuel de la commission de surveillance et du directeur, ainsi que les notes sur l'état et le personnel de l'école seront transmis, chaque année, au ministre de l'instruction publique et au gouverneur général par le recteur de l'académie d'Alger.

Art. 12. — Le décret du 24 mars 1851 et celui du 21 décembre 1853 sont applicables à l'École normale de l'Algérie.

École normale d'institutrices.

18 septembre 1874.

Décret instituant à Miliana une école normale d'institutrices (B. O. 588).

Art. 1. — Une école normale d'institutrices est créée à Miliana (département d'Alger), pour les européennes et les indigènes.

Art. 2. — Un arrêté du ministre de l'instruction publique, concerté avec le ministre de l'in-

térieur et le gouverneur civil de l'Algérie, réglera tout ce qui se rapporte au personnel des maîtres et des élèves, à l'enseignement et à l'administration de la nouvelle école.

Art. 3. — Les ministres de l'instruction publique et de l'intérieur et le gouverneur général civil de l'Algérie sont chargés, chacun en ce qui le concerne, de l'exécution du présent décret.

Écoles primaires.

Elles sont régies par la loi de France. Leur nombre, y compris les asiles, est de 803, recevant 66,343 enfants. Toutes les écoles primaires et les salles d'asile publiques sont entièrement gratuites. Les enfants y reçoivent, aux frais des communes, presque toutes les fournitures classiques. Les trois quarts des écoles primaires sont dirigées par des maîtres laïques, et un quart par des congréganistes.

27 mai 1878.

Décret divisant les instituteurs et les institutrices en plusieurs classes, et fixant leurs traitements.
(V. *Instruction publique.*)

1er juin 1878.

Loi sur la construction des maisons d'écoles non promulguée, mais applicable en Algérie en vertu du décret du 15 août 1875. (V. Instruction publique.)

Écoles vétérinaires.

19 mai 1873.

Décret sur les écoles nationales vétérinaires; non promulgué mais appliqué par l'arrêté suivant.

29 juin 1875.

Arrêté ministériel qui admet les départements de l'Algérie à bénéficier des dispositions du décret du 13 mai 1873, et accorde en conséquence deux demi-bourses à chaque département. (B. Préfecture d'Alger 1875 p. 104.)

Effets militaires.

24 mars 1841.

Arrêté du gouverneur interdisant l'achat des effets militaires (B. 93).

Art. 1. — Quiconque sera convaincu d'avoir acheté à un militaire ou d'en avoir reçu, à titre de gage, de payement, de prêt ou de don, ou par tout autre moyen de tradition, des effets d'armement, d'habillement, de grand ou de petit équipement, de casernement, de campement, ou autres choses mobilières faisant partie du matériel ou de l'approvisionnement de l'armée, et appartenant à l'État, sera puni d'un emprisonnement de deux mois à deux ans et d'une amende de 25 à 500 fr.

Art. 2. — Les effets de même nature qui auraient été trouvés ou qu'un militaire aurait abandonnés ou laissés en dépôt devront être immédiatement remis, par le détenteur ou dépositaire, à l'autorité locale ou au poste de gendarmerie le plus voisin de sa résidence.

Ceux qui sciemment auront gardé en leur possession lesdits effets sans avoir fait aucune diligence pour en opérer la remise, ainsi qu'il est dit ci-dessus, seront condamnés aux peines portées par le précédent article, à moins qu'ils ne justifient qu'il leur a été impossible d'effectuer ladite remise.

Art. 3. — Si le coupable de l'une des infractions aux articles 1 et 2 est un revendeur, fripier brocanteur, aubergiste, logeur, traiteur ou débitant de boissons, la peine sera, outre l'emprisonnement porté par l'article 1, de 50 francs à 3,000 francs d'amende.

Art. 4. — Tout individu exerçant l'une des professions indiquées en l'article précédent, qui sera trouvé nanti ou sera reconnu avoir été détenteur d'effets de l'espèce ci-dessus énoncée provenant des magasins de l'État, sera, pour ce seul fait, passible des peines portées par l'article 3, s'il ne prouve que ces effets étaient à son insu dans son domicile ou qu'il les tient de personnes ayant droit d'en disposer.

Il en sera de même de ceux qui, détenant ou ayant détenu de pareils effets, les auraient dénaturés d'une manière quelconque ou en auraient fait disparaître les marques distinctives, afin d'en dissimuler l'origine et d'en faire l'objet d'un commerce.

Art. 5. — Dans les cas prévus par les articles 1, 2 et 3, la confiscation des effets saisis et leur réintégration dans les magasins de l'État seront toujours ordonnées, lors même que le jugement ne prononcerait aucune condamnation contre les détenteurs. La confiscation sera également ordonnée dans le cas de l'article 4, lorsque le détenteur n'aura pas prouvé que les effets saisis lui proviennent de personnes ayant droit d'en disposer.

Art. 6. — Toutes personnes autres que celles désignées en l'article 3, qui, ne se trouvant dans aucun des cas prévus par les articles 1, 2, et 4, auront détenu, soit comme les ayant achetés ou reçus à un titre quelconque d'individus non militaires, soit par suite de toute autre cause, des effets de l'espèce mentionnée dans l'article 1 et appartenant à l'État, seront condamnées à un emprisonnement de six jours à deux mois et à une amende de 10 à 50 francs, ou à l'une de ces deux peines seulement, selon les circonstances, si elles ne justifient de leur bonne foi, et si elles ne fournissent en même temps les indications nécessaires pour faire découvrir ceux de qui elles tiennent lesdits effets.

Dans tous les cas, elles seront passibles de la confiscation et responsables des frais de poursuite, sauf leur recours contre qui de droit.

Sont exceptés de la présente disposition ceux qui détiendraient de pareils effets en vertu de l'autorisation dûment constatée de l'administration militaire compétente.

Art. 7. — En cas de récidive de l'un des délits prévus par les articles 1, 2, 3, et 4, le maximum des peines prononcées pour le second délit sera toujours appliqué et pourra être élevé jusqu'au double.

Les coupables en récidive du délit énoncé en l'article 6 seront condamnés à une année d'emprisonnement et 50 francs d'amende.

Art. 8. — Les peines portées par les dispositions qui précèdent seront prononcées par les tribunaux de police correctionnelle, sans préjudice de celles que les coupables auraient pu encourir comme auteurs ou complices de vols ou détournements frauduleux d'effets de l'État. En cas de concours de plusieurs peines, la plus grave serait seule appliquée.

Art. 9. — Lorsqu'il y aura des circonstances atténuantes, ces peines ne pourront être réduites, savoir : 1° dans le cas des articles 1 et 2, au-dessous de six jours d'emprisonnement et de 10 francs d'amende; 2° dans le cas des articles 3 et 4, au-dessous d'un mois d'emprisonnement et de 25 francs d'amende; 3° en cas de récidive de l'un des délits prévus par ces trois articles, au-dessous de trois mois de prison et de 50 francs d'amende.

Si, dans le cas de l'article 6, les circonstances sont atténuantes, les peines pourront être réduites au minimum de celles de simple police; dans le même cas, s'il y a récidive, elles ne pourront être moindres de six jours d'emprisonnement et de 10 francs d'amende.

Art. 10. — L'arrêté du 22 avril 1831 est rapporté; l'article 2 de l'arrêté du 30 mars 1835, relatif à l'exercice de la profession de fripier et brocanteur, est également rapporté en tout ce qui est contraire aux présentes dispositions.

Art. 11. — Le présent arrêté sera applicable, un mois après sa promulgation, à tous individus qui, se trouvant dans l'un des cas exprimés aux articles 1, 2, 3, 4, et 6, auraient sciemment conservé en leur possession, au delà de ce délai, des effets de l'espèce annoncée auxdits articles, lors même que l'origine de cette possession remonterait à une époque antérieure à ladite promulgation.

Seront exemptés de poursuites pour le passé ceux desdits détenteurs qui, avant l'expiration du même délai, auront volontairement opéré la remise, dans les magasins de l'État ou entre les mains de l'autorité, des effets de même nature possédés par eux.

Art. 12. — Le présent arrêté sera publié et affiché dans les deux langues française et arabe partout où besoin sera.

Emplois réservés.

28 octobre 1874.

Décret relatif aux emplois réservés dans le gouvernement aux anciens officiers des armées de terre et de mer. — Extrait de l'état annexé (B. O. 576).

ADMINISTRATION CENTRALE. — *Troisième catégorie : commis.* — Belle écriture, dictée, rédaction française, arithmétique élémentaire, géographie de la France et de l'Algérie; 36 ans (1); — la moitié des emplois. — *Quatrième catégorie : Huissiers, concierges, garçons de bureau.* — Bonne tenue; 36 ans; — totalité.

ADMINISTRATION PROVINCIALE, DÉPARTEMENTALE ET CANTONALE. — *Troisième catégorie : commis.* — Mêmes conditions que pour les commis de l'administration centrale; 36 ans; — la moitié. — *Quatrième catégorie: Huissiers, garçons de bureau.* — Bonne tenue; 36 ans; — totalité.

PRISONS. — *Quatrième catégorie: maisons centrales, gardiens, concierges.* — Santé robuste; 36 ans; — les trois quarts. — *Quatrième catégorie: prisons civiles, gardiens-chefs.* — Santé robuste; 36 ans; — la moitié.

TÉLÉGRAPHIE. — *Première catégorie : employés.* — Mêmes conditions que pour les employés du télégraphe en France; 33 ans; — la moitié. — *Troisième catégorie : chefs surveillants.* — Mêmes conditions que pour les chefs surveillants du télégraphe en France, et savoir monter à cheval; 36 ans; — totalité. — *Quatrième catégorie : surveillants.* — Mêmes conditions que pour les surveillants du télégraphe en France, et savoir monter à cheval; 36 ans; — les trois quarts.

ENREGISTREMENT. — *Quatrième catégorie : timbreurs, tourne-feuilles.* — 36 ans; — totalité.

CONTRIBUTIONS DIRECTES. — *Deuxième catégorie : recenseurs.* — Connaître la comptabilité; parler l'arabe et avoir des notions d'arpentage (Emplois à donner de préférence à d'anciens sous-officiers du génie et de l'artillerie); 36 ans; — les trois quarts.

FORÊTS. — *Troisième catégorie : gardes actifs et sédentaires.* — Mêmes conditions que pour les gardes forestiers dans la métropole; la préférence sera donnée aux sous-officiers de cavalerie; 36 ans; — les trois quarts.

POSTES. — *Troisième catégorie : receveurs de bureaux.* — 36 ans; — le tiers. — *Troisième catégorie : commis ordinaires.* — 36 ans; — les deux tiers. — *Quatrième catégorie : brigadiers facteurs.* — 36 ans; — les deux tiers.

POIDS ET MESURES. — *Première catégorie : vérificateurs.* — Mêmes conditions qu'en France; 36 ans; — le quart.

SERVICE SANITAIRE. — *Troisième catégorie : capitaine de santé.* — Être capable de rédiger un rapport; — 36 ans; totalité. — *Quatrième catégorie : gardes sanitaires.* — 36 ans; — totalité.

TRAVAUX PUBLICS. — *Première catégorie : conducteurs de ponts et chaussées.* — Mêmes conditions que dans la métropole; 36 ans; — la moitié. — *Quatrième catégorie : agents secondaires.* — Enseignement primaire; un peu de dessin et d'arithmétique; 36 ans; — les deux tiers.

MINES ET FORAGES. — *Première catégorie : gardes-mines.* — Mêmes conditions qu'en France; 36 ans; — la moitié.

PHARES. — *Quatrième catégorie : gardiens de phares et fanaux.* — 36 ans; — totalité.

POLICE. — *Troisième catégorie : police centrale d'Alger (inspecteur et sous-inspecteurs)* — Santé robuste; 36 ans; — la moitié. — *Quatrième catégorie : agents français.* — Santé robuste; 36 ans; — la moitié. — *Troisième catégorie : commissaires de police des communes autres que les chefs-lieux de département et d'arrondissement.* — Santé robuste; 36 ans; — le tiers.

11 janvier 1877.

Décision du gouverneur prescrivant que les emplois de chaouch, cavaliers ou autres agents soldés, qui deviendraient vacants, soient exclusivement réservés à d'anciens tirailleurs ou spahis blessés à notre service et n'ayant qu'une retraite insuffisante pour assurer leur existence et celle de leur famille (B. Préfecture Alger, 1877, p. 65).

Enfants assistés.

7 juin 1875.

Décret qui promulgue la loi du 5 mai 1869, relative aux dépenses du service des enfants assistés (B. O. 613).

7 juin 1875.

Décret qui organise le service d'inspection et de surveillance des enfants assistés, et portant en ce qui concerne spécialement l'Algérie (B. O. 613).

Art. 3. — Le gouverneur général civil de l'Algérie nomme les inspecteurs du service des enfants assistés, il pourvoit à leur classement et à leur avancement. Il fixe le taux de leurs frais de tournées.

(Les inspecteurs sont divisés en six classes, au

_____
(1) Limite d'âge.

traitement de 2,500 à 5,000 francs. Ils sont nommés par le gouverneur général et relèvent directement du préfet).

18 juillet 1874.

Arrêté préfectoral déclarant l'hôpital de Mustapha hospice dépositaire (B. Préfecture Alger 1874, p. 110).

Art. 1. — L'hôpital civil de Mustapha est déclaré hospice dépositaire des enfants assistés du département.

Art. 2. — L'orphelinat de Mustapha-Supérieur est placé sous la surveillance et direction de la commission administrative de l'hôpital, en ce qui concerne notamment le patronage des enfants assistés.

31 décembre 1875.

Arrêté préfectoral fixant les frais de séjour des enfants assistés (B. Préfecture Alger 1875).

Art. 1. — Les frais de séjour des enfants assistés dans l'hospice dépositaire de Mustapha sont réglés ainsi qu'il suit :

À 64 centimes par jour pour les filles de tout âge.

À 74 centimes par jour pour les garçons de tout âge.

Art. 2. — Le présent tarif est arrêté pour une période de 5 ans, qui commence le 1er janvier 1876 et finira le 31 décembre 1880.

Art. 5. — Les frais de séjour seront remboursés à l'hospice par trimestre, sur production de mémoires en double expédition.

Enfants du premier âge.

8 février 1876.

Décret rendant applicable en Algérie la loi du 28 décembre 1874, sur la protection des enfants du premier âge (B. O. 643).

Art. 1. — La loi du 23 décembre 1874 sus-visée est applicable en Algérie, et sera insérée, à la suite du présent décret, au *Bulletin officiel* du gouvernement.

Art. 2. — Les attributions dévolues au ministre de l'intérieur par les articles 5 et 15 de ladite loi seront exercées, en Algérie, par le gouverneur général. Pour l'exécution de l'article 5, les comités départementaux seront préalablement consultés.

27 février 1877.

Décret portant règlement d'administration publique en exécution de la loi du 23 décembre 1874, article 12 (B. Lois, XII, n° 5832)

20 mars 1877.

Arrêté préfectoral autorisant, en exécution de la loi du 23 décembre 1874, l'ouverture d'un bureau de nourrices à Alger (B. Préfecture Alger 1877, p. 78).

21 août 1877.

Arrêté préfectoral autorisant l'ouverture d'un bureau de nourrices à Constantine, à partir du 1er septembre 1877 (B. Préfecture Constantine).

Enfants employés dans les manufactures.

22 mars 1841. — 7 décembre 1868. 15 février 1875.

Lois sur le travail des enfants dans les manufactures, et sur l'inspection organisée à cet effet (non promulguées en Algérie).

Enfants employés dans les professions ambulantes.

7 décembre 1879.

Loi sur les enfants employés dans les professions ambulantes (B. Lois XII, n° 3632), non promulguée.

Enfants de troupe.

22 mai 1858.

Décret concernant les enfants de troupe (non promulgué, mais applicable comme loi militaire).

Enregistrement.

L'ordonnance du 19 octobre 1841 a rendu applicables en Algérie les lois et règlements alors existants, et a posé trois règles, dont les deux premières constituent des exceptions importantes au régime suivi en France. La première porte qu'il ne sera perçu dans la colonie que la moitié des droits de la métropole; la deuxième, que les mutations par décès ne sont assujetties à aucune perception; la troisième, enfin, que les lois rendues en France, en matière d'enregistrement, ne deviendront applicables dans la colonie qu'en vertu d'ordonnances spéciales.

L'enregistrement constitue avec le timbre et les domaines une des régies financières constituées par la loi du 2 janvier 1846. (V. *Domaines.*)

23 août 1839.

Arrêté du gouverneur sur la nécessité de la traduction des actes écrits en langue étrangère (B. 68).

Art. 1. — Tout acte public ou sous signature privée, rédigé en Algérie par les rabbins, cadis ou autres, ou en pays étranger, autrement qu'en langue française devra, pour recevoir la formalité de l'enregistrement, être accompagné d'une traduction entière, faite aux frais de la partie requérante et certifiée par un traducteur assermenté.

19 octobre 1841.

Ordonnance rendant applicables en Algérie les lois d'enregistrement, de greffe et d'hypothèque (B. 107).

Art. 1. — A partir du 1er janvier 1842, seront applicables ou exécutoires en Algérie, sauf les exceptions et modifications ci-après, les lois, décrets et ordonnances qui régissent en France : — 1° les droits d'enregistrement; — 2° les droits de greffe; — 3° les droits d'hypothèques; — 4° les obligations des notaires, huissiers, greffiers, commissaires-priseurs, et tous autres officiers publics ou ministériels, en ce qui concerne la rédaction matérielle des actes et la tenue des répertoires.

Art. 2. — Il ne sera perçu pour les droits d'enregistrement, de greffe et d'hypothèques, que la moitié des droits, soit fixes, soit proportionnels, décime non compris, qui sont perçus en France, sans que néanmoins, dans aucun cas, le minimum du droit perçu pour un même acte puisse être au-dessous de 25 centimes.

Art. 3. — (Abrogé.)

Art. 4. — Les mutations de biens meubles ou immeubles, droits et créances, opérées par décès, ne sont assujetties à aucun droit ni soumises à aucune déclaration.

Art. 5 et 6. — (Transitoires.)

Art. 7. — Les lois et ordonnances qui seraient rendues en France relativement aux droits d'enregistrement, de greffe ou d'hypothèque, ne deviendront exécutoires en Algérie qu'en vertu d'ordonnances spéciales.

13 juillet 1848.

Arrêté du gouverneur portant qu'il sera pourvu par abonnement aux frais de bureau (B. 278).

21 novembre 1848.

Loi qui exempte des droits les pouvoirs donnés par les déposants aux caisses d'épargne pour vendre leurs inscriptions (B. 336).

10 août 1850.

Décret relatif aux droits à percevoir sur les donations et les mutations des fonds publics et autres (B. 360).

Art. 1. — Sont déclarées exécutoires en Algérie les dispositions des articles 5, 6, 7, 8, 9 et 10 de la loi du 18 mai 1850, à l'exception de celles de ces dispositions relatives aux mutations par décès qui, en exécution de l'article 4 de l'ordonnance du 19 octobre 1841, ne sont assujetties à aucun droit ni soumises à aucune déclaration.

Art. 2. — Ainsi qu'il est établi par l'article 2 de l'ordonnance du 19 octobre 1841, il ne sera perçu pour les droits d'enregistrement, exigibles en vertu de la loi du 18 mai 1850, que la moitié des droits, soit fixes, soit proportionnels, décime non compris, qui sont perçus en France.

5 septembre 1851.

Décret affranchissant des droits les actes de notoriété servant aux israélites pour contracter mariage entre eux (B. 304).

13 décembre 1852.

Décret affranchissant de tous droits les actes intéressant les sociétés de secours mutuels (B. 430).

15 novembre 1853.

Décret rendant exécutoire la loi du 19 juillet 1845 (B. 453).

Art. 1. — Sont déclarées exécutoires, en Algérie, à partir du 1er juillet 1854, les dispositions de l'article 5 de la loi du 19 juillet 1845.

Art. 2. — Il ne sera perçu pour les droits d'enregistrement que la moitié des droits perçus en France.

LOI DU 19 JUILLET 1845.

Art. 5. — A partir du 1er janvier 1846, le droit d'enregistrement de 1 franc établi par l'article 68, paragraphe 1, n° 30, de la loi du 22 frimaire an VII, pour les exploits relatifs aux procédures en matière civile, devant les juges de paix, jusques et y compris les significations des jugements définitifs, sera porté à 1 fr. 50 en principal. — Le droit de 2 francs établi par l'article 68, paragraphe 2, n°° 3 et 4, de la loi du 25 frimaire an VII, et par l'article 43, n° 4, de la loi du 28 avril 1816, pour les avis de parents, les procès-verbaux de nomination de tuteurs et curateurs, et les procès-verbaux d'apposition, de reconnaissance et de levée de scellés, sera porté à 4 francs en principal. — Le droit de 5 francs, établi par l'article 78, paragraphe 4, n° 2, de la loi du 22 frimaire an VII, pour les actes d'émancipation, sera porté à 10 francs en principal.

29 août 1855.

Décret abrogeant le décret du 4 février 1851 et rendant applicable la loi du 13 avril 1855 (B. 486).

Art. 1. — Le décret du 4 février 1831 est abrogé (ce décret avait réduit certains droits).

Art. 2. — Sont déclarées exécutoires en Algérie les dispositions de l'article 15 de la loi du 13 avril 1855.

Art. 3. — (Droits réduits à moitié pour l'Algérie.)

LOI DU 13 AVRIL 1855.

Art. 15. — L'article 9 de la loi du 7 août 1850 est abrogé. Les droits dont la réduction a été prononcée par cet article sont rétablis à partir du 1er mai 1855, aux quotités fixées par la loi du 25 frimaire an VII.

19 janvier 1856.

Décret fixant les délais d'enregistrement des procès-verbaux en territoire militaire (B. 491).

Art. 1. — A partir de la promulgation du présent décret, le délai de quatre jours fixé par l'article 20 de la loi du 22 frimaire an VII pour l'enregistrement des procès-verbaux des contraventions sera porté à quinze jours pour celles de ces contraventions qui seront constatées dans les territoires militaires de l'Algérie, en matière de douanes, de forêts et de contributions diverses.

6 janvier 1858.

Décret fixant les droits pour les adjudications et marchés relatifs au travail dans les prisons (B. 518).

Art. 1. — Est déclarée exécutoire en Algérie, sauf les modifications résultant de l'ordonnance du 19 octobre 1841, la loi du 6 juin 1857, qui soumet à un droit fixe d'enregistrement les adjudications et marchés de toute nature relatifs au travail dans les prisons.

11 janvier 1860.

Décret rendant exécutoires les articles 22, 23, 24 de la loi du 11 juin 1854 (B. M. 56).

Art. 1. — Sont exécutoires en Algérie, sous la réserve mentionnée dans l'article suivant, les dispositions des articles 22, 23 et 24 du 11 juin 1859, sur la perception des droits de timbre et d'enregistrement pour les marchés et traités réputés actes de commerce.

Art. 2. — Aux termes de l'article 2 de l'ordonnance du 19 octobre 1841, il ne sera perçu en Algérie que la moitié des droits, soit fixes, soit proportionnels (décime non compris), établis par l'article 22 de la loi du 11 juin 1859.

26 août 1865

Décret promulguant des lois et décrets relatifs au droit de transmission sur les actions et obligations de sociétés, compagnies ou entreprises françaises et étrangères.

Art. 1. — Les articles 6, 7, 8, 9, 10 et 11 de la loi du 23 juin 1857, le décret du 17 juillet de la même année et le décret du 11 décembre 1861, modifiant celui du 17 juillet 1857, sont rendus exécutoires en Algérie; à cet effet, ils seront promulgués à la suite du présent décret qui sera inséré au *Bulletin des lois* et au *Bulletin officiel* du gouvernement général de l'Algérie.

25 novembre 1865.

Décret portant mise à exécution en Algérie du décret du 26 août 1865 ci-dessus.

Art. 1. — Le décret du 26 août dernier sera mis à exécution à partir du 1er janvier 1866.

Art. 2. — Les sociétés, compagnies et entreprises françaises ou étrangères existantes au 1er janvier 1866, devront faire, avant le 1er mars 1866, la déclaration prévue par l'article 1 du décret du 17 juillet 1857.

Art. 3. — Il ne sera perçu en Algérie que la moitié des droits, décimes non compris, qui sont perçus en France, en vertu des lois et décrets susvisés. — Les transferts des actions et obligations nominatives qui s'opéreront par décès ne seront assujettis à aucun droit.

1er décembre 1868.

Décision du gouverneur rendant applicable la décision ministérielle du 19 décembre 1867 (B. O. 203).

Décision ministérielle du 19 décembre 1867.

Art. 1. — Sont admis, moyennant affranchissement préalable, à la modération de taxe accordée aux imprimés par l'article 4 de la loi du 25 juin 1856, les avertissements de toute nature, imprimés et manuscrits, adressés par les agents de l'administration de l'enregistrement aux redevables de cette administration, quel que soit le lieu de résidence des destinataires.

Art. 2. — Les avertissements affranchis qui n'auraient pu être remis aux destinataires seront immédiatement renvoyés sans taxe aux fonctionnaires expéditeurs par les préposés des bureaux de destination.

Art. 3. — Les avertissements expédiés suivant le mode autorisé par la présente décision, qui n'auront pas été affranchis ou qui auront été insuffisamment affranchis et qui seront refusés pour ce motif par les destinataires, seront envoyés chaque jour au bureau des rebuts pour être transmis ensuite à la direction de l'enregistrement.

Art. 4. — Les formules d'avertissement seront frappées du timbre d'affranchissement à Paris. Il sera opéré de la manière suivante: le garde-magasin général des impressions fera déposer à la recette principale des postes de la Seine les formules à affranchir qui lui seront ultérieurement rendues contre récépissé dressé en double expédition. Le montant des droits d'affranchissement constaté par le récépissé sera payé au moyen d'un mandat délivré par l'administration de l'enregistrement au nom du receveur principal de la Seine.

12 décembre 1871.

Décret rendant exécutoire la loi du 23 août 1871 établissant de nouveaux droits d'enregistrement, sauf les modifications (réduction de moitié) résultant de l'ordonnance du 19 octobre 1841 (B. O. 385).

23 mars 1872.

Décret qui promulgue l'article 6 de la loi du 28 février 1872 relatif aux déclarations des locations verbales (B. O. 408).

22 juin 1872.

Décret promulguant la loi du 28 février 1872 sur les droits d'enregistrement, sous le bénéfice de la modération des droits accordés par l'ordonnance du 19 octobre 1841 (B. O. 243).

18 avril 1873.

Décret portant organisation des services départementaux (B. O. 488).

Art. 1. — Les rapports des chefs départementaux du service de l'enregistrement, des domaines et du timbre, avec les préfets et les généraux chargés de l'administration des territoires dits

militaires, seront, à l'avenir, ceux qui sont organisés par les lois et règlements de la métropole, entre les directeurs départementaux de ces mêmes services et les préfets.

Art. 2. — Dans tous les cas où les directeurs départementaux correspondent en France avec le directeur général de l'enregistrement, des domaines et du timbre, les chefs de service départementaux d'Algérie correspondront avec le directeur des affaires civiles et financières, chargé, sous l'autorité du gouverneur général civil, de la centralisation du service.

Art. 3. — L'article 18 du décret du 7 juillet 1861 est abrogé dans ce qu'il a de contraire aux dispositions qui précèdent.

1er avril 1874.

Décret rendant exécutoire la loi du 19 février 1874 qui porte augmentation des droits d'enregistrement (B. O. 533).

20 avril 1874.

Décret fixant les droits d'enregistrement pour les conventions entre la Société des Alsaciens-Lorrains et les colons (B. O. 537).

Art. 1. — Les actes destinés à constater les conventions à intervenir dans le but de régler les engagements réciproques des parties entre la société de protection des Alsaciens-Lorrains demeurés Français, présidée par M. le comte d'Haussonville, et les colons que ladite société se propose d'installer en Algérie, sur les territoires qui lui ont été attribués à cet effet, ne seront assujettis, quelle que soit leur forme, qu'à un droit fixe d'enregistrement de 1 fr. 50 cent. lorsque la formalité sera accomplie en Algérie.

18 mai 1874.

Décret qui rend exécutoire en Algérie :
La loi du 27 juillet 1870, relative aux droits d'enregistrement sur les échanges d'immeubles ruraux ;
La loi du 16 septembre 1871, concernant les droits de transmission des titres nominatifs ou au porteur.
La loi du 30 mars 1872 pour les mêmes droits.
Le décret du 24 mai 1872, rendu pour l'exécution de la loi du 30 mars 1872 (B. O. 517).

23 août 1875.

Décret qui étend les délais pour l'enregistrement des actes d'huissiers et autres ayant pouvoir de faire des exploits et procès-verbaux (B. O. 621).

Art. 1. — Est porté de quatre à quinze jours, à partir de la date de la promulgation du présent décret, le délai fixé par l'article 20 de la loi du 22 frimaire an VII, pour l'enregistrement :

1° Des actes des huissiers et autres ayant pouvoir de faire des exploits et procès-verbaux et résidant dans des localités où il n'existe pas de bureau de l'enregistrement;

2° Des actes des agents remplissant les fonctions d'huissier en territoire militaire, alors même que ces agents ont leur domicile dans une ville où un bureau de l'enregistrement est installé.

8 février 1876.

Décret promulguant en Algérie la loi du 21 juin 1875, ayant pour but :

1° D'autoriser la perception, au moment de l'enregistrement des actes de donation à titre de partage anticipé, du droit de transcription réduit à 0,50 centimes p. 100;

2° D'augmenter le taux de capitalisation du revenu des immeubles ruraux;

3° De réglementer le mode d'évaluation des biens meubles transmis par décès;

4° D'élever le taux du droit d'enregistrement des échanges d'immeubles;

5° D'assujettir à la perception de la taxe de 3 p. 100 les lots et primes de remboursement;

6° D'assurer la perception du droit de mutation par décès sur les sommes dues en vertu de contrat d'assurance sur la vie;

7° Et d'étendre les obligations imposées aux sociétés, compagnies d'assurances, assureurs contre l'incendie ou sur la vie, etc., en ce qui concerne la communication de leurs livres et documents aux agents de l'enregistrement (B. O. 611).

Art. 1. — Est déclarée exécutoire en Algérie, à partir du 1er février 1876, la loi du 21 juin 1875, sous la réserve toutefois des modifications et exceptions résultant des articles 2 et 4 de l'ordonnance du 19 octobre 1841. Cette loi y sera, à cet effet, publiée et promulguée à la suite du présent décret, qui sera inséré au *Bulletin des lois.*

Art. 2. — Le décret du 19 mars 1850 est abrogé.

16 mai 1877.

Décret qui accorde un délai de six mois pour faire timbrer et enregistrer les actes passés entre musulmans B. O. 695).

Art. 1. — Un délai de six mois, à compter de la date du présent décret, est accordé pour soumettre au visa pour timbre et à l'enregistrement, sans droits en sus ou amendes, les actes sous seing privé entre indigènes musulmans, les actes ou jugements passés devant les cadis, qui emportent transmission de propriété ou d'usufruit, de biens immeubles, de droits réels susceptibles d'hypothèques, les baux à ferme, à loyer, ou à rente, les sous-baux, cessions ou subrogations de baux et les engagements de biens de même nature.

Art. 2. — Cette disposition ne s'applique qu'aux conventions existantes au jour de la date du présent décret.

11 mars 1878.

Arrêté du gouverneur général étendant sur le canton de Khenchela l'action du bureau d'enregistrement d'Aïn-Beïda (B. O. 714).

Art. 1. — Tous les officiers publics et ministériels domiciliés dans le ressort du canton judiciaire de Khenchela (département de Constantine), tel qu'il est déterminé par le tableau de répartition annexé au décret du 10 août 1875 (1), sont rattachés au bureau de l'enregistrement établi à Aïn-Beïda, pour tout ce qui concerne les formalités de l'enregistrement, du timbre et le visa des répertoires.

Art. 2. — Le receveur de l'enregistrement et des domaines d'Aïn-Beïda, est chargé exclusivement des opérations relatives à l'administration et à l'aliénation du domaine de l'État concernant Khenchela et les territoires qui en dépendent.

Esclavage.

26 juin 1848.

Promulgation du décret du 27 avril 1848 qui a aboli l'esclavage dans les colonies françaises (B. 277).

Établissements dangereux, insalubres ou incommodes.

Législation de France avec quelques modifications de détail.

29 avril 1852.

Arrêté du gouverneur défendant l'emploi de vases de cuivre par les distillateurs (B. 411).

Art. 1. — Il est interdit, en Algérie, à tout distillateur ou détaillant de se servir de vases en cuivre étamé, connus dans le commerce sous le nom d'estagnons, pour renfermer des eaux de fleur d'oranger.

Art. 2. — Les contraventions seront constatées, comme en matière de police municipale, et punies des peines portées par les articles 471 et 474 du Code pénal.

(1) V. *Justice.*

1er mai 1854.

Arrêté du gouverneur concernant les fabricants de sucreries, de liqueurs et de pastilles (B. 459).

Art. 1. — Il est expressément défendu de se servir d'aucune substance minérale (le bleu de Prusse, l'outremer, la craie (carbonate de chaux, les ocres exceptés) pour colorer les liqueurs, bonbons, dragées, pastillages et toute espèce de sucreries et pâtisseries Il est également défendu d'employer pour colorier les liqueurs, bonbons, etc., des substances végétales nuisibles à la santé notamment la gomme-gutte et l'aconit napel. Les mêmes défenses s'appliquent aux substances employées à la clarification des sirops et liqueurs.

Art. 2. — Il est défendu d'envelopper ou de couler des sucreries dans des papiers blancs lissés ou coloriés avec des substances minérales (bleu de Prusse, l'outremer, les ocres et la craie exceptés). Il est défendu de placer des bonbons dans des boîtes garnies à l'intérieur de papier colorié avec des substances prohibées, et de les couvrir avec des découpures de ces papiers.

Art. 3. — Il est défendu de faire entrer aucune préparation fulminante dans la composition des enveloppes de bonbons. Il est également défendu de se servir de fils métalliques comme supports de fleurs, de fruits et autres objets en sucro et en pastillage.

Art. 4. — Les bonbons enveloppés porteront le nom et l'adresse du fabricant ou du marchand; il en sera de même des sacs dans lesquels les bonbons ou sucreries seront livrés au public. — Les flacons contenant des liqueurs coloriées devront porter les mêmes indications.

Art. 5. — Il est interdit d'introduire dans l'intérieur des bonbons et pastillages des objets de métal ou d'alliage métallique, capables, par leur altération, de former des composés nuisibles à la santé. Il ne pourra être employé que des feuilles d'or et d'argent fins pour la décoration des bonbons et des pastillages. — Il en sera de même pour les liqueurs dans lesquelles on introduit des feuilles métalliques.

Art. 6. — Les sirops qui contiendront de la glucose (sirop de fécule, sirop de froment) devront porter, pour éviter toute confusion, les dénominations communes de « sirops de glucose »; en outre de cette indication, les bouteilles porteront l'étiquette suivante : « Liqueurs de fantaisie à l'orgeat, à la groseille, etc. »

Art. 7. — Il sera fait des visites chez les fabricants et détaillants, à l'effet de constater si les dispositions prescrites par le présent arrêté sont observées.

TITRE II.

SEL DE CUISINE ET AUTRES SUBSTANCES ALIMENTAIRES.

Art. 8. — Il est expressément défendu à tous fabricants, raffineurs, marchands en gros, épiciers et autres faisant le commerce de sel marin (sel de cuisine) en Algérie, de vendre et débiter, comme sel de table et de cuisine, du sel retiré de la fabrication du salpêtre ou extrait des varechs, ou des sels provenant de diverses opérations chimiques. — Il est également défendu de vendre du sel altéré par le mélange des sels précédents ou par le mélange de toutes autres substances étrangères.

Art. 9. — Il est défendu d'ajouter frauduleusement au lait, aux fécules, amidons, farines ou toute autre denrée, des substances étrangères, même quand ces substances n'auraient rien de nuisible.

Art. 10. — Les commissaires civils, les maires, les commissaires de police feront, à des époques indéterminées, avec l'assistance des hommes de l'art, des visites dans les ateliers, magasins et boutiques des fabricants, marchands et débitants de sel et de comestibles quelconques, à l'effet de vérifier si les denrées dont ils sont détenteurs sont de bonne qualité et exemptes de tout mélange.

Art. 11. — Le sel et toutes substances alimentaires ou denrées falsifiées seront saisis, sans préjudice des poursuites à exercer, s'il y a lieu, contre les contrevenants, conformément aux dispositions de la loi du 27 mars 1851.

Art. 12. — Il est défendu d'envelopper aucune substance alimentaire quelconque avec les papiers peints, et notamment avec ceux qui sont défendus par l'article 2 du présent arrêté.

TITRE III.

USTENSILES ET VASES DE CUIVRE ET AUTRES MÉTAUX; ÉTAMAGES.

Art. 13. — Les ustensiles et vases en cuivre ou d'alliage de ce métal dont se servent les marchands de vin, traiteurs, aubergistes, restaurateurs, pâtissiers, confiseurs, bouchers, fruitiers, épiciers, etc., devront être étamés à l'étain fin et entretenus constamment en bon état d'étamage. — Sont exceptés de cette disposition les vases et ustensiles dits d'office, et les balances, lesquels devront être constamment entretenus en bon état de propreté.

Art. 14. — L'emploi du plomb, du zinc et du fer galvanisé est interdit dans la fabrication des vases destinés à préparer ou à contenir les substances alimentaires et les boissons.

Art. 15. — Sont maintenues les dispositions de l'arrêté du 29 avril 1852, qui interdit en Algérie, à tout distillateur ou détaillant de se servir de vases en cuivre étamé, connus dans le commerce sous le nom de *estagnons,* pour renfermer des eaux de fleur d'oranger.

Art. 16. — Il est défendu aux marchands de vin et de liqueurs d'avoir des comptoirs revêtus de lames de plomb; aux débitants de sels, de se servir de balances de cuivre; aux nourrisseurs de vaches, crémiers et laitiers, de déposer le lait dans des vases de plomb, de zinc, de fer galvanisé, de cuivre et de ses alliages; aux fabricants d'eaux gazeuses, de bière ou de cidre et aux marchands de vin, de faire passer par des tuyaux et appareils de cuivre, de plomb ou d'autres métaux pouvant être nuisibles, les eaux gazeuses, la bière, le cidre ou le vin. Toutefois, les vases et ustensiles de cuivre, dont il est question au présent article, pourront être employés s'ils sont étamés.

Art. 17. — Il est défendu aux raffineurs de sel de se servir de vases et instruments de cuivre, de plomb, de zinc et de tous autres métaux pouvant être nuisibles.

Art. 18. — Il est défendu aux vinaigriers, épiciers, marchands de vin, traiteurs et autres, de préparer, de déposer, de transporter, de mesurer et de conserver dans des vases de cuivre et de ses alliages, non étamés, de plomb, de zinc, de fer galvanisé, ou dans des vases faits avec un alliage dans lequel entrerait l'un des métaux désignés ci-dessus, aucuns liquides ou substances alimentaires susceptibles d'être altérés par l'action de ces métaux.

Art. 19. — La prohibition portée en l'article ci-dessus est applicable aux robinets fixés aux barils dans lesquels les vinaigriers, épiciers et autres marchands renferment le vinaigre.

Art. 20. — Les vases d'étain employés pour contenir, déposer, préparer ou mesurer les substances alimentaires ou des liquides, ainsi que les lames du même métal qui recouvrent les comptoirs des marchands de vin ou de liqueurs, ne devront contenir, au plus, que 10 pour 100 de plomb ou des autres métaux qui se trouvent ordinairement alliés à l'étain du commerce.

Art. 21. — Les lames métalliques recouvrant les comptoirs des marchands de vin ou de liqueurs, les balances, vases et ustensiles en métaux défendus par le présent arrêté, qui seraient trouvés chez les marchands et fabricants désignés dans les articles qui précèdent, seront saisis et remis au service des domaines, pour être vendus au profit de l'État, après avoir été mis hors de service.

Art. 22. — Les étamages prescrits par les articles qui précèdent devront être toujours faits à l'étain fin, et être constamment entretenus en bon état.

Art. 23. — Les ustensiles et vases de cuivre ou d'alliage de ce métal, dont l'usage serait dangereux par le mauvais état de l'étamage, seront étamés aux frais des propriétaires, lors même qu'ils déclareraient ne pas s'en servir. — En cas de contestation sur l'état de l'étamage, il sera procédé à une expertise, et, provisoirement, ces ustensiles seront mis sous scellés.

TITRE IV.
DISPOSITIONS GÉNÉRALES.

Art. 24. — Les fabricants et les marchands désignés dans le présent arrêté sont personnellement responsables des accidents qui pourraient être la suite de leurs contraventions aux dispositions qu'il renferme.

Art. 25. — Les contraventions seront poursuivies, conformément à la loi, devant les tribunaux compétents, sans préjudice des mesures administratives auxquelles elles pourraient donner lieu.

24 mars 1858.

Décret promulguant les décrets et ordonnances concernant les établissements insalubres. (B 519).

Art. 1. — Les décrets du 15 octobre 1810, les ordonnances des 14 janvier 1815, 15 avril 1838 et 20 mai 1843, et le décret du 25 mars 1852 sont rendus exécutoires en Algérie, sous la réserve des dispositions énoncées ci-après.

Art. 2. — Les autorisations d'établissements insalubres ou incommodes sont accordées en Algérie, savoir : celles relatives aux établissements de première classe, par le gouverneur général; celles de deuxième classe, en territoire civil, par les préfets; en territoire militaire, par les généraux commandant les divisions; celles de troisième classe, en territoire civil, par les sous-préfets; en territoire militaire, par les commandants de subdivision. En cas d'opposition, les demandes d'autorisation relatives à chacune des classes seront déférées, tant pour les territoires civils que pour les territoires militaires, à l'examen du conseil de préfecture siégeant au chef-lieu de la province.

20 mars 1858.

Arrêté du gouverneur relatif aux fabriques d'étoupe, de crin végétal de palmier-nain, de pâte à papier tirée des plantes textiles (B. 519).

Art. 1. — Sont rangées provisoirement dans la deuxième classe des établissements dangereux, insalubres et incommodes: 1° les fabriques d'étoupe de palmier-nain et autres plantes textiles avec fermentation à l'air libre; 2° les fabriques de crin végétal de palmier-nain, avec peignage, teinture, cardage et fermentation à l'air libre.

Art. 2. — Sont rangées provisoirement dans la troisième classe, les fabriques de pâte à papier, dite *palmi-coton*, tirée du palmier-nain et autres plantes textiles par des procédés chimiques, à l'exclusion de la fermentation à l'air libre.

21 mars 1868.

Décret qui rend applicable à l'Algérie le décret du 18 août 1866, portant règlement pour l'exploitation des dépôts et magasins d'huiles minérales et autres hydro-carbures (B. O. 363).

10 août 1868.

Décret promulguant le décret du 31 décembre 1866 et le tableau de classement y annexé (B. O. 268).

Art. 1. — Le décret du 31 décembre 1866 et le tableau de classement y annexé, complété, en exécution de l'article 2 du présent décret, sont promulgués en Algérie.

Art. 2. — Sont confirmées les dispositions de l'arrêté du 20 mars 1858, qui ont rangé provisoirement : — dans la deuxième classe des établissements dangereux, insalubres ou incommodes, les fabriques d'étoupes, de palmiers-nains et autres plantes textiles avec fermentation à l'air libre, ainsi que les fabriques de crin végétal, de palmiers-nains, avec peignage, teinture, cardage et fermentation à l'air libre; — et dans la troisième classe, les fabriques de pâte à papier, dite palmicoton, tirée du palmier-nain et autres plantes textiles par des procédés chimiques, à l'exclusion de la macération et de la fermentation à l'air libre.

16 juin 1873.

Décret qui rend applicable en Algérie le décret du 31 janvier 1872 sur les établissements insalubres (B. O. 489).

11 juillet 1873.

Décret appliquant en Algérie le décret du 9 janvier 1867, portant réglementation des usines à gaz (B. O. 494).

8 décembre 1873.

Décret rendant applicable en Algérie le décret du 19 mai 1873, concernant la fabrication et la vente en gros ou en détail des huiles de pétrole, de schiste, essences et autres hydrocarbures (B. 511).

État civil.

13 janvier 1843.

Arrêté ministériel concernant les droits d'expédition (B. 141).

Art. 1. — A partir du 1er mars 1843, les expéditions des actes de l'état civil seront payées dans toute l'Algérie, conformément au tarif fixé par l'article 3 du décret du 12 juillet 1807.

En conséquence, il sera perçu, indépendamment des droits de timbre, savoir : — pour chaque expédition d'acte de naissance, de décès et de publication de mariage, 75 centimes; — pour celle des actes de mariage et d'adoption, 1 fr. 50.

Art. 2. — Il est défendu, à peine d'être poursuivi comme concussionnaire, d'exiger d'autres taxes et droits. — Il n'est rien dû pour la confection des actes sus-désignés et leur inscription sur les registres.

Art. 3. — Il pourra être délivré gratuitement des expéditions aux individus qui justifieront de leur indigence. — Les expéditions destinées à être transmises administrativement aux préfets de France sont affranchies de tout droit.

Art. 4. — Les recettes seront opérées par les officiers de l'état civil ou agents de l'administration en faisant fonctions, et le produit en sera versé dans la caisse coloniale (municipale).

Art. 5. — Le mode de comptabilité à suivre pour la perception et le versement des droits sera déterminé par un règlement spécial concerté entre les directeurs de l'intérieur et des finances, qui sera soumis à notre approbation.

20 mars 1865.

Arrêté du gouverneur sur la tenue des registres de l'état civil en territoire militaire (B. O. 130).

Art. 1. — La tenue des registres de l'état civil pour le territoire militaire sera confiée aux maires lorsque les deux autorités civile et militaire résideront au même lieu.

13 février 1873.

Loi qui proroge les délais pour la reconstitution des actes de l'état civil de Paris et rend applicable à l'Algérie la loi du 12 février 1872 (B. O. 471).

État de siège.

3 avril 1878.

Loi relative à l'état de siège (B. O. 717).

Art. 1. — L'état de siège ne peut être déclaré qu'en cas de péril imminent, résultant d'une guerre étrangère ou d'une insurrection à main armée.

Une loi peut seule déclarer l'état de siège; cette loi désigne les communes, les arrondissements ou départements auxquels il s'applique. Elle fixe le temps de sa durée. A l'expiration de ce temps, l'état de siège cesse de plein droit, à moins qu'une loi nouvelle n'en prolonge les effets.

Art. 2. — En cas d'ajournement des Chambres, le président de la République peut déclarer l'état de siège, de l'avis du conseil des ministres, mais alors les Chambres se réunissent de plein droit deux jours après.

Art. 3. — En cas de dissolution de la Chambre des députés, et jusqu'à l'accomplissement entier des opérations électorales, l'état de siège ne pourra, même provisoirement, être déclaré par le président de la République.

Néanmoins, s'il y avait guerre étrangère, le président, de l'avis du conseil des ministres, pourrait déclarer l'état de siège dans les territoires menacés par l'ennemi, à la condition de convoquer les collèges électoraux et de réunir les Chambres dans le plus bret délai possible.

Art. 4. — Dans le cas où les communications seraient interrompues avec l'Algérie, le gouverneur pourra déclarer tout ou partie de l'Algérie en état de siège, dans les conditions de la présente loi.

Art. 5. — Dans les cas prévus par les articles 2 et 3, les Chambres, dès qu'elles seront réunies, maintiennent ou lèvent l'état de siège. En cas de dissentiment entre elles, l'état de siège est levé de plein droit.

Art. 6. — Les articles 4 et 5 de la loi du 9 août 1849 sont maintenus ainsi que les dispositions de ses autres articles non contraires à la présente loi.

9 août 1849.

Art. 4. — Dans les colonies françaises, la déclaration de l'état de siège est faite par le gouverneur de la colonie. — Il doit en rendre compte immédiatement au gouvernement.

Art. 5. — Dans les places de guerre et postes militaires, soit de la frontière, soit de l'intérieur, la déclaration de l'état de siège peut être faite par le commandant militaire, dans les cas prévus par la loi du 10 juillet 1791, et par le décret du 24 décembre 1811. — Le commandant en rend compte immédiatement au gouvernement.

Évadés.

18 ventôse an XII.

Arrêté du gouvernement déterminant les gratifications à accorder pour la reprise des condamnés évadés.

21 septembre 1863.

Circulaire du gouverneur portant que les gratifications fixées par l'arrêté ci-dessus seront accordées en Algérie pour la reprise des condamnés aux travaux forcés et à la réclusion.

12 juillet 1865.

Décret qui accorde une prime de 50 francs pour la reprise des condamnés à un emprisonnement de plus d'une année (B. O. 150).

Art 1. — En cas de reprise d'un détenu condamné à un emprisonnement simple de plus d'un an, et qui se sera évadé d'un des établissements pénitentiaires de l'Algérie, il sera alloué, en gratification à tout individu qui aura amené ce condamné, une somme de 50 francs.

Art. 2. — Toute personne prétendant à cette gratification devra faire établir son droit par un procès-verbal émané de l'autorité locale et constatant l'arrestation, l'interrogatoire et la détention du condamné. Sur le vu de ce procès-verbal, le préfet du département fera payer immédiatement la gratification à l'ayant droit.

Art. 3. — Lorsqu'un détenu repris sera conduit directement à la prison d'où il s'est évadé, le greffier comptable de l'établissement pourra être autorisé par le directeur à payer sur sa caisse le montant de la gratification allouée au capteur, sauf régularisation ultérieure par l'autorité préfectorale.

22 novembre 1872.

Arrêté du gouverneur rendant applicable à l'Algérie le décret du 19 septembre 1866, qui alloue une prime de 50 francs à tout individu qui aura arrêté et amené un condamné qui se serait évadé d'une maison centrale, de force ou de correction, ou d'un pénitencier agricole, ou pendant un transfèrement opéré sous la conduite des agents du service des transports cellulaires (B. O. 448).

Exposition permanente de l'Algérie et des colonies.

2 décembre 1858.

Arrêté ministériel qui réunit les deux expositions algérienne et coloniale (B. M. 10).

Art. 1. — L'exposition permanente de l'Algérie, située rue de Grenelle-Saint-Germain, n° 107, et l'exposition permanente des colonies, située rue de Rivoli, n° 244, seront réunies dans un même local, sous le nom d'*Exposition permanente de l'Algérie et des colonies.*

Art. 2. — Il sera pourvu aux dépenses de cette exposition au moyen des crédits affectés à ce service dans le budget du ministère de l'Algérie et des colonies, chapitre 8 pour l'exercice 1858, chapitre 11 pour 1859, et au moyen des fonds spéciaux votés par les colonies. — Les dépenses des exercices suivants seront imputées sur les crédits spéciaux portés au budget du ministère, et sur les fonds votés par les colonies.

Art. 3. — L'administration et la conservation des collections seront confiées, sous la direction du chef du cabinet, à des attachés au cabinet, dont les traitements pourront être imputés, en partie, sur les fonds coloniaux.

Art. 4. — La commission supérieure de l'exposition coloniale est supprimée.

Art. 5. — Le comité consultatif des colonies

sera chargé, par délégation spéciale du ministre, et en dehors de ses attributions ordinaires, du contrôle de l'emploi des fonds votés, chaque année, par les colonies, pour l'exposition.—La forme de ce contrôle sera l'objet d'un règlement particulier.

Art. 6. — Tous les actes ministériels contraires au présent arrêté sont et demeurent abrogés.

30 décembre 1859.

Arrêté ministériel contenant règlement sur l'exposition permanente (B. M. 55).

Art. 1. — L'exposition permanente de l'Algérie et des colonies est placée dans les attributions du directeur de l'administration coloniale et des services financiers de l'Algérie et des colonies.

Art. 2.—Un conservateur dirige l'administration de cet établissement.

Art. 3. — Une commission dont les membres sont nommés par le ministre exerce sa surveillance sur toutes les parties du service.

Art. 4.— Un comité d'exposition est établi dans les chefs-lieux des trois provinces de l'Algérie et dans chacune des colonies. Ces comités formés, autant que possible, de membres des chambres d'agriculture et de commerce, donnent leur avis sur toutes les questions qui se rattachent au succès de l'exposition, et correspondent avec le comité central de Paris.

Art. 5.— Le conservateur est chargé de la comptabilité financière et matérielle; il effectue les recettes et les dépenses, surveille les collections, le mobilier, les archives et le laboratoire, classe les produits, prépare les catalogues et la correspondance, dirige le personnel et prend enfin toutes les mesures d'ordre et de détail nécessaires à la marche du service intérieur.

Art. 6. — Les recettes de l'exposition se composent : — 1° des subventions accordées sur le budget de l'État et qui sont administrées de la manière prescrite par les règlements sur la comptabilité publique; — 2° des subventions accordées par les conseils généraux de l'Algérie et des colonies; — 3° du produit des ventes et cessions à divers. — Les sommes provenant de ces deux dernières catégories sont déposées à la caisse des dépôts et consignations, qui les tient disponibles aux conditions fixées pour les dépôts des établissements publics, et qui acquitte les dépenses de l'exposition sur les ordonnances qui lui sont adressées.

Art. 7. — Les dépenses se composent : — 1° de la solde, des indemnités, gratifications et allocations diverses au profit du personnel de l'établissement; — 2° du montant des achats de matériel ou d'objets de collection, des travaux, expériences, frais de transport, de douane, d'octroi et autres frais accessoires.

Art. 8. — Les recettes et les dépenses concernant les fonds du budget de l'État sont arrêtées

suivant les formes ordinaires. — Les recettes et les dépenses concernant les fonds déposés à la caisse des dépôts et consignations sont arrêtées au 31 janvier; passé cette époque, toutes les opérations des exercices antérieurs sont rattachées à l'exercice en cours.

Art. 9. — Les recettes et les dépenses sont reconnues et liquidées par le conservateur, ordonnancées par le directeur de l'administration coloniale et visées par le contrôle.—Les ordonnances de payement adressées sur la caisse des dépôts et consignations sont payables dans les dix jours de leur date, sur la quittance des parties y dénommées, donnée au bas des lettres d'avis signées et délivrées par le conservateur.

Art. 10.—Pour faciliter l'acquittement des menues dépenses, il est fait au conservateur une avance de 500 francs, qui ne peut être renouvelée qu'après justification de l'emploi de la plus grande partie des derniers fonds avancés.

Art. 11.— (Ainsi modifié par arrêté ministériel du 31 mars 1860.) — La commission de surveillance est composée de huit membres, y compris le président.—Le conservateur assiste aux séances avec voix consultative. — Un secrétaire désigné par le ministre est adjoint à la commission. — Les fonctions des membres et du secrétaire sont gratuites.

Art. 12. — La commission choisit dans son sein un vice-président dont la nomination est soumise à l'approbation du ministre; elle ne peut délibérer que lorsque quatre membres au moins sont présents. — Les délibérations sont prises à la majorité des voix, et le procès-verbal de chaque séance est transcrit sur un registre spécial.

Art. 13.—La commission reçoit communication de tous les faits et documents relatifs à l'exposition permanente, aux expositions dans les colonies et les concours régionaux de France ; elle donne son avis sur toutes les dispositions à prendre en vue de provoquer la prospérité coloniale, signale au ministre les progrès réalisés dans la culture et l'industrie, lui rend compte des expériences intéressant le commerce, et appelle son attention sur les encouragements et les récompenses à décerner; elle contrôle, en outre, toutes les opérations concernant le service intérieur, autorise la vente des objets qui risquent de s'avarier et détermine les formes de cette vente.

Art. 14. — La commission examine, chaque année, les budgets de l'exposition, ainsi que les comptes administratifs qui sont soumis, par le directeur de l'administration coloniale et des services financiers, à l'approbation du ministre ; enfin elle adresse annuellement au ministre un compte rendu qui est communiqué aux préfets, aux commandants des territoires militaires en Algérie et aux gouverneurs des établissements d'outre-mer.

Art. 15. — Toutes dispositions contraires au présent arrêté sont rapportées.

Expropriation.

L'expropriation pour cause d'utilité publique est régie par une législation spéciale. L'expropriation peut être prononcée dans les cas spécifiés par l'article 19 de la loi du 16 juin 1851; l'utilité publique est déclarée par arrêté du gouverneur, et le tribunal de première instance fixe l'indemnité due, sur procédure écrite et sans débats à l'audience. Son jugement n'est point susceptible d'appel.

Lorsqu'il y a lieu à prise de possession d'urgence, la déclaration en est faite par arrêté du gouverneur. Le président du tribunal nomme des experts, et sur leur rapport sommaire, qui doit être déposé dans les dix jours, il ordonne la prise de possession et le dépôt à la caisse des consignations de la somme à laquelle il arbitre que pourra s'élever l'indemnité.

Quant aux occupations temporaires, elles sont soumises au décret du 8 juin 1868 qui régit la métropole, sauf quelques dispositions de détail concernant les autorités à la diligence desquelles il est procédé en territoire civil et en territoire militaire.

1er octobre 1844.

Ordonnance relative à la constitution de la propriété (B. 186).

TITRE IV.

DE L'EXPROPRIATION ET DE L'OCCUPATION TEMPORAIRE POUR CAUSE D'UTILITÉ PUBLIQUE.

CHAPITRE I. — *Formes de l'expropriation.*

Art. 24. — L'expropriation pour cause d'utilité publique sera prononcée dans les cas et dans les formes ci-après déterminées, sauf les exceptions portées aux articles 107 et 112 de la présente ordonnance.

Art. 25. — L'expropriation pour cause d'utilité publique pourra avoir lieu... (ci-après loi du 16 juin 1851, art. 19).

Art. 26. — Lorsqu'il y aura lieu de déclarer l'utilité publique, un avis indiquant la nature et la situation des travaux à entreprendre et des établissements à former sera, à la diligence du gouverneur général, inséré dans le *Journal officiel de l'Algérie* et affiché au siège de la justice de paix, et à défaut de justice de paix, au chef-lieu du commissariat civil.

Pendant dix jours, à partir de ces insertions et affiches, les propriétaires et autres intéressés seront admis à consigner leurs observations sur un registre ouvert, pour la province d'Alger, à la direction de l'intérieur, et pour les autres provinces,

à la sous-direction de l'intérieur. — Toutefois, dans les portions du territoire qui seront formées en district, ces observations pourront être faites au commissariat civil du district. — Les observations des propriétaires et autres intéressés seront soumises au conseil d'administration, qui en constatera sommairement les résultats.

La déclaration d'utilité publique ne pourra être faite qu'après l'accomplissement de ces formalités: elle sera rendue par notre ministre de la guerre, sur les avis du conseil d'administration et du gouverneur général (1).

Art. 27. — Extrait de la décision portant déclaration d'utilité publique, et indiquant, en outre, les immeubles qui doivent être soumis à l'expropriation, leur nature, leur situation et leurs propriétaires, s'ils sont connus, sera inséré dans le *Journal officiel de l'Algérie*, et affiché aux lieux déterminés au paragraphe 1 de l'article précédent.

Les observations des propriétaires et autres parties intéressées seront reçues dans les formes et délais déterminés au même article, et soumises au conseil d'administration, qui en constatera sommairement les résultats.

Art. 28. — L'expropriation sera prononcée par le ministre de la guerre (le gouverneur général). — Extrait de la décision portant indication des immeubles expropriés, avec les désignations portées à l'article précédent, sera publié et affiché sans délai, de la même manière que la décision déclarative de l'utilité publique. — Pareil extrait sera notifié aux propriétaires intéressés.

CHAPITRE II. — *Effets de l'expropriation quant aux privilèges, hypothèques et autres droits réels.*

Art. 29. — Immédiatement après la notification prescrite par l'article précédent, la décision ministérielle portant expropriation sera transcrite sans frais au bureau de la conservation des hypothèques, conformément à l'article 2181 du Code civil.

Art. 30. — Dans la quinzaine de la transcription, les privilèges et les hypothèques conventionnelles, judiciaires et légales, antérieurs à la publication de la décision, seront inscrits.

A l'expiration de ce délai, l'immeuble exproprié deviendra libre de tout privilège et de toute hypothèque non encore inscrits, de quelque nature qu'ils soient, sans préjudice du recours contre les maris, tuteurs et autres administrateurs qui auraient dû requérir ces inscriptions, et les droits des créanciers, des femmes, mineurs, interdits et de l'État, seront transportés sur le montant de l'indemnité tant qu'elle n'aura pas été payée, et que l'ordre n'aura pas été définitivement réglé.

Les créanciers inscrits n'auront, dans aucun

(1) Aujourd'hui par le gouverneur général, en vertu du décret du 10 décembre 1860. V. *Gouvernement général.*

cas, la faculté de surenchérir, mais ils pourront exiger que l'indemnité soit fixée par l'autorité judiciaire, conformément aux dispositions ci-après.

Art. 31. — Les actions en résolution ou en revendication, et toutes autres actions réelles, ne pourront arrêter l'expropriation ni en empêcher l'effet. Le droit des réclamants sera transporté sur le prix et l'immeuble en demeurera affranchi.

CHAPITRE III. — *Règlement, attribution et payement de l'indemnité.*

Art. 32. — Le propriétaire qui voudra faire valoir ses droits à l'indemnité sera tenu de justifier de son droit de propriété. Les titres et autres documents qu'il aura produits seront communiqués au directeur des finances, qui procédera à leur examen, et prendra ou provoquera telles mesures qu'il jugera convenables pour la conservation des intérêts du domaine.

Art. 33. — Dans la huitaine qui suit la notification prescrite par l'article 29, le propriétaire est tenu d'appeler et de faire connaître à l'administration les fermiers, locataires, ceux qui ont des droits d'usufruit, d'usage ou d'habitation, tels qu'ils sont réglés par le Code civil, et ceux qui peuvent réclamer des servitudes résultant des titres mêmes du propriétaire ou d'autres actes dans lesquels il serait intervenu ; sinon il restera seul chargé envers eux des indemnités que ces derniers pourront réclamer.

Les autres intéressés seront en demeure de faire valoir leurs droits par l'avertissement énoncé en l'article 28, et tenus de se faire connaître à l'administration dans le même délai de huitaine ; à défaut de quoi, ils seront déchus de tous droits à l'indemnité.

Art. 34. — Les dispositions de la présente ordonnance, relatives aux propriétaires et à leurs créanciers, sont applicables à l'usufruitier et à ses créanciers.

Art. 35. — Dans la huitaine de la notification prescrite par l'article 28, l'administration notifiera aux propriétaires et à tous autres intéressés qui auront réclamé les sommes qu'elle offre pour indemnités.

Art. 36. — Dans la quinzaine suivante, les propriétaires et autres intéressés sont tenus de déclarer leur acceptation, ou, s'ils n'acceptent pas les offres qui leur sont faites, d'indiquer le montant de leurs prétentions. — Ils seront également tenus de déclarer, dans le même délai, à peine de déchéance, s'ils requièrent l'expropriation pour cause d'utilité publique.

Art. 37. — Si, dans le délai ci-dessus, les offres de l'administration ne sont pas acceptées, l'administration citera les propriétaires et tous les autres intéressés devant le tribunal civil de première instance de la situation de l'immeuble exproprié, pour qu'il y soit procédé au règlement de l'indemnité.

La citation contiendra l'énonciation des offres qui auront été faites et les moyens à l'appui.

Art. 38. — Dans la huitaine de la citation, les parties assignées signifieront leurs demandes et les moyens à l'appui. — A l'expiration de ce délai, le tribunal pourra se transporter sur les lieux ou déléguer à cet effet un ou plusieurs de ses membres. — Il fixera, par le même jugement, le jour et l'heure où le transport devra s'effectuer, et nommera d'office, s'il y a lieu, un ou plusieurs experts.

Art. 39. — Le tribunal, ou, le cas échéant, le juge-commissaire, parties présentes ou dûment appelées, fera sur les lieux toutes vérifications, y prendra tous renseignements, ou entendra toutes personnes qu'il croira pouvoir l'éclairer. — Les experts prêteront serment et procéderont en la forme ordinaire. — Les opérations terminées, la minute du procès-verbal sera remise au greffe du tribunal dans les huit jours. — Lorsque le procès-verbal aura été déposé, le tribunal délibérera, en chambre du conseil, toutes affaires cessant, sur les mémoires produits et sur les conclusions écrites du ministère public. Le jugement sera prononcé en audience publique.

Art. 40. — Le tribunal appréciera la sincérité des titres produits et les actes et circonstances qui seront de nature à modifier l'évaluation de l'indemnité. — Si l'exécution des travaux qui ont motivé l'expropriation doit procurer une augmentation de valeur immédiate et spéciale au restant de la propriété, cette augmentation sera prise en considération dans l'évaluation du montant de l'indemnité.

Art. 41. — Si le tribunal acquiert la conviction que des ouvrages ou travaux quelconques ont été faits par le propriétaire, de mauvaise foi, et dans la vue d'obtenir une indemnité plus élevée, le tribunal devra, selon les circonstances, rejeter ou réduire la valeur de ces ouvrages ou travaux.

Art. 42. — Si dans les six mois, à compter de la décision ministérielle prononçant l'expropriation, l'administration ne poursuit pas la fixation de l'indemnité, les parties pourront exiger qu'il soit procédé à cette fixation. Quand l'indemnité a été réglée, si elle n'est pas acquittée ni consignée dans les six mois du jugement du tribunal, les intérêts courront de plein droit à l'expiration de ce délai.

Art. 43. — Le tribunal accordera des indemnités distinctes aux parties qui les réclameront à des titres différents, comme propriétaires, fermiers, locataires, ou en toute autre qualité. — Dans le cas d'usufruit, le tribunal ne fixera qu'une seule indemnité, égale à la valeur totale de l'immeuble ; le nu-propriétaire et l'usufruitier exerceront leurs droits sur le montant de l'indemnité, au lieu de l'exercer sur la chose. — L'usufruitier sera tenu de donner caution. Les père et mère ayant l'usufruit légal du bien de leurs enfants en sont seuls dispensés.

Art. 44. — L'indemnité allouée par le tribunal

18

ne pourra, en aucun cas, être inférieure aux offres de l'administration ni supérieure à la demande de la partie intéressée.

Art. 45. — La décision du tribunal, seulement en ce qui concerne la fixation du montant de l'indemnité, sera souveraine et sans appel.

Art. 46. — Les frais de l'instance en règlement de l'indemnité seront supportés comme il suit : — si l'indemnité réglée par le tribunal ne dépasse pas l'offre de l'administration, les parties qui l'auront refusée seront condamnées aux dépens ; — si l'indemnité est égale à la demande des parties, l'administration sera condamnée aux dépens ; — si l'indemnité est à la fois supérieure à l'offre de l'administration et inférieure à la demande des parties, les dépens seront compensés de manière à être supportés par les parties et par l'administration dans la proportion de l'offre et de la demande avec l'indemnité réglée.

Tout indemnitaire qui n'aura pas indiqué le montant de ses prétentions, conformément à l'article 36, sera, dans tous les cas, condamné aux dépens.

Art. 47. — L'indemnité sera liquidée en une somme capitale. — Toutefois, si l'immeuble exproprié est grevé d'une rente valablement constituée pour prix de la transmission du fonds, cette rente ne sera pas comprise dans la liquidation. L'indemnité, en ce cas, consistera dans la somme que l'immeuble sera jugé valoir en sus de la rente. — L'administration aura l'option de continuer le service de la rente ou de la racheter au taux légal.

Art. 48. — L'administration ne pourra se mettre en possession des immeubles qu'après avoir délivré aux propriétaires expropriés le montant de l'indemnité ou en avoir fait la consignation.

Art. 49. — S'il s'élève des contestations relatives à l'attribution de l'indemnité, le tribunal en ordonnera la consignation pour le compte de qui il appartiendra. — La consignation sera également ordonnée si l'immeuble est chargé d'inscriptions hypothécaires, ou s'il s'élève des oppositions ou autres empêchements à la délivrance de l'indemnité.

Les titres de liquidation ne seront délivrés par l'administration que sur le vu d'un jugement ou d'un arrêt définitif, ou sur une transaction régulière et authentique.

CHAPITRES IV ET V. — *Occupations temporaires. Prise de possession d'urgence.*

(Abrogés par décrets des 5 décembre 1855 et 11 juin 1858 ; le premier remplacé par décret du 11 septembre 1869.)

CHAPITRE VI. — *Dispositions générales.*

Art. 73. — Les significations et notifications seront faites ainsi qu'il est prescrit par les articles 3 et 4 de l'ordonnance du 16 avril 1843 (*Procédure*).

Art. 74. — Pour les ajournements donnés en exécution de l'article 37, seront observés les délais des articles 6 et 7 de l'ordonnance du 16 avril 1843 sans que, dans aucun cas, le délai puisse excéder trente jours.

Art. 75. — Les significations et notifications mentionnées en la présente peuvent être faites tant par huissier que par tout agent de l'administration dont les procès-verbaux font foi en justice.

Art. 76. — Les plans, procès-verbaux, certificats, significations, jugements, contrats, quittances et autres actes, faits en vertu de la présente, seront visés pour timbre et enregistrés gratis, lorsqu'il y aura lieu à la formalité de l'enregistrement. Il ne sera perçu aucun droit pour la transcription des actes au bureau des hypothèques.

Art. 77. — Les concessionnaires de travaux publics exerceront tous les droits et seront soumis à toutes les obligations de l'administration, tels que ces droits et ces obligations sont réglés par la présente ordonnance.

5 mai 1845.

Ordonnance fixant les délais pour réclamer les indemnités à raison d'expropriations antérieures au 31 juillet 1836 (B. 202).

Art. 1. — Toute demande d'indemnité pour démolitions ou expropriations antérieures au 31 juillet 1836 devra être formée, et justification devra être faite des droits de propriété par les propriétaires ou les ayants droit, dans le délai de trois mois, à partir de la promulgation de la présente ordonnance, sous peine de déchéance.

Art. 2. — Toute demande de même nature pour dépossession d'immeubles, postérieurement au 31 juillet 1836, devra être présentée avec les titres à l'appui dans le délai de deux ans, sous la même déchéance.

5 mai 1848.

Arrêté du gouverneur instituant une nouvelle commission pour la liquidation des indemnités (B. 274).

5 février 1851.

Décret prononçant la clôture des opérations de la commission (B. 378).

Art. 1. — Les travaux de la commission instituée par l'arrêté du 5 mai 1848 seront clos le 28 février courant.

Art. 2. — Les réclamations sur lesquelles la commission n'aurait pas encore pu rendre de décision définitive, à cette époque, seront remises aux préfets de chacun des départements qu'elles concerneront respectivement, pour être jugées au fur et à mesure de leur mise en état, par les conseils de préfecture, sur les bases posées par l'arrêté du 5 mai 1848.

16 juin 1851.

Loi sur la propriété (B. 388)

TITRE I, II ET III.

V. *Domaine. — Propriété.*

TITRE IV.

DE L'EXPROPRIATION ET DE L'OCCUPATION TEMPORAIRE POUR CAUSE D'UTILITÉ PUBLIQUE.

Art. 18. — L'État ne peut exiger le sacrifice des propriétés ou des droits de jouissance reconnus par les articles 10, 11 et 12 de la présente loi, que pour cause d'utilité publique légalement constatée, et moyennant le payement ou la consignation d'une juste et préalable indemnité.

Art. 19. — L'expropriation peut être prononcée pour les causes suivantes : — pour la fondation des villes, villages ou hameaux, ou pour l'agrandissement de leur enceinte ou de leur territoire; — pour l'établissement des ouvrages de défense et des lieux de campement des troupes; — pour l'établissement de fontaines, d'aqueducs, d'abreuvoirs; — pour l'ouverture des routes, chemins, canaux de desséchement, de navigation ou d'irrigation, et l'établissement de moulins à farine; — pour toutes les autres causes prévues et déterminées par la loi française.

Art. 20. — Il sera toujours tenu compte, dans le règlement des indemnités, de la plus-value résultant de l'exécution des travaux pour la partie de l'immeuble qui n'aura pas été atteinte par l'expropriation. — La plus-value pourra être admise jusqu'à concurrence du montant total de l'indemnité, et, dans aucun cas, elle ne pourra motiver le payement d'une soulte par le propriétaire exproprié.

Art. 21. — Jusqu'à ce qu'une loi en ait autrement décidé, l'ordonnance du 1er octobre 1844 continuera à être exécutée en ce qui touche les formes à suivre en matière d'expropriation ou d'occupation temporaire pour cause d'utilité publique et sera appliquée dans les territoires militaires comme dans les territoires civils.

11 juin 1858.

Décret relatif à l'expropriation d'urgence (B. 523).

Art. 1. — Lorsqu'il y aura lieu, en Algérie, d'acquérir par voie d'expropriation et d'occuper immédiatement tout ou partie d'une ou plusieurs propriétés pour l'exécution des travaux spécifiés à l'article 19 de la loi du 16 juin 1851, et que l'urgence ne permettra pas d'accomplir les formalités prescrites à cet égard par l'ordonnance du 1er oc-

tobre 1844, le ministre (gouverneur général) pourra en approuvant ces travaux, déclarer qu'il y sera procédé conformément aux dispositions du présent décret.

Art. 2. — Un avis indiquant la nature et la situation des travaux à entreprendre et des établissements à former, la désignation des immeubles qui doivent être soumis à l'expropriation, leur nature, leur situation et les noms de leurs propriétaires, s'ils sont connus, sera inséré, à la diligence du préfet ou du général de division, dans le *Moniteur algérien* (décret du 8 septembre 1859 ci-après), dans le *Journal officiel* et dans un journal de la localité la plus rapprochée. Il sera affiché dans la commune de la situation des biens; et s'il s'agit d'immeubles situés dans la circonscription d'une des localités non érigées en communes, au chef-lieu du district, en territoire civil, et en territoire militaire, à la résidence des commandants de cercle ou de place. Cet avis fera connaître l'intention de prendre possession d'urgence. Pendant dix jours à partir de ces insertions et affiches, les propriétaires et autres intéressés seront admis à consigner leurs observations sur un registre ouvert à cet effet dans le lieu où l'affiche a été apposée. — Ces observations seront soumises au conseil de préfecture, qui en constatera sommairement le résultat. — Toutes les pièces seront transmises ensuite à notre ministre de la guerre, (le gouverneur général), qui pourra, par une seule décision, déclarer l'utilité publique, prononcer l'expropriation et déclarer l'urgence.

Art. 3. — La déclaration d'urgence sera notifiée au président du tribunal civil avec invitation de désigner d'office, dans les vingt-quatre heures, trois experts qui prêteront serment entre ses mains ou entre les mains du fonctionnaire désigné par son ordonnance. Ces experts seront chargés de visiter les lieux et de procéder, dans un délai de dix jours, à la rédaction d'un procès-verbal indiquant la nature et la contenance des cultures, plantations, bâtiments, clôtures et autres accessoires du fonds à exproprier. Cet état descriptif devra être assez détaillé pour pouvoir servir de base à l'appréciation de la valeur foncière, et, en cas de besoin, de la valeur locative, ainsi que des dommages-intérêts qui pourraient résulter des changements ou dégâts occasionnés au surplus de la propriété. Il devra enfin contenir tous les renseignements nécessaires pour la fixation de l'indemnité. — Les experts indiqueront, dans leur procès-verbal, la valeur approximative de chaque immeuble, les motifs des évaluations diverses et le temps qu'il paraîtra nécessaire d'accorder aux occupants pour évacuer les lieux. — La déclaration d'urgence sera, en outre, publiée par affiches, tant à la porte de l'église du lieu qu'à celle de la maison commune, du commissariat civil ou du commandant du cercle, suivant les circonscriptions administratives. Cette publication, qui durera au moins trois jours, fera connaître l'époque de la visite des experts.

— La déclaration d'urgence sera en même temps notifiée, avec l'indication sus-énoncée, au propriétaire, si son domicile est connu, en tout cas, au détenteur de l'immeuble, fermier, locataire, gardien, régisseur ou autre occupant.

Art. 4. — Le président du tribunal, sur le vu du procès-verbal des experts, ordonnera la prise de possession et la consignation de l'indemnité approximative de dépossession. La consignation devra comprendre, outre le principal, la somme nécessaire pour assurer, pendant deux ans, le payement des intérêts au taux légal. — Le président déterminera le délai dans lequel, à compter de la notification faite administrativement de son ordonnance et du procès-verbal de la consignation, les détenteurs seront tenus d'abandonner les lieux. Ce délai ne pourra excéder sept jours. — Il sera ensuite procédé, à la poursuite de la partie la plus diligente, au règlement définitif des indemnités, d'après les renseignements contenus au procès-verbal, et appréciation faite de tous actes, documents et circonstances, en se conformant aux formalités indiquées dans l'ordonnance du 1er octobre 1814.

8 septembre 1859.

Décret modifiant les formalités d'expropriation
(B. M. 38).

Art. 1. — Dans les différents cas prévus, tant par les articles 26, 27 et 28 de l'ordonnance du 1er octobre 1844 que par l'article 2 du décret du 11 juin 1858, les attributions qui appartenaient au gouverneur général seront exercées, en territoire civil, par le préfet, et en territoire militaire, par le général commandant la division. Dans les cas pour lesquels les dispositions précitées demandent l'avis du conseil d'administration, il y aura lieu à l'avis du conseil de préfecture.

Art. 2. — Les avis déterminés par les articles 26 et 27 de l'ordonnance précitée seront affichés dans la commune de la situation des biens, et, à défaut, au chef-lieu du commissariat civil ou de l'autorité qui en tient lieu. — Les registres d'enquête seront ouverts aux mêmes lieux. Les observations écrites adressées aux autorités chargées de procéder aux enquêtes seront annexées à ces registres. — Les insertions prévues par ladite ordonnance et ledit décret seront publiées dans le journal désigné pour l'insertion des annonces judiciaires. Les décisions rendues par le ministre seront en outre publiées au *Bulletin officiel de l'Algérie et des colonies.*

Art. 3. — Le plan parcellaire des immeubles compris dans la déclaration d'utilité publique prévue par l'article 27 de l'ordonnance précitée sera tenu à la disposition des intéressés aux mêmes lieux et pendant le même délai que les registres d'enquête.

11 septembre 1869.

Décret promulguant le décret du 8 février 1868 sur les occupations temporaires.

Art. 1. — Le décret du 8 février 1868 sera promulgué en Algérie et appliqué suivant les distinctions ci-après :

Dispositions concernant le territoire civil.

Art. 2. — En territoire civil, le décret sera exécuté selon sa forme et teneur lorsque les occupations temporaires porteront sur des propriétés privées. — En ce qui concerne les terres collectives de culture et les terrains communaux de tribu ou de douar, il sera procédé à la diligence des préfets, des ingénieurs des ponts et chaussées et des maires dans les formes édictées par les articles 3 à 8 du présent décret.

Dispositions concernant le territoire militaire.

Art. 3. — En territoire militaire, les arrêtés d'occupation temporaire sont pris par le général commandant la province. Ces arrêtés indiquent, s'il s'agit d'un terrain collectif de culture, le nom du détenteur désigné par le président de la djemâa ; s'il s'agit de terrains communaux, le nom de la tribu ou celui du douar.

Art. 4. — Le général commandant la province adresse des ampliations de son arrêté au directeur des fortifications ou à l'ingénieur en chef des ponts et chaussées, suivant que cet arrêté concerne l'un ou l'autre de ces deux services, ainsi qu'au président de la commission municipale de la commune mixte, ou au président de la commune subdivisionnaire. — Le directeur des fortifications ou l'ingénieur en chef en fait remettre une copie certifiée à l'entrepreneur. En même temps, le président de la commission municipale ou du conseil subdivisionnaire notifie ledit arrêté soit au propriétaire, soit à son représentant, s'il s'agit d'un terrain communal.

Art. 5. — En cas d'arrangement à l'amiable entre le propriétaire, le détenteur ou le président de la djemâa et l'entrepreneur, ce dernier est tenu d'en justifier toutes les fois qu'il en est requis.

Art. 6. — A défaut de convention amiable, il est procédé à une expertise. — Sur la demande de l'officier du génie ou de l'ingénieur chargé de diriger les travaux, le président de la commission municipale ou du conseil subdivisionnaire notifie au propriétaire, au détenteur du terrain à occuper ou au président de la djemâa, l'invitation de désigner un expert pour procéder, contradictoirement avec celui qu'aura choisi l'entrepreneur, à la constatation de l'état des lieux. Il fixe le jour où l'on devra procéder à l'expertise et il en informe l'ingénieur des ponts et chaussées ou l'officier du génie, qui le fait connaître à l'entrepreneur. Dans le cas de propriété indivise, cette notification est faite au chef de la famille, lequel désigne l'expert. — Il doit y avoir un intervalle de dix jours au moins entre la notification dont il est question ci-dessus et la visite des lieux.

Art. 7. — Il est procédé à l'expertise et à l'occupation du terrain, suivant les formes prescrites aux articles 5, 6, 7 et 8 du décret du 8 février 1868, le président de la commission municipale ou du conseil subdivisionnaire exerçant les attributions dévolues aux maires dans lesdits articles.

Art. 8. — Lorsque les travaux sont exécutés directement par l'administration, sans l'intermédiaire de l'entrepreneur, l'expert chargé de constater l'état des lieux contradictoirement avec celui désigné par le propriétaire, le détenteur du terrain ou le président de la djemâa, est nommé par le général commandant la province.

F

Fabriques (Conseils de).

24 avril 1839

Arrêté du gouverneur général appliquant en Algérie les lois de France. (B. 66).

Art. 1. — Les dispositions du décret du 30 décembre 1809 et des articles 2, 3, 4, 5, 6 et 7 de l'ordre royal du 12 janvier 1825 recevront leur exécution dans les possessions françaises du nord de l'Afrique, sauf les modifications indiquées à l'article 4 ci-après.

Art. 4. — Les crédits nécessaires pour pourvoir à l'insuffisance des revenus des fabriques seront portés aux budgets (aujourd'hui municipaux) ; ils seront ordonnancés et l'emploi en sera justifié dans les formes ordinaires de la comptabilité municipale.

Art. 5. — Les budgets des fabriques ainsi que les comptes des trésoriers seront communiqués chaque année au conseil (aujourd'hui municipal).

Art. 6. — L'arrêté provisoire du 23 décembre 1837 est rapporté.

15 août 1864.

Décret qui promulgue le décret du 13 février 1862 relatif à l'acceptation des legs faits aux fabriques (B. G. 122).

Fête nationale.

1er juin 1851.

Arrêté du gouverneur instituant la fête anniversaire de la prise d'Alger (B. 385).

Art. 1. — Le 15 juin de chaque année, ou le dimanche suivant, lorsque le 14 ne sera pas jour férié, un service religieux et d'actions de grâces, auquel assisteront les autorités civiles et militaires, sera célébré dans toutes les églises de l'Algérie. — Dans les chefs-lieux de division et de subdivision, une salve de vingt et un coups de canon sera tirée pendant le *Te Deum*. — Dans les ports militaires, les bâtiments de l'État seront pavoisés. — La milice et les troupes seront passées en revue. — Les concours, séances solennelles et réunions ayant pour but de distribuer des récompenses ou de donner des encouragements, à cette époque de l'année, auront lieu le même jour.

Flagrants délits.

20 mai 1863.

Loi sur l'instruction des flagrants délits et leur poursuite devant les tribunaux correctionnels (B. Lois XI, n° 11305).

Non promulguée, mais appliquée comme loi modificative du Code d'instruction criminelle.

Fonds de commerce.

15 septembre 1876.

Décret abrogeant l'arrêté du 19 décembre 1831 qui disposait que toute boutique ou fonds de commerce situé dans la ville d'Alger resterait chargé des dettes contractées par le vendeur, relativement à ce fonds de commerce (B. G. 509).

Finances.

L'ordonnance du 17 janvier 1845 relative au régime financier de l'Algérie comprenait quatre titres, savoir : 1° assiette des impôts; 2° recettes et dépenses du Trésor; 3° recettes et dépenses départementales, et 4° dispositions générales. Le premier titre est toujours en vigueur; le deuxième a reçu de la législation postérieure des modifications importantes; le troisième est remplacé par le décret du 23 septembre 1875 (*Conseil généraux*), et le quatrième est devenu sans objet depuis l'ordonnance du 2 janvier 1846, qui a édicté les dispositions relatives à la comptabilité.

Le titre II portait que le budget des recettes de l'Algérie serait joint au budget général sous le titre de *Produits et revenus de l'Algérie*; il indiquait la nature de ces produits et revenus, et les dépenses civiles ou militaires à la charge de l'État. — Enfin, un article 20 du titre III créait entre les trois provinces un fonds commun.

Ce fonds commun a été supprimé par décret du 6 février 1871. Le budget, comprenant les recettes et les dépenses, divisé en chapitres, prend le nom de *Budget du gouvernement général*, et il constitue, par suite de la substitution du régime civil au régime militaire, un annexe au budget du ministère de l'intérieur (décret de 1871). Les recettes ordinaires se sont accrues, notamment de la taxe sur les revenus des actions et valeurs industrielles (décret de 1875) et du produit des biens habous; les recettes extraordinaires, des versements faits par la société générale algérienne, et les ressources spéciales, du produit de l'assistance hospitalière et des centimes additionnels pour frais de constatation et de constitution de la propriété indigène.

Quant aux dépenses, elles sont réduites de tous les services détachés du gouvernement général, elles ne comprennent donc plus certaines dépenses militaires, ni celles de la justice, de l'instruction publique, des cultes, des douanes et des prisons.

Nous ne reproduisons en conséquence que le titre I et quelques articles du titre III de l'ordonnance du 17 janvier 1845, qui seuls nous paraissent en vigueur, et nous remplaçons le titre II et les tableaux annexés par les deux décrets de 1871, par celui de 1875 et par le budget de 1877.

L'ordonnance du 2 janvier 1846 sur la comptabilité destinée à compléter celle du 17 janvier 1845 contient aussi des dispositions devenues sans objet, notamment celles contenues dans le paragraphe 1er du titre I sur la formation des budgets, celles du titre II relatives aux recettes du Trésor, celles du titre III concernant les services départementaux; nous pensons qu'il serait superflu de les reproduire.

Mentionnons ici que le budget est préparé par le gouverneur général et soumis par lui à l'examen du conseil supérieur.

17 janvier 1845.

Ordonnance concernant le régime financier.

(B. 1090).

TITRE I.

ASSIETTE DES IMPÔTS.

Art. 1. — Les impôts, taxes et revenus de toute nature, créés ou à créer en Algérie, soit comme produits généraux appartenant à l'État, soit comme produit formant les ressources locales et municipales, ne pourront être établis, modifiés ou supprimés, qu'en vertu d'ordonnances.

Sont exceptés toutefois de cette disposition : — 1° les taxes de ville et de police analogues à celles dont la perception est autorisée en France, au profit des communes, par la loi du 18 juillet 1837; — 2° jusqu'à disposition contraire, les impôts dus par les populations arabes.

Ces taxes et impôts pourront être établis par arrêtés du gouverneur général (1).

Art. 2. — Les impôts dus par les Arabes seront fixés en numéraire (valeurs françaises); mais ils pourront, d'après l'autorisation du gouverneur général, être acquittés en nature, soit à la demande de l'administration militaire, dans l'intérêt des approvisionnements de l'armée, soit à la demande des commandants supérieurs, si les contribuables ne peuvent se libérer en argent.

Les payements en nature, dans le cas où ils seraient autorisés, s'effectueront d'après un tarif arrêté par le gouverneur général.

Art. 3. — Les impôts dus par les Arabes seront constatés au brut dans les écritures; il y sera fait dépense : 1° du dixième du produit brut attribué aux chefs indigènes pour frais de recouvrement; — 2° du dixième du net, attribué aux localités comme ressources départementales (2).

Art. 4. — Les centimes additionnels aux impôts établis et les contributions extraordinaires que les communes de l'Algérie demanderaient à s'imposer, ainsi que les emprunts qu'elles seraient dans le cas de contracter, ne pourront être autorisés qu'en vertu d'ordonnances.

(1) Décret du 10 novembre 1860 (Gouvernement général).
(2) Porté à cinq dixièmes. V. *Impôt arabe*.

Des arrêtés du gouverneur général autoriseront les contributions extraordinaires que les tribus arabes demanderaient à s'imposer pour des dépenses locales à faire sur leur territoire.

Art. 5. — Toutes contributions directes ou indirectes, toutes taxes ou perceptions autres que celles qui sont autorisées dans la forme prescrite par la présente ordonnance, à quelque titre et sous quelque dénomination qu'elles se perçoivent, sont formellement interdites, sous peine, contre les autorités qui les ordonneraient, contre les employés qui confectionnent les rôles et tarifs, et ceux qui en feraient le recouvrement, d'être poursuivis comme concussionnaires.

Art. 6. — Les recettes de toute nature, tant au profit du Trésor qu'au profit des localités et des communes, ainsi que les dépenses de l'un et de l'autre service, ne peuvent être effectuées, dans toute l'Algérie, qu'en vertu d'un titre légalement établi par des comptables régulièrement institués et cautionnés. — Ces comptables sont justiciables de la Cour des comptes.

Art. 7. — Les rétributions diverses qui, d'après leur nature, ne peuvent être perçues directement par les comptables des services financiers, continueront à être perçues par les agents des services administratifs désignés à cet effet.

Ces agents compteront les produits réalisés par eux à un comptable des services, et seront, pour le fait de leur gestion, soumis aux mêmes obligations et à la même surveillance que les autres préposés.

Art. 8. — Toute recette et tout payement faits sans l'intervention des comptables du Trésor donneront lieu aux poursuites autorisées par l'article 258 du Code pénal.

Art. 9. — Tout agent qui opère un maniement de deniers appartenant au Trésor ou au service départemental est constitué comptable par le fait seul de la réception desdits fonds, sur sa quittance ou son récépissé.

Ne sont pas compris dans cette disposition : — 1° les chefs indigènes autorisés à faire, dans les tribus, le recouvrement direct de l'impôt arabe, et de compter du montant brut aux receveurs des contributions diverses; — 2° les agents des services administratifs désignés pour recevoir, sur leur quittance, les fonds destinés aux payements des appointements et salaires.

TITRE III.

RECETTES ET DÉPENSES DÉPARTEMENTALES.

Art. 15. — Les produits et revenus formant les ressources départementales sont constatés et recouvrés par les agents institués pour les services financiers ou par des collecteurs placés sous leur surveillance, à la diligence et sous la direction des chefs de service, chacun en ce qui le concerne.

Art. 16. — Les produits sont versés, aux époques fixées par les règlements sur la comptabilité publique, dans les caisses des trésorierspayeurs, qui en tiennent un compte spécial au crédit du service départemental.

Art. 17. — Les sommes ainsi recouvrées forment un fonds commun affecté, sans distinction de nature de produit ou d'origine, à l'acquittement des dépenses départementales de toute espèce, tant sur le territoire civil que sur les territoires mixte et arabe.

2 janvier 1846.

Ordonnance sur l'administration des finances et la comptabilité (B. 277).

TITRE I.

DISPOSITIONS COMMUNES AU BUDGET GÉNÉRAL DE L'ÉTAT ET AU BUDGET LOCAL ET MUNICIPAL.

§ 2. — *Durée des exercices.*

Art. 6. — L'exercice pour les services à la charge du Trésor et pour les services départementaux commence au 1er janvier et finit au 31 décembre de l'année qui lui donne son nom. — Néanmoins, la durée de la période pendant laquelle doivent se consommer tous les faits de recette et de dépense de chaque exercice se prolonge pendant la seconde année, savoir : — 1° jusqu'au 1er mars, pour achever, dans la limite des crédits ouverts, les services du matériel dont l'exécution n'aurait pu, d'après une déclaration motivée de l'ordonnateur, être terminée avant le 31 décembre; — 2° jusqu'au 31 mai, pour la délivrance des mandats des ordonnateurs secondaires, tant en ce qui concerne les services à la charge du Trésor qu'en ce qui concerne les services départementaux ; — 3° jusqu'au 30 juin, pour l'acquittement desdits mandats dans la résidence des trésoriers-payeurs; jusqu'au 20 juin dans les autres localités; — 4° jusqu'au 30 septembre pour la délivrance des ordonnances ministérielles concernant les services à la charge du Trésor; — 5° jusqu'au 31 octobre, pour l'acquittement desdites ordonnances dans la résidence des trésoriers-payeurs; jusqu'au 20 octobre dans les autres localités.

§ 3. — *Des crédits.*

Art. 7. — Les crédits législatifs afférents aux dépenses qui sont mentionnées à l'état B annexées à notre ordonnance du 17 janvier 1845, et ceux relatifs aux dépenses départementales, ne peuvent être ouverts que par délégation de notre ministre secrétaire d'État de la guerre.

Art. 8. — Les crédits ouverts pour les dépenses de chaque exercice ne peuvent être employés aux dépenses d'un autre exercice. — Sont seuls considérés comme appartenant à un exercice, sauf l'exception mentionnée au troisième alinéa de l'article 6, les services faits et les droits acquis pendant l'année qui donne sa dénomination audit exercice.

Art. 9. — Les crédits de délégation cumulés, ouverts aux services à la charge du Trésor, sont valables jusqu'au 31 mai seulement de l'année qui suit l'exercice pour lequel ils ont été ouverts. — En conséquence, à partir du 1er juin, les ordonnances secondaires ne peuvent plus ordonnancer aucune dépense sur les fonds de l'exercice précédent.

Art. 10. — Les crédits départementaux ouverts pour les dépenses d'un exercice et restés sans emploi sont reportés à l'exercice suivant. Ce report a lieu en vertu de décisions spéciales de notre ministre secrétaire d'État de la guerre.

Art. 11. — Si, dans le cours d'un exercice, des crédits extraordinaires et supplémentaires pour le service général sont reconnus indispensables, la demande ne peut en être faite à notre ministre de la guerre que sur la proposition du gouverneur général, appuyée d'une délibération du conseil supérieur d'administration, le directeur des finances et du commerce entendu. — En ce qui concerne le service local et municipal, les crédits extraordinaires ou supplémentaires sont autorisés par ordonnances royales et doivent toujours être renfermés dans la limite des droits constatés et reconnus recouvrables avant le 31 décembre.

Art. 12. — Les changements d'imputation de crédit ne peuvent être effectués que dans le même chapitre et sur l'autorisation de notre ministre secrétaire d'État de la guerre. — Les demandes qui lui en sont adressées doivent être appuyées de l'avis du directeur des finances et du commerce, et de la délibération du conseil supérieur d'administration.

Art. 13. — Les crédits pour dépenses imprévues ne peuvent être employés par les ordonnateurs que dans les limites déterminées par notre ministre secrétaire d'État de la guerre et en vertu de ses autorisations.

§ 4. — De la liquidation des dépenses.

Art. 14. — Aucune dépense à la charge du Trésor ou des services départementaux ne peut être définitivement liquidée que par le ministre, l'établissement du droit constaté par les ordonnateurs ne dispensant, dans aucun cas, de la liquidation ministérielle.

Art. 15. — Les titres de chaque liquidation doivent offrir la preuve des droits acquis aux créanciers et être rédigés dans la forme prescrite par le règlement du 1er décembre 1830, sur la comptabilité du ministère de la guerre (tit. 3, art. 50 et suivants).

Art. 16. — Aucune stipulation d'intérêts ou commission de banque ne peut être consentie par les ordonnateurs, au profit d'un fournisseur, d'un régisseur ou d'un entrepreneur, à raison d'emprunts temporaires ou d'avance de fonds pour l'exécution et le payement des services civils ou des services locaux et municipaux.

Art. 17. — Aucun marché, aucune convention pour travaux et fournitures ne doit stipuler d'a-

compte que pour un service fait. — Les à-compte ne doivent, dans aucun cas, excéder les cinq sixièmes des droits constatés par pièces régulières présentant le décompte, en quantités et en deniers du service fait.

§ 5. — De l'ordonnancement.

Art. 18. — Aucune dépense ne peut être acquittée, si elle n'a été préalablement ordonnancée par notre ministre de la guerre ou par un ordonnateur secondaire.

Art. 19. — Sont ordonnateurs secondaires des dépenses civiles à la charge du Trésor, et des dépenses départementales, les chefs de service mentionnés au tableau n° 1 annexé à la présente ordonnance, chacun pour la partie de dépense détaillée audit tableau.

Art. 20. — Les dépenses prévues au budget local et municipal à faire en France sont ordonnancées par notre ministre secrétaire d'État de la guerre et acquittées par les payeurs du Trésor, conformément aux dispositions réglementaires qui seront arrêtées de concert entre nos ministres de la guerre et des finances.

Art. 21. — Les fonctions d'ordonnateur et d'administrateur sont incompatibles avec celles de comptable.

Art. 22. — Aucune dépense des services à la charge du Trésor ou du budget local et municipal ne peut être acquittée, si elle n'a été précédemment ordonnancée par le ministre de la guerre, ou mandatée par les ordonnateurs secondaires, en vertu de ses délégations.

Art. 23. — Les ordonnances et mandats sont délivrés au profit et au nom des créanciers directs.

Art. 24. — Les dépenses ne peuvent être ordonnancées que sur les crédits qui leur sont spécialement affectés.

Art. 25. — Les pièces justificatives des dépenses sont fournies par les créanciers en double expédition. L'une de ces expéditions est jointe aux ordonnances de payement ou aux mandats, l'autre doit être transmise à notre ministre secrétaire d'État de la guerre par chaque ordonnateur à l'appui de sa comptabilité.

Art. 26. — Les mandats doivent énoncer l'exercice, le chapitre, ainsi que le crédit auxquels la dépense s'applique, et être accompagnés, pour justifier de la réalité de la dette et valider le payement, des pièces indiquées par la nomenclature annoncée à la présente ordonnance.

Art. 27. — Les ordonnateurs demeurent chargés, sous leur responsabilité, de la remise aux ayants droit des mandats qu'ils délivrent sur les fonds du Trésor ou sur les fonds locaux ou municipaux.

Art. 28. — Notre ministre secrétaire d'État de la guerre désigne ceux des services civils de l'Algérie qui sont régis par économie.

Les dispositions des articles 120, 121, 122 et 123 du règlement du 1er décembre 1838 sont rendues applicables par analogie à l'allocation, à l'emploi et à la justification des avances à faire pour faciliter l'exploitation des services civils, suivant le mode d'administration déterminé pour chacun d'eux.

TITRE II et III.

DISPOSITIONS CONCERNANT LES RECETTES ET LES DÉPENSES DU TRÉSOR ET DES DÉPARTEMENTS.

TITRE IV.

DES SERVICES FINANCIERS.

§ 1. — *Régies financières.*

Art. 65. — Les régies financières placées sous les ordres et la surveillance du directeur (aujourd'hui du directeur des affaires civiles et financières) sont fixées au nombre de cinq, savoir : enregistrement et domaines ; — forêts ; — douanes ; — contributions diverses ; — opérations topographiques (pour la reconnaissance des propriétés) ;

Elles embrassent dans leurs attributions la gestion des services, l'administration et la perception des droits et revenus mentionnés pour chaque régie au tableau n° 4 annexé à la présente ordonnance.

Les services, produits ou revenus qui seraient créés ultérieurement seront rangés par analogie dans les attributions des régies indiquées audit tableau.

Art. 66. — Les frais de perception des produits et revenus, et de payement des dépenses classées au budget départemental en exécution des articles 15 et 21 de notre ordonnance du 17 janvier 1845, sont remboursés au Trésor, au moyen du prélèvement de 10 p. 100 sur le montant brut des recouvrements effectués par les agents du Trésor au titre dudit service départemental.

Le décompte de ce prélèvement est établi de mois en mois, au vu des bordereaux de recette, par le directeur des finances et du commerce, qui en ordonnance le montant au nom des trésoriers-payeurs de chaque province.

Art. 67. — Les chefs de service des régies financières remettent au directeur des finances et du commerce : — tous les trois mois, un rapport sur l'événement des produits ; — tous les six mois : 1° un rapport sur leur gestion et sur le service dont ils sont chargés ; 2° les tableaux de signalement des agents sous leurs ordres.

Ces rapports et états de signalement sont adressés à notre ministre de la guerre et communiqués par lui à notre ministre des finances, qui les lui renvoie avec les observations auxquelles a donné lieu leur examen. Ces observations sont ensuite transmises aux chefs de service par l'intermédiaire du gouverneur général (direction générale des affaires civiles et financières).

Art. 68. — Le directeur des finances et du commerce soumet au gouverneur général toutes propositions à transmettre à notre ministre de la guerre, concernant les créations, suppressions ou modifications d'emploi des régies financières, les avancements, récompenses et punitions des agents financiers. — Il prend ses ordres sur les demandes de congés et les propositions de mutation d'une résidence à une autre.

Art. 69. — Le directeur des finances et du commerce est entendu au conseil supérieur d'administration sur toutes les demandes de crédit ou de virement de crédit.

Art. 70. — Il approuve les transactions consenties par les chefs de service des régies financières, jusqu'à concurrence de 3,000 francs, pour le montant des condamnations encourues ; au-dessus de ce chiffre, il adresse les transactions au gouverneur général, pour être soumises à notre ministre de la guerre. — Il vérifie et arrête les états de droits constatés. — Il reçoit, contrôle et arrête les états de restes à recouvrer. — Il prononce sur les restitutions de droits indûment perçus. — Il autorise les admissions en décharge et en non-valeurs.

Art. 71. — Il reçoit, vérifie et centralise tous les documents nécessaires pour faire connaître le mouvement des recettes et des dépenses, celui du commerce, de la navigation et de l'exploitation des revenus.

Art. 72. — Il transmet au gouverneur général, outre les documents qui peuvent lui être demandés, ceux qui sont mentionnés au tableau n° 5 annexé à la présente ordonnance.

Art. 73. — Les chefs de service des régies financières, quel que soit leur grade, remplissent, en tout ce qui n'est pas contraire aux règlements spéciaux à l'Algérie, sous les ordres et la surveillance du directeur des finances et du commerce, les fonctions attribuées en France aux directeurs des administrations financières, conservateurs des forêts et géomètres en chef dans les départements.

Art. 74. — Ils correspondent seuls avec le directeur des finances et du commerce ; ils donnent des ordres aux agents de leur administration, sous la réserve prescrite par l'article 50 de notre ordonnance du 15 avril 1845.

Art. 75. — Les chefs de service des régies financières adressent au directeur des finances et du commerce toutes les propositions concernant le personnel sous leurs ordres. Ils peuvent néanmoins prescrire les mutations des préposés des douanes et forêts.

Art. 76. — Ils mandatent, en vertu des sous-délégations qui leur sont faites par le directeur des finances et du commerce, les dépenses à la charge du Trésor, et les dépenses locales et municipales afférentes à leur service.

Art. 77. — Ils transmettent directement à la comptabilité générale du ministère des finances les bordereaux, pièces et documents que les directeurs des administrations financières en France sont tenus d'envoyer à ce département. — Ils adressent au directeur des finances et du commerce un double de leurs bordereaux, ainsi que des autres éléments nécessaires pour la centralisation que l'article 71 ci-dessus lui impose. — Leur correspondance avec lui est réglée et suivie d'une manière analogue à celle des directeurs des départements avec les directeurs généraux des administrations centrales.

§ 2. — Service de la trésorerie.

Art. 78. — Le service de la trésorerie et des postes (1) reste confié, sous les ordres directs de notre ministre des finances, à un trésorier-payeur établi dans chaque province, conformément à notre ordonnance du 16 décembre 1843.

Art. 79. — En ce qui concerne l'établissement du service des postes aux lettres, toute proposition est transmise au directeur des finances et du commerce, et soumise au gouverneur général, pour être discutée en conseil supérieur d'administration; l'avis du conseil est adressé à notre ministre de la guerre, qui se concerte avec notre ministre des finances pour la suite à donner aux propositions reçues.

§ 3. — Service de l'inspection générale des finances.

Art. 80.—Les régies financières, les comptables de deniers publics ou de matières dépendant du Trésor, et tout préposé chargé d'une perception quelconque ou de l'acquittement de dépenses, sont soumis aux vérifications des inspecteurs des finances, conformément aux dispositions de notre ordonnance du 16 décembre 1843 (2).

TITRE V.

DES AGENTS COMPTABLES.

§ 1. — De la perception.

Art. 81. — La perception des deniers publics, dans l'Algérie, tant pour le compte du Trésor que pour le compte du service local et municipal, est confiée aux receveurs de l'enregistrement et des domaines, à ceux des douanes, des contributions diverses, aux préposés aux recettes placés sous leur surveillance immédiate, aux entreposeurs des poudres à feu, aux trésoriers-payeurs et à leurs préposés.

Art. 82.— Les produits et revenus de toute nature à percevoir en Algérie sont répartis entre les diverses régies financières, conformément au tableau n° 4, annexé à la présente ordonnance.— Chaque comptable effectue, pour la régie à laquelle il appartient, les recouvrements à faire pour le compte du Trésor, du service local et municipal ou à titre d'opérations de trésorerie.

Art. 83. — Les préposés aux recettes effectuent, sous la surveillance des receveurs de l'enregistrement et des domaines, des douanes, des contributions diverses, les perceptions qui leur sont confiées par les instructions. Les faits de leur gestion

(1) V. Postes et Trésoriers payeurs.
(2) V. Inspection des finances.

sont rattachés, au fur et à mesure des versements, à la comptabilité des receveurs ci-dessus désignés, suivant la nature des recettes.

Art. 84. — Dans les localités où l'importance des recettes n'exige pas le concours de ces divers comptables, le même receveur pourra faire toutes les opérations de recettes.

Art. 85. — Les trésoriers-payeurs, dans chaque province, et les préposés-payeurs sous leurs ordres, remplissent, pour tous les territoires de la province, les fonctions de receveur des finances et de caissier des revenus locaux et municipaux. — Ils reçoivent directement pour le compte du Trésor les produits et revenus du Trésor réalisés directement par les trésoriers-payeurs ou leurs préposés, savoir : — le produit de la taxe des lettres; — le droit sur les articles d'argent déposés; — le prix des places sur les bateaux à vapeur de l'État; — le prélèvement de 10 p. 100 sur les recettes faites pour le service local et municipal; — les autres produits qui, par leur nature, n'entrent pas dans les recouvrements des comptables des régies financières.

Art. 86. — Ils reçoivent à titre d'opérations de trésorerie : — les versements des comptables des régies financières sur produits du Trésor et sur produits locaux et municipaux; — le produit des retenues sur les traitements et émoluments au profit de la caisse des retraites; — les produits appartenant à la caisse des invalides de la marine; — les cautionnements à inscrire au Trésor; — les recettes effectuées pour la caisse des dépôts et consignations; — les produits des successions et des ventes d'effets des militaires décédés; — les parts et prises sur l'ennemi appartenant à des militaires congédiés, décédés ou absents; — les fonds de masse des militaires congédiés; — les retenues exercées par suite de délégation ou d'opposition sur les traitements.

§ 2.—Des titres de perception, de la constatation des droits et recouvrements.

Art. 87. — Les rôles des contributions ne peuvent être mis en recouvrement avant d'avoir été rendus exécutoires, savoir : — ceux des contributions arabes, par le gouverneur général ou, en vertu de ses ordres, par les commandants supérieurs; — tous autres rôles, par le directeur des finances et du commerce.

Les recouvrements à effectuer par suite des décisions judiciaires ou administratives s'opèrent à la diligence des receveurs de l'enregistrement et des domaines, sur les extraits de jugement ou les arrêtés en forme exécutoire.

Art. 88. — Les rôles de taxes, de sous-répartitions ou de prestations doivent, aussitôt qu'ils ont été rendus exécutoires, être transmis aux agents comptables. — Il leur est, en outre, adressé une expédition en forme de tous les arrêts, baux, contrats, jugements, déclarations, titres nouveaux et autres concernant les revenus dont la perception leur est confiée.

Art. 89. — Les recoveurs recouvrent les produits aux créances déterminées par les titres de perception ou par l'administration.

Ils sont tenus, sous leur responsabilité personnelle, de faire toutes les diligences nécessaires pour la perception des revenus, legs, donations, amendes et recouvrements d'avances; de faire faire contre les débiteurs en retard de payer, à la requête du directeur des finances et du commerce, les exploits, significations, poursuites et commandements nécessaires; d'avertir les administrateurs à l'expiration des baux; d'empêcher les prescriptions; de veiller à la conservation du domaine, des droits, priviléges et hypothèques; de requérir et renouveler, à cet effet, l'inscription au bureau des hypothèques de tous les titres qui en sont susceptibles; enfin, de tenir registre de ces inscriptions et autres poursuites et diligences.

Art. 90. — Ils ne peuvent accorder ni crédit ni escompte, en ce qui concerne les droits de douane et autres produits attribués au Trésor, qu'en vertu d'un règlement spécial, concerté entre les ministres de la guerre et des finances.

Art. 91. — Tous les droits et produits constatés du 1er janvier au 31 décembre de chaque année, ainsi que les droits et produits payables comptant, dont le recouvrement est effectué dans le même intervalle, appartiennent à l'exercice auquel l'année donne son nom.

Art. 92. — Les droits et produits constatés pour chaque exercice, tant ceux au profit du Trésor que ceux au profit du service local et municipal, doivent être entièrement recouvrés dans le cours de dix-huit mois, à partir de l'ouverture de l'exercice. — En conséquence, les comptables sont déclarés responsables des droits et produits constatés qu'ils n'auraient pas recouvrés au 30 juin de la deuxième année de l'exercice. — Les comptables ne peuvent être déchargés de cette responsabilité qu'en justifiant qu'ils ont été dans l'impossibilité de recouvrer les sommes qui restaient dues à ladite époque.

Art. 93. — A cet effet, les trésoriers-payeurs, les receveurs de l'enregistrement et des domaines, des douanes et des contributions diverses, dressent, le 1er juillet de la deuxième année de l'exercice, le relevé des articles non recouvrés, indiquant, par chaque article, les motifs de défaut du recouvrement; ils y joignent les certificats délivrés par l'autorité locale et constatant que les débiteurs sont insolvables, absents ou inconnus; les décisions portant remise ou modération de créances, et toutes autres pièces destinées à justifier les obstacles qui ont empêché la réalisation des sommes restant dues.

Art. 94. — Ces relevés et les pièces à l'appui, vérifiés et visés par le chef du service, sont adressés, avant le 15 juillet, au directeur des finances et du commerce, qui arrête provisoirement l'état des sommes dont le comptable doit être déchargé, de celles qui doivent être mises à sa charge, et de celles qu'il y a lieu de reporter à l'exercice courant. — Cet état est soumis à l'approbation de notre ministre de la guerre. — L'état indicatif du résultat final de ces liquidations est adressé, le 1er septembre, au ministre des finances.

§ 3. — Versements et récépissés.

Art. 95. — Les comptables sont tenus de verser, les 10, 20 et dernier jour de chaque mois, et plus souvent si les instructions du directeur des finances et du commerce le prescrivent, le montant total des recouvrements qu'ils ont effectués, tant pour le compte du Trésor que pour le compte du service local et municipal, aux trésoriers-payeurs ou à leurs préposés.

Art. 96. — Les trésoriers-payeurs et leurs préposés délivrent immédiatement un récépissé à talon pour chacun des versements qui leur sont faits en exécution de l'article précédent, et pour toutes les sommes qu'ils reçoivent des particuliers et des débiteurs envers le Trésor ou le service local et municipal.

Ce récépissé est libératoire et forme titre, à la charge, par la partie versante, de le faire viser et séparer de son talon, dans les vingt-quatre heures de sa date, savoir : sur les territoires civils, par les sous-directeurs de l'intérieur ou les commissaires civils; sur les territoires mixtes et arabes, par les fonctionnaires de l'intendance militaire.

A l'égard des envois faits par des comptables à d'autres comptables qui n'habitent pas la même résidence, le visa à apposer sur le récépissé est requis par celui qui a reçu les fonds et valeurs.

Les récépissés, revêtus du visa et après que le talon en a été détaché, sont immédiatement rendus aux parties.

Art. 97. — Les talons de récépissé délivrés par les trésoriers-payeurs sont adressés au directeur des finances et du commerce par les fonctionnaires qui les ont visés. — Les talons de récépissé délivrés par les préposés comptables, dûment visés, sont par eux transmis aux trésorier-payeurs.

Art. 98. — Dans les cinq premiers jours de chaque mois, les préposés comptables dressent un relevé partiel, par nature de produit, des récépissés qu'ils ont délivrés pendant le mois expiré. Ce relevé est remis au sous-directeur, commissaire civil ou fonctionnaire de l'intendance militaire de leur résidence, qui, après l'avoir vérifié et certifié, l'adresse au directeur des finances et du commerce.

Art. 99. — Les trésoriers-payeurs établissent également, dans les cinq premiers jours de chaque mois, un relevé des récépissés qu'ils ont délivrés dans le mois précédent. Ce relevé est sommaire et énonce seulement le numéro, la date et le montant des versements. — Les récépissés sont inscrits et totalisés par la nature des produits.

Les trésoriers-payeurs dressent ensuite un bordereau récapitulatif, comprenant non-seulement les recettes faites directement par eux, mais encore le montant, par place et par nature de produits, des recettes de leurs préposés dont ils ont passé écriture dans le mois.

Art. 100. — Le 5 de chaque mois, au plus tard, les trésoriers-payeurs envoient les états mentionnés en l'article précédent au directeur des finances et du commerce.

Art. 101. — Le directeur des finances et du commerce est tenu de renvoyer, avant le 10 de chaque mois, aux trésoriers-payeurs, les deux états ci-dessus, visés et certifiés conformes à ses écritures. — Il y joint, en ce qui concerne les trésoriers-payeurs, les talons des récépissés, et, en ce qui concerne les préposés, les relevés partiels dressés par ces comptables.

Art 102. — Les trésoriers-payeurs procèdent au classement des talons dans l'ordre des relevés partiels, et les transmettent à notre ministre secrétaire d'État des finances avec leurs éléments de compte du mois auquel la recette se rapporte.

§ 4. — Des payements.

Art. 103. — Les dépenses, soit à la charge du Trésor, soit à la charge du service local et municipal, sont acquittées par les trésoriers-payeurs ou par leurs préposés. Les mandats sont délivrés sur leurs caisses; ils peuvent néanmoins, pour la facilité des parties prenantes, les faire payer en leur nom par les receveurs des administrations financières. Dans ce cas, les mandats sont revêtus d'un visa daté et signé par les trésoriers-payeurs ou leurs préposés, qui indique le receveur auquel ils délèguent le payement.

Art. 104. — Toute saisie-arrêt ou opposition sur des sommes dues par l'État ou pour le service local et municipal, toute signification de cession ou transport desdites sommes, et toutes autres ayant pour objet d'en arrêter le payement, doivent, pour être valables, être faites conformément à la loi du 9 juillet 1836 et à l'ordonnance royale du 31 mai 1838.

Art. 105. — Les payements et remboursements qui concernent les opérations de trésorerie sont effectués, conformément aux instructions propres aux différents services, sur mandats du directeur de finances et du commerce, par chacun des agents à la caisse desquels ces opérations appartiennent.

Art. 106. — Les trésoriers-payeurs et leur préposés ne peuvent se refuser à acquitter les mandats ou ordonnances, ni en retarder le payement que dans les seuls cas : — 1° où la somme ordonnancée ne porterait pas sur un crédit régulièrement ouvert ou l'excéderait; — 2° où, exigées par la nomenclature, les pièces produites seraient incomplètes ou irrégulières.

Tout refus, tout retard doit être motivé dans une déclaration écrite, immédiatement délivrée par le payeur au porteur du mandat, lequel se retire devant l'ordonnateur pour que ce dernier avise aux mesures à prendre ou à provoquer.

Art. 107. — Si, malgré cette déclaration et sauf les cas prévus dans le n° 1 de l'article précédent, l'ordonnateur requiert par écrit, et sous sa responsabilité, qu'il soit passé outre au payement, le comptable y procédera sans autre délai, et il annexera au mandat, avec copie de sa déclaration, l'original de l'acte de réquisition qu'il aura reçu.

Les ordonnateurs rendront compte immédiatement à notre ministre de la guerre des circonstances qui auront nécessité cette mesure, et les trésoriers-payeurs en informeront notre ministre des finances.

Art. 108. — Dans le cas où le titulaire d'une ordonnance ou d'un mandat de payement serait reconnu hors d'état de quittancer ladite ordonnance ou ledit mandat, faute de savoir ou de pouvoir écrire, le comptable est autorisé à effectuer le payement sur quittance administrative, délivrée conformément aux dispositions prescrites par notre ministre secrétaire d'État des finances.

Cette quittance est établie sur le modèle annexé à la présente ordonnance par le fonctionnaire chargé des services civils dans la résidence de la partie prenante.

A défaut de quittance administrative, le payement a lieu en présence de deux témoins notoirement connus, qui signent avec le comptable, sur l'ordonnance ou mandat, la déclaration faite par la partie prenante qu'elle ne sait ou ne peut signer.

Art. 109. — Dans les payements faits aux indigènes, leur signature ou l'apposition de leur cachet est certifiée par la déclaration écrite d'un interprète dûment assermenté ou commissionné, laquelle porte que la partie prenante ne sait pas signer en français.

Cette déclaration est visée par le fonctionnaire qui a remis l'extrait à l'ordonnance ou le mandat au titulaire.

A défaut d'interprète assermenté ou commissionné, on doit exiger la quittance administrative mentionnée en l'article précédent, ou l'attestation de deux témoins français notoirement connus. Dans ce dernier cas, le comptable signe avec les témoins.

Art. 110. — Les chefs de chaque service, dans les différentes localités, vérifient le plus souvent possible, et au moins à la fin de chaque mois, les registres de perception et ceux qui sont relatifs au travail et aux opérations du service actif; ils en vérifient la concordance, se font représenter les valeurs de caisse ou de portefeuille, et arrêtent les recettes du mois.

Ils contrôlent les bordereaux au vu des pièces de recette et de dépense, et constatent leur vérification par un arrêté, tant sur les registres que sur les bordereaux et les pièces à l'appui.

Les négligences, irrégularités ou manquements reconnus dans le cours des vérifications, soit pendant le mois, soit lors des arrêtés mensuels, sont constatés sur un registre spécial et mentionnés dans les journaux de travail avec les recommandations auxquelles ils donnent lieu.

Art. 111. — Le directeur des finances et du commerce constate ou fait constater, le 31 décembre de chaque année, après la fermeture des bureaux, par un procès-verbal en double expédition, les espèces et valeurs existant dans la caisse des trésoriers-payeurs.

La même opération a lieu, savoir : — pour les préposés des payeurs, par le fonctionnaire ou l'agent désigné à cet effet par le directeur des finances et du commerce; — pour les autres comptables, par le chef de service sous la surveillance duquel ils sont placés.

Art. 112. — L'une des expéditions du procès-verbal des sommes et valeurs en caisse ou en portefeuille est laissée au comptable, pour être jointe à son compte de fin d'année; l'autre est envoyée au directeur des finances et du commerce ou conservée par lui.

§ 6. — Livres et écritures des agents comptables.

Art. 113. — Chaque comptable tient, selon les ordonnances, règlements et instructions, des sommiers des droits et produits constatés à la charge des redevables de l'État ou du service local et municipal, à l'égard de ceux de ces droits et produits dont la perception n'a pas lieu au comptant.

Art. 114. — Tout comptable chargé de la perception des droits et revenus est tenu d'enregistrer les frais de sa gestion sur les livres ci-après : — 1° un livre-journal de caisse et de portefeuille où sont consignées les entrées, les sorties d'espèces et valeurs, et le solde de chaque journée. — Ce livre présente le total général des valeurs de caisse et de portefeuille, quelle qu'en soit l'origine; — 2° des registres auxiliaires destinés à présenter les développements propres à chaque nature de service; — 5° des sommes ou livres récapitulatifs présentant, par service, par nature de produits et par article, les entrées et les sorties de chaque jour.

Art. 115. — Tout préposé à la perception des deniers publics est tenu de procéder : — 1° à l'enregistrement, en toutes lettres, aux rôles, états de produits ou autres titres légaux, quelles que soient leur dénomination et leur forme, de la somme reçue et de la date du recouvrement; — 2° à son inscription immédiate en chiffres sur son livre récapitulatif ou sur les autres sommiers de recettes; — 3° à la délivrance d'une quittance à souche.

Le total de chaque journée au journal à souche est reporté, à la fin du jour, au journal général, lorsque celui-ci n'est pas complétement suppléé par le journal à souche.

Sont néanmoins exceptés de la formalité d'une quittance à souche les recettes des droits d'enregistrement, de timbre, de greffe et d'hypothèques; le produit de la taxe des lettres et les menues recettes qui, par leur nature, ne peuvent être soumises à cette formalité.

§ 7. — Bordereaux mensuels et trimestriels.

Art. 116. — Les trésoriers-payeurs adressent, le 1er de chaque mois, au directeur des finances et du commerce, en simple expédition, un bordereau présentant, par exercice, pour le mois qui vient de finir et pour les mois antérieurs : — 1° le montant des recettes directes des trésoriers-payeurs et de leurs préposés, en qualité de receveurs des finances et de directeurs des postes; — 2° le montant des recettes et des dépenses sur les opérations de trésorerie désignées à l'article 86; — 3° le montant des dépenses sur produits locaux et municipaux.

A ce bordereau est joint l'état détaillé des dépenses locales et municipales acquittées pendant le mois. — Les trésoriers-payeurs adressent en même temps à notre ministre des finances le bordereau de leurs recettes et dépenses, accompagné des pièces justificatives.

Art. 117. — Les receveurs de l'enregistrement et des domaines, des douanes et des contributions diverses, et les entreposeurs des poudres, adressent également, le 1er de chaque mois, au chef de la régie financière à laquelle ils appartiennent, chacun en ce qui le concerne, un bordereau présentant pour le mois expiré et pour les mois antérieurs : — 1° le montant des recouvrements qu'ils ont effectués pour le Trésor, pour le service local et municipal, et sur les opérations de trésorerie; — 2° les versements qu'ils ont faits, les dépenses qu'ils ont acquittées comme opérations de trésorerie et la situation de leurs caisses.

Ils joignent à ces bordereaux les pièces justificatives des versements et des dépenses.

Art. 118. — Les bordereaux mensuels contiennent tous les développements qui sont exigés en France pour le service du Trésor, et ceux que comporte par analogie le service local et municipal.

Art. 119. — Chaque chef de service des régies financières dresse, d'après ces bordereaux particuliers, un bordereau général, dans la même forme, et l'envoie à notre ministre secrétaire d'État des finances avec les pièces à l'appui, le 10 de chaque mois au plus tard.

Art. 120. — Les receveurs de l'enregistrement et des domaines, des douanes et des contributions diverses, et les entreposeurs de poudres, adressent, le premier jour de chaque trimestre, au chef du service de la régie financière, un état des droits et produits constatés à la charge des redevables, présentant les recouvrements faits et ceux qui restent à faire.

Art. 121. — Le chef de service de chaque régie financière rédige, d'après ces états, par comptable, un état général dans la même forme, et l'adresse à notre ministre des finances, le 10 du premier mois de chaque trimestre.

§ 8. — Des comptes annuels.

Art. 122. — Les trésoriers-payeurs adressent au

ministre des finances, dans les délais prescrits par les instructions, le compte de leur gestion annuelle. Ils remettent en même temps au directeur des finances et du commerce un extrait de ce compte, en ce qui concerne les contributions et revenus qu'ils perçoivent, et les opérations de trésorerie mentionnées en l'article 89.

Art. 123.— Le 1er janvier, chacun des receveurs de l'enregistrement et des domaines, des douanes et des contributions diverses, et des entreposeurs des poudres, dresse le compte des droits et produits constatés, ainsi que des recettes et dépenses, et des versements effectués pendant l'année écoulée.

Ce compte, affirmé et signé par le receveur, est formé en triple expédition, dont une reste entre les mains du comptable, et dont les deux autres sont adressées, avec les pièces à l'appui, au chef de service.

Art. 124. — Les comptes dont l'établissement est prescrit par l'article précédent sont vérifiés par le chef de service; il en établit un bordereau récapitulatif en triple expédition, appose un visa sur les comptes, et les adresse, avant le 1er février, avec deux expéditions du bordereau récapitulatif, à notre ministre des finances (comptabilité générale)

Art. 125. — Les pièces justificatives envoyées périodiquement au ministère des finances, par les chefs de service, sont jointes aux comptes annuels par le directeur de la comptabilité générale, et adressées à la Cour des comptes avec ces comptes et une expédition du bordereau récapitulatif.

Art. 126. — Dans la première quinzaine de septembre, les comptables dressent, d'après leurs écritures, un état de situation de l'exercice clos, en ce qui concerne les revenus locaux et municipaux. Cet état doit faire ressortir les recouvrements effectués et les restes à recouvrer, les dépenses faites et celles à payer, ainsi que les crédits annulés, et enfin l'excédant définitif des recettes.

Il est remis par les comptables aux chefs de service et transmis au directeur des finances et du commerce, pour être joint, comme pièce justificative, au compte de l'administration, et pour servir au règlement définitif des recettes et des dépenses de l'exercice clos.

Art. 127. — En cas de mutation dans les emplois de comptables, il est procédé, pour la remise du service et la reddition des comptes, selon les règles prescrites par notre ordre du 31 mai 1838, portant règlement général sur la comptabilité publique, et par les instructions données pour son exécution.

Art. 128. — Sont justiciables directs de la cour des comptes, pour toutes les recettes et dépenses faites par eux ou pour leur compte : — les trésoriers-payeurs; — les receveurs de l'enregistrement et des domaines, des douanes et des contributions diverses; — les conservateurs des hypothèques; — les entreposeurs des poudres.

TITRE VI.
DISPOSITIONS TRANSITOIRES.

Art. 129. — Les dispositions de notre ordonnance du 21 août 1839 sur le régime financier en Algérie continueront de recevoir leur exécution jusqu'à la clôture définitive des opérations de l'exercice 1845, en ce qui concerne la perception des recettes et l'acquittement des dépenses coloniales à classer au titre de cet exercice.

Les comptes particuliers des ordonnateurs et le compte général de l'administration des finances coloniales seront établis, pour ledit exercice, dans les formes et conditions prescrites par la même ordonnance.

Art. 130. — L'excédant final de recette constaté par le résultat du compte général de l'administration des finances coloniales sur le total des produits et revenus réalisés à l'époque de la clôture de l'exercice 1845 fera partie des nouvelles ressources locales et municipales déterminées par notre ordonnance du 17 janvier 1845.

Art. 131. — L'excédant de recettes coloniales provenant de l'exercice 1845 sera réparti proportionnellement au montant brut des produits attribués à chaque province par le budget local et municipal de 1847. Il formera le premier article des recettes extraordinaires à inscrire à ce budget.

Art. 132. — Les restes à payer pour dépenses coloniales constatés par le compte de l'exercice 1845, ou qui seraient constatés postérieurement au règlement de ce compte, seront acquittés, en totalité, sur les fonds du budget local et municipal. Les dépenses ainsi acquittées feront l'objet d'un chapitre distinct dans le compte de l'exercice pendant lequel le payement aura été fait.

Art. 133. — Les restes à recouvrer sur produits coloniaux, à la clôture de l'exercice 1845, seront attribués, suivant leur origine, soit au budget de l'État, soit au budget local et municipal, conformément à la classification déterminée par notre ordonnance du 17 janvier 1845.

TITRE VII.
DISPOSITIONS GÉNÉRALES

Art. 134. — Pour tout ce qui n'est pas prévu par la présente ordonnance, les dispositions de notre ordonnance du 31 mai 1838 et des règlements particuliers sur la comptabilité de chaque département ministériel seront appliquées, par analogie, aux services civils ainsi qu'aux services locaux et municipaux de l'Algérie.

Art. 135. — Toutes dispositions contraires à la présente ordonnance sont et demeurent abrogées.

22 octobre 1859.

Circulaire ministérielle portant qu'il y a lieu de forcer d'un centime quand les millièmes atteignent le chiffre de 5 ou lui sont supérieurs, et qu'au-dessous de 5 le forcement est interdit (B. M. 55).

18 septembre 1860.

Décret portant à 3 pour 100 les frais de perception des produits et revenus départementaux effectués par les agents du Trésor. Disposition applicable également aux payements effectués par les mêmes agents pour le compte du budget départemental (B. M. 102).

6 février 1871.

Décret supprimant le fonds commun provincial (B. O. 357).

6 mai 1871.

Arrêté rétablissant le budget du gouverneur général, supprimé par décret du 4 février 1871 (B. O. 365).

Art. 1. — Les décrets du 4 février 1871 sont rapportés.

Art. 2. — Le budget du gouverneur général de l'Algérie est rétabli, conformément à la nomenclature par chapitres adoptée par la loi des finances du 27 juillet 1870. Toutefois, comme conséquence de la substitution du régime militaire en Algérie, ce budget est distrait du ministère de la guerre et formera une annexe à celui du ministère de l'intérieur.

Art. 3 à 6. — (Transitoires).

18 mai 1874.

Décret rendant exécutoires en Algérie : 1° la loi du 29 juin 1872, établissant une taxe sur le revenu des actions et valeurs industrielles; 2° le décret du 6 décembre 1872 rendu pour l'exécution de la loi ci-dessus. (B. O. 547).

29 décembre 1876.

Budget de l'Algérie pour l'exercice 1877.

RECETTES.

CONTRIBUTIONS DIRECTES.	Patentes.	930.000
	Mines et minières.	102.500
	Contributions arabes.	6.400.000
	Taxes de premier avertissement (3/5 de 0,05 cent.).	14.100
ENREGISTREMENT. — DOMAINES, FORÊTS.	Enregistrement, greffe, hypothèques	2.825.000
	Timbre.	2.036.800
	Produit des domaines, ventes d'immeubles et d'objets mobiliers.	2.111.900
	Produit des forêts et de la pêche.	277.200
	Taxe sur les valeurs mobilières.	32.000
	Produit des biens habous. . . .	132.000
	Produits accidentels.	10.000

DOUANES.	Droits de	4.467.400
	Droits de	95.400
	Recettes ac compri	
	5 pour 100 ais de perception de l'octroi de mer. .	293.700
	Amendes et confiscations. . . .	18.800
	Plombages et estampillages. . .	2.700
	Droits sanitaires et de port. . .	37.800
CONTR. DIVERSES.	Contributions indirectes.	2.100.000
	Produits divers.	93.000
	Produits à répartir.	1.500
POSTES.	Produit de la taxe des lettres. .	1.340.000
	Droits sur les articles d'argent.	100.000
	Recettes accidentelles.	600
PRODUITS DIVERS.	Télégraphie privée.	980.000
	Prélèvement du 3 pour 100 sur les recettes départementales.	17.500
	Brevets d'invention.	2.000
	Produit du travail des détenus dans les maisons centrales. .	»
	Recettes accidentelles.	600

Total. 24.483.400

RESSOURCES SPÉCIALES.

Remboursement des frais de surveillance des chemins de fer.	62.235
Remboursement du prix des bourses à la charge des départements, des communes et des particuliers. . .	
Remboursement des frais de constatation et de constitution de la propriété indigène	710.000
Taxes de premier avertissement (2/5 de 0,05 cent.).	9.400
Dixième du principal des impôts arabes, attribué aux collecteurs. . . .	1.100.000
Produit de l'assistance hospitalière. .	1.500.000

Total. 3.381.635

RESSOURCES EXTRAORDINAIRES.

Versement par la société algérienne.	3.500.000

DÉPENSES.

Chapitres.		
I.	— Traitement du gouverneur et du personnel de l'administration centrale. . . .	476.600
II.	— Matériel de l'administration centrale	82.000
III.	— Publications, expositions, missions, secours et récompenses.	122.890
IV.	— Administration départementale	2.036.915
V.	— Service télégraphique. . .	1.161.267
VI.	— Justice, culte et instruction publique musulmans. . .	425.750
VII.	— Contributions directes. . .	441.150
VIII.	— Enregistrement, domaines et timbre.	640.675

Fonctionnaires.

L'ordonnance du 15 avril 1845 divise le personnel des services publics, en Algérie, en personnel continental et en personnel colonial. Le premier, détaché de la métropole, peut rentrer en France avec son grade, et reçoit, à titre de supplément colonial, du tiers au cinquième de son traitement normal (les magistrats sont exceptés de la mesure) ; le second, recruté en Algérie, admis après examen, n'ayant point droit d'être pourvu de fonctions sur le continent et ne jouissant pas du supplément colonial. Les règles posées par l'ordonnance de 1845 sont toujours observées, ainsi que le constate le budget détaillé des dépenses. Rappelons seulement : 1° que le ministère de l'intérieur a été substitué, depuis 1870, au ministère de la guerre ; 2° que les nominations sont faites aujourd'hui par le gouverneur, en vertu du décret du 10 décembre 1860 ; 3° que la justice, l'instruction publique, les cultes et les prisons dépendent des ministères de la métropole, et 4° que des règlements spéciaux existent pour les employés de la Direction générale, des préfectures, de la topographie, etc.

15 avril 1845.

Ordonnance réglementaire concernant le personnel administratif (B. 207).

TITRE I.

DISPOSITIONS COMMUNES AU PERSONNEL DES DIVERS SERVICES ADMINISTRATIFS.

Art. 1. — Nul ne peut être pourvu d'un emploi en Algérie qu'en vertu d'une ordonnance royale ou d'une nomination faite ou approuvée par notre ministre de la guerre. — Cette disposition n'est applicable ni au personnel de la marine, ni aux membres de l'inspection des finances et des agents de la trésorerie et des postes, dont la nomination appartient aux ministres de ces deux départements, chacun en ce qui le concerne.

Art. 2. — Les ordonnances et décisions portant nomination de fonctionnaires ou d'agents appartenant à un département autre que celui de la guerre, sont toujours concertées avec le ministre compétent.

Art. 3. — Aucun fonctionnaire, agent ou employé ne peut exercer de fonctions en Algérie qu'en vertu d'une lettre de service délivrée par notre ministre de la guerre ou avec son autorisation, ni rentrer en France qu'en vertu de ses ordres ou de son consentement préalable.

Art. 4. — Le personnel des services publics, en Algérie, se divise en personnel continental et en personnel colonial.

Art. 5. — Le personnel continental est celui qui, appartenant aux corps et aux administrations du continent, est détaché pour le service de l'Algérie sur la demande de notre ministre de la guerre et le consentement du ministre compétent. — Le personnel colonial est celui qui est nommé par notre ministre de la guerre, en dehors des corps ou des administrateurs du continent. — Les employés de l'une et de l'autre catégorie exercent au même titre.

Art. 6. — Des arrêtés de notre ministre de la guerre règlent l'organisation intérieure des services et celle des bureaux des diverses administrations centrales et locales.

Art 7. — Dans le cas de travaux extraordinaires et urgents, notre ministre de la guerre peut autoriser l'admission temporaire, dans les bureaux, d'employés auxiliaires dont les emplois, rétribués sur les crédits spéciaux, seront supprimés dès que les circonstances ne les rendront plus nécessaires.

Art. 8. — Les chefs et employés des bureaux de l'administration centrale, établis auprès du gouverneur général, sont choisis indistinctement parmi le personnel continental ou colonial. — Ces chefs et employés conservent leur position dans les cadres ; mais ils reçoivent le traitement spécial attaché à leur emploi dans les bureaux de ladite administration.

Art. 9. — Les fonctionnaires et agents du personnel continental sont assujettis à porter, dans l'exercice de leurs fonctions, l'uniforme attribué en France à leur grade ou emploi. — Notre ministre de la guerre déterminera l'application qui devra être faite de cette prescription aux agents du personnel colonial.

TITRE II.

DU PERSONNEL CONTINENTAL.

10. — Le personnel de la magistrature, de l'instruction publique, du service télégraphique, des ponts et chaussées, des mines, de l'enregistrement et du domaine, des douanes, des contributions diverses et des forêts, est exclusivement choisi en France, parmi les fonctionnaires et agents appartenant à ces services. — La hiérarchie des emplois, en Algérie, est la même qu'en France.

Art. 11. — La lettre de service délivrée par notre ministre de la guerre à un fonctionnaire ou agent d'une administration continentale ne lui attribue aucun grade ni aucun traitement dont il puisse se prévaloir en France.

Art. 12. — Aucun avancement ne peut être accordé que conformément aux règles spéciales à chaque corps ou à chaque administration, par le ministre compétent, et sur la proposition de notre ministre de la guerre. — Le grade accordé, soit au départ, soit pendant la durée du séjour en Afrique, est toujours constaté par une commission.

Art. 13. — Les fonctionnaires, agents et employés continentaux, quelle que soit leur position en Algérie, continuent d'appartenir aux cadres respectifs des corps ou des administrations dont ils sont détachés. — Ils y figurent avec le grade et le traitement que leur commission leur attribue en France. — Le rang d'ancienneté, dans les corps ou les administrations du continent, date du jour indiqué sur les commissions.

Art. 14. — Les fonctionnaires, employés et agents continentaux sont aptes à rentrer en France avec le grade et le traitement indiqués sur la dernière commission qui leur aura été délivrée, pourvu qu'ils aient au moins cinq ans de service en Algérie, dont deux années dans le dernier grade obtenu. — Les fonctionnaires ou employés qui rentrent en France avant l'expiration de ces délais, pour quelque cause que ce soit, ne peuvent être réadmis dans leur corps ou dans leur administration qu'avec le grade et le traitement dont ils étaient pourvus avant leur dernière nomination, sauf examen des titres qu'ils pourraient avoir acquis à l'avancement, au moment de leur retour sur le continent.

Art. 15. — Le nombre des surnuméraires attachés à chacun des services financiers en Algérie est fixé au quinzième des employés titulaires. — Ils reçoivent en Algérie, pendant les deux premières années du surnumérariat, une indemnité annuelle de 1,300 francs. A l'expiration de ces deux années, ceux qui sont maintenus comme admissibles à un emploi sont portés de droit au traitement de 1,500 francs.

Art. 16. — Nul ne peut être admis comme surnuméraire des services financiers en Algérie que sur la demande de notre ministre de la guerre, et en vertu d'une commission de notre ministre des finances.

Art. 17. — Les fonctionnaires, agents et employés du personnel continental reçoivent en Algérie le traitement attribué en France au grade pour lequel ils sont commissionnés. — Ils ont droit, en outre, à un supplément colonial qui ne pourra être inférieur au cinquième du traitement normal, ni en excéder le tiers. — Lorsque ce supplément n'élèvera pas le traitement intégral à 1,500 francs, le taux intégral en sera augmenté jusqu'à concurrence de ce chiffre. — Les dispositions du présent article ne sont applicables ni aux magistrats, dont les traitements restent fixés par nos ordonnances spéciales, ni aux comptables rétribués sur remises.

TITRE III.

DU PERSONNEL COLONIAL.

Art. 18. — Nul ne peut être admis dans le personnel colonial, en Algérie, qu'après avoir subi un examen. Notre ministre de la guerre détermine, par une instruction spéciale et par un programme, les conditions d'aptitude à exiger des aspirants aux services civils, au service des bâtiments civils et de la voirie et à celui de la topographie parcellaire.

Art. 19. — Sont dispensés de l'examen, en Algérie, les aspirants à un service autre que ceux des bâtiments civils et de la topographie parcellaire, qui auraient déjà été admis comme employés titulaires dans les bureaux du ministère de la guerre et des autres départements ministériels.

Art. 20. — Tout aspirant à un emploi dans les services coloniaux en Algérie autres que les indigènes devra prouver : — qu'il est né ou naturalisé Français ; — qu'il a satisfait à la loi du recrutement ; — qu'il n'a pas dépassé l'âge de trente ans. — Seront néanmoins admissibles jusqu'à l'âge de quarante ans : — 1° les anciens militaires ; 2° les anciens employés des administrations générales ou municipales du continent.

Art. 21. — Des commissions spéciales, nommées par notre ministre de la guerre, sur la proposition du gouverneur général, procéderont à l'examen des aspirants aux emplois : 1° dans les bureaux ou les services civils ; 2° dans le service des bâtiments civils et de la voirie; 3° dans le service de la topographie parcellaire.

Art. 22. — Ces commissions dresseront, par ordre de mérite, la liste de ceux des candidats dont elles auront constaté l'aptitude. — En ce qui concerne le service des bureaux, il est formé deux listes : l'une pour les emplois de commis rédacteur ou vérificateur; l'autre pour les emplois de commis expéditionnaire. — Ces listes mentionnent ceux des candidats reconnus admissibles qui ont produit le diplôme de licencié en droit ou de bachelier ès lettres, ou qui parlent une langue étrangère et spécialement la langue arabe. A mérite égal, tout aspirant parlant couramment la langue arabe est préféré.

Art. 23. — Les candidats reconnus admissibles sont placés, au fur et à mesure des vacances, et suivant l'ordre de leur classement, dans celui des services pour lequel leur aptitude a été constatée. — Néanmoins les deux premières années sont considérées comme un temps de stage, pendant la durée ou à l'expiration duquel les agents qui ne satisferaient pas complétement à leurs obligations ou aux devoirs de leur emploi pourront être congédiés ou placés dans un autre service.

Art. 24. — Le traitement minimum est fixé à 1,500 francs. — Tout avancement emporte une augmentation de traitement qui ne peut être moindre de 300 francs.

Art. 25. — Nul ne peut obtenir d'avancement qu'après deux ans d'exercice dans l'emploi du grade ou de l'emploi dont il est titulaire. — Il pourra être dérogé à cette règle pour récompenser des services extraordinaires et importants dûment reconnus par décision spéciale de notre ministre de la guerre.

Art. 26. — Dans le cas d'infraction à l'ordre, à la discipline ou à la morale, les employés de tous grades peuvent être punis suivant les cas : 1° de la réprimande simple; d'une retenue disciplinaire de un à cinq jours de solde; 2° de réprimande avec mise à l'ordre du service; 3° de la suspension de cinq jours à un mois; 4° du retrait d'un grade ou d'une classe; 5° de la révocation. — Les peines de la première catégorie peuvent être imposées par le chef de service; — celles de la seconde, par le directeur général et par les directeurs de l'intérieur et des finances; notre ministre de la guerre peut seul prononcer le retrait d'un grade ou d'une classe, ou la révocation des agents coloniaux qui sont à sa nomination. — Dans les deux cas réservés ci-dessus à la décision de notre ministre de la guerre, les faits seront préalablement constatés par une commission d'enquête nommée par lui.

Art. 27. — Le personnel colonial n'a point droit à être placé dans les administrations spéciales du continent. Néanmoins, pour la première formation du service des contributions diverses, les agents actuellement employés dans ce service, et réunissant d'ailleurs les conditions requises, pourront être attachés aux administrations des contributions directes ou indirectes, jusqu'à concurrence de la moitié du nombre d'agents continentaux qui devront être détachés en Algérie.

Art. 28. — Tous les agents et employés des services coloniaux participeront aux charges et aux conditions de pensions de retraite, stipulées par les règlements des ministères auxquels ils ressortissent par leurs attributions.

TITRE IV.

(SANS OBJET)

Forêts.

Les forêts, en Algérie, appartiennent à l'État, aux termes de l'article 4 de la loi du 16 juin 1851 sur la propriété. Les derniers recensements effectués portent l'étendue de la partie boisée de la colonie à 2,360,717 hectares se divisant ainsi :

1,969,217 appartenant à l'État ;
77,749   —   aux communes;
313,751   —   aux particuliers.

Les massifs situés sur les frontières, d'une étendue de 785,489 hectares, sont placés, en vertu d'un arrêté du 22 décembre 1875, sous la surveillance exclusive de l'autorité militaire. Le surplus est soumis à l'action directe du service forestier.

Ce service, centralisé à Alger entre les mains d'un conservateur, est organisé sur les mêmes bases que dans la métropole; il figure sur le budget de 1877, en recettes, pour près de 300,000 francs; et en dépenses, pour 979,670 francs, savoir: personnel, 497,250; indemnités et abonnements pour menus dépenses, 308,020; matériel, 50,400; travaux, 124,000 francs.

Le Code forestier n'a pas été promulgué dans la colonie, mais il y est devenu applicable par le fait de la conquête. Les bois et forêts de l'Algérie sont donc régis par la loi générale de la métropole; ils sont de plus soumis à quelques dispositions spéciales; ainsi : l'arrêté du 11 juillet 1838 défend de couper des bois taillis et des broussailles sans autorisation préalable; le décret du 1er octobre 1861 soumet à l'autorisation toute exploitation de liége dans les forêts de l'État; celui du 9 août 1867 dispose que les forêts de chène-liége seront affermées par voie d'adjudication publique; celui du 2 février 1870 que les concessionnaires pourront devenir propriétaires; celui du 9 mars suivant que les forêts domaniales pourront être aliénées par voie d'adjudication publique; celui du 22 juillet 1876, que les forêts de chènes-liége peuvent être affermées pour une durée qui ne pourra excéder dix-huit années. L'arrêté du 22 décembre 1875, rendu en vertu des dispositions du décret du 27 septembre 1873, a soustrait plusieurs massifs de forêts à l'action du service forestier et celui du 3 janvier suivant a accordé aux généraux commandant les divisions le droit de transiger à l'occasion des délits ou contraventions commis dans ces massifs. Enfin la loi du 17 juillet 1874 a édicté des dispositions spéciales pour prévenir les incendies et autorisé le gouverneur à frapper les indigènes d'amendes collectives et même à leur appliquer le séquestre.

11 juillet 1838 (1).

Arrêté du gouverneur exigeant l'autorisation préalable pour la coupe des bois taillis et broussailles (B. 57).

Art. 1. — Nul ne pourra, sans une autorisation préalable de l'intendant civil, défricher, arracher ou exploiter en tout ou en partie les terres ou bois taillis ou broussailles, dont la contenance excédera 2 hectares. — Cette prohibition s'applique : — 1° aux parcelles de fonds qui, pour le défrichement, l'arrachement ou l'exploitation, seraient détachées d'une contenance excédant 2 hectares et appartenant au même propriétaire ; — 2° aux terres actuellement indivises, même après le partage qui en serait ultérieurement effectué.

Art. 2. — L'autorisation qui sera accordée sur une déclaration faite deux mois à l'avance, pour la province d'Alger à l'intendant civil, et partout ailleurs, au sous-intendant de la province, prescrira, s'il y a lieu, les précautions jugées nécessaires pour la conservation, la plantation ou le repeuplement des bois.

Art. 3. — Il est interdit de mettre, pour quelque cause que ce soit, le feu aux bois taillis, broussailles, haies vives, herbes et végétaux sur pied.

Art. 4. — Toute infraction aux dispositions des articles 1 et 2 sera punie de la saisie des bois détachés du sol et d'une amende égale à leur valeur, sans qu'en aucun cas l'amende puisse être au-dessous de 30 francs. — Si les bois ne peuvent être saisis, le délinquant sera condamné au payement de leur valeur, qui sera arbitrée par jugement, mais ne pourra jamais être inférieure au minimum de l'amende.

Art. 5. — Le délit prévu en l'article 3 sera puni d'un emprisonnement de six jours à deux

(1) Les défrichements ont été encouragés par une circulaire du gouverneur général du 7 mai 1849 (B. 210).

mois, et d'une amende de 30 à 200 francs, sans préjudice des dommages-intérêts au profit des parties lésées et des poursuites criminelles dans les cas prévus par la loi.

Art. 6. — Les dispositions de l'article 463 du Code pénal ne seront pas applicables aux délits prévus par le présent arrêté. Néanmoins, et selon les circonstances, l'emprisonnement et l'amende pourront être prononcés cumulativement ou séparément.

Art. 7. — Les délits seront jugés correctionnellement, ils seront constatés par les officiers de police judiciaire, les maires, gardes forestiers, gardes champêtres et gendarmes, dans les limites de la juridiction des tribunaux ordinaires; en dehors de ces limites, par tous agents, ou chefs français ou indigènes préposés, institués ou reconnus par l'autorité française. — Ces constatations feront foi en justice jusqu'à preuve contraire; elles seront au besoin suppléées ou complétées par la preuve testimoniale.

10 septembre 1843.

Arrêté du gouverneur instituant des prévôtés indigènes.

5 novembre 1860

Circulaire du gouverneur portant qu'une prime de 100 francs pour frais de premier établissement est accordée aux gardes forestiers en Algérie (B. M. 105).

24 juillet 1861.

Décision du gouverneur relative aux incendies (B. 400).

Le gouverneur général a décidé en principe, le 24 juillet 1861 :

1° Que des amendes collectives, équivalant à quatre fois le montant de la *zekkat*, seront imposées aux tribus ou fractions de tribus reconnues coupables d'avoir allumé ou laissé propager des incendies dans les forêts;

2° Que les troupeaux de ces tribus ou fractions seront à tout jamais exclus des pâturages dans les forêts incendiées;

3° Que des mesures particulières seront prises envers les chefs et les membres des djemâas;

4° Que, néanmoins, les indigènes pourront, en vertu de permissions expresses, brûler les broussailles croissant sur les terrains dont ils jouissent, mais que ces opérations ne pourront avoir lieu que sur les points désignés dans les permissions et sous la direction et la surveillance des agents du service forestier.

.. octobre 1861.

Décret relatif à l'exploitation du liège des fo-

rêts de l'État, à son colportage et à sa vente
(B. O. 30).

Art. 1. — Toute exploitation du liège dans les
forêts de l'État, soumises ou non au régime forestier, et non encore concédée, devra être autorisée
par le gouverneur général.

Art. 2. — La levée des lièges dans les bois non
encore concédés, et dans les portions de bois de
trop minime importance, pour être l'objet d'une
concession, pourra être provisoirement autorisée
par le gouverneur général, à charge par le permissionnaire de se conformer aux conditions imposées
par le service forestier, le payer une redevance
domaniale fixée d'après l'avis du chef de service
des forêts et les propositions du général ou du
préfet.

Art. 3. — Sont formellement interdits le colportage et la vente des lièges provenant des forêts
non concédées ou des exploitations qui n'auront
point été autorisées conformément à l'article 1. —
L'origine des lièges sera justifiée par un certificat
émanant, soit du service des forêts, soit des concessionnaires ou propriétaires de massifs forestiers
dont les droits de propriété auront été reconnus
par les services compétents.

Art. 4. — Les lièges dont la provenance ne
pourra être justifiée seront saisis en quelque endroit qu'ils se trouvent et placés sous séquestre
jusqu'à ce que le tribunal, statuant sur la question
de propriété desdits lièges, prononce, s'il y a lieu,
la mainlevée du séquestre ou en ordonne la restitution à l'État, aux concessionnaires ou aux propriétaires. — Dans ce dernier cas, application sera
faite aux délinquants, à leurs complices, ou aux
détenteurs de liège de provenance irrégulière, des
articles 192, 199, 198, 200, 201, 202, 203, et 204 du
Code forestier, sans préjudice des dommages-
intérêts à arbitrer.

Art. 5. — Les délits commis en contravention
du présent décret seront constatés dans les formes
voulues par la loi, par les officiers de police judiciaire, les agents du service forestier, les gardes
particuliers assermentés, et les prévenus seront,
suivant leur nationalité et la compétence des juridictions, traduits devant les tribunaux correctionnels, les juges de paix à compétence étendue
ou les conseils de guerre.

Art. 6. Les bois et écorces de liège nécessaires
à la consommation des indigènes usagers seront
délivrés gratuitement par les soins du service forestier dans les forêts non concédées. Cette délivrance sera faite sur la demande transmise au
chef du bureau arabe, ou à l'agent forestier
local, par le chef de la tribu ou de la fraction de
tribu.

La délivrance pourra être effectuée au commencement de chaque année pour les bois et lièges
jugés nécessaires pour la consommation de
l'année. — Quant aux délivrances de l'espèce dans
les forêts concédées, elles seront faites conformément aux dispositions insérées dans le cahier
des charges des concessionnaires.

9 août 1864.

*Décret relatif à l'exploitation des forêts de
chênes-liége. — Affermage par adjudication
publique* (B. O. 123).

Art. 1. — L'exploitation des forêts de chênes-
liège, en Algérie, sera désormais affermée par voie
d'adjudication publique, conformément au cahier
des charges annexé au présent décret.

Art. 2. — Les baux à ferme de ces forêts seront
adjugés pour une durée qui ne pourra excéder
90 années consécutives, à partir du 1er janvier de
l'année qui suivra la date de l'adjudication.

Art. 3. — Des décrets rendus en Conseil d'État
détermineront à l'avance le périmètre, le lotissement et la catégorie des forêts dont l'exploitation
devra être mise en adjudication, ainsi que la durée des baux à consentir.

Art. 4. — Les adjudications auront lieu publiquement, aux enchères, sur soumissions cachetées.

Art. 5. — L'adjudication deviendra définitive
par le visa d'approbation apposé sur le procès-
verbal par le gouverneur général de l'Algérie. —
Dans le cas, toutefois, où la même personne se
serait rendue adjudicataire de plusieurs lots, l'adjudication ne sera définitive qu'après avoir été
approuvée par un décret rendu en Conseil d'État.

Art. 6. — La réunion en tout ou partie, par voie
de cession, d'acquisition, d'association ou de toute
autre manière, des lots adjugés, soit à d'autres
lots, soit à des territoires forestiers antérieurement
concédés, ne pourra être autorisée que par un
décret rendu en la même forme. — Tous actes de
réunion opérés par l'adjudicataire, contrairement
à la disposition qui précède, seront considérés
comme nuls et non avenus, et pourront motiver
sa déchéance, en exécution de l'article 82 du cahier
des charges.

2 février 1870.

*Décret fixant les conditions d'aliénation des
forêts concédées pour 90 ans* (B. O. 323).

Art. 1. — Les forêts de chênes-liège appartenant à l'État, en Algérie, dont l'exploitation est
aujourd'hui concédée par bail de 90 ans, seront
cédées en toute propriété, aux conditions ci-après,
aux titulaires de ces concessions qui en feront la
demande avant le 1er juillet 1870.

Art. 2. — Il sera fait cession gratuite aux concessionnaires : 1° des parties de forêts atteintes
par le feu depuis le 1er janvier 1863 jusqu'au
30 juin 1870 ; 2° du tiers des forêts ou parties de
forêts non atteintes par le feu. — La détermination des parties de forêts atteintes par le feu et
du tiers attribué gratuitement se fera contradictoirement entre l'administration et le conces-

sionnaire. — En cas de désaccord, il sera statué par le ministre de la guerre, sur l'avis du gouverneur général, rendu en conseil de gouvernement, les intéressés entendus.

Art. 3. — Les deux autres tiers seront payés par le concessionnaire au prix fixe de 60 francs par hectare. — Ce prix sera payé en vingt annuités qui commenceront à courir à partir de la dixième année qui suivra la vente, c'est-à-dire à partir du 1er juillet 1880. — Le montant des dix premières années sera de 2 francs par hectare et par an. Ce chiffre sera de 4 francs par hectare et par an pour les dix dernières annuités. — Les annuités seront payables, sans intérêt, à la caisse du receveur des domaines dans la circonscription duquel sera situé l'immeuble, en espèces métalliques ou valeurs ayant cours légal.

Art. 4. — Le gouverneur général, en conseil de gouvernement, est, en outre, autorisé à attribuer sur d'autres points, aux concessionnaires sinistrés qui en feront la demande avant le 1er juillet 1870, des forêts ou parties de forêts de chênes-liège d'une contenance égale à la contenance atteinte par le feu, s'il reconnaît qu'il y a lieu de les indemniser de leurs travaux et de leurs dépenses par cette attribution supplémentaire. — Le tiers des forêts, ou parties de forêts ainsi attribuées, leur sera cédé gratuitement. — Les deux autres tiers leur seront vendus au prix, suivant le mode et avec les délais de payement fixés par l'article précédent. — Les actes de cession et de vente seront dressés par le directeur des domaines de la situation des immeubles et approuvés par le gouverneur général.

Art. 5.— Toute annuité non payée à l'échéance portera intérêt à 5 pour 100 de plein droit et sans mise en demeure. — L'acquéreur aura le droit de se libérer par anticipation, en tout ou en partie, et il lui sera tenu compte des intérêts à 3 pour 100 sur chaque payement anticipé.

Art. 6. — A défaut par les acquéreurs d'avoir, dans le délai de cinq ans, à partir de la promulgation du présent décret, exploité effectivement leur concession, sur le quart au moins de son étendue, le domaine pourra poursuivre contre eux la révocation de la cession gratuite du tiers, qui fera retour à l'État, et le payement du prix des deux autres tiers, en vingt annuités égales de 3 francs par hectare. Ces annuités commenceront à courir du 1er juillet 1875. — La même disposition sera appliquée aux concessionnaires sinistrés qui, dans le même délai, n'auraient pas exploité le quart au moins des forêts ou parties de forêts que le gouverneur général leur aurait attribuées, aux termes de l'article 4.

Art. 7. — Afin de faciliter aux acquéreurs le payement du prix des forêts ou parties de forêts qui viendraient à être incendiées postérieurement au 1er juillet 1870, et de garantir à l'État le payement de ce prix, il sera formé un fonds commun, au moyen du versement que chaque acquéreur sera tenu d'effectuer, à partir du 1er juillet 1870,

d'une somme annuelle de 0 fr. 50 centimes pour chaque hectare acquis au prix de 60 francs, conformément aux articles 3 et 4. — Les sommes destinées à former ce fonds commun seront recouvrées comme en matière de contributions directes, et versées dans une caisse publique. — L'attribution de ce fonds sera déterminée, avec l'assentiment du gouverneur général, par une commission composée de trois membres nommés par les intéressés ou, à défaut, désignés par le gouverneur général.

Art. 8. — Un arrêté du gouverneur général, rendu en conseil de gouvernement, les intéressés entendus, déterminera notamment: — 1° la quotité à prendre annuellement sur le fonds commun, pour payer à l'État le prix correspondant au nombre d'hectares incendiés que les acquéreurs n'auraient point acquitté, ou pour leur restituer, s'ils l'avaient versé; 2° l'attribution à faire des reliquats, après l'acquis intégral de toutes les obligations à la charge du fonds commun. — Ces annuités spéciales seront payées par tous les acquéreurs, même par ceux qui se seraient libérés par anticipation. Toutefois, dans ce dernier cas, il leur sera tenu compte, par le fonds commun, du prix correspondant au nombre d'hectares qui viendraient à être ultérieurement incendiés. — Lesdites annuités seront payées pour tous les hectares vendus, même pour ceux qui seraient incendiés après le 1er juillet 1870. — Elles continueront à être payées, même après les délais fixés par l'article 3 pour l'entier acquittement du prix, si, à ce moment, le fonds commun dont il s'agit est insuffisant pour couvrir le prix de tous les hectares incendiés pendant la période de payement.

Art. 9. — Les propriétaires auront la faculté de défricher les parties de forêts, atteintes par le feu, dont il leur aura été fait cession gratuite, et d'y introduire tous les genres de culture qu'ils jugeront convenables.

Art. 10.— Les actes de cession et de vente emporteront résiliation pure et simple du contrat actuel de concession. Ils seront dressés le plus tôt possible par le directeur des domaines de la situation des immeubles, et approuvés par le gouverneur général.

Art. 11. — Les actes énonceront la situation, l'étendue et les limites des terrains vendus ou cédés, et fixeront le montant total de chaque annuité à payer par l'acquéreur. Les limites indiquées dans les procès-verbaux de mise en possession définitive, signés par les concessionnaires ou leurs représentants, serviront seules de base à la détermination de la contenance de chaque forêt vendue. — A défaut de ces procès-verbaux, les limites seront fixées contradictoirement entre l'administration et les intéressés. — En cas de désaccord, il sera statué comme il est dit au § 2 de l'article 2 du présent décret. — Les vides et les terres de culture ne seront compris dans la contenance de chaque forêt qu'autant qu'ils l'auront été dans le procès-verbal de la mise en possession définitive ou, à défaut, dans le décret des concessions.

Art. 12. — La vente sera enregistrée et transcrite au droit fixe de 2 francs à payer par l'acquéreur. Une expédition du contrat lui sera remise dans le délai d'un mois, à partir de la date de l'approbation.

Art. 13.— Les forêts seront aliénées avec toutes les servitudes actives et passives, charges et contributions qui les grèvent ou pourront les grever ultérieurement.

Art. 14.—L'acquéreur ne pourra répéter contre l'État aucun dédommagement, aucune indemnité, remise ou réduction de prix, ayant pour cause des incendies ou tout autre accident de force majeure.

Art. 15. — L'aliénation des forêts ne conférera pas la propriété des sources et cours d'eau existant sur le sol; l'acquéreur en aura seulement la jouissance, conformément aux règlements en vigueur, ou qui interviendront sur le régime des eaux en Algérie.

Art. 16. — La partie de forêt vendue demeurera spécialement affectée et hypothéquée à la sûreté des droits de l'État jusqu'à parfait payement. — Toutefois, lorsque l'acquéreur aura payé le tiers au moins du prix total de l'acquisition, l'hypothèque dont il s'agit sera réduite au nombre d'hectares nécessaires pour garantir à l'État le payement des sommes restant dues. — Cette réduction sera opérée contradictoirement avec les intéressés, conformément au § 2 de l'article 2 ci-dessus.

Art. 17.—A défaut de payement de trois termes échus sur le prix de vente, le domaine pourra, trois mois après signification d'une contrainte administrative demeurée sans résultat, poursuivre par les voies de droit, soit le payement immédiat de la totalité du prix restant dû, soit la résolution du contrat. — Dans le cas de résolution du contrat, tous les travaux exécutés dans la propriété demeureront acquis à l'État sans indemnité.—Toutefois, à l'égard des constructions, l'État aura le droit, soit d'en demander la suppression, soit de les conserver en remboursant la valeur des matériaux et le prix de la main-d'œuvre.

Art. 18. — Les effets de la vente courront du 1er juillet 1870, quelle que soit la date du contrat intervenu entre l'État et chacun des concessionnaires.

9 mars 1870.

Décret relatif à l'aliénation des forêts de chênes-liége (B. O. 328).

Art. 1. — Les forêts de chênes-liége appartenant à l'État, en Algérie, peuvent être aliénées en toute propriété, en vertu de décrets spéciaux.

Art. 2. — Ces forêts sont mises en vente, après avoir été affranchies de tous droits d'usage.

Art. 3. — Les parties de forêts vendues sont soumises aux dispositions du Code forestier relatives aux bois des particuliers.

Art. 4. — Les ventes ont lieu, par voie d'adjudication publique, sur la mise à prix et d'après les lotissements et cahier des charges arrêtés par le gouverneur général de l'Algérie. — Elles sont annoncées au moins deux mois à l'avance, tant en France qu'en Algérie, par les moyens de publicité dont l'administration dispose. — Elles ne sont définitives qu'après l'approbation, par le gouverneur général, du procès-verbal d'adjudication.

Art. 5. — Toutefois, les forêts ou parties de forêts, alloties conformément au § 1er de l'article 4, pourront être exceptionnellement aliénées par voie de vente de gré à gré, par analogie avec les dispositions du décret du 6 janvier 1869 (V. *Domaine*) en faveur d'individus appelés à peupler des villages forestiers.

27 décembre 1872.

Décision du gouverneur portant qu'à partir du 1er janvier 1873 le supplément colonial attribué aux agents et préposés du service forestier de l'Algérie sera réduit du tiers au quart de leur traitement (B. O. 459).

27 septembre 1873.

Décret contenant organisation du service forestier en Algérie (B. O. 501).

Art. 1. — Le service forestier de l'Algérie demeure rattaché au gouvernement général.

Il est centralisé à Alger, entre les mains d'un conservateur, qui exerce, sous l'autorité du directeur général des affaires civiles et financières, toutes les attributions dévolues aux conservateurs de France.

Les chefs des services départementaux des forêts correspondent directement avec lui.

Art. 2. — Il sera procédé, dans un délai aussi rapproché que possible, à la reconnaissance définitive et à la délimitation du sol forestier, ainsi qu'à la soumission au régime forestier des forêts, qui seront reconnues exploitables ou nécessaires pour assurer le régime des eaux.

Art. 3.—Des arrêtés du gouverneur général civil, délibérés en conseil de gouvernement, peuvent suspendre temporairement la soumission au régime forestier des forêts situées sur des territoires où l'état politique des populations ne comporte pas l'application ou le maintien de ce régime.

25 novembre 1873.

Arrêté du gouverneur portant que les congés des agents et préposés seront accordés par le conservateur, et ceux du conservateur et des inspecteurs par le gouverneur général (non promulgué).

5 janvier 1874.

Décision du gouverneur accordant au conservateur des forêts de l'Algérie la franchise télégraphique avec tous les fonctionnaires ou agents de son administration (non promulguée).

17 juillet 1874.

Loi ayant pour objet de prévenir les incendies dans les régions boisées de l'Algérie (B. O. 553).

Art. 1. — Dans toute l'étendue du territoire de l'Algérie, pendant la période du 1er juillet au 1er novembre de chaque année, nul ne pourra, hors des habitations, apporter ou allumer du feu dans l'intérieur ou à 200 mètres des bois et forêts même pour la fabrication du charbon, l'extraction du goudron et la distillation de la résine. Cette interdiction est applicable même aux propriétaires des bois et forêts.

L'emploi du feu dans les gourbis et autres abris compris dans la même zone sera soumis aux prescriptions du règlement d'administration publique, des arrêtés et règlements à intervenir en exécution de la présente loi.

Art. 2. — Nul ne pourra, pendant la même période, et dans un rayon de quatre kilomètres des massifs forestiers, mettre le feu aux broussailles, herbes ou végétaux sur pied, s'il n'a obtenu la permission expresse de l'autorité administrative locale.

L'arrêté d'autorisation déterminera le jour et l'heure de la mise du feu.

Cet arrêté sera publié et affiché dans les communes limitrophes, au moins quinze jours à l'avance; s'il s'applique à des terrains situés à moins de 1 kilomètre des forêts, l'avis de l'administration forestière sera préalablement réclamé.

Jusqu'à ce que la loi ait réglé, par des dispositions nouvelles, l'obligation et le mode d'établissement des tranchées entre les terrains des divers propriétaires, l'arrêté imposera spécialement toutes les mesures de précautions à prendre, et, s'il y a lieu, l'ouverture préalable de tranchées, destinées à empêcher la communication du feu.

Art. 3. — Le gouverneur général pourra désigner un ou plusieurs officiers ou sous-officiers, commandant une force publique auxiliaire, pour concourir, avec les agents forestiers, à l'exécution des mesures légalement prises contre les incendies.

Les officiers et sous-officiers délégués seront placés auprès de l'autorité administrative locale et investis des attributions de police judiciaire qui appartiennent à la gendarmerie. Les règlements de cette arme leur seront applicables dans leurs rapports avec les autorités administratives et judiciaires.

Art. 4. — Les populations indigènes dans les régions forestières seront, pendant la même période, astreintes, sous les pénalités édictées par l'article 8, à un service de surveillance qui sera réglé par arrêtés du gouverneur général.

Tout Européen ou indigène requis pour un service de secours organisé contre l'incendie et qui aura refusé son concours, sans motifs légitimes, sera puni des peines portées en l'article 8 ci-après, sans préjudice, au regard des usagers, de l'article 149 du Code forestier, relatif à la privation des droits d'usage, laquelle sera prononcée par le juge de paix.

Art. 5. — En tout territoire, civil ou militaire, indépendamment des condamnations individuelles encourues par les auteurs ou complices des crimes et délits ou contraventions, en cas d'incendies de forêts, les tribus et les douars pourront être frappés d'amendes collectives, dans les formes et suivant les conditions ci-après.

Art. 6. — Ces amendes seront prononcées par le gouverneur général, en conseil de gouvernement, sur le vu des procès-verbaux, rapports et propositions de l'autorité administrative locale, les chefs de tribus ou de douars préalablement entendus par ladite autorité.

Le produit des amendes sera versé au Trésor; il pourra être affecté, en tout ou en partie, à la réparation du préjudice causé par les incendies. Dans ce cas, le gouverneur général dressera l'état de répartition et le notifiera aux parties lésées; le recours au Conseil d'État sera ouvert à celles-ci, dans le délai de deux mois, à partir de la notification, contre les décisions prises par le gouverneur général à leur égard.

Lorsque les incendies, par leur simultanéité ou leur nature, dénoteront, de la part des indigènes, un concert préalable, ils pourront être assimilés à des faits insurrectionnels, et, en conséquence, donner lieu à l'application du séquestre, conformément aux dispositions actuellement en vigueur, de l'ordonnance royale du 31 octobre 1845.

Art. 7. — Tout pâturage au profit des usagers est interdit, d'une manière absolue, pendant six mois au moins, sur toute l'étendue des bois et forêts incendiés, sous les peines portées par l'article 499 paragraphe 2 du Code forestier.

Art. 8. — Toutes les contraventions aux prescriptions de la présente loi et à celles des règlements et arrêtés rendus pour son exécution, notamment en vertu de l'article 11, seront punies d'une amende de 20 à 500 francs, et pourront l'être, en outre, d'un emprisonnement de six jours à six mois.

L'article 463 du Code pénal sera applicable.

Art. 9. — Les gardes forestiers domaniaux ou communaux auront le droit, concurremment avec tous les officiers de police judiciaire, de rechercher et constater, dans tous les bois et forêts des particuliers, les délits et contraventions prévus par les lois et règlements applicables à l'Algérie.

Art. 10. — Les procès-verbaux dressés par tous préposés forestiers, en exécution de l'article qui précède, sont dispensés de l'affirmation et enregistrés en débet ; ils feront foi jusqu'à inscription de faux dans les conditions prévues par les articles 177 et suivants du Code forestier.

Ils sont, après l'accomplissement des formalités prescrites par le Code forestier et par le décret du 19 janvier 1856, transmis par l'inspecteur des forêts, dans les vingt jours de leur date, au procureur de la République, qui, seul, exerce les poursuites et traduit les inculpés, suivant les cas, devant le tribunal correctionnel ou devant le juge de paix, dont la compétence spéciale, en matière de délits forestiers, est déterminée par les décrets des 14 mai 1850 et 19 août 1851.

Dans les territoires maintenus transitoirement sous l'autorité militaire, le général commandant la division exercera les poursuites devant les juridictions militaires compétentes.

Art. 11. — Un règlement d'administration publique fixera le mode et les détails d'exécution des dispositions qui précèdent.

Des arrêtés du gouverneur général détermineront également les mesures de police qui seront jugées nécessaires pour assurer l'exécution de la loi.

Chaque année, pendant la période du 1er juillet au 1er novembre, le *Journal officiel de l'Algérie* publiera un rapport mensuel, relatant les mesures prises ou à prendre dans chaque province, en conformité des prescriptions de la présente loi.

10 octobre 1874 (1).

Décret concernant les délivrances à faire au service de l'artillerie par le service forestier (B. lois XII, n° 3521, non promulgué, mais appliqué).

Art, 1. — Les bois de fascinage, piquets, fascines, harts nécessaires pour les exercices annuels des écoles d'artillerie, des corps de troupes isolés de leurs écoles respectives, des directions d'artillerie de l'Algérie et des directions assimilées à des écoles d'artillerie, seront coupés dans les forêts de l'État, et lors qu'à raison des distances à parcourir jusqu'au lieu de destination, et des frais de transport qui en résulteraient, il ne soit

(1) Ce décret ne concerne que les délivrances à faire à l'artillerie. Celles que peut réclamer le génie militaire pour la mise en état de défense des places fortes sont réglées par la législation de France (Ordonnance du 21 décembre 1850).

dans l'intérêt de l'État de se les procurer par la voie du commerce.

Art. 2. — Lorsque les fournitures devront être faites dans les forêts de l'État, les directeurs des écoles et directions d'artillerie, ou les chefs des corps destinataires feront connaître aux agents forestiers les besoins en bois de toute nature, espèces, qualités, dimensions et quantités.

Art. 3. — Sur la proposition des agents forestiers locaux, le conservateur autorisera les délivrances dans les forêts les plus voisines des lieux de destination ; et, dans le cas où l'état des peuplements, la possibilité des forêts, les dispositions des aménagements ne permettraient pas de délivrer tout ou partie du bois, des essences, dimensions et qualités désignées, il en informera, sans retard, les directeurs ou chefs de corps militaires.

Art. 4. — Les coupes seront faites par les soins de l'administration forestière, à moins que la proximité du lieu ne permette d'employer des hommes de troupe sans les obliger à découcher. L'administration des forêts ne pourra jamais réclamer le concours des hommes de troupe s'il est reconnu que le service ou l'instruction doive en souffrir.

Art. 5. — Les transports seront faits par les soins de l'artillerie, toutes les fois que la proximité du lieu permettra de ne pas faire découcher le détachement.

Art. 6. — Quand les coupes et les transports seront exécutés par les soins de l'administration forestière, le montant des frais sera remboursé par le département de la guerre.

Art. 7. — Les transports par le chemin de fer seront exécutés par les soins de l'administration forestière et donneront lieu à remboursement.

Art. 8. — La valeur des bois cédés sera remboursée par l'administration de la guerre, par voie de virement de compte.

Art. 9. — Les dispositions qui précèdent seront également applicables aux bois de bourdaine à exploiter dans les forêts de l'État et dont la délivrance sera demandée par les directeurs des poudreries de la guerre.

Art. 10. — Les ministres de l'intérieur et de la guerre et le ministre des finances sont chargés, chacun en ce qui le concerne, de l'exécution du présent décret, qui sera inséré au *Bulletin des lois.*

16 décembre 1874.

Arrêté du gouverneur général fixant l'indemnité annuelle allouée aux brigadiers et gardes forestiers (B. O. 583).

Art. 1. — Le montant de l'indemnité annuelle, représentative des frais d'entretien de cheval, allouée aux brigadiers et gardes forestiers de l'Algérie dépendant du service de la métropole est porté de quatre cents à cinq cents francs (500 fr.), à partir du 1er janvier 1875.

16 décembre 1875.

Arrêté du gouverneur général augmentant l'indemnité de logement des préposés sédentaires du service forestier (B. O. 637).

Art. 1. — Le montant de l'indemnité annuelle de logement allouée aux préposés sédentaires du service forestier de l'Algérie est porté de quatre cents à cinq cents francs (500 fr.) à partir du 1er janvier 1876.

22 décembre 1875.

Arrêté du gouverneur qui distrait provisoirement certaines forêts de l'action directe du service forestier.

Art. 1. — Les forêts ci-dessous désignées sont provisoirement distraites de l'action directe du service des forêts (1).

Art. 2. — La surveillance de ces forêts est confiée à l'autorité militaire.

Art. 3. — Le régime exceptionnel et transitoire prévu par l'article 3 du décret du 27 septembre 1873 et appliqué aux massifs compris dans la nomenclature de l'article 1er cesse, de droit, par l'aliénation, l'amodiation, l'exploitation régulière de ces massifs ou le passage du territoire qui les renferme dans le territoire civil.

Art. 4. — Les généraux commandant les divisions sont chargés de pourvoir à la protection et à la surveillance des massifs énumérés dans l'article 1er du présent arrêté. Ils répriment, par les moyens dont ils disposent ou conformément à l'article 10, paragraphe 3, de la loi du 17 juillet 1874, les délits et contraventions commis dans ces forêts.

Toutefois, lorsqu'il s'agira de délivrances de bois à des indigènes usagers ou à des services publics, l'autorité militaire réclamera l'intervention du service forestier qui reste chargé de marquer les arbres à abattre et d'indiquer les mesures à prendre pour assurer la vidange des massifs.

3 janvier 1876.

Arrêté du gouverneur général attribuant aux généraux de division le droit de transiger en matière forestière (B. O. 651).

Art. 1. — Est attribuée aux généraux commandant les divisions, avec faculté de délégation aux généraux commandant les subdivisions, la détermination du chiffre des amendes, des dommages-intérêts et des restitutions, moyennant lesquels

(1) Ces forêts situées dans les trois départements, mais surtout dans les régions qui avoisinent le Maroc et la Tunisie, comprennent une étendue de 785,189 hectares.

les indigènes, justiciables des conseils de guerre, seront admis, à titre de transaction, avant ou après jugement, à se libérer des condamnations encourues ou prononcées contre eux, pour délit ou contravention constaté en matière forestière, par le service forestier, dans les bois soumis à l'action de ce service.

Art. 2. — Les décisions seront rendues au vu des propositions des inspecteurs des forêts. Elles seront formulées sur des états qui seront adressés, avec les procès-verbaux de délit, par les inspecteurs des forêts, les 5, 15 et 25 de chaque mois.

Ces états indiqueront le nom des délinquants, leur résidence, leur moralité, le nom de la forêt domaniale ou communale où a eu lieu le délit, celui de la tribu où la forêt est située, la valeur des produits enlevés, l'évaluation du dommage causé à la forêt, la nature et la quotité des condamnations encourues et des propositions de transactions correspondantes.

Art. 3. — Dans les vingt jours suivants, le général commandant la division ou son délégué, après avoir consigné sur les états les chiffres qui formeront le montant de la transaction, les renverra avec les procès-verbaux aux inspecteurs chargés des mesures d'exécution.

Art. 4. — Les inspecteurs porteront immédiatement ces décisions à la connaissance du directeur des contributions diverses de leur département, au moyen d'un bulletin, qui servira de pièce comptable au receveur de ce service pour l'encaissement de la somme fixée.

L'inspecteur transmettra en même temps au chef de cantonnement les avertissements destinés à la partie intéressée. Ces avertissements seront notifiés, sans retard, par les brigadiers et gardes forestiers, à l'autorité militaire locale, chargée du commandement des populations indigènes.

Art. 5. — Sera réputée non-avenue toute transaction dont le montant n'aura pas été acquitté dans les soixante jours qui suivront la décision (1).

Art. 6. — Dans les cinq jours après l'expiration de ce délai, le receveur chargé du recouvrement fera connaître à l'inspecteur des forêts, par l'entremise du directeur des contributions diverses, si le délinquant a payé ou non le montant des sommes mises à sa charge.

(1) Les articles 5 et 7 paragraphe 1 ont été ainsi modifiés par arrêté du gouverneur du 4 avril 1878 (B. O. 717):
Art. 1. — Le délai d'exécution des transmissions, fixé par l'article 5, est réduit de 60 à 40 jours.
Art. 2. — Dans le cas prévu par l'article 7, c'est-à-dire à défaut de payement du montant de la transaction dans les délais fixés en l'article précédent, l'inspecteur des forêts adressera au général commandant la division, à qui appartient l'exercice des poursuites, le procès-verbal de délit et le certificat du receveur, au plus tard le cinquantième jour qui suit la décision de transaction.
Art. 3. — Dès la réception de ces actes, le général commandant la division donnera l'ordre d'informer contre les délinquants.

Art. 7. — A défaut de payement, l'inspecteur adressera aussitôt au général commandant la division, à qui appartient l'exercice des poursuites, le procès-verbal de délit et le certificat du receveur.

Dans le cas contraire, il inscrira sur son sommier des procès-verbaux, transactions et jugements, le montant des sommes recouvrées.

Art. 8. — La décision sur la demande à fin de transaction, après jugement définitif, laquelle ne peut porter que sur l'amende et les réparations civiles, sera notifiée au délinquant par l'inspecteur, au moyen d'un avertissement remis à l'autorité militaire locale, chargée du commandement des populations indigènes, et avis en sera donné par l'inspecteur au directeur des contributions diverses du département, qui, après en avoir consigné le montant sur son sommier, transmettra le bulletin au receveur de son service, chargé d'en assurer le recouvrement.

Art. 9. — Toutes les dispositions et instructions antérieures, concernant le mode d'instruction et de fixation des transactions en territoire militaire, sont rapportées.

8 février 1876.

Circulaire du gouverneur réglementant l'exercice du droit d'usage dans les forêts (B. Préfecture d'Alger. 1876).

En attendant qu'il ait été statué sur le projet de loi relatif au rachat des droits d'usage dans les massifs boisés de l'Algérie, il m'a paru utile de soumettre l'exercice de ces droits à des conditions qui, tout en satisfaisant aux besoins légitimes des populations indigènes, permettent de mettre un terme à des abus possibles.

J'ai, en conséquence, décidé qu'à l'avenir les indigènes usagers adresseront à l'autorité de laquelle ils relèvent des demandes indiquant la nature et la quantité des bois qui leur seront nécessaires, ainsi que le nom de la forêt dans laquelle ils désirent le prendre.

Ces demandes seront vérifiées par les administrateurs locaux, qui les feront figurer par douar ou fraction de douar, sur un état collectif indiquant :

1° Le nom des indigènes demandeurs ;

2° Leur domicile et le nom du douar auquel ils appartiennent ;

3° La quantité et la nature des produits dont ils ont besoin ;

4° Le nom de la forêt et du canton où il conviendrait d'effectuer les délivrances.

Ces états, qui devront vous être remis au 1er février et au 1er août de chaque année, seront transmis par vos soins, avec les observations dont vous jugerez devoir les accompagner, à l'inspecteur des forêts de la circonscription, qui les rendra exécutoires s'il y a lieu et désignera la forêt où les exploitations devront être effectuées.

Dans le cas où les renseignements du service forestier démontreraient l'exagération des demandes, ou bien si la possibilité des forêts ne permettait pas la délivrance de la totalité des produits demandés, il vous en serait rendu compte et vous statueriez sur les mesures à adopter.

Le service forestier procédera dans le courant des mois de mars et de septembre de chaque année à l'assiette et au martelage des coupes dont les produits sont destinés à donner satisfaction aux besoins des usagers, et fixera l'époque de leur exploitation suivant la nature des produits.

Sur l'avis qui lui en sera donné par le service forestier, l'administration locale informera les indigènes du jour où ils pourront commencer, sous la surveillance des gardes, l'exploitation des bois qui leur seront nécessaires. — Ils procéderont à cette exploitation collectivement, sous la conduite du chef de fraction, qui sera responsable des dégâts commis dans la coupe ou à l'ouïe de la cognée, et tout usager qui ne se présentera pas au jour indiqué pour l' batage des bois, sera rayé de la liste et exclu pour l'année des délivrances autorisées.

On ne saurait admettre que les indigènes, sous prétexte de se procurer les bois nécessaires à leurs besoins, puissent obtenir des quantités considérables de produits forestiers pour se procurer des bénéfices en les vendant.

Une trop grande facilité à consentir les délivrances usagères aurait pour résultat de compromettre l'avenir de nos forêts. Il serait à craindre, d'un autre côté, que lors de la réglementation ou du rachat des droits d'usage, les indigènes ne fussent portés à soulever des prétentions exagérées en se fondant sur la tolérance dont l'administration aurait usé à leur égard.

22 juillet 1876.

Décret relatif à la mise en ferme de forêts de chênes-liége (B. O. 671).

Art. 1. — Le gouverneur général civil de l'Algérie est autorisé à affermer, par voie d'adjudication publique et pour une durée qui ne pourra excéder dix-huit ans, l'exploitation des forêts de chênes-liége désignées dans l'état annexé au présent décret.

Art. 2. — Les conditions de l'exploitation, le mode et les détails de l'adjudication publique seront réglés par le gouverneur général qui statuera, en conseil de gouvernement, sur la formation des articles d'adjudication dans le périmètre des lots déterminés comme il est dit en l'article précédent, et sur les demandes tendant à la réunion de plusieurs des articles ainsi formés entre les mains d'un même adjudicataire.

L'acte d'adjudication ne donnera lieu qu'à la perception d'un droit fixe et non d'un droit proportionnel sur le prix de fermage et des frais accessoires.

Art. 3. — Les dispositions contenues dans les articles 4, 5 et 6 du décret du 9 août 1864, seront appliquées aux adjudications faites en vertu du présent décret.

5 décembre 1876.

Circulaire du gouverneur portant que les colons des nouveaux centres pourront être autorisés à couper, dans les forêts de l'État, les bois et branchages nécessaires pour construire des abris provisoires (B. Préfecture d'Alger. 1876, n° 68).

23 février-11 mars 1878.

Arrêtés du gouverneur général autorisant le service forestier à procéder à la mise en ferme, par voie d'adjudication publique et pour une période de quatorze années, de cantons forestiers situés dans les départements de Constantine et d'Oran (Mobacher, 20 mars 1878).

13 juin 1878.

Circulaire du gouverneur recommandant de faire entrer un agent du service des forêts dans la composition des commissions chargées d'étudier et de préparer les bases du lotissement des nouveaux centres de colonisation.

Fourrière publique.

15 juillet 1853.

Décision ministérielle concernant les animaux non réclamés.

Les objets et animaux mis en fourrière non réclamés dans les délais voulus doivent être vendus par les soins des agents de l'enregistrement et des domaines, conformément à la loi du 18 juin 1811. — Le produit de vente doit être encaissé par les agents de cette administration, au même titre que le produit des épaves, biens vacants, etc., attribués au Trésor par l'ordonnance du 17 janvier 1845, constitutive du régime financier en Algérie. — Le produit de la régie ou de la mise en ferme des fourrières constitue seul le revenu attribué par l'ordonnance du 28 septembre 1847, aux communes constituées et au budget local et municipal dans les localités non encore érigées en communes.

26 juillet 1864.

Décret concernant les ventes dans les localités où il n'y a pas d'agent des domaines (B. O. 125).

Art. 1. — Lorsqu'il y a lieu de procéder, en Algérie, en exécution de l'article 40 du décret du 18 juin 1811, à la vente des animaux et des objets périssables, mis en fourrière et sous le séquestre, dans une localité où ne réside pas un agent des domaines, le receveur de la circonscription peut, par une simple lettre, déléguer spécialement à cet effet le maire ou la personne faisant fonctions de maire dans la localité. Il lui envoie en même temps l'ordonnance du magistrat autorisant la vente, et, s'il y a lieu, les affiches nécessaires.

Art. 2. — La vente se fait au comptant. Il en est dressé un procès-verbal auquel sont annexées les pièces ci-dessus mentionnées.

Art. 3. — Le prix de la vente est touché par le délégataire. — Sur ce prix, le délégataire rembourse au gardien les frais de fourrière et de séquestre. Il prélève, en outre, les menus frais occasionnés par la vente. — Dans un délai de quinzaine au plus tard, il verse le reliquat à la caisse du receveur, auquel il fait parvenir en même temps le procès-verbal de la vente, les pièces y annexées et l'état des frais et menus frais. — Il en est accusé réception par simple lettre. — Cet accusé de réception vaut décharge.

G

Garantie des matières d'or et d'argent.

Même législation qu'en France.

21 juillet 1837.

Décret qui établit la garantie en Algérie (B. 512).

Art. 1. — Il est établi en Algérie des bureaux de garantie pour faire l'essai et constater les titres des ouvrages d'or et d'argent, ainsi que des lingots de ces matières qui y seront présentés

Art. 2. — Les lois, décrets et ordonnances, tarifs et réglements en vigueur en France sur la matière sont rendus applicables à l'Algérie, en ce qui concerne la fabrication et la vente desdits ouvrages d'or et d'argent.

Art. 3. — Par application des dispositions de l'article précédent, les ouvrages d'or et d'argent expédiés de France en Algérie, ou d'Algérie en France doivent, sans exception, être revêtus de l'empreinte des poinçons français de titre et de garantie en vigueur, et dans aucun cas, ils ne peuvent être admis au bénéfice de la restitution des deux tiers du droit.

Art. 4. — De même qu'en France, il y a en Algérie trois titres légaux pour les ouvrages d'or et deux pour les ouvrages d'argent, savoir : — pour l'or : — le 1er de 920 millièmes ; — le 2e de 840 millièmes ; — le 3e de 750 millièmes ; — et pour l'argent : — le 1er de 950 millièmes ; — le 2e de 800 millièmes. — La tolérance des titres, pour l'or, est de 3 millièmes ; et celle des titres, pour l'argent, de 5 millièmes.

Art. 5. — La garantie des titres des ouvrages et matières d'or et d'argent est assurée, en Algérie, par des poinçons semblables à ceux qui ont cours en France. — Le poinçon de chaque bureau de garantie a une marque distinctive qui est déterminée par l'administration des monnaies.

Art. 6. — Les fabricants et marchands d'objets d'or et d'argent sont tenus, dans le délai d'un an, à compter de la promulgation du présent décret, de porter au bureau de garantie de leur circonscription les ouvrages d'or, d'argent et de vermeil sans marque, ou déjà marqués de poinçons français d'exportation, pour y recevoir l'empreinte des poinçons de titre et de garantie, et y acquitter les droits. — Les objets marqués des poinçons usités chez les nations étrangères sont considérés comme étant dépourvus de toute empreinte, et conséquemment assujettis, dans le même délai, aux formalités sus-indiquées.

2 septembre 1858.

Nomination de trois contrôleurs, un par département (1).

25 mai 1859.

Arrêté ministériel relatif à l'exécution du décret précédent (B. M. 27).

Art. 1. — A partir de la notification qui leur aura été faite du présent arrêté, les essayeurs indigènes désignés sous le nom d'*amin el fodda* et *el sekka* cesseront d'avoir qualité pour procé-

(1) A Constantine et à Oran, les fonctions de contrôleurs sont remplies depuis longtemps par un commis de l'administration des contributions diverses.

der au contrôle des objets d'or, d'argent et de vermeil.

6 août 1859.

Décret concernant les montres étrangères importées (B. M. 34).

Art. 1. — Les montres d'origine étrangère importées en Algérie devront être désormais dirigées, par acquits-à-caution et sous le plomb de la douane d'entrée, sur le bureau de garantie d'Alger, pour y être essayées et marquées, et y acquitter les droits déterminés par la loi.

26 juillet 1860.

Décision ministérielle relative aux ouvrages d'or et d'argent importés d'Algérie en France.

Les ouvrages d'or et d'argent revêtus des poinçons légaux en usage, soit dans la métropole, soit dans la colonie, seront affranchis d'un nouveau contrôle à leur arrivée d'Algérie en France, pourvu que les colis, accompagnés d'un certificat des bureaux de garantie algériens, soient en outre présentés sous le plombage intact de la douane du point de départ à laquelle ils devront avoir été préalablement transportés, sous les plombs et cachets du service de la garantie.

9 octobre 1865.

Décret instituant quatre contrôles secondaires de garantie à Bône, Sétif, Philippeville et Batna.

11 juin 1872.

Décret qui rend exécutoire en Algérie la loi du 30 mars 1872 portant élévation des droits de garantie (B. O. 422).

28 janvier 1875.

Décret qui établit deux contrôles secondaires de la garantie à Tlemcen et à Mostaganem (B. O. 595).

Art. 1. — Il est établi, dans les villes de Tlemcen et de Mostaganem, des contrôles secondaires de la garantie pour faire l'essai et la marque des ouvrages de lingots d'or et d'argent qui y seront présentés.

Art. 2. — La circonscription de chacun de ces contrôles est fixée ainsi qu'il suit :

Contrôle de Tlemcen.

L'arrondissement de Tlemcen, la subdivision militaire de Tlemcen comprenant les cercles de Sebdou, Lalla-Maghnia et Nemours.

Contrôle de Mostaganem.

L'arrondissement de Mostaganem, l'annexe de Mostaganem, le cercle d'Ammi-Moussa et l'annexe de Zemorah.

Art. 3. — Les dispositions du décret du 24 juillet 1857 sont et demeurent applicables aux deux bureaux de garantie de Tlemcen et de Mostaganem.

Gardes coloniaux.

18 décembre 1842.

Arrêté ministériel contenant organisation des commissariats civils (B. 137).

Art. 45. — Les gardes coloniaux exercent dans l'étendue du district pour lequel ils sont assermentés les fonctions de garde-champêtres. — Ils ont qualité pour constater tous les crimes, délits ou contraventions qui s'y commettent. — Les procès-verbaux rédigés par eux pour contraventions de police municipale ou rurale font foi jusqu'à preuve contraire. Les gardes coloniaux peuvent toujours être entendus comme témoins à l'appui de leurs procès-verbaux.

Art. 52. — Les gardes coloniaux ont qualité pour faire fonctions d'huissier dans le ressort auquel ils sont attachés.

Art. 55. — Dans tous les cas où les gardes coloniaux procèdent en qualité d'huissiers, leurs actes font même foi en justice, et sont assujettis à l'accomplissement des mêmes formalités que ceux des huissiers ordinaires. — Dans les mêmes cas, lorsqu'ils instrumentent à la requête et dans l'intérêt des parties, ils ont droit, indépendamment de leurs déboursés dûment justifiés, au tiers des honoraires qui seraient dus aux huissiers pour les actes de même nature. Ces honoraires sont, s'il y a lieu, taxés par le président du tribunal de première instance du ressort. — Il ne leur est alloué aucun salaire pour les notifications qu'ils sont chargés de faire, ou toute matière, par ordre du commissaire civil ou à la requête du ministère public.

Art. 56. — Le traitement du garde colonial spécialement chargé des fonctions d'huissier est du quart en sus de celui des autres gardes coloniaux. Il est remplacé, quand il y a lieu, par le procureur général, qui peut aussi prononcer, selon les cas, la suspension dudit agent, pour toutes fautes commises dans l'exercice de ses fonctions, auquel cas la suspension entraîne, pendant tout le temps de sa durée, la privation du traitement attaché à l'emploi.

Art. 57. — Chacun des gardes coloniaux doit tenir un répertoire, sur lequel il mentionne, jour par jour, et par ordre de dates, les actes et procès-verbaux de toute nature, qu'il formalise, soit à titre d'huissier, soit comme officier de police judiciaire. — Ce registre, coté et parafé par le commissaire civil, doit être représenté à toute réquisition de l'autorité; il est soumis, tous les trois mois au moins, au visa du receveur de l'enregistrement le plus voisin.

Art. 58. — Tous les actes du ministère des gardes coloniaux, en matière judiciaire, sont soumis à l'enregistrement, conformément à l'ordonnance du 19 octobre 1841.

Gendarmerie.

La gendarmerie a été organisée en Algérie avec la conquête, et soumise aux lois et règlements qui la régissent en France. Une ordonnance du 31 août 1839 l'a constituée sous le nom de légion de gendarmerie d'Afrique. L'effectif de la légion s'est successivement accru de brigades à pied ou à cheval et d'auxiliaires indigènes; il comprenait, au 1er janvier 1878, d'après l'annuaire officiel, 24 officiers, 590 hommes à cheval et 235 à pied, divisés en 4 compagnies, savoir :

Compagnies.	Officiers.	A cheval.	A pied.	Total.
1re Alger.....	6	125	72	203
2e Miliana ...	5	90	51	146
3e Constantine.	7	185	61	253
4e Oran	6	190	51	247
	24	590	235	849

Si à ce chiffre de 849 hommes on ajoute les 5 nouvelles brigades créées le 2 janvier 1878, et les 44 auxiliaires indigènes adjoints aux 26 qui existaient déjà, on constate que l'effectif de la gendarmerie s'élevait au 30 juin 1878 à 919 hommes : 849 Français et 70 indigènes. Ces indigènes sont répartis entre 35 brigades, à raison de 2 par brigade, ce qui porte l'effectif de ces brigades de 5 à 7 hommes. Il y a 7 de ces brigades dans la compagnie d'Alger, 5 dans celle de Miliana, 16 dans celle de Constantine et 7 dans celle d'Oran.

31 août 1839.

Ordonnance créant la légion de gendarmerie d'Afrique (B. 69).

29 mai 1846.

Arrêté du gouverneur conférant aux brigadiers de gendarmerie les fonctions d'huissiers (B. 285).

V. *Huissiers* (Décret du 11 mai 1874).

1er mars 1854.

Décret portant règlement sur l'organisation et le service de la gendarmerie (Journal militaire, 1854, p. 39).

24 avril 1858.

Décision portant notamment que le service des officiers de gendarmerie, comme officiers de police judiciaire, est du ressort du ministre de la justice.

3 octobre 1860.

Décret qui attache à la légion d'Afrique des auxiliaires indigènes (Journal militaire 1860 p. 156).

30 avril 1872.

Décret qui constitue les sous-officiers ou commandants de brigades de gendarmerie officiers de police judiciaires auxiliaires du procureur de la République et du général de division pour la partie de leurs circonscriptions située en territoire militaire (B. O. 413).

13 mars 1875.

Loi sur la constitution des cadres portant que la gendarmerie comprend la gendarmerie d'Afrique et que toutes les troupes de gendarmerie sont constituées conformément aux décrets et règlements en vigueur (article 32) (B. lois XII n° 4189).

24 juillet 1875.

Décret modifiant le chapitre V, titre IV du décret du 1er mars 1854, relatif à la précité (B. lois XII n° 4608).

2 janvier 1878.

Création de 5 nouvelles brigades.

16 mai 1878.

Décision du gouverneur portant le nombre des auxiliaires indigènes à 70.

Géomètres.

C'est là un service auxiliaire, établi temporairement, indépendant des contributions directes et du cadastre, et placé sous les ordres du gouverneur et des préfets.

8 avril 1875.

Arrêté du gouverneur créant des brigades de géomètres pour la levée des plans, et fixant leur rétribution (B. O. 603).

Art. 1. — Il est créé en Algérie des brigades de géomètres, dont les travaux seront rémunérés d'après le tarif proportionnel porté à l'article 8 ci-après :

Art. 2. — Chaque brigade, recrutée et dirigée exclusivement par un géomètre en chef du cadastre, comprend au moins deux triangulateurs et vingt géomètres.

Art. 3. — Le géomètre en chef est pécuniairement responsable des travaux exécutés par les géomètres placés sous ses ordres, sauf son recours contre eux. Il est assisté d'un employé de confiance, commissionné, qui l'aide pour la vérification des plans.

Art. 4. — Les géomètres en chef, dirigeant les brigades, seront commissionnés par le gouverneur général de l'Algérie; les autres agents reçoivent une commission du préfet. Ces derniers ne pourront être révoqués que dans le cas d'incapacité ou d'inconduite, sur le rapport motivé du géomètre en chef.

Art. 5. — Le gouverneur général de l'Algérie garantit des travaux, pendant dix ans au moins, à tous les agents commissionnés qui resteront dans les brigades.

Art. 6. — Le passage gratuit sur les paquebots de Marseille ou de Corse en Algérie sera accordé aux agents et à leur famille. Les géomètres en chef recevront un permis de passage de première classe, les autres agents un permis de deuxième classe.

Art. 7. — Les travaux confiés aux brigades sont des levées et des plans rapportés à l'échelle de 1 à 4,000; les parties de ces plans qui offriraient un trop grand morcellement devront être développées à l'échelle de 1 à 2,000, ou même de 1 à 1,000.

Art. 8. — La rétribution des travaux effectués est fixée ainsi qu'il suit :

GÉOMÈTRES EN CHEF.

Pour direction, surveillance et vérification, *trente* centimes par hectare et *dix* centimes par parcelle, s'il y a plus d'une parcelle à l'hectare, ou *vingt* centimes s'il y en a moins.

TRIANGULATEURS.

Pour triangulation sur le terrain, registre et canevas en double, avec deux points par cent hectares, *quinze francs* par point.

GÉOMÈTRES.

Pour levée sur le terrain et rapport aux échelles déterminées à l'article précédent, reconnaissance des propriétés et des natures de culture, tableau indicatif, mise au net des plans à l'encre de Chine, écritures, filets de couleur, cartouches, échelles et autres travaux accessoires, *un franc quatre-vingt-dix centimes* par hectare, et *un franc cinquante centimes* par parcelle.

Art. 9. — Dans ce tarif sont compris la rémunération de l'employé de confiance auquel le géomètre en chef confie une partie des vérifications, et les frais de voyage, d'instruments, de chaîneurs, de papiers et autres dépenses à la charge du personnel des brigades.

Art. 10. — Le géomètre en chef subira une retenue sur les trois quarts des remises qu'il recevra pour le service des pensions civiles, conformément à la loi du 9 juin 1853, le dernier quart étant considéré comme indemnité de frais de bureau et de tournées.

Art. 11. — Il est alloué à chaque agent commissionné une indemnité d'entrée en campagne de *deux cents francs* pour achat de tente et de matériel de campagne.

Art. 12. — En cas de maladie constatée, il serait accordé aux agents une indemnité de *cinq francs* par jour, ou leur admission, aux frais de l'État, dans un hôpital militaire, où ils seront traités au même titre que les officiers de l'armée.

Le gouverneur général reste juge du laps de temps pendant lequel ces immunités sont assurées.

Art. 13. — Le géomètre en chef, sous sa responsabilité, soumet à l'ordonnancement du préfet les payements des à-compte, qui seront échelonnés conformément aux dispositions de l'article 22 du règlement du 26 janvier 1874 (*topographie*).

Ces payements seront faits nominativement et suivant l'importance des travaux effectués. Une situation sera adressée tous les trois mois au préfet par chaque géomètre en chef; elle indiquera, pour chaque agent, le degré d'avancement de ses travaux.

Art. 14. — Les calculs parcellaires et les copies de plans pour les différents services sont à la charge de l'administration.

24 septembre 1875.

Arrêté du gouverneur portant que les géomètres auxiliaires des provinces d'Alger et d'Oran sont réunis en une seule brigade dite brigade de l'Ouest, *et que ceux de la province de Constantine constituent la* brigade de l'Est.
(B. Préfecture de Constantine, 1875, p. 70.)

Gouvernement général.

L'ordonnance du 22 juillet 1834 a consacré légalement la conquête et constitué la première organisation des services publics dans la colonie. Elle a disposé que l'Algérie serait régie par des ordonnances; que la guerre et la marine dépendraient de leurs ministères respectifs et que la haute administration serait confiée, sous l'autorité et la direction du ministère de la guerre, à un gouverneur général. Le 1er septembre suivant, un arrêté ministériel a complété ces dispositions en étendant l'action du gouverneur sur tous les services et en plaçant sous son autorité tous les fonctionnaires civils et militaires. Quelques modifications de détail ont été apportées à ce régime par les ordonnances du 31 août 1838, 15 avril 1845 et 1er septembre 1847; puis en 1848, les cultes, l'instruction publique, la justice et les douanes ont été rattachées à leurs ministères respectifs (arrêtés des 14 et 20 août et 12 octobre). Dix ans plus tard, le gouvernement général a été supprimé pour donner place au minis-

tère de l'Algérie et des colonies; mais ce ministère n'a pas eu une longue durée; un décret du 10 décembre 1860 a rétabli l'organisation précédente et donné au gouverneur des attributions plus étendues que celles résultent des ordonnances antérieures. Le gouverneur a reçu, en effet, les pouvoirs que venait d'exercer le ministre de l'Algérie et le droit de correspondre directement avec le chef de l'État; assisté d'un Conseil du gouvernement et d'un Conseil supérieur, il a été chargé de la haute administration, et spécialement de préparer le budget annuel de l'Algérie, l'assiette et la répartition des impôts, d'arrêter les sous-répartitions par chapitres et d'ordonnancer les dépenses.

En 1870 la direction de l'administration algérienne passa du ministère de la guerre à celui de l'intérieur, la division du budget en chapitres fut attribuée au pouvoir législatif, le gouverneur s'appela gouverneur général civil, il n'exerça plus directement le commandement des troupes et devint responsable devant les Chambres; un décret postérieur, celui du 10 juin 1873 disposa que le gouverneur pourrait, lorsqu'il remplirait les conditions déterminées par la loi, recevoir, par délégation spéciale des ministres de la guerre et de la marine, le commandement supérieur des forces de terre et de mer. M. le général Chanzy a reçu cette délégation; il est donc tout à la fois commandant du 19e corps d'armée et gouverneur général civil de l'Algérie.

Comme commandant du 19e corps, il exerce tous les pouvoirs confiés par la loi aux chefs militaires.

Comme gouverneur, il exerce les attributions définies par le décret du 10 décembre 1860 et consacrées par un grand nombre de décrets postérieurs relatifs à diverses matières, et sous son autorité une administration hiérarchique qui comprend : en territoire civil, le directeur des affaires civiles et financières, les préfets, les sous-préfets et les services organisés, (moins ceux qui sont rattachés à leurs ministères) et en territoire militaire, le chef d'état-major général, les généraux de division, les commandants militaires et leurs auxiliaires.

22 juillet 1834.

Ordonnance portant organisation de l'administration supérieure.

Art. 1. — Le commandement général et la haute administration des possessions françaises dans le nord de l'Afrique (ancienne régence d'Alger) sont confiés à un gouverneur général.

Il exerce ses pouvoirs sous les ordres et la direction de notre ministre secrétaire d'État de la guerre (aujourd'hui de l'intérieur).

Art. 4. — Jusqu'à ce qu'il en soit autrement ordonné, les possessions françaises dans le nord de l'Afrique seront régies par nos ordonnances.

Art. 6..... — L'administration de l'armée et celle de la marine demeurent soumises aux lois et ordonnances qui les régissent.

1er septembre 1834.

Arrêté ministériel relatif aux attributions du gouverneur.

Art. 16. — Le gouverneur général a sous son autorité tous les fonctionnaires civils et militaires.

16 août 1843.

Arrêtés rattachant l'instruction publique et les cultes à leurs ministères respectifs (B. 284).

20 août 1843.

Arrêté rattachant le service de la justice au ministère de la justice (B. 284).

12 octobre 1843.

Arrêté rattachant le service des douanes au ministère des finances (B. 324).

4 novembre 1843.

Constitution (B. 408).

Art. 109. — Le territoire de l'Algérie est déclaré territoire français et sera régi par des lois particulières jusqu'à ce qu'une loi spéciale le place sous le régime de la présente constitution.

16 décembre 1848.

Arrêté portant règlement d'attributions (B. 313).

TITRE I.

GOUVERNEMENT.

CHAPITRE 1. — *Attributions du gouverneur général.*

Art. 1. — Le gouverneur général promulgue les lois, décrets et règlements exécutoires en Algérie.

Art. 6. — Le gouverneur général assure le maintien de l'ordre et de la sécurité publique. — Dans les cas imprévus où ces intérêts seraient gravement compromis, il prend, sous sa responsabilité, les mesures autorisées par les lois de la métropole. — Il en rend compte immédiatement au ministre de la guerre.

Art. 7. — Le gouverneur général saisit le conseil du gouvernement des affaires qui doivent lui être soumises. — Il transmet, avec son avis au ministre compétent, les délibérations de ce conseil.

Art. 10. — Le gouverneur général a la haute direction de toutes les mesures qui intéressent la colonisation en Algérie. Il adresse à cet égard ses instructions aux préfets, qui lui rendent compte de leur exécution.

10 décembre 1860.

Décret portant organisation du gouvernement et de la haute administration de l'Algérie (B. G. 1).

Art. 1. — Le gouvernement et la haute administration de l'Algérie sont centralisés à Alger sous l'autorité d'un gouverneur général. — Le décret de nomination du gouverneur général est contre-signé par notre ministre d'État.

Art. 2. — Le gouverneur général rend compte directement à l'empereur de la situation politique et administrative du pays.

Art. 3. — Le gouverneur général commande les forces de terre et de mer en Algérie; toutefois, le ministre de la guerre et le ministre de la marine conservent, sur l'armée et sur la marine, l'autorité qu'ils exercent sur les armées en campagne et les stations.

Art. 4. — Sous-gouverneur. (Abrogé.)

Art. 5. — La justice, l'instruction publique et les cultes rentrent dans les attributions des départements ministériels auxquels ils ressortissent en France. Toutefois, les écoles françaises-arabes et les écoles indigènes restent dans les attributions exclusives du gouverneur général.

Art. 6. — Le gouverneur général, sauf en ce qui concerne l'instruction publique, les cultes, la magistrature française et les officiers ministériels, nomme directement à tous les emplois qui étaient à la désignation du ministre de l'Algérie (1). Pour les nominations des fonctionnaires qui doivent être faites par nous et qui n'appartiennent pas à l'instruction publique, aux cultes et à la justice, le gouverneur général adresse ses propositions au ministre de la guerre, qui nous les soumet.

Art. 7. — Les actes de haute administration et de gouvernement qui doivent émaner de nous et qui ne concernent ni la justice, ni la marine, ni l'instruction publique et les cultes, nous sont, sur les propositions du gouverneur général, présentés par notre ministre de la guerre, et les décrets sont contre-signés par lui. — Le gouver-

(1) C'est-à-dire aux emplois non compris dans ceux qui sont à la nomination des préfets (Décret du 27 octobre 1858).

neur général statue sur toutes les autres affaires administratives qui n'ont point été placées dans les attributions d'une autre autorité.

Art. 8. — Le procureur général pr` la cour d'Alger fait, chaque mois, un rapport au gouverneur général, et il lui remet le double des rapports généraux adressés au garde des sceaux. — Aucune poursuite contre un fonctionnaire français ou indigène ne peut avoir lieu sans que le procureur général n'ait remis au gouverneur général le double du rapport qu'il adresse à notre garde des sceaux, pour être transmis, s'il y a lieu, à notre Conseil d'État, conformément à l'article 75 de la constitution de l'an VIII (1).

Art. 9. — Un conseil consultatif est placé auprès du gouverneur général et sous sa présidence (2).

Art. 10. — Tout acte engageant le domaine de l'État ou contenant aliénation dudit domaine, à quelque titre que ce soit, et rentrant dans les pouvoirs du gouverneur général, doit être fait en conseil consultatif. Toute amodiation dépassant dix-huit années pour les biens de l'État, quelle que soit la nature des biens, ne pourra être faite que par nous, notre Conseil d'État entendu. — Le conseil consultatif est nécessairement appelé à délibérer sur les actes concernant le domaine qui doivent, aux termes de la législation en vigueur, être soumis à notre Conseil d'État. — Un décret déterminera les autres affaires sur lesquelles le conseil consultatif sera nécessairement appelé à donner son avis.

Art. 11. — Le gouverneur général prépare le budget annuel de l'Algérie, l'assiette et la répartition des divers impôts.

Art. 12. — Le budget et les répartitions mentionnés en l'article précédent sont soumis à l'examen d'un conseil supérieur (3).

Art. 13. — Après délibération du conseil supérieur, le projet de budget et les répartitions sont arrêtés par le gouverneur général, et nous sont soumis par notre ministre (aujourd'hui de l'intérieur).

Art. 14. — La sous-répartition des fonds alloués au budget réparti par chapitres est arrêtée par le gouverneur général, après délibération du conseil supérieur.

Art. 15. — Les dépenses et les recettes provinciales et communales continueront d'être réglées conformément à la législation en vigueur.

Art. 16. — Les crédits ouverts au budget général et aux budgets provinciaux de l'Algérie sont mis à la disposition du gouverneur général. — Le gouverneur général délègue aux ordonnateurs secondaires partie des crédits qui lui sont ouverts pour servir à l'acquittement des dépenses dont il ne se réserve pas l'ordonnancement

direct. — L'état de ces ordonnateurs est adressé au ministre des finances.

Art. 17. — Les conseils généraux des provinces sont maintenus tels qu'ils ont été institués par le décret du 27 octobre 1858 (1). — Les attributions des généraux de division et des préfets sont également maintenues telles qu'elles ont été déterminées par ledit décret. — Toutefois, le gouverneur général pourra autoriser les généraux commandants de division à se faire représenter dans les conseils généraux par les directeurs des fortifications.

Art. 18. — Toutes les dispositions contraires au présent décret sont et demeurent rapportées

24 octobre 1870.

Décret contenant organisation administrative de l'Algérie (B. G. 313).

Art. 2. — Sont abolis les décrets du 10 décembre 1860, du 20 avril et du 22 mai 1861, la décision impériale du 3 novembre 1862, les décrets du 11 juin 1863 et du 7 juillet 1864.

Art. 3. — L'Algérie renferme trois départements : le département d'Alger, le département d'Oran, le département de Constantine.

Art. 4. — Les trois départements de l'Algérie constituent un seul et même territoire : néanmoins, jusqu'à ce qu'il en ait été décidé autrement, les populations européennes et indigènes, établies dans les territoires dits actuellement *territoires militaires*, continueront à être administrées par l'autorité militaire, sous la modification portée à l'article 8.

Art. 5. — Le gouvernement et la haute administration de l'Algérie sont centralisés à Alger sous l'autorité d'un haut fonctionnaire qui reçoit le titre de *gouverneur général civil des trois départements de l'Algérie*.

Art. 6. — Un général de division, commandant les forces de terre et de mer réunies dans les trois départements, administre les populations européennes et indigènes actuellement soumises à l'autorité militaire, comme il est dit à l'article 4. — Il a sous ses ordres les bureaux arabes. — Toutefois, le ministre de la guerre et le ministre de la marine conservent sur l'armée et sur la marine, en Algérie, l'autorité qu'ils exercent sur les armées en campagne et sur les stations navales.

Art. 7. — Chaque département est administré par un préfet qui exerce, sous l'autorité supérieure du gouverneur général civil, les attributions conférées aux préfets des départements de la République. Il reçoit les instructions du gouverneur général civil pour toutes les affaires qui intéressent la colonisation, et lui rend compte de leur exécution. — En cas d'absence, le préfet est remplacé par son secrétaire général.

(1) L'article 75 a été abrogé par décret du 5 septembre 1870.
(2) V. *Conseil du gouvernement.*
3) V. *Conseil supérieur.*

(1) V. *Conseils généraux.*

20

Art. 8. — (Paragraphe 1er abrogé.) — Le préfet a, sous ses ordres les chefs des différents services civils et financiers dont l'action s'étend sur les diverses populations de l'Algérie et qu'il surveille en vertu de son autorité directe. — Tout centre où l'autorité civile jugera qu'il existe un nombre d'Européens suffisant pour former un conseil municipal sera constitué en commune qui relèvera de l'autorité préfectorale.

Art. 9. — Les préfe... et les commandants militaires chargés de l'administration des départements de l'Algérie seront tenus d'adresser chaque trimestre au gouverneur général civil un rapport détaillé sur la situation de chaque administration.

Art. 10. — Le gouverneur général civil correspond avec chaque ministre selon la nature des affaires; chaque année un rapport général détaillé est remis par lui au conseil des ministres, imprimé et communiqué à l'Assemblée des représentants du peuple.

Art. 11. — Le gouverneur général civil ne peut être représentant du peuple; mais il a entrée à la Chambre, qui peut d'ailleurs l'appeler dans son sein, et devant laquelle il est responsable de ses actes. — En cas d'absence, il peut déléguer, sous sa propre responsabilité, au secrétaire général du gouvernement de l'Algérie, la signature des affaires courantes de son administration.

Art. 12. — Secrétariat général (remplacé par la direction générale des affaires civiles et financières).

Art. 13 et 14 (abrogés).

Art. 15. — Il n'est dérogé en rien à la législation actuelle sur les attributions des conseils généraux et des conseils municipaux en Algérie. — Un décret ultérieur fixera la composition et le mode d'élection de ces conseils.

Art. 16. — Toutes dispositions contraires au présent décret sont et demeurent abrogées. — Le présent décret sera exécutoire dans les formes prescrites par l'article 4 de l'ordonnance du 27 novembre 1816 et par l'ordonnance du 18 janvier 1817.

29 mars 1871.

Arrêté qui nomme M. le vice-amiral de Gueydon gouverneur général civil et M. Testu directeur des affaires civiles et financières (B. O. 363).

Art. 1. — M. le vice-amiral comte de Gueydon est nommé gouverneur général civil de l'Algérie. Il a sous ses ordres les commandants des forces de terre et de mer, le directeur général des affaires civiles et financières, et, en général, tous les services administratifs concernant les Européens et les indigènes.

6 mai 1871.

Arrêté rétablissant le budget du gouvernement général de l'Algérie (B. O. 365).

Art. 1. — Les décrets du 4 février 1871 (1) sont rapportés.

Art. 2. — Le budget du gouvernement général de l'Algérie est rétabli, conformément à la nomenclature par chapitres adoptée par la loi de finances du 27 juillet 1870. Toutefois, comme conséquence de la substitution du régime civil au régime militaire en Algérie, ce budget est distrait du ministère de la guerre et formera une annexe à celui du ministère de l'intérieur.

Art. 3. — Les fonds alloués pour l'ensemble des dépenses générales de l'Algérie sont ouverts au ministère de l'intérieur, qui délègue au gouverneur général civil de l'Algérie la disposition des crédits distribués mensuellement. — Le gouverneur général civil sous-délègue aux ordonnateurs secondaires qu'il désigne les crédits qu'il ne s'est pas réservés pour des ordonnancements directs.

Art. 4. — Un arrêté ultérieur déterminera les détails des attributions respectives, en matière de budget, du ministre de l'intérieur et du gouverneur général civil de l'Algérie.

Art. 5. — Les dispositions qui précèdent seront soumises à la sanction définitive de l'Assemblée nationale; cependant, en raison de l'urgence et pour assurer la marche régulière des services, elles seront mises immédiatement à exécution.

Art. 6. — Les ordonnances de délégation émises par les divers ministres pour les dépenses afférentes au budget du gouvernement général de l'Algérie seront distraites des écritures des ministères intéressés et cumulées avec celles délivrées avant le 4 février 1871, ou qui seront délivrées ultérieurement au titre de ce budget, pour ne former, en fin d'exercice, qu'un seul et même compte.

10 juin 1873.

Décret qui modifie celui du 24 octobre 1870 (B. O. 486).

Art. 1. — Le gouverneur général civil de l'Algérie pourra, lorsqu'il remplira les conditions voulues par la loi pour exercer un commandement militaire, recevoir, par délégation spéciale des ministres de la guerre et de la marine, le commandement supérieur des forces de terre et de mer.

Art. 2. — Le décret du 24 octobre 1870 est abrogé dans ce qu'il a de contraire au présent décret.

(1) Ces décrets disposaient: l'un, que le budget de l'Algérie serait réparti entre les divers ministères; l'autre, que le ministre des finances était chargé de la liquidation des dépenses en ce qui concernait les services du gouvernement de l'Algérie.

10 juin 1873.

Décret qui nomme le général Chanzy gouverneur général civil de l'Algérie (B. O. 480).

Art. 1. — M. le général de division Chanzy (Antoine-Eugène-Alfred), commandant le 7e corps d'armée, membre de l'Assemblée nationale, est chargé, à titre de mission temporaire, des fonctions de gouverneur général civil de l'Algérie, en remplacement de M. le vice-amiral comte de Gueydon, appelé à d'autres fonctions.

Il commandera les forces de terre et de mer.

Art. 2. — Les ministres de l'intérieur, de la guerre, etc.

18 décembre 1874.

Décret qui place le service des prisons dans les attributions directes du ministère de l'intérieur (B. O. 588).

Greffiers.

Même législation qu'en France. Le nombre de ces officiers ministériels est aujourd'hui de 84 : 1 à la cour, 13 aux tribunaux civils ou de commerce, et 70 aux justices de paix.

19 octobre 1841.

Ordonnance qui rend exécutoires en Algérie les lois qui régissent en France les droits de greffe, sauf réduction à moitié (B. 107).

23 juin 1843.

Arrêté du gouverneur relatif à la consignation des frais au greffe (B. 152).

Art. 1. — En matière civile et de commerce, tant en première instance qu'en appel, toute partie devra, soit par elle-même, soit par les soins de son défenseur constitué, déposer entre les mains du greffier, avant l'insertion de la cause au rôle, la somme présumée nécessaire pour couvrir les droits de timbre et d'enregistrement.

Art. 2. — A défaut de liquidation préalable de la somme à déposer, cette somme ne pourra être moindre de 12 francs.

Art. 3. — Les dispositions ci-dessus ne dispenseront en aucune manière les greffiers de se conformer, le cas échéant, aux prescriptions de l'article 37 de la loi du 22 frimaire an VII.

9 février 1845.

Ordonnance concernant les droits de greffe (B. 196).

Art. 1. — Le greffier de la cour royale d'Alger et ceux des tribunaux de première instance, de commerce et de paix de l'Algérie, percevront à leur profit les droits et remises qui sont alloués aux greffiers de France, outre le traitement fixe qui sera déterminé par notre ministre secrétaire d'État de la guerre; le tout à la charge par eux de faire face aux dépenses du greffe. Toutefois, les remises proportionnelles sur les droits attribués en France au Trésor public ne seront perçues, en Algérie, par les greffiers, que sur la moitié des mêmes droits, conformément à l'article 2 de notre ordonnance du 19 octobre 1841.

Art. 2. — L'article 91 de la loi du 28 avril 1816 n'est point applicable aux greffiers de l'Algérie. — Tout traité pour la cession ou la transmission d'offices, à quelque époque qu'il apparaisse, et alors même qu'il n'aurait point reçu d'effet, entraînera la révocation, soit du greffier en exercice, soit de son successeur, si la nomination avait suivi le traité.

Art. 3. — A l'avenir, les greffiers de la cour royale et les greffiers des tribunaux de première instance de l'Algérie nommeront, sous l'approbation du procureur général (1), et présenteront au serment, des commis greffiers dont le nombre et le traitement seront fixés par un arrêté de notre ministre de la guerre (aujourd'hui de la justice). Ces commis greffiers seront salariés par l'État.

Les commis greffiers dont l'établissement paraîtrait nécessaire pour les besoins du service dans les tribunaux de commerce et les justices de paix de l'Algérie seront également nommés et présentés au serment par les greffiers en chef de ces juridictions, sous l'approbation du procureur général. Ils seront salariés par le greffier en chef.

Art. 4. — La présente ordonnance sera exécutoire pour toute l'Algérie, à partir du 1er mars prochain.

Art. 5. — Sont abrogées toutes dispositions contraires à la présente ordonnance, dont notre ministre de la guerre est chargé d'assurer l'exécution.

16 février 1845.

Arrêté ministériel sur le nombre de greffiers et leur traitement (B. 196).

Art. 1. — Il y a, près la cour d'Alger, un greffier en chef et deux commis greffiers (2) ;

Près le tribunal de première instance d'Alger, un greffier et deux commis greffiers (3) ;

Près chacun des tribunaux de première instance de Blida, Bône, Oran et Philippeville, un greffier et un commis greffier (4) ;

(1) Les commis greffiers à la Cour sont présentés par le greffier en chef et ne sont acceptés qu'après avoir justifié de leur capacité devant une commission nommée à cet effet.
(2) Aujourd'hui quatre.
(3) Aujourd'hui trois.
(4) Oran deux commis greffiers et Constantine aussi.

près le tribunal de commerce d'Alger, un greffier ;

Près chacune des justices de paix, un greffier ;

Et près le tribunal de simple police d'Alger, un greffier.

Art. 2. — Le traitement de ces officiers publics est fixé de la manière suivante :

Greffier en chef de la cour d'appel. .	3,600 fr.
Commis greffiers.	2,400 (1)
Greffier du tribunal de première instance d'Alger.	2,400
Commis greffiers du même tribunal.	1,800
Greffiers des tribunaux de première instance de Blida, Bône, Oran et Philippeville.	2,000
Commis greffiers de ces tribunaux. .	1,500
Greffier du tribunal de commerce d'Alger.	1,800
Greffier des justices de paix d'Alger.	1,200
Greffier du tribunal de simple police de la même ville.	1,200
Greffiers des justices de paix du ressort.	1,000 (2)

1er février 1846.

Ordonnance relative aux cautionnements
(B. 219).

Art. 1. — Les greffiers près la cour et les tribunaux de l'Algérie sont soumis à un cautionnement qui est fixé comme il suit, savoir :

Greffier de la cour.	4,000 fr.
— du tribunal de première instance d'Alger.	4,000

(1) En vertu d'un décret du 22 septembre 1862, non promulgué.

(2) Le nombre des greffiers en exercice est de 81, savoir :

Ressort			
Ressort d'Alger.	Alger (ville).	5	11
	Autres localités.	6	
Ressort de Blida. . . .	Blida (ville).	2	13
	Autres localités.	11	
Ressort de Tizi-Ouzou.	Tizi-Ouzou (ville). . . .	2	6
	Autres localités.	4	
Ressort d'Oran.	Oran (ville).	3	8
	Autres localités.	5	
Ressort de Mostaganem.	Mostaganem (ville). . . .	2	9
	Autres localités.	7	
Ressort de Tlemcen. . .	Tlemcen (ville).	2	4
	Autres localités.	2	
Ressort de Constantine.	Constantine (ville). . . .	3	12
	Autres localités.	9	
Ressort de Bône. . . .	Bône (ville).	2	7
	Autres localités.	5	
Ressort de Bougie. . . .	Bougie (ville).	2	5
	Autres localités.	3	
Ressort de Philippeville.	Philippeville (ville). . .	2	5
	Autres localités. . . .	3	
Ressort de Sétif.	Sétif (ville).	2	4
	Autres localités.	2	

Greffier du tribunal de commerce d'Alger.	4,000 fr.
Greffier près les autres tribunaux de première instance.	3,000
Greffier près les justices de paix d'Alger.	2,000
Greffier près les autres justices de paix.	1,500
Greffier près le tribunal de simple police d'Alger.	1,500

Art. 2. — Les greffiers ne sont admis à la prestation du serment qu'après avoir justifié du versement de leur cautionnement.

Art. 3. — Le cautionnement des greffiers demeure affecté, par privilége, à la garantie des condamnations qu'ils auraient encourues, à l'occasion de l'exercice de leurs fonctions.

Art. 4. — Un délai de six mois, à partir de la promulgation de la présente ordonnance, est accordé aux titulaires actuels pour le versement du cautionnement exigé par l'article 1 ci-dessus.

Le greffier qui n'aura point satisfait à cette obligation pourra être considéré comme démissionnaire.

19 mai 1847.

Ordonnance relative au greffier du tribunal de commerce d'Oran (B. 256).

Art. 1. — Le greffier du tribunal de commerce d'Oran aura droit à un traitement annuel de 1,200 francs.

Seront d'ailleurs applicables au greffier de ce tribunal les dispositions de l'ordonnance du 9 février 1845.

Art. 2. — Le greffier du tribunal de commerce d'Oran ne sera admis à prêter serment et à exercer en cette qualité, qu'après avoir justifié du versement d'un cautionnement de 3.000 francs.

Ce cautionnement sera affecté par privilége à la garantie des condamnations que ce greffier aurait encourues à l'occasion de l'exercice de ses fonctions.

27 décembre 1858.

Décret qui crée le tribunal de commerce de Constantine (B. M. 11). — (Le greffier a été assujetti aux mêmes obligations que celui du tribunal de commerce d'Oran.)

13 mai 1863.

Décret promulguant en Algérie les décrets des 30 juillet et 8 décembre 1862 sur les droits alloués aux greffiers (B. O. 85).

4 mars 1875.

Droits d'expédition alloués aux greffiers des tribunaux de paix des arrondissements de Tizi-Ouzou et de Bougie (B. O. 597).

Art. 1. — Il est alloué aux greffiers de justice

do paix des deux arrondissements judiciaires de Tizi-Ouzou et de Bougie, en matière do justice arabe ou kabyle, lorsque l'expédition du jugement sera réclamée par les parties, un droit d'expédition de 75 centimes par rôle.

Est maintenu, au profit desdits grefflers, le droit fixe de 75 centimes déterminé par l'arrêté du 22 octobre 1861.

Art. 2. — Il est alloué aux grefflers des tribunaux de première instance de Tizi-Ouzou et de Bougie, et à celui de la cour d'appel d'Alger, 75 centimes par rôle d'expédition réclamée par les parties.

Il leur est alloué, en outre, en sus du droit d'expédition, un droit fixe de 3 francs, à titre de rémunération.

Ce droit sera supporté par la partie qui aura succombé et compris dans les dépens. Toutefois, si l'expédition du jugement est réclamée avant la consignation de ce droit au greffe du tribunal, il pourra être perçu, lors de la remise de l'expédition et compris dans le coût de celle-ci. Il ne pourra, dans tous les cas, être perçu qu'une seule fois.

16 novembre 1875.

Loi concernant le traitement des grefflers de justice de paix (Non promulguée et non appliquée en Algérie). (B. Lois XII, n° 4605.)

II

Hôpitaux.

Les hôpitaux civils de l'Algérie, après avoir été soumis, sans restriction, aux lois et règlements de France par un décret du 13 juillet 1849, ont été l'objet d'une organisation nouvelle (décret du 23 décembre 1871) et il leur a été accordé comme ressources spéciales un dixième de l'impôt arabe et huit centimes additionnels.

Les hôpitaux civils institués sont au nombre de 15, savoir : 4 dans le département d'Alger; à Alger-Mustapha, Douéra, Ménerville et Marengo , plus un asile des vieillards à Marengo ; 7 dans le département de Constantine ; à Constantine, Philippeville, Bône, Bougie , Jemmapes, Souk-Ahrras et l'Oued-Athmenia · 4 dans le département d'Oran; à Oran, Rélizane, Saint-Denis-du-Sig et Aïn-Témouchent.

Par décret du 13 avril 1876, il a, en outre, été fait une concession de terre à un particulier à la charge par lui de construire un établissement destiné à recevoir des malades.

Quant aux hôpitaux militaires, ils sont régis et administrés comme en France sur les ressources fournies par le ministère de la guerre. Ils sont au nombre de 45, savoir : 18 dans le département d'Alger, 12 dans celui de Constantine, et 15 dans celui d'Oran.

13 juillet 1849.

Décret qui rend applicables les lois de France (B. 328).

Art. 1. — Les hôpitaux et hospices civils de l'Algérie sont déclarés établissements publics, jouissant de l'existence civile. Ils exerceront tous les droits, prérogatives et actions attachés à ce titre. — Ils seront administrés, comme ceux de France, par des commissions gratuites, instituées dans les mêmes formes et ayant les mêmes attributions.

Art. 5. — En conséquence des dispositions qui précèdent, sont rendus exécutoires en Algérie les lois, ordonnances et règlements de la métropole actuellement en vigueur touchant l'organisation, la dotation, l'administration et la comptabilité des hospices.

1er juillet 1874.

Arrêté préfectoral portant que les médecins et chirurgiens titulaires de l'hôpital civil d'Alger seront choisis parmi les médecins et chirurgiens adjoints, et que ces derniers ne seront plus nommés qu'au concours (B. Préfecture d'Alger 1874, n° 25).

1er juillet 1874.

Arrêté préfectoral déterminant les fonctions de chef interne à l'hôpital d'Alger et portant que ces fonctions seront données au concours (B. Préfecture d'Alger 1874, n° 25).

14 juillet 1874.

Arrêté préfectoral déterminant les conditions du concours pour l'internat en médecine et en pharmacie à l'hôpital civil d'Alger (B. Préfecture d'Alger 1874, n° 25).

23 décembre 1874.

Décret portant organisation des hôpitaux en Algérie (B. O. 580).

TITRE I.

DISPOSITIONS ADMINISTRATIVES.

Art. 1. — Les hôpitaux et hospices civils de l'Algérie, qui ne sont pas propriété communale ou privée, sont, à titre d'établissements coloniaux, placés sous l'administration supérieure du préfet.

Art. 2. — Ils sont gérés par un receveur-économe, sous la direction d'une commission administrative, ou par un directeur responsable, assisté d'un receveur-économe et d'une commission consultative.

Ils peuvent également être régis au moyen de marchés à forfait, sous le contrôle d'une commission de surveillance et avec le concours du receveur municipal de la commune comme comptable.

Art. 3. — Le gouverneur général détermine en conseil de gouvernement, et, sur la proposition des préfets, le mode auquel est soumis chaque établissement. Il règle les cadres du personnel, ainsi que le traitement et le mode de nomination des agents.

Art. 4. — Les commissions administratives des hospices et hôpitaux surveillent et dirigent le service intérieur et extérieur des établissements auprès desquels elles fonctionnent; elles sont composées de cinq membres nommés par le préfet et du maire de la commune.

La présidence appartient au maire. Il a voix prépondérante en cas de partage. En cas d'absence du maire, la présidence appartient au plus ancien des membres présents, et, à défaut d'ancienneté, au plus âgé.

Les fonctions des commissions administratives sont gratuites.

Les commissions administratives sont renouvelées chaque année par cinquième. Le renouvellement est déterminé par le sort pendant les quatre premières années, et ensuite par l'ancienneté. Les membres sortants sont rééligibles.

Lesdites commissions peuvent être dissoutes par le gouverneur général, sur la proposition ou l'avis du préfet.

Les membres de ces commissions peuvent être individuellement relevés de leurs fonctions dans la même forme.

Art. 5. — Les commissions administratives règlent par leurs délibérations les objets suivants:

Le mode d'administration des biens et revenus des établissements hospitaliers; les conditions des baux et fermes de ces biens, lorsque leur durée n'excède pas dix-huit ans pour les biens ruraux et neuf pour les autres; le mode et les conditions des marchés pour fournitures et entretien, dont la durée n'excède pas une année; les travaux de toute nature dont la dépense ne dépasse pas 3,000 francs.

Toute délibération sur l'un de ces objets est exécutoire si, trente jours après la notification officielle, le préfet ne l'a pas annulée soit d'office pour violation de la loi ou d'un règlement d'administration publique, soit sur la réclamation de toute partie intéressée.

Les commissions administratives arrêtent également, mais avec l'approbation du préfet, les règlements du service tant intérieur qu'extérieur et de santé, et les contrats à passer avec les congrégations hospitalières.

Les commissions administratives délibèrent sur les objets ci-après énoncés, savoir:

1° Les budgets et comptes, en général, et toutes les recettes et dépenses des établissements;

2° Les acquisitions, aliénations et échanges de propriété des établissements et tout ce qui intéresse leur conservation, leur amélioration et leur affectation au service;

3° Les projets de travaux pour constructions, grosses réparations, et démolitions dont la valeur excède 3,000 francs;

4° Les conditions ou cahier des charges des adjudications de travaux et marchés pour fournitures ou entretien dont la durée excède une année;

5° L'acceptation des dons et legs;

6° Les placements de fonds et les emprunts;

7° Les actions judiciaires et les transactions.

Le président de la commission administrative peut toujours, à titre conservatoire, accepter en vertu de la délibération de la commission, des dons et legs faits à l'établissement. Le décret du pouvoir exécutif ou l'arrêté du préfet qui interviendra aura effet à partir du jour de cette acceptation.

Les commissions administratives soumettent, annuellement au préfet, le compte rendu moral et administratif de leur administration.

Art. 6. — Dans les établissements confiés à un directeur responsable; ce directeur est, sous les ordres et le contrôle directs du préfet, chargé de l'administration intérieure. Il exerce celle des biens et revenus de l'établissement. Il assure l'exécution des lois et règlements.

Art. 7. — Les commissions consultatives sont formées de trois membres nommés par le préfet, et du maire de la commune. Le directeur assiste aux séances avec voix délibérative, sauf lorsqu'il s'agit de l'examen de ses comptes.

Les règles portées en l'article 4 ci-dessus sont applicables à ces commissions.

Les commissions consultatives donnent leur avis sur les objets soumis aux délibérations des commissions administratives, tels qu'ils sont énumérés en l'article 5 ci-dessus.

Elles délibèrent en outre sur les comptes, tant en deniers qu'en matières, et sur les comptes moraux des directeurs, ainsi que sur toutes les mesures relatives au régime intérieur et au service économique.

Leurs délibérations sont directement transmises au préfet par le président.

Art. 8. — Les commissions de surveillance placées auprès des établissements régis par marchés à forfait, sont formées de quatre membres nommés par le préfet et du maire de la commune. Les règles portées en l'article 4 ci-dessus leur sont applicables. Elles donnent leur avis sur les objets soumis à leur examen par le préfet et s'assurent de la bonne et loyale exécution du marché en cours. Elles signalent, dans des rapports trimestriels adressés au préfet par le président, leurs observations sur la marche du service et les améliorations qui leur paraissent nécessaires.

Art. 9. — La comptabilité et le régime économique de chaque établissement, non géré à forfait, sont confiés à un receveur-économe, astreint à fournir un cautionnement dont le taux est fixé par l'arrêté de nomination.

Lorsque l'importance d'un établissement le comportera, les fonctions d'économe pourront être séparées de celles de receveur. Dans ce cas, l'économe sera également soumis à un cautionnement.

Art. 10. — Le service des médecins de colonisation forme une branche du service d'assistance hospitalière.

Les circonscriptions médicales sont déterminées par le gouverneur général sur la proposition du préfet, qui nomme les titulaires.

TITRE II.

DISPOSITIONS FINANCIÈRES.

Budgets particuliers des hopitaux et hospices.

Art. 11. — Chacun des hôpitaux et hospices compris dans le service des établissements coloniaux a son budget particulier.

Art. 12. — Ce budget, délibéré ainsi qu'il est dit dans l'article 6, est arrêté par le préfet.

Il comprend au titre des recettes :

Comme recettes ordinaires :

Les produits à provenir du remboursement du prix de la journée de traitement des malades :

1° Par les communes de toutes catégories (de plein exercice, mixtes et indigènes), en ce qui concerne les indigents ayant acquis le domicile de secours en Algérie;

2° Par le budget du gouvernement général de l'Algérie (dépenses sur ressources spéciales),

pour les indigents n'ayant pas acquis le domicile de secours;

3° Par les divers budgets en cause, pour les militaires et marins, ainsi que pour les détenus;

4° Par les particuliers et les corporations;

Les produits des biens, revenus, rentes et fermages;

Les produits divers, provenant de la vente des objets hors de service, débris et vidanges.

Comme recettes extraordinaires :

Les dons et legs;

Les subventions pour constructions et grosses réparations aux bâtiments, pour achat et renouvellement de matériel et de linge.

Comme recettes spéciales :

Les subventions provisoires mises à la disposition de l'établissement à titre de fonds de roulement et à charge de remboursement ultérieur.

Il pourvoit aux dépenses suivantes :

Dépenses ordinaires.

1° Personnel de l'établissement

2° Nourriture des malades;

3° Médicaments;

4° Entretien des bâtiments, du matériel, du mobilier et de la lingerie :

5° Blanchissage, chauffage et éclairage;

6° Frais d'assurance, tant des bâtiments que du matériel et du mobilier;

7° Menus frais divers.

Dépenses extraordinaires.

1° Dépenses de constructions et de grosses réparations;

2° Achat et renouvellement du matériel de la lingerie.

Dépenses spéciales.

Remboursement au budget de l'Algérie (ressources spéciales) des subventions provisoires pour fonds de roulement.

Art. 13. — Le budget particulier de chaque hôpital ou hospice est soumis aux règles de la comptabilité communale.

Les fonctions d'ordonnateur sont remplies suivant le mode d'administration de l'établissement par un membre de la commission administrative ou par le directeur.

Pour l'établissement régi à forfait, le préfet reste directement chargé du mandatement des dépenses.

Budget sur ressources spéciales à l'Algérie.

Art. 14. — Les recettes et les dépenses de l'assistance coloniale hospitalière, ci-dessous mentionnées, forment un chapitre au budget de l'Algérie (ressources spéciales).

PREMIÈRE PARTIE. — Recettes.

Les recettes afférentes au chapitre précité se composent des produits suivants :

1° Montant des centimes additionnels spéciaux,

réglés par les lois annuelles des finances en addition au principal des contributions directes;

2° l'art à prélever sur le contingent des centimes additionnels ajoutés à l'impôt arabe.

Cette part est annuellement déterminée par le gouvernement général, en conseil de gouvernement;

3° Recouvrement des avances faites au nom et pour le compte des communes, pour rembourser au budget de la guerre le prix des journées de traitement des malades civils domiciliés, admis dans les hôpitaux militaires;

4° Recouvrement des subventions provisoires comme fonds de roulement à la disposition des hôpitaux et hospices.

3° PARTIE. — Dépenses.

Les crédits inscrits annuellement au budget des dépenses, sur les ressources spéciales pour le service de l'assistance coloniale hospitalière, auront à pourvoir aux dépenses ci-après :

1° Remboursement aux établissements hospitaliers des frais de traitement des immigrants et des malades indigents n'ayant pas acquis le domicile de secours en Algérie ;

2° Avances pour remboursement au budget du ministère de la guerre, et pour le compte des communes, des frais de journées de traitement des malades domiciliés, admis dans les hôpitaux militaires ;

3° Subventions provisoires à la disposition des hôpitaux et hospices à titre de fonds de roulement.

4° Subventions aux communes de récente création, dont les ressources sont encore notoirement insuffisantes pour solder intégralement les journées des malades qui leur incombent ;

5° Subventions aux institutions charitables concourant à l'assistance hospitalière et particulièrement à celles qui sont chargées des soins à domicile ou des asiles de vieillards ;

6° Traitement des médecins de colonisation ;

7° Subventions aux hôpitaux et hospices pour achats de matériel et pour constructions et grosses réparations de bâtiments ;

8° Assistance des indigènes musulmans qui recevaient des secours ou des subsides sur les bien-*habous* des anciennes fondations charitables.

Art. 15. — Les subventions provisoires mises à la disposition des hôpitaux et hospices, à titre de fonds de roulement, pour les débuts du fonctionnement, sont déterminées par le gouverneur général, sur la proposition des préfets.

Art. 16. — Les évaluations de recettes et de dépenses sont arrêtées provisoirement par le gouverneur général, en conseil du gouvernement, et définitivement réglées par la loi de finances portant fixation du budget général de l'exercice.

Art. 17. — Les recettes rattachées au budget de l'Algérie (ressources spéciales) sont versées dans les caisses des trésoriers-payeurs, au titre du service de l'assistance hospitalière.

TITRE III

DISPOSITIONS GÉNÉRALES

Art. 18. — Le remboursement des frais de journées de traitement de leurs indigents malades, ayant le domicile de secours, constitue, pour les communes, une dépense obligatoire.

Ce remboursement s'effectue mensuellement au budget particulier de chaque établissement hospitalier. Il doit avoir lieu dans le courant du mois qui suit la notification des décomptes mensuels.

Il en est de même en ce qui concerne les sommes à réclamer à l'assistance coloniale et aux particuliers.

Art. 19. — En cas de retard dans les remboursements par les communes, les préfets sont autorisés à procéder à l'ordonnancement d'office, conformément aux règles sur la matière.

Art. 20. — Le tarif du prix de remboursement des journées de malades est arrêté, chaque année, au mois de janvier, par le préfet, en conseil de préfecture.

Il est fixé, pour chaque établissement séparément, en prenant pour base le montant des dépenses de l'année précédente, divisé par le produit du nombre des journées de malades pendant la même période.

Ne sont pas comprises dans les éléments de ce calcul, les dépenses de constructions et de grosses réparations, non plus que les dépenses d'achat du matériel et du linge.

En ce qui concerne les hôpitaux militaires, le taux de remboursement est fixé par le ministre de la guerre.

Art. 21. — Il ne sera rien changé à l'affectation des immeubles concédés antérieurement par l'État aux départements pour les divers services hospitaliers.

Art. 22. — Sont rapportées les dispositions :

1° Du paragraphe 14 de l'article 44 du décret du 27 octobre 1858, en ce qui concerne les dépenses des malades civils indigents dans les hôpitaux civils ou militaires ;

2° Des paragraphes 12 et 15 dudit décret, en ce qui a trait au service médical de colonisation, et aux services d'assistance des indigènes ;

3° Du paragraphe 4 de l'article 48 du décret du 27 octobre précité, attribuant aux provinces le cinquième du produit net de l'octroi municipal de mer perçu dans les ports de l'Algérie, tant que les budgets de ces provinces resteraient spécialement chargés des dépenses relatives aux hôpitaux et hospices civils ;

4° Du décret du 26 août 1865 sur la fixation de la part des communes dans les dépenses d'assistance.

Art. 23. — Le gouverneur général pourvoit, par des règlements particuliers, aux détails d'application du présent décret.

Art. 24. — Le ministre de l'intérieur, le ministre des finances et le gouverneur général civil de l'Algérie sont chargés, chacun en ce qui le concerne, de l'exécution du présent décret.

23 décembre 1874.

Décret qui affecte au service des hôpitaux un dixième de l'impôt arabe (B. G. 5⁴6).

Art. 1. — Il est affecté temporairement au service de l'assistance hospitalière, un dixième de l'impôt arabe à prélever sur les cinq dixièmes de cet impôt, concédés aux départements algériens, et qui se trouvent ainsi ramenés à quatre dixièmes (1).

Le dixième affecté au service de l'assistance hospitalière sera versé au Trésor public, au compte dudit service, à partir de l'année 1875.

11 février 1878.

Arrêté qui fixe pour l'année 1878 le contingent des centimes additionnels à l'impôt arabe affecté à l'assistance hospitalière (B. G. 711).

Art. 1. — Le contingent des centimes additionnels à l'impôt arabe spécialement affecté aux dépenses de l'assistance hospitalière est fixé à 0 fr. 08 par franc pour l'exercice 1878.

13 avril 1876.

Décret de concession à charge de construction d'un établissement pour recevoir les malades (B. G. 659).

Art. 1. — Il est fait concession gratuite, au sieur Landowski, d'un terrain domanial, d'une contenance de cent quatre-vingt-dix-neuf hectares treize ares soixante-cinq centiares, situé sur le territoire de Marengo (département d'Alger), au lieu dit Bordj-El-Arba, tel au surplus qu'il est désigné au plan et dans l'état de consistance ci-annexé.

Art. 2. — Le concessionnaire s'oblige à construire, dans le délai de trois ans, sur un point à sa convenance, à proximité dudit terrain, un établissement pour recevoir les malades.

Art. 3. — Il devra édifier, en outre, sur le terrain concédé, et dans le même délai, les bâtiments nécessaires pour en assurer l'exploitation. Ces bâtiments ne devront pas être d'une valeur inférieure à 5,000 francs.

Art. 4. — Il ne pourra, sous peine de déchéance, s'affranchir de l'obligation qui lui est imposée par les articles qui précèdent, ni détourner de sa destination l'établissement à affecter aux malades pendant un délai de vingt ans à compter du 1ᵉʳ octobre 1876. La déchéance, s'il y avait lieu de

(1) La part des départements dans l'impôt arabe a été portée à cinq dixièmes dès 1875. Le dixième de l'assistance est depuis lors prélevé sur les cinq dixièmes du gouvernement général.

l'appliquer, sera poursuivie administrativement et l'immeuble concédé fera retour à l'État, franc et quitte de toutes dettes, avec toutes les améliorations et constructions qu'il aura pu recevoir sans que le concessionnaire puisse prétendre à aucune indemnité.

Art. 5. — La mise en possession et l'entrée en jouissance de l'immeuble concédé ne courront qu'à partir du 1ᵉʳ octobre 1876.

Huissiers.

26 novembre 1842.

Arrêté ministériel réglementant la profession d'huissier (B. 134).

Art. 1. — Toutes citations, notifications ou sommations, tous exploits nécessaires pour l'exécution des actes, arrêtés, jugements, ordonnances ou mandements de justice, sont faits près la Cour royale, et les tribunaux de première instance, de commerce et de paix, en toute matière civile, commerciale et criminelle, par le ministère d'huissier, sauf les exceptions portées par les lois, ordonnances, arrêtés et règlements, obligatoires en Algérie.

Art. 2. — Le nombre des huissiers est fixé, savoir : à 10, pour l'arrondissement du tribunal de première instance d'Alger, dont 1 à la résidence de Blida, et à 3 pour chacun des arrondissements de tribunaux de première instance de Bône, Oran et Philippeville.

Art. 3. — Les huissiers ont tous le même caractère, les mêmes attributions et le droit d'exploiter concurremment dans le ressort du tribunal de première instance de leur résidence. Ils sont également aptes à faire concurremment le service des audiences dans les diverses juridictions près desquelles ils sont établis, le tout sans préjudice des dispositions exprimées aux articles 4, 5 et 6 ci-après.

Art. 4. — Dans chacun des sièges de Bône, Oran et Philippeville, le tribunal de première instance pourra, par une délibération spéciale, désigner l'un des huissiers de son siège pour faire seul et exclusivement le service des audiences de la justice de paix.

Art. 5. — L'huissier attaché au tribunal de paix de Blida aura seul le droit d'exploiter dans le ressort de ce tribunal. — En cas d'absence ou d'empêchement de cet huissier, le procureur général pourra pourvoir à son remplacement provisoire par la désignation d'un autre huissier, appartenant à l'arrondissement judiciaire d'Alger.

Art. 6. — Il sera fait par la Cour d'appel un règlement pour la répartition du service des audiences des diverses juridictions d'Alger, entre les huissiers attachés à cette résidence. Ce règlement ne sera définitif qu'après l'approbation du ministre de la guerre.

Art. 7. — Les huissiers sont tenus, toutes les fois qu'ils en sont requis par le ministère public, de notifier, dans l'intérêt des parties notoirement indigentes ou des militaires et marins absents, et ce, moyennant les simples déboursés et frais de transport, les citations en justice, les jugements obtenus et les actes nécessaires pour l'exécution de ces jugements; en cas de recouvrement sur la partie condamnée, les droits restant dus pourront être répétés.

Art. 8 — Nul ne sera admis aux fonctions d'huissier : 1° s'il n'est Français ou domicilié en Algérie depuis plus de cinq ans; — 2° s'il n'est âgé de vingt-cinq ans accomplis; — 3° s'il ne jouit de ses droits civils et civiques; — 4° s'il n'a satisfait à la loi du recrutement; — 5° s'il n'a travaillé pendant deux années au moins, soit dans un greffe, soit dans l'étude d'un avoué, d'un défenseur, d'un notaire ou d'un huissier; — 6° s'il ne justifie de sa moralité.

Art. 9. — Les huissiers sont nommés par le ministre de la guerre sur la proposition du procureur général. — L'arrêté de nomination des huissiers les attache à une résidence déterminée. Cette résidence ne peut être changée que par l'arrêté du ministre de la guerre, sauf néanmoins le cas prévu en l'article 5.

Les huissiers de l'arrondissement d'Alger prennent le titre d'huissier près la Cour royale et les tribunaux de l'arrondissement d'Alger.

Art. 10. — Avant d'entrer en exercice, et après avoir justifié du versement de leur cautionnement et s'être pourvus de patente, les huissiers prêtent le serment suivant :

« Je jure de remplir avec exactitude et probité les devoirs de ma profession. »

Ce serment est prêté, savoir : par les huissiers de l'arrondissement d'Alger devant la Cour d'appel, et par ceux des autres arrondissements devant le tribunal de première instance auquel ils sont attachés.

Art. 11. — Les huissiers sont assujettis à un cautionnement en numéraire, fixé, savoir : pour ceux de l'arrondissement d'Alger, à 2,000 fr., et, pour ceux des autres arrondissements, à 1,000 fr. — Ce cautionnement est affecté par privilège à la garantie des condamnations prononcées contre les titulaires, à l'exercice de leurs fonctions.

Les titulaires sont déchus du bénéfice de leur nomination si, dans les deux mois, à partir du jour où elle leur a été notifiée, soit par le ministre, soit par l'autorité judiciaire de l'Algérie, ils n'ont pas prêté le serment prescrit, et ne sont pas entrés en fonctions, à moins qu'ils ne justifient d'une excuse légitime.

Art. 12. — Les huissiers sont tenus de résider dans la ville où siège la cour ou le tribunal près duquel ils exercent leurs fonctions. Ils ne peuvent, sous peine d'être réputés démissionnaires, s'en absenter pendant plus de dix jours sans une auto-

risation délivrée, à Alger, par le procureur général; à Blida, par le juge de paix du lieu; et, dans les autres sièges, par le président du tribunal de première instance, sur l'avis du procureur de la république. S'ils doivent s'absenter plus d'un mois ou sortir de l'Algérie, l'autorisation ne peut leur être accordée, quelle que soit leur résidence, que par le procureur général, qui en donne avis au ministre de la guerre.

Art. 13. — Aux audiences, dans les cérémonies publiques et toutes les fois qu'ils sont de service auprès des magistrats, ils doivent être vêtus en noir et porter le petit manteau.

Art. 14. — Dans tous les sièges, les droits et honoraires dus aux huissiers, pour les actes de leur ministère, sont réglés d'après le tarif du 16 février 1807, et sur le taux de la taxe accordée aux huissiers de Paris. — Les rôles d'écriture leur sont également payés d'après les tarifs de Paris, conformément au même décret du 16 février 1807.

Pour toute notification faite à plus de 500 mètres de la ville dans laquelle ils résident, les huissiers peuvent réclamer un droit de transport pour un demi-myriamètre. — Le surplus de la distance parcourue se règle sur le tableau des distances. — Dans les lieux pour lesquels ce tableau n'a pas encore été dressé, les distances sont arbitrées par le juge, et les droits de transport taxés en conséquence.

Art. 15 — Tous exploits et copies de pièces signifiés par les huissiers doivent être écrits lisiblement et correctement, à peine de rejet de la taxe et de telle mesure de discipline qu'il appartiendra.

Art. 16. — Il est expressément interdit aux huissiers d'exiger ou de recevoir des parties aucune somme au delà des droits qui leur sont alloués, aux termes de l'article 14; de se livrer directement ou indirectement à des opérations de commerce, de change, banque ou courtage, et de procéder, dans les territoires où sont établis les commissaires-priseurs, à des ventes aux enchères de biens, meubles, effets mobiliers ou fruits, si ce n'est dans le cas de saisie ou par continuation de poursuites.

Art. 17. — Tout traité pour la cession ou transmission de titres ou de clientèles, à quelque époque qu'il apparaisse, et alors même qu'il n'aurait pas été suivi d'effet, entraînera la révocation, soit de l'huissier encore en exercice, soit de son successeur, si la nomination avait suivi le traité.

Art. 18. — L'exercice de la profession d'huissier est incompatible avec toute fonction publique salariée, avec toute autre profession et toute espèce de négoce.

Art. 19. — Il est interdit aux huissiers, sous peine de révocation : 1° de se rendre directement ou indirectement adjudicataires des biens, meubles ou immeubles dont ils sont chargés de poursuivre la vente; — 2° de se rendre cessionnaires de droits successifs ou litigieux; — 3° de faire avec leurs parties des conventions aléatoires ou autres subordonnées à l'événement du procès ; — 4° de s'associer soit entre eux, soit avec des tiers, pour l'exploitation de leur office et le partage de ses produits.

Art. 20. — Les peines encourues par les huissiers pour toute infraction à laquelle le présent arrêté n'attache pas une peine particulière sont, selon la gravité du cas : le rappel à l'ordre, la suspension pour six mois au plus, la révocation.

Art. 21. — Les huissiers sont placés sous la surveillance du procureur général, qui prononce, selon le cas, après les avoir entendus, le rappel à l'ordre ou les réprimandes et leur donne d'ailleurs les avertissements qu'il juge convenables. — Les pouvoirs du procureur général sont exercés par le procureur de la République, hors la province d'Alger.

Quand il y a lieu à suspension ou révocation, il est statué par le ministre de la guerre sur le rapport du procureur général, qui provoque et reçoit les explications de l'inculpé ; en cas d'urgence et sur la réquisition du procureur général, la suspension est provisoirement prononcée par le gouverneur général, qui en rend compte immédiatement au ministre de la guerre.

Art. 22. — Pour les fautes ou manquements commis ou découverts à l'audience, la Cour d'appel pour les huissiers d'Alger, et les tribunaux de première instance pour les autres sièges, peuvent prononcer contre eux sans recours la peine de la suspension pendant quatre mois au plus. Lorsque les tribunaux estiment qu'il y a lieu à l'application d'une peine plus forte, il est dressé procès-verbal des faits. Ce procès-verbal est, sans délai, transmis au procureur général, l'huissier inculpé est invité à faire connaître par écrit ses moyens de défense. Le ministre de la guerre prononce au vu desdites pièces et sur le rapport du procureur général.

Art. 23. — Au commencement de chaque année le procureur général nomme, parmi les huissiers de chaque arrondissement, un syndic dont les attributions consistent : — 1° à prendre, s'il y a lieu, des informations et à donner son avis aux magistrats compétents sur les plaintes portées contre les membres de sa compagnie ; — 2° à intervenir officieusement, pour prévenir tout débat, soit entre ses confrères, soit entre ceux-ci et leurs parties ; — 3° à représenter les intérêts collectifs de sa compagnie, pour toutes demandes ou réclamations et dans toutes relations ou communications avec l'autorité judiciaire.

Le procureur général donne au ministre de la guerre avis de la nomination du syndic.

Art. 24. — Les répertoires des huissiers sont cotés et paraphés ; savoir : ceux des huissiers en résidence dans les villes où siège un tribunal de première instance, par le président de ce tribunal ou par le juge qui le remplace, et ceux des huissiers établis en d'autres lieux, par le juge de paix de leur résidence.

Art. 25. — Sont au surplus applicables aux huissiers, en tout ce qui n'est pas contraire au présent arrêté et à la législation spéciale de l'Algérie, les dispositions des lois, ordonnances et règlements de France relatives aux obligations imposées à cette classe d'officiers ministériels, et notamment celles des articles 35, 41, 42, 43, 47 et 48 du décret du 14 juin 1813.

Art. 26. — Il sera ultérieurement statué, s'il y a lieu, sur l'établissement d'une bourse commune pour les huissiers.

Art. 27. — Sont maintenus en exercice et sans qu'il soit besoin de commissions confirmatives, les huissiers nommés près les tribunaux de l'Algérie depuis le 27 janvier 1835.

Art. 28. — Toutes dispositions antérieures sur l'exercice et la discipline de la profession d'huissier sont abrogées.

18 décembre 1842

Arrêté ministériel instituant les gardes coloniaux (B. 137).

1ᵉʳ septembre 1847.

Ordonnance d'organisation (B. 262).

Art. 11, § 3. — Toute citation, tout mandat, tout acte de justice concernant les indigènes (du territoire militaire) seront notifiés par l'intermédiaire des bureaux arabes.

11 mai 1874

Décret créant des offices d'huissiers et pourvoyant au remplacement des titulaires en cas d'absence ou d'empêchement (B. O. 511).

Art. 1. — Il est créé un office d'huissier près de chacune des justices de paix de l'Arba, Teniet-el-Haad, Boghari, Nemours, Aïn-Temouchent, Perrégaux, Inkermann (Ammi-Moussa), Oued-Zenati, Ouled-Rahmoun, Oued-Athménia et Bordj-bou-Arréridj.

L'office d'huissier créé près la justice de paix de l'Alma est transféré au Col des Beni-Aïcha.

Art. 2. — Ces officiers ministériels auront exclusivement le droit d'instrumenter dans le ressort des justices de paix, tel qu'il a été délimité par le décret précité du 23 avril 1874. Néanmoins, en cas d'absence ou d'empêchement de ces huissiers, le procureur général pourra pourvoir à leur remplacement provisoire, par la désignation d'un autre huissier appartenant au même arrondissement judiciaire.

Art. 3. — Dans les cantons judiciaires où il n'existera pas d'office d'huissier ou d'emploi de garde colonial, les fonctions d'huissier seront provisoirement exercées par le commandant de brigade de gendarmerie, conformément aux dispositions de l'arrêté du gouverneur général du 29 mai 1846. Toutefois, il sera toujours permis aux parties de requérir le ministère des huissiers des cantons limitrophes ou des chefs-lieux d'arrondissement. Dans ce cas, les frais de transport de l'huissier requis, en tant qu'ils seront supérieurs à ceux du fonctionnaire-huissier, resteront à la charge de la partie requérante.

Art. 4. — L'huissier nommé près le tribunal de Tizi-Ouzou aura exclusivement le droit d'instrumenter dans le ressort de la justice de paix du même nom, délimité par le décret du 23 avril 1871. Néanmoins, en cas d'absence ou d'empêchement de cet huissier, le procureur général pourra pourvoir à son remplacement provisoire, par la désignation d'un autre huissier, appartenant à l'arrondissement judiciaire de Tizi-Ouzou ou d'Alger (1).

23 août 1875.

Décret qui porte de quatre à quinze jours le délai pour l'enregistrement des actes d'huissiers (B. O. 631).

Hygiène.

23 avril 1852.

Décret organisant des conseils et commissions d'hygiène en Algérie (B. 413).

TITRE I

INSTITUTION ET ORGANISATION DES CONSEILS ET COMMISSIONS D'HYGIÈNE PUBLIQUE EN ALGÉRIE.

Art. 1. — Il sera institué au chef-lieu de chacun des départements de l'Algérie un conseil d'hygiène et de salubrité publique, présidé par le préfet ou par un délégué du préfet — Il pourra en être successivement établi par des arrêtés du gouverneur général dans les chefs-lieux de sous-préfecture et en territoire militaire, dans les chefs-lieux de subdivisions. Les premiers seront présidés par le sous-préfet; les seconds, par l'officier général ou supérieur, commandant la subdivision.

Art. 2. — Des commissions d'hygiène publique ou des correspondants pourront être institués dans les autres villes, savoir : en territoire civil, par les préfets; en territoire militaire, par les généraux commandant les divisions militaires. — Les commissions d'hygiène seront présidées, en territoire civil, par le commissaire civil ou le

maire, et en territoire militaire, par l'officier qui en remplit les fonctions.—Les commissions d'hygiène et les correspondants relèveront du conseil d'hygiène dans la circonscription duquel ils seront institués.

Art. 3. — La composition des conseils d'hygiène sera déterminée par l'arrêté d'institution.—Le nombre des membres sera de sept au moins et de quinze au plus, y compris le président. — Les commissions d'hygiène seront composées du président et de quatre membres nommés en territoire civil par le préfet; en territoire militaire, par le général commandant la division. — Les correspondants seront nommés, selon le territoire, par le préfet ou le général commandant la division.

Art. 4. — Seront membres de droit, avec voix délibérative du conseil d'hygiène publique et de salubrité de leur résidence : — le général commandant la division;— le commandant de la subdivision militaire.

Art. 5. — Pourront être appelés à assister avec voix délibérative au conseil d'hygiène de leur résidence, dans le cas où ils n'en feraient point partie : le chef du service de la police municipale;— le médecin des épidémies; — le médecin chargé du service de la vaccination publique; — l'un ou plusieurs des officiers de santé en chef de l'hôpital militaire; le médecin en chef ou le chirurgien en chef, ou le pharmacien en chef de l'hospice civil; — l'ingénieur des mines; — l'ingénieur des ponts et chaussées; — l'officier du génie en chef dans la place; — l'inspecteur de colonisation; — le chef du service des bâtiments civils; — l'officier chef du bureau arabe.

Art. 6. — Le personnel médical des conseils d'hygiène ne pourra excéder la moitié du nombre des membres de chaque conseil, qui sera complété par des notables désignés parmi les principaux habitants ou parmi les fonctionnaires en résidence dans la ville. — Un vétérinaire en fera toujours partie.

Art. 7. — Les membres des conseils d'hygiène seront nommés pour deux ans par le préfet ou par le général commandant la division, selon le territoire, et renouvelés par moitié chaque année. — Les membres soumis au premier renouvellement partiel seront désignés par la voie du sort. Ils seront toujours rééligibles.

Art. 8. — Chaque conseil élira un vice-président et un secrétaire, qui seront nommés pour un an, et seront toujours rééligibles.

Art. 9. — Les conseils et les commissions d'hygiène se réuniront au moins une fois tous les trois mois, et chaque fois qu'ils seront convoqués par l'autorité.

Art. 10. — Tout membre d'un conseil ou d'une commission d'hygiène qui, sans motifs d'excuse agréés par le président, aura manqué de se rendre à trois convocations consécutives, sera considéré comme démissionnaire.

---

(1) Le nombre des huissiers ou de gardes coloniaux est de 107, se répartissant ainsi: Ressort d'Alger 18, — de Blida 17, — de Tizi-Ouzou 1, — d'Oran 11, — de Mostaganem 10, — de Tlemcen 5, — de Constantine 13, — de Bône 9, — de Bougie 1, — de Philippeville 6, — de Sétif 5. — gardes coloniaux 3 à Lamoricière, Saint-Arnaud et Aïn-Mokra.

TITRE II.

ATTRIBUTIONS.

Art. 11. — Les conseils ou commissions d'hygiène publique et de salubrité ont mission de donner leur avis sur toutes les questions relatives à l'hygiène publique de leur circonscription qui leur sont respectivement renvoyées par les préfets, par les sous-préfets ou les commissaires civils, et par les généraux commandant les divisions ou les commandants de subdivisions.

Art. 12. — Les conseils d'hygiène institués par le présent décret au chef-lieu de chaque département réuniront et coordonneront pour tous les territoires civil et militaire de la province : 1° les documents propres à éclairer l'administration supérieure sur la mortalité et sur ses causes et sur la statistique médicale; 2° les renseignements fournis par les commissions d'hygiène et par les correspondants. — Ils adresseront respectivement ces pièces au préfet ou au général commandant la division.

Lorsque des conseils d'hygiène auront été organisés dans des sous-préfectures ou des subdivisions, ils exerceront les mêmes attributions dans leurs circonscriptions, et transmettront directement leurs travaux au préfet ou au général commandant la division.

Art. 13. — Le conseil d'hygiène du département sera chargé de centraliser et coordonner, sur le renvoi du préfet ou du général commandant la division, les travaux des conseils d'arrondissement et de subdivision.

Il fera, chaque année, un rapport général sur l'hygiène publique et la salubrité du département, et un pareil rapport sur celle du territoire militaire de la division : le premier sera adressé au préfet; le second, au général commandant la division; un double sera envoyé au ministre par l'intermédiaire du gouverneur général.

Art. 14. — Quand le conseil d'hygiène sera saisi par le gouverneur général de questions intéressant les deux territoires civil et militaire, le général commandant la division présidera le conseil. — Quand il sera saisi de questions concernant exclusivement le territoire militaire, il sera présidé par le général commandant la division, ou par l'officier général qu'il aura délégué à cet effet. — Le préfet aura le droit d'y assister avec voix délibérative.

Art. 15. — Les dépenses auxquelles pourront donner lieu la tenue des séances et les travaux des conseils d'hygiène publique sont déclarées d'utilité provinciale et départementale. Elles seront, à ce titre, acquittées sur les ressources afférentes au budget local et municipal.

2 juin 1852.

Arrêté gouvernemental relatif à la composition des conseils d'hygiène (B. 414).

Art. 1. — Les conseils d'hygiène et de salubrité publique institués au chef-lieu des départements d'Alger, d'Oran et de Constantine, seront composés indépendamment du président et des membres de droit désignés par l'article 4 du décret ci-dessus, savoir : — A Alger, de quatorze membres. — A Oran de dix membres. — A Constantine de huit membres.

Hypothèques.

Même législation qu'en France, sauf un arrêté du 28 mai 1832 dispensant les indigènes musulmans de prendre inscription à l'occasion de leurs transactions immobilières, et sauf aussi la réduction des droits à moitié.

Il y a en Algérie, comme dans la métropole, une conservation par arrondissement judiciaire. Dans les arrondissements de nouvelle création, les fonctions de conservateur sont dévolues aux receveurs de l'enregistrement, des domaines et du timbre, et leur salaire est fixé au minimum de 4,000 francs, non comprise l'indemnité coloniale.

28 mai 1832.

Arrêté de l'intendant établissant la conservation des hypothèques en Algérie. — Dispense d'inscription pour les indigènes (B. O. p. 210).

Art. 1. — En attendant l'établissement d'une conservation des hypothèques dans la régence, les hypothèques seront conservées de la manière suivante, savoir : — pour la province d'Alger, par des registres tenus à cet effet au greffe de la Cour de justice, et pour les provinces de Constantine et d'Oran, par de semblables registres tenus au greffe des tribunaux d'Oran et de Bône.

Art. 2. — Tous les actes de prêt sur immeubles, avec affectation hypothécaire, consentis conformément au Code civil, devront, afin de déterminer le rang des hypothèques entre les divers créanciers d'un même immeuble, être transcrits par extraits, dans les registres tenus à cet effet auxdits greffes.

Les registres où seront faites ces inscriptions seront publics, et toute personne, moyennant un salaire au greffier, qui sera ultérieurement déterminée, pourra s'en faire donner extrait, en ce qui concerne l'immeuble ou les immeubles qu'elle aura désignés.

Art. 3. — Les aliénations d'immeubles et les transmissions équivalentes à l'aliénation, tout bail à loyer ou à rente excédant neuf années, devront, indépendamment de la formalité de l'enregistrement, être transcrits par extraits dans un autre registre tenu aux greffes susénoncés. A cet effet, les actes desdites aliénations et transmissions devront être déposés auxdits greffes ; ils y resteront déposés pendant une quinzaine, après quoi les actes seront rendus avec un certificat de transcription au pied ; ledit certificat expédié comme il va être dit ci-après.

Art. 4. — Outre le dépôt, à l'effet de la transcription susénoncée, les actes d'aliénation devront encore, dans la huitaine de la date de l'acte, être annoncés, savoir : pour la province d'Alger, par le *Moniteur algérien* ; pour les deux autres provinces, par affiches à la porte des tribunaux, et aux lieux d'affiches accoutumés. L'annonce contiendra les noms, prénoms et domiciles des vendeurs et des acquéreurs, la désignation de la propriété et le prix de la vente.

Art. 5. — Le délai de quinzaine après le dépôt de l'acte au greffe écoulé, le greffier délivrera à l'acquéreur, au pied de l'acte de vente, son certificat constatant que l'acte a été transcrit, et délivrera l'état des inscriptions existantes sur ses registres qui frappent sur ledit immeuble, y compris les inscriptions qui seront survenues pendant la quinzaine du dépôt de l'acte, lesquelles, bien que postérieures à la vente, frapperont ledit immeuble comme si elles eussent précédé ladite vente.

Art. 6. — Les payements faits au préjudice des hypothèques énoncées auxdites inscriptions sont nuls et non avenus à l'égard des créanciers hypothécaires au profit desquels auront été prises lesdites inscriptions.

Art. 7. — Afin de faire rentrer sous le régime de cette conservation et de cette publicité les hypothèques conférées antérieurement au présent arrêté, il a accordé, jusqu'au 1er octobre prochain, terme de délai, à tous intéressés, pour les faire utilement inscrire. Toutes les hypothèques inscrites dans ledit délai prendront entre elles rang à compter de la date des actes qui les auront conférées : passé ce délai, leur rang sera déterminé par la date de l'inscription.

Art. 8. — Pour l'exécution des dispositions du présent arrêté, il sera ouvert, dans les trois greffes, deux registres, lesquels seront cotés et paraphés par le directeur des domaines. L'un de ces registres servira aux inscriptions, et l'autre aux transcriptions.

Art. 9. — Il sera incessamment dressé un tarif des taxations à payer aux greffiers pour l'une et l'autre opération, ainsi que pour la recherche et l'expédition du certificat des inscriptions.

Art. 10. — Les dispositions du présent arrêté ne sont applicables qu'aux transactions entre chrétiens, entre chrétiens et musulmans et entre chrétiens et israélites. Les transactions sur immeubles, entre musulmans et entre musulmans et israélites, ainsi qu'entre israélites, continueront d'être régies par le droit antérieur, jusqu'à ce qu'il en ait été autrement ordonné.

Art. 11. — Les fonctions conférées aux greffiers de la cour de justice et des tribunaux de Bône et d'Oran par le présent arrêté seront par eux exercées sous la surveillance de l'administration des domaines.

19 octobre 1841.

Ordonnance qui rend applicables en Algérie les lois relatives aux droits d'hypothèque sauf réduction de moitié (B. 107).

5 novembre 1841.

Arrêté ministériel fixant les cautionnements à fournir en immeubles par les conservateurs, savoir : à 30,000 francs pour celui d'Alger et 20,000 francs pour ceux des autres villes, et rendant applicables à ces cautionnements les dispositions de l'ordonnance du 25 juin 1835 (B. 108).

30 décembre 1842.

Arrêté du gouverneur général relatif au salaire des conservateurs (B. 137).

Art. 1. — A partir du 1er janvier 1843, les salaires des conservateurs des hypothèques de l'Algérie seront réglés et perçus conformément aux dispositions du décret du 21 septembre 1810, modifié par l'ordonnance du 1er mai 1816.

Art. 2. — Abrogé (arrêté 2 avril 1874).

Art. 3. — L'arrêté du 22 juillet 1835 est abrogé.

4 juillet 1855.

Décret qui promulgue la loi du 23 mars 1855 sur la transcription (B. 424).

5 décembre 1855.

Décret qui promulgue le décret du 24 novembre 1855 relatif au salaire des conservateurs pour la transcription des actes de mutation (B. 400).

28 janvier 1865.

Décret qui rend applicable en Algérie le décret du 6 juillet 1864 sur les remises des conservateurs (B. G. 132).

31 octobre 1866.

Décret rendant applicable en Algérie le décret du 9 juin 1866 qui réduit le salaire des conservateurs à 0,50 centimes par rôle de trente lignes à la page et de dix-huit syllabes à la ligne (B. G. 260).

20 mars 1874.

Arrêté du gouverneur créant une conservation des hypothèques à Tizi-Ouzou et à Bougie (B. O. 529).

Art. 1. — Il est créé dans chacune des villes de Bougie (département de Constantine), et de Tizi-Ouzou (département d'Alger), un bureau de conservation des hypothèques, dont la circonscription comprendra tout le territoire soumis à la juridiction du tribunal de 1re instance. Cette création aura son effet à dater du jour de l'entrée en exercice desdits tribunaux.

Art. 2. — Les conservations des hypothèques de Bougie et de Tizi-Ouzou seront réunies au bureau de l'enregistrement, des domaines et du timbre existant déjà dans chacune de ces localités.

Le cautionnement à fournir par les titulaires de ces conservations, soit en immeubles, soit en rentes sur l'État, pour garantie envers le public, est fixé à la somme de douze mille cinq cents francs (12,500 fr.).

2 avril 1874.

Arrêté du gouverneur général déterminant le traitement fixe des receveurs conservateurs en Algérie. (B. O. 531).

Art. 1. — Le traitement fixe des receveurs-conservateurs en Algérie est déterminé par la classe du bureau de l'enregistrement et des domaines dont ils ont la gestion.

Art. 2. — Le minimum du traitement fixe cumulé avec les remises et salaires afférents à l'emploi de receveur-conservateur est fixé à 400 francs, non comprise l'indemnité coloniale.

Art. 3. — Les dispositions qui précèdent ne seront appliquées qu'au fur et à mesure des vacances ou des changements ou promotions de classe des titulaires actuels.

Art. 4. — L'article 2 de l'arrêté ministériel du 30 décembre 1842 est abrogé.

22 mars 1873.

Loi relative aux cautionnements fournis par les conservateurs des hypothèques en rentes sur l'État (B. lois XII n° 1867).

Non promulguée en Algérie

Hypothèque maritime.

10 décembre 1874.

Loi qui rend les navires susceptibles d'hypothèques (B. lois XII n° 3633).

Cette loi n'a pas été spécialement promulguée en Algérie; mais, en fait, elle y reçoit son exécution.

J

Impôts arabes (1).

Les impôts arabes sont au nombre de cinq : l'achour, le zekkat, la lezma, l'eussa et le hokor. Le hokor, prix du fermage de terres appartenant à l'État, n'est pas, à proprement parler, un impôt; l'eussa est un droit sur les tribus du désert dont la perception est tombée en désuétude; la lezma est une espèce de capitation prélevée dans quelques parties de la Kabylie et sur les palmiers de Bouçàada; le zekkat (impôt sur les bestiaux) est établi par chaque tête de bétail, suivant un tarif

fixé chaque année par arrêté du gouverneur général; quant à l'achour (impôt sur les grains), il est fixé dans la province de Constantine et proportionné à la récolte dans les deux autres provinces.

Le rôle des impôts arabes est nominatif en territoire civil; il est dressé par les agents des contributions, rendu exécutoire par les préfets, et la perception en est faite, dans les conditions ordinaires, par les receveurs. En territoire militaire le rôle est collectif, établi par les chefs indigènes et les bureaux arabes, revêtu de la force exécutoire par les généraux

(1) V. *De l'impôt en Algérie*, par Robe. — Alger, 1871.

commandant les divisions et perçu par les chefs indigènes.

Les impôts arabes ont produit en 1877 une somme de 12,800,000 francs. Cinq dixièmes ont été versés aux conseils généraux et les cinq autres dixièmes figurent au budget du gouvernement général parmi les recettes ordinaires.

Les indigènes payent en outre des centimes additionnels, savoir : — 18 (dix-huit) ordinaires affectés : à l'assistance hospitalière, 8 (huit) ; aux budgets municipaux, 10 (dix) ; — et 4 (quatre) centimes extraordinaires pour la constatation ou la constitution de la propriété privée.

V. *Propriété.*

17 janvier 1845.

Ordonnance sur les finances (B. 100).

Art. 3. — Les impôts dus par les Arabes seront constatés au brut dans les écritures ; il y sera fait dépense : 1° du dixième du produit brut attribué aux chefs indigènes pour frais de recouvrement ; 2° du dixième du net attribué aux localités (1).

TABLEAU A. — *Recettes.*

Contributions arabes : produit net, sous les déductions prescrites par l'article 3 : 1° du *hokor*, loyer des terres ; 2° de l'*achour*, impôt sur les grains ; 3° du *zekkat*, impôt sur les bestiaux ; 4° de l'*eussa*, impôt payé par les tribus du désert.

5 novembre 1845.

Décision ministérielle portant que les Européens ne sont pas soumis à l'achour. — (Non promulguée, mais mentionnée dans un avis du Conseil d'État du 25 janvier 1863.)

5 mars 1849.

Résolution du conseil du gouvernement (2) (B. O. 407).

1° En matière d'impôt arabe, il n'y a aucune différence à établir entre le cultivateur arabe en territoire civil et le cultivateur arabe en territoire militaire ;

2° Le propriétaire européen qui loue des terres à des familles arabes ne saurait les exempter de l'impôt arabe ;

(1) La part attribuée aux départements est aujourd'hui de cinq dixièmes. Ci-après, décret du 22 octobre 1873.

(2) Remise en vigueur. — Arrêté du 22 mars 1872.

3° Le khammès doit être considéré et traité, pour l'assiette de l'impôt, à l'instar des fermiers et métayers, sauf le cas où il est établi sur une terre de propriété européenne, exploitée par son propriétaire ou par un fermier européen, habitant les uns et les autres un corps de ferme, fournissant les instruments de travail et dirigeant la culture en personne ;

4° Pour l'établissement de l'*achour* à percevoir sur la part revenant aux khammès, dans le produit de leur travail, cette part ne pourra être évaluée au-dessous du cinquième de la récolte, au brut.

7 janvier 1857.

Circulaire du gouverneur relative à l'assiette de l'impôt.

L'unité imposable devra être, à partir de 1857 : la *tente*, dans les tribus les plus rapprochées de nos centres de commandement, c'est-à-dire dans les tribus sur lesquelles nous avons une action immédiate et en quelque sorte journalière ; le *douar* ou la *ferka*, dans les tribus plus éloignées ; la *tribu*, dans les seules parties du territoire où notre autorité s'exerce plus particulièrement par des intermédiaires.

25 août 1858.

Décision ministérielle exemptant de l'achour les Arabes qui cultivent une terre européenne (B. M. 3) (1).

J'ai décidé que, à partir du 1er janvier 1859, l'achour ne serait plus perçu sur les Arabes cultivant, à un titre quelconque, une terre européenne, soit comme khammès, soit comme locataire. Il est bien entendu, toutefois, que cette exemption ne s'applique pas aux locataires des terres azels, qui continueront à supporter le hokar et l'achour.

4 décembre 1858.

Arrêté ministériel portant que l'Arabe du territoire militaire qui émigre en territoire civil reste, s'il laisse dans sa tribu des cultures, des bestiaux et autres matières imposables, soumis aux impôts dus à l'État et aux charges communales de sa tribu (B. M. 10).

19 février 1859.

Arrêté ministériel relatif à l'assiette de l'impôt (B. M. 18).

Art. 1. — Les bases qui doivent servir à établir

(1) Implicitement abrogé par arrêté du 22 mars 1872.

l'assiette de l'impôt arabe en Algérie sont préparées par les préfets en conseil de préfecture et par les généraux en conseil des affaires civiles (1). L'assiette de l'impôt est arrêtée par le ministre (2).

Art. 2. — Les rôles des contributions arabes sont rendus exécutoires par les préfets des départements et par les généraux commandant les divisions territoriales, chacun en ce qui concerne son ressort administratif.

Art. 3. — Les demandes en décharge ou réduction d'impôt arabe qui présentent un caractère essentiellement contentieux sont soumises à la juridiction des conseils de préfecture. Les dégrèvements à titre gracieux sont réservés à la décision du ministre.

21 février 1859.

Décision ministérielle portant que les cotes, les bulletins d'avertissement et les sommations seront imprimés en français et en arabe (B. M. 10).

24 septembre 1861.

Décret qui porte à cinq dixièmes la part des budgets départementaux dans l'impôt arabe (B. O. 35).

29 juillet 1862.

Circulaire du gouverneur relative aux demandes en décharge ou réduction d'impôt (B. O. 61).

Tout individu qui, pour les mêmes facultés productives, aura été imposé dans deux centres ou communes différentes, pourra adresser une réclamation au sous-préfet ou à l'autorité en tenant lieu en territoire militaire. Après vérification faite par le service des contributions, le conseil de préfecture ou le général commandant la division, en conseil des affaires civiles, prononcera, s'il y a lieu, la décharge ou la réduction de la cote du réclamant.

Dans les trois mois de la publication des rôles, les receveurs des contributions formeront, s'il y a eu, pour chacun des centres de leur perception, des états présentant, par nature de contribution, les cotes qui leur paraîtront avoir été indûment imposées et adresseront ces états à l'autorité préfectorale par l'intermédiaire du directeur des contributions. — Les états dont il s'agit seront renvoyés aux contrôleurs des contributions qui vérifieront les faits et les motifs allégués par les receveurs et donneront leur avis après avoir pris celui de l'autorité municipale, si c'est possible.

Le directeur des contributions fera son rapport et le conseil de préfecture ou le général commandant la division, en conseil des affaires civiles, statuera.

Dans le cas où, après les recensements de l'achour, la récolte serait inférieure à la constatation, les contribuables qui se croiront surtaxés adresseront immédiatement à l'autorité préfectorale leur demande en décharge ou réduction. — La pétition sera renvoyée par l'intermédiaire du directeur au contrôleur des contributions qui vérifiera les faits et donnera son avis après avoir pris celui du chef du bureau arabe en territoire militaire. Le directeur renverra le tout au préfet ou au général commandant la division, avec son avis. — Si la réclamation est fondée, le conseil de préfecture ou le général en conseil des affaires civiles, prononcera la décharge. — Si la réclamation n'est fondée qu'en partie, il sera jugé à quelle somme la réduction devra être réglée.

Remises ou modérations. — Les contribuables indigènes qui, par suite d'intempéries ou de tout autre événement de force majeure, perdraient la totalité ou une partie de leur revenu imposable, pourront se pourvoir, en remise totale ou partielle de leur cote, pour l'année dans laquelle ils auront éprouvé cette perte. — Chaque réclamant adressera sa demande à l'autorité préfectorale, qui la renverra au service des contributions. — Le contrôleur se transportera sur les lieux et vérifiera les faits en présence de l'autorité municipale. Il constatera la quotité de la perte des revenus du réclamant. Il dressera du tout un procès-verbal qui sera transmis au préfet ou au général avec l'avis du directeur des contributions. — Le général ou le préfet enverra le tout au gouverneur général, qui statuera. — Lorsque des événements extraordinaires auront privé une commune, un centre, une tribu de tout ou partie de ses revenus une pétition pourra être adressée à l'autorité préfectorale. Dans ce cas, deux commissaires sont nommés pour vérifier, en présence de l'autorité municipale et conjointement avec le contrôleur, les faits et la quotité des pertes. — La pétition sera transmise, après les autres formalités indiquées ci-dessus, au gouverneur général, qui statuera. — Les dégrèvements qui auraient pour motif une raison politique, ou qui seraient demandés en récompense de services rendus à l'État, ou pour toute autre cause exceptionnelle, seront proposés par les préfets ou les généraux commandant les divisions, sur l'avis des sous-préfets ou des autorités en tenant lieu.

Telles sont les mesures qui m'ont paru devoir être prises pour ramener à une règle uniforme la marche à suivre en matière de dégrèvements. — Je vous recommande de nouveau de veiller à leur exécution ; il est indispensable que cette partie si importante des impôts arabes soit réglementée. — Vous remarquerez que, dans quelques-unes des dispositions de la présente instruction, le contrôleur des contributions doit intervenir. Mais l'action des agents chargés de la constatation ne s'étend pas encore partout, et dans les territoires où cette action sera dévolue à d'autres agents ou fonctionnaires, ceux-ci seront appelés à suppléer les controleurs. — Ce que j'ai voulu surtout, c'est que, toutes les fois qu'une réclamation collective ou individuelle viendra infirmer ou modifier les opérations du recensement, l'agent qui a été chargé du recensement soit obligé de donner son avis. Vous apprécierez, je n'en doute pas, les motifs qui m'ont guidé en cette occasion.

3 juin 1863.

Arrêté du gouverneur relatif à l'impôt de la Lezma sur les palmiers de Bouçaada (B. O. 83).

Art. 1. — Les habitants indigènes de l'oasis de Bouçaada (province de Constantine) acquitteront, à l'avenir, l'impôt de la lezma (1), portant sur les palmiers qu'ils possèdent. — La redevance est fixée à 30 centimes par pied d'arbre en plein rapport.

Art. 2. — L'assiette et la perception de cette contribution seront faites dans les formes prescrites pour les autres contributions arabes.

4 août 1863.

Arrêté du gouverneur qui soumet des tribus kabyles à l'impôt de capitation (B. O. 89).

Art. 1. — A partir de 1863, les trois tribus des Beni-Ilidjer, Beni-Lekki et Illoula ou Malou, seront soumises à l'impôt de capitation établi pour les tribus kabyles de la subdivision de Dellys.

4 juillet 1865.

Circulaire du général commandant la division d'Alger prescrivant l'établissement de rôles nominatifs (non publiée au Bulletin officiel).

13 octobre 1865.

Lettre du même au directeur des contributions diverses (non publiée au Bulletin officiel).

L'établissement des rôles d'impôts individuels est une garantie donnée au contribuable, mais il ne doit pas avoir pour conséquence de supprimer, dans tous les cas, l'intermédiaire du chef indigène qui, au contraire, reste, sauf de rares exceptions, le collecteur de sa tribu.

La situation du pays, les distances qui séparent

(1) La lezma, sorte d'obligation personnelle, établie dans quelques districts kabyles, divise les imposés en trois classes : la première paye 15 francs par tête, la deuxième 10 francs, et la troisième 5 francs (Robe, p. 55).

le contribuable du bureau de recettes nous obligent à maintenir encore cet intermédiaire. C'est à ce chef collecteur que doit être remise la quittance collective des sommes dont il opère le versement.

18 octobre 1865.

Circulaire du directeur des contributions diverses (non publiée au Bulletin officiel) (1).

Bien que les rôles soient dressés nominativement les comptables ne devront rédiger qu'une quittance pour chaque versement opéré par les caïds. Ces chefs feront naturellement connaître les contribuables sur lesquels portait la somme payée, après s'être assurés de l'exactitude de ce renseignement, par l'addition des divers articles composant le versement, les receveurs délivreront une quittance collective, en ayant soin d'y indiquer les numéros du rôle au moyen d'une annotation ainsi conçue, du n°   au n°.

Il y aura lieu de faire des émargements au rôle, non par article séparé, mais seulement par page, si toutefois les cotes qui y sont comprises sont toutes acquittées par le même versement. Dans le cas contraire, il sera indispensable d'opérer un émargement distinct.

21 mars 1867.

Circulaire du gouverneur contenant des instructions sur le service des bureaux arabes et indiquant le mode de procéder pour l'établissement des rôles de l'impôt arabe (B. O. 222).

V. *Bureaux arabes.*

6 mars 1871.

Décision du commissaire de la République supprimant les rôles nominatifs dans le territoire militaire du département d'Alger (non publiée dans le Bulletin officiel).

Depuis 1863, les matières et les rôles des impôts arabes ont été établis nominativement pour le territoire militaire du département d'Alger.

Consulté sur l'utilité de cette mesure qui coûte au Trésor une somme annuelle de 10,000 francs environ, M. l'inspecteur général des finances a fait remarquer que la perception des impôts dont il s'agit n'a jamais cessé d'être effectuée collectivement par l'intermédiaire des chefs indigènes, auxquels une remise de 10 pour 100 est allouée à cet effet, et que les rôles individuels restent dès lors sans emploi.

Il résulte, en outre, de l'instruction par laquelle M. le général de Wimpffen prescrit la formation

(1) Robe, p. 42 et suivantes.

des matrices et rôles nominatifs qu'il est formellement interdit aux receveurs des contributions diverses d'opérer sur les contribuables aucune perception directe.

En présence de ces faits démontrant le manque absolu d'utilité des rôles individuels, je décide qu'à l'avenir, et jusqu'à l'époque où il sera possible de confier aux agents financiers l'assiette et le recouvrement des impôts arabes du territoire dit militaire, les matrices et rôles de ces impôts seront établis dans le département d'Alger, comme dans ceux d'Oran et de Constantine, collectivement, le douar étant considéré comme unité imposable.

22 mars 1872.

Arrêté du gouverneur qui remet en vigueur la résolution adoptée par le conseil du gouvernement du 5 mars 1840 (B. O. 407).

16 avril 1872.

Arrêté du gouverneur sur les fraudes en matière de déclarations par les indigènes (B. O. 410).

Art. 1. Les indigènes sont tenus de faire, aux agents chargés du recensement, la déclaration exacte des matières soumises à l'impôt arabe.

Art. 2. — Toute omission volontaire ou dissimulation sera frappée d'une double taxe à titre d'amende.

Art. 3. — La taxe sera portée au triple, si le contribuable s'est opposé aux vérifications des recenseurs, s'il a soustrait ou cherché à soustraire les matières imposables à ces vérifications.

22 octobre 1875.

Décret qui autorise la perception au profit des départements de cinq dixièmes de l'impôt arabe (B. O. 628).

Art. 1. — Provisoirement, et jusqu'à ce qu'il en ait été autrement statué, les départements algériens continueront à percevoir les cinq dixièmes de l'impôt arabe qui leur ont été attribués par les décrets des 25 août 1852, 1er décembre 1858 et 24 septembre 1861.

6 juillet 1877.

Arrêté du gouverneur général fixant le tarif de conversion en argent de l'impôt achour à percevoir en 1877, dans les départements d'Alger et d'Oran (B. O. 696).

Art. 1. — Le tarif de conversion en argent de l'impôt achour à percevoir, en 1877, dans les départements d'Alger et d'Oran, est fixé ainsi qu'il suit :

Par quintal métrique de blé. . . . . 22 fr.
— — d'orge. . . . . 11 — (1).

23 avril 1878.

Arrêté du gouverneur pour la perception des impôts hokor et achour dans le département de Constantine (B. O. 721).

Art. 1. — Les impôts arabes hokor et achour continueront à être perçus, en 1877, dans le département de Constantine, en vertu des titres actuellement existants, et d'après les mêmes tarifs (2).

27 avril 1878.

Arrêté du gouverneur portant conversion en argent de l'impôt zekkat pour l'année 1878 (B. O. 693).

Art. 1. — Le tarif de conversion en argent de l'impôt zekkat est fixé comme il suit pour l'année 1877 :

Chameaux, par tête. . . . . 4 fr.
Bœufs, — 3,
Moutons, — 0, 20
Chèvres, — 0, 25

Art. 2. — Sont exemptés de l'impôt les animaux nés depuis le 1er janvier 1878.

Impôt arabe (Centimes additionnels).

30 juillet 1855.

Arrêté ministériel concernant les centimes additionnels (B. 487).

Art. 1. — A partir du 1er janvier 1856, des centimes additionnels seront ajoutés au principal de

---

(1) Le mode d'opérer dans les départements d'Alger et d'Oran est différent de celui qui est suivi dans le département de Constantine. Dans ce dernier département, l'impôt est fixe, indépendant de la récolte; dans les deux autres, au contraire, il est proportionné à la récolte constatée. A cet effet, les chefs indigènes et les bureaux arabes en territoire militaire, et les fonctionnaires à ce destinés en territoire civil, se rendent sur les terres ensemencées et constatent que par chaque charrue ou zouldja imposable, la récolte paraît devoir être *très-bonne*, *bonne*, *assez bonne*, *médiocre* ou *nulle*, et la part de l'État, à titre d'impôt, est évaluée ainsi :

Récolte		Blé.	Orge.	
—	*très-bonne*	2k	4k	par Zouldja
—	*bonne*	1 500	3	—
—	*assez bonne*	1	2	—
—	*médiocre*	0 500	1	—
—	*nulle*	0	0	—

(2) L'achour est perçu dans le département de Constantine, à raison de 20 francs par chaque zebka ou zouldja ensemencée. La zouldja est l'étendue que peut labourer une paire de bœufs, dix hectares environ.

l'impôt arabe et remplaceront les taxes et contributions supplémentaires que les tribus s'imposent pour faire face aux dépenses énumérées dans l'article 4 du présent arrêté.

Art. 2. — La quotité des centimes additionnels sera fixée par le gouverneur général.

Art. 3. — Les centimes additionnels seront recouvrés dans la même forme et aux mêmes époques que l'impôt principal. — Ils sont consacrés intégralement et exclusivement aux dépenses d'utilité commune spéciales aux tribus de chaque subdivision militaire.

Art. 4. — Les dépenses imputables sur les centimes additionnels des tribus sont les suivantes: — 1° frais de bureau et indemnité au receveur comptable; — 2° ouverture et entretien dans les tribus des voies de communication classées comme chemins vicinaux ou qui peuvent y être assimilées; — 3° construction et entretien, sur le territoire des tribus, des maisons de commandement, des caravansérails, des mosquées et des écoles, des puits, fontaines, abreuvoirs, des maisons de cantonniers indigènes sur les chemins désignés au paragraphe 2, et généralement des établissements et édifices ayant un caractère communal; — 4° instruction primaire, culte et justice (dépenses d'entretien, traitement du personnel inférieur et, au besoin, supplément de traitement au personnel supérieur; — 5° traitement des cantonniers indigènes sur les voies dont l'entretien est à la charge des centimes additionnels; — 6° traitement des agents employés à un service de surveillance ou de police; — 7° entretien d'élèves dans les médreças (écoles supérieures), l'école de médecine, les pépinières et autres établissements d'instruction; — 8° plantations et pépinières; — 9° frais de distribution de médicaments et dépenses d'assistance publique; — 10° enfin, toutes dépenses d'utilité favorisant l'intérêt collectif des tribus dans chaque subdivision.

Art. 5. — Les recettes et les dépenses d'intérêt commun aux tribus arabes forment dans la comptabilité des receveurs des contributions diverses un service spécial dont ils comptent, quelle que soit son importance, à l'administration et à la Cour des comptes.

Art. 6. — Les budgets des dépenses à la charge des centimes additionnels des tribus sont préparés chaque année, au mois de septembre au plus tard, pour l'exercice suivant, par les commandants supérieurs des subdivisions, en commission consultative. — Ils sont transmis par les généraux commandant les divisions au gouverneur général, qui les arrête.

Art. 7. — Les dépenses imputées sur lesdits budgets sont acquittées sur mandats délivrés, savoir : — par l'intendance militaire pour les dépenses administratives; — par le service du génie pour les travaux.

Art. 8. — Les règles de la comptabilité des communes sont applicables à la comptabilité des centimes additionnels des tribus en ce qui touche la division et la durée des exercices, la justification, le contrôle, l'ordonnancement et le payement des dépenses, le maximum de l'encaisse des receveurs, et enfin le mode d'écritures et de comptabilité.

Art. 9. — Les comptes des receveurs des contributions, en ce qui touche le recouvrement et l'emploi des centimes additionnels, sont rendus dans le mois qui suit la clôture de chaque exercice. — Ils sont transmis à la Cour des comptes par l'entremise du chef de service des contributions diverses de la province. — Les comptes administratifs des ordonnateurs sont réglés par le gouverneur général.

26 février 1858.

Arrêté ministériel fixant le maximum des centimes additionnels et leur emploi (B. 519).

Art. 1. — A partir de l'exercice 1858, le maximum des centimes additionnels qui peuvent être ajoutés au principal de l'impôt arabe, pour subvenir aux dépenses d'utilité commune dans les tribus, est porté de 10 centimes à 18 centimes par franc.

Art. 2. — Sur le produit des centimes additionnels, il sera pourvu aux dépenses ci-après, qui avaient été maintenues provisoirement en dehors de la nomenclature de l'article 4 de l'arrêté précédent, du 30 juillet 1855, et qui se réglaient dans les djemâa des tribus, sous la surveillance des chefs indigènes, savoir : gardes à pied et à cheval chargés de la police du pays, de la surveillance des routes et du transport de la correspondance pour le service dans l'intérieur du pays; achat des étalons appartenant aux tribus; achat et entretien des chevaux de relais pour le service de la police et de la correspondance.

Art. 3. — Toutes contributions, toutes taxes ou perceptions en sus du principal de l'impôt arabe autres que celles qui sont autorisées par le présent arrêté sont formellement interdites, et donneront lieu aux poursuites ordonnées par l'article 5 de l'ordonnance du 17 janvier 1845. Tout maniement de fonds opéré en dehors des règles établies par l'arrêté du 30 juillet 1855 tombera sous l'application des dispositions de l'article 258 du Code pénal.

Art 4. — Une expédition des budgets et des comptes administratifs des diverses dépenses à la charge des centimes additionnels à l'impôt arabe sera transmise au gouverneur général.

26 avril 1865.

Arrêté du gouverneur qui institue dans chaque subdivision une commission des centimes additionnels (B. G. 147).

Art. 1. — Une commission des centimes additionnels est instituée dans chaque subdivision des trois provinces de l'Algérie pour donner son avis sur les projets de dépenses de toute nature afférentes aux centimes additionnels à l'impôt arabe.

Art. 2. — Cette commission sera composée comme il suit : — du commandant de la subdivision, président; — des commandants de cercle ; — du sous-intendant militaire, chargé de la comptabilité des centimes additionnels; — des chefs du génie; — du receveur des contributions diverses; — de notables indigènes en nombre égal à celui des cercles, sans que le nombre puisse être inférieur à quatre; — du chef du bureau arabe subdivisionnaire, remplissant les fonctions de secrétaire. — La commission peut se faire assister d'un interprète militaire sans voix délibérative ni consultative.

Art. 3. — Les membres indigènes seront nommés par le commandant de la province, sur la proposition du commandant de la subdivision, pour trois années.

Art. 4. — Tous les membres de la commission ont voix délibérative; en cas de partage des voix, celle du président est prépondérante.

Art. 5. — La commission se réunit deux fois par an, au 15 mai, pour l'examen du compte administratif de l'exercice clos, l'établissement des chapitres additionnels au budget de l'exercice courant et la préparation des états sommaires relatifs au budget de l'année suivante; au 20 octobre, pour l'établissement de ce dernier budget.

Art. 6. — Les dépenses sur lesquelles la commission est appelée à délibérer sont de deux sortes : les unes, *obligatoires*, sont relatives à l'entretien des travaux, aux ... ls d'administration et de perception, à l'assistance publique, au culte, à la justice, à l'achat et à l'entretien des étalons de tribus; les autres, *facultatives*, comprennent tous les frais inscrits sous le titre de colonisation et ... travaux de quelque nature qu'ils soient.

Art. 7. — Les délibérations de la commission sont inscrites sur un registre spécial; copie en est adressée au commandant de la province, après chaque session, et à l'appui des propositions budgétaires établies d'après le modèle usité.

Art. 8. — Le commandant de la province transmet, avec son avis, une copie de ce document au gouverneur général et lui soumet les modifications qu'il juge convenable d'introduire dans les propositions des commissions.

Art. 9. — Il est statué sur ces modifications par le gouverneur général, auquel reste réservé l'arrêté des budgets et des comptes administratifs.

24 juillet 1867.

Décret portant que les commissions des centimes additionnels pourront être autorisées par le gouverneur à contracter des emprunts

pour acheter des grains de semailles et à affecter en garantie des centimes additionnels (B. O. 242).

12 septembre 1867.

Arrêté du gouverneur qui autorise les commissions d'Orléansville, d'Oran, de Mostaganem, de Mascara, de Bel-Abbès, de Tlemcen, de Batna, à contracter des emprunts (B. O. 255).

23 avril 1878.

Arrêté du gouverneur fixant le quantum des centimes additionnels à percevoir en 1878 (B. O. 718).

Art. 1. — La quotité des centimes additionnels ordinaires aux impôts zekkat, achour, hokor, lezma et à l'impôt de capitation établi en Kabylie, à percevoir au profit des communes mixtes ou indigènes qui ne sont pas encore assujetties aux taxes municipales en vigueur dans les communes de plein exercice, est fixée, pour 1878, à dix-huit centimes par franc, du principal, y compris le contingent de huit centimes, spécialement affecté aux dépenses de l'assistance hospitalière, par notre arrêté du 11 février 1878.

Imprimerie.

28 septembre 1856.

Décret qui rend exécutoire en Algérie le décret du 22 mars 1852, aux termes duquel nul ne peut être imprimeur en taille-douce s'il n'est breveté et assermenté (B. 501).

15 mars 1862.

Circulaire du gouverneur général relative au dépôt légal, lequel comprend les publications administratives telles que comptes rendus des sessions des conseils généraux et recueils des actes de préfecture (B. O. 44).

10 septembre 1870.

Décret établissant la liberté des professions d'imprimeur et de libraire (B. Lois XII, n° 37).

(Non promulgué en Algérie et non appliqué.)

Indigénat.

Législation répressive spéciale dont le caractère est déterminé par l'article 17 du décret du 29 août 1871.

29 août 1874.

Décret sur l'organisation de la justice en Kabylie
(B. O. 567).

Art. 17. — En territoire civil, les indigènes non naturalisés pourront être poursuivis et condamnés aux peines de simple police fixées par les articles 464, 465 et 466 du Code pénal, pour infractions spéciales à l'indigénat, non prévues par la loi française, mais déterminées par des arrêtés préfectoraux rendus sur les propositions des commissaires civils, des chefs des circonscriptions cantonales ou des maires.

La peine de l'amende et celle de la prison pourront être cumulées et s'élever au double en cas de récidive prévue par l'article 483 du Code pénal.

Les juges de simple police statueront, en cette matière, sans frais et sans appel.

11 septembre 1874.

Décret appliquant dans tous les territoires civils de l'Algérie l'article 17 du décret du 29 août 1874 (B. O. 567).

ARRÊTÉS DU PRÉFET D'ALGER.

9 février 1875.

Arrêté général sur les infractions de l'indigénat (B. Préfecture d'Alger, 1875).

Art. 1. — Sont considérés comme infractions spéciales à l'indigénat et, comme telles, passibles des peines édictées par les articles 465 et 466 du Code pénal, les faits et actes ci-après déterminés, savoir :

1° Omission ou retard de plus de huit jours, dans les déclarations de naissance et de décès, dans les circonscriptions territoriales où cette mesure est prescrite par l'autorité administrative, en attendant que les dispositions des chapitres II et IV du livre premier du Code civil soient rendues applicables aux indigènes ;

2° Négligence par les agents indigènes de toute catégorie (adjoints, gardes, cheikhs, oukaffs, kebirs de douars) à prévenir des crimes ou délits commis dans leur circonscription, le juge de paix de leur canton ou le procureur de la République lorsque le siège du tribunal est au chef-lieu du canton ;

3° Négligence à fournir des renseignements sur un crime ou un délit dont les auteurs soupçonnés ne sont point de ceux à l'égard desquels la déposition du témoin n'est pas reçue en justice, et qui sont énumérés dans les cinq premiers paragraphes de l'article 322 du Code d'instruction criminelle ;

4° Négligence à comparaître sur simple invitation, même verbale, devant le juge de paix procédant à une information ;

5° Négligence à se présenter devant l'administrateur ou le maire de la commune, après convocation remise par un agent de l'autorité administrative ;

6° Acte irrespectueux ou propos offensant vis-à-vis d'un représentant ou agent de l'autorité, même en dehors de ses fonctions, et alors même que cet acte ou ce propos ne réunirait pas les caractères voulus pour constituer le délit ou la contravention d'injure ;

7° Propos tenus en public dans le but d'affaiblir le respect dû à l'autorité ;

8° Refus ou inexécution des services de garde, patrouille et poste-vigie, placés en vertu d'un ordre de l'autorité, abandon d'un poste ou négligence dans les mêmes services ;

9° Refus à l'égard des prestations de transport et des gardes de camp autorisées pour les commissaires-enquêteurs chargés de l'application de la loi du 26 juillet 1873 ;

10° Refus de fournir, contre remboursement, aux prix du tarif établi par arrêté du préfet, les vivres, les moyens de transport ou le concours auxiliaires (gardiens de nuit, jalonneurs, guides) aux fonctionnaires ou agents dûment autorisés ;

11° Refus ou manque d'obtempérer aux convocations des commissaires-enquêteurs, pour assister comme témoins ou comme parties intéressées aux opérations relatives à l'application de ladite loi ;

12° Refus de fournir les renseignements statistiques, topographiques ou autres, demandés par des agents de l'autorité française en mission, ou mensonge dans les renseignements donnés ;

13° Négligence habituelle dans le payement des impôts et dans l'exécution des prestations en nature, manque d'obtempérer aux convocations des receveurs lorsqu'ils se rendent sur les marchés pour percevoir les contributions ;

14° Dissimulation et connivence dans les dissimulations en matière de recensement des animaux et objets imposables ;

15° Infractions aux instructions portant réglementation sur l'immatriculation des armes ;

16° Habitation isolée sans autorisation en dehors de la *mechta* ou du douar, campement sur des lieux prohibés ;

17° Départ du territoire de la commune sans avoir, au préalable, acquitté les impôts et sans être muni d'un permis de voyage ;

18° Infractions aux instructions portant réglementation sur le mode d'émigration des nomades ;

19° Asile donné, sans en prévenir le chef de douar, à des vagabonds, gens sans aveu ou étrangers sans papiers ;

20° Réunions sans autorisation pour *zerda*, *ziara* ou autres fêtes religieuses ; coups de feu sans autorisation dans des fêtes ;

21° Labour partiel ou total des chemins non classés, mais consacrés par l'usage ;

22° Infractions aux règlements d'eaux et aux usages locaux pour l'affectation des fontaines;

23° Détention, pendant plus de vingt-quatre heures, d'animaux égarés, sans avis donné à l'autorité;

24° Abatage de bétail et dépôt d'immondices hors des lieux destinés à cet effet, abatage de vaches ou de brebis pleines; non-enfouissement des animaux (domestiques ou sauvages, morts ou tués) au moins à 500 mètres d'un chemin ou d'une habitation;

25° Inhumation hors du lieu consacré ou à une profondeur inférieure à celle déterminée par l'autorité locale;

26° Mendicité hors du douar, même pour les infirmes et les invalides, sauf le cas d'autorisation;

27° Plainte ou réclamation sciemment inexacte ou réclamation renouvelée après solution régulière.

5 avril 1875.

Arrêté créant de nouvelles infractions à l'indigénat (B. Préfecture Alger, 1875).

Art. 1. — Est considérée comme infraction spéciale à l'indigénat, et comme telle passible des peines édictées par les articles 465 et 466 du Code pénal et par l'article 17 du décret du 29 août 1874, la négligence habituelle dans le payement: 1° des soultes de rachat du séquestre; 2° du prix des locations consenties collectivement à des fractions d'indigènes constituées.

31 juillet 1876.

Arrêté ajoutant une nouvelle infraction à l'indigénat (B. Préfecture Alger, 1876).

Art. 1. — Est considéré comme infraction spéciale à l'indigénat, et comme telle passible des peines édictées par les articles 465 et 466 du Code pénal et par l'article 17 du décret du 29 août 1874, le refus ou le défaut de déclaration de mariage ou de divorce à la mairie du domicile du contractant, à l'expiration d'un délai de dix jours.

23 juillet 1877.

Arrêté contenant un complément à l'arrêté du 9 février 1875 (B. Préfecture Alger, 1877).

L'article 11 de l'arrêté préfectoral du 9 février 1875, mentionné ci-dessus, est complété ainsi qu'il suit:

§ 2. — Défaut d'assister en personne ou de se faire représenter lors du bornage de sa propriété;

§ 3. — Défaut d'avoir indiqué les limites de sa propriété, avant le passage du commissaire-enquêteur, au moyen de *redjem* en pierres ou d'autres signes apparents;

§ 4. — Défaut d'avoir transporté sur son champ, en temps utile, les pierres nécessaires au bornage.

ARRÊTÉS DU PRÉFET DE CONSTANTINE.

11 février 1875.

Arrêté général sur les infractions à l'indigénat (B. Préfecture Constantine, 1875).

Cet arrêté est la copie littérale de celui pris le 9 février 1875 par le préfet d'Alger. (V. *Ci-devant.*)

8 septembre 1876.

Arrêté constituant de nouvelles contraventions à l'indigénat (B. Préfecture Constantine, 1876).

Art. 1. — Est considéré comme contravention spéciale à l'indigénat, et comme telle passible des peines édictées par les articles 465 et 466 du Code pénal, le défaut par les indigènes de déclarer, dans un délai de dix jours, à la mairie de leur domicile, les mariages qu'ils contractent ou les divorces prononcés à leur égard.

4 juillet 1877.

Arrêté établissant une nouvelle contravention à l'indigénat (B. Préfecture Constantine, 1877).

Art. 1. — Lorsque des goums du territoire civil concourront volontairement, avec des goums du territoire militaire, à une fête hippique, et que le commandement de ces goums aura été confié à un officier de l'armée, après entente entre les autorités militaire et civile, les indigènes du territoire civil devront obéir aux ordres qui leur seront donnés par cet officier pendant la durée des prises d'armes.

Art. 2. — Les infractions aux dispositions de l'article précédent seront considérées comme contraventions spéciales à l'indigénat.

ARRÊTÉS DU PRÉFET D'ORAN.

30 mars 1875.

Arrêté général sur les infractions à l'indigénat (B. Préfecture d'Oran 1875).

Art. 1. — Sont considérés comme infractions spéciales à l'indigénat et, comme telles, passibles des peines édictées par les articles 464, 465 et 466 du Code pénal, les faits et actes ci-après désignés, savoir:

1° Omission ou retard de plus de huit jours dans les déclarations de naissance et de décès;

2° Négligence apportée dans le règlement des impôts et dans l'exécution des prestations en nature; manque de se rendre aux convocations des receveurs, lorsqu'ils se rendront sur les marchés pour percevoir les contributions;

3° Refus de se présenter devant le commissaire civil, l'administrateur de la commune mixte ou le maire de la commune de plein exercice, sur une convocation régulière, remise par un agent de l'autorité administrative;

4° Réunion sans autorisation pour zierda ou ziara (pèlerinage, repas public); réunion sans autorisation de plus de vingt-cinq personnes du sexe masculin; coups de feu sans autorisation dans une fête, un mariage, une naissance, une circoncision;

5° Toute acte irrespectueux ou propos offensant vis-à-vis d'un représentant ou agent de l'autorité, même en dehors de ses fonctions et alors même que cet acte ou ce propos ne réunirait pas les caractères voulus pour constituer le délit ou la contravention d'injure;

6° Dissimulation de la matière imposable et connivence dans les soustractions ou tentatives de soustraction au recensement des animaux et objets imposables;

7° Départ de la localité, représentée par le territoire de la commune de plein exercice, indigène ou mixte, sans avoir au préalable acquitté les impôts et sans être muni d'un passeport, permis de voyage, carte de sûreté ou livret d'ouvrier;

8° Refus ou inexécution des services de garde, patrouille et poste-vigie, placés exceptionnellement en vertu d'ordres de l'autorité compétente; abandon d'un poste ou négligence dans les mêmes services;

9° Refus de fournir contre remboursement, au prix du tarif arrêté par l'autorité municipale, les vivres, les moyens de transport, l'eau potable, le combustible, ainsi que les agents auxiliaires (gardiens de nuit, jalonneurs, guides) aux fonctionnaires ou agents dûment autorisés et porteurs de leur autorisation; il en serait de même à l'égard des prestations de transport et de gardes de camp autorisées, dans des conditions spéciales, pour les commissaires-enquêteurs chargés de l'application de la loi du 26 juillet 1873;

10° Refus ou manque d'obtempérer aux convocations faites directement par les commissaires-enquêteurs, pour assister comme témoins ou comme parties intéressées aux opérations relatives à l'application de ladite loi;

11° Inobservation des décisions administratives portant attributions de terres arch, après avis de la djemâa consultée;

12° Labour partiel ou total des chemins non classés, mais consacrés par un usage de plusieurs années;

13° Infractions aux instructions portant réglementation sur le mode d'émigration des nomades;

14° Infractions aux instructions portant réglementation sur l'immatriculation des armes;

15° Asile donné, sans en prévenir le chef de douar ou le président de djemâa ou adjoints aux maires, à des vagabonds, gens sans aveu, khouans, étrangers sans papiers, internés en rupture de ban;

16° Destruction, enlèvement ou déplacement des jalons, tas de pierres, témoins, signaux topographiques, bornes, limites, placés par l'autorité ou ses agents, sans préjudice des dommages-intérêts, s'il y a lieu;

17° Détention, pendant plus de vingt-quatre heures, d'animaux égarés, sans en avoir prévenu le kebir-ed-douar;

18° Infractions aux règlements d'eau et usages locaux pour l'affectation des fontaines;

19° Abatage du bétail et dépôt d'immondices hors des lieux consacrés ou à moins de deux cents mètres des habitations; non-enfouissement des animaux (domestiques ou sauvages, morts ou tués) à moins de cinq cents mètres d'un chemin ou d'une habitation;

20° Vol de crin sur les animaux vivants ou destruction de la queue d'un cheval ou d'un mulet (sans préjudice de peines plus sévères en cas de mutilation);

21° Inhumation hors du lieu consacré ou à une profondeur inférieure à celle déterminée par l'autorité locale, et telle qu'il y a émanation malsaine ou danger de violation de sépulture par les animaux sauvages;

22° Réclamation calomnieuse;

23° Réclamation renouvelée après une réclamation identique ayant reçu une solution régulière;

24° Mendicité hors du douar-commune, même pour les infirmes et les invalides, sauf le cas d'autorisation;

25° Discours et propos tenus en public dans le but d'affaiblir le respect dû à l'autorité française ou à des fonctionnaires;

26° Abatage de vaches ou brebis pleines

27° Refus de fournir les renseignements statistiques, topographiques ou autres, demandés par des agents de l'autorité française en mission, ou mensonges volontaires dans les renseignements donnés;

28° Refus ou négligence de rembourser les grains prêtés provenant des silos de réserve;

29° Négligence, de la part des adjoints indigènes, présidents de djemâas, chefs de douars partiels, dans la déclaration immédiate au juge de paix de leur canton ou au procureur de la République, lorsque le siége du tribunal sera au chef-lieu du canton, des crimes ou délits commis dans la circonscription de ces agents indigènes;

30° Refus de comparaître, sur simple invitation, même verbale, devant le juge de paix procédant à une information criminelle;

31° Refus de fournir des renseignements sur un crime ou un délit dont les auteurs ne seront point de ceux à l'égard desquels leur déposition n'est point reçue en justice et qui sont énumérés dans les cinq premiers paragraphes de l'article 322 du Code d'instruction criminelle;

32° Refus ou négligence de faire les travaux, le service, ou de prêter le secours dont ils auraient été requis dans les circonstances d'accidents, tumultes, naufrages, inondations, incendies, invasions de sauterelles ou autres calamités, ainsi que dans les cas de brigandage, pillage, flagrant délit, clameur publique ou exécution judiciaire. — Demeure, néanmoins, réservé le refus de secours ou de concours en cas d'incendie, prévu et puni par les articles 4 et 8 de la loi du 26 juillet 1874.

12 septembre 1876.

Arrêté concernant les infractions en matière de mariage ou de divorce (B. Préfecture Oran 1876).

Art. 1. — Tout mariage ou divorce entre indigènes musulmans devra, dans la huitaine dans laquelle il sera prononcé, être déclaré et inscrit sur les registres spéciaux tenus, à cet effet, par les maires ou par les adjoints français et indigènes de la commune de plein exercice ou mixte de la résidence des parties, et ce, à leur diligence.

Art. 2. — Toute contravention à ces dispositions sera constatée et poursuivie conformément à l'article 17 du décret du 29 août 1874.

Inspection des finances.

16 décembre 1843.

Ordonnance qui détermine les attributions des inspecteurs des finances employés en Algérie (B. 165).

Art. 1. — Les inspecteurs des finances employés en Algérie seront compris dans les cadres de l'inspection continentale, et relèveront directement du ministre des finances.

Ils seront placés sous les ordres immédiats de l'inspecteur de première classe que le ministre des finances déléguera à cet effet.

Les attributions de l'inspecteur de première classe, chef de la mission, embrasseront le service de trésorerie et des postes, et tous les autres services financiers sans exception. Cet inspecteur communiquera au directeur des finances tous les rapports concernant les vérifications effectuées soit d'office, soit à la demande de ce dernier fonctionnaire.

Art. 2. — Augmentation du personnel continental.

Art. 3. — Traitement et frais de tournées à la charge du département de la guerre.

Instruction criminelle (Code d').

Le Code d'instruction criminelle a été promulgué au fur et à mesure de l'application dans la colonie des institutions de la métropole, et notamment par l'ordonnance du 26 septembre 1842, et les décrets des 19 août 1854, 15 décembre 1858 et 21 octobre 1870. La loi modificative du 27 janvier 1873 a été également promulguée (B. G. 471). V. *Justice*.

Instruction publique.

L'instruction publique n'a pas été sérieusement organisée en Algérie jusqu'en 1848. A cette époque un arrêté du chef du pouvoir exécutif créa une académie à Alger et rattacha le service au ministère de l'instruction publique, sauf les écoles arabes qui restèrent dans les attributions du ministère de la guerre. Le service, remis au ministère de l'Algérie, est rentré de nouveau dans son ministère spécial le 10 décembre 1860, et a reçu du décret du 15 août 1875 son organisation actuelle. Aux termes de ce décret, les établissements d'instruction publics ou libres sont placés dans les attributions du ministre de l'instruction publique; la législation qui régit l'instruction en France est applicable en Algérie; le recteur exerce sur l'enseignement secondaire libre les attributions confiées en France aux inspecteurs d'académie, et sur l'enseignement primaire l'autorité conférée par la loi du 15 mars 1850; en outre il nomme et révoque les instituteurs et les institutrices publics et les directrices de salles d'asile; les écoles arabes-françaises du territoire civil et les écoles israélites dites *midrashim* (1) sont rattachées au ministère de l'instruction publique; les écoles arabes-françaises du territoire de commandement restent seules placées sous l'autorité du gouverneur général, autorité qu'il exerce par l'intermédiaire du recteur et des généraux chargés de l'administration du pays.

L'instruction publique en Algérie comprend:

Comme enseignement supérieur; 1° l'école préparatoire de médecine d'Alger, créée le 4 août 1857 et soumise, sauf de rares exceptions, aux lois et règlements de la métropole; 2° trois chaires d'arabe à Alger, Constantine et Oran; 3° l'observatoire d'Alger, institué par arrêté ministériel du 26 novembre 1858; 4° trois médréças ou écoles musulmanes d'enseignement supérieur à Alger, Constantine et Tlemcen, dont les règlements concernant l'admission, le régime intérieur et les études ont été récemment remaniés.

Comme enseignement secondaire; deux

(1) V. *Culte israélite*.

lycées à Alger et Constantine ; neuf collèges à Blida, Médéa, Miliana, Bône, Philippeville, Sétif, Mostaganem, Oran et Tlemcen ; quatre institutions congréganistes à Alger, Blida et Oran. Ces établissements sont fréquentés par 3,100 élèves environ, et le recteur constate à ce sujet dans son dernier rapport au conseil supérieur, qu'en comparant le nombre des élèves avec la population donnée par le dernier recensement, aucun État de l'Europe ne présente une fréquentation relative aussi satisfaisante.

Comme enseignement primaire ; 647 écoles dont 517 publiques et 130 libres recevant ensemble 49,674 élèves, se décomposant ainsi : 25,964 garçons et 23,710 filles ; 39 écoles arabes-françaises tant en territoire civil qu'en territoire de commandement ; 12 écoles congréganistes organisées soit en Kabylie, soit dans l'extrême sud, à Laghouat et à Bouçaoud.

Il existe en outre une école normale d'instituteurs à Alger, une d'institutrices à Miliana, et 156 salles d'asile fréquentées par 16,668 enfants.

15 août 1875.

Décret contenant organisation de l'instruction publique en Algérie (B. G. 622).

Art. 1. — Les établissements d'instruction publics ou libres, en Algérie, sont placés dans les attributions du ministre de l'instruction publique.

Néanmoins, les écoles arabes-françaises situées en territoire militaire, et les écoles musulmanes dans toute l'Algérie, restent placées sous l'autorité du gouverneur général.

Art. 2. — La législation qui régit actuellement l'instruction publique en France est applicable à l'Algérie, sauf les modifications résultant du présent décret.

Art. 3. — L'Algérie forme une circonscription académique, dont le chef-lieu est à Alger.

Art. 4. — Le conseil académique d'Alger se compose :

Du recteur, président ;

Du directeur général des affaires civiles ;

De l'archevêque d'Alger ou de son délégué ;

Des inspecteurs d'académie de la circonscription ;

Des doyens des facultés ou directeurs d'établissements d'enseignement supérieur ;

De six membres choisis par le ministre de l'instruction publique, pour trois ans, savoir :

Quatre, parmi les membres du clergé catholique et les représentants des cultes non catholiques reconnus en Algérie ;

Deux, parmi les membres de la Cour d'appel ;

De deux membres choisis par le gouverneur général, pour trois ans, parmi les fonctionnaires ou personnes notables de la circonscription.

Art. 5. — Le conseil académique exerce, en ce qui concerne les affaires disciplinaires et contentieuses relatives aux établissements libres d'instruction secondaire, les attributions déférées aux conseils départementaux par l'article 7 de la loi du 14 juin 1854.

Art. 6. — Le conseil départemental de l'instruction publique, pour chacun des départements de l'Algérie, se compose :

Du préfet, président ;

De l'inspecteur d'académie ;

De l'évêque ou de son délégué ;

D'un ecclésiastique désigné par l'évêque ;

Du procureur général près la Cour d'appel dans le département d'Alger, et du procureur de la République près le tribunal de première instance du chef-lieu dans les autres départements ;

De membres nommés, pour trois ans, par le ministre de l'instruction publique, savoir :

Un ministre de l'une des deux églises protestantes dans le département où il existe une église légalement établie ;

Un musulman ;

Un membre de la Cour d'appel dans le département d'Alger ; un président ou juge titulaire du tribunal civil du chef-lieu dans les autres départements ;

Quatre fonctionnaires ou personnes notables, dont un inspecteur de l'enseignement primaire.

Art. 7. — Le gouverneur général est membre de droit du conseil académique d'Alger et des conseils départementaux de l'instruction publique en Algérie. Quand il assiste à une séance, il la préside.

Art. 8. — Le gouverneur général peut, dans les délais prévus par les articles 28 et 64 de la loi du 15 mars 1850, s'opposer à l'ouverture des établissements d'enseignement libre, dans l'intérêt de l'ordre public en Algérie.

L'opposition est portée directement devant le conseil supérieur de l'instruction publique, qui sera saisi dans sa plus prochaine session.

Art. 9. — Sous l'autorité du ministre de l'instruction publique, le recteur exerce :

En ce qui concerne l'enseignement secondaire libre, les attributions déléguées aux inspecteurs d'académie par le second paragraphe de l'article 9 de la loi du 14 juin 1854 ;

En ce qui concerne l'enseignement primaire public ou libre, l'autorité conférée aux recteurs par la loi du 15 mars 1850 ;

En outre, il nomme et révoque les instituteurs et les institutrices publics et les directrices des salles d'asile, sur le rapport de l'inspecteur d'académie du département ; il les choisit soit sur la liste d'admissibilité et d'avancement dressée par le conseil départemental, soit sur la présentation des supérieurs des associations religieuses vouées à l'enseignement et autorisées par la loi ou reconnues comme établissement d'utilité publique.

Les consistoires jouissent du droit de présentation pour les instituteurs et les institutrices appartenant aux cultes non catholiques.

En ce qui concerne les écoles arabes-françaises établies dans les territoires civils et les écoles israélites *midrashim*, des arrêtés pris par le ministre de l'instruction publique détermineront le régime spécial de ces établissements et les attributions du recteur.

Le recteur adresse au gouverneur général, pour être soumis au conseil supérieur du gouvernement, un rapport annuel sur la situation de l'instruction publique de l'Algérie.

Art. 10. — Les professeurs et fonctionnaires de l'instruction publique autres que les instituteurs et les institutrices reçoivent, en Algérie, le traitement accordé en France à leurs fonctions et à leur classe; ils jouissent, en outre, du supplément colonial.

Art. 12. — Dans les écoles musulmanes de tout ordre et dans les écoles arabes-françaises situées en territoire militaire, l'autorité du gouvernement général s'exerce par l'intermédiaire du recteur et des généraux chargés de l'administration du pays.

L'organisation du service est réglée par arrêtés du gouverneur général.

Art. 13. — Un règlement d'administration publique déterminera les dispositions de la loi du 12 juillet 1875 qui seront applicables à l'Algérie.

Art. 14. — Le ministre de l'intérieur, le ministre de l'instruction publique et le gouverneur général de l'Algérie sont chargés, chacun en ce qui le concerne, de l'exécution du présent décret.

1er juillet 1876.

Décret fixant le traitement des instituteurs et institutrices des écoles publiques en Algérie (B. G. 667).

Art. 1. — L'article 11 du décret du 15 août 1875 est modifié de la manière suivante. :

Art. 11. — Un règlement d'administration publique déterminera les charges des départements et des communes en ce qui concerne l'enseignement primaire public.

Jusqu'à la promulgation de ce décret, les charges continueront à être réglées par l'arrêté ministériel du 30 décembre 1853 ;

Le traitement des instituteurs et des institutrices des écoles publiques... (V. décret ci-après.)

27 mai 1878.

Décret qui fixe le traitement des instituteurs et institutrices (B. Lois, XII n° 7,051).

Les traitements minima des instituteurs et institutrices dans les écoles publiques françaises et les écoles arabes-françaises du territoire civil sont fixés de la manière suivante :

1° Instituteurs titulaires, divisés en quatre classes :

Quatrième classe, 1.500 francs ; troisième classe, 1.700 francs; deuxième classe, 1,900 francs; première classe, 2.100 francs.

2° Institutrices titulaires, divisées en trois classes.

Troisième classe, 1.200 francs ; deuxième classe, 1.800 francs ; première classe 1.500 francs.

3° Instituteurs-adjoints français divisés en trois classes :

Troisième classe, 1.200 francs ; deuxième classe, 1.300 francs ; première classe, 1.500 francs.

4° Instituteurs-adjoints indigènes, attachés aux écoles arabes-françaises, divisés en trois classes :

Troisième classe, 1.000 francs ; deuxième classe, 1.200 francs ; première classe 1.400 francs.

5° Institutrices adjointes, divisées en deux classes :

Deuxième classe, 1.000 francs ; première classe, 1.100 francs.

Art. 2. — Les articles 2, 4, 5, 6 et 8 de la loi du 19 juillet 1875 sont applicables aux instituteurs et institutrices titulaires ou adjoints attachés aux écoles françaises et aux écoles arabes-françaises du territoire civil. Les instituteurs et institutrices publics de tout ordre, pourvus d'un diplôme de langue arabe, auront droit, en outre, à une prime spéciale qui sera déterminée par le ministre de l'instruction publique.

Art. 3. — L'enseignement primaire est gratuit dans les écoles arabes-françaises publiques.

DISPOSITION TRANSITOIRE.

Art. 4. — Les instituteurs et institutrices de tout ordre parviendront aux traitements ci-dessus fixés, par augmentations successives, dans un délai qui n'excédera pas quatre années à dater du 1er janvier 1878.

Intérêt de l'argent.

7 décembre 1835.

Ordonnance concernant l'intérêt légal et conventionnel (B. 26).

Art. 1. — Dans les possessions françaises du nord de l'Afrique, la convention sur le prêt à intérêt fait la loi des parties.

Art. 2. — L'intérêt légal, à défaut de convention et jusqu'à ce qu'il en soit autrement ordonné, sera de 10 pour 100, tant en matière civile qu'en matière de commerce.

21 novembre 1849.

Décret remettant en vigueur l'ordonnance du 7 décembre 1835 qui avait été abrogée par arrêté du 4 novembre 1848 (B. 336).

Internement des indigènes.

27 décembre 1858.

Décision ministérielle autorisant l'internement
(B. M. 12).

J'ai décidé que, lorsque des indigènes seront signalés comme faisant une opposition systématique à nos agents, ou se livreront à des intrigues politiques pour créer des difficultés à notre administration, le commandant du cercle pourrait adresser un rapport motivé et détaillé pour demander leur internement, soit dans une localité de la province, soit dans une autre province. Ce rapport sera transmis, par la voie hiérarchique, au commandant de la division, qui l'enverra au commandant supérieur, avec ses observations. Sur le vu de ce document, et sans qu'il soit nécessaire de faire comparaître les prévenus, le commandant supérieur (aujourd'hui le gouverneur général), selon qu'il jugera convenable, prononcera l'internement, ou réunira la commission supérieure, qui statuera. Dans tous les cas, il en sera rendu compte au ministre, avec les pièces à l'appui. — Si des mesures devaient être prises d'urgence, le commandant de la division prononcerait l'internement provisoire, sauf l'approbation du commandant supérieur, auquel le rapport serait transmis sans retard.

25 février 1861.

Arrêté du gouverneur concernant les internés
(B. O. 4).

Art. 1. — Les indigènes contre lesquels la peine de l'internement en Algérie aura été prononcée seront placés dans les localités où il existe des pénitenciers indigènes et nourris par ces établissements.

Art. 2. — Lorsque, par exception à l'article 1, un indigène devra être interné sur un point où il n'existe pas de pénitencier indigène, il sera placé dans un chef lieu de subdivision ou de cercle, et, dans ce cas, il sera hébergé par la maison des hôtes du bureau arabe.

Art. 3. — L'allocation pour la nourriture des indigènes internés est fixée à 0,fr. 50 par jour et par individu.

Art. 4. — Les frais de nourriture des indigènes internés en Algérie seront imputables au budget des centimes additionnels des subdivisions auxquelles appartiennent ces internés. — A cet effet il sera ajouté au chapitre 1er, section 5, un nouvel article portant : *entretien des indigènes internés en Algérie.*

Art. 5. — A l'époque de l'établissement du budget de chaque subdivision, le chiffre de la dépense présumée à inscrire à l'article *entretien des indigènes internés en Algérie* sera calculé sur la moyenne des internés des années précédentes, à raison de 0,fr. 50 par jour et par individu.

Art. 6. — Tous les trois mois, les frais d'entretien des internés indigènes seront acquittés par les caisses des subdivisions auxquelles ils appartiennent, sur l'envoi de feuilles de dépenses établies par les soins des autorités chargées de l'administration des pénitenciers indigènes et des maisons des hôtes.

Interprètes.

Deux classes d'interprètes judiciaires ont été organisées en Algérie : l'une attachée spécialement au service des tribunaux et l'autre, sous le titre d'interprètes ou de traducteurs assermentés, est chargée de traduire les actes passés devant les officiers publics, ainsi que les écrits produits en justice, et d'intervenir entre les parties dans leurs conventions authentiques ou sous signatures privées. Les interprètes de l'une et l'autre classe ne peuvent être nommés qu'à la suite d'examens et alors qu'ils remplissent les conditions déterminées par la loi ; ils prêtent serment et sont rétribués, les premiers par un traitement fixe, les seconds par des vacations ou des droits de traduction. — Dans les localités où il n'existe pas de traducteur assermenté, l'interprète judiciaire en remplit les fonctions.

Les interprètes assermentés ou judiciaires sont placés sous la surveillance du procureur général ; ils dépendent, depuis l'arrêté du 20 août 1848, du ministère de la justice.

19 mai 1846.

Ordonnance contenant organisation (B. 223).

Art. 1. — Des interprètes sont spécialement attachés au service des tribunaux.

Art. 2. — Ces interprètes ne peuvent exercer aucune autre profession. Ils demeurent constamment à la disposition des magistrats. Ils ont seuls qualité pour faire et certifier la traduction des notifications en matière criminelle ou correctionnelle, et généralement de tous actes ordonnés par justice.

Art. 3. — Nul acte reçu par les notaires, cadis ou autres officiers publics de l'Algérie n'est valable, lorsque les parties ne parlent pas la même langue, sans l'entremise d'un interprète-traducteur assermenté, qui le signera comme témoin additionnel.

Art. 4. — Nul acte écrit en langue arabe ou étrangère ne peut être produit en justice, cité ou annexé à un autre acte reçu par un officier public français, s'il n'est accompagné de la traduction faite et certifiée par un interprète-traducteur assermenté. — Les actes écrits en langue française ou étrangère ne peuvent être produits devant un juge ou notaire indigène, sans une traduction en langue arabe également faite et certifiée par un interprète-traducteur.

Art. 5. — Les traductions dûment certifiées feront foi en justice de leur contenu, sauf vérification par les tribunaux.

Art. 6. — Notre ministre de la justice nomme les interprètes attachés aux tribunaux et les interprètes-traducteurs assermentés, en fixe le nombre, détermine leur traitement et règle l'exercice de leurs fonctions.

Art. 7. — Les interprètes-traducteurs nommés par notre ministre de la justice ont exclusivement qualité, dans le ressort de la juridiction devant laquelle ils sont assermentés, pour intervenir entre les parties, quand il est besoin, dans toutes les conventions authentiques ou sous seing privé. — L'arrêté qui les nomme fixe leur résidence.

Art. 8. — L'acceptation par les interprètes judiciaires et les traducteurs assermentés d'un salaire ou indemnité quelconque, en sus de leur traitement ou de leurs honoraires, sera poursuivie comme concussion.

Art. 9. — Avant d'entrer en fonctions, les interprètes judiciaires et les interprètes-traducteurs prêtent devant le tribunal de leur arrondissement le serment suivant:

« Je jure obéissance aux lois, ordonnances et arrêtés en vigueur en Algérie, et de remplir avec exactitude et probité les devoirs de ma profession. »

Art. 10. — L'infidélité ou la mauvaise foi dans les interprétations ou les traductions seront punies de révocation, sans préjudice de l'application des articles 162, 174, 361, 362 et 363 du Code pénal.

Art. 11. — Toute personne qui aura usurpé les fonctions d'interprète judiciaire ou de traducteur assermenté sera traduite devant les tribunaux et passible de l'application de l'article 258 du Code pénal.

Art. 12. — L'arrêté du 2 février 1835 est abrogé.

29 mai 1846.

Arrêté ministériel fixant le nombre des interprètes, leur traitement (B. 228).

Art. 1. — Le nombre des interprètes judiciaires attachés à la Cour et aux tribunaux de l'Algérie est fixé à onze, savoir : dix pour les langues arabe et turque, un pour la langue espagnole (1).

(1) Le nombre des interprètes judiciaires est actuellement beaucoup plus considérable. Il y en a deux à la Cour, au moins un dans chaque tribunal et un dans chaque justice de paix.

Art. 2. — Les traitements des interprètes judiciaires sont fixés ainsi qu'il suit :

Interprète de la langue arabe attaché à la cour d'appel, 3,000 francs ; — *Id.* au tribunal de première instance d'Alger, 3,000 francs ; — *Id.* au tribunal de commerce et aux justices de paix d'Alger, 2,400 francs ; — *Id.* au tribunal de Bône et en même temps à la justice de paix de cette résidence, 2,400 francs ; — *Id.* au tribunal de Philippeville et en même temps à la justice de paix de cette résidence, 2,400 francs ; — *Id.* au tribunal de Blida et en même temps à la justice de paix de cette résidence, 2,400 francs ; — *Id.* des langues arabe et espagnole attaché au tribunal de première instance d'Oran et en même temps à la justice de paix de cette résidence, 2,400 francs ; — *Id.* de la langue arabe attaché aux justices de paix de Mostaganem et de Constantine, 1,500 francs ; — *Id.* de la langue espagnole attaché aux différentes juridictions d'Alger, 2,400 francs (1).

Art. 3. — Les interprètes attachés aux diverses juridictions du ressort se suppléeront réciproquement en cas de nécessité, sans avoir droit à aucun supplément de traitement.

Art. 4. — Le nombre des interprètes-traducteurs assermentés est provisoirement fixé, en Algérie, à 24, savoir : — 10 pour les langues arabe et turque ; — 2 pour la langue hébraïque et l'arabe-hébreu ; — 4 pour la langue espagnole ; — 3 pour la langue anglaise ; — 2 pour la langue italienne ; — 2 pour la langue allemande ; — 1 pour la langue suédoise. — Les arrêtés de nomination détermineront la résidence du titulaire.

Art. 5. — Nul ne sera nommé interprète-traducteur s'il n'est âgé de vingt et un ans accomplis, s'il n'est Français ou résidant en Algérie depuis trois ans, et s'il ne justifie, par examen subi devant une commission spéciale désignée par le procureur général, qu'il sait : — 1° parler et écrire correctement la langue française ; — 2° traduire, d'après le langage parlé et l'écriture usuelle, les langues pour lesquelles il demande à être nommé ; — 3° parler familièrement les mêmes langues et les écrire en caractères usuels.

Art. 6. — Cautionnement (abrogé).

Art. 7. — Ils traduiront les actes avec simplicité et brièveté. Ils en reproduiront le sens littéral, sauf à en expliquer l'esprit, s'il y a lieu, par des annotations. Lorsque l'expression à traduire n'aura pas de termes correspondant ou équivalent dans la langue de la traduction, ils rappelleront textuellement cette expression, en indiquant toutefois le sens qui leur semble devoir y être attaché.

Art. 8. — Droits de traduction (Abrogé).

Art. 9. — Toute traduction mentionnera le prix réclamé ou reçu par le traducteur. L'interprète-traducteur qui aura reçu ou exigé une somme supé-

(1) Par analogie, les interprètes judiciaires attachés aux tribunaux reçoivent un traitement de 2,400 francs et ceux qui exercent près les juges de paix 1,500 francs.

rieure à la fixation ci-dessus sera puni disciplinairement sans préjudice des autres peines encourues.

Art. 10. — Les interprètes judiciaires et les interprètes-traducteurs sont placés sous la surveillance du procureur général, qui prononcera selon le cas, après les avoir entendus, le rappel à l'ordre ou la réprimande. — Les pouvoirs du procureur général sont exercés par le procureur de la République, hors de la province d'Alger.

Quand il y a lieu à suspension ou révocation, il est statué par le ministre de la justice, sur le rapport du procureur génér.', qui provoque et reçoit les explications de l'inculpé.

Art. 11. — Les interprètes-traducteurs ne pourront s'absenter pendant plus de trois jours sans congé délivré par le gouverneur (procureur) général.

Art. 12.—L'arrêté du 2 février 1825, concernant les interprètes en Algérie, est abrogé.

25 avril 1851.

Décret qui divise les interprètes en trois classes
(B. 384).

Art. 1. — Les interprètes judiciaires de l'Algérie sont divisés en trois classes :

Première classe : interprètes judiciaires près la Cour d'appel d'Alger. — *Les conditions d'admission sont celles exigées des interprètes militaires de première classe.*

Deuxième classe : interprètes judiciaires près les tribunaux de première instance ou de commerce. — *Les conditions d'admission sont celles exigées des interprètes militaires de deuxième classe.*

Troisième classe : interprètes près les justices de paix. — *Les conditions d'aptitude sont celles exigées des interprètes militaires de troisième classe.*

Art. 2. — Lorsqu'un interprète judiciaire devra être attaché, en même temps, à deux juridictions d'un degré différent, il devra subir l'examen exigé des interprètes attachés à la juridiction la plus élevée.

Art. 3. — Les examens à subir par les interprètes judiciaires auront lieu devant le jury institué par le décret du 4 décembre 1849 (1). Seulement, en ce cas, la présidence appartiendra à un magistrat de l'ordre judiciaire désigné à cet effet par le procureur général.

Art. 4. — A l'avenir, nul ne pourra être présenté aux fonctions d'interprète judiciaire s'il n'a passé devant le jury, conformément aux dispositions ci-dessus, l'examen exigé pour la classe d'interprètes judiciaires à laquelle il aspire. Le certificat d'examen sera joint à la demande et adressé, avec elle, au ministre de la justice.

Art. 5. — Les interprètes de deuxième et troisième classe sont soumis à un examen annuel.

(1) V. *Langue arabe*

Art. 6. — Les candidats aux fonctions d'interprètes-traducteurs assermentés pour les langues autres que l'arabe continueront d'être soumis aux conditions d'aptitude exigées par l'article 5 de l'arrêté du 29 mai 1846.

Art. 7 et 8. — (Dispositions transitoires.)

20 novembre 185..

Décret fixant le tarif des interprètes assermentés (B. 427).

Art. 1. — Les droits et honoraires dus aux interprètes traducteurs assermentés institués en Algérie par l'ordonnance du 19 mai 1846 sont fixés comme suit :

Lorsqu'il y aura lieu d'assister les notaires, pour tous actes et conventions, le quart des honoraires des notaires, sans que ce quart puisse être inférieur à 3 francs ni dépasser 50 francs ; — pour les inventaires, la moitié des droits de vacation et de transport, s'il y a lieu, accordés au notaire ; — lorsqu'il y aura lieu d'assister les huissiers dans les actes d'exécution, les mêmes droits de vacation et d'indemnités pour frais de transport que ceux alloués à l'huissier.

Pour traduction d'actes : — de l'arabe, de l'hébreu, de l'arabe-hébreu et du turc en français, 3 francs par rôle de traduction de 25 lignes à la page et 15 syllabes à la ligne ; — du français en arabe, 4 francs par rôle d'original, le rôle calculé comme ci-dessus ; — de toute langue européenne étrangère en français, 2 francs par rôle de traduction, le rôle calculé comme ci-dessus ; *pour analyse sommaire* des citations et notifications faites conformément à l'article 68 de l'ordonnance du 26 septembre 1842 : original, 1 fr. 50 ; chaque copie, 50 centimes ; — *pour légalisation* de signatures apposées en caractères arabes ou hébraïques sur mandats de payement, lettres de change, billets ou effets de commerce, 50 centimes.

Art. 2. — La taxe des droits dus à l'interprète-traducteur assermenté sera faite dans la même forme et par le même juge que celle des droits revenant à l'officier public ou ministériel assisté, et, autant que possible, par la même ordonnance. — Le notaire ou l'huissier aura qualité pour requérir la taxe de l'interprète en même temps que la sienne.

14 février 1876.

Décret qui dispense les interprètes judiciaires et les interprètes-traducteurs assermentés de fournir le cautionnement exigé par l'arrêté du 29 mai 1846. — (Non promulgué)

Art. 1. — L'article 6 de l'arrêté ministériel du 29 mai 1846 est abrogé.

En conséquence, les interprètes judiciaires et

les interprètes-traducteurs assermentés sont dispensés de fournir le cautionnement exigé par ledit article.

Interprètes militaires

25 juin 1861.

Loi sur les pensions de retraite (B. Lois).

	MINIMUM à 30 ans de services.	MAXIMUM à 50 ans de services campagnes comprises.	PENSIONS aux VEUVES.
Interprètes principaux.	2.340	3.120	780
— de 1re classe.	2.000	2.780	695
— de 2e classe.	1.700	2.300	575
— de 3e classe.	1.300	1.760	440
Auxiliaires de 1re classe.	1.100	1.500	375
— de 2e classe.	800	1.200	300

21 août 1861.

Décret replaçant les interprètes militaires dans les attributions du ministre de la guerre (B. O. 35).

4 juin 1862.

Décret portant réorganisation du corps des militaires (Journal militaire 1862 n° 18).

Art. 1. — Les interprètes employés aux armées sont désignés sous le titre d'interprètes militaires. Ils sont distingués en interprètes titulaires comprenant des interprètes principaux et des interprètes de première, deuxième et troisième classe, et en interprètes auxiliaires.

Art. 2. — Les interprètes militaires de l'armée d'Algérie sont organisés en corps, conformément aux articles ci-après :

TITRE I.

DES INTERPRÈTES MILITAIRES DE L'ARMÉE DE L'ALGÉRIE.

§ 1er Des interprètes titulaires.

Art. 3. — Le cadre des interprètes titulaires comprend :

5 interprètes principaux; 8 interprètes de première classe; 12 interprètes de deuxième classe; 15 interprètes de troisième classe.

Art. 4. — Nul ne peut entrer dans le cadre des interprètes titulaires s'il n'est Français ou naturalisé Français, et s'il n'a satisfait à la loi du recrutement.

Les interprètes titulaires sont nommés par nous sur la proposition du ministre de la guerre.

Les dispositions de la loi du 19 mai 1833 sur l'État des officiers leur sont applicables.

Art. 5. — Les interprètes titulaires de troisième classe sont choisis parmi les interprètes auxiliaires de première classe, et, exceptionnellement, parmi les candidats qui, après avoir satisfait aux épreuves d'un concours, seraient spécialement proposés par la commission d'examen instituée par l'article 7 ci-après.

Les interprètes auxiliaires non Français sont susceptibles, après dix ans de service, d'être nommés interprètes titulaires de troisième classe, à la condition d'être en instance pour obtenir des lettres de naturalisation, ou de faire immédiatement les déclarations exigées par la loi; ils devront en outre avoir satisfait aux épreuves prescrites devant la commission d'examen.

Art. 6. — L'avancement a lieu, en totalité au choix, dans l'ordre des grades et des classes.

Nul ne peut être nommé à une classe supérieure, s'il n'a servi deux ans au moins dans la classe inférieure, et s'il n'a été porté au tableau d'avancement.

Nul ne peut être nommé interprète principal s'il n'a servi pendant trois ans comme interprète de première classe, et s'il n'a été inscrit au tableau d'avancement.

Art. 7. — Une commission d'examen, composée ainsi qu'il sera réglé par le ministre de la guerre, se réunira à Alger, à Oran, et à Constantine, tous les deux ans, à l'époque des inspections générales, pour dresser le tableau d'avancement des interprètes titulaires.

Ce tableau, arrêté chaque année par le gouverneur général, d'après le dernier classement de la commission, sera transmis au ministre de la guerre avec les propositions des généraux commandant les divisions.

Art. 8. — Le temps exigé pour passer d'un grade ou d'une classe à un autre (art. 6) ne sera pas obligatoire dans le cas d'une proposition exceptionnelle du gouverneur général, basée sur des services extraordinaires constatés par un rapport circonstancié et tout spécial.

§ 2. Des interprètes auxiliaires.

Art. 9. — Le nombre des interprètes auxiliaires est fixé par le ministre de la guerre suivant les besoins du service.

Art. 10. — Les interprètes auxiliaires sont divisés en deux classes; ils sont nommés par le ministre de la guerre, ou, en vertu de sa délégation, par le gouverneur général de l'Algérie.

Art. 11. — La commission, instituée par l'article 7 du présent décret, est chargée de procéder à l'examen et au classement des interprètes auxiliaires et des aspirants.

Le programme de cet examen sera déterminé par le ministre de la guerre.

Art. 12. — Nul ne peut être admis en qualité

d'interprète auxiliaire de deuxième classe s'il n'est présenté par la commission d'examen et s'il ne satisfait aux conditions suivantes : 1° justifier d'une moralité irréprochable ; 2° être âgé de 18 ans révolus.

Chaque année le tableau d'avancement des interprètes auxiliaires est arrêté par le gouverneur général, d'après le dernier classement établi par la commission d'examen. L'avancement à la première classe a lieu ainsi qu'il est déterminé par les articles 6 et 8 ci-dessus.

Art. 13.—Les interprètes auxiliaires peuvent être licenciés lorsque leur concours n'est plus nécessaire, ou révoqués, pour motifs de discipline, par le gouverneur général, sous l'approbation du ministre de la guerre.

TITRE II.
DISPOSITIONS GÉNÉRALES.

Art. 14. — Dans les divisions où ils sont employés, les interprètes de l'armée sont placés sous les ordres des diverses autorités militaires à la disposition desquelles ils sont mis. Ils prennent rang entre eux suivant leur ancienneté dans chaque grade et dans chaque classe, les classes étant d'ailleurs subordonnées les unes aux autres. Cette hiérarchie est toute spéciale et ne comporte, ni directement, ni indirectement, ni par assimilation, de grade militaire.

Art. 15. — La solde et les accessoires de solde, ainsi que les diverses prestations en nature auxquelles ont droit les interprètes titulaires et auxiliaires, demeurent fixés, pour les interprètes employés en Algérie, conformément au tableau annexé au décret du 4 février 1854.

Les interprètes titulaires de première, deuxième et troisième classe et les interprètes auxiliaires de première et de deuxième classe, employés à un service actif, peuvent être autorisés à prendre, à la remonte de l'armée, un cheval à titre gratuit, conformément aux règlements en vigueur.

Art. 16. — Les services des interprètes titulaires et auxiliaires actuellement en fonctions seront décomptés à dater de leur entrée en fonctions, et rémunérés d'après le tarif annexé à la loi du 25 juin 1861 sur les pensions de l'armée de terre.

Art. 17. — Sont applicables aux interprètes titulaires et auxiliaires les dispositions de l'article 33 du décret organique de la Légion d'honneur, en date du 16 mars 1852, relatives aux allocations annuelles attribuées, selon leur grade dans la Légion, aux militaires membres de l'ordre. Toutefois, à l'égard des interprètes actuellement membres de la Légion d'honneur, le droit à une allocation annuelle payable sur le budget de l'ordre ne courra qu'à partir du 1er janvier 1862.

Art. 18. — Avant d'entrer en fonctions, les interprètes titulaires et auxiliaires sont tenus de prêter, entre les mains du général commandant la division ou de l'officier général ou supérieur qu'il aura délégué à cet effet, le serment dont la teneur suit :

« Je jure (serment politique aboli)... Je jure « également d'interpréter fidèlement les pièces « ou discours que je serais chargé de traduire et « d'en garder le secret. »

Art. 19. — Un arrêté du ministre de la guerre règle l'uniforme des interprètes de l'armée.

Art. 20. — Toutes dispositions antérieures contraires au présent décret sont abrogées.

10 août 1863.

Décision ministérielle fixant la limite d'âge pour la retraite des interprètes principaux à 60 ans ; des interprètes de première et deuxième classe à 58 ans ; des interprètes de troisième classe et des auxiliaires à 56 ans (Journal militaire, 1863).

21 janvier 1874.

Arrêté ministériel fixant l'uniforme des interprètes de l'armée (Journal militaire, 1874).

INTERPRÈTES TITULAIRES.

L'habillement des interprètes titulaires se divise en grande tenue et en tenue journalière.

Grande tenue. — Une tunique avec broderies au collet et aux parements, suivant le grade, en drap bleu foncé, boutonnant droit sur la poitrine au moyen d'une seule rangée de neuf gros boutons demi-bombés, en cuivre doré, estampé sur fond sablé d'une tête de sphinx, encadrée par une couronne d'olivier (1).

Pantalon en drap garance, demi largeur, orné d'un passepoil en drap bleu de ciel, accompagné, de chaque côté, d'une bande aussi en drap bleu de ciel.

Képi rigide ou casquette en drap garance avec bandeau en drap bleu de ciel, cocarde avec ganse en or, pompon de forme sphérique recouvert en cordonnet d'or.

Épée du modèle de l'état-major.

Éperons en cuivre doré.

Petite tenue. — Dolman en drap bleu foncé se fermant droit sur la poitrine, orné de sept brandebourgs en tresse carrée en poil de chèvre noir portant un bouton d'uniforme à l'extrémité, de telle sorte que, le dolman étant boutonné, ils dessinent sur la poitrine un ornement en forme

(1) Les marques distinctives du grade sont celles indiquées dans l'arrêté ministériel du 5 février 1854 : — pour les interprètes principaux une broderie au collet et aux parements ; — pour les interprètes de première classe, broderie au collet et baguette aux parements ; — pour les interprètes de deuxième classe, broderie au collet ; — pour ceux de troisième classe, une demi-broderie au collet.

de plastron, encadré sur ses deux côtés par deux lignes obliques de boutons et partagé dans son milieu par la ligne de boutons qui servent à sa fermeture ;

Pantalon garance avec doubles bandes bleu de ciel, comme pour la grande tenue;

Képi garance brisé, bandeau bleu de ciel;

Manteau en drap bleu foncé;

Sabre de cavalerie légère, pistolet, revolver;

Harnachement. — Selle en cuir fauve, tapis en drap foncé bordé d'un galon garance, brides du modèle général en cuir noir verni.

25 décembre 1875

Décret fixant l'indemnité de résidence en Algérie, savoir : pour les interprètes principaux à 1 fr. 35 cent. par jour et pour tous les autres, titulaires ou auxiliaires, à 1 fr. 05 cent. (Journal militaire, 1876).

8 mars 1877.

Décision présidentielle portant fixation de la solde :

Interprètes principaux, 5,528 fr. 57 c.;
Interprètes de 1re classe, 3,746 fr. 92 c.;
Interprètes de 2e classe, 2,993 fr. 87 c.;
Interprètes de 3e classe, 2.351 fr. 02 c.;
Interprètes auxiliaires 1re classe, 2020 fr. 40 c.;
Interprètes auxiliaires 2e classe, 1,726 fr. 53 c.
(Journal militaire, 1877).

Ivresse publique.

11 février 1874.

Décret qui promulgue en Algérie la loi du 23 janvier 1873, pour la répression de l'ivresse publique B. O. 470).

J

Jardin d'acclimatation.

11 décembre 1867.

Décret concédant temporairement à la société générale algérienne le jardin d'acclimation du Hamma près Alger (B. O. 254).

Art. 1. — La convention passée le 6 décembre 1867 entre le gouverneur général de l'Algérie et le sieur Louis Frémy est et demeure approuvée. — Ladite convention restera annexée au présent décret.

Convention.

Entre S. Exc. le maréchal de Mac-Mahon, duc de Magenta, gouverneur général de l'Algérie, agissant au nom de l'État, d'une part, — et M. Louis Frémy, gouverneur du crédit foncier de France et d'Algérie, président de la société générale algérienne, autorisée par décret du 15 octobre 1866 agissant au nom de cette société en vertu des pouvoirs qui lui sont conférés, d'autre part; — il a été convenu ce qui suit :

Art. 1. — L'État concède à la société générale algérienne la jouissance, pendant 49 ans, d'un établissement domanial situé aux environs d'Alger, connu sous le nom de jardin d'acclimatation, séparé, en trois parties distinctes, par les deux routes d'Alger à Kouba et à la Maison-Carrée, lequel est cédé, avec les divers bâtiments, les serres et les eaux d'irrigation qui en dépendent, dans l'état où il se trouve, sans garantie de contenance. — En cas de prorogation de la durée actuellement assignée à l'existence de la société, l'administration se réserve le droit d'examiner s'il y a lieu de continuer ou de modifier les clauses du présent traité. — En cas d'une dissolution anticipée de la société, la présente convention cessera d'avoir son effet à partir de la date de cette dissolution. — En outre, l'État cède à ladite société le matériel de toute nature, les animaux de service ou de collection existant actuellement sur les lieux, ainsi que tous ceux des arbres et arbustes ou végétaux qui sont susceptibles de transplantation. — Le tout sera livré à la société, suivant procès-verbal de remise, établi dans la forme des cessions domaniales, avec plan à l'appui

22

et portant, après expertise contradictoire, inventaire détaillé et estimatif des valeurs cédées.

Art. 2. — Cette concession est consentie et acceptée, moyennant une redevance annuelle de 1,000 francs et aux conditions ci-après déterminées.

Art. 3. — La société sera tenue de conserver à la propriété concédée sa triple destination de promenade publique, de pépinière pour la production et la diffusion des végétaux indigènes, enfin de jardin scientifique et d'acclimatation pour les végétaux exotiques. — Elle conservera, en outre, les allées de platanes et de palmiers qui existent aujourd'hui.

Art. 4. — Le public continuera à être admis gratuitement chaque jour, entre le lever et le coucher du soleil dans toutes les allées qui lui sont actuellement ouvertes, ou dans des allées nouvelles présentant, dans leur ensemble, une superficie au moins égale à la superficie actuelle. — La société devra, dans le délai d'un an, établir sur tout le parcours de ces allées cent bancs à dossier. — Elle devra, en outre, dans le même délai, établir dans l'intérieur de la propriété une route ornée d'arbres, librement accessible aux voitures.

Art. 5. — La société sera libre d'accroître ou de diminuer l'importance actuelle de la pépinière et de fixer, suivant ses convenances, le choix des essences à produire, ainsi que le prix de vente des produits.

Art. 6. — En ce qui concerne le jardin scientifique, la société sera toujours tenue d'expérimenter l'acclimatation des végétaux exotiques, dont les plantes où les graines lui seront remis à cet effet par le gouverneur général, et de fournir à l'administration des renseignements circonstanciés sur les résultats obtenus.

Art. 7. — Dans le cas où le gouvernement croirait devoir établir des cours scientifiques publics, la société sera tenue de réserver, dans les bâtiments qui lui sont cédés, un amphithéâtre et des locaux accessoires, nécessaires à ces cours. — Il est entendu que la bibliothèque actuelle du jardin d'essai restera affectée au service du public dans les conditions qui seront indiquées par le gouverneur général.

Art. 8. — Les employés actuels autres que le directeur seront, au point de vue de la retraite, traités comme les employés de l'État, et leur retraite sera à la charge de la société. — Ceux que la société ne conservera pas jusqu'au moment de leur retraite, ou qui, au moment de la prise de possession, ne consentiraient pas à rester à son service, recevront d'elle une indemnité équivalente : pour les premiers, à deux ans, et pour les autres, à dix-huit mois de leur traitement actuel.

Art. 9. — La société sera tenue de maintenir jusqu'à leur expiration les marchés en cours de durée, relatifs à la fourniture de divers objets nécessaires à l'établissement ou, à défaut, de payer les indemnités qui pourront être réclamées pour leur résiliation.

Art. 10. — A l'expiration de la concession telle que la durée en a été fixée par l'article 1, l'État reprendra possession pleine et entière de la propriété concédée, après inventaire constatant une valeur au moins égale à celle qui aura été déterminée d'après le procès-verbal de remise. — Cet inventaire sera dressé un an avant l'expiration de la concession. Les améliorations de toute nature qui auront été apportées seront acquises de plein droit à l'État sans aucune indemnité.

Art. 11. — En cas d'inexécution des conditions de la présente convention, la résolution pourra en être prononcée. — Les contestations qui pourront s'élever entre la société et l'administration, au sujet de l'exécution de la présente convention, seront jugées administrativement par le conseil de préfecture d'Alger, sauf recours au Conseil d'État.

Art. 12. — La présente convention ne deviendra définitive qu'après avoir reçu l'approbation de l'Empereur, conformément à l'article 10, paragraphes 2 et 3, du décret du 10 décembre 1860.

Justice.

La justice a été organisée en Algérie deux mois environ après la conquête. Le 9 septembre 1830, le général, commandant en chef, créa un tribunal, composé de plusieurs juges, d'un procureur et d'un greffier, chargé de statuer entre toutes personnes sur les affaires civiles et criminelles, et d'appliquer la loi française ou les usages locaux ; mais l'institution ne fut pas maintenue : un arrêté du 16 octobre suivant rétablit les anciennes juridictions. Les Turcs redevinrent justiciables du cadi Hanéfi ; les Maures, du cadi Maléki ; les israélites, du tribunal rabbinique ; les étrangers, de leurs consuls ; les corporations de berranis, de leurs amins ; et les tribunaux français, sous les noms de tribunal correctionnel, de Cour de justice et de Cour criminelle, n'eurent plus à s'occuper que des affaires intéressant nos nationaux, ou des crimes commis par eux ou contre eux. Le principe de la souveraineté ainsi abandonné ne tarda pas cependant à reparaître. La juridiction des consuls fut restreinte dans les limites où elle s'exerce en France ; les tribunaux rabbiniques ne purent plus statuer que sur la validité des mariages et des divorces et sur les infractions purement religieuses non prévues par notre Code pénal ; et nos tribunaux, recevant de l'ordonnance du 10 août 1834 une organisation nouvelle qui comprenaît des juges uniques à Alger, Bône et Oran, et une Cour d'appel, sous le titre de tribunal supérieur, à Alger, connurent de toutes les contestations entre Français, entre Français et indigènes ou étrangers, entre étrangers et entre indigènes de religion différente, et jugèrent tous les crimes commis, soit par les Français, les Israélites et les étrangers, soit par les musulmans, au préjudice des Français.

Quelques années plus tard, l'ordonnance du 26 septembre 1842 supprima les tribunaux rabbiniques, enleva aux tribunaux musulmans toute juridiction criminelle, et constitua la justice française sur les mêmes bases que dans la métropole. Des juges de paix furent créés dans les cantons; des tribunaux de première instance, composés de plusieurs juges, à Alger, Bône, Philippeville et Oran, et une Cour d'appel à Alger. Ces juridictions eurent la même compétence que dans la métropole, en ce qui concerne les matières civiles, commerciales et correctionnelles. La connaissance des crimes, réservée en France au jury, leur fut en outre dévolue. Le procureur général reçut la direction du service judiciaire, et exerça son action exclusive sur les magistrats et les officiers ministériels.

Cette organisation dura seize années sans être modifiée; mais, en 1818, le service judiciaire passa du ministère de la guerre au ministère de la justice; un décret du 19 août 1854 institua les cours d'assises; un autre du 15 décembre 1858 créa la première présidence, avec les prérogatives qui y sont attachées en France, et la chambre des mises en accusation; et enfin, un troisième daté du 24 octobre 1870 établit le jury. L'organisation judiciaire fut dès lors assimilée, dans ses grandes lignes, à celle de la mère-patrie, et il ne manqua plus aux tribunaux de l'Algérie que le classement et la garantie de l'inamovibilité.

La Cour d'Alger se compose d'un premier président, de 3 présidents de chambre, de 24 conseillers, de 1 procureur général, de 3 avocats généraux et de 3 substituts du procureur général. Elle se divise en cinq chambres: 2 chambres civiles, 1 chambre des appels correctionnels, 1 chambre des mises en accusation et 1 chambre des appels musulmans.

Le nombre des tribunaux de première instance, accru par les créations de Blida (1844), Constantine (1849), Mostaganem (1856), Sétif

et Tlemcen (1861), Bougie et Tizi-Ouzou (1873), est aujourd'hui de onze. L'un, Alger, se compose de 3 chambres; deux, Oran et Constantine, de 2 chambres, et un quatrième, Bône, a son personnel augmenté d'un suppléant rétribué.

Les juges de paix ont, en Algérie, une importance beaucoup plus grande qu'en France. Tous ceux qui siègent en dehors des villes où sont installés des tribunaux de première instance, et, par exception, ceux de Bougie et de Tizi-Ouzou, ont une compétence étendue: ils jugent en premier ressort toutes les affaires civiles et commerciales jusqu'à concurrence de 1,000 francs, et en dernier ressort jusqu'à 500 francs; ils connaissent des délits dont le maximum de la peine ne dépasse pas six mois de prison, et possèdent les attributions des présidents statuant en référé. Le nombre de ces magistrats est de 69, divisés en quatre classes. Quelques-uns d'entre eux ont un suppléant salarié; d'autres se déplacent tous les quinze jours ou tous les mois, et vont, en vertu d'ordonnances ministérielles, tenir des audiences dans les localités éloignées de leur résidence.

La justice a pour auxiliaires :

Des greffiers, des notaires, des commissaires-priseurs et des huissiers, dont les attributions sont, à quelques exceptions près, les mêmes qu'en France; des défenseurs, cumulant la postulation et la plaidoirie; des avocats, partageant avec les défenseurs le droit de plaider; des interprètes judiciaires attachés à chaque juridiction et des interprètes assermentés; des curateurs aux successions vacantes; des gardes coloniaux, remplissant dans leurs localités les fonctions d'huissier.

JUSTICE MUSULMANE.

Les cadis conservèrent, en vertu de l'arrêté du 16 octobre 1830, la plénitude des attributions judiciaires, civiles et criminelles, sur les indigènes musulmans; ils jugèrent même les différents qui pouvaient s'élever entre musulmans et israélites. L'ordonnance du 10 août 1834 leur retira cette dernière attribution, et celle du 26 septembre 1842 fit passer aux tribunaux français la connaissance de tous les crimes, délits ou contraventions. Les cadis n'eurent donc plus qu'à statuer sur les contestations entre musulmans et à rédiger en la forme authentique les conventions qui intervenaient entre eux. L'appel de leurs décisions porté d'abord devant nos tribunaux, puis, en vertu du décret du 1er octobre 1854, devant des tribunaux musulmans appelés midjlès, a été définitivement attribué à la justice française par les décrets des 31 décembre 1859 et 13 décembre 1866. L'Algérie est divisée en circonscriptions dans chacune desquelles est instituée une Mahakma composée d'un cadi, d'un ou plusieurs bach'adels (suppléants) et d'un ou plusieurs adels (greffiers), d'aouns (huissiers) et d'oukils (mandataires non obligatoires). Les cadis jugent en dernier ressort toutes les affaires civiles ou commerciales, mobilières ou immobilières jusqu'à 200 francs de capital ou 20 francs de revenu, et en premier ressort toutes les affaires sans limitation de chiffre et les questions d'État. Après la décision rendue, les parties peuvent demander que l'affaire soit examinée dans une assemblée de Midjlès, qui ne donne qu'un avis consultatif. L'appel est reçu dans les trente jours, devant les tribunaux ou devant la Cour, et y est jugé à l'aide d'une procédure sans frais, sur le rapport d'un magistrat commis, après avoir entendu les parties et le ministère public. Les chambres chargées de statuer sur ces appels se composent : à la Cour et dans les tribunaux d'Oran et de Constantine, de trois magistrats français et de deux assesseurs; dans les autres tribunaux, de deux magistrats français et d'un assesseur. Les jugements ou arrêts ainsi rendus sont exécutés dans la forme musulmane et les difficultés sur exécution portées devant le juge de paix.

En dehors du Tell, l'organisation de l'appel a été légèrement modifiée. L'avis du Midjlès est obligatoire et, lorsque cet avis est conforme à la décision rendue, l'appel n'est pas recevable.

Quant à la Kabylie, la justice y est rendue par les juges de paix, par les tribunaux de Bougie et de Tizi-Ouzou et par le tribunal de Constantine ou la Cour d'Alger, suivant les distinctions établies par le décret du 29 août 1874. Toutes ces juridictions sont composées de magistrats français et d'assesseurs arabes ou kabyles.

26 septembre 1842.

Ordonnance portant organisation de la justice.
(B. 128).

Art. 1. — La justice, en Algérie, est administrée au nom (du peuple français) par les tribunaux français et par des tribunaux indigènes.

Art. 2. — Les juges français sont nommés et institués par (le président de la République). — Ils ne peuvent entrer en fonctions qu'après avoir prêté serment. — Leurs audiences sont publiques au civil comme au criminel, excepté dans les affaires où la publicité est jugée dangereuse pour l'ordre et les mœurs. — Leurs jugements sont toujours motivés.

SECTION 1. — *Des tribunaux français.*

Art. 3. — L'organisation judiciaire comprend : (1)

Art. 10. — La compétence en premier et dernier ressort des tribunaux de première instance, en matière civile et correctionnelle, est la même que celle des tribunaux de première instance de France. — Ils connaissent de l'appel des jugements en premier ressort des tribunaux de paix, en matière civile et de simple police.

Les tribunaux de première instance de Bône et Philippeville connaissent en outre des affaires de commerce à l'égard desquelles leur compétence, en premier et dernier ressort, est la même qu'en matière civile.

Art. 11. — Chacun des juges de paix institués aura deux suppléants et un greffier. — Les fonctions du ministère public près le tribunal de paix jugeant en matière de simple police sont remplies par un commissaire de police, ou autre officier de police désigné à cet effet par le procureur général.

Art. 12. — La compétence en premier et dernier ressort, et les attributions spéciales des juges de paix en matière civile et de simple police, sont les mêmes que celles des juges de paix en France (2).

Art. 13. — Lorsqu'il y aura lieu d'instituer des juges de paix sur d'autres points que ceux où il en est établi par la présente, il y sera pourvu par ordonnance.

Art. 14. — Le tribunal de commerce d'Alger se compose (3). Les membres de ce tribunal sont indéfiniment rééligibles. Ils ne peuvent rendre jugement qu'au nombre de trois. Ils ne reçoivent ni traitement ni indemnité.

Un greffier et des commis greffiers dont le nombre est réglé par le ministre de la (justice) sont attachés au tribunal de commerce.

Art. 15. — Le procureur général exerce toutes les attributions qui sont conférées en France aux procureurs généraux près les Cours d'appel, et, en outre, celles qui lui sont spécialement conférées par les ordonnances, arrêtés et règlements en vigueur dans l'Algérie.

Art. 16. — En cas d'absence ou d'empêchement, le procureur général est remplacé par l'un des avocats généraux qu'il désigne, et, à défaut de désignation, par le plus ancien d'entre eux.

Art. 17. — Le procureur général correspond directement avec le ministre de la justice pour tout ce qui concerne l'administration de la justice.

(1) V. Décret du 10 août 1875 ci-après.
(2) V. Décret du 19 août 1854.
(3) V. *Tribunaux de commerce.*

Art. 18. — Les avocats généraux, les substituts du procureur général, les procureurs de la République, les substituts, les officiers du ministère public près les tribunaux de simple police, exercent, sous la surveillance et la direction du procureur général, toutes les attributions du ministère public, auprès de la juridiction à laquelle ils sont attachés.

Art. 20. — Les greffiers seront suppléés par les commis greffiers, et au besoin par des officiers publics ou ministériels assermentés que le tribunal désigne.

Art. 22. — Des interprètes assermentés sont spécialement attachés au service des divers tribunaux.

Art. 23. — Le procureur général, le président de la Cour, les avocats généraux, les conseillers, les substituts du procureur général, les présidents, juges, procureurs de la République et substituts des tribunaux de première instance, les greffiers et commis greffiers de la Cour et des tribunaux, doivent réunir toutes les conditions d'aptitude requises pour exercer les fonctions correspondantes dans l'ordre judiciaire de France.

Les juges de paix doivent être licenciés en droit; ils peuvent être nommés, ainsi que leurs suppléants, à l'âge de vingt-cinq ans révolus.

Art. 24. — Les ordonnances portant nomination des membres de la Cour d'appel, des tribunaux de première instance et des juges de paix, seront rendues sur la proposition et sous le contre-seing du garde des sceaux, ministre secrétaire d'État de la (justice).

Art. 25. — Les magistrats nommés en conformité de l'article précédent seront considérés comme détachés, pour un service public du département de la justice. Ils pourront demander à rentrer dans la magistrature métropolitaine après cinq années d'exercice des fonctions qui leur auront été conférées en Algérie.

Art. 26. — Le procureur général, le président de la Cour, les conseillers, avocats généraux et les substituts du procureur général portent le costume attribué en France aux fonctions qu'ils remplissent.

Les présidents, les juges des tribunaux de première instance, les procureurs et substituts du procureur de la République portent le costume des membres des tribunaux de première instance. Toutefois, le président de la Cour d'appel et les présidents des tribunaux de première instance auront un galon de plus en haut et autour de leur toque.

Les membres du tribunal de commerce d'Alger portent le costume des juges des tribunaux de commerce de France.

Le greffier de la Cour, celui des greffiers des Cours d'appel. — Les greffiers et commis greffiers des tribunaux de première instance, de commerce et de paix, celui des fonctions correspondantes près les tribunaux de France.

Art. 27. — Les traitements de tous les membres de la magistrature sont déterminés par une ordonnance. Ces traitements subissent les retenues établies en faveur de la caisse des retraites.

Art. 29. — Les juges de paix et leurs greffiers n'ont droit à aucune vacation pour les actes ou opérations auxquels ils procèdent dans l'ordre de leurs attributions. Il leur est seulement alloué, selon le cas, une indemnité de transport (1).

<h3>TITRE II.</h3>
COMPÉTENCE DES TRIBUNAUX FRANÇAIS
ET INDIGÈNES.

Art. 33. — Les tribunaux français connaissent, entre toutes personnes, de toutes les affaires civiles et commerciales, à l'exception de celles dans lesquelles les musulmans sont seuls parties, et qui continueront d'être portées devant les cadis.

Art. 36. — La compétence du tribunal de commerce d'Alger, à raison de la matière, est la même que celle des tribunaux de commerce en France. Il juge en dernier ressort dans les limites établies pour les tribunaux civils par l'article 10.

Art. 37. — La loi française régit les conventions et contestations entre Français et étrangers. — Les indigènes sont présumés avoir contracté entre eux, selon la loi du pays, à moins qu'il n'y ait convention contraire.—Les contestations entre indigènes relatives à l'état civil seront jugées conformément à la loi religieuse des parties. — Dans les contestations entre Français ou étrangers et indigènes, la loi française ou celle du pays est appliquée, selon la nature de l'objet en litige, la teneur de la convention, et, à défaut de convention, selon les circonstances ou l'intention présumée des parties.

Art. 38. — Les tribunaux français connaissent, sauf l'exception portée en l'article 42, de tous crimes, délits ou contraventions, à quelque nation ou religion qu'appartienne l'inculpé.

Art. 39. — Ils ne peuvent prononcer, même contre les indigènes, d'autres peines que celles établies par les lois pénales françaises.

Art. 42. — Demeure réservée aux conseils de guerre la connaissance des crimes et délits (2).

Art. 53. En toute matière, le recours en cassation est ouvert contre les arrêts ou jugements en dernier ressort.

<h3>TITRE III.</h3>
DE LA PROCÉDURE DEVANT LES TRIBUNAUX
FRANÇAIS.

Art. 55.— La forme de procéder devant les tribunaux français en Algérie (3).

(1) Réglée, comme en France, par l'ordonnance du 6 décembre 1815.
(2) V. *Justice militaire.*
(3) V. *Procédure civile.*

En matière de justice de paix, la forme de procéder est celle qui est suivie en France devant les tribunaux de paix.

Art. 56. — Le délai pour interjeter appel des jugements contradictoires en matière civile, commerciale et de la justice de paix, est d'un mois à partir de la signification, soit à personne, soit au domicile réel ou d'élection. Ce délai est augmenté à raison des distances.

A l'égard des incapables, ce délai ne pourra courir que par la signification à personne ou à domicile de ceux qui sont chargés de leurs droits.

Art. 57. — En matière correctionnelle ou de simple police, le tribunal est saisi par le ministère public, soit qu'il y ait ou non instruction préalable.

Art. 58. — La partie civile ne peut directement citer le prévenu à l'audience, si elle n'est préalablement autorisée par le ministère public, sans préjudice de l'action civile en réparation ou dommages-intérêts qu'elle peut toujours intenter.

Art. 62. — La forme de procédure en matière criminelle et correctionnelle, ainsi que les formes de l'opposition ou de l'appel, sont réglées par les dispositions du Code d'instruction criminelle relatives à la procédure devant les tribunaux correctionnels.

Toutefois, les dépositions des témoins à l'audience seront constatées en la forme suivante : il sera donné lecture par le greffier des notes par lui tenues ; le juge les rectifiera et les complétera, s'il y a lieu ; le témoin sera invité à déclarer si l'analyse sommaire de sa déposition est fidèlement reproduite. Le témoin sera, en outre, requis de signer, ou mention sera faite de la cause qui l'en empêche.

Les notes ainsi arrêtées seront signées du greffier, certifiées par le juge, et jointes, en cas d'appel à l'expédition du jugement.

Le mode de procéder, devant les tribunaux de simple police, est réglé par les sections 1 et 3 du chapitre 1, titre 1, du livre 2, Code d'instruction criminelle.

Néanmoins, l'appel des jugements de simple police, dans les cas où il est autorisé, doit être, sous peine de déchéance, déclaré au greffe des tribunaux de paix dans les dix jours, au plus tard, à partir de celui où le jugement a été prononcé contradictoirement, et si le jugement est par défaut, dans les dix jours, au plus tard, après celui de sa signification, outre le délai à raison des distances.

TITRE V.

DISPOSITIONS PARTICULIÈRES.

Art. 68. — Toute citation ou notification faite à un Musulman, en matière civile ou criminelle, sera accompagnée d'une analyse sommaire en langue arabe, faite et certifiée par un interprète assermenté, le tout à peine contre l'huissier de 20 francs d'amende pour chaque omission, et sans préjudice de la nullité de l'acte, si le juge croit devoir la prononcer.

Art. 69. — Nonobstant toutes dispositions des lois, les nullités des actes d'exploits et de procédure seront facultatives pour le juge, qui pourra, selon les circonstances, les accueillir ou les rejeter.

Art. 71. — Seront valables, en ce qui concerne les droits et actions qui auront pris naissance en Algérie, les citations et notifications faites dans ce pays ; — 1° au domicile élu dans les conventions ; — 2° à la dernière résidence connue de ceux qui possèdent ou ont possédé des immeubles dans le pays, y ont fondé un établissement ou exercé une industrie ; — 3° au domicile et en la personne du mandataire général ou spécial de la personne à laquelle la notification est destinée. — A défaut d'élection de domicile, de dernière résidence connue, ou de mandataire constitué, les citations ou modifications seront valablement faites au parquet du procureur général, lequel en fera insérer l'extrait au *Journal officiel.*

Art. 73. — Les règlements concernant l'exercice des fonctions ou professions de notaires, défenseurs près les tribunaux, huissiers, commissaires-priseurs et courtiers de commerce, seront arrêtés par le ministre de la (Justice).

Les règlements pour le service intérieur et l'ordre des audiences des divers tribunaux ne seront exécutoires qu'après son approbation, et sous les modifications qu'il aura prescrites.

Le ministre de la (Justice) continue de nommer à tous les emplois d'officiers publics et ministériels.

28 septembre 1842.

Ordonnance fixant le traitement des magistrats en Algérie (B. Lois IX, n° 10201. non promulguée).

Art. 1. — Les traitements des membres de la magistrature en Algérie sont fixés ainsi qu'il suit :

Cour d'appel..... conseiller, 6,000 francs (1).

Tribunal de première instance d'Alger : juge, 4,000 francs ; substitut, 4,000 francs.

Tribunaux de première instance de Bône, Oran et Philippeville : président, 5,000 francs ; procureur, 5,000 francs ; juge d'instruction, 3,500 francs ; juge, 3,000 francs.

22 novembre 1842.

Arrêté ministériel réglant les attributions du

(1) Ce traitement est celui attribué aux membres du Tribunal supérieur par l'article 22 de l'ordonnance du 10 août 1834.

procureur général et la discipline de l'ordre judiciaire.

TITRE I.

CHAPITRE I. — *Du procureur général* (1).

Art. 1. — Le procureur général a, sous les ordres du gouverneur général, la direction du service judiciaire de l'Algérie. — Les membres de la magistrature, les officiers publics et ministériels et tous autres fonctionnaires, employés ou agents dépendant de l'administration de la justice sont placés sous sa surveillance.

Art. 2. — Il a seul la correspondance avec le ministre et le gouverneur général. — Seul il est chargé ; — 1° de proposer les nominations, avancements ou mutations des magistrats, des officiers publics et ministériels et de tous fonctionnaires dépendant du service de la justice (2) ; de recevoir les plaintes dont ils sont l'objet ; d'instruire sur les mesures disciplinaires à prendre contre eux et de provoquer, lorsqu'il y a lieu, les suspensions et révocations ; — 2° de recevoir et de transmettre à qui de droit les instructions du ministre et du gouverneur général, les nominations ou commissions des membres de l'ordre judiciaire, des officiers publics ou ministériels et des divers agents attachés aux tribunaux. — 3° de recevoir et de transmettre à l'autorité supérieure les demandes de congé et toutes autres demandes ou réclamations, de quelque nature qu'elles soient, qui seraient adressées par les mêmes fonctionnaires, soit au ministre, soit au gouverneur général, le tout sans préjudice de la disposition de l'article 25 ci-après ; — 4° d'instruire sur les contestations relatives aux fonctions, rang et prérogatives du personnel judiciaire, et généralement sur toutes questions ou dispositions concernant le personnel, et de proposer les décisions convenables.

Art. 3. — Le procureur général est entendu toutes les fois qu'il s'agit de suspendre un fonctionnaire de l'ordre judiciaire. — Les communications ou réclamations relatives : à l'exécution des lois, ordonnances, arrêtés ou règlements ; à l'exécution des arrêts, jugements ou mandements de justice ; à l'instruction ou à l'expédition des affaires ; aux dénis de justice qui seraient imputés à des magistrats français ou

(1) Nous reproduisons cet arrêté, sauf les articles abrogés, en faisant remarquer qu'il a été modifié : 1° par le décret du 15 décembre 1858, qui a institué la première présidence et dont l'article 4 dispose que « le premier président et le procureur général ont les attributions, le rang et les prérogatives accordées par la législation aux premiers présidents et aux procureurs généraux des autres Cours de France » ; 2° par le décret du 10 décembre 1860, qui place le service judiciaire dans les attributions du ministre de la justice, et 3° par des décisions ministérielles que nous indiquons sous les articles qu'elles concernent.

(2) Une décision ministérielle du 19 décembre 1876 confère au premier président le droit de présentation, concurremment avec le procureur général, pour tous les officiers publics ou ministériels du ressort.

indigènes ; au personnel judiciaire ; au matériel des sièges de justice et aux dépenses qui s'y rapportent, lui sont directement adressées, sauf néanmoins ce qui sera dit en l'article 12 ci-après. — Il instruit sur les recours en grâce ou en commutation de peine.

Art. 4. — Il adresse en duplicata au ministre de la guerre et au ministre de la justice : — 1° les comptes, états et relevés statistiques de l'administration de la justice civile et criminelle ; — 2° les rapports spéciaux qui seraient réclamés sur le même objet par le ministre de la guerre ; — 3° les discours prononcés, à titre officiel, dans les solennités judiciaires ; — 4° les feuilles, notes et rapports concernant le personnel de la magistrature, ainsi que ses propositions de toute nature à cet égard.

Art. 6. — Il a seul la surveillance des bâtiments et du matériel affectés au service de la justice. — Il arrête les feuilles d'émargement des traitements ou indemnités dues aux magistrats et employés de la Cour et des tribunaux, reçoit et quittance les mandats délivrés pour cet objet. — Il règle l'emploi des fonds alloués par le budget aux divers sièges de justice pour menues dépenses et pour entretien du mobilier et des bibliothèques, arrête et certifie les mémoires des fournisseurs ou autres parties prenantes. — Il nomme et remplace les agents du service intérieur, concierges, gardiens et autres employés de cette classe, dont le nombre et les salaires sont déterminés, sur sa proposition, par le ministre de la guerre (1).

(1) Il a été dérogé à cet article par un règlement de la Cour d'appel que le ministre de la justice a approuvé le 31 décembre 1873 et portant :

Art. 99. — L'administration intérieure de la compagnie est exercée, sous l'autorité du premier président, par une commission composée de trois magistrats élus au scrutin secret, à la majorité des suffrages, en assemblée générale, à l'époque où la Cour règle le roulement.

Art. 105. — La commission est spécialement chargée : d'encaisser les fonds de la Cour, d'ordonner, de surveiller et d'acquitter les dépenses ; d'inspecter et de diriger le service des concierges, appariteurs ou chaouchs de la Cour ; de veiller à la conservation du mobilier ; de provoquer de l'administration les réparations nécessaires ; de régler ce qui concerne la bibliothèque, l'achat des ouvrages, l'abonnement aux journaux et, en général, tout ce qui tient au service intérieur et matériel de la Cour.

Art. 106. — Elle a la surveillance de tous les employés de la Cour ; elle tient la main à ce qu'ils soient toujours convenables dans leur costume et leur tenue. Elle les nomme et les révoque. Toutefois ceux dont les services payés par l'État comptent pour la retraite, et qui sont soumis à la retenue réglementaire, ne pourront être nommés et révoqués qu'après une délibération à laquelle sera appelée la commission instituée par l'article 105.

Le concierge et le chaouch du parquet continueront à être nommés ou révoqués par le procureur général.

Il a été également dérogé aux dispositions de l'article 6 par une décision ministérielle du 5 février 1862, qui a réparti les sommes allouées aux tribunaux de l'Algérie pour menues dépenses, savoir : deux cinquièmes au siège et trois cinquièmes au parquet.

Art. 7.—Il exerce directement, ou par ses substituts, la discipline envers les notaires, défenseurs, huissiers, commissaires-priseurs, interprètes judiciaires et autres officiers ministériels, et peut, après les avoir entendus, leur infliger le rappel à l'ordre ou la réprimande, et leur donner tels avertissements qu'il juge convenables.

S'il y a lieu à l'application de peines disciplinaires plus graves, il est statué, sur sa proposition, par le ministre de la guerre, sans préjudice de la faculté accordée aux tribunaux par les arrêtés en vigueur, de prononcer la suspension, dans certains cas.

Art. 8. — Comme membre du conseil d'administration de l'Algérie, le procureur général prépare et soumet au gouverneur général, pour qu'il en soit délibéré en ce conseil : — 1° les projets d'ordonnances, d'arrêtés ou de règlements généraux sur les matières judiciaires ; — 2° les projets du budget en ce qui concerne l'administration de la justice ; — 3° les projets d'arrêtés sur les conflits d'attributions élevés par l'administration ; — 4° et sur toutes autres affaires dépendant de son service, dont le conseil d'administration est appelé à connaître.

Art. 9. — Le procureur général est, en cas d'absence, suppléé au conseil d'administration par celui des avocats généraux qui fait l'intérim de ses fonctions.

Art. 10. — Le procureur général exerce, d'ailleurs toutes autres attributions qui lui sont conférées par les lois générales, par la législation spéciale de l'Algérie et par les dispositions ci-après.

CHAPITRE II.— *Des procureurs et autres officiers du ministère public.*

Art. 11. — Le procureur reçoit, dans l'étendue de la juridiction territoriale du siège auquel il est attaché, les procès-verbaux, plaintes ou dénonciations sur les faits qui sont de nature à provoquer l'application, soit de peines afflictives ou infamantes, soit de peines correctionnelles.

Toute personne arrêtée par la force publique ou par les citoyens dans le cas de flagrant délit doit être immédiatement conduite devant lui pour qu'il en dispose selon la loi.

Art. 12. — Le procureur surveille les officiers publics et ministériels, les curateurs aux successions vacantes, les administrateurs des biens des absents.

Il surveille également, en ce qui le concerne, et visite les prisons de son ressort, vérifie la régularité des arrestations, celle des registres d'écrou, et s'assure de l'exécution des lois à l'égard des détenus.

Il autorise, lorsqu'il y a lieu, après s'être concerté avec l'autorité administrative locale, le transfert du détenu dans un hospice ou d'une prison dans une autre.

Il correspond directement avec les autres chefs de service du lieu de sa résidence en tout ce qui a rapport à son administration judiciaire.

Il remplit, au surplus, sous les ordres du procureur général, toutes les fonctions qui lui sont attribuées par les lois générales et par la législation spéciale de l'Algérie.

Art. 13. — Dans les sièges de première instance autre que celui d'Alger, les attributions du procureur général touchant à l'exercice de la discipline à l'égard des officiers publics et ministériels, la surveillance des bâtiments et l'administration du matériel des sièges de justice, le règlement des traitements et l'emploi des menues dépenses, la désignation et le remplacement des agents salariés des tribunaux, peuvent être exercées, en vertu de la délégation dudit procureur général, par le procureur (de la République).

Art. 14. — Dans chacune des villes où sont établies des justices de paix, l'officier du ministère public près le tribunal de simple police reçoit les procès-verbaux, plaintes ou dénonciations ayant pour objet des contraventions de simple police de la compétence de la juridiction à laquelle il est attaché.

Art. 15. — Les juges de paix, les commissaires civils, les officiers d'un ministère public près les tribunaux de simple police et tous autres officiers de police judiciaire sont placés sous la surveillance immédiate du procureur de leur ressort, et correspondent avec lui en tout ce qui concerne l'exercice de leurs fonctions.

TITRE II.

DE LA DISCIPLINE DE L'ORDRE JUDICIAIRE.

CHAPITRE I. — *Des peines de discipline et de la manière de les infliger.*

Art. 16. — Le ministre de la (justice) exerce directement la discipline à l'égard des membres de la magistrature. — Le procureur général peut néanmoins avertir tout magistrat qui manquerait aux devoirs et aux convenances de son état ; dans ce cas, il devra en donner avis au ministre de la guerre et au ministre de la justice.

Art. 17. — Si l'avertissement reste sans effet ou si le fait reproché au magistrat est de nature à compromettre l'honneur ou la dignité de son caractère, le procureur général peut provoquer contre ce magistrat, après l'avoir entendu ou dûment appelé, l'application de l'une des peines de discipline suivantes : — la censure simple, — la censure avec réprimande, — la suspension.

Ces peines sont prononcées, s'il y a lieu, par le ministre de la (justice).

Art. 18. — La censure avec réprimande emporte, de droit, la privation du traitement pendant un mois. La suspension emporte également, pendant tout le temps de sa durée, la privation du traitement, sans que, dans aucun cas, la durée de cette privation de traitement puisse être moindre de deux mois.

Art. 19. — Lorsqu'il y a lieu à révocation de

l'un des magistrats nommés sur le rapport du garde des sceaux, il est statué sur le rapport du même ministre.

Art. 20. — Les peines de discipline mentionnées aux précédents articles du présent chapitre sont applicables aux greffiers et commis greffiers de la Cour et des tribunaux de première instance, de commerce et de paix.

S'ils manquent aux devoirs de leur état, ils sont avertis, savoir : à Alger, par le procureur général, et dans les autres sièges, par le président du tribunal de première instance, d'office ou sur la réquisitoire du procureur de la République. Lorsqu'ils ont encouru la censure simple ou la censure avec réprimande, elle est prononcée par le procureur général. S'il y a lieu de les suspendre ou de les révoquer, il est statué par le ministre de la (Justice).

Art. 21. — Il est interdit, sous telles peines de discipline qu'il appartiendra, à tous les membres de l'ordre judiciaire de se charger de procuration, de souscrire des billets négociables et de se livrer directement ou indirectement à des opérations de commerce de quelque nature qu'elles soient.

Sont au surplus applicables aux magistrats et greffiers de l'Algérie toutes autres prohibitions imposées aux membres de l'ordre judiciaire de la métropole par les lois et règlements de France ou par la législation spéciale de l'Algérie et les décisions ministérielles.

CHAPITRE II. — De l'obligation de résider et des congés.

Art. 22. — Le procureur général, le président de la Cour, les avocats généraux, le substitut du procureur général, les autres membres de la Cour, ceux des tribunaux de première instance, les procureurs et substituts sont tenus de résider dans la ville où siège la juridiction à laquelle chacun d'eux est attaché.

Les juges de paix doivent résider au chef-lieu dans lequel est établi le tribunal de paix.

Art. 23. — Les magistrats désignés à l'article précédent ne peuvent fixer en aucune manière leur résidence dans la banlieue de la ville où ils exercent leurs fonctions, sans l'autorisation expresse et spéciale du ministre de la (Justice).

Art. 24. — Aucun des mêmes magistrats ne peut s'absenter de sa résidence sans congé, si ce n'est pour cause de service (1).

(1) Les articles 25, 26 et 27 relatifs aux congés ont été remplacés par l'arrêté du 12 septembre 1851, ainsi conçu (B. 468) :

Les congés de moins d'un mois à accorder aux magistrats, officiers ministériels et fonctionnaires de l'ordre judiciaire en Algérie, sont délivrés par le procureur général qui doit m'en rendre compte immédiatement.

Ces congés sont délivrés conformément aux prescrip-

Art. 28. — Tout congé excédant un mois entraîne la privation de moitié du traitement pendant les trois premiers mois, et de la totalité du traitement pendant le surplus de sa durée, s'il dépasse ce dernier terme. — Néanmoins, le ministre reste juge, dans tous les cas, des motifs qui pourraient permettre d'accorder le traitement entier.

Art. 29. — Les dispositions du présent chapitre sont rendues communes aux greffiers et commis de la Cour et des tribunaux de première instance, de commerce et de paix, ainsi qu'aux interprètes judiciaires.

Art. 30. — Seront au surplus observés, en tout ce qui n'est pas contraire aux dispositions qui précèdent, les règlements applicables à l'ordre judiciaire de France en matière de résidence et de congés.

22 novembre 1842.

Arrêté ministériel portant règlement sur l'ordre du service judiciaire.

TITRE I.

DU RANG DE SERVICE AUX AUDIENCES.

(Extrait du décret du 30 mars 1808.)

TITRE II.

DES PRESTATIONS DE SERMENT DES MEMBRES DE L'ORDRE JUDICIAIRE ; DES PRÉSÉANCES ET DES HONNEURS.

CHAPITRE 1. — Prestation de serment des membres de l'ordre judiciaire.

Art. 18. — La Cour d'appel reçoit le serment de son président, des conseillers titulaires et adjoints, des avocats généraux et substituts du procureur général, des membres des tribunaux de première instance et de commerce (1), ainsi que celui de son greffier et de ses commis greffiers.

Art. 19. — Les tribunaux de première instance reçoivent le serment de leurs greffiers et commis greffiers, ainsi que celui des juges de paix et des suppléants de justice de paix établis dans leur ressort.

tions du règlement d'administration publique du 9 novembre 1853 (*) et à la circulaire du 23 décembre suivant.

Le point de départ du congé, et le jour où le magistrat doit être de retour à son poste, sont fixés par le procureur général et doivent être renfermés dans la limite de vingt-neuf jours ci-dessus déterminés.

Le procureur général en Algérie et le président de la Cour ne peuvent s'absenter sans un congé délivré par le garde des sceaux.

(1) V. *Code de commerce*, art. 629.

(*) Depuis l'installation de la première présidence, les congés sont accordés aux magistrats du siège par le premier président.

Tout congé de plus de 29 jours doit être délivré par le garde des sceaux, aux termes des décrets des 30 mars 1808 et 20 avril 1810.

Art. 20. — Les greffiers et commis greffiers du tribunal spécial de commerce d'Alger prêtent serment devant ce tribunal.

Art. 21. — Les juges de paix reçoivent le serment de leur greffier. Ils peuvent, en outre, être délégués par le tribunal de première instance de leur ressort pour recevoir le serment de leurs suppléants.

Art. 22. — Expédition des procès-verbaux de prestation de serment est transmise par le procureur général, savoir : au ministre de la guerre et au garde des sceaux, lorsque le serment est prêté par des magistrats nommés sur le rapport de ce dernier ministre, et au ministre de la guerre seulement, s'il s'agit de tous autres membres de l'ordre judiciaire.

CHAPITRE II. — *Des préséances et des honneurs.*

Art. 23. — Sont applicables, sous les modifications exprimées ci-après, aux corps judiciaires de l'Algérie, les dispositions des règlements de France concernant le rang des magistrats entre eux, l'ordre des préséances et les honneurs à rendre aux Cours et tribunaux.

Art. 24. — Dans les cérémonies qui ont lieu au palais de justice, et toutes les fois que la Cour sort en corps, hors l'enceinte de ce palais, le procureur général, s'il est présent, marche seul en tête de la compagnie (1). Le président de la Cour et les conseillers marchent après lui.

Art. 25. — Pour les cérémonies qui ont lieu hors l'enceinte du palais de justice, les corps judiciaires et les officiers publics et ministériels sont convoqués, savoir : à Alger, sur l'invitation du gouverneur général; à défaut de celui-ci, par le président de la Cour, et dans les autres lieux, par le président du tribunal de première instance, ensuite de l'invitation qui lui est adressée par l'autorité compétente.

Art. 26. — Lorsqu'il y a lieu de complimenter soit un prince, soit le gouverneur général, les corps judiciaires sont présentés, savoir : à Alger, par le procureur général, qui seul porte la parole, et, en son absence, par le président de la Cour d'appel; dans les autres lieux, par le président du tribunal de première instance.

30 novembre 1844.

Ordonnance créant une deuxième chambre à la Cour, le tribunal de Blida et une seconde justice de paix à Alger. — Traitement des magistrats (B. 101).

Art. 1. — Le ressort de la Cour d'Alger embrasse tous les territoires compris dans la juridiction des tribunaux de première instance de l'Algérie.

Art. 3. — La Cour se divise en deux chambres:

(1) Il n'en est plus ainsi depuis l'institution de la première présidence.

une chambre civile et une chambre criminelle. La chambre civile connaît des appels des jugements rendus, en matières civile et commerciale, par les tribunaux de première instance et de commerce. Elle est présidée par le président de la Cour.

La chambre criminelle connaît : 1° des appels en matière correctionnelle; 2° directement des délits prévus par le chapitre 3, titre IV, livre II, du Code d'instruction criminelle dans tous les cas où le jugement en est déféré aux Cours d'appel de France. — Elle connaît en outre des appels en matière civile et commerciale qui lui sont renvoyées par le président. Elle est présidée par le vice-président; toutefois, le président de la Cour la préside quand il le juge convenable.

Art. 5. — Le tribunal de première instance d'Alger se divise en deux chambres: une chambre civile et une chambre correctionnelle. La première connaît des affaires civiles; elle est présidée par le président du tribunal. La seconde connaît des affaires correctionnelles et des appels de simple police, et des affaires civiles qui peuvent lui être renvoyées par le président. Elle est présidée par le vice-président; toutefois, le président du tribunal la préside quand il le juge convenable. L'une et l'autre chambre jugent au nombre de trois juges au moins.

Art. 7. — Il est établi un tribunal de première instance à Blida. Sa compétence est la même en matière civile, commerciale et d'appel de simple police, que celle des tribunaux de Bône et de Philippeville.

Art. 8. — Les tribunaux de Blida, Bône, Oran et Philippeville se composent chacun : d'un président, de quatre juges dont l'un est chargé du service de l'instruction, et d'un greffier qui a sous ses ordres un commis greffier assermenté. — Ils ne peuvent juger qu'au nombre de trois juges au moins. — Il y a près de chacun de ces tribunaux un procureur de (la République) et un substitut du procureur de (la République).

Art. 9. Il est établi une seconde justice de paix à Alger.

Art. 11. — Le service au tribunal de simple police d'Alger se fera conformément aux dispositions des articles 142 et 143 du Code d'instruction criminelle.

Art. 13. — La compétence et les attributions diverses du juge de paix de Blida sont les mêmes que celles des juges de paix de France.

Art. 15. — Le traitement du vice-président de la Cour est du quart en sus de celui de conseiller. — Le traitement des avocats généraux est du sixième en sus de celui de conseiller. — Le traitement des substituts du procureur général est de 4,500 francs.

Art. 16. — Le traitement du vice-président du tribunal de première instance d'Alger est du quart en sus de celui du juge.

Art. 17. — Le traitement des membres du tribunal de première instance de Blida est le même quo celui des membres des tribunaux de Bône et Philippeville.

Art. 18. — Le traitement des juges de paix d'Alger est de 3,000 francs.

26 juillet 1846.

Ordonnance portant création d'une seconde chambre civile ou tribunal de première instance d'Alger (B. 232).

20 août 1848.

Arrêté remettant le service judiciaire au ministre de la justice (B. 284) (1).

Art. 1. — Les attributions conférées par la législation actuelle au ministre de la guerre, pour l'administration de la justice en toute matière, relativement à la population civile française et européenne des territoires civils en Algérie, sont du ressort exclusif du ministre de la justice. — Le service de la justice indigène reste placé dans les attributions du ministre de la guerre.

V. *Justice musulmane.*

Art. 2, 3 et 4. — Devenus sans objet.

Art 5. — Les arrêtés portant nomination, admission à la retraite ou révocation des membres de la Cour d'appel, des tribunaux de première instance et des justices de paix, seront rendus sur le rapport du ministre de la justice.

Art. 6. — Les arrêtés portant institution des membres des tribunaux de commerce seront également rendus sur le rapport du ministre de la justice.

Art. 7. — Le greffier en chef de la Cour d'appel, les greffiers des tribunaux de première instance, de commerce et des justices de paix, les notaires, les avoués près la Cour et les tribunaux, les huissiers, les interprètes judiciaires, les commissaires-priseurs, seront nommés par le pouvoir exécutif, sur le rapport du ministre de la justice.

Art 8. — Les conditions d'aptitude aux fonctions de notaire, avoué, huissier, interprète judiciaire et commissaire-priseur, sont maintenues provisoirement telles qu'elles ont été réglées par les arrêtés ministériels.

Art. 9. — Les propositions pour les nominations aux fonctions de l'ordre judiciaire seront faites par le procureur général et transmises par lui au ministre de la justice.

9 juillet 1849.

Décret qui crée le tribunal de Constantine (B. 328).

20 juillet 1849.

Décret fixant le personnel du tribunal de Constantine (B. 329).

Art. 1. — Le tribunal de première instance de Constantine se compose d'un président, de quatre

(1) Cet arrêté, abrogé par décret du 29 juillet 1858, a été remis en vigueur par le décret du 10 décembre 1860.

juges dont l'un est chargé du service de l'instruction, d'un procureur de la République, d'un substitut et d'un greffier qui a sous ses ordres un commis greffier.

Les traitements sont les mêmes que ceux des membres des tribunaux de première instance de Bône et Philippeville, établis dans ce département.

19 février 1852.

Décret qui nomme le premier titulaire du second cabinet d'instruction au tribunal d'Alger (B. 407).

19 mai 1853.

Décret relatif aux vacances des tribunaux (B. 439).

Art. 1. — La Cour d'Alger et les tribunaux de première instance de l'Algérie, ont, chaque année, des vacances depuis le 1er août jusqu'au 1er octobre.

Art. 2. — Pendant les vacances, il est pourvu à l'expédition des affaires civiles, commerciales, criminelles et correctionnelles, tant à la Cour qu'aux tribunaux de première instance, par une chambre de vacations.

Art. 3. — La chambre de vacations de la Cour d'appel se compose du président ou du vice-président et de six conseillers; — celle du tribunal de première instance d'Alger, du président ou d'un vice-président et de quatre juges, dont un juge d'instruction. — Dans les tribunaux de première instance autres que celui d'Alger, la chambre de vacations est formée du président ou du juge le plus ancien et de deux juges.

Art. 4. — Les chambres de vacations tiennent au moins deux audiences par semaine.

Art 5. — L'article 74 de l'ordonnance du 26 septembre 1842 est abrogé.

19 août 1854.

Décret étendant la compétence des juges de paix (B. 470).

TITRE I.

DES JUGES DE PAIX A COMPÉTENCE ÉTENDUE.

Art. 1. — La compétence des juges de paix peut être étendue, par décret impérial, dans les localités où cette extension est jugée nécessaire.

Art. 2. — Les juges de paix à compétence étendue connaissent de toutes actions personnelles et mobilières, en matières civile et commerciale, en dernier ressort, jusqu'à la valeur de 500 francs, et en premier ressort seulement jusqu'à celle de 1.000 francs. — Ils exercent, en outre, les fonctions des présidents de première instance, comme juges de référé, en toute matière, et peuvent, comme eux, ordonner toutes mesures conservatoires. — En matière correctionnelle, ils connaissent : 1° de toutes les contraventions de la compétence des tribunaux correctionnels qui sont commises ou constatées dans leur ressort; 2° des infractions aux lois sur la chasse; 3° de tous les délits n'emportant pas une peine supérieure à celle de six mois d'emprisonnement ou de 500 francs d'amende. — Un officier de police désigné par le procureur général remplit auprès du juge de paix les fonctions du ministère public.

TITRE II.

DE L'APPEL DES JUGEMENTS DE POLICE CORRECTIONNELLE.

Art. 3. — Les appels des jugements rendus en police correctionnelle par les tribunaux de première instance sont portés à la cour impériale. — Les appels des jugements rendus en matière correctionnelle par les juges de paix sont portés au tribunal dans la circonscription duquel est située la justice de paix. — L'appel est interjeté conformément aux articles 202, 203, 204 et 205 du Code d'instruction criminelle.

TITRE III.

DES COURS D'ASSISES (1).

18 juillet 1855.

Décret promulguant en Algérie la loi du 2 mai 1855 sur les justices de paix (B. 484).

6 février 1856.

Décret qui crée à Mostaganem un tribunal composé d'un président et de quatre juges, dont un chargé de l'instruction, d'un procureur et d'un substitut avec le même traitement et la même compétence que les autres tribunaux (B. 492).

14 octobre 1856.

Décision ministérielle rendant applicable à l'Algérie la loi du 23 mai 1854 ainsi conçue : (B. 507).

Art. 1. — Les traitements des magistrats de la Cour de cassation, des Cours d'appel et des tribunaux de première instance, cessent d'être divisés en traitement fixe, droits d'assistance et suppléments de traitement.—Ces allocations réunies constituent le traitement des magistrats.

Art. 2. — Dans le cas de vacance d'une place de l'ordre judiciaire, et dans tous les cas où il est pourvu au service d'un magistrat privé de la totalité de son traitement, le magistrat chargé de l'intérim touche le traitement affecté à la fonction qu'il remplit et le traitement de celui-ci passe au magistrat qui le remplace, sans qu'en aucun cas il puisse y avoir cumul de deux traitements.

(1) V. Cours d'assises.

15 décembre 1853

Décret créant la première présidence et la chambre des mises en accusation (B. M. 9).

Art. 1. — La Cour d'appel d'Alger se compose d'un premier président. (1)

Le premier président et le procureur général de la Cour d'appel d'Alger ont les attributions, le rang et les prérogatives accordés par la législation aux premiers présidents et aux procureurs généraux des autres Cours de France.

Art. 2. — La Cour d'Alger se divise en trois chambres, dont une connaît des affaires civiles, une des mises en accusation, et une des appels de police correctionnelle.

Art. 3. — Les lois et décrets relatifs à la formation des chambres, au nombre de voix nécessaire pour la validité des arrêts, au roulement des magistrats et à l'ordre du service dans les Cours d'appel de France, sont applicables à la Cour d'Alger.

Art. 4. — Sont également applicables en Algérie : 1° les chapitres 6, 7, 8 et 9 du livre 1 du Code d'instruction criminelle, modifiés par les lois des 4 avril 1855 et 17 juillet 1856; — 2° la loi du 13 juin 1856;—3° le chapitre 1 du titre II du Code d'instruction criminelle, modifié par la loi du 17 juillet 1856; — 4° le chapitre 1 du titre IV du livre 2 du même Code, relatif aux contumaces.

Art. 5. — Le délai pour notifier l'opposition du procureur général aux ordonnances du juge d'instruction est de vingt jours pour les tribunaux autres que ceux de la province d'Alger.

Art. 6. — Sont abrogées les dispositions de l'ordonnance du 26 septembre 1842, en tout ce qu'elles ont de contraire au présent décret, et notamment les articles 60 et 61 (2).

22 avril 1859.

Décret fixant le traitement du premier président et celui d'autres magistrats (B. M. 26).

Art. 1. — A partir du 1er janvier 1859, les traitements du premier président de la Cour d'appel d'Alger, du procureur général, des présidents de chambre, ceux du président du tribunal d'Alger, du procureur impérial et des juges d'instruction près le même siège, sont fixés ainsi qu'il suit :

Cour d'appel : premier président, 15,000 francs; procureur général, 15,000 francs; président de chambre, 9,000 francs;

Tribunal d'Alger : président, 8,000 francs; procureur de la République, 8,000 francs; juge d'instruction, 4,800 francs.

(1) V. ci-après décret du 1er mars 1861.

(2) Ces articles donnaient au procureur général et aux procureurs près les tribunaux le droit de faire cesser les poursuites en tout état de cause.

Art. 2. — Il est alloué une indemnité de représentation de 3,000 francs au premier président et au procureur général près la Cour d'Alger.

15 mars 1860.

Décret concernant les crimes et délits commis par des Européens ou des israélites en territoire militaire. — Compétence (B. M. 63).

Art. 1. — Les crimes, délits et contraventions punissables de peines correctionnelles, commis en territoire militaire par les Européens et les israélites, sont déférés aux Cours d'assises et aux tribunaux correctionnels.

Art. 2. — Néanmoins, les délits et les contraventions punies de peines correctionnelles dont la connaissance est attribuée exceptionnellement aux juges de paix par l'article 2, paragraphe 3, du décret du 19 août 1851, sont portés devant le tribunal de paix à compétence étendue, lorsque ce tribunal est plus voisin du cercle où le délit a été commis que ne l'est le tribunal de première instance.

Art. 4. — La connaissance des crimes et des délits commis en territoire militaire par des Européens ou des israélites, de complicité avec un militaire ou un individu assimilé aux militaires, appartient aux tribunaux ordinaires, à moins que le fait ne constitue un crime ou un délit prévu par le titre 2 du livre 4 du Code de justice militaire pour l'armée de terre, auquel cas les conseils de guerre continuent à en connaître à l'égard de tous les inculpés.

Art. 5. — Sont officiers de police judiciaire, auxiliaires du procureur de la République en territoire militaire, pour la recherche et la constatation des crimes, délits et contraventions de la compétence des tribunaux ordinaires, indépendamment des magistrats, fonctionnaires et agents dénommés aux articles 9 et 10 du Code d'instruction criminelle : — 1° les commandants, majors et adjudants de place; — 2° les sous-officiers et commandants de brigades de gendarmerie. — En cas de concurrence entre un officier de police judiciaire de l'ordre civil et un officier de police judiciaire appartenant à l'armée, l'instruction est faite par le premier.

Art. 6. — Les officiers et sous-officiers désignés aux paragraphes 1 et 2 de l'article précédent transmettent, sans délai, à l'autorité judiciaire compétente les procès-verbaux, actes, pièces et instruments dressés ou saisis par eux, et, en cas d'arrestation de l'inculpé, ils le mettent à la disposition de cette autorité.

15 mars 1860.

Décret constituant les officiers de bureaux arabes officiers de police judiciaire en territoire militaire (B. M. 67).

Art. 1. — En ce qui concerne la recherche des crimes, des délits et des contraventions commis par les indigènes, la police judiciaire est exercée, dans les territoires militaires, sous l'autorité du général commandant la division, par les chefs des bureaux arabes et leurs adjoints titulaires, concurremment avec les agents désignés en l'article 84 du Code de justice militaire pour l'armée de terre (1).

21 novembre 1860.

Décret portant création de tribunaux de première instance à Tlemcen et à Sétif (B. O. 1).

Art. 1. — Des tribunaux de première instance sont créés à Tlemcen (dép. d'Oran), et à Sétif (dép. de Constantine).—Ces tribunaux sont composés d'un président, de quatre juges, dont un chargé de l'instruction, d'un procureur impérial, d'un substitut, d'un greffier et d'un commis-greffier.

23 mars 1861.

Décret créant deux emplois de juge suppléant rétribué : l'un près le tribunal de première instance d'Oran; l'autre près le tribunal de première instance de Constantine. — Traitement, 2,400 francs (B. O. 11).

9 mai 1863.

Loi relative au renvoi par suite de cassation d'un arrêt de la chambre des mises en accusation (B. O. 93).

Art. 1. — La Cour de cassation, lorsqu'elle annule un arrêt de la chambre des mises en accusation de la Cour d'appel d'Alger, prononce le renvoi du procès devant une autre chambre de ladite Cour. Cette chambre procède, au nombre de cinq juges, comme chambre d'accusation. Aucun des magistrats qui ont participé à l'arrêt annulé ne peut en faire partie.—Elle est présidée par son président ordinaire; les quatre autres membres sont pris dans l'ordre du tableau de la chambre, sauf empêchement régulier. — Néanmoins, la Cour de cassation peut, suivant les circonstances, renvoyer l'affaire devant la chambre des mises en accusation d'une autre Cour.

Art. 2.—Dans le cas prévu par le paragraphe 1 de l'article précédent, l'article 431 du Code d'instruction criminelle n'est pas applicable

1er mars 1864.

Création d'une deuxième chambre civile à la Cour d'Alger.

Art. 1.—Une deuxième chambre civile est créée à la Cour d'appel d'Alger.

(1) V. ci-après décret du 1er février 1871.

Art. 2. — La Cour sera, en conséquence, composée ainsi qu'il suit : — un premier président ; — trois présidents de chambre ; — vingt-quatre conseillers ; — un procureur général ; — trois avocats généraux ; — deux substituts du procureur général (1).

17 mars 1866.

Décret fixant la juridiction des juges de paix en territoire militaire (B. O. 172).

Art. 1. — En territoire militaire, la juridiction du juge de paix, tant en matière civile qu'en matière de simple police, s'étend aux Européens, aux israélites indigènes et aux musulmans naturalisés établis dans l'étendue du cercle où réside le magistrat civil.

(Deuxième paragraphe sans objet depuis le décret du 10 août 1875 qui a fixé la délimitation de chaque justice de paix.)

23 août 1867.

Décret créant une cinquième place de juge aux tribunaux de Constantine et d'Oran (B. O. 243).

Art. 1. — Il est créé un emploi de juge dans chacun des tribunaux de Constantine et d'Oran. — En conséquence, ces tribunaux seront composés ainsi qu'il suit : un président, cinq juges, un juge suppléant rétribué, un procureur de la République, un substitut, un greffier, deux commis greffiers.

5 septembre 1870.

Décret qui abolit le serment politique (B. Lois XII, n° 11).

(Non promulgué.)

6 septembre 1870.

Décret portant la formule exécutoire des arrêts, jugements et mandements de justice (B. Lois XII, n° 18).

Les tribunaux rendront la justice au nom du peuple français. — Les expéditions des arrêts, jugements, mandats de justice, ainsi que les grosses et expéditions des contrats et de tous autres actes susceptibles d'exécution forcée seront intitulées ainsi qu'il suit :

République française. — « Au nom du peuple français ! » — Pour les arrêts et jugements : — « La Cour d'appel ou le tribunal de... a rendu...» (Copier l'arrêt ou le jugement.) — Pour les actes notariés et autres, transcrire la teneur de l'acte.

(1) Un troisième institué par décret du 15 décembre 1874.

— Lesdits arrêts, jugements, mandats de justice et autres actes seront terminés ainsi : — « En conséquence, la République mande et ordonne à tous huissiers sur ce requis de mettre ledit jugement ou arrêt à exécution ; aux procureurs généraux et aux commissaires du gouvernement près les tribunaux de première instance, d'y tenir la main ; à tous commandants et officiers de la force publique de prêter main-forte, lorsqu'ils en seront légalement requis. — « En foi de quoi, le présent jugement ou arrêt a été signé par..., etc. »

Les porteurs des expéditions des jugements et arrêts et des grosses et expéditions des actes, délivrés avant l'ère républicaine, qui voudraient les faire mettre à exécution, devront préalablement les présenter aux greffiers des Cours et tribunaux pour les arrêts et jugements, ou à un notaire pour les actes, afin d'ajouter la formule ci-dessus indiquée à celle dont elles étaient précédemment revêtues. — Ces additions seront faites sans frais.

11 septembre 1870.

Décret relatif à la prestation de serment des magistrats (B. Lois XII, n° 43).

(Non promulgué.)

Art. 1. — Le serment politique étant aboli, le serment professionnel des nouveaux fonctionnaires sera prêté dans la première séance du corps auquel ils appartiennent.

Art. 2. — L'installation des magistrats peut avoir lieu, pendant les vacations, dans la séance de la chambre qui tient l'audience, et le serment professionnel est prêté publiquement.

12 juillet 1871.

Arrêté qui abroge le décret du 21 octobre 1870 et remet en vigueur l'ordonnance du 11 octobre 1820, sur le roulement des magistrats (B. Lois XII, n° 420).

(Non promulgué.)

Art. 1. — Jusqu'à ce qu'il en ait été autrement ordonné, le roulement se fera dans les cours et tribunaux conformément aux ordonnances des 11 octobre 1820 et 24 juillet 1825 et au décret du 28 octobre 1851.

Art. 2. — Le roulement se fera pour la Cour et les tribunaux de l'Algérie, dans la dernière quinzaine du présent mois de juillet, et, pour les Cours et tribunaux de France, dans la dernière quinzaine du mois d'août.

30 avril 1872.

Décret qui crée les chefs de circonscription (aujourd'hui administrateurs des communes mixtes) officiers de police judiciaire (B. O. 413).

27 janvier 1873.

Loi qui modifie les articles 138, 144 et 178 du Code d'instruction criminelle et abroge les articles 139, 140, 166, 167, 168, 169, 170 et 171 du même Code (B. O. 471).

10 mars 1873.

Décret instituant un tribunal de première instance à Tizi-Ouzou et un autre à Bougie (B. O. 529).

Art. 1. — Des tribunaux de première instance sont créés à Tizi-Ouzou (département d'Alger), et à Bougie (département de Constantine).

Les tribunaux sont composés d'un président, de quatre juges, dont un chargé de l'instruction, d'un procureur de la République, d'un substitut, d'un greffier et d'un commis greffier.

1er février 1874.

Décret constituant officiers de police judiciaire les officiers des bureaux arabes dans les territoires militaires (B. O. 520).

Art. 1. — Dans les territoires administrés par l'autorité militaire, où il n'existe pas d'officiers de police judiciaire ordinaire, les officiers, chefs des affaires indigènes, et leurs adjoints titulaires, sont officiers de police judiciaire, auxiliaires du procureur de la République, en ce qui concerne les crimes, délits ou contraventions commis par les Européens.

Art. 2. — Les officiers titulaires des affaires indigènes, désignés en l'article précédent, transmettent sans délai, au procureur de la République, les procès-verbaux, actes, pièces et instruments dressés ou saisis par eux, et, en cas d'arrestation de l'inculpé, ils le mettent à sa disposition.

12 décembre 1874.

Décret créant une seconde chambre aux tribunaux d'Oran et de Constantine (B. O. 593).

Art. 1. — Le personnel des tribunaux de première instance d'Oran et de Constantine est augmenté :

D'un vice-président, dont le traitement est fixé à 4,000 francs;

D'un substitut;

D'un commis greffier.

Art. 2. — Chacun de ces tribunaux est divisé en deux chambres.

10 août 1875.

Décret sur l'organisation de la justice (B. O. 610).

Art. 1. — L'organisation judiciaire en Algérie comprend :

1° Une Cour d'appel, siégeant à Alger;

2° Des tribunaux de première instance, siégeant : dans la province d'Alger, à Alger, Blida et Tizi-Ouzou; dans la province de Constantine, à Bône, Bougie, Constantine, Philippeville et Sétif; dans la province d'Oran, à Mostaganem, Oran et Tlemcen;

3° Des tribunaux de commerce siégeant à Alger, Constantine et Oran ;

4° Des tribunaux de paix, siégeant : dans la province d'Alger, à Alger (canton nord), à Alger (canton sud), à l'Arba, Aumale, Boufarik, Bouçaada (place créée), Col des Beni-Aïcha (aujourd'hui Ménerville) et Coléa, ressortissant au tribunal d'Alger; à Blida, Boghari, Cherchell, Djelfa (place créée), Duperré, Laghouat (place créée), Marengo, Médéa, Milliana, Orléansville, Ténès et Téniet-el-Hâad, ressortissant au tribunal de Blida; à Bordj-Menaïel, Dellys, Dra-el-Mizan, Fort-National et Tizi-Ouzou, ressortissant au tribunal de Tizi-Ouzou; dans la province de Constantine, à Aïn-Mokra (Oued-el-Aneb), Bône, Guelma, La Calle, Mondovi et Souk-Ahrras, ressortissant au tribunal de Bône; à Akbou, Bougie, Djidjelly et Takitount, ressortissant au tribunal de Bougie; à Aïn-Beïda, Batna, Biskra, Constantine, Khenchela (place créée), Milah, Oued-Athménia, Oued-Zénati, Ouled-Rahmoun et Tebessa (place créée), ressortissant au tribunal de Constantine; à Collo, El-Arrouch, Jemmapes et Philippeville, ressortissant au tribunal de Philippeville ; à Bordj-bou-Arréridj, Saint-Arnaud et Sétif, ressortissant au tribunal de Sétif; dans la province d'Oran, à Inkermann, Mascara, Mostaganem, Perrégaux, Relizane, Saïda et Tiaret, ressortissant au tribunal de Mostaganem; à Aïn-Temouchent, Daya (place créée) (1), Oran, Saint-Cloud, Saint-Denis-du-Sig, Sainte-Barbe-du-Tlélat et Sidi-bel-Abbès, ressortissant au tribunal d'Oran; à Lamoricière, Nemours et Tlemcen, ressortissant au tribunal de Tlemcen;

5° Des juges suppléants rétribués près la justice de paix d'Akbou, d'Aumale, de Boufarik, de Dra el-Mizan (2), de Guelma, de Mascara, de Miliana et de Sidi-bel-Abbès;

6° Des tribunaux musulmans déterminés par le gouverneur général.

Art. 2. — Le ressort des tribunaux de première instance et de paix est déterminé conformément au tableau et au plan annexés au présent décret.

Il n'est en rien dérogé aux règles de compétence établies par la législation actuelle de l'Algérie, soit en ce qui concerne les Français et étrangers, soit en ce qui concerne les indigènes dans l'un et l'autre territoire civil et militaire.

(1) Supprimé et remplacé par le tribunal de paix de Cassaigne, arrondissement de Mostaganem. Décret du 7 février 1877.

(2) Supprimé et reporté à Bordj-Ménaïel. Décret du 5 janvier 1876.

Art. 3. — La justice de paix de Douéra, créée par l'ordonnance du 30 novembre 1844, et les justice de paix d'El-Millah et Mansourah, créées par le décret du 23 avril 1874, sont supprimées.

Art. 4. — Les notaires établis à Boufarik et à Douéra auront le droit d'instrumenter dans tout le ressort du canton de Boufarik.

Art. 5. — Il est créé un deuxième office d'huissier près la justice de paix de Boufarik. L'office d'huissier créé à Douéra, par l'arrêté ministériel du 15 janvier 1845, est supprimé.

Art. 6. — Les juridictions spéciales des commissaires civils et des commandants de place, créés en vertu de l'article 3 de l'ordonnance du 31 octobre 1838, sont supprimées.

Dans les cantons judiciaires qui comprendront plusieurs cercles militaires, le nombre des suppléants du juge de paix pourra être supérieur à celui qui a été fixé par l'article 3 de la loi du 20 ventôse an IX.

Jusqu'à l'établissement de justices de paix à Géryville et Sebdou, un officier de l'armée pourra être, sur la proposition du procureur général et par arrêté du gouverneur général, provisoirement investi, dans toute l'étendue du cercle, des attributions conférées aux juges de paix.

La compétence de ce fonctionnaire, en premier et dernier ressort, reste déterminée par les articles 12 de l'ordonnance du 26 septembre 1842 et 2 du décret du 14 mai 1850. Il connaîtra, en outre, en matière commerciale, de toutes affaires, savoir : 1° en dernier ressort, jusqu'à la valeur de 100 francs; 2° en premier ressort, jusqu'à la valeur de 500 francs. Les appels de ces décisions, en toute matière, seront portés devant le tribunal de l'arrondissement. Un sous-officier remplira, auprès du fonctionnaire juge de paix, l'office de greffier.

Art. 7. — Le siège de la justice de paix de l'Oued-el-Aneb, créé par le décret du 23 avril 1874, est transféré à Aïn-Mokra.

Art. 8. — Le juge de paix du canton sud d'Alger tiendra, tous les quinze jours, une audience au village de la Maison-Carrée, et une fois par mois, une audience au village de Rouïba.

Le juge de paix du canton nord d'Alger tiendra, tous les quinze jours, une audience au village de Chéragas.

Le juge de paix de Ménerville tiendra, tous les quinze jours, une audience au village de l'Alma (1).

Le juge de paix de l'Arba tiendra, tous les quinze jours, une audience au village de Fondouck.

Le juge de paix d'Aumale tiendra, une fois par mois, une audience au village de Bouïra et à celui de Bir-Rabalou.

Le juge de paix de Boufarik tiendra, une fois par mois, une audience à Douéra.

Art. 9. — Le juge de paix de Miliana tiendra,

(1) Et tous les mois à Palestro (arrêté du 1er avril 1876).

tous les quinze jours, une audience au village Bou-Medfa.

Art. 10. — Le juge de paix de Constantine tiendra, tous les quinze jours, une audience au village de Condé-Smendou.

Le juge de paix de Milah tiendra, une fois par mois, une audience au village de Rouffack.

Le juge de paix d'Oued-Athménia tiendra, une fois par mois, une audience au village d'Aïn-Smara (1).

Le juge de paix des Ouled-Rahmoun tiendra, tous les quinze jours, une audience au village Kroub.

Art. 11. — Le juge de paix de Sétif tiendra une fois par mois, une audience au village Bouhira (2).

Art. 12. — Le juge de paix de Bougie tiendra tous les quinze jours, une audience au village d'El-Kseur.

Le juge de paix d'Akbou tiendra, une fois par mois, une audience au village d'Ighil-Ali et à lui de Bou-Hamza (3).

Le juge de paix de Djidjelly tiendra, tous les quinze jours, une audience au village de Chel...

Le juge de paix de Takitount tiendra, une fois par mois, une audience au village de Kherra...

Art. 13. — Le juge de paix d'Aïn-Temouchent tiendra, tous les quinze jours, une audience village d'Aïn-El-Arba.

Art. 14. — Le juge de paix de Nemours tiendra, tous les quinze jours, une audience au village de Lalla-Maghnia (4).

Art. 15. — A l'avenir, des audiences foraines pourront être installées par arrêtés du garde des sceaux, ministre de la justice, à la charge, les communes où elles seront tenues, de supporter les droits et indemnités accordés aux juges de paix, greffiers et interprètes, par les articles 89, 22 et 91 du décret du 18 juin 1811.

Dans ce cas, les juges de paix, greffiers et interprètes devront, pour obtenir le payement de leurs droits et indemnités, fournir des mémoires formes aux modèles numéros 11 et 21 annexés à l'instruction générale du 30 septembre 1827 revêtus des réquisitoire et exécutoire exigés l'article 3 de l'ordonnance du 28 novembre...

L'exécutoire sera délivré sur la caisse du receveur municipal.

Art. 16. — Le garde des sceaux, ministre la justice, est chargé de l'exécution du présent décret.

(1) Et une fois par mois à Saint-Donat (arrêté du 2... 1876).

(2) Et une fois par mois à Aïn-Abessa (arrêté du 23... 1876).

(3) Un arrêté du garde des sceaux du 31 mai 1878 prime l'audience foraine de Bou-Hamza et transfère d'Ighil-Ali à Jazemalt.

(4) Par arrêté ministériel du 27 juillet 1876, le ju... paix de Jemmapes tiendra une fois par mois une audience à Gastu.

11 novembre 1875.

Décret portant création d'emploi de juge suppléant aux tribunaux d'Alger et de Bône (B. O. 632).

Art. 1. — Deux emplois de juge suppléant rétribué, au traitement de 2,400 francs sont créés, l'un au tribunal de première instance d'Alger, l'autre au tribunal de première instance de Bône.

25 janvier 1876.

Décret supprimant la place de suppléant salarié de Dra-el-Mizan et en créant une à Bordj Ménaïel (B. O. 630).

18 janvier 1877.

Décret élevant le traitement des magistrats des tribunaux d'Oran et de Constantine (B. O. 680).

Art. 1. — Le traitement des magistrats des tribunaux de première instance d'Oran et de Constantine est fixé comme il suit, à partir du 1er janvier 1877 :

Président.	6.000 fr.
Vice-Président.	4.200
Juge d'instruction.	4.000
Juges.	3.300
Procureur de la République.	6.000
Substituts.	3.300

7 février 1877.

Décret créant la justice de paix de Cassaigne, département d'Oran et supprimant celle de Daya (B. O. 600).

Art. 1. — Il est créé à Cassaigne (département d'Oran), une justice de paix ressortissant au tribunal de Mostaganem.

Art. 2. — Le ressort de cette justice de paix comprendra les centres européens de Cassaigne, Bosquet, Aïn-Ouillis et les douars Achacha, Chouachi, M'Zila, Nekmaria, Oulad-Khelouf, Oulad-Maallah, Tazgaït et Zerifa, qui dépendaient antérieurement de la justice de paix de Mostaganem.

Art. 3. — La compétence étendue, telle qu'elle est déterminée par le décret du 10 août 1854, est attribuée au juge de paix de Cassaigne.

Art. 4. — La justice de paix de Daya, créée par le décret du 10 août 1875, est supprimée, et son ressort est réuni à celui de la justice de paix de Sidi-bel-Abbès.

Art. 5. — Jusqu'au rétablissement, s'il y a lieu, de la justice de paix de Daya, il pourra être pourvu provisoirement aux besoins du service, dans les formes prévues par l'article 6 du décret du 10 août 1875.

6 avril 1877.

Décret divisant en 4 classes les justices de paix à compétence étendue (B. O. 602).

Art. 1. — Les justices de paix à compétence étendue sont divisées en quatre classes, comprenant :

La première classe, les cantons de Sidi-bel-Abbès, Mascara, Guelma, Médéa, Orléansville, Bordj-Menaïel et Aumale ;

La deuxième classe, les cantons de Millana, Dellys, Boufarik, Batna, Dra-el-Mizan, Saint-Denis-du-Sig, Akbou, Aïn-Témouchent, et Relizane ;

La troisième classe, les cantons de l'Oued-Athménia, Jemmapes, l'Arba, El-Arrouch, Mondovi, Saint-Arnaud, Bordj-bou-Arréridj, La Calle, Sainte-Barbe-du-Tlélat, Souk-Ahrras, Némours, Djidjelly, Ménerville, Aïn-Beïda, Ténès, Inkermann, Saint-Cloud, Oued-Zenati, Tiaret, Boghari, Cherchell et Saïda ;

La quatrième, classe, les cantons de Coléah, Bouçâada, Duperré, Teniet-el-Haad, Marengo, Djelfa, Laghouat, Fort-National, Perrégaux, Lamoricière, Biskra, Milah, Oulad-Rhamoun Tébessa, Khenchela, Collo, Aïn-Mokra, Takitount et Cassaigne.

Art. 2. — Le traitement des titulaires de ces justices de paix est fixé : pour la première classe, à 4,000 francs ; pour la deuxième, à 3,500 francs ; pour la troisième à 3,000 francs ; et pour la quatrième à 2,700 francs.

Art. 3. — Le présent décret recevra son exécution à partir du 1er avril 1877.

——————

Le décret ci-dessus du 10 août 1875 est accompagné d'un tableau de répartition du territoire de l'Algérie. Ce tableau indique les centres ou villages, les douars et les tribus compris dans chaque circonscription cantonale ou de justice de paix, et parmi ces centres, douars et tribus, ceux qui appartiennent au territoire civil et ceux qui dépendent du territoire militaire. Il désigne également les arrondissements judiciaires auxquels sont rattachés les justices de paix et les cercles chargés d'administrer les différentes parties du territoire militaire. Il détermine ainsi exactement les circonscriptions civiles, militaires et judiciaires de toute l'Algérie.

Nous le reproduisons, non pas tel qu'il a été dressé, mais avec les modifications que lui ont fait subir un grand nombre de décrets ou d'arrêtés rendus du 10 août 1875 au 30 juin 1878.

——————

JUSTICE.

Tableau DE LA RÉPARTITION DU TERRITOIRE DE L'ALGÉRIE ENTRE LES DIVERS ARRONDISSEMENTS ET CANTONS JUDICIAIRES

NOTA. — Les caractères italiques indiquent le territoire civil; les caractères romains, le territoire militaire.

DÉPARTEMENTS	ARRONDISSEM. JUDICIAIRES.	CANTONS — JUSTICES de PAIX.	TERRITOIRES COMPRIS DANS LE CANTON			CERCLES MILITAIRES
			COMMUNES VILLAGES, CENTRES	DOUARS	TRIBUS	
ALGER.	*ALGER.*	*Alger* (canton nord)	*Alger* (1). *Bouzaréa (La). Chéragas* (2). *Dély Brahim. El Biar. Guyot-Ville. Ouled Fayet. Pointe-Pescade (La). Saint-Eugène. Sidi Ferruch. Staouéli.*			
		Alger (canton sud).	*Alger* (3). *Agha. Aïn Beïda. Aïn Krob. Aïn Taya. Birkadem. Birmandreis. Drariah. El Achour. Fort-de l'Eau. Husseïn Dey. Kaddous. Kouba. Maison-Carrée. Matifoux. Mustapha inférieur. Mustapha supérieur. Rassauta. Rouïba. Saoula.*			
		Arba (L').....	Arba (L'), Fondouk, Hamédi, Maison-Blanche, Riret, Rovigo, Sidi Moussa, Tablat.	Arbatach. Sidi Nasseur. Sta: Hammouda. Hammam Melouan. Beni Miscera. Ahl el Euch. Oulad Messollem. Guerrouma. Boukran. Beni bel Hassen. Cheurfa. Tiara. Bahata. Tourtatsine. Ouzanna. Merghenna. Tablat.	Beni-Miscera (partie). Beni Sliman.	Annexe d'Alger.
		Aumale....	Aumale. Bir Rabalou. Les Trembles. Bordj Bouira, Beni Mansour. El Esnam.	El Bétham. Oulad Ferha. Oued Mamora. Oulad bou Arif. Oued Ridan. Koudiet el Hamra.	Oulad Brahim. Oulad Dris. Oulad Barka. Oulad Mériem. Djouab. Adaoura Gheraba.	Cercle d'Aumale.

(1) Partie de la ville située du côté droit de la ligne qui, partant de l'escalier monumental de la Pêcherie et traversant la place du Gouvernement, suit les rues Vialar, de la Lyre et Porte-Neuve, et la route de Blidah.
(2) Moins Zéralda.
(3) Partie de la ville située du côté gauche de la ligne ci-dessus indiquée.

DÉPARTEMENTS.	ARRONDISSEM. JUDICIAIRES.	CANTONS — JUSTICES de PAIX.	TERRITOIRES COMPRIS DANS LE CANTON			CERCLES MILITAIRES.
			COMMUNES VILLAGES, CENTRES	DOUARS	TRIBUS	
ALGER (suite).	ALGER (suite).	Aumale....		Aïn Bessem. Aïn Hazem. Oued el Berdi. Oulad Bellil. Sidi Zouika. Aïn Tiziret. Sidi Khelifa.	Adaoura Cheraga. Oulad el Aziz. Oulad Salem. Ouad Selama et Beni Iddou. Oulad Si Ameur. Oulad Abdallah. Oulad Ali ben Daoud. Oulad Sidi Aïssa. Oulad Sidi Hadjères. Selamats. Beni Intacem. Oulad Messellem. Oulad Selim. Metennan. Oulad Sidi Salem. Oulad Solthan. Oulad Zénim. Oulad Tàan.	Cercle d'Aumale (suite).
					Beni Mansour. Cheurfa. Ahel el Ksar et Sebkha. Beni Yala Cheraga. Beni Yala Gheraba. M'chedallah. Beni Ouakour. Beni Kani.	Annexe des Beni Mansour.
		Boufarik..	Boufarik. Baba-Hassem. Birtouta. Bouinan. Chebli. Crescia. Douéra. Mahelma. Quatre-Chemins. Sainte-Amélie. Saint-Charles. Saint-Ferdinand. Saint-Jules. Souma.	Miscéra (partie). Férouka.	Mahelma. Oulad Mendil.	
		Bouçâada..	Bouçâada.	Haouamed.	Oulad Ameur (caïdat). Oulad Feredj (agalik). Oued ech Chaïr (agalik). Oulad Aïssa (caïdat). Oulad Sidi Brahim (caïdat). Bouçâada (tribu). Djebel Mehardga (caïdat).	Cercle de Bouçâada.
		Méserv	Alma. Belle-Fontaine. Beni-Amran. Blad-Guitoun. Ménerville. Col des Beni-Amran. Isserbourg. Oued-Corso. Palestro. Réghaïa. Saint-Paul. Saint-Pierre. Souk-el-Hdad. Zdatra. Zamouri.	Ammal. Bou Derbala. Bou Zegza. Khachna-el-Djelel. Mosbaha. Oulad Medjkan. Issers el Ouïdane.	Beni Khalfoun. Senhadja.	

DÉPARTEMENTS.	ARRONDISSEM. JUDICIAIRES.	CANTONS. — JUSTICES de PAIX.	TERRITOIRES COMPRIS DANS LE CANTON.			CERCLES MILITAIRES.
			COMMUNES VILLAGES, CENTRES.	DOUARS.	TRIBUS.	
ALGER (suite).	ALGER.	Coléa.....	Bérard. Berbessa. Castiglionne. Chaïba. Coléa. Douaouda. Fouka. Hattatba. Messaoud. Saïghr. Téfeschoun. Zéralda.			
		Blida.....	Beni Méred. Blida. Bou Roumi. Chiffa (La). Dalmatie. El Affroun. Joinville. Montpensier. Mouzaïaville. Oued el Alleug.	Gheliaie. Sid el Fodhil. Sid el Kébir.		
	BLIDAH.	Boghari....	Boghar. Boghari.	Oulad Anteur. Oulad Hamza. M'fatah. Bougzoul. Oum Djellil.	Oulad Hellal. Zénakhra el Gort. Abadlia. Abaziz. Oulad Mokhtar Gheraba Mouladat Gheraba. Rahman Gheraba. Rahman Cheraga Ksar Chellala. Oulad Sidi Aïssa el Ouerq et Souaghi. Oulad el Daoud. Oulad Thabet. Oulad Ahmed Réchelga. Meggan.	Cercle de Boghar.
		Cherchell...	Cherchell. Novi. Zurich.	Chenoua. El Gourine. Sidi Simiane.	Zatima. Larhat. Gouraya. Beni Ztout. Beni bou Milenk. Tacheta. Zouggara.	1re partie du cercle de Millanah.
		Djelfa.....	Djelfa.		Oulad oum Hani. Oulad Si Ahmed. Oulad Abdelkader. Oulad bou Abdallah. Oulad Ghouini. Abbaziz. Zénina Ksar. Oulad Reggad Cheraga. Oulad Reggad Gheraba. Oulad Khenata. Oulad Toaba. Oulad Yahia ben Salem. Oulad Aïffa. Oulad Laouar et El M'-chach. Oulad oum el Akhoua. Les Ksours. Sahari el Attaya. Sahari Khobeïzat. Oulad Sidi Younès. Oulad ben Allia.	Cercle de Djelfa.

DÉPARTEMENTS.	ARRONDISSEM. JUDICIAIRES.	CANTONS. — JUSTICES de PAIX.	TERRITOIRES COMPRIS DANS LE CANTON.			CERCLES MILITAIRES.
			COMMUNES VILLAGES, CENTRES.	DOUARS.	TRIBUS.	
ALGER (Suite).	BLIDAH (Suite).	Duperré....	Duperré. Aïn Défla. Oued Rouina. Saint-Cyprien-des Attafs.	Arib. Bou Zehar. Bou Rached. Zeddine. Rouina.	Beni Meraheba. Beni Slinan. El Arbâa. El Aneb. Beni bou Douan. Beni bou Hattab.	2ᵉ partie du cercle de Millanah.
		Laghouat...	Laghouat.		Tadjemount (ksar). Aïn Madhi (idem). El Haouita (idem). El Assafia (idem). Ksar el Hiran (idem). M'khalif Lazrag. M'khalif el Djorb el Guettaf. M'khalif el Djorb Oulad Mohammed. Maamra. Zekneka. Hadjadj. Oulad Salah. Oulad Zian. Ababda. Oulad Si Atallah. Harazlia. Ouargla. Saïd Atba. Mekhalma. Chamba d'Ouargla. Chamba de Goléah et Mouadi. Chamba de Metlili ou Berrezga. Confédération de M'-zab (1).	Cercle de Laghouat
		Marengo....	Ameur el Aïn. Bourkika. Bou Yarsen. Chaterbach. El Fedjana. El Meurad. Marengo. Montebello. Nador. Oued Djer. Tipaza.	Beni Mérit. Oued Djer. Sahel. Yarsen (fermes).		
		Médéah....	Ben-Chicao. Berrouaguia. Damiette. Hassein ben Ali. Lodi. Médéah.	Tamesguida. Gheraba. Oulad Brahim. Oulad Mellal. Beni bou Yacoub. Oulad Térif. Mérachda. Oulad Ferguen. Ouzera. Zanit. Oulad Serouan. Oulad Déid. Rétal. Oued Chair. Haouara. Ouamri. Gherib. Oued Oughas. Hannacha. Douaïrs.	Tittori. Souhary. Déh mat. Beni Hassen. Oulad Mokhtar Cheraga Mouladat Cheraga. Oulad Sidi Aïssa el Adhab. Sahary Oulad Brahim. Rebaïa. Oulad Allane Zékri. Oulad Allane Beschlech Oulad Marouf.	Cercle de Médéah.

(1) Cette confédération comprend Berryan, Gardaïa, Beni Isghen, Nélika, Bou Noura, El Ateuf et Guerrara.

DÉPARTEMENTS.	ARRONDISSEM. JUDICIAIRES.	CANTONS. — JUSTICES de PAIX.	TERRITOIRES COMPRIS DANS LE CANTON.			CERCLES MILITAIRES.
			COMMUNES VILLAGES, CENTRES.	DOUARS.	TRIBUS.	
ALGER (suite.)	BLIDAH (suite.)	Miliana....	Adélia. Affreville. Aïn Sultan. Bou Medfa. Lavarande. Miliana. Vesoul Benian.	El Hammam. Righa. Bou Hallouan. Sbaïa. Oued Derdeur. Oued Sebt. Bou Maad. Zaccar. Djendel. Oued Talbenet. Beni Fathem. Oued Djélida. Oued Ouaghnay.	Matmata. Haraouat. Ahl el Oued. Khobbaza. Bethaïa. Oulad Cheikh.	3ᵉ partie du cercle de Milianah.
		Orléansville.	Charon. La Ferme. Malakoff. Orléansville. Oued Fodda. Oued Sly. Pontéba.	El Adjeraf. Oum ed Drou. Chembel. Sidi el Arou st. Oulad Faré. Sly. Taflout. Zeboudj el Oust. Tiberhanin. Fodda. Tharia. Chemla. Beni Boukni. Harrar du Chélif. Beni Gomérian. Médinet Medjadja. Beni Rached. Beni Derdjin. Harchoun. Tsiraout. Guerboussa. Chouchaoua. Teindjara. Sobha. Oulad Ziad. M'chaïa. Heroufa.	Beni Ouazen. Oulad bou Soliman. Beni bou Khannous. Beni Hindel. Tamelahat. Oulad Ghalia. Oulad Abdallah. Dahra.	Cercle d'Orléansville.
		Ténès....	Montenotte. Ténès. Vieux Ténès.	Taourira. Sinfita. Main. Beni Haoua. Hemmis. Baghdoura. Batch. Talassa. Beni Tamoun.	Beni Mazoug. Mégaus. Cherrers. Terraguia. Oulad el Arbi. Merachich.	
		Téniet el Hâad.	Téniet el Hâad.	Beni Méhares. El Khemaïs. Aïn el Ansour. Taza. Ighoud. Ben Naouri. I'l Moddad.	Siouf. Aziz. Beni Chaïb. Beni Lassen. Oulad Bossem Chera-ga. Oulad Bossem Chera-ba. Beni Maïda. Beni Lent. Oulad Ammar. Doui Hasseni.	Cercle de Téniet el Hâad.

DÉPARTEMENTS.	ARRONDISSEM. JUDICIAIRES.	CANTONS. — JUSTICES de PAIX.	TERRITOIRES COMPRIS DANS LE CANTON.			CERCLES MILITAIRES.
			COMMUNES VILLAGES, CENTRES.	DOUARS.	TRIBUS.	
ALGER (suite).	TIZI-OUZOU (suite).	Bordj Ménaïel.	Aïn Fassi. Azib Zamoun. Bois-Sacré. Bordj Ménaïel. Camp-du-Maréchal. Cap Djenets. Dra ben Kedda (rive gauche de l'oued Baghdoura). Kouanin. Isserville.	Kouanin. Bou Berak. Oulad Smir. Er Raïchd. El Gulous. Teurfa. Sidi Sliman. Sidi Ali bou Nab. Tala Imedran. Oued Cheuder. Beni Chenacha. Rouafa. Beni Mekla. Sebaou el Kedim. Aïn Monder. Oulad Aïssa. Isser el Djédian.		
		Dellys....	Aïn el Arba. Azerou. Beni Slyem. Ben N'choud. Dar Beïda. Dellys. Iaskaren. Makouda. Oulad Keddach. Oulad Mahdjoub. Rebeval. Salines (Les). Sidi Khalef. Taourga. Takdemt. Tirzirt. Zaouia (La).	Sidi Ndaman.	Taourga. Beni Thour. Beni Slyem. Beni Ouaguenoun. Iaskarem. Makouda.	
		Dra el Mizan.	Aïn Zaouia. Aomar. Boghni. Bou Fehaïma. Dra el Mizan.	Abid. Nezlioua.	Harchaoua. Oulad el Aziz (fraction) Flissa Mek'ra. Flissa M'sela. Frikol. Beni Smail. Beni Mendès. Beni Koufi. Beni bou Gherdane. Beni bou Addou. Cheurfa et Ighil ou Moula. Mechtras. Beni Maned.	
		Fort-National.	Fort-National.	Tikobaïn. Mekla.	Flisset el Bahr. Beni Djennad el Cheurg. Beni Djennad el Ghoir. Beni Djennad el Bahr. Zekhfaoua. Beni Flik. Tigrin. Beni Hassaïn. Azzouza. Iril Nezekri. Beni Ghobri. Beni Idjeur Sahel. Beni Idjeur Djebel. Beni Illitten. Beni Ittourar. Beni bou Youssef. Beni Yahia. Beni Menguellet. Beni Fraoussen.	Cercle de Fort-National.

DÉPARTEMENTS.	ARRONDISSEM. JUDICIAIRES.	CANTONS. — JUSTICES de PAIX.	TERRITOIRES COMPRIS DANS LE CANTON.			CERCLES MILITAIRES.
			COMMUNES VILLAGES, CENTRES.	DOUARS.	TRIBUS.	
ALGER (suite).	Tizi-Ouzou (suite).	Fort-National (suite).			Beni Khelili. Beni bou Chaïb. Illoula ou Malou. Beni Zikki. Akbils. Beni Attafs. Beni bou Akkach. Beni bou Drar. Beni Yenni. Beni Ouassif. Beni Sedka Ogdal. Beni Sedka Chenacha. Ouadia. Beni Iraten bou Adda. Beni Iraten ou Fella.	Cercle de Fort-National (suite.)
		Tizi Ouzou. .	Tizi Ouzou, Drà ben Khedda (rive droite de l'oued Bagh-doura).	Sikh ou Meddour. Belloua.	Maatka. Beni Aïssi. Bétrouna. Beni Mahmoud. Beni Douala. Beni Khelifa. Beni Zemenzer. Oulad Aïssa Mimoun.	
CONSTANTINE.	Bône.	Aïn Mokra (Oued el Aneb)	Aïn Mokra. Oued el Aneb. Herbillon.	Aïn Nechma. Beni Mérouan. Ouled Atia. Fedj Moussa. Beni Mahammed. Senhadja. Ouïchaoua. Tréat.		
		Bône.	Alelik (L'). Bône. Bugeaud. Duzerville. El Hadjer. Hippône. Oued Berbes. Randon. Sainte - Croix - de - l'Edoug.	Beni Urgine. Kmira. Merdès. Beut Caïd. Talha. Oula-l bou Aziz. Oulhasa.	Beni Salah.	Cercle de Bône.
		Guelma. . . .	Aïn Amara. Aïn Rahoul. Guelda bou Sebd. Clauzel. Guelma. Hamman Meskou-tine. Héliopolis. Millésimo. Oued Toula. Petit. Blad Ghaflar.	Mouelfa. Aïn Rihana. Fedjoudj. Beni Addi. Selib. Taya. Bou Hamdan. Khesara. Beni Marmi. Oulad Senan. Oulad Harrid. Beni Mezzelilane. Beni Ourzeddine.		
		La Calle. . .	La Calle. Kef Oum Teboul.	Souarakh et Brabtia. Nehed. Khanguet el Aoun. Oulad Youb. Aïn Khiar. Beni Amar. Oulad Dieb. Sebah.	Oulad Amar ben Ali. Oulad Ali Achicha. Cheffia. Oulad Nasser. Chiebna. Oulad Nessaoud.	Cercle de La Calle.

DÉPARTEMENTS.	ARRONDISSEM. JUDICIAIRES.	CANTONS. — JUSTICES de PAIX.	TERRITOIRES COMPRIS DANS LE CANTON.			CERCLES MILITAIRES.
			COMMUNES VILLAGES, CENTRES.	DOUARS.	TRIBUS.	
	BÔNE (suite).	Mondovi.	Aïn Tahamimin, Barral, Duvivier, Medjez Sfa, Mondovi, Nechmaïa, Penthièvre.	Cheurfa, Oulhassa, Oued Dardara, El Aouara, Dr'd Mena, Talha, Oued Sérim, Kulma Kricha.		
		Souk-Ahrras.	La Verdure, Souk-Ahrras.	Hanencha, Zarouria, Tifech.		Cercle de Souk-Ahrras.
				Aouaïd, Mégana, Arab Dahaoura, Méchalaa, Mehaïa, Ouilleni, Khedara, Oulad Moumen, Haddada.	Oulad Khiar, Mahatta, Oulad Dhia, Naohar,	
CONSTANTINE (suite).	BOUGIE.	Akbou	Akbou, Tazmalt.	Mouqua, Tozmalt, Tigrin, Aït R'zin, Beni Mellikeuch.	Beni Aïdel, El Harrach, M'cisna, Illoula, Ourzellaguen.	Cercle d'Akbou.
					Sahel Guebli, Beni Yala, Guergour. — Aïn Turk, Beni Ourtilan, Beni Chebana.	Cercle de Sétif. 1re partie.
		Bougie	Bougie, Il Matten, Kseur (Bitsch), Oued Amizour, Oued Marsa, La Réunion, Sidi Aïche.	Aït Ameur ou Ali, Aït Timzit, Madala, Oued Summau, Djoua, Beni Amrous, Aït Ouarets ou Ali, Aokas, Beni Hassein, Beni Oughlis, Oulad Si M'hamed Amokran (partie).	Oulad Si M'hamed Amokran (partie), Oulad Abdel Djebar, Beni Melloul et Beni bou Aïssi, Toudja, Beni Amran, Fenaïa et bou Nedjeda-nem, Aït Ameur, Aït Ameur et Tifra, Aï. Ahmed Garets, Beni Mansour, Acif el Hammam, Mzala et Beni Ksila, Aït Sidi Akbou.	Cercle de Bougie.
		Djidjelli	Djidjelli, Duquesne, Strasbourg, Chaddia, Taher.	Beni Caïd, Mérabet Moussa, Oued Djendjen, Beni Mimmour, Oulad bou Youssef, El Djénah, Hayen, Oum Agrioun, Tazia, Tabellout, R'kada, Oum Tiatsine.	El Aouana, Talabount, El Alem, Bir Ghezala, Taghzout, Mansouria, El Nadour, Oued Behar, Beni Medjeleb Dahra, Beni Yadjis, Beni Fougal, Beni Ourzeddin, Djimla, Beni Afer, Beni Siar, Oulad Asker, Beni Ider.	Cercle de Djidjelli.

DÉPARTEMENTS.	ARRONDISSEM. JUDICIAIRES.	CANTONS. — JUSTICES de PAIX.	TERRITOIRES COMPRIS DANS LE CANTON.			CERCLES MILITAIRES.
			COMMUNES VILLAGES, CENTRES.	DOUARS.	TRIBUS.	
CONSTANTINE (suite).	BOUGIE (suite).	Takitount . .	Takitount. Korrata.	Guergour. Montano. Takitount. Kalaoun. Téniet el Tin.	Beni Segoual. Beni bou Youssef. Beni Felkaï. Oulad Salah. Beni Meraï. Beni Smaïl. Beni Tizi. Djermouna. Babor. Beni Sliman. Dehemcha.	Annexe de Takitount.
	CONSTANTINE.	Aïn Beïda. .	Aïn Beïda. La Meskiana.	Aïn Diss. Aïn Babouch. El Gourn. Bou Aouch. Moula d'Hcin. Aïn Snob. El Ouessah. Sidi R'gheiss. Touzzeline. Aïn Zitoun. Medfoun. El Hassi. Terraguelt. El Zerg. Mesloula. Rahia. Guern O'mar. Oulmen. Fekrina. M'toussa Oued Nini. Ras Zebar. El-Mechtob. Dalah. Aïn Toulla. Baghaï. Enchir Goraïn.		Cercle d'Aïn Beïda.
		Batna	Aïn Touta. Aïn Yakout. Batna. El Madher. Ferdis. Kessaïa. Lambesse. Barika.	Oulad Sidi Ali Tahament. Haracta Djerma Dahra. Haracta Djerma Guebala. Oulad Atsman. Oulad Zaïd. Herman. Oulad bou Djemda. El Ksour (Aïn el Assafeur). Zoul. Tlets. Oued Mahmed ben Ferroudj. Zana. Bou Ghezal. Oulad Mehenna (1). Cheddi. El Ksar. Oulad Fathma. El Mâ. Merouana. Oulad Chellih. Seggana. Tilatou.	Kasseriou. Achécho. Oulad Fedhala. Beni Mâafa. Oueb Abdi. Oulad Daoud.	Cercle de Batna.

(1) Aussi appelé El Hassi.

ARRONDISSEM. JUDICIAIRES.	CANTONS. — JUSTICES de PAIX.	TERRITOIRES COMPRIS DANS LE CANTON.			CERCLES MILITAIRES.
		COMMUNES VILLAGES, CENTRES.	DOUARS.	TRIBUS.	
CONSTANTINE (suite).	Batna (suite).		Briket. El Ksour (partie). Meil. Talkhemt. Rahbat.		Cercle de Batna (suite).
			Oulad Ali ben Sabor. Oulad Sahnoun. Oulad Abderrahman. Zoui. Oulad Amor. Oulad Nedjâa. Oulad Sultan Dahra. Oulad Sultan Guébala.	Oulad Dorradj. Cheraga.	Annexe de Barika.
	Biskra	Biskra. Blidet Amar. Droh. Garta. Oulad Djellal. Sériana. Sidi Khaled. Sidi Khellil. Sidi Okba. Temacin. Touggurth.	Bitam. M'doukal. El Kantara. El Outaya. Médiounech. Rassira.	Zibans (25 tribus). Arab Cheraga (9 tribus). Arab Gheraba (5 tribus). Oulad Djellal (2 tribus). Oulad Zekri (4 tribus). Oulad Zian (5 tribus). Beni bou Sliman. Djebel Chechar (9 trib.). Ahmar Khaddou. Zab Chergui (15 tribus). Oulad Moulett (3 trib.). Oued Rir. Souf (3 tribus). Temacin et Saïd Oulad Ameur. Oulad Sahla.	Cercle de Biskra.
	Constantine .	Bizot. Condé Smendou. Constantine. Le Hamma. Sidi Mabrouk. Aïn Kerma,	Bab el Darb. Guidecha. El Mied. Ras el Guerria. Oulad Braham. Sferdjela. Oued Sekikha. Eulma Médjaba. Souadek. Oum Hadidan.		
	Khenchela. .	Khenchela.	K'mila. Oulad bou Drahem. Oued Tamza. Oulad Emsigha. Kenchela.	Beni Oudjana. Oulad Rechaïch. Amamra.	Cercle de Kenchela.
	Milah.	Aïn Kerma. Milah. Aïn Tinn. Asseba. Bou Fouha. Ferdouah. M'zaoura. Redjas el Ferada. Rouffach. Segharna. Sidi Khelifa. Zéraïa. Sidi Merouan. El Miliah.	Serraouta. Kermouda. Bou Ksaiba m'la et Djelili. Dar el Oued. Karkra. Bab Trouch. Guettara. El Foutni. Beni Sbihi. Beni Ali. Oulad M'barek. El Akbia. Bou Khettab. Oulad Rabah. Yamtden. Oulad Yahia. Beni F'tah. Oulad Addar. M'cid. Tamendjer. Oulad Aouat. Taïlman. Oulad bou Lefâa.	Beni Aroun (4 tel). Mouïa (tribu). Oulad Kebbeb. Zouagha. Ferdjlouah. Oued Bousslah.	Annexe de Fedj-M'zala.
					Cercle d'El Milia.

DÉPARTEMENTS.	ARRONDISSEM. JUDICIAIRES.	CANTONS. — JUSTICES de PAIX	TERRITOIRES COMPRIS DANS LE CANTON.			CERCLES MILITAIRES.
			COMMUNES VILLAGES, CENTRES.	DOUARS.	TRIBUS.	
CONSTANTINE (suite).	CONSTANTINE (suite).	Milah (suite)		M'chat. Oulad Kassem. Oulad Dobab. Beni Messlem. Beni bel Aïd. Beni Ferguen.		Cercle d'El-Miliah (suite).
		Oued-Athménia.	Aïn Mellouk. Aïn Smara. Blad Youssef. Bou Malek. Châteaudun (relai seigle). Moulin Gassiot. Oued Athménia. Oued Dekri. Oued Séguin. Saint-Donat.	Dambers. Méghalsa. Aïoun el Hadjez. Ras Séguin. Zim Telassine. Zaouïa ben Zerrouk. Oulad bou Haoufan. El Brana. Oulad Haïf. Oulad el Arbi. Oulad Zerga.		
		Oued Zénati.	Oued Zénati. Aïn Abid. Aïn Régada. Sidi Tamtam.	Khanguet. — Sabat. Oulad Ahmed. Oulad Sassi. Zénatia. El Mérachda. Ahsasna. Souhelia. Aïn Melouk. Sidi Mdach. Bir-Nouten. Sellaoua Anouna.		
		Oulad-Rahmoun.	Aïn el Bey. Aïn Guerfa. Aïn M'lila. El Aria. Aïn el Haddada. Guetar el Aich. Kroub. Lamblèche. Madjiba. Oulad Rahmoun.	Oulad Aziz. Oulad Belaguel. Kouachi. Oulad Djchich. Oulad Gassem. Oulad Khaled. Oulad Sekar. Oulad Naceur. Ameur Serraouïa. Oulad Drcïd. El Hasebri. Oulad Sellem. Oulad Zouaï. Mérouana. Oulad Si Ounis. Oulad Sid. Oulad Achour. Oulad Messdad.		
		Tébessa. . . .	Sidi Abid. Tébessa. Youks.		Oulad Sidi Abid. Oulad Sidi Yahia. Brarcha. Allaouna. Ferkan. Négrin. Couchada.	
	PHILIPPEVILLE.	El Arrouch..	Armée-Française. Col-des-Oliviers. El Arrouch. El Kantour. Fermes des Kulmas Messelah. Gastonville. Robertville. Saint-Charles. Sainte-Wilhelmine.	Beni bou Naïm Sfisfa Arb Estatha. Oum ech Chouk. Oued Refref. Aïn Ghorab. Oued Ksob. Djebel Ghedir. Oulad Messaoud. Kandek-Asla. Oulad Derradj. Hasubra. Oulad Hamza		

DÉPARTEMENTS.	ARRONDISSEM. JUDICIAIRES.	CANTONS. — JUSTICES de PAIX.	TERRITOIRES COMPRIS DANS LE CANTON.			CERCLES. MILITAIRES.
			COMMUNES VILLAGES, CENTRES.	DOUARS.	TRIBUS.	
CONSTANTINE (suite).	PHILIPPEVILLE (suite).	El Arrouch (suite).		Oulad Habeba. / Khorfan. / Ghesala (Oulad At-tia). / Beni Ahmed.		
		Collo.	Collo. / Arb Sidi Achour. / Oulad Mârous.	Arb Kerkera. / Tokia. / Demnia. / El Allia. / Taalna. / Arb el Gouſi. / Afensou. / Oulad M'rabot. / Oulad Hamidech. / Oulad Djémâ. / Zabra. / Djézia. / Aïn Tabia. / Oulad Arksib. / Donnaïa. / Beni Ouolban.	Beni Zid. / Elli Zeggar. / El Oulja.	Annexe de Colle.
		Jemmapes. .	Ahmed ben Ali. / Aïn Charchar. / Djendel. / Enchir Saïd. / Gastu. / Jemmapes. / Sidi Naceur. / Souk es Sebt.	Arb Filfila. / Guerbes. / Beni Mérouan. / Ladjeta. / Aïn Skikda. / Tengout. / Bou Taïeb. / Ghesala (Zardeza). / Oum Néhal. / Mellila. / El Ghar. / Mesrit. / Oulad Gherol. / Senhadja (1). / Aïn Nechma (1).		
		Philippeville	Danrémont. / Philipperille. / Saint-Antoine. / Stora. / Valée.	Oulad Nouar. / M'salla. / Zéramna. / Medjadja.		
	SÉTIF.	Bordj bou Aréridj.	Aïn Sultan. / Aïn Tagrout. / Bordj bou Arréridj. / Bordj Medjana. / Chouïra (section de Zemmorah). / Sid Embark. / Credata. / Mansoura. / M'silah. / Bir Aïssa.	El Anasser. / Guetmmaour. / Tassera. / Senata. / Medjana. / Tassameurth. / Oulad l'ahman. / Oulad Han'ch. / Hassenaoua. / Zemmorah (moins la section de Chaouïa). / Oulad Taïr. / Oulad Sidi Amor.	Taffreg. — Colla. / Bounda — Djaffra. / El Main. / Djanith. / Mansourah. / Gulad M'ahmed. / Djébaïla. / Oulad Sidi Brahim bou Beker. / Oulad Ali. / Oulad Trifet Oulad Taïr / Oulad Dian. / Zgueur. / Rabia. / Mekarta. / El Kesour. / Dréat. / Beni Ilman. / Melouza. / Kerabcha. / Rilassa. / Zemala.	Cercle de Bordj bou Aréridj.

(1) Partie située rive gauche de l'oued el Kerib.

DÉPARTEMENTS.	ARRONDISSEM. JUDICIAIRES.	CANTONS. — JUSTICES de PAIX.	TERRITOIRES COMPRIS DANS LE CANTON.			CERCLES MILITAIRES.
			COMMUNES VILLAGES, CENTRES.	DOUARS.	TRIBUS.	
CONSTANTINE (suite).	SÉTIF (suite).	Bordj bou Arréridj (suite).		Oulad Chellal. Oulad Matoug. Oulad Abdelhak. Oulad Sidi Hamla. El Bribi. M'tarfa. Oulad Dëhim. Mérabetin d'El Dorf. Selman. Ahl Dir. Koudiat Ouilten. Oulad Guezmia. Oulad Ouelha. Braktia.	Souama. Oulad Hannech. Oulad Mansour ou Ma-dhi. Oulad el Ali. Oulad Feradj.	Annexe de M'silah.
		Saint-Arnaud.	Bir el Arch. Bordj Mamra. Oued Deheb. Saint-Arnaud.	Guelt Zerga. Mériout. Bellda. Bazer. Sekra. Oued Zaïm. Oulad Mekhencha. Oulad Belkheir. Reïda Bordj. Tella. Oulad bel Aouchat.		
		Sétif	Aïn Abessa. Aïn Arnat. Aïn Rouah. Aïn Sfia. Aïn Trik. Bouhira. El Anasser. El Hassi. El Malah. El Ouricia. Faucigny. Fermatou. Khalfoun. Mahouan. Meslough. Messaoud. Sétif. Tamellouka.	El Anini. Takoka. El Hamama. El Métroua. Médjounes. Oulad Adouan. Oulad Aliben Nacceur. Oulad Mansour. Oulad Sabor. Guidjel. Beni Dhiah. Guellal. Malah. Oulad Mosly. Gherazla. Châabria. Chabet Cheurfa. Guellet Zeliu. Chot Malah. Oued Boutara. Ksar et Tir. Aïn el Ksor. Oulad Braham. Oulad Si Ahmed. Ras el Ma. Oulad Tebben. Madjouba. Oulad Abdel Ouahad. Aïn Titcet. L'Arbáa. Oulad Mehalla.	Righa Guebala.	Cercle de Sétif. 2ᵉ partie.
ORAN.		Cassaigne . .	Cassaigne. Renault. Aïn Ouillis. Bosquet.	Chouachi. Oulad Mdallah. M'sila. Guerouaou. Abd el Gorin. Ouaritzou. Oulad Slama. Tayhria. Beni Zenthis. Médiana.	Oulad Khelouf Dje-laila. Oulad Khelouf Souha-lia. Mazouna. Tazgaït.	

DÉPARTEMENTS.	ARRONDISSEM. JUDICIAIRES.	CANTONS. JUSTICES de PAIX.	COMMUNES VILLAGES, CENTRES.	DOUARS.	TRIBUS.	CERCLES MILITAIRES.
ORAN.	MOSTAGANEM.	Inkermann.	Ammi Moussa. Inkermann. Mazouna. Saint-Aimé (Djédioua).	Merdja el Guerguar. Abdel Goui. Hamadena. Djérara.		Cercle d'Ammi Moussa.
				Ouarizan. Ahel el Gorin. Guerrouaou.		
				Taghria. Bou Halloufa. Bou Mala. Kosbah. Beni Zcethis. Oulad Selama. Médiouna.		
				Ammi Moussa. Touarès.		
				Oulad Izmeur. Oulad Moudjeur. Oulad bou Ikni. El Adjana. Oulad Défelten. Menkoura. Marioua. Mekuessa.	Beni Ouragh.	
				Oulad Sahour. Oulad Yaïch. Oulad bou Riah. Chekkala.	Beni Messlem.	
					Matmata. Oulad Berkan. Oulad Bakhta. Maacem. Keraïch Cheraga. Keraïch Gheraba. Hallaouya Cheraga. Hallaouya Gheraba.	
		Mascara.	Aïn Fekan. Baba Ali. Kacherou. Mascara. Oued el Hammam. Oued Traria. Palikao. Froha.	Bahourat. Oulad Sidi Daho. Tirrenifine. Maoussa. Gueïthna. Sidi Hanéfia. Fekan. Froha. Guerdjoum. Sidi Moussa. Zellaga. Aïn Défia. Melghir. Makda. Bénian. El Bordj. Oued Haddad. Tamaznia.	Oulad Aïssa bel Abbès. Mahmid Chellog.	Partie du cercle de Frendah.
		Mostaganem.	Aboukir. Aïn Boudinar. Aïn Nouissy. Aïn Sidi Chérif. Aïn Tédélès. Bled Touaria. Bouguirat. Mazagran.	Oulad Senoussi. El Khedrara. Beni Yahi. Sahouria — Sfafah. Ahl el Hassian. El Hassa ania. Oulad bou Abça. Cheurfda. Cheurfa el Hamadia.		

DÉPARTEMENTS.	ARRONDISSEM. JUDICIAIRES.	CANTONS. — JUSTICES de PAIX.	TERRITOIRES COMPRIS DANS LE CANTON.			CERCLES MILITAIRES.
			COMMUNES VILLAGES, CENTRES.	DOUARS.	TRIBUS.	
ORAN (suite).	MOSTAGANEM (suite).	Mostaganem (suite).	Mostaganem. Pélissier. Pont-du-Chélif. Rivoli. Sirat. Souk el Mitou. Stidia (La). Tounin.	Sfisifa. Oulad Sidi Youssef. Oulad Dani. Chelaffa. Oulad Sidi Brahim. Oulad Bou Kamel. El Goufirat. Oulad Hamdan. Dradeb. Oulad Sidi Abdallah. Aïn Madar. Abid Cheraga. Hachem.		
		Perrégaux.	Perrégaux.	Ferraguig. Oulad Saïd. Beni Khemis. Beni N'cigh. Hadjadja. Sedjerrara. El Ghomeri. Sidi Sdada.	Bou Taleb (fraction).	
		Relizane.	Bouguirat. Hillil (L'). Mendez. Rahouia. Relizane. Zemmora.	Oulad Djémâa. Sahari. Bel Hacel. Oulad Addi. Kiniba. Aïn el Guettar. Zégnter. Tohamda. Ghoualize. Guéreïria. Guerboussa. Messabeïa. Douairs Flittas. Oulad bou Ali. Kalda. Murdja el Guergar. Haboucha. Zemmora. Oued el Hamoul. Oulad Soufd. Oulad Zid. Habacha. Beni Dergoun. Oulad Rafa. El Amamra. Ben Aouda. Oulad Barkat. Dar bou Abdallah. Beni Issâad.	Oulad Sidi el Azreg. Oulad Amer. Oulad Khached. Beni Louma. El Anatra. Chouala. Oulad Sidi Ahmed ben Mohammed. Oulad Sidi Yahia ben Ahmed. Oulad bel Haïa.	Du cercle de Frendah. Cercle de Zemmora.
		Saïda.	Franchetti (Dra er Remel). Aïn Nezreg. Géryville. Quarantième-Kilomètre. Saïda. Smala d'Ouizert.	Doui Thabet. Souk el Barbata. Oued Hounet. Ouizert. Tafrent. Nazereg. Oum ed Debbab. Tifrit. Aïn Sultan.	Mlalif. Oulad Daoud. O thaïla.	Commune mixte de Saïda. Cercle de Saïda.

DÉPARTEMENTS.	ARRONDISSEM. JUDICIAIRES.	CANTONS. — JUSTICES de PAIX.	TERRITOIRES COMPRIS DANS LE CANTONNEMENT.			CERCLES MILITAIRES.
			COMMUNES VILLAGES, CENTRES.	DOUARS.	TRIBUS.	
ORAN (suite).	MOSTAGANEM (suite).	Saïda (suite).		Ahnaïdja, Aouzalal, Aïoun el Berranis, Tircine.	Oulad Sidi Khelifa. Hassasna Cheraga. Hassasna Gheraba. Rezaïna Cheraga. Rezaïna Gheraba. Derraga Gheraba. Derraga Cheraga. Oulad Serour. Oulad Maallah. Oulad Abd el Kerim. Oulad Zian Gheraba. Oulad Zian Cheraga. Ahel Stitten (ksar et tribu). Rassoul (ksar). Mechéria (idem). Brézina (idem). Oulad Sidi el Hadj ben Ameur (idem). Arbouat ksours). Chellala Dahrania (ksar) Chellala Guéblia (idem). El Abiod Sidi Cheikh (ksours). Bou Semghoun (idem).	Cercle de Saïda (suite). Cercle de Géryville.
		La Smala, Tiaret.	Oulad Lakred. Aouïssat. Oulad bou Gheddou. Tiguiguest. Torrich. Guertouffa. Bechtout. Azouania. Mechera Sfa. Oulad bou Affane. Takdempt.	Oulad Zouaï. Oulad ben Hoceïn. Oulad Zian Cheraga. Oulad Haddou. Oulad Sidi Khaled. Oulad Aziz. Kasbra. Oulad Kharoubi. Oulad bou Ghenane. Sahari Cheraga. Guenadza. Oulad bou Afif. Chaouïa.	Cercle de Tiaret.
		Tiaret		Oulad Mimoun. Oulad Si Ahmed ben Saïd. Oulad en Nasser. Oulad Sidi Brahim. Oulad Yacoub Zerara Cheraga. Oulad Yacoub Serara Gheraba. Rézeigat. Oulad Moumen. Oulad Aïssa Gueraïdj Makena. Oulad Sidi Tifour. Oulad Si Hamza. Oulad Sid en Nasser. Oulad Yacoub el Ghaba. Ghernata. Oulad Ali ben Ameur. Tadjerouna.	Annexe d'Aflou.
				Oulad bou Zirt. Oulad Si ben Halima. Mahoudia. Khellafa Cheraga. Khellafa Gheraba. Beni Ouindjel. Haouaret. Kselna.	Partie du cercle de Mascara. (Aghalik de

24

DÉPARTEMENTS.	ARRONDISSEM. JUDICIAIRES.	CANT NS JUSTICES de PAIX.	TERRITOIRES COMPRIS DANS LE CANTON.			CERCLES MILITAIRES
			COMMUNES VILLAGES, CENTRES.	DOUARS.	TRIBUS.	
ORAN (suite).	MOSTAGANEM (suite).	Tiaret (suite).			Oulad Zian Gheraba. Dehalsa. Gouadi. M'rabtin Gheraba. Hassinat.	Frendah).
	ORAN.	Aïn-Témouchent.	Aïn el Arbâ. Aïn Kial. Aïn Témouchent. Rio Salado.	Aoubellil. Bou l'adjar. El Akbal. Oued Berkech. Oued Sebah. Sidi Ali bou Hammed. Sidi bou Adda. Sidi Dahou. Souf et Tell.		Cercle de Daya.
		Daya	Daya. El Haçaïba. Telagh (Le).	Oued Séfioun. Taourira. Oum Ebloud. Oulad Balagh.	Oulad Amran. Oulad Attia. Dalkar. Beni Mothar.	
		Oran	Aïn Turk. Arcole. Bou Sfer. Bou Tlélis. Brédéah. Er Reha. Lou Seld. La Sénia. Les Andalouses. Lourmel. Mangin. Mers el Kébir. Misserguin. Oran. Saint-André. Saint-Cérome. Sainte-Clotilde. Sidi Bekhti. Sidi Chami. Valmy.	Sidi Bakhti.	Gziaïa. Douaïrs (fraction).	
		Saint-Cloud .	Arzew. Assi Ameur. Assi ben Ferréah. Assi ben Okba. Assi bou Nif. Christel. Damesme. Fleurus. Forêt de Mouley Ismaël. Concession Jonquier et Manégat. Kléber. Méfessour. Port-aux-Poules. Saint-Cloud. Sainte-Lécnie. Saint-Leu. Saint-Louis. Salines.	Alaïmia. Bettioua. Gharabos. Hamyans.		
		Saint-Denis-du-Sig.	Mokta Douz (avec le marais de la Makta). Saint-Denis-du-Sig.	Ahel el Aïd. Aïn Cheurfa. Atba Djellaba.	Bou Taleb (fraction). Douaïrs (fraction).	

DÉPARTEMENTS.	ARRONDISSEM. JUDICIAIRES.	CANTONS. JUSTICES de PAIX.	TERRITOIRES COMPRIS DANS LE CANTON.			CERCLES MILITAIRES.
			COMMUNES VILLAGES, CENTRES.	DOUARS.	TRIBUS.	
ORAN (suite).	ORAN (suite).	Saint-Denis-du-Sig (suite)		Atta Djemaa. Ferraga. Krouf. Uggar. Sidi Ali Chérif.		
		Sainte-Barbe-du-Tlélat.	Aghbal. Aïn el Arbeur. Aïn ou Mata. Djèbaa (La). El Khemis. Hananoul. Mekadra. Oued Imbert. Sainte-Barbe-du-Tlélat. Tafraoui. Temzourah.	El Gada (en deux fractions). El Ksar. El Ténia. Meflu. Oum el Ghelas. Si li Chelen. Teliba. Ténazet. Toumiat.	Bou Taleb (fraction). Douairs (fractions). Snaabus.	
		Sidi bel Abbès.	Bou Khanéfis. Sfirel. Sidi Ali ben Youb. Sidi Amran. Sidi bel Abbès. Sidi Brahim. Sidi Khaled. Sidi Lhasen. Ténizet. Tessalah. Trembles (Les). Zelifa. Zerouala.	Mehdia (en deux parties). Oulad Ghezi. Alaman. Nemachat. Oulad Riah (en deux parties). Tircual. Sidi Yacoub. Messer. Tilmount. Henaan. Tifiles. Sfisel. Tillionin. Oued Mevbtouh. Bou Djelan. Aïn Seffra. Aïn Trio. Hadjar Zerga. El Braïka. Aïn el Khemis. Zelifat. Djenda. Mekreda.	Hazedj (fraction).	
TLEMCEN.		Lamoricière.	Aïn Fezza. Lamiguier. Lamoricière. Société algérienne.	Oulad Mimoun. Beni Ouazan. Ahel el Oued Djebel.	Beni Smiel.	Cercle de Sebdou.
		Nemours.	Nemours. Sidi Amar. Blad Châaba. Gar Rouban. Lalla Maghnia. Nédroma.	Oulad Ziri. Beni Menir. Nédroma. Beni Mishel. Souhalia. Zaouiet el Mira.	Msirda. Djebala. Achache. Beni Mengouch Tahta. Atya. Trara.	Annexe de Nemours.
				Djouïdat. Zemarah. Maazis.	Oulad Sidi Méjahed. Beni Ouassin. Beni bou Saïd (partie).	Cercle de Lalla Maghnia.
		Tlemcen.	Bou Médine. Brèa. Concession Fritz. Hennaya. Mansourah. Négrier. Pont-de-l'Isser. Rachgoun.	Aïn el Hadjar.	Sidi Ali ben Chaab. El Fehoul. Sba Chioukh. Tafna. Zénata. Oulad Alda. Beni Mester. Ahel Zelboun.	

DÉPARTEMENTS.	ARRONDISSEM. JUDICIAIRES.	CANTONS. — JUSTICES de PAIX.	TERRITOIRES COMPRIS DANS LE CANTON.			CERCLES MILITAIRES
			COMMUNES VILLAGES, CENTRES.	DOUARS.	TRIBUS.	
ORAN (suite).	TLEMCEN (suite).	Tlemcen (suite).	Safsaf. Tlemcen. Tekbalek. Terny. Sebdou.	Oulad Sidi Abdelli. Terny.	Mélilia. Aïn Douz. Beni Ournid. Oulad Hammou. Oulad Addou. Ahel bel Ghafer. Ahmed Tameksabt. Zaouïa Si Ahmed. Oulad Riah. Oulad Deddouch. Ahl el Hammam. Ahl el Oued. Abeghaïn. Beni Abed. Nosf Achour. Oulhassa Gheraba (1).	Cercle de Lalla-Maghnia.
				Sebdou. Aïn Ghoraba.	Oulad en Nehar. Ahl Angad. Kef. Azaïl. Khemis. Akerma. Bekakra. Beni Métarref. Oulad Mansourah. Oulad Khalif. Oulad Seghour. Mégan. Méghaoulia. Oulad Toumi. Frahda. Oulad Embarek. Oulad Farès. Sendan. Oulad Sidi Ahmed Med-jedouh. Ghiatra Oulad Messaoud Ghiatra Oulad Ahma. Sfissifa (ksar). Aïn Sefra (idem). Asla (idem). Thyout (idem). Maghar Tahtaïn et Fou-kani (ksour).	Cercle de Sebdou.

(1(Partie des Beni Fouzech et des Beni Riman sur la rive gauche de la Tafna.

Justice militaire.

Même organisation, même loi pénale qu'en France. Notons, toutefois, que les indigènes du territoire militaire sont justiciables des conseils de guerre pour les crimes et délits qu'ils commettent dans ce territoire.

29 avril 1855.

Décret portant que les crimes et délits commis par les indigènes en territoire militaire sont du ressort des conseils de guerre (B. 400).

Art. 1. — En Algérie, dans le ressort des justices de paix qui existent ou qui seront créées en territoire militaire, la connaissance des crimes et délits commis par les indigènes, continue d'appartenir aux conseils de guerre.

18 juillet 1857.

Décret établissant un second conseil de guerre permanent dans les divisions d'Alger, d'Oran et de Constantine et portant : que le ressort de ce second conseil s'étend sur toute la division et que le général commandant répartit les affaires entre les deux conseils (B. 512).

18 juillet 1857.

Décret qui établit des conseils de révision permanents à Alger, Oran et Constantine (B. 512) (1).

21 septembre 1857.

Promulgation de la loi du 9 juin 1857, formant le code de justice militaire pour l'armée de terre (B. 512).

9 juillet 1858.

Promulgation de la loi du 4 juin 1858, formant le code de justice militaire de l'armée de mer (B. 502).

15 mars 1860.

Décret portant que les crimes commis en territoire militaire par des européens et des israélites sont déférés à la juridiction ordinaire, à moins qu'il ne s'agisse de trahison, d'espionnage ou d'embauchage (B. M. 63).

10 juillet 1875.

Décret qui transfère à Constantine le second conseil de guerre de la division qui siège à Bône. (B. Lois, XII, n° 4312).

18 novembre 1875.

Loi qui coordonne les lois sur l'armée avec le Code de justice militaire (B. G. 638).

Justice musulmane.

30 novembre 1855.

Arrêté du gouverneur général sur la composition des mahakmas de cadi (B. 488).

Art. 1. — Le personnel de chaque mahakma de cadi comprend : un cadi, un premier adel (2)

(1) Le conseil permanent de révision d'Oran a été supprimé par décret du 12 janvier 1875, et les affaires pendantes devant lui ont été déférées de plein droit au conseil de révision d'Alger (B., Lois, XI, n° 3898).
(2) Il peut y avoir et il y a même dans un certain nombre de makakmas deux et trois bach-adels.

(bach-adel) faisant fonctions de naïb (suppléant), un second adel (1).

30 novembre 1855.

Arrêté du gouverneur général portant règlement sur la profession d'oukil (B. 488).

Art. 1. — Tout aspirant au titre d'oukil (défenseur près des tribunaux musulmans), devra : — 1° être âgé de vingt-cinq ans accomplis ; 2° justifier de sa moralité et de son aptitude par un certificat délivré par un medjlès ; être inscrit, pour une zouïdja au moins, au rôle de l'impôt de l'achour, ou, à défaut, justifier d'un revenu annuel mobilier ou immobilier de 500 francs.

Art. 2. — Le nombre des oukils est fixé à quatre au maximum par mahakma de cadi. — Les oukils pourront exercer leur ministère près de toutes les mahakmas de cadi et près des medjlès.

Art. 3. — Le consentement verbal, donné en présence du juge, tient lieu à l'oukil de pouvoir écrit de représenter la partie qui ne jugera pas à propos de se défendre elle-même.

Art. 4. — Les oukils pourront être désignés d'office, à tour de rôle, pour défendre gratuitement les indigents. Le certificat constatant l'indigence sera délivré par l'autorité locale ou par le caïd de la tribu et visé par le chef du bureau arabe. — Les oukils seront également désignés d'office dans les cas prévus par la législation musulmane. —Toutes les fois qu'ils auront été désignés d'office, les oukils ne pourront refuser leur ministère sans avoir fait agréer leurs excuses par le cadi ou le medjlès.

Art. 5. — Il est interdit aux oukils, à peine de révocation : — 1° de se rendre directement ou indirectement acquéreurs de biens meubles et immeubles dont ils sont chargés de poursuivre la vente ; — 2° de se rendre cessionnaires de droits successifs ou litigieux ; — 3° de faire avec leurs parties des conventions aléatoires ou autres, subordonnées à l'issue des procès ; — 4° de s'associer, soit entre eux, soit avec des tiers, pour l'exploitation de leur office et le partage de ses produits.

Art. 6. — Les oukils ne pourront exiger des parties d'autres honoraires que ceux fixés ci-après. — Pour les affaires qui n'excéderont pas 100 francs, et n'exigeront pas de déplacement, l'oukil recevra 3 francs. — Pour les affaires de 101 francs à 1,000 francs, l'oukil recevra 3 francs, plus 1 pour 100 à partir de la seconde centaine. — Pour les affaires excédant 1,000 francs, l'oukil recevra, pour les premiers 1,000 francs, la rémunération indiquée au paragraphe précédent, et pour le surplus un demi pour 100.

Art. 7. — Dans les affaires dont la quotité ne peut être déterminée, l'oukil aura droit à 3 francs par séance dans laquelle il aura plaidé.

(1) Il y a plusieurs adels dans un grand nombre de makakmas (V. le tableau final).

Art. 8. — Dans les affaires qui exigeront des déplacements, l'oukil aura droit à 3 francs par journée ou partie de journée de trois heures au moins.

Art. 9. — En cas de contestation entre les oukils et les parties, au sujet de la fixation des honoraires, le tribunal qui aura connu de l'affaire réglera la rémunération de l'oukil.

Art. 10. — Les honoraires de l'oukil lui seront payés intégralement, quelle que soit l'issue du procès.

Art. 11. — S'il survient un arrangement à l'amiable entre les parties, après que l'oukil a été chargé de l'affaire, mais avant que celle-ci n'ait été appelée au tribunal, l'oukil aura droit à la moitié des honoraires fixés aux articles 6, 7 et 8.

Art. 12. — Le tarif des honoraires dus aux oukils sera affiché dans le local des mahakmas et des medjlès.

Art. 13. — Un tableau indiquant les noms et domicile des oukils nommés près des mahakmas dans le ressort de chaque medjlès, sera affiché dans le local de ce tribunal et dans toutes les mahakmas du cadi du ressort.

31 décembre 1859.

Décret d'organisation (B. M. 52) (1).

Art. 3. — La poursuite, la répression des crimes, délits et contraventions prévus et punis par le Code pénal français, ainsi que par les lois, ordonnances, décrets, autres que le décret du 3 septembre 1860 sur les amins, et par les arrêtés locaux, appartiennent aux tribunaux français.

Art. 6. — Sous quelque prétexte que ce soit, même celui du silence ou de l'obscurité de la loi, les tribunaux ne peuvent, sous peine de déni de justice, refuser de statuer sur la demande des parties.

Art. 13. — En cas de décès, d'absence ou d'empêchement des adels ou de l'un d'eux, le cadi se fait assister de témoins par lui requis. — S'il y a lieu au remplacement provisoire d'un des adels, le cadi y pourvoit par la désignation d'un thaleb.

Art. 14. — Il est attaché à chaque mahakma de cadi, selon les besoins du service, un ou deux aouns ou huissiers qui sont nommés, suspendus ou révoqués : en territoire civil, par le procureur général, et en territoire militaire, par le général commandant la division, le procureur général consulté.

DE LA COMPÉTENCE.

Art. 17. — Sauf les exceptions résultant des articles 1 et 2 (art. 1 du décret du 13 décembre 1866), les cadis connaissent en premier ressort de

(1) Les articles non insérés ont été abrogés par le décret du 13 décembre 1866 ci-après.

toutes les affaires civiles et commerciales entre musulmans, ainsi que des questions d'État.

Art. 18. — Ils connaissent en dernier ressort des actions personnelles et mobilières jusqu'à la valeur de 200 francs de principal, et des actions immobilières jusqu'à 20 francs de revenu, déterminé soit en rentes, soit par prix de bail.

Art. 20. — Les contestations judiciaires entre indigènes musulmans de rites différents peuvent être portées soit devant le cadi maléki, soit devant le cadi hanéfi, s'il existe un magistrat de chaque rite dans la circonscription judiciaire de la résidence des parties. — En cas de désaccord, le choix du cadi appartient au demandeur.

DE LA COMPÉTENCE DES TRIBUNAUX DE PREMIÈRE INSTANCE ET DE LA COUR IMPÉRIALE.

Art. 21. — Les appels des jugements rendus en premier ressort par les cadis sont portés devant les tribunaux de première instance ou devant la Cour impériale, conformément aux règles qui suivent.

Art. 26. — Les cadis siègent aux lieux, jours et heures fixés par un règlement émané des autorités qui ont la surveillance de la justice indigène.

Art. 27. — Les séances sont publiques, à peine de nullité; néanmoins, si cette publicité paraît dangereuse pour l'ordre et pour les mœurs, le cadi ordonne que les débats aient lieu à huis clos. Dans tous les cas, le jugement est prononcé publiquement.

Art. 30. — En cas d'appel d'un jugement interlocutoire, si le jugement est infirmé et que l'affaire soit en état de recevoir une décision définitive, le tribunal ou la Cour peut statuer sur le fond définitivement par un seul et même jugement, ou renvoyer l'affaire devant un autre cadi. — Il en est de même lorsque le tribunal ou la Cour infirment pour vice de forme ou toute autre cause des jugements définitifs.

Art. 39. — Les expéditions de tout jugement émané des tribunaux indigènes doivent être revêtues de la formule suivante: — « Au nom du (peuple français) » (copier le jugement).—Mandons et ordonnons à tous fonctionnaires et agents de l'autorité publique de faire exécuter ou d'exécuter le présent jugement. — En foi de quoi le présent jugement a été signé (signature du cadi et de son bach-adel.—Apposition du cachet). »

Art. 41. — En cas de contestation (1), il est statué par les cadis et les tribunaux conformément aux règles de compétence et de procédure fixées par le présent décret.

DES DÉPÔTS.

Art. 42. — Les dépôts de toute nature, faits entre les mains des cadis, sont inscrits par eux sur un registre spécial et versés à l'administration du bit-el-mâl, qui en donnera récépissé.

(1) Sur un partage ou une liquidation de succession.

Art. 43. — La valeur, la nature des dépôts qui peuvent être opérés entre les mains des cadis, le mode de versement au bit-el-mâl, le mode de restitution ainsi que la responsabilité des cadis et des agents du bit-el-mâl sont déterminés et régis par arrêté ministériel.

DES ACTES PUBLICS.

Art. 44. — Les actes publics entre musulmans sont reçus, suivant le choix des parties, par les cadis ou par les notaires. — Les actes reçus par les cadis sont transcrits en entier sur un registre à ce destiné, et signé par le cadi et les adels.

Art. 45. — Toute partie peut requérir expédition des actes qui la concernent. Les expéditions d'actes sont signées par le cadi et par l'un des adels, et doivent être en outre revêtues du cachet du cadi.

Art. 46. — Lorsque les cadis sont appelés à certifier la copie des actes qui leur sont présentés, mention de ce certificat est faite tant sur l'acte lui-même que sur un registre spécial.

Art. 47. — Les actes reçus par les cadis et les copies ou expéditions délivrées par eux sont payés par les parties, conformément au tarif arrêté par notre ministre de l'Algérie et des colonies. Ce tarif demeure exposé à l'entrée du local dans lequel les cadis tiennent leurs audiences.

Art. 48. — Le produit des actes appartient au cadi et aux adels; il est réparti entre eux dans les proportions déterminées par le tarif mentionné en l'article précédent.

Art. 49. — Le montant des droits payés par les parties doit être inscrit en toutes lettres au bas de chaque acte, expédition ou copie d'acte, sous peine pour l'adel copiste d'une amende de 5 francs par contravention. — Cette amende est prononcée par le tribunal duquel relève la circonscription judiciaire de l'adel contrevenant.

Art. 50. — Tout agent de la justice musulmane qui reçoit ou exige d'autres rétributions que celles portées dans le tarif, peut être suspendu ou révoqué, sans préjudice des poursuites qui peuvent être dirigées contre lui, conformément aux dispositions du Code pénal.

DE LA FORME DES REGISTRES A TENIR PAR LES CADIS.

Art 51. — Les jugements, actes et dépôts sont inscrits sur chacun des registres qui leur sont destinés par ordre de date, sans blancs, surcharges ni interlignes. — Les ratures et les renvois sont approuvés et signés par le cadi et par les adels.

Art. 52. — Les registres sont cotés et paraphés par le procureur général ou par tout magistrat ou fonctionnaire délégué à cet effet.

Art. 53. — Les registres sont fournis par l'État et établis sur des modèles uniformes pour toutes les circonscriptions. Ils doivent être représentés aux autorités qui ont la surveillance de la justice indigène toutes les fois que ces autorités jugent convenable de les réclamer.

DU TIMBRE ET DE L'ENREGISTREMENT.

Art. 54. — Tous les registres dont la tenue est prescrite par le présent décret sont affranchis du droit et de la formalité du timbre.

Art. 55. — Aucun extrait, copie ou expédition d'actes ou de jugements ne peut être délivré aux parties que sur papier timbré, conformément à l'article 12 de la loi du 13 brumaire an VII, sous peine de l'amende prononcée contre le fonctionnaire public par l'article 26 de la même loi. — Toutefois, ces copies, extraits ou expéditions, peuvent être délivrés par les cadis sur papier d'une dimension inférieure à celle du papier dit papier moyen ou d'expédition.

Art. 56. — En territoire civil, les expéditions des jugements et actes qui emportent transmission de propriété ou d'usufruit de biens immeubles, les baux à ferme, à loyer ou à rente, les sous-baux, cessions ou subrogations de baux et les engagements de biens de même nature, sont soumis à l'enregistrement dans les trois mois de leur date. — Pour tous autres actes, l'enregistrement n'est de rigueur que lorsqu'il en est fait usage soit par acte public, soit en justice ou devant toute autre autorité constituée.

Art. 57. — Les jugements et actes autres que ceux mentionnés dans les articles précédents ne sont soumis au timbre et à l'enregistrement que dans les cas prévus par les lois, ordonnances, décrets et arrêtés réglant la matière en Algérie.

DISPOSITIONS GÉNÉRALES.

Art. 58. — Le montant des amendes prononcées en vertu des dispositions du présent décret est versé dans la caisse du receveur de l'enregistrement ou dans celle des contributions diverses, suivant le territoire.

18 octobre 1860.

Arrêté ministériel pour l'exécution du décret ci-dessus (B. M. 105).

Art. 1. — Tous les actes des cadis sont traduits en français, par extrait : cette traduction est faite, en territoire civil, par les interprètes judiciaires, et, en territoire militaire, par les interprètes de l'armée, au droit fixe de 1 franc, lequel est compris par le cadi dans la liquidation des dépens.

Art. 2. — L'inscription de l'appel au greffe du tribunal ou de la Cour a lieu sans frais.

Art. 3. — A lieu également sans frais et par le ministère de l'adel, l'avis à donner par le ministère public aux parties d'avoir à fournir leurs moyens d'appel ou de défense. — Il est mentionné en marge de l'appel sur le registre du cadi.

Art. 4. — Le ministère public, en faisant inscrire au greffe du tribunal ou de la Cour la déclaration d'appel, y dépose en même temps la copie de cette déclaration et du jugement.

Art. 5. — Il sera perçu, pour la mise au rôle, un droit de 75 cent.

Art. 6. — Dans le cas où l'appel incident est reçu par le juge ou le conseiller rapporteur, il est constaté au moyen d'une mention inscrite en marge de la sentence du cadi, et reportée immédiatement après sur le registre des mises au rôle dans une colonne destinée à cet effet. — L'appel incident peut être pareillement déclaré au greffe, soit par la partie, soit par son défenseur. — Dans l'un comme dans l'autre cas, il ne donne ouverture à aucun émolument au profit du greffier, et il est exempt du droit d'enregistrement.

Art. 7. — Le jour de l'audience est indiqué sur le registre des mises au rôle. Le greffier en donne immédiatement avis au ministère public, chargé de le faire connaître aux parties intéressées.

Art. 8. — Dans les affaires soumises à l'appel, la traduction du jugement du cadi et des actes à produire devant le tribunal ou la Cour peut être faite par le ministère de l'interprète judiciaire ou du traducteur assermenté, au gré de la partie intéressée. Il est alloué 1 franc par rôle de traduction.

Art. 9. — Les parties peuvent fournir leurs moyens d'appel ou de défense elles-mêmes ou par le ministère d'un défenseur.

Art. 10. — Lorsqu'elles les fournissent elles-mêmes, elles le font, si elles ne comparaissent point en personne, sous la forme d'un mémoire remis au greffe du tribunal ou de la Cour, écrit sur papier libre. La date du dépôt est constatée en marge et sans frais par le greffier.

Art. 11. — Le défenseur dépose au greffe des conclusions motivées pour que la partie adverse ou son représentant puisse en prendre communication. Elles seront signées de lui. Ce dépôt est fait par l'appelant trois jours au moins, et par l'intimé deux jours au moins avant celui de l'audience. Il est constaté à sa date et sans frais sur le registre des mises au rôle par le greffier, qui le mentionne également en marge des conclusions. — Le tout sans préjudice de la faculté de prendre, à la barre, telles conclusions additionnelles qu'il appartiendra.

Art 12. — Si le tribunal ou la Cour ordonne la comparution personnelle des parties, elles sont appelées par le ministère public et sans frais.

Art. 13. — Il est alloué au défenseur, pour tous soins donnés à l'affaire, conclusions, plaidoiries t autres diligences quelconques, un article unique d'honoraires qui sera de 50 francs pour l'obtention d'un arrêt et de 20 francs pour l'obtention d'un jugement. — Ce droit est réduit de moitié lorsqu'il n'y a pas de contradicteur, et il reste, dans tous les cas, à la charge de la partie qui a requis l'assistance du défenseur. — Les ju-

gements préparatoires ou interlocutoires ne donnent lieu à aucun honoraire particulier.

Art. 14. — L'exposition sommaire des points de fait et de droit à comprendre dans la rédaction des jugements est rédigée par le magistrat rapporteur.

Art. 15. — Il est alloué au greffier pour droit d'expédition 30 centimes par rôle.

Art. 16. — Dans toute procédure sur appel, il n'y a de sujet au timbre et à l'enregistrement que la minute du jugement définitif et son expédition.

Art. 17. — L'exécution de tous jugements indistinctement a lieu suivant les formes de la justice musulmane, tant en territoire militaire qu'en territoire civil.

Art. 18. — La traduction du jugement définitif ou de l'arrêt n'a lieu que par extrait et ne contient que le dispositif.

22 octobre 1861.

Arrêté du gouverneur indiquant les formalités relatives à l'appel des jugements de cadis (non promulgué).

Art. 1. — L'appel reçu par l'adel du cadi et les désistements déclarés en la même forme, ne donneront lieu à aucun émolument. — Dans les affaires où il y aura eu, en première instance, plusieurs parties en cause, s'il n'est pas interjeté appel contre une ou plusieurs d'entre elles, la déclaration reçue par l'adel le mentionnera expressément.

Art. 2. — La déclaration d'appel pourra, en cas, soit d'empêchement, d'absence ou de refus de l'adel, soit d'empêchement pour une cause quelconque de la partie, être suppléée par une déclaration faite soit au parquet du tribunal le plus proche, soit devant le juge de paix ou le commissaire civil les plus voisins, soit devant les officiers des bureaux arabes revêtus du caractère d'officiers de police judiciaire dans les territoires militaires. — Acte sera dressé de cette déclaration, et le procureur impérial ou les officiers des bureaux arabes en territoire militaire, en transmettront une copie au cadi, ou à son adel, avec invitation de remplir ou de faire remplir les formalités prescrites par l'article 2 du décret du 31 décembre 1859. Ils en donneront en même temps avis au greffier de la Cour et du tribunal qui devra connaître de l'appel. — Cet acte, qu'il ait été mentionné ou non sur le registre *ad hoc*, indiqué audit article, aura pour effet de constater l'appel et d'en fixer la date.

Art. 3. — L'inscription ou la mise au rôle de l'appel au greffe de la Cour ou du tribunal a lieu sans frais.

Art. 4. — Il est alloué au greffier 30 centimes par rôle d'expédition; il lui est alloué, en outre et en sus du droit d'expédition, un droit fixe de 75 centimes, à titre de rémunération. — Ce droit sera perçu lors de la reprise de l'expédition, si elle est réclamée, et compris dans le coût de colle-ci.

Art. 5. — Les minutes des arrêts et jugements rendus sur appel ne sont soumises ni au timbre ni à l'enregistrement. — Les expéditions des arrêts et jugements définitifs ne pourront être délivrées aux parties que sur papier timbré, conformément à l'article 12 de la loi du 13 brumaire an VII.—Les expéditions des arrêts et jugements définitifs, emportant transmission de propriété ou d'usufruit de biens immeubles, statuant sur des questions de baux à ferme, à loyer ou à rente, sous-baux, cessions ou subrogations de baux, ou sur des engagements de biens de même nature, seront seules soumises à l'enregistrement.—Cette formalité devra s'accomplir dans les trois mois de la date desdits arrêts et jugements.

Art. 6. — Les dispositions qui précèdent sont applicables aux arrêts et jugements rendus antérieurement au présent arrêté, en exécution du décret du 31 décembre 1859. — Le délai de trois mois imparti par l'article 5, ne courra, en ce qui concerne les arrêts et jugements, que du jour de la promulgation du présent arrêté.

3 novembre 1864.

Arrêté du gouverneur concernant la rédaction des actes et jugements des cadis (B. O. 126).

Art. 1. — Les actes des cadis énonceront les noms, qualités et domiciles des parties; ils indiqueront, en outre, de la manière la plus précise, la superficie et les limites des immeubles faisant l'objet des transactions, partages, ventes, etc., et, en outre, leur situation, en rappelant la ville, la commune, la tribu, fraction de tribu ou circonscription dans laquelle ils sont placés.

Art. 2. — Outre les mentions prescrites par l'article 28 du décret du 31 décembre 1859, les jugements rendus par les cadis indiqueront la situation des immeubles qui seront l'objet du litige.

2 avril 1865.

Arrêté du gouverneur prescrivant l'emploi d'un formulaire (B. O. 162).

Art. 1. — Les actes des cadis seront rédigés suivant les indications et d'après les modèles du formulaire annexé au présent arrêté.

Art. 2. — Ce formulaire servira de base au cours de rédaction d'actes professé dans les méderças.

Art. 3. — Le présent arrêté est applicable à la région en dehors du Tell.

13 décembre 1866.

Décret qui modifie plusieurs dispositions du décret du 31 décembre 1859 (B. O. 212).

Art. 1. — Les articles 1, 2, 4, 5, 7, 8, 9, 10, 11, 12, 15, 16, 19, 22, 23, 24, 25, 28, 29, 30, 31, 32, 33,

34, 35, 37, 38, 39 et 40 du décret du 31 décembre 1859 sont abrogés et remplacés par les dispositions suivantes :

Art. 1. — La loi musulmane régit toutes les conventions et toutes les contestations civiles et commerciales entre musulmans indigènes, et entre ceux-ci et les musulmans étrangers, ainsi que les questions d'État. — Toutefois, la déclaration faite dans un acte par les musulmans, qu'ils entendent contracter sous l'empire de la loi française, entraîne l'application de cette loi et en même temps la compétence de la justice française, sous les modifications indiquées à l'article suivant.

Art. 2. — Les musulmans peuvent également, d'un commun accord, porter leurs contestations devant la justice française; il est alors statué d'après les principes du droit musulman et suivant les formes déterminées par le présent décret. Dans ce cas, comme dans celui prévu au paragraphe 2 de l'article précédent, la juridiction du juge de paix est substituée à celle du cadi, et lui est assimilée pour le taux du premier et du dernier ressort. La procédure suivie devant le juge de paix est celle qui est tracée par la loi française, sauf pour l'appel qui devra être formé par simple déclaration au greffe de la justice de paix, et ce, dans le délai d'un mois à partir du jour de la signification du jugement à la personne ou à domicile.

L'exécution de la sentence aura lieu en la forme musulmane par les soins du cadi que désignera le procureur de la République, et, autant que possible, sur un simple extrait envoyé par le juge de paix au cadi.

L'appel des jugements rendus en pareil cas par les juges de paix est porté devant les tribunaux civils ou devant la Cour d'appel, en observant les dispositions des articles 22, 23 et 25 du présent décret, sauf les quatre derniers paragraphes dudit article 24, qui ne sont pas applicables.

L'instruction et le jugement de l'appel ont lieu dans les formes établies aux articles 33, 34 et 35 ci-après. Les paragraphes 3, 5 et 6 de l'article 38 reçoivent également application.

Art. 4. — La justice entre musulmans, dans les cas prévus aux articles 1 et 2, est administrée, au nom du peuple français, par les cadis, les juges de paix, les tribunaux de première instance et la Cour d'Alger, suivant les règles établies par le présent décret.

Art. 5. — Le territoire de l'Algérie, pour l'administration de la justice musulmane, est divisé en circonscriptions judiciaires ressortissant aux tribunaux de première instance. — Ces circonscriptions et le tribunal auquel elles se rattachent sont déterminées par arrêtés de notre gouverneur général de l'Algérie.

Art. 7. — La surveillance des tribunaux indigènes appartient, sous l'autorité de notre gouverneur général de l'Algérie, en territoire civil, au premier président de la Cour impériale et au procureur général, dans la limite de leurs attributions respectives; et, en territoire militaire, à ces magistrats et au général commandant la division, qui se concertent à cet effet.

Art. 8. — Les membres des tribunaux musulmans ne peuvent être traduits en justice, pour actes relatifs à leurs fonctions, qu'après une autorisation de notre gouverneur général de l'Algérie. — En cas d'autorisation, ils seront traduits, sans distinction de territoire, en matière correctionnelle, devant la première chambre de la Cour impériale d'Alger; en matière criminelle, devant la Cour d'assises compétente. — Les assesseurs près la Cour et près les tribunaux ne peuvent être poursuivis que dans les formes établies au chapitre III du titre IV du Code d'instruction criminelle.

Art. 9. — Les cadis recevront un traitement annuel. Ils seront répartis en trois classes. Un décret ultérieur réglera cette répartition ainsi que le chiffre du traitement. Il n'est rien changé jusque là au mode actuel de rémunération. — Les adels et agents attachés aux cadis continueront d'être rémunérés suivant le mode actuellement pratiqué, mais après révision du tarif existant. — Les assesseurs près la Cour et près les tribunaux reçoivent un traitement qui sera porté à 3,000 francs pour les premiers, à 2,000 francs pour ceux attachés aux tribunaux de Constantine et d'Oran, et à 1,500 francs pour les autres.

Art. 40. — Il y a par circonscription judiciaire un cadi maléki, et lorsque le chiffre de la population hanéfite le rend nécessaire, un cadi hanéfi. — Les circonscriptions judiciaires seront revisées par arrêté de notre gouverneur de l'Algérie, de manière à en réduire le nombre d'un tiers.

Art. 11. — Le personnel de chaque mahakma de cadi est fixé selon les besoins du service, par arrêté de notre gouverneur général; il se compose du cadi, d'un ou de plusieurs suppléants et d'un greffier (adel).

Art. 12. — Les cadis et adels sont nommés par arrêté de notre gouverneur général de l'Algérie. Ils n'entrent en fonctions qu'après avoir prêté le serment suivant — (serment politique abrogé) : « En présence de Dieu et des hommes, je jure et promets en mon âme et conscience, de bien et religieusement remplir mes fonctions. » — Le serment est prêté, pour l'arrondissement d'Alger, devant la Cour impériale, et, pour les autres arrondissements, devant le tribunal de première instance de la circonscription. — Dans trois ans, à dater de la promulgation du présent décret, nul ne pourra être nommé cadi, s'il n'est âgé de vingt-sept ans accomplis et s'il n'est muni d'un certificat d'études juridiques du second degré ; le bach-adel et l'adel devront être pourvus d'un certificat du premier degré, et être âgés, le premier de vingt-cinq ans et le deuxième de vingt-deux ans. — Les certificats dont s'agit seront délivrés annuellement par une commission d'examen, dont la composition et le mode de procéder seront fixés

par un arrêté de notre gouverneur général. — Notre gouverneur général peut révoquer ou suspendre de leurs fonctions les cadis et adels. Il peut également prononcer contre les cadis la simple privation de traitement totale, ou partielle pendant un temps déterminé. La suspension de fonctions entraîne toujours la privation du traitement ou les honoraires, lesquels sont dévolus au cadi ou à l'adel remplaçant.

Art. 15. — Des oukils peuvent seuls représenter les parties ou défendre leurs intérêts devant les cadis, lorsque les parties refusent de comparaître sur avertissement dûment justifié. Celles-ci peuvent toutefois donner à un de leurs parents ou de leurs amis musulmans un mandat spécial et par écrit de les représenter pour une affaire déterminée. — Les oukils sont nommés, révoqués et suspendus par notre gouverneur général de l'Algérie.

Art. 19. — Dans les trois jours du jugement rendu par le cadi, les parties peuvent, suivant les usages musulmans et en le déclarant à l'adel qui le constate sur un registre, réclamer que l'affaire soit examinée de nouveau devant un midjlès consultatif. Ce midjlès pourra exiger l'apport de toutes les pièces produites devant le cadi. Le midjlès, qui se réunit en session chaque mois, s'il y a lieu, est présidé par le cadi qui a rendu le jugement, ou par celui qui lui a succédé, en cas de décès ou de révocation; il est en outre composé de trois autres membres désignés annuellement, par notre gouverneur général, parmi les cadis, muphtis et ulémas de la circonscription. — Il y a un midjlès, consultatif au chef-lieu de chaque subdivision. — Le bach-adel et l'adel du cadi siégeant dans ce chef-lieu sont attachés en la même qualité au midjlès consultatif. En cas d'empêchement de l'un des trois membres désignés, il est remplacé par le bach-adel du midjlès. — L'avis du midjlès n'est point obligatoire pour le cadi, qui doit seulement le viser avec les motifs dans sa seconde sentence, et en faire mention en marge de la première. — Les membres du midjlès, le bach-adel et l'adel sont rétribués par vacations, suivant le tarif qui sera arrêté par notre gouverneur général.

Art. 22. — Les tribunaux civils d'arrondissement connaissent en appel des jugements rendus par les cadis et par les juges de paix, statuant entre musulmans par l'application de l'article 1, paragraphe 2, et de l'article 2, à savoir : pour les actions personnelles et mobilières jusqu'à 2,000 fr. de capital et pour les actions immobilières jusqu'à 200 fr. de revenu déterminé, soit en rentes, soit par prix de bail.

Art. 23. — La Cour pour la province d'Alger, et le tribunal du chef-lieu de la division pour les provinces de Constantine et d'Oran, connaissent en appel de tous les litiges dont la valeur est indéterminée ou excède le taux indiqué dans l'article précédent. — La Cour d'Alger connaît pour l'arrondissement d'Alger, des appels même inférieurs à 2,000 francs. Il en est de même des tribunaux de Constantine et d'Oran, pour leurs arrondissements respectifs.

Art. 24. — Pour le jugement des appels entre musulmans, il y a à la Cour et dans chacun des tribunaux civils, excepté celui d'Alger, une chambre spéciale composée, savoir : à la Cour et dans les deux tribunaux d'Oran et de Constantine, de trois magistrats français et de deux assesseurs musulmans; dans les autres tribunaux, de deux magistrats français et d'un assesseur musulman. — Les assesseurs ont voix délibérative. Ils sont nommés par nous, sur la proposition de notre garde des sceaux, ministre de la justice, notre gouverneur général de l'Algérie consulté. — Les magistrats français, appelés à faire partie de la chambre des appels entre musulmans, sont désignés lors du roulement annuel et en la forme indiquée par notre décret du 25 février 1860. — Si, dans le cours d'une procédure sur appel, les juges estiment que la décision du procès dépend de la solution d'une question de droit touchant à la loi religieuse ou à l'état civil des musulmans, ils doivent, d'office, ou sur la demande des parties ou de l'une d'elles, soumettre préalablement cette question à la décision du conseil du droit musulman dont il va être parlé. — Ne seront considérés à l'égard de ce référé, comme rentrant dans les matières religieuses et d'État, que celles dont suit l'énumération : formes et conditions nécessaires à la validité du mariage; délais légaux de l'oudda et de l'istibera; devoirs réciproques des époux; divorce, répudiation, séparation de corps; restitution de la dot, si elle est réclamée pour manquement aux devoirs du mariage; filiation; parenté; exercice de la puissance paternelle; adoption; constitution de la tutelle; droits du tuteur sur la personne du mineur; état de majorité ou de minorité des parties; demandes d'interdiction et de mise en surveillance; capacité pour succéder résultant des liens de famille ou d'affinité; capacité pour disposer ou recevoir en matière de donations ou testaments (1). — Le référé au conseil de droit musulman, dans les cas qui viennent d'être spécifiés, portera exclusivement sur le point de droit posé par la Cour ou le tribunal, et sera vidé sans procédure, sans l'intervention des parties, sans frais et dans un délai qui ne pourra excéder le mois. La réponse du conseil devra être motivée et se renfermer dans la question. Le juge du fond s'y conformera, et la visera dans son arrêt de jugement. — Le conseil de droit musulman siége à Alger. Il est composé de cinq jurisconsultes musulmans et d'un greffier nommés par nous, sur la proposition de notre garde des sceaux, ministre de la justice, le gouverneur général de l'Algérie consulté. Les membres de ce conseil reçoivent un traitement annuel de 5,000 francs, dans lequel se confondent les

traitements qui peuvent leur être alloués pour d'autres fonctions. Le président reçoit, en outre, une indemnité de 1,000 francs. Le traitement annuel du greffier est de 2,000 francs (1)

Art. 25. — La demande est introduite devant le cadi, soit par la comparution volontaire et simultanée des parties, soit par celle du demandeur seul. Dans ce dernier cas, le cadi, par l'intermédiaire d'un aoûn, fait donner avis écrit au défendeur de comparaître lui à un jour qu'il indique. En cas de non-comparution sur cet avis, il accorde un délai, à l'expiration duquel il annonce publiquement, à l'audience, le jour où il prononcera son jugement, et en fait donner avis au défendeur par l'aoûn. L'accomplissement de ces diverses formalités est mentionné, à sa date, sur un registre tenu à cet effet par le cadi. — Les parties ne peuvent se faire représenter ou défendre que comme il a été dit en l'article 15. — Si un musulman est absent de son domicile pour fait de guerre au service de la France, et s'il n'est pas régulièrement représenté, aucun jugement ne peut être prononcé contre lui avant l'expiration de trois mois après la fin de la campagne.

Art. 28. — Les jugements rendus par les cadis sont, dans les vingt-quatre heures de leur prononcé, inscrits sur un registre à ce destiné; ils sont revêtus du cachet du cadi, signés par ce magistrat et ses adels. — Indépendamment de la formule arabe, qui peut être insérée selon les usages, tout jugement contient : 1° les noms, qualités et domiciles des parties; 2° le point de fait; 3° le dire des parties; 4° les motifs en fait et en droit; 5° le dispositif; 6° la date à laquelle il a été rendu, avec mention, soit de la présence des parties ou de leurs mandataires au moment du prononcé, soit de l'avis précédemment donné par le cadi, suivant l'article 25, que le jugement serait prononcé ledit jour.

Art. 29. — Les jugements n'entraînent aucun frais pour les parties lorsqu'elles n'en réclament pas l'expédition. — L'expédition demandée par une partie est payée par elle d'après le tarif qui sera établi par l'arrêté de notre gouverneur général; elle est signée par le cadi et par l'un de ses adels, et revêtue du cachet du cadi.

Art. 30. — Le délai d'appel est de trente jours, à partir de celui où le jugement a été prononcé par le cadi, lorsque ledit jugement porte les mentions exigées par l'article 28, n° 5. Dans le cas contraire, le délai ne court que du jour de la remise dûment constatée de l'expédition du jugement à la personne ou à domicile. Au cas d'absence pour fait de guerre, le délai d'appel est prorogé comme il a été dit à l'article 25.

Art. 31. — Dans le cas où, avant d'interjeter appel, les parties ou l'une d'elles invoqueront l'application de l'article 19, la décision définitive

_____

(1) V. sur ces matières le *Statut personnel et les successions en droit musulman*, par Sautayra et Cherbonneau.

(1) Le conseil de droit musulman a été supprimé par décret du 11 novembre 1875 (B. O. 632).

du cadi devra être rendue dans un très-bref délai, avec observation et mention de toutes les formalités prescrites par l'article 28; le délai d'appel contre cette décision courra comme il a été dit à l'article 30.

Art. 32. — La déclaration d'appel sera reçue par l'adel du cadi, qui en donnera récépissé à l'appelant et sera tenu de l'enregistrer sur un registre à ce destiné. — Ladite déclaration pourra également être faite, soit devant le procureur impérial, soit devant le commissaire civil, soit devant le juge de paix le plus proche, soit devant les officiers des bureaux arabes, revêtus du caractère d'officiers de police judiciaire en territoire militaire, lesquels en transmettront copie au cadi qui a rendu le jugement, ou à son adel, avec invitation de le transcrire sur le registre ci-dessus mentionné. — L'adel en donne immédiatement avis à la partie adverse, et adresse, dans les quarante-huit heures, au ministère public près la juridiction d'appel, copie de la déclaration du jugement. — La déclaration faite devant l'un des fonctionnaires indiqués aura pour effet de constater l'appel et d'en fixer la date. — Les fonctionnaires qui auront reçu cette déclaration en donneront en même temps avis au greffier de la Cour ou du tribunal qui doit connaître de l'appel. — Dans les affaires où il y aura eu en première instance plusieurs parties, s'il n'est interjeté appel que contre une un plusieurs d'entre elles, la déclaration le mentionnera expressément.

Art. 33. — Le ministère public, dans les vingt-quatre heures de la réception des pièces, fait inscrire et déposer le dossier au greffe de la Cour ou au tribunal. Il adresse aux parties l'invitation de fournir leurs moyens d'appel ou de défense, et de lui faire parvenir leurs titres en les déposant, sur récépissé, soit à la mahakma du cadi, soit à la justice de paix, ou au parquet, ou au commissariat civil le plus proche. Les pièces ainsi déposées sont transmises sans retard et sans frais au greffe de la Cour ou du tribunal d'appel; elles sont traduites par l'interprète judiciaire, à raison d'un franc par rôle de traduction. Cette allocation sera comprise dans la liquidation des dépens. Aucune autre traduction des titres ou du jugement ne sera passée en taxe.

Art. 34. — Dans la quinzaine, à partir du jour où il aura adressé aux parties l'invitation susmentionnée, le ministère public requerra le président de commettre un conseiller ou un juge pour faire le rapport de l'affaire. — Lorsque les parties demeureront à de grandes distances du lieu où siège la juridiction saisie de l'appel, le conseiller ou le juge commis pourra, sur la réquisition conforme du ministère public, déléguer le juge de paix ou le commissaire civil le plus voisin, pour recevoir contradictoirement les explications des parties ou procéder à une enquête; à cet effet, il indiquera dans la commission rogatoire les points à éclaircir. — Le magistrat délégué aura, d'ailleurs, la faculté de poser telles

questions supplémentaires qu'il appartiendra. Si des pièces sont produites devant le magistrat délégué, leur traduction et leur transmission auront lieu ainsi qu'il est prescrit en l'article 33. Les actes dressés en exécution de ces délégations seront immédiatement adressés, par l'intermédiaire du parquet, au conseiller ou juge rapporteur.

Art. 35. — L'affaire vient à bref délai. Le jour de l'audience étant fixé, le ministère public en donne avis aux parties; il les prévient en même temps qu'elles peuvent se présenter en personne, la veille ou l'avant-veille de l'audience, devant le magistrat rapporteur, selon qu'il aura été décidé par ce dernier. Ces comparutions préalables ont lieu sans publicité, sans assistance d'avocats ni de défenseurs, mais en présence du ministère public, lequel sera toujours entendu à l'audience. — L'intimé pourra former appel-incident par déclaration faite devant le rapporteur ou le magistrat délégué, qui en dresseront acte. — Les parties peuvent comparaître en personne à l'audience publique, ou y être appelées par la Cour ou le tribunal. — Au cas de non-comparution des parties ou de l'une d'elles, il est passé outre, et la décision est définitive. — Lorsque les femmes musulmanes seront appelées à comparaître en justice, soit comme parties, soit comme témoins, le magistrat se conformera pour leur audition aux usages musulmans. Il en sera de même s'il y a lieu de procéder à des constatations sur leur personne ou à leur domicile, et ces constatations seront dirigées, autant que possible par un assesseur ou un magistrat musulman. — Le ministère des défenseurs n'est pas obligatoire. Les juges peuvent toujours, après l'audition du rapport, et, s'il y a lieu, des parties en personne, déclarer qu'ils n'entendront pas les plaidoiries; il sera fait mention de cette circonstance dans le libellé du jugement. Il ne peut, en aucun cas, être alloué pour plaidoirie et pour tous autres soins donnés à l'affaire qu'un article unique d'honoraires qui est de 30 francs pour l'obtention d'un arrêt, et de 20 francs pour l'obtention d'un jugement. — Ce droit est réduit de moitié lorsqu'il n'y a pas de contradicteur. Il reste, dans tous les cas, à la charge de la partie qui a requis l'assistance du défenseur. Les jugements préparatoires ou interlocutoires et les actes qui en sont l'exécution, ne donnent droit à aucun émolument pour le défenseur.

Art. 37. — Les sentences en dernier ressort des cadis, et des juges de paix appliquant la loi musulmane, les jugements et arrêts rendus sur l'appel de ces sentences, ne sont pas susceptibles de recours en cassation. Il en est autrement lorsque la loi française a été appliquée, en exécution du § 2 de l'article 1 du présent décret.

Art. 38. — Les jugements définitifs émanés des cadis s'exécutent par les soins de ces magistrats, selon les lois actuellement en vigueur, en tant qu'il n'y est pas dérogé par le présent décret.

Les cadis peuvent exceptionnellement, en cas d'urgence spécifiée dans le jugement, et en exigeant une caution, ordonner l'exécution provisoire de leurs jugements, nonobstant appel. — Les arrêts et jugements rendus sur appel sont exécutés par les cadis, en la même forme que les sentences de ceux-ci. Le cadi chargé de l'exécution est désigné par l'arrêt ou le jugement. — L'exécution peut avoir lieu, en cas de confirmation de la sentence du cadi, sur un simple extrait de l'arrêt ou du jugement, envoyé par le ministère public au cadi. Les parties peuvent néanmoins se faire délivrer à leurs frais une expédition de l'arrêt ou du jugement sur appel. — Tous actes faits pour l'instruction des affaires musulmanes, et les extraits délivrés pour l'exécution, soit au ministère public, comme il vient d'être dit, soit au juge de paix, dans le cas prévu au § 1 de l'article 2, sont affranchis de la formalité du timbre et de l'enregistrement. — Lorsqu'un transport judiciaire aura été ordonné, il n'entraînera pas d'autres frais que 'avance ou le remboursement des déboursés qu'il nécessitera, les vacations des experts ou interprètes et les indemnités allouées aux témoins. Néanmoins, en cas de délégation ou de concours des magistrats indigènes, ils toucheront les indemnités fixées par le tarif du 16 octobre 1860.

Art. 39. — Les expéditions de tout jugement émané des tribunaux indigènes doivent être revêtues de la formule suivante : — (Au nom du peuple français.) A tous présents et avenir salut : —(Copier le jugement avec les mentions indiquées en l'article ci-dessus.) Mandons et ordonnons à tous fonctionnaires et agents de l'autorité publique de faire exécuter ou d'exécuter le présent jugement. — En foi de quoi le présent jugement a été signé par (signature du cadi et de l'adel greffier, — apposition du cachet du cadi).

Art. 40. — Les cadis procèdent : 1° à la liquidation et au partage des successions musulmanes, toutes les fois qu'ils en sont requis par les parties intéressées, et dans les cas où la loi musulmane leur en fait un devoir ; 2° sous la surveillance de l'administration des domaines, à la liquidation et au partage des successions musulmanes auxquelles sont intéressés le Bit-el-Mâl et les absents. Ils consignent sur des registres séparés les opérations auxquelles donnent lieu ces deux dernières espèces de successions.

Art. 2. — Le présent décret sera exécutoire à partir du 1er juillet 1867.

(La publication en langue arabe de ce décret a été inscrite au *Bulletin officiel* de l'année 1867, n° 227 bis.)

20 août 1867

Arrêté du gouverneur contenant règlement sur les midjlès consultatifs (B. O. 245).

Art. 1. — Les sessions des midjlès consultatifs, organisés conformément à l'article 19 du décret du 13 décembre 1866, commenceront le premier samedi de chaque mois. — Elles seront tenues dans la mahakma du cadi siégeant au chef-lieu de la subdivision, et, si plusieurs mahakmas y sont instituées, dans celle à laquelle appartient le bach-adel attaché, en la même qualité, au midjlès. Les registres du midjlès seront conservés dans le même local. — Toutefois le midjlès pourra aussi, le cas échéant, se transporter, pour y tenir séance, dans une mosquée ou autre édifice public affecté à un service musulman.

Art. 2. — Dans les vingt-quatre heures de la déclaration du recours, l'adel en donne avis au bach-adel du midjlès. Cet avis contient les indications suivantes : — Noms des parties litigantes, date du jugement, nom du cadi qui l'a rendu, indication prise dans le jugement de l'évaluation du litige. — Le bach-adel du midjlès transcrit ces indications au fur et à mesure 'de leur réception, sur un registre à ce destiné. — Les membres du midjlès se réunissent sur la convocation de leur bach-adel, qui les prévient aussitôt qu'il y a une affaire inscrite au rôle. — Les cadis sont prévenus par leurs adels des déclarations de recours contre les jugements émanés de leurs mahakmas. Cet avis tient lieu de convocation pour se rendre au siège du midjlès.

Art. 3. — Les affaires sont soumises au midjlès dans l'ordre de leur inscription. Elles doivent être jugées dans la session. Si néanmoins des retards résultaient de l'apport des pièces, de l'exécution d'un préparatoire ou de toutes autres mesures, la décision pourrait être renvoyée à la session suivante. — Lorsque le cadi président aura à employer le ministère d'un aoun, il le désignera parmi ceux qui résident au chef-lieu de la subdivision. Si, dans l'intervalle des sessions, le même cadi est chargé de quelque acte d'instruction, il y procédera sans autre assistance que celle des membres de sa mahakma.

Art. 4. — Les avis du midjlès consultatif sont transcrits dans les vingt-quatre heures sur le registre à ce destiné. Une colonne spéciale leur est affectée, et ils sont signés par ceux qui les ont délibérés. Il n'en est pas délivré d'expédition. — Toutefois, le conseiller ou le juge rapporteur pourra, sur les réquisitions conformes du ministère public, en demander une copie sur papier libre. La même faculté sera exercée par la Cour ou par le tribunal d'appel. — La seconde sentence du cadi président, qui doit viser cet avis et ses motifs, est signée par ce cadi et les adels du midjlès. Elle est transcrite sur le registre sus-mentionné, dans une colonne à ce destinée.

Art. 5. — Les membres des midjlès consultatifs, ainsi que les bach-adels, adels et aouns qui y sont attachés, seront rétribués par vacation. — Pour les affaires dont l'importance n'excédera pas 2,000 francs en matière personnelle et mobilière, et pour celles concernant les immeubles produisant un revenu de 200 francs et au-dessous, déterminé ainsi qu'il est dit en l'article 22 du décret du 13 décembre 1866, les vacations seront fixées : — 1° pour chacun des membres du midjelès, à 4 francs; 2° pour le bach-adel, 3 francs; 3° pour l'adel, 2 francs; pour l'aoun, 1 franc. — Pour les instances personnelles et mobilières dont l'importance sera de plus de 2,000 francs et de moins de 6,000 francs, enfin pour celles ayant pour objet des questions d'État, les vacations seront fixées : — 1° pour chacun des membres du midjelès, à 6 francs; 2° pour le bach-adel, 4 fr. 50; 3° pour l'adel 3 francs; 4° pour l'aoun, 1 fr. 50. — Pour les affaires d'un intérêt supérieur, ces vacations seront portées : — 1° pour chacun des membres du midjelès, à 8 francs; 2° pour le bach-adel, à 6 francs; 3° pour l'adel, à 4 francs; 4° pour l'aoun, à 2 francs.

Art. 6. — En cas de transport des mêmes fonctionnaires hors de leur résidence, il leur sera alloué, par jour, les indemnités ci-après :—1° pour chacun des membres du midjelès, 10 francs; 2° pour le bach-adel, 5 francs; 3° pour l'adel, 4 francs; 4° pour l'aoun, 3 francs.

Art. 7. — L'indemnité de déplacement allouée aux membres du midjelès, par application du précédent article, le sera aussi à ceux de ses membres qui, pour prendre part à ses sessions mensuelles, se transporteront hors de leur résidence habituelle. — Le montant de cette indemnité sera provisoirement évalué par le cadi de la mahakma où aura été rendu le jugement déféré à l'examen du midjelès consultatif. — Cette somme sera consignée entre les mains de l'adel qui aura reçu la déclaration de recours. Il en donnera récépissé, mentionnera cette consignation sur un registre spécial et la transmettra au bach-adel du midjelès subdivisionnaire, qui l'inscrira sur un registre à ce destiné.

Art. 8. — La répartition des indemnités de déplacement, perçues en exécution du précédent article, s'opérera ainsi qu'il suit : — les indemnités allouées à chacun des cadis à qui la présidence du midjelès sera successivement dévolue, se répartiront par égale portion entre les affaires provenant d'une même mahakma. — Quant aux allocations ayant pour objet d'indemniser d'autres membres du midjelès des déplacements prévus par l'article 7 du présent arrêté, elles se repartiront entre toutes les affaires jugées, pendant la session, au prorata de la durée de chacune d'elles.— Cette contribution sera arrêtée par les membres du midjelès qui seront présents au chef-lieu de la subdivision, à la fin de chaque session mensuelle, et le reliquat des sommes consignées sera restitué, le cas échéant, aux parties qui en auront fait l'avance. — L'avis exprimé par le midjelès sur le jugement objet du recours, doit statuer sur les frais, de façon que la partie condamnée à les supporter, rembourse, s'il y a lieu, celle qui a fait l'avance des sommes consignées.

Art. 9. — Le bach-adel du midjelès adressera, tous les mois, au procureur impérial ou à ses suppléants, un relevé du registre de comptabilité dont la tenue est prescrite par l'article 7 du présent arrêté, et une copie certifiée conforme de la répartition, ainsi qu'il est dit à l'article 8.

Art. 10. — L'article 2 de l'arrêté du 16 octobre 1866 est abrogé.

5 février 1868.
Décret fixant le traitement des cadis
(B. O. 257).

Art. 1.—Les cadis sont répartis en trois classes dont l'effectif et le traitement sont fixés ainsi qu'il suit : — cadis de première classe, au traitement de 1,500 francs; de deuxième classe, 1,200 francs; de troisième classe, 1 000 francs. — Les droits et vacations que les cadis sont autorisés à percevoir, en dehors de leurs traitements fixes, seront déterminés par le gouverneur général de l'Algérie. (V. décret du 8 août 1874 ci-après).

Art. 2. — Les cadis en fonction dans les villes où siège un tribunal de première instance, appartiendront, de plein droit, à la première classe. — Les cadis en fonctions dans les chefs-lieux de subdivision qui ne sont pas en même temps sièges d'un tribunal de première instance, ne seront en aucun cas d'une classe inférieure à la seconde. Ils pourront être élevés à la première classe, en exécution de l'article 3, ci-après.

Art. 3. — Le gouverneur général de l'Algérie désignera, jusqu'à concurrence du nombre fixé par l'article 1 du présent décret, défalcation faite des classements effectués de plein droit en conformité de l'article 2, les cadis qui, en raison de leurs services, devront être placés soit dans la première, soit dans la seconde classe. — Cette distinction inhérente à la personne du magistrat, abstraction faite du lieu où il exerce ses fonctions, pourra, suivant les cas, lui être retirée par le gouverneur général, qui conservera tout pouvoir pour modifier, en cette partie, le classement personnel qu'il aura opéré.

21 mars 1868.
Arrêté du gouverneur fixant le tarif des actes des cadis (B. O. 259).

Art. 1. — Le tarif des actes établis par les cadis, ainsi que les droits à prélever par les cadis et les autres agents de la justice musulmane, sont fixés comme il suit :

1 Acte constatant la qualité de chérif. . 25f.00
2. Contrat de mariage, y compris la procuration de la mariée, les certificats constatant son âge, le degré de parenté de son représentant, et tout ce qui est nécessaire à l'accomplissement du mariage. 5 00
3. Renouvellement du mariage avec une femme divorcée d'une manière définitive. 5 00
4. Acte de reprise en mariage de la même femme. 2 00

5. Acte de divorce absolu. 5 00
6. Acte de divorce avec la faculté de reprendre la femme. 5 00
7. Déclaration de témoins constatant les sévices subis par la femme et tendant à à lui faire restituer la somme donnée pour obtenir le divorce (dit *khéla*). . . .   4 00
8. Acte de pension. 2 00
9. Acte désignant la femme qui prendra soin d'un enfant en bas âge, après le décès de sa mère ou son mariage en secondes noces. 1 00
10. Acte par lequel la femme désignée pour prendre soin d'un enfant en bas âge, est remplacée par une autre femme. 1 00
11. Acte de vente.
Au-dessous de 500 fr., 8 francs;
De 500 francs à 1,000 francs, 12 francs;
De 1,000 francs à 1,500 francs, 15 francs;
De 1,500 francs à 2,000 francs, 20 francs;
De 2,000 francs à 4,000 francs, 25 francs;
De 4,000 francs à 10,000 francs, 30 francs;
Au-dessus de 10,000 francs, 40 francs, plus 25 centimes par millier de francs au-dessus de 10,000 francs.
12. Acte d'échange d'immeubles (même tarif que pour les ventes).
13. Cession d'un bien en payement d'une dette (même tarif que pour l'acte de vente).
14. Cession d'un objet vendu au prix de la vente. 5 00
15. Acte établissant la preuve d'un vice rédhibitoire existant, soit dans un immeuble, soit chez une bête de somme.   4 00
16. Résiliation de vente (un quart du droit perçu pour la vente).
17. Acte en avance de payement pour marchandises à livrer. — Au-dessous de 500 francs, 3 francs; — De 1,000 francs, 5 francs; — de 2,000 francs, 7 francs; de 3,000 francs, 8 francs; — au-dessus de 3,000 francs, 10 francs, plus 25 centimes par millier de francs au-dessus de 3,000 francs.
18. Acte de prêt. 2 00
19. Acte de quittance définitive pour achat d'un immeuble après des payements successifs. 3 00
20. Acte de prêt sur gage d'un immeuble ou autre. 3 00
21. Certificat d'indigence (doit être délivré gratuitement, exempt de droit de timbre et de traduction).
22. Interdiction. 10 00
(Les actes d'interdiction doivent être communiqués aux notaires et publiés dans l'étendue du ressort).
23. Acte d'émancipation. 10 00
24. Acte par lequel un cadi nomme un gardien chargé de gérer, sous son contrôle, la tutelle d'un interdit ou d'un mineur.   2 00

25. Arrangement à l'amiable. 5 00
26. Transport de créance. 3 00
27. Acte de garantie. 2 00
28. Acte d'association pour un immeuble ou non. 5 00
29. Dissolution d'association et règlement de comptes. 5 00
30. Procuration. 2 00
31. Révocation d'un mandataire. 2 00
32. Reconnaissance d'un enfant. 5 00
33. Reconnaissance d'une obligation. . . .   2 00
34. Acte de dépôt. 3 00
35. Acte de dépôt, le dépositaire pouvant user de l'objet déposé. 3 00
36. Déclaration relative à l'exercice du droit de préemption. 5 00
37. Acte de partage : même tarif proportionnel que pour l'acte de vente.
38. Acte indiquant la quote-part de chaque membre d'une association, ...   5 00
39. Acte du société en commandite 5 00
40. Acte d'association entre le propriétaire d'un immeuble et celui qui y fait des plantations ou autres travaux améliorant la propriété, à condition de partager l'immeuble. 5 00
41. Acte de convention entre le propriétaire d'un immeuble et celui qui le cultive, pour le partage des fruits. 3 00
42. Acte de convention pour la fixation d'un salaire. 2 00
43. Acte de location : — Location perpétuelle : au même taux que la vente. — Au-dessus de 18 ans : 1/2 du taux de la vente; — De 9 à 18 ans : 1/3 du même taux; — De 3 à 9 ans : 1/4 du même taux; — Au-dessous de 3 ans. 2 00
44. Acte de constitution de habous. 20 00
45. Acte d'annulation de habous. 10 00
46. Acte de don et aumône : — Au-dessous de 100 francs, 3 francs. — Au-dessus de 200 francs, 5 francs — Pour un immeuble (droit fixe). 10 00
47. Révocation d'une donation. 5 00
48. Copie du jugement d'un cadi, y compris l'enregistrement des conclusions et réponses, l'audition des preuves, l'acceptation ou la récusation des témoins, etc.:
— Si le litige est inférieur à 200 francs de capital ou 20 francs de revenu, 5 fr.
— Au-dessus. 10 00
(Le droit ne sera perçu qu'en cas de délivrance de copie (expédition) aux parties sur leurs demandes.)
49. Lettre d'un cadi à un autre cadi. . . .   1 00
50. Acte d'avération d'écriture. 2 00
51. Acte qui établit la filiation d'une personne et son droit à un héritage : — Pour acte de filiation remontant au grand-père ou aïeul, 5 francs. — Si on remonte au bisaïeul, 7 francs. — Si la filiation

part du trisaïeul, 9 francs. — Quel que
soit l'auteur commun au delà du 5ᵉ degré.   12 00

52. Acte constatant un droit par la déclaration de témoins, s'il s'agit d'un immeuble. . . . . : 6 0

Dans les aut'es cas. 4 00

53. Délimitation d'un immeuble. 5 00

54. Acte testamentaire pour le 1/3 de la
propriété du testateur. 5 00

55. Constitution d'exécuteur testamentaire.   3 00

56. Retour sur une donation faite par
testament. 3 00

57. Copie d'un acte : 1/4 du coût de l'original.

58. Recherches d'actes : — Pour les actes
de l'année courante, 50 cent. — Pour
chaque année en sus, 50 cent., sans pouvoir dépasser 3 francs.

59. Répartition d'héritage, y compris la
fixation des parts, l'énumération des héritiers et la constatation de leurs droits,
les prélèvements obligatoires, l'acquittement des dettes. 10 00

60. Droits à percevoir sur l'héritage vendu :
— 5 p. 100 sur les premiers 10,000 francs ;
— 25 cent. par 100 francs au-dessus de
10,000 francs. En cas d'estimation : même
tarif. — (A partager entre les membres
de la mahakma, suivant les règles générales édictées à l'article 2 du présent
arrêté : les délais et les experts aux frais
des mahakmas.)

61. Dissolution de mariage. 5 00

62. Extrait d'un acte authentique, si on y
faisant connaître la portée de l'acte, on
y indique l'usage auquel l'extrait est
destiné : moitié du coût de l'acte, sans
que ce droit puisse, dans aucun cas, excéder, 10 francs.

63. Acte constatant le droit d'un tiers sur
un immeuble. 6 00

64. Reçu fait devant le cadi. 2 00

65. Indemnités pour frais de déplacement
de magistrats. Indemnités de l'adel, lorsqu'il est mandé par les parties dans l'intérieur de la ville. — A Alger, 2 francs.
— Autre ville qu'Alger, 1 franc. — En
dehors de la ville, 4 francs par jour de
voyage ou de séjour pendant le temps
de son déplacement. — Indemnité pour
le déplacement de l'aoun : moitié de ce
qui est accordé à l'adel. — Indemnité
pour déplacement du cadi, lorsqu'il est
mandé par les parties : 5 francs par
jour de voyage, pendant le temps de son
déplacement.

Art. 2. — Le partage des sommes perçues
pour le prix des actes se fait de la manière suivante : — Les cadis reçoivent 2,8 des sommes
perçues, conformément au présent tarif, et les
bach-adels 3/8. — Les adels et l'aoun se parta-
gent les 3/8 restant, de façon que l'aoun n'ait que
la moitié de la part d'un adel.

Art. 3. — Les sommes perçues dans chaque
mahakma sont recueillies par les soins d'un adel
et sont partagées à la fin du mois, d'après les
règles ci-dessus indiquées. Il en est dressé un
acte indiquant le total des sommes encaissées
pendant le mois et la part de chacun. Les membres de la mahakma attestent l'exactitude du
contenu de cet acte, apposent leurs signatures
au bas et l'enregistrent sur les registres d'inscription des actes.

Art. 4. — Les cadis délivrent gratuitement, et
sur papier libre, les actes destinés à tenir lieu
d'actes de l'état civil, ainsi que les copies de jugement réclamées par l'administration civile ou
militaire.

2 septembre 1869.

*Arrêté du gouverneur qui exempte des droits
de timbre et d'enregistrement les minutes des
jugements rendus par les juges de paix entre
musulmans* (B. O. 512).

Art. 1 — L'exemption des droits de timbre et
d'enregistrement édictée au § 1 de l'article 5 de
l'arrêté du 22 octobre 1861 (ci-devant) est applicable aux minutes des jugements rendus entre
musulmans par le juge de paix sur la comparution volontaire des parties, conformément à
l'article 2 du décret du 13 décembre 1866.

8 janvier 1870.

*Décret organisant la justice dans la région
saharienne* (B. O. 319).

Art. 1. — Dans la partie de l'Algérie située en
dehors du Tell et de la Kabylie, la justice est
administrée au nom du peuple Français par les
cadis, les juges de paix, la Cour d'Alger, les tribunaux d'Oran et de Constantine, suivant les
règles établies par le présent décret.

Art. 2. — Les musulmans de la région en dehors du Tell peuvent également, d'un commun
accord, porter leurs contestations devant la justice française, et il est alors procédé d'après les
dispositions du décret du 13 décembre 1866.

Art. 3. — Il sera pourvu, par arrêtés de notre
gouverneur général, à la détermination des circonscriptions judiciaires du territoire dont il
s'agit, à la fixation, suivant les besoins du service, du personnel des diverses mahakmas, ainsi
qu'à la nomination des cadis et des adels. — Les
mêmes arrêtés désigneront le nombre et les lieux
de réunion des midjlés. — La surveillance des
tribunaux indigènes appartient, sous l'autorité
du gouverneur général, aux généraux commandant les provinces, au premier président de la
Cour impériale et au procureur général, qui se
concertent à cet effet.

Art. 4. — Les cadis et les adels n'entrent en
fonctions qu'après avoir prêté le serment sui-

vant : « En présence de Dieu et des hommes, je jure et promets, en mon âme et conscience, de bien et religieusement remplir mes fonctions. » — Ce serment est prêté devant le général commandant la province, ou, sur sa délégation, devant le chef militaire le plus rapproché du siège de la mahakma.

Art. 5. — Les cadis connaissent, en premier ressort, de toutes les affaires civiles et commerciales, ainsi que des questions d'État. — Ils statuent, en dernier ressort, sur les actions personnelles et mobilières, jusqu'à la valeur de 200 francs de principal, et sur les actions immobilières, jusqu'à 20 francs de revenu, déterminé, soit par contrat, soit par la déclaration des parties.

Art. 6. — Il sera perçu un droit fixe de 5 francs pour chaque affaire, lorsque les parties se présentent et se retirent sans réclamer expédition du jugement du cadi.

Art. 7. — Le tarif des droits à percevoir par les cadis est fixé conformément à l'article 1 de l'arrêté du gouverneur général du 21 mars 1868, qui a réglementé la matière pour la région du Tell. — La manière d'en répartir la quotité entre les cadis et les adels sera réglée ultérieurement par un arrêté du gouverneur général, les cadis de la région hors du Tell ne recevant pas de traitement.

Art. 8. — La partie qui voudra interjeter appel devra, à peine de déchéance, en faire la déclaration, dans les trente jours, à l'adel du cadi qui a rendu le jugement. — Il sera dressé acte de cette déclaration, et il en sera délivré copie à l'appelant. — L'adel en donnera avis à la partie adverse qui, dans les dix jours de la réception dûment constatée, pourra déclarer qu'elle renonce à soumettre l'affaire à l'examen du midjlès, constitué ainsi qu'il est dit ci-après. — L'appelant pourra faire la même déclaration en interjetant appel; avis en sera donné à l'intéressé par l'adel, lors de la signification de l'appel. — Dans l'un et l'autre cas, l'affaire sera directement portée devant la juridiction spécifiée à l'article 13.

Art. 9. — A défaut de déclaration contraire, l'affaire, en cas d'appel, sera examinée de nouveau devant un midjlès consultatif, lequel pourra exiger l'apport de toutes les pièces produites devant le cadi, premier juge. — Ce midjlès sera constitué, comme il est dit au paragraphe 1 de l'article 10 du décret du 13 décembre 1866.

Art. 10. — Le résultat des délibérations des midjlès est exprimé sous forme d'avis, et cet avis est consigné, avec ses motifs, en marge de la sentence du cadi. — Si la contestation ne porte ni sur une question d'État, ni sur une valeur dépassant 2,000 francs de capital ou 200 francs de revenu, et si l'avis du midjlès est conforme au jugement du cadi, ce jugement acquiert autorité souveraine, et l'appel reste sans suite.

Art. 11. — L'appel conserve, au contraire, tout son effet : 1° lorsque la contestation, quel qu'ait été l'avis du midjlès, porte soit sur une question d'État, soit sur une valeur dépassant la limite ci-dessus indiquée; — 2° lorsque, s'agissant d'un intérêt compris dans cette limite, l'avis du midjlès n'est pas entièrement conforme au jugement du cadi.

Art. 12. — L'avis du midjlès sera immédiatement notifié, à la diligence de l'adel remplissant les fonctions de greffier, aux parties comparantes. — La partie qui a interjeté appel du jugement du cadi doit, dans les quarante jours, à peine de déchéance, déclarer à l'adel du midjlès qu'elle persiste dans son recours. — Acte est dressé de cette déclaration, et il en est délivré copie à l'appelant. — Des expéditions du jugement du cadi, avec l'avis du midjlès, la déclaration itérative d'appel, et les pièces produites seront remises, dans le plus bref délai, par l'adel, sous la surveillance du président du midjlès, au général commandant la province, qui adressera ces pièces au ministère public près la juridiction d'appel.

Art. 13. — Cette juridiction appartient, pour la province d'Alger, à la chambre spéciale instituée à la Cour, en vertu du décret du 13 décembre 1866, et pour les deux autres provinces, aux chambres spéciales des tribunaux d'Oran et de Constantine.

Art. 14. — Les affaires s'instruisent dans la forme prescrite par les articles 33, 34 et 35 du décret du 31 décembre 1859, révisé par le décret du 13 décembre 1866. — Les dépôts et communications de pièces, l'exécution des commissions rogatoires et tous actes d'instruction pourront s'effectuer par l'entremise des juges de paix, des commandants de cercle, et de tous autres officiers de police judiciaire, y compris ceux déterminés par le décret du 15 mars 1860.

Art. 15. — Tous déclinatoires pour incompétence seront, dans les cinquante jours qui suivront l'inscription au greffe, jugés sur le vu des pièces, et de tous autres documents recueillis dans l'intervalle. L'incident sera vidé sans frais ni comparution des parties. — Après l'expiration du délai spécifié ci-dessus, aucune exception de cette nature ne pourra être proposée par les parties, ni soulevée d'office. — Lorsque l'affaire sera en état, le ministère public la portera en audience, en conformité des dispositions du décret du 13 décembre 1866. Les parties n'y seront appelées que quand la Cour ou le tribunal l'aura jugé nécessaire.

Art. 16. — Les référés au conseil de droit musulman auront lieu dans les formes et sous les conditions spécifiées au décret du 13 décembre 1866. — La décision rendue par la juridiction d'appel ne pourra être l'objet d'aucun recours.

Art. 17. — En cas de contestations entre indigènes du Tell et indigènes du territoire régi par le présent décret, les articles 10 et 11 ne seront pas appliqués. L'appel aura lieu et sera jugé conformément aux articles 22, 23 et 24 du décret du 13 décembre 1866, si ce n'est qu'il sera porté exclusivement devant la Cour impériale d'Alger ou devant les tribunaux civils de Constantine et d'Oran, même au-dessous de 2,000 francs de capital ou de 200 francs de revenu. — Il pourra être dérogé, par conventions expresses, à ces règles de compétence.

Art. 18. — Les vacations attribuées aux membres et adels des midjlès sont fixées conformément aux articles 5, 6, 7, 8 de l'arrêté du 20 août 1867, qui a réglementé la matière pour la région de Tell.

Art. 19. — Il sera pourvu, par arrêtés de notre gouverneur général, aux règlements ayant pour objet l'exécution du présent décret, les mesures complémentaires que nécessitera son application, et l'extension aux territoires en dehors du Tell de toutes dispositions des décrets et arrêtés relatifs à l'organisation judiciaire du Tell.

15 septembre 1870.

Arrêté du gouverneur qui divise le territoire situé en dehors du Tell et de la Kabylie en 5 circonscriptions judiciaires pour la province d'Alger, en 21 pour celle d'Oran et 23 pour celle de Constantine (B. O. 340).

15 septembre 1870.

Arrêté du gouverneur portant institution de midjlès dans le même territoire (B. O. 340).

Art. 1. — Sont institués les midjlès consultatifs dont le nombre, les lieux de réunion et les ressorts sont fixés par le tableau ci-après :

PROVINCE D'ALGER.

Subdivision de Médéah.

Midjlès à Djelfa, — ayant dans son ressort les circonscriptions, n°° 67 à 71 des cercles de Laghouat et de Djelfa.

PROVINCE D'ORAN.

Subdivision de Mascara.

Midjlès à Tiaret, — ressort : circonscriptions n°° 48 à 51 du cercle de Tiaret.

Midjlès à Géryville, — ressort : circonscriptions n°° 55 à 58 du cercle de Géryville.

Midjlès à Saïda, — ressort : circonscriptions n°° 59 à 62 des cercles de Mascara et de Saïda.

Subdivision de Sidi bel abbès.

Midjlès à Sidi bel Abbès, — ressort : circonscription n° 63 du cercle d'El Haçaïba.

Subdivision de Tlemcen.

Midjlès à Sebdou, — ressort : circonscriptions n°° 64 à 68 du cercle du Sebdou.

PROVINCE DE CONSTANTINE.

Subdivision de Sétif.

Midjlès à Bouçaada, — ressort : circonscriptions n°° 72 à 74 du cercle de Bouçaada.

Subdivision de Batna.

Midjlès à Biskra. — ressort : circonscriptions n°° 77 à 88 du cercle de Biskra.

Midjlès à Tuggurt, — ressort : circonscriptions n°° 89 à 91 du cercle de Biskra.

Art. 2. — Le présent arrêté sera exécutoire partir du 15 septembre 1870.

15 septembre 1870.

Arrêté du gouverneur indiquant le lieu de réunion des midjlès (B. O. 340).

Art. 1. — Dans la partie de l'Algérie, située en dehors du Tell et de la Kabylie, le fonctionnement des midjlès consultatifs aura lieu conformément aux dispositions des articles 1, 2, 3, 4 et 9 de l'arrêté du 20 août 1867 qui a réglé le fonctionnement des midjlès consultatifs subdivisionnaires, avec cette seule différence que les sessions des midjlès sahariens seront tenues dans la mahakma du cadi du lieu de réunion de ces midjlès, au lieu de l'être dans la mahakma du cadi siégeant au chef-lieu de la subdivision.

15 septembre 1870.

Arrêté du gouverneur appliquant aux cadis du Sahara le mode de répartition fixé pour ceux du Tell (B. O. 340).

Art. 1. — Dans la partie de l'Algérie située en dehors du Tell et de la Kabylie, le partage des sommes perçues par les cadis, en vertu du tarif fixé par l'article 1 de l'arrêté du 21 mars 1869, sera opéré, entre les cadis, bach-adels, adels et aoun, d'après les règles établies par l'article 1 de l'arrêté ministériel du 16 octobre 1860.

8 août 1874.

Décret qui fixe les classes et les traitements des cadis (B. O, n° 557).

Art. 1. — Le paragraphe 1 de l'article 1 du décret du 5 février 1868, fixant les classes et les traitements des cadis, est modifié de la manière suivante :

Art. 1, paragraphe 1. — Les cadis sont répartis en trois classes dont l'effectif et le traitement sont fixés ainsi qu'il suit :

22 Cadis de première classe, au traitement de................	1.500 fr.
22 Cadis de deuxième classe, au traitement de................	1.200
113 Cadis de troisième classe, au traitement de................	1.000 fr.

Art. 2. — A dater du 1er janvier 1875 le nombre des cadis de troisième classe sera réduit à 101.

31 décembre 1874.

Arrêté relatif aux mahakmas annexes
(B. O. 588).

Art. 4. — La mahakma de Vesoul-Benian (15e circonscription) est annexée à celle de Miliana (16e circonscription). —Supprimée en 1887.

La mahakma de Saint-Cloud (2e circonscription de la province d'Oran) est annexée à celle d'Oran).

Le ressort des mahakmas annexes ne subit aucun changement. Elles sont administrées par un bach-adel assisté de deux adels. Le cadi dont ils relèvent n'a d'autres droits, à leur égard, qu'un droit de visa sur les actes émanés de la mahakma annexée, et ne partage point avec eux les émoluments qui sont alloués aux membres de la mahakma par l'arrêté du 21 mars 1868.

Art. 5. — Il est créé, à Coléa, une mahakma annexe, relevant de la 1re circonscription d'Alger (malékite) composée des deux cantons de Boufarik et de Coléa. Le bach-adel siégera à poste fixe à Coléa, où il recevra les actes des justiciables des deux cantons, et, tous les lundis, le cadi d'Alger se transportera, en audience foraine, au marché de Boufarik.

Le territoire de ces deux cantons est, en conséquence, distrait du ressort de la mahakma de B

23 octobre 1875.

Arrêté du gouverneur général sur le partage des droits d'actes dans les mahakmas annexes (B. O. 627).

Art. 1. — Dans les mahakmas annexes, les sommes perçues, conformément au tarif établi par l'arrêté du 21 mars 1868, pour le prix des actes dressés par les bach-adels et autres agents de la justice musulmane sont partagées dans les proportions suivantes :

Le bach-adel reçoit 5/10es.

Les adouls reçoivent chacun 2/10es.

L'aoun reçoit 1/10e.

Il est procédé audit partage, distraction faite des droits de tournée et d'inspection du cadi de la circonscription à laquelle la mahakma est annexée.

Art. 2. — Les cadis font, une fois chaque mois, l'inspection des mahakmas annexées à leur circonscription.

Il leur est alloué à titre de frais de tournée et d'inspection, une indemnité fixe de 20 francs.

Art. 3. — Cette somme est délivrée au cadi par l'adel chargé de la perception et de la distribution du prix des actes, contre un reçu qui sera annexé à l'acte dressé conformément à l'article 3 de l'arrêté du 21 mars 1868, susvisé, et indiquant le total des sommes encaissées pendant le mois et la part de chacun des membres de la mahakma.

23 avril 1877.

Décret modifiant l'article 28 du décret du 13 décembre 1866 (3. Lois XII, n° 6001). Non promulgué, mais appliqué.

L'article 38 du décret du 13 décembre 1866 est complété ainsi qu'il suit :

Art. 1. — Les juges de paix sont chargés d'office, et en dehors de toute réquisition, de surveiller l'exécution des arrêts et jugements rendus sur appel des sentences des cadis. Le ministère public leur adressera les pièces nécessaires à l'exécution, et ils les transmettront au cadi chargé de cette exécution. Ce dernier devra rendre compte de l'accomplissement de sa mission au juge de paix, qui en informera le parquet.

Art. 2. — En cas de difficultés sur l'exécution de ces arrêts ou jugements, le cadi chargé de l'exécution sera tenu d'en saisir directement le juge de paix de son canton et d'ajourner les parties devant ce magistrat à qui il transmettra immédiatement les pièces.

Art. 3. — Chacune des parties aura également le droit de saisir directement le juge de paix, en suivant la procédure édictée par les articles 806, 807 et 808 du Code de procédure civile.

Art. 4. — Le juge de paix statuera en référé par une ordonnance non susceptible d'opposition, mais qui pourra être frappée d'appel en la forme prescrite par l'article 2 du décret du 13 décembre 1866. Les dispositions des articles 810 et 811 du Code de procédure civile seront applicables à ces ordonnances.

Art. 5. — Au cas où les difficultés porteront sur l'interprétation des arrêts ou jugements, le juge de paix renverra les parties devant la juridiction qui aura statué en appel et transmettra les pièces au parquet de cette juridiction.

3 août 1877.

Arrêté du gouverneur sur les examens des candidats aux fonctions de la justice musulmane (B. O. 608).

Art. 1. — L'arrêté et le règlement du 1er août 1866, sur les *examens* des candidats aux fonctions de la justice musulmane sont remplacés par les dispositions suivantes.

Art. 2. — Les candidats qui aspirent aux fonctions d'*adel*, de *bach-adel* et de *cadi*, sont tenus de se présenter devant une des *commissions d'examen*, fonctionnant dans chacune des trois provinces.

Art. 3. — Les commissions tiendront annuellement une session à l'époque et dans la ville qui sera indiquée par le gouverneur général.

Art. 4. — Chaque commission sera composée :

D'un magistrat français, président ;

D'un second magistrat français, vice-président ;

De l'inspecteur des établissements d'instruction publique indigène, ou, à son défaut, du professeur de la chaire arabe ;

D'un officier des affaires arabes ;

D'un interprète militaire ou judiciaire de première classe ;

De trois savants musulmans.

Le secrétaire sera choisi, par le gouverneur général, parmi les membres français de la commission.

Art. 5. — Les membres des commissions d'examen seront nommés, chaque année, par l'arrêté qui détermine le lieu et l'époque de l'ouverture de la session.

Les magistrats qui doivent en faire partie seront désignés sur la proposition du premier président et du procureur général.

Cet arrêté sera publié, par les soins de l'autorité compétente, en territoire civil et en territoire militaire, quarante jours au moins avant l'ouverture de la session.

Art. 6. — Nul ne sera admis aux examens : s'il ne justifie :

1° Qu'il est de bonne vie et mœurs ;

2° Pour le candidat à l'emploi d'adel, qu'il est âgé de vingt et un ans ;

3° Pour le candidat à l'emploi de bach-adel, qu'il a exercé, pendant un an, les fonctions d'adel, et pour l'emploi de cadi, qu'il a exercé, pendant un an, les fonctions de bach-adel.

Art. 7. — Les justifications exigées par l'article précédent seront faites au secrétaire de la commission et avant l'ouverture de la session.

Art. 8. — Les candidats produiront, à cet effet :

1° Un certificat de moralité dressé par le maire, en territoire civil, et par le commandant supérieur, en territoire militaire. Ce certificat pourra être délivré, pour les élèves des medersa, par les directeurs de ces établissements ;

2° L'extrait du casier judiciaire les concernant (bulletin n° 2) ;

3° Leur acte de naissance ou un acte de notoriété, régulièrement dressé, pour en tenir lieu.

Les candidats aux fonctions de bach-adel ou de cadi auront, en outre, à produire un certificat de fonctions, délivré en territoire civil par le procureur de la République, et en territoire militaire, par le commandant supérieur.

Art. 9. — Les examens comprendront des épreuves écrites et des épreuves orales.

Art. 10. — Les épreuves écrites seront arrêtées par la commission à l'ouverture de la session et commenceront séance tenante.

Les examens de bach-adels et de cadis comportant deux épreuves écrites, ainsi qu'il est dit en l'article 12 ci-après, le sujet de la seconde épreuve sera arrêté par la commission au moment où cette partie de l'examen commencera.

Art. 11. — Les épreuves écrites comprendront :

Pour les candidats adels.

Un acte constatant une obligation (vente, location, association, etc.), un acte de notoriété, une procuration ou décharge, ou une lettre traitant une question de droit.

Pour les candidats bach-adels, deux épreuves composées :

L'une d'un jugement ;

L'autre d'un acte (donation, habous, etc...) ou d'une lettre traitant un point d'organisation judiciaire musulmane ou une question de législation musulmane algérienne.

Pour les candidats cadis, deux épreuves, comprenant :

La première, un jugement ;

La deuxième, une dissertation sur une question de droit comprise dans le programme.

Art. 12. — Il sera accordé trois heures aux candidats pour chaque épreuve écrite avec faculté de se servir de dictionnaires, de grammaires, du texte de Sidi-Khalil, du Dictionnaire de la législation algérienne, et du Recueil des actes du gouvernement.

Art. 13. — Les candidats seront divisés en catégories, suivant la nature des fonctions auxquelles ils aspirent, et placés dans des salles séparées.

Art. 14. — Pendant la durée de l'épreuve, la commission sera représentée, dans chacune des salles, par un de ses membres au moins.

Art. 15. — Le président indiquera le jour et l'heure auxquels auront lieu les secondes épreuves écrites des aspirants bach-adels et cadis.

Art. 16. — Les dispositions des articles 13, 14 et 15 sont applicables à cette seconde épreuve.

Art. 17. — Les épreuves écrites seront examinées à divers points de vue, savoir :

Pour les aspirants adels, aux points de vue

De la calligraphie,

De l'orthographe,

Du droit.

Pour les aspirants bach-adels, aux points de vue :

De la calligraphie,

De la grammaire,

Du droit.

Pour les aspirants cadis, aux points de vue :

De la grammaire,

Du style,

Du droit.

Art. 18. — Les épreuves écrites recevront,

pour chacune des divisions ci-dessus indiquées, un nombre de points compris entre 0 et 20.

Art. 19. — Les candidats dont l'épreuve écrite n'aura pas *obtenu 10 points au moins*, dans chacune de ces divisions, ne seront pas admis aux épreuves orales.

Art. 20. — Les *épreuves orales* auront lieu aux jour et heure fixés par le président.

Elles seront subies devant la commission, composée au moins de cinq membres, dont deux musulmans.

Art. 21. — Les épreuves porteront :

Pour les candidats adels, sur :

1° La lecture raisonnée d'un imprimé ou d'un acte manuscrit récent ;

2° L'arithmétique élémentaire ;

3° Les principes élémentaires du droit musulman, de l'organisation judiciaire musulmane et de la législation musulmane de l'Algérie.

Pour les candidats bach-adels, sur :

1° La lecture raisonnée d'actes anciens ;

2° L'arithmétique, principalement appliquée aux successions ;

3° Le droit musulman, l'organisation judiciaire musulmane et la législation musulmane de l'Algérie.

Pour les candidats cadis, sur :

1° L'analyse grammaticale ;

2° Le droit musulman ;

3° L'organisation judiciaire musulmane et la législation musulmane de l'Algérie.

Art. 22. — Chaque épreuve orale aura une durée d'une demi-heure au moins.

Art. 23. — Les candidats recevront, pour chaque partie de leurs épreuves orales, un nombre de points compris entre 0 et 20, et ceux d'entre eux qui, dans toutes les matières, auront *obtenu 10 points* au moins seront déclarés admissibles et recevront un certificat d'aptitude.

Art. 24. — La commission dressera, à l'issue des examens, et pour chaque catégorie de candidats, le tableau de ceux qui auront *droit au certificat d'aptitude*. Ce tableau comprendra le nombre de points obtenus par chaque candidat dans ses épreuves écrites et orales ; il sera établi par ordre de mérite, et la commission tiendra compte, s'il y a lieu, pour la fixation de cet ordre, de la connaissance que les candidats peuvent avoir de la langue française, de la géographie et de toute autre matière non comprise dans l'examen.

Le tableau sera dressé conformément aux modèles ci-annexés.

Art. 25. — Les *certificats d'aptitude seront délivrés par le gouverneur général*. Ils porteront la signature du président et du secrétaire de la commission.

Art. 26. — A partir du 1er janvier 1880, les épreuves orales comprendront, outre les matières ci-dessus spécifiées, et pour les trois catégories de candidats :

Des éléments d'histoire et de géographie algérienne ;

Des éléments de droit français ;

Des éléments de langue et de conversation française.

A partir de la même époque, les candidats auront à répondre sur tout le programme susénoncé.

Art. 27. — Il sera procédé pour le nombre de points à donner, comme il est dit en l'article 24, et le tableau à dresser par la commission d'examen contiendra trois colonnes nouvelles destinées à recevoir le nombre de points obtenus par les candidats pour les matières alors exigées.

Art. 28. — Des programmes détaillés des matières comprises dans les examens des aspirants aux fonctions sont annexés au présent arrêté.

Nous publions, comme complément de la législation sur la *Justice musulmane*, le tableau des circonscriptions judiciaires des cadis de l'Algérie, en indiquant le territoire auquel chacune d'elles appartient, le canton, c'est-à-dire la justice de paix dont elle dépend, le nom des centres, douars ou tribus qui la composent.

Ce travail, arrêté au 30 juin 1878, est dû à M. Géhin, interprète, chargé, au parquet de M. le procureur général d'Alger, du service de la justice musulmane.

Il résulte de ce travail qu'il existe dans le Tell : 19 circonscriptions dans la province d'Alger, 58 dans la province de Constantine, et 36 dans la province d'Oran.

Et hors Tell, ou dans le Sahara : 10 circonscriptions dans la province d'Alger, 17 dans celle de Constantine, et 21 dans celle d'Oran.

Circonscriptions judiciaires musulmanes.

Province d'Alger,

TERRITOIRE CIVIL.

1re. — ALGER (Maléki).

Un cadi, deux bach-adels, trois adels.

Centres : Alger, la Bouzaréa, Chéragas, El Biar, Dely-Brahim, Guyot-Ville, Oulad-Fayet, Pointe-Pescade, Saint-Eugène, Sidi-Ferruch et Staouéli. (*Canton nord d'Alger*.)

Agha, Aïn-Béïda, Aïn-Krob, Aïn-Taya, Birkadem, Birmandreis, Drariah, El Achour, Fort-de-l'Eau, Hussein-Dey, Kaddous, Kouba, Maison-Carrée, Matifoux, Mustapha (inférieur et supérieur), La Rassauta, Rouïba et Saoula. (*Canton sud d'Alger*.)

Douéra, Baba-Hassein, Crescia, Mahelma, Quatre-Chemins, Sainte-Amélie, Saint-Ferdinand, Saint-Charles, Saint-Jules, Boufarik, Birtouta, Bouïnan, Chebly et Souma. — *Tribus :* Mahelma et des Oulad-Mendil. (*Canton de Boufarik.*)

MAHAKMA ANNEXE A COLÉA.

Un bach-adel et deux adels.

Centres : Bérard, Berbessa, Castiglione, Chaïba, Coléa, Douaouda, Fouka, Hattaba, Messaoud, Saïgh, Téfeschounet Zéralda. (*Canton de Coléah.*)

Audiences foraines : les lundis à Boufarik et les vendredis à la Maison-Carrée.

2°. — ALGER (HANÉFI).

Un cadi, deux bach-adels, trois adels.

Même territoire que la première circonscription, moins les audiences foraines de Boufarik et de la Maison-Carré, moins également la surveillance de la mahakma annexe de Coléah.

3° — L'ARBA.

Un cadi, un bach-adel, un adel.

Centres : L'Arba, le Fondouk, Hamedi, Maison-Blanche, Rivet, Rovigo et Sidi Moussa. — *Douars :* Arbatache, Sidi Nasseur, Sidi Hammouda et Hamman Mélouane. (*Canton de l'Arba.*)

Audience foraine le jeudi à Rovigo.

4°. — MÉNERVILLE.

Un cadi, un bach-adel, deux adels.

Centres : L'Alma, Bellefontaine, Béni-Amran, Blad-Guitoun, Ménerville, Isserbourg, Aïn-Réfaïa, Aïn-Léghata, Oued-Korso, La Regaïa, Saint-Paul, Saint-Pierre, Souk-el-Hâad, Zâatra, Zamouri, Palestro. — *Douars :* Aminal, Bouderbala, Bouzegza, Khachna-el-Djebel, Moshaha, Oued medj Kan. — *Tribu :* Senhadja. (*Canton de Ménerville.*)

Audiences foraines à l'Alma et à Palestro.

5°. — AUMALE.

Un cadi, un bach-adel, un adel.

Centres : Aumale, Bir-Rabalou, Les Trembles, — *Douar :* El Betham. (*Canton d'Aumale.*)

Audience foraine à Bir-Rabalou.

6°. — TÉNÈS.

Un cadi, trois bach-adels, cinq adels.

Centres : Ténès; Vieux-Ténès, Montenotte, Oulad Arbia, Meggan, Châarer, Oulad el Arbi, Araoua, Merachich; — *Douars :* Béni-Tamou Talassa, Bâach, Baghdoura, Béni Merzoug, Heumis, Maïn, Sinfita, Béni-Haoua, Taourine. (*Canton de Ténès.*)

Audience foraine aux Béni-Merzoug et aux Heumis.

7°. — ORLÉANSVILLE.

Un cadi, deux bach-adels, deux adels.

Centres : Orléansville, Malakoff, Pontéba, la Ferme; — *Douars :* El Hadjeraf, Sidi-el-Aroussi, Chembel, Oum-Eddrou, Fodda, Tiberkanin, Oued Sly, Oulad Farès. (*Canton d'Orléansville.*)

Audiences foraines à Malakoff et à l'Oued Fodda.

8°. — DELLYS.

Un cadi notaire.

Centres : Dellys, Rebeval, Ben-N'choud, Oulad, Keddach, Béni-Thour, Taourga. — *Douars :* Béni Syem. (*Canton de Dellys.*)

9°. — BORDJ-MENAÏEL.

Un cadi notaire.

Centres : Bordj-Ménaïel et Isserville. — *Douars :* Oulad Smir, Raïcha, Sidi Sliman, El Guious, Teurfa, Sebaou-el-Kedim, Kouanin, Oulad-Aïssa, Aïn-Mouder, Bouberak, Issers El Djédian. (*Canton de Bordj-Ménaïel.*)

10°. — DRA-EL-MIZAN.

Un cadi notaire.

Centres : Drâ-el-Mizan, Tizi-R'nif, Aomar, Bou-Fathma, A. Zaouia, Bordj-Boghni. — *Douars :* Abid, Nezlioua, Farchaoua, Oulad-el-Aziz, Béni-Maned. (*Canton de Drâ-el-Mizan.*)

11°. — BLIDAH.

Un cadi, un bach-adel, deux adels.

Centres : Blidah, Béni-Méred, la Chiffa, Mouzaïaville, Oued-el-Alleug. — *Douars :* Sid-el-Fodhil, Sid-el-Kebir, Ghellaïe. (*Canton de Blidah.*)

12°. — MARENGO.

Un cadi, un bach-adel et un adel.

Centres : Marengo, Tipaza, Montebello, Ameur-el-Aïn, Bourkika. — *Douars :* Sahel, Béni-Mérit, El Hammam, Oued-Djer, Béni-Ménad, Mourad. (*Canton de Marengo.*)

13°. — MÉDÉAH.

Un cadi, deux adels et un bach-adel.

Centres : Médéah, Damiette et Lodi et le village des Hassen-ben-Ali. — *Douars :* Tamezguida et Gheraba. — *Tribu :* Mouzaïa. (*Canton de Médéah.*)

14°. — BOGHARI.

Un cadi, un bach-adel, un adel.

Centres : Boghar et Boghari (Ksar Boghari)

— *Douar :* Oulad Hamza, Oulad Antheur. (*Canton de Boghari*).

15°. VESOUL-BENIAN.

Supprimée, le territoire rattaché à la 16° (arrêté du 1er juin 1877.)

16°. — MILIANA.

Un cadi, deux bach-adels, trois adels.

Centres : Miliana, Aïn-Sultan, Lavarande, Affreville, Vesoul-Bénian, Adélia, Bou-Medfa. — *Douars :* Oued-Deurdeur, Adélia, Bou-Hallouan, El-Hammam et Oued-Sebt. — *Tribus :* Hachem, Shahfa et Righa. (*Canton de Miliana*)

Audiences foraines à Vesoul-Benian et à Bou-Medfa.

17°. — DUPERRÉ.

Un cadi, deux bach-adels, deux adels.

Centres : Duperré, Oued-Rouïna, Saint-Cyprien-des-Attafs, Sainte-Monique, Attafs, Temoulga et l'Oued-Folda. — *Douars :* Arib, Bou-Zehar, Taria, Béni-Boukni, Chemla, Béni-Ghomérian et Harrar-du-Chelif. (*Canton de Duperré.*)

Audience foraine aux Attafs.

31°. — BERROUAGUIA.

Un cadi, un bach-adel et deux adels.

Centre : Ben-Chicao, Berrouaguia. — *Douars :* Zaâtit, Ouzera, Béni-Bou-Yakoub, Oulad-Trif, Merachda, Oulad-Farguen, Oulad-Brahim, Oulad-Mellal. (*Canton de Médéah.*)

44°. — CHERCHELL.

Un cadi, deux bach-adels et quatre adels.

Centres : Cherchell, Zurich, Novi. — *Douars et tribus :* Chenoua, Gouraya, Larhat, Oghbal, Béni-Zioul, Zatima, Sidi-Smiane et El-Gourine. (*Canton de Cherchell.*)

Audiences foraines à Gouraïa, Zatima et Béni-Ménasser.

TERRITOIRE MILITAIRE.

18°. — TIARA.

Douars : Béni-Misserah, Bâata, Tourtatine et Tiara. (*Canton de l'Arba.*)

19°. — OULAD-MESELLEM.

Douars : El-Ouzana, Oulad-Messellem, Ahl-el-Euch, Mezghenna. (*Canton de l'Arba.*)

20°. — BOUKRAM.

Douars : Tablat, Boukram et Guerrroumal. (*Canton de l'Arba.*)

21°. — CHEURFA.

Douars : Cheurfa-du-Sud, Béni-bel-Hassein. (*Canton de l'Arba.*)

22°. — (Supprimée).

23°. — DECHMIA.

Douars : Oulam-Zenim, Oulad-Soultan, Oulad-Tâan, Oulad-Farha, Oulad-Bou-Arif. — *Tribus :* Oulad-Mériem, Oulad-Driss, Djouab. (*Canton d'Aumale.*)

24°. — ADAOURA.

Douars : Oued-Mamora, Oued-Kidan. — *Tribus :* Adaoura (Cheraga et Gheraba), Oulad-Barka. (*Canton d'Aumale.*)

25°. — OULAD-SIDI-AISSA.

Tribus : Oulad Sidi-Aïssa, Oulad Ali Ben-Daoud, Oulad Abdallad, Oulad Si Amer, Oulad-Sidi Hadjérès et Selamats. (*Canton d'Aumale.*)

26°. — OUED-OKHRIS.

Douars : Aïn-Hazem, Oued-El-Berdi. — *Tribus :* Oulad-Selama, Béni-Iddou, Oulad-Messelem, Béni-Intacen et Oulad-Salem. (*Canton d'Aumale.*)

27°. — BEL-KHÉROUB.

Tribus : Oulad Sidi Salem, Meteunan, Oulad Selim. (*Canton d'Aumale.*)

28°. — BOUIRA.

Douars : Oulad-Bellil, Sidi-Zouïka, Aïn-Tizl-ret, Sidi Khelifa, Aïn-Bessam, Koudiet-El-Hamra. — *Tribus :* Oulad-El-Aziz et Béni-Moddour. (*Canton d'Aumale.*)

29°. — OUZIR. (Supprimée.)

30°. — AMOURA.

Douars : Ouanni, Hannacha, Ghrib, Oulled-Oughat (Righa), Haouara. — *Tribu :* Béni-Hassen. (*Canton de Médéah.*)

31°. — AIN-MAKLOUF.

(Passée en territoire civil sous le nom de Berrouaghia.)

32°. — TLÉTA-DES-DOUAIRS.

(Anciennement des Hassen-ben-Ali.)

Douars : Oulad-Chaïr, Oulad-Deïd, Rétal et Béni-Seghouan. — *Tribu* des Rebaïa. (*Canton de Médéah.*)

33°. — TITTERI.

Tribus : Oulad Mareuf, Oulad Allan-Zekri,

Oulad Allan-Bechih, Titteri, Souari, Deïmat. (*Canton de Médéah.*)

34°. — BIRIN.

Tribus : Oulad Mokhtar Chéraga, Maouidat-Chéraga, Sahari-Oulad-Brahim, Oulad Sidi-Aïssa (Elladhab), El-Ahdab. (*Canton de Médéah.*)

35°. — OULAD-ANTHEUR.

Douars : Oulad Antheur, Oulad Hellal, Oum-el Djellil et Mefatah.— *Tribu :* Zenakhra-el-Gort. (*Canton de Boghari.*)

36°. — AIN-OUSSERA.

Douar : Bou-Ghezoul. — *Tribus :* Oulad-Mokhtar-Gheraba, Maouidat-Gheraba, Rahman Cheraga et Gheraba, Abadlia. (*Canton de Boghari.*)

37°. — KSAR CHELLALA.

Tribus : Oulad Si-Daoud, Oulad Tabet, Oulad-Sidi-Aïssa-Souagui, Oulad-Sidi-Aïssa-el-Ouerq, Oulad-Ahmed-Réchaïga, Oulad-Cheikh et Ksar-Chellala. (*Canton de Boghari.*)

38°. — ZACCAR.

Douars : Zaccar, Bou-Mad, El Arbâ, El Aneb.— *Tribus :* Béni-Merhaba et Béni Sliman (restant de la tribu des Béni Férah). (*Cantons de Miliana et de Duperré.*)

39°. — DJENDEL.

Douars : Djendel, Douï-hasseni, Oued Talbenet et Béni Fathem. (*Canton de Miliana.*)

40°. — OUED MASSIN.

Douars : Oued Djelida, Matmata, Ahl-el-Oued, Oulad-Cheikh. (*Canton de Miliana.*)

41°. — BRAZ.

Supprimée.

42°. — CHÉTIF ET FODDA.

Supprimée.

43°. — TAFRENT.

Douars : Zeddin et Bou-Rached. — *Tribus* Béni bou-Hattab, Béni-bou-Douan, Bettaïa, Khobbaza et Tiabine. (*Cantons de Miliana et de Duperré.*)

44°. — CHERCHELL.

Circonscription devenue civile (V. ci-devant).

45°.— (Supprimée).

46°. — TOUKRIA.

Centre : Téniet-el-hâad. — *Douars :* El Khe-

maïz, Ighoud, Ben-N'aouri et Béni-Méharez. (*Canton de Téniet-el-Hâad.*)

47°. — OUED-SEBT.

Douars : El Meddad. — *Tribus :* Béni-Chaïb Béni-Lahsen, Oulad Bessam-Cheraga et Gheraba. (*Canton de Téniet-el-Hâad.*)

48°. — TISSEMSIL.

Tribus : Béni-Leut, Oulad-Ammar, Béni-Maïda et Bouï-Hasseni (Bou-Aïch). (*Canton de Téniet-el-Hâad.*)

49°. — OUED BOUKMOURI.

Douars : Aïn-el-Anser, Taza. — *Tribus :* Siouf et Aziz. (*Canton de Téniet-el-Hâad.*)

50°. — MÉDINET MÉDJADJA.

Douars : Médjadja, Béni-Rached et Béni-Der-ljin. — *Tribus :* Béni-bou-Milouk, Zougara et Ta-cheta. (*Cantons de Cherchell et d'Orléansville.*)

51°. — SOBAH.

S'étendant sur les deux territoires.
Douars : Sobah, Oulad-Ziad, Zeboudj-el-Ouest et Taflout. (*Canton d'Orléansville.*)

52°. — SENDJER.

Douars : Guerboussa, Tsiraouts et Harchoun. (*Canton d'Orléansville.*)

53°. — DAHRA.

Tribus : Harenfa, M'chaïa, Oulad Abdallah-Dahra et Oulad-Younès. (*Canton d'Orléansville.*)

54°. — CHOUCHAOUA.

Douars : Chouchaoua, Temdrara. — *Tribus :* Béni-Ouazzan, Béni-boukhennous. (*Canton d'Orléansville.*)

55°. — OUARSENNIS.

Tribus : Oulad-Bou-Seliman, Tamelahat, Béni-hindel, Oulad-Ghalia. (*Canton d'Orléansville.*)

56°. — BÉNI-MERZOUG.

Supprimée.

57°. — HEUMIS.

Supprimée.

Province de Constantine,

TERRITOIRE CIVIL.

1°. — CONSTANTINE.

Un cadi, deux bach-adels, quatre a lels.

Centres : Constantine ville, intra-muros. (*Canton de Constantine.*)

2e. — CONSTANTINE.

Un cadi, deux bach-adels, quatre adels.

Centres : Kroub, Smendou, Condé, le Hamma et ses annexes, Bizot. — *Douars :* Sferdjela, Oued-Sebika et Oulad Braham. (*Canton de Constantine.*)

3e. — MILAH.

Un cadi, deux bach-adels, deux adels.

Douars : Serraouïa, Kermouda — *Tribus :* Milah, Mouïas. — *Azels :* Béni-Haroun, partie de Zouagha (sur la rive droite de l'Oued-Eudja jusque et y compris le douar de Kermouda). (*Canton de Milah.*)

4e. — OULAD-RAHMOUN.

Un cadi, deux bach-adels, deux adels.

Centres : Oulad - Rahmoun, Ain - Melika. — *Douars :* Amcur-Sahrouïa, Oulad-Nasseur, Oulad-Djéhaïr, Oulad-Gassem, Oulad-Seghar, Oulad-Khaled, Dreïd, Hazebri, Oulad Aziz, Oulad Bel-Aguel, El-Kouïhi, Oulad-Achour, Oulad-Sebâ, Oulad Messâad et Oulad-sï-Ounis. (*Canton des Oulad-Rahmoun.*)

5e. — OUED-ZÉNATI.

Un cadi, deux bach-adels, deux adels.

Centre : Oued-Zénati. — *Douars :* Zenatia, Mérachda, Hassasna, Oulad-Ahmed, Oulad-Sassi, Khangue-Sebat. — *Tribus :* Sellaoua, Ain-Melouk, Sidi-Mâach. — *Azels :* de la rive gauche d'Oued - Cheref, Oulad - Sidi - Khelifa. (*Canton d'Oued-Zénati.*)

6e. — OUED-ATHMÉNIA.

Un cadi, deux bach-adels, deux adels.

Centres : Oued-Athménia, Oued-Dekri et Ain-Smarra, et Chateau-lun-du-Rumel. — *Douars :* Dambez, Ras-Seguin, Méghelsa, Zin-Telassine, Aioun-el-Adjaz, Oulad Elarbi, Oulad-Haïef, El-Brana, Oulad Zerga, Oulad Bou-El-Aoufan, Zaouïa-Ben-Zerrouk. (*Canton d'Oued-Athménia.*)

7e. — BATNA.

Un cadi, deux bach-adels, un adel.

Centres : Batna, Lambesse. — *Douars :* Haracta, Djerma, Guchala, Dahra, Oulad-Ziad, Oulad-Hassian, Oulad Herman, Oulad Boudjemâ, Ain-Assafer (section du douar d'El-Ksour), Kasserou (section du douar de Zoui). (*Canton de Batna.*)

8e. — PHILIPPEVILLE.

Un cadi, un bach-adel, un adel.

Centres : Damrémont, Philippeville, Saint-Antoine, Stora, Valée, Saint-Charles. — *Douars :* M'Sala, Oulad Nouar, Zeramna, Medjadja, Ain-Ghorab et Filfila. (*Canton de Philippeville.*)

9e. — JEMMAPES.

Un cadi, un bach-adel, un adel.

Centres : Ahmed-Ben-Ali, Ain-Cherchar, Enchir-Saïd, Gastu, Jemmapes, Sidi-Nassar, Souk-es-Sebt et Djendel. — *Douars :* Radjeta, Arb-Skikda, Tengout, Bou-Taïeb, Zerdezaz, Ain-Nehal, Mellila, El-Ghar, Meziet, Oulad Ghérara. (*Canton de Jemmapes.*)

10e. — EL-ARROUCH.

Un cadi, deux bach-adels, deux adels.

Centres : Armée française, El-Arrouch, El-Kantour, Gastonville et Robertville. — *Douars :* Béni-Bou-Naim-Sfisfa, Arb-Estaïha, Oum-Ech-Chouk, Oued-Refref, Oued-El-Ksob, Djebel-Ghedir, Oulad-Messaoud, Khenguet-Azla, Oulad-Derradj, Hazabra, Oulad Hamza, Oulad Habeba, Khorfan, Ghezala et Béni-Ahmed. (*Canton d'El-Arrouch.*)

11e. — BONE.

Un cadi, un bach-adel, trois adels.

Centres : Bône, Bugeaud, Duzerville, Randon et son annexe Oued-Besbès. — *Douars :* Béni-Urgine et Merdés. — *Tribu :* Aouichaoua. (*Canton de Bône.*)

12e. — AIN-MOKRA.

Un cadi, un bach-adel, un adel.

Centres : Aïn-Mokra (Oued-El-Aneb), Herbillon. — *Douars :* Abdesselam et Ain-Nechma. — *Tribus :* Béni-Mahammed, Béni-Guécha, Guerbez, Senhadja, Djendel, Béni-Mérouan, Tébiga, Ferdj-Moussa et Tréat. (*Canton d'Aïn-Mokra.*)

13e. — MONDOVI.

Un cadi, un bach-adel, deux adels.

Centres : Mondovi, Barral, Duvivier, Mdjez-Sfa, Penthièvre, Nechmaïa. — *Douars :* Oulad Dardara, El-Houara, Dramna, Talha, Oulad Selim (partie), Réguegma (partie). — *Tribus :* Oulhassa, Cheurfa, Eulma-Kricha. (*Canton de Mondovi.*)

14e. — GUELMA.

Un cadi, deux bach-adels, deux adels

Centres : Guelma, Medjez-Ammar, Héliopolis, Guélâa-Bou-Sebâ, Petit, Millésimo. — *Douars :* Mouelfa, Fedjoudj, Ain-Rihana, Béni-Addi, Selib, Hamdan, Taïa, Khezara, Béni-Marmi, Oulad-Senan, Oulad-Harid, Béni-Mezlilan, Béni-Ourzeddin. (*Canton de Guelma.*)

15e. — SÉTIF.

Un cadi, deux bach-adels, deux adels.

Centres : Sétif, Ain-Sefia, Ain-Trik, El-Anasser,

El-Hassi, El-Malah, Fermatou, Khalfoun, Mez-loug, Temchouka, El-Hachechia, El-Harmélia. — *Douars :* Oulad-Sid-Ali-Ben-Nasseur, Oulad-Adouan, Oulad-Mansour, Guidjel, Ben-Diab, Oulad-Sabeur, Chabla, Ouillel et Medjounés. *(Canton de Sétif.)*

16° SAINT-ARNAUD.

Un cadi, un bach-adel, un adel.

Centres : Bid-el-Arch, Bordj-Mamra, Oued-Deheb, Saint-Arnaud, Saint-Donat. — *Douars :* Guelt-Zerga, Beïda-Bordj, Belaâ, Mérioud, Sekra, Bazer, Telhla, Oulad-bel-Aouchat, Oulad-Zaïm, Oulad-Mekhencha, Oulad-el-Arbi, Oulad-Belkheir. *(Canton de Saint-Arnaud.)*

17°. — MESSAOUD.

Un cadi, un bach-adel, un adel.

Centres : Bouhira, Aïn-Messaoud, Aïn-Arnat, El-Ouricia, Mahouan, Aïn-Abessa, Aïn-Rouah, Faucigny. — *Douars :* Gherazla, Malah, El-Anini, Takoka, Matrouna, El-Hammama et Oued-Mosly, Chabet-Cheurfa. *(Canton de Sétif.)*

18° — BORDJ-BOU-ARRÉRIDJ.

Un cadi, un bach-adel, un adel.

Centres : Bordj-bou-Arréridj, Medjana, Aïn-Tagrout, Sidi-Embarek, Bir-Kasdali, Aïn-Sultan, El-Anasser, Chaouïa, Bel-Imour, Bir-Aïssa, El-Achir. — *Douars :* Sedrata, Senuada, Djaïfa, Sitira, Guissati, Tessara, Guemmour, Chaouïa, Oulad-Ali-Bou-Nad, Msila. *(Canton de Bordj-Bou-Arréridj.)*

19°, 50° réunies. — BOUGIE.

Cadi notaire.

Centres : Bougie, Béni-Mimoun, Il-Matten, Bitsch, Oued-Amizour, Oued-Marsa, La Réunion, Sidi-Aïch. — *Douars :* Aït-Ameur ou Ali, Aït-Timzit, Madala, Oued-Summam, Djoua, Béni-Amerous, Aït-Ouarets ou Ali, Aokas, Béni-Hassein, Béni-Mohammed. — *Tribus :* Béni-Ameran, Toudja, Fenaïa, et Oulad-Sidi-Mohamed-Amokran, Béni bou Aïssi, Béni Melloul, Mzaïa et Béni bou Messaoud. *(Canton de Bougie.)*

55° et 56°. — TAKITOUNT.

Cadi notaire.

Centre : Takitount. — *Douars :* Takitount, Kalaoun, Mentano, Guergour, Teulet et Tin. — *Tribus :* Béni-Sliman, Béni-Tizi, Béni-Ismaïl, Cherchour, Djermouna et Béni-Méraï. *(Canton de Takitount.)*

31°. — DJIDJELLI.

Cadi notaire.

Centres : Djidjelli. Duquesne, Strasbourg, Chaddia. — *Douars :* Béni-Caïd, Rekada, Oum-Tlétsine, Béni-Djenjen, Chaddia, Tazia, Tabellout, Mérabet-Moussa, Oulad-Bou-Youssef, Béni-Maâmmar. — *Tribus :* El-Aouana, Béni-Siar, Béni-Ahmed. *(Canton de Djidjelli.)*

58° et 59°. — AKBOU.

Cadi notaire.

Centres : Akbou, Tazemalt. — *Douars :* Tigrin, Aït-R'zin, Boul, Béni-Mellikeuch, Monga. — *Tribus :* Illoula, Béni-Aïdel et Béni-Abbas. (Canton d'Akbou.)

(La compétence du cadi notaire, dans ces quatre circonscriptions, s'étend sur le territoire civil et sur le territoire militaire.)

TERRITOIRE MILITAIRE.

20°. — FERDJIOUA.

Tribus : Ferdjioua, Oulab-Kebbeb, Oued-Bouselah, Zouagha (moins les Azela et la tribu de la rive droite de l'Oued-Eudja). *(Canton de Milah.)*

21°. — Supprimée.

22°. — AIN-BÉIDA.

Sur les deux territoires.

Centres : Aïn-Beïda et la Meskiana.— *Douars :* Oulmen, Ez-zerg, El-Hassi, Fekrima, Oulad-Nini, Aïn-Diss, Touzzeline, Sidi-Rbegheïs, Medfoun, Aïn-Zitoun, Ras-Zebar, Dala, M'toussa, Baghaï et Aïn-Touïla. *(Canton d'Aïn-Beïda.)*

23°. — SETTARA.

Douars : Mouladheïn, Terraguelt, Rahia, Mesloula, Guern-Omar, El-Mechtab, El-Goum, Ouessa, Aïn-Snob, Bou-Aouch. — *Tribus :* Fractions des Sédrata (Oulad-bou-Afla et Béni-Oudjana), Oulad-Daoud et Oulad-Sidi-Khelifa. *(Canton d'Aïn-Beïda.)*

24°. — TEBESSA.

Centre : Tebessa. — *Tribus :* Oulad-Sidi-Abid, Sidi-Yahia et village d'Youks. *(Canton de Tébessa.)*

25°. — CHÉRIA.

Tribus : Brarcha, moins le village d'Youks, les Oasis de Ferkan et de Negrin. *(Canton de Tebessa.)*

26°. — COLLO.

S'étend sur les deux territoires.

Centre : Collo. — *Douars :* Arb-el-Goufi, Afensou, Oulad-Djemâ, Ziabra, Béni-Zid, Elli-Zeggar, El-Oudja, Oulad-M'rabot, Oulad-Ahmidech, Arb-Sidi-Achour et Oulad-Mazouz. *(Canton de Collo.)*

27°. — LAMALOUS.

Douas : Guerguera, Demnia, Tokla, Tâabna, El-Atba, Aïn-Tabia, Oulad-Arksib, Dénaïra, Béni-Ouelban. ((*Canton de Collo.*)

28°. — EL MILIAH.

Douars : Oulad-Debab, Oulad-Kacem, Bou-Cherf, Oulad-M'barek, Béni Caïd, Béni-Telilen, Béni-Sbihi. (*Canton de Milah.)*

29°. — OULAD-ALI.

Douars : Oulad-Ali, Oulad-Aouat, Tallman, Oulad-bou-Tâa, M'chat, Oulad-Yahia, Yamiden, Oulad-Rebah, Béni-F'tah, M'cid, Tamendjar. — *Tribu :* Oulad-Z'hour. (*Canton de Milah.*)

30°. — CHEKFA.

Douars : El Djénah, Hayen, Oum Aghioum, Oulad -Asker. — *Tribus :* Béni-Ider, Béni-Djemla, Béni-Afer.

31°. — DJIDJELLI.

V. ci-devant.

32°. — SELM

Douars : Beni-Foughal, Tababort, Beni-Ourzeddin, Médjaledj et Adjidj. (*Canton de Djidjelli.*)

33°. — ARCHÉCHE.

Douars : Zoui (partie), Telt, Oulad-Chelih, El Briket, El Ksour (partie), Tilatou et Seggana. — *Tribus :* Achèche, Oulad-Fedala, Beni-Mohafa. (*Canton de Batna.*)

34°. — N'GAOUS.

Tribu des Oulad Sultan. (*Canton de Batna.*)

35°. — BELEZMA.

Tribu des Oulad-bou-Aoun. (*Canton de Batna.*)

36°. — BOUZINA.

Tribus des Oulad-Abbi et de Daoud. (*Canton de Batna.*)

37°. — BARIKA.

Tribu du Hodna. (*Canton de Batna.*)

38°. — RAS-EL-AIOUN.

Tribus : Oulad-Sellem, Oulad -Ali-ben-Sabor (moins le douar-commune Beïda-Bordj). (*Canton de Batna.*)

39°. — KHENCHELA.

Tribus : Kenchela, Amamra et Béni-Oudjana. (*Canton de Khenchela.*)

40°. — OULAD-RÉCHAICH.

Tribu Oulad-Rechaïch. (*Canton de Khenchela.*)

41°. — NADOR.

Supprimée (Arrêté du 4 janvier 1876).

42°.— SOUK-AHRRAS.

Sur les deux territoires.

Centres : Souk-Ahrras, La Verdure. — *Douars :* Hanencha, Zaouria, Tifech. — *Tribus :* Hammama, Aïadia, Oulad-Souhias, Arara, Béni-Berber, Merahna, Oulad-si-Moussa, Oulad-si-Saïd, Oulad-el-Hadj, Oulad-Belkassem, Oulad-Ahmed, Oulad-Rezkallah, Oulad-Sbaâ (*Canton de Souk-Ahrras*).— *Tribu* de Nador. (*Canton de Guelma.*)

43°. — MÉDJERDA.

Douars : Aouaïd, Mahïa, Mégala, Méchâala, Arab-Dahura, Haddada, Khedara, Oulad-Moumen, Deïra. — *Tribus :* Oulad-Driss, Oulad-Zaïd, Oulad-Bechia, Oulad-Taleb, Oulad-Khaled, Oulad-Troudi, Kselma, Oulad-Ghénim et Béni-Yahi. (*Canton de Souk-Ahrras.*)

44°. — OUED-BOU-HADJAR.

Douars et tribus : Oulad-Messaoud, Chiebna, Oulad-Nasseur et Cheffia. (*Canton de La Calle.*)

45°. — LA CALLE.

Sur les deux territoires.

Centres : La Calle, Oum-Teboul. — *Douars :* Souarakh, Nched, Khanhuet-Aoun, Béni-Amar, Aïn-Khiar, Oulad-Died, Sebah et Brabtia. (*Canton de La Calle.*)

46°. — KSAR ET TIR.

Douars : L'Arbâa, Guellet-Zédin, Chot-Malah, Ouid-Boutara, Oulad-Braham, Oulad Mehalla. Aïn-Titest, Oulad-Abd-el-Ouahad, Kherbet-Ksar-Ettir, Ras-el-Ma, Oulad-Tebben, Mahdjouba, Aïn-Ksar, Oulad-si-Ahmed.— *Tribus :* Bou-Chaleb, Righa Guebala et Righa-Dahra. (*Canton de Sétif.*)

47°. — SAHEL-GUÉBLI.

Tribus : Sahel-Guébli et Aïn-Et-Turk. (*Canton d'Akbou.*)

48°. — BOU-SELLAM.

Tribus : Béni-Yala', Beni-Ourtilan, Beni-Chebana et Guergour. (*Canton d'Akbou.*)

49°. — ZEMMORA.

Douars : Zemmora (moins la section de Chaouïa), Tassameurt, Oulad-Taïr, Hasnaouïa, Oulad Dahman, Oulad-Hanich (nord). (*Canton de Bordj-bou-Arreridj.*)

50°. — COLLA.

Tribus : Taffreg, Colla, Rounda, Djaffra, El Maiu, Djanith, Déjbaïlia, Bibans. (Canton de Bordj bou-Arréridj.)

51°. — RABTA.

Tribus : Rilassa, Zemala, Rabta, Mekarta, El Ksour, Dréat, Zegueurt. (Canton de Bordj-bou-Arréridj.)

52°. — MANSOURAH.

Tribus : Mansourah, Oulad-Mahmed, Oulad-Ali, Oulad-Sidi, Brahim-bou-Beker, Oulad-Trif, Oulad-Taïr, Oulad-Shari, Melouza, Kherabcha et Béni-Siman. (Canton de Bordj-bou-Arréridj.)

53°. — M'SILA.

Tribus : M'sila, Oulad-Madhi (Oulad-Mansour), Oulad-Mahdid (Oulad-El-Ali et Oulad-Féradj). (Canton de Bordj-bou-Arréridj.)

54°. — OULAD-ADI.

Douars : Mérabetin d'El Djorf, Ahl-dir, Koudiet-Ouiîlten, Selman, Braktia, Oulad-Ouelha, Oulad-Guesmia, M'tarfa-Dahra, M'tarfa-Guebala, Oulad-Délim. — Tribus : Oulad-Hanech. (Canton de Bordj-bou-Arréridj.)

55°. — TAKITOUNT.

V. ci-devant.

56°. — BABOR.

Tribus : Béni-Sliman, Béni-Tizi, Djermouna, Béni-Ismaïl, Béni-Méraï, Béni-Felkaï, Béni-bou-Youssef, Béni-Segoual, Oulad-Salah. (Canton de Takitount).

57°. — EL-HARRACH.

Tribus : El-Harrach, M'cisna et Ouzellaguen. (Canton d'Akbou.)

58°. — AKBOU.

V. ci-devant.

59°. — BÉNI-MIMOUN.

V. ci-devant Bougie.

60°. — BÉNI-OUGHLIS.

(Ancienne Toudja).

Tribus : Aït-Sidi-Abbou, Béni-Ksila, Mezala, Aït-Amer, Aït-Acif, Béni-Mansour, Béni-Oughlis, Imzalen et Acameur. (Canton de Bougie.)

61°. — OULAD-ABDEL-DJEBAR.

(Ancienne Senhadja).

Tribu des Oulad-Abd-el-Djebar. (Canton de Bougie).

Province d'Oran.

TERRITOIRE CIVIL.

1". — ORAN.

Un cadi, deux bach-adels, deux adels.

Centres : Oran, Valmy, Mangin Sidi Chamy, Mers-el-Kebir, Aïn-Turk, Bousefer, Misserghin, Bou-Tlelis, Lourmel, Saint-Cloud, Arzew, Kléber, Assi-ben-Okba, Fleurus, Assi-Ameur, Assi-bou-Nif, Saint-Louis. — Douar : Allaïmia. — Tribus : Ghamra et Sidi-Bokhti (partie). (Cantons d'Oran et de Saint-Cloud.)

Audiences foraines à Saint-Cloud et aux Ghamras.

2°. — SAINT-CLOUD.

Supprimée, réunie à la 1".

3°. — AIN-EL-ARBA.

Supprimée, réunie à la 4°.

4°. — AIN-TÉMOUCHENT.

Un cadi, deux bach-adels, deux adels.

Centres : Aïn-El-Arbâ, Aïn-Témouchent. — Douars : Bouhadjer, Oued-Seba, Oued-Berkech, Sidi-Ali-bou-Hammoud, Sidi-Ali-ben-Adda, Sidi-Dahho, Souf-Ettil, Akhlal et Aoubellil. (Canton d'Aïn-Témouchent.)

Audience foraine bi-mensuelle à Aïn-el-Arbâ.

5°. — TLÉLAT.

Un cadi, un bach-adel, un adel.

Centres : Sainte-Barbe du Tlélat et Tamzoura. — Douars : Tenazat, Meuftouh, Oum-el-Khelan, Toumiat, Telilat, Sidi Ghalem, Et-Ténia, El-K'sar et El-Gada. (Canton du Tlélat.)

6°. — LE SIG.

Un cadi, un bach-adel et un adel.

Centres : Saint-Denis-du-Sig et Mokta-Douz. — Douars : Ahl-el-Aïd, Oggaz, Krouf, Sidi-Ali-Chérif, Aïn-Cheurfa, Atba-Djemmala, Atba-Djellaba et Ferraga. (Canton du Sig.)

7°. — BEL-ABBÈS.

Un cadi, un bach-adel, deux adels.

Centres : Sidi-Bel-Abbès, la Mekerra. — Douars : Hamyan, Tilmouni, Messer, Sidi-Yakoub, Tirenat, Tiflis, Oulad-Riah. Nemaïcha, Atamnia, Oulad-Ghazi et Mahdid. (Canton de Sidi Bel-Abbès.)

8°. — TLEMCEN.

Un cadi, deux bach-adels, trois adels.

Centres : Tlemcen, Hennaya, Lamoriclère, Bréa, Négrier, Mansourah, Safsaf. — Tribus : Béni-Ournid, Ahl-el-Oued, Béni-Mimoun, Aïn-Fezza et

Béni-Mester, (*Cantons de Tlemcen et de Lamorieière.*)

9°. — PONT DE L'ISSER.

Un cadi, un bach-adel et un adel.

Douars : Béni-Ouazan, Oulad-Sidi-Abdelli. — *Tribus :* Oulad Allâa, Zénata, Tafna, Fehoul, Oulad-Sidi-Ali-ben-Chaïb, Sbâ-Chioukh, Trara-Oulhaça (partie est). (*Cantons de Tlemcen et de Lamorcière.*)

10°. — MOSTAGANEM.

Un cadi, un bach-adel et deux adels.

Centres : Mostaganem, Mazagran, la Stidia, Rivoli, Pélissier, Touinin, Aïn-Boudinar, Aïn-Tédelès, Pont du Chélif, Sourk-el-Mitou, Aboukir, Aïn-Sidi-Chérif, Blad Taourira. — *Douars :* Ouladbou-Kamel, Chellafa et Oulad-Sidi-Brahim. (*Canton de Mostaganem.*)

11° BOUGUIRAT.

Un cadi, un bach-adel, un adel.

Centres : Bouguirat et Aïn-Nouissy. — *Douars :* Oulad Senoussi, El Khedara, Béni-Yahi, Ahl-el-Hassian, Sfasah, Sahouria, Hassainia, Oulad-Sidi-Youssef, Oulad-Bou-Abça, Oulad-Chaffa, Stissifa, Oulad-Dani. (*Canton de Mostaganem.*)

12°. — RELIZANE.

Un cadi, un bach-adel, deux adels.

Centres : Relizane, l'Hillil, Inkermann, Saint-Aimé. — *Douars :* Ahl-el-Guettar, Zagaier, Tahaïnda, Sahari, (Mina), Kiaïba, Bel-Assel, Oulad Addi, Hamadna, Djerrara, Ghoualiz, Guerréira, Guerboussa, Ahl-el-Gout, Merdjet-el-Guerga, El-Messabihia. (*Canton de Relizane.*)

13° — PERRÉGAUX.

Un cadi, un bach-adel, un adel.

Centre : Perrégaux. — *Douars :* Oulad-Saïd, Béni-Khémis, Bahourat, Béni-N'eigh, Ferraguig, El Ghomri, Sidi-Sâada, Sedjerrara, Hadjadja et Oulad-Sidi-Abdelkader. (*Canton de Perrégaux.*)

14°. — MASCARA.

Un cadi, un bach-adel, deux adels.

Centres : Mascara, Saint-André, Saint-Hippolyte Palikao et Oued-el-Hammam. — *Douars :* Ternifine, Maoussa, Guetna, Oulad Sidi Daho. (*Canton de Mascara.*)

15°. — (Supprimée.)

16°. — FÉKAN.

Un cadi, deux bach-adels, deux adels.

Centre : Aïn-Fékan. — *Douars :* Fékan, Froha, Kellaga, Guerdjoum, Sidi-ben-Moussa, Aïn-Defila,

Bou-Hanéfia, Makda, Dénian, Melghir. (*Canton de Mascara.*)

17°. — COUBA-SIDI-ABDALLAH.

Un cadi, deux bach-adels et trois adels.

Douars : Chouachi, Mzila, Oulad Maallah, Béni-Zenthis, Taghia, Achâacha, Nekmaria, Tazgaït, Oulad Khelouf et Zérifa. (*Canton de Mascara.*)

18°. — (Supprimée.)

19°. — MAZOUNNA.

Un cadi, un bach-adel, deux adels.

Centre : Mazouna. — *Douars :* Mazouna, Casbah, Bou-Mata, Bou-Halloufa, Ouarizan, Guerrouaou, Ahl-el-Gourine, Oulad-Selama et Médiouna. (*Canton d'Inkermann.*)

TERRITOIRE MILITAIRE.

20°. — OULAD-ALI.

Centre : Ammi-Moussa. — *Douars :* Oulad-el-Abbès, Oulad-Bou-Ikni, Marioua, Oulad-Défelteu, Menkoura, Oulad-Ismeur, Oulad-Moudjer, El-Adjama, Touarès. (*Canton d'Inkermann.*)

21°. — KARNAOUCH.

Douars : Oulad-bou-Riach, Oulad-Yaich, Oulad-Sabeur, Chekkala, Meknessa. — *Tribu :* Matmata. (*Canton d'Inkermann.*)

22°. — SIDI-SNOUSSI.

Tribus : Haïlouya-Chéraga et Ghéraba, Massem-Oulad-Berkan, Oulad-Bakhta, (Rechaïch) Keraïch, Chéraya et Ghéraba. (*Canton d'Inkermann.*)

23°. — ZEMMORA.

Centre : Zemmora. — *Douars :* Harartsa, Oulad, Rafa, Amamra, Béni-Dergoun, Oued-el-Hamoul, Oued-el-Djemâ, Oulad-Souid, Oulad-Zid, Ben-Aouda, Darben, Abdallah, Béni-Issad. — *Tribu :* Oulad Sidi-El Azreug. (*Canton de Relizane.*)

24°. — RAHOUIA.

Douars : Habacha, Oulad Barkat. — *Tribus :* Chouala, Béni-Louma, Oulad-Rached, Oulad-Ameur, Oulad-Belhaïa, Oulad-Sidi-Yahia-Ben-Ahmed, Oulad-Sidi-Ahmed-ben-Mohammed et El-Anatra. (*Canton de Relizane.*)

25°. — KALAA (EL BORDJ).

S'étend sur les deux territoires.

Douars : Oulad-Bou-Ali, Kâlaa, Douaïrs Flitta, El Bordj, Tameznia et Haboucha. (*Cantons de Mascara et de Relizane.*)

26°. — HADDAD.

Douar : Oued-Haddad. — *Tribus :* Mhamid, Oulad Aïssa-bel-Abbès. (*Canton de Mascara.*)

27°. — Supprimée.

28°. — SI-EL-DJILALI-BEN AMAR.

Tribus : Chellog et Oulad-Bou-Zirl. (*Cantons de Mascara et de Tiaret.*)

29°. — FRENDA.

Tribus : Khellafa-Cheraga et Gheraba, Haouarets. (*Canton de Tiaret.*)

30°. — BOU-NOUAL.

Tribus : Kselna, Oulad-Sidi-Ben-Halima-Mahoudia, Béni-Ouindjel. (*Canton de Tiaret.*)

31°. — OUIZERT.

S'étend sur les deux territoires.

Douars : Oulad-Hounet, Ouizert, Tafrent, et Souk-el-Barbata. (*Canton de Saïda.*)

32°. — SAIDA.

Centre : Saïda. — *Douars :* Doui-Tsabet, Nazreug, Oumed-Debbab, Aïn-Soultan et Tifrit. (*Canton de Saïda.*)

33°. — BAHLOUL.

Douars : Aouzalel, Ahnaïdja, Tircin, Aïoun-el-Berranis. (*Canton de Saïd.*)

34°. — TAKDEMPT.

S'étend sur les deux territoires.

Centre : Tiaret. — *Douars :* Torich, Guertoufa, Takdempt, Azouania, Mechera-Sfa, Oulad-ben-Afan, Bechtout. (*Canton de Tiaret.*)

35°. — AOUISSAN.

Douars : Tiguiguest, Oulad-Lakred, Aouissat, Oulad-Bou-Reddou. (*Canton de Tiaret.*)

36°. — BÉNI-RIMAN.

Tribus : Béni-Fouzech, Béni-Riman, Ahl-el-Oued, Ahl-el-Hammam, Oulad-Deddouch, Nosf-Achour, Abeghaïn et Béni-Abed. (*Canton de Tlemcen.*)

37°. — OULAD-RIAH.

Douar : Terni. — *Tribus :* Oulad-Riah, Ahl-bel-Ghafer, Ahl-Tamoksalet, Zaouia, Sidi-Ahmed, Oulad-Addou, Oulad-Hammou. (*Canton de Tlemcen.*)

38°. — NÉDROMA.

S'étend sur les deux territoires.

Centre : Nemours. — *Douar :* Nédroma, Béni-Ménir, Béni-Misrel. — *Tribu :* Djebala. (*Canton de Nemours.*)

39°. — ZAONIET-EL-MIRA.

Douars : Souahlia, Zaoniet-el-Mira. — *Tribus :* Achacho, M'sirdas, Athia et Béni-Mengouch. (*Canton de Nemours.*)

40°. — BÉNI-OUASSIN.

Centre : Lalla-Maghnia et Gar-Rouban. — *Douars :* Oulad-Sid-el-M'djahed, Djouidat, Zemmara et Mâaziz. — *Tribus :* Béni-Ouassin, Béni-bou-Saïd. (*Canton de Nemours.*)

41°. — SEBDOU.

Centre : Sebdou. — *Douars :* Sebdou, Aïn-Ghoraba. — *Tribus :* Kef, Khamis, Azaïl et Béni-S'miel. (*Canton de Sebdou.*)

Circonscriptions hors Tell.

Province d'Alger.

67°. — LAGHOUAT.

Centre : Laghouat. — *Ksours :* Tadjemout, Aïn-Madhi, El Haouita, Ksar-el-Hiran, El Assafia, M'Kalif-el-Azzerreg, M'Khalif-el-Djorb, Oued-Mohammed et El Ouettafa. (*Canton de Laghouat.*)

67° bis.

Tribus : Harazlia, Hadjadj, Maamra, Zekaska, Ababda, Oulad-Salah, Oulad-Zian, Oulad-Sidi Ata-Allah. (*Canton de Laghouat.*)

68°. — DJEFFA.

Centre : Djelfa. — *Tribus :* Oulad-Ghouini, Oulad-si-Hamed Oullad-Aïssa, Sahari-Khobeïzat, Oulad-Oum-Hani. (*Canton de Djelfa.*)

69°. — ZAHREZ.

Tribus : Oulad-bou-Abdallah, Oulad-Abdel-Kader, Oulad-bou-Alia et Sahari-el-Ataïa. (*Canton de Djelfa.*)

70°. — ZÉNINA.

Tribus : Zénina, Abbaziz, Oulad-Reggad, Cheraga et Gkeraba, Onlad-Khenata et Oulad-Sidi-Younès. (*Canton de Djelfa.*)

71°. — MESSAD.

Tribus : Ksours, Oulad-Tooba, Oulad-Yabla ben-Salem, Oulad-Ellaouar, El Mehach, Oulad-Oum, Ellakhoua. (*Canton de Djelfa.*)

74°. — BOUÇAADA (1).

Centre : Bouçaada. — *Caïdats :* Oulad-Sidi-Brahim, Djebel-Meharga. (*Canton de Bouçdada.*)

(1) Ces quatre dernières circonscriptions, détachées de la province de Constantine, ont conservé les numéros d'ordre qu'elles avaient dans cette province.

75°. — EL HAMEL.

Aghalik : Oulad-Feradj. — *Caïdat :* Oulad-Amour. (*Canton de Bouçâada.*)

76°. — AIN-MALAH.

Agalik : Oued-ech-Chaïr. — *Caïdat :* Oulad-Aïssa. (*Canton de Bouçâda.*)

91°. — OUARGLA.

Oasis et Tribus : Ouargla, N'Goussa, Rouïsset, Chambâa, M'Khadma et Sidi-Atba. (*Canton de Laghouat.*)

Province de Constantine.

72° et 73°. — Remises à Bordj-Bou-Arréridj.

74°, 75°, 76°. — Remises à la province d'Alger.

77°. — BISKRA.

Centre : Biskra. — *Tribus et oasis :* Filiach, Cora, Oumach, Beni-Brahim. (*Canton de Biskra.*)

78°. — ZÉRIBET-EL-OUED.

Tribus : Zab-Chergui, Oulad-Saoula, Oulad-Amor, Lakhdar, Oulad-Bou-Adidja, villages de l'Oued-el-Arab, Oulad-Sidi-Salah. (*Canton de Biskra.*)

79°. — M'LILI.

Tribus : Zab-Guebli (Oasis du), et Arab-Cheraga. (*Canton de Biskra.*)

80°. — CHENOURA.

Douars : Rassira et Méliounech. — *Tribus :* Beni-bou-Sliman et Ahmar-Khaddou. — *Ksours :* Eddissa, El-Habel et Bénian. (*Canton de Biskra.*)

81°. — EL-KANTARA.

Tribu et douars : El-Kantara, El-Outain, Sahari et Medoukal. (*Canton de Biskra.*)

82°. — SIDI-OKBA.

Oasis et tribus : Sidi-Okba, Garta, Thouda, Sériana, Droh, Sidi-Khelil, Damber, Greich, Remougat. (*Canton de Biskra.*)

83°. — OULAD-DJELLAL.

Oasis et tribus : Oulad-Djellal, Sidi-Khaled Selmia, Oulad-Zid Dreissa. (*Canton de Biskra.*)

84°. — OULAD-ZIAN.

Tribu des Oulad-Zian. (*Canton de Biskra.*)

85°. — KHANGUET-SIDI-NADJI.

Tribu du Djebel-Chechar. (*Canton de Biskra.*)

86°. — TOLGA.

Oasis et tribus : Zab-Dahari, Ahl-ben-Ali, Ghamra, Bou-Azid, Oulad-Sidi-Sliman. (*Canton de Biskra.*)

87°. — OURLANA.

Tribus de l'Oued-Rir : Djédida, Tamerna-Guedima, Sidi-Yahia, Sidi-Amran, Tigueddidine, Djamâa, Ourlana, Mazer, Zaoinet-Riheb, Tenedla et Barbd, Sidi-Khelil, Merair et Oulad-Moulet. (*Canton de Biskra.*)

88°. — AIN-SIDI-MAZOUZ.

Tribu des Oulad-Zekri. (*Canton de Biskra.*)

89°. — TOUGGURT.

Touggurt et l'oasis de l'Oued-Rir. (*Canton de Biskra.*)

90°. — TEMACIN.

Oasis et tribus : Temaciu, Said-Oulad-Amor, Blidet-Amor et Oulad-Sahla. (*Canton de Biskra.*)

91°. — EL-OUED.

Tribus et Ksar d'El-Oued. (*Canton de Biskra.*)

92°. — GUEMAR.

Ksours : Guemar, Bihima, Debila et Sidi-Aoun. (*Canton de Biskra.*)

93°. — KOUININ.

Ksours : Tarzout, Kouinin et Zegoum. (*Canton de Biskra.*)

94°. — OUARGLA.

Rattachée à la province d'Alger.

Province d'Oran.

18°. — EL-BEIDA.

Tribus : Oulad-Si-Ahmed-ben-Said, Oulad-Sidi Brahim, Oulad-Eu-Nasseur, Oulad-Ali-ben-Ameur. (*Canton de Tiaret.*)

49°. — SIDI-BOUZID.

Tribus : Oulad-Mimoun, Oulad-Sidi-Hamza, Guernenta, Oulad-Yacoub-el-Ghaba, Tayougha, El-Hadra, Sidi-Bouzid, El-Ghicha. (*Canton de Tiaret.*)

50°. — AHL-OUIAKEL.

Tribus : Makena, Oulad-Sidi-Tifour, Oulad-Sidi-Nasseur. (*Canton de Tiaret.*)

51°. — OULAD-SIDI-YACOUB.

Tribus : Oulad-Yacoub-Cheraga et Guéraba, Tadjerouuna, et El-Mahia. (*Canton de Tiaret.*)

52°. — OULAD-SIDI-KHALED.

Tribus : Oulad-Sidi-Khaled, Knabra, Oulad-Zian, Cheraga, Oulad-Haddou. (*Canton de Tiaret.*)

53°. — OULAD-ZOUAI.

Tribus : Oulad-Zouaï-Chaouïa, Oulad-Bou-Affif, Oulad-Azziz, Oulad-Bel-Hoceïn. (*Canton de Tiaret.*)

54°. — OULAD-KHÉTIF.

Tribus : Oulad-Karroubi, Oulad-Bou-Rennan, Sahari-Cheraga, Guenadza. (*Canton de Tiaret.*)

55°. — GÉRYVILLE.

Tribus : Stiten, Rassoul, Brézina, Mechéria, Oulad-Sidi-el-hadj-ben-Ameur, Zoua. (*Canton de Saïda.*)

56°. — CHELLALA.

Ksours : Chellala, Bahrania et Guéblia, Bou-Semighoun, El-Abiod-Sidi-Cheikh-Chergui et Gherbi, Arbaouats. (*Canton de Saïda.*)

57°. — OULAD-MAALLAH.

Tribus : Oulad-Maallah, Oulad-Abd-el-Kérim, Oulad-Serour. (*Canton de Saïda.*)

58°. — DERRAGA.

Tribus : Derraga, Akerma, Oulad-Ziad et Rezaïna. (*Canton de Saïda.*)

59°. — O'ZIAN-GHERABA.

Tribus : Oulad-Zian-Ghéraba, Mérabtin-Ghéraba et Hassénat.(*Canton de Saïda.*)

60°. — DEHALÇA.

Tribus : Déhalça et Ghouadi. (*Canton de Saïda.*)

61°. — DJAFRA-CHÉRAGA.

Tribus : Maalif, Ouhaïba, Oulad-Daoud, Oulad-Sidi-Khélifa. (*Canton de Saïda.*)

62°. — HASSASNA.

Tribus : Hassasna-Gharaba et Hassasna-Chéraga. (*Canton de Saïda*)

63°. — TÉLAGH.

Centre : Daya. — *Douars :* Oulad-Sefroun, Oulad-Taourira et Oum-Eddod. — *Tribu :* Béni-Mathar. (*Canton de Daya.*)

64°. — OULAD-EN-NEHAR.

Tribu : Oulad-En-Nehar. (*Canton de Sebdou.*)

65°. — EL-GOR.

Tribus : Oulad-Ali-ben-Hamel, Ahl-Angad. (*Canton de Sebdou.*)

66°. — HAMYAN-CHAFA.

Tribus : Akerma, Bakakra, Oulad-Mansourah, Beni-M'taref. (*Canton de Sebdou.*)

67°. — HAMYAN-DJEMBA.

Tribus : Mahia, Frahda, Sendan, Méghaoulia, Oulad-Embarek, Oulad-Toumi, Oulad-Farès, Oulad-Serour, Ghiatra, Mégan, Oulad-Sidi-Ahmed, Ben-Modjdoub. (*Canton de Sebdou.*)

68°. — THYIOUT.

Ksours : Aïn-Safra, Thyiout, Asla, Sfisifa, Moghar-Foukani et Moghar-Tahtani. (*Canton de Sebdou.*)

RÉCAPITULATION.

Région.	Province.	Circonscription.	
Le Tell....	Alger.....	Civiles... 17 Mixtes... 2 Militaires. 30	49
	Constantine.	Civiles... 23 Mixtes... 4 Militaires. 31	58
	Oran.....	Civiles... 15 Mixtes... 4 Militaires. 17	36
Hors Tell...	Alger........... 10 Constantine....... 17 Oran............ 21		48
			191

29 décembre 1876.

Loi des finances contenant fixation du budget.

CHAPITRE VI.

Art. 1er. — Justice musulmane.

§ 1er. — *Personnel.*

Mahakmas : 136 (1) cadis — 21 à 1,500 francs, 18 à 1,200, 97 à 1,000 francs...... 130,100 fr.

§ 2°. — *Matériel.*

Frais d'expédition et menues dépenses du parquet de la Cour d'appel pour le service de la justice musulmane.............. 1,500 fr.

Confection de registres pour le service de la justice musulmane et du notariat indigène........... 5,050 fr. } 7,450 fr.

_____

137,550 fr.

(1) Ces 136 cadis sont tous ceux de la région du Tell moins les cadis-notaires institués en Kabylie, au nombre de 7, et qui n'ont pas de traitement fixe.

Justice en Kabylie.

29 août 1874.

Décret portant organisation (B. O. 567).

TITRE I.

SECTION 1re. — Justice civile.

Art. 1. — Les tribunaux de Tizi-Ouzou et de Bougie, et les juges de paix de leurs ressorts, statuant sur les actions civiles et commerciales autres que celles qui intéressent exclusivement les indigènes kabyles ou arabes, ou musulmans étrangers, appliqueront la loi française, d'après les règles établies pour les autres tribunaux et justices de paix de l'Algérie, et sauf les modifications qui résultent du présent décret.

Un arrêté du gouverneur général délimitera les circonscriptions dans lesquelles doit s'exercer la juridiction de chacun des juges de paix créés par le décret du 23 avril 1874.

Si, dans quelques-unes de ces circonscriptions, des mahakmas ou des djemâas de justice sont maintenues pour le jugement des contestations entre indigènes ou musulmans étrangers, le même arrêté fixera les limites dans lesquelles elles continueront d'exercer leur juridiction. Dans ce dernier cas, les articles 19, 20, 21, 22, 23, 24, 25 du présent décret seront appliqués.

Art. 2. — Le droit musulman ou kabyle continue à régir les conventions civiles ou commerciales entre indigènes arabes ou kabyles, ou musulmans étrangers, ainsi que les questions religieuses et d'État, sauf les modifications qui ont pu ou pourront y être apportées.

Toutefois, la déclaration faite par les parties, lors de la convention ou depuis, qu'elles entendent se soumettre à la loi française, entraîne l'application de cette loi.

Art. 3. — Entre indigènes arabes ou kabyles, ou musulmans étrangers, soumis à des lois différentes quant à l'objet de la convention ou de la contestation, la loi applicable sera : en matière réelle, celle du lieu de la situation de l'immeuble, et en matière personnelle et mobilière, celle du lieu où s'est formé le contrat, ou, à défaut de convention, la loi du lieu où s'est accompli le fait qui a donné naissance à l'obligation. Si les parties ont indiqué, lors du contrat, à quelle loi elles entendaient se soumettre, cette loi sera appliquée.

Art. 4. — Entre toutes personnes autres que les indigènes, Arabes ou Kabyles, ou musulmans étrangers, les juges de paix des deux arrondissements de la Kabylie, y compris ceux des deux chefs-lieux d'arrondissement, connaîtront :

1° Des matières spéciales attribuées aux juges de paix de France, par les lois des 25 mai 1838, 20 mai 1854 et 2 mai 1855, dans les limites du premier ressort fixées par lesdites lois, et, en dernier ressort, jusqu'à la valeur de 500 francs.

2° Des actions purement personnelles et mobilières, civiles ou commerciales, savoir : en dernier ressort, jusqu'à la valeur de 500 francs, et en premier ressort, jusqu'à celle de 1,000 francs.

Ils exerceront, en outre, à l'exception des juges de paix de Tizi-Ouzou et de Bougie :

1° Les fonctions de présidents des tribunaux de première instance, comme juges de référés en toute matière, et pourront, comme eux, ordonner toutes mesures conservatoires;

2° Toutes les attributions conférées par la loi française au président du tribunal, en ce qui concerne l'*exequatur* à donner aux sentences arbitrales.

Entre indigènes arabes ou kabyles, ou musulmans étrangers, les juges de paix de ces deux arrondissements connaîtront :

En premier ressort :

1° De toutes les contestations relatives aux matières religieuses ou d'État, qui sont énumérées par l'article 24 du décret du 13 décembre 1866;

2° De toutes les autres actions personnelles ou mobilières civiles ou commerciales;

3° De toutes les actions immobilières, jusqu'à 60 francs de revenu déterminé, soit en rentes, soit par prix de bail.

En dernier ressort :

De toutes actions personnelles et mobilières, dans les limites fixées par les deux premiers paragraphes du présent article.

En cas d'arbitrage d'après la coutume indigène, le juge de paix, qui serait compétent pour connaître de la contestation, désignera le tiers arbitre à défaut d'accord entre les parties, dans tous les cas où cette désignation appartenait à la djemâa ou à l'amin.

Art. 5. — Dans les contestations entre Arabes, le juge de paix sera assisté d'un assesseur arabe; dans les contestations entre Kabyles d'un assesseur kabyle; dans les contestations entre Arabes et Kabyles, de l'assesseur arabe et de l'assesseur kabyle. Les assesseurs des juges de paix ont voix consultative; dans les matières religieuses et d'État, ainsi que dans toutes les causes sujettes à appel, leur avis sur le point de droit sera toujours mentionné dans le jugement.

L'assesseur ou les deux assesseurs sont nommés suspendus ou révoqués par arrêté du gouverneur général, rendu sur la proposition du premier président et du procureur général. Ils ne peuvent être poursuivis qu'après l'autorisation du gouverneur général. En cas d'autorisation, ils sont traduits : en matière correctionnelle, devant la première chambre de la cour d'appel d'Alger; en matière criminelle, devant la cour d'assises de leur département.

Un arrêté du gouverneur général déterminera le mode et l'importance de la rétribution des assesseurs de justice de paix (vacations).

Art. 6. — Seront applicables en justices de paix, entre indigènes arabes ou kabyles, ou musul-

26

mans étrangers, les articles 15, 25, 29, 30 et 32 du décret du 13 décembre 1866.

Les obligations imposées, dans ces articles, au cadi ou à l'adel, incombent au juge de paix ou à son greffier.

Les juges de paix pourront, exceptionnellement, en cas d'urgence spécifiée dans le jugement, et en exigeant une caution, ordonner l'exécution provisoire de leurs décisions, nonobstant appel.

Art. 7. — Entre toutes personnes autres que les indigènes, arabes ou kabyles, ou musulmans étrangers, les tribunaux de première instance de Tizi-Ouzou et de Bougie connaîtront en premier ressort :

1° De toutes les actions personnelles et mobilières qui, à raison soit de leur nature, soit de leur valeur indéterminée ou supérieure au taux de la compétence générale ou spéciale des juges de paix, ne sont pas de la compétence de ces derniers ;

2° Des actions immobilières.

En dernier ressort :

1° Des actions personnelles et mobilières jusqu'à la valeur de 2.000 francs ;

2° Des actions immobilières jusqu'à 60 francs de revenu, déterminé en rentes ou par prix de bail.

En appel :

De tous jugements rendus en premier ressort par les juges de paix.

Entre indigènes, arabes et kabyles, ou musulmans étrangers, les tribunaux de Tizi-Ouzou et de Bougie connaîtront : en premier ressort, des actions immobilières d'une valeur indéterminée ou supérieure à 60 francs de revenu, déterminé en rentes ou par prix de bail ; en appel, de tous jugements rendus en premier ressort par les juges de paix et les djemâas ou mahakmas organisées par le présent décret.

Art. 8. — L'appel des décisions rendues en premier ressort par les tribunaux de Tizi-Ouzou et de Bougie, entre toutes personnes autres que les indigènes arabes ou kabyles, ou musulmans étrangers, est porté devant la Cour d'appel d'Alger.

Les appels des jugements rendus en premier ressort entre indigènes, arabes ou kabyles, ou musulmans étrangers, par le tribunal de Tizi-Ouzou, sont portés à la Cour d'Alger ; ceux du tribunal de Bougie, au tribunal de Constantine.

Entre indigènes, arabes ou kabyles, le tribunal civil siégeant soit en première instance, soit en appel, sera composé de deux magistrats français, et d'un assesseur musulman ou kabyle, si le litige existe entre Arabes ou entre Kabyles, seulement ; si le litige existe entre Arabes et Kabyles, le tribunal sera composé de trois magistrats français et, soit de deux assesseurs arabes ou kabyles, soit d'un assesseur arabe et d'un assesseur kabyle, selon les distinctions établies au paragraphe précédent.

Les assesseurs près la Cour et les tribunaux auront voix délibérative. Ils sont nommés par décret du Président de la République, sur la pro-

position du garde des sceaux, ministre de la Justice, le gouverneur général consulté. Ils peuvent être suspendus par un arrêté ministériel et révoqués par un décret.

Ils ne peuvent être poursuivis en justice que dans les formes établies au chapitre 3 du titre IV du livre II du Code d'instruction criminelle.

Ils sont rétribués conformément à l'article 9 du décret du 13 décembre 1866 (V. *Justice musulmane*).

Art. 9. — Sont applicables devant les juridictions d'appel, entre indigènes, kabyles ou arabes, ou musulmans étrangers, les articles 33, 34, 35, §§ 1, 2, 3 et 4 du décret du 13 décembre 1866.

Le désistement de l'appel sera reçu et notifié à qui de droit, dans les mêmes formes que la déclaration d'appel.

Art. 10. — Les décisions en dernier ressort, rendues par les juges de paix, les tribunaux civils et la Cour d'appel, appliquant le droit musulman ou kabyle, ne sont pas susceptibles de recours en cassation.

Lorsque le droit français a été appliqué, le recours est ouvert conformément aux règles de la législation française.

Art. 11. — Les jugements ou arrêts définitifs, rendus entre indigènes, ou musulmans étrangers, par les juges de paix, les tribunaux et la Cour, s'exécutent, selon les règles et usages actuellement en vigueur, par les soins des cadis entre musulmans, et entre Kabyles, par les soins du chef de la djemâa de section ou de son suppléant.

Art. 12. — Le ministère des défenseurs n'est pas obligatoire devant les tribunaux, ni devant la Cour pour les affaires entre Arabes et Kabyles. Mais, si leur ministère est requis, ils ont droit à des honoraires, et ont action pour le recouvrement. Ces honoraires restent, dans tous les cas, à la charge de la partie qui a requis l'assistance du défenseur. Ils sont taxés en un seul chiffre pour tous les soins donnés à l'affaire et pour la plaidoirie, par l'un des juges qui auront connu de l'affaire. Il pourra être délivré exécutoire par le greffier ; cet exécutoire sera susceptible d'opposition.

L'opposition sera formée dans les trois jours de la signification à personne ou à domicile ; il y sera statué sommairement par le tribunal en chambre du conseil, sans appel ni recours en cassation.

Art. 13. — Il est créé trois emplois de défenseurs près chacun des tribunaux de Tizi-Ouzou et de Bougie, et un emploi d'interprète judiciaire près chaque tribunal et chaque justice de paix. Il sera pourvu à ces emplois selon le mode en vigueur en Algérie.

Toutefois, transitoirement, le diplôme de licencié en droit ne sera pas exigé de ceux des aspirants aux emplois de défenseurs près lesdits tribunaux, qui justifieront :

1° Du certificat de capacité ;

2° De cinq années de cléricature dans une étude d'avoué en France ou de défenseur en Algérie.

Art. 14. — Il sera créé, au fur et à mesure des besoins, des emplois de notaire et d'huissier.

Il y sera pourvu selon le mode en vigueur en Algérie; leur résidence sera fixée par l'acte de nomination, ainsi que leur ressort.

Les notaires résidant au chef-lieu de chaque arrondissement pourront instrumenter dans toute l'étendue de cet arrondissement, sans exception.

Dans les cantons judiciaires où il n'existera pas de notaire, les greffiers de justice de paix pourront être désignés par le garde des sceaux pour en remplir les fonctions.

Art. 15. — Les cadis existant dans les deux arrondissements judiciaires de la Kabylie sont maintenus. Ils continuent à exercer les fonctions de notaire entre musulmans, concurremment avec les notaires français. Dans les circonscriptions judiciaires où les cadis ne conservent pas les attributions de juge, ils continuent d'exercer celles qui leur sont conférées par les articles 39 et 40 du décret du 13 décembre 1866.

Dans le cas où il s'élèverait des difficultés quelconques, soit dans l'exécution des jugements, soit sur le partage et la liquidation des successions, le cadi sera tenu d'en saisir le juge de paix, qui statuera en premier ou en dernier ressort, comme en matière de référé, avec assistance d'assesseurs et suivant les distinctions établies par le présent décret.

SECTION 2. — Justice répressive.

Art. 16. — En ce qui touche la poursuite et la répression des crimes, délits et contraventions prévus et punis par le Code pénal français, ainsi que par les lois, décrets et arrêtés locaux, les deux arrondissements de Tizi-Ouzou et de Bougie seront soumis aux mêmes règles que les autres territoires civils de l'Algérie.

Les crimes commis dans le ressort de Tizi-Ouzou sont déférés à la Cour d'assises d'Alger; ceux commis dans le ressort de Bougie sont portés devant la Cour d'assises de Constantine.

Est réservée aux conseils de guerre la connaissance des crimes et délits commis par des musulmans non naturalisés, en dehors du territoire civil. Est également maintenue en territoire militaire, à l'égard des mêmes personnes, l'organisation des commissions disciplinaires et des pouvoirs inhérents au commandement.

Art. 17. — En territoire civil, les indigènes non naturalisés pourront être poursuivis et condamnés aux peines de simple police fixées par les articles 464, 465 et 466 du Code pénal, pour infractions spéciales à l'indigénat, non prévues par la loi française, mais déterminées dans des arrêtés préfectoraux, rendus sur les propositions des commissaires civils, des chefs de circonscription cantonale ou des maires.

La peine de l'amende et celle de la prison pourront être cumulées, et s'élever au double, en cas de récidive prévue par l'article 483 du Code pénal.

Les juges de simple police statueront en cette matière, sans frais et sans appel.

TITRE II.

CERCLE SPÉCIAL DE FORT-NATIONAL.

SECTION 1re. — Justice civile.

Art. 18. — Jusqu'à l'incorporation au territoire civil de Tizi-Ouzou de la totalité, ou de portions détachées du cercle de Fort-National, les dispositions ci-dessus n'y seront appliquées que sous les modifications suivantes :

Art. 19. — Le juge de paix de Fort-National statuera, conformément aux règles établies cidessus, sur les litiges autres que ceux qui intéressent exclusivement les Kabyles.

Il ne jugera les contestations entre Kabyles que sur la déclaration de toutes les parties qu'elles entendent se soumettre à sa juridiction. Cette déclaration sera reçue par le greffier de la justice de paix; elle pourra aussi être faite, lors de la convention ou depuis, devant la djemâa ou le notaire français. Elle sera irrévocable. Elle ne pourra pas être faite après la décision de la djemâa.

Les dispositions de l'article 2 du présent décret seront applicables en justice de paix, après la déclaration d'option. L'appel sera reçu et jugé selon les distinctions établies par les articles 7 et 8.

Art. 20. — En l'absence de cette déclaration, la justice, rendue au nom du peuple français, sera provisoirement administrée au premier degré seulement, dans le territoire du cercle, par les djemâas judiciaires, réorganisées et fonctionnant d'après le mode ci-après déterminé.

Art. 21. — Dans chacune des sections de la commune indigène de Fort-National, il est institué une djemâa de justice, composée de douze membres, choisis parmi les notables de la section, par le général commandant la subdivision, qui pourra les suspendre ou les révoquer.

Leurs fonctions sont gratuites.

Art. 22. — La djemâa élit dans son sein un président et un vice-président.

La djemâa ne peut statuer qu'au nombre de cinq membres au moins.

La voix du président est prépondérante, en cas de partage.

Art. 23. — Les parties sont appelées et procèdent, et la djemâa rend ses décisions dans les formes prescrites par la coutume.

Toutefois, ses décisions devront être motivées.

Art. 24. — Le khodja de chaque section fait office de greffier; il écrit les décisions sous l'autorité du président; elles sont toutes consignées sur un registre spécial.

Elles sont revêtues de la signature et du cachet du président, et du cachet de la djemâa.

Art. 25. — Les décisions des djemâas sont susceptibles d'appel, si l'objet du litige est d'une valeur supérieure à 200 francs de capital pour les actions personnelles et mobilières, et pour les actions immobilières supérieures à 30 francs de revenu, soit en rentes, soit par prix de bail.

Art. 26. — L'appel des décisions des djemâas portant sur un litige supérieur à ce taux, ou d'une valeur indéterminée, ou concernant les matières religieuses ou d'état civil, sera porté devant le tribunal de Tizi-Ouzou, statuant comme il est dit en l'article 9 ci-dessus.

Les articles 10, 11 et 12 sont également applicables dans ce cas.

Art. 27. — La déclaration d'appel sera reçue par le khodja de la section, ou le greffier de la justice de paix.

L'appel sera non-recevable s'il n'est interjeté dans le mois du prononcé de la décision, si elle est contradictoire, et si elle est par défaut, dans le mois de l'avis donné au défaillant par le khodja.

Le désistement d'appel sera reçu par le khodja qui aura reçu la déclaration d'appel.

Art. 28. — Il sera donné suite à la déclaration d'appel et procédé sur l'appel, comme il est dit en l'article 6 ci-dessus.

Art. 29. — Les jugements définis des djemâas sont exécutés selon les usages actuellement en vigueur, en tant qu'il n'y est pas dérogé par le présent décret, ou selon les dispositions d'un règlement qui pourra être rendu par le gouverneur général, sur les propositions des chefs de la Cour d'Alger.

SECTION 2. — Justice répressive.

Art. 30. — Les crimes, délits et contraventions quelconques prévus par les lois françaises, les décrets et arrêtés locaux, seront poursuivis et réprimés selon les règles appliquées au territoire militaire.

Art. 31. — Les djemâas sont investies du droit de prononcer, pour les infractions spéciales à l'indigénat, prévues par la coutume, et qui ne sont réprimées par aucune loi ou par aucun règlement de l'autorité française, une peine qui ne pourra excéder 100 francs d'amende.

Leurs décisions, portant condamnation d'une amende supérieure à 50 francs, seront susceptibles d'appel devant le tribunal de Tizi-Ouzou.

Le produit des amendes sera versé dans la caisse de la commune indigène.

La déclaration d'appel sera soumise aux formes et délais établis par le dernier paragraphe de l'article 62 de l'ordonnance du 26 septembre 1842.

10 octobre 1874.

Décret qui modifie et complète le précédent (B. O. 571).

Art. 1. — L'article 8 du décret du 29 août 1874,

sur l'organisation de la justice en Kabylie, est complété ainsi qu'il suit :

Entre indigènes arabes ou kabyles, les tribunaux de Tizi-Ouzou et de Bougie, siégeant, soit en première instance, soit en appel, seront composés de deux magistrats français et d'un assesseur arabe ou kabyle, si le litige existe entre arabes ou kabyles seulement. Si le litige existe entre arabes et kabyles, ces tribunaux seront composés de trois magistrats français, d'un assesseur arabe et d'un assesseur kabyle.

Pour les appels des jugements rendus par ces tribunaux, la Cour et le tribunal de Constantine seront composés de trois magistrats français et de deux assesseurs arabes ou kabyles, si le litige existe entre arabes ou kabyles seulement ; si le litige existe entre arabes et kabyles, de trois magistrats français, d'un assesseur arabe et d'un assesseur kabyle.

3 décembre 1874.

Arrêté du gouverneur fixant le mode de rétribution des assesseurs près des justices de paix en Kabylie (B. O. 580).

Art. 1. — Les assesseurs kabyles ou arabes attachés aux justices de paix de Kabylie, percevront, à titre de présence et de vacation, une somme de cinq francs par chacune des audiences auxquelles ils auront assisté.

Art. 2. — Le montant de cette indemnité leur sera payé tous les trois mois, sur les fonds du Trésor public, par les receveurs de l'Enregistrement et des Domaines et sur un état taxé par le magistrat français qui aura présidé les audiences pour lesquelles l'indemnité sera due.

14 novembre 1874.

Décret autorisant les défenseurs de Bougie et de Tizi-Ouzou à représenter les indigènes devant les juges de paix (B. O. 578). (V. *Défenseurs*).

29 décembre 1874.

Arrêté du gouverneur fixant les circonscriptions des juges de paix en Kabylie.

Remplacé par le tableau joint au décret du 10 août 1875. (V. *Justice musulmane.*)

31 août 1875.

Arrêté créant deux emplois d'aoun aux justices de paix de Tizi-Ouzou et de Bougie (B. O. 622).

Art. 1. — Il est créé deux emplois d'aoun au siége de chacune des justices de paix des deux arrondissements de Tizi-Ouzou et de Bougie, à l'exception de Fort-National, pour les besoins du service de la justice française dans ses rapports avec les musulmans arabes ou kabyles.

Ces aouns sont nommés, suspendus et révoqués par le procureur général.

Art. 2. — Les aouns devront être pourvus d'une monture et déférer à toute réquisition du procureur de la République ou du juge de paix pour la remise aux intéressés des avis de comparution devant les diverses juridictions françaises ou des expéditions des jugements rendus par défaut.

Art. 3. — Il est alloué aux aouns, savoir :

Pour la remise des avis de comparaître devant les tribunaux de Tizi-Ouzou, de Bougie ou de Constantine, ou devant la Cour d'Alger; ou pour la remise des expéditions des jugements de défaut rendus en premier ressort par les tribunaux de Tizi-Ouzou et de Bougie.

1° Dans l'intérieur de la ville ou dans un rayon de 1,000 mètres. . . . . 1 franc.

2° Au delà de 1,000 mètres. . . . . 2 francs.

Art. 4. — Les frais de remise des avis de comparution et de notification seront consignés par les demandeurs ou appelants au greffe de la justice de paix du canton du domicile des défendeurs ou intimés, ou des parties défaillantes.

Les avis seront établis sur papier non timbré, rédigés en français et en arabe, et remis, dûment formalisés par les greffiers, aux aouns qui devront leur faire connaître ultérieurement la date exacte de la remise de ces avis aux intéressés.

Art. 5. — Les greffiers devront avoir, à ces divers effets, un registre non timbré, coté et paraphé par le juge de paix, sur lequel ils inscriront le montant de la consignation faite pour les avis de comparution et de la date de la remise des avis aux aouns et celle de la remise par ceux-ci aux intéressés. Ils délivreront, en fin de tout, un certificat qui sera transmis à la juridiction saisie de l'affaire et joint au dossier de la procédure.

Art. 6. — Il sera prélevé, sur les allocations destinées aux aouns, un quart réservé au greffier et à l'interprète, savoir : 3/5 pour le greffier et 2/5 pour l'interprète.

Art. 7. — La répartition de ces différentes allocations aura lieu à la fin de chaque mois par le greffier. Il sera fait masse de celles afférentes aux aouns, qui seront partagées entre eux par moitié; toutefois, si un seul aoun avait fait le service pendant une partie ou la totalité du mois, sans que l'autre justifiât d'un empêchement légitime pour le sien, il aurait droit, pour la même période de temps, à la totalité des allocations.

K

Kabylie (Organisation de la).

11 septembre 1873.

Décret organisant la Kabylie du département d'Alger en arrondissement et en commune (B. G. 409).

Art. 1. — Il est créé dans la Kabylie du département d'Alger, un arrondissement administratif dont la ville de Dellys est provisoirement le chef-lieu.

Cet arrondissement sera administré par un sous-préfet, sous l'autorité du préfet d'Alger.

SECTION 1. — De l'arrondissement et de sa division.

Art. 2. — L'arrondissement de Dellys comprend les circonscriptions cantonales de Dellys, Tizi-Ouzou, Dra-el-Mizan et des Issers (Bordj-Menaïel), délimitées et inscrites sous les n° 47, 46,

43 et 45 du plan général, joint au décret du 20 février 1873, et dont un extrait au 1/200.000° est annexé au présent décret.

Art. 3. — La circonscription de Dellys sera directement administrée par le sous-préfet : les trois autres circonscriptions seront administrées par des *commissaires civils*, sous l'autorité du sous-préfet.

Les attributions des commissaires civils sont celles qui ont été définies par l'arrêté ministériel du 18 décembre 1852, sauf les pouvoirs judiciaires et les pouvoirs qui, sous leur surveillance, appartiennent aux maires dans les communes de plein exercice de leur circonscription.

Les commissaires civils administrent les communes mixtes de leur circonscription avec l'assistance d'une commission municipale.

Art. 4. — Les communes mixtes de *Dra-el-Mi-*

san, *de Tizi-Ouzou* et de *Fort-National* sont érigées en communes de plein exercice.

La commune de Fort-National est rattachée provisoirement à la circonscription cantonale de Tizi-Ouzou.

Des arrêtés du gouverneur général civil, pris en conseil de gouvernement, détermineront les limites de ces communes et la composition des corps municipaux.

Section 2. — De la commune indigène.

Art. 5. — Les populations indigènes de chaque circonscription, non comprises dans le périmètre d'une commune de plein exercice, forment une unité administrative, sous le titre de *Commune indigène de la circonscription cantonale.*

Le commissaire civil est maire de la commune indigène de sa circonscription. Celle-ci peut être divisée en autant de sections qu'elle comporte de douars régulièrement constitués, ou de *feurka* (fractions).

Chaque section a sa djemâa ou assemblée locale, organe des intérêts et des besoins de la section, et dont les membres sont choisis parmi les anciens, conformément aux usages du pays.

Le président de la djemâa est nommé par le préfet, sur la proposition du sous-préfet.

Art. 6. — Les présidents de djemâa sont tenus:

De fournir au commissaire civil tous les renseignements qui intéressent le maintien de la tranquillité et la police du pays, et d'exécuter ses prescriptions dans l'intérêt de l'ordre public.

D'assister les agents du Trésor et de l'Administration pour les opérations du recensement en matière de taxes et d'impôts.

De prêter, à toute réquisition, leur concours à la justice et aux agents du recouvrement des deniers publics.

Art. 7 — Les réunions ordinaires des djemâas de section ont lieu quatre fois par an, quinze jours avant celles de la commission municipale de la commune indigène, dont il sera parlé ci-après.

Les djemâas ne peuvent se réunir extraordinairement qu'en vertu d'un ordre ou d'une autorisation du sous-préfet.

Un arrêté du gouverneur général civil, le conseil de gouvernement entendu, réglera tout ce qui concerne la division de la commune indigène en sections, la composition des djemâas de section et leur fonctionnement.

Art. 8. — La réunion des présidents de djemâa au chef-lieu du district, sous la présidence du commissaire civil, forme la commission municipale de la commune indigène.

Les attributions de cette commission sont celles conférées aux conseils municipaux des communes de plein exercice par la législation en vigueur en Algérie.

Toutefois, aucune de leurs délibérations n'est exécutoire qu'après approbation de l'autorité supérieure.

Art. 9. — Les commissions municipales se réunissent en session ordinaire, quatre fois par an, aux mois de février, mai, août et novembre.

Chaque session peut durer cinq jours.

Les commissions municipales ne peuvent se réunir extraordinairement qu'en vertu d'un ordre ou d'une autorisation.

Section 3. — Du budget des communes indigènes.

Art. 10. — Il ne sera dressé qu'un seul budget des recettes et dépenses municipales, pour les communes indigènes de l'arrondissement.

Toutefois, ce budget sera établi dans une forme qui permettra de dégager distinctement les recettes et les dépenses afférentes à chacune des quatre communes indigènes de l'arrondissement.

Art. 11. — Le budget des communes indigènes est établi, chaque année, dans le courant du mois d'octobre, par le sous-préfet, sur le vu des propositions des commissions municipales et des délibérations des djemâas.

Il est réglé définitivement par le gouverneur général civil, sur les propositions du préfet.

Art. 12. — Il sera prélevé sur l'ensemble des recettes de toute nature prévues au budget des communes indigènes, un dixième pour la formation d'un fonds commun destiné à subvenir à des dépenses d'utilité générale et d'intérêt commun.

Il ne pourra être disposé du fonds commun qu'en vertu de décisions du gouverneur général, sur les propositions motivées du préfet.

Art. 13. — Le sous-préfet est ordonnateur du budget des communes indigènes.

Les fonctions de receveur de la commune indigène sont dévolues au receveur des contributions diverses résidant au chef-lieu du district.

Section 4. — De la force publique.

Art. 14. — Pour assurer la sécurité publique et pour la police générale des indigènes, il pourra être placé au chef-lieu de chaque circonscription cantonale un officier chargé, sous les ordres du commandant de la subdivision, du commandement de la force publique, et investi, à ce titre, des fonctions d'officier de police judiciaire. Ses rapports avec les autorités administratives ou judiciaires seront ceux déterminés par les règlements sur le service de la gendarmerie.

Section 5. — Du territoire placé en dehors de l'arrondissement.

Art. 15. — La partie de la Kabylie du département d'Alger, laissée en dehors de l'arrondissement de Dellys, reste transitoirement placée sous l'administration militaire, responsable du maintien de l'ordre et de la sécurité.

Ce territoire formera, provisoirement, un *cercle spécial*, relevant, pour le commandement du général commandant la subdivision du Fort-National.

Ce cercle aura son budget particulier alimenté au moyen des ressources dites *communales*, et administré, sous l'autorité du commandant de la subdivision, par un *adjoint civil*, assisté d'une commission municipale, dont la composition sera réglée par un arrêté du gouverneur général civil, le conseil de gouvernement entendu.

Sont applicables à la formation, au règlement et à la gestion du budget dont il s'agit, les dispositions de la section 3, relatives au budget des communes indigènes; sauf que les attributions du sous-préfet et du préfet sont dévolues aux généraux commandant la subdivision et la division et que l'adjoint civil est l'ordonnateur du budget.

Art. 16. — Des arrêtés du gouverneur général, délibérés en conseil de gouvernement, détermineront les portions du cercle spécial qui en pourront être successivement détachées, soit pour être réunies aux circonscriptions cantonales limitrophes, soit pour former de nouvelles circonscriptions

Section 6. — Des juridictions judiciaires.

Art. 17. — Tout le territoire compris dans le périmètre de l'arrondissement relèvera judiciairement des tribunaux de droit commun. Les ressorts des justices de paix de Dellys et de Tizi Ouzou sont maintenus, jusqu'à nouvel ordre, tels qu'ils ont été déterminés par les décrets d'institution.

Il n'est rien innové, à cet égard, en ce qui concerne le territoire du cercle spécial.

Art. 18. — Sont abrogées toutes dispositions antérieures contraires au présent décret.

———————

Le chef-lieu de l'arrondissement a été transféré par mesure administrative, en 1874, de Dellys à Tizi-Ouzou.

L

Lacs salés.

Législation nécessairement spéciale, puisqu'il n'existe pas en France de lacs salés analogues à ceux de l'Algérie. La loi du 7 juin 1840, relative à l'exploitation des mines de sel, des sources et des puits salés ne reçoit pas d'application dans la colonie, bien qu'on y ait constaté, d'après le rapport de l'ingénieur en chef des mines de 1876, 21 sources salées et 7 gîtes de sel gemme. Les salines naturelles ou lacs salés, au nombre de 26, savoir : 2 dans le département d'Alger, 16 dans celui de Constantine et 8 dans celui d'Oran, occupent une superficie de 645,944 hectares. Les lacs font partie du domaine public, aux termes de l'article 2 de la loi du 16 juin 1851, et sont affermés aux enchères par adjudication publique, aux conditions énoncées dans un cahier des charges dressé par l'administration.

22 avril 1865.

Décret réglementant le mode d'exploitation des lacs salés faisant partie du domaine public (B. O. 148).

Art. 1. — A l'avenir, l'exploitation et la jouissance des lacs salés qui font partie du domaine public en Algérie, seront affermées suivant les formes et aux conditions ci-après déterminées.

Art. 2. — Les baux dont la durée ne dépasse pas 18 années sont autorisés par le gouverneur général, après avis du conseil de gouvernement. — Les baux d'une durée supérieure sont autorisés par nous, notre Conseil d'État entendu.

Art. 3. — Les baux se font par adjudication publique, aux enchères, à l'extinction des feux.

Art. 4. — L'adjudication a lieu dans les formes administratives. Elle est annoncée un mois à l'avance, par des affiches apposées dans les principaux marchés, et par des insertions faites dans les journaux de la province où les lacs sont situés.

Art. 5. — La mise à prix et les conditions de l'affermage sont déterminées par un cahier des charges spécial pour chaque exploitation.

Ce cahier des charges est approuvé par l'arrêté ou par le décret d'autorisation auquel il est annexé.

Art. 6. — Défense est faite à tout adjudicataire de la jouissance et de l'exploitation d'un lac salé, de réunir son bail à d'autres baux de même nature, par association ou acquisition, ou de toute autre manière, sans que la réunion soit autorisée par un décret impérial ou par un arrêté du gouverneur général, selon la distinction établie par l'article 2 du présent décret. — Tous actes de réunion opérées en opposition au paragraphe précédent sont de plein droit nuls et de nul effet.

Art. 7. — L'adjudication n'est définitive qu'après avoir été approuvée par le gouverneur général de l'Algérie.

Langue arabe (Chaires de) (1).

1836.

Création d'une chaire de langue arabe à Alger.

1848.

Création d'une chaire à Constantine.

1850.

Création d'une chaire à Oran.

4 décembre 1849.

Décret établissant des primes annuelles pour les fonctionnaires et employés de l'administration civile qui connaissent la langue arabe (B. 338).

Art. 1. — Les fonctionnaires et employés de tout grade de l'administration civile de l'Algérie, qui justifieront devant un jury d'examen composé comme il sera dit ci-après, qu'ils remplissent les conditions d'aptitude exigées des interprètes militaires de 3e classe, par l'arrêté du 21 juillet 1846, recevront, en sus de leur traitement, une indemnité annuelle de 200 francs. — Cette indemnité sera de 400 francs pour ceux qui justifieront qu'ils remplissent les conditions d'aptitude exigées des interprètes militaires de 1re classe, par le même arrêté.

Art. 2. — Le jury d'examen sera composé de la manière suivante : — Un conseiller de préfecture président; — Le professeur d'arabe à la chaire publique; — Un interprète principal de l'armée, ou un interprète militaire de 1re classe à la désignation du préfet; — Le chef du bureau de l'administration civile indigène de la préfecture, et, à son défaut, un interprète judiciaire, ou un employé qui aura déjà subi les épreuves de l'examen des interprètes militaires de 1re classe. — Le jury se réunira, chaque année, au mois d'octobre, au chef-lieu du département, et pour la première année, dans le mois qui suivra la promulgation du présent décret.

(1) Extrait du rapport des recteurs de l'Académie d'Alger au conseil supérieur de gouvernement (session 1877).

4 avril 1851.

Décret qui étend à plusieurs services administratifs le décret qui précède (B. 382).

Art. 1. — Le bénéfice du décret du 4 décembre 1849, qui accorde des primes aux employés de l'administration civile proprement dite (secrétariat général du gouvernement, préfectures, sous-préfectures, commissariats civils), qui justifieront de la connaissance de la langue arabe, est étendu aux agents des services ci-après désignés : service des domaines, service des forêts, service des contributions diverses, service des poids et mesures, service des mines, service des opérations topographiques, inspecteurs de colonisation, service de la police rétribué sur les fonds du budget départemental.

PROGRAMME DES EXAMENS A SUBIR EN EXÉCUTION DES DÉCRETS DES 4 DÉCEMBRE 1849 ET 4 AVRIL 1851.

1re classe. — *Prime de 400 francs.* — 1. Exercice d'interprétation orale, en français et en arabe, sur tous les points du service en général. — Narration d'un fait, explications, détails sur l'administration. — 2. Lecture et traduction orale et par écrit d'arabe en français. — Une lettre très-difficile et un passage d'ouvrage arabe manuscrit que les membres du jury détermineront. — 3. Traduction écrite du français en arabe. — Une proclamation ou un document d'au moins vingt lignes en français. — Une heure sera accordée pour cette épreuve.

2e classe. — *Prime de 200 francs.* — 1. Interprétation orale sur les points ordinaires du service. — 2. Lecture et traduction orale et par écrit d'une lettre arabe d'un style simple. — 3. Traduction par écrit du français en arabe d'une lettre ou d'un avis d'un ordre d'idées assez simple. — Les pièces à traduire pourront être préalablement soumises pendant un quart d'heure à l'examen des candidats. On pourra faire usage du dictionnaire.

Afin de mettre l'administration à même de s'assurer que les employés déjà en possession de primes n'ont négligé en rien l'étude de la langue arabe, ils seront soumis à des révisions périodiques. Ces révisions auront lieu tous les trois ans. Elles s'appliqueront seulement aux agents admis à la prime de 200 francs, sans distinction de résidence. Ceux qui auront obtenu la prime de 1re classe en seront exemptés de droit. La même faveur sera accordée aux agents qui auront satisfait trois fois de suite (y compris le 1er examen) aux épreuves du programme.

30 novembre 1852.

Arrêté ministériel fondant deux prix de 5,000 francs pour des dictionnaires (B. 423).

Art. 1. — Deux prix de 5,000 francs chacun sont

institués en faveur de l'auteur ou des auteurs des deux meilleurs dictionnaires français-arabe et arabes-français rédigés au point de vue de l'idiome algérien, conformément au programme annexé au présent arrêté.

Art. 2. — Ces prix seront décernés sur le rapport d'une commission spéciale, composée des interprètes principaux de l'armée d'Afrique et des professeurs d'Arabe aux chaires publiques. — Ne pourront faire partie de la commission des interprètes ou professeurs qui se porteraient candidats pour obtenir l'un des prix. — En aucun cas la commission ne pourra se composer de moins de cinq membres. — Si, par une circonstance quelconque et notamment par suite de l'élimination prononcée par le paragraphe 3 du présent article, ce nombre n'était pas atteint, le ministre de la guerre se réserve la faculté de compléter la commission par tels membres qu'il jugera convenable. — Le vote de la commission aura lieu au scrutin secret. En aucun cas, les prix ne pourront être partagés.

Art. 3. — Un délai de deux années, à partir du 1er janvier 1853, est accordé aux concurrents pour terminer leur travail, qui devra être, en conséquence, remis au gouverneur général de l'Algérie, au plus tard le 31 décembre 1854 (1).

Art. 4. — La somme accordée comme prix sera ordonnancée au profit des ayants droit, immédiatement après remise, au département de la guerre, de cinquante exemplaires de chacun de leurs dictionnaires.

Programme du dictionnaire français-arabe.

1° Le but que le gouvernement veut atteindre étant la propagation de la langue arabe écrite et parlée en Algérie, le dictionnaire français-arabe doit être rédigé, avant tout, au point de vue pratique, et contenir tous les mots usités dans le pays.

2° Lorsqu'un mot arabe sera usité dans une partie de l'Algérie et pas dans un autre, on devra indiquer celle de ces parties où on l'emploie spécialement.

3° Lorsqu'un mot français a plusieurs acceptions exprimées en arabe par des mots différents chaque acception devra être accompagnée d'un commentaire en français suivi du mot arabe correspondant.

4° Outre le mot primitif arabe, on devra indiquer, pour les substantifs, leur genre et leur pluriel; lorsqu'il s'agira d'un adjectif, son féminin et son pluriel, pour les verbes, le numéro de la forme et l'aoriste.

5° La prononciation des mots arabes devra être figurée en caractères français, soit d'après l'orthographe de la commission scientifique d'Algérie, soit d'après tout autre système que la commission d'examen reconnaîtrait préférable. — La figuration ne s'applique qu'aux mots primitifs et à leur

(1) Ce délai a été prorogé. Le prix n'a pas encore été accordé.

pluriel, quand l'irrégularité de ce pluriel pourra constituer une difficulté pour la prononciation. Les phrases données comme exemple n'auront pas leur prononciation figurée.

Programme du dictionnaire arabe-français.

1° De même que le dictionnaire français-arabe, il doit être exclusivement rédigé au point de vue de l'idiome algérien et de la pratique.

2° Le dictionnaire arabe-français devra procéder par racines sous lesquelles seront placées les formes usitées du verbe, les différents mots qui en dérivent avec le mot correspondant en français. Pour les verbes, on indiquera l'aoriste; pour les substantifs, leur genre et leur pluriel; pour les adjectifs, leur féminin et leur pluriel. — Lorsque les substantifs et adjectifs ont leur pluriel régulier, on pourra l'indiquer par abréviation.

3° La figuration en caractères français de la prononciation arabe ne sera donnée que pour les racines et pour les mots dérivant de cette racine ce qui exclut la figuration des féminins, ainsi que celles des pluriels et des aoristes.

Publication des dictionnaires.

Chacun des dictionnaires français-arabe et arabe-français devra être publié en un seul volume, sur deux colonnes, et dans un format commode qui, en aucun cas, ne devra dépasser le grand in octavo. — Les auteurs devront s'efforcer de maintenir leur travail dans une limite de 1,200 à 1,500 pages.

13 octobre 1855.

Décret qui étend les décrets des 4 décembre 1849 et 4 avril 1851 relatifs à la prime aux employés des ponts et chaussées (B. 487).

10 septembre 1859.

Décret étendant le bénéfice des mêmes décrets aux médecins de colonisation (B. M. 42).

25 mars 1860.

Décret accordant la prime aux magistrats aux fonctionnaires et employés du service judiciaire (B. M. 76).

Art. 1. — Les fonctionnaires et employés du service judiciaire de l'Algérie (magistrats, greffiers et commis-greffiers, employés des parquets) qui connaissent la langue arabe, ont droit à un supplément de traitement. — Ce supplément est de 200 ou de 400 fr.; il varie suivant que lesdits fonctionnaires ou employés justifient, devant la commission spéciale instituée par le décret du 4 décembre 1849, de connaissances équivalentes à celles qui sont réclamées des interprètes militaires de 1re ou de 3e classe. — Toutefois, lorsqu'il s'agira de procéder à l'examen d'un fonctionnaire ou d'un employé de ce service, la commission sera présidée par un magistrat désigné par le procureur général.

25 juin 1860.

Décret qui étend aux fonctionnaires et agents du service télégraphique les dispositions des décrets du 4 décembre 1849 et 4 avril 1851, relativement à la prime annuelle (B. M. 102).

14 mai 1875.

Décret qui élève la prime pour la langue arabe (B. O. 610).

Art. 1. — L'article 1 du décret du 4 décembre est modifié de la manière suivante :

« Les fonctionnaires et employés de tout grade « de l'administration civile de l'Algérie, ainsi « que les agents des divers services désignés dans « les décrets du 4 avril 1851, 13 octobre 1855, « 10 septembre 1859 et 25 juin 1860 (1), qui jus- « tifieront devant un jury d'examen qu'ils rem- « plissent les conditions d'aptitude exigées des « interprètes militaires de 3e classe, recevront, « en sus de leur traitement, une indemnité an- « nuelle de trois cents francs.

» Cette indemnité sera de cinq cents francs « pour ceux qui justifieront qu'ils remplissent « les conditions d'aptitude exigées des interprètes « militaires de 1re classe. »

Art. 2. — Le bénéfice de la disposition édictée par l'article précédent est et demeure acquis aux fonctionnaires et employés, actuellement en possession de la prime pour connaissance de la langue arabe.

10 novembre 1875.

Arrêté ministériel comprenant la langue arabe parmi les langues vivantes (B. O. 633).

Art. 1. — Les candidats aux grades de bache- liers ès lettres et de bacheliers ès sciences qui subiront leurs examens en Algérie, pourront de- mander que l'épreuve relative à la connaissance d'une langue vivante, porte sur la langue arabe.

L'épreuve écrite pour l'un et l'autre bacca- lauréat devra, dans ce cas, porter sur un texte en arabe littéraire.

Art. 2. — Les épreuves arabes comprendront :
1° Des questions sur la grammaire ;
2° L'explication, à livre ouvert, d'un texte pris dans les morceaux choisis des *Mille et une nuits* et dans les *Fables de Bidpay.*

(1) Le bénéfice de ce décret a été étendu aux fonction- naires et employés de l'ordre judiciaire. Il est acquis à ceux qui jouissent actuellement de l'indemnité établie par e décret du 25 mars 1860 (Décret du 10 juin 1876. — Bul- etin du ministère de la justice, 1876, page 103).

3° Des exercices de conversation en langue vul- gaire.

Art. 3. — Les dispositions des articles 1 et 2 ci-dessus sont applicables à l'examen pour l'ob- tention du diplôme d'études de l'enseignement secondaire spécial.

Art. 4. — Les candidats au brevet de capacité pour l'enseignement primaire (partie facultative) pourront demander à subir un examen sur l'arabe vulgaire.

Cet examen comprendra :
1° Des exercices de conversation ;
2° Une question de grammaire ;
3° Un thème et une version.

Art. 5. — Le présent règlement sera exécu- toire à partir de l'année scolaire 1875-1876.

Langue française

25 mars 1860.

Décret qui accorde une prime annuelle aux magistrats musulmans qui savent la langue française (B. M. 76).

Art. 1. — Les assesseurs musulmans attachés aux tribunaux français, les cadis et leurs adels qui justifieront devant le jury indiqué par l'art. 2 du décret du 25 avril 1851 (*Interprètes*, § 2) qu'ils comprennent et parlent la langue fran- çaise, recevront, en sus de leur traitement ou de allocations qui leur en tiennent lieu, une indem- nité annuelle de 200 fr. — Cette indemnité sera de 400 fr. pour ceux qui justifieront qu'ils par- lent, lisent et écrivent la langue française d'une manière correcte.

Langue touareg.

29 novembre 1858.

Arrêté ministériel portant que la grammaire d langue touareg par M. le commandant, au- jourd'hui général, Hanoteau sera imprimé aux frais du ministère de l'Algérie (B. M. 10).

Légion d'honneur.

5 décembre 1859.

Décision rappelant que le ministre de l'Algéri (aujourd'hui le gouverneur général) a tou- jours eu le droit de faire des propositions pour la décoration de la Légion d'honneur. (B. M. 51).

Librairie.

5 février 1810.

Décret réglementant les professions de libraire et d'imprimeur.

Non promulgué, mais exécutoire par le fait de la conquête.

11 août 1845.

Arrêté ministériel concernant les ouvrages contrefaits (B. 208).

Art. 1. — Les imprimeurs, libraires, marchands de gravures et autres de l'Algérie qui se trouveraient possesseurs ou propriétaires d'ouvrages contrefaits en pays étrangers, seront tenus de produire un état indiquant : 1° le titre et la nature de chaque ouvrage, écrit, composition musicale, dessin, ou toute autre production de ce genre; — 2° le nom de l'auteur; — 3° le nombre d'exemplaires existant encore en leur possession. — Cet état sera déposé aux archives de l'administration civile de la localité.

Art. 2. — Lesdits exemplaires devront être représentés au fonctionnaire qui sera délégué à cet effet. Chacun d'eux sera marqué d'une estampille et revêtu de la signature du chef de l'autorité locale.

Art. 3. — Cette opération une fois terminée, tous les exemplaires qui seront trouvés dépourvus de la marque énoncée dans l'article précédent, seront considérés comme contrefaçon, et ceux qui les mettront dans le commerce seront passibles des peines portées, tant par les articles 427 et 429 Code pénal que par les articles 41, 42, 43 et 44 de loi sur les douanes du 28 avril 1810, et par l'article 16 des ordonnances royales du 16 décembre 1843 qui constituent, en Algérie, la législation des douanes.

26 mars 1865.

Arrêté du gouverneur qui délègue aux commandants des provinces la délivrance des autorisations d'exercer les professions d'imprimeur ou de libraire. — Art. 3, § 4 (B. O. 139).

10 septembre 1870.

Décret qui rend libre la profession d'imprimeur et celle de libraire (Non promulgué et non appliqué).

9 juillet 1872.

Circulaire du gouverneur rappelant que nul ne peut ouvrir une librairie sans l'autorisation du gouverneur général (B. O. 439).

Licences.

31 janvier 1847.

Ordonnance contenant règlement général sur le droit de licence (B. 250).

TITRE II.

DES ASSUJETTIS AU DROIT DE LICENCE.

Art. 1. — Tout distillateur ou bouilleur de matières quelconques donnant des eaux-de-vie ou esprits : — Tout fabricant de liqueurs composées d'eau-de-vie ou d'esprits, de bières, cidres et poirés; — Tout fabricant de tabac à priser, à fumer ou à mâcher; — Tout marchand en gros, en demi-gros ou en détail, des boissons ci-dessus désignées, de vins ou de tabac (V. ordonnance du 1ᵉʳ janvier 1848, ci-après); — Tout cabaretier, aubergiste, traiteur, restaurateur, maître d'hôtel garni, logeur, cafetier, buvetier, concierge et autres donnant à manger au jour, au mois à l'année, tout cafetier maure ayant musique, sont tenus de payer le droit de licence et de déposer un cautionnement, conformément au tarif annexé à la présente ordonnance, quel que soit d'ailleurs le lieu où ils seront établis en Algérie, dans les villes et communes des territoires civils et mixtes.

Art. 2. — Le droit de licence est indépendant des droits de patente, auxquels les dénommés en l'article 1 restent soumis, suivant la classe à laquelle ils appartiennent.

Art. 3. — A dater du 1ᵉʳ avril 1847, toute personne voulant entreprendre l'un des commerces ou industries dénommés en l'article 1, sera tenue d'en faire la déclaration au bureau des contributions diverses le plus voisin, *dix jours* au moins avant l'ouverture du nouvel établissement. — Elle devra, en même temps, se munir d'une estampille qui lui sera délivrée, moyennant payement, dans ledit bureau, et dont le prix, qui ne pourra dépasser la somme de 3 francs, sera remboursable par l'administration dans les cas déterminés par les articles 7 et 10 ci-après (V. arrêté du 19 février 1848 ci-après). — La déclaration prescrite par le § 1 du présent article devra être renouvelée dans les dix premiers jours du mois de janvier de chaque année, pour chacun des établissements en cours d'exploitation. Il n'y aura pas lieu dans ce cas, à la délivrance d'une nouvelle estampille.

Art. 4. — La déclaration indiquera les noms et prénoms de l'assujetti, la nature de son commerce et de son industrie, le lieu, la rue, et, autant que possible, le numéro de la maison où il entend l'exercer. — La licence est personnelle et ne peut être cédée qu'en vertu d'une déclaration faite au bureau; le débitant concessionnaire est tenu du payement des droits dus par le cédant, qui n'auraient pas été acquittés au moment de la cession.

Art. 5 et 6. — Abrogés par décret du 21 mars 1848.

(V. *Patentes*.)

Art. 7. — Tout assujetti muni de cette licence et pourvu de son estampille pourra être déplacé ou empêché d'exercer son commerce ou son industrie, en vertu d'un jugement ou d'un arrêt de police, par suite de contravention aux dispositions de police. Ce déplacement et cette interdiction ne donneront lieu à aucune restitution des droits de licence acquittés, à quelque époque du mois ou de l'année que soit exécuté le jugement ou l'arrêté. Seulement, et dans le cas d'interdiction, l'estampille devra être rendue et le prix en sera remboursé.

Art. 8. — Tout assujetti devra indiquer ostensiblement le lieu de son commerce ou de son industrie par une enseigne ou bouchon et par l'apposition en évidence, au-dessus de la porte d'entrée, de l'estampille qui lui aura été délivrée.

Art. 9. — L'assujetti qui exerce plusieurs commerces ou industries dans un seul et même local ne doit qu'une licence; dans ce cas, le droit est le plus élevé de ceux qu'il aurait à payer s'il était imposé pour chaque établissement. — Le redevable ne peut être réputé établi dans un seul et même local qu'autant qu'on n'y parvient que par une seule porte de maison ou d'appartement. — Il n'est dû qu'une seule licence lorsque l'assujetti exerce le même commerce ou la même industrie dans plusieurs locaux de la même maison. — Mais lorsque l'assujetti exerce un ou plusieurs commerces ou industries dans des maisons séparées ou dans des locaux qui, faisant partie d'une maison, ont pourtant chacun une entrée indépendante, même à l'intérieur, il est dû autant de licences qu'il y a d'établissements différents.

Art. 10. — Tout assujetti qui voudra cesser son commerce ou son industrie, est tenu d'en faire la déclaration au bureau des contributions diverses, et d'y remettre son estampille dont le prix lui sera remboursé. — Faute de déclaration de cesser et de la remise de l'estampille, les droits continueront à être dus.

Art. 11. — Les redevables qui, n'ayant pas fait leur déclaration de cesser et n'ayant pas remis leur estampille, seront restés quatre mois et un jour sans acquitter les droits, seront réputés avoir cessé leur commerce. — Dans ce cas et sur le procès-verbal des agents constatant le refus ou l'impossibilité d'acquitter les droits, le juge de paix ou l'autorité qui en remplit les fonctions prononcera, à la requête du receveur, la fermeture de l'établissement, le retrait d'office de l'estampille et l'imputation de toutes les sommes dues pour droits, frais, amendes ou prix d'estampille, sur le montant du cautionnement dont l'excédant seul sera remboursable.

TITRE II.

DROIT DE LICENCE ET CAUTIONNEMENT.

Art. 12. — Les droits de licence sont et demeurent fixés annuellement, conformément au tarif ci-après, d'après les classes des assujettis et la population des communes, telle qu'elle sera établie par les arrêtés annuels de dénombrement.

TARIF DES DROITS DE LICENCE DANS LES COMMUNES D'UNE POPULATION DE :

	1re cl.	2e cl.	3e cl.
2,000 et au-dessous :	120	96	72
2,001 à 5,000 :	180	120	96
5,001 à 10,000 :	240	180	120
10,001 à 20,000 :	300	240	180
20,001 à 30,000 :	360	200	240
30,001 et au-dessus :	480	360	300

1re *classe*. — Débitants de boisson et cafetiers établis en maison, restaurateurs tenant un hôtel garni ou placés dans des maisons où il existe un hôtel garni, maîtres d'hôtels garnis tenant table d'hôte.

2e *classe*. — Marchands de boissons en gros, en demi-gros ou à emporter, brasseurs, distillateurs, traiteurs ou restaurateurs sans hôtel garni, aubergistes logeant à pied ou à cheval et donnant à boire ou à manger.

3e *classe*. — Fabricants de tabac à priser, à fumer ou à mâcher, buvetiers, concierges donnant à boire ou à manger, entrepreneur de rafraîchissements dans les cercles ou autres sociétés, débitants de boissons sous échoppes ou dans des baraques en bois, maîtres de pensions bourgeoises au jour, au mois ou à l'année.

4e *classe*. — Colporteurs de boissons et de tabacs, 60 francs.

Cafés maures, quelle que soit la population, débitant une ou plusieurs des boissons indiquées à l'article 1er, 60 francs. — Ne débitant aucune de ces boissons et ayant musique, 24 francs. — Sans musique, 0,00.

Art. 13. — Dans les communes où la population est de 5,000 âmes et au-dessus, les assujettis exerçant dans la banlieue payeront les droits d'après le tarif applicable à la population agglomérée. — Les assujettis exerçant dans la partie agglomérée payeront le droit d'après le tarif applicable à la population totale.

Art. 14. — Les droits de licence sont dus par mois et d'avance. Ils sont exigibles pour le mois entier, à quelque époque que commence ou cesse le commerce. — Les percepteurs des contributions ont seuls qualité pour effectuer et poursuivre le recouvrement des droits de licence. — Le mode de poursuite sera déterminé par un arrêté du ministre de la guerre.

Art. 15. — Pour obtenir la licence, les assujettis dénommés à l'article 1 devront verser un cautionnement égal à la moitié des droits fixés par l'ar-

icle 12. — Ce cautionnement est personnel; il
ne porte pas intérêt; l'administration ne reconnaît pas de bailleur de fonds;—Il est affecté spécialement et par privilége : — 1° au payement des
amendes et frais auxquels les assujettis pourraient
être condamnés à raison de leur commerce; —
2° au payement des droits qui resteraient dus trois
mois après la fin de l'année, ou lors de la déclaration de cesser, trois mois après cette déclaration. — Le cautionnement doit toujours être au
complet.

Art. 16. — En cas de cessation de commerce
régulièrement déclarée, et lorsque les droits dus
auront été acquittés, le cautionnement sera immédiatement remboursé par les comptables et
sous leur responsabilité.

TITRE III.
OBLIGATIONS DES ASSUJETTIS ET VISITES DES EMPLOYÉS.

Art. 17. — Tout assujetti à une déclaration
préalable à raison de l'exercice d'une des professions désignées par l'article 1, est tenu d'exhiber
la licence à toute réquisition des préposés des
contributions diverses, des douanes, de la gendarmerie et de la police, revêtus de leur uniforme ou porteurs de leur commission. — A cet
effet, ces agents seront autorisés à entrer chez
les assujettis sans l'assistance d'un officier de
police.

Art. 18. — Les préposés des contributions diverses, revêtus de leur uniforme ou munis de
leur commission, ont seuls qualité pour visiter
sans l'assistance d'un officier de police les locaux
et magasins affectés à chaque commerce ou industrie, à l'effet de constater : 1° si la licence est
payée en raison du commerce ou de l'industrie
réellement exercé; 2° si la personne qui a pris la
licence est bien celle qui fait, en réalité, les opérations de commerce.

Dans le cas où les agents reconnaîtraient, lors
de leur visite, que l'assujetti, imposé en raison de
sa déclaration, n'est pas soumis au droit qui lui
est applicable, ou que celui qui acquitte la licence n'est pas celui qui fait réellement le commerce, le redevable sera invité à faire une nouvelle déclaration et à acquitter la licence à laquelle il doit être imposé.—Sur son refus, il sera
dressé procès-verbal; ce procès-verbal, affirmé et
enregistré, et communiqué au maire ou à l'autorité qui en remplit les fonctions, par le contrôleur, pour avoir son avis, sera transmis au chef
du service des contributions diverses, qui statuera
provisoirement, sauf recours auprès de qui de
droit. — Néanmoins, dans le cas où la déclaration
primitive serait reconnue évidemment fausse, le
procès-verbal pourra être déféré aux tribunaux,
le contrevenant sera passible des peines prévues par l'article 21.

Art. 19. — Si des boissons, des spiritueux ou
des tabacs de toute sorte étaient vendus ou mis

en vente sans déclaration ou sans l'apposition de
l'estampille, les agents dénommés en l'article 17
auront le droit d'entrer, sans l'assistance d'un officier de police, dans le lieu de la vente et de constater la contravention.

Art. 20. — Dans le cas où une personne serait
soupçonnée d'exercer sans licence une des industries ou l'un des commerces énoncés en l'article 1,
les préposés des contributions diverses et trois
agents désignés en l'article 17, pourront, avec
l'assistance d'un officier de police, faire des visites
dans l'intérieur de l'habitation.

TITRE IV.
DES CONTRAVENTIONS ET DES PEINES.

Art. 21. — Sera puni d'une amende de 500 francs,
sans préjudice des peines encourues pour rébellion et voies de fait, tout individu qui s'opposera
aux visites et reconnaissances des préposés.

Sera puni d'une amende de 200 à 500 francs, et
condamné au payement des droits fraudés, tout
individu convaincu d'avoir exercé une des industries ou l'un des commerces désignés en l'article 1, après avoir fait déclaration de cesser, ou
sans déclaration et sans estampille, ou avec une
déclaration fausse, ou avec une estampille sans
déclaration préalable.

Sera puni d'une amende de 50 à 100 francs tout
individu qui, en faisant sa déclaration de cesser,
ne remettra pas l'estampille qui lui a été confiée. Le prix de l'estampille sera, en outre, con-
fisqué.

En cas de récidive, l'amende sera double.

Art. 22. — Les contraventions aux dispositions
de la présente ordonnance seront constatées à la
requête du directeur des finances et du commerce,
par procès-verbaux des agents et préposés désignés en l'article 17. — Les procès-verbaux, rédigés dans les vingt-quatre heures par deux agents,
affirmés dans les trois jours et enregistrés dans
les quatre jours de la date, seront crus jusqu'à
inscription de faux.

Art. 23. — Les contraventions seront poursuivies par-devant les tribunaux correctionnels, ou,
à défaut, devant le juge de paix de la localité ou
l'autorité qui en remplit les fonctions. — Les
tribunaux ne pourront, dans aucun cas, modérer
les confiscations et amendes, ni en ordonner l'emploi au préjudice de l'administration.

Art. 24. — Le chef du service des contributions diverses, dans chaque province, aura la faculté de transiger, soit avant, soit après le jugement, sur le montant des amendes et confiscations
encourues.

Art. 25. — Le montant des amendes et confiscations sera réparti ainsi qu'il suit : — Moitié
aux employés qui ont constaté la contravention
et à leur chef immédiat; — un quart à la caisse
des retraites; — un quart à la caisse du budget
local et municipal. — Dans les répartitions, les

employés du grade de contrôleur touchent deux parts.

TITRE V.
DISPOSITIONS GÉNÉRALES.

Art. 26. — Les droits de licence seront perçus conformément à la présente ordonnance, à partir du 1er avril 1847.

Art. 27. — Toutes dispositions contraires à la présente ordonnance seront et demeureut abrogées, à partir de la même époque.

1er janvier 1848.

Ordonnance modifiant l'article 1er de l'ordonnance qui précède (B. 207).

Art. 1. — Les marchands de tabacs désignés en l'article 1er de l'ordonnance du 31 janvier 1847, sont rangés dans la quatrième classe du tarif. Ils payeront un droit annuel de licence de 60 francs, quelle que soit la population de la commune où ils exerceront leur industrie.

Art. 2. — Dans les communes où la population totale est de 5,000 âmes et au-dessus, les assujettis, exerçant dans les banlieues, payeront les droits d'après le tarif applicable à la population non agglomérée. — Les assujettis exerçant dans la partie agglomérée payeront les droits d'après le tarif applicable à la population totale.

Art. 3. — Toutes dispositions contraires à la présente ordonnance sont et demeurent abrogées.

19 février 1848.

Arrêté du gouverneur concernant le prix de l'estampille (B. 209).

Art. 1. — Le prix de l'estampille à délivrer par l'administration à tous les assujettis aux droits de licence est fixé à 50 centimes.

Locomotives.

22 février 1868.

Arrêté du gouverneur promulguant en Algérie l'arrêté du 21 avril 1866 relatif à la circulation des locomotives sur les routes ordinaires (B. G. 200).

Art. 1. — L'arrêté ministériel du 20 avril 1866 concernant la circulation des locomotives sur les routes ordinaires sera promulgué en Algérie pour y recevoir son application sous les modifications suivantes :

Art. 2. — La circulation des locomotives sur les routes ordinaires pourra être interdite chaque année du 1er juin au 1er octobre.

Art. 3. — Les arrêtés d'autorisation ou d'interdiction de circulation des locomotives sur les routes ordinaires seront rendus, dans tous les cas, par le gouverneur général.

Logements insalubres.

28 août 1862.

Décret qui promulgue la loi du 13 avril 1850 sur les logements insalubres (B. G. 64).

Art. 1. — La loi du 13 avril 1850 est déclarée exécutoire en Algérie. — Ladite loi sera publiée à la suite du présent décret.

Art. 2. — Dans les localités où il y aura lieu de visiter les logements occupés par des musulmans, le conseil municipal nommera une commission spéciale de trois membres musulmans, qui sera chargée d'opérer à l'égard de ces habitations, soit isolément, soit avec le concours d'un ou de plusieurs membres de la commission instituée par l'article 1 de la loi.

Art. 3. — Dans le cas prévu par l'article 13 de ladite loi, il sera procédé, pour l'accomplissement des formalités d'expropriation, conformément aux prescriptions de l'ordonnance du 1er octobre 1844 et du décret du 11 juin 1858 (V. *Expropriation*).

Loteries.

15 juin 1853.

Décret promulguant la loi du 21 mai 1836 et l'ordonnance du 29 mai 1844 qui prohibent les loteries, sauf autorisation pour celles comprenant des objets mobiliers et exclusivement destinés à des actes de bienfaisance ou à l'encouragement des arts (B. 442).

Lycées.

21 septembre 1848.

Arrêté du chef du pouvoir exécutif érigeant en lycée le collège d'Alger (B. 289).

Art. 1. — Le collège d'Alger (Afrique) est érigé en lycée. Les bâtiments et le mobilier du collège qui appartiennent à l'État, seront affectés au service du lycée dont l'organisation aura lieu pour la prochaine rentrée des classes.

Art. 2. — Une somme de 50,000 francs est attribuée à cet établissement sur les fonds de l'État à titre de subvention.

Art. 3. — Le prix de la pension des élèves in-

ternes, boursiers ou pensionnaires libres, est fixé à 800 francs, y compris les frais de livres classiques.

Art. 4. — Il sera entretenu aux frais de l'État, dans le lycée d'Alger, quarante-trois bourses trois quarts, qui seront divisées ainsi qu'il suit : quinze bourses entières, dix-sept trois quarts bourses, trente-deux demi-bourses.

La désignation des élèves qui devront les occuper sera faite conformément aux dispositions de l'article 8 de l'arrêté du 16 août 1848.

Art. 5. — La subvention et la dotation en bourses attribuées au lycée d'Alger, seront acquittées pendant l'année 1848, au moyen des crédits qui ont été votés au budget du ministère de la guerre pour le service de l'instruction publique en Algérie.

Art. 6. — Un traitement unique sera alloué aux fonctionnaires et professeurs dudit établissement. Ce traitement sera réglé ainsi qu'il suit : (1)

Art. 7. — Toutes les dispositions des règlements universitaires applicables aux lycées du continent, qui ne seront pas contraires au présent arrêté, continueront d'être observées.

17 octobre 1853.

Arrêté ministériel relatif aux bourses
(B. 446).

Art. 1. — Les candidats aux bourses dans le lycée d'Alger devront justifier désormais, par un examen préalable subi devant une commission départementale, conformément aux programmes établis par l'arrêté du 21 mai 1853, qu'ils sont en état de suivre la classe correspondante à leur âge. Ledit examen ne sera pas obligatoire pour les candidats aux bourses spécialement affectées aux indigènes.

23 octobre 1871.

Arrêté du gouverneur portant réunion du collège arabe-français (2) au lycée d'Alger
(B. O. 380).

Art. 1. — Le collège arabe-français d'Alger sera immédiatement transféré dans les locaux dispo-

(1) V. Décret du 15 août 1875. — *Instruction publique.*
(1) Le collège arabe-français avait été institué à Alger par décret du 14 mars 1857. Il était placé sous la direction de l'autorité militaire.

nibles au lycée, et placé sous la direction et l'autorité du proviseur du lycée. Il n'y aura qu'un seul conseil d'administration pour les deux établissements.

Art. 2. — Les professeurs et autres fonctionnaires ou employés du collège arabe-français, qui, par suite de cette combinaison, se trouveront en excédant aux besoins, continueront à recevoir leurs traitements, jusqu'à ce qu'il ait été possible à l'administration supérieure de les replacer, soit en France, soit en Algérie.

Art. 3. — En cas d'insuffisance de l'allocation inscrite au budget de l'État et du produit des rétributions payées par les familles indigènes pour acquitter les dépenses, le déficit restera à la charge des budgets des centimes additionnels à l'impôt arabe, dans les provinces d'Alger et d'Oran.

Art. 4. — Il sera successivement statué sur toutes les questions que pourrait soulever le transfèrement du collège dans les bâtiments du lycée, ainsi que sur celles relatives à la composition du personnel et à l'organisation de l'enseignement, au vu des propositions du conseil d'administration du lycée et de M. le recteur de l'Académie.

30 décembre 1876

Décret qui érige le collège communal de Constantine en lycée national (B. O. 660).

Art. 1. — Le collège de Constantine est déclaré lycée national.

Art. 2. — Le lycée de Constantine sera organisé après qu'il aura été reconnu contradictoirement par les délégués de l'administration municipale et par ceux du ministère de l'instruction publique et des Beaux-Arts, que les bâtiments sont complètement achevés, conformément aux plans approuvés, et garnis du mobilier usuel et scientifique déterminé par les règlements.

Art. 3. — Les prix de pension et d'externat sont fixés ainsi qu'il suit :

Divisions	Pension entière.	Demi-pension.	Frais d'études.
Élémentaire.	800 fr.	500 fr.	60 fr.
De grammaire.	800	500	80
Supérieure.	800	500	100

M

Magasins généraux.

31 mars 1860

Décret qui promulgue en Algérie la loi du 28 mai 1858, et le décret du 12 mars 1859 sur les magasins généraux (B. M. 72).

22 mars 1871.

Arrêté qui promulgue la loi du 31 août 1870 sur les magasins généraux (B. O. 361).

Marchés.

23 mars 1861.

Arrêté du gouverneur qui abroge l'arrêté du 28 juillet 1842 (B. O. 7).

Art. 1. — L'arrêté du gouverneur général, en date du 28 juillet 1842, sur la police des marchés, est abrogé. — Il sera dorénavant pourvu sur la matière par des règlements locaux, qui seront pris par les maires en vertu des attributions qui leur sont conférées par les articles 27 et 30 de l'ordonnance du 28 septembre 1847. Ces arrêtés seront soumis à l'approbation du préfet, conformément à l'article 34 de ladite ordonnance.

Marchés administratifs.

5 septembre 1861.

Arrêté du gouverneur instituant une commission permanente (B. O. 29).

Art. 1. — Les marchés à passer pour les divers services du gouvernement général de l'Algérie sont l'objet d'adjudications publiques sur soumissions cachetées, sauf le cas où, à raison de circonstances exceptionnelles déterminées dans les actes ci-dessus visés, il peut être traité de gré à gré.

Art. 2. — Une commission permanente est chargée d'établir les clauses et conditions des traités, de procéder à la passation des marchés, tant par adjudication que de gré à gré, et de pourvoir à l'examen et à la réception des fournitures effectuées, soit sur marchés, soit sur simples commandes.

Art. 3. — Cette commission est composée d'un chef de division de la direction générale des services civils, président; — du chef de la section de la comptabilité générale à la même direction; — d'un chef de section de la direction générale (service intéressé), ou d'un officier de la maison du gouverneur ou du sous-gouverneur, selon qu'il s'agit d'objets matériels relatifs à l'hôtel ou à la campagne du gouverneur ou du sous-gouverneur; — d'un adjoint à l'intendance militaire; — d'un inspecteur des bâtiments civils; — d'un secrétaire.

Art. 4. — Le président peut appeler à concourir aux travaux de la commission, tout officier ou fonctionnaire relevant du gouvernement général de l'Algérie et appartenant au service auquel se rapporte plus spécialement l'objet du traité à passer. — Les officiers ou fonctionnaires ainsi appelés à la commission, à l'exception du secrétaire, y ont voix délibérative. Le secrétaire a voix consultative.

Art. 5. — Le conservateur du matériel assiste aux séances de la commission. Il a voix consultative sur la qualité des matières. Il soumet à la commission et, s'il y a lieu, fait consigner au procès-verbal toutes les observations qu'il juge utiles.

Art. 6. — Le président peut également appeler à la commission des experts avec voix consultative.

Art. 7. — Les résolutions de la commission sont prises à la majorité des voix. En cas de partage la voix du président est prépondérante.

Art. 8. — Il n'est procédé aux adjudications qu'après approbation du cahier des charges par le gouverneur général ou par le fonctionnaire délégué par lui à cet effet. — Aucun traité n'est exécutoire qu'après avoir été approuvé par le gouverneur général ou par le fonctionnaire délégué par lui.

Art. 9. — Chacune des expéditions des adjudications ou marchés, est signée par les membres de la commission.

Art. 10. — L'examen et la réception des effets

fournis peuvent être effectués par une sous-commission dont la composition est déterminée par le président.

Art. 11. — La commission de réception dresse, séance tenante, un procès-verbal de ses opérations, sur une feuille de réception préparée à cet effet. Le conservateur du matériel signe le procès-verbal avec les membres de la commission.

Art. 12. — Lorsque la commission reconnaît qu'elle peut, sans inconvénient pour le service, se décharger de l'obligation de constater elle-même le poids ou la quantité des objets dont elle a prononcé l'admission en recette, elle en fait mention dans son procès-verbal qui ne constate alors que la qualité des matières reçues. Dans ce cas, la reconnaissance des quantités est faite par un employé délégué à cet effet, et qui agit de concert avec le conservateur du matériel en présence du fournisseur.

Mariage.

27 juillet 1850.

Promulgation de la loi du 10 juillet 1850 sur l'existence d'un contrat de mariage. (B. 337).

19 mars 1852.

Décret promulguant la loi du 10 décembre 1850 sur le mariage des indigents. (B. 409).

Art. 1. — La loi du 10 décembre 1850, relative au mariage des indigents, sera promulguée en Algérie, et y recevra son exécution, sous les modifications suivantes.

Art. 3. — Toute demande en rectification ou inscription des actes de l'état-civil, en homologation d'actes de notoriété, et généralement toutes procédures nécessaires au mariage des indigents domiciliés en territoire militaire, seront portées devant le tribunal civil le plus rapproché de la province.

Art. 4. — Les procureurs de la République agiront, en ce qui concerne le territoire militaire, comme il est dit aux articles 1, 2 et 3 de la loi.

Art 5. — La délivrance du certificat d'indigence n'est subordonné à la production d'aucun extrait de rôle ou certificat de contributions.

L'extrait de rôle ou certificat de contributions sera remplacé par une déclaration constatant que le demandeur est indigent, déclaration faite par deux témoins en présence du commissaire de police, et dans les localités où il n'existe pas de commissaire de police, en présence du maire ou de l'officier qui en remplit les fonctions.

Le commissaire de police ou, à son défaut, le maire ou l'officier qui en remplit les fonctions, délivrera le certificat d'indigence, qui devra, en outre, être visé par le juge de paix en territoire civil, et par le commandant supérieur du cercle en territoire militaire.

Art. 6. — Le certificat d'indigence, délivré comme il est dit à l'article précédent, suppléera au certificat prescrit par l'article 6 de la loi, même pour assurer aux indigents, fixés en Algérie, le bénéfice de l'exécution de l'article 4 dans la métropole, toutes les fois qu'ils auront besoin d'y recourir pour l'obtention des pièces et l'accomplissement des formalités et des actes indiqués à l'article 4.

Art. 7. — Le dépôt préalable de l'extrait du rôle ou du certificat négatif du percepteur prescrit par le dernier paragraphe de l'article 8 pour la célébration du mariage ne sera pas exigible en Algérie.

Art. 8. — Les dispositions de la loi du 10 décembre 1850 et celles du présent décret sont applicables aux israélites et aux étrangers, pour tous les actes, formalités, productions de pièces et décisions judiciaires émanant de l'autorité administrative ou judiciaire de l'Algérie.

18 juillet 1857.

Décision ministérielle portant que la loi qui précède ne peut recevoir exécution lorsque les deux conjoints sont étrangers (B. ministère Justice 1877 p. 91).

Marine.

La loi du 3 brumaire an IV, sur l'inscription maritime, n'a pas été promulguée en Algérie, et n'y est pas appliquée, ainsi que le constate une dépêche officielle du ministre de la marine, en date du 17 juillet 1876, rapportée ci-après.

Toutes les autres dispositions des lois et règlements reçoivent leur exécution dans la colonie, soit en vertu de l'article 6 de l'ordonnance du 22 juillet 1831, soit en suite de la promulgation spéciale qui en a été faite. En conséquence, l'administration maritime embrasse les mêmes services qu'en France; elle est dirigée par des agents du même ordre, remplissant les mêmes fonctions.

L'Algérie constitue une station navale placée sous le commandement en chef d'un contre-amiral. Elle comprend 13 directions de port, 3 dans le département d'Alger, 6 dans celui de Constantine et 4 dans celui d'Oran, et dispose d'un certain nombre de chalands, d'embarcations, et de trois bâtiments, savoir : un croiseur à la disposition du gouverneur général, un transport et un brick stationnaire.

V. *Bateaux à vapeur, Domaine maritime, Marine marchande, Naufrages, Navigation, Pêche, Pilotes, Ports.*

3 brumaire an IV.

Loi sur l'inscription maritime.

Loi non promulguée et non appliquée, ainsi que le constate la dépêche suivante du ministre de la marine, en date du 17 juillet 1876 :

Par dépêche du 19 juin dernier, vous m'avez transmis, avec une lettre de M. le gouverneur général, un projet de décret relatif à l'organisation de l'inscription maritime en Algérie.

Après avoir mûrement examiné le projet dont il s'agit, je pense que le moment n'est pas encore venu d'appliquer à la population maritime de l'Algérie, les lois et règlements qui régissent les gens de mer en France.

Le département de la marine ne serait intéressé à promulguer ces lois et règlements dans notre possession d'Afrique, qu'autant qu'il pourrait y trouver un élément sérieux pour le recrutement de la flotte. Or, il est certain qu'une année de service ne suffit pas pour donner aux marins une instruction militaire complète, et comme, d'un autre côté, les inscrits jouissent de certains privilèges, on serait conduit équitablement à exiger des marins algériens une durée de service égale à celle des inscrits de la métropole.

Il serait à craindre alors que cette obligation ne nuisît au développement de la marine du commerce. D'autre part, en admettant la tendance des étrangers à se faire naturaliser, il est prudent de faire des réserves au sujet de l'empressement que leurs fils pourraient mettre à accepter les charges de l'inscription maritime.

Dans les quartiers du midi, il existe un assez grand nombre de marins d'origine italienne qui ont été portés sur les matricules des gens de mer. Lorsque leurs fils qui ont embrassé le métier de la mer, atteignent l'âge fixé pour l'appel au service, la plupart excipent de leur extranéité pour s'y soustraire. Les mêmes faits se produiraient sans doute en Algérie.

La marine n'aurait d'ailleurs qu'un bien faible intérêt à ce que la situation actuelle fut modifiée, puisque, d'ici longtemps, le chiffre annuel des inscrits atteint par la levée permanente ne dépassera pas 20 ou 25.

Par ces motifs, je pense, quant à présent, que les inscrits doivent être soumis au service militaire imposé par la loi du 6 novembre 1875 à tous les jeunes gens nés, domiciliés ou résidant habituellement en Algérie.

22 juillet 1834.

Ordonnance portant organisation de l'Algérie

Art. 6. — ...., L'administration de la marine demeure soumise aux lois et ordonnances qui la régissent.

9 juillet 1858.

Arrêté du gouverneur qui promulgue en Algérie la loi du 4 juin 1858, formant le Code de justice militaire pour l'armée de mer(B. 522).

18 juin 1873.

Décret relatif aux engagements et rengagements dans l'armée de mer (B. Lois XII, n° 2149).

Art. 5. — Muni du certificat qui constate son acceptation par l'autorité maritime le contractant se présente (pour son acte d'engagement) en Algérie devant le maire de l'une des villes ci-après : (Celles indiquées pour engagements de l'armée de terre. V. *Armée.*)

Aucun engagement ne peut être reçu en Algérie pour le corps des équipages de la flotte, sans une décision du ministre de la marine.

Marine marchande.

La marine marchande est soumise aux lois de la métropole. Les rapports que la colonie entretient avec la France et l'étranger ont attiré dans ses ports en 1877, d'après les documents officiels publiés par la douane, 4070 navires jaugeant ensemble 1,187,194 tonneaux et montés par 68,775 hommes d'équipage.

V. *Navigation.*

1er novembre 1853

Décret qui promulgue en Algérie le décret disciplinaire et pénal du 24 mars 1852 relatif à la marine marchande (B. 449).

19 mai 1866

Loi sur la marine marchande (B. O. 186).

Reproduite au mot *Douanes.*

Marques de fabrique.

6 février 1864.

Décret promulguant la loi du 23 juin 1857, et le décret du 26 juillet 1858 sur les marques de fabrique (B. G. 106).

Matériel du gouvernement.

5 septembre 1861.

Arrêté du gouverneur instituant un conservateur du matériel du gouvernement (B. G. 20).

Art. 1. — Le conservateur du matériel du gouvernement général de l'Algérie est chargé de pourvoir aux achats qui lui seront prescrits par les divers services du gouvernement général, de recevoir en dépôt, de conserver et d'expédier les objets achetés. — Cet agent est placé, en ce qui concerne la comptabilité, la conservation et l'arrangement des matières, sous la direction et le contrôle du chef de la section chargé de la comptabilité-matières.

Art. 2. — Les matières et objets livrés par les fournisseurs, en exécution de marchés ou commandes, ne peuvent être remis à destination ou introduits dans les magasins que sur un ordre donné par le chef de la section chargée de la comptabilité-matières, au pied de l'expédition, sur papier libre, de la facture remise par le fournisseur.

Art. 3. — Le conservateur du matériel prend charge des objets reçus par la commission spéciale instituée à cet effet, au pied des factures sur papier timbré et à la suite des procès-verbaux de réception.

Art. 4. — Les envois à faire, tant en France qu'en Algérie, ont lieu en vertu des ordres d'expédition délivrés sur la feuille de réception et à la suite de la déclaration de la prise en charge.

Art. 5. — Le conservateur du matériel donne à l'emballeur les ordres relatifs à l'emballage des objets à expédier, et lui indique les marques à apposer sur les colis ou ballots. Dans chaque colis doit être placée une note détaillée et appréciée des objets qu'il contient.

Art. 6. — Le conservateur du matériel prescrit l'enlèvement des colis, prépare les lettres de voitures à délivrer à l'agent chargé du transport et veille à ce que les formalités de passage en douane soient, s'il y a lieu, régulièrement accomplies. Il dresse un état détaillé et apprécié des matières et objets expédiés, et le remet à la section chargée de la comptabilité-matières, en même temps que les lettres de voiture.

Art. 7. — Les entrées sont justifiées par l'ordre et la déclaration de prise en charge, et les sor-

ties par l'ordre d'expédition et par le récépissé de l'agent de transport.

Art. 8. — La comptabilité intérieure du magasin se compose : 1° d'un journal grand-livre présentant en détail les entrées et les sorties des matières; — 2° d'un carnet de transport. — Ces deux registres seront cotés par première et dernière et paraphés sur chaque feuille par le chef de section chargé de la comptabilité-matières. Les inscriptions y seront portées sans délai et sans aucun blanc. Les ratures et les renvois seront approuvés par ledit chef de section.

Art. 9. — Chaque facture sur papier libre, remise au conservateur du matériel au moment de la livraison et revêtue de l'ordre d'introduction, reçoit un numéro d'ordre.

Art. 10. — Le conservateur du matériel reçoit en dépôt, sauf à les faire remettre à qui de droit, les caisses ou colis adressés au gouvernement général de l'Algérie. A l'arrivée d'une caisse ou de la lettre de voiture, il consigne sur cette pièce l'état du colis, et vérifie si les poids sont conformes aux indications portées sur la lettre de voiture. Il informe immédiatement la section chargée de la comptabilité-matières de l'arrivée des objets; en cas de besoin, il est autorisé à ouvrir les caisses pour en connaître la destination. Cette ouverture a lieu en présence d'un délégué.

Art. 11. — Dans le cas où un colis serait brisé ou paraîtrait avoir souffert pendant le trajet, le conservateur du matériel requiert l'ouverture du colis et le déballage des objets en présence de l'agent chargé du transport ou du voiturier. — En cas de perte ou d'avarie, il dresse procès-verbal du fait. Ce procès-verbal signé par lui et par l'agent du transport ou le voiturier, est remis sans délai à la section chargée de la comptabilité-matières.

Art. 12. — Indépendamment des recensements partiels qu'il jugerait à propos de prescrire, le chef de la section chargé de la comptabilité-matière fait procéder, à la fin de chaque année, au recensement des objets existant en magasin. — Les résultats du recensement sont constatés par un procès-verbal. En cas d'excédant ou de déficit, il est rendu compte au gouverneur général.

Médaille d'honneur.

17 décembre 1858.

Circulaire ministérielle relative aux propositions de récompense pour faits de sauvetage et actes de dévouement (B. M. 12).

Messieurs, avant la création du ministère de l'Algérie et des colonies, les médailles d'honneur accordées pour récompenser les faits de sauvetage ou les actes de dévouement de toute nature accomplis aux colonies étaient décernées par M. le ministre de la marine.

Aujourd'hui, Son Excellence ne peut plus être appelée à statuer que pour ce qui concerne les faits purement maritimes, ainsi définis : 1° — tout fait qui s'est passé en mer ou sur les côtes de la mer, quels qu'en soient les auteurs ; — 2° tout fait qui s'est passé sur une rivière, dans les circonscriptions d'un quartier maritime, et dont un marin est l'auteur ; — 3° tout fait qui a lieu sur une rivière, dans la circonscription d'un quartier maritime, quels qu'en soient les auteurs, s'il a eu pour objet les secours à porter à un bâtiment de mer en danger de naufrage ou naufragé. — Quant aux actes de sauvetage ou de dévouement accomplis dans d'autres conditions, et qui vous paraîtraient mériter des médailles d'honneur ou des témoignages de satisfaction, je statuerai directement sur vos propositions. — Lorsque vous aurez à demander, en même temps, des récompenses dans l'ordre civil et dans l'ordre militaire, vous devrez m'adresser ces propositions par lettres séparées, l'une s'appliquant aux civils et l'autre aux militaires.

Médaille militaire.

5 décembre 1859.

Décision aux termes de laquelle le ministre de l'Algérie (aujourd'hui le gouverneur général) a dans ses attributions le droit de soumettre directement au chef de l'État des propositions pour la médaille militaire, en récompense des services rendus par : 1° les sous-officiers de toutes armes et les spahis détachés auprès des bureaux arabes ; 2° les khiéla et les askar de l'Algérie (B. M. 51).

8 janvier 1860.

Décision portant que le ministre de l'Algérie (le gouverneur général) et les ministres de la guerre et de la marine sont seuls appelés à faire des propositions pour l'obtention de la médaille militaire (B. M. 50).

Médecine.

10 mars 1835.

Arrêté promulgant les articles 35 et 36 de la loi du 19 ventôse an XI, les articles 32, 33, 34, 35 et 36 de la loi du 21 brumaire an XI et l'article 42 de l'arrêté du gouvernement du 15 thermidor sur l'exercice illégal de la médecine (B. 11).

12 juillet 1851.

Décret portant règlement général sur l'exer-

cice de la médecine et de la chirurgie (B. 201).

Art. 1. — Nul ne pourra exercer, en Algérie, la médecine, la chirurgie et l'art des accouchements s'il n'a été examiné et reçu dans les formes prescrites par les titres 1, 2, 3 et 5 de la loi du 19 ventôse an XI. — Les médecins et chirurgiens gradués dans les universités étrangères, les officiers de santé et sages-femmes reçus par les jurys médicaux de France, ne peuvent exercer leur art en Algérie, qu'en vertu d'une autorisation spéciale du ministre de l'instruction publique. — Cette autorisation n'est valable que pour l'Algérie, et est soumise à la formalité de l'enregistrement comme les diplômes.

Art. 2 et suivants. — (Certificats d'aptitude aujourd'hui délivrés par l'école préparatoire de médecine).

Art. 5. — A moins d'une autorisation spéciale du gouverneur général, les officiers de santé et les sages-femmes ne peuvent exercer que dans les provinces où ils ont été reçus (1).

Art. 6. — Les rétributions provenant des droits d'examen à subir par les aspirants sont versées dans la caisse du budget départemental.

Art. 7. — A défaut de docteurs en médecine et en chirurgie, les officiers de santé peuvent être chargés des fonctions de médecins et de chirurgiens jurés près les tribunaux.

Art. 8. — Les dispositions des articles 24, 25, 26 et 31 de la loi du 19 ventôse an XI, exécutoires dans le territoire civil de chaque province, sont appliquées, en territoire militaire, de la manière suivante : — Les docteurs, les officiers de santé et les sages femmes sont tenus de présenter leurs diplômes au bureau du commandant de la subdivision, et au greffe de la justice de paix, ou de l'officier qui en remplit les fonctions. — Le commandant de la subdivision, le juge de paix ou l'officier qui en remplit les fonctions, enregistrent les diplômes et adressent les extraits d'enregistrement au général commandant la division et au procureur de la République du tribunal le plus voisin, lesquels dressent les listes prescrites par la loi.

Art. 9. — Les listes dressées par les préfets et les commandants de division sont envoyées au gouverneur général et publiés dans le (Bulletin des actes de la préfecture) *Bulletin officiel des actes du gouvernement.* — Les listes dressées par les procureurs de la République, sont envoyées au procureur général, qui en adresse copie au ministre de la justice.

Art. 10. — Les docteurs, officiers de santé et sages-femmes qui exercent actuellement en Algérie, sont tenus de faire enregistrer leurs diplômes dans le délai de trois mois, à partir de la promulgation du présent décret.

Art. 11. — Les dispositions précédentes ne

_____

(1) V. *École de médecine.*

sont pas applicables aux indigènes, musulmans ou juifs, qui pratiquent la médecine, la chirurgie et l'art des accouchements à l'égard de leurs co-religionnaires.

Art. 12. — Les dispositions des arrêtés antérieurs, qui ne sont pas conformes aux dispositions de la loi du 19 ventôse an XI, et du présent décret, sont et demeurent abrogées.

21 novembre 1862.

Arrêté du gouverneur promulguant le titre III du décret du 22 août 1854 et le décret du 28 octobre 1858. Dispositions en conséquence (B. O. 68).

Art. 1. — Le titre 3 du décret impérial du 22 août 1854 et le décret impérial du 28 octobre 1854 seront promulgués et publiés en Algérie.

Art. 2. — A partir de cette promulgation, les officiers de santé, les sages-femmes, les pharmaciens et les herboristes de 2e classe, reçus en France, soit par les anciens jurys médicaux, soit par une école préparatoire de médecine, ne pourront recevoir l'autorisation d'exercer en Algérie, prescrite par les décrets du 12 juillet 1851, qu'en justifiant de nouveaux certificats d'aptitude obtenus, après de nouveaux examens, de l'école préparatoire de médecine et de pharmacie d'Alger.

Art. 3. — Les médecins et chirurgiens gradués dans les universités étrangères, les pharmaciens et sages-femmes pourvues de titres délivrés par les mêmes universités ne pourront obtenir l'autorisation qu'aux mêmes conditions. — Ceux des praticiens étrangers qui voudront exercer en Algérie au titre de docteur, devront préalablement se faire recevoir par une faculté de médecine de France et se pourvoir, à cet effet, auprès du ministre de l'instruction publique, conformément aux prescriptions de la loi du 19 ventôse an XI.

Art. 4. — Sont confirmées les autorisations délivrées d'après les formes anciennes, depuis la promulgation du décret du 4 août 1857 (1) et antérieurement à celle du présent arrêté.

Médecins de colonisation.

21 janvier 1853.

Arrêté ministériel instituant le service des médecins de colonisation (B. 450).

5 avril 1878.

Arrêté du gouverneur portant réorganisation du service (B. O. 710).

Art. 1. — Le service médical de colonisation en Algérie est réorganisé ainsi qu'il suit :

(1) V. *École de médecine*.

TITRE I.

ORGANISATION GÉNÉRALE, DÉPENSES.

Art. 2. — Les territoires de colonisation sont divisés en circonscriptions médicales, à chacune desquelles est attaché un médecin spécial.

Art. 3. — Ces circonscriptions, dont le nombre varie suivant les besoins des populations européenne et indigène, sont déterminées par des arrêtés du gouverneur général, le Conseil de gouvernement entendu.

Elles peuvent être modifiées dans la même forme, chaque fois que l'intérêt du service le commande.

Art. 4. — Les dépenses du service colonial de l'assistance médicale sont supportées par le budget du gouvernement général de l'Algérie. (*Ressources spéciales, assistance hospitalière.*)

TITRE II.

COMMISSIONS LOCALES CHARGÉES DE DRESSER LES LISTES DES HABITANTS NON SUSCEPTIBLES DE PAYER LES VISITES DES MÉDECINS. — LEUR COMPOSITION, LEURS FONCTIONS.

Art. 5. — Nul ne peut être admis aux secours médicaux gratuits s'il n'est inscrit au préalable sur un état dressé, chaque année, dans la première quinzaine d'octobre.

En vue de la préparation de cet état et deux mois avant l'époque fixée pour son établissement, les habitants des différentes localités de la circonscription en sont informés par des placards apposés à la porte des mairies ou des locaux en tenant lieu.

Tout chef de famille qui croit avoir des titres aux secours médicaux gratuits, doit, dans ce délai, requérir son inscription sur l'état.

Les indigènes nécessiteux sont présentés d'office par leur adjoint spécial ou, à défaut de ce dernier, par l'un des conseillers municipaux musulmans.

Art. 6. — Une commission est chargée de statuer sur ces demandes et de dresser, en double expédition, l'état des personnes admises aux secours gratuits.

Elle se compose :

Du maire de la commune ;

De l'adjoint européen ou indigène de chaque section ou, à défaut de ce dernier, de l'un des conseillers municipaux musulmans ;

D'un ministre de chacun des cultes professés dans la commune, pourvu qu'il y ait sa résidence personnelle ;

D'un membre du bureau de bienfaisance ou, à défaut, d'un habitant notable désigné par le conseil municipal ;

Du médecin de colonisation ;

Du receveur municipal ou du receveur des contributions qui en remplit les fonctions.

L'état qu'elle dresse doit indiquer non-seulement le nom du chef de la famille, mais encore celui de chacun des membres qui la composent.

Art. 7. — La liste d'admission aux secours médicaux gratuits est suivie, dans chaque commune, de l'état des enfants assistés placés dans la commune. Le nom du nourricier ou patron est inscrit en regard du nom de l'enfant assisté.

Art. 8. — Cette liste est revisée et arrêtée, dans le mois de novembre, par le conseil municipal de chaque commune. Le maire l'adresse au sous-préfet qui, après l'avoir approuvée, l'envoie au médecin de colonisation et au maire de la commune.

Si, dans le cours de l'année, des familles nouvelles viennent s'installer dans la localité et qu'elles réclament le bénéfice des secours médicaux gratuits, le maire pourra, s'il trouve ces demandes justifiées, faire ajouter les noms de ces familles sur la liste, sous la réserve de faire approuver cette mesure par le conseil municipal, lors de sa plus prochaine réunion.

TITRE III.

COMITÉ SUPÉRIEUR. — SA COMPOSITION SES ATTRIBUTIONS.

Art. 9. — Un comité chargé de centraliser tous les documents relatifs au service médical de colonisation est institué à Alger, sous la présidence du directeur général des affaires civiles et financières.

Art. 10. — Ce comité prendra le titre de *comité supérieur d'assistance médicale*.

Font partie de ce comité :

Le procureur général ;

Un membre du conseil de gouvernement désigné par le conseil ;

L'inspecteur central des établissements de bienfaisance ;

Le directeur de l'école secondaire de médecine ;

Le médecin en chef de l'hôpital civil de Mustapha ;

Un professeur de l'école secondaire de médecine d'Alger, désigné par le conseil des professeurs ;

Un médecin de colonisation de première classe, par département, désigné, dans chacun d'eux, par le suffrage de ses confrères ;

Le chef du bureau de la direction de l'intérieur, dans les attributions duquel se trouve le service de l'assistance hospitalière ;

L'un des sous-chefs de ce même bureau remplira les fonctions de secrétaire.

Art. 11. — Les pouvoirs du conseiller de gouvernement, du professeur de l'école de médecine et des médecins de colonisation, appelés à siéger au comité supérieur, sont renouvelés tous les trois ans.

Leur désignation a lieu dans le courant du mois de décembre de l'année qui précède l'expiration de leurs pouvoirs.

Art. 12. — En cas d'empêchement du directeur général, ce haut fonctionnaire sera suppléé, dans la présidence, par un des membres du comité, d'après l'ordre suivi pour leur désignation.

Art. 13. — Le comité se réunit, sur la convocation du président, dans l'une des salles de la direction générale, au moins une fois par an, en session obligatoire, et toutes les fois que l'intérêt du service l'exige.

Art. 14. — Il a pour mission d'examiner les résultats du service médical d'assistance, recueillis et présentés par les comités départementaux ; de donner son avis sur les modifications et améliorations dont le service aura été reconnu susceptible ; d'établir, après examen de leurs notes et des rapports trimestriels et annuels, le tableau d'avancement des médecins que les comités départementaux ont jugés dignes d'une augmentation de classe ; de donner son avis sur les mesures disciplinaires proposées par les mêmes comités ; enfin, d'arrêter les bases d'un rapport d'ensemble que son président doit adresser chaque année au gouverneur général.

TITRE IV.

COMITÉS DÉPARTEMENTAUX DE L'ASSISTANCE MÉDICALE. — LEUR COMPOSITION. — LEURS ATTRIBUTIONS.

Art. 15. — Un comité départemental d'assistance médicale est institué dans chaque département.

Art. 16. — Ce comité, présidé par le préfet du département, est composé de :

Un membre du conseil général, désigné par la commission départementale ;

Le médecin en chef de l'hôpital civil du chef-lieu ;

Le médecin en chef de l'un des hôpitaux civils de l'intérieur, désigné chaque année par le préfet ;

L'inspecteur des enfants assistés ;

Un médecin de colonisation, désigné par ses confrères du département ;

Le chef du bureau de la préfecture, chargé de l'assistance publique, remplira les fonctions de secrétaire.

Dans le département d'Alger, le médecin en chef de l'hôpital civil du chef-lieu est remplacé par le plus ancien médecin traitant de l'hôpital civil de Mustapha.

Art. 17. — Les pouvoirs du médecin de colonisation sont renouvelés tous les trois ans.

Art. 18. — Les comités départementaux ont pour mission de veiller à l'exécution du présent règlement ; de proposer les améliorations dont il est susceptible ; d'examiner les titres à l'avancement des médecins de colonisation ; de fournir à l'administration centrale les renseignements dont elle a besoin ; de centraliser, de vérifier, de contrôler les rapports trimestriels et annuels des médecins de colonisation ; de coordonner tous les documents relatifs au service médical et aux épidémies.

Les comités départementaux présentent, chaque année, au comité supérieur un rapport sur l'ensemble du service; ils lui signalent :

1° Les praticiens qui se distinguent particulièrement par leur dévouement à remplir les obligations attachées à leur titre;

2° Les résultats du service d'assistance médicale.

Ce même rapport fait connaître :

Au point de vue administratif :

Le nombre de malades soignés, le nombre de visites faites, le nombre de consultations, le nombre de malades admis dans les hopitaux, les guérisons constatées, les maladies incurables, les décès, les terminaisons inconnues; ces renseignements sont réunis dans un tableau dressé d'après un modèle déterminé;

Au point de vue scientifique :

1° Les affections chirurgicales;

2° Les affections médicales;

3° Les conséquences des maladies;

4° Les opérations faites;

5° Les accouchements pratiqués;

6° Le relevé par commune des maladies épidémiques observées pendant l'année;

7° Les faits cliniques;

8° Les faits relatifs à l'hygiène.

TITRE V.

MÉDECINS DE COLONISATION. — LEUR NOMINATION. LEURS FONCTIONS. — LEUR TRAITEMENT. — INDEMNITÉS. — AVANCEMENTS. — RÉCOMPENSES. — RETRAITES.

Art. 19. — Les médecins de colonisation sont nommés par arrêté du gouverneur général sur la proposition des préfets, parmi les docteurs en médecine.

Ils ne peuvent être admis dans les cadres du personnel après l'âge de trente-cinq ans accomplis. Néanmoins ceux qui justifieront de moins cinq ans de service dans les armées de terre ou de mer, pourront être admis jusqu'à l'âge de quarante ans révolus.

En cas de vacance d'un emploi de médecin de colonisation, avis en est donné au public par voie d'affiches dans les écoles et dans les facultés de médecine.

Les candidats doivent adresser leur demande au gouverneur général, en l'appuyant d'un diplôme, d'un extrait de leur acte de naissance, d'un état exact de toutes les localités où ils auraient déjà exercé et de toutes les autres pièces propres à la faire apprécier.

Art. 20. — A défaut de candidats pourvus du diplôme de docteur en médecine et réunissant les conditions prévues par l'article précédent, les officiers de santé pourront être employés dans le service médical de la colonisation, mais seulement à titre auxiliaire.

Le titre de médecin de colonisation auxiliaire conféré aux officiers de santé, ne leur donne aucun droit professionnel en dehors de la législation médicale, au point de vue des opérations à pratiquer.

Art. 21. — Les médecins de colonisation sont tenus de résider dans le chef-lieu de leur circonscription, à moins que l'administration ne leur assigne une autre résidence, dans l'intérêt du service.

Art. 22. — Le médecin de colonisation traite gratuitement les malades inscrits sur la liste dont il est parlé à l'article 5. Il doit également, dans sa circonscription, des soins aux personnes étrangères, victimes d'un accident grave et subit, et il constate les décès qui surviennent dans le lieu de sa résidence.

Les frais de visite des enfants assistés malades, placés dans la circonscription, sont remboursés par les départements au taux fixé par les conseils généraux.

Art. 23. — Conformément à l'article 14 du décret du 10 janvier 1811, le médecin se fait représenter, au moins deux fois par an, les enfants assistés placés dans sa circonscription, afin de s'assurer des conditions dans lesquelles ils se trouvent et de leur état de santé.

Il rend compte au préfet du résultat de ses visites.

Art. 24. — Le médecin de colonisation ne sera tenu obligatoirement de donner ses soins aux femmes en couche, qu'à défaut de sages-femmes et dans les cas exceptionnels où la sage-femme déclarerait ne pouvoir ou ne devoir pas terminer l'accouchement.

Art. 25. — Il doit visiter également, au moins une fois par semaine, les divers centres de population de sa circonscription. — Les jours de visite sont déterminés par le préfet, d'après les propositions du médecin.

Néanmoins, en cas d'accident grave, le médecin devra toujours se transporter sur les lieux, à la réquisition du maire.

Il devra également déférer à toutes les réquisitions qui lui seront adressées par les officiers de police judiciaire pour des constatations médicales relatives à des crimes ou délits.

Art. 26. — Tout médecin de colonisation donnera, deux fois par semaine, à son domicile ou dans une salle de la mairie, réservée à cet effet, des consultations dont le jour et l'heure seront déterminés par le préfet, le médecin préalablement entendu.

Ces indications seront affichées d'une manière apparente à la porte du domicile du médecin.

Les familles inscrites sur les feuilles de secours gratuits sont seules admises sans rétribution à ces consultations.

Art. 27. — Lorsque, dans une localité, le nombre des malades excède la proportion ordinaire, le médecin, prévenu officiellement, se transporte, sans retard, dans cette localité pour rechercher la nature et les causes du mal, conseiller les mesures générales à prendre relativement à l'hygiène publique et privée, et donner ses soins aux malades.

Il adresse immédiatement un rapport au préfet et le tient au courant des faits importants.

Art. 28. — En cas d'épidémie grave, un médecin ou un interne des hôpitaux civils, pourvu du titre d'officier de santé, pourra être adjoint au médecin titulaire de la circonscription pour assurer, avec lui et sous sa direction, l'exécution du service.

Art. 29. — Une fois par mois, et à un jour fixé de concert avec le maire, le médecin se rend dans les écoles publiques, afin de constater les conditions hygiéniques de ces établissements et de s'assurer que les enfants qui s'y trouvent ne sont atteints d'aucune maladie contagieuse (ophtalmies granuleuses, teigne, gale, etc.), et qu'ils ont été vaccinés ou qu'ils ont eu la petite vérole.

Les enfants atteints de maladie contagieuse sont provisoirement rendus à leurs famille, et ne peuvent revenir dans les écoles qu'après guérison complète.

Art. 30. — Les médecins de colonisation adresseront tous les trois mois au préfet un rapport sur leur service.

Ce rapport indiquera :

1° La date des tournées, le nom des localités visitées, le nombre des malades traités à domicile, celui des malades envoyés dans les hôpitaux, le nombre des visites gratuites faites, dans chaque localité, en dehors des tournées obligatoires;

2° Le nombre des malades admis à la consultation et celui des malades étrangers à la circonscription, envoyés à l'hôpital par suite de la consultation;

3° Les décès survenus dans la circonscription ;

4° Enfin tous les faits, intéressant la santé publique, qui se sont produits dans le courant du trimestre écoulé.

Art. 31. — Dans le courant du mois de janvier de chaque année, les médecins de colonisation doivent faire parvenir au préfet, par l'intermédiaire des sous-préfets, tous les documents relatifs à l'exercice de leurs fonctions, savoir :

1° La liste nominative des habitants de la circonscription, qu'ils ont été appelés à soigner gratuitement. Cette liste est accompagnée des détails relatifs aux maladies traitées, énoncées d'après un plan uniforme sur des cadres imprimés, fournis par l'administration;

2° La statistique relative au nombre et à la nature des maladies traitées, établie suivant un modèle déterminé;

3° Les observations générales faites sur la salubrité, l'hygiène, la qualité des eaux dans les diverses localités, et sur tous les faits de nature à intéresser la santé publique;

4° Les remarques scientifiques que leur a suggérées la constatation (l'étude) de la circonscription au point de vue médical.

Art. 32. — Les avantages accordés aux médecins de colonisation, en dehors de leur clientèle payante, se composent : d'un traitement fixe à la charge de l'État ; d'une indemnité de logement de 500 francs au minimum, ou du logement en nature à la charge des communes de la circonscription ; et, éventuellement, d'indemnités relatives à la surveillance des enfants de premier âge, établies par la loi du 23 septembre 1874; des honoraires payés par les départements pour les enfants assistés malades; des rétributions du département pour les vaccinations réussies; enfin de l'indemnité accordée pour la connaissance de la langue arabe.

Art. 33. — Les médecins de colonisation sont répartis en cinq classes, qui correspondent aux traitements suivants :

Première classe	5,000
Deuxième classe.	4,500
Troisième classe.	4,000
Quatrième classe.	3,500
Cinquième classe.	3,000

Art. 34. — Les officiers de santé, actuellement en exercice, sont maintenus en fonctions.

Quant à ceux dont les besoins du service exigeraient ultérieurement l'emploi momentané, ils ne seront considérés que comme des auxiliaires aux appointements de 2,500 francs par an.

Art. 35. — La proportion dans chaque classe est fixée comme suit :

Première classe. .	1/10° de l'effectif.
Deuxième classe. .	2/10° —
Troisième classe. .	2/10° —
Quatrième classe .	3/10° —
Cinquième classe .	2/10° —

L'avancement ne peut être obtenu qu'après deux ans au moins passés dans la classe inférieure.

Les officiers de santé, actuellement en exercice, doivent servir au moins trois ans dans une classe pour pouvoir être nommé à la classe supérieure, et ils ne peuvent, en aucun cas, dépasser le traitement de 4,000 francs.

Les titres à l'avancement sont examinés par les comités départementaux. Le tableau d'avancement est établi annuellement par le comité supérieur d'Alger.

Art. 36. — Sur la présentation du comité supérieur, un avancement exceptionnel pourra être accordé, à titre de récompense, aux médecins de colonisation qui se seront distingués pendant les épidémies, sans préjudice des récompenses honorifiques qui leur seront attribuées.

Art. 37. — Les dispositions de l'arrêté ministériel des 8 mars 3 avril 1854, sur les congés des fonctionnaires, sont applicables aux médecins de colonisation.

Ces praticiens seront remplacés, pendant leur

absence, par un médecin ou un interne des hôpitaux, pourvu du grade d'officier de santé.

Art. 38. — A partir du 1er août 1878, la loi du 9 juin 1853 sur les pensions civiles, sera rendue applicable aux médecins titulaires de colonisation.

Art. 39. — Tout médecin de colonisation dont le service ou la conduite laisserait à désirer, sera invité à présenter des observations par écrit.

Les peines disciplinaires suivantes peuvent lui être infligées, suivant la nature et la gravité des faits reprochés:

Le blâme, prononcé par le préfet, sur l'avis du comité départemental;

Le changement de résidence, imposé d'office pour des motifs autres que le manquement aux devoirs professionnels;

La révocation.

Ces deux dernières peines sont prononcées par le gouverneur général, sur la proposition du comité supérieur.

Les comités départementaux et le comité supérieur peuvent charger un de leurs membres de procéder aux enquêtes, sur place, qu'ils jugeraient nécessaires.

Les frais résultant de ces missions sont supportées par le budget de l'assistance hospitalière et ordonnancés directement par le gouverneur général.

TITRE VI.

SERVICE PHARMACEUTIQUE. — REMBOURSEMENT DU PRIX DES MÉDICAMENTS.

Art. 40. — Dans les localités où il n'existe pas de pharmacie, le médecin de colonisation est tenu d'avoir un approvisionnement des médicaments dont la nomenclature est déterminée par les comités.

Ces médicaments sont fournis au médecin par les hôpitaux civils aux prix des marchés en cours Les médecins les délivrent aux habitants de leur circonscription, aux prix de cession augmentés de 75 pour 100.

Les livraisons faites aux personnes inscrites sur la liste d'admission aux secours médicaux gratuits, sont constatées par un bon détaché d'un registre à souche et remboursées trimestriellement par les communes.

Celles faites aux enfants assistés sont à la charge des départements.

Les médicaments délivrés aux passagers qui n'ont pas le domicile de secours, sont remboursés par le budget de l'assistance hospitalière.

Art. 41. — Les bandages herniaires, bas-lacés, etc., etc, sont fournis par les hôpitaux ou par les bandagistes spéciaux, sur des bons des médecins de colonisation, visés par les maires.

Sont exclues de ces fournitures, les personnes n'ayant pas leur domicile de secours dans la commune.

TITRE VII.

DISPOSITIONS GÉNÉRALES.

Art. 42. — Les médecins communaux seront invités à établir, à la diligence des maires, les rapports et états statistiques dont la production est exigée du service colonial par l'article 31.

Ces rapports, adressés aux comités départementaux, servent à établir annuellement la statistique médicale de l'Algérie.

Art. 43. — Sont abrogées toutes les dispositions antérieures sur le service médical de colonisation, en ce qu'elles ont de contraire au présent arrêté.

Medreças.

Les médreças (écoles supérieures musulmanes) ont été réorganisées par un arrêté du gouverneur du 16 février 1876, complété les 29 juillet 1876 et 7 mars 1877. Aux termes de ces différents actes, les médreças sont placées sous la direction des commandants de division, pour la partie administrative, et sous l'autorité du recteur, au point de vue des études et de la discipline intérieure. La durée des cours est de trois années, et les indigènes qui y sont admis, après examen, sont entretenus sur les fonds provenant des centimes additionnels. Le personnel enseignant se compose d'un directeur et de professeurs français et indigènes; ils sont tous nommés par le gouverneur général.

16 février 1876.

Arrêté du gouverneur contenant réorganisation
(B O. 643).

Art. 1. — Dans les écoles musulmanes d'enseignement supérieur (médreças) d'Alger, de Tlemcen et de Constantine, l'autorité du gouverneur général sera exercée par l'intermédiaire:

1° Des généraux commandant les divisions, pour la surveillance politique et administrative;

2° Du recteur de l'Académie, en ce qui concerne la direction des études et la discipline intérieure de ces établissements.

Art. 2. — Les écoles musulmanes d'enseignement supérieur ont pour but de former des candidats aux emplois du culte musulman, de la justice et de l'instruction publique musulmanes, ainsi qu'aux emplois qui peuvent, en vertu du décret du 21 avril 1866, être occupés par les musulmans non naturalisés.

Art. 3. — Chaque année, le gouverneur général détermine, d'après les besoins présumés des divers services, et les limites des ressources affectées à ces établissements, le nombre d'élèves à recevoir dans les écoles musulmanes d'enseignement supérieur.

Aucun candidat n'est admis, s'il ne justifie, devant une commission d'examen, nommée à cet effet par le gouverneur général, sur la proposition du recteur, qu'il possède les connaissances nécessaires pour suivre les cours de première année; il devra justifier, en outre, qu'il est musulman indigène, âgé de dix-huit ans au moins et de vingt-cinq ans au plus.

Le programme de l'examen est arrêté par le gouverneur général, sur la proposition du recteur de l'Académie. Pour s'y présenter, le candidat devra se faire inscrire, un mois à l'avance, dans les bureaux du recteur de l'Académie, pour la médreça d'Alger et dans ceux de l'inspection académique, pour les deux autres médreças; il aura à justifier de son indigénat, de son âge et de sa moralité.

Une liste, par ordre de mérite, sera dressée par la commission d'examen, et le gouverneur général désignera sur cette liste les élèves admis.

Art. 4. — La durée des cours, dans les écoles musulmanes d'enseignement supérieur, est fixée à trois ans. Ces cours embrassent :

1º L'enseignement de la langue française, de l'histoire, de la géographie, de l'arithmétique, des principes du droit français (droit civil, droit pénal, droit administratif);

2º L'enseignement de la langue et de la littérature arabes, de la théologie et du droit musulman.

Art. 5. — Un règlement préparé par le recteur de l'Académie, et approuvé par le gouverneur général, fixe, pour chaque année scolaire la distribution des matières à enseigner.

Nul n'est admis au cours de la deuxième et successivement de la troisième année, s'il ne justifie, devant la commission dont il est parlé à l'article 3, qu'il est apte à suivre le cours supérieur. Néanmoins, les indigènes pourvus du diplôme d'études pour l'enseignement spécial, pourront être admis à suivre les cours de deuxième année.

Art. 6. — A la fin de la troisième année, un examen de sortie détermine le numéro de classement définitif des élèves ayant terminé leurs études. Ceux-ci font connaître, parmi les emplois disponibles qui leur sont attribués, celui dont ils font choix, et, en cas de non vacance actuelle, la nature de celui qu'ils désirent obtenir. A cet effet, leur sont naturellement réservés, de préférence à tous autres musulmans, ceux des emplois énumérés dans la première partie de l'article 2 du présent arrêté, qui viendraient à vaquer.

Il est fait droit à ces demandes suivant l'ordre du numéro de classement.

Les élèves maintenus en dehors du classement perdent tout droit à un emploi.

Art. 7. — Les élèves des médreças sont entretenus sur les fonds des centimes additionnels, ajoutés aux impôts arabes, perçus sur les indigènes des deux territoires.

Les départements, les communes et les chefs de famille, peuvent prendre à leur charge la pension d'élèves indigènes, sous la réserve par ceux-ci de justifier des conditions d'âge, d'aptitude et de moralité exigées par l'article 3.

Art. 8. — Les écoles supérieures musulmanes sont soumises à des inspections. L'inspecteur, ainsi que les professeurs, tant français qu'indigènes, sont nommés par le gouverneur général; l'inspecteur est placé sous les ordres du recteur, auquel il adresse ses rapports.

Les agents inférieurs sont nommés par le général commandant la division, sur la désignation du directeur de l'école.

Art. 9. — Jusqu'à ce qu'il en soit autrement décidé, les traitements de l'inspecteur et du personnel des écoles supérieures musulmanes, demeurent ainsi fixés:

Inspecteur des écoles supérieures musulmanes.		8,000 fr.
Frais de tournées.		1,000
Directeurs.	Première classe.	3,000
	Deuxième classe.	2,700
	Troisième classe.	2,400
Professeur.	Première classe.	1,800
	Deuxième classe.	1,500
	Troisième classe.	1,200
Oukkaf. . .	Première classe.	1,000
	Deuxième classe.	800
	Troisième classe.	600

Art. 10. — Il est pourvu aux dépenses des écoles musulmanes d'enseignement supérieur, à l'aide tant des crédits ouverts au budget de l'Algérie, que de ceux inscrits au budget du fonds commun général et des fonds communs divisionnaires des communes indigènes de l'Algérie.

Art. 11. — Des externes libres, quelle que soit leur nationalité, agréés par le recteur de l'académie, pourront être admis à suivre les cours, sous les conditions qui seront déterminées par des règlements ultérieurs.

Art. 12. — Toutes dispositions contraires au présent arrêté, sont rapportées.

Art. 13. — Les généraux commandant les divisions et le recteur de l'académie sont chargés de l'exécution du présent arrêté.

29 juillet 1876.

Arrêté du gouverneur indiquant les conditions d'admission aux médreças (B. O. 669).

Art. 1. — Les cours s'ouvrent chaque année dans les écoles supérieures musulmanes, la deuxième semaine du mois d'octobre et se terminent l'avant-dernière semaine de juillet.

Dans l'intervalle et en dehors des jours de congé fixés par l'autorité académique, à l'occasion des fêtes musulmanes, les élèves ne peuvent rentrer dans leurs familles sans une autorisation du recteur de l'académie, autorisation qui ne leur est accordée que pour des motifs graves.

Art. 2. — Les candidats aux écoles supérieures musulmanes subissent deux épreuves :

1° Un examen d'admissibilité qui est passé au chef-lieu de la subdivision militaire dont relèvent les territoires du domicile ou de la résidence des candidats ;

2° Un examen définitif qui est passé dans les villes où sont situées les médreças.

Art. 3. — Pour y prendre part, les candidats doivent s'être fait inscrire avant le 15 août, soit directement dans les bureaux de l'académie, soit dans ceux des médreças, soit enfin au chef-lieu de leurs communes respectives, si ces communes ne sont pas chef-lieu de département ou siège d'une médreça.

L'inscription doit être accompagnée des pièces ci-après :

1° Acte de naissance ou de notoriété établissant que le candidat est âgé de dix-huit ans au moins et de vingt-cinq ans au plus ;

2° Certificat de bonne conduite et de moralité délivré par l'autorité française du lieu où le candidat a son domicile ou sa résidence depuis un an au moins.

En échange du dépôt de ces pièces, il est délivré à l'intéressé un récépissé ou certificat d'inscription.

Les commandants supérieurs, administrateurs, maires ou directeurs des médreças réunissent dans un bordereau relatant la date de la demande d'inscription, les pièces déposées par les candidats et les envoient sans délai, selon les territoires, au général ou au préfet qui les fait parvenir à l'inspecteur d'académie avant le 1er septembre.

Art. 4. — L'examen d'admissibilité est passé le 15 septembre (ou le 16 si le 15 tombe un dimanche), au chef-lieu de chaque subdivision, devant une sous-commission composée de :

Un officier, au moins du grade de capitaine et désigné par le général commandant la subdivision, président.

Un juge de paix ou son suppléant.

Un interprète militaire ou judiciaire.

Un membre de l'Université désigné par l'autorité académique.

Un cadi ou bach-adel.

Sont admis à subir cet examen tous les indigènes porteurs du certificat d'inscription relaté à l'article précédent.

Art. 5. — L'examen d'admissibilité porte sur les matières suivantes :

1° Dictée d'un texte arabe ;

2° Exercice épistolaire en arabe ;

3° Lecture, écriture et exercices oraux en français ;

4° Numération décimale.

Un certificat d'aptitude à subir l'examen définitif est délivré à chacun des candidats qui ont satisfait, d'une manière passable, aux épreuves précitées.

La liste des candidats reconnus admissibles est envoyée par le général commandant la subdivision à l'inspecteur d'académie.

Art. 6. — L'examen définitif a lieu le premier lundi du mois d'octobre, dans les villes où sont situées les médreças.

Il comprend les épreuves suivantes :

1° Dictée arabe et analyse grammaticale sur la dictée.

2° Interprétation d'un passage du Coran ;

3° Exercice épistolaire en arabe ;

4° Lecture, écriture et exercices oraux en français ;

5° Numération décimale.

Ne sont admis à subir les examens définitifs que les candidats qui ont été reconnus admissibles, ou ceux qui pourraient être exceptionnellement autorisés par l'autorité académique.

Art. 7. — Nul ne peut être nommé élève boursier dans une école supérieure musulmane, après l'ouverture des cours, et sans avoir subi convenablement l'examen définitif.

Art. 8. — Les commissions chargées de l'examen définitif des candidats aux écoles supérieures musulmanes, sont composées comme il suit :

L'inspecteur d'académie, président.

Un officier titulaire du service des affaires indigènes.

Un magistrat ou membre du parquet, connaissant la langue arabe.

Le professeur de la chaire d'arabe, et, à son défaut, un professeur français de la médreça.

Un interprète militaire principal ou titulaire, et à défaut un interprète judiciaire.

Le directeur de la médreça, et à défaut un de ses professeurs.

L'inspecteur des écoles supérieures musulmanes est de droit président, au lieu et place de l'inspecteur d'Académie, de la commission réunie dans la localité où il se trouve au moment des examens.

Art. 9. — Les commissions chargées des examens définitifs se réunissent, en outre, une deuxième fois chaque année, sur la convocation de M. le recteur, pour examiner les élèves de la médreça, autoriser ou refuser leur passage dans la division supérieure, arrêter le classement des élèves sortants et leur délivrer des brevets de capacité.

Art. 10. — Chaque élève admis à la médreça devra être pourvu de 1 haïk, 2 burnous, 4 chemises ou gandouras, 6 paires de chaussettes et 2 paires de souliers.

7 mars 1877

Arrêté du gouverneur sur l'organisation intérieure des médreças (Mobacher 12 mai 1877)

ADMINISTRATION

Art. 1. — L'administration de chaque médreça appartient entièrement au général commandant la division.

Art. 2. — Toutes les pièces de comptabilité nécessaires pour assurer l'ordonnancement des dépenses, sont établies dans ses bureaux et visées par lui.

Art. 3. — Un officier de la section des affaires indigènes de son état-major, est spécialement chargé de veiller à l'exécution de ses ordres.

Art. 4. — Cet officier tient un contrôle de tout le personnel de la medreça, sur un registre où il inscrit toutes les mutations.

Art. 5. — Il fait de fréquentes visites à la médreça; il s'assure que les élèves reçoivent bien les prestations réglementaires et que les ouquafs font leur service convenablement.

Art. 6. — Il se fait présenter, au moins une fois par mois, le contrôle tenu par le directeur, le vérifie et le signe par délégation du général.

Art. 7. — Il s'assure que le matériel existe réellement et est bien entretenu. Il tient et arrête, au nom du général, les inventaires du mobilier et de la bibliothèque.

Art. 8. — Les mandats de payement sont établis et ordonnancés par le préfet, sur les pièces fournies et signées par le général commandant la division.

Ces mandats sont individuels, en ce qui concerne les traitements ou indemnités du directeur, des professeurs, du docteur et des ouquafs.

Art. 9. — Une somme annuelle, provisoirement fixée à 300 francs, est versée au budget de l'Algérie pour chaque élève interne, soit par sa famille, soit par sa commune, soit par son département.

Des bourses peuvent aussi être accordées sur le budget de l'Algérie.

Cette somme de 300 francs est destinée à assurer le payement de toutes les dépenses résultant directement de l'entretien des élèves. (Indemnités journalières, primes mensuelles, fournitures scolaires, entretien de la literie etc.).

Art. 10. — Pour ces dépenses, au fur et à mesure des besoins et sur les pièces produites par le général commandant la division, le préfet ordonnance des mandats au nom du directeur de la médreça, qui justifie de l'emploi des avances à chaque nouvelle demande de fonds.

SURVEILLANCE POLITIQUE.

Art. 11. — La surveillance politique de la médreça dévolue au général commandant la division, est exercée par tous les moyens dont il dispose et spécialement:

1° Par le contrôle exercé sur place, par l'officier des affaires indigènes chargé, sous ses ordres, d'assurer les détails de l'administration;

2° Par les renseignements et les rapports qui lui sont fournis par le directeur de la médreça;

3° Par les indications contenues dans le rapport trimestriel dont il est parlé à l'article 40;

4° Par l'action qui lui est dévolue dans les présentations des candidats aux emplois de directeurs et de professeurs.

PERSONNEL.

Art. 12. — Le personnel de chaque médreça se compose:

2° D'un professeur de droit et de jurisprudence musulmane (Fok);

3° D'un professeur de grammaire et de rhétorique arabe (Nahou-el-Adeb);

4° D'un professeur de droit français;

5° D'un professeur d'arithmétique, d'histoire et de géographie;

6° D'un instituteur primaire chargé de l'enseignement du français;

7° D'un ou de plusieurs ouquafs remplissant les fonctions de gardiens, de portier et de garçons de salle.

Art. 13. — Il est en outre attaché à chaque médreça:

1° Un médecin chargé d'assurer le service sanitaire;

2° Un conseil de surveillance et de perfectionnement.

DIRECTEUR.

Art. 14. — Le directeur est choisi, autant que possible, parmi les anciens professeurs les plus méritants des trois médreças.

Art. 15. — Il est nommé par le gouverneur général d'après les propositions faites concurremment par les trois généraux et par le recteur. Sa promotion, à une classe supérieure, est faite par le gouverneur général, sur les propositions du recteur et des généraux.

Art. 16. — Le directeur est logé, autant que possible, dans la médreça; il y a toujours au moins son logement officiel composé d'un cabinet de travail et d'une salle de réception.

Art. 17. — Il assure, sous les ordres du général commandant la division, tous les détails relatifs à l'administration et à la surveillance politique de la médreça.

Art. 18. — Il est chargé de la distribution des subsides et des primes accordées aux élèves; de l'achat et de la répartition des fournitures scolaires; de la conservation et de l'entretien du mobilier et de la bibliothèque; et de toutes les menues dépenses concernant l'éclairage, le chauffage et les petites réparations du matériel.

Art. 19. — Il n'établit aucune pièce de comptabilité, mais il est responsable des fonds qui lui sont confiés et il en justifie l'emploi au moyen d'un registre tenu en arabe ou en français, sur lequel les élèves émargent toutes les prestations qui leur sont faites en nature, ou en argent, et sur lequel il inscrit toutes les mutations.

Il inscrit également sur ce registre:

1° Le montant des factures acquittées, dont les originaux sont remis par lui au général commandant la division;

* Le montant des mandats ordonnancés à son
m.

rt. 20. — Le direteur rend compte immé-
tement au général de toutes les mutations
ctant l'effectif du personnel de la médreça ou
s élèves.

rt. 21. — Il lui rend compte de toutes les
tes graves et de tout les faits do nature à in-
esser l'ordre public ou la situation morale et
érielle de la médreça.

rt. 22. — Il ne peut s'absenter même à l'épo-
e des vacances, sans avoir obtenu l'autorisation
général commandant la division; pendant la
ée des cours, il doit en outre demander l'as-
timent du recteur.

rt. 23. — Le directeur absent est remplacé par
des professeurs de la médreça désigné par le
éral commandant la division, qui définit ses
ibutions administratives, selon la durée de
sence du directeur.

rt. 24. — Sous les ordres du recteur, le direc-
de la médreça est chargé de tout ce qui
cerne l'enseignement et la discipline intérieure
'établissement.

veille à l'exécution des programmes arrêtés
la stricte observation du tableau de l'emploi
temps.

rt. 25. — Il fait lui-même des conférences et
interrogations aux élèves; il est spécialement
rgé de donner l'enseignement religieux.

PROFESSEURS.

rt. 26. — Les professeurs des médreças sont
més par le gouverneur général, d'après les
ositions faites concurremment par le recteur
ar le général commandant la division.

rt. 27. — Un examen est toujours imposé aux
didats non pourvus de titres universitaires ou
nctions établissant nettement leurs capacités.

t. 28. — Les professeurs peuvent être choisis
ni les employés civils ou militaires de l'Al-
e, en activité de service, dans la localité où
ituée la médreça. Dans ce cas, au lieu d'un
ement, ils touchent une indemnité de fonc-
s égale audit traitement.

t. 29. — Dans chaque médreça, le cours de
çais est confié à un instituteur primaire
si parmi les plus méritants de la localité.

30. — Une indemnité de 600 à 800 francs est
ée annuellement à chacun de ces instituteurs
sont répartis en trois classes, correspondant
une à une allocation de 600, 700 et 800 francs.

t. 31. — Le personnel dirigeant ou ensei-
t des médreças ne pourra, à l'avenir, avoir
d'un tiers de ses membres de première
e, ni plus des deux tiers de première et de
ème classe.

t. 32. — Pour ce classement, les professeurs
rois médreças roulent ensemble et les promo-
aux classes supérieures sont faites directe-
par le recteur, dans la limite des crédits
ants.

SERVICE SANITAIRE

Art. 33. — Le service sanitaire est assuré, près
de chaque médreça, par un médecin militaire de
la garnison désigné par le général commandant
la division.

Il lui est alloué une indemnité annuelle de
360 francs.

Art. 34. — Il reçoit pour son service les ordres
du général, et il doit de plus traiter gratuitement
à domicile les employés indigènes de la médreça.

CONSEIL DE SURVEILLANCE ET DE PERFECTIONNEMENT

Art. 35. — Près de chaque médreça, il est créé
un conseil de surveillance et de perfectionnement dont le but est de renseigner, en tous temps,
l'autorité supérieure, sur le fonctionnement de
l'établissement et de faciliter l'action de l'autorité académique.

Art. 36. — Le conseil de surveillance et de
perfectionnement ne peut prendre l'initiative
d'aucune mesure, il n'a pas à intervenir dans
l'administration de la médreça; son rôle se borne
à donner des avis et des renseignements dans
les limites tracées par le présent règlement.

Art. 37. — Le conseil est composé des mêmes
membres que la commission des examens de
classement de fin d'année; toutefois, le professeur
de la chaire d'arabe, absent ou empêché, est
remplacé par un membre de l'Université, à la
désignation du recteur.

Art. 38. — En cas d'absence simultanée de
l'inspecteur des écoles supérieures musulmanes
et de l'inspecteur d'académie, le conseil est présidé par l'officier des affaires indigènes; la
correspondance entre le receveur et cet officier
est alors adressée par la voie hiérarchique.

Art. 39. — Le conseil se réunit toutes les fois
qu'il est convoqué par le recteur.

Il se réunit, en outre, sur simple invitation de
son président titulaire ou provisoire, les 25 décembre, 25 mars et 25 juin, pour l'établissement
d'un rapport trimestriel.

Art. 40. — Ce rapport doit donner des renseignements précis et au besoin détaillés, sur
tous les points suivants et sur tous ceux que
M. le recteur jugerait utile d'y ajouter dans l'intérêt des études :

Tenue générale et entretien de la médreça.
— Service de l'Ouquaf. — État sanitaire. — Discipline intérieure. — Situation des esprits. — Punitions graves infligées pendant le trimestre. —
Réclamations des professeurs ou des élèves. —
Noms des professeurs, manière dont ils feront
leurs cours. — Noms des élèves surveillants. —
Nombre des élèves présents ou absents dans
chacune des divisions. — Admissions ou radiations dans le trimestre. — Degré d'avancement
des cours dans chaque division — Améliorations
proposées. — Observations générales du conseil.

Art. 41. — Le rapport trimestriel est établi en

doux expéditions. L'une est adressée au recteur, l'autre au général commandant la division, qui la transmet, avec ses observations, au gouverneur général.

Art. 42. — Le rapport de fin d'année tient lieu du rapport du quatrième trimestre, il est établi dans ces mêmes formes lors de la réunion de la commission de classement ; il contient en outre un état nominatif des élèves, avec indication du résultat de leurs examens et les propositions du conseil en faveur des élèves méritants qui, ayant échoué à leurs examens de classement ou de sortie, sont jugés dignes d'être admis à redoubler leur année d'étude.

Le gouverneur prononce sur ces propositions, après avoir pris l'avis du recteur et du général.

Art. 43. — Le conseil peut être chargé par le recteur de faire sur place toute étude ou enquête intéressant l'enseignement ou le personnel de la médreça.

Art. 44. — Lors de ses tournées officielles, l'inspecteur des écoles supérieures musulmanes peut convoquer directement le conseil et lui demander tous les renseignements dont il a besoin.

Dans ce cas, l'inspecteur des écoles supérieures musulmanes préside le conseil par application de l'article 8 de l'arrêté du 29 juillet 1876.

RÉGIME INTÉRIEUR.

Art. 45. — Les élèves internes sont logés à la médreça. Il leur est fourni un lit garni d'une paillasse, d'un matelas, d'un traversin et d'une couverture.

Art. 46. — Ils reçoivent, par les soins du directeur, un subside journalier de 0 fr. 80 c., et ils pourvoient eux-mêmes à leur nourriture et à leur entretien.

Art. 47. — Ce subside est payé hebdomadairement et à terme échu, par les soins du directeur.

Art. 48. — Il n'est acquis que pour les journées de présence et n'est pas dû aux élèves qui vont en vacance ou en congé pour fêtes religieuses ou affaires personnelles.

Il est continué aux élèves qui passent leurs vacances de fin d'année à la médreça.

Art. 49. — Il ne peut être l'objet d'aucune retenue, autre que celles ordonnées par le général commandant la division, en remboursement d'objets perdus ou détériorés par la faute des élèves et non remplacés ou réparés directement par eux.

Mention de ces retenues est faite sur le registre d'émargement avec indication de l'ordre et de la cause.

Art. 50. — Une somme de 20 francs par an et par élève est prélevée sur la bourse de 300 francs pour former un fonds commun destiné à assurer le payement des fournitures scolaires.

Art. 51. — Les sommes restant disponibles sur le montant des bourses, forment un crédit destiné à assurer le payement des primes aux élèves

surveillants, l'éclairage des chambres, les réparations de literie, en un mot, toutes les dépenses collectives résultant directement de l'entretien des élèves.

Art. 52. — Les élèves sont autorisés à avoir de la lumière jusqu'à dix heures du soir.

Art. 53. — Ils ne peuvent coucher hors de la médreça sans une autorisation formelle du directeur.

Art. 54. — Ils ne peuvent s'absenter, sans une autorisation du recteur, autorisation qui ne leur est accordée que pour des motifs graves.

Le directeur ne peut donner que des permissions de vingt-quatre heures, permissions dont il rend compte au recteur, et qui n'entraînent pas privation de subsides, lorsqu'elles ne sont pas dépassées.

SURVEILLANCE ET DISCIPLINE.

Art. 55. — Un élève par division choisi par le directeur parmi les plus méritants, est désigné, chaque trimestre, pour exercer la surveillance immédiate et continue des élèves de sa division. Ceux-ci lui doivent obéissance, déférence et soumission.

Art. 56. — Les élèves surveillants reçoivent, par mois, une prime de dix francs.

Art. 57. — Dans le but d'exciter l'émulation, ils sont, autant que possible, changés tous les trois mois ; cependant, dans l'intérêt de la discipline, ils peuvent être maintenus en fonction pendant plusieurs trimestres.

Ils sont relevés, dès qu'ils cessent de bien faire.

Art. 58. — Les noms des élèves surveillants en fonction, ainsi que ceux des élèves surveillants qui ont été remplacés après trois mois d'un bon service, sont affichés dans les divers locaux de la médreça.

Art. 59. — Les élèves surveillants font, chaque soir, l'appel de leurs divisions respectives ; ils rendent compte au directeur des absents et des retardataires.

Art. 60. — A l'ouverture de chaque cours, ils donnent au professeur les noms des élèves absents, pour quelque motif que ce soit.

Art. 61. — Ils doivent s'efforcer de maintenir le bon ordre dans leurs divisions respectives, apaiser les querelles, faire cesser les mauvais propos.

Ils doivent rendre compte au directeur de tous les faits intéressant la discipline ou contraires à la dignité de futurs magistrats.

Art. 62. — Pendant les vacances de fin d'année, il peut n'être conservé qu'un seul élève surveillant pour les trois divisions.

Art. 63. — Les punitions qui peuvent être infligées aux élèves sont les suivantes :

La consigne à la médreça pendant quatre jours au plus.

La réprimande devant la division.

La réprimande devant les trois divisions réunies.

Le renvoi.

Art. 64. — Les trois premières punitions sont prononcées par le directeur; le renvoi est prononcé par le gouverneur général, sur la proposition du recteur, ou sur celle du général commandant la division, selon qu'il s'agit de paresse et de mauvais vouloir continu, ou de fautes graves, de nature à avoir une influence fâcheuse sur la situation morale de l'ensemble des élèves.

Art. 65. — Tout élève qui, dans un trimestre, a eu plus de trois punitions de consigne ou plus de deux réprimandes peut être l'objet d'une demande de renvoi par le conseil de surveillance et de perfectionnement, lors de l'établissement du rapport trimestriel.

ENSEIGNEMENT.

Art. 66. — Le tableau de l'emploi du temps est arrêté, pour chaque année, par le recteur. Il indique les heures et la nature des cours, le temps consacré aux interrogations à faire aux élèves, celui qui doit être employé par ceux-ci à la rédaction de devoirs en arabe et en français.

Art. 67. — Il est interdit d'une façon absolue de réunir pour un même cours des élèves appartenant à des divisions différentes.

Il ne peut être dérogé à cette prescription qu'en vertu d'un ordre formel du recteur, excepté toutefois en ce qui concerne l'enseignement religieux qui, par sa nature, peut être donné simultanément aux trois divisions.

Art. 68. — Le tableau de l'emploi du temps est affiché dans le cabinet du directeur et dans les salles de cours.

Art. 69. — Est également affiché, dans les mêmes endroits, le tableau de classement arrêté aux examens d'admission de fin d'année et de sortie.

Art. 70. — Des compositions trimestrielles sont faites dans chaque division entre les élèves. Les copies corrigées par les professeurs sont remises au conseil de surveillance et de perfectionnement qui peut les placer avec ses observations dans l'expédition du rapport trimestriel transmis au recteur.

DES OUQUAFS.

Art. 71. — Il y a dans chaque médreça un ou plusieurs ouquafs chargés de la surveillance matérielle de l'établissement.

Art. 72. — Ils sont autant que possible, logés à la médreça; ils doivent, tout au moins, y coucher à tour de rôle.

Art. 73. — Ils remplissent les fonctions de gardes, de portier, d'homme de peine et assurent le service de propreté.

Art. 74. — Ils rendent compte au directeur des noms des élèves rentrés après l'heure fixée pour la fermeture des portes, et de toutes les dégradations commises au matériel par les élèves.

Ils ne doivent pas faire d'observations aux élèves directement, mais s'adresser aux élèves surveillants.

Art. 75. — Ils ne peuvent s'absenter sans s'être fait remplacer dans leur service, et sans avoir une permission régulière du directeur pour les absences de moins de quarante-huit heures et du général pour les absences plus longues.

Art. 76. — Ils sont punis par le général commandant la division qui peut les priver d'un mois de solde et les révoquer.

Art. 77. — Ils sont promus directement par le général à la classe supérieure, en tenant compte des ressources budgétaires disponibles.

29 décembre 1876.

Loi des finances imputant sur le budget de l'Algérie, exercice 1877, chapitre VI, article 3.

§ 1. — MÉDRÇA.

Personnel : 3 directeurs, 8 professeurs et
3 chaouchs. 20.700
Matériel et location d'immeubles. 6.000

                                Total. 26.700

Mendicité.

La mendicité qui rentre, en France, dans les attributions municipales, a été interdite en Algérie par trois arrêtés préfectoraux. Le premier de ces arrêtés a été rendu le 20 janvier 1875 par le préfet d'Alger, après établissement d'un dépôt de mendicité à Chéragas; le second, émanant du préfet de Constantine à la date du 1er septembre 1877, a suivi la création d'un dépôt de mendicité à El-Arrouch; quant au troisième, il a été pris le 4 janvier 1878 par le préfet d'Oran, à la suite d'un traité qui assure l'admission des mendiants du département d'Oran dans le dépôt de Chéragas.

20 janvier 1875.

Arrêté préfectoral interdisant la mendicité dans le département d'Alger (B. Préfecture d'Alger 29 de 1875).

Art. 1. — A partir du 1er mars 1875, la mendicité est interdite dans toute l'étendue du département d'Alger. Tout individu, valide ou non, qui aura été trouvé mendiant, sera arrêté et mis à la disposition de l'autorité judiciaire.

Art. 2. — Le procès-verbal d'arrestation sera rédigé en double expédition, dont l'une sera adressée au procureur de la République et l'autre au sous-préfet de l'arrondissement.

Il indiquera les nom, prénoms, âge, profession,

lieu de naissance et de domicile, ainsi que le signalement du mendiant.

Il contiendra la désignation exacte des papiers, de l'argent et de tous les effets ou objets dont le mendiant aura été trouvé porteur.

Il fera connaître, en outre, si le mendiant a été arrêté sur le territoire de la commune où il a le domicile de secours;

S'il a usé de menaces ou exercé des violences à l'égard des personnes;

S'il s'est introduit, sans la permission des habitants, soit dans une maison, soit dans un enclos en dépendant;

S'il a mendié en réunion; s'il a été trouvé travesti d'une manière quelconque;

S'il a simulé des plaies ou des infirmités;

S'il a été trouvé porteur d'armes ou d'instruments pouvant servir à commettre des vols ou autres délits.

Art. 3. — Les mendiants dont la qualité d'étrangers et la nationalité auront été dûment constatées, pourront être, à l'expiration de leur peine, l'objet d'une proposition d'expulsion du département.

Art. 4. — Le dépôt de mendicité établi aux Beni-Messous, près Chéragas, remplira, pour le département d'Alger, la destination indiquée dans le décret du 5 juillet 1808.

Les individus qui auront subi une condamnation pour délit de mendicité, y seront détenus, jusqu'à ce qu'il en soit autrement ordonné par l'autorité préfectorale.

Ce dépôt pourra être également ouvert aux indigents qui, sans être complétement infirmes, sont cependant hors d'état de pourvoir entièrement à leurs besoins, et à ceux que des circonstances fâcheuses ou l'imprévoyance obligeraient à réclamer l'assistance temporaire en échange du travail qui leur serait imposé.

Les individus qui solliciteront leur admission comme rentrant dans la première de ces deux catégories, devront présenter leur demande au maire de leur commune qui s'adressera au préfet pour en régler les conditions.

Les individus valides compris dans la dernière catégorie, pourront être reçus, *sans délai*, par le directeur de l'établissement, aux conditions prévues dans le règlement du service intérieur.

Art. 5. — Les mendiants de toute catégorie, internés au dépôt, y seront astreints à un travail réglé d'après leur âge, leur aptitude et leurs forces.

Ceux de la première catégorie seront maintenus dans l'établissement jusqu'à ce qu'ils aient donné des preuves d'amendement et réalisé par le travail un pécule qui leur permette de vivre pendant une quinzaine de jours.

Les reclus volontaires pourront être conservés jusqu'à ce qu'ils aient du travail assuré.

Art. 6. — Il est formellement interdit aux parents de livrer leurs enfants à la mendicité. Ils sont civilement responsables des délits de mendicité commis par eux.

Art. 7. — De concert avec les bureaux de bienfaisance et les sociétés de charité, les maires prendront toutes les mesures en leur pouvoir :

1° Pour procurer du travail aux indigents et aux nécessiteux valides, ayant acquis le domicile de secours dans la commune;

2° Pour distribuer des secours aux pauvres, afin de suppléer, s'il y a lieu, à l'insuffisance du travail;

3° Enfin, pour assurer des secours ou un aide aux habitants que l'âge ou les infirmités mettraient hors d'état de travailler.

Art. 8. — Par les soins de MM. les maires, il sera placé aux entrées de chaque commune et aux limites du département, une inscription portant : « *La mendicité est interdite dans le département d'Alger.* »

Art. 9. — Le présent arrêté sera publié dans chaque commune, affiché en placard au lieu le plus apparent et inséré au *Recueil des actes administratifs.*

Il sera transmis à M. le procureur général, aux procureurs de la République et au commandant de la légion de gendarmerie.

1er septembre 1877.

Création et ouverture du dépôt de mendicité de El-Arrouch avec interdiction de la mendicité dans le département de Constantine (B. Préfecture de Constantine, 1877, p. 93).

4 janvier 1878.

Arrêté préfectoral interdisant la mendicité dans le département d'Oran (B. Préfecture, 2 de 1878).

Vu le traité qui assure l'admission des mendiants du département d'Oran dans le dépôt de mendicité de Chéragas, département d'Alger :

Art. 1. — La mendicité est interdite dans le département d'Oran à partir du 1er février 1878.

Art. 2. — Tout individu valide ou invalide, adulte ou enfant, qui sera trouvé mendiant, sera immédiatement arrêté et déféré aux tribunaux.

Art. 3. — Par les soins de MM. les maires il sera placé aux principales entrées du département et de chaque commune, ainsi que sur les poteaux indicateurs des routes et chemins, une inscription portant : « *La mendicité est interdite dans toute l'étendue du département d'Oran.* »

Art. 4. — Le présent arrêté sera inséré au *Recueil des actes de la Préfecture* et imprimé en placard pour être affiché dans toutes les communes du département d'Oran. Il sera transmis à M. le procureur général du ressort, à MM. les procureurs de la République et à M. le commandant de la gendarmerie du département.

Milices.

Les milices algériennes ont été dissoutes en exécution de l'article 1er de la loi du 25 août 1877 portant : « les gardes nationales seront dissoutes dans toutes les communes de France. »

6 juillet 1876.

Arrêté du gouverneur qui dissout les milices dans diverses communes (B. O. 666).

Art. 1. — Les milices actuellement existantes dans les communes d'Alger, Mustapha, Saint-Eugène, Bouzaréa, El-Biar, Blida, Médéa, Miliana, Orléansville, Oran, Mostaganem, Tlemcen, Mascara, Sidi-bel-Abbès, Arzew, Constantine, Bône, Philippeville, Batna, Sétif et Guelma sont dissoutes.

Les milices des communes qui ne sont pas visées ci-dessus, seront dissoutes par des arrêtés ultérieurs.

Art. 2. — Les armes de toute nature qui sont entre les mains de ces milices, seront versées dans les arsenaux de l'État, sauf indemnité pour celles qui seront reconnues la propriété des départements et des communes.

Art. 3. — Sont seuls exceptés de la dissolution, les corps de sapeurs-pompiers, dont l'organisation est réglée par le décret du 29 décembre 1875, rendu applicable, à l'Algérie, par celui du 2 février 1876.

23 juin 1877.

Arrêté portant dissolution des milices encore existantes en Algérie (B. O. 696).

Art. 1. — Les milices actuellement existantes dans les communes des départements d'Alger, d'Oran et de Constantine non visées dans l'arrêté du 6 juillet 1876, sont dissoutes.

Art. 2. — Les armes de toute nature qui sont entre les mains de ces milices seront versées dans les arsenaux de l'État, sauf indemnité pour celles qui seront reconnues la propriété des départements ou des communes.

Art. 3. — Sont seuls exceptés de la dissolution, les corps de sapeurs-pompiers dont l'organisation est réglée par le décret du 29 décembre 1875, rendu applicable à l'Algérie par celui du 2 février 1876.

Mines.

Les mines et minières, situées en Algérie, sont régies, aux termes de l'art 5 de la loi du 16 juin 1851, par la législation de France;

une seule exception a été introduite, celle qui interdit la réunion ou l'association entre concessionnaires de mines sans l'autorisation du gouvernement.

Les mines concédées sont au nombre de seize, savoir : six dans le département d'Alger; quatre dans le département d'Oran et six dans le département de Constantine. Leur exploitation a produit, en 1876, 585,733 tonnes de minerais (fer, cuivre, plomb, zinc). De nombreuses autorisations de recherche ont en outre été accordées dans les trois départements.

Le service des mines comprenait, en 1873, un ingénieur en chef, en résidence à Alger, ayant sous ses ordres deux ingénieurs ordinaires : l'un à Constantine, pour le département; l'autre à Alger, pour les départements d'Alger et d'Oran. Le 1er octobre 1875, l'ingénieur en chef a été élevé au titre d'inspecteur général; mais il serait possible que cette distinction, toute personnelle, ne fût pas conservée à son successeur, et, par suite, que l'organisation antérieure qui répondait à tous les besoins fût rétablie.

Ce service est chargé non-seulement des mines, des minières et des carrières, mais encore des eaux minérales, des salines, des forages, et de la surveillance des bateaux et des machines à vapeur. Son personnel figure au budget de 1878 pour la somme de 91,735 francs.

Les redevances au profit de l'État s'élèvent, d'après le même budget, à la somme de 163,000 francs.

16 juin 1851.

Loi sur la propriété en Algérie (B. 388).

Art. 5. — Les mines et minières sont régies par la législation générale de France.

24 mars 1852.

Arrêté du gouverneur promulgant la législation de France, laquelle comprend :

1° *La loi du 21 avril 1810 concernant les mines, les minières et les carrières;*

2° *Le décret du 6 mai 1811, sur l'assiette des redevances fixes et proportionnelles sur les mines;*

3° *Le décret du 3 janvier 1813, sur les dispositions de police relatives à l'exploitation des mines;*

4° *La loi du 27 avril 1838, relative à l'assè-*
chement et à l'exploitation des mines;

5° *L'ordonnance du 23 mai 1841, relative à*
l'exécution de la loi ci-dessus;

6° *La loi de 1840 sur le sel;*

7° *L'ordonnance du 7 mars 1841, sur l'exé-*
cution de la loi ci-dessus;

8° *L'ordonnance du 18 avril 1842, imposant*
à tout concessionnaire de mines l'obliga-
gation d'élire un domicile administratif;

9° *L'ordonnance du 26 mars 1843, sur les*
mesures à prendre en cas de péril;

10° *Le décret du 23 décembre 1851, portant*
organisation du corps des mines (B. 408).

23 octobre 1852.

Décret interdisant la réunion ou l'association
entre concessionnaires de mines sans l'auto-
risation du gouvernement (B. 426).

Art. 1. — Défense est faite à tout concessionnaire de mines, de quelque nature qu'elles soient,
de réunir sa ou ses concessions à d'autres concessions de même nature, par association ou acquisition, ou de toute autre manière, sans l'autorisation du gouvernement.

Art. 2. — Tous actes de réunion, opérés en opposition à l'article précédent, seront, en conséquence, considérés comme nuls et non avenus, et
pourront donner lieu au retrait des concessions,
sans préjudice des poursuites que les concessionnaires des mines réunies pourraient avoir encourues en vertu des articles 414 et 419 du Code
pénal.

5 janvier 1855.

Décret portant que les concessionnaires de
mines antérieures à la loi du 16 juin 1851,
sont reconnus propriétaires (B. 475).

Art. 1. — Les concessionnaires de mines en Algérie, dont le titre est antérieur à la promulgation de la loi du 16 juin 1851, sur la constitution
de la propriété, en sont reconnus propriétaires
incommutables, sauf les droits des tiers. — Leurs
concessions sont disponibles et transmissibles,
comme les autres biens, dans les termes de l'article 7 de la loi du 21 avril 1810, et sauf les restrictions résultant du décret du 23 octobre 1852.

Art. 2. — Sont considérées comme non ave-
nues, dans les actes constitutifs des concessions
mentionnées en l'article précédent, toutes clauses et conditions contraires à la législation générale de la France sur les mines et la loi du
11 janvier 1851, sur le régime commercial en Algérie

(Deuxième paragraphe abrogé par décret du
23 juin 1866.)

24 mai 1861.

Décision ministérielle fixant les honoraires des
ingénieurs ou gardes-mines dans les travaux
de forages artésiens (B. M. 18).

Par analogie avec ce qui a lieu pour le service
des ponts et chaussées, en vertu de l'article 2 de
l'arrêté ministériel du 18 décembre 1858, il sera
alloué aux ingénieurs des mines et aux gardes-
mines, sur les travaux de forages artésiens entrepris dans les conditions spécifiées à l'article 4 du
décret du 10 mai 1854, des remises qui seront calculées à raison de 4 p. 100 sur les premiers 10,000 fr
et de 1 pour 100 sur toutes les sommes dépassant
ce chiffre. — Lorsque les ingénieurs seuls prendront part à l'exécution et à la surveillance des
travaux, la remise sera partagée par moitié entre
l'ingénieur en chef et l'ingénieur ordinaire; et
quand les gardes-mines apporteront leur concours, il sera attribué 2 cinquièmes à l'ingénieur
en chef, 2 cinquièmes à l'ingénieur ordinaire et
1 cinquième aux gardes-mines.

28 avril 1862.

Décision du gouverneur établissant un tarif
pour frais de voyages des ingénieurs et gardes-
mines (B. O. 53).

V. *Ponts et chausssées.*

23 juin 1866.

Décret qui rend applicable en Algérie la loi du
9 mai 1866 sur les mines, minières et car-
rières (B. O. 189).

Art. 1. — Est applicable à l'Algérie la loi du
9 mai 1866, modificative de la loi du 21 avril 1810,
concernant les mines, minières et carrières.

Art. 2.— Sont abrogés, sous la réserve du droit
des tiers, l'arrêté du 9 octobre 1848, le décret du
6 février 1852 et l'article 2 paragraphe 2 du décret
du 5 janvier 1855 (1).

15 juin 1867.

Décret qui promulgue en Algérie le décret du
10 mai 1854, portant règlement des hono-
raires et frais de déplacement dus aux in-
génieurs des mines pour leur intervention
dans les affaires d'intérêt départemental,
communal ou privé (B. O. 238).

21 décembre 1872.

Arrêté du gouverneur fixant le traitement des
ingénieurs des ponts et chaussées et des

(1) Ces arrêtés et décrets déclarent inapplicables en
Algérie les articles 3 et 59 à 69 de la loi du 21 avril 1810.

mines, des conducteurs et gardes-mines en Algérie (B. O. 455).

V. *Ponts et chaussées.*

7 mai 1874.

Décret promulguant en Algérie le décret du 11 février 1874 concernant la redevance proportionnelle des mines (B. O. 541).

9 novembre 1874.

Arrêté du gouverneur chargeant l'administration des mines de l'établissement d'une carte géologique de l'Algérie (B. préfecture Constantine, 1875, p. 75).

10 juin 1876.

Arrêté qui réorganise le personnel secondaire des mines (B. 663).

Art. 1. — Les agents du service des mines, attachés au service des bureaux des ingénieurs, comme expéditionnaires-dessinateurs, prendront à l'avenir le titre d'agents secondaires des mines.

Art. 2 — Ils seront divisés en cinq classes pour chacune desquelles le traitement annuel est fixé ainsi qu'il suit :

Première classe. . . . . 2,800 fr.
Deuxième classe. 2,400
Troisième classe. 2,100
Quatrième classe. 1,800
Cinquième classe. 1,500

Ces traitements, non susceptibles d'augmentation à titre de supplément colonial, sont soumis aux retenues prescrites par la loi du 9 juin 1853, sur les pensions civiles.

Art. 3. — Le cadre du personnel des agents secondaires comprend un expéditionnaire-dessinateur pour le bureau de chaque ingénieur des mines.

Ce cadre pourra être modifié, en cas de besoin, par le gouverneur général de l'Algérie, sur la proposition de l'inspecteur général des mines.

Art. 4. — Les employés secondaires des mines sont nommés par le préfet sur la proposition de l'ingénieur en chef.

Art. 5. — Nul ne peut être nommé employé secondaire des mines, s'il n'a été reconnu apte à en remplir les fonctions, à la suite d'un examen sur les connaissances ci-après :

Écriture;
Principes de langue française;
Arithmétique élémentaire, exposition du système métrique, des poids et mesures;
Notions de géométrie relatives à la mesure des angles, des surfaces et des solides;
Dessin et coloriage avec des teintes conventionnelles des plans, cartes géographiques ou géologiques, machines et chaudières à vapeur;

Ou s'il n'a été déclaré, par décision du ministre des travaux publics, admissible au grade de garde-mines.

L'examen relaté ci-dessus aura lieu devant un ingénieur des mines de l'Algérie.

Les anciens militaires porteurs d'un congé régulier et d'un certificat de bonne conduite, seront admis de préférence, à mérite égal, à la condition d'avoir, au moment de leur examen, moins de trente-cinq ans.

A défaut de candidats anciens militaires, tous autres candidats devront être âgés de plus de dix-huit ans et de moins de vingt-huit ans au moment de l'examen. Ils devront être de nationalité française.

Art. 6. — Les candidats reconnus aptes à remplir les fonctions d'employés secondaires peuvent être nommés dans la cinquième ou la quatrième classe, d'après les résultats de leur examen et eu égard à leur âge, à leurs antécédents, à leurs charges de famille, à la cherté de la vie dans chaque localité et au degré des services qu'ils peuvent rendre.

Les candidats déclarés admissibles au grade de garde-mines peuvent être nommés employés secondaires de troisième ou de quatrième classe.

L'ingénieur en chef fait, à ce sujet, des propositions auxquelles il annexe le procès-verbal d'examen ou la décision ministérielle déclarant l'admission du candidat au grade de garde mines.

Art. 7. — La promotion des employés secondaires à une classe supérieure est prononcée par le préfet, sur la proposition de l'ingénieur en chef, dans les limites du cadre arrêté conformément aux dispositions de l'article 3.

Art. 8. — Les employés secondaires ne peuvent passer à une classe supérieure qu'après trois ans de service dans le grade qu'ils occupent.

Art. 9. — A chaque service d'ingénieur en chef ne peut être attaché qu'un employé secondaire de première classe.

Ces employés sont pris parmi les employés de deuxième classe ayant au moins dix ans de service depuis leur première promotion, et porteurs d'un certificat d'aptitude délivré par l'ingénieur en chef. Ce certificat doit en outre constater qu'ils ont acquis les connaissances suivantes :

Pratique du lever des plans de surface, des plans souterrains de mines et du nivellement.

Mise au net des divers plans.

Art. 10. — En cas de négligence dans le service ou d'actes répréhensibles, les punitions encourues par ces agents sont :

1° La retenue d'une partie ou de la totalité du traitement du mois pendant lequel la faute a été commise;

2° L'abaissement d'une classe;

3° La révocation.

La retenue du traitement et l'abaissement d'une classe sont prononcés par le préfet, sur le rapport de l'ingénieur en chef.

La révocation est prononcée par le gouverneur général, sur le rapport de l'ingénieur en chef et l'avis du préfet et de l'inspecteur général des mines.

Art. 11. — Les dispositions qui précèdent ne s'appliquent pas aux agents employés momentanément, par suite de circonstances exceptionnelles, soit sur les travaux, soit dans les bureaux des ingénieurs.

L'emploi de ces agents essentiellement temporaires, ne peut avoir lieu qu'en vertu d'une décision spéciale du gouverneur général, prise sur l'avis du préfet et de l'inspecteur général des mines qui règle leur nombre, leur salaire mensuel et le temps pendant lequel ils doivent être employés.

Art. 12. — Les expéditionnaires-dessinateurs actuellement en fonctions seront répartis, à partir de la date du présent arrêté, dans les cinq classes instituées par l'article 2, d'après le traitement dont ils jouissent aujourd'hui. Des décisions spéciales du gouverneur général fixeront leur classement définitif pour l'année 1876, sur les propositions et avis de l'ingénieur en chef, du préfet et de l'inspecteur général des mines, conformément aux prescriptions des articles 3, 7 et 9 ci-dessus.

Mobilier administratif.

18 août 1860.

Décret relatif au mobilier légal des préfectures, des sous-préfectures, des divisions, etc. (B. M. 95).

Art. 1. — L'ameublement et l'entretien du mobilier (1) des hôtels de préfecture, de sous-préfecture et de commissariat civil (2), des hôtels des généraux commandant les divisions militaires, des bureaux des services administratifs, y compris ceux des affaires civiles des territoires militaires en Algérie, placés par le n° 6 de l'article 44 de notre décret sus-visé (3) parmi les dépenses ordinaires des provinces, comprendront à l'avenir :

Pour les hôtels de préfecture : — 1° le mobilier des appartements de réception; — 2° le mobilier des salles de conseil de préfecture, du conseil général et des commissions, du cabinet du préfet et des bureaux de la préfecture; — 3° le

(1) Aux termes d'une circulaire du 20 juin 1850, le mobilier ne doit comprendre que les meubles meublants, tels qu'ils sont définis par l'article 534 du Code civil.

(2) Les commissariats civils n'existent plus ; mais les dispositions les concernant peuvent s'appliquer aux administrateurs des communes mixtes qui exercent à peu près les mêmes fonctions.

(3) Aujourd'hui par le numéro 1 de l'article 60 du décret du 23 septembre 1875 sur les conseils généraux.

mobilier d'au moins six chambres de maître avec leurs accessoires et de six chambres de domestique; — 4° les objets mobiliers nécessaires au service des cuisines, à celui des écuries et remises, et les ustensiles de jardinage.

Pour les hôtels de sous-préfecture : 1° le mobilier d'un salon de réception et d'une salle à manger au moins; — 2° le mobilier du cabinet du sous-préfet et des bureaux de la sous-préfecture; — 3° le mobilier d'au moins trois chambres de maître avec leurs accessoires et trois chambres de domestique; — 4° les objets mobiliers nécessaires au service de la cuisine et des écuries et remises, et les ustensiles de jardinage.

Pour les hôtels de commissariat civil : — 1° le mobilier d'un salon de réception et d'une salle à manger; — 2° le mobilier du cabinet du commissaire civil et des bureaux du commissariat civil; — 3° le mobilier d'au moins deux chambres de maître avec leurs accessoires et de deux chambres de domestique; — 4° les objets mobiliers nécessaires au service de la cuisine et d'une écurie, et les ustensiles de jardinage.

Pour les hôtels des généraux de division : — 1° le même mobilier que celui des préfectures, à l'exception de ce qui concerne la salle des délibérations du conseil général.

Art. 2. — Dans leur prochaine session, les conseils généraux de province délibéreront sur la somme à laquelle devra s'élever, pour chaque hôtel administratif, le taux du mobilier constitué conformément à l'article précédent. — Ce taux sera définitivement fixé par décret.

Art. 3. — Il sera dressé pour chaque hôtel, par les soins du fonctionnaire en exercice, un inventaire des meubles actuellement existants, avec indication du prix d'achat pour chacun d'eux. Cet inventaire sera récolé par un préposé de l'administration des domaines, et le récolement sera vérifié par une commission du conseil général, pour les hôtels de préfecture et du général de division, et, pour les hôtels de sous-préfecture et de commissariat civil, par un membre du conseil général résidant au chef-lieu administratif, ou, à défaut, soit par le juge de paix, soit par deux membres du conseil municipal requis à cet effet. — Chaque inventaire sera déposé aux archives. Deux copies seront remises, l'une au fonctionnaire en exercice, l'autre au directeur des domaines ; une troisième sera transmise à notre ministre de l'Algérie et des colonies.

Art. 4. — Les meubles qui seront achetés, s'il y a lieu, pour compléter l'ameublement, seront portés sur l'inventaire avec leur prix d'achat.

Art. 5. — Il sera fait, en fin d'année, à chaque mutation du titulaire et pendant chaque session ordinaire du conseil général, un récolement du mobilier administratif. — Ces récolements seront opérés par un agent de l'administration des domaines et vérifiés comme il est prescrit au § 2 de l'article 3.

Art. 6. — L'allocation votée chaque année par le conseil général pour l'entretien du mobilier, sera du vingtième du taux fixé conformément à l'article 2 ci-dessus. Elle devra être employée exclusivement au maintien du mobilier en bon état de conservation. — Il sera rendu compte, chaque année, au conseil général, de l'emploi de cette allocation.

Art. 7. — Indépendamment du fonds annuel d'entretien mentionné à l'article précédent, il pourra être ouvert des crédits pour réparations extraordinaires du mobilier.

Art. 8. — Les meubles entretenus ou réparés conformément aux articles 6 et 7 conserveront, sur l'inventaire, leur valeur primitive d'achat.

Art. 9. — Les meubles qui seraient réformés seront remplacés par des meubles nouveaux, sans que, dans aucun cas, le taux du mobilier, fixé conformément à l'article 2 ci-dessus, puisse être dépassé. — Les meubles réformés seront vendus au profit de la province. Le produit de la vente figurera dans le budget provincial, à la section des recettes extraordinaires, où il formera un article spécial.

Art. 10. — Les fonctionnaires en exercice sont tenus de représenter les divers objets inventoriés, mais ne sont pas responsables des détériorations et diminutions de valeur qu'ils pourraient avoir subies.

Monnaies algériennes.

11 août 1851.

Arrêté ministériel ordonnant le retrait des monnaies algériennes (B. 392).

Art. 1. — Sous aucun prétexte, sauf les cas prévus ci-après, les monnaies algériennes, les piastres d'Espagne et toutes autres monnaies étrangères ne seront admises dans les caisses publiques en Algérie.

Art. 2. — Lorsque pour l'acquittement des contributions imposées aux tribus du désert ou aux populations nouvellement soumises, ou pour le payement des contributions de guerre ou des amendes, il aura été constaté que les redevables sont dans l'impuissance absolue de compléter leur libération autrement qu'en pièces algériennes, lesdites pièces pourront être reçues sur état en nombre et espèce, pour une valeur à leur décharge fixée sur les bases ci-après :

Zoudj boudjou (double boudjou). .	3 fr.	60 c.
Boudjou.	1	80
R'bia boudjou (1/4 de boudjou). . .	»	45
Temin boudjou (1/8 de boudjou). . .	»	22 1/2
Pataque chique (1/10 de 3 boudjous, représentant la piastre d'Espagne. . .	»	54
Demi-pataque chique (1/20 de 3 boudjous.	»	27

Art. 3. — Dans le cas unique prévu par l'article précédent, la tribu imposée sera définitivement créditée de la valeur monétaire représentée par les espèces algériennes qu'elle aura été admise à verser, mais les trésoriers-payeurs, en encaissant ces espèces et en en délivrant récépissé, n'en prendront charge dans leurs écritures qu'à titre de dépôt de matières métalliques. Elles seront dirigées par eux sur l'hôtel des monnaies de Paris, qui procédera à leur refonte et en versera le produit à la caisse centrale du trésor public.

Art. 4. — Les frais et pertes résultant de la fonte, les frais de transport et tous autres, ainsi que les droits d'affichage et de fabrication qui ne se trouveraient pas couverts par le produit de la refonte, seront remboursés au ministère des finances par le ministère de la guerre, sur les fonds du budget local et municipal.

Art. 5. — Les piastres d'Espagne pourront être admises dans les caisses publiques au taux de 5 fr. 40 c., mais uniquement pour l'acquittement des contributions et amendes imposées aux tribus arabes.

Art. 6. — Une ampliation du présent arrêté sera remise à M. le ministre des finances, à qui il appartient de régler le mode d'exécution et de comptabilité.

Monnaies étrangères.

29 mars 1873.

Décret prohibant à l'entrée en Algérie des monnaies étrangères de cuivre et de billon (B. G. 480).

Art. 1. — Les monnaies de cuivre et de billon étrangères sont prohibées à l'entrée en Algérie et seront, à ce titre, ajoutées au tableau C annexé à la loi du 17 juillet 1867. — V. Douanes.

Les monnaies qui sont brisées, coupées ou martelées de manière à ne pouvoir servir que pour la refonte seront admises aux mêmes conditions que la matière brute dont elles sont formées.

Monnaies françaises.

7 septembre 1831.

Arrêté du commandant en chef portant cours forcé des monnaies françaises (B. O. p. 138).

Art. 1. — Les monnaies françaises ne pourront, sous aucun prétexte, être refusées en payement, d'après la valeur qui leur est donnée par le tarif du 7 mai 1830.

Art. 2. — Tout individu qui refusera de les recevoir en payement sera traduit de suite devant le commissaire général de police, et condamné à une amende de 5 à 15 francs, suivant les circonstances.

Mont-de-Piété.

Il existe en Algérie un seul mont-de-piété, à Alger. Sa création remonte au 8 septembre 1852. Cet établissement est soumis, depuis le décret du 18 avril 1878, aux règles des monts-de-piété de la métropole. Il possède un capital de roulement de 750,000 francs, et a consenti, en 1876, 67,111 prêts s'élevant ensemble à la somme de 1,138,890 francs, savoir :

	Nombre de prêts.	Sommes prêtées.
Européens. . . .	29.158	555.223
Musulmans . . .	27.461	539.267
Israélites. . . .	10.492	334.400
	67.111	1.438.890

8 septembre 1852.

Décret qui institue à Alger un mont-de-piété
(B. 422).

28 avril 1860.

Décret portant réorganisation du mont-de-piété d'Alger (B. M. 73).

TITRE I.

INSTITUTION. — ORGANISATION.

Art. 1. — Le mont-de-piété créé à Alger par le décret du 8 septembre 1852, est maintenu, comme établissement d'utilité publique, sous la surveillance et la garantie de l'autorité municipale, aux conditions et dans les limites ci-après déterminées.

Art. 2. — Le mont-de-piété est administré, sous la présidence du maire de la ville, par un conseil composé de neuf membres nommés par le préfet et choisis, savoir : — un tiers dans le conseil municipal; — un tiers parmi les membres des conseils d'administration des établissements charitables; — un tiers parmi les autres habitants de la commune. — Les fonctions de membres du conseil d'administration sont gratuites. — Ce conseil est renouvelé par tiers, chaque année par l'ordre fixé par un tirage au sort. — Les membres sortants peuvent être renommés.

Art. 3. — Le conseil d'administration se réunit au moins une fois par mois, et extraordinairement toutes les fois qu'il est convoqué par son président. — Le préfet peut toujours, pour un objet déterminé, exiger la convocation extraordinaire du conseil. — Tout membre qui, sans motif reconnu légitime, manque à trois convocations successives, est considéré comme démissionnaire et immédiatement remplacé.

Art. 4. — Les délibérations du conseil ne sont valables qu'autant qu'elles ont été prises par quatre membres au moins. — Les résolutions sont prises à la majorité des membres présents. En cas de partage, la voix du président est prépondérante.

Art. 5. — Le conseil d'administration peut être suspendu par le préfet, en conseil de préfecture. — Il ne peut être dissous que par le ministre de l'Algérie et des colonies, sur la proposition du préfet.

Art. 6. — Il y a près du conseil d'administration, et sous son autorité, un directeur, un caissier, un garde-magasin, deux appréciateurs et les commis et salariés en nombre nécessaire pour assurer le service de l'établissement. — Le directeur, le caissier, le garde-magasin et les appréciateurs sont soumis à des cautionnements en argent, dont la quotité est fixée par le ministre, sur la proposition du préfet et de l'avis du conseil d'administration.

Art. 7. — Le directeur est nommé par le ministre, sur la proposition du préfet et sur une liste de trois candidats dressée par le conseil d'administration. — Tout maniement personnel des fonds de l'établissement est interdit au directeur, sous les peines édictées contre ceux qui ont indûment disposé des deniers publics.

Art. 8. — Le caissier, le garde magasin et les commis sont nommés par le préfet, sur la présentation du conseil d'administration. — Les révocations sont prononcées, sur l'avis préalable du conseil d'administration, par l'autorité à laquelle est attribuée la nomination. Dans le cas où le conseil, mis en demeure d'émettre son avis, néglige ou refuse de le faire, il est passé outre par l'autorité compétente. — Le directeur nomme les surveillants et gens de service.

Art. 9. — Les traitements du personnel administratif, des surveillants et gens de service sont fixés, par le préfet, sur l'avis du conseil d'administration.

Art. 10. — Les appréciateurs sont pris parmi les commissaires-priseurs exerçant à la résidence d'Alger. Ils sont désignés par le préfet, sur la présentation des commissaires-priseurs et l'avis du conseil d'administration. — Le résultat final de leurs appréciations est garanti par la bourse commune des commissaires-priseurs. — Ils peuvent être changés à la demande soit des commissaires-priseurs, soit du directeur du mont-de-piété, et sur l'avis du conseil d'administration. — Ils perçoivent, pour chaque opération suivie d'un prêt, un droit de prisée, dont le taux, qui ne pourra dépasser *un pour cent* de la somme prêtée, est fixé par le préfet, sur la proposition du conseil d'administration.

Art. 11. — Le mont-de-piété est, quant aux règles de la comptabilité, assimilé aux établissements de bienfaisance. — Les budgets et comptes sont réglés par le préfet, après avoir été soumis à l'examen du conseil municipal.

Art. 12. — La dotation du mont-de-piété se compose : — 1° de la somme de 150,000 francs qui lui a été avancée, en vertu des articles 10 et 11 du décret du 8 septembre 1852, sur les fonds de l'ancienne caisse locale et municipale, en échange d'obligations qui sont et demeurent annulées ; — 2° des biens meubles et immeubles appartenant en propre à l'établissement ou qui auront été affectés à sa dotation, et de ceux dont il pourra devenir propriétaire, notamment par dons et par legs ; — 3° des bénéfices et bonis constatés par les inventaires annuels ; — 4° des subventions qui pourront lui être accordées sur les fonds de la commune, de la province ou de l'État.

Art. 13. — En compensation du fonds de dotation de 150,000 francs constitué par le paragraphe 1 de l'article précédent, le mont-de-piété servira à perpétuité à la province d'Alger une rente annuelle de 4,500 francs, payable par trimestre, à partir du 1er janvier 1860. — Dans le cas de liquidation prévu par l'article 20 du présent décret, le remboursement de ladite somme de 150,000 fr. est garanti par la commune d'Alger.

Art. 14. — Il est pourvu aux opérations du mont-de-piété au moyen ; — 1° des fonds disponibles de la dotation ; — 2° des cautionnements du directeur, du caissier, du garde magasin et des appréciateurs ; — 3° des cautionnements versés à la caisse de l'établissement par les receveurs et économes des hospices, hôpitaux et autres établissements charitables de la commune d'Alger ; — 4° des fonds offerts au mont-de-piété par des particuliers à titre de prêt, avec ou sans intérêt, à époque fixe ou indéterminée, dans la forme et sous les conditions réglées par le conseil d'administration ; — 5° des fonds que l'établissement se procure par voie d'emprunt sous forme d'obligations négociables, et au taux d'intérêt arrêté et approuvé comme il est dit au paragraphe précédent.

Art. 15. — Les cautionnements, les fonds offerts par des particuliers, à titre de prêts, sont garantis par la commune, conformément à la délibération du conseil municipal d'Alger, en date du 17 décembre 1859. — Sont également garanties par la commune, jusqu'à concurrence de 500,000 francs, conformément à ladite délibération, les obligations que l'établissement est autorisé à émettre en vertu du § 5° de l'article précédent. — Le mont-de-piété servira l'intérêt des cautionnements versés dans sa caisse des dépôts et consignations pour les versements de cette nature. — Le préfet, sur l'avis du conseil d'administration, fixe le taux maximum de l'intérêt annuel auquel peuvent donner lieu les prêts mentionnés dans les §§ 4° et 5° de l'article précédent.

Art. 16. — Lorsque la dotation suffira tant à couvrir les frais généraux qu'à abaisser à 8 pour 100 le taux de l'intérêt des prêts, les excédants de recettes seront attribués aux hospices ou autres établissements de bienfaisance de la commune d'Alger par arrêté du préfet, sur l'avis du conseil municipal.

Art. 17. — L'intérêt des prêts à faire par le mont-de-piété est fixé tous les ans, pour l'année suivante, par le préfet, sur l'avis du conseil d'administration. — Tous les frais, moins ceux de prisée et de vente, sont à la charge de l'établissement.

TITRE II.
DISPOSITIONS DIVERSES.

Art. 18. — Les obligations, reconnaissances et tous actes concernant l'administration du mont-de-piété sont exempts des droits de timbre et d'enregistrement, conformément à l'article 8 de la loi du 24 juin 1851.

Art. 19. — Est approuvé le règlement général du mont-de-piété d'Alger, annexé au présent décret.

Art. 20. — En cas de perte du tiers des capitaux engagés par le mont-de-piété et garantis par la commune, aux termes des articles 13, 14 et 15, il pourra, sur la demande du conseil municipal, être procédé à la liquidation du mont-de-piété. — Cette opération aura lieu dans les formes et les délais qui seront déterminées par un arrêté ministériel.

Art. 21. — Sont abrogées toutes dispositions contraires au présent décret.

21 septembre 1860.

Arrêté ministériel fixant à 5,000 francs le cautionnement de chacun des commissaires-priseurs attachés au service du mont-de-piété, et portant que ce cautionnement sera déposé dans la caisse du mont-de-piété (B. M. 102).

8 septembre 1865.

Décision du gouverneur portant que le règlement pour l'administration et la comptabilité existant dans la métropole sera suivi à Alger (B. O. 163).

14 avril 1869.

Décret portant augmentation du capital de roulement (B. O. 313).

Art. 1. — Le chiffre des obligations que le Mont-de-Piété d'Alger est autorisé à émettre, avec la garantie de la commune, en vertu de l'article 14 du décret du 28 avril 1860, est porté de 500,000 à 750,000 francs.

Art. 2. — Les émissions des nouvelles obligations ne pourront avoir lieu que par fractions de 25,000 francs et sur un vote spécial du conseil municipal, approuvé par le préfet.

18 avril 1878.

Décret qui rend applicable en Algérie le décret du 11 décembre 1804 sur les monts-de-piété et le règlement général de ces établissements du 20 juin 1805 (B. O. 719).

N

Naturalisation.

La législation algérienne accorde de grandes facilités pour la naturalisation. Le sénatus-consulte du 14 juillet 1865 déclare en effet que l'indigène musulman peut, sur sa demande, être admis à jouir des droits de citoyen français, et que les étrangers peuvent obtenir la même faveur lorsqu'ils justifient de trois années de résidence dans la colonie; quant aux israélites indigènes, ils ont été naturalisés par le décret du 24 octobre 1870, à la charge par eux d'établir qu'ils étaient nés en Algérie avant la conquête, ou qu'ils y sont nés depuis de parents qui y résidaient à cette époque.

Le sénatus-consulte de 1865 ne s'est point occupé seulement de la naturalisation des indigènes musulmans; il a encore fixé l'état de ceux qui ne veulent point acquérir les droits de citoyens, et a indiqué quelle seraient, dans ce cas, les fonctions qui pourraient leur être confiées.

14 juillet 1865.

Sénatus-consulte sur l'état des personnes et la naturalisation (B. O. 150).

Art. 1. — L'indigène musulman est Français; néanmoins il continuera d'être régi par la loi musulmane. — Il peut être admis à servir dans les armées de terre et de mer. Il peut être appelé à des fonctions et emplois civils en Algérie. — Il peut, sur sa demande, être admis à jouir des droits de citoyen français; dans ce cas, il est régi par les lois civiles et politiques de la France.

Art. 3. — L'étranger qui justifie de trois années de résidence en Algérie peut être admis à jouir de tous les droits de citoyen français.

Articles 2, 4 et 5 abrogés.

21 avril 1866.

Décret portant règlement d'administration pu- blique pour l'exécution du sénatus-consulte (B. O. 171).

TITRE I.

ADMISSION, SERVICE ET AVANCEMENT DES INDIGÈNES DE L'ALGÉRIE DANS L'ARMÉE DE TERRE.

Art. 1. — Les troupes indigènes de l'Algérie font partie de l'armée française; — elles comptent dans l'effectif général.

Art. 2. — Elles se recrutent par des engagements volontaires.

Art. 3. — Tout indigène peut être admis à contracter un engagement pour un corps indigène, s'il satisfait aux conditions suivantes. — Il doit : — 1° Etre âgé de dix-sept ans au moins et de trente-trois ans au plus, et avoir la taille de 1 mètre 56 au moins; — 2° Etre reconnu apte physiquement au service militaire; — 3 Etre jugé digne, par sa conduite et sa moralité, de servir dans l'armée française.

Art. 4. — L'âge est constaté dans les formes usitées en Algérie. — L'aptitude physique est reconnue par un des médecins militaires du corps. — La conduite et la moralité sont appréciées, sur le rapport du chef du bureau arabe de la circonscription, par le chef de corps, lequel donne son avis et envoie la demande et les pièces à l'appui au commandant de la subdivision qui prononce.

Art. 5. — L'engagement est d'une durée de quatre ans. Il est reçu par le sous-intendant militaire de la circonscription, en présence d'un interprète et de deux témoins pris parmi les officiers, sous-officiers, caporaux ou brigadiers indigènes. — Il donne droit à une prime dont le montant est fixé chaque année par un arrêté du ministre de la guerre, rendu sur la proposition du gouverneur général de l'Algérie, et qui est payable une moitié le jour de l'engagement et l'autre moitié deux ans après. — L'interprète explique les conditions de l'engagement au contractant, qui déclare s'y soumettre et prête serment sur le Coran.

Art. 6. — Dans le dernier trimestre de la quatrième année de service, l'indigène peut être admis par le conseil d'administration du corps à contracter un rengagement, soit pour un corps indigène, soit pour un corps français. — Ce rengagement est contracté dans les conditions prévues par les articles 11, 12, 13, 14, 16, 17 et 18 de la loi du 26 avril 1855, relative à la dotation de l'armée. — Toutefois, une prime spéciale est attribuée à ce rengagement et fixée chaque année par un arrêté du ministre de la guerre, rendu sur la proposition de la commission supérieure de la dotation.

Art. 7. — L'avancement des indigènes dans l'armée a lieu exclusivement au choix en se conformant aux dispositions de la loi du 15 avril 1832, concernant la durée du service exigé dans chaque grade pour pouvoir être promu au grade immédiatement supérieur.

Art. 8. — Sont applicables aux militaires indigènes : — le Code de justice militaire pour l'armée de terre, et généralement tous les règlements relatifs au service et à la discipline militaires ; — la loi du 19 mai 1834, sur l'état des officiers ; — la loi sur les pensions de l'armée de terre, à la condition toutefois, en ce qui concerne les veuves et les orphelins, que le mariage aura été contracté sous la loi civile française.

TITRE II.

ADMISSION, SERVICE ET AVANCEMENT DANS L'ARMÉE DE MER.

Art. 9. — Les conditions d'admission, de service et d'avancement des indigènes dans les troupes de la marine et dans les équipages de la flotte sont les mêmes que celles qui sont formulées au titre I ci-dessus pour l'armée de terre. — La décision impériale du 25 juin 1861, qui dispense des levées et considère comme en cours de voyage les marins indigènes qui se livrent à la pêche et au cabotage sur les côtes de l'Algérie, est maintenue. — Ceux de ces marins indigènes qui veulent servir au titre d'inscrits maritimes doivent se faire immatriculer au port de Toulon.

TITRE III.

ADMISSION DANS LES FONCTIONS ET EMPLOIS CIVILS.

Art. 10. — L'indigène musulman n'est admis à des fonctions ou emplois autres que ceux prévus au tableau annexé au présent décret qu'à la condition d'avoir obtenu les droits de citoyen français. — Les indigènes titulaires de fonctions et emplois civils ont droit à la pension de retraite aux conditions, dans les formes et suivant les tarifs qui régissent les fonctionnaires civils en France. — Toutefois leurs veuves ne sont admises à la pension que si le mariage a été accompli sous la loi civile française.

TITRE IV.

DISPOSITIONS CONCERNANT LA NATURALISATION DES INDIGÈNES.

Art. 11. — Abrogé. (Décret du 21 octobre 1870.)
Art. 12. — Le maire ou le chef du bureau arabe procèdent d'office à une enquête sur les antécédents et la moralité du demandeur. Le résultat de cette enquête est transmis, avec le procès-verbal contenant la demande, au général commandant la province, qui envoie toutes les pièces, avec son avis, au gouverneur général de l'Algérie.

Art. 13. — Abrogé.
Art. 14. — Si le demandeur est sous les drapeaux, le procès-verbal prescrit par l'article 11 est dressé par le chef du corps ou par l'officier supérieur commandant le détachement auquel il appartient et transmis au général commandant la province, avec : 1° l'état des services du demandeur; 2° un certificat relatif à sa moralité et à sa conduite.

TITRE V.

DISPOSITIONS CONCERNANT LA NATURALISATION DES ÉTRANGERS RÉSIDANT EN ALGÉRIE.

Art. 15. — L'étranger résidant en Algérie, qui veut obtenir la qualité de citoyen français, doit former sa demande devant le maire de la commune de son domicile, ou la personne qui en remplit les fonctions dans le lieu de sa résidence. Il lui en est donné acte dans un procès-verbal dressé à cet effet.

Art. 16. — L'étranger dépose, pour être joints à sa déclaration, les documents propres à établir qu'il réside actuellement en Algérie et depuis trois années au moins. — Cette preuve est faite par des actes officiels et publics ou ayant date certaine, et, à défaut, par un acte de notoriété dressé, sur l'affirmation de quatre témoins, par le juge de paix du lieu.

Art. 17. — Le temps passé par l'étranger en Algérie sous les drapeaux est compté dans la durée de la résidence légale exigée par l'article précédent.

Art. 18. — Il est procédé, pour l'instruction de la demande, conformément aux dispositions des articles 12, 13 et 14 du présent décret.

TITRE IV.

DISPOSITIONS GÉNÉRALES.

Art. 20. — Est fixé à 1 franc le droit de sceau et d'enregistrement dû par les indigènes et les étrangers admis à jouir des droits de citoyen français en exécution du sénatus-consulte du 14 juillet 1865.

TABLEAU DES FONCTIONS ET EMPLOIS CIVILS AUXQUELS L'INDIGÈNE MUSULMAN, QUI NE JOUIT PAS DES DROITS DE CITOYEN FRANÇAIS, PEUT ÊTRE APPELÉ EN ALGÉRIE.

Service de la justice. — Commis greffier et greffier de la cour et des tribunaux, — interprète judiciaire et traducteur, — notaire, — défenseur, — huissier, — commissaire-priseur.

Administration générale et municipale. — Membre d'un conseil général. — Commis, sous-chef et chef de bureau de toute classe de préfecture, de sous-préfecture et de commissariat civil. — Emplois de tout grade dans le personnel administratif des maisons d'arrêt, des prisons départementales et des pénitenciers. — Membre de la commission de surveillance des prisons. — Emplois de tout grade dans le personnel administratif des hôpitaux, asiles, orphelinats, dépôts d'ouvriers et autres établissement de bienfaisance. — Membre de la commission administrative des hôpitaux. — Conseiller municipal. — Receveur municipal. — Inspecteur, secrétaire de commissariat de police. — Administrateur de la caisse d'épargne. — Administrateur du mont-de-piété. — Administrateur du bureau de bienfaisance. — Milicien, sous-officier et officier des milices, jusqu'au grade de capitaine exclusivement. — Préposé des octrois. — Garde champêtre. — Garde des eaux. — Et généralement tous les emplois de l'administration communale auxquels les préfets et les maires sont autorisés à nommer directement.

Télégraphie. — Surveillant et stationnaire. — Directeur de station.

Instruction publique. — Membre du conseil académique. — Maître, directeur et inspecteur des écoles arabes françaises. — Titulaire d'une chaire publique d'arabe. — Maître d'études, maître répétiteur et professeur de lycée.

Service des travaux publics. — Commis de toute classe, dessinateur et garde-magasin dans les services des ponts et chaussées, des mines et des bâtiments civils. — Piqueur et conducteur des ponts et chaussées. — Garde-mine. — Inspecteur ordinaire des bâtiments civils.

Services financiers. — Commis de tout grade dans les bureaux des services: — de l'enregistrement et des domaines, — des contributions, — des douanes, — des postes, — des forêts, — de l'administration des tabacs.

Postes. — Distributeur, — facteur et brigadier, — facteur-boitier, — préposé, brigadier et officier de service des douanes, jusqu'au grade de capitaine inclusivement, — garde et brigadier forestier, — géomètre de toute classe dans le service des opérations topographiques.

Service des ports et de la santé. — Garde-pêche — Pilote. — Inspecteur des quais. — Garde et secrétaire de la santé.

Naufrages.

L'arrêté des consuls du 17 floréal, an IX, dispose que l'officier en chef d'administration de la marine ou celui qui le remplace, sera chargé du sauvetage de tout ce qui concerne les naufrages, quelle que soit la qualité du navire. Il ajoute que cette disposition est applicable aux navires étrangers, à moins que les traités ou conventions ne contiennent des clauses contraires.

Cet arrêté, joint à quelques autres actes rappelés dans une circulaire du 24 décembre 1856 émanée du commissaire ordonnateur de la marine à Alger, constitue la législation de la métropole en matière de naufrages, législation devenue exécutoire en Algérie soit par le fait de la conquête, soit par suite des dispositions que nous avons plusieurs fois rappelées de l'article 6 de l'ordonnance du 22 juillet 1834.

Des conventions internationales ont autorisé les consuls de plusieurs nations à assister aux opérations conduites par l'administration de la marine; une d'elles, en date du 23 février 1853, va plus loin: elle accorde aux consuls des États-Unis, le droit de procéder eux-mêmes au sauvetage des navires américains naufragés sur les côtes de France. Nous donnons au mot *Traité* l'indication de ces diverses conventions.

17 floréal, an IX.

Arrêté des consuls relatif au sauvetage des bâtiments naufragés et à la vente de ces bâtiments et des prises.

24 décembre 1856.

Circulaire du commissaire ordonnateur de la marine à Alger.

La tempête qui s'est fait sentir du 16 au 18 courant ayant occasionné plusieurs sinistres et amené un assez grand nombre d'épaves à la côte sur différents points du littoral algérien, j'ai eu à regretter dans cette circonstance quelques contraventions aux lois et règlements en matière de bris et naufrages. Il me paraît donc utile de vous en rappeler les principales dispositions et de vous recommander de ne pas hésiter, en pareil cas, à réclamer le concours des autorités civiles et militaires afin de prévenir, autant que possible, le retour de ces infractions et les poursuites qu'elles entraîneraient à l'égard des délinquants.

Il résulte, comme vous le savez, des termes et de l'esprit de l'ordonnance du mois d'août 1861, que tout ce qui vient à la côte est sous la protection de la loi et des autorités chargées d'en assurer l'exécution. L'administration de la marine est spécialement chargée de tout ce qui concerne la gestion des bris, naufrages et échouements (arrêté du 17 floréal, an IX). Les arrêtés des 27 thermidor, an VII, et 17 floréal, an IX, imposent aux individus témoins d'un naufrage ou d'un échouement, l'obligation d'en donner avis sur-le-champ, aux commissaires de l'inscription maritime. L'édit du mois d'août 1681 porte (livre IV, titre 9, article 19) : « Enjoignons à tous ceux qui auront retiré du fond de la mer ou trouvé sur les flots des effets procédant de jet, bris ou naufrage, de les mettre en sûreté et, vingt-quatre heures après au plus tard, d'en faire la déclaration aux officiers de l'amirauté dans le détroit de laquelle ils auront abordé, à peine d'être punis comme recéleurs. »

Art. 20. — « Enjoignons aussi, sous les mêmes peines, à ceux qui auront trouvé sur les grèves et rivages de la mer quelques effets échoués ou jetés par le flot, de faire semblable déclaration en pareil temps, soit que les effets soient de crue de la mer, soit qu'ils procèdent de bris, naufrages ou échouements. »

Les propriétaires riverains n'ont aucun droit sur les effets naufragés, et ils doivent travailler à les sauver et à empêcher le pillage, en attendant l'arrivée du commissaire de l'inscription maritime (articles 4 et 30 de l'ordonnance de 1681).

Les objets provenant de naufrages, bris et échouements, sont rendus à leurs propriétaires ou vendus à leur profit, selon le cas, par les soins de l'administration de la marine, à charge par lesdits propriétaires, après avoir produit leurs titres, d'acquitter les frais qui ont été faits et qui sont privilégiés.

Les commissaires de l'inscription maritime sont chargés de faire recueillir les épaves trouvées en mer ou sur la grève, d'en opérer la vente et d'en rechercher les propriétaires pour remettre les objets en nature ou le montant de la vente article 21 du règlement du 17 juillet 1816).

Pour les objets trouvés sur la côte, la déclaration de la douane est exigée, indépendamment de celle qui doit être faite au bureau de l'inscription maritime. Les gens de la douane sont dans l'obligation d'informer les commissaires de l'inscription des épaves que la mer jette sur le rivage.

En cas de naufrage, le maire d'une commune voisine du littoral peut, jusqu'à l'arrivée du fonctionnaire de la marine, prendre la direction du sauvetage, et si ce dernier se trouvait dans l'impossibilité de continuer les opérations, soit à raison de la simultanéité de plusieurs sinistres, soit par toute autre cause, le maire qui aurait commencé le sauvetage serait obligé de le terminer (Circulaire du ministre de la marine, 8 novembre 1843).

Si, par suite de ses investigations, le commissaire de l'inscription maritime découvre quelque fait de nature à être déféré aux tribunaux, il doit faire remettre les délinquants à la disposition de l'autorité compétente.

Il réclame aussi, en cas de besoin, le concours de la force armée, que les commandants militaires sont tenus de lui prêter (Ordonnance de 1681, articles 3 et 48. Loi du 10 avril 1825).

Si des objets provenant de naufrage sont enlevés furtivement, le commissaire de l'inscription maritime, en l'absence du juge de paix, a le droit de faire toutes les informations nécessaires pour établir la constatation du délit, et même de procéder à des perquisitions dans le domicile des personnes prévenues de soustraction et de recel (Arrêté du 27 thermidor an VII, article 6).

Lorsqu'une contravention, un délit ou un crime vient à la connaissance du commissaire de l'inscription maritime, il doit en dresser un procès-verbal qu'il transmet au commissaire de police ou au maire, s'il s'agit d'une simple contravention, et au procureur de la République s'il s'agit d'un crime ou délit (Décret du 9-13 août 1791, article 10. Code d'instruction criminelle, articles 11 et 20). En matière de naufrage, si le délit est flagrant, il doit arrêter le coupable sur-le-champ et le conduire, avec le procès-verbal d'arrestation, devant l'officier de police judiciaire le plus voisin (Décret du 6-22 août 1791, titre VII, article 7. Code de justice criminelle, article 106).

De l'ensemble de ces dispositions et de plusieurs autres qu'il serait trop long de citer ici, il résulte que toute personne ayant connaissance d'un naufrage ou d'une épave doit en faire immédiatement la déclaration aux commissaires de l'inscription maritime, et qu'à plus forte raison, cette obligation existe pour tout fonctionnaire ou agent de la force publique ; que cette déclaration doit être faite directement aux commissaires de l'inscription maritime à Alger, Bône et Oran, et pour les autres ports de l'Algérie aux directeurs des ports qui en remplissent les fonctions ; que les propriétaires des choses naufragées ou des épaves n'ont point eux-mêmes le droit d'aller reprendre sur la mer ou sur le rivage les objets qui leur appartiennent sans le concours et l'autorisation de l'administration de la marine, ou du moins sans en faire la déclaration à cette administration et à la douane, et qu'enfin tout individu coupable du détournement desdits objets se rend passible des peines prévues par la loi.

En terminant la présente circulaire, dont vous aurez à m'accuser réception, je ne saurai trop vous recommander encore, monsieur, de tenir la main avec rigueur à l'application des lois et règlements en matière de bris et naufrages sur toute la partie du littoral de l'Algérie, dont la surveillance vous est confiée. Vous n'hésiterez pas à l'avenir à poursuivre, par toutes les voies de droit, les infractions qui pourraient y être commises, et si, dans l'exécution de ce service important, vous rencontriez quelque difficulté, vous devriez m'en rendre compte.

28 décembre 1856.

Circulaire du gouverneur envoyant aux généraux et aux préfets copie de la circulaire qui précède et invitant les autorités administratives et militaires à donner leur concours à l'autorité maritime.

Navigation.

La navigation, en Algérie, est soumise aux dispositions générales qui la régissent dans la métropole et à quelques décrets spéciaux. Les lois générales comprennent : l'acte de navigation du 21 septembre 1793, la loi du 10 avril 1825 sur les crimes de piraterie et de baraterie, l'ordonnance du 9 octobre 1837 relative aux pensions dites de demi-solde et au prélèvement de 3 pour 100 sur les salaires des marins pêcheurs, l'ordonnance du 17 janvier 1846 sur les bateaux à vapeur naviguant en mer, le décret du 19 mars 1852 concernant les rôles d'équipage, les décrets des 19 et 20 mars 1852 relatifs à la navigation au bornage et le décret disciplinaire et pénal du 24 mars 1852. Quand aux décrets spéciaux, ils statuent sur la francisation des navires étrangers et sur le cabotage.

Les bateaux de toutes sortes armés dans les différents ports de l'Algérie ont atteint, en 1877, le nombre de 1189, se décomposant ainsi : armements au long cours 2, au cabotage 127, au bornage 123, à la pêche du poisson 974 et à la pêche du corail 263. Ces bateaux étaient montés par 5,580 marins, savoir : 312 patrons, 4,612 matelots et 656 mousses.

21 septembre 1793.

Loi contenant l'acte de navigation, non promulguée, mais devenue exécutoire par le fait de la conquête et rappelée dans plusieurs actes législatifs postérieurs, notamment dans le décret du 9 juillet 1874 (ci-après).

10 avril 1825.

Loi sur la piraterie et la baraterie.

9 octobre 1837.

Ordonnance relative aux pensions dites de demi-solde de marins pêcheurs (B. Lois IX, n° 7,125).

9 juin 1845.

Loi modifiant une disposition de la loi du 21 septembre 1793 (B. Lois IX, n° 12,024)

17 janvier 1846.

Ordonnance sur la navigation des bateaux à vapeur (B. 311).

19 mars 1852.

Décret concernant les rôles d'équipage non promulgué, mais visé dans le décret du 7 septembre 1850 (B. 500).

19 et 20 mars 1852.

Décrets relatifs à la navigation dite au bornage (1), (B. Lois XI, n°° 3867 et 3870).
Non promulgué, mais appliqué.

1er novembre 1853.

Décret promulguant le décret disciplinaire et pénal du 24 mars 1852 (B. 449).

17 octobre 1855.

Ordonnance relative à la francisation des navires étrangers moyennant un droit de 10 p. 100 de la valeur (B. Lois XI, n° 3000).

7 septembre 1856.

Décret sur la francisation des navires étrangers et le cabotage (B. 500).

Art. 1. — Les bâtiments étrangers de 80 tonneaux et au-dessous pourront être admis, en Algérie, à une francisation spéciale qui leur permettra de naviguer exclusivement dans les eaux de cette colonie sous pavillon français et en franchise de droits.

Art. 2. — Les bâtiments seront présentés à la francisation, prêts à prendre la mer. La constatation de leur bon état de navigabilité et l'inventaire comprenant leurs agrès, apparaux et rechanges, seront soumis aux experts désignés par le tribunal de commerce, conformément à la loi du 13 août 1791.

Art. 3. — Les propriétaires de ces navires devront avoir leur domicile dans la localité où leur navire aura été francisé.

Art. 4. — Les bâtiments étrangers francisés seront soumis au payement d'un droit d'importation de 40 francs par tonneau de jauge — Ces bâtiments pourront être réexportés sous les conditions du tarif général des douanes.

Art. 5. — Tous capitaines de la marine marchande étrangers qui se seront fait inscrire sur un

(1) C'est-à-dire la navigation faite par une embarcation jaugeant 25 tonneaux au plus et à une distance du port d'attache de 13 lieues marines au maximum.

registre matricule tenu au bureau de la marine, pourront commander les navires qui auront été admis à la francisation en Algérie. — Les officiers de commerce de la marine française et de la marine marchande étrangère, les patrons indigènes, les marins français, indigènes et étrangers, pourront également commander les navires francisés ou entrer dans la composition de leurs équipages, aux conditions déterminées par les articles 6 et 7 du présent décret.

Art. 6. — Pour être aptes à commander les navires francisés, les capitaines étrangers devront être âgés de vingt-quatre ans révolus et produire un diplôme de leurs gouvernements respectifs; à défaut, ils seront soumis, comme les officiers ou matelots étrangers ou comme les Français et les indigènes qui demanderaient à commander, à justifier de leurs connaissances nautiques par l'attestation d'un jury spécial institué aux ports d'Alger, de Mers el Kébir et de Stora (1). — Ce jury se composera : du directeur du port, président; d'un capitaine au long cours, ou à défaut, d'un maître au cabotage; d'un maître de port de commerce. — Le commandant supérieur de la marine délivrera aux candidats dont l'aptitude sera constatée par le jury, un certificat de capacité qui désignera les points de la côte sur lesquels il pourra exercer le cabotage. — Le certificat de capacité pourra être délivré aux indigènes, avec dispense d'examen, quand ils auront fait preuve des connaissances nautiques exigées.

Art. 7. — Les étrangers ne pourront entrer que pour moitié, au plus, dans la composition des équipages des navires francisés : l'autre partie se composera de Français ou d'indigènes. — Toutefois, en cas d'insuffisance reconnue de matelots français ou indigènes dans le port d'embarquement, le commandant de la marine en Algérie pourra modifier temporairement la composition des équipages, au point de vue de leur nationalité.

Art. 8. — Il sera embarqué un mousse à bord de tout bâtiment francisé employé au cabotage ou à la pêche sur les côtes de l'Algérie, et ayant plus de quatre hommes d'équipage. Il sera embarqué un second mousse sur tout bâtiment de même nature ayant vingt hommes, non compris le premier mousse.

Art. 9. — Les prestations attribuées à la caisse des invalides de la marine par les lois et règlements en vigueur, seront perçues tant pour la délivrance des rôles d'équipage des navires francisés, que sur les gages et salaires de tous les marins composant leurs équipages.

Art. 10. — Aucun bâtiment étranger jouissant, dans les eaux de l'Algérie, en vertu du présent décret, des privilèges accordés aux bâtiments français, ne pourra sortir d'un port de cette colonie sans un acte de francisation et un congé régulier. — L'acte de francisation sera délivré

(1) Et de Bône (Décret du 21 janvier 1873 (B. O. 466).

sous les conditions et d'après les règles fixées par la loi du 27 vendémiaire an II, en tout ce qui n'est pas contraire au présent décret. Les propriétaires devront, sous peine d'une amende de 3,000 francs, le rapporter, dans tous les cas de vente, de perte ou de prise de bâtiment, sauf les cas de force majeure, au bureau de la douane où il aura été délivré, et ils ne pourront, sans encourir la même peine, le vendre, le donner, le prêter, ni autrement disposer dudit acte de francisation et du congé.

Art. 11. — Tout individu qui usurperait pour lui ou pour son navire les privilèges concédés par le présent, qui aurait concouru comme officier public ou témoin à la rédaction des actes relatifs à des ventes simulées de navires, tout préposé des douanes, tout consignataire ou agent de bâtiments qui, connaissant la francisation coloniale frauduleuse, n'empêcherait pas la sortie du bâtiment, qui disposerait de la cargaison d'entrée ou en fournirait une de sortie, aurait commandé ou commanderait le bâtiment, seront condamnés solidairement et par corps, à 6,000 francs d'amende, en vertu de l'article 15 de la loi du 27 vendémiaire an II, déclarés incapables d'exercer aucun emploi, de commander aucun bâtiment français ou francisé. — Le jugement de condamnation sera publié et affiché.

Art. 12. — Les prescriptions du décret du 19 mars 1852, concernant les rôles d'équipages, seront applicables à tous les navires francisés, naviguant sur les côtes de l'Algérie.

Art. 13. — Le présent décret sera applicable, dans les trois mois de sa promulgation, à tous les navires francisés sous l'empire de l'arrêté du 30 juin 1836.

Art. 14. — Le présent décret n'est pas applicable aux bateaux coralleurs, qui continueront à être soumis à des règles particulières. — Les dispositions des articles 5 et 6 ne sont pas applicables, en ce qui concerne le commandement, aux bateaux pêcheurs, qui font exclusivement, dans les ports auxquels ils sont attachés, la pêche du poisson, ni aux transports par allèges.

Art. 15. — Les privilèges résultant du présent décret ne sont accordés que jusqu'au 1er janvier 1866.

20 décembre 1856.

Arrêté du gouverneur général portant règlement sur l'exécution du décret précédent (B. 503).

Art. 1. — Le décret du 7 septembre 1856 sera mis à exécution en Algérie à compter du 1er février 1857.

Art. 2. — Dans le courant du mois de janvier, il sera procédé, simultanément dans les ports d'Alger, de Mers el Kébir et de Stora, aux examens de capacité que doivent subir les capitaines ou patrons qui ne pourraient produire un diplôme de leurs gouvernements respectifs. — Ces examens seront annoncés par la voie du *Moniteur algérien* et par des affiches placardées dans tous les ports de l'Algérie.

Art. 3. — Les jurys d'examen institués par l'article 6 du décret seront composés comme suit : — Le directeur du port, président; — le plus ancien des capitaines au long cours présents sur rade; — le premier maître du port militaire, à défaut d'un maître du port de commerce.

Art. 4. — Les connaissances nautiques à exiger des capitaines ou patrons, en vertu du même article, seront les suivantes : — 1° la conduite et la manœuvre par tous les temps, du navire ou bateau qu'ils doivent commander; — 2° la connaissance de la côte le long de laquelle ils se proposent de naviguer, et notamment les ports, les caps, les écueils et les courants. — Les lettres de commandement seront circonscrites à l'étendue de côte sur laquelle les capitaines ou patrons auront répondu d'une manière satisfaisante.

Art. 5. — Conformément aux dispositions de l'article 5 du décret, les commissaires de l'inscription maritime ou les directeurs de port qui en remplissent les fonctions, tiendront la main à ce que les étrangers ne puissent entrer que pour moitié, au plus, dans la composition des équipages des navires francisés, et à ce que l'autre partie soit composée de marins français ou indigènes. — Toutefois, lorsque les ressources en personnel seront insuffisantes, ils pourront, d'urgence, pour ne pas arrêter les armements, compléter les équipages avec des étrangers; mais, dans ce cas, ils devront toujours en rendre compte au chef du service administratif, qui prendra les ordres du commandant supérieur de la marine.

Art. 6. — Ils procéderont de la même manière à l'égard des mousses dont l'embarquement est prescrit par l'article 8 du décret.

Art. 7. — Dès que les examens de capacité auront eu lieu, il sera procédé, par les soins des commissaires de l'inscription maritime, ou, à leur défaut, par les directeurs des ports, à l'ouverture des matricules qui doivent être tenues pour l'inscription des marins et mousses étrangers, français ou indigènes, naviguant sur les côtes de l'Algérie, ainsi qu'au renouvellement et à l'expédition régulière des rôles d'équipages pour tous les navires et bateaux soumis à la prestation des Invalides.

Art. 8. — Le commandant supérieur et le chef du service administratif de la | marine sont chargés d'assurer l'exécution du présent arrêté.

16 octobre 1867.

Décret sur l'extension des limites du cabotage
(B. O. 233).

Art. 1. — Les patrons qui naviguaient dans les eaux de l'Algérie, sous le bénéfice des articles 5 et 6 du décret du 7 septembre 1856, et qui auront été naturalisés Français, seront admis à commander tout navire français dans le bassin de la Méditerranée, s'ils ont au préalable fait preuve des connaissances nécessaires devant le jury d'examen institué par l'article 6 du décret du 7 septembre 1856. A défaut de cette justification, les patrons naturalisés ne pourront commander que dans les parages où ils étaient antérieurement autorisés, ou dans les limites nouvelles qui leur seront indiquées.

Art. 2. — Leurs équipages devront être composés, conformément aux prescriptions de l'acte de navigation du 21 septembre 1793, pour les trois quarts au moins de marins français ou naturalisés français.

9 juillet 1874.

Décret qui règle les conditions de la navigation au cabotage (B. O. 558).

Art. 1. — Les limites du petit cabotage en Algérie, par bâtiments à voiles, sont étendues, mais sans que le détroit de Gibraltar puisse être dépassé, aux côtes du Maroc et à celles de l'Espagne, y compris les Baléares, à l'ouest, et celles de la Tunisie et de la Sardaigne, à l'est.

Art. 2. — Tout marin, domicilié en Algérie, qui voudra obtenir le commandement des bâtiments à voile du commerce français, en Algérie ou dans les limites désignées ci-dessus, devra réunir les conditions suivantes :

1° Être âgé de vingt-quatre ans révolus;

2° Être français ou naturalisé français;

3° Avoir, au moment de l'examen soixante mois de navigation;

4° Faire preuve des connaissances voulues devant le jury d'examen institué dans les ports d'Alger, de Stora et de Mers-el-Kébir, par décret du 7 septembre 1856, et dans celui de Bône, par le décret du 21 janvier 1873.

Art. 3. — Pour obtenir le brevet étendu aux côtes d'Espagne et du Maroc, à l'ouest; et celles de la Tunisie et de la Sardaigne, à l'est; les candidats devront, en outre des conditions énoncées dans l'article précédent, savoir lire et écrire, soit en français, soit dans leur langue maternelle, et répondre aux questions d'un programme arrêté par le ministre de la marine, et portant sur la théorie et la pratique de la navigation.

Art. 4. — Les marins étrangers naturalisés français, porteurs de diplômes de capitaine au long cours ou de maîtres au cabotage, émanant de leurs anciens gouvernements respectifs, pourront, ainsi qu'il est dit à l'article 6 du décret du 7 septembre 1856, être dispensés des examens et recevoir des brevets étendus aux limites fixées à l'article 1 du présent décret.

Art. 5. — Les marins illettrés, ou qui ne justifieraient que de connaissances pratiques, ne pourront obtenir que des brevets spéciaux à la côte de l'Algérie et dans les limites que ces brevets désigneront.

Ils devront préalablement être reconnus, dans un examen, aptes à exercer ces commandements dans les conditions du décret de septembre 1856, et réunir les qualités énoncées en l'article 2.

Art. 6. — Des certificats de capacité pourront être accordés, exceptionnellement, aux indigènes, avec dispense d'examen, s'ils font preuve de connaissances pratiques suffisantes pour commander dans le parcours restreint qu'ils demanderont.

Art. 7. — Les droits des anciens patrons, qui, sous l'empire du décret d'octobre 1867, ont obtenu des brevets de commandement dans le bassin de la Méditerranée, depuis Malte jusqu'à Gibraltar sont maintenus.

Art. 8. — Le commandant des bâtiments à vapeur et l'exercice du cabotage, dans les limites plus étendues que celles fixées par l'article 4 du présent décret, sont et demeurent réservés aux capitaines au long cours et aux maîtres au cabotage.

Art. 9. — Les étrangers non naturalisés ne pourront entrer que pour 1/4 dans la composition des équipages des bâtiments armés dans les conditions du présent décret, conformément à l'acte de navigation du 21 septembre 1793.

Toutefois, cette proportion pourra être exceptionnellement élevée à la 1/2 pour les bâtiments commandés par les patrons porteurs de brevets spéciaux à la côte de l'Algérie, dont il est question à l'article 5.

Art. 10. — A moins d'impossibilité absolue, dont l'autorité maritime sera juge, il sera embarqué un mousse, ou, à défaut, un novice, sur tout bâtiment armé, ayant au moins quatre hommes d'équipage. — De même, il sera embarqué un second mousse sur tout bâtiment de même nature, ayant vingt hommes d'équipage, non compris le premier mousse.

Art. 11. — Les examens mentionnés aux articles 3 et 5 du présent décret auront lieu, simultanément, chaque année, du 1er au 15 janvier, dans les ports de Bône, de Stora, d'Alger et de Mers-el-Kébir. — Leur date sera annoncée dans le courant du mois de décembre.

Les jurys d'examen pourront être, cependant, réunis exceptionnellement dans le mois qui suivra la promulgation du présent décret.

Art. 12. — Pour pouvoir se présenter aux examens dont il est parlé ci-dessus, les candidats devront se faire inscrire, avant le 31 décembre, au bureau de l'inscription maritime du port où ils demanderont à subir leurs examens.

Art. 13. — Ils produiront à l'appui de leur demande, qui devra être faite sur papier timbré et être écrite par eux, s'il y a lieu :

1° Leur acte de naissance;

2° Leur acte de francisation, s'il y a lieu;

3° L'état de leur service;

4° Un certificat de bonne vie et mœurs, délivré par le commissaire de police du lieu de leur domicile, et visé par le commissaire de l'inscription maritime de leur quartier;

5° Leur diplôme étranger, s'il y a lieu.

Ladite demande devra indiquer le parcours dans lequel le candidat désire commander.

Art. 14. — Les ministres au département de la marine et des colonies et au département de l'intérieur et le gouverneur général de l'Algérie sont chargés chacun en ce qui le concerne, de l'exécution du présent décret.

27 décembre 1877.

Circulaire du commandant de la marine en Algérie, relative à la navigation des chaloupes à vapeur.

Conformément aux instructions contenues dans la dépêche ministérielle du 24 décembre 1877 (3e division, 1er bureau).

ORDONNE :

MM. les commissaires de l'inscription maritime et directeurs de port en faisant fonctions en Algérie, ne rendront pas applicable l'article 39 de l'ordonnance du 17 janvier 1846 aux chaloupes à vapeur employées au service des ports et ne se livrant pas à la navigation, en ce qui concerne la possession du brevet de capitaine au long cours ou de maître au cabotage; mais ils exigeront rigoureusement que les patrons qui commanderont ces chaloupes produisent le certificat de capacité spécifié audit article et en l'article 40, faute de quoi les propriétaires et armateurs seraient contraints de faire commander ces chaloupes par un capitaine au long cours ou un maître au cabotage.

M. le commissaire ordonnateur, chef du service administratif en Algérie, est chargé de communiquer le présent ordre à tous les ports du littoral.

12 mars 1878.

Circulaire du commandant de la marine en Algérie sur la navigation des bateaux à vapeur.

Tout bateau à vapeur de moins de vingt-cinq tonneaux, et qui ne s'éloigne pas de quinze lieues marines de son port d'attache, peut être commandé par un patron au bornage, possesseur du certificat de capacité exigé par l'article 40 de l'ordonnance du 17 janvier 1846, et, à titre de tolérance, le patron peut même être dispensé de posséder ce certificat s'il embarque avec lui un marin qui en soit pourvu.

Notaires.

Les notaires remplissent, en Algérie, les mêmes fonctions qu'en France. Ils sont régis par un arrêté ministériel du 30 décembre 1842, rendu par suite de la délégation contenue dans l'article 73 de l'ordonnance du 26 septembre 1842, arrêté qui reproduit la législation de la métropole, sauf ce qui concerne les chambres de discipline et la cession des offices, et qui ajoute quelques dispositions relatives notamment aux interprètes et à leur concours obligatoire.

Le nombre de notaires actuellement en exercice est de 51, savoir : arrondissement judiciaire d'Alger, 12, — de Blida, 10, — de Tizi-Ouzou, 4, — d'Oran, 8, — de Mostaganem, 6, — de Tlemcen, 2, — de Constantine, 4, — de Bône, 3, — de Bougie, 1, — de Philippeville, 2, — de Sétif, 2.

Mais les notaires institués n'étant pas établis dans tous les cantons, les décrets des 29 août 1874 et 18 janvier 1875 ont donné au garde des sceaux le pouvoir d'autoriser les greffiers de justice de paix à exercer les fonctions notariales, en totalité ou en partie, suivant qu'ils justifieront ou non de certificats de capacité délivrés soit conformément à la loi du 25 ventôse an XI, soit en vertu de l'arrêté du 30 décembre 1842.

Voici, au 30 juin 1878, l'indication des greffiers de paix investis des fonctions notariales. — Tous ceux qui sont désignés comme ayant les attributions de la section 1 (V. décret du 18 janvier 1875) remplissent dans leur plénitude les fonctions de notaires. Ceux qui ont les attributions de la section 2 ne les exercent que dans les limites fixées par les dispositions de cette section.

Arrond. judiciaires.	Justices de paix.	Attributions.
Alger	Ménerville	section 2
	Bouçaada	— 2
	Boghari	— 1
	Djelfa	— 2
Blida	Duperré	— 2
	Laghouat	— 2
	Teniet el Hâad	— 2
Tizi-Ouzou	Dra el Mizan	— 2
	Fort-National	— 2
	Tizi-Ouzou	— 2
Mostaganem	Cassaigne	— 2
	Perrégaux	— 2
	Tiaret	— 2
Tlemcen	Lamoricière	— 2
	Nemours	— 1

Arrond. judiciaires.	Justices de paix.	Attributions.
Constantine	Biskra	— 2
	Khenchela	— 1
	Milah	— 2
	Oued Athménia	— 2
	Oued Zenati	— 2
	Tébessa	— 2
Philippeville	El Arrouch	— 2
	Jemmapes	— 2
Bougie	Akbou	— 2
	Djidjelly	— 2
Bône	La Calle	— 1
	Souk Ahrras	— 1
Sétif	Bordj bou Aréridj	— 1

25 ventôse an XI.

Décret d'organisation du notariat non promulgué, mais devenu applicable à la suite et par le fait de la conquête; plusieurs dispositions, notamment les articles 6, 30, 33, 37, 48 de l'arrêté du 30 décembre 1842 et l'article 3 du décret du 18 janvier 1875 se réfèrent spécialement au décret du 25 ventôse.

26 septembre 1842.

Ordonnance d'organisation de la Justice.

Art. 73. — Les règlements concernant l'exercice des fonctions ou professions de notaires, défenseurs, huissiers, commissaires-priseurs et courtiers de commerce sont arrêtés par le ministre de la guerre.

30 décembre 1842.

Arrêté ministériel contenant règlement général sur l'exercice de la profession de notaire (B. 140).

CHAPITRE I. — *Institution.*

Art. 1. — Des officiers publics, sous le titre de notaires, sont institués en Algérie, pour y recevoir tous les actes et contrats auxquels les parties doivent ou veulent faire donner le caractère d'authenticité attaché aux actes de l'autorité publique, pour en assurer la date, en conserver le dépôt, en délivrer des grosses et expéditions, et remplir toutes autres fonctions qui sont attribuées aux notaires de France, le tout conformément aux dispositions ci-après.

Art. 2. — Les notaires continueront d'être nommés, et, lorsqu'il y aura lieu, révoqués par le ministre de la (Justice), sur le rapport du procureur général. — L'arrêté de nomination fixera la résidence dans laquelle ils devront s'établir.

Art. 3. Le nombre des notaires sera réglé par le

ministre de la (justice), selon les besoins du service.

Art. 4. — A l'avenir, nul ne pourra être nommé notaire : — 1° s'il n'est Français; — 2° s'il n'est âgé de vingt-cinq ans accomplis; — 3° s'il n'a satisfait à la loi du recrutement de l'armée ; — 4° s'il ne jouit de ses droits civils et civiques; — 5° si, hors les cas de dispense prévus par l'article suivant, il ne justifie de l'accomplissement du temps de stage ou de travail dans une étude de notaire, exigé par le même article.

Le tout indépendamment de ce qui est prescrit en l'article 6 ci-après.

Art. 5. — Le temps de travail requis par le n° 5 du précédent article sera de cinq années entières et consécutives, dont une au moins en qualité de premier clerc, dans l'étude d'un notaire de France ou de l'Algérie.

Pourront être dispensés de la justification de tout ou partie du temps de stage réglé par le présent article : — 1° les avocats, avoués ou défenseurs ayant exercé leur profession soit en France, soit en Algérie, pendant plus de deux années; — 2° les aspirants qui auraient rempli, pendant cinq années au moins, des fonctions administratives ou judiciaires; — 3° ceux qui auraient précédemment exercé la profession de notaire en Algérie ou en France.

Art. 6. — Tout aspirant à l'emploi de notaire devra, lors même qu'il se trouverait dans l'un des cas de dispense du stage spécifiés en l'article précédent, se pourvoir préalablement, à l'effet d'obtenir un certificat de moralité et de capacité.

Ce certificat sera délivré par une commission formée, à Alger, par le procureur général qui, désignera, pour la composer, l'un des magistrats attachés aux tribunaux d'Alger, (1) et deux des notaires en exercice dans la même résidence.

Cette commission, présidé par le magistrat qui aura été désigné pour en faire partie, procédera à l'examen de la capacité du candidat, après vérification des pièces fournies par celui-ci et information sur sa moralité. Elle dressera du tout procès-verbal et délivrera ensuite, s'il y a lieu, le certificat de moralité et de capacité.

En cas de refus, la délibération motivée que la commission sera tenue de prendre, sera adressée par son président au procureur général, qui la transmettra, avec son avis personnel, au ministre de la (justice), en même temps que la demande de l'aspirant et les pièces produites à l'appui.

Nonobstant le refus du certificat, le ministre restera juge des titres du candidat.

Pourront, au surplus, être dispensés de l'accomplissement des conditions prescrites par le présent article, les aspirants qui produiraient un certificat de moralité et de capacité, à eux délivré, conformément à l'article 43 de la loi du

(1) Il faut ajouter : ou du ressort.

25 ventôse an XI, par la chambre de discipline des notaires de leur dernière résidence en France.

Art. 7. — Les notaires sont assujettis à un cautionnement provisoirement fixé, savoir : pour ceux de la résidence d'Alger, à 6,000 fr.; pour ceux des autres localités, à 4,000 francs.

Ce cautionnement, qui devra être fourni en numéraire, sera, spécialement et par premier privilège, affecté à la garantie des condamnations qui pourraient être prononcées contre le titulaire, à raison de l'exercice de ses fonctions.

Art. 8. — Avant d'entrer en fonctions, les notaires prêteront, à l'audience du tribunal de première instance de l'arrondissement dans lequel leur résidence aura été fixée, le serment dont la formule suit :

« Je jure obéissance aux ordonnances, arrêtés ou règlements ayant force de loi en Algérie, et de remplir avec exactitude et probité les devoirs de ma profession. »

Ils ne seront admis à prêter ce serment qu'après avoir produit le récépissé constatant le versement de leur cautionnement.

Art. 9. — Aussitôt après avoir prêté serment, et préalablement à tout exercice de leurs fonctions, les notaires devront déposer ou faire déposer leurs signature et paraphe, ainsi qu'un extrait certifié du procès-verbal de leur prestation de serment, dans chacun des greffes de la Cour d'appel, des tribunaux de première instance, de commerce et de paix et des divers commissariats civils de l'Algérie.

Les dépôts de leur signature et paraphe seront renouvelés par eux toutes les fois que, pour des causes graves et dûment justifiées, ils auront été autorisés à les changer, par ordonnance du tribunal de leur résidence, rendue sur requête, le ministère public entendu.

Art. 10. — Les notaires seront tenus de résider dans le lieu qui leur aura été assigné par l'arrêté de nomination; et ne pourront s'absenter de l'Algérie sans un congé délivré par le procureur général, qui en fixera la durée et en rendra compte au ministre de la guerre.

Ils exerceront leurs fonctions, savoir : 1° ceux des villes où est établi un tribunal de première instance, dans l'étendue du ressort de ce tribunal, à l'exception néanmoins de celles des localités dépendant de ce ressort avec lesquelles on ne peut communiquer que par mer; — 2° ceux des localités dans lesquelles il n'existe qu'un tribunal de paix, dans l'étendue du ressort de cette juridiction.

Art. 11. — Les fonctions de notaires sont incompatibles avec tous autres offices ministériels, avec toutes fonctions publiques salariées et avec toute espèce de négoce.

Art. 12. — Seront réputés démissionnaires et pourront être immédiatement remplacés : — 1° Les notaires qui, sans avoir justifié d'une excuse légitime, n'auraient pas prêté le serment prescrit par l'article 8, et ne seraient pas entrés en fonctions dans les trois mois, à dater du jour où leur nomination leur a été notifiée;

2° Ceux dont le cautionnement serait employé, en tout ou en partie, à l'acquit de condamnations pour faits de charge, ou frappé de saisies-arrêts déclarées valables par jugement, même pour des causes étrangères aux faits de charges, et qui n'auraient pas, dans le délai de trois mois, au plus tard, à partir de l'invitation qui leur en sera faite par le procureur de la République, sur l'avis du directeur des finances, soit rétabli en entier ledit cautionnement, soit produit un acte authentique ou un jugement définitif portant mainlevée des oppositions ou saisies-arrêts;

3° Ceux qui, s'étant établis hors du lieu qui leur est assigné par l'arrêté de nomination, n'y auraient pas fixé leur résidence dans les trois jours de l'avertissement qui leur sera donné par le procureur de la République;

4° Ceux qui se livreraient à l'exercice de fonctions ou professions incompatibles avec le notariat;

5° Ceux qui s'absenteraient de l'Algérie sans congé régulièrement délivré.

Art. 13. — Les notaires seront tenus de prêter leur ministère toutes les fois qu'ils en seront requis, à moins de motifs légitimes d'abstention, qu'ils devront immédiatement communiquer au procureur de la République.

Dans le cas où ces motifs ne seraient pas justifiés, le procureur de la République pourra, sur la demande des intéressés, enjoindre aux notaires d'instrumenter; à défaut par eux de déférer à cette injonction, ils seront passibles de telles peines de discipline qu'il appartiendra.

Ils seront également tenus, sous les mêmes peines, de représenter gratuitement, lorsqu'ils seront désignés à cet effet, dans les divers cas prévus par les lois, les militaires et marins absents, et de procéder, au besoin, dans l'intérêt de ceux-ci, sans autre indemnité que celle des simples déboursés dûment justifiés, à tous actes du ministère des notaires.

Art. 14. — Les offices de notaires sont incessibles; il ne pourra être traité, sous aucun prétexte, à prix d'argent, ou moyennant tout autre prix, quelle qu'en soit la nature, soit par le titulaire, soit par ses héritiers ou ayants cause, de la cession de son titre et de sa clientèle, sauf néanmoins ce qui sera dit en l'article 51 ci-après, en ce qui concerne les recouvrements.

CHAPITRE II. — *Actes notariés. — Leur forme — Fonctions et devoirs des notaires.*

Art. 15. — Les actes seront reçus par le notaire en présence de deux témoins, et, s'il s'agit d'un testament par acte public, en présence de quatre témoins mâles, majeurs, européens, ayant au moins une année de résidence en Algérie, jouissant de leurs droits civils, sachant signer, et autant qu'il se pourra, parlant la langue française.

Les mêmes témoins ne pourront être habituellement employés.

Le tout sans préjudice de la faculté accordée par les lois aux notaires de procéder, sans assistance de témoins, à certains actes, pour lesquels ils sont commis par les tribunaux.

Art. 16. — Toutes les fois qu'une personne ne parlant pas la langue française sera partie ou témoin dans un acte, le notaire devra être, en outre, assisté d'un interprète assermenté, qui expliquera l'objet de la convention, avant toute écriture, expliquera de nouveau l'acte rédigé et signera comme témoin additionnel.

Les signatures qui ne seraient pas écrites en caractères français, seront traduites en français, et la traduction en sera certifiée et signée au pied de l'acte par l'interprète.

Les parents ou alliés, soit du notaire, soit des parties contractantes, en ligne directe, à tous les degrés, et en ligne collatérale jusqu'au degré d'oncle ou neveu inclusivement, ne pourront remplir les fonctions d'interprète, dans le cas prévu par le présent article. Ne pourront aussi être pris pour interprètes d'un acte public les légataires à quelque titre que ce soit, ni leurs parents ou alliés, jusqu'au degré de cousin-germain inclusivement.

Art. 17. — Les actes des notaires seront écrits en langue française en un seul contexte, lisiblement, sans abréviation, blanc, lacune ni intervalle. Les sommes et les dates y seront écrites en toutes lettres; les renvois en marge et au bas des pages et le nombre des mots rayés dans tout le texte de l'acte seront approuvés par l'initiale du nom propre ou le paraphe de chacune des parties, des témoins et du notaire.

Ces actes énonceront : 1° les noms et lieu de résidence du notaire qui les reçoit; 2° les noms, prénoms, qualités et demeures des parties, et la mention de leur patente si l'acte est relatif à leur commerce, profession ou industrie; 3° les noms, âges, professions et demeures des témoins; 4° les noms et demeures des interprètes s'il y a lieu; 5° le lieu, l'année, le jour où les actes sont passés; 6° les procurations des contractants, lesquelles certifiées par les parties qui en feront usage demeureront annexées à la minute; 7° la lecture faite aux parties par le notaire, et le cas échéant, l'accomplissement des interprétations prescrites par le premier alinéa de l'article précédent, sans préjudice des formalités spéciales auxquelles les actes sont assujettis par la loi.

Ils exprimeront les sommes en francs, décimes et centimes, et en mesures métriques toutes les quantités pourront être exprimées par les appellations usitées en Algérie ou dans le lieu du domicile des contractants, pourvu qu'elles soient à la suite de la traduction ou conversion en dénominations nouvelles, conformes au système décimal ou métrique de France.

Art. 18. — Les notaires seront tenus d'annexer aux actes par eux reçus l'original ou, en tous cas la traduction certifiée par un interprète asser-menté, et signée des parties, des actes émanés des officiers publics indigènes, ou de tous fonc-tionnaires étrangers, et auxquels les nouvelles conventions se référeraient. Le contenu desdites pièces devra être, en outre, mentionné sommai-rement dans l'acte auquel elles seront annexées.

Art. 19. — Si le nom, l'état et la demeure des parties ne sont pas connus du notaire qui recevra leurs conventions, ils devront lui être attestés par deux témoins connus de lui et ayant les mêmes qualités que celles qui sont requises pour être témoin instrumentaire.

En matière de transaction immobilière ou de contrat hypothécaire, l'existence des immeubles qu'il s'agira d'aliéner ou d'hypothéquer, devra être également connue du notaire instrumentaire ou lui être attestée, ainsi qu'il est dit au premier alinéa du présent article.

Art. 20. — Lorsque l'état d'une partie qui s'oblige, par acte passé devant eux, ne leur sera pas connu, les notaires devront, indépendamment de l'attestation prescrite par le précédent article, exiger, avant la passation de l'acte, la représen-tation du contrat de mariage de ladite partie, si elle se déclare mariée, ou son affirmation per-sonnelle et sous serment qu'elle n'a point fait de conventions matrimoniales ; et si elle déclare n'être point mariée, son affirmation, également sous serment, que réellement elle ne l'est pas.

L'accomplissement de ce qui précède sera ex-pressément constaté dans l'acte par le notaire, à peine contre lui de tous dommages-intérêts, s'il y a lieu.

Art. 21. — Dans les actes translatifs de pro-priétés immobilières, les notaires énonceront la nature, la situation, la contenance, les tenants et aboutissants des immeubles, les noms des pré-cédents propriétaires, et, autant qu'il se pourra, le caractère et la date des mutations successives.

Art. 22. — Chaque notaire tiendra exposés dans son étude : 1° un tableau sur lequel il inscrira les noms, prénoms, qualités, professions et de-meures des personnes qui, dans l'étendue du res-sort où il peut exercer, sont interdites ou assis-tées d'un conseil judiciaire, ainsi que la mention des jugements y relatifs ; 2° un autre tableau où il inscrira également l'extrait des contrats de ma-riages intervenus entre époux domiciliés dans son ressort, et dont l'un serait commerçant, ledit ex-trait contenant les indications prescrites par l'ar-ticle 67, paragraphe 2, du code de commerce.

Ces inscriptions auront lieu immédiatement après la notification qui devra être faite aux no-taires, savoir : par le greffier de la juridiction qui aura rendu le jugement définitif d'interdic-tion ou de nomination d'un conseil judiciaire, de l'extrait dudit jugement, et par le notaire qui, dans le cas prévu par le n° 2 du précédent para-graphe, aura reçu le contrat de mariage d'un com-merçant, de l'extrait dudit contrat.

Art. 23. — Les notaires seront tenus d'apposer, sur les grosses et expéditions des actes, l'em-preinte d'un sceau particulier, d'après le modèle adopté pour les notaires de France.

Les actes notariés seront légalisés par le pré-sident du tribunal civil de la résidence du notaire ou du lieu où sera délivré l'acte ou l'expédition, mais seulement lorsque les grosses ou expéditions qui en seront délivrées devront être employées en dehors de l'Algérie.

Art. 24. — Si un notaire décède avant d'avoir signé l'acte qu'il a reçu, mais après la signature des parties contractantes et des témoins, le tri-bunal de première instance du ressort pourra, sur la demande des parties intéressées, ou de l'une d'elles, ordonner que cet acte sera régularisé par la signature d'un autre notaire du même arron-dissement. Dans ce cas, l'acte vaudra comme s'il avait été signé par le notaire instrumentaire.

Art. 25. — Les notaires tiendront répertoire de tous les actes qu'ils recevront.

Ces répertoires sont visés, cotés et paraphés, sa-voir : ceux des notaires établis dans les villes où siège un tribunal de première instance, par le président ou par le juge de ce tribunal ; et ceux des notaires établis en dehors des lieux où sié-gent les tribunaux de première instance, par le juge de paix ou l'un de ses suppléants, et s'il n'y a pas de justice de paix, par le commissaire civil de leur résidence.

Chaque article du répertoire sera dressé jour par jour, et contiendra : 1° son numéro d'ordre ; 2° la date de l'acte ; 3° la nature de l'acte ; 4° son espèce, c'est-à-dire s'il est en minute ou en bre-vet ; 5° les noms, prénoms et demeures des par-ties ; 6° l'indication des biens, leur situation et le prix, lorsqu'il s'agira d'actes ayant pour objet la propriété, l'usufruit ou la jouissance de biens immeubles ; 7° la somme prêtée, cédée ou trans-portée, s'il s'agit d'obligation, cession ou trans-port ; 8° la relation de l'enregistrement.

Les notaires feront aussi mention sur leur réper-toire, tous les trois mois, et avant le visa du rece-veur de l'enregistrement, des noms des clercs qui, pendant le précédent trimestre, auront été en cours de stage dans leur étude, du temps de travail que lesdits clercs auront accompli et de leur rang de cléricature.

Art. 26. — Les notaires devront, en outre, tenir un registre particulier, qui sera coté, visé et paraphé, comme il est dit pour le répertoire en l'article précédent, et sur lequel ils inscriront, à la date du dépôt, les noms, prénoms, professions, domiciles et lieux de naissance des personnes qui leur remettent un testament olographe. Ce registre ne fera aucune mention de la teneur du testament déposé ; il sera soumis, de même que le répertoire, au visa des préposés de l'enregis-trement.

Si à l'époque où ils auront connaissance du décès de la personne dont le testament olographe aura été déposé en leur étude, aucune partie intéressée ne se présente pour requérir l'exécution de l'article 1007 du Code civil, ils devront eux-mêmes faire les diligences nécessaires pour la présentation dudit testament au président du tribunal de première instance du ressort, après en avoir donné avis au procureur de la république.

Dans le même cas, les notaires établis dans les lieux où il n'existe pas de tribunal de première instance, et à la distance de plus de 5 myriamètres du siège de ce tribunal, seront admis à présenter le testament au juge de paix, et s'il n'y a pas de justice de paix, au commissaire civil de leur résidence, qui le fera parvenir clos et cacheté au président du tribunal, par l'intermédiaire du procureur, et qui pourra même en faire l'ouverture si les communications étaient interrompues entre le lieu de leur siège et le chef-lieu judiciaire.

Art. 27. — Seront également autorisés, les notaires établis à plus de 5 myriamètres de distance de la ville où siège le tribunal de première instance du ressort, à présenter, dans le cas prévu par le deuxième alinéa de l'article 1007 du code civil, les testaments mystiques reçus par eux, soit au juge de paix, soit au commissaire civil de leur résidence, lequel pourra faire l'ouverture de ce testament, en présence des témoins signataires de l'acte de suscription qui se trouveront sur les lieux, ou eux dûment appelés.

Art. 28. — Le notaire dépositaire d'un testament contenant des dispositions au profit d'un établissement public, devra en donner avis au procureur de la République dans le mois de l'ouverture de ce testament.

Art. 29. — Indépendamment du répertoire et du registre prescrits par les articles 25 et 26, les notaires tiendront un registre coté, paraphé, soumis au visa des préposés de l'enregistrement conformément auxdits articles, sur lequel ils devront mentionner, jour par jour, par ordre de date, sans blancs, lacunes, ni transports en marge : 1° toutes les sommes ou valeurs qu'ils recevront en dépôt, à quelque titre que ce soit ; 2° les noms, prénoms, professions et demeures des déposants ; 3° la date des dépôts ; 4° l'emploi qui aura été fait des valeurs déposées.

Art. 30. — Sont au surplus rendues communes aux notaires de l'Algérie, sauf les modifications qui précèdent et celles qui seront énoncées ci-après, ou qui sont ou seraient ultérieurement établies par la législation spéciale du pays, les dispositions des lois et règlements de France, relatifs à la forme des actes notariés, à leur effet, et aux formalités à remplir par les notaires, notamment celles des articles 8, 10, § 2, 13 à 18, 20 à 27, 29, 30 et 68 de la loi du 25 ventôse an XI, 971 à 977, 970, 1317 à 1320 du code civil.

Art. 31. — Sont également rendues communes aux notaires de l'Algérie, en ce tout ce qui n'est pas contraire au présent arrêté et à la législation spéciale du pays : 1° les attributions particulières conférées par les lois françaises aux notaires de France ; 2° les obligations imposées par les mêmes lois et par les règlements en vigueur dans la métropole à ces officiers publics, en matière d'enregistrement des actes notariés, de tenue, visa, vérification par les préposés de l'enregistrement et dépôt des répertoires ; 3° les amendes applicables aux notaires de France pour toutes les contraventions, omissions, irrégularités et autres inobservations des règles prescrites par lesdites lois, ainsi que les formes des poursuites à diriger pour le recouvrement de ces amendes.

Art. 32. — Les notaires exerceront d'ailleurs toutes autres fonctions ou attributions qui leur sont ou qui leur seraient particulièrement conférées par la législation spéciale de l'Algérie.

Ils ne pourront faire ni protêts faute d'acceptation ou de payement de lettres de change et autres effets commerciaux, ni actes d'offres réelles et procès-verbaux de consignation de ces offres, que dans les cas où lesdits actes ne pourraient pas être formalisés par des huissiers.

Art. 33. — Il est expressément interdit à tout notaire :

1° D'employer, même temporairement, à son profit, les sommes dont il s'est constitué détenteur ou dépositaire en sa qualité de notaire, ou de placer, en son nom personnel, les fonds qu'il aurait reçus de ses clients à la condition de leur en servir l'intérêt ;

2° De retenir entre ses mains, sans motifs légitimes, les sommes qui doivent être par lui versées à la caisse des dépôts et consignations, dans les divers cas prévus par les lois, ordonnances ou règlements ;

3° De prendre directement ou indirectement un intérêt dans les opérations où il intervient comme notaire, ou d'emprunter, pour ses affaires personnelles, le nom d'un tiers dans les actes qu'il reçoit ;

4° De se constituer garant ou caution, à quelque titre que ce soit, des prêts qui auraient été faits par son intermédiaire ou qu'il aurait été chargé de constater par acte public ou privé ;

5° De faire ou laisser intervenir ses clercs en qualités de mandataires d'une ou de plusieurs des parties qui contractent devant lui ;

6° De se rendre concessionnaires soit de procès, droits ou actions litigieux ou successifs, alors même qu'ils seraient hors de la compétence du tribunal dans le ressort duquel il exerce ses fonctions, soit d'indemnités ou rentes dues, en Algérie, à des particuliers, par l'État ou par la colonie ;

7° De se livrer directement ou indirectement comme principal obligé, ou comme associé, même en participation, à des spéculations ou entreprises, à une ou plusieurs opérations de bourse, commerce, change, banque, escompte ou courtage ; de s'immiscer dans l'administration d'aucune entreprise ou compagnie de finance, de commerce ou d'industrie ; de spéculer sur l'acquisition et la revente des immeubles, sur la cession des créances, actions industrielles et autres droits incorporels, et de souscrire, à quelque titre et sous quel prétexte que ce soit, des lettres de change ou billets à ordre négociables;

8° D'insérer dans les actes des dispositions dont il retirerait un profit personnel, ou de stipuler pour autrui;

9° De prêter son ministère pour la vente de biens qu'il saurait être inaliénables, ou qui ne pourraient être aliénés qu'après l'accomplissement des formalités prescrites par la législation spéciale de l'Algérie ou les anciennes lois du pays;

10° De passer des actes pour le compte d'un notaire suspendu de ses fonctions, et de le substituer en quelque manière que ce soit, sauf ce qui sera dit en l'article 51 ci-après;

11° De s'associer, soit avec d'autres notaires, soit avec des tiers, pour l'exploitation de son office;

12° D'instrumenter hors de son ressort, ainsi que d'ouvrir étude, et de conserver le dépôt de ses minutes ailleurs que dans le lieu qui lui a été fixé pour résidence.

Le tout sans préjudice de la prohibition contenue en l'article 14 ci-dessus et de toutes autres défenses faites aux notaires par celles des dispositions de la loi du 25 ventôse an XI auxquelles se réfère le présent arrêté.

CHAPITRE 3.—*Frais d'actes, honoraires et droits des notaires.*

Art. 34. — Le tarif établi par les décrets du 16 février 1807, pour le règlement des vacations et droits de voyage des notaires de Paris, est rendu applicable aux notaires de l'Algérie avec réduction d'un dixième.

Les droits d'expédition ou de grosse de tous actes sont fixés à 2 fr. 50 c. par rôle de trente lignes à la page et de quinze syllabes à la ligne.

Art. 35. — Pour tous actes non tarifés par les décrets précités du 16 février 1807, les honoraires seront réglés amiablement entre les parties et le notaire.

En cas de difficultés, avant comme après le payement, la taxe des honoraires sera faite par le tribunal de première instance du ressort, en chambre du conseil, sur simples mémoires et sans frais, le ministère public entendu.

Art. 36. — Le notaire ne pourra réclamer ou recevoir des honoraires de deux parties ayant des intérêts différents, comme de l'emprunteur et du prêteur, de l'acquéreur et du vendeur, excepté dans les contrats d'échange et de société.

Les actes délivrés en brevet et les grosses ou expéditions des actes dont il doit être gardé minute, énonceront en détail les sommes reçues ou réclamées par le notaire, en distinguant les déboursés, droits et honoraires; le tout à peine, en cas de contravention, de telles mesures de discipline qu'il appartiendra.

Art. 37. — Les demandes en payement de droits et honoraires, formées par les notaires de l'Algérie seront instruites et jugées, sans préliminaire de conciliation, et en la même forme que celles des notaires de France.

CHAPITRE 4. — *Discipline des notaires.*

Art. 38. — Indépendamment des amendes qui seraient encourues par eux, aux termes de l'article 31 ci-dessus, pour omissions, irrégularités et autres violations ou inobservations des règles prescrites par les lois qui leur sont rendues applicables, les notaires sont passibles, pour les mêmes infractions, comme pour toutes contraventions aux dispositions du présent arrêté, et pour tous manquements aux devoirs de leur profession, de l'application des peines disciplinaires, sans préjudice des peines plus graves, en cas de crime ou de délit.

Art. 39. — Les peines de discipline applicables aux notaires, sont : — 1° le rappel à l'ordre; — 2° la censure avec réprimande; — 3° la suspension pendant trois mois au plus;—4° la révocation.

Art. 40. — Le rappel à l'ordre et la censure avec réprimande seront prononcés, lorsqu'il y aura lieu, par le procureur général, d'office, ou sur le rapport du procureur de la république près le tribunal de résidence du notaire, après que l'inculpé aura été entendu et dûment appelé.

Ils seront toujours notifiés par écrit audit notaire, et il en sera fait mention tant au parquet du procureur général qu'en celui du procureur de la république, sur un registre spécialement tenu à cet effet.

Le procureur général informera, sans retard, le ministre de la justice de tous rappels à l'ordre ou censures avec réprimande qu'il aura prononcés contre les notaires.

Art. 41. — Lorsqu'il y aura lieu à suspension ou révocation, il sera procédé à l'enquête disciplinaire par le procureur de la république de la résidence du notaire inculpé, qui devra toujours être entendu ou dûment appelé, et pourra fournir, dans le délai qui lui sera fixé, ses explications par écrit sur les griefs dont il lui sera donné communication.

Le procureur adressera ensuite les pièces de l'enquête, les explications de l'inculpé, et son rapport au procureur général, qui transmettra le tout, avec son avis personnel, au ministre de la justice.

Il sera statué par le ministre.

Néanmoins, en cas d'urgence, le gouverneur général pourra, sur la proposition du procureur général, prononcer provisoirement la suspension, à charge d'en rendre compte immédiatement au ministre de la justice.

Il y aura lieu à cette suspension provisoire, toutes les fois que, par l'effet de condamnations prononcées pour faits de charge, le cautionnement des notaires se trouverait employé en tout ou en partie.

Art. 42. — La révocation sera toujours prononcée :

1° Contre le notaire qui aurait contrevenu à l'une des prohibitions portées aux numéros 1, 2, 3, 4, 5, 6, 7, 9, 10 et 11 de l'article 33 ci-dessus ;

2° Contre celui qui, ayant été suspendu, continuerait, directement ou indirectement, pendant la durée de la suspension, l'exercice de ses fonctions, ou le reprendrait avant l'expiration de la peine, sans préjudice des peines portées en l'article 197 du Code pénal ;

3° Contre celui qui, en contravention à l'article 14 ci-dessus, aurait traité à prix d'argent ou moyennant toute autre indemnité, de la cession de son office, lors même que la convention n'aurait pas été suivie d'effet ; contre le nouveau titulaire qui, par suite d'une telle convention, aurait obtenu sa nomination ;

4° Contre celui qui ayant précédemment subi la peine de la suspension, tomberait dans la récidive.

Art. 43. — La suspension et même la révocation seront prononcées, selon les cas, contre le notaire qui se trouvera dans l'un des cas prévus par les numéros 8 et 12 de l'article 33, et contre celui qui, par sa conduite privée et habituelle, ou par un fait grave quelconque, compromettrait sa dignité, sa délicatesse, son honneur ou son caractère d'officier public.

Art. 44. — Il sera fait mention, sur le registre prescrit par le deuxième alinéa de l'article 40 ci-dessus, de toutes suspensions prononcées contre le notaire, soit par le ministre de la guerre, soit même, provisoirement, par le gouverneur général, aux cas prévus par l'article 41.

Art. 45. — Les décisions portant peine de suspension et de révocation contre un notaire lui seront notifiées, à la diligence du procureur de la république de sa résidence, soit par simple lettre, soit même, s'il en est besoin, par le ministère d'un huissier. Elles seront exécutées à partir du jour de cette notification.

Art. 46. — Au commencement de chaque année, le procureur général nommera, parmi les notaires d'Alger, un syndic dont les attributions consisteront : — 1° à donner son avis, après information, s'il y a lieu, sur toutes plaintes qui seraient portées, contre un notaire de son ressort ; — 2° à intervenir officieusement, et comme conciliateur, dans les débats qui s'élèveraient soit entre des notaires de son ressort, soit entre les mêmes notaires et leurs clients ; — 3° à donner son avis, lorsqu'il en sera requis par des magistrats, sur les difficultés que feraient naître les réclamations, d'honoraires, vacations et droits formées par les notaires ; — 4° à représenter sa compagnie toutes les fois qu'il s'agira de ses intérêts collectifs, et dans toutes ses relations ou communication avec l'autorité judiciaire.

Le syndic nommé continuera ses fonctions jusqu'à son remplacement, il sera indéfiniment rééligible.

CHAPITRE V. — *Remises à faire des minutes et répertoires par les notaires qui cessent leurs fonctions, ou par leurs représentants. — Recouvrements.*

Art. 47. — Les minutes et répertoires d'un notaire décédé, démissionnaire, révoqué ou remplacé par suite de déchéance, seront remis à son successeur immédiat, et jusqu'à ce que celui-ci soit installé, déposés, selon les localités et les circonstances, soit en l'étude d'un autre notaire de la même résidence, désigné par le procureur de la république du ressort, soit au greffe du tribunal de première instance, de la justice de paix, ou du commissariat civil du lieu.

Le procureur de la république veillera à ce que la remise et le dépôt prescrits soient effectués sur inventaire régulier, qui devra être dressé par le notaire ou greffier dépositaire.

Le double de cet inventaire, au pied duquel le dépositaire donnera récépissé des minutes et répertoires, sera remis au greffe du tribunal civil du ressort, excepté dans le cas où le dépôt serait opéré dans ledit greffe.

Art. 48. — Les possesseurs ou détenteurs de minutes qui, dans le cas prévu par le précédent article, refuseraient d'en effectuer la remise, après avoir été mis en demeure par le procureur de la république, seront poursuivis à la requête de ce magistrat devant le tribunal de première instance du ressort, pour y être condamnés à l'amende portée par l'article 57 de la loi du 25 ventôse an XI.

Art. 49. — Dans le cas de suppression d'office, les minutes et répertoires du notaire supprimé seront remis immédiatement, et après inventaire dressé conformément à l'article 47, à celui des notaires du même ressort qui sera désigné par le ministre de la justice, sur la proposition du procureur général.

Art. 50. — Aussitôt après le décès, la démission ou la notification de la révocation d'un notaire, les minutes, papiers et répertoires de l'étude seront, s'il y a nécessité, et s'ils ne peuvent être immédiatement transportés, soit dans l'étude, soit dans le greffe, où ils devront être déposés, placés sous les scellés, même d'office, par le juge de paix, ou à défaut de juge de paix, par le commissaire civil de la résidence du notaire, jusqu'à ce que le dépôt puisse en être effectué.

L'apposition des scellés aura toujours lieu dans le cas où la résidence du notaire décédé, démissionnaire ou révoqué, se trouverait en dehors du lieu où siège le tribunal de première instance.

Art. 51. — Lorsque les minutes auront été déposées dans le greffe du tribunal de première instance, ou dans celui d'un tribunal de paix ou d'un commissariat civil, les grosses et expéditions pourront être délivrées par le greffier dépositaire, qui aura droit, dans ce cas, à la moitié de la rétribution fixée par l'article 35, paragraphe 2, ci-dessus, à charge par lui de se conformer aux règles prescrites aux notaires pour la délivrance desdites grosses et expéditions.

Art. 52. — Nonobstant la disposition de l'article 11 du présent arrêté, le nouveau titulaire, ou le notaire qui recevra les minutes, dans le cas de suppression d'office, sera tenu d'indemniser l'ancien titulaire ou ses héritiers, jusqu'à concurrence du montant des recouvrements qui pourraient être à exercer au profit de ceux-ci, à raison des actes dont les frais, honoraires ou droits quelconques resteraient dus.

Dans tous les cas, le montant de cette indemnité sera réglé sans frais par le tribunal de première instance, en chambre du conseil, le ministère public et les parties intéressées entendus. Le règlement n'en sera définitif qu'après l'approbation du ministre de la justice, auquel la décision de la chambre du conseil devra être transmise par le procureur général.

Tout traité de gré à gré sur le montant de ladite indemnité sera nul, et entraînera la révocation du titulaire qui l'aura souscrit avant ou après la remise des minutes.

CHAPITRE VI. — *Dispositions particulières.*

Art. 53. — Le notaire qui, par suite d'infirmités physiques ou morales, se trouverait hors d'état de continuer l'exercice de ses fonctions, sera remplacé.

Art. 54. — En cas de maladie, d'absence ou d'empêchement autre que celui résultant, soit d'une suspension disciplinaire, soit de parenté ou d'alliance, les notaires pourront être substitués, avec l'autorisation préalable du procureur de la république de leur ressort, par un autre notaire de la même résidence.

La minute de l'acte reçu par le notaire substituant restera en l'étude du notaire substitué, ce qui sera énoncé dans ledit acte.

La minute devra, en outre, être portée à la fois sur le répertoire du notaire substitué et sur celui du notaire substituant, avec mention par celui-ci que cette minute est restée au notaire suppléé.

Le notaire suppléé et le notaire substituant seront solidairement responsables de toute inobservation des formalités prescrites pour la validité de l'acte, et passibles, selon les circonstances, en cas de contraventions, des mêmes peines disciplinaires.

Art. 55. — Aucun notaire suspendu de ses fonctions ne pourra, pendant la durée de la suspension, se faire substituer, même pour la délivrance des grosses ou expéditions des actes déposés dans son étude.

En ce cas, lorsqu'il y aura lieu à délivrance de grosses ou expéditions desdits actes, elle ne pourra être faite que par un autre notaire de la même résidence, spécialement commis à cet effet par le procureur de la république du ressort, sur la demande des parties intéressées, et il sera fait mention expresse de la délégation au bas de la grosse ou de l'expédition délivrée.

Dans le même cas, le notaire suspendu sera tenu de communiquer au notaire délégué, sur son récépissé, les minutes à expédier, lesquelles devront ensuite être rétablies dans l'étude où elles sont déposées.

Les droits dus pour les grosses ou expéditions ainsi délivrées ne pourront être perçus qu'au profit du notaire commis.

Toute contravention au présent article sera punie de révocation, sans préjudice de peines plus graves, s'il y a lieu.

Art. 56. — Dans les lieux où il n'existe qu'un seul notaire en exercice, si ce notaire est empêché par l'un des motifs énoncés aux deux articles précédents ou pour cause de parenté ou d'alliance, il pourra être provisoirement remplacé, sur la demande expresse des parties intéressées et avec l'autorisation du procureur de la république du ressort, soit par le greffier du tribunal de première instance, soit par celui de la justice de paix, et à défaut du tribunal de première instance ou de paix, par le secrétaire du commissariat civil de la résidence dudit notaire.

En ce cas, l'autorisation délivrée par le procureur de la république, et la cause de l'empêchement du notaire, seront énoncées dans l'acte dressé, ou dans les grosses ou expéditions délivrées par le substituant.

La minute de l'acte dressé par le substituant sera déposée dans l'étude du notaire substitué, et si celui-ci est suspendu de ses fonctions, dans l'étude de celui des notaires les plus voisins qui sera désigné par les parties intéressées.

Le substituant se conformera d'ailleurs, soit pour la rédaction et la forme des minutes ou brevets, soit pour la délivrance des grosses et expéditions, à toutes les règles prescrites pour les notaires; au moyen de quoi, ses actes vaudront comme actes notariés.

Dans les divers cas prévus par le présent article, le substituant pourra percevoir à son profit, indépendamment des honoraires, la moitié des vacations et droits réglés par l'article 55 ci-dessus.

Art. 57. — (Disposition relative aux secrétaires des commissariats civils devenus sans objet par l'institution de greffiers notaires; ci-après, décret 18 janvier 1875.)

Art. 58. — Les parties intéressées à des actes reçus par un notaire de l'Algérie pourront lever à leurs frais, pour leur sûreté, et déposer au greffe du tribunal de première instance du ressort, des expéditions desdits actes, collationnées et signées par le notaire et légalisées par le président du tribunal de la résidence de cet officier public.

Le greffier sera tenu de recevoir ce dépôt sur la réquisition de la partie et de le garder dans les archives du greffe.

Il sera fait mention sommaire dudit dépôt sur un registre tenu à cet effet dans chaque greffe de première instance, coté et paraphé par le président du tribunal.

CHAPITRE VII. — *Dispositions finales.*

Art. 59. — Sont maintenus, chacun dans leur résidence actuelle sans qu'il soit besoin de leur délivrer des commissions confirmatives, et seulement à charge par eux de remplir, dans le délai de deux mois, à dater de l'époque où ils présent arrêté sera exécutoire, les formalités prescrites par le premier alinéa de l'article 9 du même arrêté, les notaires précédemment institués et nommés par le ministre de la guerre, et qui seront en exercice au moment de la promulgation des présentes.

Art. 60. — Les notaires qui auront exercé leurs fonctions avec honneur pendant vingt années consécutives pourront obtenir le titre de notaire honoraire.

Ce titre sera conféré par le ministre de la (justice), sur la proposition du procureur général.

Art. 61. — Il n'est rien innové par le présent arrêté en ce qui concerne les attributions conservées aux cadis, en matière de notariat.

Art. 62. — Toutes dispositions contraires aux présentes sont abrogées.

21 avril 1852.

Décret rendant exécutoire l'article 51 de la loi du 22 frimaire an VII sur les amendes encourues (B. 412).

Art. 1. — Les amendes prévues par l'article 51 de la loi du 22 frimaire an VII, pour les contraventions concernant la tenue et le visa trimestriel du répertoire des actes notariés, sont rendues applicables aux contraventions commises par les notaires de l'Algérie en matière de tenue ou de présentation au visa des registres de dépôts et de consignations prescrits par les articles 28 et 29 de l'ordonnance du 30 décembre 1842.

8 janvier 1875.

Décret étendant aux greffiers de paix de toute l'Algérie les dispositions du décret du 27 août 1874 (B. O. 599).

Art. 1. — Les dispositions du paragraphe 4 de l'article 14 du décret du 29 août 1874 (1) sont applicables à toute l'Algérie.

Art. 2. — Les greffiers de paix de l'Algérie, autorisés, par le garde des sceaux, à exercer les attributions notariales dans les cantons où il n'existera pas de notaire, n'exerceront que concurremment avec les notaires ayant compétence pour instrumenter dans tout l'arrondissement judiciaire, dans les limites et sous les réserves et conditions ci-dessous énoncées.

(1) V. *Justice en Kabylie.*

Art. 3. — La plénitude des attributions notariales pourra être conférée aux greffiers de paix, lorsqu'ils auront obtenu un certificat de capacité délivré, soit conformément à l'article 45 de la loi du 25 ventôse an XI, par la chambre de discipline des notaires de leur dernière résidence en France, soit par une commission formée au chef-lieu de chaque département de l'Algérie. Cette commission sera composée et procédera conformément à l'article 6 de l'arrêté ministériel du 30 décembre 1842.

Art. 4. — Tout greffier investi de la plénitude des attributions notariales sera soumis, outre son cautionnement de greffier, à un cautionnement supplémentaire de 1,500 francs.

La totalité des deux cautionnements demeurera affectée, par privilège, à la garantie des condamnations par lui encourues à l'occasion de l'exercice de ces doubles fonctions.

Avant d'entrer en fonctions, il prêtera le serment professionnel devant le juge de paix ; mais il ne sera admis à prêter le serment qu'après avoir produit le récépissé constatant le versement du supplément de son cautionnement.

Art. 5. — Il sera soumis à tous les règlements en vigueur sur le notariat.

Ses actes produiront le même effet que ceux des notaires, et il aura droit aux mêmes honoraires et émoluments.

Art. 6. — Lorsque le greffier de paix ne justifiera pas de l'obtention de l'un des deux certificats de capacité énoncés en l'article 3, la plénitude des attributions notariales ne lui sera jamais dévolue.

Il pourra seulement être autorisé à recevoir et rédiger, en la forme des actes notariés, les conventions des parties qui requerront son ministère à cet effet, à l'exception des actes dont la réception est exclusivement réservée aux notaires.

Les actes ainsi rédigés ne vaudront que comme écrits sous signatures privées. Néanmoins, et sauf les cas où ces actes pourraient être délivrés en brevet par les notaires, il en sera conservé minute, qui restera déposée au greffe de la justice de paix.

Art. 7. — Le greffier pourra être également autorisé à recevoir et à rédiger, en la forme des actes notariés, des procurations qui auront même efficacité et authenticité, que si elles avaient été reçues et rédigées par un notaire.

Art. 8. — Il pourra aussi être autorisé à recevoir les testaments en présence de deux témoins, et les reconnaissances d'enfants naturels, dans la même forme. Néanmoins, ces testaments et reconnaissances seront nuls et non avenus si, en cas de survie du testateur ou de l'auteur de la reconnaissance, ils n'ont pas été renouvelés dans les six mois, avec les formalités ordinaires, devant les officiers publics compétents. Avis devra être donné, aux parties, de cette disposition, lors de la réception de l'acte, et mention en sera faite dans ledit acte, sous peine de 100 francs d'amende contre le greffier. Cette contravention sera constatée et poursuivie en la même forme que les autres contraventions en matière de notariat.

Art. 9. — Le greffier pourra encore, dans les cas prévus par les articles 928 et 942 du code de procédure civile, être désigné par le juge de paix pour représenter, à la levée des scellés ou à l'inventaire, les intéressés non présents.

Il pourra également dresser les inventaires conformément aux articles 942 et 943 du code de procédure civile. Dans ce cas, comme dans celui où le greffier aura la plénitude des attributions notariales, le juge de paix pourra ordonner qu'il sera passé outre à l'inventaire, en l'absence d'un officier public, pour représenter les intéressés non présents.

Art. 10. — Le greffier sera soumis, pour tout ce qui sera relatif à ses fonctions notariales, aux règlements en vigueur sur le notariat. Il aura droit, pour les actes par lui reçus, pour l'expédition des actes dont la minute sera déposée au greffe de la justice de paix, et pour les vacations, à la moitié des honoraires ou rétributions allouées aux notaires de l'Algérie. Il lui sera alloué les mêmes indemnités qu'en matière de justice de paix.

Art. 11. — Les attributions conférées aux greffiers de paix, en matière notariale, cesseront de plein droit lorsqu'un notaire sera institué dans le canton, et, en ce cas, les minutes et répertoires seront remis à cet officier public.

O

Observatoire.

28 novembre 1858.

Arrêté ministériel portant création de l'observatoire d'Alger (B. M. 7).

Une station d'observations astronomiques est créée en Algérie, à proximité d'Alger. — L'établissement relèvera du recteur de l'académie d'Alger. — Le matériel de cette station se composera : — 1° des instruments de météorologie et de magnétisme actuellement au collège d'Alger, et qui seront transférés à l'observatoire; 2° des instruments d'observations astronomiques à acquérir. Parmi ceux-ci figurera, en première ligne, un télescope à grand diamètre du système de M. Foucault. — Le personnel de la station comprendra : — 1° un professeur du collège d'Alger, chargé des observations météorologiques et magnétiques, chef du service; — 2° un observateur astronome; — 3° un homme de service.

28 décembre 1873.

Décret qui place l'observatoire d'Alger dans les attributions du ministre de l'instruction publique (B. O. 516).

Art. 1. — L'observatoire d'Alger, dépendant actuellement du gouvernement général civil de l'Algérie, est placé dans les attributions du ministre de l'instruction publique et des cultes.

Art. 2. — Le décret du 13 février 1873, sur l'organisation et le service des observatoires de l'État, est applicable à l'observatoire d'Alger.

Art. 3. — Les crédits inscrits au budget du ministère de l'intérieur *(gouvernement général civil de l'Algérie)* pour l'observatoire d'Alger, sont transportés au ministère de l'instruction publique (chapitre XIV, article 8).

Octroi de mer.

L'octroi municipal de mer établi par l'ordonnance du 21 décembre 1844, a été étendu aux frontières de terre par décret du 11 août 1853. Il est perçu par l'administration des douanes, moyennant un prélèvement de 3 pour 100. Le produit de chaque province est centralisé et réparti entre les communes de plein exercice et les communes mixtes des deux territoires, au prorata de leur population. Dans le décompte de la population, chaque français et chaque étranger sont comptés pour une unité; les musulmans et les Israélites au contraire ne sont admis, dans les communes de plein exercice, que pour le huitième de leur population effective, et dans les communes mixtes, pour un quarantième.

Les communes touchent, depuis le décret du 24 décembre 1874 qui a déchargé les départements des frais d'hospitalisation et en a fait une dépense communale, la totalité du produit de l'octroi de mer, sous la seule déduction des frais de perception. Ce produit constitue une des ressources les plus importantes des municipalités algériennes; il dépasse en effet, pour la commune d'Alger, la somme de 300,000 francs et assure à la moins peuplée des communes à celle de Berrouaghia, un revenu de 2,400 francs environ.

21 décembre 1844.

Ordonnance portant suppression de l'octroi de terre et instituant un octroi municipal de mer (B. 1142).

Art. 1. — A dater du 1ᵉʳ avril 1845, il sera perçu aux ports de mer, dans les villes du littoral de l'Algérie, un droit d'octroi municipal sur les objets désignés au tarif ci-annexé.

Art. 2. — Le droit d'octroi municipal sera perçu sur les objets dénommés au tarif, quels qu'en soient l'origine, la provenance, le pavillon importateur et la destination en Algérie.

Art. 3. — Les approvisionnements en vivres destinés pour le service de la marine, seront introduits dans ses magasins de la manière prescrite pour les objets admis en entrepôt; le compte en sera suivi par les employés et les droits seront dus sur toutes quantités enlevées à destination autre que les bâtiments de l'État.

Art. 5. — Les employés des douanes feront, pour le compte du service local et municipal, la perception du droit municipal.

Art. 6. — Les dispositions législatives et réglementaires relatives aux douanes seront applicables au droit d'octroi municipal en tout ce qui concerne les déclarations, la mise en entrepôt, le contentieux, la liquidation des droits et le cabotage.

Art. 7. — Sont et demeurent abrogées toutes dispositions contraires à la présente ordonnance, notamment l'arrêté du 17 octobre 1830 constitutif du droit d'octroi de mer en Algérie, et le titre III de l'arrêté du 28 juillet 1842, relatif aux droits d'octroi aux portes de terre.

Tarif annexé à l'ordonnance du 21 décembre 1844.

BOISSONS.

Vins ordinaires en cercles ou en dames-jeannes 5 francs l'hectolitre de liquide.

Vins ordinaires en bouteilles 15 francs l'hectolitre.

Vins de liqueur en cercles 8 francs l'hectolitre.

Vins de liqueur en bouteilles 25 francs l'hectolitre.

Vinaigres en cercle 5 francs l'hectolitre.

Vinaigres en bouteilles 10 francs l'hectolitre.

Bière, cidre, poiré, hydromel en cercles, bouteilles ou cruchons 5 francs.

Liqueurs en cercles et en bouteilles 40 francs l'hectolitre d'alcool pur.

Eau-de-vie et esprits (décret du 3 juillet 1857) 40 francs.

COMESTIBLES.

Sucre, café, 5 francs les 100 kilogrammes.

Chocolat, 10 francs *id.*

Thé, 25 francs *id.*

Sucreries (bonbons, fruits confits au sucre, confitures et autres), 12 francs *id.*

Sirops en cercles, fioles, flacons ou bouteilles, 10 francs *id.*

Pâtisseries sucrées de petit four (biscuits, macarons, massepains, nougat et autres), 6 francs *id.*

Conserves alimentaires (en terrine, boîtes de bois ou de fer-blanc ou sans être renfermées), 20 francs *id.*

Miel, mélasse en cercles ou autrement, 5 francs *id.*

Marrons, châtaignes et leur farine, 5 francs *id.*

Pâtes d'Italie et autres pâtes granulées comme salep, sagou, tapioca, etc., 5 francs *id.*

Fromages, 3 francs *id.*

Sel marin, 1 franc *id.*

Viandes salées et lard en planches, 5 francs *id.*

Saindoux, 3 francs *id.*

Poissons de mer secs, fumés ou marinés, 5 francs *id.*

Porcs vivants, 6 francs par tête.

Aulx et oignons secs, 3 francs les 100 kilogrammes.

ÉPICES.

Moutarde (farine et confection de), 15 francs les 100 kilogrammes.

Piment commun, 5 francs *id.*

Cannelle et cassia lignea, 45 francs *id.*

Muscades, macis, fèves pichurins (noix de sassafras et noix de girofle, fruit du raversera) 100 francs *id.*

Clous et griffes de girofle, 40 francs *id.*

Gingembre et autres, 15 francs *id.*

Poivre et piment des colonies, 20 francs *id.*

COMBUSTIBLES.

Chandelles en suif, 5 francs les 100 kilogrammes

Bougies de toute sorte, 10 francs *id.*

Suif et graisse de mouton, 2 francs *id.*

OBJETS DIVERS.

Tabacs (décret du 7 septembre 1856) en feuilles ou en côtes, 10 francs les 100 kilogrammes.

Tabacs fabriqués (excepté ceux provenant de

France et revêtus des plombs et vignettes de la régie), 20 francs *id.*

Savons autres que ceux de parfumerie, 3 francs *id.*

MODIFICATIONS AU TARIF CI-DESSUS.

Vermouths français et étrangers, assimilés aux vins de liqueur (décision ministérielle du 21 mai 1855).

Sont exempts du droit d'octroi : — 1° l'alcool dénaturé (décision du 20 mai 1844); 2° les oignons secs (ordonnance du 30 septembre 1847); — 3° les objets d'avitaillement d'origine française embarqués par transbordements dans les ports de l'Algérie sur les navires caboteurs (décision ministérielle du 17 juin 1851); — 4° l'élixir de la Grande-Chartreuse (décision du 3 décembre 1855).

DÉCISIONS INTERPRÉTATIVES ET ASSIMILATIONS.

1° Les jus de fruits purs seront affranchis du droit d'octroi, toutes les fois que l'addition d'alcool n'excédera pas 5 pour 100, proportion rigoureusement indispensable pour neutraliser la fermentation. Dans le cas contraire, qu'ils soient sucrés ou non, on doit leur appliquer la taxe afférente aux liqueurs. S'ils sont mélangés de sucre seulement, ils devront suivre le régime des vins de liqueur ou celui des sirops, selon la nature de la préparation qu'ils auront reçue (décision ministérielle du 20 mars 1846).

2° On doit entendre par conserves alimentaires les articles désignés au tarif des douanes sous le titre de conserves alimentaires préparées par la méthode Appert ou par tout autre procédé analogue. Il est fait exception à cette nomenclature pour les articles spécialement dénommés au tarif d'octroi. Ainsi les conserves de viande sont traitées comme viandes salées; celles de poissons comme poissons; celles au vinaigre doivent acquitter les droits afférents au vinaigre; les fruits à l'eau-de-vie suivent un régime particulier comme tarifés au net en douane; les conserves au miel doivent le droit de miel; celles au sucre le droit des sucreries. Les conserves au sel ou autrement qu'il n'est dit ci-dessus, ainsi que les conserves alimentaires végétales, préparées suivant le procédé Masson et renfermées ou non dans des boîtes en fer-blanc, sont exemptes (décision ministérielle du 30 juin 1852).

3° La chicorée moulue est assimilée au café (décision administrative du 3 novembre 1846).

4° Le pain d'épice suit le régime du miel (décision administrative du 2 mai 1857).

5° Le glucose est assimilé au sucre (décision administrative du 2 mai 1857).

6° Les fruits confits à l'eau-de-vie doivent être soumis au droit de 20 francs les 100 kilos, que le degré d'alcool soit appréciable ou non (décision administrative du 13 avril 1847).

7° Le raisiné, qu'il entre ou non du sucre dans sa confection, sera traité comme les confitures ou les sirops. Il y a lieu de traiter comme sucreries tous les articles qui, n'étant pas nommément ta-

rifés, sont compris au tarif général des douanes sous la dénomination de bonbons (lettre du chef de service, du 18 janvier 1846).

8° Les patés de foie gras et les terrines de la confection acquittent les droits des viandes salées (circulaire du 19 janvier 1852).

9° Les extraits liquides, jus ou sauces, pour assaisonnement doivent le même droit que les épices, gingembre et autres (circulaire du 17 février 1846).

10° Le cambouis est assimilé à la graisse de mouton (décision du directeur des finances du 6 août 1846).

11° Le tarif primitif de l'octroi n'ayant pas précisé le mode de vérification des denrées imposées et les règlements relatifs aux douanes étant déclarés applicables aux termes de l'article 6 de l'ordonnance du 21 décembre 1844, il s'ensuivait que les taxes étaient appliquées sur le poids net ou sur le poids brut de la marchandise, selon que celle-ci devait acquitter plus ou moins de 40 francs les 100 kilos. Une décision du ministre des finances en date du 23 avril 1855, a prescrit d'appliquer la taxe sur le poids net, quelle que fût d'ailleurs la quotité du droit, toutes les fois que ce poids net serait indiqué sur l'expédition de la douane française.

11 août 1853.

Décret relatif à l'entrée des marchandises par les frontières de terre (B. 444).

Art. 10. — Le droit d'octroi municipal sera perçu, aux frontières de terre, sur les produits Tunisiens et Marocains, qui en sont passibles à l'entrée par mer.

3 juillet 1857.

Décret modificatif de l'ordonnance de 1844 (B. 511)

Art. 2. — A partir du 1er janvier 1858, le prélèvement de 10 pour 100, effectué sur le produit brut de l'octroi de mer, à titre de frais de perception et de payement par les agents du Trésor, est réduit à 3 pour 100.

Art. 3. — L'article 4 de l'ordonnance du 21 décembre 1844 est abrogé.

25 juin 1858.

Décision ministérielle sur le mode de répartition aux communes (B. 583).

1° A partir du 1er janvier 1859, sept dixièmes du produit net de l'octroi de mer seront mensuellement répartis aux communes constituées au prorata de leur population, sauf, à fixer, chaque année, sur la proposition du conseil du gouvernement la proportion pour laquelle l'élément indigène sera compté dans le chiffre de cette population. (1).

2° Les deux dixièmes du même produit net continueront d'être acquis à la caisse locale et municipale (départementale) comme contribution aux dépenses des hospices et des hôpitaux (2).

3° Fonds commun (abrogé par décision ministérielle du 1er décembre 1858 ci-après).

4° La répartition des sept dixièmes attribués aux communes sera établie désormais par province et sur les produits exclusivement perçus dans chaque province.

1er décembre 1858.

Décision ministérielle qui supprime le dixième perçu à titre de fonds commun, porte à huit dixièmes ou quatre cinquièmes des droits perçus la part afférente aux communes et à deux dixièmes ou un cinquième, celle réservée aux départements tant que ceux-ci seront chargés des dépenses des hôpitaux et hospices civils (B. M. 10).

18 juillet 1864.

Décret sur le prélèvement du Trésor et les nouveaux droits sur les eaux-de-vie et liqueurs (B. O. 119).

Art. 1. — Les dépenses de construction et d'entretien des locaux affectés ou à affecter au service des douanes en Algérie, seront, à l'avenir, à la charge du ministère des finances.

Art. 2. — Le prélèvement de 3 pour 100 effectué sur le produit brut de l'octroi municipal aux ports de mer, dans les villes du littoral en Algérie, à titre de frais de perception et de payement par les agents du trésor, est élevé à 5 pour 100. — Exceptionnellement et pendant huit années con-

(1) V. ci-après, décrets des 18 août 1868 et 19 janvier 1875.

(2) Ce prélèvement n'a plus lieu. V. *Hôpitaux*, décret du 24 décembre 1874.

sécutives, le prélèvement susdit de 5 pour 100 sera augmenté de 3 pour 100, qui seront spécialement affectés aux frais de constructions neuves.

Art. 3. — Le droit d'octroi municipal de 30 francs par hectolitre sur les eaux-de-vie et les esprits en cercles et en bouteilles à leur entrée par mer, est élevé à 40 francs.

Art. 4. — Les dispositions ci-dessus seront exécutoires à partir du 1er août 1864.

Art. 5. — Sont et demeurent abrogées toutes dispositions contraires au présent décret.

18 août 1868.

Décret sur l'administration des indigènes portant, article 18, que l'élément indigène est compté pour un huitième de la population dans les communes de plein exercice (B. O. 281).

23 juin 1873.

Arrêté du gouverneur rappelant que pour la répartition du produit de l'octroi de mer, les étrangers sont assimilés aux français et les israélites aux musulmans, et établissant sur ces bases l'effectif des israélites dans chaque commune de l'Algérie (B. O. 489).

24 décembre 1874.

Décret qui organise les hôpitaux et abroge par son article 22, § 3, la disposition attribuant un cinquième du produit de l'octroi de mer aux départements.

19 janvier 1875.

Décret portant que la part des communes mixtes dans la répartition du produit net de l'octroi de mer, sera basée, quant à l'élément indigène, sur le quarantième de l'effectif de la population (B. O. 591).

V. *Communes mixtes.*

P

Papier timbré.

30 avril 1874.

Arrêté du gouverneur relatif aux débits auxiliaires de papier timbré en Algérie (B. O. 538)

Art. 1. — Les bureaux auxiliaires pour le débit

des papiers timbrés de toute nature, des timbres mobiles proportionnels et des timbres mobiles pour quittances, en Algérie, sont établis sur la proposition des directeurs départementaux de l'Enregistrement, des Domaines et du Timbre,

par le directeur général des affaires civiles et
financières, qui nomme les débitants distributeurs
et désigne les quartiers dans lesquels les bureaux
de distribution devront être installés.

Art. 2. — Les débitants de tabacs et poudres à
feu de la régie, désignés par le directeur général
des affaires civiles et financières, seront tenus de
distribuer des papiers timbrés et timbres mobiles
dans les conditions déterminées au présent arrêté.

Art. 3. — Les bureaux de distribution doivent
être ouverts de sept heures du matin à huit
heures du soir.

Art. 4. — Chaque débitant distributeur s'appro-
visionnera au bureau de l'Enregistrement, dans
la circonscription duquel la distribution auxiliaire sera établie; cet approvisionnement devra
toujours être suffisant et en rapport avec la dé-
bite moyenne.

Les papiers timbrés de dimension délivrés aux
débitants distributeurs par le receveur de l'enregistrement, seront revêtus de l'empreinte d'une
griffe, portant un numéro spécial à chaque
débit.

Cette griffe sera confectionnée par les soins de
l'administration de l'enregistrement, des domaines
et du timbre; elle restera déposée au bureau des
receveurs et le prix en sera payé par le débitant
distributeur.

Art. 5. — Chaque débitant distributeur tiendra
un carnet, coté et paraphé, sur lequel le receveur de l'enregistrement inscrira distinctement,
d'après leurs qualités, les papiers et timbres mobiles livrés au débitant distributeur.

Ce dernier sera tenu de représenter, à toute
réquisition, le carnet ainsi que les papiers et timbres en sa possession, tant aux agents de l'enregistrement, des domaines et du timbre, qu'aux
employés des contributions diverses.

Art. 6. — Il est interdit aux débitants distributeurs de vendre des papiers timbrés de dimension, soit en rame, soit par feuilles, aux officiers publics et ministériels (notaires, défenseurs, greffiers, huissiers, commissaires-priseurs, etc.).

Des exceptions à cette interdiction pourront
être autorisées par le directeur général des affaires civiles et financières, sur la proposition
des directeurs départementaux de l'enregistrement, des domaines et du timbre, pour les localités où il n'existe pas de bureau d'enregistrement.

En outre, les titulaires actuels des bureaux de
distribution sont autorisés, transitoirement, à
débiter des papiers au timbre de dimension de
0,50 centimes et 1 franc en principal, sans distinction entre les officiers ministériels et les particuliers.

Art. 7. — Toute infraction aux dispositions qui
précèdent donnera lieu, suivant la gravité des
circonstances, aux peines ci-après:

La réprimande;

La retenue sur les remises;
La révocation.

Les décisions à prendre concernant la retenue
et la révocation, seront concertées, lorsqu'il y
aura lieu, entre le service de l'enregistrement,
des domaines et du timbre et celui des contributions diverses.

Art. 8. — Les débitants distributeurs payent
comptant le prix des papiers et timbres mobiles
qui leur sont délivrés. A partir du 1er juin 1871,
il leur est alloué, sur ce prix, une remise de
3 francs pour 100 sur les premiers 50,000 francs,
et de 1 fr. 50 centimes pour 100 sur le surplus.

Les décimes ajoutés au principal des droits de
timbre par l'article 20 de la loi du 23 août 1871,
ne sont pas passibles de cette remise.

Art. 9. — Le débitant distributeur qui vendra
du papier timbré ou des timbres mobiles au-
dessus du tarif, sera révoqué et poursuivi comme
concussionnaire.

Art. 10. — Chaque débitant distributeur doit
placer dans son bureau, à la portée du public,
une affiche indiquant les espèces et le prix des
papiers et timbres mobiles qu'il est chargé de
débiter, et à l'extérieur, une enseigne ou un
écriteau portant, en français et en arabe, ces
mots: *Débit auxiliaire de papiers timbrés.*

L'absence de l'une ou de l'autre de ces indications donnera lieu à une retenue de 5 francs
au profit du Trésor et de 10 francs en cas de récidive.

Art. 11. — Les débitants distributeurs, qui ne
pourront gérer eux-mêmes leurs bureaux, devront soumettre à l'approbation du directeur
général des affaires civiles et financières, par l'intermédiaire du directeur départemental de l'enregistrement, les traités passés avec les personnes qu'ils désireront charger de cette gestion.

Art. 12. — L'arrêté du 20 décembre 1862 est
abrogé.

Passages maritimes.

20 décembre 1849.

*Arrêté du gouverneur relatif aux embarque-
ments (B. 337).*

Art. 1. — A partir du 1er janvier 1850, les fonctionnaires de l'intendance militaire n'interviendront plus en quoi que ce soit dans l'embarquement des passagers étrangers à l'armée.

Art. 2. — A partir de la même époque, les préfets ou leurs délégués centraliseront tous les détails du service des embarquements des passagers
civils (européens et indigènes), à quelque administration et à quelque territoire qu'ils appartiennent.

Art. 3. — A cet effet, il sera ouvert dans les
bureaux des préfectures d'Alger et d'Oran, dans

ceux des sous-préfectures de Bône, Philippeville et Mostaganem, et dans les commissariats civils de Bougie, Cherchell, Ténès et Arzew, un registre sur lequel seront inscrites toutes les demandes d'embarquement, au fur et à mesure qu'elles seront formées, soit directement par les parties intéressées munies de pièces régulières, soit par l'intermédiaire des chefs d'administration compétents. — L'ordre d'inscription déterminera seul le droit de priorité au passage, entre les passagers de la même classe.

4 juin 1860.

Décret relatif aux passages gratuits (B. M. 83).

Art. 1. — Ont droit au passage aux frais de l'État sur les bâtiments faisant le service de la correspondance entre la France et l'Algérie et sur le littoral algérien (1).

1° Les magistrats lorsqu'ils se rendent à leur poste, sont licenciés, mis à la retraite, réintégrés dans les cadres de l'administration métropolitaine, porteurs d'un ordre de service ou munis d'un congé de convalescence. — La durée du droit au passage en cas de licenciement ou de mise à la retraite est fixée à un an. — Dans le cas de congé pour affaires personnelles ou de déplacement à l'époque des vacances, le passage gratuit n'est accordé qu'après un séjour consécutif de quatre années dans la colonie. — Le passage gratuit est accordé aux femmes et enfants, aux pères et mères desdits fonctionnaires, lorsque ceux-ci se rendent à leur poste en Algérie, sont licenciés, mis à la retraite ou réintégrés dans les cadres métropolitains. Dans ces trois derniers cas, la durée du droit au passage n'excédera pas un an. — Le passage gratuit est accordé mais seulement aux femmes et enfants, en cas de congé de convalescence délivré aux chefs de famille après quatre années consécutives de séjour en Algérie. — Enfin le passage gratuit est concédé aux veuves et enfants, aux pères et mères des mêmes fonctionnaires décédés en activité dans la colonie, si le départ a lieu dans l'année qui suivra le décès.

5 juillet 1860.

Circulaire ministérielle classant au point de vue des passages les magistrats et les fonctionnaires de la justice (B. M. 83).

Première classe. — Premier président, procureur général, présidents de chambre, conseillers, avocats généraux, substituts du procureur géné-

(1) Ce décret n'est plus applicable qu'aux magistrats. V. ci-après le décret du 8 mars 1862 pour les fonctionnaires dépendant du ministère de l'instruction publique et des cultes, et l'arrêté du gouverneur du 19 février 1808 pour les fonctionnaires dépendant du gouvernement général.

ral, présidents de tribunaux, juges, procureurs, substituts.

Deuxième classe. — Juges de paix et suppléants, greffiers et commis greffiers de la Cour et des tribunaux, interprètes judiciaires, cadis secrétaires des parquets.

Quatrième classe. — Chaouchs et gagistes.

8 mars 1862.

Arrêté ministériel relatif aux frais de passage en Algérie des fonctionnaires dépendant du ministère de l'instruction publique et des cultes, inséré au Bulletin de l'instruction publique, mais non promulgué.

Art. 1. — Ont droit au passage aux frais du ministère de l'instruction publique et des cultes, sur les paquebots faisant la correspondance entre la France et l'Algérie :

1° Les membres du clergé des différents cultes, les fonctionnaires, employés et gens de service désignés au tableau de classement annexé au présent arrêté, lorsqu'ils se rendent à leur poste ou en mission, lorsqu'ils ont obtenu un congé soit d'inactivité, soit de convalescence, ou lorsqu'ils sont admis à la retraite, sous la condition de représenter la décision spécifiant leur nouvelle destination ;

2° Les femmes, enfants, pères et mères desdits fonctionnaires ou employés, les pères et mères des ecclésiastiques, les accompagnant dans les cas ci-dessus désignés ou revenant en France, lorsque lesdits fonctionnaires sont décédés en activité de service.

Art. 2. — Peuvent obtenir, par décision spéciale du ministre, le passage aux frais du ministère de l'instruction publique et des cultes :

1° Les ecclésiastiques et les membres des congrégations religieuses se rendant à la résidence qui leur est assignée par l'autorité épiscopale ou par les supérieurs des congrégations ;

2° Les fonctionnaires ou employés spécifiés au paragraphe 1 de l'article 1 ayant obtenu des congés pour affaires particulières, ou se déplaçant à l'époque des vacances ;

3° Les instituteurs ou institutrices primaires appelés de France en Algérie par le recteur de l'académie d'Alger ;

4° Les élèves boursiers du gouvernement, nommés au lycée d'Alger, se rendant dans cet établissement, voyageant à l'occasion des vacances, ou rentrant définitivement dans leurs familles.

5° Les élèves boursiers du gouvernement nommés audit lycée, allant en France pour y subir les épreuves du baccalauréat ès sciences ou ès lettres ;

6° Les fonctionnaires révoqués et leurs familles.

Art. 3. — Peuvent aussi obtenir, par décision

spéciale, le passage gratuit pour une personne attachée à leur service :

Ceux des membres du clergé et des fonctionnaires désignés dans les deux articles précédents qui ont droit à un passage de première classe.

Art. 4. — Les évêques d'Algérie sont autorisés à délivrer des permis de passage :

1° Aux ecclésiastiques et aux membres des congrégations religieuses attachés à un établissement public de son diocèse ;

2° Aux professeurs et aux élèves du grand séminaire.

Ces permis ne peuvent être accordés que pour des cas de service ou de nécessité dûment justifiés, et sans que la somme annuelle fixée administrativement pour cet article de dépense puisse être dépassée.

L'état des permis ainsi délivrés est transmis au ministère à la fin de chaque trimestre ; il indique les établissements auxquels sont attachés les ecclésiastiques et les religieux ayant obtenu le passage gratuit, et les motifs pour lesquels ils l'ont obtenu.

Art. 5. — Sur la présentation soit de la décision spécifiant la nouvelle situation du fonctionnaire, soit du permis de l'évêque, les autorisations d'embarquement seront délivrées :

En France, par le préfet des Bouches-du-Rhône ; en Algérie, par les préfets d'Alger, de Constantine et d'Oran.

Art. 6. — Toute décision ministérielle donnant droit au passage gratuit sera transmise par la division administrative à la division de comptabilité chargée de rendre le compte des frais de passage.

Tableau déterminant le classement des membres des différents cultes et des congrégations religieuses, des fonctionnaires, employés et gens de service relevant du ministère de l'instruction publique et des cultes, sur les bâtiments faisant le service de la correspondance entre la France et l'Algérie et le littoral algérien.

CULTE CATHOLIQUE.

Évêque, vicaires généraux, titulaires et honoraires, chanoines, supérieurs des grands et petits séminaires, membres du comité des inspecteurs généraux des édifices diocésains, architectes des édifices diocésains . . . . *1re classe.*

Secrétaire d'évêché, curés, desservants, vicaires, prêtres auxiliaires, séminaristes dans les ordres ou tonsurés, élèves des séminaires non tonsurés, inspecteurs, sous-inspecteurs et vérificateurs des édifices diocésains . . . *2e classse.*

CULTE PROTESTANT.

Président du consistoire (central d'Alger) . . . . *1re classe.*

Pasteurs, secrétaires du consistoire (central d'Alger) . . . . *2e classe.*

CULTE ISRAÉLITE.

Président du consistoire (central d'Alger) et grand rabbin du consistoire (central d'Alger). *1re classe.*

Rabbins des consistoires provinciaux, secrétaire du consistoire (central). . . . . . *2e classe.*

INSTRUCTION PUBLIQUE.

Inspecteurs généraux, membres des jurys d'examen envoyés de la métropole en Algérie, recteur de l'académie, inspecteur de l'académie, directeur et professeurs de l'école préparatoire de médecine et de pharmacie, conservateur de la bibliothèque et du musée d'Alger, titulaires des chaires publiques d'arabe à Alger, Oran et Constantine, proviseurs et censeurs des lycées, aumôniers des lycées, inspectrices des salles d'asile de l'Algérie, supérieures provinciales des sœurs institutrices . . . . *1re classe.*

Secrétaire et commis d'académie, professeurs des lycées, élèves boursiers du gouvernement, économe, commis d'économat, maîtres répétiteurs, aspirants répétiteurs, maîtres d'étude, principaux et régents des collèges communaux, inspecteurs primaires, instituteurs et institutrices primaires, sœurs institutrices, membres des communautés religieuses (hommes et femmes) . . . . *2e classe.*

Agents subalternes, domestiques. *3e classe.*

19 février 1868.

Arrêté du gouverneur relatif au passage des agents du gouverneur général (B. O. 258).

Art. 1. — L'arrêté ministériel, en date du 4 juin 1800, est révisé et modifié ainsi qu'il suit :

Ont droit au passage, aux frais de l'État, sur les bâtiments faisant le service de la correspondance entre la France et sur le littoral algérien :

1° Les fonctionnaires, agents, employés, préposés et gens de service directement rétribués sur les fonds du budget du gouvernement général de l'Algérie, et désignés au tableau de classement annexé au présent arrêté, lorsqu'ils se rendent à leur poste, sont licenciés autrement que par mesure disciplinaire, mis à la retraite, réintégrés dans les cadres de l'administration métropolitaine, porteurs d'un ordre de service ou munis d'un congé de convalescence. — La durée des droits au passage de retour, en cas de licenciement dans les conditions énoncées ci-dessus, ou de mise à la retraite, est fixée à un an. — Dans le cas de congé pour affaires personnelles, le passage gratuit n'est accordé qu'après un séjour consécutif de trois années dans la colonie ;

2° les femmes et enfants, les pères et mères desdits fonctionnaires et agents, lorsque ceux-ci se rendent à leur poste en Algérie, sont licenciés autrement que par mesure disciplinaire, mis à la retraite, réintégrés dans les cadres de la métropole, ou décédés en activité de service dans la colonie. — Dans ces quatre derniers cas, la durée du droit au passage de retour n'excédera pas un an; — 3° les femmes et enfants des mêmes fonctionnaires et agents, en cas de maladie personnelle dûment constatée; — 4° la femme et les enfants qui accompagnent le chef de famille muni d'un congé de convalescence délivré après trois années de séjour consécutif de l'agent en Algérie.

Art. 2. — Ont droit également au passage aux frais de l'État : — 1° les membres du conseil supérieur se rendant à la session annuelle à Alger, ou en revenant ; — 2° les membres des conseils généraux se rendant aux sessions, ou en revenant ; — 3° les élèves des lycées et des collèges de l'Algérie (collèges communaux), allant en France subir les examens pour l'admission dans l'une des écoles du gouvernement. — La même faveur est accordée pour le retour en Algérie ; — 4° les élèves boursiers des maisons de la Légion d'honneur et des écoles du gouvernement dont les auteurs résident en Algérie, les élèves boursiers du lycée et de l'école normale d'Alger, se rendant dans ces institutions, voyageant à l'occasion des vacances ou rentrant définitivement dans leurs familles; — 5° les enfants des deux sexes justifiant de leur admission dans l'un des orphelinats de l'Algérie, se rendant dans l'établissement ou le quittant définitivement sur la demande d'un membre de la famille; — 6° les enfants des deux sexes dont les père et mère sont décédés, et à rapatrier dans la métropole sur la demande d'un membre de la famille; — 7° les membres des communautés religieuses de femmes attachés à des établissements hospitaliers, et le personnel des orphelinats algériens.

Art. 3. — Peuvent obtenir des passages aux frais de l'État : — 1° les ouvriers d'art se rendant en Algérie et justifiant de leur aptitude par des certificats émanant de leurs patrons ou chefs d'atelier, et légalisés par les maires ou les commissaires de police; — 2° les agriculteurs, les ouvriers de tout corps d'état et les domestiques établissant par des lettres ou des certificats de colons, chefs d'ateliers, ou habitants notables de l'Algérie, qu'ils ont du travail assuré dans la colonie. — Ces lettres ou certificats devront, en outre, être revêtus du visa de l'autorité locale accompagné d'un avis motivé. — Les passages mentionnés au présent article sont accordés par le gouverneur général de l'Algérie et, en vertu de sa délégation, par l'intendant militaire de la 9° division à Marseille, à charge par ce fonctionnaire de rendre compte mensuellement au gouverneur général des embarquements gratuits qu'il aura délivrés

Art. 4. — Les chefs indigènes, les membres des midjlès, ainsi que les bach-adels et les adels des cadis, non rétribués sur les fonds de l'État, pourront exceptionnellement obtenir le passage gratuit, lorsque leur déplacement sera exigé par des raisons de service. Le permis d'embarquement déterminera leur classement à bord des bâtiments.

Art. 5. — Les fonctionnaires et agents de l'État non pourvus d'un ordre d'embarquement gratuit bénéficieront du rabais consenti par la compagnie au profit de l'administration sur le prix du tarif commercial. — Le bénéfice de cette réduction, personnel aux fonctionnaires et agents sur la ligne entre la France et l'Algérie, est étendu à leurs femmes, enfants et domestiques, sur le littoral algérien.

Art. 6. — Le gouverneur général de l'Algérie se réserve exclusivement la délivrance des passages facultatifs.

Tableau déterminant la position des fonctionnaires, employés et agents de l'ordre civil en Algérie, relativement au droit de passage maritime.

Gouvernement général de l'Algérie. — Première classe : Le gouverneur général, le sous-gouverneur, le secrétaire général du gouvernement, les membres du conseil supérieur, les conseillers rapporteurs et le secrétaire du conseil de gouvernement, les chefs, sous-chefs et le bibliothécaire-archiviste du secrétariat général. — Deuxième classe : Les commis principaux, commis ordinaires et surnuméraires du secrétariat général, le conservateur du mobilier du gouvernement général. — Troisième classe : Huissiers. — Quatrième classe : Garçons de bureau, chaouchs et gens de service.

Fonctionnaires relevant directement du gouvernement général de l'Algérie. — Première classe : L'inspecteur général des travaux civils en Algérie, l'inspecteur des établissements d'instruction publique ouverts aux indigènes, l'inspecteur spécial de la topographie, l'inspecteur central des prisons, le directeur de l'observatoire, le commissaire du gouvernement près les chemins de fer algériens. — Deuxième classe : Les commissaires de surveillance administrative.

Administration provinciale. — Préfectures. — Conseils généraux. — Conseils de préfecture. — Première classe : Les préfets, les membres des conseils généraux, secrétaires généraux de préfecture, sous-préfets, conseillers de préfecture, commissaires civils, chefs de bureau de préfecture. — Deuxième classe : Sous-chefs de bureau, commis principaux et ordinaires des préfectures, greffiers des conseils de préfecture, secrétaires des sous-préfectures, secrétaires des commissariats civils, surnuméraires. — Troisième classe : Huissiers. — Quatrième classe : Garçons de bureau, chaouchs et gens de service.

Enregistrement et domaines. — Première classe : Directeurs, inspecteurs, vérificateurs. — Deuxième classe : Conservateur des hypothèques, premiers commis de direction, receveurs, surnuméraires. — Quatrième classe : Chaouchs.

Contributions directes. — Première classe : Inspecteurs, contrôleurs principaux, premiers commis principaux. — Deuxième classe : Contrôleurs et premiers commis, surnuméraires. — Quatrième classe : Chaouchs.

Contributions diverses. — Première classe : Directeurs, inspecteurs, sous-inspecteurs. — Deuxième classe : Contrôleurs, receveurs particuliers, commis principaux, receveurs principaux, commis, surnuméraires, commis coloniaux. — Quatrième classe : Porteurs de contraintes, chaouchs.

Poudres à feu. — Deuxième classe : Receveurs entreposeurs.

Garantie. — Deuxième classe : Contrôleurs. — Quatrième classe : Chaouchs.

Service télégraphique. — Première classe : Inspecteurs généraux, inspecteur chef de service en Algérie, inspecteurs provinciaux, sous-inspecteurs. — Deuxième classe : Directeurs de transmission, chef de station, commis principaux, employés, employés surnuméraires. — Troisième classe : Surveillants européens, facteurs, surveillants indigènes. — Quatrième classe : Piétons indigènes.

Postes. — Première classe : Inspecteur chef du service en Algérie, directeurs, contrôleurs, receveurs principaux. — Deuxième classe : Receveur des postes, commis principaux, commis ordinaires, distributeurs. — Troisième classe : Brigadiers facteurs, facteurs. — Quatrième classe : Gardiens de bureau, chaouchs.

Forêts. — Première classe : Conservateur, inspecteurs, sous-inspecteurs. — Deuxième classe : Gardes généraux, gardes généraux adjoints. — Troisième classe : Brigadiers forestiers, gardes français. — Quatrième classe : Agents indigènes préposés à la surveillance des forêts, chaouchs.

Ponts et chaussées. — Première classe : Inspecteur général, ingénieur en chef, ingénieurs ordinaires. — Deuxième classe : Élèves ingénieurs, conducteurs principaux, conducteurs embrigadés, conducteurs auxiliaires, piqueurs faisant fonctions de conducteurs, gardes-magasins, régisseurs comptables, commis comptables, dessinateurs, expéditionnaires et commis auxiliaires. — Troisième classe : Piqueurs. — Quatrième classe : Surveillants et chaouchs.

Service des mines. — Première classe : Ingénieurs en chef, ingénieurs ordinaires. — Deuxième classe : Élèves ingénieurs, gardes-mines principaux, gardes-mines, géologues, manipulateur de chimie, employés des bureaux. — Quatrième classe : Garçons de laboratoire, chaouchs.

Service topographique. — Première classe : Inspecteurs, chefs de service. — Deuxième classe : Vérificateurs triangulateurs, géomètres, élèves géomètres, commis de bureaux. — Quatrième classe : Chaouchs.

Service des poids et mesures. — Deuxième classe : Vérificateurs, chefs de service, vérificateurs adjoints et auxiliaires. — Quatrième classe : Chaouchs.

Ports et santé. — Première classe : Directeurs : chefs de service. — Deuxième classe : Capitaines de port, capitaines de santé, secrétaires. — Troisième classe : Inspecteurs des quais, pilotes. — Quatrième classe : Gardes et canotiers.

Pêches. — Troisième classe : Gardes-pêches. — Quatrième classe : Canotiers.

Police. — Première classe : Commissaire central de police à Alger.

Prisons et maisons centrales. — Deuxième classe : Directeurs, inspecteurs, médecins et pharmaciens, greffiers comptables, commis aux écritures, gardiens chefs. — Troisième classe : Gardiens ordinaires, surveillants et agents secondaires.

Pépinières du gouvernement. — Deuxième classe : Directeurs.

École normale primaire. — Deuxième classe : Le personnel enseignant et administratif (moins le directeur de l'école). — Quatrième classe : Agents subalternes et gens de service.

Élèves des lycées, collèges, etc. — Deuxième classe : Les élèves du lycée et des collèges de l'Algérie (collèges arabes-français et collèges communaux), les élèves boursiers de l'École normale d'Alger, des maisons de la légion d'honneur et des écoles du gouvernement.

SERVICES INDIGÈNES.

Commandement. — *Fonctionnaires directement rétribués sur les fonds de l'État.* — Première classe : Kalifas, bach-aghas, caïds pourvus d'un grand commandement. — Deuxième classe : Les autres caïds et les cheiks. — Quatrième classe : Agents subalternes.

Culte musulman. — Première classe : Muphti d'Alger. — Deuxième classe : Muphtis des autres localités, imans.

Justice musulmane. — Deuxième classe : Cadis.

Instruction publique musulmane. — Deuxième classe : Directeurs des médreças, professeurs, id. Troisième classe : Agents secondaires.

Le passage à la première classe donne droit au passage d'un domestique à la quatrième classe.

Les permis d'embarquement gratuit détermineront le classement des personnes étrangères à l'administration, ainsi que des fonctionnaires et agents non rétribués sur les fonds de l'État et auxquels des passages facultatifs auront été délivrés.

Passeport.

9 juin 1869.

Circulaire du préfet d'Alger constatant que le régime de réciprocité en vigueur affranchit de la nécessité du passeport les Anglais, Belges, Néerlandais et Espagnols voyageant en Algérie (B. Préfecture d'Alger, 1869, p. 53).

13 juillet 1869.

Circulaire du gouverneur portant que les indigènes algériens séjournant en Tunisie ou au Maroc doivent justifier, pour obtenir un certificat de nationalité : 1° de leur qualité d'Algériens; 2° qu'ils sont domiciliés en Tunisie ou au Maroc depuis moins de trois ans; 3° qu'ils n'ont point quitté l'Algérie contrairement à un ordre donné, et qu'ils ne sont sous le coup d'aucune poursuite judiciaire ou administrative (B. O. 317).

28 juillet 1877.

Décision ministérielle portant que les citoyens américains sont admis à entrer et à circuler en Algérie sans passe-port (B. Préfecture d'Alger, 1877, n° 186).

3 août 1877.

Même décision en ce qui concerne les Italiens, les Suédois, Norvégiens, Danois, Austro-Hongrois (B. Préfecture d'Alger, n° 193).

Patentes.

31 janvier 1847.

Ordonnance contenant règlement général (B.251).

Art. 1. — Tout individu français, étranger et indigène, domicilié dans les villes ou territoires civils et mixtes, qui exerce un commerce, une industrie ou une profession non compris dans les exceptions déterminées par la présente ordonnance, est assujetti à la contribution des patentes.

Art. 2.—La contribution des patentes est composée d'un droit fixe et d'un droit proportionnel.

Art. 3. — Le droit fixe est réglé, comme en France, conformément à l'article 6 de la loi du 25 avril 1844 et aux tableaux annexés à ladite loi.—Les assujettis musulmans exerçant des commerces, industries ou professions compris dans les sept premières classes du tableau A, seront imposés au droit fixe de la classe immédiatement inférieure.

Art. 4. — Les commerces, industries et professions non dénommés dans les tableaux annexés

à ladite loi n'en sont pas moins assujettis à la patente. Le droit fixe annuel auquel ils doivent être soumis est réglé, d'après l'analogie des opérations ou des objets de commerce, par un arrêté spécial du directeur des finances et du commerce, sur la proposition du chef de service des contributions diverses, et après avoir pris l'avis du maire ou de l'autorité qui en remplit les fonctions.— Tous les cinq ans, des tableaux additionnels contenant la nomenclature des commerces, industries et professions classées par voie d'assimilation, depuis trois années au moins, seront soumis à notre sanction.

Art. 5 et 6 (ci-après décret 23 mars 1863, article 2.)

Art. 7. — Les établissements placés hors des communes constituées par arrêtés, ou hors des anciens centres de population, ne seront pas soumis à l'impôt des patentes. — Ceux qui seront fondés dans les nouveaux villages créés par l'administration ou avec son autorisation, ne seront imposés que cinq ans après la publication de l'arrêté constitutif de ces villages, à moins toutefois que ces villages ne soient établis sur le territoire d'une commune déjà imposée, auquel cas ils devront le droit de patente à partir du 1er du mois dans lequel ils auront commencé à exercer, conformément à l'article 15 ci-après.

Art. 8. — Dans les communes où la population totale est de 5,000 âmes et au-dessus, les patentables exerçant dans les banlieues des professions imposées eu égard à la population, payeront le droit fixe d'après le tarif applicable à la population non agglomérée (1). Les patentables exerçant lesdites professions dans la partie agglomérée payeront le droit fixe d'après le tarif applicable à la population locale.

Art. 9. — Le patentable qui exerce plusieurs commerces, industries ou professions, même dans plusieurs communes, ne peut être soumis qu'à un seul droit fixe. — Ce droit est toujours le plus élevé de ceux qu'il aurait à payer, s'il était assujetti à autant de droits qu'il exerce de professions.

Art. 10. — Le droit proportionnel est fixé, d'après la valeur locative, à la moitié du tarif déterminé par l'article 8 de la loi du 25 avril 1844.

Art. 11.—Le droit proportionnel est établi sur la valeur locative, tant de la maison d'habitation que des magasins, boutiques, usines, ateliers, hangars, remises, chantiers et autres locaux servant à l'exercice des professions imposables. — Il est dû lors même que le logement et les locaux occupés sont concédés à titre gratuit. — La valeur locative est déterminée, soit au moyen de baux authentiques, soit par comparaison avec d'autres locaux dont le loyer aura été régulière-

(1) Le gouverneur général est autorisé à classer comme banlieue les faubourgs sis hors des murs d'enceinte, jusqu'à ce que la population de ces faubourgs ait atteint un degré de prospérité assez grand pour subir les mêmes charges que les patentables de l'intérieur de la ville. — *Décis. min.* du 10 mai 1851.

ment constaté ou sera notoirement connu, et à défaut de ces bases, par voie d'appréciation. — Le droit proportionnel pour les usines et les établissements industriels est calculé sur la valeur locative de ces établissements pris dans leur ensemble, et munis de tous leurs moyens matériels de production.

Art. 12. — Le droit proportionnel est payé dans toutes les communes où sont situés les magasins, boutiques, usines, hangars, ateliers, remises, chantiers et autres locaux servant à l'exercice des professions imposables. — Si indépendamment de la maison où il fait sa résidence habituelle et principale, et qui, dans tous les cas, sauf l'exception ci-après, doit être soumise au droit proportionnel, le patentable possède, soit dans la même commune, soit dans des communes différentes, une ou plusieurs maisons d'habitation, il ne paye le droit proportionnel que pour celle de ces maisons qui sert à l'exercice de sa profession. — Si l'industrie pour laquelle il est assujetti à la patente ne constitue pas sa profession principale, et s'il ne l'exerce pas lui-même, il ne paye le droit proportionnel que sur la maison d'habitation de l'agent préposé à l'exploitation.

Art. 13. — Le patentable qui exerce dans le même local ou dans des locaux non distincts plusieurs industries ou professions passibles d'un droit proportionnel différent, paye ce droit d'après le taux applicable à la profession pour laquelle il est assujetti au droit fixe. — Dans le cas où les locaux sont distincts, il ne paye pour chaque local que le droit proportionnel attribué à l'industrie ou à la profession qui y est spécialement exercée. — Dans ce dernier cas, le droit proportionnel n'en demeure pas moins établi sur la maison d'habitation d'après le taux applicable à la profession pour laquelle le patentable est imposé au droit fixe.

Art. 14. — Dans les communes dont la population est inférieure à 20,000 âmes, mais qui, en vertu d'un nouveau dénombrement, passent dans la catégorie des communes de 20,000 âmes et au-dessus, les patentables des septième et huitième classes ne seront soumis aux droits proportionnels que dans le cas où deux arrêtés annuels de dénombrement auront maintenu lesdites communes dans la même catégorie.

Art. 15. — Ne sont pas assujettis à la patente :

1° Les fonctionnaires et employés des services publics en Algérie, en ce qui concerne seulement l'exercice de leurs fonctions ;

2° Les notaires, les avoués, les greffiers, les commissaires-priseurs, les huissiers ;

3° Les défenseurs devant les tribunaux ; — Les docteurs en médecine ou en chirurgie, les officiers de santé, les sages-femmes et les vétérinaires, les peintres, graveurs et dessinateurs, considérés comme artistes et ne vendant que le produit de leur art ; — les architectes, considérés comme artistes, ne se livrant pas, même accidentellement, à des entreprises de construction ; — les pro-

fesseurs de belles-lettres, sciences et arts d'agrément, les chefs d'institution, les maîtres de pension, les instituteurs primaires ; — les éditeurs de feuilles périodiques ; — les artistes dramatiques ;

4° Les laboureurs et cultivateurs, seulement pour la vente et la manipulation des récoltes et fruits provenant des terrains qui leur appartiennent ou par eux exploités, et pour le bétail qu'ils y élèvent, qu'ils y entretiennent ou qu'ils y engraissent (1) ; — les concessionnaires des mines pour le seul fait de l'extraction et de la vente des matières par eux extraites ; — les propriétaires ou fermier des marais salants ; — les propriétaires ou locataires louant accidentellement une partie de leur habitation personnelle ; — les pêcheurs, même quand la barque qu'ils montent leur appartient ; — les associés en commandite, les caisses d'épargne et de prévoyance administrées gratuitement, les assurances mutuelles régulièrement autorisées ; — les capitaines de navires de commerce ne naviguant pas pour leur compte ; — les cantiniers attachés à l'armée ; — les écrivains publics ; — les commis et toutes les personnes travaillant à gages, à façon ou à la journée dans les maisons, ateliers et boutiques des personnes de leur profession, ainsi que les ouvriers travaillant chez eux ou chez les particuliers, sans compagnons ou apprentis, la femme travaillant avec son mari, les enfants non mariés travaillant avec leurs père et mère, le simple manœuvre, dont le concours est indispensable à l'exercice de sa profession ; — les personnes qui vendent en ambulance, dans les rues, dans les lieux de passage et de marchés, soit des fleurs, de l'amadou, des balais, des statues et figures en plâtre, soit des fruits, des légumes, des poissons, du beurre, des œufs, du fromage et autres menus comestibles (2) ; — les savetiers, les chiffonniers au crochet ou à bras, les rémouleurs ambulants, les gardes-malades.

Art 16. — Les assujettis désignés dans l'article 1 qui vendent en ambulance des objets non compris dans les exceptions déterminées par l'article précédent, et tous marchands sous échoppes ou en étalage, sont passibles de la moitié des droits que payent les marchands qui vendent les mêmes objets en boutique. Toutefois cette disposition n'est pas applicable aux bouchers, épiciers et autres marchands, ayant un étal permanent ou occupant des places fixes dans les halles et marchés.

Art. 17. — Les patentes sont personnelles et

(1) V. infrà, 19 janvier 1856 et 27 décembre 1858. — Fabricants à métiers à façon. — Cultivateurs d'oliviers.

(2) Les personnes autorisées à conserver une ou plusieurs vaches ou chèvres dont l'intérieur de leur maison d'habitation qui stationnent chaque matin dans les rues et places de la ville pour y vendre du lait. — Les concessionnaires, propriétaires ou fermiers qui apportent leurs denrées sur les marchés (ceux qui vendraient leurs produits dans une boutique en ville doivent être traités comme marchands). — Décis. min. du 15 mars 1854.

ne peuvent servir qu'à ceux à qui elles sont délivrées. En conséquence, les associés en nom collectif sont assujettis à la patente. — Toutefois l'associé principal paye seul le droit fixe en entier. Les autres associés ne sont imposés qu'à la moitié de ce droit, même quand ils ne résident pas tous dans la même commune que l'associé principal. — Le droit proportionnel est établi sur la maison d'habitation de l'associé principal et sur tous les locaux qui servent à la société pour l'exercice de son industrie. — La maison d'habitation de chacun des autres associés est affranchie du droit proportionnel, à moins qu'elle ne serve à l'exercice de l'industrie sociale.

Art. 18. — Les maris et femmes séparés de biens ne doivent qu'une patente, à moins qu'ils n'aient des établissements distincts, auquel cas chacun doit avoir sa patente et payer séparément les droits fixes et proportionnels.

Art. 19. — Les sociétés ou compagnies anonymes, ayant pour but une entreprise industrielle ou commerciale, sont imposées à un seul droit fixe, sous la désignation de l'objet de l'entreprise, sans préjudice du droit proportionnel. La patente assignée à ces sociétés ou compagnies ne dispense aucun des sociétaires ou actionnaires du payement des droits de patente auxquels ils pourraient être personnellement assujettis, pour l'exercice d'une profession particulière.

Art. 20. — Tout assujetti désigné dans l'article 1, transportant des marchandises de commune en commune, lors même qu'il vend pour le compte des marchands ou fabricants, est tenu d'avoir une patente personnelle, qui est, selon le cas, celle de colporteur avec balles, avec bête de somme ou avec voiture.

Art. 21. — Les commis voyageurs des nations étrangères seront traités, relativement à la patente, sur le même pied que les commis voyageurs français, chez ces mêmes nations.

Art. 22. — Les contrôleurs des contributions diverses procéderont annuellement au recensement des imposables et à la formation des matrices des patentes. — Le maire ou l'autorité qui en remplit les fonctions sera prévenu de l'époque de l'opération du recensement, et pourra assister le contrôleur dans cette opération ou se faire représenter à cet effet par un délégué. — En cas de dissentiment entre les contrôleurs et les maires ou les autorités qui en remplissent les fonctions ou leurs délégués, les observations contradictoires de ces derniers seront consignées dans une colonne spéciale.

La matrice dressée par le contrôleur sera déposée pendant dix jours au secrétariat de la mairie afin que les intéressés puissent en prendre connaissance, et remettre au maire ou à l'autorité qui en remplit les fonctions, leurs observations. A l'expiration d'un second délai de dix jours, le maire ou l'autorité qui en remplit les fonctions, après avoir consigné ses observations sur la matrice, l'adressera au commissaire civil, ou aux sous-préfets, pour les arrondissements de chef-lieu.

Ces fonctionnaires porteront également leurs observations sur la matrice, et la transmettront au chef du service des contributions, qui établira les taxes conformément à la présente ordonnance pour tous les articles non contestés. — A l'égard des articles sur lesquels le maire ou l'autorité qui en remplit les fonctions ne sera pas d'accord avec le contrôleur, le chef du service des contributions diverses soumettra les contestations au directeur des finances et du commerce, qui statuera, sauf recours au conseil supérieur d'administration. — Le directeur des finances et du commerce arrête les rôles et les rend exécutoires.

Art. 23. — Les patentés qui réclameront contre la fixation de leurs taxes, seront admis à prouver la justice de leurs réclamations par la présentation d'actes de société légalement publiés, de journaux et livres de commerce régulièrement tenus, et par tout autres documents.

Art. 24. — Les réclamations en décharge ou réduction seront adressées au contrôleur, qui les instruira sur les lieux, avec le concours du maire ou de l'autorité qui en remplit les fonctions, dont l'avis sera consigné par écrit sur la pétition. En cas de contestation, il sera statué sur les réclamations par le conseil du contentieux. — Les demandes en remise ou modération seront instruites de la même manière. Il sera statué sur les demandes par le directeur des finances et du commerce.

Art. 25. — La contribution des patentes est due pour l'année entière, par tous les individus exerçant au mois de janvier une profession imposable. — En cas de cession d'un établissement, la patente sera, sur la demande du cédant, transférée à son successeur : la mutation de cote sera réglée par arrêté du directeur des finances et du commerce. — En cas de fermeture des magasins par suite de décès ou de faillite, les droits ne seront dus que pour le passé et le mois courant. Sur la réclamation des parties intéressées, il sera accordé décharge du surplus de la taxe.

Ceux qui entreprennent après le mois de janvier une profession sujette à la patente, ne doivent la contribution qu'à partir du premier mois dans lequel ils ont commencé d'exercer, à moins que par sa nature la profession ne puisse pas être exercée pendant toute l'année. Dans ce cas, la contribution sera due pour l'année entière, quelle que soit l'époque à laquelle la profession aura été entreprise. — Les patentés qui, dans le cours de l'année, entreprennent une profession d'une classe supérieure à celle qu'ils exerçaient d'abord, ou qui transportent leur établissement dans une commune d'une plus forte population, sont tenus de payer, au prorata, un supplément de droit fixe.

Il est également dû un supplément de droit proportionnel par les patentables qui prennent des maisons ou locaux d'une valeur locative supérieure à celle des maisons ou locaux pour lesquels ils ont été primitivement imposés, et par ceux qui entreprennent une profession passible d'un droit proportionnel plus élevé. — Les suppléments seront dus à compter du 1er du mois, dans lequel les changements prévus dans les deux derniers paragraphes auront été opérés.

Art. 26. — La contribution des patentes est payable par douzième. Néanmoins les marchands forains, les colporteurs, les directeurs des troupes ambulantes, les entrepreneurs d'amusements et jeux publics non sédentaires, et tous autres patentables dont la profession n'est pas exercée à demeure fixe, sont tenus d'acquitter le montant total de leur cote au moment où la patente est délivrée. — Dans le cas où le rôle n'est émis que postérieurement au 1er mars, les douzièmes échus ne sont pas immédiatement exigibles, le recouvrement en est fait par portions égales en même temps que celui des nouveaux douzièmes échus.

Art. 27. — En cas de déménagement hors du ressort de la perception, comme en cas de vente volontaire ou forcée, la contribution des patentes sera immédiatement exigible en totalité. — Les propriétaires, et à leur place, les principaux locataires qui n'auront pas, un mois avant le temps fixé par le bail ou par les conventions verbales, donné avis au percepteur du déménagement de leurs locataires, seront responsables des sommes dues par ceux-ci pour la contribution des patentes. — Dans le cas de déménagements furtifs, les propriétaires et à leur place, les principaux locataires, deviendront responsables de la contribution de leurs locataires, s'ils n'ont pas, dans les trois jours donné avis du déménagement au percepteur. — La part de la contribution mise à la charge des propriétaires ou principaux locataires par les paragraphes précédents comprendra seulement le dernier douzième échu et le douzième courant dus par le patentable.

Art. 28. — Les formules de patentes seront expédiées par le chef du service des contributions diverses sur des feuilles timbrées de 1 fr. 25. Le prix du timbre est acquitté en même temps que le premier douzième du droit de patente. Les formules de patentes sont visées par le maire et revêtues du sceau de la commune.

Art. 29. — Tout patentable est tenu d'exhiber sa patente lorsqu'il en est requis par les commissaires civils, maires, adjoints, juges de paix ou tous autres officiers ou agents de police judiciaire.

Art. 30. — Les marchandises mises en vente par les assujettis désignés dans l'article 1, non munis de patente et vendant hors de leur domicile, seront saisies ou séquestrées aux frais du vendeur, à moins qu'il ne donne caution suffisante jusqu'à la représentation de la patente ou de la production de la preuve que la patente a été délivrée. Si l'individu non muni de patente exerce au lieu de son domicile, il sera dressé un procès-verbal qui sera transmis immédiatement aux agents du service des contributions diverses.

Art. 31. — Nul ne pourra former de demande, fournir aucune exception ou défense de justice, ni faire aucun acte ou signification extrajudiciaire pour tout ce qui sera relatif à son commerce, sa profession ou son industrie, sans qu'il soit fait mention, en tête des actes, de sa patente, avec désignation de la date, du numéro et de la commune où elle aura été délivrée, à peine d'une amende de 25 francs, tant contre les particuliers sujets à la patente que contre les officiers ministériels qui auraient fait et reçu lesdits actes sans mention de la patente. La condamnation à cette amende sera poursuivie, à la requête du procureur du roi, devant le tribunal civil de l'arrondissement. — Le rapport de la patente ne pourra suppléer au défaut de l'énonciation, ni dispenser de l'amende prononcée.

Art. 32. — Les agents des contributions diverses peuvent sur la demande qui leur en est faite, délivrer des patentes avant l'émission du rôle, après, toutefois, que les requérants ont acquitté entre les mains du receveur les douzièmes échus s'il s'agit d'individus domiciliés dans le ressort de la perception, ou la totalité des droits s'il s'agit de patentables désignés en l'article 26 ci-dessus, ou d'individus étrangers au ressort de la perception.

Art. 33. — Le patenté qui aura égaré sa patente ou qui sera dans le cas d'en justifier hors de son domicile, pourra se faire délivrer un certificat par le chef du service ou le contrôleur des contributions diverses. Ce certificat fera mention des motifs qui obligent le patenté à le réclamer, et devra être sur papier timbré.

Art. 34. — Il est ajouté au principal des contributions des patentes 5 centimes par franc, dont le produit est destiné à couvrir les décharges, réductions, remise et modérations, ainsi que les frais d'impression et d'expédition des formules de patentes.

En cas d'insuffisance des 5 centimes, le montant du déficit est prélevé sur le principal des rôles. — Il est en outre, prélevé sur le principal 10 centimes par franc, dont le produit est versé dans la caisse locale et municipale.

Art. 35. — Les contributions spéciales destinées à subvenir aux dépenses des bourses et chambres de commerce, et dont la perception est autorisée en France par l'article 11 de la loi du 23 juillet 1820, sont réparties sur les patentables des trois premières classes au tableau A annexé à la présente ordonnance, et sur ceux désignés dans les tableaux B et C, comme passibles d'un droit fixe égal ou supérieur à celui desdites classes. — Les associés des établissements compris dans les classes et tableaux susdésignés contribueront aux frais des bourses et chambres de commerce.

Art. 36. — Le privilège attribué au Trésor et aux percepteurs agissant en son nom pour le recouvrement de ses droits, s'exerce avant tout autre en matière de patente. Un arrêté du ministre de la guerre déterminera le mode des poursuites à suivre envers les débiteurs retardataires.

Art. 37. — La contribution des patentables sera établie, conformément à la présente ordonnance, à partir du 1er avril 1847.

Art. 38. — Toutes les dispositions contraires à la présente ordonnance seront et demeureront abrogées, à partir de la même époque, sans préjudice des ordonnances ou règlements de police qui sont ou pourront être en vigueur.

19 janvier 1856.

Décret promulguant la loi du 10 juin 1853 aux termes de laquelle les fabricants à métiers ayant moins de dix métiers sont exempts de la patente (B. 494).

27 septembre 1858.

Décret portant que les cultivateurs, en Algérie, dont les pressoirs sont spécialement affectés au service de leur exploitation ne sont point soumis à la patente (B. M. 7).

4 janvier 1862.

Décret qui promulgue la loi de finances du 4 juin 1858, modifiant les patentes (B. O. 52).

21 mars 1863.

Décret promulguant les lois des finances de 1860 et 1862 (B. O. 80).

Art. 1. — Sont promulgués en Algérie :

1° L'article 10 de la loi de finances, du 26 juillet 1860, ainsi conçu : — A partir de 1861, le droit des associés dans leurs sociétés sera réglé ainsi qu'il suit : — l'associé principal continuera à être assujetti à la totalité du droit fixe afférent à la profession, conformément à l'article 16 de la loi du 21 avril 1844. — Le même droit sera divisé en autant de parties égales qu'il y aura d'associés en nom collectif, et une de ces parts sera imposée à chaque associé secondaire. — Toutefois, cette part ne devra jamais, dans les cas prévus par l'article 23 de la loi du 18 mai 1850, dépasser le vingtième du droit fixe imposable au nom de l'associé principal.

2° Et l'article 3 de la loi de finances du 2 juillet 1862, portant : — Les dispositions du paragraphe 6 de l'article 13 de la loi du 23 avril 1844 et de l'article 11 de la loi du 4 juin 1858, relatives aux exemptions de patentes prononcées en faveur des ouvriers, seront désormais appliquées aux ouvriers ayant une enseigne ou une boutique, comme à ceux qui n'en ont point, si d'ailleurs ces ouvriers réunissent les autres conditions d'exemption énoncées au paragraphe et aux articles précités.

Art. 2. — Les articles 5 et 6 de l'ordonnance du 31 janvier 1847 sont rapportés et remplacés par la rédaction ci-après : — Pour les professions dont le droit fixe varie en raison de la population du lieu où elles sont exercées, les tarifs seront appliqués d'après la population qui aura été déterminée par le dernier dénombrement quinquennal. — Néanmoins, lorsque ce dénombrement fera passer une commune dans une catégorie supérieure à celle dont elle faisait précédemment partie, l'augmentation de droit fixe ne sera appliquée que pour moitié pendant les cinq premières années.

Art. 3. — Les dispositions contraires aux lois de finances qui sont promulguées en vertu du présent décret, sont et demeurent abrogées.

5 mai 1865.

Décret qui promulgue la loi de finances du 13 mai 1863 (B. O. 156).

Art. 1. — Est promulgué en Algérie l'article de la loi de finances du 13 mai 1863, ainsi conçu : « Les tarifs et tableaux concernant les patentes, annexés aux lois des 25 avril 1844, 18 mai 1850 et 4 juin 1858, sont modifiés conformément à l'état D, annexé à la présente loi. »

Art. 2. — Toutes dispositions contraires à celles mentionnées par la loi de finances promulguée en vertu du présent décret, sont et demeurent abrogées.

18 janvier 1871.

Promulgation des articles 3 et 4 de la loi de finances du 2 août 1868 (B. O. 353).

Les dits articles ainsi conçus :

Art. 3. — Les tarifs et tableaux concernant les patentes annexés aux lois des 21 avril 1844, 18 mai 1850, 4 juin 1858 et 13 mai 1863 sont modifiés conformément à l'état D, annexé à la présente loi. — Est exempt de la patente, l'ouvrier travaillant en chambre avec un apprenti, âgé de moins de seize ans.

Art. 4. — Le patentable qui exploite un établissement industriel, et qui n'y effectue pas la vente de ses produits, n'est pas imposable au droit fixe additionnel de patente, pour le magasin séparé dans lequel sont vendus exclusivement en gros les seuls produits de sa fabrication. — Toutefois, si la vente a lieu dans plusieurs magasins, l'exemption de droit fixe accordée par le paragraphe précédent, n'est applicable qu'à celui de ses magasins qui est le plus rapproché du centre de l'établissement de fabrication. Les autres continuent d'être imposés, conformément aux dispositions de l'article 9 de loi du 4 juin 1858.

Pêche.

La pêche côtière est régie par un arrêté ministériel du 24 septembre 1856 qui détermine le littoral algérien, les engins ou instruments autorisés, les mesures d'ordre et de police, les conditions d'établissement des pêcheries, etc., etc. Cette dernière partie de l'arrêté ministériel a été complétée par un arrêté du gouverneur général du 13 avril 1875. La pêche, nous l'avons vu au mot navigation, a armé 974 bateaux en 1877. Elle a employé 4,330 hommes, recueilli près de 7 millions de kilogrammes de poisson, d'une valeur de 2 millions et demi.

22 novembre 1852.

Décret rendant exécutoire en Algérie le décret du 9 janvier 1852, et confiant au ministre de la guerre, en ce qui concerne l'Algérie, les attributions dévolues par ce décret au ministre de la marine (B. 427).

30 octobre 1854.

Arrêté ministériel qui charge le contre-amiral, commandant de la marine en Algérie, de la surveillance de tous les établissements de pêche existant sur le littoral algérien (B. 471).

24 septembre 1856.

Arrêté ministériel contenant règlement général pour l'Algérie (B. 505).

TITRE I.

POLICE DE LA PÊCHE CÔTIÈRE. — DISPOSITIONS PRÉLIMINAIRES.

Art. 1. — La police supérieure de la pêche côtière, tant à la mer, le long des côtes, que dans la partie des fleuves, rivières, canaux où les eaux sont salées, est exercée en Algérie par le commandant supérieur de la marine, sous l'autorité du gouverneur général. — Cette attribution est dévolue, sous l'autorité du commandant supérieur de la marine, au chef de service administratif de la marine. Les commissaires de l'inscription maritime, ou, à leur défaut, les directeurs des ports militaires et de commerce, sont spécialement chargés, sous les ordres immédiats de cet administrateur supérieur, d'assurer l'exécution des lois et règlements concernant la pêche côtière. — Dans ces fonctions, ils sont secondés par les officiers et officiers mariniers commandant les bâtiments de la station de l'Algérie et les embarcations garde-pêches, ainsi

que par prud'hommes-pêcheurs, les gardes-maritimes, les gendarmes de la marine et tous les agents assermentés qui pourront être ultérieurement chargés du même service. — La police des faits de vente, transport ou colportage du frai, du poisson assimilé au frai, du poisson et du coquillage n'atteignant pas les dimensions prescrites, est exercée, concurremment avec les officiers et agents mentionnés ci-dessus, par les officiers de police judiciaire, les agents municipaux assermentés, les employés des contributions directes et des octrois. — Les officiers et maîtres de port de commerce sont tenus de déférer aux ordres ou réquisitions des commissaires de l'inscription maritime, concernant la police des pêches.

Art. 2. — En temps de guerre, la pêche ne peut être interdite, suspendue ou limitée que par l'ordre du ministre de la guerre. — Toutefois, en cas d'urgence, le gouverneur général, après avoir pris l'avis du commandant supérieur de la marine, exerce le même droit, sauf à rendre compte immédiatement au ministre de ces dispositions.

Art. 3 et 4. — Inspecteurs des pêches. (Supprimés.—Arrêté du gouverneur du 30 novembre 1871).

Art. 5. — Il peut être établi des gardes-maritimes dans chaque quartier ou direction de port de l'Algérie. — Le nombre de ces agents est fixé, suivant les nécessités du service, par le ministre de la guerre.

Art. 6. — Les candidats à l'emploi de garde-maritime devront justifier des conditions suivantes: — 1° être âgé de vingt-cinq ans au moins et présenter toutes les conditions de validité nécessaires pour garantir une complète aptitude à faire le service purement actif auquel les gardes maritimes sont destinés; — 2° avoir accompli trois années au moins de service à l'État comme matelot ou officier-marinier; — 3° savoir lire et écrire et être en état de rédiger un procès-verbal. — A défaut d'officiers-mariniers ou de matelots, les militaires libérés de tous les corps de la guerre ou de la marine et les patrons indigènes pourront aussi être nommés à l'emploi de garde maritime, lorsque, d'ailleurs, ils rempliront les conditions d'âge, de validité et d'instruction qui viennent d'être déterminées.

Art. 7. — Les gardes-maritimes sont nommés par le gouverneur général de l'Algérie, sur la proposition du commandant supérieur de la marine et l'avis du chef de service administratif. — Une commission sera délivrée à chaque garde par le commandant supérieur de la marine; elle sera enregistrée au greffe du tribunal de première instance du ressort de la résidence du garde-maritime; et cet agent devra, avant d'entrer en fonctions, prêter serment devant le tribunal.

Art. 8. — Les gardes-maritimes sont divisés en trois classes et rétribués comme il est dit au tableau A ci-annexé (1).

(1) Première classe, 900 francs. — Deuxième classe, 750 francs. — Troisième classe, 600 francs.

Art. 9. — Les gardes-maritimes surveillent les bateaux employés à la navigation ou à la pêche, et s'assurent tant de l'inscription sur les rôles que de la présence à bord des marins qui doivent composer les équipages desdits bateaux. — Ils surveillent également l'installation des parcs, pêcheries, filets, engins et instruments quelconques servant à la pêche. Ils tiennent la main à ce qu'il ne soit point fait usage de filets ou engins prohibés, et à ce que la pêche ait lieu selon le mode prescrit comme aux époques déterminées ; en un mot, ils veillent à la stricte observation de toutes les prescriptions et règlements relatifs à la navigation ou à la pêche. — Ils dressent, sous peine de destitution, le procès-verbal de toute contravention reconnue par eux, et le transmettent, dans les vingt-quatre heures, aux inspecteurs des pêches ou aux commissaires de l'inscription maritime. Ils doivent communiquer à ces fonctionnaires les observations qu'ils ont pu faire dans l'intérêt de la pêche. — Il leur est, en outre, prescrit de signaler, sans délai, à l'autorité dont ils relèvent, tout naufrage ou toute épave dont ils viendront à avoir connaissance, et d'agir au besoin dans l'intérêt du salut des personnes et des choses, jusqu'à l'arrivée sur le lieu du sinistre de l'autorité compétente en matière de naufrage. — Enfin ces agents sont chargés de veiller à l'exécution des lois et règlements sur la pêche côtière et sur la police de la navigation, et de provoquer la répression des contraventions y relatives.

Art. 10. — Il pourra être alloué une indemnité annuelle à ceux des gardes-maritimes qui auront, dans leurs attributions, soit la surveillance des moulières ou autres bancs de coquillages, soit celle de pêcheries ou parcs auxquels on ne pourrait arriver qu'au moyen d'un bateau.

Art. 11. — Il peut être établi des prud'hommes pêcheurs dans les quartiers ou directions de port où la pêche a de l'importance.

Art. 12. — Ces prud'hommes sont nommés, sur la proposition du chef du service administratif, par le commandant supérieur de la marine.

Art. 13. — Les prud'hommes pêcheurs sont choisis parmi les anciens patrons de bateau, les maîtres au cabotage, les capitaines au long cours, les armateurs de bateau de pêche et les anciens administrateurs ou officiers de la marine possédant des connaissances spéciales en matière de pêche.

Art. 14. — Le nombre des prud'hommes pêcheurs est déterminé par le commandant supérieur de la marine, sur la proposition du chef du service administratif, suivant l'importance de la pêche dans les localités où ils sont établis.

Art. 15. — Ils concourent à faire exécuter les lois et règlements concernant la pêche côtière, et à assurer la répression des contraventions y relatives. — Ils recueillent, en outre, les renseignements de nature à intéresser cette industrie, et les communiquent aux commissaires de l'inscription maritime sous l'autorité desquels ils sont placés.

Art. 16. — Les fonctions de prud'hommes pêcheurs sont gratuites. — Le temps passé dans l'exercice de ces fonctions compte comme service en paix sur les bâtiments de la flotte et donne droit à la pension dite demi-solde, conformément à l'article 10 des décrets du 4 juillet 1853, relatifs aux 2e, 3e et 4e arrondissements maritimes en France, pourvu que le titulaire réunisse au moins deux cents mois de navigation ou ait été blessé au service de l'État.

Art. 17. — Les prud'hommes pêcheurs dont la conduite donne des sujets de plainte sont suspendus ou révoqués de leurs fonctions par le commandant supérieur de la marine en Algérie, sur la proposition du chef du service administratif, et d'après les rapports des commissaires de l'inscription maritime.

Art. 18. — Les gendarmes de la marine sont tenus d'exécuter les ordres concernant la police des pêches qu'ils reçoivent des commissaires de l'inscription maritime de leur résidence.

Art. 19. — Il est défendu aux officiers et agents chargés de la police des pêches d'exiger ou de recevoir des pêcheurs aucune rétribution, soit en nature, soit en argent, sous peine d'être poursuivis comme concussionnaires. — Il leur est également interdit de se livrer eux-mêmes à la pêche, ou de prendre directement ou indirectement un intérêt dans la pêche, ou dans le commerce du poisson frais ou salé, ou du coquillage.

Art. 20. — Les contraventions aux lois et règlements sur la pêche côtière, commises tant à la mer, le long des côtes, que dans la partie salée des fleuves, rivières et canaux, peuvent être constatées par tous les agents de la marine chargés de la police des pêches, à quelque port ou quartier qu'ils appartiennent.

Art. 21. — Dans l'exercice de leurs fonctions, les gardes-maritimes et les prud'hommes-pêcheurs portent l'uniforme et les marques distinctives ci-après :

Capote drap bleu, collet rabattu, boutons cuivre bruni à ancre. — Casquette marine avec ancre brodée en laine ou soie suivant le grade. — Chapeau ciré avec lettres dorées. — Sabre briquet. — Porte-sabre en cuir verni. Les prud'hommes porteront une médaille d'argent avec exergue : *Prud'hommes-pêcheurs*, suspendue à la boutonnière par un ruban vert.

TITRE II.

LITTORAL DE L'ALGÉRIE. — LIMITES DE LA PÊCHE MARITIME.

Art. 22. — Le littoral de l'Algérie est limité, à l'Est par la frontière de Tunis, et à l'Ouest par celle du Maroc. — Il comprend les douze quartiers ou directions de ports ci-après : Bône, Stora, Djidjelli, Bougie, Dellys, Alger, Cherchell, Ténès, Mostaganem, Arzew, Mers el Kébir et Nemours.

Art. 23. — La pêche est maritime, c'est à-dire libre, sans fermage ni licence, tant sur les côtes que dans les fleuves et rivières désignés aux tableaux suivants, jusqu'au point de cessation de salure des eaux :

Bône : la Mafrag, 4 kilomètres (limite de la salure des eaux); la Seybousse, 6 *id.*; la Boudjema, 1 *id.*; l'Oued-el-Kebir, 2 *id.*; — *Stora :* Saf-Saf, 1 *id.*; Oued-el-Guebk, 1 *id.*; — *Djidjelli :* Oued-Nil, 1 *id.*; Imgel, 1 *id.*; *Bougie :* Sumam ou Oued-Sahel ou Oued-el-Kébir, 1 *id.*; Oued-Djéma, 1 *id.*; Oued-Agrioum, 1 *id.*; Oued-Ziamath, 1 *id.*; — *Dellys.* — *Alger :* Oued-.. ser, 3 *id.*; Reghaïa, 2 *id.*; Mazafran, 3 *id.*; — *Cherchell.* — *Ténès.* — *Mostaganem :* Oued-Chelif, 1 *id.*; Macta, pont de la Macta ; — *Arzew.* — *Mers-el-Kélir.* — *Nemours :* le Rio-Salado, 20 kilomètres; la Tafna, 1 *id.*

TITRE III.

ÉPOQUES D'OUVERTURE ET DE CLOTURE DES DIFFÉRENTES PÊCHES. — INDICATION DE CELLES QUI SONT LIBRES PENDANT TOUTE L'ANNÉE. — HEURES PENDANT LESQUELLES CERTAINES PÊCHES SONT INTERDITES.

Art. 24. — La pêche de la sardine et du hareng est permise depuis le moment où ces poissons de passage arrivent sur le littoral de l'Algérie jusqu'au jour où ils le quittent. — La pêche de la sardine ouvre une heure avant le lever du soleil et ferme une heure après son coucher. — Elle est interdite pendant la nuit.

Art. 25. — La pêche de tous les poissons non mentionnés dans l'article 24 est permise pendant toute l'année, en se conformant aux dispositions du présent arrêté.

Art. 26. — La pêche des huîtres ouvre le 1ᵉʳ septembre et ferme le 30 avril. — Elle est interdite avant le lever et après le coucher du soleil.

Art. 27. — La pêche des moules commence et finit aux mêmes époques et aux mêmes heures que celle des huîtres.

Art. 28. — La pêche des huîtres et des moules n'est permise, même pendant les périodes d'ouverture, que sur les huîtrières et moulières dont le commandant supérieur de la marine a autorisé l'exploitation.

Art. 29. — La pêche à pied des huîtres et des moules est interdite pendant le même temps que la pêche en bateau de ces coquillages; dans la période d'ouverture, elle est également prohibée avant le lever et après le coucher du soleil.

Art. 30. — La pêche des autres coquillages, poissons à croûte et crustacés, est permise pendant toute l'année.

TITRE IV.

RÊTS, FILETS, ENGINS ET INSTRUMENTS DE PÊCHE, PROCÉDÉS ET MODES DE PÊCHE PROHIBÉS.

Art. 31. — Sont prohibés, dans toute l'étendue du littoral de l'Algérie, les rêts, filets, engins, instruments, modes et procédés de pêche autres que ceux décrits ci-dessous et au titre II des pêcheries.

Filets sédentaires.

1° La bouguière, buguière ou bogara. — Les mailles de ce filet auront au moins 25 millimètres en carré. — Le filet composé de quatre pièces ne pourra excéder 450 mètres en longueur, et avoir plus de 14 mètres de hauteur ou chute. — Il ne pourra être chargé de plus de 200 grammes de plomb par mètre de longueur. — L'usage en est autorisé toute l'année.

2° La rissole ou socletière. — La longueur de ce filet n'excédera pas 130 mètres, et sa hauteur ou chute 0ᵐ,50. — Les mailles mesureront au moins 100 millimètres en carré.— Il pourra être chargé de 100 grammes de plomb par mètre. — L'usage en est autorisé toute l'année.

3° La palamidière, combrière ou reotinara. — Ce filet formé de trois pièces de 130 mètres de longueur et de 20 mètres de hauteur ou chute, aura des mailles de 70 millimètres en carré. — Il pourra être chargé de 50 grammes de plomb par mètre de longueur. — L'emploi en est autorisé toute l'année.

4° Le thonaire ou tonara. — Formé de trois pièces d'une longueur totale de 400 mètres sur 20 mètres de chute ou hauteur. — Les mailles de ce filet ne pourront être moindres de 135 millimètres en carré. Le plomb dont il sera chargé n'excédera pas 35 grammes par mètre courant de longueur. — L'emploi en est autorisé du 1ᵉʳ juin au 30 septembre.

5° La mugelière ou mulière.— Ce filet est composé de quatre pièces dont la valeur totale ne dépassera pas 140 mètres; la chute ou hauteur des pièces sera de 10 mètres; les mailles seront de 20 millimètres en carré. — Il pourra être chargé de 25 grammes de plomb par mètre de longueur. — L'emploi en est autorisé du 1ᵉʳ septembre au 1ᵉʳ mars.

6° La rattade de poste ou schietta. — Filet composé de quatre pièces, ayant un total de 130 mètres de longueur sur 5 mètres de chute ou hauteur. — Le plomb dont il sera chargé n'excédera pas 200 grammes par mètre de longueur. — Le minimum de la maille, mesurée d'un nœud à l'autre, des quatre côtés, sera de 28 millimètres. — L'emploi en est autorisé toute l'année, du coucher au lever du soleil.

7° La rattade simple, rattade en bandeau hantée. — Filet composé de dix pièces de 130 mètres de longueur sur 10 mètres de chute ou hauteur. — Il pourra être chargé de 200 grammes de plomb par mètre de longueur. — Le minimum de la maille sera de 28 millimètres. — L'emploi en est autorisé toute l'année, du coucher au lever du soleil.

8° La rattade à trémaille. — Filet composé d'une rattade simple et d'une trémaille ou entremaillade. — L'emploi en est autorisé toute l'année, du coucher au lever du soleil. — Filets dormants à trois nappes.

9° La trémaille, entremaillade, tramaux ou tremace. — Filet composé de vingt-quatre pièces de 60 mètres de longueur sur 2 mètres de chute ou hauteur. — Le plomb dont il sera chargé n'excédera pas 150 grammes par mètre de longueur. — Le minimum de la maille est fixé à 35 millimètres. — L'emploi en est autorisé toute l'année, du coucher au lever du soleil. — Filets flottants à simple nappe.

10° Le sardinal. — La longueur de ce filet ne dépassera pas 600 mètres sur 20 mètres de chute ou hauteur. — Il pourra être chargé de 200 grammes de plomb par mètre courant. — Le minimum de la maille est fixé à 10 millimètres en carré.

11° L'aiguillère. — Filet composé de 4 pièces de 130 mètres de longueur sur 10 mètres de chute ou hauteur. — Il pourra être chargé de 30 grammes de plomb par mètre de longueur. — Le minimum de la maille reste fixé à 15 millimètres en carré. — L'emploi de ce filet est autorisé du 1er mars au 30 juin.

12° La chevrettière, cambaroutière ou drague à chevrettes. — L'ouverture de cette drague aura 2 mètres au plus de largeur, et le sac une profondeur de 2 mètres au maximum. — Les mailles auront au moins 12 millimètres en carré. — Au lieu d'une lame en fer, cette drague sera garnie d'une ralingue en cordage, à laquelle des plombs ou des pierres pourront être fixés, au moyen de hanets de 1 décimètre de longueur au moins. Le poids total de ces plombs ou pierres n'excédera pas 750 grammes. — Au milieu des supports ou chandeliers de la drague, il pourra être placé une traverse ou tige en fer pour contenir l'ensemble du système. — L'usage de cet engin n'est permis que du 1er octobre au 30 avril.

13° La drague à huîtres. — La drague à huîtres, cernée de fer, porte un sac se terminant en carré. La lame de la drague ne pourra excéder 1 m. 250 de longueur. — L'usage de la drague à huîtres n'est permis qu'en bateau pendant la période d'ouverture de la pêche aux huîtres.

14° Les couteaux à moules. — Les couteaux en fer destinés à la pêche des moules n'auront pas plus de 189 millimètres de long, y compris le manche; la lame de ces couteaux n'excédera pas 54 millimètres de large. — Le râteau à moules. — Le râteau à dents de fer, destiné à la pêche des moules aura les dents écartées entre elles de 34 millimètres au moins. — Cet instrument sera employé à l'exploitation des moulières qui ne découvrent pas.

15° La drague à moules. — La drague à moules sera conforme à la drague à huîtres ci-dessus décrite. — L'usage de cet instrument ne sera permis que par décision spéciale du commandant supérieur de la marine, pour l'exploitation des moulières sur lesquelles il reste au moins 3 m. 240 d'eau.

16° Les claies, paniers, jombins et autres instruments employés à la pêche des crabes, homards, rocailles et autres poissons à croûte. — Les engins, formés d'osier à jour, auront les verges éloignées les unes des autres de 30 millimètres au moins. — Lorsqu'ils seront faits de filets, la maille sera au moins de 40 millimètres en carré. — L'emploi de ces engins est permis toute l'année.

17° L'hameçon. — La pêche à l'hameçon, ou pêche à la ligne et aux autres cordes, est permise pendant toute l'année, quel que soit le mode suivant lequel elle se pratique.

18° Les dards ou foënes. — Les dards ou foënes destinés à la pêche des poissons plats seront armés de six branches au plus, placées à 27 millimètres au moins les unes des autres. — L'usage de cet instrument est permis toute l'année, mais en bateau seulement.

Art. 32. — Les mailles des filets de toute espèce doivent présenter les dimensions réglementaires, lorsque ces filets sont imbibés d'eau.

Art. 33. — Sont prohibés : — 1° les rêts, filets, engins, instruments, modes et procédés exclusivement destinés à la pêche de certains poissons ou coquillages, lorsqu'ils sont employés à d'autres pêches ou en dehors des limites indiquées; — 2° les rêts, filets, engins, instruments, modes et procédés de pêche employés dans des conditions et sur des points autres que ceux qui sont déterminés par le présent arrêté.

Art. 34. — Les rêts, filets, engins, instruments, modes et procédés de pêche non décrits dans l'article 31 du présent arrêté, ou au titre XI des pêcheries, ne pourront être mis en usage sur les côtes de l'Algérie qu'en vertu d'un nouvel arrêté du ministre de la guerre.

TITRE V.

MESURES D'ORDRE ET DE POLICE CONCERNANT L'EXERCICE DES DIFFÉRENTES PÊCHES.

Art. 35. — Il sera établi, par les soins des commissaires de l'inscription maritime, ou à leur défaut, par les directeurs des ports militaires et de commerce, un état général des postes affectés à chaque genre de pêche. — Cet état indiquera la localité de chaque quartier ou direction de port où les bateaux devront se rendre pour concourir au partage des postes. Il restera déposé au bureau de l'inscription maritime.

Art. 36. — Les pêcheurs qui voudront concourir au partage des postes affectés à tel genre de pêche devront se rendre dans la localité où le tirage au sort aura lieu chaque dimanche, à midi.

Art. 37. — Le pêcheur qui arrivera après le tirage au sort des postes prendra place après ceux qui auront concouru au partage.

Art. 38. — Aucun bateau ne pourra concourir au partage des postes, ni caler au poste qui lui aura été désigné par le sort, s'il n'est régulièrement armé et s'il n'a ses filets à bord.

Art. 39. — Le poste vacant après le soleil couché

pourra être occupé par le premier bâteau arrivé sans que celui auquel le sort l'a dévolu puisse le revendiquer pour ce jour.

Art. 40. — Tout bateau qui sera entré au partage des postes d'une localité ne pourra concourir au partage de ceux d'une autre localité.

Art. 41. — Tout patron présent dans la localité où a lieu le tirage au sort des postes, qui aura refusé de participer à ce tirage, ne pourra plus prendre part, dans le courant de la semaine, au partage de ceux d'une autre localité. — Chaque bateau aura la jouissance de son poste pendant deux jours consécutifs.

Art. 42. — Les patrons qui voudront pêcher pendant la nuit seront tenus de montrer un feu, à intervalles rapprochés, pendant le temps qu'ils mettront leurs filets à la mer, ainsi que chaque fois qu'un nouveau bateau arrivera sur les lieux pour y caler ses filets. — Ils sont munis, à cet effet, d'un vase contenant de l'essence de térébenthine, dont ils imbibent un pinceau qu'ils allument ensuite.

Art. 43. — Il est défendu aux bateaux arrivant sur les lieux de pêche de se placer ou de jeter leurs filets de manière à se nuire réciproquement, ou à gêner ceux qui ont déjà commencé leurs opérations.

Art. 44. — Lors que les courants entraînent les filets d'un pêcheur sur ceux d'un autre, celui dont les filets seront ainsi déplacés est tenu de les retirer pour les jeter sur un autre point.

Art. 45. — Si des filets appartenant à des pêcheurs différents viennent à se mêler, les propriétaires de ces filets ne peuvent les couper, à moins de consentement mutuel, et avant d'avoir reconnu l'impossibilité de les séparer par d'autres moyens.

Art. 46. — Si les filets d'un bateau pêcheur, retenus au fond par un obstacle quelconque, empêchent son bateau de dériver, il allume son feu comme s'il continuait à faire la pêche.

Art. 47. — Tout patron de bateau qui, pendant la nuit, veut jeter l'ancre, doit, sauf le cas de force majeure, se retirer assez loin du lieu de pêche pour qu'il ne puisse causer aucun dommage aux bateaux dérivants. — Il doit, dans tous les cas, allumer son feu de position, comme il est dit à l'article 42.

Art. 48. — Lorsqu'un bateau, après avoir pêché son complet chargement de poissons, laisse une partie de sa tessure à la mer, il en fait le signal en mettant un pavillon en berne, si c'est le jour, et en allumant un feu de minute en minute pendant un quart d'heure, si c'est la nuit. — Dans ce cas, l'obligation de relever les filets restants est imposée au bateau du même quartier le plus rapproché, et qui a été hélé le premier.

Art. 49. — Le patron qui a laissé des filets pleins à la mer, et celui qui les a relevés, en rendent compte, chacun de son côté, dans les 24 heures, à l'administration de l'inscription maritime ou à son délégué. — La moitié du poisson appartient,

à titre d'indemnité, à celui qui a relevé les filets, et l'autre moitié est remise, avec les engins, à leur propriétaire.

Art. 50. — Il est défendu aux capitaines, maîtres ou patrons de navires ou embarcations faisant le commerce de poissons frais, de louvoyer parmi les bateaux de pêche ou de les aborder. — Il leur est enjoint de se tenir toujours en dehors du théâtre de la pêche, et à un mille, au moins, du bateau le plus rapproché. — Il est également défendu auxdits capitaines, maîtres ou patrons d'envoyer leurs canots près des bateaux en pêche, sous prétexte d'arrher le poisson. — Les opérations de commerce ne peuvent s'effectuer qu'après la pêche terminée et hors des lieux où elle se pratique ordinairement, sauf l'exception prévue par l'article 67.

TITRE 6.

MESURES D'ORDRE ET DE PRÉCAUTION PROPRES A ASSURER LA CONSERVATION DE LA PÊCHE ET A EN RÉGLER L'EXERCICE.

Art. 51. — Le commandant supérieur de la marine peut autoriser la pêche dans l'intérieur des ports et des bassins de commerce, après s'être concerté avec l'autorité compétente, lorsque cette autorisation n'entraîne pas d'inconvénients, soit pour la conservation des travaux hydrauliques civils ou militaires, soit pour les mouvements des bâtiments de mer. — Chaque année, au mois de décembre, le commissaire de l'inspection maritime, ou à son défaut, le directeur du port, dresse la liste des individus qui demandent à être admis à faire la pêche dont il s'agit, et choisit parmi eux les plus méritants.

Art. 52. — Indépendamment de leur nom et celui du port d'attache qu'ils doivent porter à la poupe, en conformité de l'article 6 du décret du 19 mars 1835, les bateaux de pêche portent encore la lettre initiale de leur port d'attache, et leur numéro d'inscription.

Art. 53 — Les lettres initiales arrêtées pour les divers ports de l'Algérie sont les suivantes : — La Calle, L. C.; — Bône, B.; — Philippeville, P.; — Stora, S.; — Collo; C.; — Djidjelli, D.; — Bougie, B. G.; — Dellys, D. L.; — Alger, A.; — Cherchell, C. C.; — Tenès, T.; — Mostaganem, M.; — Arzew, A. Z.; — Mers el Kébir, M. K.; — Oran, O.; — Nemours, N.

Art. 54. — Les lettres et les numéros sont placés de chaque côté de l'avant du bateau à 8 ou 10 centimètres au-dessous du plat-bord, et doivent être peintes en blanc, à l'huile, sur un fond noir. — Les dimensions de ces lettres et de ces numéros sont : — Pour les bateaux de 15 tonnes et au-dessus, de 0^m,120 de hauteur, sur 0^m,060 de trait; — Pour les bateaux au-dessous de 15 tonnes, ces dimensions sont de 0^m,250 de hauteur, sur 0^m,040 de trait. — Les mêmes lettres et numéros sont également placés sur chaque côté de la grande voile du bateau et peints à l'huile, sur les voiles tannées ou noires.—Ces lettres et numéros, ainsi portés sur les voiles, ont un tiers de plus de dimension, en tous sens, que ceux qui sont placés sur l'avant du bateau.

Art. 55. — Il est interdit d'effacer, de couvrir ou de cacher, par un moyen quelconque, les lettres ou les numéros placés sur les bateaux ou sur les voiles.

Art. 56. — Les lettres et les numéros affectés à chaque bateau sont portés sur les bouées, barils et flottes principales de chaque filet, et sur tous les instruments de pêche appartenant à ce bateau. —Ces lettres et numéros sont de dimensions suffisantes pour être facilement reconnus.—Les propriétaires de filets ou autres instruments de pêche peuvent, en outre, les marquer de tels signes qu'ils jugent convenables, sauf à en donner avis à l'inspecteur des pêches ou autre garde-maritime, qui en tient note.

Art. 57. — Il est interdit aux pêcheurs, sous quelque prétexte que ce soit, d'amarrer ou de tenir leurs bateaux sur les filets, bouées ou attirail de pêche d'un autre pêcheur. — Il leur est également défendu de crocher, soulever ou visiter les filets ou engins qui ne leur appartiennent pas.

Art 58. — Lorsqu'un bateau pêchant aux cordes croise ses lignes avec celles d'une autre embarcation, le patron qui les lève ne doit pas les couper, à moins de force majeure, et, dans ce cas, la corde coupée est immédiatement renouée. — Si la pêche a lieu de nuit, les bateaux indiquent leur position en allumant de temps à autre un feu, jusqu'à ce qu'ils mettent à la voile.

Art. 59. — Les filets trouvés sans bouées, mais revêtus d'une marque régulière ne donnent droit à aucune indemnité. — Ceux de ces filets qui n'ont ni bouées ni marques, sont considérés comme épaves.

Art. 60. — Il est fait annuellement, aux époques déterminées par les commissaires de l'inscription maritime ou les directeurs des ports, une visite de tous les bateaux pêcheurs. — Cette visite est gratuitement opérée par l'inspecteur des pêches, assisté d'un ou de deux gardes-maritimes. A défaut de ces derniers, l'inspecteur s'adjoint deux prud'hommes pêcheurs ou deux anciens patrons de bateaux. — Le rôle d'équipage est retenu ou n'est pas délivré à ceux des patrons dont les bateaux n'ont pas été trouvés en état d'aller à la mer.

Art. 61. — Les bateaux qui ont subi de graves avaries sont sujets à la même visite.

Art 62. — Il est défendu : — 1° d'attirer le poisson en pêchant la nuit avec des flambeaux, brandons et autres feux, et en employant des clairons ou trompettes; — 2° de faire fuir le poisson pour qu'il donne dans des filets, engins ou instruments de pêche, en troublant ou battant l'eau avec des perches ou rabots, ou en épouvantant le poisson avec des chaînes, cliquettes, ou de toute autre manière; — 3° il est interdit aux

propriétaires d'usines, établies sur le littoral, de répandre dans la mer ou dans la partie salée des fleuves ou rivières, les eaux ayant servi aux besoins de leur industrie, si elles sont de nature à faire périr le poisson.

Art. 63. — Il est défendu de retenir le poisson en plaçant des fascines ou amas de pierres aux passelis et digues des moulins, en établissant des bâtardeaux à l'embouchure des douves, canaux et fossés, ou en détournant le cours des eaux afin de former des mares d'où le poisson (ne puisse plus sortir.

Art. 64. — Les infractions au présent arrêté qui, à raison de leur peu d'importance, ne méritent pas d'être déférées aux poursuites du ministère public, sont punies disciplinairement, en vertu de l'article 58 de la loi du 24 mars 1852. (Code disciplinaire de la marine marchande).

Art. 65. — La distance à observer entre les bateaux employés à la pêche de la sardine est de 130 mètres au moins.

Art. 66. — Il est interdit aux patrons qui se livrent à cette industrie, de mouiller, la nuit, dans les lieux où se pêche la sardine.

Art. 67. — Par exception aux dispositions de l'article 56, les capitaines, maîtres ou patrons de navires ou embarcations faisant le commerce de la sardine, peuvent se tenir dans le voisinage des lieux où l'on pratique cette pêche pour en acheter les produits, mais sans qu'il puisse en résulter de préjudice envers les pêcheurs.

Art. 68. — Les agents chargés de la police des pêches, déterminent, après s'être entendus avec l'administrateur de la marine ou l'inspecteur des pêches, les jours pendant lesquels les bateaux peuvent faire la pêche des huîtres. — Rendus sur le banc désigné pour être pêché, les agents de service donnent le signal de commencer la pêche, en hissant à l'extrémité de la grande vergue un pavillon blanc et rouge qu'ils conservent pendant une demi-heure, à l'expiration de laquelle ils reprennent le pavillon national. — Tous les bateaux cessent la pêche aussitôt que ces agents substituent au pavillon national le pavillon blanc et rouge. — Lorsque les bateaux pêcheurs appartiennent à la même localité, ils doivent sortir du port et y rentrer avec l'agent de service dont l'embarcation porte le guidon national.

Art. 69. — Sont sans appel les décisions prises par les agents chargés de la police des pêches touchant les journées et heures de pêche.—Mais, si les prud'hommes ou gardes-maritimes se refusent à la sortie demandée par plusieurs patrons de bateaux, ces patrons peuvent en appeler à l'administrateur de la marine, qui, après avoir entendu les deux parties et examiné par lui-même l'état de la mer et du temps, ordonne la sortie, s'il le juge à propos. Dans ce cas l'administrateur désigne les agents chargés de sortir avec les pêcheurs pour exercer la police pendant la durée de la pêche. — Tout patron de bateau qui a demandé une sortie refusée par les prud'hommes-pêcheurs ou les gardes-maritimes est tenu d'aller en pêche, si la sortie a lieu.

Art. 70. — Les gardes maritimes n'exercent d'autorité que sur les bancs qui dépendent de leurs ports ou baies. En conséquence, les patrons de bateaux et même les gardes maritimes de divers quartiers ou directions, qui se trouvent réunis sur un même point de la côte, sont tenus d'obéir aux ordres des gardes-maritimes des ports ou baies dont dépendent les lieux où se fait la pêche, et d'attendre leur arrivée pour la commencer. A cet effet, lorsque le garde-maritime du lieu aperçoit une réunion de bateaux sur un des bancs compris dans sa station, il est tenu de s'y porter immédiatement.

TITRE VII.

DISPOSITIONS SPÉCIALES PROPRES A PRÉVENIR LA DESTRUCTION DU FRAI ET A ASSURER LA CONSERVATION DU POISSON ET DU COQUILLAGE. — CLASSIFICATION DU POISSON RÉPUTÉ FRAI.— DIMENSIONS AU-DESSOUS DESQUELLES LES DIVERSES ESPÈCES DE POISSONS ET COQUILLAGES NE POURRONT PAS ÊTRE PÊCHÉS ET DEVRONT ÊTRE REJETÉES A LA MER, OU POUR LES COQUILLAGES, DÉPOSÉS EN DES LIEUX DÉTERMINÉS.

Pêche des huîtres.

Art. 71.— Tous les ans, dans la première quinzaine du mois d'août, il sera procédé, sur l'ordre des administrateurs de l'inscription maritime, par des commissions locales, à la visite des anciens bancs et à la constatation des huîtrières, découvertes ou formées récemment. — Ces commissions sont composées de l'inspecteur des pêches, du garde-maritime et du plus ancien patron pêcheur. — L'inspecteur des pêches, dans les localités où il n'en existe pas, sera remplacé par tel agent que l'administrateur de la marine jugera convenable de désigner.

Art. 72.—Dans leurs rapports, les commissions de visite indiquent l'état des huîtrières anciennes, le gisement et le degré d'importance des bancs découverts ou formés récemment; les huîtrières ou portions d'huîtrières susceptibles d'être mises en exploitation ; l'époque où cette exploitation peut commencer, et même, s'il y a lieu, le nombre de jours pendant lesquels la pêche est permise, ainsi que le nombre de bateaux à y employer; les huîtrières à tenir en réserve pendant l'année, et celles où doivent être reportées les huîtres, n'ayant pas les dimensions réglementaires ou qui ont été pêchées en contravention.—Le coquillage ainsi rejeté à la mer est toujours déposé sur des huîtrières tenues en réserve.

Art. 73. — Les rapports des commissions indiquent, en outre, les amers propres à fixer l'exacte délimitation de chaque huîtrière. — A défaut d'amers pouvant servir à cette délimitation, les bancs sont signalés par le placement, aux frais des pêcheurs, d'un nombre de bouées suffisant pour bien indiquer l'huîtrière ou la partie de l'huîtrière mise en exploitation.— Dans les quartiers ou dans les ports où il existe des communautés de pêcheurs, elles supportent les frais occasionnés par le placement des bouées. — La perte ou l'absence de ces bouées entraîne l'interdiction de la pêche jusqu'à leur remplacement.

Art. 74.— Les rapports mentionnés aux articles précédents sont transmis, sous le plus bref délai, par le commissaire de l'inscription maritime, avec l'expression de son opinion, au chef du service administratif de la marine à Alger.— Après avoir pris communication de ces rapports, le commandant supérieur de la marine les soumet au gouverneur général, qui fixe, par des arrêtés, les époques d'ouverture et de clôture de la pêche des huîtres, et détermine les bancs qui doivent être mis en exploitation.

Art. 75. — Les bancs ou portions de bancs définitivement désignés pour être pêchés sont indiqués par des affiches faisant connaître les noms de ces bancs ou portions de bancs, leur situation, leurs amers et la position des bouées. — Ces affiches sont placées dans l'endroit le plus apparent du port ou de la commune où résident les pêcheurs.

Art. 76. — Si, dans le cours de la pêche, il est reconnu qu'un ou plusieurs bancs ont été suffisamment exploités, les officiers, fonctionnaires et agents spécialement chargés de la police de la pêche sur ces bancs doivent en suspendre immédiatement l'exercice. — Dans ce cas, ils rendent compte, sans délai, de leur décision à l'administrateur de l'inscription maritime, et provoque la convocation de la commission de visite mentionnée à l'article 71. — Le rapport de la commission, accompagné de l'avis de l'administrateur de l'inscription maritime et des observations du commissaire ordonnateur, est transmis au commandant supérieur de la marine, qui statue définitivement et rend compte de sa décision au gouverneur général. — Cette décision est portée à la connaissance des pêcheurs de la manière indiquée à l'article précédent.

Art. 77. — Tout pêcheur qui a découvert un nouveau banc d'huîtres est tenu d'en faire immédiatement la déclaration à l'administrateur de son quartier, ou à celui du port où il aborde.— Il doit en outre, donner les amers de ce banc, pour qu'il soit vidé aussitôt.

Art. 78.— Il est interdit à tout pêcheur de draguer sur les bancs d'huîtres en dehors des époques et des heures pendant lesquelles la pêche a été autorisée par les agents chargés de la surveillance. — A cet effet, les bateaux ne doivent pas rester mouillés de nuit sur les bancs; ils sont, au contraire, tenus de rentrer de jour dans le port, sauf les cas de force majeure dont il est justifié devant les agents ci-dessus indiqués et devant l'inspecteur des pêches. — Il leur est également défendu de draguer sur les bancs ou portions de bancs ou autres que ceux qui ont été désignés conformément à l'article 75.

Art. 79. — Les bateaux qui se livrent à l'exploitation des bancs ou portions de bancs désignés pour être pêchés ne doivent point draguer au delà des limites qui en déterminent la position.

Art. 80. — Le triage des huitres peut être opéré soit sur lieux de pêche, soit dans le port. — Dans le premier cas, les équipages sont tenus de rejeter immédiatement à la mer toutes les huitres qui n'atteignent pas les dimensions réglementaires, ainsi que les poussiers, sables, graviers et fragments d'écailles. — Dans le second cas, le triage est exécuté aussitôt après le déchargement du bateau, et les petites huitres, ainsi que les matières ci-dessus mentionnées, sont reportées le lendemain sur le banc désigné à cet effet dans la baie où la pêche a lieu. — Ce report peut être effectué par un seul des bateaux pêcheurs que l'administrateur de la marine désigne à tour de rôle.

Art. 81. — Si les patrons de bateaux négligent de se conformer de suite aux dispositions de l'article précédent, le triage est fait, à leur frais, par les personnes que désigne l'inspecteur des pêches ou tout autre âge de surveillance, et les petites huitres sont reportées également aux frais des délinquants, avec les détritus ci-dessus mentionnés, sur le banc destiné à les recevoir, et ce, sans préjudice des peines prévues par le décret du 9 janvier 1852. — Les patrons de bateaux sont personnellement responsables des infractions à l'article précédent commises par leurs appareilleurs.

Art. 82. — Il est interdit de jeter sur les huitrières et sur les grèves servant aux parcs et dépôts de coquillages des immondices ou du lest de navire.

Art. 83. — Dans les localités où les dragues ne servent qu'à la pêche des huitres, elles sont déposées, après avoir été numérotées, dans les lieux déterminés par les administrateurs de l'inscription maritime, depuis la clôture jusqu'à l'ouverture de la pêche. — Elles sont, en outre, laissées à terre pendant la période de l'ouverture, lorsque les bateaux sortent pour faire la pêche du poisson frais. — La même mesure est applicable aux râteaux à huitres.

Art. 84. — Lorsque, par suite d'un coup de vent ou de toute autre cause, des huitres appartenant à divers particuliers, et momentanément déposées sur la grève, se trouvent confondues, les prud'hommes-pêcheurs ou les gardes-maritimes déterminent, au besoin, la part afférente à chacun. — Si cet arbitrage ne concilie pas les parties, il en est rendu compte à l'administrateur de l'inspection maritime, qui statue définitivement.

Pêche des moules.

Art. 85. — Il est défendu d'arracher les moules à poignées et de cueillir ces bivalves avec d'autres instruments que ceux mentionnés en l'article 31 ci-dessus.

Art. 86. — Il sera procédé au triage des moules comme il est dit à l'article 80, relatif au triage des huitres.

Art. 87. — Il est défendu de jeter sur les moulières des immondices de quelque nature qu'elles soient, ou du lest du navire.

Art. 88. — Les dispositions des articles 71, 72, 73, 74, 75, 76, 77 et 78 du présent titre sont applicables aux moulières importantes désignées à cet effet par le commandant supérieur de la marine.

Classification du poisson réputé frai. — Prohibitions relatives à la pêche du frai. — Dimensions au-dessous desquelles les diverses espèces de poissons et de coquillages ne peuvent être pêchées.

Art. 89. — Les œufs de tous les poissons, ainsi que ceux de crustacés, sont compris sous la dénomination de frai. — Il est interdit de les pêcher ou de les recueillir de quelque manière que ce soit, sauf l'exécution prévue à l'article 99. — La guêbre est assimilée au frai.

Art. 90. — Il est interdit de pêcher les poissons, crustacés ou coquillages indiqués ci-après, qui n'ont pas les dimensions suivantes :

Poissons plats (longueur de l'œil à la naissance de la queue) : turbot, raie, 200 millimètres; plie ou targe, barbue, sole, carlet, 270 millimètres.

Poissons longs (id.): Anguille, congre, julienne ou lingue, 270 millimètres.

Poissons ronds (id.) : Alaize, merluc, alose, ombrine, palamède, bonite, brelette et méron, 270 millimètres; bar, mulet, loup et dorade, 100 millimètres; merlan, grondin, maquereau et vieille, 120 millimètres.

Crustacés (id.) : Homard, langouste, 220 millimètres; chevrette, 30 millimètres.

Coquillages (diamètre dans la plus grande largeur) : huitres, 50 millimètres (diamètre dans la plus grande longueur); moules, 30 millimètres.

Art. 91. — Il est également défendu de pêcher tous les poissons de mer non dénommés ci-dessus, sauf les exceptions prévues aux articles 76 et 77, dont la longueur, mesurée de l'œil à la naissance de la queue, est au-dessous de 81 millimètres.

Art. 92. — Il est néanmoins permis de pêcher, quelles que soient leurs dimensions, mais avec les filets et engins déterminés par le présent arrêté, les poissons qui s'ensablent, tels que les anguilles, lançons et autres de même espèce. — La pêche des crustacés et coquillages non dénommés à l'article 90 est également autorisée, sans minimum de taille, mais avec les instruments et engins permis.

Art. 93. — Il est également permis de prendre,

quelles que soient leurs dimensions, les poissons connus sous le nom de *blanche-blaquet*, *blanche-mélie*, *menusse* et *saumonelle*, sous la condition expresse que ces poissons ne pourront être employés que comme appât. — Cette pêche ne doit, d'ailleurs, être faite qu'avec les filets, engins et instruments permis par le présent arrêté.

TITRE VIII.

PROHIBITIONS RELATIVES A LA MISE EN VENTE, A L'ACHAT, AU TRANSPORT ET AU COLPORTAGE, AINSI QU'A L'EMPLOI POUR QUELQUE USAGE QUE CE SOIT, DU FRAI OU DU POISSON ASSIMILÉ AU FRAI, AINSI QUE DU POISSON ET DU COQUILLAGE QUI N'ATTEIGNENT PAS LES DIMENSIONS PRESCRITES.

Art. 94. — Il est interdit de donner ou de faire donner, de saler, d'acheter, de vendre ou de faire vendre, de transporter, de colporter ou d'employer à un usage quelconque, notamment à la nourriture des animaux et à l'engrais des terres : — 1° le frai et le crustacé assimilé au frai désignés à l'article 89; — 2° les poissons, crustacés et coquillages nomenclaturés à l'article 90, et qui n'ont pas la dimension minimum y indiquée pour chaque espèce; — 3° les poissons mentionnés en l'article 91.

Art. 95. — Il est également défendu de vendre, d'acheter, de transporter et d'employer autrement que comme appâts des poissons dénommés à l'article 95.

Art. 96. — Il est défendu, en tout temps, d'exposer ou de mettre en vente les moules recueillies sur la caréne des navires doublés en cuivre.

Art. 97. — Il est prescrit aux pêcheurs en bateaux ou à pied, aux détenteurs de pêcheries, de parcs à huîtres, à moules ou de dépôts de coquillages, aux marchands colporteurs, voituriers, capitaines, maîtres ou patrons, et à tous ceux qui transportent du poisson ou du coquillage, de laisser visiter, à la première réquisition, par les officiers, administrateurs ou agents chargés de la police des pêches, leurs bateaux, voitures, mannes et autres objets contenant le poisson ou le coquillage.

TITRE IX.

APPATS DÉFENDUS.

Art. 98. — Il est défendu d'employer comme appât le frai et le crustacé assimilé au frai mentionné à l'article 89, les poissons nomenclaturés à l'article 90, et qui n'ont pas les dimensions réglementaires, ainsi que ceux qui sont dénommés à l'article 91.

Art. 99. — Il est néanmoins permis d'employer, pour la pêche de la sardine ou autres poissons, de la résure, rave ou rogue, pourvu qu'elle soit de bonne qualité. — Celle qui ne remplit pas cette condition est considérée comme appât prohibé, et la destruction en est poursuivie.

Art. 100. — Il est défendu de jeter dans l'eau de la mer, le long des côtes, et dans la partie des fleuves ou rivières où les eaux sont salées, de la chaux, des noix vomiques, des noix de cyprès, des coques du Levant, de la momie, du musc, et toutes autres drogues ou liquides pour appâter, enivrer, ou empoisonner le poisson.

TITRE X.

CONDITIONS D'ÉTABLISSEMENT DES PÊCHERIES, DES PARCS A HUITRES, A MOULES, ET DES DÉPÔTS DE COQUILLAGES. — CONDITIONS DE LEUR EXPLOITATION. — RÊTS, FILETS, ENGINS, BATEAUX, INSTRUMENTS ET MATÉRIAUX QUI PEUVENT Y ÊTRE EMPLOYÉS.

Art. 101. — Sont provisoirement maintenus les pêcheries, les parcs à huîtres ou à moules et les dépôts de coquillages, établis en vertu d'autorisations régulières, dont les détenteurs se conformeront aux dispositions ci-après.

Art. 102. — Tous les détenteurs de pêcheries, parcs à huîtres ou à moules, et de dépôts quelconques de coquillages, sont tenus de se pourvoir en autorisation dans le délai de trois mois, à dater de la notification du présent arrêté, laquelle leur sera faite par les commissaires de l'inscription maritime de leurs résidences respectives, aussitôt après sa promulgation, sous peine de démolition immédiate, à leurs frais, desdits établissements.

Art. 103. — A l'expiration de ce délai, il sera procédé au recensement général des pêcheries, parcs à huîtres ou à moules et lieux de coquillages existant dans chaque quartier ou direction de port. — Ce recensement sera opéré par le commissaire de l'inscription maritime auquel seront adjoints un officier de vaisseau désigné par le commandant supérieur de la marine, et un pilote de la station locale. — Le procès-verbal de cette opération signalera ceux de ces établissements qui seraient nuisibles à la navigation.

Art. 104. — Dans chaque port ou quartier, le commissaire de l'inscription maritime dressera un état descriptif de tous les établissements de pêcheries, indiquant les points de la côte sur lesquels ils sont situés, la date de l'autorisation et les noms des détenteurs. — Cet état, dressé par le chef administratif, sera transmis au commandant supérieur de la marine, au gouverneur général, et par ce dernier, avec l'avis du conseil de gouvernement, au ministère de la guerre, qui statuera.

Art. 105. — Les commissaires de l'inscription maritime, ou, à leur défaut, les directeurs des ports tiennent un registre sur lequel sont consignés les renseignements suivants : — La configuration, la position, les limites des pêcheries, parcs ou dépôts du ressort, ainsi que les noms des détenteurs, les titres ou autorisations, et leur date.

Art. 106. — Toute autorisation de former des pêcheries, parcs à huîtres ou à moules et lieux de dépôt de coquillages, doit, sous peine d'annulation, être suivie des travaux d'appropriation dans l'année de sa date.

Pêcheries temporaires. — Madragues.

Art. 107. — Les pêcheries connues sous le nom de madragues sont mouillées le long des côtes, sur les points et dans les limites fixés par les titres de concession.

Art. 108. — Les concessions de madragues seront accordées, à titre temporaire et révocable, par le ministère de la guerre, sur la proposition du gouverneur général, le conseil de gouvernement entendu, et suivant les conditions spéciales énoncées au cahier des charges qui sera rédigé pour chacune d'elles.

Art. 109. — Nulle madrague ne pourra être établie sur les côtes de l'Algérie tant que, au préalable, une commission nautique, désignée par le commandant supérieur de la marine, n'ait constaté qu'elle ne peut nuire en rien à la sûreté de la navigation. — Le procès-verbal de cette commission devra indiquer, par des relèvements pris à terre : 1° la distance de la côte où seront mouillées les diverses parties des filets composant la madrague; 2° la direction, par rapport à la côte, du corps allongé de la madrague; 3° la profondeur de l'eau aux points extérieurs des filets; 4° la longueur et la hauteur ou chute de la partie flottante de la madrague.

Art. 110. — Les mailles des filets formant le corps et les chambres de la madrague auront un minimum de 323 millimètres en carré, les mailles du filet désigné sous le nom de fosse ou poche devront mesurer au moins 68 millimètres en carré.

Art. 111. — Les prescriptions de l'article 33 sont applicables aux mailles de madragues.

Art. 112. — Les filets de madragues seront calés au moyen d'ancres, de grappins ou de gueuses en fer. L'emploi des pierres pour le calage est absolument interdit.

Art. 113. — Les madragues seront calées du 1er avril au 30 octobre. — A chaque nouveau calage, une commission, désignée par le commandant supérieur de la marine, s'assurera et constatera par procès-verbal, si les filets ont été établis selon les conditions et prescriptions stipulées au cahier des charges de la concession.

Art. 114. — En cas d'infraction à ces clauses, la madrague devra être immédiatement enlevée, pour être établie sur les points et dans les limites fixées. — Si, le cinquième jour après la notification qui lui sera faite par le président de la commission, le concessionnaire n'a entrepris aucun travail pour l'enlèvement de la madrague, il y sera procédé, à ses frais, par les soins de l'administration de la marine.

Art. 115. — Aux angles des filets les plus avancés en mer, formant le corps de la madrague sont placés des bouées ou signaux attachés aux coins du mouillage.

Art. 116. — Trois feux de couleur placés sur des bateaux mouillés aux points extrêmes de la partie flottante, ou du filet de queue de la madrague, devront être constamment allumés pendant la nuit, depuis l'époque à laquelle les travaux de calage de la madrague seront entrepris jusqu'à l'entier achèvement des travaux du décalage.

Réservoirs à homards, langoustes et autres crustacés.

Art. 117. — Les réservoirs à homards, langoustes et autres crustacés sont formés de pierres ou de bois, et ne peuvent avoir plus de 8 mètres de côté, ni plus de 1 mètre 50 centimètres de hauteur de muraille; il est facultatif de les couvrir. — Il est pratiqué, à leur partie inférieure, une ouverture de 1 mètre de large, qui ne peut être fermée que d'un filet dont les mailles ont au moins 54 millimètres en carré, ou d'une grille de bois percée de trous ayant également 54 millimètres en carré. — Les homards, langoustes et autres crustacés peuvent aussi être conservés dans des viviers flottants.

Dispositions communes aux parcs à huîtres ou à moules et aux dépôts de coquillages.

Art. 118 — Les parcs à huître ou à moules et les dépôts de coquillages peuvent être formés de pierres superposées, sans aucune espèce de maçonnerie; la hauteur de ces murs n'excède pas 700 millimètres au-dessus du sol. — Ces parcs et dépôts peuvent être aussi faits au moyen d'un clayonnage double ou simple, fixé sur des pieux ayant au plus 50 millimètres de diamètre, et dont la hauteur n'excède pas 660 millimètres au-dessus du sol. — L'intervalle compris entre le double clayonnage peut être rempli de paille ou de vase, de manière à retenir l'eau à volonté.

Art. 119. — Les parcs à moules connus sous le nom de bouchots sont construits de bois entrelacés, comme claies, autour de pieux enfoncés dans le sable, et dont la hauteur n'excède pas 1 mètre 600 millimètres au-dessus du sol.

Art. 120. — Les parcs à huîtres ou à moules et les dépôts de coquillages construits de manière à retenir l'eau ne doivent, dans aucun cas, servir de pêcheries à poisson. — Il est interdit de prendre le fretin qui peut y être retenu.

Art. 121. — Il est également défendu aux détenteurs de parcs à huîtres ou à moules et de dépôts de coquillage de vendre, louer ou transmettre ces établissements, à quelque prix que ce soit. — La même interdiction est faite aux détenteurs de madragues.

Art. 122. — Les détenteurs de parcs ou de dépôt d'huîtres qui introduisent dans leurs établissements des huîtres au-dessous de la dimension réglementaire, sont tenus de les reporter à leurs frais sur les bancs indiqués par l'administration, sans préjudice des peines portées par l'article 7 de la loi du 9 janvier 1852.

Art. 123. — Les coquillages gisant hors de l'enceinte des parcs et des dépôts ne peuvent être revendiqués par les détenteurs de ces établissements s'il n'est constaté qu'il en a été enlevé par la mer ou par tout autre accident de force majeure.

Art. 124. — Les parcs à huîtres ou à moules et les dépôts de coquillages établis dans des propriétés particulières, au moyen de prises d'eau salée, sont soumis aux mêmes règles de police et de surveillance que ceux fondés sur les grèves.

Art. 125. — Il est interdit à tous détenteurs de parcs à huîtres ou à moules et de dépôts de coquillages de laisser leurs établissements inoccupés pendant une année entière. — Il leur est également défendu : — 1° d'empiéter sur les chemins de servitude, ou sur l'établissement d'un autre concessionnaire; — 2° de recevoir dans leurs parcs des huîtres provenant de la pêche à pied.

Art. 126. — Lorsqu'il est reconnu que des huîtres provenant de la pêche à pied ont été déposées dans des parcs ou dépôts, elles sont saisies et vendues au profit de la caisse des invalides de la marine.

Art. 127. — Les détenteurs de parcs et de dépôts sont tenus de placer, à l'angle nord de chacun de ces établissements, une planche portant son numéro d'ordre.

Art. 128. — Les parcs à huîtres et à moules sont permanents, mais les dépôts de ces coquillages ne peuvent être conservés que pendant la saison de la pêche. — Les huîtres et les moules trouvées dans ces dépôts après la clôture de la pêche sont reportées sur les bancs ou moulières désignées à cet effet, aux frais des personnes qui les ont recueillies.

Art. 129. — A la fin de chaque année, les commissaires de l'inscription maritime ou les inspecteurs des pêches passent l'inspection des parcs à huîtres ou à moules et des dépôts de coquillages situés dans leurs quartiers respectifs.

Art. 130. — A la même époque, il est procédé à la répartition des parcs à huîtres ou à moules et des dépôts de coquillages devenus vacants, par suite de décès, de cessation de commerce, d'éviction ou de toute autre cause, par les soins d'une commission formée par le gouverneur général, à l'approbation duquel sera soumis le projet de répartition. — Dans l'espace de temps qui s'écoule entre l'époque où ces établissements sont devenus vacants et la répartition annuelle, le commissaire de l'inscription maritime peut en autoriser la jouissance provisoire, suivant qu'il le juge convenable.

TITRE XI.

MESURES DE POLICE TOUCHANT L'EXERCICE DE LA PÊCHE A PIED.

Art. 131. — Nul ne peut se livrer habituellement à la pêche à pied avec filets, sans en avoir fait la déclaration au commissaire de l'inscription maritime.

Art. 132. — Les pêcheurs à pied sont soumis, en ce qu'elles ont d'applicable à ce genre de pêche, à toutes les dispositions du présent arrêté relatives aux époques d'ouverture et de clôture et aux heures d'exercice des diverses pêches; aux mesures tendant à la conservation du frai, du poisson et du coquillage au-dessous des dimensions réglementaires; aux prohibitions relatives à la mise en vente, à l'achat, au transport et au colportage du frai, du poisson assimilé au frai, et de celui qui n'a pas atteint la dimension minimum déterminée; aux appâts défendus, aux diverses conditions imposées pour l'établissement et l'exploitation des pêcheries, parcs, étalages et dépôts pour les huîtres, et enfin à toutes les mesures d'ordre, de police et de précaution ayant pour but de conserver la pêche et d'en régler l'exercice.

Art. 133. — Il est interdit aux pêcheurs à pied de se servir d'aucun filet, engin ou instrument quelconque pour faire la pêche des huîtres. — Ils ne peuvent recueillir ce coquillage qu'à la main, et lorsqu'il a été délaissé par la mer.

TITRE XII.

DÉLIMITATION DES DIFFÉRENTS QUARTIERS OU DIRECTIONS DE PORTS DE L'ALGÉRIE.

Art. 134. — Le littoral de l'Algérie comprend les douze quartiers ou directions de ports dénommés et limités provisoirement suivant les indications du tableau suivant :

Bône : à l'est, frontière de Tunis; à l'ouest, l'Oued-Kebir. — *Stora :* est, cap Filfila; ouest, cap Bougaroni. — *Djidjelli :* est, l'Oued-Kebir; ouest, l'Oued-Ziama. — *Bougie :* est, tribu des Beni-Ségour; ouest, tribu des Beni-Ksila. — *Dellys :* est, l'Oued-Isser; ouest, l'Oued-Sidi-Ahmed-ben-Jousse. — *Alger :* est, l'Oued-Isser; ouest, Tombeau de la Reine. — *Cherchell :* est, Tombeau de la Reine; ouest, cap Ténès. — *Ténès :* est, l'Oued-Amour; ouest, pointe Ouadja de la tribu des Cherfa. — *Mostaganem :* est, le Cheliff; ouest, la Macta. — *Arzew :* est, l'Habra; ouest, cap Ferrat. — *Mers-el-Kébir :* est, pointe de l'Aiguille; ouest, la Tafna. — *Nemours :* est, Rio-Salado; ouest, frontière du Maroc.

Art. 135. — Toutes les attributions conférées par le présent arrêté aux commissaires de l'inscription maritime seront également exercées par les officiers de vaisseau qui en cumulent les fonctions avec celles de directeur de port sur le littoral de l'Algérie.

TITRE XIII.

DISPOSITIONS TRANSITOIRES.

Art. 136. — Il est accordé aux pêcheurs un délai de six mois, à partir de la date de la promulgation du présent arrêté, pour se conformer aux

31

dispositions qu'il renferme, relativement à la forme des filets et à la dimension des mailles. — Toutefois, cette tolérance ne s'applique pas aux filets, engins et instruments de pêche non autorisés par le présent arrêté; l'usage en sera immédiatement interdit.

Art. 137. — Les détenteurs de madragues sont tenus, dans le délai ci-dessus énoncé, de se conformer aux dispositions du présent arrêté, relativement à l'installation et à l'exploitation de leurs pêcheries. — Ce délai n'est pas applicable aux prescriptions concernant la largeur des mailles des filets, l'entretien des feux, non plus qu'aux époques pendant lesquelles la pêche est interdite. — Les dispositions de l'arrêté sont immédiatement exécutoires à cet égard.

Art. 138. — Toutes dispositions contraires au présent arrêté sont et demeurent abrogées.

21 juillet 1862.

Décret promulguant le décret du 29 avril 1862 portant que la surveillance, la police et l'exploitation de la pêche dans les fleuves, rivières et canaux navigables et flottables, non compris dans les limites de la pêche maritime, ainsi que la surveillance et la police dans les canaux, rivières, ruisseaux et cours d'eau quelconques non navigables ni flottables, sont placées dans les attributions du ministre de l'agriculture, du commerce et des travaux publics, et confiées à l'administration des ponts et chaussées (B. O. 63).

octobre 1864.

Arrêté du gouverneur autorisant la pêche dite au bœuf pendant toute l'année sur le littoral algérien, à trois milles au large du rivage (B. O. 125).

18 août 1870.

Arrêté du gouverneur contenant interdiction locale de la pêche au bœuf (B. O. 335).

Considérant la nécessité de mettre à l'abri de toute éventualité le câble électrique sous-marin qui relie Bône à Marseille;

Art. 1. — La pêche dite *au bœuf,* autorisée par arrêté du 22 octobre 1864 sur le littoral algérien, à trois milles au large du rivage, est interdite entre la terre et le câble.

30 novembre 1871.

Arrêté du gouverneur qui supprime les fonctions d'inspecteur de pêche (B. O. 384).

Art. 1. — Les fonctions d'inspecteurs des pêches sont supprimées en Algérie.

Art. 2. — Les gardes-maritimes seront placés sous les ordres directs des commissaires de l'inscription maritime.

Art. 3. — Une décision spéciale fixera la date à laquelle chacun des titulaires actuels des emplois d'inspecteurs des pêches, cessera ses fonctions.

13 avril 1875.

Arrêté du gouverneur général concernant les autorisations d'établissements de pêche et les occupations temporaires (B. O. 604).

Art. 1. — Les autorisations : 1° pour la création d'établissements de pêche, de quelque nature qu'ils soient, à fonder sur le domaine public maritime ou sur les propriétés privées recevant l'eau de la mer; 2° pour occupations temporaires du domaine public maritime et de ses dépendances, sont accordées par le gouverneur général, à titre précaire et révocable, sans indemnité, à la première réquisition de l'administration.

Art. 2. — Tout établissement de pêche, fondé sur le domaine public maritime ou sur une propriété privée, alimentée par l'eau de la mer, de même que toute occupation temporaire du domaine public maritime, sont soumis au payement d'une redevance fixée conformément à l'article 3 ci-après.

Toutefois, pourront être exemptées de cette redevance les concessions de pêcheries faites exclusivement dans l'intérêt des inscrits maritimes, de leurs femmes, veuves ou enfants mineurs, à moins que ces concessions soient commandités par des non inscrits, ou exploitées à la fois par des inscrits et des non inscrits, auquel cas elles supporteront une redevance proportionnée à la participation des non inscrits dans l'entreprise.

Art. 3. — Le montant des redevances est fixé, savoir :

Par le directeur des domaines, lorsque le chiffre de cette redevance est de 500 francs et au-dessus;

Par le gouverneur général, lorsque la redevance est supérieure à cette somme de 500 francs.

L'adhésion du concessionnaire ou du permissionnaire est constatée par un simple engagement, dont copie reste jointe au dossier de la demande, ainsi qu'il est dit aux articles 5 et 6 ci-après.

La redevance court à partir du premier jour du second mois qui suit la notification de l'autorisation au concessionnaire ou au permissionnaire.

Ampliation de l'arrêté de concession ou d'autorisation, revêtue d'une mention indiquant la date de la notification aux intéressés est adressée par le préfet au directeur des domaines, pour servir à la consignation et au recouvrement de la redevance, laquelle sera payée à la caisse du receveur du bureau des domaines, dans la circonscription duquel sont situés les établissements, par semestre ou annuellement, suivant son importance, à l'échéance des 1er janvier et 1er juillet, en tenant compte au concessionnaire ou permissionnaire, pour le premier terme, du temps pendant lequel la concession a couru.

Art. 4. — Tous les cinq ans, la redevance peut être révisée par le domaine.

Les établissements concédés exclusivement à des inscrits, à leurs veuves, femmes ou enfants mineurs, qui seraient par la suite commandités ou exploités par des non inscrits, sont assujettis à la redevance, dès la constatation de cette commandite ou de l'exploitation par des non inscrits.

Art. 5. — Toutes les demandes d'occupation, à quelque titre que ce soit, d'une partie quelconque du domaine public maritime, seront adressées, suivant les territoires, aux préfets ou aux généraux commandant les divisions, qui les communiqueront, pour avis, tant au représentant de l'autorité maritime, qu'à l'ingénieur en chef des ponts et chaussées, chargé du service.

Dans le cas où l'occupation, même temporaire, serait de nature à intéresser la défense du territoire, l'avis des officiers du génie sera pris également.

Le demandeur devra souscrire un engagement de payer la redevance qui sera fixée, provisoirement, après avis des services des ponts et chaussées et de la marine, par le receveur des domaines, sous la réserve de la décision du directeur des domaines ou, suivant le cas, du gouverneur général.

Art. 6. — Le dossier, après cette instruction préliminaire, sera adressé au gouverneur général par le préfet ou le général commandant la division, avec son avis et tous les renseignements de nature à permettre de déterminer la redevance ou à justifier de la gratuité de la permission.

Art. 7. — En cas de révocation de la concession ou de l'autorisation d'occupation temporaire par le gouverneur général, la redevance cesse à partir du jour où la concession a pris fin. Dans ce cas, la partie de redevance restée due devient immédiatement exigible.

Art. 8. — Il sera dressé, avant le 1er juillet 1875, par les soins du service de la marine et des ponts et chaussées, chacun en ce qui le concerne, un état de tous les établissements de pêche existants et de toutes les permissions autorisées sur le domaine public maritime de l'Algérie, avec ou sans redevances.

Cet état sera adressé au gouverneur général; il fera connaître, pour les établissements de pêche, les points de la côte sur lesquels ils sont situés, la date de l'autorisation, le nom des détenteurs leur qualité d'inscrits ou de non-inscrits et les produits approximatifs de l'établissement.

Art. 9. — Tout détenteur, concessionnaire ou occupant actuel d'établissements ou de terrains spécifiés par l'article 2 et soumis à la redevance conformément à l'article 3, sera prévenu par l'administration de la marine, s'il s'agit d'établissements de pêche, et par le service des ponts et chaussées dans tous les autres cas, qu'il doit souscrire, entre les mains du receveur des domaines du lieu d'où dépend l'établissement ou le terrain occupé, l'engagement de payer cette redevance, qui courra à partir du 1er juillet 1875.

Dans le cas où l'engagement dont il s'agit ne serait pas souscrit, l'autorisation d'exploiter ou la concession de jouissance sera retirée.

Pêche du corail.

La pêche du corail emploie, en Algérie, plus de 200 bateaux chaque année; elle est régie par deux arrêtés du gouverneur, dont l'un, du 16 décembre 1876, détermine quels sont les engins autorisés, et l'autre, du 19 décembre de la même année, divise les corailleurs en deux catégories, les français et les étrangers; les premiers affranchis de tous droits et les seconds soumis à un droit de patente de 800 francs. Ce dernier décret n'est du reste pas encore mis à exécution.

18 août 1870.

Arrêté du gouverneur contenant interdiction locale de la pêche au corail (B. O. 335).

Vu la nécessité de mettre à l'abri de toute éventualité le câble électrique sous-marin qui relie Bône à Marseille :

Art. 1. — La pêche du corail est interdite au nord de la partie comprise entre le cap de Garde et Takouch.

15 décembre 1876.

Arrêté du gouverneur général portant réglementation de l'emploi des engins servant à la pêche du corail (B. O. 685).

Art. 1. — A compter du 1er janvier 1877, il est fait défense à tout corailleur d'employer pour la pêche d'autre engin que celui qui consiste en une croix de bois, garnie de filets de chanvre et munie, à son centre, d'un poids suffisant pour la faire descendre au fond.

Les bras de cette croix ne devront être munis d'aucune armature métallique, de quelque forme qu'elle puisse être.

Les instruments en fers ou autre métal, tels que grattes, dragues, casseroles, grappins, cercles, etc., sont prohibés.

Art. 2. — L'emploi du scaphandre continue à être autorisé. Tout instrument nouveau pourra être autorisé également, après essai et examen, s'il est reconnu de ne pas devoir nuire à la conservation des bancs. Cette autorisation pourra faire l'objet d'un arrêté spécial, après avis favorable de l'administration maritime.

Art. 3. — Les infractions au présent arrêté seront punies par les commissaires de l'inscription maritime et les directeurs de port en faisant fonctions, après avoir été constatées, soit par ces officiers ou leurs agents, soit par les bâtiments chargés de la surveillance de la pêche du corail.

Art. 4. — Les peines à infliger seront, selon la gravité du délit, l'interdiction temporaire ou définitive pour la saison commencée, de pêcher dans les parages algériens. Dans le cas de l'interdiction définitive, si le corailleur est étranger, il lui sera fait retrait de sa patente dont les droits demeureront néanmoins définitivement acquis à l'État; s'il est Français, ou navigue dans les conditions prévues à l'article 3 du décret du 1er juin 1861, son rôle d'équipage lui sera retiré.

Dans tous les cas les engins prohibés seront confisqués.

19 décembre 1876. (1)

Décret portant réglementation de l'exercice de la pêche du corail en Algérie (B. O. 688).

Art. 1. — Le décret du 1er juin 1864, est rapporté, sauf en ce qui concerne le taux de la patente qui reste provisoirement fixé à 800 francs sous la réserve des modifications pouvant résulter des conventions internationales.

Art. 2. — Il n'y aura plus, à l'avenir, que deux catégories de pêcheurs de corail : les français indigènes ou naturalisés exonérés de tous droits, et les étrangers payant patente.

Art. 2. — Pour être admis à la gratuité de la pêche, les bateaux devront avoir été construits en France ou en Algérie, ou être francisés et appartenir à des français ou naturalisés; le patron et les trois quarts au moins de leurs équipages devront être français indigènes ou naturalisés.

Art. 5. — Sont et demeurent abrogées les dispositions des ordonnances, décrets et règlements antérieurs qui sont contraires au présent décret.

Pénal (Code).

Non promulgué, mais exécutoire par le fait de la conquête.

Les lois postérieures qui ont modifié quelques-uns de ses articles, sont également exécutoires, bien qu'elles n'aient pas été l'objet d'une promulgation spéciale, telles sont notamment : La loi du 13 mai 1863; celle du 11 mars 1872, qui autorise l'application de

(1) Les dispositions de ce décret suspendues d'abord jusqu'au 1er octobre 1877, puis jusqu'au 8 juillet 1878 ne seront applicables, aux termes d'un décret inséré dans l'*Officiel* du 3 juillet, qu'à partir du 1er janvier 1879.

l'article 463 au délit prévu par le décret du 29 décembre 1851 ; celle du 26 juillet 1873, sur les délits commis au préjudice des restaurateurs.

Phares et fanaux.

6 octobre 1866.

Arrêté du gouverneur qui organise le service des phares et fanaux (B. O. 285).

Art. 1. — Le personnel des agents du service des phares et fanaux en Algérie, se compose de maîtres de phares et de gardiens. — Le traitement des maîtres de phares est fixé à 1,400 francs. — Les gardiens sont divisés en six classes pour lesquelles le traitement annuel est fixé comme il suit : 1re classe 1,200 francs, — 2e classe 1,080 francs, — 3e classe 900 francs, — 4e classe 840 francs, — 5e classe 720 francs, — 6e classe 600 francs. — Ces traitements, non susceptibles d'augmentation à titre de supplément colonial, sont soumis aux retenues prescrites par la loi du 9 juin 1853 sur les pensions civiles.

Art. 2. — Des décisions du gouverneur général de l'Algérie fixent, sur la proposition de l'ingénieur en chef et sur l'avis du préfet et de l'inspecteur général des travaux civils, le nombre des gardiens attachés au service de chaque phare.

Art. 3. — Les maîtres et les gardiens des phares sont nommés par le préfet, sur la proposition de l'ingénieur en chef.

Art. 4. — Pour être nommé maître ou gardien du phare, il faut : 1° être Français, âgé de 21 ans au moins et de 40 ans au plus; — 2° n'être atteint d'aucune infirmité qui s'oppose à un service actif et journalier; — 3° être porteur d'un certificat de bonne vie et mœurs; — 4° savoir lire et écrire et posséder les premiers éléments de l'arithmétique. — Les gardiens des phares sont choisis de préférence parmi les anciens militaires des armées de terre et de mer.

Art. 5. — Chaque année, sur la proposition de l'ingénieur en chef, il pourra être accordé, par le préfet, aux gardiens les plus méritants, une gratification qui n'excédera pas un mois de traitement. — Le nombre des gardiens auxquels cette gratification pourra être accordée ne dépassera pas le cinquième du nombre total de ceux employés dans chaque province. — Dans les provinces où il y a moins de cinq gardiens, cette gratification ne pourra être accordée qu'à un seul d'entre eux.

Art. 6. — Les gardiens actuellement en fonctions et remplissant les conditions ci-dessus, seront répartis, à partir du 1er janvier 1869, dans les six classes instituées par l'article 1er du présent arrêté, d'après le traitement dont ils jouissent.

Art. 7. — En cas de négligence dans le service ou d'actes répréhensibles, les punitions encourues sont : — 1º la retenue d'une partie du traitement ; — 2º la révocation. — Ces punitions sont prononcées par le préfet, sur le rapport de l'ingénieur en chef.

6 octobre 1863.

Règlement d'exécution de l'arrêté ci-dessus.

Art. 1. — Le personnel des agents du service des phares et fanaux est placé sous les ordres des ingénieurs et conducteurs des ponts et chaussées.

Art. 2, 3, 4. — *Nominations.* — Articles 3 et 4 de l'arrêté.

Art. 5. — *Traitement.* — Il est alloué, en dehors du traitement, à chaque maître ou gardien, une certaine quantité de bois de chauffage ou de charbon de terre. Les maîtres et les gardiens des phares isolés en mer reçoivent des indemnités pour vivres de mer, lesquelles sont fixées par l'administration, suivant les circonstances. Les salaires et indemnités sont payés chaque mois par douzième. Le combustible est fourni en nature, en une ou plusieurs fois suivant la décision des ingénieurs.

Art. 6. — *Retraite.* — (Arrêté, article 1).

Art. 7. — *Serment.* — Les maîtres et les gardiens des phares sont assermentés immédiatement après leur nomination, afin d'être aptes à dresser procès-verbal valable, en cas de contravention commise dans l'établissement auquel ils sont attachés.

Art. 8. — *Nombre de gardiens.* — (Arrêté, article 3). Le nombre n'est jamais inférieur à 3 pour les phares de premier ordre et à 2 pour ceux du deuxième et du troisième ordre.

Art. 9. — *Maîtres de phare.* — Ils sont chargés de la direction de plusieurs phares ou fanaux. Ce titre peut être accordé aux chefs-gardiens qui l'ont mérité par des services exceptionnels.

Art. 10. — *Chefs-gardiens.* — Dans les phares desservis par plusieurs gardiens et où il n'y a pas de maître, l'un des agents porte le titre de chef. En cas d'absence, il est remplacé dans ses fonctions par le deuxième gardien.

Art. 11. — *Devoirs des maîtres de phares et des chefs-gardiens.* — Ils sont particulièrement responsables de l'ensemble du service et de la réception des huiles. Ils sont principalement chargés de la tenue des registres et de la correspondance. Les autres gardiens leur doivent obéissance pour tout ce qui concerne le service, sauf recours à l'ingénieur. Les gardiens-chefs concourent à la surveillance du feu et à l'entretien des appareils sans aucune distinction, à cet égard, avec les autres gardiens. Les maîtres de phare sont dispensés de ce service, mais ils sont tenus de visiter le feu, au moins deux fois par nuit, et ils peuvent être astreints temporairement à remplir les fonctions de chef-gardien, par décision de l'ingénieur en chef du département, dans le cas où des circonstances exceptionnelles rendraient cette mesure nécessaire.

Art. 12. — *Devoirs des gardiens.* — Ils sont chargés conjointement du soin du feu et de la conservation ainsi que de l'entretien de propreté des appareils d'éclairage, des ustensiles, du mobilier et de l'édifice. Ils doivent se conformer très-exactement aux règlements et aux ordres de service qui leur sont remis par les ingénieurs, et tenir constamment avec le plus grand soin toutes les parties de l'établissement qui leur est confié. Ceux qui sont attachés à l'un des phares des trois premiers ordres sont astreints à surveiller la flamme de l'appareil pendant toute la durée des nuits, à cet effet, ils sont successivement de quart. Les gardiens des fanaux sont tenus de visiter leur feu, une fois au moins au milieu de la nuit pendant l'été, deux fois à intervalles égaux pendant les nuits d'hiver, et plus fréquemment lorsqu'il y aura lieu de craindre, pour un motif quelconque, que la flamme ne diminue notablement d'intensité ou ne vienne à s'éteindre.

Art. 13. — *Service du matin.* — Dès la pointe du jour, les gardiens doivent éteindre le feu, s'occuper de tout préparer pour l'éclairage de la nuit suivante et pourvoir au service de propreté conformément aux prescriptions des instructions spéciales, de manière que les diverses opérations composant le service du matin soient complétement terminées deux heures après le lever du soleil.

Art. 14. — *Service du jour et de la nuit.* — Une heure avant le coucher du soleil, tous les gardiens doivent être à leur poste pour procéder ensuite au service du soir, conformément aux instructions. — L'allumage des phares à mèches doit être commencé un quart d'heure après le coucher du soleil, de manière que la flamme soit en plein effet à la chute du jour.

Les gardiens sont tenus de rester dans le phare pendant la nuit, et il doit toujours y en avoir un, au moins, dans la chambre de service, pour venir, en cas de besoin, au secours de celui qui est de quart. Tous les gardiens doivent, d'ailleurs, se rendre immédiatement à l'appel du gardien de quart, si une circonstance quelconque exigeait leur concours. — Le gardien qui est de quart consigne sur un carnet ses observations sur les diverses circonstances du service de l'appareil, l'apparence des feux en vue, l'état de l'atmosphère, les navires en vue, etc. — Le gardien chef transcrit le lendemain, sur le registre à ce destiné, toutes celles de ces notes qui lui paraissent devoir être signalées à l'attention de l'ingénieur. — Les extinctions ou les affaiblissements du feu doivent être notamment consignés sur ce registre, avec la mention de la cause, de l'heure et de la durée.

Art. 15. — *Service du jour.* — Durant le jour,

les gardiens ne doivent jamais s'absenter du phare tous à la fois, sous quelque prétexte que ce soit. — A cet effet, ils sont successivement de service, soit par jour, soit par semaine, suivant les ordres de l'ingénieur.

Art. 16. — *Entretien et propreté.* — Des instructions spéciales règlent le service des gardiens en ce qui concerne l'entretien de l'appareil d'éclairage et de la lanterne. — Pour l'entretien de propreté de l'édifice ils sont tenus : (Suivent les détails.)

Art. 17. — *Visiteurs.* — Il est interdit aux gardiens de laisser visiter le phare pendant la nuit par des personnes étrangères au service. — Ils ne peuvent admettre de visiteurs que lorsque le service du matin est complètement terminé, et lorsqu'il doit s'écouler une heure au moins avant le coucher du soleil. — Ils doivent les accompagner constamment, ne jamais leur permettre d'entrer dans l'appareil, et n'introduire pas plus de deux personnes à la fois dans la chambre de la lanterne. — Ils sont responsables de toutes les dégradations qui pourraient être commises par les visiteurs. — Ils inviteront toutes les personnes qui voudront visiter le phare à inscrire leurs noms et adresses sur un registre à ce destiné, et n'admettront que celles qui auront satisfait à cette prescription.

Art. 18. — *Assistance aux naufragés.* — Les gardiens sont tenus de prêter tous les secours en leur pouvoir aux navigateurs ainsi qu'aux naufragés, et de leur offrir asile en cas de besoin, mais sans jamais interrompre la surveillance du feu ou l'exposer à être compromise. — Ils doivent veiller à la conservation des épaves que la mer jetterait à proximité du phare et en donner avis à l'autorité maritime.

Art. 19. — *Congés.* — Nul gardien ne peut s'absenter sans une autorisation écrite de l'ingénieur et sans avoir au préalable fait agréer son remplaçant. — Sont exceptés de cette disposition, les congés délivrés régulièrement aux gardiens des phares isolés en mer.

Art. 20. — *Gratifications* (comme à l'article 5 de l'arrêté). — Le gouverneur général statue quand il y a lieu à dépasser ces limites, à raison des circonstances exceptionnelles.

Art. 21. — *Punitions* (comme à l'article 7 de l'arrêté). — Si les circonstances paraissent l'exiger, l'exclusion d'un gardien serait prononcée immédiatement par l'ingénieur ou par le conducteur chargé de la surveillance du phare, qui pourvoirait d'urgence au remplacement de ce gardien ; mais cette mesure ne serait définitive qu'après l'approbation du préfet.

Art. 22. — *Livret.* — Chaque maître ou gardien de phare est porteur d'un livret sur lequel le conducteur chargé de la surveillance du phare inscrit les gratifications accordées et les punitions infligées.

Art. 23. — *Uniforme* : Maîtres de phares : Tunique en drap bleu, collet renversé avec étoile de chaque côté brodée d'or. Casquette drap bleu avec ancre surmontée d'une étoile brodée d'or. Gilet, drap bleu l'hiver, coton blanc l'été. Boutons de tunique et gilet en cuivre doré portant les mots : *Maîtres de phare.* Pantalons drap bleu l'hiver, toile écrue l'été.

Gardiens : Veste de marin drap bleu à collet renversé avec étoile, en soie jaune pour les chefs, en laine pour les gardiens. Pantalon et gilet comme dessus. Boutons de veste et gilet en cuivre avec ces mots : *Gardien de phare.* Chapeau de marin en cuir bouilli, avec ancre surmontée d'une étoile et les mots : *Gardien* ou *chef gardien* peints en blanc.

Art. 24. — *Abonnements.* — Le service des fanaux d'importance secondaire peut être confié à des personnes qui ne sont pas classées parmi les agents des phares.

Pharmaciens et herboristes.

Même législation qu'en France, sauf quelques détails d'exécution.

10 mars 1835.

Arrêté du gouvernement qui promulgue les articles 35 et 36 de la loi du 19 ventôse an XI, les articles 32 33, 34, 35 et 36 de la loi du 21 germinal an XI et l'article 42 de l'arrêté du 25 thermidor an XI (B. 11).

12 juillet 1851.

Décret portant règlement général sur la profession de pharmacien et d'herboriste (B. 391).

Art. 1. — Nul ne peut exercer, en Algérie, la profession de pharmacien et d'herboriste, s'il n'a été examiné et reçu dans les formes prescrites par les titres 1, 2 et 3 de la loi du 21 germinal an XI.

Les pharmaciens pourvus de titres délivrés par des universités étrangères, et les pharmaciens reçus par les jurys médicaux de France, ne peuvent s'établir en Algérie qu'en vertu d'une autorisation spéciale du ministre de la guerre. — Cette autorisation est soumise aux formalités de l'enregistrement prescrites par l'article 4 du présent décret, et n'est valable que pour l'Algérie.

Art. 2. — *Certificats et diplômes.* (V. *École de médecine.* Décret du 4 août 1857, article 7.)

Art. 3. — Les rétributions, provenant des droits d'examen des pharmaciens et herboristes, sont versées dans la caisse du budget départemental.

Art. 4. — La présentation des diplômes de pharmacien, et l'enregistrement de ces diplômes, ont lieu dans les formes déterminées par l'article 8 du décret en date du 12 juillet 1851, sur l'exercice de la médecine.

Les herboristes sont tenus de faire enregistrer leur certificat d'examen par le maire de la localité où ils veulent s'établir, ou par l'officier public qui en remplit les fonctions.

Art. 5. — Les préfets et les généraux commandant les divisions dressent les listes des pharmaciens dont les diplômes sont enregistrés, et les transmettent au gouverneur général qui les fait publier dans le *Bulletin officiel des actes du gouvernement.*

Art. 6. — Les pharmaciens établis en Algérie, et ayant officine ouverte, sont tenus de se conformer aux prescriptions de l'article 4 du présent décret, dans un délai de trois mois, à partir de sa promulgation.

Art. 7. — Les visites des officines et des magasins de pharmaciens, herboristes, épiciers et droguistes, prescrites par la loi du 21 germinal an XI, et par l'arrêté du 25 thermidor de la même année, sont faites dans chaque province par les membres du jury de médecine réunis aux quatre pharmaciens adjoints.

Si le jury n'est pas rassemblé, ou si les circonstances ne lui permettent pas de se transporter sur les lieux, ces visites sont faites par une commission spéciale composée d'un docteur en médecine et d'un ou plusieurs pharmaciens de la localité, désignés par le préfet, en territoire civil, et par le général commandant la division, en territoire militaire.

Les membres du jury et les membres de la commission instituée par le paragraphe précédent sont assistés, dans leurs visites, d'un commissaire de police, et, à défaut d'un commissaire de police, du maire ou de l'officier public qui en remplit les fonctions, lesquels dressent procès-verbal pour être, en cas de contravention, procédé contre les délinquants, conformément aux lois et règlements en vigueur.

Art. 8. — Les taxes fixées pour frais de visites par l'arrêté du 25 thermidor an XI, sont perçues et recouvrées comme en matière de contributions diverses. Le produit en est versé dans la caisse du budget.

Art. 9. — Au décès d'un pharmacien, la veuve a la faculté de tenir son officine ouverte pendant un an, sous les conditions déterminées par l'article 41 de l'arrêté du 25 thermidor an XI.—Toutefois, si le jury ne peut être rassemblé, l'élève présenté par la veuve du pharmacien décédé est soumis à l'examen de la commission instituée par l'article 7 et dont les membres rempliront alors les obligations imposées au jury.

Art. 10. — Sont et demeurent abrogés les arrêtés antérieurs qui ne seraient pas conformes au présent décret et aux lois ci-dessus visées.

12 juillet 1851.

Décret qui rend exécutoire en Algérie les lois
de France sur la vente et l'achat de substances vénéneuses (B. 391).

Art. 1. — Sont rendus exécutoires en Algérie et seront publiés à la suite du présent décret : — 1° la loi du 19 juillet 1845 ; — 2° l'ordonnance du 25 octobre 1846, portant règlement sur la vente des substances vénéneuses ; — 3° le décret du 8 juillet 1850 et le tableau annexé à ce décret.

Art. 2. — Nul indigène, musulman ou israélite, ne peut se livrer au commerce, soit en gros, soit en détail, de l'une des substances vénéneuses comprises dans le tableau annexé au décret du 8 juillet 1850, sans une autorisation délivrée, en territoire civil, par les préfets, sous-préfets ou commissaires civils, et, en territoire militaire, par le général commandant la division ou les commandants de subdivision ou de cercle. — Cette autorisation doit spécifier les substances vénéneuses dont le commerce est permis à l'impétrant; elle est révocable. — Les indigènes autorisés à faire le commerce des substances vénéneuses sont soumis aux visites prescrites par l'ordonnance du 29 octobre 1846 et le décret du 8 juillet 1850.

Art. 3. — Dans les visites faites, en vertu de l'article 14 de l'ordonnance du 29 octobre 1846, les maires ou commissaires de police, en territoire civil, et les commandants de place, en territoire militaire, peuvent être assistés, soit d'un docteur en médecine, soit d'un membre du jury médical et d'un des pharmaciens adjoints à ce jury.

Décret du 8 juillet 1850.

Art. 1. — Le tableau des substances vénéneuses annexé à l'ordonnance du 29 octobre 1846 est remplacé par le tableau joint au présent décret.

Art. 2. — Dans les visites spéciales prescrites par l'article 14 de l'ordonnance du 29 octobre 1846, les maires ou commissaires de police seront assistés, s'il y a lieu, soit d'un docteur en médecine, soit de deux professeurs d'une école de pharmacie, soit d'un membre du jury médical et d'un des pharmaciens adjoints à ce jury, désigné par le préfet.

Tableau des substances vénéneuses à annexer au décret du 8 juillet 1850.

Acide cyanhydrique. — Alcaloïdes végétaux vénéneux et leurs sels. — Arsenic et ses préparations. — Belladone, extrait et teinture. — Cantharides entières, poudre et extrait. — Chloroforme. — Ciguë, extrait de teinture. — Cyanure de mercure. — Cyanure de potassium. — Digitale, extrait et teinture. — Nicotine. — Nitrate de mercure. — Opium et son extrait. — Phosphore. — Seigle ergoté. — Stramonium, extrait et teinture. — Sublimé corrosif.

31 janvier 1853.

Circulaire ministérielle interdisant la vente du papier tue-mouches (B. 431).

Une circulaire ministérielle du 21 décembre dernier signale les dangers qui peuvent résulter de l'emploi des papiers dits tue-mouches, qui se vendent chez les droguistes, les épiciers ou les pharmaciens. — Ces papiers qui doivent, pour la plupart, leurs propriétés toxiques à la présence de préparations solubles d'arsenic, d'acide arsénieux ou d'arséniate de potasse, peuvent devenir, entre les mains de personnes imprudentes ou malintentionnées, la cause de graves accidents.

L'interdiction dont sont frappés, par l'article 10 de l'ordonnance du 29 octobre 1840, la vente et l'emploi de l'arsenic et ses composés, non-seulement pour le chaulage des grains et l'embaumement des corps, mais aussi pour la destruction des insectes, cette interdiction s'applique essentiellement aux papiers arsenicaux.

Quant à ceux qui seraient préparés avec d'autres toxiques indiqués au tableau des substances vénéneuses, ils peuvent être fabriqués et vendus, mais seulement avec les précautions exigées par les articles 1, 2, 3, 4, 11 et 12 de l'ordonnance précitée.

3 août 1855.

Arrêté du gouverneur concernant la vente de médicaments toxiques. — Étiquettes spéciales.

Art. 1. — A dater de la publication du présent arrêté, les pharmaciens sont tenus de placer sur les fioles ou paquets contenant des médicaments toxiques destinés à l'usage externe, une étiquette spéciale indiquant cette destination. — Cette étiquette devra être conforme, quant à la couleur (rouge-orangé) et à l'inscription (portant les seuls mots : *médicament pour l'usage externe*, imprimés en noir et en caractères très-distincts), à l'échantillon annexé au présent arrêté.

Art. 2. — Les contraventions seront poursuivies et punies conformément à la loi.

1er octobre 1864.

Décret qui ajoute la coque du Levant aux substances vénéneuses énumérées dans le tableau annexé au décret du 8 juillet 1850 (B. O. 128).

3 mars 1866.

Circulaire du gouverneur interdisant la vente des gouttes de Harlem considérées comme remède secret (B. O. 170).

23 août 1873.

Décret concernant les officiers de santé et les pharmaciens de deuxième classe qui veulent s'établir dans un département autre que celui où ils ont été reçus (B. Lois XII, n° 2327).

14 juillet 1875.

Décret fixant la durée des études pour l'obtention du diplôme de pharmacien.

V. *École de médecine.*

Pénitenciers agricoles.

Ces établissements sont destinés aux indigènes condamnés à l'emprisonnement par les commissions disciplinaires. Ils dépendent de l'administration militaire et sont au nombre de 4, savoir : 2 dans la province d'Alger, 1 dans celle d'Oran, et 1 dans celle de Constantine. Ils ont reçu, en 1876, 1,149 condamnés et en détenaient 185 au 31 décembre.

Pilotes lamaneurs.

Le service de pilotage est régi par le décret réglementaire du 16 juillet 1852 et par des décrets particuliers à chaque port, savoir : ceux des 16 juillet et 16 novembre 1852 pour le port d'Alger, du 23 mai et 12 juillet 1865 pour les ports d'Oran et de Mers el Kébir, ceux des 5 avril 1873 et 30 avril 1874 pour le port de Bône, l'arrêté du 3 octobre 1874 et le décret du 30 mars 1875 pour le port de Philippeville.

16 juillet 1852

Décret instituant un service de pilotage (B. 428).

Art. 1. — Il sera établi, dans les ports et rades de l'Algérie, et suivant les besoins de la navigation, un service de pilotes lamaneurs.

Art. 2. — Nul ne pourra être pilote lamaneur ou aspirant pilote s'il n'est âgé de vingt-quatre ans, s'il n'a fait deux campagnes de trois mois au moins au service de l'État, et satisfait à un examen sur la manœuvre, la connaissance des bancs, courants, écueils et autres empêchements qui peuvent rendre difficile l'entrée ou la sortie du port. — Les services sur les bâtiments de l'État, comme ceux sur les navires de commerce, devront être extraits des rôles d'armement, et certifiés par les administrateurs de la marine.

Art 3. — L'examen des pilotes et aspirants piotes sera fait, en présen.. de l'administrateur de la marine, par un officier de vaisseau ou de port, deux pilotes et deux capitaines de commerce, qui seront désignés par l'officier directeur des mouvements du port.

Art. 4. — Le commandant supérieur de la marine en Algérie délivrera une lettre d'admission à chacun des pilotes lamaneurs admis. Cette lettre sera enregistrée au bureau de l'inscription maritime de la résidence du pilote, et notifiée au préfet du département.

Art. 5. — Dans les ports où le service du pilotage aura été organisé, l'administration de la marine et la chambre du commerce dresseront, sur la proposition du gouverneur, un tarif des droits qui sera examiné en conseil de gouvernement et arrêté par un décret.

Art. 6. — Les produits du pilotage, de quelque nature qu'ils soient, seront consacrés aux dépenses du personnel et du matériel de ce service. — L'excédant des recettes sur les dépenses devra être employé à l'amélioration du service, à l'augmentation des salaires, aux dépenses imprévues et à des allocations de secours aux pilotes malades ou infirmes, aux veuves et aux orphelins.

Art. .. — Dans chaque port, le service administratif du pilotage sera confié à une commission composée du commandant supérieur de la marine ou de son délégué, président; du capitaine du port de commerce, de deux négociants ou armateurs, et d'un pilote désigné par la chambre de commerce du ressort. — Les membres négociants et le pilote seront nommés pour trois ans; ils seront rééligibles. — Ils peuvent être suspendus de leurs fonctions et révoqués par un arrêté du gouverneur général.

Art. 8. — Cette commission réglera toutes les dépenses du personnel et du matériel du service, ainsi que les secours qui pourront être accordés conformément à l'article 6 du présent décret — les décisions de la commission sont définitives.

Art. 9. — Les droits de pilotage et produits de toute nature en provenant seront acquittés entre les mains d'un caissier qui sera désigné par le gouverneur général. — Les payements seront effectués par le caissier, sur mandats de la commission.

Art. 10. — Le capitaine de tout bâtiment entrant ou sortant devra prendre un pilote. En cas de refus, les droits de pilotage demeurent néanmoins dus, sans préjudice de toute action civile et même criminelle contre le capitaine, suivant la nature et la gravité des faits, et conformément aux lois sur la matière.

Art. 11. — Les bâtiments français et étrangers au-dessous de 25 tonneaux, et les bâtiments inscrits comme caboteurs, quel que soit leur tonnage, seront exemptés à l'entrée et à la sortie, de l'obligation imposée aux autres navires par l'article précédent.

Art. 12. — Un bâtiment qui, après sa première sortie, rentrera dans le port forcé par la tempête ou par tout autre accident fortuit, ne devra pas de droits pour la seconde sortie; mais il sera tenu de payer la moitié du droit en cas d'une troisième sortie, tant à cette sortie qu'à la troisième rentrée et successivement pour les autres.

Art. 13. — En cas de tempête et de péril évident, une indemnité particulière sera fixée par le tribunal de commerce et payée par le capitaine au pilote.

Art. 14. — Toutes promesses faites aux pilotes lamaneurs, dans le danger du naufrage, sont nulles.

Art. 15. — Les courtiers et consignataires des navires étrangers sont responsables du payement des droits d'entrée et de sortie.

Art. 16. — Les contestations relatives au droit de pilotage, indemnités et salaires des pilotes seront jugées par le tribunal de commerce du ressort, à la diligence soit des tiers intéressés, soit d'un membre de la commission administrative, délégué. — Les peines disciplinaires qui pourraient être encourues par les pilotes lamaneurs seront prononcées par l'officier directeur des mouvements du port et, à défaut de celui-ci, par l'officier du port de commerce, sous l'autorisation de l'administrateur supérieur de la marine. — Toute infraction constituant une contravention, un délit ou un crime sera jugée par les tribunaux compétents, conformément aux lois.

Art. 17. — Le montant des amendes prononcées même disciplinairement contre les pilotes, sera versé à la caisse des invalides de la marine du port où les délits et contraventions auront eu lieu.

Art. 18. — Des règlements concernant le service du pilotage et les dispositions auxquelles les pilotes et les capitaines de navires devront être assujettis seront établis, pour chacun des ports, par le gouverneur général, sur la proposition du préfet du département et l'avis du commandant supérieur de la marine en Algérie, le conseil de gouvernement entendu.

Art. 19. — Sont déclarés applicables à l'Algérie les dispositions du décret du 12 décembre 1806, en ce qu'elles n'ont rien de contraire au présent décret.

16 juillet 1852.

Décret fixant les droits de pilotage (B. 428).

Art. 1. — Le tarif des droits de pilotage à percevoir dans la rade et le port d'Alger, sur les bâtiments de commerce et navires de guerre français et étrangers, est fixé comme il suit :

Bâtiments du commerce. — A l'entrée, 11 centimes par tonneau; — à la sortie, 5 centimes par tonneau.

Bâtiments de guerre à l'entrée et à la sortie. — Vaisseaux de ligne de tout rang, 50 francs. — Frégates à voiles de tout rang, 40 francs. — Corvettes de guerre ou de charge à trois mâts de tout rang, 30 francs.— Gabares à voiles et à trois mâts, 25 francs.— Bricks de guerre et bâtiments légers à voiles, de toute grandeur et de tout rang, 20 francs.

Art. 2. — Les bâtiments mixtes payeront comme les bâtiments à voiles. — Les bâtiments à vapeur ne payeront que la moitié des droits de pilotage. — Les bâtiments étrangers payeront provisoirement les mêmes droits que les bâtiments français. — Tout bâtiment qui, après avoir mouillé en rade, entrera dans le port, payera le demi-droit d'entrée. — Les caboteurs immatriculés dans les divers ports de l'Algérie sont exempts de tous droits.

19 novembre 1852.

Arrêté du gouverneur portant règlement de service pour les pilotes lamaneurs (B. 428).

Art. 1. — (Ainsi modifié par arrêté ministériel du 5 juin 1856, B. 496.) — Le nombre des pilotes lamaneurs, pour le service du port d'Alger est fixé à trois, parmi lesquels le commandant supérieur de la marine désigne un chef pilote. — Il y aura, en outre, trois aspirants pilotes.

Art. 2.—(Ainsi modifié, même arrêté.) — Le salaire des pilotes est fixé ainsi qu'il suit : — Chef pilote, 150 francs par mois; — pilote 125 francs; aspirant pilote 100 francs.—Chacun d'eux recevra, en outre, une indemnité de 4 centimes par tonneau, pour les bâtiments à voiles, et de 2 centimes par tonneau pour les bateaux à vapeur qu'ils auront pilotés à l'entrée, sans que, dans aucun cas, les salaires et indemnités supplémentaires réunis puissent dépasser : — pour le chef pilote, 2,400 francs par an; — pour chaque aspirant pilote, 1,800 francs; — la commission administrative, instituée par le décret du 16 juillet 1852, réglera le salaire des matelots de manœuvres. Ces matelots devront être, autant que possible, français ou indigènes algériens, et, pour ces derniers, la préférence sera donnée à ceux qui parlent français.

Art. 3. — (Ainsi modifié, même arrêté.) — Le caissier, chargé de la perception des produits du pilotage tiendra un journal livre de caisse, qui sera coté et paraphé par le président du tribunal de commerce, et sur lequel il inscrira, par ordre de date, les recettes et les dépenses du service.— Il constatera l'entrée et la sortie de tout navire soumis au pilotage, son tonnage et le nom du pilote qui l'aura fait entrer dans le port. — L'excédant des recettes sur les dépenses sera versé chaque mois, au compte de la caisse du pilotage, à la caisse d'épargne, au même titre que les fonds provenant des sociétés de secours mutuels. — Les fonds déposés ne pourront être retirés que par autorisation écrite du président de la commission administrative du pilotage. — Le compte annuel des produits du pilotage et des dépenses de ce service présenté à la commission administrative,

sera transmis au gouverneur général, pour être soumis à l'approbation de M. le ministre de la guerre (1).

Art. 4. — Le chef-pilote devra rendre compte de tous les événements de mer qui intéressent le pilotage; les pilotes et aides sont tenus de l'informer des faits qui parviendront à leur connaissance —Le chef-pilote sera également chargé, sous sa responsabilité du personnel placé sous ses ordres.

Art. 5. — Les pilotes lamaneurs seront tenus d'avoir trois chaloupes bien équipées.

Art. 6.—Le bateau pilote qui se dirigera sur un navire pour le piloter, sera tenu de hisser et d'amener à plusieurs reprises son pavillon pendant le jour et un feu pendant la nuit pour indiquer audit navire qu'il cherche à l'aborder.

Art. 7. — Tout capitaine qui arrivera de nuit devra indiquer sa présence dans la baie par le placement d'un feu au mât de misaine.

Art. 8. — Chaque pilote en exercice sera tenu d'avoir un carnet paraphé par le président de la commission administrative, disposé en colonnes de manière à faire inscrire par le capitaine qu'il aura piloté, sa provenance, sa nation, le nom du navire, le tonnage, le jour et l'heure que le pilote est monté à bord, et la distance du port.

Pour les cas où il ne pourrait monter à bord, la déclaration en serait faite par le capitaine, sur le livret particulier qui lui sera présenté par le pilote.

Art. 9. — Tout pilote de service qui aura conduit au port un bâtiment, sera tenu de se présenter au chef-pilote pour lui rendre compte et recevoir ses ordres.

Art. 10. — Pour les postes d'amarrage à donner aux navires qui entrent dans le port, les pilotes se conformeront aux ordres qui leur seront donnés à cet égard.

Art. 11. — Tout pilote forcé par les circonstances de monter à bord d'un navire venant d'un pays suspecté de contagion ou qui aura été visité par un navire suspect, interdira de suite toute communication jusqu'à ce que l'autorité ait statué.

Il lui sera payé, par le capitaine, 6 francs par vingt-quatre heures, et, en outre, il sera nourri le tout pendant que le navire ne sera pas admis en libre pratique.

Art. 12. — Lorsqu'un pilote sera requis par le capitaine de séjourner à bord du navire, il lui sera payé par ledit capitaine 3 francs par nuit et 3 francs par jour; il recevra en outre la ration du bord.

Art. 13. — Tout capitaine qui aura à réclamer auprès du directeur du port relativement au pilotage, devra faire son rapport dans les vingt-quatre heures de son arrivée, et dans les quarante-huit heures, s'il est en quarantaine. Ces délais expirés la réclamation ne sera point admise.

(1) Aujourd'hui celle du gouverneur général (Décret du 10 décembre 1860).

Art. 14. — Dans les cas où il y aurait lieu de payer la conduite d'aller et de retour aux pilotes qui auront été employés par les bâtiments du commerce, elle sera de 2 francs par myriamètre.

Art. 15. — Les pilotes auront toujours un grelin dans leurs chaloupes pour être prêts à le porter à tous bâtiments qui pourraient en avoir besoin. Ces grelins étant à la charge des pilotes, il leur sera payé 1 franc pour chaque navire français ou étranger.

Art. 16. — Les pilotes lamaneurs ne monteront à bord des bâtiments de l'État que lorsqu'ils y seront appelés par le signal prescrit par l'article 20 du décret du 12 décembre 1806.

23 mai 1865.

Arrêté du gouverneur portant règlement du service des pilotes lamaneurs d'Oran et de Mers el Kébir (B. O. 149).

Art. 1. — Le nombre des pilotes lamaneurs pour le service des ports d'Oran et de Mers el Kébir est fixé à deux (1), parmi lesquels le commandant supérieur de la marine désigne un chef pilote. Il y aura en outre, un aspirant pilote.

Art. 2. — Le salaire des pilotes est fixé comme suit : — chef pilote, 125 francs par mois. — Pilote, 100 francs par mois. — Aspirant pilote, 80 francs par mois. — Chacun d'eux recevra, en outre, une indemnité supplémentaire de 3 centimes par tonneau pour chaque navire à voiles, et de 1 centime 1/2 par tonneau pour chaque bâtiment à vapeur qu'il prendra au nord de la ligne Est et Ouest du cap Falcon, pour le conduire dans le port d'Oran ou de Mers el Kébir. — La commission administrative instituée par le décret du 16 juillet 1852 réglera le salaire des matelots de manœuvre. Ces matelots devront être, autant que possible, français ou indigènes algériens, et pour ces derniers la préférence sera donnée à ceux qui parlent français.

Art. 3. — Le caissier chargé de la perception des produits du pilotage tiendra un journal-livre de caisse, qui sera coté et paraphé par le président du tribunal de commerce, et sur lequel il inscrira, par ordre de date, les recettes et les dépenses du service. Il constatera l'entrée et la sortie de tout navire soumis au pilotage, son tonnage, le nom du pilote qui l'aura fait entrer dans le port, et les droits de ce pilote à l'indemnité supplémentaire prévue dans l'article 2. — L'excédant des recettes sur les dépenses sera versé chaque mois, au compte de la caisse du pilotage, à la caisse d'épargne, au même titre que les fonds provenant de sociétés de secours mutuels, ou à la caisse du mont-de-piété, si ce dernier placement est plus avantageux. — Les fonds déposés ne pourront être retirés que par une autorisation écrite du

(1) À trois (Arrêté du gouverneur, 8 juillet 1867).

président de la commission administrative du pilotage. — Le compte annuel des produits du pilotage et des dépenses de ce service, présenté à la commission administrative, sera soumis par le commandant supérieur de la marine à l'approbation du gouverneur général.

Art. 4, 5, 6 et 7. — (Comme aux mêmes articles de l'arrêté du 19 novembre 1852 ci-dessus.)

Art. 8. — Chaque pilote en exercice sera tenu d'avoir un carnet paraphé par le président de la commission administrative, disposé en colonnes de manière à faire inscrire par le capitaine qu'il aura piloté, sa provenance, sa nation, le nom et le tonnage du navire, le jour et l'heure que le pilote est monté à bord et la position du navire à ce moment, au Nord ou au Sud de la ligne Est et Ouest du cap Falcon. — Pour le cas où il ne pourrait monter à bord, la déclaration en serait faite par le capitaine sur le livre particulier qui lui sera présenté par le pilote.

Art. 9, 10, 11, 12, 13, 14 et 15. — (Comme aux mêmes articles de l'arrêté du 19 novembre 1852.)

Art. 16. — Les pilotes lamaneurs ne monteront à bord des bâtiments de l'État que lorsqu'ils y seront appelés et que la direction du port de Mers el Kébir ne pourra piloter ces bâtiments.

29 juillet 1876.

Décret fixant les droits des pilotes lamaneurs d'Oran et de Mers-el-Kébir (B. O. 150).

Art. 1. — Le tarif des droits de pilotage à percevoir dans les ports d'Oran et de Mers-el-Kébir sur les bâtiments de commerce et les navires de guerre français et étrangers, est fixé ainsi qu'il suit :

Bâtiments de commerce. — A l'entrée. — Pour tout bâtiment pris au nord de la ligne est et ouest du cap Falcon, 13 centimes par tonneau. — Pour tout bâtiment pris au sud, de cette même ligne, 11 centimes. — A la sortie, 5 centimes par tonneau. — De Mers-el-Kébir à Oran ou d'Oran à Mers-el-Kébir, 5 centimes par tonneau.

Bâtiments de guerre. — A l'entrée et à la sortie : — Vaisseaux à voiles de tout rang, 60 francs. — Frégates à voiles de tout rang, 50 francs. — Corvettes de guerre ou de charge à trois mâts, de tout rang, 40 francs. — Bâtiments de rang inférieur, 25 francs.

Art. 2. — Les bâtiments à vapeur ne payeront que la moitié des droits de pilotage, lorsqu'ils navigueront à la vapeur; lorsqu'ils navigueront à la voile, ils devront payer les droits dans leur intégralité. — Les bâtiments étrangers payeront provisoirement les mêmes droits que les bâtiments français. — Tout bâtiment qui, après avoir mouillé en rade, entrera dans le port, payera le demi-droit d'entrée. — Les caboteurs immatriculés dans les divers ports de l'Algérie, sont exempts de tous droits.

5 avril 1873.

Arrêté du gouverneur qui institue à Bône des pilotes lamaneurs (B. O. 510).

Art. 1. — Un service de pilotes lamaneurs est créé à Bône. Le nombre des pilotes est fixé à deux, parmi lesquels le commandant supérieur de la marine désignera le chef pilote. Il pourra y avoir en outre un aspirant pilote, si les besoins constatés du service l'exigent.

V. le décret du 19 novembre 1852, dont les dispositions ont toutes été reproduites dans le présent arrêté.

Art. 2. — Le salaire mensuel des pilotes est fixé comme il suit :

Chef pilote.	175 fr.
Pilote.	130
Aspirant pilote (s'il y a lieu).	125

30 avril 1874.

Décret qui fixe les droits de pilotage à percevoir dans la rade et le port de Bône (B. O. 510).

Art. 1. — Le tarif des droits de pilotage à percevoir dans la rade et le port de Bône, sur les bâtiments de commerce et navires de guerre français et étrangers, est fixé comme il suit :

Bâtiments du commerce : à l'entrée, 14 centimes par tonneau ; à la sortie, 5 centimes par tonneau.

Bâtiments de guerre, à l'entrée et à la sortie :

Vaisseaux de ligne de tout rang.	50 fr.
Frégates à voiles de tout rang.	40
Corvettes de guerre ou de charge à trois mâts, de tout rang.	30
Gabarres à voiles et à trois-mâts. . . .	25
Bricks de guerre et bâtiments légers, à voiles de toute grandeur et de tout rang.	20

Art 2. — Les bâtiments mixtes payeront comme les bâtiments à voiles.

3 octobre 1874.

Arrêté du gouverneur créant le service des pilotes lamaneurs à Philippeville (B. O. 602).

Art. 1. — Un service de pilotes lamaneurs est créé à Philippeville.

Le nombre des pilotes est fixé à deux, parmi lesquels le commandant supérieur de la marine désignera le chef pilote. Il pourra y avoir, en outre, un aspirant pilote si les besoins du service l'exigent.

Art. 2. — Le salaire des pilotes est fixé comme il suit :

Chef pilote.	175 fr.
Pilote.	130
Aspirant pilote (s'il y a lieu).	125

(Le reste comme au décret du 19 novembre 1852 ci-dessus).

20 mars 1875.

Décret fixant les droits de pilotage à percevoir au port de Philippeville (B. O. 602).

Art. 1. — Le tarif des droits de pilotage à percevoir dans la rade et le port de Philippeville, sur les bâtiments de commerce et navires de guerre français et étrangers, est fixé comme il suit :

BATIMENTS DU COMMERCE.

A l'entrée.	11 c. par tonneau
A la sortie	5 c. —

BATIMENTS DE GUERRE A L'ENTRÉE ET A LA SORTIE.

Vaisseaux de ligne de tout rang. . . .	50 fr.
Frégates à voiles de tout rang.	40
Corvettes de guerre ou de charge à trois mâts de tout rang.	30
Gabarres à voiles et à trois mâts. . . .	25
Bricks de guerre et bâtiments léger, à voiles de toute grandeur et de tout rang.	20

Art. 2. — Les bâtiments mixtes payeront comme les bâtiments à voiles, lorsqu'ils manœuvreront à la voile, et comme les bâtiments à vapeur, lorsqu'ils manœuvreront à la vapeur.

Les bâtiments à vapeur ne payeront que la moitié des droits de pilotage.

Les bâtiments étrangers payeront les mêmes droits que les bâtiments français.

Tout bâtiment qui, après avoir mouillé en rade entrera dans le port, payera le demi-droit d'entrée.

Les caboteurs immatriculés dans les divers ports de l'Algérie sont exempts de tous droits.

Poids et mesures.

La législation de la métropole, sur les poids et mesures, a été rendue exécutoire en Algérie par l'ordonnance du 26 décembre 1842, qui a reproduit la loi du 4 juillet 1837. Depuis lors, un arrêté ministériel, du 22 mai 1846, a appliqué dans la colonie les dispositions de l'ordonnance du 17 avril 1839 sur la vérification des poids et mesures ; le décret du 5 novembre 1852 a été promulgué le 2 mars suivant ; l'arrêté ministériel du 21 décembre 1851 a établi une liste d'assujettis sur les bases de celles qui sont dressées en France. Plusieurs actes législatifs sont intervenus postérieurement, et bien qu'ils n'aient pas été publiés dans le *Bulletin*, ils paraissent applicables dans la colonie, en vertu des principes

POIDS ET MESURES.

489

admis en matière de promulgation. Ce sont, notamment, le décret du 26 février 1873, relatif à la vérification des poids et mesures; celui du 15 juillet 1874, sur l'appareil automatique désigné sous le nom de *mesureur-compteur*; celui du 4 novembre 1874, qui modifie la taxe de vérification première du mètre; celui du 7 juillet 1875, sur l'emploi du bois de frêne dans la construction des mesures de capacité en bois; celui du 16 novembre 1875, sur le poinçonnage des dépotoirs, et celui du 27 septembre 1877, portant additions aux séries de poids en fer.

26 décembre 1842.

Ordonnance qui rend exécutoire en Algérie les lois de France (B. 139).

TITRE I.

POIDS ET MESURES DONT IL SERA FAIT USAGE EN ALGÉRIE.

Art. 1. — A partir du 1er mars 1843, les poids et mesures établis par les lois du 18 germinal an III et 19 frimaire an VIII, et dont le tableau est joint à la présente ordonnance, seront exclusivement employés dans toutes les parties du territoire de l'Algérie où l'autorité civile est établie, et dans toutes celles qui seront successivement désignées par notre ministre (aujourd'hui gouverneur général), — Les mêmes poids et mesures seront exclusivement employés pour toutes les opérations des administrations militaires, dans celles des localités où l'autorité civile n'est pas encore instituée.

Art. 2. — A partir de la même époque, tous poids et mesures, autres que lesdits poids et mesures, seront interdits sous les peines portées par l'article 479 du code pénal. — Seront punis de même peines ceux qui auront des poids et mesures autres que les poids et mesures ci-dessus reconnus, dans leurs magasins, boutiques, ateliers ou maisons de commerce, ou dans les halles, foires ou marchés.

Art. 3. — Toutes dénominations de poids et mesures, autres que celles portées dans le tableau annexé à la présente ordonnance, sont interdites dans les actes publics ou sous seing privé, les journaux, affiches, annonces, registre de commerce et autres écritures privées, produites en justice. — Les officiers publics contrevenants seront passibles d'une amende de 20 francs, qui sera recouvrée sur contrainte comme en matière d'enregistrement. — L'amende sera de 10 francs pour les autres contrevenants; elle sera perçue pour chaque acte ou écrit sous signature privée. Quant aux registres de commerce, ils ne donneront lieu qu'à une seule amende pour chaque contestation dans laquelle ils seront produits.

Art. 4. — Il est défendu aux juges et arbitres de rendre aucun jugement ou décision en faveur des particuliers sur des actes, registres ou écrits, dans lesquels les dénominations métriques auraient été omises, avant que cette omission ait été réparée, et que les amendes encourues aux termes de l'article précédent aient été payées.

Art. 5. — Notre ordonnance du 16 juin 1839 sur la forme des poids et mesures, et sur les matières admises pour les fabriquer, est rendue applicable à l'Algérie à dater du 1er mars 1843. Les noms français qui, d'après les règlements de la métropole, doivent être apposés sur les poids et mesures, devront également être reproduits en caractères arabes.

TITRE II.

DE LA VÉRIFICATION.

Art. 6. — Les poids et mesures, nouvellement fabriqués ou rajustés, ne pourront être livrés au commerce avant d'avoir été vérifiés et poinçonnés.— Indépendamment de cette vérification primitive, les poids et mesures dont les assujettis font usage ou qu'ils ont en leur possession sont soumis à une vérification périodique. — Chacune de ces vérifications est constatée par l'apposition d'un poinçon distinct.

TITRE III.

DES AGENTS DE LA VÉRIFICATION.

Art. 7. — La vérification des poids et mesures et instruments de pesage en Algérie sera confiée à des agents portant le titre de vérificateurs et vérificateurs adjoints. — Ils ne pourront exercer leurs fonctions qu'en vertu d'une lettre de service délivrée par (le gouverneur général).

Art. 8. — Les vérificateurs et les vérificateurs adjoints nommés en Algérie ne pourront être choisis que parmi ceux de ces agents qui, ayant satisfait aux conditions de l'examen prescrit dans la métropole, auront été commissionnés, en cette qualité, par notre ministre de l'agriculture et du commerce, et auront été par lui mis à la disposition (du gouverneur général).

Art. 9.— Avant d'entrer en fonctions, les vérificateurs et les vérificateurs adjoints prêteront serment devant le tribunal de première instance de leur résidence.

TITRE IV.

DE LA CONSTATATION DES CONTRAVENTIONS.

Art. 10. — Les vérificateurs et vérificateurs adjoints des poids et mesures constateront, par procès-verbaux, les contraventions prévues par les lois et règlements concernant le système métrique des poids et mesures. — Ils pourront procéder à la saisie des instruments de pesage et de mesurage, dont l'usage est interdit par lesdites lois et lesdits règlements. — Ils saisiront également tous les poids, mesures, instruments de pesage et de mesurage altérés ou défectueux, ou qui ne seraient pas revêtus des marques légale de la vérification.

Art. 11. — Les procès-verbaux rédigés par eux, dûment affirmés et enregistrés, conformément aux dispositions de l'ordonnance du 17 avril 183), feront foi en justice jusqu'à preuve contraire.

TITRE V.

DES DROITS DE VÉRIFICATION.

Art. 12. — La vérification première des poids et mesures et instruments de pesage est faite gratuitement.—Il en est de même pour les poids et mesures et instruments de pesage rajustés, qui sont soumis à une nouvelle vérification.

Art. 13. — Les droits de la vérification périodique seront provisoirement perçus comme en France, conformément au tarif annexé à l'ordonnance du 18 décembre 1825, modifiée par celles du 21 décembre 1832 et du 18 mai 1838.

TITRE VI.

, DISPOSITIONS FINALES.

Art. 14. — Un arrêté, rendu par notre ministre de la guerre, déterminera les dispositions règlementaires à prendre pour l'exécution de la présente ordonnance et les obligations des assujettis. En outre, des arrêtés du gouverneur général détermineront, soit chaque année, soit à des époques plus éloignées, l'ordre des opérations de la vérification périodique, les professions assujetties, le minimum des assortiments et les autres détails du service.

Art. 15. — Toutes dispositions contraires à la présente ordonnance, et notamment l'arrêté du 14 décembre 1830, sont et demeurent abrogés.

22 mai 1846.

Arrêté ministériel portant règlement d'exécution (B. 227).

TITRE I.

MODE DE VÉRIFICATION DES POIDS ET MESURES.

Art. 1. — Les poids et mesures à l'usage du commerce, ceux qui sont employés par toute industrie, entreprise ou service public, pour déterminer les quantités vendues, livrées ou reçues, ceux qui servent aux fabricants et ajusteurs des poids et mesures pour s'assurer de la justesse des instruments qu'ils fabriquent ou rajustent, sont soumis aux vérifications des agents institués à cet effet par l'article 7 de l'ordonnance du 26 décembre 1842.

Art. 2. — Le service de ces agents comprend : — les vérifications primitives; — les vérifications périodiques; — les vérifications extraordinaires et de surveillance.

Art. 3. — Les vérifications primitives ont pour objet de faire constater l'exactitude et la légalité de tous les poids et mesures nouvellement fabriqués ou rajustés, qui ne peuvent être employés, mis en vente ou livrés au public sans avoir été vérifiés ou poinçonnés (art. 6 de l'ord., § 1). — Elles s'effectuent, soit au fur et à mesure de la fabrication, au bureau permanent du vérificateur, tant qu'il est présent, soit tous les ans au bureau temporaire de cet agent, lorsqu'il se rend dans chaque localité.

Art. 4. — Les vérifications périodiques ont pour but de faire connaître si tous les instruments de pesage et de mesurage ont été soumis à la vérification primitive; si leur conformité avec les étalons n'a pas été altérée depuis la dernière vérification périodique, et si leur tenue est conforme aux règlements, tant sous le rapport de l'exactitude que sous celui de la propreté nécessaire à la santé publique. — Les vérifications périodiques se distinguent en vérifications d'office et vérifications obligatoires. — Les premières sont celles qui ont lieu dans les établissements publics rétribués par l'État ou soumis à sa tutelle et à sa surveillance. — Les secondes sont celles qui s'effectuent sur les instruments de pesage et de mesurage employés par les particuliers qui en font un usage public. — Les uns et les autres s'effectuent tous les ans, aux époques fixées par les arrêtés du gouverneur général, savoir : les vérifications d'office, au siége de l'établissement; les vérifications obligatoires, au bureau du vérificateur, sauf les exceptions prévues titre IV, article 30, du présent arrêté.

Art. 5. — Les vérifications extraordinaires et de surveillance s'effectuent, à des époques indéterminées, chez toutes les personnes qui y sont assujetties par l'article 24 du présent arrêté, à l'effet de constater les contraventions aux lois et règlements concernant le système métrique des poids et mesures, et de procéder à la saisie des instruments de pesage et de mesurage dont l'usage est interdit, et de ceux qui sont altérés ou défectueux et qui ne seraient pas revêtus des marques légales de la vérification.

Art. 6. — Les vérifications sont constatées comme il suit : — les vérifications primitives, par l'apposition d'un poinçon à la couronne; — les vérifications périodiques, par l'apposition d'une lettre variable tous les ans et désignée par les arrêtés annuels du gouverneur; — les vérifications extraordinaires et de surveillance, par l'apposition d'un poinçon particulier, au milieu d'une étoile, portant un numéro dont le chiffre variera tous les ans depuis 1 jusqu'à 10, en se suivant sans interruption.

Art. 7. — Les vérifications périodiques obligatoires donnent seules lieu au payement des droits fixés par l'ordonnance du 26 décembre 1842; ces droits seront constatés et perçus conformément aux dispositions du présent arrêté, titre 6. — Les autres vérifications sont faites gratuitement (article 12 de l'ordonnance).

Art. 8. — Conformément à l'article 10 de l'ordonnance du 18 avril 1825, les vérifications de tout genre, dont il est question dans les articles précédents, sont, sans préjudice de celles qui sont effectuées, d'après les ordres de l'autorité civile et conformément aux règlements de police, par les commissaires civils, les maires et autres officiers de police, en garantie de la fidélité du débit des objets qui se vendent au poids ou à la mesure.

TITRE II

DES BUREAUX DE VÉRIFICATION ET DU MATÉRIEL.

Art. 9. — Les bureaux de vérification sont permanents ou temporaires. — Les bureaux permanents sont ceux où est établi le matériel de la vérification et où réside habituellement un vérificateur. Ils sont ouverts au public de 8 heures à 10 heures du matin, et de midi à 5 heures du soir tant que le vérificateur n'est pas en tournée, et même en l'absence de celui-ci, s'il est attaché au bureau un vérificateur adjoint. — Les bureaux temporaires sont ceux qui sont établis dans les différentes localités, lors des tournées annuelles que le vérificateur doit y faire.

Art. 10. — Le nombre des bureaux permanents, les villes où ils sont placés et la composition du personnel attaché à chacun deux sont déterminés par le ministre de la guerre.

Art. 11. — Les bureaux temporaires sont établis dans le local affecté aux maires et aux autorités militaires, remplissant les fonctions de maire.

Art. 12. — En exécution de l'article 6 de l'ordonnance du 14 avril 1839, chaque bureau permanent de vérification sera pourvu de l'assortiment nécessaire d'étalons vérifiés et poinçonnés au dépôt des prototypes, établi à Paris, près le ministère de l'agriculture et du commerce, et fournis par ce ministère. — Ces étalons devront être vérifiés au même dépôt une fois en dix ans.

Art. 13. — Les étalons et les poinçons de vérification sont conservés par les vérificateurs, sous leur responsabilité et sous la surveillance des contrôleurs principaux des contributions diverses dans le local affecté au bureau.

Art. 14. — Les poinçons de surveillance restent déposés chez le chef de service des contributions diverses, qui remet chaque année aux vérificateurs celui qui doit être employé pendant l'année.

Art. 15. — Il y aura en outre, autant que possible, dans chaque bureau des contributions diverses, sous la garde et la surveillance des agents de cette administration, une collection modèle des instruments de mesurage dûment poinçonnés et vérifiés pour servir aux vérifications de ces agents et des agents dépendant de l'autorité civile. — Ces instruments seront mis à la disposition de l'autorité civile ou de l'autorité militaire qui en remplit les fonctions, toutes les fois qu'elles sont

tenues d'en donner. — Ce reçu sera restitué sur la remise des instruments au bureau.

Art. 16. — Les registres, bordereaux, imprimés et l'ameublement nécessaire au service, sont fournis par l'administration.

TITRE III.

DES VÉRIFICATEURS ET VÉRIFICATEURS ADJOINTS.

Art. 17. — Conformément à l'article 8 de l'ordonnance du 17 avril 1839, le nombre et le traitement des vérificateurs et vérificateurs adjoints et agents de service sont fixés par le ministre de la guerre. — Il sera alloué au vérificateur, en sus de son traitement, une somme de 600 francs qui tiendra lieu pour lui et son homme de peine de tous frais de tournées ordinaires et extraordinaires.

Art. 18. — L'emploi de vérificateur et de vérificateur adjoint est incompatible avec toute autre fonction publique ou privée.

Art. 19. — Les vérificateurs et vérificateurs adjoints, nommés comme il est dit aux articles 7 et 8 de l'ordonnance du 26 décembre 1842, ne peuvent entrer en fonctions qu'après avoir prêté le serment prescrit par l'article 9 de ladite ordonnance et fait viser leur lettre de service par le chef du service des contributions diverses. — L'agent dûment commissionné et assermenté peut exercer ses fonctions sur tous les points de l'Algérie sans être astreint à prêter un nouveau serment ni faire viser l'acte qui lui en a été délivré.

Art. 20. — Les vérificateurs et vérificateurs adjoints exercent les attributions qui leur sont confiées par l'ordonnance précitée et par le présent arrêté, sous la direction du chef de service des contributions diverses et sous la surveillance du contrôleur principal de cette administration, dans la province à laquelle ils sont attachés. — Ils exercent les fonctions d'officiers de police judiciaire sous la surveillance et la protection du procureur du roi. — Ils sont subordonnés aux employés supérieurs des contributions diverses. — Les vérificateurs sont tenus, dans l'exercice de leurs fonctions, d'être revêtus de l'uniforme qui sera déterminé par le ministre de la guerre, et porteurs de leur commission, qu'ils doivent exhiber chaque fois qu'ils en sont requis, lors des visites qu'ils font chez les assujettis.

Art. 22. — Les peines encourues par les agents de la vérification pour toutes infractions à l'ordre, à la discipline ou à la morale, sont, conformément à l'article 26 de l'ordonnance du 15 avril 1845 sur le personnel des services administratifs en Algérie : — 1° la réprimande simple; une retenue disciplinaire d'un à cinq jours de solde; — 2° la réprimande avec mise à l'ordre du service; la suspension de cinq jours à un mois; — 3° le retrait d'un grade ou d'une classe; la révocation.

TITRE IV.

PROFESSIONS SOUMISES AUX VÉRIFICATIONS ET OBLIGATIONS DES ASSUJETTIS.

Art. 23. — Les officiers publics, les services administratifs civils et militaires, et les établissements spéciaux placés sous la tutelle ou la surveillance du gouvernement, qui comptent avec le public au poids ou à la mesure, pour déterminer les quantités livrées, reçues ou vendues, doivent, aux vérifications périodiques d'office, faire reconnaître les instruments devenus défectueux ou irréguliers qu'il est nécessaire de remplacer, soit dans l'intérêt public, soit dans l'intérêt administratif.

Art. 24. — Sont assujettis aux vérifications primitives et périodiques, ainsi qu'aux visites et exercices des employés, les négociants, fabricants, marchands en gros ou en détail, à demeure ou ambulants, les entrepreneurs ou directeurs de messageries et de transports d'effets ou de marchandises par terre ou par eau, et tous autres faisant commerce ou faisant un usage public quelconque de poids ou de mesures.

Art. 25. — Les dénommés en l'article précédent sont tenus de se pourvoir du minimum d'assortiment qui sera fixé, conformément à l'article 14 de l'ordonnance du 30 décembre 1842, par les arrêtés annuels du gouverneur.

Art. 26. — L'assujetti qui se livre à plusieurs genres de commerce doit être pourvu de l'assortiment de poids et mesures fixés pour chacun d'eux, à moins que l'assortiment exigé pour une des branches de son commerce ne se trouve déjà compris dans l'une des autres branches des industries qu'il exerce.

Art. 27. — L'assujetti qui, dans une même ville, ouvre au public plusieurs magasins, boutiques ou ateliers distincts, placés dans des maisons différentes sans communications intérieures entre elles, doit pourvoir chacun de ces magasins, boutiques ou ateliers, de l'assortiment exigé pour la profession qu'il y exerce.

Art. 28. — L'assujetti qui, sans ouvrir au public plusieurs magasins, boutiques ou ateliers, occupe pour le commerce ou la profession qu'il exerce plusieurs locaux, doit soumettre à la vérification les poids et mesures dont il fait usage dans ces divers locaux.

Art. 29. — Les balances en activité de service doivent être suspendues, savoir : — Les balances de magasin destinées aux grosses pesées, à 12 centimètres du sol de la boutique ou du magasin ; — les balances de comptoir, pour les pesées ordinaires, à 4 centimètres de la table du comptoir ; pour les pesées moyennes, à 2 centimètres ; pour les plus petites pesées, à 1 centimètre.

Art. 30. — Aux époques fixées pour les vérifications primitives et périodiques dans chaque localité, les industriels assujettis en vertu de l'article 25 du présent arrêté en sont avertis, à la requête du vérificateur, par une publication de l'autorité civile ou de l'autorité militaire qui en remplit les fonctions, et au besoin par les avertissements qui peuvent être donnés collectivement ou individuellement par le vérificateur et par les agents des contributions diverses.

Art. 31. — Immédiatement après cet avis, les fabricants, marchands et ajusteurs doivent présenter au bureau du vérificateur, pour être soumis à la vérification primitive, les poids et mesures et tous les instruments de pesage et de mesurage nouvellement fabriqués ou rajustés. — Ces fabricants, marchands et ajusteurs, et tous autres assujettis, en vertu de l'article 24, doivent également présenter au bureau de vérification, pour y être soumis à la vérification périodique obligatoire, les poids et mesures dont ils font usage dans leur commerce ou industrie. — Sont néanmoins exceptés de cette présentation au bureau : 1° les balances dont les fléaux auront plus de 65 centimètres de longueur, et les bascules-balances autorisées dans le commerce de gros dont la portée excède 100 kilogrammes ; 2° les membrures de stères et doubles stères destinées au commerce du bois de chauffage. — Ces instruments seront vérifiés sur les lieux où ils sont employés.

Art. 32. — La vérification primitive ou périodique ne peut être effectuée, sans qu'au préalable les assujettis aient représenté au vérificateur leur patente de l'année, dont le numéro et la date doivent être reproduits dans les actes constatant la vérification.

Art. 33. — Ne peuvent être admis à la vérification périodique que les poids et mesures et instruments de pesage portant la marque de la vérification primitive, et qui réunissent d'ailleurs toutes les conditions exigées par l'ordonnance du 30 décembre 1842.

Art. 34. — Avant d'être soumis à la vérification, les poids et mesures doivent être dégagés de toute matière étrangère qui altère leur justesse et leur capacité. — Les poids et mesures qui, par leur état d'oxydation, pourraient nuire à la santé publique, devront être saisis comme altérés et défectueux, à moins que le propriétaire ne consente à ce qu'ils soient brisés par le vérificateur.

Art. 35. — Les poids et mesures qui auraient été présentés à la vérification périodique dans un état défectueux, mais dont le rajustage aurait été reconnu possible, seront laissés au propriétaire sous sa responsabilité, à la charge de les faire rajuster dans le délai qui sera déterminé par le vérificateur selon les circonstances. Il lui sera interdit de se servir du poids défectueux avant que l'autorité municipale ou celle qui en tient lieu ait dûment constaté le rajustage. — A cet effet, le vérificateur remettra à cette autorité copie de son procès-verbal constatant la défectuosité du poids et le délai accordé pour le rajustage. — Tout contrevenant aux dispositions de cet article sera puni des peines portées par l'article 470 du Code pénal.

Art. 36. — Il est interdit à tout assujetti à la vérification périodique, à peine de confiscation et d'amende, d'exposer en vente, d'employer ou de garder en sa possession des poids et mesures et des instruments de pesage qui n'auraient pas été soumis à la vérification périodique et au poinçon de l'année.

TITRE V.

DES VISITES ET DES EXERCICES.

Art. 37. — Les visites et exercices que les vérificateurs et les vérificateurs adjoints sont tenus de faire chez les assujettis désignés en l'article 24, ne peuvent avoir lieu que pendant le jour. — Néanmoins ils peuvent s'effectuer chez les marchands et débitants pendant tout le temps que les lieux de vente sont ouverts au public.

Art. 38. — Les assujettis sont tenus, sous peine d'une amende de 100 francs à 200 francs, d'ouvrir leurs magasins, boutiques et ateliers à toute réquisition des vérificateurs revêtus de leur uniforme et porteurs de leur commission.

Art. 39. — En cas de refus d'exercice, et avant le lever et après le coucher du soleil, les vérificateurs doivent être accompagnés, pour les visites prescrites par l'article 2, soit du commissaire de police, soit du juge de paix, soit du maire, soit du commissaire civil, soit enfin de l'autorité militaire qui remplit l'une de ces fonctions.

Art. 40. — Les fonctionnaires dénommés en l'article précédent sont tenus d'accompagner sur-le-champ les vérificateurs lorsqu'ils en sont requis par eux. Les procès-verbaux qui sont dressés, s'il y a lieu, sont signés par l'officier ministériel en présence duquel ils ont été faits, sauf aux vérificateurs en cas de refus, d'en faire mention auxdits procès-verbaux.

TITRE VI.

DES DROITS DE VÉRIFICATION ET DU MODE DE RECOUVREMENT.

Art. 41. — La vérification primitive des poids et mesures et instruments de pesage est faite gratuitement. — Il en sera de même pour les poids, mesures et instruments de pesage rajustés qui sont soumis à une nouvelle vérification (article 2 de l'ordonnance du 26 décembre 842).

Art. 42. — Les droits de vérification périodique seront perçus conformément au tarif annexé à l'ordonnance du 18 décembre 1835, modifié par celles du 21 décembre 1832 et du 18 mai 1838.

Art. 43. — La vérification périodique des poids et mesures et instruments de pesage appartenant aux établissements publics désignés en l'article 25 est faite gratuitement. — Il en est de même pour les poids, mesures et instruments de pesage présentés volontairement à la vérification par des individus non assujettis.

Art. 44. — Les droits de la vérification périodique sont payés pour les poids et mesures formant l'assortiment obligatoire de chaque assujetti et pour les instruments de pesage soumis à la vérification. — Les poids et mesures excédant l'assortiment obligatoire sont vérifiés et poinçonnés gratuitement.

Art. 45. — Aussitôt après la vérification des instruments présentés par chaque assujetti, les vérificateurs et vérificateurs adjoints constateront leurs opérations sur le portatif à ce destiné. — Ils en extrairont un bulletin à souche, indiquant le droit dû.

Art. 46. — Ces bulletins seront remis aux assujettis ou transmis au percepteur des contributions diverses suivant le cas, savoir : — Lorsque le vérificateur opérera au chef-lieu de la résidence d'un percepteur des contributions, le bulletin sera remis à l'assujetti, qui ne pourra enlever les instruments vérifiés que sur la représentation de la quittance du percepteur, constatant le payement de la somme due. — Dans tous les autres cas, l'assujetti enlève ses instruments aussitôt après la vérification, et le bulletin indiquant la somme due est transmis au percepteur par les soins du vérificateur. — Ces bulletins servent de titres de perception aux percepteurs chargés sous leur responsabilité du recouvrement des droits.

TITRE VII.

DES LIVRES ET ÉCRITURES.

Art. 47. — Les vérificateurs et vérificateurs adjoints doivent tenir : — 1° un registre d'ordre; 2° un portatif; 3° un registre des rajustages; — 4° un registre des procès verbaux; — 5° un registre de surveillance.

Art. 48. — Ils transcrivent sur le registre d'ordre toutes les instructions et les ordres de service qu'ils reçoivent des chefs de service des contributions diverses pour l'exécution des obligations qui leur sont imposées. — Le portatif des vérificateurs ou vérificateurs adjoints doit constater toutes les opérations de vérification effectuées par eux. — Lorsque ces vérifications donnent lieu au payement d'un droit, ils doivent extraire du portatif le bulletin indiquant la somme due par chaque assujetti et qui doit servir de titre de recouvrement au percepteur, ainsi qu'il est dit à l'article 46.

Art. 49. — Le portatif doit être coté et paraphé par le juge de paix; il doit être visé, à l'arrivée, dans chaque commune et au départ, par le maire ou le fonctionnaire qui en tient lieu. — Toutes les opérations doivent y être constatées, jour par jour, sans lacune ni rature; les sommes dues doivent y être additionnées par jour avec le report des journées précédentes; au total de chaque mois on reportera le total des journées précédentes jusqu'à la fin de l'année. — Lorsque les

33

opérations de vérification ne donnent lieu à aucune perception, les bulletins à souche doivent rester annexés au portatif, sous peine d'une amende de 10 francs pour chaque bulletin manquant.

Art. 50. — Les vérificateurs consignent sur le registre des rajustages : — 1° la date des opérations; — 2° les noms des assujettis auxquels les rajustages ont été prescrits; — 3° la nature des poids et mesures pour lesquels le rajustage a été prescrit; — 4° les motifs.

Art. 51. — Le registre des procès-verbaux mentionne les contraventions de toute nature constatées par les vérificateurs et vérificateurs adjoints et la suite donnée à ces procès-verbaux.

Art. 52. — Le registre de surveillance indique toutes les opérations de surveillance prescrites par le dernier paragraphe de l'article 2, qui sont effectuées par les vérificateurs et vérificateurs adjoints chez les assujettis.

Art. 53. — Les vérificateurs et vérificateurs adjoints dressent pour chacun des quartiers qui sont indiqués dans les arrêtés annuels, suivant l'ordre des opérations, un état des assujettis et des rétributions dues par eux d'après les bulletins transmis aux percepteurs des contributions. — Ces états sont adressés au chef du service des contributions diverses. Ils servent à contrôler les états du produit des perceptions.

Art. 54. — Les chefs du service des contributions diverses dressent annuellement, à l'aide de ces documents, des états par province et par bureau de perception, indiquant la nature des rétributions constatées.

Art. 55. — Les vérificateurs et vérificateurs adjoints dressent et transmettent tous les mois au chef du service des contributions un rapport indiquant : — 1° les travaux auxquels ils se sont livrés pendant le mois; — 2° les infractions constatées; — 3° en fin de trimestre, ils fournissent un rapport sur l'événement des produits et sur les améliorations à introduire dans le service. — Ces divers documents et les registres qui servent à les établir sont visés par les contrôleurs principaux des contributions diverses.

TITRE VIII.

DES CONTRAVENTIONS ET DES PEINES.

Art. 56. — Les instruments de pesage ou de mesurage, neufs ou rajustés, reconnus illégaux par leur défaut de dimension, ainsi que les mesures en étain reconnues illégales quant au titre et au poids, seront déformés et brisés si le fabricant y consent, et la matière lui sera remise. — S'il ne consent pas à cette destruction, il sera rédigé procès-verbal contre lui pour contravention à l'article 2 de l'ordonnance du 26 décembre 1842; les poids et mesures irréguliers seront saisis, et le contrevenant sera passible des peines portées par l'article 479 du Code pénal.

Art. 57. — Après le délai fixé pour la vérification périodique dans chaque quartier ou commune, les personnes qui, pour leur commerce, entreprise ou industrie, conserveraient dans leurs boutiques, magasins, ateliers ou autres localités où elles exercent leur commerce, des instruments de pesage et de mesurage non revêtus de l'empreinte des poinçons de la vérification périodique, seront poursuivies conformément aux articles 479 et 480 du Code pénal, et les poids et mesures défectueux seront saisis, aux termes de l'article 481 du même code.

Art. 58. — Il est défendu aux fabricants et marchands de poids et mesures, aux commissionnaires en marchandises, quincailliers, ferrailleurs, opticiens et ingénieurs mécaniciens d'exposer en vente dans leurs boutiques, de vendre ou d'expédier au dehors, des poids et mesures de longueur ou de capacité, fléaux, balances ou romaines s'ils ne sont revêtus de poinçons à la couronne de la vérification primitive, sauf les peines portées par les articles 479, 480 et 481 du Code pénal.

Art. 59. — Il est défendu, tant aux marchands qu'aux entrepreneurs de messageries, de diligences et de transport de marchandises, de se servir de pesants à ressorts, sous peine de confiscation desdits objets.

Art. 60. — Seront saisis tous poids et mesures anciens, binaires ou duodécimaux, et généralement tous autres que ceux qui sont désignés par le tableau annexé à l'ordonnance du 26 décembre 1842.

Art. 61. — Les poids et mesures saisis par les vérificateurs et vérificateurs adjoints doivent, autant que possible, être déposés dans les locaux affectés aux mairies ou aux autorités militaires en tenant lieu.

Art. 62. — Les procès-verbaux des vérificateurs et vérificateurs adjoints font foi jusqu'à preuve contraire.

Art. 63. — Ces procès-verbaux doivent relater toutes les circonstances qui ont accompagné, soit la possession, soit l'usage des poids et mesures dont l'emploi est interdit. — Les vérificateurs et les vérificateurs adjoints dressent leurs procès-verbaux dans les vingt-quatre heures de la contravention par eux constatée. Ils les écrivent eux-mêmes, ils les signent et affirment, dans les trois jours de la clôture desdits procès-verbaux, par-devant le commissaire civil, le maire ou l'adjoint, soit de la commune de leur résidence, soit de celle où l'infraction a été commise; l'affirmation est signée tant par les commissaires civils, maires ou adjoints, que par les vérificateurs.

Art. 64. — Les procès-verbaux sont enregistrés dans les quinze jours qui suivent celui de l'affirmation, et, conformément à l'article 74 de la loi du 25 mars 1817, ils sont visés pour timbre et enregistrés en débet, sauf à suivre le recouvrement des droits contre les condamnés.

Art. 65. — Dans le même délai, ces procès-verbaux sont remis au juge de paix qui se conforme aux règles établies par les articles 20, 21 et 139 du Code instruction criminelle.

Art. 66. — Si des affiches ou annonces contiennent des dénominations de poids et mesures autres que celles portées dans le tableau annexé à la loi du 4 juillet 1830, les commissaires civils, les maires, adjoints et commissaires de police sont tenus de constater cette contravention et d'envoyer immédiatement leurs procès-verbaux au receveur de l'enregistrement. — Les vérificateurs et tous autres agents de l'autorité publique sont tenus également de signaler au même fonctionnaire toutes les contraventions de ce genre qu'ils pourront découvrir. — Les receveurs d'enregistrement, soit d'office, soit d'après les dénonciations, soit sur la transmission qui leur est faite par les procès-verbaux ou rapports, dirigent contre les contrevenants les poursuites prescrites par l'article 5 de la loi précitée.

Art. 67. — Le directeur des finances et du commerce est autorisé à transiger, avant ou après jugement, sur le montant des condamnations encourues.

TITRE IX.

DISPOSITIONS GÉNÉRALES.

Art. 68. — Le présent arrêté sera exécutoire à partir du 1ᵉʳ juillet 1846. — Toutes dispositions contraires sont et demeurent abrogées à partir de la même époque.

26 décembre 1851.

Arrêté ministériel concernant les vérificateurs (B. 404).

Art. 1. — Les vérificateurs et vérificateurs adjoints nommés par le département de l'agriculture et du commerce et détachés du service continental en Algérie, exerceront les attributions qui leur sont confiées par l'ordonnance du 26 décembre 1812 et l'arrêté du 22 mai 1846, sous la direction et la surveillance immédiate des préfets des départements et des généraux commandant les divisions militaires de l'Algérie, suivant que les territoires sont classés comme civils ou militaires.

Art. 2. — Toutes dispositions contraires sont et demeurent abrogées.

2 mars 1853.

Décret promulguant le décret du 5 novembre 1852 (B. 435).

Art. 1. — Le décret du 5 novembre 1852 relatif à la fabrication des mesures de capacité, destinées au mesurage des matières sèches et liquides, publié à la suite du présent décret, est rendu applicable et exécutoire en Algérie.

Art. 2. — Les attributions dévolues par ledit décret au ministère de l'intérieur, de l'agriculture et du commerce seront exercées, en ce qui concerne l'Algérie, par le ministre de la guerre.

26 décembre 1851.

Arrêté ministériel relatif aux assujettis à la vérification (B. 404).

Art. 1. — Les professions qui figurent au tableau numéro 2 ci-annexé (1) seront désormais assujetties à la vérification des poids et mesures, en Algérie, et chacune d'elles devra être pourvue de l'assortiment des objets et instruments de pesage qui y est indiqué, conformément à la nomenclature du tableau numéro 1 également ci-annexé.

Art. 2. — La vérification première des poids, mesures et instruments de pesage sera faite gratuitement. — Il en sera de même pour les poids, mesures et instruments de pesage rajustés qui seraient soumis à une nouvelle vérification.

Art. 3. — Les droits de vérification périodique seront payés pour les poids, mesures et balances à bras égaux formant l'assortiment obligatoire de chaque assujetti, et pour le nombre effectif des balances-bascules, romaines et séries de mesures en fer-blanc pour l'huile dont il sera fait usage. — Ces droits seront perçus conformément au tarif annexé à l'ordonnance du 18 décembre 1825, modifié par celle du 21 décembre 1832. — Les poids et mesures excédant l'assortiment obligatoire seront vérifiés gratuitement.

Art. 4. — La vérification périodique des poids, mesures et instruments de pesage appartenant aux établissements publics désignés en l'article 25 de l'ordonnance du 17 avril 1839 sera faite gratuitement. — Il en sera de même pour les instruments de pesage et de mesurage présentés volontairement à la vérification par des personnes non assujetties.

Art. 5. — La vérification périodique aura lieu pour les établissements publics au siège même de chaque établissement. — Et pour les commerçants, industriels ou entrepreneurs exerçant une ou plusieurs professions ou industries dénommées au tableau n° 2, elle s'effectuera dans le chef-lieu de chaque province, au bureau permanent du vérificateur, et, dans les autres communes, au bureau temporaire qui sera établi à cet effet dans le local désigné par l'autorité civile ou par l'autorité militaire, suivant le cas, conformément à l'article 11 de l'arrêté ministériel du 22 mai 1846.

Art. 6. — Les vérificateurs donneront aux autorités locales, plusieurs jours à l'avance, avis du jour de leur arrivée dans chaque commune. — A la réception de cet avis, les autorités préviendront les assujettis par voies d'affiches ou de

(1) Tableau remplacé par celui qui est joint au décret du 26 février 1873.

toutes autres publications d'usage, du jour, de l'heure et du lieu où la vérification commencera.

Art. 7. — Les séries des poids et mesures assignées aux diverses professions ou industries sont strictement obligatoires. — En conséquence, les individus qui exercent ces professions ou industries sont tenus d'en avoir les assortiments en leur possession permanente et de les soumettre complets à la vérification.

Art. 8. — Les balances ne seront reconnues régulières et admises au poinçonnage annuel qu'autant qu'elles réuniront les conditions suivantes : — 1° les fléaux, bien et solidement construits, auront la solidité prescrite, leurs couteaux et coussinets seront en acier trempé; — 2° les chaînes ou cordons de suspension seront d'une égale longueur entre eux, de manière que la surface des plateaux soit parfaitement de niveau; — 3° les plateaux de chaque balance seront toujours d'une égale pesanteur et ajustés exclusivement, soit par réduction, soit par addition de corps solides, soudés ou cloués ou rivés contre le plateau; il ne pourra être ajouté aucun objet mobile ni aux chaînes ou cordons, ni dans le plateau; — 4° les plateaux destinés à la vente de denrées plus ou moins humides, telles que le sel, le beurre, la viande, le poisson, etc., ne pourront, sous aucun prétexte, être en bois, ni suspendus avec des cordes.

Art. 9. — Il est expressément défendu à tous marchands qui revendent, soit à domicile, soit dans les halles, foires ou marchés, de peser avec des balances tenues à la main. Il leur est enjoint de les avoir fixées et suspendues sur le comptoir ou étal, à la hauteur déterminée par l'article 29 de l'arrêté ministériel du 22 mai 1846, et sans addition d'aucun corps sous l'un des plateaux.

Art. 10. — L'usage des pesons à ressort est formellement interdit. — Les assujettis trouvés détenteurs de ces sortes d'instruments seront poursuivis conformément aux articles 479 et 480 du Code pénal, et leurs instruments seront saisis aux termes de l'article 481 du même Code.

Art. 11. — Les poids et mesures présentés à la vérification seront propres et dégagés de toute matière étrangère qui en altérerait la justesse ou la capacité.

Art. 12. — Les mesures qui, par leur état d'oxydation, pourraient nuire à la santé, les poids, mesures et instruments de pesage reconnus illégaux par leurs formes ou par le défaut de leurs dimensions, ou qui ne seraient pas susceptibles d'être rajustés, seront déformés et brisés, si le propriétaire y consent. — S'il ne se prêtait pas à cette destruction, il y aurait lieu de le poursuivre, comme détenteur de mesures ou poids illégaux, et ces instruments seraient préalablement saisis.

Art. 13. — Les poids, mesures et instruments de pesage présentés à la vérification périodique dans un état défectueux, mais dont le rajustage aura été reconnu possible, seront laissés aux dé-

tenteurs sous leur responsabilité, à la charge par eux de les faire réparer dans un délai qui sera déterminé par le vérificateur, selon les circonstances.

Art. 14. — Les instruments de pesage et de mesurage rajustés ne pourront être remis en service dans les établissements publics, gardés ni employés chez les autres assujettis qu'après avoir été soumis à une nouvelle vérification et poinçonnés conformément aux dispositions des articles 10 de l'ordonnance du 17 avril 1839 et 3 de l'arrêté ministériel du 22 mai 1846.

Art. 15. — Après que la vérification aura eu lieu dans chaque quartier ou commune et après les délais accordés aux assujettis, qui auront à représenter dûment réparés les instruments trouvés défectueux, les commerçants ou industriels détenteurs de poids et mesures non poinçonnés à la lettre annuelle seront poursuivis comme employant des poids et mesures différents de ceux établis par la loi.

Art. 16. — L'uniformité légale des poids et mesures étant de rigoureuse observation et la marque de la vérification première devant être, avant la mise en vente, indispensablement et exclusivement appliquée sur ceux qui sont conformes aux étalons, il est défendu aux balanciers, quincailliers, ferrailleurs et tous autres fabricants ou marchands de poids et mesures, d'avoir dans leurs magasins, d'exposer en vente dans leurs boutiques ou ailleurs, et de livrer au commerce, des poids, mesures ou instruments de pesage qui ne seraient point revêtus du poinçon de la vérification primitive, sous les peines portées par les articles 479, 480 et 481 du Code pénal.

Art. 17. — Les greffiers de MM. les juges de paix devront tenir les vérificateurs exactement informés de la suite donnée à leurs procès-verbaux de contravention, afin qu'ils puissent en rendre compte à l'autorité locale, civile ou militaire.

Police.

La police est organisée en Algérie, savoir : à Alger par un décret du 28 octobre 1873 qui confère au préfet d'un département les fonctions de préfet de police, telles qu'elles sont définies par l'arrêté des consuls du 12 messidor an VIII, et, dans les autres localités, par un arrêté ministériel du 17 janvier 1851, complété notamment par un autre arrêté du 14 septembre 1855. A Constantine et à Oran, le commissaire de police chargé de centraliser le service, reçoit un supplément de traitement et dispose, pour la brigade de sûreté, d'agents qui sont rétribués et de frais qui sont prélevés sur le budget de l'Algérie.

Le commissaire central d'Alger et tous les commissaires de police sont à la nomination du gouverneur ; les agents et employés à celle des préfets ; les conseils municipaux et les maires sont appelés néanmoins à présenter leurs observations en ce qui concerne le service de la police municipale.

17 janvier 1851.

Arrêté ministériel portant organisation de la police municipale (B. 372).

§ 1. — ATTRIBUTIONS DES MAIRES DE L'ALGÉRIE EN MATIÈRE DE POLICE.

Art. 1. — Les maires des communes et localités de l'Algérie sont chargés, sous l'autorité et la surveillance de l'administration supérieure, de la police municipale et rurale, et de l'exécution des mesures de sûreté générale.

Ils donnent, à cet effet, et dans la limite des lois, ordonnances, décrets et arrêtés qui régissent l'Algérie, toutes injonctions et instructions aux commissaires de police et autres agents de service établis dans les communes ou localités qu'ils administrent.

§ 2. — DIVISION ET COMPOSITION DES COMMISSARIATS DE POLICE EN ALGÉRIE.

Art. 2 et 3. — Fixation du personnel, remplacée par l'arrêté du 14 septembre 1855 (ci-après).

Art. 4. — A chaque commissariat de police seront attachés un ou plusieurs inspecteurs et des agents français et indigènes, dont le nombre sera réglé d'après les besoins du service.

Un secrétaire, un interprète et un commis expéditionnaire pourront être adjoints à ceux des commissariats où cette adjonction sera reconnue nécessaire.

La composition de chaque commissariat de police sera déterminée par des arrêtés (aujourd'hui) du gouverneur général.

§ 3. — CLASSIFICATION DU PERSONNEL SECONDAIRE.

Art. 5. — Les inspecteurs de police sont divisés en deux classes, dont les traitements sont fixés ainsi qu'il suit :

Inspecteurs de première classe, 1,800 francs.

Inspecteurs de deuxième classe, 1,500

Il y aura également deux classes de secrétaires et d'interprètes de commissariats; les traitements seront les mêmes que pour les inspecteurs.

Le traitement des commis expéditionnaires de commissariat est fixé à 1,200 francs.

Les agents français et indigènes formeront respectivement deux classes, dont les traitements sont fixés ainsi qu'il suit :

Agents de première classe : Français, 1,200 fr.

Agents de première classe : Indigènes, 900

Agents de deuxième classe : Français, 1,000

Agents de deuxième classe : Indigènes, 800

§ 4. — NOMINATION, SUSPENSION ET RÉVOCATION DU PERSONNEL.

Art. 6. — Nul ne pourra être commissaire de police, s'il n'est Français ou naturalisé Français, jouissant de ses droits civils et âgé de vingt-cinq ans au moins.

Nul ne pourra être secrétaire de commissariat de police, s'il n'est Français ou naturalisé Français, jouissant de ses droits civils et majeur.

Nul ne pourra être inspecteur ou agent de police en Algérie, avant vingt et un ans accomplis.

Art. 7. — Les secrétaires de commissariat et inspecteurs français de première classe pourront, après deux années de grade, concourir pour les emplois de commissaire de police.

Art. 8. — Nominations. — V. Décret du 28 octobre 1873 ci-après.

§ 5. — DU SERVICE DE LA POLICE GÉNÉRALE ET DE SÛRETÉ.

Art. 9. — Les commissaires de police, pour tout ce qui ressort au service de la police générale et administrative, relèvent directement des préfets, subsidiairement, des sous-préfets, et (administrateurs) de leurs résidences. Ils sont tenus de se conformer aux instructions et injonctions qu'ils reçoivent de ces fonctionnaires. Ils leur adressent des rapports journaliers sur tous les faits qui intéressent l'ordre public.

Art. 10. — Dans les communes divisées en plusieurs arrondissements de police autres que la ville d'Alger, la direction du service de la sûreté générale est dévolue au commissaire de police du grade le plus élevé. En cas d'égalité de grade entre les commissaires de la même résidence, le préfet désigne, par un arrêté spécial, celui qui sera chargé du service de la sûreté générale.

Le commissaire de police, chargé du service de la sûreté générale, transmettra à son collègue les ordres de l'autorité supérieure et en surveillera l'exécution. Son collègue lui remettra chaque jour un rapport sur les faits qui intéressent l'ordre public.

Art. 11 et suiv. — Abrogés.

13 juin 1851.

Arrêté ministériel qui divise la ville d'Alger en quatre arrondissements de police (B. 387).

5 novembre 1852.

Arrêté ministériel qui limite à trois le nombre des commissaires de première classe et à six celui de seconde classe (B. 426).

14 septembre 1855.

Arrêté ministériel qui répartit les commissaires en cinq classes et fixe leur traitement (B. 486).

Art. 1. — Les commissaires de police de l'Algérie seront répartis en cinq classes, dont les traitements et les frais de bureaux sont fixés de la manière suivante :

	Traitement.	Frais de bureau.	Total.
1re classe.	3.000 fr.	600 fr.	3.600 fr.
2e —	2.500	500	3.000
3e —	2.000	420	2.420
4e —	1.800	300	2.100
5e —	1.500	300	1.800

Art. 2. — Toute promotion à une classe supé-rieure ne peut être conférée que par le ministre, sur la proposition du gouverneur général. — Nul ne peut être proposé pour l'avancement qu'après trois années d'exercice dans le même grade. — La classe est inhérente à la personne et non à la ré-sidence ; néanmoins, il ne peut y avoir de com-missaire de police de première et de deuxième classe que dans les chefs-lieux de département et d'arrondissement, ou dans les communes dont la population est d'au moins 10,000 âmes.

Art. 3. — A partir du 1er janvier 1856, dans les localités érigées en communes, les traitements et frais de bureaux des commissaires de police, aussi bien que toutes les autres dépenses du ser-vice de la police, seront imputés sur les budgets communaux par application de l'article 40, para-graphe 11, de l'ordonnance du 28 septembre 1847. — Il n'est pas dérogé aux dispositions antérieures concernant le traitement et les frais de bureau du commissariat central de police à Alger, des employés et agents attachés à ce commissariat.

Art. 4. — Toutes dispositions contraires sont et demeurent abrogées.

23 septembre 1872.

Décret qui reconstitue un commissariat central à Alger (B. O. 450).

(Abrogé par décret du 28 octobre 1873.)

30 novembre 1872.

Arrêté du gouverneur portant organisation du commissariat central (B. O. 450).

(Cette organisation a été un peu modifiée quant au personnel et aux dépenses de matériel et autres. Ces dépenses portées par l'arrêté ci-dessus à 55,000 francs, figurent au budget de 1878 pour 59,000 francs.)

9 juillet 1873.

Arrêté du gouverneur établissant partage d'at-tributions entre le préfet et le maire d'Alger, en ce qui concerne la police des théâtres (B. O. 490).

Art. 1. — L'action administrative du préfet, en

ce qui concerne la police des théâtres, s'exerce sur les objets suivants :

1° *Censure dramatique* comprenant : l'examen et le contrôle du répertoire général de la troupe admise à l'exploitation du théâtre ; l'examen et le contrôle de l'affiche du jour ; l'examen, avant toute représentation, des manuscrits des pièces inédites.

2° *Police administrative :* Interdiction des pièces anciennes ou nouvelles, dans l'intérêt de la morale ou de la tranquillité publique ; suspen-sion des représentations ou fermeture du théâtre, par mesure d'ordre ou de sécurité publique ; fixation de l'heure où doit finir le théâtre ; me-sures préventives ou répressives des troubles et désordres, tant à l'intérieur qu'à l'extérieur des théâtres.

Enfin et généralement tout ce qui est du do-maine de la police générale, telle qu'elle est définie par les lois, et notamment, en ce qui touche les théâtres, par l'article 12 de l'arrêté consulaire du 12 messidor an VIII.

Les arrêtés pris par le préfet pour le règlement des objets ci-dessus énoncés, seront soumis à l'approbation préalable du gouverneur général.

Art. 2. — Sont dévolues au maire, sous la sur-veillance et l'autorité du préfet, les objets sui-vants :

Établissement du cahier des charges pour l'exploitation du théâtre de la ville ; conventions passées avec les directeurs et chefs de troupe ; prescriptions relatives aux détails d'exécution scénique, aux débuts, à l'admission ou au rejet des artistes engagés pour la campagne théâtrale ; précautions à prendre contre les accidents pou-vant résulter du feu, ou de l'encombrement des spectateurs ; prescriptions relatives à la four-niture, à l'entretien et à la conservation du mobilier théâtral, aux assurances à souscrire en prévision des cas d'incendie.

Enfin et généralement tous les détails qui se rattachent à la gestion du théâtre, comme pro-priété communale, et à l'exploitation de la scène.

Les règlements municipaux concernant les objets ci-dessus énoncés, ne seront exécutoires qu'après avoir été visés et approuvés par le préfet.

28 octobre 1873.

Décret portant organisation du service de la police à Alger et dans les communes subur-baines (B. O. 503).

Art. 1. — Le préfet d'Alger remplit dans la com-mune d'Alger et dans les communes suburbaines de Mustapha, El-Biar, la Bouzaréa, Saint-Eugène et Pointe-Pescade, les fonctions de préfet de po-lice, telles qu'elles sont réglées par les disposi-tions actuellement en vigueur de l'arrêté des con-suls du 12 messidor, an VIII.

Art. 2. — Toutefois, les maires des communes ci-dessus désignées restent chargés, sous la surveillance du préfet, et sans préjudice des attributions tant générales que spéciales qui leur sont conférées par les lois :

1° De tout ce qui concerne l'établissement, l'entretien et la conservation des édifices communaux, cimetières, promenades, plans, rues et voies publiques ne dépendant pas de la grande voirie, l'établissement et la réparation des fontaines, aqueducs, pompes et égouts;

2° De la police municipale, en tout ce qui a rapport à la sûreté et à la liberté du passage sur la voie publique, à l'éclairage, au balayage, aux arrosements, à la solidité et à la salubrité des constructions privées, aux inhumations, aux mesures propres à prévenir et à arrêter les accidents et fléaux calamiteux, tels que les incendies les épidémies, les épizooties, les débordements; à la surveillance des bains publics, écoles de natation et abreuvoirs; aux secours à donner aux noyés; à l'inspection de la salubrité des denrées, boissons, comestibles et autres marchandises mises en vente publique et de la fidélité de leur débit;

3° De la fixation des mercuriales;

4° Des adjudications, marchés et baux.

Art. 3. — Un commissaire central est chargé, sous l'autorité immédiate du préfet, de l'exécution des mesures de police placées dans les attributions du préfet par l'article 1 du présent décret.

Le commissaire central est en même temps chef de la police municipale de la commune d'Alger; à ce titre, et pour les attributions de police dévolues au maire, il est placé sous l'autorité de ce fonctionnaire; il reçoit ses ordres et en assure l'exécution.

Art. 4. — Le gouverneur général civil de l'Algérie, sur la proposition du préfet, règle par des arrêtés les dispositions relatives à la formation des cadres tant du service de la police centrale que du service de la police municipale. Pour ce dernier service, le conseil municipal est consulté et le maire appelé à présenter ses observations.

Art. 5. — Les dépenses affectées aux divers services de police sont obligatoires pour la commune. Si le conseil refusait de les voter, ou n'allouait qu'une somme insuffisante, l'allocation nécessaire serait inscrite au budget par un arrêté du gouverneur général.

Toutefois, sont mis à la charge de l'État :

Le traitement du commissaire central de police d'Alger;

Les dépenses d'une brigade de sûreté placée sous les ordres directs du commissaire central;

Les dépenses relatives au logement de ce fonctionnaire, à l'installation de ces bureaux, au costume des agents de la brigade de sûreté et autres dépenses matérielles de même service;

Le tout, dans les limites des crédits annuellement alloués au budget législatif.

Art. 6. — Le commissaire central et les commissaires de police, sont nommés par le gouverneur général civil de l'Algérie.

Les employés et agents de tout ordre sont nommés par le préfet.

Art. 7. — Les arrêtés préfectoraux pris en exécution de l'article 1 du présent décret, ne sont exécutoires qu'après avoir été revêtus de l'approbation du gouverneur général civil.

Art. 8. — Des arrêtés du gouverneur général pourront étendre la juridiction du commissaire central de police d'Alger à d'autres localités du département que celles désignées dans l'article 1.

Tous règlements d'attribution entre le préfet du département et le maire d'Alger, pour les objets intéressant à la fois la police générale et la police municipale, seront édictés par des arrêtés du gouverneur général civil.

Art. 9. — Sont abrogés le décret du 23 septembre 1872 et toutes dispositions antérieures, contraires à celles du présent décret.

Ponts et chaussées.

Les ponts et chaussées sont chargés, en Algérie : 1° des mêmes services qu'en France (routes, chemins de fer, ponts, ports, phares, barrages, canaux, irrigations dessèchements, etc.); 2° des travaux qui, originairement, avaient été confiés aux bâtiments civils (mairies, églises, écoles, palais de justice, etc.); 3° des travaux de voirie départementale (mais dans le seul département de Constantine, un service spécial ayant été organisé dans les deux autres); 4° des travaux communaux (dans le même département). L'organisation est la même que dans la métropole. L'inspecteur général, les ingénieurs en chef, les ingénieurs ordinaires, les élèves ingénieurs et les conducteurs, détachés du ministères des travaux publics sont mis à la disposition du gouverneur général et restent soumis aux lois, décrets et règlements qui régissent le corps des ponts et chaussés et notamment au décret du 13 octobre 1851, quoiqu'aucun de ces actes législatifs n'ait jamais été l'objet d'une promulgation spéciale. Des décrets ou arrêtés spéciaux ont déterminé les travaux que les ponts et chaussées sont chargés d'exécuter, les traitements, frais et honoraires des divers agents, l'institution de régisseurs comptables et l'organisation du personnel secondaire.

27 janvier 1846.

Arrêté ministériel répartissant entre les divers services les travaux à exécuter en Algérie (B. 219).

V. *Travaux publics.*

9 février 1849.

Arrêté ministériel instituant les régisseurs comptables (B. 314).

INSTITUTION DES RÉGISSEURS COMPTABLES.

Art. 1.—Les régisseurs comptables des services des ponts et chaussées fonctionnent en vertu d'une commission spéciale du ministre qui leur confie exclusivement le maniement de deniers résultant des avances autorisées par l'article 28 de l'ordonnance du 2 janvier 1846 sur les finances en Algérie.

Art. 2.—Les régisseurs comptables sont choisis, soit parmi les employés attachés au service susmentionné, soit parmi les employés et agents d'autres services civils, soit parmi les anciens sous-officiers comptables de l'armée, réunissant les conditions d'aptitude et de moralité nécessaires. Toutefois, dans les arrondissements où il ne s'exécute en règle que des travaux peu considérables et de peu de durée, les fonctions de régisseur peuvent, temporairement et jusqu'à la concession de ces travaux, être confiées à des conducteurs ou piqueurs des ponts et chaussés — Toute disposition de cette nature doit être préalablement autorisée par le ministre.

Art. 3.—La position des régisseurs comptables actuellement en exercice sera régularisée dans un délai de trois mois, conformément aux deux articles qui précèdent; ceux qui, dans ce délai, à partir de la promulgation du présent arrêté, n'auraient point été pourvus d'une commission ministérielle, cesseront leurs fonctions.

Art. 4. — Une ampliation de la commission ministérielle délivrée aux régisseurs comptables, et revêtue de la signature de ces agents, doit être transmise, par le préfet du département au trésorier-payeur qui la notifie au besoin à ses préposés. Cette formalité sera immédiatement accomplie partout où elle aurait été omise.

Art. 5.— Un cautionnement est imposé aux régisseurs comptables, le ministre en fixe le chiffre pour chaque régisseur d'après l'importance des sommes dont il peut avoir le maniement.—Toutefois le ministre se réserve de dispenser du cautionnement les régisseurs qui n'ont à manier que des sommes peu considérables.

LIMITES DES AVANCES A FAIRE AUX RÉGISSEURS COMPTABLES.

Art. 6. — Régisseurs comptables chargés des deux services des ponts et chaussés et des bâtiments civils (il n'y en a plus : le service des bâtiments civils ayant été supprimé).

Art. 7. — Les avances faites aux régisseurs comptables chargés d'un seul service devront toujours se renfermer dans la limite réglementaire de 20,000 francs.

SPÉCIALITÉ DES AVANCES.

Art. 8. — La spécialité des fonds remis aux régisseurs comptables résulte de l'imputation donnée aux mandats par l'ordonnateur du service. Cette spécialité doit être scrupuleusement observée dans l'emploi des avances.

Art. 9. — Si, à la fin d'un exercice, ou après l'achèvement des travaux pour lesquels les avances ont eu lieu, il restait entre les mains du régisseur comptable des sommes qui n'auraient pas été employées, le versement devrait en être fait immédiatement au Trésor ou à la caisse départementale, selon que le service appartiendrait au budget de l'État ou au budget du département.

Art. 10. — Le récépissé comptable de l'agent à la caisse duquel le versement a été fait, doit être transmis au ministre par le préfet du département, pour faire opérer la réintégration aux crédits du budget de la somme non employée; un duplicata ou copie certifiée de ce récépissé est produit à l'appui des bordereaux de dépense dressé par le régisseur comptable, pour justifier l'emploi de l'avance reçue.

PAYEMENTS ET JUSTIFICATIONS DES DÉPENSES.

Art. 11. — Les payements opérés par les régisseurs comptables ne doivent avoir pour objet, que les salaires d'ouvriers et les menus dépenses, qui ne pourraient être ordonnancés directement sans occasionner des lenteurs préjudiciables au service. Toutes les autres dépenses sont mandatées au nom des créanciers réels sur la production des titres réguliers de leurs créances.

Art. 12. — Dans le cas où une exception à l'article précédent serait reconnue indispensable dans l'intérêt du service, par l'ordonnateur, les régisseurs comptables ne pourraient procéder au payement, sous leur responsabilité, qu'après avoir acquis, auprès du payeur, la preuve qu'il n'existe aucune opposition contre le créancier réel.

Art. 13. — Pour être acquittées par les régisseurs comptables, les pièces de dépenses présentées à leurs caisses doivent être revêtues de toutes les formalités prescrites par les nomenclatures réglementaires; elles sont établies en deux expéditions, revêtues toutes deux de l'acquit de la partie prenante, et chacune d'elles appuyée des justifications voulues.

Art. 14. — Les avances faites aux régisseurs comptables dans les limites déterminées par les articles 6 et 7 du présent règlement, doivent être scindées, selon la nature des travaux, de manière à ce que la justification puisse en avoir lieu dans le délai d'un mois ou de 45 jours au plus. — Le délai de 45 jours n'est accordé qu'à la charge de produire une déclaration de l'ordonnateur portant qu'il y a eu impossibilité pour le comptable de se procurer les pièces dans le délai d'un mois. — Les justifications dont il s'agit doivent être produites, non collectivement et sans distinction d'avance, mais pour une somme égale à chaque mandat, sauf à compléter les pièces quand il y aura lieu, par un récépissé de versement.

Art. 15. — Lors de l'expiration des délais ci-dessus, et plus tôt s'il se peut, les régisseurs comptables transmettront leurs pièces de dépense au trésorier-payeur ou à ses préposés, après les avoir présentées au visa de l'ordonnateur. — Ces pièces sont accompagnées de deux expéditions, d'un bordereau indicatif (modèle numéro 30 du règlement du 1er décembre 1838), dont l'une, après avoir été revêtue du récépissé du payeur, est renvoyée au régisseur comptable, pour lui servir de décharge. — Une troisième expédition du bordereau justificatif est remise à l'ordonnateur, pour être envoyée au ministre avec le double des pièces de dépense.

Art. 16. — Lorsque des pièces de dépenses acquittées existent entre les mains d'un régisseur comptable à l'époque du 31 décembre au soir, ces pièces doivent être l'objet d'un bordereau justificatif spécial, et l'on peut confondre avec elles, dans ce même bordereau, aucune des dépenses effectuées postérieurement à cette époque, sauf à reproduire au besoin des bordereaux distincts pour la justification d'un même mandat d'avance. —Lorsque la gérance des mêmes travaux est successivement confiée, dans le cours d'une année, à deux ou plusieurs préposés, chacun d'eux doit rendre compte distinctement du montant des avances qu'il a reçues et de la justification de l'emploi desdites avances.

LIVRES ET ÉCRITURES.

Art. 17. — Les régisseurs comptables enregistrent les faits de leur gestion sur les livres ci-après désignés : — 1° livre-journal de caisse ; — 2° grand-livre ; — 3° livre de détail ; — 4° livres auxiliaires ou de développement

Art. 18. — Le livre-journal sert à inscrire, jour par jour et par ordre de priorité, toutes les opérations de fonds qui se rattachent aux dépenses dont l'administration est confiée au régisseur-comptable. Chacun des articles décrits au journal est successivement reporté sur le grand-livre, au compte d'imputation correspondant.

Art. 19. — Le grand-livre présente, à des comptes distincts par service, par exercice, par chapitre, et, selon le cas, par article, le montant des recettes et des dépenses de chaque jour. Il est tenu par année, comme le livre-journal, et présente toutes les opérations effectuées du 1er janvier au 31 décembre de chaque année. — Les comptes à ouvrir au grand-livre se divisent en deux catégories intitulées : *Comptes de dépenses* et *Compte d'ordre.*

Art. 20. — Les comptes de dépenses publiques sont destinés à l'enregistrement des opérations principales du comptable. Le nombre est déterminé par la spécialité des imputations données par l'ordonnateur aux mandats d'avance. Les comptes des dépenses publiques reçoivent, au crédit, l'inscription des sommes encaissées, et, au débit, l'indication des payements.

Art. 21. — Les comptes d'ordre sont destinés à l'enregistrement des opérations accessoires du comptable. Ils sont au nombre de deux, intitu-

lés : *Avances à régulariser* et *Fonds particuliers.*

Art. 22. — Le compte *Avances à régulariser* sera employé, en cas de payement d'urgence, sur pièces non conformes à celles exigées par les nomenclatures réglementaires. Il est débité des payements effectués et crédité de ces mêmes payements régularisés, au moment où le montant en est transporté au débit des comptes et de dépenses publiques que les payements concernent. Le compte *Avances à régulariser* ne doit jamais présenter d'excédant de recette.

Art. 23. — Le compte *Fonds particuliers* est ouvert au grand-livre dans le but de permettre au comptable de placer dans sa caisse, comme l'endroit le plus sûr de son domicile, la portion de ses fonds personnels dont il n'aurait pas l'emploi immédiat ; ce compte est crédité des versements dans la caisse, et débité des extraits. Il ne doit jamais présenter d'excédant de dépenses.

Art 24. — Les livres de détail sont le premier élément de comptabilité pour la dépense : un compte spécial y est ouvert à chacun des paragraphes de dépense du budget, et tout payement est enregistré au compte qu'il concerne au moment même où il s'effectue. A la fin de chaque journée, les comptes sont totalisés, et leur montant est porté en dépense au livre-journal, au débit des comptes généraux auxquels la dépense se rapporte. L'article ainsi passé au livre-journal doit relater chacun des comptes du livre de détail qui concourt à la dépense du jour. Les livres de détail sont tenus par service et par exercice.

Art. 25. — Les livres auxiliaires varient de forme et de destination. Ils servent au développement de ceux des comptes généraux ouverts aux livres de détail ou qui exigent cette extension.— Le compte ouvert au grand-livre sous le titre de : *Avances à régulariser,* exige la tenue d'un carnet auxiliaire, sur lequel le comptable enregistre chaque payement au moment où il s'effectue, pour en faire ensuite, à la fin de la journée, un total à porter en dépense au livre-journal.

DOCUMENTS PÉRIODIQUES DE COMPTABILITÉ A FOURNIR PAR LES RÉGISSEURS COMPTABLES.

Art. 26. — A la fin de chaque mois, les régisseurs comptables établissent et transmettent au chef du service de la localité les bordereaux présentant : 1° leur situation comptable, ou relevé au dernier jour du mois des additions des comptes ouverts à leur grand-livre ; — 2° le développement, par mandat d'avance, des recettes effectuées pendant le mois ; — 3° le développement par compte ouvert, aux livres de détail, des dépenses effectuées pendant le mois ; — 4° la situation, au dernier jour du mois, des justifications produites au trésorier-payeur ou à ses préposés.

Art. 27. — Les situations sont établies en double expédition, dont l'une reste entre les mains du comptable, et l'autre, après vérification et visa par le chef de service, est transmise à l'ordonnateur de la dépense. — La situation comptable fournie à l'époque du 31 décembre de chaque année sert de base aux articles à passer au journal, pour le transport des opérations de la gestion expirée sur les livres de la nouvelle gestion. Dans ces articles, on fait entrer la masse du débit et du crédit des comptes de dépenses publiques, appartenant à l'année commencée, mais dans ces mêmes articles, on ne comprend que le solde des comptes d'ordre.

INSPECTION ET SURVEILLANCE DES RÉGISSEURS COMPTABLES.

Art. 28. — Les régisseurs comptables sont soumis aux vérifications périodiques de l'ingénieur ou de l'architecte chef du service de la localité, et aux vérifications accidentelles de l'ingénieur en chef ou de l'architecte du département ou de tout délégué de l'autorité administrative muni d'un ordre spécial. — Ils sont également assujettis aux vérifications inopinées des inspecteurs des finances, conformément aux dispositions de l'article 80 de l'ordonnance du 2 janvier 1846.

Art. 29. — Toutes dispositions contraires à celles qui précèdent sont abrogées.

30 juillet 1851.

Arrêté ministériel qui charge les ponts et chaussées des travaux communaux (B. 392). **V. Travaux publics.**

28 avril 1862.

Décision du gouverneur établissant un tarif uniforme pour les frais de voyage des ingénieurs et employés du service des ponts et chaussées et des mines (B. G. 53).

Par myriamètre : — *De la résidence en France au port d'embarquement :* ingénieur en chef, 5 fr.; ingénieur ordinaire, 9 fr.; conducteurs et gardes des mines, 2 fr. 50 c. — *Du port de débarquement en Algérie à la nouvelle résidence :* ingénieur en chef, 7 fr. 50 c.; ingénieur ordinaire, 4 fr. 50 c.; conducteurs et gardes-mines, 3 fr. 75 c.

Ce même tarif sera appliqué aux déplacements qui auront lieu d'un point à un autre de l'Algérie, et qui seront motivés par un changement de service et non par une convenance personnelle; mais les déplacements ne donneront lieu à aucune indemnité lorsqu'ils se réaliseront d'un point à un autre de la même province. — Les conducteurs ou gardes-mines appelés à faire fonctions d'ingénieurs, auront droit aux mêmes indemnités que ces derniers fonctionnaires. — Les dispositions qui font l'objet de la présente décision auront leur effet à partir du 1er mai 1862.

15 juin 1867.

Décret qui promulgue le décret du 10 mai 1854 portant règlement des honoraires et frais de déplacement dus aux ingénieurs pour leur intervention dans les affaires d'intérêt départemental, communal ou privé (B. G. 238).

9 décembre 1867.

Arrêté du gouverneur portant organisation du personnel secondaire des ponts et chaussées (B. G. 251).

Art. 1. — Les agents des ponts et chaussées, au-dessous du grade de conducteur, attachés au titre de commis comptables, commis commissionnaires, commis dessinateurs, à la surveillance des travaux ou au service des bureaux des ingénieurs en Algérie, prendront, à l'avenir, le titre d'*agents secondaires des ponts et chaussées*.

Art. 2. — Ils seront divisés en cinq classes, pour chacune desquelles le traitement annuel est fixé ainsi qu'il suit : Première classe, 2,800 francs; — deuxième classe, 2,400 francs; — troisième classe, 2,100 francs; — quatrième classe, 1,800 francs; — cinquième classe, 1,500 francs. Ces traitements, non susceptibles d'augmentation à titre de supplément colonial, sont soumis aux retenues prescrites par la loi du 9 juin 1853 sur les pensions civiles.

Art. 3. — Des décisions du gouverneur général de l'Algérie fixent, chaque année, sur les propositions de l'ingénieur en chef et l'avis du préfet et de l'inspecteur général des travaux civils, le nombre d'employés de différentes classes attachés à chaque service d'ingénieur en chef. La répartition de ces employés entre les arrondissements des ingénieurs ordinaires et leurs résidences, sont déterminées par l'ingénieur en chef, suivant les besoins du service.

Art. 4. — Les employés secondaires des ponts et chaussées sont nommés par le préfet, sur la proposition de l'ingénieur en chef.

Art. 5. — Nul ne peut être nommé employé secondaire des ponts et chaussées s'il n'a été reconnu apte à en remplir les fonctions, à la suite d'un examen sur les connaissances ci-après : Écriture; — principes de la langue française; arithmétique élémentaire; — exposition du système métrique des poids et mesures; — notion de géométrie relatives à la mesure des angles des surfaces et des solides; — éléments de dessin linéaires; — ou, s'il n'a été déclaré, par décision du ministre des travaux publics, admissible au grade de conducteur auxiliaire.

Les candidats doivent être âgés de plus de dix-huit ans, et de moins de vingt-huit ans au moment de l'examen. Toutefois, les militaires porteurs d'un congé régulier, et les piqueurs surveillants temporaires qui comptent plus

cinq ans d'emploi sur les chantiers de l'État, en
Algérie, peuvent concourir jusqu'à l'âge de trente-
cinq ans.

Art. 6. — Les candidats, reconnus aptes à remplir les fonctions d'employés secondaires, peuvent être nommés dans la cinquième ou la quatrième classe, d'après les résultats de leur examen, et eu égard à leur âge, à leurs antécédents,
à leurs charges de familles, à la cherté de la vie
dans chaque localité, et au degré d'utilité des
services qu'ils peuvent rendre.

Les candidats déclarés admissibles au grade de
conducteur auxiliaire, peuvent être nommés employés secondaires de troisième ou de quatrième
classe.

L'ingénieur en chef fait, à ce sujet, des propositions auxquelles il annexe le procès-verbal
d'examen, ou la déclaration ministérielle déclarant l'admission du candidat au grade de conducteur.

Art. 7. — La promotion des employés secondaires à une classe supérieure est prononcée par le
préfet, sur la proposition de l'ingénieur en chef,
dans les limites du cadre arrêté chaque année,
conformément aux dispositions de l'article 3.

Art. 8. — Les employés secondaires ne peuvent
passer à une classe supérieure qu'après trois ans
de service dans la classe qu'ils occupent.

Art. 9. — A chaque service d'ingénieur en chef
ne peut être attaché qu'un employé secondaire
de 1re classe. Ces employés sont pris : 1° parmi
les employés de 2e classe, ayant au moins dix
ans de service depuis leur première nomination
et porteurs d'un certificat d'aptitude délivré par
l'ingénieur en chef. Ce certificat doit, en outre,
constater qu'ils ont acquis les connaissances suivantes : pratique des plans et du nivellement,
conduite des travaux, dessin des ouvrages d'art;
2° parmi les candidats déclarés par décision
ministérielle, admissibles au grade de conducteur
auxiliaire, dont il est parlé ci-dessus.

Art. 10. — En cas de négligence dans le service ou d'actes répréhensibles, les punitions encourues par ces agents sont : 1° la retenue d'une
partie ou de la totalité du traitement du mois
pendant lequel la faute a été commise ; 2° l'abaissement d'une classe ; 3° la révocation. La retenue
du traitement et l'abaissement d'une classe sont
prononcés par le préfet sur le rapport de l'ingénieur en chef. La révocation est prononcée par le
gouverneur général sur le rapport de l'ingénieur
en chef et l'avis du préfet et de l'inspecteur général des travaux publics.

Art. 11. — Les dispositions qui précèdent ne
s'appliquent pas aux agents employés momentanément par suite des circonstances exceptionnelles, soit sur les travaux, soit dans les bureaux
des ingénieurs. L'emploi de ces agents essentiellement temporaires ne peut avoir lieu qu'en
vertu d'une décision spéciale du gouverneur général, prise sur l'avis du préfet et de l'inspecteur
général des travaux publics, qui règle leur nom-

bre, leur salaire mensuel, et le temps pendant
lequel ils doivent être employés.

Art. 12. — Transitoire.

Art. 13. — L'arrêté du 10 mars 1849 relatif à la
composition du personnel des bureaux des ingénieurs des ponts et chaussées en Algérie, est rapporté.

24 décembre 187

*Arrêté du gouverneur général fixant les trai-
tements et accessoires de traitement des ingénieurs et conducteurs employés en Algérie
(B. O. 455).*

Art. 1. — Les traitements et accessoires de
traitement des ingénieurs et des conducteurs des
ponts et chaussées, ainsi que des ingénieurs des
mines, employés en Algérie, sont fixés, conformément au tableau ci-après, à partir du 1er janvier 1873, savoir :

| GRADES. | Traitement de France. | Supplément colonial d'un quart. | INDEMNITÉS POUR | | TOTAL. |
			Frais de tournées, déplacements et autres.	Frais de loyers et d'installation de bureau.	
Ingénieurs en chef.............. (1re classe......	8.000 00	2.000 00	4.500 00	3.000 00	17.500 00
(2e classe......	6.000 00	1.750 00	4.500 00	3.000 00	15.250 00
Ingénieurs ordinaires faisant fonction (1re classe......	5.000 00	1.400 00	4.500 00	3.000 00	13.115 00
d'ingénieur en chef........ (2e classe......	4.500 00	1.125 00	4.500 00	3.000 00	11.812 00
Ingénieurs ordinaires......... (1re classe......	5.000 00	1.250 00	3.000 00	2.000 00	10.625 00
(2e classe......	4.000 00	625 00	3.000 00	2.000 00	9.375 00
(3e classe......	2.800 00	450 00	3.000 00	2.000 00	8.450 00
Élèves Ingénieurs de 1er, 2e et 3e classe.....	2.800 00	700 00	600 00		4.100 00
Conducteurs ou garde-mines principal. (1re classe......	2.400 00	600 00	600 00		3.600 00
(2e classe......	2.000 00	500 00	600 00		3.100 00
Conducteur ou garde-mines........... (1re classe......	1.800 00	450 00	600 00		2.850 00
(2e classe......	1.600 00	400 00	600 00		2.600 00
Conduct. auxiliaires de 3e classe ou garde-mines.	1.400 00	350 00	600 00		2.350 00

16 juin 1870.

Arrêté qui fixe les indemnités et frais de dépla-
cements à allouer aux conducteurs et em-
ployés secondaires des ponts et chaussées
(B. O. 663).

Art. 1. — Les indemnités de toute nature à allouer pour frais de tournées et de déplacements
aux conducteurs et employés secondaires du service des ponts et chaussées de l'Algérie, seront
réglées, à partir du 1er juillet 1870, conformément
aux dispositions ci-après :

1° DÉPLACEMENTS SIMPLES, SANS DÉCOUCHER.

Déplacements sans découcher, mais avec parcours à pied d'au moins 20 kilomètres ou stationnement de plus de 9 heures sur un chantier à
plus de 4 kilomètres de la résidence habituelle
des agents, par jour :

Pour les conducteurs. . . . . 3 fr. 50
Pour les employés secondaires. . . 3   00

2° DÉPLACEMENTS AVEC DÉCOUCHERS, SANS SÉJOUR PROLONGÉ SUR UN POINT DÉTERMINÉ.

Déplacements avec découchers, relatifs aux
tournées, aux études et à toute opération ne per-
mettant pas aux agents un séjour prolongé sur
un point déterminé, par jour.

Pour les conducteurs . . . . 5 fr.
Pour les employés secondaires. . . . 4

3° DÉPLACEMENTS AVEC SÉJOUR PROLONGÉ SUR UN POINT DÉTERMINÉ.

Déplacements relatifs à la surveillance d'un
travail spécial éloigné de la résidence habituelle
des agents, avec séjour prolongé sur un point déterminé :

Pour les conducteurs. . . . . . . 1 fr. à 3 fr. 50
Pour les employés secondaires. . 1   à 2   50

4° TRANSPORTS RAPIDES.

Remboursement intégral aux agents, des frais
de transports rapides, par chemins de fer, par
voitures publiques ou à dos de mulet, quand les
transports rapides auront été autorisés régulièrement par les ingénieurs.

Art. 2. — Pour les déplacements en pays arabe,
loin des villages et des lieux habités, l'ingénieur
en chef fera fournir aux agents les objets de campement qui leur seront indispensables, ou à défaut, leur fera rembourser les dépenses qu'ils auront prises à leur charge pour ces objets de
campement.

Art. 3. — Aucune indemnité au titre de l'article 1, paragraphe 3, ne sera attribuée aux agents
qui ne seront pas déplacés de leur résidence habituelle pour un travail spécial.

Dans le cas où, en raison de ... constances
locales, l'ingénieur en chef jugerait ...itable de
faire accorder exceptionnellement une allocation
supplémentaire de frais de résidence à quelques-
uns des agents de son service, il en ferait la

proposition dans un rapport motivé qui serait
soumis à l'examen de l'administration centrale.

Art. 4. — Quand, par mesure exceptionnelle,
les ingénieurs auront autorisé la location de voitures particulières, le prix de location sera remboursé aux agents. Dans le cas où un conducteur
aurait un cheval et une voiture lui appartenant,
une allocation spéciale pourrait lui être accordée
chaque fois qu'il serait autorisé à s'en servir pour
ses tournées ; mais, en aucun cas, cette allocation ne devrait dépasser celle qui aurait été attribuée au conducteur dans les conditions habi-
tuelles.

Art. 5. — Le maximum des indemnités extraordinaires qui pourront être allouées chaque année au titre de l'article 1 est fixé, savoir :

1° FRAIS DE DÉPLACEMENT ET DE TOURNÉES.

Pour les conducteurs. . . . . 500 fr.
Pour les employés secondaires. . . 400

2° TRANSPORTS RAPIDES.

Pour les conducteurs et les employés
secondaires. . . . . 350 fr.

Toutes les fois que ce maximum sera dépassé,
une autorisation spéciale devra être réclamée de
l'administration supérieure dans un rapport motivé, pour le payement, s'il y a lieu, des excédants de dépenses aux divers agents.

Art. 6. — En dehors des allocations pour frais
de tournées et de déplacements ci-dessus définis,
les conducteurs des ponts et chaussées continueront à recevoir, à titre d'indemnité pour frais
fixes, les 600 francs qui leur auront été accordés
par la décision du 27 mars 1863.

Art. 7. — MM. les ingénieurs se conformeront,
pour l'application des dispositions du présent
règlement, à toutes les prescriptions contenues
dans les circulaires de M. le ministre des travaux publics, en date des 31 août 1852, 28 août
1862 et 1er juin 1863.

Population.

La population de l'Algérie, armée comprise,
s'est élevée, d'après le recensement de 1870, à
2,867,624 âmes, présentant ainsi, sur le recensement de 1872, une augmentation de
401,229 âmes, augmentation ainsi répartie :
indigènes musulmans, 337,884 ; — Français,
26,126 ; — Espagnols, 21,144 ; — Italiens,
7,408 (Le surplus divisé entre les autres na-
tionalités étrangères).

21 septembre 1870.

Décret qui prescrit le dénombrement de la
population de l'Algérie (B. O. 675).

Art. 1. — Il sera procédé, avant l'expiration de
la présente année, au dénombrement de la popu-

lation de l'Algérie, par les soins des maires dans les communes de plein exercice, par les administrateurs dans les communes mixtes et indigènes.

Le dénombrement de la population nomade ou résidant en dehors du Tell, pourra être fait d'une manière sommaire, dans les formes qui seront déterminées par le gouverneur général.

Art. 2. — Ne comptent pas dans le chiffre de la population servant de base à l'assiette de l'impôt ou à l'application des lois d'organisation municipale, les catégories suivantes :

Corps de troupes de terre et de mer,
Maisons centrales de force et de correction,
Maisons d'arrêt, de justice et de correction,
Dépôt de mendicité,
Asiles d'aliénés,
Hospices et orphelinats,
Lycées et collèges communaux,
Écoles spéciales,
Séminaires,
Maisons d'éducation et écoles avec pensionnat,
Communautés religieuses,
Réfugiés à la solde de l'État,
Marins de commerce absents pour les voyages de longs cours.

Art. 3. — Les frais des opérations de recensement seront supportés par les budgets des communes.

3 décembre 1877.

Décret qui fixe la population de l'Algérie.
(B. O. 704).

Extraits des tableaux annexés :

Provinces.	Territ. civil.	Territ. milit.	Totaux.
Alger.	484,771	587,836	1,072,607
Constantine.	414,711	727,121	1,141,833
Oran.	416,465	236,716	653,181
	1,315,050	1,551,676	2,807,020

La population se décompose ainsi :

Français ou naturalisés.	228,400
Indigènes musulmans.	2,472,129
Étrangers.	167,007

Ports.

La police des ports et des quais en Algérie est régie par un arrêté du 12 septembre 1832, modifié par un arrêté du 25 août 1858 et qui met en vigueur certaines pénalités portées par l'ordonnance de 1681. L'arrêté de 1832 a été également modifié, en ce qui concerne le lestage, par un arrêté du gouverneur du 24 juin 1875, et, en ce qui touche le chargement et le déchargement des navires, par un arrêté du 16 juillet 1868, et complété par le règlement général de police du 30 décembre

1873 et par le décret du 2 septembre 1874, non promulgué, mais évidemment applicable. Les préfets ont, en outre, pris des arrêtés spéciaux à chaque port.

Les décrets des 15 juillet 1831 et 27 janvier 1876 sur l'organisation des officiers et maîtres de port préposés en France à la police des ports maritimes et des ports de commerce n'ont pas été promulgués dans la colonie et n'y sont pas mis à exécution.

En dehors de la police des ports, nous reproduisons un décret du 14 juin 1876, qui a autorisé une société particulière à établir à ses frais, risques et périls, un port de commerce à Béni-Saf, moyennant un droit de tonnage.

12 septembre 1832.

Arrêté de l'intendant contenant règlement général sur la police des ports et des quais (B. O. 1).

TITRE I.
DE L'ENTRÉE ET DE LA SORTIE DU PORT.

Art. 1. — (Ainsi modifié, vu l'urgence, par arrêté du 24 août 1858, B. 58). — Tous capitaines, patrons, maîtres ou marins arrivant dans les ports occupés par l'armée française, après avoir rempli les formalités ordonnées par l'administration sanitaire, seront tenus de se présenter à la direction du port à l'effet d'y faire leur déclaration et de recevoir l'indication de la place que leurs bâtiments doivent occuper le long des quais pour y opérer leur chargement ou déchargement. — Les capitaines ou patrons devront déclarer s'ils ont à bord des personnes qui ne soient pas portées sur le rôle d'équipage, ou qui ne soient pas munies des papiers requis par la loi ou les règlements ; ils seront prévenus qu'à défaut de cette déclaration, et dans le cas où elle ne serait pas conforme à la vérité, ils seraient passibles de l'amende prononcée par l'ordonnance de 1681 (300 francs par personne) ; ils seront prévenus, en outre, qu'il leur est expressément défendu de prendre à bord, au moment de leur sortie, aucune personne qui ne serait pas portée sur le rôle d'équipage ou munie de titres en règle, sous peine de l'amende déjà indiquée et de toutes autres peines plus fortes, s'il y a lieu.

Art. 2. — Tous capitaines, patrons, maîtres ou marins qui voudront sortir du port avec leurs bâtiments seront tenus de venir préalablement en faire la déclaration à la direction du port, et d'y exhiber leur patente de santé ; sur le vu de cette patente, il sera délivré un permis de départ que les capitaines présenteront au stationnaire sous peine d'être arrêtés à la sortie, et dans le cas où ils chercheraient à quitter le port sans permis, d'être cités devant le tribunal de police correctionnelle, qui alors jugera sommairement.

Avant le départ de tous bâtiments français ou étrangers, soupçonnés d'embarquement clandestin, M. le commissaire de police central ou ses agents, feront une visite à bord, afin de s'assurer que tous les passagers sont en règle et portés sur le rôle d'équipage. Les capitaines devront faciliter cette visite; ils n'obtiendront leur billet de sortie qu'après avoir déclaré au capitaine du port qu'il n'existe sur le bord aucun individu en contravention. Si, lorsqu'ils seront à la voile, la police, sur quelques indices qui lui seraient parvenus, croyait nécessaire de faire une nouvelle visite, les capitaines devraient mettre en panne ou même mouiller à la première injonction qui leur en sera faite par le canal du stationnaire, sur l'ordre donné par M. l'amiral commandant la marine, et ce, sous peine d'encourir toutes circonstances désastreuses que pourrait entraîner leur désobéissance.

Lorsqu'il s'agira de visiter un bâtiment étranger, la police devra préalablement s'entendre, suivant l'usage, avec le consul de la nation à laquelle appartient ce bâtiment.

Tout capitaine qui sera reconnu avoir fait une fausse déclaration, ou qui aura pris à bord des individus en état de contravention, sera puni de l'amende indiquée dans l'article précédent.

TITRE II

AMARRAGE. — DE LA POLICE DE CHARGEMENT ET DE DÉCHARGEMENT (1).

Art. 3. — Tous capitaines, patrons, maîtres ou marins, qui, sans permission préalable, amarreront leurs bâtiments au quai du port pour effectuer leur chargement ou déchargement, en tout ou partie, ou qui ne prendront pas la place qui leur aura été louée, ou qui la quitteront sans autorisation, seront condamnés à 20 francs d'amende, et seront tenus de prendre, à leurs frais, la place que la direction du port leur désignera.

Art. 4. — Les bâtiments seront amarrés au quai, ainsi que le comportent les localités du port.

Art. 5. — Il est expressément ordonné à tous capitaines, patrons, etc , d'avoir à leurs bâtiments deux amarres sur le quai, ou au moins un câble de l'arrière. — Toute infraction au présent article sera punie de 50 francs d'amende, sans préjudice du montant de la réparation de la dégradation, qui sera à la charge du capitaine ou patron.

Art. 6. — Les capitaines et patrons des bâtiments qui les auront abordés à quai, pour charger ou décharger des marchandises, ne pourront y rester plus de huit jours, à moins d'une permission spéciale de la direction, passé lequel dé-

(1) Ci-après, Arrêté du gouverneur, 16 juillet 1868.

lai ils seront obligés de quitter le poste qui leur avait été assigné et d'aller se placer à celui qui leur sera indiqué par la direction du port, sous peine de 24 francs d'amende.

Art. 7. — Tous les capitaines ou patrons dont les navires chargeront, le long des quais, de la laine, du coton ou autres matières combustibles, se retireront aussitôt que la cale sera pleine et qu'ils voudront en mettre sur le pont; ces bâtiments mettront de suite en rade, à peine de 50 francs d'amende.

Art. 8. — Tous capitaines ou patrons dont les bâtiments sont chargés de bois de construction, ne pourront les débarquer qu'après en avoir obtenu la permission de la direction du port, qui leur indiquera l'endroit où le débarquement peut se faire, à peine de 12 francs d'amende.

Art. 9. — Tous capitaines ou patrons qui arriveront dans le port chargés de brai, goudron, soufre, paille ou autres matières combustibles, mouilleront au large de tous les navires, en attendant que la direction du port leur ait désigné la place où ils devront effectuer leur déchargement, à peine de 50 francs d'amende.

Art. 10. — Ceux qui auront à la mer des bois du Nord propres à la mâture des bâtiments, s'adresseront à la direction du port, qui leur indiquera le lieu où ils pourront être entreposés; et, quant aux bois du Nord et autres, destinés aux bâtiments civils, ils seront tirés à terre dans l'espace de trois jours, pour être transportés dans les lieux où les propriétaires jugeront à propos de les faire entreposer, mais ailleurs que sur les quais, à peine de 50 francs d'amende.

TITRE III.

DE LA GARDE DES BATIMENTS MOUILLÉS DANS LE PORT, ET DES PRÉCAUTIONS CONTRE L'INCENDIE.

Art. 11. — Il y aura jour et nuit, à bord de chaque bâtiment armé ou désarmé dans le port, au moins un gardien, qui ne pourra être âgé de moins de 20 ans, ni de plus de 60, à peine de 600 francs d'amende contre le propriétaire.

Art. 12. — Les gardiens pourvus par les propriétaires d'une hache et de six seaux, qu'ils auront soin de tenir constamment pleins d'eau, de deux aussières, de deux grelins, d'un kilogramme de chandelles et deux fanaux, pour s'en servir dans l'occasion, à peine de 25 francs d'amende de la part des propriétaires. — La direction du port devra faire de fréquentes visites à bord des bâtiments désarmés, afin de s'assurer de l'exécution de ces dispositions.

Art 13. — En cas d'incendie dans le port, lorsque le stationnaire tirera deux coups de canon, soit de jour, soit de nuit, tous les gardiens des bâtiments marchands se tiendront prêts à exécuter les ordres qui leur seront donnés par l'agent du port; ils les exécuteront sans délai, sous les peines portées par l'article 475 du code pénal. — La direction du port se portera sur les lieux, et fera écarter les bâtiments de celui où le feu se sera manifesté, et sur lequel, après l'avoir fait avancer au milieu du port ou dehors, s'il est possible, elle dirigera tous les secours disponibles. — La direction du port préviendra en outre de suite les autorités.

Art. 14. — Lorsque les prud'hommes pêcheurs entendront les signaux d'incendie, soit le jour, soit la nuit, ils seront tenus de faire équiper le plus grand nombre de bateaux pêcheurs qu'ils pourront, pour se rendre au stationnaire, où ils recevront les ordres de la direction du port, à peine de 200 francs d'amende; les charpentiers et calfats en feront de même.

Art. 15. — Les capitaines, officiers et matelots dont les navires sont mouillés dans le port seront obligés, au même signal, de se rendre à leur bord, et d'y rester jusqu'à ce que le feu soit éteint, à peine de trois mois de prison et 40 francs d'amende.

Art. 16. — Tous patrons, bateliers, passeurs de port, seront obligés de se rendre, au signal de l'incendie, chacun dans son bateau et d'y passer, soit le jour, soit la nuit, tous ceux qui se présenteront pour aller donner du secours, à peine de 10 francs d'amende et de trois mois d'emprisonnement.

Art. 17. — Dans tous les cas d'incendie, les charpentiers, calfats et autres personnes qui auront donné des secours efficaces, recevront une gratification.

Art. 18. — Il est expressément défendu à tous capitaines, patrons et autres, à moins qu'ils n'en aient obtenu la permission de la direction du port, de faire du feu sur les quais, à peine de 25 francs d'amende. — Il est également défendu de faire du feu au carénage après le soleil couché, sous peine de 50 francs d'amende.

Art. 19. — Tous capitaines et patrons seront tenus, avant d'entrer dans le port, de débarquer les poudres et artifices qu'ils auront à bord, et de décharger toutes les armes, à peine de 50 francs d'amende; et, dans le cas où le mauvais temps les forcerait d'entrer le port, ils les débarqueront de suite dans les bateaux qui les déposeront aussitôt à la poudrière.

TITRE IV.
DU CALFATAGE, DU RADOUBAGE, ETC., DES BATIMENTS DANS LE PORT.

Art. 20. — Il est défendu à tous capitaines, patrons, calfats et autres, d'allumer du feu dans les chaloupes, bateaux et autres embarcations, pour y fondre de la ruse, du brai, du goudron, du suif ou d'autres matières. Ces opérations ne pourront être faites que dans les pégoulières établies sur les quais, à peine de 50 francs d'amende.

TITRE V.
DU LESTAGE ET DU DÉLESTAGE (1).

Art. 21. — Tous capitaines, patrons ou marins qui auront besoin d'embarquer ou de débarquer du lest de leurs bâtiments, bateaux ou chaloupes, devront en obtenir la permission par écrit de la direction du port, à peine de 50 francs d'amende. Il est expressément défendu d'embarquer ou de débarquer du lest sans l'interposition d'une voile, natte ou rente, afin d'empêcher qu'il ne tombe du lest dans le port, à peine de 50 francs d'amende contre chaque contrevenant.

Art. 22. — Tous capitaines ou patrons devront faire en arrivant la déclaration, au bureau de la direction du port, de la quantité de lest qu'ils ont à leur bord; et lorsqu'ils voudront effectuer leur délestage, ils en préviendront la direction du port, qui fera vérifier si la quantité de lest déclarée à l'arrivée du bâtiment existe, et qui lui indiquera ensuite le lieu où le lest devra être déposé; le tout sous peine de 20 francs d'amende.

Art. 23. — Il est expressément défendu d'embarquer ou de débarquer du lest pendant la nuit, ou de le jeter à la mer ou dans le port, sous peine de 500 francs d'amende. Il est de même défendu de jeter dans le port ou dans la rade des ordures, comestibles gâtés ou autres matières, sous peine de 10 francs d'amende.

Art. 24. — Il est permis à tous capitaines, patrons ou marins, de transborder entre eux du lest, moyennant la permission de la direction du port, pourvu que leurs bâtiments soient tout à fait bord à bord, et qu'ils observent les précautions prescrites par l'article 21; le transbordement n'aura d'ailleurs lieu que pendant le jour; le tout sous peine de 50 francs d'amende.

TITRE VI.
DE LA POLICE ET DE LA CONSERVATION DES QUAIS.

Art. 25. — Il est défendu à tous marchands de bois, constructeurs et autres, de laisser sur les quais plus de quarante-huit heures les bois qu'ils feront débarquer, à peine de 50 francs d'amende.

Art. 26. — Il est pareillement défendu à tous marchands, propriétaires et autres, de laisser sur les quais ou de placer le long des maisons des ancres, pierres, du sable, du bois, des briques, matériaux, et tout ce qui obstrue le passage, sous les peines portées au précédent article.

Art. 27. — Il est défendu de faire sécher le long des quais du blé lavé, du linge ou d'autres marchandises, ou d'y déposer des objets qui ne doivent pas être embarqués à bord des navires.

Art. 28. — Il est défendu à tous les marchands établis sur les quais de tenir dans leurs magasins et boutiques aucune marchandise inflammable, à peine de 50 francs d'amende; ils pourront y tenir

(1) V. ci-après arrêtés des 24 juin 1845 et 12 août 1848.

un baril de brai, un baril de goudron, et un baril de soufre, pour fournir aux bâtiments en carène.

Art. 29. — Il est défendu à tous particuliers, marchands et autres personnes, d'emballer sur les quais les caisses et ballots, et d'y entreposer aucune sorte de marchandises qui obstrue la voie publique, sous peine de 10 francs d'amende.

Art. 30. — Il est ordonné à tous maçons, bourgeois et autres, pour qui on débarquera sur le quai des pierres, du sable ou du gravier, de n'en mettre sur le quai qu'autant qu'il pourra en être enlevé dans la journée, et après en avoir obtenu la permission de la direction du port, sous peine de 12 francs d'amende. Les précautions prescrites par l'article 21, pour le lestage et le délestage des bâtiments, devront être prises pour le débarquement du sable et du gravier, sous les peines portées audit article.

TITRE VII.

DES DÉBRIS DES VIEUX BATIMENTS.

Art. 31. — Il est ordonné à tous propriétaires, capitaines ou patrons des bâtiments coulés à fond dans le port, de les relever dans l'espace de huit jours, sous peine de saisie au profit de ceux qui seront chargés par la direction du port de les relever, et de 100 francs d'amende.

Art. 32. — Il est défendu de faire démolir aucun bâtiment dans le port, si ce n'est avec l'autorisation par écrit de la direction du port, et en prenant les précautions qu'elle jugera convenables pour prévenir tout encombrement, sous peine de 50 francs d'amende et de saisie du bâtiment.

TITRE VIII.

DES BOUÉES, BALISES ET SIGNAUX.

Art. 33. — Tout matelot ou autre qui ôtera les bouées, balises ou autres signaux des ancres mouillées dans le port, sera arrêté sur l'ordre des agents du port, traduit de suite au tribunal de police correctionnelle, pour y être poursuivi suivant la rigueur des lois de police, sans préjudice des dommages-intérêts des parties.

TITRE IX.

DE LA POLICE ET DE LA SURETÉ DES BATIMENTS.

Art. 34. — Tous ceux qui causeront des dommages, par quelque voie que ce soit, aux vaisseaux et autres bâtiments mouillés dans le port, tant pour ce qui regarde les câbles, cordages, grappins et autres effets leur appartenant, que pour ce qui peut concerner leur cargaison, en seront responsables et traduits, s'il y a lieu, au tribunal compétent, sur l'ordre de la direction du port, pour être punis suivant la rigueur des lois, sans préjudice des intérêts des tiers.

Art. 35. — Il est défendu d'acheter de qui que

ce soit, si ce n'est des propriétaires, capitaines, patrons ou subrécargues des bâtiments marchands, des cordages, câbles, bois, biscuits et autres effets appartenant aux bâtiments, sous peine de 50 francs d'amende.

Art. 36. — Il est défendu à toutes personnes de rôder, une heure après le coup de canon de retraite jusqu'au coup de canon de la diane, avec des bateaux ou chaloupes, autour des bâtiments mouillés et amarrés dans le port, sous les peines portées par les lois et règlements de police. — Les dispositions du présent article ne sont point applicables aux bateaux de la douane employés au service public, non plus qu'aux embarcations de la marine royale.

TITRE X.

DE LA DIRECTION DU PORT.

Art. 37. — La direction du port et les agents sous ses ordres feront observer exactement tous les articles du présent règlement; les contraventions seront constatées par procès-verbaux, qui sont affirmés devant le maire, conformément aux lois et décrets des 19 mai 1802 et 16 décembre 1811, relatifs à la répression des délits de grande voirie. — Les capitaines ou tous autres trouvés en contravention consigneront entre les mains du maire la somme qui sera fixée par lui suivant l'exigence des cas; cette somme restera en dépôt jusqu'à ce que le jugement ait été prononcé; elle sera employée au payement de l'amende; l'excédant, s'il y en a, sera rendu aux délinquants.

TITRE XI.

DE LA COMPÉTENCE ET DE L'APPLICATION DES AMENDES.

Art. 38. — Les contraventions aux dispositions du présent règlement seront déférées, selon qu'il y aura lieu, au commissaire général de police ou au tribunal de police correctionnelle, et les contrevenants seront poursuivis et jugés conformément aux lois et règlements.

Art. 39. — Un tiers des amendes appartiendra à l'agent qui aura constaté le délit; les deux autres seront versés à la caisse des domaines.

Art. 40. — Les dispositions du présent arrêté sont applicables à tous les ports de la régence occupés par les troupes françaises.

24 juin 1845.

Arrêté du gouverneur contenant règlement sur le lestage dans le port d'Alger (B. 203).

Art. 1. — Le service du lestage dans le port d'Alger sera concédé à un entrepreneur par voie d'adjudication publique, au rabais, sur soumissions cachetées, et aux clauses et conditions portées dans le cahier des charges ci-annexé.

Art. 2. — A partir de la mise à exécution de l'entreprise, il sera interdit à tous individus, autres que l'adjudicataire ou les agents employés par lui, de s'immiscer directement ou indirectement dans la fourniture du lest, soit en allant chercher du sable, gravier, galet ou toute autre matière propre à en servir, soit en le transportant pour leur compte ou pour celui des capitaines, maîtres ou patrons des navires, dans le port ou hors du port d'Alger, soit enfin en s'entremettant de quelque manière que ce soit dans le service du lestage.

Toutefois, les capitaines, maîtres ou patrons conserveront la faculté de faire eux-mêmes leur lest; ceux dont les navires appartiennent au même armateur pourront s'aider entre eux pour faire leur lest, mais à la condition expresse de n'y employer que des hommes appartenant à leurs équipages et de ne se servir que de leurs propres embarcations, à l'exclusion de tous autres moyens étrangers à leurs bâtiments.

Art. 3. — Toute infraction aux dispositions de l'article précédent sera punie conformément aux articles 471, paragraphe 15, et 474 du Code pénal, plus de la saisie et confiscation du lest que les embarcations pourraient contenir.

Art. 4. — Il ne pourra être pris de sable, gravier ou galet, pour servir de lest ou pour tout autre usage, ailleurs que dans la partie de la plage située au delà du fort des Anglais, à l'ouest, et à partir de l'angle du champ de manœuvre de Mustapha, à l'est; à l'exception toutefois, en ce qui regarde ce dernier point, de la partie de la plage réservée pour l'extraction de sable nécessaire aux travaux hydrauliques, telle qu'elle se trouve délimitée par le plan ci-joint.

La présente défense est commune tant à l'entrepreneur du service du lestage qu'aux capitaines, maîtres ou patrons des navires qui désireraient faire eux-mêmes leur lest.

Toute contravention au présent article sera passible des peines portées aux articles 471, paragraphe 15, et 474 du Code pénal.

12 août 1848.

Arrêté du gouverneur qui étend les dispositions de l'arrêté ci-dessus à toute l'Algérie (B. 285).

Art. 1. — Les dispositions de l'arrêté du 24 juin 1845 sont applicables à tous les points du littoral de l'Algérie.

Art. 2. — L'autorité administrative déterminera et désignera les lieux ou points sur lesquels il pourra être pris du sable, galet ou gravier, soit pour l'usage public, soit pour le service du lestage ou tout autre usage privé.

Art. 3. — Les contraventions à l'article 4 de l'arrêté du 24 juin 1845, qui détermine les points sur lesquels il est permis de prendre du sable, galet ou gravier, et aux dispositions des arrêtés administratifs qui auront déterminé ces points, seront, à l'avenir, constatées, réprimées et poursuivies par voie administrative, conformément à la loi du 29 floréal an X.

Art. 4. — Ces contraventions seront constatées concurremment par les maires ou adjoints, le directeur du port ou ses agents, les ingénieurs des ponts et chaussées, les conducteurs et piqueurs, les commissaires et agents de police, les gardes de santé, les gardes champêtres, les gendarmes ou tous autres agents ou officiers de police judiciaire.

Art. 5. — Les procès-verbaux de contravention seront adressés aux directeurs et sous-directeurs des affaires civiles, qui pourront ordonner, par provision, ce que de droit, pour faire cesser le dommage. Il sera ensuite statué définitivement en conseil de direction.

Art. 6. — Par application de la loi du 23 mars 1842, relative à la police de la grande voirie, toute contravention à l'article 4 de l'arrêté précité du 24 juin 1845, et aux arrêtés administratifs spécifiés à l'article 2, donnera lieu à une amende de 16 à 300 francs.

Art. 7. — Il est expressément défendu de prendre, même aux lieux désignés par l'arrêté du 24 juin 1845, ou tous autres arrêtés, du sable, galet ou gravier pendant la nuit, sous les peines portées par l'article 6.

Art. 8. — Les capitaines, patrons ou marins qui voudraient faire du lest, conformément aux dispositions de l'article 2 de l'arrêté du 24 juin 1845, sont tenus de se munir d'une permission qui devra leur être délivrée par le directeur du port.

Art. 9. — La répartition des amendes encourues par les contrevenants s'effectuera ainsi qu'il suit: — 1° un tiers à l'agent qui aura constaté le délit; — 2° un tiers sera versé au Trésor au titre du budget départemental, ou à la commune du lieu quand elle aura été constituée; — 3° Le dernier tiers sera versé au Trésor et au titre du budget de la guerre.

18 juillet 1868.

Arrêté du gouverneur contenant règlement pour le chargement et le déchargement des navires de commerce dans le port d'Alger (P. G. 278).

Art. 1. — Lorsque les conventions arrêtées entre les parties n'y auront pas pourvu, les conditions du chargement et du déchargement des navires de commerce dans le port d'Alger sont fixées ainsi qu'il suit :

DÉBARQUEMENT.

§ 1. — Les déchargements des navires de toute provenance et de tout tonnage se font par les soins et aux frais des capitaines; la livraison des marchandises a lieu à quai.

33

§ 2. — Les quantités de marchandises à débarquer par chaque jour ouvrable, sont fixées, ainsi qu'il suit :

Céréales. — Navires de moins de 60 tonneaux : 130 sacs de 1 hectolitre. — *Id.* de 60 à 100 tonneaux : 200 sacs. — *Id.* de 101 à 300 tonneaux : 400 sacs. — *Id.* de plus de 300 tonneaux : 600 sacs.

Bois. — Grumes ou de chêne, 30 mètres cubes. Autres, 40 id.

Vins et spiritueux. — En fûts, 200 hectolitres.

Autres marchandises. — 25 tonneaux de 1000 kilogrames ou de 1^m,44.

STARIES.

§ 3. — Les staries courent, à l'arrivée, du lendemain du jour où les capitaines ont fait connaître aux destinataires, par l'entremise de leurs courtiers, qu'ils sont prêts à débarquer. — Si le connaissement est à ordre, le consignataire devra être prévenu par un avis inséré dans les journaux désignés pour la publication des annonces légales; les staries courent, dans ce cas, du lendemain de la publication.

§ 4. — Les jours pendant lesquels le débarquement ne peut s'effectuer par suite de mauvais temps dûment constaté, ne sont pas compris dans les staries. Cette constatation devra être faite, à la requête des parties intéressées, par le directeur du port.

SURESTARIES.

§ 5. — Les surestaries, ou jours de retard apporté au chargement ou au déchargement de la cargaison par le fait de l'une des parties, donneront lieu au payement, en faveur de l'autre partie, d'une indemnité de 50 centimes par jour et par tonneau de jauge du navire employé. Cette indemnité courra du lendemain du jour où les staries simples, telles qu'elles sont déterminées par le paragraphe 3 du présent règlement, auront expiré.

§ 6. — Si les surestaries se prolongent au delà d'une période égale aux staries primitives, le chiffre d'indemnité sera porté de 50 à 75 centimes pour tout le temps excédant les premières surestaries.

§ 7. — Des indemnités prévues ci-dessus sont payables par jour et d'avance.

§ 8. — Les retards ne pourront donner lieu à dommages-intérêts de part et d'autre qu'à partir d'une mise en demeure régulière.

§ 9. — Les embarquements sont assujettis à toutes les règles sus-énoncées. Les marchandises à charger seront livrées aux capitaines sur la bordure des quais.

Art. 2. — Les dispositions contenues dans le présent règlement seront applicables, comme usages adoptés pour la place d'Alger, à partir du 1er octobre 1868. Tous arrêtés et règlements locaux concernant la police du port et des quais, les embarquements et débarquements sont abrogés

en ce qu'ils peuvent avoir de contraire aux règles ci-dessus énoncées.

Art. 3. — Le présent arrêté, inséré au *Bulletin officiel des actes du gouvernement* et au *Moniteur de l'Algérie*, sera notifié, par les soins de M. le préfet du département, à la chambre et au tribunal de commerce d'Alger. Il sera, en outre, adressé à toutes les chambres de commerce des ports de la métropole et aux représentants, à Alger, des puissances maritimes de l'Europe.

13 mars 1874.

Arrêté du gouverneur rendant applicable en Algérie le règlement général de police du 30 décembre 1873 relatif aux dangers d'incendie occasionnés dans les ports maritimes par le commerce du pétrole et autres matières inflammables (B. O. 527).

Art. 1. — Sont déclarés applicables à l'Algérie, les dispositions générales arrêtées par la circulaire et le règlement général précités, qui seront insérés au *Moniteur de l'Algérie* et au *Bulletin officiel des actes du gouvernement.*

Art. 2. — Des arrêtés spéciaux, émanant de l'autorité préfectorale de chaque département, qui se concertera avec les chambres de commerce, détermineront les mesures spéciales à prendre pour assurer, dans chaque port, l'exécution des dispositions renfermées dans le règlement général de police du 30 décembre 1873.

2 septembre 1874.

Décret qui prescrit les mesures à prendre pour l'embarquement et le débarquement des matières dangereuses. (B. Lois XII, n° 3131.)

14 juin 1876.

Décret qui autorise la Compagnie des mines de Soumah à établir un port à Béni-Saf (B. O. 662).

Art. 1. — Sont déclarés d'utilité publique, les travaux de construction à Béni-Saf (département d'Oran), d'un port pouvant recevoir des navires de 1,000 à 1,500 tonneaux.

Art. 2. — La Compagnie des mines de Soumah et de la Tafna est autorisée à établir ce port, à ses frais, risques et périls, sans subvention ni garantie d'intérêt du gouvernement, conformément aux dispositions générales du plan présenté par elle et aux conditions du cahier des charges.

Ce plan et ce cahier des charges resteront annexés au présent décret.

TAXE DES MARCHANDISES EN GÉNÉRAL.

Le prix à percevoir par tonne pour accostage

des jetées ou des quais à l'embarquement ou au débarquement sont fixés comme suit :

Marchandises de la première série. 5 »
Marchandises de la deuxième série. 4 50
Marchandises de la troisième série. 4 »

Les marchandises auront pour stationner sur les quais et terre-plein, dix jours francs, après lesquels les prix à percevoir par tonne et par jour sont fixés comme suit :

Première série............... » 20
Seconde série............... » 15
Troisième série............. » 10

Animaux. — Le prix à percevoir par tête pour accostage des jetées ou des quais à l'embarquement ou au débarquement, sont fixés comme suit, quelle que soit leur provenance ou leur destination :

Chevaux et mulets........... 6 »
Anes...................... 2 »
Bœufs...................... 3 »
Veaux 1 50
Porcs..................... 1 »
Moutons et chèvres.......... » 50

Postes.

Les postes, longtemps réunies aux Trésor, constituent, depuis le 7 février 1860, un service spécial. Les fonctionnaires ou agents sont soumis aux règles de l'administration métropolitaine ; ils sont pour la plupart choisis dans le personnel du continent et nommés soit par le ministre des finances, soit par le directeur général des postes. Le ministère de l'Algérie, aujourd'hui le gouvernement général, dans les attributions duquel les postes ont été placées, statue sur l'organisation générale du service et sur tout ce qui, à un titre quelconque, engage une dépense à la charge du budget de l'Algérie.

Les lois et règlements qui régissent les postes en France ont été déclarés applicables en Algérie par l'article 4 de l'ordonnance du 26 juin 1835, et plus tard, par l'article 2 de l'ordonnance organique du 10 mars 1860 ; aussi ont-ils toujours été mis à exécution et le sont-ils encore sans qu'on ait recours à une promulgation spéciale ; tels sont notamment : la loi du 16 octobre 1849 sur les timbres-poste ; celle du 4 juin 1859 sur le transport des valeurs déclarées ; celle du 25 janvier 1873 sur les cartes postales ; celle du 3 août 1875 et le décret du 3 septembre suivant sur la création de l'union générale des postes ; le décret du 10 novembre 1875 relatif à l'envoi d'échan-

tillons et d'imprimés ; le décret du 22 décembre 1877 sur la fusion des postes et des télégraphes ; la loi du 5 avril 1878 sur la réforme postale ; le décret du 16 avril sur la taxe des lettres destinées à l'étranger, et les divers décrets qui ont promulgué les conventions internationales successivement conclues.

Les franchises sont accordées, en Algérie comme en France, par décision du ministre des finances, en vertu de la loi du 25 frimaire an VIII, de l'ordonnance du 17 novembre 1844 et de la loi du 21 août 1818. Elles le sont aussi par le gouverneur général agissant en vertu du décret du 10 décembre 1860.

V. à l'appendice le tableau et les divers décrets ou arrêtés concernant les franchises postales et télégraphiques.

Le service des postes figure au budget de l'Algérie de 1877, savoir : en recettes pour la somme de 1,410,600 francs, et en dépenses pour celle de 938,791 francs.

26 juin 1835.

Ordonnance sur le service des postes en Algérie
(B. 21).

Art. 4. — Les dispositions relatives aux franchises et contre-seings, et toutes autres dispositions prescrites par l'instruction générale des postes, en date du 29 mars 1832, seront applicables au service des postes dans les possessions du nord de l'Afrique.

7 février 1860.

Décret portant que le service des postes en Algérie est séparé du service de la trésorerie, et qu'il est placé dans les attributions du ministère de l'Algérie (aujourd'hui du gouverneur général) (B. M. 57).

10 mars 1860.

Décret portant organisation du service
(B. M. 61).

TITRE I.

ORGANISATION.

Art. 1. — Le service des postes en Algérie est organisé dans chaque province ainsi qu'il suit : — 1° un inspecteur, chef du service et ordonnateur secondaire, est chargé de toutes les attributions relatives à l'organisation, la surveillance, la vérification et le contrôle ; 2° un directeur comptable, résidant au chef-lieu, dirige le bureau de poste et centralise la comptabilité des autres directions de la province (les attributions de cet agent sont les mêmes que celles des agents de son grade dans la métropole); — 3° des directeurs de bureaux composés et de bureaux simples, des sous-inspecteurs, des contrôleurs, des commis principaux, des commis, des distributeurs, des distributeurs-entreposeurs, des brigadiers-facteurs, des gardiens des bureaux, des facteurs-boîtiers, des facteurs de ville, des facteurs locaux et ruraux, des gardiens d'entrepôts de dépêches, sont chargés de l'exécution des diverses parties du service. — Le nombre de ces agents est déterminé par arrêtés de notre ministre de l'Algérie et des colonies.

Art. 2. — Les agents du service des postes en Algérie sont, en ce qui concerne les droits et les devoirs, la responsabilité et le classement hiérarchique, dans des conditions identiques à celles qui sont déterminées pour le personnel métropolitain par l'instruction générale sur le service des postes, par les règlements et circulaires de l'administration générale des postes, qui leur deviennent applicables dans toutes leurs parties.

Art. 3. — Les inspecteurs, directeurs-comptables, directeurs, sous-inspecteurs, contrôleurs, commis principaux, commis et brigadiers-facteurs, sont pris dans les cadres du personnel métropolitain, dont ils continuent à faire partie pendant la durée de leur service en Algérie.

Art. 4. — Les inspecteurs, directeurs-comptables, directeurs de bureaux composés, sous-inspecteurs et contrôleurs, sont nommés par le ministre des finances sur la proposition du directeur général des postes. — Les commis principaux, les commis, les directeurs, les bureaux simples et les brigadiers-facteurs, sont nommés par le directeur général des postes. — Aucun agent nommé à l'un des grades indiqués ci-dessus ne peut exercer ses fonctions en Algérie et y jouir des émoluments et allocations afférents audit grade qu'autant que sa commission est visée par notre ministre de l'Algérie et des colonies.

Art. 5. — Les traitements affectés à chaque emploi sont fixés suivant les règles et la classification adoptées dans la métropole. —Toutefois, les directeurs des bureaux simples et les commis ne pourront avoir un traitement moindre de 1,200 fr. — Les surnuméraires toucheront une indemnité coloniale de 1,200 francs.

Art. 6. — Conformément à ce qui a été réglé par l'ordonnance du 15 avril 1843 pour le personnel continental détaché en Algérie, une indemnité coloniale, égale au quart du traitement de France, est allouée à tous les agents jusques et y compris le grade de commis.

Art. 7. — Les frais de déplacement des inspecteurs, pour leurs tournées périodiques, sont réglés par abonnement au commencement de chaque année. — Quant aux déplacements extraordinaires, des indemnités fixées d'après un tarif spécial pourront, sur l'avis du directeur général des postes, être allouées par le ministre de l'Algérie et des colonies sur la production d'un état de frais indiquant le but et les résultats du déplacement.

Art. 8. — Le préfet, en territoire civil, et le général commandant la division territoriale, en territoire militaire, nomment, sur la proposition de l'inspecteur des postes, les distributeurs, distributeurs-entreposeurs, facteurs-boîtiers, facteurs de ville, facteurs locaux et ruraux.

Art. 9. — Les agents subalternes recrutés dans la colonie même ne touchent pas le supplément colonial du quart en sus, à l'exception des brigadiers-facteurs, qui pourront être admis à jouir de cette indemnité.

Art. 10. — L'uniforme des agents sera réglé par arrêté de notre ministre de l'Algérie et des colonies, de concert avec l'administration générale des postes.

Art. 11. — Le ministre de l'Algérie et des colonies (aujourd'hui le gouverneur général) statue sur l'organisation générale du service, sur le nombre et la nature des emplois, sur la création, la suppression ou la modification des établissements de poste, tels que directions, distributions, distributions-entrepôts, bureaux gérés par un facteur-boîtier. — Il statue également sur tout ce qui, à un titre quelconque, engage une dépense à la charge du budget de l'Algérie et des colonies. — Il règle le service du transport des dépêches et passe les marchés destinés à assurer ce service.

Art. 12. — Le ministre de l'Algérie et des colonies (le gouverneur général) reçoit chaque mois des inspecteurs un rapport sommaire sur l'état des affaires qui touchent à la moralité des agents et à la sécurité des dépêches. Il reçoit, à la fin de chaque trimestre, des notes sur le personnel, qu'il transmet, après examen, à la direction générale des postes, et, en fin d'année, un rapport d'ensemble sur l'exécution du service dans chaque province. — Il reçoit également toute la correspondance relative au service postal. — Néanmoins, le directeur général des postes correspond avec les inspecteurs pour tout ce qui concerne la surveillance du personnel, les infractions aux règlements et instructions sur le service de la manipulation des dépêches, la police de ce service et les enquêtes ou recherches à faire par suite de pertes ou réclamations. — Il transmet aux fonctionnaires et agents du service des postes les instructions et circulaires modificatives ou interprétatives des règlements qui sont communs à l'Algérie et au service continental. Il correspond avec eux pour ce qui se rapporte au mode d'exécution desdites circulaires et instructions. — Les instructions spéciales au service de l'Algérie sont soumises à l'approbation du (gouverneur général).

Art. 13. — Les peines disciplinaires sont prononcées par le conseil d'administration des postes métropolitaines. — Les décisions du conseil d'administration ne sont exécutoires qu'après l'approbation du (gouverneur général).

Art. 14. — La révision mensuelle du compte du produit des taxes est faite par la direction générale des postes, qui reçoit, à cet effet, des inspecteurs, les pièces nécessaires à cette révision. — Les inspecteurs transmettent en même temps à notre ministre (gouverneur général) un relevé sommaire des produits réalisés dans le mois écoulé.

Art. 15. — Les rapports des fonctionnaires et agents avec les autorités sont déterminés par l'instruction générale et les règlements de l'administration des postes métropolitaines.

Art. 16. — En cas d'insuffisance de fonds pour le service des articles d'argent, les comptables des postes sont autorisés à réclamer des fonds de subvention des payeurs du Trésor et des comptables des autres administrations financières fonctionnant en Algérie. — L'exercice de cette faculté est soumis aux mêmes restrictions et formalités qu'en France.

TITRE II.
COMPTABILITÉ.

Art. 17. — Les règles tracées par l'ordonnance du 2 janvier 1846, sur la comptabilité en Algérie, sont applicables au service des postes, en ce qui concerne l'encaissement des produits du Trésor et le payement des dépenses imputables sur les crédits ouverts au budget de l'État (dépenses publiques).

Art. 18. — Les inspecteurs rempliront dans chaque province les fonctions d'ordonnateurs secondaires. Ils délivreront, pour les dépenses du service, des mandats en vertu des ordonnances de délégation de notre ministre (gouverneur général). Ces mandats seront acquittés par les trésoriers-payeurs et préposés. Néanmoins, pour la facilité des parties prenantes, les mandats pourront être, sur l'indication de l'inspecteur, visés par les agents de la trésorerie, pour être payés par les comptables des postes ou ceux des autres régies financières.

Art. 19. — Les produits du service des postes sont versés par les directeurs des postes aux époques prescrites par l'article 95 de l'ordonnance du 2 janvier 1846, et selon les conditions indiquées dans l'instruction générale des postes (11ᵉ partie).

Art. 20. — Les inspecteurs, les directeurs-comptables, les trésoriers, sont soumis, en ce qui concerne les opérations de comptabilité, les communications avec le département de l'Algérie et des colonies, et le département des finances, à toutes les obligations imposées, par ladite ordonnance du 2 janvier 1846, au directeur des finances et du commerce, aux chefs de service des régies et des comptables.

Art. 21. — Pour tout ce qui n'est pas contraire aux principes posés dans les quatre articles précédents, le mode de comptabilité en usage en France dans le service des postes sera suivi en Algérie. — Les modifications que ce mode peut être appelé à subir, par suite de l'application desdits principes, seront déterminées par un règlement concerté entre le département de l'Algérie et des colonies et le département des finances.

11 août 1860.

Arrêté ministériel relatif aux congés et aux ordonnateurs secondaires (B. M. 98).

Art. 1. — Ne seront soumis désormais à l'approbation préalable du département de l'Algérie et des colonies (du gouverneur général) que les congés accordés : 1° aux fonctionnaires ou employés supérieurs désignés dans le paragraphe 1 de l'article 4 du décret du 10 mars 1860; — 2° aux commis d'inspection faisant fonctions d'ordonnateurs secondaires des dépenses.

Art. 2. — Les ordonnateurs secondaires des dépenses seront chargés, sous leur propre responsabilité, d'effectuer, d'après les ordres du directeur général des postes, le décompte des retenues à opérer pour compte de congé.

Art. 3. — Ce décompte s'établira sur le vu de la copie dûment certifiée des congés délivrés, indiquant la durée exacte de l'absence. — Les mandats des agents en congé avec retenue seront conservés par les ordonnateurs secondaires jusqu'au moment où ladite copie leur aura été transmise par l'administration des postes et où le décompte aura été effectué. — La copie du congé et le décompte de la retenue seront mis à l'appui des mandats dûment quittancés par les parties prenantes.

27 novembre 1864.

Décret qui modifie la dénomination de certains fonctionnaires ou employés (B. O. 150).

Aux termes de ce décret, portant réorganisation du personnel du service postal, et dont les dispositions sont applicables en Algérie, les agents qui portaient le titre d'inspecteur prennent celui de directeur; la dénomination de sous-inspecteur est remplacée par celle de contrôleur; les directeurs comptables prennent le titre de receveurs principaux, et les directeurs des postes celui de receveurs des postes.

26 décembre 1868.

Décret fixant le cautionnement des comptables des postes (B. O. 307).

Art. 1. — Les cautionnements des receveurs des postes dans les départements et en Algérie seront fixés, à l'avenir, d'après le montant total des recettes de toute nature, effectuées pendant l'année qui aura précédé la nomination et dans la proportion de 10 pour 100 jusqu'à 50,000 francs; — 4 pour 100 sur les 150,000 francs suivants; — 1 pour 100 sur les 800,000 francs qui viennent ensuite; — 1/2 pour 100 sur le surplus. — Le minimum de 500 francs est maintenu pour le cautionnement des bureaux les plus faibles.

14 avril 1877.

Décision ministérielle portant que les formules imprimées de lettres de faire part et de convocation, en cas de décès, pour lesquelles il a été ajouté, après le tirage, soit au moyen d'un procédé typographique ou d'un timbre, soit à la main : 1° les nom, prénoms, qualité et profession et âge du défunt; 2° la date du décès; 3° le jour l'heure et le lieu de la réunion, seront admises à jouir de la modération de port accordée pour le transport des imprimés. (B. Préfecture d'Alger, n° 153 de 1877.)

18 avril 1877.

Décision ministérielle sur la correspondance avec les transportés arabes (B. Préfecture d'Alger, n° 110 de 1877).

1° Les lettres provenant de la Guyanne seront adressées, sous bordereau, par le service pénitentiaire au ministre de la marine et des colonies et transmises, par les soins de ce département, au gouverneur général de l'Algérie qui les fera distribuer gratuitement aux intéressés par l'intermédiaire des autorités administratives locales;

2° Les lettres originaires de l'Algérie pour les transportés de la Guyanne seront remises, par les expéditeurs, aux mêmes autorités et parviendront par l'intermédiaire des préfets, au gouverneur général pour être transmises au ministre de la marine qui les fera tenir aux intéressés.

Poudre dynamite.

4 octobre 1873.

Décret qui rend exécutoires en Algérie les décrets des 21 décembre 1872 et 31 mai 1873, portant réglementation de la vente de la dynamite en France (B. G. 503).

Art. 1er.—Les décrets du 21 décembre 1872 et 31 mai 1873, sont rendus exécutoires en Algérie, sous les réserves et restrictions suivantes :

La vente de la dynamite sera limitée aux entrepreneurs de travaux publics ou aux carriers qui les alimentent, et aux exploitants de mines ou carrières, sur demandes visées par les ingénieurs chargés de la surveillance des travaux ou exploitations, et revêtues de l'autorisation du maire de la commune sur le territoire de laquelle auront lieu lesdits travaux ou exploitations. La vente de la dynamite sera faite directement aux consommateurs, dans les entrepôts, par quantités qui ne pourront être moindres de 2 kilog. 500.

17 janvier 1876.

Décret rendant exécutoire en Algérie la loi du 31 mars 1875 sur la vente de la dynamite (B. G. 640).

L'article 1 du décret du 31 mars 1875 est rendu exécutoire en Algérie :

Les prix de vente par l'administration des contributions indirectes, des trois sortes de dynamites qui sont mises à la disposition des consommateurs, sont fixés ainsi qu'il suit :

Qualité la plus forte, n° 1, 7 fr. 50.
Qualité intermédiaire, n° 2, 5 fr. 50.
Qualité la moins forte, n° 3, 4 francs.

17 mai 1876.

Décret qui rend applicables en Algérie la loi du 8 mars 1875 et le règlement d'administration publique du 24 août 1875 sur la fabrication et la vente de la poudre dynamite (B. G. 600).

Art. 1. — La loi du 8 mars 1875, et le décret y relatif du 24 août suivant, sont rendus exécutoires en Algérie, sous les réserves et instructions suivantes.

Toutefois, la vente de la dynamite sera limitée aux entrepreneurs de travaux publics ou aux carriers, qui les alimentent, et aux exploitants de mines ou carrières, sur demandes visées par les ingénieurs chargés de la surveillance des travaux ou exploitations et revêtues de l'autorisation du maire de la commune sur le territoire de laquelle auront lieu lesdits travaux ou exploitations.

Art. 2. — Les attributions conférées par la loi du 8 mars et le règlement du 24 août 1875, au service des contributions indirectes, seront exercées en Algérie par le service des contributions diverses.

Art. 3. — Ne sont pas considérés comme exportés, et donnant lieu à la décharge de l'impôt prévue par l'article 5, paragraphe 3, les poudres dynamites et les explosifs à base de nitro-glycérine fabriqués en France et transportés en Algérie.

Poudres à feu.

Législation semblable à celle de France.

4 septembre 1844.

Ordonnance portant règlement sur la fabrication et le commerce des poudres (B. 185).

Art. 1. — La fabrication des poudres est et demeure formellement interdite en Algérie à tous particuliers européen ou indigène.

Art. 2. — Est et demeure également prohibée l'importation des poudres étrangères, quelles qu'en soient la quantité et la qualité.

Sont considérées comme poudres étrangères, toutes celles qui ne seront pas renfermées dans des boîtes, caisses, rouleaux ou barils, revêtus des plombs ou vignettes des poudreries de France, et qui seront trouvées soit à domicile, soit en circulation.

Art. 3. — Les poudres françaises ne pourront être introduites que pour les approvisionnements de l'armée, de la marine ou des entrepôts, en vertu des expéditions régulières délivrées par l'autorité compétente.

Néanmoins, tout voyageur est autorisé à importer, pour sa consommation, des poudres françaises, revêtues des plombs ou vignettes de la régie, en quantité de 2 kilogrammes et au-dessous.

Art. 4. — Les capitaines de navire, de quelque lieu qu'ils viennent, sont obligés, dans les vingt-quatre heures de leur entrée dans le port, de faire, au bureau des douanes, déclaration des poudres qu'ils ont à bord, et de les représenter au départ, à peine d'une amende de 100 francs par kilogramme manquant.

Art. 5. — Aucune poudre française ne peut circuler en Algérie en quantité supérieure à 2 kilogrammes, que sous les plombs ou vignettes de l'administration, et en vertu d'un laissez-passer visé par le maire ou le commissaire civil, ou, à défaut, par le commandant de place.

Il est également interdit, à toute personne qui n'y serait pas autorisée par le maire, le commissaire civil ou le commandant de place, de conserver chez elle de la poudre française en quantité supérieure à 5 kilogrammes.

La possession d'une quantité quelconque de poudre de guerre est interdite.

TITRE II.

DE LA VENTE DES POUDRES.

Art. 6. — Il ne sera vendu, en Algérie, que des poudres provenant des manufactures de France.

Art. 7. — La vente des poudres françaises est interdite, en Algérie, à toutes personnes autres que celles qui y sont spécialement autorisées.

Art. 8. — La vente des poudres se fera exclusivement pour le compte de l'État, et par ses agents; — par des entreposeurs nommés par le ministre des finances; — par des débitants nommés par le directeur des finances en Algérie.

Il pourra être nommé un entreposeur par province.

Des débits seront établis dans toutes les villes où le gouverneur général aura jugé convenable d'autoriser cette création.

Art. 9. — L'entrepôt ou le lieu de débit seront désignés par un tableau indicatif, portant en caractères distinctifs : *Entrepôt* ou *débit* de poudres des manufactures (nationales) de France.

Art. 10. — Les entreposeurs ne pourront faire de vente qu'au comptant, soit aux débitants, soit aux consommateurs.

Les entreposeurs ni les débitants jouiront, sur le produit des poudres vendues par eux aux débitants, d'une remise fixée à 50 centimes par kilogramme de poudre de chasse, et à 25 centimes par kilogramme de poudre de mines; et, pour celles qu'ils vendront directement aux consommateurs, des remises accordées aux débitants. — Ces remises seront liquidées, en fin de mois, par le directeur des finances, sur décomptes vérifiés et arrêtés par les agents des contributions diverses.

Dans le cas où ces remises ne s'élèveraient pas annuellement à 1,800 francs, il leur sera alloué, en fin d'année, la somme nécessaire pour leur compléter le minimum de 1,800 francs.

La remise accordée aux débitants se composera de la différence entre les prix d'achat à l'entrepôt, et les prix réglés pour la vente aux consommateurs, par le tarif ci-après :

Prix de vente en Algérie des poudres provenant des manufactures de France. (Tarif remplacé par décret du 21 février 1851 ci-après.) — Ce tarif devra rester constamment affiché dans le lieu le plus apparent du débit.

Art. 11. — Les entreposeurs et débitants ne pourront être installés et commencer leur débit qu'après avoir prêté serment, les entreposeurs devant le tribunal de 1re instance d'Alger, et les débitants devant le maire ou le commissaire civil ou, à défaut, devant le commandant supérieur de leur résidence. — L'acte de serment devra être enregistré dans les dix jours. — Les entreposeurs devront justifier, avant d'entrer en fonctions, du versement d'un cautionnement en numéraire de 3,000 francs.

Art. 12. — Les débitants ne pourront s'approvisionner en quantités inférieures à 10 kilos de poudre de toute espèce. L'entreposeur lui délivrera une facture détachée d'un registre à souche, qui sera remise, après vérification des poudres, aux agents des contributions diverses.

Art 13. — Les entreposeurs et les débitants sont autorisés, sous les précautions prescrites par l'article suivant et sous leur responsabilité, à vendre des poudres en quantité de 1/2 kilo et au-dessous, sans autorisation préalable, à tout officier en uniforme, ainsi qu'à toute personne connue et munie d'un port d'armes. — La vente de toute quantité de poudre supérieure à 1/2 kilo ne pourra se faire sans une autorisation spéciale délivrée par le maire ou par le commissaire civil, ou, à défaut, par le commandant de place.

Art. 14. — Les entreposeurs et les débitants seront obligés, sous peine de révocation, à tenir un registre, coté et paraphé par le chef du service des contributions diverses à la direction centrale des finances, sur lequel ils inscriront jour par jour, au fur et à mesure des ventes, sans aucune rature ni surcharge : 1° la date des ventes; 2° la qualité et la quantité des poudres vendues; 3° les noms et prénoms des acheteurs; 4° leur qualité ou profession ; 5° leur domicile; 6° l'autorité qui aura donné l'autorisation dans les cas où elle est prescrite.

Art. 15. — Ce registre sera présenté aux employés des contributions diverses, à toute réquisition , et visé par eux , après comparaison des quantités reçues, vendues et restant en magasin. —Tous les quinze jours, une copie certifiée dudit registre, sera transmise au maire ou au commandant de place par l'employé supérieur des contributions diverses dans chaque localité.

TITRE III.

SURVEILLANCE.

Art. 16.—Les employés des douanes et ceux des contributions diverses, la milice, la troupe de ligne, la gendarmerie et les aides de police, sont chargés de la recherche des poudres étrangères et de celles fabriquées en fraude, ainsi que des poudres françaises, qui pourraient circuler, sans que les formalités prescrites par l'article 5 eussent été remplies. — Ces mêmes agents et la force armée pourront aussi faire des recherches chez les particuliers soupçonnés de fraude, mais en se faisant assister par un officier de police.

TITRE IV.

DISPOSITIONS PÉNALES.

Art. 17. — Tout individu qui fabriquera ou fera fabriquer de la poudre sera condamné à 3,000 francs d'amende. La poudre, les matières et ustensiles servant à sa confection , seront en outre confisqués. Les fabricants et les ouvriers employés à cette fabrication seront condamnés, pour la première fois, à trois mois, et, en cas de récidive, à un an de détention.

Art. 18. — Toute introduction de poudre en contravention de l'article 2, et toute circulation en contravention à l'article 5, seront punies de la confiscation de la poudre et des moyens de transport, et d'une amende de 20 francs par chaque kilogramme de poudre saisi. Les contrevenants encourront en outre la détention déterminée par l'article 17 ci-dessus.

Art. 19. — Seront considérés comme fabricants, et punis comme tels, de l'amende de 3,000 francs et de la détention déterminée par ledit article 17, ceux qui seront trouvés nantis d'une quantité quelconque de poudre prohibée par les articles 2 et 5, à moins qu'ils ne mettent le vendeur sous la main de la justice, auquel cas ils ne seront personnellement passibles que d'une amende de 100 francs.

Art. 20. — Tout individu qui vendra de la poudre française, sans y être autorisé conformément à l'article 17, sera condamné, pour la première fois, à une amende de 500 francs, laquelle sera portée en double, en cas de récidive.

Art. 21. — Seront punis d'une amende qui ne pourra être moindre de 100 francs ni excéder 200 francs, ceux qui seront reconnus avoir conservé chez eux une quantité de poudre française excédant 5 kilogrammes. Les contrevenants encourront en outre la détention déterminée par l'article 17.

Art. 22. — Toute contravention de la part des entreposeurs ou des débitants, aux règles qui leur sont imposées, pourra être suivie de la privation momentanée ou définitive de leur commission. — Si un débitant ou un entreposeur était convaincu de tenir en dépôt ou de vendre de la poudre de contrebande, il encourrait, outre la révocation, la confiscation des matières prohibées et une amende de 1,000 francs.

Art. 23. — Toute vente de poudre faite par les entreposeurs ou les débitants, à des prix plus élevés que ceux fixés par l'article 8, entraînera la révocation du contrevenant, qui sera en outre poursuivi comme concussionnaire.

Art. 24. — Seront également révocables et passibles d'une amende de 100 francs au moins, et de 1,000 francs au plus, les entreposeurs ou les débitants qui opéreront des ventes de poudres sans l'accomplissement des formalités prescrites par l'article 13. — La révocation, dans tous les cas où elle aura été encourue, sera prononcée, quant aux entreposeurs, par le ministre de la guerre.

Art. 25. — Il est défendu à tous militaires, à tous gardes des arsenaux de la marine ou de la guerre, à tous ouvriers employés dans les magasins de l'État, de vendre, donner ou échanger aucune poudre, sous peine de détention de trois mois à un an.

Art. 26. — En ce qui concerne l'arrestation et la détention pour les faits prévus par les articles 17, 18, 19, 21 et 25 de la présente ordonnance, on se conformera aux dispositions des articles 222, 223, 224 et 225 de la loi du 28 avril 1816, rendus applicables par celle du 25 juin 1841, à la fabrication illicite, au colportage et à la vente des poudres à feu sans permission.

Art. 27. — Dans tous les cas de contravention aux dispositions de la présente ordonnance, en outre des condamnations pécuniaires qu'elles prononcent, les poudres qui auront été l'objet de la contravention, seront confisquées et versées à l'artillerie.

TITRE V.

DES CONTRAVENTIONS ET DE LA RÉDACTION DES PROCÈS-VERBAUX.

Art. 28. — Toutes contraventions à la présente ordonnance seront constatées par des procès verbaux rédigés à la requête du directeur des finances, et poursuivies devant les tribunaux de police correctionnelle.

Art. 28. — Les contraventions provenant du fait des entreposeurs ou des débitants seront jugées administrativement, en premier ressort, par le directeur des finances, et en dernier ressort, par le conseil d'administration de l'Algérie, quant aux débitants; à l'égard des entreposeurs, ils pourront être suspendus seulement, sauf au ministre de la guerre à statuer définitivement.

Art. 30. — Le chef du service des contributions diverses à la direction centrale est autorisé à consentir, avant et même après jugement, des transactions sur les amendes encourues. — Toutefois, ces transactions ne seront définitives qu'avec l'approbation du directeur des finances, si l'amende encourue et le prix des objets confisqués s'élèvent à 1,000 francs, et avec celle du ministre, s'ils excèdent cette somme.

TITRE VI.

PRIMES AUX SAISISSANTS.

Art. 31. — Les employés, préposés, gendarmes et militaires qui, dans les cas prévus par les articles 17, 18, 19, 21 et 23, arrêteront ou auront concouru à arrêter des contrevenants en matières de poudres à feu, recevront, quel que soit le nombre des saisissants, une prime de 15 francs par chaque individu arrêté.

Art. 32. — Les poudres saisies seront, dans les vingt-quatre heures de la saisie, déposées dans les magasins de l'artillerie, et payées aux saisissants, à raison de 1 fr. 50 c. par kilogramme, sans distinction de qualités, ni prélèvement d'aucun frais.

Art. 33. — Le montant des amendes, du prix des poudres, suivant le taux fixé par l'article ci-dessus, et le produit net de la vente des objets confisqués, seront, après la transaction approuvée par qui de droit, ou après l'exécution du jugement, répartis par portions égales entre tous les employés saisissants, sauf les employés supérieurs, officiers et receveurs poursuivants, qui toucheront deux parts de saisissant. Les agents qui n'auront pas personnellement concouru à la saisie n'auront droit à aucune part. — Lorsque les saisissants appartiendront à l'administration financière, il sera fait d'abord prélèvement, en faveur de la caisse des retraites, du quart du produit net qui leur reviendra sur les amendes et confiscations, en conformité de la décision du ministre des finances du 26 mars 1829.

Art. 34. — Il sera accordé à l'indicateur de la fraude ou de la contravention, un tiers du produit net des amendes ou confiscations, pourvu, toutefois, qu'il se soit fait connaître, avant la saisie, au directeur des finances ou à l'agent supérieur des douanes ou des contributions diverses de la localité la plus voisine du lieu de la saisie.

Art. 35. — Tous les frais relatifs aux saisies de poudres seront imputées sur le produit des amendes et confiscations; en cas d'insuffisance, les frais demeureront à la charge du Trésor.

Art. 36. — Toutes dispositions contraires à la présente ordonnance sont et demeurent abrogées.

26 décembre 1846.

Arrêté ministériel fixant le traitement des entreposeurs (B. 246).

Art. 1. — Le traitement annuel des entreposeurs des poudres à feu en Algérie est fixé ainsi qu'il suit, à partir du 1er janvier 1847 : — Entreposeur à Alger, 4,000 francs. — Entreposeur à Philippeville, 1,800 francs. — Entreposeur à Oran, 1,800 fr.

Art. 2. L'entreposeur d'Alger, indépendamment du traitement fixe attaché à son emploi, recevra une indemnité annuelle de 2,000 francs, pour frais de manutention et de transport des poudres de l'entrepôt à ses magasins.

Art. 3. — Les indemnités qu'il pourrait y avoir lieu d'allouer au même titre aux entreposeurs de Philippeville et d'Oran seront réglées ultérieurement.

21 février 1851.

Décret fixant le prix de vente (B. 379).

Art. 1. — Le prix de vente des poudres à feu de toute espèce est fixé en Algérie ainsi qu'il suit :

Poudre de chasse :	Aux débitants.	Aux consommateurs.
Extra-fine, le kilog. .	14 50	15 50
Superfine —	11 »	12 »
Fine —	8 50	9 50
Poudre de mine, le kilo.	2 25	2 50
Poudre de commerce extérieur, le kilo	2 25	2 50

Toutefois, la poudre de mine pourra être vendue directement par les entreposeurs aux consommateurs, au prix de 2 fr. 25 le kilog.

Préfets. — Préfectures.

L'administration civile confiée d'abord à un intendant civil (ordonnances des 1er décembre 1831, 12 mai 1832 et 1er septembre 1834), puis à des directeurs et sous-directeurs de l'intérieur (ordonnance du 31 octobre 1838), à un directeur général des affaires civiles (ordonnance du 15 avril 1845), à des directeurs des affaires civiles à Alger, Oran et Constantine (ordonnance du 1er septembre 1847) et à un directeur général (arrêté du 5 mai 1848), a été enfin soumise au régime des départements de la métropole par le décret du 9 décembre 1848. La division de l'Algérie en trois provinces a été maintenue; chaque province a été divisée en territoire civil et en territoire militaire. Le territoire civil de chaque province a formé un département administré, comme sur le continent, par un préfet.

Les préfets correspondirent directement avec le ministre de la guerre qui centralisait l'administration algérienne, et avec les autres ministres en ce qui touchait les services spéciaux qu'ils dirigeaient, et durent rendre compte périodiquement au gouverneur général de la situation de leur département. Soumis à l'autorité des généraux commandant les divisions militaires par le décret du 7 juillet 1864, ils reprirent, quelques années après, la plénitude des pouvoirs administratifs dans leur département, et aujourd'hui ils exercent, en vertu du décret de la Défense nationale, du 24 octobre 1870, et sous l'autorité du gouverneur général, toutes les attributions conférées aux préfets du continent. Ils administrent directement l'arrondissement chef-lieu, et les autres arrondissements, par l'intermédiaire de sous-préfets; ils sont assistés d'un secrétaire général pris en dehors du conseil de préfecture et n'en faisant pas partie.

L'administration départementale est régie en Algérie d'après les mêmes principes qu'en France, et comprend des conseils généraux et des conseils de préfecture.

9 décembre 1848.

Arrêté du chef du pouvoir exécutif relatif à l'organisation de l'Algérie (B. 313).

Art. 1. — La division actuelle de l'Algérie en trois provinces est maintenue. Chaque province sera divisée en territoire civil et en territoire militaire. Le territoire civil de chaque province formera un département.

Art. 2. — Le département sera soumis au régime administratif du département de la métropole, sauf les exceptions résultant de la législation spéciale de l'Algérie.

Art. 11. — Le département est subdivisé en arrondissements et communes. Le département est administré par un préfet, et chaque arrondissement par un sous-préfet.

Art. 14. — L'organisation des préfectures sera établie sur les mêmes bases qu'en France.

16 décembre 1848.

Arrêté du chef du pouvoir exécutif contenant règlement d'attributions (B. 313).

TITRE II.

CHAPITRE I. — *Attributions du préfet.*

Art. 13. — Le préfet est seul chargé de l'administration du département.

Art. 14. — Le préfet administre directement l'arrondissement chef-lieu.

Art. 15. — L'autorité du préfet s'étend sur l'administration civile indigène de son département.

Art. 17. — Le préfet doit faire chaque année au moins deux tournées administratives dans son département.

Art. 18. — Le préfet ne peut s'absenter de son département sans un congé du ministre (du gouverneur général), sauf le cas d'urgence dûment constaté, et dont il devra immédiatement justifier au ministre, qui appréciera. — Dans tous les cas, il informe le gouverneur général de son absence.

Art. 19. — Lorsque le préfet s'absente de son département, il délègue son autorité au secrétaire général. Il prend à cet effet un arrêté spécial, qui doit être consigné au registre des actes de la préfecture et porté à la connaissance du gouverneur général.

Art. 20. — Lorsque le préfet est en tournée, ou en cas d'empêchement, le secrétaire général correspond avec lui, et le représente pour les affaires urgentes, en vertu d'une délégation spéciale. (V. décret du 24 octobre 1870 ci-après).

Art. 21. — En cas de décès, le préfet est remplacé de droit par le secrétaire général.

CHAPITRE III. — *Du secrétaire général.*

Art. 26. — En cette qualité (de secrétaire général) il aura la garde des archives du département, signera les expéditions, délivrera des extraits certifiés des pièces déposées aux archives et des actes de la préfecture. Il légalisera en outre les signatures des sous-préfets, commissaires civils et maires du département, pour le cas où cette formalité est prescrite par les lois ou règlements.

13 mai 1854.

Décret promulguant le décret du 27 mars 1854 sur le traitement de non activité des préfets et sous-préfets (B. 460).

27 octobre 1858.

Décret sur l'organisation de l'Algérie (B. M. 2).

Art. 5. — Division administrative (comme l'article 1 du décret du 9 décembre 1848).

Art. 6. — Le département est administré par le préfet.

Art. 7. — Il y a près de chaque préfecture un secrétaire général, pris en dehors du conseil de préfecture et n'en faisant pas partie.

Art. 8. — En cas de décès, d'absence ou d'empêchement du secrétaire général, le préfet désigne un conseiller de préfecture pour le remplacer. Il en donne immédiatement avis au (gouverneur général).

26 février 1859.

Décret portant que le personnel des préfectures et des sous-préfectures et les frais de bureaux sont payés sur un fonds d'abonnement (B. M. 18).

Art. 1. — A l'avenir, le général commandant en chef des forces de terre et de mer, les préfets, les généraux commandant les divisions, les sous-préfets et les commissaires civils, nommeront les employés composant le personnel de leurs bureaux. Les secrétaires de sous-préfecture et de commissariat civil seront nommés par les préfets.

Art. 2. — Les employés de tous grades composant le personnel désigné dans l'article précédent sont rétribués par un fonds annuel d'abonnement, mis à la disposition des chefs de service sur les crédits législatifs alloués au titre de l'administration générale et provinciale de l'Algérie. Il sera justifié de cet abonnement par des états d'émargement.

Les dépenses matérielles d'administration, telles que frais de bureaux, de tournées, d'impressions, etc., seront également payées par voie d'abonnement. Les dépenses de cette nature ne sont point soumises à justification. La quotité de ces abonnements est fixée par le ministre.

Art. 3. — Il sera institué au chef-lieu de chaque province, en faveur des agents et employés rétribués sur le fonds d'abonnement et non titularisés par le ministre, une caisse spéciale de retraite sur fonds de retenues. Les statuts de chaque caisse seront approuvés par décret.

Art. 4. — Les employés titulaires pourvus d'une commission ministérielle continueront d'être régis, quant au droit à pension, par la loi du 9 juin 1853. Ces mêmes employés conservent leurs grades et traitements, sans préjudice de leurs droits éventuels à l'avancement; ils ne pourront être privés d'une classe ou d'un grade ni être licenciés ou révoqués qu'en vertu d'une décision du ministre, sur les rapports des préfets ou généraux et après avoir été admis à présenter un mémoire justificatif.

31 mai 1870.

Décret sur l'organisation de l'Algérie (B. O. 329).

Art. 1. — Les préfets exercent dans les départements la plénitude des pouvoirs administratifs.

— Ils correspondent directement avec le gouverneur général, et ne relèvent d'aucune autre autorité.

Art. 2. — Les pouvoirs administratifs des généraux commandant les provinces sont limités aux territoires militaires. — Les généraux exercent dans ces territoires toutes les attributions dévolues à l'autorité préfectorale.

Art. 3. — Des arrêtés du gouverneur général pourvoiront aux mesures transitoires que pourra comporter le fonctionnement des différents services civils dont l'action s'étend sur les deux territoires.

Art. 4. — La police de la presse, qui était attribuée aux généraux commandant les provinces, est réservée au gouverneur général.

Art. 5. — Toutes dispositions contraires du décret du 7 juillet 1864 sont et demeurent abrogées.

11 juin 1870.

Arrêté du gouverneur pour l'exécution du décret qui précède (B. O. 329).

Art. 6. — Le budget provincial comprend les deux territoires. Il est préparé de concert entre le préfet et le général. Il est présenté au conseil général par le préfet.

24 octobre 1870.

Décret portant que les préfets ont, sous l'autorité du gouverneur général, les attributions conférées aux préfets du continent et qu'en cas d'absence le préfet est remplacé par le secrétaire général (B. O. 343).

V. le décret au mot *Gouverneur général*

Préfectures (Personnel).

16 avril 1862.

Arrêté du gouverneur contenant règlement sur l'admission et l'avancement (B. O. 592).

TITRE I.

DE LA HIÉRARCHIE ET DES TRAITEMENTS.

Art. 1. — La hiérarchie et les traitements de l'administration provinciale sont réglés de la manière suivante : (1)

GENS DE SERVICE.

Huissiers.	{	1re classe	1,800 fr
		2e —	1,000
Concierges, garçons de bureau et chaouchs.	{	1re —	900
		2e —	800

(1) Ci-après arrêté du 12 janvier 1871.

Les chefs de bureaux de première et deuxième classe ne pourront respectivement dépasser le tiers du cadre de ce grade.

Pour les sous-chefs, les commis principaux et les commis ordinaires, la 1re classe ne pourra dépasser la moitié du cadre de ce grade.

Il n'y aura qu'un sous-chef par bureau.

Le nombre des commis principaux ne pourra dépasser le quart de l'effectif total du cadre de service.

Le cadre des bureaux civils des généraux commandant les divisions ne comporte point de sous-chefs.

Art. 2. — Les secrétaires de sous-préfectures ont le rang et le traitement des sous-chefs de bureau.

Les secrétaires de commisariat civil ont rang de commis ordinaires, mais ils peuvent être exceptionnellement pris parmi les commis principaux.

TITRE II.

DE L'ADMISSION DANS LES CADRES.

Art. 3. — Tous les aspirants aux emplois dans l'administration provinciale auront à justifier qu'ils ont satisfait à la loi du recrutement ou qu'ils sont dégagés des obligations qu'elle impose.

Toutefois, ces conditions ne sont pas exigées des indigènes ni des fils d'étrangers domiciliés en Algérie depuis plus de dix ans et y possédant un établissement. Mais ces derniers ne seront admis qu'à la condition de se mettre immédiatement en mesure d'obtenir la naturalisation, suivant les formes et dans les délais déterminés par la loi.

Les candidats devront, en outre, justifier d'une incontestable moralité par pièces authentiques. Leur instruction et leur capacité seront constatées par un examen subi devant une commission spéciale.

Tout nouvel employé sera soumis à un stage qui ne pourra être de moins d'un an, et à l'expiration duquel il sera maintenu dans les cadres ou congédié, sur un rapport motivé de son chef de service.

Art. 4. — Pourront être admis dans les cadres des bureaux de l'administration provinciale, sans conditions d'examen et au grade qu'il conviendra à l'autorité compétente de leur donner :

1° Les anciens élèves des écoles spéciales. — Les licenciés en droit ayant au moins un an de pratique chez un notaire ou un avoué. — Les avocats ayant un an de stage, pourvu qu'ils n'aient pas dépassé l'âge de trente ans;

2° Les anciens employés titulaires des administrations générales, préfectorales ou communales de la métropole, ayant cinq ans de services et moins de quarante ans d'âge.

Art. 5. — DES SURNUMÉRAIRES. — Des surnuméraires âgés de dix-huit ans au moins et de vingt-cinq ans au plus, et qui auront justifié de leur aptitude par les épreuves qu'il conviendra à l'administration de leur faire subir, pourront être admis dans les cadres. Leur nombre n'excédera pas un par bureau. Ils devront d'ailleurs satisfaire aux conditions déterminées par les trois premiers paragraphes du titre II, article 3, et prouver que, par eux-mêmes ou par leurs familles, ils possèdent les moyens de pourvoir à leur entretien pendant leur surnumérariat.

Les candidats qui justifieront de sept années au moins de services militaires, pourront être admis jusqu'à l'âge de trente ans. (V. arrêté du 12 décembre 1876).

Art. 6. — Le surnumérariat étant un temps d'épreuve pendant lequel le titulaire doit acquérir les connaissances nécessaires pour remplir convenablement l'emploi de commis, les jeunes gens admis à ce titre passeront successivement, pendant la durée de leur stage, dans les divers services de l'administration. Ils seront, tous les six mois, l'objet d'un rapport spécial, dans lequel leurs chefs donneront sur leur conduite, leur application au travail et leur aptitude, des renseignements parmi lesquels le chef du service compétent pourra, si ces renseignements sont défavorables prononcer le licenciement.

Aucune indemnité ne sera due aux surnuméraires licenciés pour le temps qu'ils auront passé dans l'administration.

La durée du stage des surnuméraires est de deux ans au moins.

Art. 7. — Après un an de stage, les surnuméraires pourront être admis à recevoir une gratification de 100 francs par mois. Ils prendront, dans ce cas, le titre de commis auxiliaires.

Ce titre sera mis au concours, chaque année, comme prix d'aptitude, d'application et d'assiduité.

Le nombre des surnuméraires admis à la gratification mensuelle ne pourra dépasser la moitié du cadre.

Art. 8. — Les chefs de bureau sont nommés par le gouverneur général.

Les sous-chefs, les secrétaires des sous-préfectures, les commis principaux, les secrétaires de commissariat civil, sont nommés par le directeur général, par délégation du gouverneur général.

Les généraux commandant les divisions et les préfets des départements nomment les commis ordinaires et les surnuméraires de leurs bureaux.

Les commis ordinaires et les surnuméraires des sous-préfectures seront nommés par les sous-préfets; néanmoins, les préfets pourront toujours, à l'égard de ce personnel, prononcer d'office les mutations et changements de résidence qui leur paraîtront nécessités par l'intérêt du service.

La même faculté est réservée au gouverneur général, pour tous les employés de l'administration provinciale.

TITRE III.

DE L'AVANCEMENT.

Art. 9. — Les commis ordinaires, pour passer au grade de commis principal, subiront un examen de capacité devant une commission nommée spécialement à cet effet dans chaque préfecture. (V. *Arrêté 25 janvier 1877*.)

Le gouverneur général fixera annuellement le programme des connaissances et épreuves à exiger des candidats, ainsi que le mode et l'époque des examens.

La commission dressera un état des candidats déclarés admissibles à l'emploi de commis principal. Cet état, après avoir été arrêté définitivement par le gouverneur général, servira de base aux propositions du préfet, lorsqu'il y aura lieu de faire des nominations.

Art. 10. — L'avancement est donné en totalité au choix; il a lieu par classe dans le même grade, et, subséquemment, par promotion à la dernière classe du grade immédiatement supérieur à celui dont le candidat est titulaire.

Pour les employés à la nomination du gouverneur général ou du directeur général, les préfets adresseront des propositions au gouverneur général. Dans leurs présentations pour le grade de commis principal, ils ne devront faire figurer que des candidats inscrits sur le tableau arrêté conformément à l'article précédent. Toutefois, ils ne seront pas tenus de présenter des candidats dans l'ordre de classement, ce classement étant uniquement basé sur la capacité constatée par les épreuves. Mais ils devront, en outre, tenir compte de la durée et du mérite des services, de la bonne conduite et de l'aptitude des candidats.

Nul ne peut être proposé pour une classe supérieure qu'après deux ans au moins d'exercice dans la classe immédiatement inférieure. Toutefois, par exception, dans l'intérêt du service et pour des cas extraordinaires, un employé pourra être promu avant l'expiration du délai réglementaire, pourvu qu'il ait plus d'un an de classe ou de grade. — Tout avancement exceptionnel devra être soumis à l'approbation du gouverneur général.

TITRE IV.

DES CONGÉS ET ABSENCES.

Art. 11. — Les congés sont accordés par les chefs de service.

Art. 12. — Lorsqu'un employé en congé se trouvera retenu chez lui pour cause de maladie, et qu'il ne pourra rejoindre son poste dans le délai qui lui a été fixé, il devra immédiatement en prévenir son chef de service, et faire constater sa maladie par un médecin assermenté, ou attaché à un service public, militaire ou civil.

Art. 13. — Sont applicables aux titulaires de congés les dispositions des articles 16 et 17 du décret du 9 novembre 1853, portant règlement général pour l'exécution de la loi du 9 juin 1853, sur les pensions civiles.

La quotité du traitement à allouer aux porteurs de congé, par application des dispositions ci-dessus mentionnées, est déterminée par le gouverneur général, sur la proposition de l'autorité qui a délivré le congé (1).

(1) Les articles 16 et 17 sont ainsi conçus :

Art. 16. — Les fonctionnaires et employés ne peuvent obtenir, chaque année, un congé ou une autorisation d'absence de plus de quinze jours sans subir de retenue. Toutefois un congé d'un mois sans retenue peut être accordé à ceux qui n'ont joui d'aucun congé et d'aucune autorisation d'absence pendant trois années consécutives.

Pour les congés de moins de trois mois la retenue est de la moitié au moins et des deux tiers au plus du traitement.

Après trois mois de congé, consécutifs ou non, dans la même année, l'intégralité du traitement est retenue, et le temps excédant les trois mois n'est pas compté comme service effectif pour la pension de retraite.

Si, pendant l'absence de l'employé, il y a lieu de pourvoir à des frais d'intérim, le montant en sera précompté, jusqu'à due concurrence, sur la retenue qu'il doit subir.

La durée du congé avec retenue de la moitié au moins et des deux tiers au plus du traitement peut être portée à quatre mois pour les fonctionnaires et employés exerçant hors de France, mais en Europe ou en Algérie, et à six mois pour ceux qui sont attachés au service colonial ou aux services diplomatiques et consulaires hors d'Europe.

Sont affranchies de toute retenue les absences ayant pour cause l'accomplissement d'un des devoirs imposés par la loi.

En cas d'absence pour cause de maladie dûment constatée, le fonctionnaire ou l'employé peut être autorisé à conserver l'intégralité de son traitement pendant un temps qui ne peut excéder trois mois. Pendant les trois mois suivants il peut obtenir un congé avec la retenue de la moitié au moins et des deux tiers au plus de son traitement. Si la maladie est déterminée par l'une des causes exceptionnelles prévues aux 1er et 2e §§ de l'article 11 de la loi du 9 juin 1853 (acte de dévouement dans un intérêt public, exposer ses jours pour sauver la vie d'un de ses concitoyens, lutte ou combat soutenu dans l'exercice de ses fonctions ou accident grave résultant notoirement de l'exercice de ses fonctions et mettant dans l'impossibilité de les continuer), le fonctionnaire peut conserver l'intégralité de son traitement jusqu'à son rétablissement ou jusqu'à sa mise à la retraite.

Les membres des cours et tribunaux qui n'ont pas joui des vacances peuvent obtenir, en une ou plusieurs fois dans l'année, un congé d'un mois sans retenue. Ce congé pourra être de deux mois pour les magistrats composant la chambre criminelle de la Cour de cassation.

Il n'est dérogé par le présent article ni aux dispositions des articles 18 et 19 des décrets des 13 octobre et 24 décembre 1851 concernant la mise en disponibilité, pour défaut d'emploi, des ingénieurs des ponts et chaussées, et des ingénieurs des mines, ni aux règles spéciales concernant la mise en activité des agents extérieurs du département des affaires étrangères et des fonctionnaires de l'enseignement.

Art. 17. — Le fonctionnaire ou l'employé qui s'est absenté ou qui a dépassé la durée de ses vacances ou de son

TITRE V.

DE LA DISCIPLINE.

Art. 14. — Les peines disciplinaires, pour les cas d'inconduite ou d'infraction à l'ordre et à la discipline, sont les suivantes :

1° Un ou plusieurs services extraordinaires, de jour ou de nuit, hors tours;

2° Retenue d'un à trente jours de traitement;

3° Réprimande simple;

4° Réprimande avec mise à l'ordre du jour ;

5° Retenue de plus de trente jours de traitement :

6° Retrait d'un grade ou d'une classe ;

7° Révocation.

Les quatre premières peines pourront être infligées aux employés de tout grade par le chef de service.

Les trois dernières ne pourront être infligées que par le gouverneur général, ou, en son nom, par le directeur général des services civils, pour les employés qui sont à leur nomination.

Dans ce cas, les inculpés pourront être admis à présenter leur défense par écrit.

Si la peine proposée par le chef de service devait être la révocation, le gouverneur général, s'il ne se trouvait pas suffisamment éclairé pourrait prescrire une enquête administrative, par une commission spéciale, dont il déterminerait la composition.

congé, sans autorisation, peut être privé de son traitement pendant un temps double de son absence irrégulière. Une retenue qui ne peut excéder deux mois de traitement peut être infligée, par mesure disciplinaire, dans le cas d'inconduite, de négligence ou de manquement au service. Les dispositions du présent article ne sont applicables ni aux magistrats qui restent soumis, quant aux peines disciplinaires, aux prescriptions des articles 50 et 56 de la loi du 22 avril 1810, 35 du décret du 28 septembre 1807 et 3 du décret du 19 mars 1852, ni aux membres du corps enseignant, qui restent soumis aux articles 33 de la loi du 15 mars 1850 et 3 du décret du 9 mars 1851. — Il n'est pas dérogé par le présent article aux dispositions des articles 20 et 21 du décret du 13 octobre 1851 concernant les ingénieurs des ponts et chaussées, ni à celles des articles 19 et 20 du décret du 21 décembre 1851 concernant les ingénieurs des mines.

(Nous croyons devoir compléter ces dispositions générales en matière de congé par l'arrêté spécial à l'Algérie du 8 mars 1854) :

8 mars 1854.

Arrêté ministériel contenant règlement sur les congés des fonctionnaires, pris en exécution du règlement du 9 novembre 1853 (B. 450).

Art. 1. — Les congés, soit pour cause de maladie, soit pour affaires personnelles, sont accordés, par l'autorité supérieure de laquelle ils relèvent, aux fonctionnaires, employés et agents de l'Algérie. Le ministre (gouverneur général) se réserve de statuer sur les demandes de congés formées par les préfets, le secrétaire général du gouvernement et les sous-préfets. Les congés demandés par les fonctionnaires et agents dont l'action s'exerce à la fois en territoire civil et en territoire militaire, sont délivrés par

TITRE VI.

DISPOSITIONS DIVERSES ET TRANSITOIRES.

Art. 15. — Sur les fonds mis, chaque année, à la disposition des chefs de service, au titre du personnel de l'administration provinciale, un crédit pourra être spécialement affecté à la rémunération des travaux extraordinaires de rédaction ou d'expédition. Les chefs de service justifiront de l'emploi de ce crédit conformément aux règles de la comptabilité publique.

Les employés auxiliaires qu'ils prendront, dans le cas de travaux extraordinaires et urgents, seront payés au mois, à la journée ou à la tâche. Ils seront congédiés dès que les circonstances qui auront rendu leur concours nécessaire auront cessé.

Art. 16. — L'uniforme des employés des bureaux de l'administration provinciale reste fixé conformément aux dispositions de l'article 11 de l'arrêté du ministre de la guerre, en date du 17 mars 1851.

Le costume n'est obligatoire que pour les secrétaires de sous-préfecture.

Art. 17. — Tous les six mois, à la fin de juin et à la fin de décembre, les chefs de service adresseront au gouverneur général un tableau de leur personnel, avec une feuille signalétique ou rapport particulier sur chaque employé, conforme

le gouverneur sur l'avis du préfet et du général. Il est rendu compte au ministre (de l'intérieur) des congés accordés.

Art. 2. — Les congés pour cause de maladie sont accordés par l'autorité compétente sur le vu de certificats de visite et de contre-visite délivrés par les médecins en chef des hôpitaux de l'Algérie (ces doubles certificats ne sont plus demandés par les décrets postérieurs) constatant le genre et le degré de maladie, le temps probable nécessaire à la guérison ainsi que la nécessité, pour le malade, de se faire traiter en France.

Art. 3. — Les congés doivent toujours être renfermés dans la proportion du dixième du cadre.

Art. 4. — Contre-visite à Marseille (supprimée, décision ministérielle du 13 novembre 1858).

Art. 5. — Les prolongations de congé sont accordées par le fonctionnaire qui a accordé le conseil primitif. S'il s'agit d'une prolongation pour cause de maladie, elle ne peut être accordée que sur le vu de nouveaux certificats de visite et contre-visite...

Art. 6. — Le ministre (gouverneur général) détermine, sur la proposition de l'autorité qui aura délivré le congé, la quotité du traitement à allouer aux porteurs de congé pour affaires personnelles dans les limites de l'article 16, paragraphe 5 du règlement du 9 novembre 1853.

Art. 7. — La durée des congés commence à courir du jour du débarquement en France constaté par le *vu arrêté* du sous-intendant militaire chargé des embarquements. Les fonctionnaires, employés ou agents doivent être de retour au port d'embarquement au plus tard le jour de l'expiration de leur congé. Le retour et sa date réelle doivent être également constatés par le *vu arrêté* du sous-intendant militaire chargé des embarquements. Le traitement d'activité recommence à courir à dater du lendemain du jour de l'arrivée au port d'embarquement

au modèle qui leur sera prescrit par l'administration centrale.

Le tableau et les feuilles signalétiques dressés par les sous-préfets seront visés par les préfets.

Art. 18. — Les employés actuels de l'administration provinciale sont classés, dans la hiérarchie, d'après les bases des traitements dont ils jouissent en ce moment.

Ceux des chefs de bureau qui auraient un traitement supérieur au traitement *maximum* fixé par le présent arrêté, continueront à en jouir exceptionnellement. Mais, à l'avenir, aucun dépassement ne devra être proposé.

Les employés et gens de service dont le traitement se trouverait augmenté par le classement établi à l'article 1, ne recevront l'augmentation qui pourrait leur être attribuée qu'au fur et à mesure des vacances ou des suppressions d'emploi laissant des fonds libres au budget.

Art. 19. — Dans le mois qui suivra la notification du présent arrêté, les généraux, les préfets et les sous-préfets adresseront des propositions pour la fixation des cadres de leurs bureaux.

Les propositions des sous-préfets parviendront par l'intermédiaire des préfets et accompagnés de leurs observations.

Les réductions de personnel qui pourraient résulter de la nouvelle fixation des cadres, ne seront opérées que par voie d'extinction.

Art. 20.—Sont rapportées toutes les dispositions antérieures contraires au présent arrêté.

12 janvier 1874.

Arrêté du gouverneur modifiant l'arrêté précédent (B. O. 502).

Art. 1.—Les traitements des employés des préfectures, sous-préfectures, commissariats civils et bureaux civils des divisions sont fixés de la manière suivante :

Chefs de bureau de première classe, 5,500 francs;
Chefs de bureau de deuxième classe, 5,000 francs ;
Chefs de bureau de troisième classe, 4,500 francs;
Sous-chefs de bureau et secrétaires de sous-préfectures de première classe, 4,000 francs;
Sous-chefs de bureau et secrétaires de sous-préfectures de deuxième classe, 3,500 francs;
Secrétaires de sous - préfectures de troisième classe et commis principaux, 3,000 francs;
Commis-rédacteurs, commis - vérificateurs et secrétaires de commissariats civils de première classe, 2,700 francs;
Commis-rédacteurs, commis-vérificateurs et secrétaires de commissariats civils de deuxième classe, 2,400 francs;
Commis-rédacteurs , commis-vérificateurs et secrétaires de commissariats civils de troisième classe, 2,100 francs ;
Commis-rédacteurs, commis-vérificateurs et secrétaires de commissariats civils de quatrième classe, 1,800 francs ;

Commis expéditionnaires de première classe 2,700 francs;
Commis expéditionnaires de deuxième classe, 2,400 francs ;
Commis expéditionnaires de troisième classe, 2,100 francs;
Commis expéditionnaires de quatrième classe, 1,800 francs ;
Commis expéditionnaires de cinquième classe, 1,500 francs ;

Art. 2. — Pourront recevoir un traitement exceptionnel de six mille francs (6,000 francs), par décision spéciale du gouverneur général, les chefs du bureau de première classe, comptant cinq années de service dans ce grade et que les besoins du service commanderont de maintenir dans les préfectures.

Art. 3. — Une commission composée dans chaque préfecture, comme il est dit à l'article 1er du règlement du 17 février 1863 : du secrétaire général, président, d'un conseiller de préfecture et d'un chef de bureau, opérera le classement des employés dans les deux catégories établies par l'article 1er du présent arrêté, savoir :

1° Commis-rédacteurs et commis-vérificateurs;
2° Commis-expéditionnaires;

Les préfets arrêteront le programme de l'examen à faire subir aux employés à classer parmi les rédacteurs et les vérificateurs.

Art. 4.—Les employés actuellement en possession de traitements fixés par l'arrêté du 16 avril 1862, jouiront de ces traitements jusqu'à ce que des décisions spéciales leur aient attribué, s'il y a lieu, les émoluments déterminés par l'article 1er du présent arrêté.

18 août 1875.

Arrêté du gouverneur qui crée une quatrième classe de secrétaires de sous-préfectures (B. O. 620).

Art. 1er. — Est créé une quatrième classe de secrétaires de sous-préfectures, au traitement annuel de 2,700 francs.

Art. 2.—Nul ne peut être nommé secrétaire de sous-préfecture, s'il n'a subi l'examen d'admission au grade de commis principal et s'il ne compte au moins trois années de services dans l'administration civile.

12 décembre 1876.

Arrêté du gouverneur portant modification à l'arrêté du 16 avril 1862 (B. O. 687.).

Article unique. — L'article 5. *in fine*, de l'arrêté du 16 avril 1862, est modifié ainsi qu'il suit :

Les candidats qui justifieront de cinq années au moins de services militaires, pourront être admis jusqu'à l'âge de trente ans.

Pourront également être admis jusqu'à l'âge

de trente ans, par dispense spéciale du gouverneur général de l'Algérie, les jeunes gens qui, après avoir contracté un engagement conditionnel d'un an, justifieront qu'ils ont satisfait aux examens prescrits par l'article 56 de la loi du 27 juillet 1872 sur le recrutement de l'armée.

25 janvier 1877.

Arrêté relatif aux examens d'admissibilité au grade de commis principal (B. O. 710).

Art. 1. — Est instituée, à Alger, une commission unique chargée de procéder, chaque année, à l'examen des candidats au grade de commis principal dans l'administration départementale.

Cette commission est composée ainsi qu'il suit :

Président : Un conseiller rapporteur au conseil de gouvernement ;

Membres : Trois chefs de bureau de l'administration centrale ; — un sous-chef de bureau de l'administration centrale ;

Secrétaire : Un commis-rédacteur de l'administration centrale.

Art. 2. — Les épreuves à subir par les candidats consisteront en deux compositions écrites et en un examen oral.

Les compositions écrites porteront sur des matières d'administration algérienne se rapportant à l'un des six paragraphes suivants :

§ 1. — Organisation politique, administrative et judiciaire ;

§ 2. — Colonisation, régime commercial et industriel ;

§ 3. — Travaux publics ; — régime des eaux ;

§ 4. — Régime financier ; — comptabilité publique ; — comptabilité départementale et communale ;

§ 5. — Administration des indigènes (territoire civil et territoire de commandement).

§ 6. — Loi sur la propriété ; — séquestre.

La première composition aura pour sujet une question de droit *administratif théorique ;*

La deuxième, une question de *pratique administrative ;*

L'examen oral portera sur les matières indiquées dans les six paragraphes ci-dessus.

Les candidats pourront être interrogés également sur les principes généraux de la législation administrative de la métropole.

Art. 3. — Sont et demeurent rapportées toutes les dispositions antérieures contraires aux présentes.

31 décembre 1877.

Arrêté du gouverneur portant fixation des cadres de l'administration départementale de l'Algérie (B. O. 708).

Art. 1. — Les cadres du personnel des fonctionnaires de l'administration départementale de l'Algérie sont fixés ainsi qu'il suit :

3 préfets : 1 (Alger) à 25,000 francs ; — 2 (Oran et Constantine) à 20,000 francs. (Loi de finances du 20 décembre 1872.). 3

12 sous-préfets : 3 de première classe ; 3 de deuxième classe ; 3 de troisième classe ; et 3 de quatrième classe. 12

3 secrétaires généraux de préfecture : 1 de première classe ; 2 de deuxième classe. . . . 3

13 conseillers de préfecture : 4 de première classe ; 4 de deuxième classe ; et 5 de troisième classe. 13

30 administrateurs de communes mixtes : 6 de première classe ; 10 de deuxième classe ; et 14 de troisième classe. 30

30 adjoints aux administrateurs de communes mixtes : 6 de première classe ; 10 de deuxième classe ; et 14 de troisième classe. . 30

Total. 91

Sauf en ce qui concerne les préfets, la classe est inhérente à la personne et non à la résidence.

Art. 2. — Sont fixés comme il suit les cadres du personnel appartenant aux préfectures, aux sous-préfectures et aux bureaux civils des divisions et des subdivisions :

I. PRÉFECTURES.

Chefs de bureau. 15
Sous-chefs de bureau. 15
Commis principaux. 21
Commis rédacteurs ou vérificateurs. 47
Commis expéditionnaires. 42
Surnuméraires appointés ou commis auxiliaires. 7
Surnuméraires non appointés. 8

II. SOUS-PRÉFECTURES.

Secrétaires de sous-préfecture 12
Commis rédacteurs ou vérificateurs. 12
Commis expéditionnaires. 6
Khodjas (secrétaires indigènes). 12

III. BUREAUX CIVILS DES DIVISIONS.

Chefs de bureau. 3
Commis principaux. 3
Commis rédacteurs. 3
Commis expéditionnaires 5

IV. BUREAUX CIVILS DES SUBDIVISIONS.

Sous-chefs de bureau, dirigeant le bureau 9
Commis rédacteurs. 9

Total. 220

Art. 3. — Ce personnel est réparti entre les services administratifs ci-dessus désignés, suivant le *tableau* A joint au présent.

Art. 4. — Les membres de ce personnel, dont l'article 8 du règlement du 16 avril 1862 réserve la nomination au gouverneur général ou au directeur général délégué, concourent à l'avancement sur l'ensemble des vacances d'emploi dans les trois départements.

Les préfets des départements et les généraux

commandant les divisions continuent, chacun en ce qui le concerne et en se renfermant dans la limite des cadres, à user du droit de nomination qui leur a été conféré par le règlement précité (Art. 8, § 3).

Provisoirement, les employés attachés aux bureaux civils des subdivisions sont à la désignation du gouverneur général.

Art. 5. — Le nombre des employés, dans les diverses classes de chaque grade, ne peut, en aucun cas, excéder celui fixé par le *tableau* D, ci-annexé.

Art. 6. — En cas de vacances dans les emplois de chefs, de sous-chefs de bureau et de secrétaires de sous-préfecture, et à défaut de candidats réunissant les conditions réglementaires, des employés du grade immédiatement inférieur pourront être appelés à ces postes, en qualité de *faisant fonctions.* — Une indemnité *pour services exceptionnels* leur sera accordée, et, dès qu'ils rempliront les conditions d'ancienneté voulues pour justifier une promotion, ils prendront rang, dans le grade (ou la classe) pour lequel ils auront acquis des titres, en conformité de l'article 10 du règlement du 16 avril 1862.

Art. 7. — Chaque année, dans le courant du mois de janvier, des examens d'admissibilité au grade de commis principal auront lieu à Alger, pour les candidats des trois départements. *Il sera accordé des frais de route* aux candidats qui auront à se déplacer.

Art. 8. — Les commis principaux sont répartis entre les trois préfectures suivant les besoins du service, sans que leur nombre puisse excéder celui de 21 fixé par le tableau A, ci-annexé.

Dans le cas où le personnel d'une préfecture compterait plus ou moins de sept commis principaux, le nombre des commis rédacteurs de cette préfecture devrait être diminué ou augmenté dans la même proportion.

Art. 9. — A défaut de commis rédacteurs de première classe ayant satisfait aux examens, le grade de commis principal pourra être conféré aux commis rédacteurs de deuxième classe reconnus admissibles et comptant au moins trois ans d'exercice dans leur classe.

Art. 10. — Sont et demeurent rapportées toutes dispositions antérieures contraires à celles du présent arrêté.

Jusqu'à ce que l'effectif actuel des fonctionnaires et des employés de l'administration départementale ait été ramené aux chiffres fixés par les articles 1 et 2 qui précèdent, il ne sera fait qu'une nomination ou qu'une promotion sur deux vacances dans chaque emploi, grade ou classe, en surnombre.

Préséances.

Les préséances sont établies en Algérie par le décret du 24 messidor an XII, par le décret du 13 octobre 1863, qui fixe l'ordre des préséances pour les autorités militaires, par un arrêté du gouverneur du 21 avril 1865, déterminant le rang de chaque fonctionnaire civil, et enfin par le décret du 28 décembre 1875, d'après lequel a été établi le tableau par ordre de préséances des autorités et des corps constitués. Le conseil d'État a cependant déclaré, par un avis du 26 mai 1876, que ce dernier décret, non promulgué en Algérie, n'y était pas applicable.

24 messidor an XII.

Décret relatif aux préséances (non promulgué), mais devenu exécutoire par la conquête)

13 octobre 1863.

Décret qui fixe l'ordre des préséances pour les autorités militaires (non promulgué, mais mentionné dans l'arrêté ci-après`

21 avril 1865.

Arrêté du gouverneur fixant le rang des préséances pour les visites officielles.

I. — Conseil de gouvernement (convoqué par M. le gouverneur général et prenant place derrière lui pendant la durée des réceptions).

II. — MM. les consuls des puissances étrangères.

III. — La cour d'appel, etc.

Monseigneur l'évêque et son clergé (l'archevêque à Alger).

Le préfet et le secrétaire général de la préfecture.

Le conseil de préfecture. (Les membres du conseil général, lorsqu'ils sont réunis et convoqués en corps, passent immédiatement avant le conseil de préfecture.)

Le tribunal de première instance.

Le corps municipal.

Les sous-préfets du département.

Les commissaires civils.

Les maires et les corps municipaux du département.

Le corps de l'Académie. (Recteur, inspecteur, conseil académique).

Le tribunal de commerce.

La chambre de commerce.

Le consistoire des églises protestantes.

Le consistoire israélite.

Les juges de paix.

Les commissaires de police.

Les membres des tribunaux musulmans (midjelès, cadi, etc.).

IV. — Les membres de l'inspection des finances.

31

Les membres des corps des ponts et chaussées et des mines.

Les fonctionnaires de la télégraphie.

Le chef du service des postes.

Les chefs et agents supérieurs des services suivants :

De l'enregistrement et des domaines.
Des forêts.
Des douanes.
Des tabacs.
Des contributions diverses.

L'architecte en chef des édifices diocésains.

V. — Le directeur et les professeurs de l'École préparatoire de médecine et de pharmacie.

Le proviseur et les professeurs du Lycée.

Le conservateur de la Bibliothèque et du Musée.

Le professeur à la chaire publique arabe.

L'inspecteur de l'instruction primaire.

VI. La chambre consultative d'agriculture.

Les administrateurs des hospices. Les médecins et chirurgiens en chef.

Les présidents des sociétés de secours mutuels.

Les administrateurs des bureaux de bienfaisance, français et indigènes.

Les administrateurs de la caisse d'épargne.

Les administrateurs et le directeur du mont-de-piété.

VII. Le bâtonnier et le conseil de discipline de l'ordre des avocats.

La chambre des défenseurs près la Cour d'appel.

La chambre des défenseurs près le tribunal de première instance.

Le syndic des notaires.

Le doyen des commissaires priseurs.

La chambre syndicale des courtiers de commerce.

VIII. Le directeur et le conseil de la banque.

Le directeur du Crédit foncier.

La Société d'agriculture.

IX. Les chefs et sous-chefs (de la direction générale).

L'inspecteur spécial du service topographique.

L'inspecteur central des établissements de bienfaisance.

L'inspecteur des prisons civiles.

Le directeur de l'Observatoire.

Le directeur du jardin d'acclimatation.

L'inspecteur des établissements d'instruction publique ouverts aux indigènes.

Le directeur de la médreça d'Alger.

XI. Les chefs et sous-chefs des bureaux de la préfecture.

Les agents des opérations topographiques.

Les inspecteurs de colonisation.

Le directeur de la santé.

Le vérificateur des poids et mesures.

XII. Les imans, cheiks, amins, et autres fonctionnaires indigènes.

L'ordre de préséance pour les autorités militaires est fixé par le décret du 13 octobre 1863.

28 décembre 1875.

Décret relatif aux préséances (B. Lois XII, n° 4883).

Le tableau des autorités et des corps constitués a été dressé, d'après ce décret et celui de messidor an XII, ainsi qu'il suit et envoyé officiellement à tous les chefs de service de France et d'Algérie.

AUTORITÉS.

1. Les cardinaux.
2. Les ministres.
3. Les maréchaux et amiraux.
4. Le grand chancelier de la Légion d'honneur.
5. Les généraux commandant les corps d'armée et les régions territoriales.
6. Les conseillers d'État en mission.
7. Les grands-croix et grands-officiers de la Légion d'honneur convoqués par le grand chancelier, lorsqu'ils n'auront point de fonctions publiques qui leur assignent un rang supérieur.
8. Les généraux de division qui commandent la région territoriale, après le départ du corps d'armée mobilisé.
9. Les premiers présidents des cours d'appel.
10. Les archevêques.
11. Les préfets maritimes.
12. Les généraux de division commandant les divisions actives ayant rang individuel.
13. Les préfets.
14. Les présidents des cours d'assises.
15. Les évêques.
16. Les majors généraux contre-amiraux.
17. Les généraux de brigade commandant des brigades ayant rang individuel, et les généraux de brigade qui commandent des subdivisions de région, après le départ du corps d'armée mobilisé.
18. Les commissaires généraux de police.
19. Les sous-préfets.
20. Les majors généraux qui ne sont pas contre-amiraux.
21. Les présidents de tribunaux de première instance.
22. Les présidents des tribunaux de commerce.
23. Les maires.
24. Les commandants d'armes ou de place.
25. Les présidents des consistoires.

CORPS CONSTITUÉS.

1. La cour d'appel.
2. L'état-major du corps d'armée.
3. La cour d'assises.
4. L'état-major de la préfecture maritime.
5. Les états-majors divisionnaires.
6. Le conseil de préfecture.
7. Le tribunal de première instance.
8. L'état-major de l'amirauté.

9. Les états-majors des brigades actives.
10. Le corps municipal.
11. Le corps académique.
12. L'état-major de la place.
13. Le tribunal de commerce.
14. Les juges de paix.
15. Les commissaires de police.

28 mai 1876.

Décision ministérielle à la suite d'un avis du Conseil d'État, et portant, qu'en Algérie comme en France, les compagnies judiciaires ne doivent pas se rendre en corps chez les généraux, à l'occasion du jour de l'an, alors même qu'ils sont commandants de région. Les magistrats font leurs visites individuellement et en habit de ville (B. ministère de la justice, 1876, p. 81.)

29 septembre 1876.

Décret réglant les honneurs civils à rendre aux chefs de corps d'armée (non promulgué) (B. Lois XII, n° 5571)

Presse.

La législation de la métropole est entièrement exécutée en Algérie, quoique plusieurs des actes dont elle se compose, et notamment la loi du 11 mai 1868 et celle du 12 février 1872 sur la publicité, n'aient pas été insérées au *Bulletin des actes du gouvernement*.

13 mars 1848.

Arrêté du gouverneur déclarant applicables les lois de la métropole.

19 août 1848.

Promulgation du décret de l'Assemblée nationale du 11 août 1848 modificatif des lois des 17 mai 1819 et 25 mars 1822 (B. 283).

27 juillet 1849.

Loi sur la presse (B. 327).

2 août 1850.

Promulgation de la loi du 16 juillet 1850 sur le cautionnement (B. 357).

14 mars 1855.

Décret qui promulgue en Algérie le décret du 17 février 1852 sur le régime de la presse (B. 478).

Art. 1. — Le décret c.__atique du 17 février 1852, sur le régime de la presse en France, sera promulgué en Algérie, pour être exécuté selon sa forme et teneur, sous la réserve des modifications suivantes : — 1° le gouverneur général continue de surveiller l'usage de la presse en Algérie, de donner les autorisations de publier les journaux, et de révoquer ces autorisations en cas d'abus; — 2° le taux du cautionnement demeure fixé, conformément à l'article 1 de la loi du 16 juillet 1850, à 3,600 francs pour les journaux ou écrits périodiques publiés en Algérie, et paraissant plus de cinq fois par semaine. Il sera réduit à moitié de cette somme , pour les journaux ou écrits périodiques paraissant cinq fois par semaine seulement ou à des intervalles plus éloignés. — Le droit de timbre, fixé par la même loi, est également maintenu pour les journaux, gravures ou écrits périodiques publiés en Algérie. L'acquittement de ce droit continuera à valoir affranchissement pour les publications qui ne sortiront pas de l'Algérie. — 3° l'interdiction portée par l'article 16 du décret du 17 février 1852 est étendue à toute publication ou article ayant pour objet les opérations militaires, les mouvements de troupes ou les travaux de défense des places de terre et de mer, en ce qui concerne la colonie. — Cette interdiction n'est applicable ni à la reproduction pure et simple des articles insérés dans les journaux officiels de la métropole ou de l'Algérie, ni aux publications qui auront été préalablement autorisées par l'administration.

Art. 2. — Sont abrogées toutes les dispositions contraires au présent décret, et notamment le décret du 28 mars 1852 (1).

2 mars 1859.

Décret promulguant le décret du 28 mars 1852, aux termes duquel, sont exceptés du droit de timbre, les journaux et écrits périodiques ou non périodiques exclusivement relatifs aux lettres, aux sciences, aux arts et à l'agriculture, sauf, pour les contraventions, l'application des articles 5 et 11 du décret du 17 février 1852 (B. M. 19).

11 mai 1868.

Loi relative à la presse, modification du décret du 17 février 1852, (non promulguée en Algérie, mais remise en vigueur, pour partie, par la loi du 6 juillet 1871).

(1) V. le décret du 5 septembre 1870.

13 septembre 1870.

Promulgation du décret du 5 septembre 1870 portant abolition du timbre sur les journaux (B. O. 330).

15 avril 1871.

Loi sur les délits de la presse et les tribunaux compétents (B. O. 301).

28 août 1871.

Arrêté du chef du pouvoir exécutif, portant promulgation de la loi du 6 juillet 1871 (B. O. 370).

Art. 1. — Sont remises en vigueur les dispositions de l'article 1 du décret du 14 mars 1855, relatives au cautionnement des journaux publiés en Algérie, et ainsi conçues : — « Le taux du cautionnement demeure fixé, conformément à l'article 1 de la loi du 16 juillet 1850, à 3,600 francs pour les journaux ou écrits périodiques, publiés en Algérie, et paraissant plus de cinq fois par semaine. — Il sera réduit à moitié de cette somme pour les journaux ou écrits périodiques paraissant cinq fois par semaine seulement, ou à des intervalles plus éloignés. »

Art. 2. — Seront exécutés et promulgués en Algérie les articles 4 et suivants, de la loi du 6 juillet 1871. (1)

12 février 1872.

Loi qui rétablit la publicité des procès de presse (non promulguée en Algérie).

Art. unique. — Est abrogé le paragraphe 1 de l'article 17 du décret du 17 février 1852, qui interdit de rendre compte des procès pour délits de presse.

29 décembre 1875.

Loi sur la répression des délits de presse (B. O. 635).

2 avril 1878.

Loi d'amnistie pour les délits et contraventions aux lois sur la presse et sur les réunions publiques (B. O. 721).

(1) L'article 6 de cette loi du 6 juillet remet en vigueur les dispositions de la loi du 11 mai 1868, relatives à la déclaration préalable et au dépôt.

Prestations en territoire de commandement.

29 avril 1865.

Arrêté du gouverneur sur les prestations dans les tribus (B. O. 147).

Art. 1. — Les travaux d'utilité communale, et notamment les chemins vicinaux, les canaux de desséchement, les puits ordinaires, les barrages, canaux d'irrigation et puits artésiens servant à l'arrosage des terres de culture et des communaux, sont à la charge des communes (douars). — Sont considérés comme chemins vicinaux tous ceux, autres que les routes nationales et provinciales, qui servent à communiquer d'un lieu public à d'autres lieux publics que l'autorité provinciale déterminera, tels que : chef-lieu de commune (douar), village ou groupe de trois habitations permanentes au moins, grande route, marché, mosquée, édifice ou bien communal, fontaine publique, puits, abreuvoir, gué, bacs, port, rivière ou ruisseau d'un usage commun.

Art. 2. — En cas d'insuffisance des ressources pécuniaires des communes (douars), il sera pourvu à l'exécution et à l'entretien desdits travaux, au moyen des prestations en nature.

Art. 3. — Les projets des travaux d'utilité communale sont établis d'après les instructions du commandant du cercle et accompagnés de l'avis de la commission des centimes additionnels, les djemâas entendues. Ces projets sont approuvés par le commandant de la province. — Les commissions des centimes additionnels, les djemâas consultées, expriment leurs vœux sur l'ordre de préférence à donner aux travaux ; elles proposent, par cercle, les prestations en nature à fournir, soit dans la commune (douar), soit en dehors de la commune. — Le commandant de la province statue sur ces propositions.

Art. 4. — Le maximum de la prestation en nature est fixé à quatre journées de travail. — Lorsque la prestation est fournie en dehors du territoire de la commune (douar), le temps nécessaire pour se rendre à l'endroit qui lui est assigné et pour en revenir est compté au prestataire. — Tout habitant, chef de famille ou d'établissement, à titre de propriétaire ou de locataire, porté sur un des rôles des impôts zekkat, lezma, hokor et achour, est appelé à fournir chaque année une prestation de quatre jours : — 1º pour lui, pourvu qu'il soit âgé de dix-huit ans au moins et de cinquante cinq ans au plus; — 2º pour toute bête de somme ou de trait au service de la famille ou de l'établissement. — Il n'est point dû de prestation pour les chevaux et juments.

Art. 5. — Nul n'est affranchi de la prestation en nature. La prestation en nature n'est point rachetable en argent. (1) — Tout prestataire de-

(1) V. arrêté du 4 janvier 1877, ci-après.

meure libre de se faire remplacer sur les chantiers par un homme valide.

Art. 6. — Sont considérées comme journées de prestation celles fournies pour le service des affaires arabes, dans les cas prévus par les instructions du gouverneur général.

Art. 7. — Les travaux sont exécutés sous la surveillance des officiers du génie, des officiers des affaires arabes et autres agents désignés à cet effet par les commandants de cercle. — Les prestataires sont réunis par les chefs indigènes sur les points désignés (article 3); les officiers et agents répartissent les travailleurs et les bêtes de somme sur les chantiers. — Il est fait usage, pour les travaux, des outils français achetés sur les fonds des centimes additionnels, et, à leur défaut, des outils employés dans la tribu.

Art. 8. — Si la commission des centimes additionnels, mise en demeure, n'a pas voté les prestations nécessaires, le général, commandant la province, imposera d'office les communes (douars) dans la limite du maximum déterminé par l'article 4.

Art. 9. — Si le prestataire ne se présente pas au jour et à l'heure indiqués, ou s'il ne se fait pas remplacer, conformément à l'article 5, il sera soumis à une double prestation, pour chacune de ses journées d'absence. — En cas de récidive, il sera condamné à l'amende et au besoin à la prison, suivant les règlements en vigueur.

25 avril 1874.

Arrêté du gouverneur concernant les prestations dues par les indigènes passant en territoire civil (B. O. 537).

Art. 1. — Prestations de 1874 dues par les indigènes passés en territoire civil.

Art. 2. — Si les indigènes ne se présentent pas ou ne se font pas remplacer, le recouvrement des prestations dues par eux sera poursuivi en argent.

Art. 4. — A partir du 1er janvier 1875, le décret du 5 juillet 1854 (1) sera seul exécutoire en territoire civil, sans distinction de nationalité, sauf à l'égard des tribus et des douars-communes qui y seront annexées ultérieurement et auxquels seront appliquées les dispositions des articles qui précèdent, jusqu'au 1er janvier de l'année qui suivra celle de leur annexion.

4 janvier 1877.

Arrêté du gouverneur modifiant l'arrêté du 29 avril 1865 (B. O. 689).

Art. 1. — La prestation en nature, imposée en exécution des articles 2, 4 et 5 de l'arrêté, en date du 29 avril 1865, sera appréciée en argent,

(1) Relative aux chemins vicinaux.

conformément à la valeur qui aura été attribuée annuellement par la commune, à chaque espèce de journées, par le général commandant la division.

Art. 2. — Le prestataire est libre d'acquitter en argent la moitié des journées de prestation imposées, à la condition de faire connaître son option dans les délais prescrits par l'autorité locale. L'autre moitié doit être acquittée en journées de travail.

Art. 3. — Ceux des contribuables portés sur un des rôles d'impôt qui prétendraient ne pas devoir être soumis à la prestation, devront justifier de leurs moyens d'exemption devant la djemâa de leur douar, et ce, dans un délai d'un mois, à partir du dépôt desdits rôles d'impôts.

La liste de ces réclamations sera soumise aux décisions d'une commission désignée par le général commandant la division, et présidée par le président de la commission municipale de la commune indigène.

Art. 4. — Le recouvrement des prestations, rachetées en argent, sera poursuivi comme en matière d'impôt; les demandes de dégrèvement seront instruites par le service des contributions; elles seront communiquées à la commission dont il est question à l'article précédent pour avoir son avis. — Il sera statué à leur égard comme en matière d'impôt.

Art. 5. — Sont abrogées les dispositions de l'arrêté du 29 avril 1865 contraires aux dispositions ci-dessus.

Prises sur l'ennemi.

26 avril 1841.

Arrêté ministériel fixant le mode de répartition des prises faites sur l'ennemi (B. 115).

La répartition des prises faites sur l'ennemi en Algérie s'opérera désormais conformément aux règles ci-après :

Art. 1. — Les prises faites par les Arabes non soldés, agissant sans l'assistance d'aucune force française, appartiendront aux capteurs pour les quatre cinquièmes, le cinquième restant sera partagé en deux parts égales, dont l'une sera versée au Trésor, l'autre à la caisse coloniale.

Art. 2. — Les prises faites par des corps ou détachements de troupes indigènes à la solde de la France, et agissant sans l'assistance d'aucune force française, seront réparties dans les proportions indiquées à l'article précédent.

Art. 3 — Si un détachement de troupes françaises, agissant isolément et en vertu d'ordres positifs, fait une prise sur l'ennemi, elle sera répartie entre les hommes composant le détachement, selon les règles indiquées en l'article 119 de l'ordonnance du 3 mai 1832.

Art. 4. — Les prises faites par un corps ou une

colonne expéditionnaire seront réparties ainsi qu'il suit : un tiers sera distribué aux troupes, les deux autres tiers appartiendront par portions égales au Trésor public et à la caisse coloniale.

Dans le cas du présent article, la part des troupes pourra être élevée jusqu'à la moitié par les officiers généraux commandant l'expédition.

Art. 5. — Les indigènes qui auront concouru aux prises énoncées à l'article 4 seront admis au partage de la portion attribuée aux troupes, au prorata de leur effectif.

Art. 6.—Les Européens autorisés expressément à suivre, pour les ressaisir, les choses à eux enlevées par l'ennemi, ou à exercer sur lui des représailles, conserveront l'entière propriété des prises qu'ils auront faites à la suite de ladite autorisation, et non autrement.

Art. 7. — Lorsque l'expédition aura été entreprise pour assurer la perception des taxes ou impôts dus par les indigènes, le produit des prises, déduction faite de la part réservée aux troupes dans les proportions établies à l'article 4, sera attribuée à la caisse coloniale exclusivement, jusqu'à concurrence des sommes ou valeurs dues pour tributs arriérés. Le surplus, s'il y en a, sera partagé entre le Trésor et la colonie, conformément aux règles établies ci-dessus.

Art. 8. —Les denrées et les bestiaux provenant des prises seront versés dans les magasins et parcs de l'administration militaire, qui en fera payer la valeur au prix courant. Il en sera de même des bêtes de charge ou de somme qu'elle jugera pouvoir servir au transport de l'armée.

Les armes et munitions de guerre seront livrées au service de l'artillerie sans indemnité.

Les chevaux reconnus propres au service de la cavalerie seront dirigés sur l'un des régiments de chasseurs et payés comme chevaux de remonte.

Les objets qu'aucun des services militaires ne pourrait utiliser seront vendus aux enchères, dans la place la plus voisine.

La répartition se fera sur les produits réalisés, en exécution des dispositions ci-dessus.

Prisons.

Les prisons et établissements pénitentiaires de l'Algérie, organisés sur des bases un peu différentes de celles de la métropole et placés dans les attributions d'abord du ministre de la guerre, puis du ministre de l'Algérie, et enfin du gouverneur général, ont été soumis, par le décret du 18 décembre 1874, à la législation de France, détachés du gouvernement général et ramenés sous l'autorité directe du ministère de l'intérieur, ce qui aura pour effet de rendre applicable notamment la loi du 5 juin 1875 sur l'emprisonnement individuel.

Il existe en Algérie trois maisons centrales de force et de correction, treize prisons civiles et une colonie pénitentiaire pour les jeunes détenus.

Les maisons centrales sont celles de l'Harrach, près Alger, de Lambèse (département de Constantine) et du Lazaret, à Alger, spécialement destiné aux femmes. Les deux prisons de l'Harrach et de Lambèse contenaient, au 31 décembre 1876, 1,885 détenus. Le Lazaret renfermait, à la même époque, 118 prisonnières.

Les treize prisons civiles instituées à Alger, Blida, Tizi-Ouzou (département d'Alger) ; Oran, Mascara, Mostaganem, Sidi-bel-Abbès et Tlemcen (département d'Oran) ; Constantine, Bône, Philippeville, Sétif et Bougie (département de Constantine) ; comptaient ensemble, au 31 décembre 1876, 1,811 détenus, savoir : 1,338 condamnés et 473 prévenus.

La population totale de ces établissements pénitentiaires s'élevait ainsi à 3,814 détenus, se décomposant de la manière suivante : 2,478 musulmans, 430 étrangers et 906 Français.

Sur ce nombre de détenus, un sixième environ (673), était employé aux travaux extérieurs — exploitations agricoles, entretien de routes, chantiers divers ; — les cinq autres sixièmes, enfermés à l'intérieur, se livraient pour la plupart à des travaux de sparterie, de crin végétal, de confection de vêtements ou de chaussures.

18 décembre 1874.

Décret qui place le service des prisons dans les attributions directes du ministre de l'intérieur (B. O. 588).

Art. 1. — Le service des prisons et établissements pénitentiaires de l'Algérie est placé sous l'autorité directe du ministre de l'intérieur.

Art. 2. — Les lois, ordonnances et décrets concernant les établissements similaires de la métropole sont exécutoires en Algérie. Toutefois, le ministre de l'intérieur pourra, sur l'avis du gouverneur général civil, maintenir, à titre transitoire, pendant un laps de temps qu'il déterminera, les dispositions spéciales actuellement en vigueur dans la colonie.

. Art. 3. — Les crédits ou portions de crédits, inscrits au budget du département de l'intérieur (exercice 1875), sous le titre de Service de l'Algérie, pour les dépenses relatives aux prisons, et montant ensemble à un million soixante dix mille cinq cents francs (1,070,500 fr.), sont transportés aux chapitres XIV, XV et XVI du budget de ce ministère.

Procédure civile.

Le Code de procédure civile a été promulgué en Algérie par l'ordonnance du 16 avril 1843, mais avec quelques modifications relatives aux ajournements, aux délais, à l'instruction des affaires engagées, aux droits des étrangers, à l'institution des défenseurs, etc. Il y a lieu d'ajouter aux exceptions formulées par l'ordonnance de promulgation les dispositions qui concernent : la traduction en langue arabe des citations et notifications faites aux indigènes (article 68 de l'ordonnance du 26 septembre 1842 — V. *Justice*); la nullité facultative des actes d'exploits et de procédure (article 69 de la même ordonnance); la notification par l'intermédiaire des bureaux arabes des citations, mandats ou actes de justice destinés aux indigènes (ordonnance du 1er septembre 1847); la nécessité d'un mémoire préalable dans les instances dirigées contre l'État, les départements ou les communes; les délais d'ajournement pour les personnes domiciliées en France et qui ont été fixés à un mois par la loi du 3 mai 1862; et aussi les lois qui ont modifié quelques-uns des articles du Code de procédure, lois non promulguées en Algérie, mais dont la force exécutoire ne saurait être douteuse. Telles sont notamment les lois des 3 mai et 2 juin 1862.

16 avril 1843.

Ordonnance portant promulgation du Code de procédure civile (B. 140).

Art. 1. — Le Code de procédure civile sera exécuté en Algérie sous les modifications ci-après établies.

CHAPITRE I. — *Des ajournements.*

Art. 2. — Lorsqu'il s'agira de droits ou actions ayant pris naissance en Algérie, le demandeur pourra assigner, à son choix, devant le tribunal du domicile, en France, du défendeur, ou devant le tribunal de l'Algérie dans le ressort duquel le droit ou l'action auront pris naissance. — En Algérie, la résidence habituelle vaut domicile.

Art. 3. — Aucune citation ou signification ne pourra être valablement faite qu'à la personne ou au domicile réel ou d'élection, ou à la résidence de la partie citée, sauf les dispositions de l'article suivant.

Sera nulle toute signification ou citation faite à la personne ou au domicile d'un mandataire, à moins qu'il ne soit porteur d'un pouvoir spécial et formel de défendre à la demande. Cette nullité devra être prononcée, en tout état de cause, sur la demande de la partie intéressée, et même d'office par le tribunal.

Art. 4. — Abrogé (ci-après décret du 18 novembre 1876).

Art. 5. — La disposition de l'article 72 du Code de procédure civile est rendue commune à ceux qui sont domiciliés ou qui résident habituellement en Algérie.

Art. 6. — Le délai pour les ajournements à comparaître devant les tribunaux de l'Algérie sera augmenté d'un jour par chaque myriamètre de distance par terre entre le tribunal devant lequel la citation est donnée et le domicile ou la résidence, en Algérie, de la partie citée.

Art. 7. — Lorsqu'une partie domiciliée en Algérie et assignée à comparaître devant un tribunal de cette colonie, ne peut se rendre que par voie de mer dans le lieu où siège ledit tribunal, il y aura un délai fixe de trente jours pour la traversée maritime, indépendamment du délai réglé par l'article précédent pour la distance par terre, s'il y a lieu.

Art. 8. — Si la partie citée à comparaître devant un tribunal de l'Algérie est domiciliée ou réside en France, il y aura un délai de vingt et un jours pour la traversée maritime de France à Alger, et de quarante jours pour la traversée maritime de France à tous les points du littoral, plus un jour par 3 myriamètres pour la distance de Toulon au lieu du domicile ou de la résidence de la partie citée, sans préjudice, le cas échéant, du délai réglé par l'article 6, à raison des distances qui devraient être parcourues par terre en Algérie (1).

Art. 9. — Si celui qui est cité demeure hors de la France continentale et de l'Algérie, il y aura un délai unique, savoir : — pour ceux demeurant à Tunis, un délai de soixante jours; — pour ceux demeurant dans les États limitrophes de la France ou de l'Algérie, un délai de quatre-vingt-dix jours. — Seront, au surplus, exécutées, à l'égard des personnes domiciliées ou demeurant en tous autres lieux, hors de la France continentale ou de l'Algérie, les dispositions de l'article 73 du Code de procédure civile, le tout sans préjudice de celles de l'article 74 du même code, qui sera également observé, le cas échéant.

Art. 10. — Dans le cas prévu par l'article 4 de la présente ordonnance, le délai de l'ajournement sera, savoir : 1° si la partie est française, celui que comporte, d'après les règles ci-dessus établies, la distance entre Paris et le tribunal devant lequel la citation est donnée; 2° si la partie est étrangère, celui qui est réglé par l'article 9; 3° si le domicile d'origine de la partie est inconnu, le délai ordinaire des ajournements.

CHAPITRE II. — *De l'instruction.*

Art. 11. — Toutes les matières en Algérie seront réputées sommaires et jugées sur simples conclusions motivées, signées par le défenseur constitué. — Ces conclusions seront respective-

(1) V. Loi du 3 mai 1862 ci-après.

ment signifiées dans la forme des actes d'avoué à avoué, vingt-quatre heures au moins avant l'audience où l'on devra se présenter.

A cette audience, les défenseurs déposeront leurs conclusions, et la cause sera plaidée, ou le tribunal indiquera un jour pour les plaidoiries.

Art. 12. — Si une affaire ne paraît pas susceptible d'être jugée sur plaidoirie, le tribunal pourra ordonner qu'il sera fourni des mémoires, et déterminera les délais dans lesquels ces mémoires seront signifiés. Le jugement alors rendu ne sera pas signifié. Les mémoires ne pourront être grossoyés; le tribunal taxera les honoraires du défenseur suivant l'importance du travail.

Le tribunal pourra également, conformément aux articles 93 et 94 du Code de procédure civile, mettre la cause en délibéré.

Art. 13. — Seront exécutées, en toutes matières, les dispositions des articles 406, 407, 408, 409, 410, 411, 412 et 413 du Code de procédure civile.

Art. 14. — Dans tous les cas, les tribunaux pourront, selon les circonstances, et nonobstant l'expiration des délais réglés par les articles 6, 7, 8, 9 et 10 de la présente ordonnance, surseoir d'office à la prononciation du défaut, et renvoyer 'a cause à tel jour qu'ils jugeront convenable.

Art. 15. — S'il est constaté qu'il y a urgence et péril en la demeure, les tribunaux auront la faculté, en usant de ce pouvoir avec une grande réserve, d'ordonner, avant l'échéance des délais de la citation, les mesures conservatoires ou de précaution que les circonstances rendraient indispensables. Ces mesures ne seront néanmoins autorisées qu'autant que le demandeur aura dénoncé à la partie citée, dans l'exploit introductif d'instance, la demande qu'il se propose d'en faire.

Elles ne seront accordées, s'il y a lieu, que dans la limite des termes de cette dénonciation. En ce cas le ministère public sera toujours entendu.

CHAPITRE III. — *Dispositions diverses.*

Art. 16. — Ceux qui demeurent hors de l'Algérie ou dans un lieu autre que celui où le jugement a été rendu auront, outre le délai de trente jours pour interjeter appel, et de quatre-vingt-dix jours pour la requête civile, les délais, à raison de la distance, fixés ci-dessus pour les ajournements. — Lorsque leur absence sera motivée par l'une des causes énoncées aux articles 446 et 485 du Code de procédure civile, le délai à raison de la distance sera de quatre-vingt-dix jours, s'ils se trouvent en France, et d'une année s'ils se trouvent hors du territoire de la France continentale.

Art. 17. — Dans le cas de requête civile, la consultation exigée par l'article 495 du Code de procédure civile pourra être donnée par trois défenseurs exerçant près le tribunal de l'Algérie, et désignés par le procureur général.

Art. 18. — Les réceptions de cautions seront ju-gées conformément aux articles 440 et 441 du Code de procédure.

Art. 19. — La disposition de l'article 166 du Code de procédure peut être invoquée même par le défendeur étranger, mais résidant et ayant un établissement en Algérie. Elle ne peut être appliquée qu'aux demandeurs étrangers qui n'ont ni résidence habituelle ni établissement en Algérie.

Art. 20. — La disposition de l'article 167 du Code de procédure est applicable au cas où les immeubles dont il y est fait mention sont situés en Algérie.

Art. 21. — Sont admis au bénéfice de la cession de biens, les étrangers qui résideront en Algérie et y auront un établissement.

Art. 22. — Lorsque l'exécution d'un jugement rendu par le cadi, en matière civile ou commerciale, ne pourra être obtenue à l'aide des voies autorisées par la loi musulmane, la partie en faveur de laquelle ce jugement aura été rendu pourra se pourvoir devant le président du tribunal civil de première instance du ressort, à l'effet de le faire rendre exécutoire, selon les formes de la loi française. En ce cas, le président rendra, s'il y a lieu, une ordonnance d'*exequatur*, comme en matière de jugement arbitral, la partie adverse préalablement entendue ou dûment citée à comparaître devant lui. Au moyen de cet *exequatur*, il pourra être procédé à l'exécution du jugement, suivant les formes de la loi française.

La partie à qui l'*exequatur* sera refusé pourra se pourvoir contre cette décision, comme dans le cas d'opposition prévu par l'article 1028 du Code de procédure civile.

CHAPITRE IV. — *Mode de procéder en matière d'opposition au départ d'un débiteur.*

Art. 23. — Tout créancier pourra former opposition au départ, par voie de mer, de son débiteur, en vertu d'une ordonnance rendue sur requête par le président du tribunal civil du lieu où le débiteur veut s'embarquer, ou par le juge qui le remplace. Si le passe-port n'a point encore été délivré, l'opposition sera notifiée à l'officier de police chargé de le donner.

L'ordonnance du président liquidera provisoirement la créance s'il y a lieu. Elle mentionnera le jour et l'heure où elle aura été rendue. Elle accompagnera la notification de l'opposition à peine de nullité. Elle sera exécutoire sur minute, et pourra être signifiée même avant la formalité de l'enregistrement, sauf à la faire enregistrer en même temps que l'exploit, sous les peines de droit.

Art. 24. — Si le passe-port est demandé pour une des villes du littoral où sont établis des tribunaux de première instance, des justices de paix ou des commissaires civils, le passe-port ne pourra être refusé. Mais en vertu de l'autorisation donnée par le juge du lieu de départ, dans la forme prescrite par l'article précédent, le créancier pourra, sans qu'il soit besoin de se pourvoir de nouveau, former au lieu d'arrivée, ou en tout autre port, opposition au départ ou à la délivrance du passe-port pour un lieu autre que les villes ci-dessus mentionnées. Il sera, à cet effet, délivré par le greffier autant de grosses de l'ordonnance autorisant l'opposition qu'il en sera demandé par la partie poursuivante.

Art. 25. — Si le débiteur présumé s'embarque sur un navire de commerce autre que les paquebots à vapeur servant de courriers, son départ pourra être arrêté, quelle que soit la destination du navire.

Art. 26. — Dans tous les cas, l'ordonnance du juge autorisant l'opposition au départ sera notifiée au débiteur présumé, dans les vingt-quatre heures de sa date.

Si le débiteur présumé ne peut être trouvé au moment de la signification de l'ordonnance, et s'il n'a ni domicile ni résidence connus dans le lieu où il veut s'embarquer, copie de l'exploit sera laissée au juge de paix qui visera l'original.

Faute par le créancier de faire ladite signification dans le délai de vingt-quatre heures, l'ordonnance sera réputée non avenue, et le débiteur sera libre de s'embarquer, sans qu'il puisse être demandé ou délivré une nouvelle ordonnance autorisant l'opposition à son départ.

Art. 27. — Le débiteur présumé pourra, en vertu de l'autorisation du président qui a rendu l'ordonnance ou du juge qui le remplace, citer le demandeur d'heure à heure devant ce magistrat, qui statuera, comme en matière de référé, même un jour de fête ou de dimanche.

Art. 28. — L'ordonnance du président sera exécutoire par provision, si elle confirme l'opposition au départ. Dans le cas contraire, l'appel sera suspensif.

L'appel pourra être interjeté immédiatement, et la citation être donnée d'heure à heure avec l'autorisation du président de la Cour d'appel.

Dans tous les cas, la cause sera jugée à la première audience, et toutes autres affaires cessantes.

S'il y a nécessité, la Cour ordonnera l'apport immédiat, en son greffe, de l'ordonnance attaquée, laquelle sera réintégrée, après l'arrêt, au greffe de première instance.

Art. 29. — S'il y a contestation sur le fond de la demande qui a motivé l'opposition au départ du débiteur présumé, le juge du référé renverra les parties devant le tribunal qui doit en connaître, l'opposition tenant.

Les juges saisis du fond prononceront sur le tout dans le plus bref délai. Ils pourront néanmoins, selon les circonstances, et avant de statuer sur le fond, autoriser le départ et ordonner l'exécution provisoire, nonobstant appel, de leur jugement sur ce dernier point.

Art. 30. — Le débiteur présumé pourra, en tout état de cause, faire cesser l'opposition à son départ, en fournissant caution, qui sera agréée par

le tribunal saisi de la contestation, et même par le juge du référé.

La demande en réception de caution sera jugée sans retard et avant toute affaire, même commencée.

Art. 31. — Si l'opposition au départ du débiteur présumé est reconnue vexatoire et de mauvaise foi, il y aura lieu, contre l'opposant, à dommages-intérêts.

Le tribunal pourra, en outre, prononcer contre l'opposant une amende de 100 à 500 francs.

Art. 32. — Dans les villes du littoral où ne siègent pas des tribunaux de première instance, l'opposition au départ pourra être autorisée, dans les formes et suivant les règles ci-dessus établies, par les juges de paix, et à défaut, par les commissaires civils.

En ce cas, la copie signifiée dont il est fait mention en l'article 25, deuxième alinéa, sera laissée, le cas échéant, le greffier du juge de paix, et à défaut de justice de paix, au secrétaire du commissariat civil qui devra connaître de la demande.

CHAPITRE V. — Dispositions générales.

Art. 33. — Il y aura constitution de défenseur, dans tous les cas où la constitution d'avoué est prescrite par le Code de procédure civile.

Art. 34. — Tous les actes qui, d'après le Code de procédure, doivent être faits par le ministère des avoués, seront faits, en Algérie, par le ministère des défenseurs.

Ces actes seront notifiés entre défenseurs, lorsqu'il y aura lieu, dans la forme ordonnée par le Code de procédure pour les significations correspondantes d'avoué à avoué.

Art. 35. — Les jugements et actes, mentionnés en l'article 546 du code de procédure, ne seront exécutoires en Algérie que de la manière et dans les cas prévus par les articles 2123 et 2128 du code civil.

Art. 36. — La disposition de l'article 547 du code de procédure sera commune aux jugements rendus et aux actes passés en Algérie.

Art. 37. — Dans tous les cas où le code de procédure civile ordonne que le délai qu'il détermine pour l'accomplissement d'une formalité, telle que signification, sommation, dénonciation, appel en cause, sera augmenté d'un jour par trois myriamètres, comme dans tous ceux où il y a lieu à une notification ayant pour objet de faire courir ou de prévenir une déchéance, le délai supplémentaire à raison de la distance sera réglé conformément aux dispositions des articles 6, 7, 8, 9 et 10 de la présente ordonnance.

Art. 38. — Lorsque le code de procédure civile abrège les délais ordinaires à raison de la distance, comme dans les articles 641, 642, 677, 725 et 731, ou lorsqu'il ordonne qu'une chose sera faite dans un certain délai, à peine de dommages-intérêts, comme dans le cas de l'article 602, le délai à raison de la distance sera spécialement déterminé par le président du tribunal, par une ordonnance rendue sur la requête du poursuivant.

Art. 39. — Lorsqu'il y aura lieu de citer un témoin demeurant hors du lieu où il doit être entendu, le président du tribunal devant lequel il devra être procédé à l'enquête fixera, par ordonnance sur requête, le délai qui sera donné au témoin pour comparaître.

Art. 40. — Toutes les fois que le code de procédure ordonne des formalités telles que apposition de placards, affiches, publications, vente d'effets mobiliers, dans des lieux ou dans une forme déterminés, et que ces formalités ne pourront être exécutées conformément audit code, à raison d'un empêchement local, ou qu'elles ne pourront l'être que d'une manière dommageable pour les parties, par suite de l'état des lieux, la partie devra se pourvoir devant le président du tribunal, qui déterminera, par ordonnance, le mode d'accomplissement de ces formalités, en se conformant, autant que possible, aux prescriptions du code de procédure civile.

Art. 41. — Dans tous les cas où le code de procédure ordonne de laisser au maire un exploit ou tout autre acte de procédure, s'il ne se trouve pas de maire dans le lieu où la signification est faite, la copie notifiée sera remise au greffier de la justice de paix; à défaut, au secrétaire du commissariat civil, à la principale autorité civile du lieu. Celui à qui la copie est remise sera tenu de viser l'original.

Art. 42. — Les insertions et annonces qui, d'après le code de procédure, doivent être faites dans les journaux d'arrondissement ou de département, se feront dans l'une des feuilles publiées à Alger, tant qu'il n'existera pas de journaux dans les autres localités.

Art. 43. — Dans tous les cas où les tribunaux de paix, de première instance et de commerce sont autorisés à prononcer l'exécution provisoire, sans caution, ils pourront, en même temps, ordonner que les fonds, recouvrés sur les poursuites du demandeur, seront déposés, sans divertissement de deniers, dans une caisse publique, pour y rester jusqu'à ce que le jugement soit passé en force de chose jugée.

Art. 44. — Lorsqu'il s'agit d'une obligation contractée en Algérie, en matière civile ou commerciale, même antérieurement à la présente ordonnance, le créancier pourra, après mise en demeure, citer son débiteur devant le tribunal de l'Algérie dans le ressort duquel l'affaire aura pris naissance, à l'effet de faire prononcer contre lui la contrainte par corps, même dans le cas où il y aurait une reconnaissance de la dette, dans un acte ayant exécution parée.

Art. 45. — La loi du 25 mai 1838 sur la justice de paix, sera exécutée, en Algérie, en tout ce qui n'est pas contraire aux dispositions ci-dessus, ni aux dispositions des ordonnances, arrêtés ou règlements antérieurs qui ne sont point modifiés par la présente ordonnance.

Art. 46. — La disposition de l'article 69 de l'ordonnance du 26 septembre 1842, concernant les nullités, continuera d'être exécutée, à l'exception des nullités établies par la présente ordonnance.

Art. 47. — Il n'est point innové aux ordonnances et arrêtés antérieurs concernant les défenseurs, en ce qui touche les matières commerciales.

Art. 48. — Toutes dispositions des ordonnances, arrêtés ou règlements antérieurs sont abrogées en ce qu'elles ont de contraire à la présente ordonnance.

1er septembre 1847.

Ordonnance portant, article 14, que les citations, mandats, actes de justice concernant les indigènes des tribus seront notifiés par l'intermédiaire des bureaux arabes (B. 262).

V. *Bureaux arabes.*

30 décembre 1848.

Décret relatif aux conflits (B. 808).

V. *Conflits d'attributions.*

15 janvier 1853.

Décret relatif à la taxe des placards autorisés par le code de procédure (B. 133).

Art. 1. — Le timbre des placards autorisés par les articles 699 et 700 du code de procédure ne passera en taxe que sur un certificat délivré sans frais par le receveur du timbre ou de l'enregistrement du bureau dans l'arrondissement duquel la vente a eu lieu, constatant que le nombre des exemplaires a été vérifié par lui et indiquant le montant total des droits de timbre. — La seconde disposition de l'article 19 de l'ordonnance du 10 octobre 1841 est abrogée.

23 décembre 1855.

Décret relatif aux instances domaniales et à la procédure préalable (B. 403).

V. *Domaine.* — V. aussi *Conseils généraux*, article 55 du décret du 23 septembre 1875 et *Communes de plein exercice*, article 61 de l'ordonnance du 28 septembre 1847.

29 octobre 1859.

Décret qui promulgue la loi du 21 mai 1858, contenant des modifications au code de pro-

cédure civile en matière de vente sur saisie immobilière et procédure d'ordre (B. M. 45).

3 mai 1862.

Loi qui modifie divers articles du code de procédure civile en matière de délais (non promulguée, mais applicable. (B. Lois, XI, n° 10228).

L'article 8 de cette loi porte :
La loi du 11 juin 1859 qui détermine le délai des ajournements d'Algérie en France et de France en Algérie est abrogée.
Le délai des ajournements devant les tribunaux d'Algérie pour les personnes domiciliées en France sera d'un mois.

2 juin 1862.

Loi qui fixe les délais de pourvoi devant la Cour de cassation en matière civile (non promulguée. (B. Lois XI, n° 10229).

20 mai 1871.

Loi qui a abrogé le décret du 2 novembre 1870 qui avait suspendu les délais pour les ventes judiciaires (B. O. 306).

18 novembre 1876.

Décret qui abroge l'article 4 de l'ordonnance du 16 avril 1843 (B. O. 683).

Art. 1. — L'article 4 de l'ordonnance du 4 avril 1843 est abrogé. A l'avenir, lorsque le lieu du domicile ou de la résidence de la partie citée ne sera pas connu, les formalités prescrites par l'article 69, paragraphe 8, du code de procédure civile seront observées.

Promulgation.

Depuis l'ordonnance du 1er septembre 1834, les lois, ordonnances, décrets ou arrêtés ne deviennent exécutoires en Algérie que par la promulgation spéciale qui en est faite, c'est-à-dire par leur insertion dans le *Bulletin officiel des actes du gouvernement*, remplacé un instant par le *Bulletin du ministère de l'Algérie et des colonies* ; mais à ce principe, la législation a apporté deux exceptions, l'une dispensant les lois de douanes d'une seconde promulgation (décret du 23 février 1851), l'autre portant, au contraire, que les lois relatives aux droits d'enregistrement,

de greffe et d'hypothèque, ne seront rendues applicables qu'en vertu d'ordonnances particulières (ordonnance du 19 octobre 1841). D'autres exceptions, et en grand nombre, ont été successivement admises ; nous les avons énumérées dans notre préface, à laquelle nous nous référons.

1er septembre 1834.

Ordonnance d'organisation

Art. 18. — Le gouverneur promulgue les lois et publie les ordonnances, arrêtés et règlements.

20 octobre 1834.

Arrêté du gouverneur portant création du Bulletin officiel des actes du gouvernement et fixant les délais de promulgation (B. 1).

Art. 1. — Les actes sus-mentionnés (1) seront publiés dans un recueil spécial intitulé *Bulletin officiel des actes du gouvernement*. Chaque numéro de ce bulletin portera l'empreinte du sceau du gouvernement, et il en sera transmis un exemplaire à chacun des fonctionnaires publics dont la nomenclature sera par nous déterminée.

Art. 2. Les actes du gouvernement deviendront obligatoires à Alger, à Bône, à Bougie, à Mostaganem et à Oran, ainsi que dans toute l'étendue du territoire dépendant de chacune de ces localités et soumis à la domination française, le troisième jour après la réception du *Bulletin officiel* dans les bureaux de l'intendant civil, du sous-intendant ou du commissaire du roi, pour les services civils.

En conséquence, chacun de ces fonctionnaires ouvrira, immédiatement après la réception du présent arrêté, un registre coté et paraphé, où il inscrira successivement et sans lacune le numéro de chaque bulletin, l'indication sommaire des matières que ce bulletin renferme et la date de sa réception.

16 avril 1845.

Ordonnance d'organisation (B. 207).

Art. 4. — Nos ordonnances et tous actes du gouvernement sont rendus exécutoires en Algérie par la promulgation qui en sera faite.

Art. 5. — La promulgation résulte de l'insertion au *Bulletin officiel des actes du gouvernement en Algérie*.

(1) Ceux émanés du gouverneur et des chefs de service concourant à l'administration du pays.

16 décembre 1848.

Arrêté du chef du pouvoir exécutif portant organisation (B. 313).

CHAPITRE I. — *Attributions du gouverneur général.*

Art. 1. — Le gouverneur général promulgue les lois, décrets et règlements exécutoires en Algérie.

La promulgation résulte de l'insertion au *Bulletin officiel des actes du gouvernement.*

Art. 2. — La promulgation est réputée connue au chef-lieu de chaque département un jour après la réception par le préfet du *Bulletin* qui lui est transmis par le gouverneur général, et dans l'étendue de chaque sous-préfecture, passé ce même délai, après autant de jours qu'il y aura de fois cinq myriamètres de distance entre le chef-lieu de la préfecture et celui des sous-préfectures, commissariats civils et communes.

En territoire militaire, la promulgation est réputée connue dans chaque localité un jour après la réception du *Bulletin officiel* par le commandant militaire de la localité.

Art. 3. — Les numéros du *Bulletin officiel* portent l'empreinte du sceau du gouvernement de l'Algérie. La réception en est inscrite et constatée sur des registres ouverts à cet effet au chef-lieu de la préfecture et de chaque sous-préfecture.

Art. 4. — Les registres mentionnés au précédent article contiennent successivement, et sans lacune, les numéros des *Bulletins* et la date de leur réception : ils doivent être signés, à chaque numéro, par les fonctionnaires qui les auront reçus.

Art. 5. — Dans les circonstances extraordinaires, la promulgation des lois et des actes du gouvernement peut être faite à son de caisse ou par affiches. Ils deviennent immédiatement exécutoires.

27 octobre 1858.

Décret contenant l'organisation administrative sous le ministère de l'Algérie (B. M. 2).

TITRE I.

DE LA PROMULGATION EN ALGÉRIE.

Art. 1. — La promulgation des lois, décrets et règlements exécutoires en Algérie, est confiée au ministère de l'Algérie et des colonies et résulte de l'insertion au *Bulletin officiel* des actes de ce ministère.

Art. 2. — La promulgation est réputée connue : 1° à Paris, le jour de la réception du Bulletin au secrétariat général du ministère; 2° au chef-lieu de chaque province de l'Algérie, un jour après la réception du bulletin par le préfet du département; 3° dans les circonscriptions administratives secondaires, après l'expiration du même délai, augmenté d'autant de jours qu'il aura de fois cinq myriamètres de distance entre le chef-lieu de la province et celui de la circonscription.

Art. 3. — Dans les circonstances extraordinaires, la promulgation peut être faite à son de caisse ou par voie d'affiches. Les actes ainsi promulgués sont immédiatement exécutoires.

Art. 4. — Le *Bulletin officiel des actes du gouvernement de l'Algérie*, publié à Alger, est supprimé.

14 janvier 1861.

Arrêté du gouverneur concernant la promulgation (B. O. 1).

Art. 1. — Il sera publié à Alger, par les soins et sous la surveillance du directeur général des services civils, un *Bulletin officiel des actes du gouvernement de l'Algérie.* — La promulgation des lois, décrets et règlements exécutoires en Algérie résultera de leur insertion dans ce recueil, suivant les formes et délais déterminés par le décret du 27 octobre 1858.

Art. 2. — L'insertion au *Bulletin officiel* des arrêtés, instructions, circulaires, avis et autres actes du gouvernement tiendra lieu de notification aux autorités chargées de leur exécution. — A cet effet, chaque numéro du *Bulletin officiel* sera adressé, en nombre suffisant, pour les besoins du service à MM. les généraux commandant les divisions et préfets des départements; aux commandants des subdivisions et cercles, aux sous-préfets, commissaires civils et maires, ainsi qu'à tous autres chefs de service.

24 octobre 1870.

Décret qui assimile les départements de l'Algérie aux départements de la métropole (B. O. 343).

(V. le texte au mot *Gouverneur général.*)

5 novembre 1870.

Décret fixant un nouveau mode de promulgation (B. O. 343).

Art. 1. — Dorénavant, la promulgation des lois et des décrets résultera de leur insertion au *Journal officiel* de la République française, lequel, à cet égard, remplacera le *Bulletin officiel* des lois. — Le *Bulletin officiel* des lois continuera à être publié.

Art. 2. — Les lois et les décrets seront obligatoires à Paris, un jour franc après la promulgation, et partout ailleurs dans toute l'étendue de chaque arrondissement, après que le *Journal officiel* qui les contient sera parvenu au chef-lieu de cet arrondissement. Le gouvernement, par une disposition spéciale, pourra ordonner l'exécution immédiate d'un décret.

Art. 3. — Les préfets et sous-préfets prendront les mesures nécessaires pour que les actes législatifs soient imprimés et affichés partout où besoin sera.

Art. 4. — Les tribunaux et les autorités administratives et militaires pourront, selon les circonstances, accueillir l'exception d'ignorance alléguée par les contrevenants, si la contravention a eu lieu dans le délai de trois jours francs à partir de la promulgation.

11 novembre 1870.

Décret substituant provisoirement le Moniteur universel *au Journal officiel de la République* (B. O. 315).

Art. 1. — Tant que les communications avec la ville de Paris et le gouvernement de la défense nationale ne seront pas rétablies, le *Journal officiel* de la République française ne pouvant parvenir régulièrement dans les départements, la promulgation des lois et des décrets rendus par la délégation du gouvernement aura lieu dans le *Moniteur universel*, qui remplacera pour leur publication et leur promulgation le *Journal officiel* de la République française.

Art. 2. — Tout décret du gouvernement de la défense nationale, inséré au *Journal officiel* de la République française, qui parviendra à Tours, sera immédiatement publié dans le *Moniteur universel*. Cette publication, pour tous les arrondissements de France où le *Journal officiel* de la République française ne serait pas parvenu, vaudra la promulgation par ce journal.

27 décembre 1873.

Arrêté du gouverneur portant suppression du Journal officiel *et statuant sur la promulgation* (B. O. 515).

Art. 1. Le *Journal officiel* (1) est supprimé à partir du 1er janvier 1874.

Le *Bulletin officiel du gouvernement général de l'Algérie* est maintenu, comme seul recueil authentique des actes de l'autorité centrale. L'insertion de ces actes audit recueil en opérera la promulgation, sans préjudice des dispositions édictées par le décret du 5 novembre 1870, relativement aux lois et décrets insérés au *Journal officiel de la République* et qui concerneront l'Algérie.

(1) Il avait été créé par arrêté du 19 décembre 1871.

6 avril 1878.

Décret qui règle la formule de la promulgation des lois B. Lois XII n° 5,092) (Non promulgué).

Propriété.

La propriété est régie en Algérie par deux législations différentes : la législation française et la législation musulmane. Elles sont applicables, la première aux immeubles possédés par les Français et les étrangers, et la seconde aux immeubles qui sont entre les mains des indigènes musulmans, sauf l'exception résultant de l'application de la loi du 26 juillet 1873.

L'Algérie est, de plus, soumise à une législation spéciale qui comprend : un arrêt du 28 mai 1832 dispensant les indigènes de prendre inscription pour la conservation des droits immobiliers résultant des transactions faites entre eux; une ordonnance du 1er octobre 1844 relative à la constitution de la propriété et contenant sur le rachat des rentes des dispositions qui ont été complétées par les décrets des 21 février 1850, 19 décembre 1851, 21 juillet 1866 et 8 mai 1878; une ordonnance du 21 juillet 1846 imposant aux propriétaires européens et indigènes l'obligation de faire vérifier leurs titres sous peine de déchéance; la loi du 16 juin 1851 sur la propriété; le décret du 30 octobre 1858, complétant l'ordonnance de 1844 et supprimant l'inaliénabilité des biens habous; le sénatus-consulte du 22 avril 1863 déclarant les tribus propriétaires des territoires dont elles avaient la jouissance permanente et traditionnelle; le décret du 13 décembre 1866 déclarant insaisissables, pour dettes antérieures, les immeubles ainsi constitués en propriété privée; et enfin la loi du 26 juillet 1873 qui a posé en principe que l'établissement, la conservation et la transmission contractuelle des immeubles en Algérie étaient régis par la loi française. L'application de cette loi entraîne des dépenses auxquelles il est pourvu par des centimes additionnels extraordinaires à l'impôt arabe. Le service des domaines a, par application des articles 17 et 18 de la loi, établi et délivré un grand nombre de titres, et le gouverneur général a homologué les procès-verbaux des commissaires enquêteurs dans les deux tribus et les dix douars désignés ci-après :

Date.	Tribu ou douar.		Département.
22 sept. 1876.	Armana	(T.)	Oran.
22 sept. 1876.	Atamnia	(D.)	Oran.
9 avril 1877.	Mohadid	(D.)	Oran.
11 oct. 1877.			
20 mars 1877	Sahouria	(D.)	Oran.
27 nov. 1877			
14 juill. 1877.	Nemaïcha	(D.)	Oran.
11 juill. 1877.	Hamyan-el-Malah	(T.)	Oran.
17 août 1877.	El-Ténia	(D.)	Oran.
23 août 1877.	Bab Trouch	(D.)	Constantine.
16 oct. 1877.	Sofafa	(D.)	Oran.
11 mars 1878.	Oulad Riab	(D.)	Oran.
22 mai 1878.	Beni Hamcidan	(D.)	Constantine.
1er juill. 1878.	Oued Dardara	(D.)	Constantine.

28 mai 1832.

Arrêté de l'intendant civil portant que les transactions immobilières entre indigènes sont régies par le droit antérieur (B. O. 1). V. Hypothèques.

1er octobre 1844.

Ordonnance relative à la constitution de la propriété.

TITRE I.

DES ACQUISITIONS D'IMMEUBLES.

Art. 1. — Les ventes et autres actes translatifs de propriété, antérieurs à la présente ordonnance, consentis à des Européens, au nom de propriétaires indigènes, et dans lesquels, sans mandat spécial, les cadis auront stipulé pour des mineurs ou des absents, les maris pour leurs femmes, les pères pour leurs enfants, gendres ou belles-filles, les frères pour leurs frères, sœurs ou alliés au même degré, les chefs de famille pour les membres de la famille placés sous leur protection, présents ou absents, ne pourront être argués de nullité à raison de l'insuffisance des pouvoirs des cadis, maris, pères, frères et chefs de famille, sauf le recours des ayants droit, s'il y a lieu, contre ceux qui auront agi en leur nom. — Ne pourra être contestée la validité des procurations écrites ou données devant témoins, en vertu desquelles il aura été procédé aux actes ci-dessus, lorsque ces procurations auront été, avant la vente, reconnues suffisantes et certifiées par le cadi.

Art. 2. — Tout bail à rente, ou à annuité, dont la durée n'est pas fixée par le contrat, est considéré comme perpétuel, et emporte transmission définitive et irrévocable des immeubles qui en sont l'objet. — La rente ou l'annuité stipulée est également considérée comme perpétuelle, sauf l'exercice de la faculté de rachat par le débiteur.

Art. 3. — Aucun acte translatif de propriété d'immeuble consenti par un indigène, au profit d'un Européen, ne pourra être attaqué par le motif que les immeubles étaient inaliénables, aux termes de la loi musulmane (1).

Art. 4. — Toutes les fois que l'État ou un Européen seront en cause, comme demandeur ou défendeur, les actions en revendication d'immeubles, en nullité ou en rescision de ventes ou actes translatifs de propriété, et en général toutes les actions réelles, seront portées devant les tribunaux français de la situation des immeubles, et jugées d'après les lois françaises, combinées avec la présente ordonnance et les dispositions antérieures.

Art. 5. — Le dernier paragraphe de l'article 1, et les articles 2, 3 et 4 ci-dessus, sont applicables aux ventes antérieures à la promulgation de la présente ordonnance, comme à celles qui auront lieu ultérieurement.

Art. 6. — Dans les ventes d'immeubles ruraux, antérieures à la présente ordonnance, et qui n'auront pas été faites à raison de tant la mesure, l'indication de la contenance ne donnera lieu à une diminution de prix pour l'insuffisance, ou à un supplément de prix pour excédant de mesure, qu'autant que la différence de la mesure réelle à celle exprimée au contrat sera de plus du tiers de la mesure réelle. — L'action en diminution de prix de la part de l'acquéreur, ou en supplément de prix de la part du vendeur, devra, sous peine de déchéance, être intentée dans l'année de la promulgation de la présente ordonnance.

Art. 7. — Toute action en nullité ou en rescision de ventes antérieures à la présente ordonnance, ou en revendication d'immeubles compris dans ces ventes, devra, sous peine de déchéance, être intentée dans les deux ans de la promulgation de la présente ordonnance, sans préjudice des prescriptions et déchéances qui seraient courues avant ce terme.

Ce délai court contre les interdits, les mineurs et les femmes mariées, sauf leurs recours, s'il y a lieu, contre qui de droit.

Les ventes qui auront lieu à l'avenir demeureront soumises aux dispositions du Code civil.

Art. 8. — Les acquéreurs d'immeubles pourront à toute époque, exiger de ceux de leurs auteurs médiats ou immédiats, qui sont détenteurs de titres de propriété, la remise ou le dépôt de ces titres en l'étude d'un notaire. L'action sera portée devant le tribunal de la situation des immeubles. Le tribunal ne pourra statuer qu'après que l'administration du domaine aura été mise en cause pour surveiller ses droits.

S'il est dû, pour le prix ou pour partie du prix des immeubles, soit une rente, soit les intérêts d'un prix à terme, le débiteur pourra en suspendre le payement durant le procès, tant à l'égard de

(1) Disposition étendue aux ventes entre indigènes par le décret du 31 octobre 1858, ci-après.

vendeur qu'envers son cessionnaire, sans préjudice des dommages-intérêts, s'il y a lieu.

Art. 9. — L'action en production de titres ne pourra être intentée à raison des ventes antérieures à la promulgation de la présente ordonnance que dans le délai de deux ans, à partir de cette promulgation.

Art. 10. — Lorsque le domaine aura vendu comme sien un immeuble non occupé et que la propriété de cet immeuble sera revendiquée par un tiers, la vente faite par le domaine sera maintenue, et si les droits du réclamant sont reconnus valables, l'État lui restituera le prix qu'il aura perçu et le subrogera à tous ses droits à raison du prix restant dû ou de la rente constituée.—A l'avenir, le domaine sera autorisé à vendre les immeubles sur lesquels personne n'aura fait acte public de possession. Avis de cette vente sera publié trois mois à l'avance dans le *Moniteur algérien*. Le propriétaire qui n'aura pas fait de réclamation dans ledit délai de trois mois ne pourra, après la vente, exercer d'autre droit que celui de demander la restitution du prix payé et de se faire subroger aux droits du domaine en ce qui concerne le prix à payer ou la rente stipulée.

TITRE II.

DU RACHAT DES RENTES.

Art. 11. — Toute rente perpétuelle constituée u à constituer pour prix de vente ou de concession d'un immeuble ou pour cession d'un droit immobilier, au profit des particuliers, des corporations ou du domaine, est essentiellement rachetable, nonobstant toutes coutumes ou stipulations contraires. — Les parties peuvent seulement convenir que le rachat ne sera pas fait avant un délai qui ne pourra pas excéder dix ans, ou sans avoir averti le créancier au terme d'avance qu'elles auront déterminé.

Art. 12. — Le rachat s'effectuera au taux légal de l'intérêt de l'argent tel qu'il se trouvera fixé pour l'Algérie à l'époque du remboursement. — Toute convention ou disposition contraire sera considérée comme non écrite.

Art. 13.—Le rachat des rentes dues au domaine ou aux établissements de piété, de charité ou d'utilité publique, s'effectuera sur les bases fixées par l'article précédent.

Art. 14. — Si le créancier n'accepte pas le rachat, le débiteur peut lui faire des offres réelles, et au refus du créancier de les accepter, consigner le capital dans le dépôt public établi pour recevoir les consignations.—Par l'acte de notification des offres réelles, le créancier sera averti des lieu, jour et heure auxquels la consignation sera effectuée; il sera sommé d'y assister. S'il ne se présente pas, le procès-verbal de consignation lui sera notifié, avec sommation de retirer les sommes consignées.

Art. 15.—Tout débiteur envers le domaine d'une ou plusieurs rentes établies pour aliénation ou

concession de biens aura la faculté d'offrir en compensation de sa dette, et jusqu'à due concurrence, une ou plusieurs rentes liquidées à la charge du domaine, et provenant de cession ou d'expropriation d'immeubles (1).

TITRE III.

PROHIBITIONS D'ACQUÉRIR (abrogé).

TITRE IV.

EXPROPRIATIONS.

V. *Expropriations.*

TITRE V.

TERRES INCULTES — (abrogé).

21 juillet 1846.

Ordonnance concernant les vérifications des titres de propriété (B. 230).

Art. 1. — Le ministre de la guerre déterminera par des arrêtés spéciaux le périmètre des territoires dans l'étendue desquels les titres de propriétés rurales devront être vérifiés, conformément à la présente ordonnance (2).

Ne seront pas compris dans ces territoires:

1° Pour le district d'Alger, les communes d'Alger, d'El Biar, de Mustapha Pacha, de Birmandreïs, de Draria, de Birkadem, de Kouba, de Dely Ibrahim, de Bouzareah, de la Pointe-Pescade, et la partie de la commune de Hussein Dey située sur la rive gauche de l'Harrach;

2° La commune de Blidah, telle qu'elle a été délimitée par notre ordonnance du 29 octobre 1845;

3° La commune d'Oran, telle qu'elle a été délimitée par notre ordonnance du 29 octobre 1845;

4° La commune de Mostaganem, telle qu'elle a été délimitée par arrêté ministériel du 18 juillet 1845;

5° Le territoire communal et civil de Bône, tel qu'il avait été constitué par l'arrêté ministériel du 28 juillet 1838.

Art. 2. — Chaque arrêté sera affiché aux lieux ordinaires dans toutes les villes, bourgs et villages existant dans le périmètre déterminé, et spécialement à la porte de la mairie ou du siège de l'autorité qui remplace le maire. — Le maire ou l'autorité qui le remplace dressera procès-verbal de l'apposition des affiches. — Le même arrêté sera inséré au *Moniteur universel*, à Paris,

(1) V. décrets des 21 février 1850, 19 décembre 1851, 21 juillet 1866 et 8 mai 1878.

(2) Les arrêtés pris en exécution sont : ceux du 27 juillet 1846 pour les arrondissements d'Alger, d'Oran, de Blidah et de Bône, celui du 30 novembre 1849 pour le territoire de la Calle, et ceux des 20 mars 1849 et 21 mars 1852 pour Constantine et sa banlieue. — V. sur ce dernier point la note à la loi du 26 juillet 1873, ci-après.

et au *Moniteur algérien*, à Alger. — L'insertion au *Moniteur algérien* rappellera la date du procès-verbal d'affiche.

Art. 3. — Dans les trois mois de cette double insertion, tout Européen ou indigène qui se prétendra propriétaire de terres comprises dans le périmètre déterminé déposera ses titres de propriété, pour l'arrondissement d'Alger, entre les mains du directeur des finances et du commerce, et pour les autres localités, entre les mains du recevour du domaine.

Le vendeur non payé ainsi que le bailleur à rente perpétuelle ou leur cessionnaire, et généralement toute personne prétendant un droit réel sur l'immeuble, seront admis à faire ou à compléter le dépôt des titres de propriété.

Le délai de trois mois courra contre les interdits, les mineurs et les femmes mariées, sauf leur recours contre qui de droit.

Art. 4. — Le déposant sera tenu de faire élection de domicile, pour la province d'Alger, à Alger; pour les autres provinces, au lieu de la résidence du recevour du domaine. Toutes les significations tendant à l'exécution de la présente ordonnance seront valablement faites à ce domicile élu, sans qu'il soit besoin d'observer les distances à raison du domicile réel du réclamant. A défaut d'élection de domicile, toutes ces significations seront valablement faites au parquet du procureur du roi ou à l'autorité qui le remplace.

Art. 5. — Les terres comprises dans le périmètre déterminé par notre ministre de la guerre en vertu de l'article 1, et dont la propriété n'aura pas été réclamée conformément à l'article 3 ci-dessus, seront réputées vacantes et sans maître, et l'administration pourra en faire immédiatement la concession aux clauses et conditions qu'elle jugera convenables.

Art. 6. — La vérification des titres produits sera faite par le conseil du contentieux.

Art. 7. — Les recevours du domaine enverront, dans la huitaine, au directeur des finances et du commerce, les titres dont ils auront reçu le dépôt.

Le directeur des finances et du commerce transmettra au conseil du contentieux, après inventaire et dans le délai de huit jours, à partir de la réception ou du dépôt, les titres envoyés par le recevour du domaine et ceux qui lui auront été remis directement.

Art. 8. — Le conseil du contentieux déclarera réguliers en la forme les titres remontant, avec date certaine, à une époque antérieure au 5 juillet 1830 et constatant le droit de propriété, la situation précise, la contenance et les limites de l'immeuble.

La même décision ordonnera que l'un des membres du contentieux ou des auditeurs autorisés à participer aux travaux de ce conseil se transporte sur les lieux, pour y faire l'application des titres, avec l'assistance d'un ou plusieurs experts, nommés d'office par le conseil du contentieux, si la descente a eu lieu dans la province

d'Alger, et par le membre délégué, si la descente se fait dans une autre province.

Art. 9. — Le membre délégué rendra, dans le plus bref délai, une ordonnance pour fixer le jour et l'heure de la descente sur les lieux. Cette ordonnance sera notifiée en la forme administrative: — 1° à la partie qui aura produit les titres au domicile élu, conformément aux prescriptions de l'article 4; — 2° dans la province d'Alger, au directeur des finances et du commerce; dans les autres provinces, au recevour du domaine; — 3° aux experts; — 4° aux propriétaires riverains dont les titres auront été reconnus valables.

Art. 10. — Le transport ne pourra s'effectuer que huit jours après la notification de l'ordonnance mentionnée au présent article.

Art. 11. — Un agent de l'administration des domaines, désigné, pour la province d'Alger, par le directeur des finances et du commerce, pour les autres provinces, par le recevour du domaine, et toutes autres parties appelées devront se présenter sur les lieux au jour et à l'heure indiqués pour assister à la délimitation.

Art. 12. — Le membre du conseil du contentieux délégué recevra sur les lieux le serment préalable des experts.

Art. 13. — Les experts, parties présentes ou dûment appelées, détermineront par des bornes les limites, le périmètre, la contenance de la propriété, et en lèveront le plan.

Art. 14. — Au cas de contestation, le plan devra figurer l'objet précis de la réclamation.

Art. 15. — Il sera dressé procès-verbal de l'opération. — Ce procès-verbal mentionnera: — le jour et l'heure où l'opération aura commencé; — la date des notifications faites, conformément à l'article 9; — la présence ou l'absence des parties appelées ou intervenantes; — le serment prêté par les experts; — le nombre et la durée des vacations; — la situation et la contenance de la propriété, les bornes posées, et, au cas de contestation, les prétentions respectivement élevées; — le conseil du contentieux prononcera sur les contestations auxquelles pourra donner lieu l'exécution des mesures ci-dessus prescrites.

Art. 16. — Le plan et le procès-verbal seront homologués, s'il y a lieu, par le conseil du contentieux. — A la suite de l'homologation, ce conseil rendra une décision qui vaudra titre au propriétaire, et ne pourra être attaquée, pour quelque cause que ce soit, par les tiers qui n'auront pas réclamé antérieurement. — Copie certifiée par le secrétaire du contentieux en sera déposée à la direction des finances et du commerce.

Art. 17. et suivants (devenus sans objet).

21 février 1850.

Décret relatif aux rentes domaniales.
Réduction et remboursement (B. 342).

Art. 1. — Toutes rentes constituées en Algérie au profit du domaine, pour prix de vente ou de concession d'immeubles, ou pour concession de droits immobiliers sont et demeurent réduites de moitié, à dater du 1ᵉʳ janvier 1850.

22 février 1850.

Décret faisant remise d'arrérages échus et autorisant un escompte sur les paiements anticipés (B. 342).

Art. 3. — Tout débiteur d'une rente envers le domaine, qui aura contracté l'engagement de rembourser sa dette en huit années sera admis à anticiper sa libération et jouira, dans ce cas, d'un escompte de 5 p. 100 par an pour chaque annuité payée par anticipation.

16 juin 1851.

Loi sur la propriété (B. 388).

TITRE I.
DU DOMAINE NATIONAL.

TITRE II.
DU DOMAINE DÉPARTEMENTAL ET COMMUNAL.

V. *Domaines.*

TITRE III.
DE LA PROPRIÉTÉ PRIVÉE.

Art. 10. — La propriété est inviolable, sans distinction, entre les possesseurs indigènes et les possesseurs français ou autres.

Art. 11. — Sont reconnus tels qu'ils existaient au moment de la conquête ou tels qu'ils ont été maintenus, réglés ou constitués postérieurement par le gouvernement français, les droits de propriété et les droits de jouissance appartenant aux particuliers, aux tribus et aux fractions de tribus.

Art. 12. — Sont validés, vis-à-vis de l'État, les acquisitions d'immeubles en territoire civil faites plus de deux années avant la promulgation de la présente loi, et à l'égard desquelles aucune action en revendication n'a été intentée par le domaine.

Les actions en revendication d'immeubles acquis dans le cours des deux années antérieures à la promulgation de la présente loi devront, sous peine de déchéance, être intentées par le domaine dans le délai de deux ans, à partir de ladite promulgation.

Les deux paragraphes précédents sont applicables aux immeubles acquis en territoire militaire avec autorisation du gouvernement.

Art. 13. — Les actions immobilières intentées par le domaine ou contre lui seront, en territoire civil, portées devant le tribunal civil de la situation des biens; et quand il s'agira de biens situés en territoire militaire, elles seront portées devant celui des tribunaux civils de la province qui en sera le plus rapproché.

Art. 14. — Chacun a le droit de jouir et de disposer de sa propriété de la manière la plus absolue en se conformant à la loi. (Paragraphes 2 et 3 relatifs à l'interdiction d'acheter dans les territoires des tribus abrogés par l'article 6 du sénatus-consulte du 22 avril 1863.)

Art. 15. — Sont nulles de plein droit, même entre les parties contractantes, toutes aliénations ou acquisitions faites contrairement à la prohibition portée au paragraphe 2 de l'article précédent. — La nullité en sera poursuivie, soit par les parties directement, soit d'office, à la requête de l'administration supérieure ou du ministère public, devant le tribunal de la situation des biens. — Les notaires ou autres officiers publics qui auront prêté leur ministère pour des aliénations ou acquisitions de cette nature seront, suivant la gravité des cas, suspendus ou révoqués, sans préjudice, s'il y a lieu, de dommages-intérêts envers les parties.

Art. 16. — Les transmissions de biens de musulman à musulman continueront à être régies par la loi musulmane. — Entre toutes autres personnes, elles seront régies par le code civil.

Art. 17. — Aucun acte translatif de la propriété d'un immeuble appartenant à un musulman au profit d'une autre personne qu'un musulman ne pourra être attaqué pour cause d'inaliénabilité fondée sur la loi musulmane (V. décret du 30 octobre 1858).

Toutefois, dans le cas de transmission par un musulman à toute autre personne d'une portion d'immeubles indivis entre le vendeur et d'autres musulmans, l'action en retrait, connue sous le nom de *droit de cheffa* dans la loi musulmane, pourra être accueillie par la justice française, et le retrait être autorisé ou refusé, selon la nature de l'immeuble et les circonstances (V. loi du 26 juillet 1873).

TITRE IV.
DE L'EXPROPRIATION.

V. *Expropriation.*

TITRE V.
DISPOSITIONS GÉNÉRALES.

Art. 22. — Continueront à être exécutées : — 1° Les dispositions de l'ordonnance du 21 juillet 1846 relatives à la vérification des titres de propriété, jusqu'à l'achèvement des opérations actuellement commencées; — 2° l'ordonnance du 31 octobre 1845 relative au séquestre des biens appartenant à des indigènes, jusqu'à ce qu'une loi en ait autrement ordonné.

Art. 23. — Sont abrogés, en tout ce qu'ils ont de contraire à la présente loi, les ordonnances, arrêtés et règlements antérieurs relatifs au domaine national, au domaine départemental, au domaine communal et à la propriété privée en Algérie, notamment les dispositions de ces ordonnances, arrêtés et règlements qui s'appliquent aux terres incultes et aux marais.

25 juin 1851.

Décret de prorogation de délai (B. 388).

19 décembre 1851.

Décret portant remboursement facultatif des rentes constituées au profit du domaine (B. 400).

Art. 1. — Toutes rentes constituées en Algérie au profit du domaine, pour prix de vente ou de concession d'immeubles, ou pour cession de droits immobiliers, sont et demeurent réduites de moitié, ainsi que l'a statué l'article 1 du décret du 21 février 1850.

Art. 2. — Tout débiteur d'une rente ainsi réduite qui s'engagera envers le domaine, à une époque quelconque, à se libérer de sa dette par le remboursement du capital, calculé conformément à l'ordonnance du 1er octobre 1844, sera admis à effectuer ce remboursement en huit ans, par annuités égales.

Art. 3. — Ces annuités commenceront à courir du 1er janvier de l'année où l'engagement en capitalisation aura été souscrit. — Elles ne porteront pas intérêt et seront exigibles année par année, au 31 décembre de chaque année. — Dans le cas où un à-compte aurait été payé sur les arrérages de rentes afférentes à l'année pendant laquelle aura été souscrit l'engagement en capitalisation, le montant de cet à-compte sera imputé à valoir sur l'annuité du capital qui sera dû au 31 décembre suivant.

Art. 4. — Faute par le débiteur du domaine d'acquitter avant le 31 décembre de chaque année le montant, soit de la rente, soit de l'annuité de capital échue, l'acquéreur primitif, le détenteur, les acquéreurs intermédiaires et les créanciers hypothécaires seront admis, conformément aux dispositions de l'article 4 de l'ordonnance du 11 juin 1817, mais seulement pendant trente jours, à payer toutes sommes exigibles et à jouir du bénéfice des deux articles précédents. — Les tiers qui auront effectué ledit payement seront subrogés par la quittance aux droits de l'État.

Art. 5. — A l'expiration du délai de trente jours sus-indiqué, et à défaut de payement par le débiteur du domaine, ou aux lieu et place de celui-ci, par les tiers sus-mentionnés, le recouvrement des arrérages de rentes dus et du capital de cette rente, ou quand il y aura eu engagement en capitalisation, le montant de l'annuité

échue et des annuités restant à échoir sera poursuivi par toutes les voies de droit, y compris l'expropriation forcée.

Art. 6. — Les engagements en capitalisation, souscrits en vertu des décrets des 21 et 22 février 1850 et 23 juin 1851, recevront leur effet à partir du 1er janvier 1852, sans que les parties intéressées aient besoin de les renouveler.

Art. 7. — Est maintenu l'escompte de 5 pour 100 par an accordé par l'article 3 du décret du 22 février 1850, à tout débiteur d'une rente foncière qui, après avoir contracté l'engagement de rembourser le capital de cette rente en huit annuités égales, anticipera sa libération. — Le droit à cet escompte est acquis toutes les fois que le payement par anticipation est effectué avant l'expiration du premier trimestre de chaque année.

Art. 8. — Le montant des arrérages de rentes foncières dus pour les années 1848, 1849, 1850 et 1851 est admis en non-valeur, comme ceux afférents aux années 1847 et antérieures.

Art. 9. — Est également admis en non-valeur le montant des annuités 1850 et 1851, dues par les débiteurs qui auront souscrit, antérieurement au 31 décembre prochain, l'engagement de rembourser en huit annuités le capital de leurs rentes.

Art. 10. — Il sera fait compte des sommes payées, soit à titre d'arrérages de rentes, soit à titre d'annuités de capital, postérieurement au 1er janvier 1848, et le montant en sera imputé aux comptes des débiteurs comme avances sur les termes à échoir.

Art. 11. — Les décrets des 21 et 22 février 1850 et 23 juin 1851 sont abrogés en ce qu'ils ont de contraire au présent décret.

4 juillet 1855.

Décret qui promulgue la loi du 23 mars 1855 sur la transcription (B. 424).

30 octobre 1858.

Décret portant extension des dispositions de l'article 17 de la loi du 16 juin 1851 (B. M. 3).

Art. 1. — Sont applicables aux transactions passées ou à venir de musulman à musulman, et de musulman à israélite, les dispositions de l'article 3 de l'ordonnance du 1er octobre 1844 et de l'article 17 de la loi du 16 juin 1851, sur la propriété en Algérie, portant qu'aucun acte translatif de propriété d'immeubles consenti par un indigène au profit d'un européen ne pourra être attaqué par le motif que les immeubles étaient inaliénables, aux termes de la loi musulmane.

22 avril 1863.

natus-consulte sur la propriété dans les tribus (B. O. 80) (1).

Art. 1. — Les tribus de l'Algérie sont déclarées propriétaires des territoires dont elles ont la jouissance permanente et traditionnelle, à quelque titre que ce soit. — Tous actes, partages ou distractions de territoires intervenus entre l'État et les indigènes, relativement à la propriété du sol, sont et demeurent confirmés.

Art. 2. — Il sera procédé administrativement et dans le plus bref délai : — 1° à la délimitation des territoires des tribus ; — 2° à leur répartition entre les différents douars de chaque tribu du Tell et des autres pays de culture, avec réserve des terres qui devront conserver le caractère de biens communaux ; — 3° à l'établissement de la propriété individuelle entre les membres de ces douars, partout où cette mesure sera reconnue possible et opportune. — Des décrets impériaux fixeront l'ordre et les délais dans lesquels cette propriété individuelle devra être constituée dans chaque douar.

Art. 3. — Un règlement d'administration publique déterminera : — 1° les formes de la délimitation des territoires des tribus ; 2° les formes et les conditions de leur répartition entre les douars et de l'aliénation des biens appartenant aux douars ; — 3° les formes et les conditions sous lesquelles la propriété individuelle sera établie et le mode de délivrance des titres.

Art. 4. — Les rentes, redevances et prestations dues à l'État par les détenteurs des territoires des tribus continueront à être perçues comme par le passé, jusqu'à ce qu'il en soit autrement ordonné par des décrets impériaux rendus en la forme des règlements d'administration publique.

Art. 5. — Sont réservés les droits de l'État à la propriété des biens du Beylik et ceux des propriétaires des biens melk. — Sont également réservés le domaine public tel qu'il est défini par l'article 2 de la loi du 16 juin 1851, ainsi que le domaine de l'État, notamment en ce qui concerne les bois et forêts, conformément à l'article 4, paragraphe 4, de la même loi.

Art. 6. — Le second et le troisième paragraphe de l'article 14 de la loi du 16 juin 1851, sur la constitution de la propriété en Algérie, sont abrogés ; néanmoins, la propriété individuelle qui sera établie au profit des membres des douars ne pourra être aliénée que du jour où elle aura été régulièrement constituée par la délivrance des titres.

Art. 7. — Il n'est pas dérogé aux autres dispositions de la loi du 16 juin 1851, notamment à celles qui concernent l'expropriation pour cause d'utilité publique et le séquestre.

(1) V. le commentaire dressé par Perrioud, vérificateur des domaines. Alger, 1807.

23 mai 1863.

Décret réglementaire pour l'exécution du sénatus-consulte (B. O. 80) (1).

TITRE IV.

ALIÉNATION DES BIENS APPARTENANT AUX DOUARS.

Art. 40. — Des djemâas, instituées par le général commandant la division ou par les préfets dans les douars dont le territoire aura été constitué, auront qualité pour consentir l'aliénation par voie d'échange ou par vente, au profit de l'État ou des particuliers, de tout ou partie de leurs biens communaux. Ces ventes auront lieu de gré à gré ou aux enchères publiques.

Art. 17. — Les demandes d'échange seront adressées par les djemâas aux généraux ou aux préfets, qui en autoriseront, s'il y a lieu, l'instruction. Il sera fait estimation contradictoire des biens par experts désignés par le cadi. Les résultats de l'expertise seront constatés par un procès-verbal affirmé par les experts. Le dossier de l'affaire, accompagné de la délibération de la djemâa constatant le consentement des intéressés, d'un extrait de la matrice foncière et d'un plan des immeubles sera envoyé au général ou au préfet qui statuera sur l'utilité ou les conditions de l'échange et autorisera, s'il y a lieu, à passer l'acte avec l'échangiste. Si la valeur de l'échange est inférieure à 5,000 francs, le contrat sera approuvé par le gouverneur général. Tout échange d'une valeur supérieure sera soumis à notre approbation.

Art. 18. — Les aliénations par ventes de gré à gré seront instruites et autorisées comme les échanges, dans les formes établies par l'article précédent.

Art. 19. — Les aliénations aux enchères seront soumises aux formalités suivantes : les demandes seront adressées aux généraux ou aux préfets, qui autoriseront l'instruction, s'il y a lieu. Il sera fait une estimation de l'immeuble, pour la détermination de la mise à prix, par un expert désigné par l'autorité administrative du ressort. Le procès-verbal d'expertise sera soumis à la djemâa, qui donnera son avis sur les conditions de la vente et sur la mise à prix. Le cahier des charges de la vente, appuyé du procès-verbal d'expertise, de la délibération de la djemâa, d'un extrait de la matrice foncière et d'un plan de l'immeuble sera soumis au général ou au préfet, qui décidera, s'il y a lieu, de procéder à la vente. La mise en

(1) Le sénatus consulte n'est plus mis à exécution. — Les deux premières opérations qu'il ordonnait ont été suspendues le 19 décembre 1870 et la troisième a fait l'objet de la loi du 26 juillet 1873. Le décret réglementaire du 23 mai 1863 n'a, par suite, plus d'utilité pratique et nous n'en reproduisons que les articles 16 à 22 spécialement visés par l'arrêté du 18 mai 1868, qui a constitué les communes indigènes.

vente sera précédée de publications qui indiqueront le jour de la vente et le lieu où seront déposés le cahier des charges et le plan. Les adjudications auront lieu en présence des intéressés ou
de leurs mandataires, et sous la présidence d'un
délégué de l'administration. Les adjudications
ne seront valables et exécutoires qu'après l'approbation du gouverneur général.

Art. 20. — Le prix de vente sera versé, pour le
compte du douar, dans la caisse du receveur des
contributions diverses de la circonscription.

Art. 21. — Les actes d'échange, de vente de
gré à gré ou aux enchères seront soumis à l'enregistrement et transcrits au bureau des hypothèques du chef-lieu de la province.

Art. 22 — En cas d'expropriation pour cause
d'utilité publique, il sera procédé, vis-à-vis des
douars, à l'exercice du droit et au règlement
de l'indemnité, conformément aux dispositions
de la loi du 16 juin 1851. Le montant de l'indemnité sera versé, pour le compte du douar, dans
la caisse du receveur des contributions diverses
de la circonscription.

13 décembre 1866.

*Décret déclarant insaisissables, pour dettes an-
térieures, les terres constituées en propriété
individuelle en exécution du sénatus-consulte (B. O. 212).*

Art. 1. — Les terres réparties, en exécution du
sénatus-consulte du 22 avril 1863, entre les membres des douars, sont insaisissables pour dettes
contractées par ceux-ci antérieurement à la constitution régulière de la propriété. — Il en est de
même du prix d'aliénation desdits immeubles
qui n'aurait pas encore été payé. — Les fruits
naturels de ces terres non encore déplacés, les
animaux et ustensiles servant à leur exploitation
sont également insaisissables pendant cinq années,
pour les mêmes dettes, sauf le cas où, lesdites
terres ayant été précédemment possédées à un
autre titre par le propriétaire actuel, le créancier
de celui-ci aurait eu alors, d'après les lois régis-
sant son contrat, le droit de saisir les fruits et
autres objets sus-désignés. — Les créanciers dont
le droit est né depuis la constitution régulière
de la propriété peuvent, à la seule condition d'y
avoir intérêt, opposer aux créanciers antérieurs
l'insaisissabilité établie dans les paragraphes précédents, alors même que le propriétaire débiteur
y aurait expressément renoncé.

31 mai 1870 (1).

*Décret portant modification au règlement d'ad-
ministration publique du 23 mai 1863. —*

(1) Ce décret n'est plus applicable. Nous le publions à
titre de renseignement.

*Mode d'établissement de la propriété indivi-
duelle dans les territoires Arch (B. 331).*

Art. 1. — Les commissions administratives
chargées des opérations relatives à l'établissement de la propriété individuelle dans les territoires Arch ou Sabéga, en exécution de l'article 2,
paragraphe 3, du sénatus-consulte du 22 avril
1863, procéderont avec l'assistance de la djemâa,
après avis du cadi.

Art. 2. — Elles reconnaîtront les parcelles occupées, soit par un seul ayant-droit, chef de famille ou non, soit par plusieurs ayants-droit,
membres d'une même famille ou étrangers l'un
à l'autre. — Dans ces deux derniers cas, elles détermineront d'abord les parts proportionnelles
afférentes à chacun des ayants-droit dans la propriété commune. — Elles procéderont ensuite à
la division de la propriété, en formant autant de
lots qu'il y aura de copartageants. — Les lots
seront délimités sur le terrain. — Ils devront être
d'une étendue ou d'une valeur proportionnelle
aux droits de chacun. — Les lots attribués aux
copartageants ayant des droits égaux seront tirés
au sort, à moins que ces copartageants ne soient
d'accord sur les attributions respectives.

Art. 3. — Lorsqu'il sera reconnu par les commissions administratives que la division de certaines parcelles serait sans utilité, elles se borneront à la fixation des parts indivises sur ces parcelles.

Art. 4. — Un titre sera délivré à chaque copar-
tageant. — S'il y a allotissement, ce titre sera
établi conformément au modèle ci-annexé. Il y
sera joint un plan ou croquis visuel. — S'il n'y a
pas d'allotissement, le titre indiquera la part proportionnelle de chaque ayant-droit dans les parcelles indivises

Art. 5. — A dater de la délivrance du titre, le
titulaire, soit d'un lot déterminé, soit d'une part
indivise, pourra librement disposer de la part à
lui attribuée, sans que l'action en retrait, connue
sous le nom de droit de cheffâa, puisse être
exercée.

Art. 6. — Par dérogation au deuxième paragraphe de l'article 31 du décret du 23 mai 1863,
les titres seront transcrits au bureau des hypothèques de la situation des biens.

19 décembre 1870.

*Circulaire du commissaire de la République
suspendant les deux premières opérations
prescrites par le sénatus-consulte.*

Le commissaire extraordinaire de la République en Algérie. — A MM. les préfets, sous-préfets et commissaires civils, — généraux commandant les divisions, commandants de subdivisions et de cercles.

Par ordre du gouvernement de la République,
sont suspendues les deux premières opérations

prescrites par le sénatus-consulte de 1863 (délimitation des tribus et leur répartition en douars-communes). — Il sera procédé à la reconnaissance de la propriété individuelle au profit des cultivateurs actuels. — Recueillez tous documents utiles pour cette opération et recherchez, même en dehors de l'administration, les personnes sachant l'arabe qui pourraient et voudraient y prendre part.

26 juillet 1873.

Loi sur la propriété en Algérie (1) (B. O. 495).

TITRE I.

DISPOSITIONS GÉNÉRALES.

Art. 1. — L'établissement de la propriété immobilière en Algérie, la conservation et la transmission contractuelle des immeubles et droits immobiliers, quels que soient les propriétaires, sont régis par la loi française.

En conséquence, sont abolis tous droits réels, servitudes ou causes de résolution quelconques, fondés sur le droit musulman ou kabyle, qui seraient contraires à la loi française.

Le droit réel de chefâa ne pourra être opposé aux acquéreurs qu'à titre de retrait successoral, par les parents successibles, d'après le droit musulman et sous les conditions prescrites par l'article 841 du Code civil.

Art. 2. — Les lois françaises, et notamment celle du 23 mars 1855, sur la transcription, seront appliquées aux transactions immobilières :

1° A partir de la promulgation de la présente loi, pour les conventions qui interviendront entre individus régis par des statuts différents;

2° A partir de la même époque, pour les conventions entre musulmans, relatives à des immeubles situés dans les territoires qui ont été soumis à l'application de l'ordonnance du 21 juillet 1846 (2), et dans ceux où la propriété a été constituée par voie de cantonnement (3);

(1) V. le commentaire de cette loi par Robe, ancien bâtonnier, Alger, 1870.

(2) C'est-à-dire les territoires des villes d'Alger, Blida, Oran, Mostaganem, Bône et leurs banlieues. Il y a lieu d'y ajouter le territoire de Constantine et sa banlieue. En effet, un décret du 20 mars 1849 a ordonné qu'il serait procédé sur ce territoire aux opérations de vérification de titres; puis, et sur la justification que la propriété était parfaitement constituée et que la vérification des titres était sans objet, intervint, le 21 mars 1852, un décret (non promulgué) ainsi conçu :

« Art. 1. — Les dispositions des articles 2 et 3 du décret du 20 mars 1849, qui prescrivent la vérification des titres de propriété dans la banlieue de Constantine sont rapportées. »

La banlieue forme la circonscription du cadi extra-muros de Constantine (2e circonscription).

La ville constitue la circonscription du cadi intra-muros (1re circonscription).

(3) Il n'y a eu que des essais imparfaits de cantonnement et fort limités.

3° Au fur et à mesure de la délivrance des titres de propriété, pour les conventions relatives aux immeubles désignés à l'article 3 ci-après.

Art. 3. — Dans les territoires où la propriété collective aura été constatée au profit d'une tribu ou d'une fraction de tribu, par application du sénatus-consulte du 22 avril 1863, ou de la présente loi, la propriété individuelle sera constituée par l'attribution d'un ou plusieurs lots de terre aux ayants droit et par la délivrance de titres opérée conformément à l'article 20 ci-après.

La propriété du sol ne sera attribuée aux membres de la tribu que dans la mesure des surfaces dont chaque ayant droit a la jouissance effective; le surplus appartiendra, soit au douar comme bien communal, soit à l'État comme bien vacant ou en déshérence, par application de l'article 4 de la loi du 16 juin 1851.

Dans tous les territoires autres que ceux mentionnés au paragraphe 2 de l'article précédent, lorsque l'existence de droits de propriété privée, non constatés par acte notarié ou administratif, aura été reconnue par application du titre II ci-après, des titres nouveaux seront délivrés aux propriétaires.

Tous les titres délivrés formeront, après leur transcription, le point de départ unique de la propriété à l'exclusion de tous autres.

Art. 4. — Le maintien de l'indivision est subordonné aux dispositions de l'article 815 du Code civil.

Art. 5. — L'enregistrement des titres délivrés en exécution de l'article 3 aura lieu au droit fixe de 1 franc. La transcription sera opérée sans autres frais que le salaire du conservateur.

Art. 6. — Il sera, en exécution de l'article 3 de la présente loi et sous la réserve expresse du recours devant les tribunaux, stipulé à l'article 18 ci-après, procédé administrativement à la reconnaissance de la propriété privée et à sa constitution partout où le sol est possédé à titre collectif par les membres d'une tribu ou d'un douar.

Art. 7. — Il n'est point dérogé par la présente loi au statut personnel, ni aux règles de succession des indigènes entre eux.

TITRE II.

DE LA PROCÉDURE RELATIVE A LA CONSTATATION DE LA PROPRIÉTÉ PRIVÉE ET A LA CONSTITUTION DE LA PROPRIÉTÉ INDIVIDUELLE.

CHAPITRE Ier. — *De la procédure relative à la constatation de la propriété privée.*

Art. 8. — Le gouverneur général civil de l'Algérie, les conseils généraux préalablement consultés, désignera par des arrêtés les circonscriptions territoriales qui doivent être soumises aux opérations prévues par l'article 6 ci-dessus et le délai dans lequel elles seront entreprises. Ce délai ne pourra être moindre d'un mois à dater du jour de l'insertion de l'arrêté dans le *Mobacher* et l'un des journaux de l'arrondissement ou, à défaut, du département où se trouvent comprises lesdites circonscriptions territoriales.

Le même arrêté sera publié dans les principaux marchés de la tribu, affiché en français et en arabe à la mairie de la commune et partout où besoin sera.

Ces insertions et publications constitueront pour tous les intéressés une mise en demeure d'avoir à réunir tous documents ou témoignages utiles pour établir leurs droits et les limites des terres qu'ils possèdent.

Art. 9. — A l'expiration du délai fixé par l'article 8, il sera procédé par le gouverneur général civil à la nomination d'un commissaire enquêteur.

Art. 10. — Au vu de l'arrêté qui l'aura nommé, le commissaire enquêteur requerra tous les dépositaires des états de population, des états statistiques, listes individuelles et autres documents ayant servi, pendant les cinq dernières années, à l'assiette et au recouvrement des rôles d'impôt, de mettre à sa disposition, dans le délai de quinzaine, tous registres, pièces et renseignements qui lui seront nécessaires pour l'accomplissement de sa mission ; il rendra ensuite une ordonnance indiquant le jour où il se transportera sur les lieux.

Cette ordonnance sera publiée et affichée en français et en arabe, dans les mêmes conditions et aux mêmes endroits que l'arrêté rendu en exécution de l'article 8.

Art. 11. — Au jour indiqué par son ordonnance, le commissaire enquêteur se rendra sur les lieux assisté d'un géomètre et, si cela est nécessaire, d'un interprète.

En présence du maire et de deux délégués du conseil municipal, ou du président et de deux délégués de la djemmâa et dans tous les cas, si besoin est, du cadi ou autres dépositaires des actes ou contrats, il recevra toutes demandes, requêtes, témoignages et pièces justificatives relatifs à la propriété ou à la jouissance du sol. Il rapprochera les revendications des documents en sa possession et des limites indiquées sur le terrain par les prétendants droit aux parcelles occupées soit indivisément par un groupe, soit privativement par un seul individu.

Cette première opération faite, il constatera les droits de chaque copropriétaire ou occupant, sans déterminer les éléments du partage qui ne pourra être poursuivi qu'après la délivrance des titres français de propriété, en vertu de l'article 815 du code civil, comme il a été dit à l'article 4 de la présente loi.

Les mineurs, les interdits et toutes parties non présentes, seront représentées par leurs tuteurs légaux ou datifs, leurs mandataires, les cadis et toutes autres personnes ayant la représentation légale, suivant le droit musulman.

Art. 12. — Le commissaire enquêteur mentionnera dans son procès-verbal et signalera à l'administration du domaine tous les immeubles vacants, conformément aux dispositions de l'article 3 ci-dessus.

Art. 13. — Les opérations terminées, un double du procès-verbal, dressé par le commissaire enquêteur, sera déposé entre les mains du juge de paix ou, à défaut, du maire ou de l'administrateur français de la circonscription.

Une traduction en langue arabe de ce même procès-verbal sera également déposée entre les mains du président de la djemmâa ou de l'adjoint indigène et, à défaut, entre les mains du cadi.

Ces dépôts seront portés à la connaissance des intéressés par des insertions et publications semblables à celles énoncées en l'article 8.

Art. 14. — Pendant trois mois, à partir des insertions et publications sus-mentionnées, tout intéressé pourra, par lui-même ou par mandataire, prendre connaissance du procès-verbal et y faire les observations qu'il jugera convenables.

Art. 15. — Les réclamations de nature à affecter les constatations du commissaire enquêteur seront reçues par les dépositaires du procès-verbal pendant ce délai, et immédiatement transcrites à la suite du dit acte, sur un registre coté et paraphé par ledit commissaire enquêteur.

Art. 16. — A l'expiration du délai fixé par l'article 14, le commissaire enquêteur se transportera de nouveau sur les lieux, tous intéressés dûment prévenus, au moins quinze jours à l'avance, par les moyens de publicité indiqués à l'article 8, à l'effet de vérifier l'objet des réclamations, de concilier les parties, si faire se peut, et d'arrêter définitivement ses conclusions.

Art. 17. — Pour tout ce qui se rapporte à la constatation, à la reconnaissance et à la confirmation de la propriété possédée à titre privatif et non constaté par acte notarié ou administratif, le service des domaines, sur le vu des conclusions du commissaire enquêteur, procédera à l'établissement des titres provisoires de propriété au nom des individus dont les droits ne seront pas contestés.

Ces titres indiqueront, avec un plan à l'appui, la nature, la situation et deux au moins des tenants de chaque immeuble; en cas d'indivision, ils énonceront les noms de tous les héritiers copropriétaires, ainsi que la quote-part à laquelle chacun d'eux a droit.

Chaque titre contiendra l'adjonction d'un nom de famille aux prénoms ou surnoms sous lesquels est antérieurement connu chaque indigène déclaré propriétaire, au cas où il n'aurait pas de nom fixe. Le nom choisi par l'indigène ou, à défaut, par le service des domaines, sera, autant que possible, celui de la parcelle de terre à lui attribuée.

Avis de ces opérations sera donné par insertions et publications, comme il a été dit en l'article 8.

Art. 18. — Trois mois sont accordés, à dater de cette publication, à toute partie intéressée, pour contester devant les tribunaux français de l'ordre judiciaire les opérations du commissaire enquêteur et les attributions faites sur ses conclusions par le service des domaines, en vertu de l'article 17, mais on tant seulement que ces attributions porteraient atteinte à des droits réels.

A l'expiration de ce nouveau délai, les titres non contestés deviennent définitifs; ils sont immédiatement enregistrés et transcrits aux frais des titulaires par les soins du service des domaines.

Ils forment, à dater du jour de leur transcription, le point de départ unique de la propriété, à l'exclusion de tous droits réels antérieurs, comme il est dit à l'article 3.

Aussitôt qu'il aura été statué définitivement sur les contestations, les titres sur lesquels elles auront porté seront ou maintenus ou rédigés à nouveau, en prenant pour base les décisions intervenues; puis ils seront transcrits et délivrés de la même manière que ceux pour lesquels il n'y aura pas de contestation. A partir de ces transcriptions, la loi du 23 mars 1855 produira tous ses effets.

Art. 19. — Tout créancier hypothécaire ou tout prétendant à un droit réel sur l'immeuble devra, à peine de déchéance, faire inscrire ou transcrire ses titres au bureau des hypothèques de la situation des biens, avant la transcription du titre français.

Ces inscriptions, transcriptions ou renouvellements des inscriptions précédemment prises devront contenir les prénoms et noms de famille portés dans les titres provisoires, établis conformément à l'article 17.

Le conservateur des hypothèques ne pourra transcrire aucun acte translatif de propriété postérieur à la délivrance des titres français s'il ne contient pas les noms de famille des parties contractantes.

CHAPITRE II. — *De la procédure relative à la constitution de la propriété individuelle.*

Art. 20. — Dans tous les cas où il s'agira de constituer la propriété individuelle sur les territoires occupés par les tribus ou par les douars à titre collectif, il sera procédé suivant les formes prescrites par les articles 8, 9, 10 et 11 ci-dessus. Le procès-verbal du commissaire enquêteur, accompagné de tout le dossier de l'enquête, d'un plan parcellaire et d'un registre terrier, sera soumis à l'approbation du gouverneur général civil, en conseil de gouvernement.

L'arrêté d'homologation sera pris dans le délai de deux mois, à partir de la réception du dossier au secrétariat du conseil de gouvernement.

Immédiatement après l'approbation du gouverneur général civil, il sera procédé, par le service des domaines, à l'établissement des titres notarifs de propriété. Ces titres seront accompagnés de plans; en cas d'indivision constatée, les titres exprimeront en regard du nom de chaque copropriétaire la quote-part à laquelle il aura droit, sans appliquer néanmoins cette quote-part à aucune des parties de l'immeuble.

Art. 21. — Les titres français sont enregistrés et transcrits aux frais des titulaires, par les soins du service des domaines, dans les conditions exprimées en l'article 5.

Art. 22. — L'administration des domaines inscrit, au sommier de consistance des immeubles appartenant à l'État, tous les biens déclarés vacants ou en déshérence, en vertu des articles 3 et 18, quand ils n'auront pas fait l'objet de revendications régulières dans le délai imparti par l'article 15.

Art. 23. — La présente loi ne s'applique pas aux biens séquestrés; cependant, si le séquestre est levé sur tout ou partie de ces biens, des titres individuels sont immédiatement délivrés aux intéressés, dans les formes ci-dessus prescrites.

Art. 24. — Les dépenses de toute nature nécessitées par la constatation et la constitution de la propriété individuelle indigène sont, dans chaque département, à la charge du budget des centimes additionnels des tribus.

TITRE III.

DISPOSITIONS TRANSITOIRES.

Art. 25. — A partir de la promulgation de la présente loi, et jusqu'à la délivrance des titres provisoires énoncés à l'article 17, toute transmission d'immeubles indigènes à des européens devra être signifiée à l'administration des domaines, en vue de l'obtention ultérieure d'un titre français, après l'accomplissement des formalités suivantes.

Art. 26. — Indépendamment de la transcription à laquelle il est soumis par la loi du 23 mars 1855 et, s'il y a lieu, des purges prévues et ordonnées par le code civil, tout tiers détenteur ou nouveau possesseur fera insérer à ses frais, deux fois au moins et à un mois d'intervalle, extrait de son contrat en français et en arabe, dans le *Mobacher* et dans l'un des journaux de l'arrondissement, ou, à défaut, du département ou se trouveront situés les biens acquis.

L'acquéreur transmettra un pareil extrait au procureur de la République dudit arrondissement, lequel en fera opérer le dépôt, comme il est dit en l'article 13, dans les mêmes conditions de publicité et aux mêmes fins.

Art. 27. Dans le délai de trois mois à partir de l'avis public du dépôt, toute personne ayant à revendiquer tout ou partie de la propriété vendue, ayant, d'après le droit musulman, un droit réel sur l'immeuble, ou prétendant l'un des droits énoncés en l'article 2 de la loi du 23 mars 1855, tout vendeur ou acquéreur à réméré sera tenu de former sa réclamation entre les mains de l'un des dépositaires de l'extrait du contrat de vente lequel inscrira cette réclamation, à la date même où elle sera faite, sur le registre à ce destiné.

Art. 28. — Avis de la réclamation est donné, sans délai, au procureur de la République, qui le porte à la connaissance des parties intéressées, au domicile indiqué dans l'extrait publié.

Art. 29.— Dans le cas où les droits révélés, ainsi qu'il vient d'être dit, affecteraient, non le prix mais les conditions mêmes du contrat, et où ils seraient reconnus fondés par le vendeur, l'acquéreur aura la faculté, soit de persister dans son acquisition, en demeurant soumis aux charges et conditions qui se sont manifestées, soit d'y renoncer , sauf son recours contre le vendeur pour les frais et loyaux coûts exposés et tous dommages-intérêts, s'il y a lieu.

Si au contraire, les droits qui se sont révélés sont contestés par le vendeur, celui-ci sera tenu d'introduire, dans le délai d'un mois, l'instance destinée à en purger l'immeuble, à peine de résiliation de la vente, le tout à ses risques et périls.

Art. 30. — Si aucune réclamation ou revendication ne s'est produite dans le délai prescrit à l'article 27, les réclamations et revendications ultérieures n'ouvriront plus au prétendant droit qu'une action sur le prix, s'il n'a pas été payé, et s'il a été payé, qu'une action directe et personnelle contre le vendeur.

Dans ce cas, le procureur de la République délivrera à l'acquéreur, sur sa demande, un certificat négatif sur papier libre.

Au vu de ce certificat, le service des domaines délivrera le titre français, lequel, enregistré par duplicata et mentionné en marge de la transcription de l'acte de vente notarié, formera le point de départ unique de la propriété, à l'exclusion de tous droits antérieurs.

Le contrat de vente notarié demeurera annexé au titre français.

Art. 31. — La présente loi ne sera provisoirement appliquée qu'à la région du Tell algérien délimitée au plan annexé au décret du 20 février 1873, sur les circonscriptions cantonales.

En dehors du Tell, des décrets spéciaux détermineront successivement les territoires où elle deviendra exécutoire.

Art. 32. — Sont abrogées toutes dispositions antérieures contraires à la présente loi.

13 juillet 1874.

Décret contenant fixation des centimes extraordinaires pour couvrir les dépenses résultant de l'exécution de la loi du 26 juillet 1873 (B. O. 555).

Art. 1. — Les dépenses résultant de l'exécution de la loi du 26 juillet 1873 seront couvertes par des centimes extraordinaires, perçus par voie d'addition au principal de l'impôt arabe et indépendants des centimes additionnels ordinaires déjà établis.

27 juillet 1875.

Nouvelle fixation du taux des centimes extraordinaires à percevoir (B. O. 616).

Art. 1. — A partir de l'exercice 1875, le taux des centimes extraordinaires affectés à l'exécution de la loi du 26 juillet 1873 est fixé comme il suit :

1° A quatre centimes par franc pour les populations des communes indigènes, mixtes ou de plein exercice, assujetties au payement des impôts ACHOUR, ZEKKAT et HOKOR :

2° A vingt centimes par franc pour les populations kabyles soumises à l'impôt LEZMA, quel que soit le régime communal auquel appartiennent ces populations.

Art. 2. — Le service des contributions diverses est chargé de la perception des centimes additionnels extraordinaires établis par le présent décret. Ces produits sont versés dans les caisses du Trésor, au profit du budget des ressources spéciales du gouvernement général de l'Algérie, à un compte spécial, intitulé : centimes additionnels extraordinaires affectés à la constitution de la propriété indigène.

Les excédants de recettes à la fin d'une année seront reportés, de plein droit, à l'exercice suivant, et viendront en atténuation des charges nouvelles de l'exercice subséquent.

Art. 3. — Sont et demeurent abrogées les dispositions des articles 2 et 3 du décret du 13 juillet 1874.

Art. 4. — Les ministres de l'intérieur et des finances et le gouverneur général civil de l'Algérie sont chargés de l'exécution du présent décret, qui sera inséré au *Bulletin des Lois*, au *Journal officiel* et au *Bulletin* du gouvernement général de l'Algérie.

8 mai 1878.

Décret accordant aux débi-rentiers de l'État de nouvelles facilités pour se libérer (B. O.).

Art. 1. — Tout débiteur d'une rente constituée en Algérie au profit du domaine, pour prix de vente ou de concession d'immeubles ou pour cession de droits immobiliers, qui se libérera de sa dette par le remboursement du capital, calculé conformément à l'ordonnance du 1er octobre 1844, avant le 1er juillet 1870, sera admis à bénéficier d'un escompte de vingt-cinq francs par cent francs (25 pour 100), sur le montant dudit capital.

Tout débi-rentier qui aurait déjà souscrit l'engagement de se libérer du capital par annuités encore dues, en tout ou en partie, aura l'option, soit de ne payer les annuités qu'aux échéances convenues dans son engagement, soit de se libérer en un seul ou plusieurs termes, dans le délai ci-dessus fixé, en bénéficiant de l'escompte de 25 pour 100.

Dans le cas où le remboursement serait effectué par à-compte, le montant de l'escompte ne serait prélevé que sur le dernier payement pour solde.

Art. 2. — A défaut du débiteur de la rente, l'acquéreur primitif, le détenteur, les acquéreurs intermédiaires, les créanciers hypothécaires et autres tiers intéressés seront admis à jouir des bénéfices de l'article précédent dans les trois mois qui suivront l'expiration du délai, c'est-à-dire jusqu'au 30 septembre 1879 inclusivement. Les tiers qui auront effectué le payement seront subrogés dans la quittance aux droits de l'État.

Art. 3. — Toutes les dispositions antérieures relatives au rachat de rentes domaniales sont abrogées en ce qu'elles ont de contraire au présent décret.

Prud'hommes (Conseil de).

28 septembre 1870.

Arrêté du préfet d'Alger établissant à Alger un conseil de prud'hommes (B. Préfecture d'Alger, 351 de 1870).

Art. 1. — Il sera établi à Alger un conseil de prud'hommes.

Art. 2. — Il sera statué, par des dispositions ultérieures, en ce qui concerne le nombre de membres appelés à composer ledit conseil, le mode d'élection de ces membres et les industries qui y seront représentées (1).

(1) Les dispositions dont parle l'article 2 ont été prises par arrêté préfectoral du 1ᵉʳ octobre 1870. Mais aucun des deux arrêtés n'a été mis à exécution. Le conseil des prud'hommes n'a jamais fonctionné

R

Receveurs municipaux.

20 janvier 1858.

Décret portant règlement sur les recettes municipales (B. 517).

CHAPITRE I. — *Institution et nomination des receveurs municipaux.*

Art. 1. — Il sera nommé un receveur municipal spécial pour la gestion financière de toute commune dont le revenu s'élève à 50,000 francs et au-dessus. — Pour les communes dont le revenu est inférieur à 50.000 francs, le service de la recette municipale est confié aux receveurs des contributions diverses, sous la surveillance et le contrôle du chef de service dans chaque province (1). — Néanmoins, sur la demande du conseil municipal, et sur l'avis conforme du conseil de gouvernement, le gouverneur général pourra instituer un receveur spécial dans les communes dont le revenu est inférieur à 50,000 francs.

Art. 2. — Les receveurs municipaux spéciaux

(1) Les rétributions allouées dans ce cas aux receveurs des contributions diverses sont fixées à la moitié du taux des remises déterminées par l'article 7 du présent décret. — *Décis. min.,* 7 octobre 1858.

Un cautionnement uniforme de 3,000 francs est imposé à ces receveurs. — *Décis. min.,* 30 septembre 1859.

sont nommés: — par le gouverneur général, pour les communes dont le revenu est de 300,000 francs et au-dessus; — par le gouverneur général de l'Algérie, pour les communes d'un revenu inférieur à 300,000 francs. — Tout receveur, une fois nommé, sera maintenu dans ses fonctions, lors même que, dans le cours de sa gestion, le revenu de la commune descendrait au-dessous de 50,000 francs.

Art. 3. — Chaque receveur municipal est nommé sur une liste de trois candidats votée par le conseil municipal au scrutin de liste. La liste n'est définitive qu'autant que tous les candidats ont réuni au moins la majorité absolue des suffrages.

CHAPITRE II. — *Fixation des cautionnements.*

Art. 4. — Les receveurs municipaux n'entrent en fonctions qu'après avoir justifié du versement au Trésor d'un cautionnement en numéraire, fixé, savoir: — à 10 pour 100 du montant des recettes ordinaires, pour les premiers 100,000; — à 5 pour 100 des mêmes recettes sur tout ce qui excède 100,000 francs.

Art. 5. — Le cautionnement de chaque receveur est fixé, par l'arrêté de nomination, sur le montant des recettes ordinaires portées au compte du dernier exercice. — Si la nomination a lieu avant qu'aucun compte d'exercice ait été réglé, le cautionnement est provisoirement établi sur le montant présumé des recettes ordinaires. Il n'est définitivement fixé qu'après le règlement du premier compte d'exercice postérieur à la nomination. — Le cautionnement sera toujours porté à une somme ronde, multiple de 100. — Les cautionnements des receveurs municipaux actuellement en exercice seront fixés à nouveau, conformément aux dispositions qui précèdent.

Art. 6. — Si, postérieurement à la fixation du cautionnement d'un receveur municipal, il s'est produit dans les recettes ordinaires de la commune un accroissement notable et permanent, il sera procédé à une nouvelle fixation du cautionnement, basée sur la moyenne des recettes ordinaires portées aux comptes des trois derniers exercices.

Chapitre III. — *Fixation des traitements.*

Art. 7. — Les receveurs municipaux sont rétribués au moyen de remises proportionnelles, tant sur les recouvrements que sur les payements par eux effectués pour le service communal. — Ces remises sont fixées, savoir : à 4 pour 100 sur les premiers 10,000 francs, tant des recettes que des dépenses ; à 3 pour 100 sur les 20,000 francs suivants ; à 2 1/2 pour 100 sur les 20,000 francs suivants ; à 2 pour 100 sur les 50,000 francs suivants ; à 50 centimes pour 100 sur les sommes excédant 100,000 francs jusqu'à 1 million ; à 25 centimes pour 100 sur les sommes excédant 1 million. Il n'est alloué, en sus des allocations ci-dessus déterminées, ni frais de bureau, ni indemnités ou prestations d'aucune espèce.

Art. 8. — Ne sont pas comptées, pour le calcul des remises allouées au receveur municipal : — 1° les recettes provenant de taxes ou contributions pour le recouvrement desquelles il serait alloué, par le décret d'institution, des remises spéciales, ni les dépenses exclusivement imputables sur lesdites taxes ou contributions ; — 2° les recettes et les payements qui ne constituent que des conversions de valeur, conformément aux règles établies par l'instruction générale du 17 juin 1840, article 1004 ; — 3° toutes recettes et dépenses qui, bien que faites dans un intérêt local, ne concerneraient pas le service direct de la commune, à moins d'un vote spécial du conseil municipal, approuvé par l'autorité administrative compétente.

Art. 9. — Les conseils municipaux seront toujours appelés à délibérer sur la fixation des remises à attribuer à leurs receveurs, sans, toutefois, que les proportions du tarif établi par l'article 7 puissent être élevées ou réduites de plus d'un dixième, et sauf décision du gouverneur général.

Chapitre IV. — *Des intérims.*

Art. 10. — Dans tous les cas de vacance d'une recette municipale, le service intérimaire est im-médiatement dévolu à un agent du service des contributions diverses, à la diligence du chef de service de la province et en vertu d'un arrêté du préfet.

Chapitre V. — *Du contrôle et de la surveillance de la gestion des receveurs municipaux.*

Art. 11. — Les receveurs municipaux de l'Algérie, pour tout ce qui concerne leur gestion, les formes de la comptabilité, la responsabilité qui leur incombe, le contrôle et la surveillance de leurs opérations et de leurs écritures, sont assujettis aux règles prescrites par l'ordonnance du 31 mai 1858, titre IV, chapitre XX.

Art. 12. — La surveillance dévolue par l'article 493 de l'ordonnance ci-dessus mentionnée aux receveurs généraux et particuliers des finances sera spécialement exercée par les chefs du service des contributions diverses, sans préjudice des vérifications à exercer par les inspecteurs des finances.

Art. 13. — La surveillance attribuée au service des contributions diverses sur la gestion des receveurs municipaux s'exercera aux conditions et dans les formes prescrites par l'instruction générale du 17 juin 1840 (titre 9, chapitre 1, section 2 paragraphes 1 et 2), sauf les dérogations nécessitées par la législation spéciale de l'Algérie. — Toutefois, la responsabilité des chefs du service des contributions diverses, à l'égard des communes, même pour les recettes confiées aux agents dudit service, sera purement morale, par dérogation aux dispositions de l'article 497 de l'ordonnance précitée du 31 mai 1838. — Les mesures spéciales relatives à l'exécution des dispositions précédentes seront réglées par voie d'instructions ou d'arrêtés ministériels.

Chapitre VI. — *De l'apurement des comptes.*

Art. 14. — Les comptes des receveurs municipaux sont définitivement apurés par les conseils de préfecture, pour les communes dont le revenu est inférieur à 50,000 francs, sauf recours à la Cour des comptes. — Les comptes des receveurs des communes dont le revenu s'élève à 50,000 fr. et au-dessus sont réglés et apurés par ladite cour.

Art. 15. — Les comptes des communes dont le revenu, précédemment inférieur à 50,000 francs, se sera élevé à ce chiffre pendant trois années consécutives, seront mis sous la juridiction de la cour des comptes. L'arrêté que le préfet prendra à cet effet sera immédiatement transmis à la cour des comptes par l'intermédiaire du gouverneur général.

Chapitre VII. — *Dispositions diverses.*

Art. 16. — Les dispositions du présent décret relatives aux cautionnements et remises des receveurs municipaux spéciaux ne sont point applicables aux agents du service des contributions diverses chargés de recettes municipales lo-

traitements ou remises à allouer auxdits agents seront fixés par le ministre de la guerre, sur la proposition du gouverneur général, le conseil du gouvernement préalablement consulté.

Art. 17. — Le présent décret sera mis en vigueur à partir du 1er janvier 1858.

Art. 18. — Sont abrogés : — 1° le titre IV de l'arrêté du 4 novembre 1848; — 2° toutes autres dispositions antérieures contraires à celles du présent décret.

27 juin 1859.

Arrêté ministériel fixant le cautionnement des receveurs municipaux, et modifiant pour Alger et Constantine le taux des remises allouées (B. M. 32).

Art. 1. — Les cautionnements des receveurs municipaux de l'Algérie, actuellement en exercice, sont fixés à nouveau, conformément au tableau qui suit :

Alger, 47,000 francs (élevé à 50,000 francs par arrêté ministériel du 18 septembre 1850, B.M. 44); — Ténès, 6,500 francs; — Blidah, 14,500 francs; — Médéah, 11,200 francs; — Bouffarik, 7,000 francs; — Milianah, 6,700 francs.

Oran, 23,000 francs; — Mascara, 9,800 francs; — Tlemcen, 12,000 francs; — Mostaganem, 12,000 francs.

Constantine, 27,300 francs; — Sétif, 8,000 francs; — Bône, 15,700 francs; — Guelma, 7,400 francs; — Philippeville, 12,000 francs; — Bougie, 8,000 francs.

Art. 2. — Il est accordé aux comptables jusqu'au 1er novembre prochain, pour verser au Trésor le complément de leur cautionnement, tel qu'il est fixé par le tableau précédent, sous peine, pour celui qui n'aurait pas satisfait à cette prescription, d'être considéré comme démissionnaire.

Art. 3.—Est approuvée la délibération du conseil municipal d'Alger, en date du 27 février 1858, portant qu'il y a lieu d'augmenter d'un dixième, en sus du tarif réglementaire, les remises à attribuer au receveur de cette commune.

Art. 4. — Est également approuvée la délibération du conseil municipal de Constantine, en date du 21 mars 1858, portant qu'il y a lieu d'accorder au receveur de cette commune une augmentation du taux des remises proportionnelles déterminées par l'article 7 du décret du 20 janvier 1858; toutefois, cette augmentation est réduite au vingtième en sus du tarif réglementaire.

Art. 5. — Ne sont pas approuvées les délibérations des conseils municipaux de Blidah, de Bouffarik et de Philippeville, pour l'augmentation; de Ténès et de Bougie, pour la diminution du tarif des remises à attribuer à leurs receveurs municipaux. Il sera fait à ces comptables application pure et simple du tarif réglementaire. Il en sera

de même pour tous les autres receveurs municipaux dont il n'est fait aucune mention dans les dispositions précédentes.

19 mars 1858.

Décision ministérielle accordant aux receveurs municipaux faisant fonctions de trésoriers de bureau de bienfaisance une remise de 1 pour 100 sur les premiers 10,000 francs tant de recette que de dépense, et 50 centimes pour 100 pour les sommes au-dessus de 10,000 francs (B. Préfecture d'Alger, 71 de 1865).

V. *Bureaux de bienfaisance.*

21 février 1866.

Décret promulguant le décret du 27 janvier 1866 sur l'établissement des comptes de gestion des receveurs municipaux (B. O. 170).

Remonte.

22 mars 1852.

Arrêté ministériel portant règlement du service des remontes en Algérie (Journal militaire, 1852, p. 328).

Art. 1. — Il sera organisé en Algérie un ou plusieurs dépôts de remonte dans chaque province.

Le gouverneur général déterminera ultérieurement le rayon d'action de chacun d'eux.

Les dépôts sont institués pour encourager la production et l'élève des chevaux en Algérie et effectuer l'achat de ceux qui sont propres au service de la guerre.

Il pourra être annexé à certains dépôts de remonte un dépôt d'étalons sous les ordres du même chef.

Art. 2. — Les articles du règlement du 23 mars 1857 et les circulaires et décisions ministérielles relatives au service de la remonte générale qui ne sont pas contraires au présent demeurent applicables au service de la remonte en Algérie.

INTERVENTION DES BUREAUX ARABES.

Art. 49. — Les chefs des bureaux arabes et les officiers sous leurs ordres sont les intermédiaires naturels entre les officiers de remonte et les éleveurs indigènes des tribus.

Ils doivent faciliter le service des remontes en étudiant les ressources chevalines de leurs cercles et en les indiquant aux chefs de ces services; en faisant comprendre aux Arabes l'avantage qu'il y a pour eux de traiter directement avec les officiers acheteurs, sans l'intermédiaire des courtiers et des marchands, qui s'approprient une grande partie du prix de vente.

Ils doivent user de leur influence pour engager les chefs et les Arabes de grandes tentes à encourager l'industrie chevaline en s'y livrant eux-mêmes.

Les officiers des bureaux arabes doivent seconder les officiers acheteurs dans leurs achats et leurs explorations en les y accompagnant quand cela est possible; en leur fournissant des guides et des interprètes sûrs et intelligents; des escortes, s'il y a lieu, et en leur donnant avis des excursions qu'eux-mêmes auraient à opérer, pour que les officiers acheteurs les y suivent.

Ils leur signaleront les tribus et les individus chez lesquels ils ont des chances de rencontrer des chevaux; ils les présenteront et les recommanderont aux chefs et aux Arabes influents et ne négligeront aucun moyen d'assurer leurs relations avec eux.

Les officiers des bureaux arabes pourront être employés accessoirement aux achats des chevaux, mais seulement par délégation permanente ou temporaire du commandant de dépôt. Dans ces achats, la responsabilité de l'officier des bureaux arabes est engagée comme le serait celle d'un officier acheteur.

Réunions publiques.

10 octobre 1872.

Décret promulguant en Algérie la loi du 6 juin 1868 sur les réunions publiques (B. O. 441).

Roulage.

3 novembre 1855.

Décret réglant la police du roulage en Algérie.
(B. 489).

TITRE I.

DES CONDITIONS DE LA CIRCULATION DES VOITURES EN ALGÉRIE.

Art. 1. — Les voitures suspendues ou non suspendues servant au transport des personnes ou des marchandises, peuvent circuler sur toutes les voies publiques, en Algérie, sans aucune condition de réglementation de poids ou de largeur de jantes.

Art. 2. — Des arrêtés du (gouverneur général) détermineront, § 1, pour toutes les voitures : 1° la forme des moyeux, le maximum de la longueur des essieux et le maximum de leur saillie au delà des moyeux; — 2° la forme des bandes des roues; — 3° la forme des clous des bandes; — 4° les conditions à observer pour l'emplacement et les dimensions de la plaque prescrite par l'article 3;

— 5° le maximum du nombre des chevaux de l'attelage que peut comporter la police ou la libre circulation des routes; — 6° les mesures à prendre pour restreindre momentanément la circulation sur les routes ou sur les chemins vicinaux, ainsi que les précautions à prendre pour la protection des ponts.

§ 2. — Pour les voitures ne servant pas au transport des personnes : 1° la largeur du chargement; — 2° la saillie des colliers de chevaux; — 3° les modes d'enrayage; — 4° le nombre des voitures qui peuvent être réunies en un même convoi, l'intervalle qui doit rester libre d'un convoi à un autre et le nombre de conducteurs exigé pour la conduite de chaque convoi; — 5° les autres mesures de police à observer par les conducteurs, notamment en ce qui concerne le stationnement sur les routes, et les règles à suivre pour éviter ou dépasser d'autres voitures. — Sont affranchies de toute réglementation de largeur de chargement les voitures de l'agriculture servant au transport des récoltes de la ferme aux champs et des champs à la ferme.

§ 3. Pour les voitures des messageries : — 1° les conditions relatives à la solidité et la stabilité des voitures; — 2° le mode de chargement, de conduite et d'enrayage des voitures; — 3° le nombre de personnes qu'elles peuvent porter; — 4° la police des relais; — 5° les autres mesures de police à observer par les conducteurs, cochers et postillons, notamment pour éviter ou dépasser d'autres voitures.

Art. 3. — Toute voiture circulant sur les voies publiques doit être munie d'une plaque conforme au modèle prescrit par l'arrêté ministériel rendu en vertu de l'article 2. (1).

Sont exceptées de cette disposition : — 1° Les voitures particulières destinées au transport des personnes, mais étrangères à un service public des messageries; — 2° les voitures appartenant à l'administration des postes; — 3° les voitures d'artillerie, chariots et fourgons appartenant au département de la guerre et de la marine. — Des arrêtés ministériels détermineront les marques distinctives que doivent porter les voitures désignées aux paragraphes 2 et 3, et les titres dont leurs conducteurs doivent être munis; — 4° les voitures employées à la culture des terres, au transport des récoltes, à l'exploitation des fermes, qui se rendent de la ferme aux champs ou des champs à la ferme, ou qui servent au transport des objets récoltés du lieu où ils ont été recueillis jusqu'à celui où, pour les conserver ou les manipuler, le cultivateur les dépose ou les rassemble.

(1) Arrêté ministériel du 18 décembre 1856, B. 501, ainsi conçu :

Art. 1. — La plaque prescrite par l'article 3 dudit décret aura 10 centimètres de largeur, 7 de hauteur, et elle portera pour souscription : PROVINCE D... — CONTRIBUTIONS DIVERSES. — N°...

TITRE II.

DE LA PÉNALITÉ.

Art. 4. — Sera punie d'une amende de 5 à 30 francs toute contravention aux règlements qui détermineront :

1° Pour toutes les voitures, — la forme des moyeux, le maximum de la longueur des essieux et le maximum de leur saillie au delà des moyeux ; — la forme des bandes des roues ; — la forme des clous des bandes ; — le maximum du nombre des chevaux d'attelage que peut comporter la police ou la libre circulation des routes ; — les mesures concernant la restriction momentanée de la circulation sur les routes ou chemins vicinaux, et les précautions à prendre pour la protection des ponts ;

2° Pour les voitures ne servant pas au transport des personnes : — la largeur du chargement ; — la saillie des colliers de chevaux ; les modes d'enrayage.

Art. 5. — Sera punie d'une amende de 5 à 10 francs et d'un emprisonnement d'un à trois jours toute contravention aux dispositions déterminant : — le nombre des voitures qui peuvent être réunies en un même convoi, l'intervalle qui doit rester libre d'un convoi à un autre, et le nombre de conducteurs exigé pour la conduite de chaque convoi ; — les autres mesures de police à observer par les conducteurs, notamment en ce qui concerne le stationnement sur les routes et les règles à suivre pour éviter ou dépasser d'autres voitures. — En cas de récidive, l'amende pourra être portée à 15 francs, et l'emprisonnement à cinq jours.

Art. 6. — Sera punie d'une amende de 10 à 200 francs et d'un emprisonnement de cinq à dix jours, toute contravention aux règlements qui détermineront pour les voitures de messageries : — les conditions relatives à la solidité et à la stabilité des voitures ; — le mode de chargement, de conduite et d'enrayage des voitures ; — le nombre des personnes qu'elles peuvent porter ; — la police des relais : — les autres mesures de police à observer par les conducteurs, cochers ou postillons, notamment pour éviter ou dépasser d'autres voitures.

Art. 7. — Tout propriétaire d'une voiture circulant sur des voies publiques, sans qu'elle soit munie de la plaque prescrite par l'article 3 et par les arrêtés rendus en exécution de l'article 2, sera puni d'une amende de 5 à 15 francs, et le conducteur d'une amende de 1 à 5 francs.

Art. 8. — Tout propriétaire ou conducteur de voiture qui aura fait usage d'une plaque portant soit un nom, soit un domicile faux ou supposé, sera puni d'une amende de 50 à 200 francs, et d'un emprisonnement de six jours au moins et de six mois au plus. — La même peine sera applicable à celui qui, conduisant une voiture dépourvue de plaque, aura déclaré un nom ou un domicile autre que le sien ou que celui du propriétaire pour le compte duquel la voiture est conduite.

Art. 9. — Lorsque par la faute, la négligence ou l'imprudence du conducteur, une voiture aura causé un dommage quelconque à une route ou à ses dépendances, le conducteur sera condamné à une amende de 3 à 50 francs. — Il sera, de plus, condamné aux frais de la réparation.

Art. 10. — Sera puni d'une amende de 16 à 100 francs, indépendamment de celle qu'il pourrait avoir encourue pour toute autre cause, tout voiturier ou conducteur qui, sommé de s'arrêter par l'un des fonctionnaires ou agents chargés de constater les contraventions, aura refusé d'obtempérer à cette sommation et de se soumettre aux vérifications prescrites.

Art. 11. — Les dispositions du livre III, titre I, chapitre 3, section 4, paragraphe 2 du code pénal, sont applicables en cas d'outrage ou de violence envers les fonctionnaires ou agents chargés de constater les délits et contraventions prévus par la présente loi.

Art. 12. — Lorsqu'une même contravention ou un même délit prévu aux articles 4, 7 et 8 a été constaté à plusieurs reprises, il n'est prononcé qu'une seule condamnation, pourvu qu'il ne se soit pas écoulé plus de vingt-quatre heures entre la première et la dernière constatation. — Lorsqu'une même contravention ou un même délit prévu à l'article 6 a été constaté à plusieurs reprises pendant le parcours d'un même relais, il n'est prononcé qu'une seule contravention, sauf les exceptions mentionnées au présent article. — Lorsqu'il aura été dressé plusieurs procès-verbaux de contravention, il sera prononcé autant de condamnations qu'il y aura eu de contraventions constatées.

Art. 13. — Tout propriétaire de voiture est responsable des amendes, des dommages-intérêts et des frais de réparation prononcés, en vertu des articles du présent titre, contre toute personne préposée par lui à la conduite de sa voiture. — Si la voiture n'a pas été conduite par ordre et pour le compte du propriétaire, la responsabilité est encourue par celui qui a préposé le conducteur.

Art. 14. — Les dispositions de l'article 463 du code pénal sont applicables dans tous les cas où les tribunaux correctionnels ou de simple police prononcent en vertu de la présente loi.

TITRE III.

DE LA PROCÉDURE.

Art. 1er. — Sont spécialement chargés de constater les contraventions et délits prévus par le présent décret, les conducteurs, agents voyers, cantonniers chefs et autres employés du service des ponts et chaussées ou de la petite voirie, commissionnés à cet effet, les gendarmes, les gardes champêtres, les employés des contributions indirectes, agents forestiers ou des douanes, et employés des poids et mesures ayant droit de verbaliser, et les employés de l'octroi ayant le même droit. — Peuvent également constater les contraventions et les délits prévus par le présent décret, les maires et adjoints, les commissaires et agents assermentés de police, les ingénieurs des ponts et chaussées, les officiers, les sous-officiers de gendarmerie, et toute personne commissionnée par l'autorité pour la surveillance de l'entretien des voies de communication. — Les dommages prévus à l'article 9 sont constatés, pour les routes et les chemins vicinaux, par les ingénieurs, les conducteurs et autres agents des ponts et chaussées commissionnés à cet effet, sans préjudice du droit réservé à tous les fonctionnaires et agents mentionnés au présent article de dresser procès-verbal du fait de dégradation qui a eu lieu en leur présence.

Art. 16. — Les contraventions prévues par les articles 4 et 6 ne peuvent, en ce qui concerne les voitures publiques allant au trot, être constatées qu'aux lieux de départ, d'arrivée, de relais et de stations desdites voitures, où à l'entrée des villes ou villages, sauf toutefois celles qui concernent le nombre de voyageurs, le mode de conduite des voitures, la police des conducteurs, cochers ou postillons, et les moyens d'enrayage.

Art. 17. — Les procès-verbaux dressés en vertu du présent décret font foi jusqu'à preuve contraire. — Ils ne sont pas sujets à l'affirmation.

Art. 18. — Ces procès-verbaux sont enregistrés en débet dans la huitaine de leur date, à peine de nullité. — Ils sont adressés, dans les six jours de l'enregistrement, aux sous-préfets ou aux commissaires civils, qui les transmettent, dans les deux jours de leur réception, au préfet, s'il s'agit de la compétence des conseils de préfecture, ou au procureur, s'il s'agit d'une contravention de la compétence des tribunaux.

Art. 19. — Les contraventions prévues par les articles 4 et 9 seront jugées pour toute la province par le conseil de préfecture. — Tous les autres délits et contraventions prévus par le présent décret sont de la compétence des tribunaux.

Art. 20. — Lorsqu'une voiture est dépourvue de plaque et que le propriétaire n'est pas connu, la voiture est provisoirement retenue, et le procès-verbal immédiatement porté à la connaissance du maire de la commune où il a été dressé, ou de la commune la plus proche sur la route que suit le prévenu. — Le maire arbitre provisoirement le montant de l'amende, et, s'il y a lieu, des frais de réparation, et il en ordonne la consignation immédiate, à moins qu'il ne lui soit présenté une caution solvable. — A défaut de consignation ou de caution, la voiture est retenue jusqu'à ce qu'il ait été statué sur le procès-verbal. — Les frais qui en résultent sont à la charge du propriétaire. — Le contrevenant est tenu d'élire domicile dans le département du lieu où la contravention a été constatée; à défaut d'élection de domicile, toute notification lui sera valablement faite au secrétariat de la commune dont le maire aura arbitré l'amende sur les frais de réparation.

Art. 21. — Il en est de même dans le cas de procès-verbal dressé à raison de l'un des délits prévus à l'article 8. — Il sera procédé de la même manière à l'égard de tout conducteur de voiture de roulage ou de messageries inconnu dans le lieu où il serait pris en contravention, et qui ne serait point régulièrement muni d'un passe-port, d'un livret ou d'une feuille de route, à moins qu'il ne justifie que la voiture appartient à une entreprise de roulage ou de messageries, ou qu'il ne résulte des lettres de voiture ou des autres papiers qu'il aurait en sa possession, que la voiture appartient à celui dont le domicile serait indiqué sur la plaque.

Art. 22. — S'il s'agit d'une contravention de la compétence du conseil de préfecture, copie du procès-verbal est notifiée, avec citation, par la voie administrative, au domicile du propriétaire tel qu'il est indiqué sur la plaque, ou tel qu'il a été déclaré par le contrevenant, et, quand il y a lieu, à celui du conducteur. — Cette notification a lieu dans le mois de l'enregistrement, à peine de déchéance. — Le délai est étendu à deux mois lorsque le contrevenant n'est pas domicilié dans la province où la contravention a été constatée; il est étendu à un an lorsque le domicile du contrevenant n'a pu être constaté au procès-verbal. — Si le domicile du conducteur est resté inconnu, toute notification qui lui est faite au domicile du propriétaire est valable.

Art. 23. — Le prévenu est tenu de produire dans le délai de trente jours, ses moyens de défense devant le conseil de préfecture. — Ce délai court à compter de la date de la notification du procès-verbal; mention en est faite dans ladite notification. — A l'expiration du délai fixé, le conseil de préfecture prononce, lors même que les moyens de défense n'auraient pas été produits.

Art. 24. — L'arrêté du conseil de préfecture est notifié au contrevenant dans la forme administrative, dix jours au moins avant toute exécution. Si la condamnation a été prononcée par défaut, la notification faite au domicile énoncé sur la plaque est valable. — L'opposition à l'arrêté rendu par défaut devra être formée dans le délai de quarante jours, à compter de la date de la notification.

Art. 25. — Le recours au Conseil d'État contre l'arrêté du conseil de préfecture peut avoir lieu par simple mémoire déposé au secrétariat général de la préfecture ou à la sous-préfecture, sans l'intervention d'un avocat au Conseil d'État. — Il sera délivré au déposant récépissé du mémoire, qui devra être immédiatement transmis par le préfet. — Si le recours est formé au nom de l'administration, il devra l'être dans les trois mois de la date de l'arrêté.

Art. 26. — L'instance à raison des contraventions de la compétence des conseils de préfecture est périmée par six mois, à compter de la date d nier acte des poursuites, et l'action publique éteinte, à moins de fausses indications sur la que et de fausse déclaration en cas d'absence plaque.

rt. 27. — Les amendes se prescrivent par une ée, à compter de la date de l'arrêté du con- de préfecture, ou à compter de la décision du seil d'État, si le pourvoi a eu lieu. — En cas fausses indications sur la plaque ou de fausses larations du nom ou du domicile, la prescrip- n'est acquise qu'après cinq années.

rt. 28. — Lorsque le procès-verbal constatant élit ou la contravention a été dressé par l'un agents désignés au paragraphe 1 de l'art. 15, lers de l'amende prononcée appartient audit nt, à moins qu'il ne s'agisse d'une contraven- ou d'un délit prévu aux articles 10 et 11. — deux autres tiers sont attribués soit au Tré- public, soit à la caisse départementale, aux communes intéressées, selon que la con- ention ou le dommage concerne une route onale, une route provinciale ou départemen- ou un chemin vicinal. Il en est de même du des frais de réparation réglés en vertu de lcle 9, ainsi que du total de l'amende, lors- n'y a pas lieu d'appliquer les dispositions du graphe 1 du présent article.

TITRE IV.

rt. 29. — Le décret du 29 janvier 1840 est et cure abrogé.

TITRE V.

rt. 80. —Amnistie est accordée pour les peines ellement encourues ou prononcées à raison infractions aux règlements concernant le age et les messageries publiques.—Cette am- e n'est point applicable aux frais avancés par t, ni à la part attribuée par les lois et règle- ts, sur le montant des amendes prononcées, divers agents qui ont constaté les contraven- s.— Les sommes recouvrées avant la promul- on de la présente loi, en vertu des décisions conseils de préfecture, ne seront pas restitués.

3 novembre 1855.

té ministériel portant règlement pour exécution du décret qui précède (B. 489).

t. 1. — Les essieux des voitures ne peuvent plus de 2m,50 de largeur, ni dépasser à leurs imités le moyeu de plus de 6 centimètres. saillie des moyeux, y compris celle de l'es- n'excédera pas de 12 centimètres en passant par le bord extérieur des bandes. Il accordé une tolérance de 2 centimètres sur saillie, pour les roues qui ont déjà fait un in service.

Art. 2. — Il est expressément défendu d'employer des clous à tête de diamant. Tout clou de bande sera rivé à plat, et ne pourra, lorsqu'il sera posé à neuf, former une saillie de plus de 5 millimètres.

Art. 3. —Il ne peut être attelé : — 1° aux voitures servant au transport des marchandises, plus de cinq chevaux si elles sont à deux roues, plus de huit si elles sont à quatre roues, sans qu'il puisse y avoir plus de cinq chevaux de file ;— 2° aux voitures servant au transport des personnes, plus de trois chevaux si elles sont à deux roues, plus de six si elles sont à quatre roues.

Art. 4. — Lorsqu'il y aura lieu de transporter des blocs de pierre, des locomotives ou d'autres objets d'un poids considérable, l'emploi d'un attelage exceptionnel pourra être autorisé, sur l'avis des ingénieurs ou des agents voyers, par les préfets des départements traversés.

Art. 5.—Les prescriptions de l'article 3 ne sont pas applicables sur les parties des voies publiques affectées de rampes d'une déclivité ou d'une longueur exceptionnelle. — Les limites de ces parties de routes ou de chemins vicinaux sur lesquels l'emploi de chevaux de renfort est autorisé sont déterminées par un arrêté du préfet, sur la proposition de l'ingénieur en chef du département, et indiquées sur place par des poteaux portant cette inscription : *Chevaux de renfort.* — Pour les voitures marchant avec relais réguliers et servant au transport des personnes ou des marchandises, la faculté d'atteler des chevaux de renfort s'étend à toute la longueur des relais dans lesquels sont placés les poteaux. — L'emploi des chevaux de renfort peut être autorisé temporairement sur les parties de routes ou de chemins vicinaux qui ne sont pas parvenues à l'état d'entretien, ou sur lesquelles, par suite de travaux de réparation ou d'autres circonstances accidentelles, cette mesure sera nécessaire.—Dans ce cas, le préfet fera placer des poteaux provisoires.

Art. 6.—(Ainsi modifié par arrêté du 18 août 1863 (B. O. 153). Lorsqu'une route ou partie de route, un chemin vicinal ou une partie de chemin vicinal, ne sera pas parvenu à l'état d'entretien ou, par suite de circonstances exceptionnelles, ne serait plus dans un état d'entretien normal et ne pourrait, sans de trop grands dommages, être abandonné à la liberté du roulage, le préfet pourra, sur l'avis de l'ingénieur en chef, y restreindre immédiatement la circulation. L'arrêté qu'il prendra à cet effet indiquera l'espèce et le nombre de bêtes de trait qui pourront être attelées à chaque voiture. — Toute voiture prise en contravention aux dispositions du présent article sera arrêtée et les bêtes de trait seront mises en fourrière dans l'auberge la plus rapprochée, le tout sans préjudice de l'amende stipulée à l'article 4, titre 2 du décret du 3 novembre 1855, et des frais de réparation mentionnés dans l'article 9 dudit décret.

Art. 7.—Pendant la traversée des ponts autres que les ponts en pierre, les chevaux seront mis au pas, les voituriers ou rouliers tiendront les guides ou le cordeau, les conducteurs et postillons resteront sur leurs siéges.—Défense est faite aux rouliers et aux voituriers de dételer aucun de leurs chevaux pour le passage des ponts.—Toute voiture attelée de plus de cinq chevaux ne doit pas s'engager sur le tablier d'une travée quand il y a déjà sur cette travée une voiture d'un attelage supérieur à ce nombre de chevaux.—Pour les ponts qui n'offriraient pas toutes les garanties nécessaires pour le passage des voitures lourdement chargées, il pourra être adopté par le préfet telles dispositions qui seront jugées nécessaires.—Dans des circonstances urgentes, les maires pourront prendre telles mesures que leur paraîtra commander la sûreté publique, sauf à en rendre compte à l'autorité supérieure.—Les mesures prescrites pour la protection des ponts seront, dans tous les cas, placardées à l'entrée et à la sortie de ces ponts.

Art. 8.—Tout roulier ou conducteur de voiture doit se ranger à sa droite, à l'approche de toute autre voiture, de manière à lui laisser libre au moins la moitié de la chaussée.

Art. 9. — Il est interdit de laisser stationner sans nécessité sur la voie publique aucune voiture attelée ou non attelée.

TITRE II.

DISPOSITIONS APPLICABLES AUX VOITURES NE SERVANT PAS AU TRANSPORT DES PERSONNES.

Art. 10. — La largeur du chargement des voitures qui ne servent pas au transport des personnes ne peut excéder $2^m,50$. Il est accordé une tolérance de 1 mètre en sus pour les voitures transportant des produits agricoles ou des fagots. Toutefois, le préfet peut délivrer des permis de circulation pour les objets d'un grand volume qui ne seraient pas susceptibles d'être chargés dans ces conditions. — Sont affranchies, conformément au décret du 3 novembre 1855, de toute réglementation de largeur, de chargement, les voitures d'agriculture, lorsqu'elles sont employées au transport des récoltes des champs à la ferme et de la ferme aux champs.

Art. 11. — La largeur des colliers des chevaux ou autres bêtes de trait ne peut dépasser 90 centimètres mesurés entre les points les plus saillants des pattes des attelles.

Art. 12.—Lorsque plusieurs voitures marchent à la suite les unes des autres, elles doivent être distribuées en convois de quatre voitures au plus, si elles sont à quatre roues et attelées d'un seul cheval; de trois voitures au plus, si elles sont à deux roues et attelées d'un seul cheval, et de deux voitures au plus, si l'une d'elles est attelée de plus d'un cheval.—L'intervalle d'un convoi à l'autre ne peut être moindre de 50 mètres.

Art. 13. — Tout voiturier ou conducteur doit se tenir constamment à portée de ses chevaux ou bêtes de trait et en position de les guider. — Il

est interdit de faire conduire par un seul conducteur plus de quatre voitures à un cheval si elles sont à quatre roues, et plus de trois voitures à un cheval si elles sont à deux roues. — Chaque voiture attelée de plus d'un cheval doit avoir un conducteur. Toutefois, une voiture dont le cheval est attaché derrière une voiture attelée de quatre chevaux au plus n'a pas besoin d'un conducteur particulier. — Les règlements de police municipale détermineront, en ce qui concerne la traverse des villes, bourgs et villages, les restrictions qui peuvent être apportées aux dispositions du présent article et de celui qui précède.

Art. 14. — Aucune voiture marchant isolément ou en tête d'un convoi ne peut circuler pendant la nuit sans être pourvue d'un falot ou d'une lanterne allumée. — Il en est de même pour les voitures particulières employées au transport des personnes. — Cette disposition pourra être appliquée aux voitures d'agriculture par des arrêtés des préfets ou des maires.

Art. 15. — Tout propriétaire de voiture ne servant pas au transport des personnes est tenu de faire placer, en avant des roues et au côté gauche de sa voiture, une plaque métallique portant, en caractères apparents et lisibles, ayant au moins cinq millimètres de hauteur, ses noms, prénoms et profession, le nom de la commune, du canton et du département de son domicile.

Sont exceptés de cette disposition, conformément au décret du 3 novembre 1855: — 1° Les voitures particulières destinées au transport des personnes, mais étrangères à un service public des messageries; 2° les voitures appartenant à l'administration des postes; — 3° les voitures d'artillerie, chariots et fourgons appartenant aux départements de la guerre et de la marine; — 4° les voitures employées à la culture des terres, au transport des récoltes, à l'exploitation des fermes, qui se rendent de la ferme aux champs ou des champs à la ferme, ou qui servent au transport des objets récoltés du lieu où ils ont été recueillis jusqu'à celui où, pour les conserver ou les manipuler, le cultivateur les dépose ou les rassemble.

TITRE V.

DISPOSITIONS APPLICABLES AUX VOITURES DES MESSAGERIES.

Art. 16. — Les entrepreneurs de voitures publiques allant à destination fixe déclareront le siége principal de leur établissement, le nombre de leurs voitures, celui des places qu'elles contiennent, le lieu de destination, les jours et heures de départ et d'arrivée. Cette déclaration sera faite dans le département, au préfet ou aux sous-préfets. — Ces formalités ne sont obligatoires pour les entrepreneurs actuels qu'au renouvellement de leurs voitures, ou lorsqu'ils en modifieront la forme ou la contenance. — Tout changement aux dispositions arrêtées par suite du prémier paragraphe du présent article donnera lieu à une déclaration nouvelle.

Art. 17. — Aussitôt après les déclarations faites en vertu des paragraphes 1 et 2 de l'article précédent, le préfet ou le sous-préfet ordonne la visite des voitures, afin de constater si elles sont entièrement conformes à ce qui est prescrit par les articles ci-après, de 18 à 28 inclusivement, et si elles ne présentent aucun vice de construction qui puisse occasionner des accidents. Cette visite, qui pourra être renouvelée toutes les fois que l'autorité le jugera nécessaire, sera faite en présence du commissaire de police, par un expert nommé par le préfet ou le sous-préfet. — L'entrepreneur a la faculté de nommer de son côté un expert pour opérer contradictoirement avec celui de l'administration. — La visite des voitures ne peut être faite qu'à l'un des principaux établissements de l'entreprise ; les frais sont à la charge de l'entrepreneur. — Le préfet prononce sur le vu du procès-verbal d'expertise et du rapport du commissaire de police. — Aucune voiture ne peut être mise en circulation avant la délivrance de l'autorisation du préfet. — Le préfet adresse au directeur des contributions directes extrait des autorisations par lui accordées en vertu du présent article. — L'estampille prescrite par l'article 117 de la loi du 25 mars 1817 n'est délivrée que sur le vu de cette autorisation, qui doit être écrite sur un registre spécial.

Art. 18. — La largeur de la voie pour les voitures publiques est fixée, au minimum, à 1 m. 65 entre le milieu des jantes de la partie des roues reposant sur le sol. — Si les voitures sont à quatre roues, la voie du devant pourra être réduite à 1 m. 55. — En pays de montagne, les entrepreneurs peuvent être autorisés par les préfets, sur l'avis des ingénieurs et des agents voyers, à employer des largeurs de voie moindres que celles réglées par les paragraphes précédents, mais à la condition que les voies seront au moins égales à la voie la plus large des voitures en usage dans la contrée.

Art. 19. — La distance entre les axes des deux essieux, dans les voitures publiques à quatre roues, sera égale au moins à la moitié de la longueur des caisses mesurées à la hauteur de leur ceinture, sans pouvoir néanmoins descendre au-dessous de 1 m. 55.

Art. 20. — Le maximum de la hauteur des voitures publiques, depuis le sol jusqu'à la partie la plus élevée du chargement, est fixé à 3 mètres pour les voitures à quatre roues, et de 2 m. 60 pour les voitures à deux roues. — Il est accordé, pour les voitures à quatre roues, une augmentation de 10 centimètres, si elles sont pourvues à l'avant-train de sassoires et contre-sassoires formant chacune au moins un demi-cercle de 1 m. 15 de diamètre, ayant à la cheville ouvrière pour centre. — Lorsque, par application du paragraphe 3 de l'article 18, on autorisera une réduction dans la largeur de la voie, le rapport de la

hauteur de la voiture avec la largeur de la voie sera, au maximum, de un trois quarts. — Dans tous les cas, la hauteur est réglée par une traverse en fer placée au milieu de la longueur affectée au chargement, et dont les montants, au moment de la visite prescrite par l'article 18, sont marqués d'une estampille constatant qu'ils ne dépassent pas la hauteur voulue ; ils doivent, ainsi que la traverse, être constamment apparents. — La bâche qui recouvre le chargement ne peut déborder ces montants ni la hauteur de la traverse. — Il est défendu d'attacher aucun objet en dehors de la bâche.

Art. 21. — Les compartiments des voitures publiques seront disposés de manière à satisfaire aux conditions suivantes : — largeur moyenne des places, 48 centimètres ; — largeur des banquettes, 45 centimètres ; — distance entre deux banquettes, 45 centimètres ; — distance entre la banquette du coupé et le devant de la voiture, 35 centimètres ; — hauteur du pavillon au-dessus du fond de la voiture, 1 m. 40 ; — hauteur des banquettes y compris le coussin, 40 centimètres ; — pour les voitures parcourant moins de 50 kilomètres et pour les banquettes à plus de trois places, la largeur moyenne des places pourra être réduite à 40 centimètres.

Art. 22. — (Ainsi modifié par arrêté du 10 avril 1862. B. O. 52.)

Il peut être placé sur l'impériale une banquette destinée au conducteur et à deux voyageurs, ou à trois voyageurs lorsque le conducteur se placera sur le même siège que le cocher. — L'établissement d'une deuxième banquette peut être autorisé, en outre, suivant l'état d'entretien des routes parcourues par chaque diligence. Elle ne recevra jamais plus de trois voyageurs. Cette autorisation est essentiellement facultative et révocable. — Dans tous les cas, ces banquettes, dont la hauteur, y compris le coussin, ne dépassera pas 30 centimètres, ne peuvent être recouvertes que d'une capote flexible. Aucun paquet ne peut être chargé sur ces banquettes.

Art. 23. — Le coupé et l'intérieur auront une portière de chaque côté. — La caisse de derrière, ou la rotonde, peut n'avoir qu'une portière ouverte à l'arrière. — Chaque portière sera garnie d'un marchepied. — Dans chaque compartiment des voitures publiques, il sera placé un cordon destiné à mettre les voyageurs en rapport avec le conducteur.

Art. 24. — Toutes les fois que les préfets feront application du paragraphe 3 de l'article 18 du présent arrêté, ils pourront également réduire les fixations indiquées par les articles 20 et 21.

Art. 25. — Les essieux seront en fer corroyé, de bonne qualité, et arrêtés à chaque extrémité, soit par un écrou assujetti au moyen d'une clavette, soit par une boîte à huile fixée par quatre boulons traversant la longueur du moyeu, soit par tout autre système qui serait approuvé par le gouverneur général.

Art. 26. — Toute voiture publique doit être munie d'une machine à enrayer agissant sur les roues de derrière, et disposée de manière à pouvoir être manœuvrée de la place assignée au conducteur. — Les voitures doivent être, en outre, pourvues d'un sabot et d'une chaîne d'enrayage, que le conducteur placera à chaque descente rapide. — Les préfets peuvent dispenser de l'emploi de ces appareils les voitures qui parcourent uniquement des pays de plaine.

Art. 27. — Pendant la nuit, les voitures publiques seront éclairées par une lanterne à réflecteur placée à droite et à l'avant de la voiture.

Art. 28. — Chaque voiture porte à l'extérieur, dans un endroit apparent, indépendamment de l'estampille délivrée par l'administration, le nom et le domicile de l'entrepreneur, et l'indication du nombre des places de chaque compartiment.

Art. 29. — Elle porte à l'intérieur des compartiments : — 1° le numéro de chaque place; — 2° le prix de la place depuis le lieu du départ jusqu'à celui d'arrivée. — L'entrepreneur ne peut admettre dans les compartiments de ses voitures un plus grand nombre de voyageurs que celui indiqué sur les panneaux, conformément à l'article 28.

Art. 30. — Chaque entrepreneur inscrit sur un registre coté et paraphé par le maire le nom des voyageurs qu'il transporte; il y inscrit également les ballots et paquets dont le transport lui est confié. — Il remet au conducteur, pour lui servir de feuille de route, une copie de cet enregistrement, et à chaque voyageur un extrait de ce qui le concerne avec le numéro de sa place.

Art. 31. — Les conducteurs ...... prendre en route aucun voyageur, ni ...... paquet, sans en faire mention s...... es de route qui leur ont été remises au point de départ.

Art. 32. — Toute voiture publique dont l'attelage ne présentera de front que deux rangs de chevaux peut être conduite par un seul postillon ou un seul cocher. Elle devra être conduite par deux postillons ou par un cocher et un postillon, lorsque l'attelage comportera plus de deux rangs de chevaux.

Art. 33. — Les postillons ou cochers ne pourront, sous aucun prétexte, descendre de leurs chevaux ou de leurs sièges. — Il leur est enjoint d'observer, dans les traversées des villes et des villages, les règlements de police concernant la circulation dans les rues. — Dans les haltes, les conducteurs et le postillon ne peuvent quitter en même temps la voiture, tant qu'elle reste attelée. — Avant de remonter sur son siège le conducteur doit s'assurer que les portières sont exactement fermées.

Art. 34. — Lorsque, contrairement à l'article 8 du présent arrêté, un roulier ou conducteur de voiture n'aura pas cédé la moitié de la chaussée à une voiture publique, le conducteur ou postillon qui aurait à se plaindre de cette contravention devra en faire la déclaration à l'officier de police du lieu le plus rapproché, en faisant connaître le nom du voiturier d'après la plaque de sa voiture. — Les procès-verbaux de contravention seront sur-le-champ transmis au procureur, qui fera poursuivre les délinquants.

Art. 35. — Les entrepreneurs de voitures publiques feront, à la préfecture ou sous-préfecture du lieu où sont établis leurs relais, la déclaration des lieux où ces relais sont situés et du nom des relayeurs. — Une déclaration semblable sera faite chaque fois que les entrepreneurs traiteront avec un nouveau relayeur.

Art. 36. — Les relayeurs ou leurs préposés seront présents à l'arrivée et au départ de chaque voiture, et s'assureront par eux-mêmes et sous leur responsabilité, que les postillons ne sont pas en état d'ivresse. — La tenue des relais, en tout ce qui intéresse la sûreté des voyageurs, est surveillée par les maires des communes où ces relais se trouvent établis.

Art. 37. — Nul ne peut être admis comme postillon ou cocher s'il n'est âgé de seize ans au moins, et porteur d'un livret délivré par le maire de la commune de son domicile, attestant ses bonne vie et mœurs et son aptitude pour le métier qu'il veut exercer.

Art. 38. — A chaque bureau de départ et d'arrivée et à chaque relais il y a un registre coté et paraphé par le maire pour l'inscription des plaintes que les voyageurs peuvent avoir à former contre les conducteurs, postillons ou cochers. Ce registre est présenté aux voyageurs à toute réquisition par le chef du bureau ou par le relayeur.

Art. 39. — Les articles ci-dessus, de 15 à 37, seront constamment placardés, à la diligence des entrepreneurs des voitures publiques, dans le lieu le plus apparent de ces bureaux et des relais. — Les articles ci-dessus, de 27 à 37 inclusivement, seront imprimés à part, et affichés dans l'intérieur de chacun des compartiments des voitures.

TITRE IV.

DISPOSITIONS TRANSITOIRES.

Art. 40. — L'emploi des voitures existantes peut être autorisé jusqu'à leur mise hors de service, bien qu'elles ne satisfassent pas aux conditions exigées par les articles 18, 19, 20 et 21, lorsque le préfet, sur l'avis des ingénieurs des ponts et chaussées, aura reconnu qu'elles ne présentent pas de défauts graves, et que leur circulation peut avoir lieu sans danger pour les voyageurs.

TITRE V.

Art. 41. — Les contraventions au présent arrêté seront constatées, poursuivies et réprimées conformément aux titres 2 et 3 du décret du 3 novembre 1855, sans préjudice des mesures spéciales prescrites par les règlements locaux

Art. 42. — En territoire militaire, les attributions conférées par le présent arrêté aux préfets, sous-préfets, commissaires civils et maires, sont dévolues aux généraux commandant les divisions aux généraux commandant les subdivisions et aux officiers chargés des fonctions municipales. — Les attributions conférées au service des ponts et chaussées sont dévolues au service du génie militaire.

S

Santé. — Régime sanitaire.

25 mai 1878.

Décret rendant applicable en Algérie le décret du 22 février 1876 qui a abrogé toute la législation antérieure et réglé à nouveau le régime sanitaire de la France (Mobacher, 5 juin 1878).

Art. 1. — Le décret du 22 février 1876, portant règlement général de la police sanitaire maritime pour la France, est déclaré applicable à l'Algérie, sous la réserve des modifications suivantes :

Art. 8. — La présentation d'une patente de santé, à l'arrivée dans un port d'Algérie, est obligatoire, en tout temps, pour les navires provenant des côtes orientales de la Turquie d'Europe, du littoral de la mer Noire et de tous les pays situés hors d'Europe.

Art. 9 (A). — En tout temps sont dispensés de se munir d'une patente de santé, à moins de prescription exceptionnelle, les navires faisant le cabotage de France en Algérie et de port d'Algérie à port d'Algérie.

(B). — En temps ordinaire, c'est-à-dire quand aucune épidémie pestilentielle n'est signalée dans aucun pays du nord de l'Europe, sont dispensés de présenter une patente de santé, à leur arrivée dans un port d'Algérie, les navires provenant de la Grande-Bretagne, de la Belgique, de la Hollande, de l'Allemagne, du Danemark, de la Norwége, de la Suède et de la Russie.

Art. 2. — Le gouverneur général de l'Algérie exerce celles des attributions conférées au ministre de l'intérieur et du commerce par le décret du 22 avril 1876, et pourvoit à l'organisation, suivant les besoins du service, des circonscriptions sanitaires maritimes.

Sapeurs-pompiers.

2 février 1876.

Décret rendant applicable à l'Algérie le décret du 29 décembre 1875 sur l'organisation du corps des sapeurs-pompiers (B. O. 653).

10 août 1876.

Arrêté ministériel sur l'habillement des sapeurs-pompiers en Algérie (B. Préfecture d'Alger, 210 de 1877).

Les compagnies de sapeurs-pompiers de l'Algérie sont autorisées à remplacer par une vareuse la tunique prescrite par le décret du 14 juin 1852.

Sauterelles.

30 mars 1846.

Arrêté du gouverneur autorisant les réquisitions des habitants par les autorités locales (B. 221).

Art. 1. — Toutes les fois qu'une localité sera envahie par les sauterelles, l'autorité locale pourra requérir les habitants pour l'exécution des mesures qui seront jugées nécessaires pour combattre le fléau dont il s'agit.

Art. 2. — Lorsque les habitants s'entendront spontanément pour détruire les jeunes sauterelles, ils seront tenus, avant d'agir, de prendre les instructions des autorités locales, dont l'autorisation devra être préalablement obtenue lorsqu'il s'agira de recourir à l'emploi du feu.

Art. 3. — Tout refus d'obtempérer aux réquisitions faites en vertu du présent arrêté sera puni conformément aux dispositions de l'article 475 du Code pénal.

30 mai 1874.

Arrêté préfectoral sur les mesures à prendre pour combattre l'invasion (B. Préfecture d'Alger 1874, p. 150).

Art. 1. — Les maires des communes infestées par l'invasion des sauterelles devront requérir tous les habitants, européens et indigènes, de détruire par tous les moyens en leur pouvoir les sauterelles vivantes.

Art. 2. — A cet effet, tous les habitants valides de la commune seront astreints, à tour de rôle, et alternativement entre Européens et indigènes, à un service journalier de ronde, afin de rechercher les emplacements où se seront abattues les sauterelles pour y déposer leurs œufs.

Art. 3. — Les corvées seront, chaque jour, désignées par le maire sur une liste qui sera dressée immédiatement et contiendra les noms des familles habitant le territoire. Le maire indiquera, en même temps, l'itinéraire à suivre par les corvées.

Art. 4. — Un registre sera ouvert à la mairie pour y recevoir les observations et renseignements recueillis par les rondes sur les emplacements infestés par les sauterelles, et y consigner les quantités détruites.

Art. 5. — Les habitants seront tenus de se transporter, à tour de rôle et à la première réquisition, avant le lever et le coucher du soleil, sur les points de la commune qui leur seront désignés, et où les sauterelles se seront abattues, pour pouvoir les ramasser au moment où elles sont engourdies et les détruire. Les amas de couples seront écrasés à terre par tous moyens quelconques.

Art. 6. — Les cadavres des locustes devront être enlevés de la surface du sol et enfouis dans des fosses à une profondeur d'au moins cinquante centimètres. Ils seront recouverts d'un lit de chaux, pour éviter le dégagement des émanations putrides et prévenir ainsi toute épidémie.

Art. 7. — Des recherches devront être faites sur tous les points de la commune où les sauterelles se seront abattues pour faire leur ponte. Les terres devront être remuées pour arriver à mettre à découvert les œufs et les détruire.

Art. 8. — Dans le cas où, malgré les précautions prises, une éclosion viendrait à se produire sur un point, les habitants seront tenus, à première réquisition, de pourchasser les criquets jusqu'à complète destruction. Des corvées seront commandées pour diriger la marche des criquets sur tel point préparé pour les anéantir, soit par le feu, soit par l'enfouissement.

Art. 9. — Les habitants seront tenus de couvrir leurs puits, leurs norias, sources, abreuvoirs, etc., de manière à empêcher leur accès aux locustes, et l'empoisonnement des eaux par l'accumulation de leurs cadavres.

Art. 10. — Tout refus de concours, toute contravention aux dispositions du présent arrêté, seront poursuivis conformément aux prescriptions des lois.

Art. 11. — Les conseils municipaux sont autorisés à se réunir extraordinairement à l'effet de déterminer le taux des primes à allouer, s'il y a lieu, pour la destruction des sauterelles, des œufs et des criquets, et de voter les fonds nécessaires pour parer à la dépense, soit pour l'octroi de primes, soit pour l'achat de tous engins et agents de destruction. Les délibérations prises seront immédiatement approuvées.

Secours mutuels (Sociétés de).

Les sociétés de secours mutuels sont réglementées par les décrets des 13 décembre 1852, 18 juillet 1861 et 22 septembre 1870. Leur nombre s'élevait, au 31 décembre 1876, à 53, dont 21 dans le département d'Alger, 15 dans celui d'Oran et 17 dans celui de Constantine. Ces sociétés comprenaient, à cette époque, 7,754 membres qui se divisaient en 1,462 honoraires et 6,292 participants. Leur actif constaté atteignait le chiffre de 339,935 fr. 62 c.

13 décembre 1852.

Décret réglementant en Algérie les Sociétés de secours mutuels (B, 430).

TITRE I.

ORGANISATION ET BASE DES SOCIÉTÉS DE SECOURS MUTUELS.

Art. 1. — Une société de secours mutuels sera créée par les soins du maire et du curé dans chacune des communes de l'Algérie où l'utilité en aura été reconnue.

Cette utilité sera déclarée par arrêté du gouverneur général, pris sur la proposition du préfet, le conseil de gouvernement entendu.

Toutefois, une seule société pourra être créée pour deux ou plusieurs communes entre elles, lorsque la population de chacune sera inférieure à mille habitants.

Lorsque le siège d'une société sera établi dans une localité érigée en commune de plein exercice, le conseil municipal sera appelé à émettre son avis préalablement à la déclaration d'utilité.

Dans le cas prévu par le troisième paragraphe du présent article, la réunion pourra avoir lieu entre localités du territoire civil et du territoire militaire; mais pour les localités appartenant au territoire militaire, la commission consultative du cercle sera appelée à émettre son avis.

Art. 2. — Les sociétés de secours mutuels se composent d'associés participants et de membres honoraires. Ceux-ci payent les cotisations fixées ou font des dons à l'association sans participer aux bénéfices des statuts.

Art. 3. — Le président de chaque société sera nommé par le gouverneur général, sur la proposition du préfet (1).

(1) Les membres des sociétés de secours mutuels élisent aujourd'hui leurs présidents (ci-après, décret du 22 septembre 1870).

Le bureau sera nommé par les membres de l'association.

Art. 4. — Le président et le bureau prononceront l'admission des membres honoraires.

Le président surveillera et assurera l'exécution des statuts; le bureau administrera la société.

Art. 5. — Les associés participants ne pourront être reçus qu'au scrutin et à la majorité des voix de l'assemblée générale.

Le nombre des sociétaires participants ne pourra excéder celui de cinq cents. Cependant il pourra être augmenté en vertu d'une autorisation du gouverneur général donnée sur la proposition du préfet.

Art. 6. — Les sociétés de secours mutuels auront pour but d'assurer des secours temporaires aux sociétaires malades, blessés ou infirmes, et de pourvoir à leurs frais funéraires.

Elles pourront promettre des pensions de retraite si elles comptent un nombre suffisant de membres honoraires.

Art. 7. — Les statuts de ces sociétés seront soumis à l'approbation du gouverneur général, qui statuera sur l'avis du conseil du gouvernement.

Ces statuts régleront les cotisations de chaque sociétaire d'après les tables de maladie et de mortalité confectionnées et approuvées par le gouvernement.

TITRE II.

DES DROITS ET DES OBLIGATIONS DES SOCIÉTÉS APPROUVÉES.

Art. 8. — Une société de secours approuvée peut prendre des immeubles à bail, posséder des objets mobiliers et faire tous les actes relatifs à ces droits.

Elle peut recevoir, avec l'autorisation du gouverneur général, des dons et legs mobiliers dont la valeur n'excède pas 5,000 francs.

L'autorisation est donnée sur la proposition du préfet et sur l'avis conforme du conseil de gouvernement.

Art. 9. — Les communes sont tenues de fournir gratuitement aux sociétés approuvées les locaux nécessaires pour leurs réunions, ainsi que les livrets et registres nécessaires à l'administration et à la comptabilité.

En cas d'insuffisance des ressources de la commune, et pour les localités non constituées en communes de plein exercice, cette dépense sera mise à la charge du budget.

Art. 10. — Dans les villes où il existe un droit municipal sur les convois, il sera fait à chaque société une remise des deux tiers pour les convois dont elle devra supporter les frais aux termes de ses statuts.

Art. 11. — Tous les actes intéressant les sociétés de secours mutuels approuvées seront exempts des droits de timbre et d'enregistrement.

Art. 12. — Des diplômes pourront être délivrés par le bureau de la société à chaque sociétaire participant.

Ces diplômes leur serviront de passe-port et de livret sous les conditions déterminées par un arrêté ministériel.

Art. 13 — Lorsque les fonds réunis dans la caisse d'une société de plus de cent membres excéderont la somme de 3,000 francs, l'excédant sera versé à la Caisse des dépôts et consignations.

Si la société est de moins de cent membres, ce versement devra être opéré lorsque les fonds réunis dans la caisse dépasseront 1,000 francs.

Le taux de l'intérêt des sommes déposées est fixé à quatre et demi pour 100 par an.

Lorsque, dans la circonscription administrative dont dépendra une société, il existera un mont-de-piété, les excédants à verser, en exécution des dispositions qui précèdent, pourront être déposés à la caisse du mont-de-piété.

Le taux de l'intérêt à servir par cette caisse ne pourra être inférieur à celui qui est déterminé par le paragraphe précédent.

Art. 14. — Les sociétés de secours mutuels approuvées pourront faire aux caisses d'épargne des dépôts de fonds égaux à la totalité de ceux qui seraient permis au profit de chaque sociétaire individuellement.

Elles pourront aussi verser dans la caisse des retraites, au nom de leurs membres actifs, les fonds restés disponibles à la fin de chaque année.

Sont nulles de plein droit les modifications apportées à ses statuts par une société, si elles n'ont pas été préalablement approuvées par le gouverneur général dans les formes prescrites ; . l'article 7.

La dissolution ne sera valable qu'après la même approbation.

Art. 15. — En cas de dissolution d'une société de secours mutuels, il sera restitué aux sociétaires faisant à ce moment partie de la société le montant de leurs versements respectifs, jusqu'à concurrence des fonds existants et déduction faite des dépenses occasionnées par chacun d'eux.

Les fonds restés libres après cette restitution seront partagés entre les sociétés du même genre ou les établissements de bienfaisance situés dans la même commune, ou, à leur défaut, entre les sociétés de secours mutuels approuvées du même département, au *prorata* du nombre de leurs membres.

Art. 16. — Les sociétés approuvées pourront être suspendues ou dissoutes par le gouverneur général, sur la proposition du préfet et sur l'avis conforme du conseil de gouvernement.

TITRE III.

DISPOSITIONS GÉNÉRALES.

Art. 17. — Les sociétés de secours mutuels de l'Algérie adresseront chaque année au gouverneur général, par l'intermédiaire du préfet, un compte rendu de leur situation morale et financière.

Chaque année le gouverneur général de l'Algérie adressera à notre ministre secrétaire d'État (de l'intérieur) un rapport d'ensemble sur la situation de ces sociétés. Ce rapport sera mis sous nos yeux, et notre dit ministre nous soumettra en même temps les propositions propres à développer et à perfectionner l'institution en Algérie.

Art. 18. — Sur la proposition de notre ministre secrétaire d'État (de l'intérieur), des mentions honorables, médailles d'honneur et autres distinctions honorifiques pourront être décernées aux membres honoraires ou participants qui se seront signalés par leur zèle et leur dévouement pour la propagation des sociétés de secours mutuels en Algérie.

Art. 19. — Les sociétés de secours mutuels de l'Algérie sont déclarées habiles à participer à la dotation de 10 millions créée par l'article 5 du décret du 22 janvier 1852, inséré au *Bulletin des lois* sous le n° 3541.

18 juillet 1864.

Décret qui promulgue le décret du 18 juin 1864, portant que la durée des fonctions des présidents des sociétés de secours mutuels approuvées est fixée à cinq ans à partir de leur nomination (B. O. 119).

27 octobre 1870.

Décret portant que les membres des sociétés de secours mutuels éliront leurs présidents et que toute disposition contraire est abrogée (non promulgué en Algérie) (B. Lois XII, n° 147).

Sénat.

24 février 1875.

Loi relative à l'organisation du Sénat (B. O. 594).

Art. 5. — Les trois départements de l'Algérie éliront chacun un sénateur.

2 août 1875.

Loi organique sur l'élection des sénateurs (B. O. 619).

26 décembre 1875.

Décret qui fixe à 2 fr. 50 par myriamètre (aller et retour) l'indemnité de déplacement allouée aux délégués des conseils municipaux qui auront pris part à tous les scrutins (B. O. 635).

Séquestre.

L'ordonnance du 31 octobre 1845 a régularisé les mesures qui avaient été prises antérieurement, et a réglementé pour l'avenir la matière du séquestre. Cette ordonnance a été complétée par trois actes législatifs importants savoir : l'arrêté du 31 mars 1871, qui a constitué le séquestre territorial ; la loi du 17 juillet 1871, qui a assimilé, dans les circonstances qu'elle détermine, les incendies à des faits insurrectionnels, et donné ouverture à l'application du séquestre ; enfin, le décret du 30 juin 1877, relatif à la faculté de rachat accordé aux indigènes. Quelques autres mesures, d'un intérêt moins considérable, ont été édictées ; nous les signalons à leur date.

31 octobre 1845.

Ordonnance portant règlement pour le séquestre (B. 213).

TITRE I.

DES BIENS SÉQUESTRÉS ANTÉRIEUREMENT
À LA PRÉSENTE ORDONNANCE.

Art. 1. — Sont maintenus et sortiront leur plein et entier effet toutes décisions antérieures d'une autorité civile ou militaire ordonnant la remise de biens séquestrés. — Si la remise ordonnée n'a pas été effectuée ; elle se fera immédiatement. — Sortiront également leur plein et entier effet les décisions définitives rendues avant la publication de la présente ordonnance, qui ont rejeté des demandes en mainlevée de biens séquestrés.

Art. 2. — Les biens séquestrés qui seront encore dans les mains du domaine, et sur la remise desquels il n'a pas été définitivement statué, seront remis aux anciens propriétaires qui justifieront ne se trouver dans aucun des cas prévus par l'article 10 de la présente ordonnance.

Art. 3. — Les demandes en remise sont recevables à quelque époque que le séquestre ait été établi depuis 1830. — Elles devront, à peine de déchéance, être formées dans le délai d'un an à partir de la publication de la présente ordonnance.

Art. 4. — Il ne sera statué sur les anciennes demandes non rejetées qu'autant qu'elles auront été renouvelées dans le délai d'un an, à partir de la publication de la présente ordonnance.

Art. 5. — Les demandes en remise seront déposées à la direction des finances à Alger ; il en sera donné récépissé. — Dans les trois mois de ce dépôt, la demande sera transmise à notre ministre de la guerre par le gouverneur général, avec son avis et celui du conseil d'administration. — Il sera statué par notre ministre de la guerre dans les six mois de la réception des pièces au ministère. — La décision sera définitive.

Art. 6. — La remise des biens séquestrés antérieurement à la présente ordonnance ne donnera droit qu'à la restitution des fruits perçus depuis les demandes faites ou renouvelées dans le délai établi par les articles 3 et 4.

Art. 7. — Si les immeubles séquestrés ont été, durant le séquestre, baillés à rente, ou vendus par l'État, l'ancien propriétaire n'aura droit qu'à la rente constituée ou au prix principal de la vente reçu par l'État, avec restitution des arrérages ou intérêts, conformément à l'article précédent.

Art. 8. — Nulle remise de biens séquestrés ne sera faite aux anciens propriétaires, s'ils ne sont pas, à l'époque de la promulgation de la présente ordonnance, établis sur le territoire algérien soumis à notre domination, et s'ils ne se présentent, en personne, devant le directeur des finances à Alger, ou devant le chef du service des domaines dans les provinces. — Le conseil supérieur d'administration de l'Algérie sera juge des cas de légitime empêchement qui seraient allégués, sauf recours devant notre ministre de la guerre, dont la décision sera définitive.

Art. 9. — En cas d'aliénation des biens séquestrés, l'État pourra se faire tenir quitte par l'acquéreur en lui remboursant le prix de la vente ou de la cession avec les intérêts, à compter du jour où ledit prix a été payé et les loyaux coûts dûment justifiés. — Si le bien séquestré était, lors de la vente, affecté notoirement à un service public, l'État pourra user de la faculté mentionnée au paragraphe précédent, et, en ce cas, il ne sera tenu de rembourser à l'acquéreur que le prix capital sans intérêts, avec les frais et loyaux coûts.

TITRE II.

DES BIENS SÉQUESTRÉS POSTÉRIEUREMENT A LA PRÉSENTE ORDONNANCE.

CHAPITRE Ier. — Établissement du séquestre.

Art. 10. — A l'avenir, le séquestre ne pourra être établi sur les biens meubles et immeubles des indigènes que si ces indigènes ont : 1° commis des actes d'hostilité, soit contre les Français, soit contre les tribus soumises à la France, ou prêté, soit directement ou indirectement, assistance à l'ennemi ou enfin entretenu des diligences avec lui; — 2° abandonné, pour passer à l'ennemi, les propriétés, ou les territoires qu'ils occupaient. — L'abandon et le passage à l'ennemi seront présumés à l'égard de ceux qui seront absents de leur domicile depuis plus de trois mois, sans permission de l'autorité française.

Art. 11. — Aucun séquestre ne pourra être établi que par un arrêté du gouverneur général, le conseil d'administration préalablement entendu. — L'arrêté indiquera les causes qui l'auront motivé. — Toutefois, le séquestre pourra être ordonné provisoirement et d'urgence, par les commandants militaires, sauf décision ultérieure du gouverneur général dans la forme ci-dessus déterminée. — Tout arrêté portant établissement du séquestre sera soumis par le gouverneur général à notre ministre de la guerre, qui statuera définitivement.

Art. 12. — Les arrêtés ainsi confirmés seront publiés immédiatement en arabe et en français dans le journal officiel de l'Algérie. — Dans le cas où ces arrêtés ne désigneraient pas nominativement les individus atteints par le séquestre, les états nominatifs en seront ultérieurement dressés et arrêtés après avoir entendu le conseil supérieur d'administration. Ils seront publiés en la même forme que les arrêtés établissant le séquestre. — Il sera également dressé des états des biens immeubles séquestrés que les agents du domaine découvriront. Ces états seront arrêtés et publiés en la même forme, aussitôt après la découverte ou la prise de possession.

CHAPITRE II. — Effets du séquestre.

Art. 13. — Les biens séquestrés seront régis par l'administration des domaines. — Elle ne pourra consentir des baux pour un temps excédant neuf années. — Les maisons et bâtiments dont l'état de dépérissement sera constaté pourront être aliénés, sur la proposition du gouverneur général et l'autorisation de notre ministre de la guerre, dans la même forme que les immeubles domaniaux. —

Art 14. — Toutes les sommes principales échues, les intérêts desdites sommes, les loyers et fermages, et généralement tout ce qui sera dû à un individu frappé de séquestre, sera versé dans la caisse du domaine. — L'administration des domaines pourra, en cas d'offres de la part des débiteurs, recevoir les sommes non échues et le principal des rentes perpétuelles.

Art. 15. — Les payements faits durant le séquestre à l'individu qui en est frappé ou à ses héritiers, ayants cause ou mandataires, ne libéreront pas le débiteur envers l'État. — Il en sera de même des payements des sommes non échues, faits antérieurement au séquestre, s'ils ne sont constatés par des actes ayant date certaine.

Art. 16. — Tous détenteurs, dépositaires, administrateurs et gérants, fermiers ou locataires des biens placés sous le séquestre, tous débiteurs de rentes, créances ou autres droits incorporels, atteints par le séquestre, seront tenus d'en faire la déclaration dans les trois mois qui suivront la publication, soit de l'arrêté de séquestre, soit de l'état nominatif désignant le propriétaire desdits biens.

Art. 17. — Cette déclaration indiquera, aussi exactement que possible : — 1° la nature, la situation, la consistance des immeubles et le montant des fermages, rentes et loyers ; — 2° la nature des biens meubles, objets mobiliers, droits et actions, le montant des capitaux exigibles ou non exigibles, avec les noms, profession et domicile des débiteurs et détenteurs ; — 3° les noms, profession et domicile des propriétaires ; — 4° les noms, profession et domicile des déclarants.

Art. 18.—La déclaration sera faite, dans chaque localité, au chef du service des domaines, qui l'inscrira sur un registre à talon, ouvert à cet effet, et qui en donnera récépissé.

Art. 19. — Toute personne assujettie à la déclaration énoncée en l'article 16, qui aura omis de la faire dans le délai prescrit, pourra, suivant le cas, être condamnée par le conseil du contentieux à une amende qui ne pourra excéder le quart de la valeur des biens non déclarés. Le recours, s'il y a lieu, sera porté devant nous, en notre Conseil d'État.

Art. 20. — Postérieurement à la publication de l'arrêté qui aura ordonné le séquestre, aucun droit utile ne pourra être conféré, au préjudice de l'État, sur les biens séquestrés.

Art. 21. — Tous créanciers des individus atteints par le séquestre devront, à peine de nullité, inscrire les hypothèques et priviléges établis en leur faveur par des actes antérieurs au séquestre, et présenter leurs demandes, avec les titres à l'appui, à la direction des finances à Alger, dans le délai d'un an à partir de la publication de l'arrêté ou de l'état contenant le nom du débiteur. — Le dépôt de la demande et des titres sera constaté par un procès-verbal énonçant la nature du titre, le montant de la créance et l'époque de son exigibilité. Il en sera donné récépissé.

Art. 22. — Nul titre de créance sur un individu frappé de séquestre ne sera admis, s'il n'a une date certaine et antérieure au séquestre.

Art. 23. — Le conseil du contentieux prononcera sur l'admission ou le rejet des titres déposés. — Si la créance antérieure au séquestre n'est pas établie par titre, le conseil statuera sur la légitimité des droits des réclamants.

Art. 24 —Les créances admises ne seront payées qu'après que les biens séquestrés auront été définitivement réunis au domaine, conformément à l'article 28 ci-après, et jusqu'à concurrence seulement de la valeur totale de ces biens. — En cas d'insuffisance, les biens séquestrés seront vendus, et il sera procédé, devant les tribunaux, à l'ordre ou à la distribution, à la requête de la partie la plus diligente.

CHAPITRE III. — *Mainlevée du séquestre.*

Art. 25. — Toute demande en remise de biens séquestrés devra établir : ou que le propriétaire desdits biens n'était pas l'individu désigné dans l'arrêté du séquestre, ou qu'il ne s'est rendu coupable d'aucun des faits énoncés en l'article 10 ci-dessus.

Art. 26. — Les demandes seront formées et il y sera statué conformément aux articles 3 et 5 ci-dessus.

Art. 27. — La remise des biens séquestrés postérieurement à la présente ordonnance donnera droit à la restitution des fruits ou intérêts perçus depuis le jour de la demande en remise, sauf déduction des impenses faites par le domaine. — Les immeubles seront repris dans l'état où ils se trouveront, sans aucun recours contre l'État et à la charge de maintenir les baux existant.

CHAPITRE IV. — *Réunion des biens séquestrés au domaine.*

Art. 28. — Seront réunis définitivement au domaine, sauf les droits des créanciers, les biens frappés de séquestre qui n'auront pas été réclamés dans le délai de deux ans, à compter des publications prescrites par l'article 12 de la présente ordonnance. — Il en sera de même en cas de rejet des réclamations, prononcé dans les formes prescrites par les articles 25 et suivants.

Art. 29. — Lorsque le séquestre sera établi sur des terres, villes ou villages abandonnés en masse par la population, l'arrêté qui l'établira, ou une décision ultérieure, pourront en ordonner immédiatement, soit la réunion au domaine, soit l'affectation à un service public, soit la concession à d'autres populations indigènes ou à des colons européens.

TITRE III.

DISPOSITIONS GÉNÉRALES.

Art. 30. — Si, antérieurement à la demande en remise de biens séquestrés, soit avant, soit après la présente ordonnance, les immeubles réclamés ont été affectés à un service public, et si l'administration veut maintenir cette affectation, l'ancien propriétaire dont la réclamation aura été admise n'aura droit qu'à une indemnité qui sera réglée par le conseil d'administration, sauf recours devant le Conseil d'État. — Cette indemnité sera liquidée conformément aux dispositions de l'article 47 de notre ordonnance du 1er octobre 1844.

Art. 31. — Les actions en revendication et toutes actions des tiers prétendant un droit quelconque sur les biens remis en vertu de la présente ordonnance seront portées devant les tribunaux, sans recours contre l'État. — Si la remise n'a pas encore été effectuée, elle sera suspendue jusqu'après les jugements définitifs ou arrêts à intervenir.

Art. 32. — Nonobstant toutes déchéances ou tout rejet de réclamations, les biens séquestrés pourront, tant qu'ils seront dans les mains du domaine, être remis par nous, par grâce spéciale et en vertu de notre pleine autorité, aux anciens propriétaires ou à leurs héritiers, qui les reprendront dans l'état où ils se trouveront, et sans aucune restitution de fruits perçus.

Art. 33. — Toutes dispositions des ordonnances, arrêtés ou réglements antérieurs sont abrogés, en ce qu'elles ont de contraire à la présente ordonnance.

10 juin 1851.

Loi sur la constitution de la propriété.
(B. 388).

Art. 22. — Continuera à être exécutée l'ordonnance du 31 octobre 1845, relative au séquestre des biens appartenant à des indigènes, jusqu'à ce qu'une loi en ait autrement ordonné.

V. *Propriété.*

31 mars 1871.

Arrêté du commissaire de la République portant séquestre sur les biens des indigènes insurgés (B. O. 305).

Art. 1. — Sont ou seront frappés de séquestre les biens de toute nature, collectifs ou individuels, des tribus ou des indigènes qui auront commis ou commettront les actes d'hostilité déterminés par l'article 10 de l'ordonnance du 31 octobre 1845.

Art. 2. — La disposition générale de l'article 1 sera ultérieurement régularisée par des arrêtés spéciaux et nominatifs, rendus sur les propositions des autorités compétentes.

Art. 3. — Le présent arrêté, qui est soumis à l'approbation du ministre de l'intérieur, est exécutoire par provision.

Art. 4. — Les préfets des départements et les administrateurs des territoires dits militaires sont chargés, dans leur ressort administratif, et chacun en ce qui le concerne, d'assurer l'exécution du présent arrêté, qui sera publié au *Moniteur de l'Algérie* et au *Mobacher*, et affiché, en français et en arabe partout où besoin sera.

Approuvé : — Versailles, le 7 mai 1871. — Pour le ministre de l'intérieur et par délégation, — le sous-secrétaire d'État (1).

(1) De très-nombreux arrêtés d'exécution ont été pris par le gouverneur général; nous en reproduisons un, du 7 mars 1878, à titre de renseignement.

Art. 1. — Sont frappés de séquestre nominatif les 300 palmiers dont le cheikh Bou Saïd est propriétaire, tant au lieu dit Aïn Yakoub, près du Ksar de Chott, qu'au Ksar de Rouissat (Aghalik d'Ouargla), et généralement tous les biens meubles et immeubles qui seront reconnus appartenir à cet indigène.

Tous dépositaires, détenteurs, administrateurs, gérants, fermiers ou locataires des biens appartenant à l'indigène désigné ci-dessus, tous débiteurs de rentes, créances et autres droits incorporels relatifs aux mêmes biens sont tenus d'en faire la déclaration dans les trois mois qui suivront la publication du présent arrêté.

L'administration des domaines prendra la gestion des

15 juillet 1871.

Arrêté du chef du pouvoir exécutif simplifiant les formalités prescrites par l'ordonnance du 31 octobre 1845, relativement au séquestre collectif (B. O. 371).

Art. 1. — Le séquestre collectif territorial pourra être appliqué sur l'ensemble des biens immeubles de toute tribu, douar ou famille, se trouvant dans les conditions où, d'après la susdite ordonnance, le séquestre est encouru, sans qu'il soit nécessaire, dans ce cas, de procéder à la publication des états qui, aux termes des articles 10 et 12 de la dite ordonnance, doivent accompagner ou suivre l'arrêté de séquestre lui-même.

Art. 2. — Le présent arrêté est applicable aux séquestres déjà établis.

Art. 3. — Toutes autres dispositions et lois, réglements, ordonnances et arrêtés en vigueur continueront à être observés en tout ce qu'ils n'auront pas de contraire au présent.

17 juillet 1874.

Loi sur les incendies en Algérie (B. O. 553).

Art. 6. § 3. — Lorsque les incendies, par leur simultanéité ou leur nature, dénoteront, de la part des indigènes, un concert préalable, ils pourront être assimilés à des faits insurrectionnels, et en conséquence, donner lieu à l'application du séquestre, conformément aux dispositions actuellement en vigueur de l'ordonnance du 31 octobre 1845. (1)

V. *Forêts.*

biens, conformément aux dispositions de l'ordonnance du 31 octobre 1845.

Art. 2. — Les préfets des départements et les généraux commandant les divisions de l'Algérie sont chargés, chacun en ce qui le concerne, de l'exécution du présent arrêté, dont un extrait sera publié, en français et en arabe, dans le journal le *Mobacher*.

(1) Par application de cette disposition, le gouverneur général a pris de nombreux arrêtés; nous reproduisons, à titre de renseignement, celui du 1 mai 1878.

Art. 1. — Le séquestre collectif est apposé sur tout le territoire dépendant des douars des Oulad Serlin, des Reguegma et des Oulad Béchia, arrondissement et subdivision de Bône, et de l'Oued Goudi, arrondissement de Philippeville.

Art. 2. — Les indigènes de ces douars pourront être admis à se racheter des effets dudit séquestre, moyennant l'abandon de deux cinquièmes (2.5) de leur avoir, tant immobilier que mobilier, ou le payement d'une somme correspondante à la valeur de ces deux cinquièmes.

L'avoir mobilier sera déterminé d'après les rôles de l'impôt Zekkat en 1877.

Art. 3. — Le produit du rachat du séquestre pourra être affecté, dans des proportions qui seront déterminées ultérieurement, à indemniser les victimes des incendies.

Art. 4. — Seront exemptés de droit des effets du séquestre édicté par l'article 1 :

1° Les indigènes propriétaires dans les douars séques-

8 août 1874.

Arrêté du gouverneur portant que le Journal officiel le Mobacher est désigné pour recevoir toutes les insertions dont la publication est prescrite par l'ordonnance du 31 octobre 1845, portant règlement sur le séquestre. (B. O. 558).

31 octobre 1876.

Arrêté du gouverneur autorisant les préfets à désigner des régisseurs comptables chargés de répartir entre les ayants droit les sommes à prélever sur les soultes de rachat du séquestre (B. O. 679).

Art. 1. — Les préfets sont autorisés à désigner, par arrêtés spéciaux, des régisseurs comptables chargés de toucher au Trésor et de répartir, entre les ayants droit, les sommes à prélever sur les soultes de rachat du séquestre, encaissées à titre de fonds de concours et destinées à indemniser les indigènes dépossédés au delà de leur part contributive.

Art. 2. — Le payement aux ayants droit sera justifié vis-à-vis du Trésor par la remise, dans le délai réglementaire, d'un double dûment certifié de l'état de répartition émargé par chacune des parties prenantes.

30 juin 1877.

Décret accordant aux indigènes séquestrés la faculté de rachat (B. O. 697).

Art. 1. — Les indigènes séquestrés nominativement à la suite de l'insurrection de 1871 et sur les biens desquels le domaine n'a pas encore exercé de main mise, et leurs héritiers ou ayants droit, peuvent être admis à se racheter, par voie de transaction, des effets du séquestre, moyennant le payement d'une somme égale à la valeur de ces biens, meubles et immeubles, telle qu'elle sera déterminé d'office par l'administration.

Art. 2. — Le gouverneur général est autorisé à donner, par arrêtés spéciaux, la mainlevée totale ou partielle du séquestre à tous ceux des indigènes admis au rachat qui se seront intégralement libérés des sommes dues de ce chef à l'État.

Art. 3. — Les prix de rachat, payables entre les mains du service des domaines, seront entrés qui servaient, au moment des incendies, dans l'armée française ou dans un service public ;

2° Ceux qui justifieront qu'ils étaient absents de l'Algérie à la même époque.

Art. 5 — Le préfet du département et le général commandant la division de Constantine sont chargés de l'exécution du présent arrêté qui sera affiché dans toutes les communes-douars ou fractions de douar de l'Algérie et publié dans tous les marchés.

caissés par le Trésor, à titre de fonds de concours et feront l'objet de délégations de crédits additionnels au profit du gouvernement général, pour le montant en être affecté aux dépenses relatives à la liquidation du séquestre et à des rachats de terres pour la colonisation.

Art. 4. — Un délai d'un an, à dater de la promulgation du présent décret, est accordé aux indigènes séquestrés ou à leurs ayants droit, pour bénéficier de la faculté de rachat. Passé ce délai, cette faculté leur sera retirée et les règles et les effets de séquestre nominatif reprendront tout leur empire.

Serment.

5 septembre 1870.

Décret (non promulgué en Algérie) qui abolit le serment politique (B. Lois, XII, n° 11).

Les fonctionnaires de l'ordre civil, administratif, militaire et judiciaire, sont déliés de leur serment. — Le serment politique est aboli.

11 septembre 1870.

Arrêté ministériel (non promulgué en Algérie) relatif à la prestation de serment des fonctionnaires (B. Lois XII, n° 43).

Art. 1. — Le serment politique étant aboli, le serment professionnel des nouveaux fonctionnaires sera prêté dans la première séance du corps auquel ils appartiennent.

Servitudes militaires.

29 avril 1857.

Décret rendant applicable aux places de guerre et aux postes militaires de l'Algérie les lois et décrets qui régissent en France les servitudes militaires (B. 514).

Art. 1. — Les lois sur les servitudes imposées en France à la propriété pour la défense du territoire ainsi que la loi du 18 juillet 1851 et le décret du 10 août 1853 sont rendus applicables et exécutoires en Algérie, sauf en ce qu'elles auraient de contraire aux dispositions suivantes.

Art. 2. — Les places de guerre et les postes militaires de l'Algérie sont classés, pour l'application des servitudes défensives, conformément au tableau annexé au présent décret.

Art. 3. — Les maisons de commandement, les bordjs, les caravansérails, les maisons de smalah de spahis, les postes télégraphiques, les enceintes de villages, etc., auxquels le gouverneur général attachera une importance défensive, seront classés dans la deuxième série comme postes militaires. — Le gouverneur général établira, par un arrêté, le tableau de ces postes; il pourra au besoin le modifier et y comprendre, dans la même forme, ceux des mêmes établissements qui viendraient à être créés, comme aussi réduire à leur égard l'étendue des zones, créer des terrains d'exception et homologuer les plans de délimitation ou de circonscription.

Art. 4. — Toutes les dispositions des lois et des règlements concernant les servitudes défensives seront applicables, en Algérie, aux places et aux postes militaires dont il est question à l'article 2, à partir du jour de la publication du présent décret, et aux postes militaires mentionnés à l'article 3, à compter de l'arrêté de classement du gouverneur général.

Art. 5. — Les décrets relatifs, soit à des constructions nouvelles de places ou de postes de guerre, soit à la suppression ou à la démolition de places ou postes qui existent actuellement, soit à des changements dans le classement ou dans l'étendue de ces places ou de ces postes, soit enfin à l'établissement de polygones exceptionnels à l'homologation des plans de délimitation des zones de servitudes ou à celles des places de circonscription des zones des fortifications, sont insérés tant au *Bulletin des lois* qu'au *Bulletin officiel des actes du gouvernement* de l'Algérie. — Les arrêtés du gouverneur général, pris en vertu des pouvoirs qui lui sont conférés par l'article 3 ci-dessus, sont insérés seulement dans ce dernier recueil. — A la réception du *Bulletin des actes du gouvernement,* les préfets ou les fonctionnaires qui en tiennent lieu font publier ces décrets et ces arrêtés dans les communes ou dans les territoires intéressés.

Art. 6. — Lorsqu'il est possible de réduire l'étendue des zones de servitudes d'une place ou d'un poste, sans compromettre la défense et sans porter atteinte aux intérêts du Trésor, cette réduction est prononcée par un décret ou par un arrêté, dans les mêmes cas et dans la même forme que le classement qui a donné lieu à l'établissement des zones.

Art. 7. — Le plan de délimitation, ses annexes et le procès-verbal de bornage sont adressés par le directeur des fortifications, et, suivant la voie hiérarchique, au ministre de la guerre.

Art. 8. — (Ainsi remplacé par décret du 30 octobre 1857, B. 514) : — Les expropriations auxquelles peut donner lieu l'application à l'Algérie des lois sur les servitudes défensives et le domaine militaire sont régies par les dispositions spéciales de l'ordonnance du 1er octobre 1844, rendues applicables au territoire civil et au territoire militaire par l'article 21 de la loi du 16 juin 1851, et les occupations temporaires sont soumises aux lois et règlements en vigueur dans la métropole, lesquels ont été rendus exécutoires par le décret du 5 décembre 1855.

Art. 9. — En Algérie, l'état de guerre peut être déclaré non-seulement dans les cas prévus à l'article 38 du décret du 10 août 1855, mais aussi d'urgence, par un arrêté du gouverneur général, toutes les fois que les circonstances obligent à donner à la police militaire plus de force et d'action que pendant l'état de paix. — Lorsqu'une place ou un poste de l'Algérie est déclaré en état de guerre, les inondations et les occupations de terrain nécessaires à la défense peuvent avoir lieu, soit dans les cas prévus par l'article 38 du décret du 10 août 1855, soit en vertu d'un arrêté du gouverneur général.

Art. 10 et 11. — (État de siége).

Art. 12. — En matière de servitudes défensives, les conseils de préfecture des départements d'Alger, de Constantine et d'Oran statuent, respectivement, pour toute l'étendue de la province dont le département fait partie.

Art. 13. — En territoire militaire, l'enregistrement de la commission des gardes du génie et de leur prestation de serment est fait tant au greffe du tribunal civil le plus voisin qu'à la mairie du lieu où ils exercent leurs fonctions.

Art. 14. — En territoire militaire, les généraux commandant les divisions, les commandants de subdivisions, les commandants de place et les géomètres du service topographique désignés par les commandants de subdivision, exercent, respectivement, les attributions que le décret du 10 août 1853 confère aux préfets, aux sous-préfets, aux maires et aux ingénieurs des ponts et chaussées.

Art. 15. — Toutes les dispositions contraires au présent décret sont abrogées.

———

Le tableau des places de guerre et des postes militaires énoncé dans l'article 2 du décret qui précède, a été inséré dans le premier volume du *Dictionnaire de la législation algérienne,* mais les indications qui y figurent ne sont plus exactes aujourd'hui. Sur notre demande, l'administration centrale du génie à Alger a eu l'obligeance de dresser l'état actuel des places et postes auxquels s'applique la loi des fournitures. C'est cet état que nous reproduisons d'autre part.

———

Tableau DES PLACES ET POSTES DE L'ALGÉRIE AUXQUELS SONT APPLIQUÉS LES LOIS SUR LES SERVITUDES.

DEUXIÈME SÉRIE.		OUVRAGES DÉTACHÉS.	OBSERVATIONS.
PLACES.	POSTES.		
		Division d'Alger.	
ALGER (ville et citadelle et défenses du port)...			
··············	ALGER (ouvrages détachés).....	Fort l'Empereur.	
		Fort Matifou.	*Ancien fort Turc. N'a pas encore été déclassé.*
		Batterie de Temendfous.	*A classer dans la deuxième série. Devra porter servitudes*
		Batterie du Hamiz.	*A déclasser. (Décision*
		Batterie du Fort-de-l'Eau.	*min. du 4 juin 1877).*
		Maison-Carrée.	*Ne doit avoir qu'une zone de fortification.*
		Batterie Charles-Quint.	
		Batterie de la courtine 12-13.	*A classer dans la*
		Batterie de la courtine 10-11.	*deuxième série. De-*
		Batterie de la salle d'artifices.	*vront porter servi-*
		Batterie de la prison civile.	*tudes.*
		Fort des Anglais.	*Une décision ministérielle du 9 août 1871 admet la réduction des servitudes à la zone fortifiée.*
		Batterie des consuls.	*A déclasser. Décision min. du 4 juin 1877.*
		Fortin de l'ouest.	*A classer dans la deuxième série. Devra porter servitudes*
··············	SIDI-FERRUCH (fort et batteries annexés).......		
BLIDAH.......			
··············	COLÉA (enceinte du camp).	··············	*A déclasser. (Décision min. du 9 août 1871).*
AUMALE......	BENI-MANSOUR...		
··············	BORDJ-BOUIRA...		
··············	BOUÇAADA......		
··············	FORT-NATIONAL (enceinte).......		
··············	DELLYS........		
··············	TIZI-OUZOU.....	Tour de Sidi-Souzan.	
··············	DRA-EL-MIZAN...		
MÉDÉAH (place et citadelle).			
··············	BOGHAR.......		
··············	LAGHOUAT (place et forts)......		

DEUXIÈME SÉRIE.		OUVRAGES DÉTACHÉS.	OBSERVATIONS.
PLACES.	POSTES.		
ORLÉANSVILLE. . . . . MILIANA.	DJELFA (ancien Bordj). . . . . . TENEZ. . . . . TENIET - EL - HAAD (enceinte du poste et du village). . . CHERCHELL.	Ouvrages détachés	
Division d'Oran.			
ORAN (ville et cita-delle, Château-Neuf, fort La-moune, forts Sainte - Thérèse, de Saint-André et de Saint-Phi-lippe).	ORAN (ouvrages dé-tachés).	Fort Saint-Grégoire.	*La redoute 11, en avant du fort Saint-Philippe ne porte pas servitudes.*
		Fort Sainte-Croix. Lunette Saint-Louis. Lunette Saint-André.	*Déclassée par décret du 29 janvier 1868.*
		Lunette San Carlos ou de La Campana. Batterie d'Ozara. Batterie de la Briqueterie.	
ORAN (nouvelle en-ceinte sud et est de Karguentah). MERS-EL-KÉBIR.	ARZEW (ville et ou-vrages détachés).	. . . . Redoute de la Montagne co-tée 13. Blockhaus 12.	*Décret du 3 avril 1867* *Remplacé par le fort du Nord.*
		Fortin de la Pointe. Batteries de côte 1, 2 et 3.	*Les batteries 1 et 2 démolies ont été rem-placées par la batte-rie de la Pointe; la batterie 3 abandon-donnée, a été rem-placée par la batterie du Sud.*
MOSTAGANEM (ville et réduit de Matemore). . . .	. . . .	. . . .	*La branche descen-dant à la Marine, le blo-khaus n° 1 et les redoutes n°s 2 et 3 ne portent pas servi-tudes.*
. . . .	MOSTAGANEM (ou-vrages détachés).	Batterie d'Aïn-Sefra. Fortin de la Marine.	

DEUXIÈME SÉRIE.		OUVRAGES DÉTACHÉS.	OBSERVATIONS.
PLACES.	POSTES.		
	AMMI-MOUSSA....	. . . .	*La redoute Pélissier ne porte pas servitudes.*
SIDI-BEL-ABBÈS (ville et citadelle).	. . . .	. . . .	*L'enceinte n'est plus entourée aujourd'hui que d'une zone unique de servitudes*
. . . .	SIDI-BEL-ABBÈS (ouvrages détachés).	Poste de la M'kerra.	
. . . .	DAYA (enceinte et vigie).	. . . .	*La redoute de Daya n'est pas entourée que d'une zone unique de servitudes.*
MASCARA (ville).			
. . . .	MASCARA (ouvrage détaché).	Redoute Mouffiac.	
	TIARET		
	SAÏDA		
	GÉRYVILLE		
TLEMCEN (ville et citadelle ou M'chouar).			
. . . .	NEMOURS (ville et ouvrages détachés)	Les deux redoutes 9 et 10 et le fort de Toucet.	
. . . .	LALLA - MAGHNIA (enceinte et annexe basse). . . .		
. . . .	SEBDU (enceinte du fort et du camp retranché)		

Division de Constantine.

CONSTANTINE (ville, citadelle et ouvrages détachés).	. . . .	Mur d'enceinte du quartier de cavalerie du Bardo.	
. . . .	CONSTANTINE (ouvrage détaché). .	Fort de Bellevue.	
. . . .	TÉBESSA (ville et citadelle).	. . . .	*Le classement comprend l'enceinte de la ville, le réduit et l'annexe.*
PHILIPPEVILLE (enceinte et forts détachés).	. . . .	Maison crénelée de Safsaf et batteries nᵒˢ 2 et 3.	
DJIDJELLI (ancienne et nouvelle ville et forts détachés)	. . . .	Fort Galbois. Batterie nᵒ 3 du phare.	*Le classement comprend l'enceinte de l'ancienne ville, la batterie nᵒ 1 de l'hôpital, l'enceinte de la nouvelle ville, les forts Saint-Ferdinand et Duquesne.*

DEUXIÈME SÉRIE.		OUVRAGES DÉTACHÉS.	OBSERVATIONS.
PLACES.	POSTES.		
BONE (ancienne et nouvelle ville et Casbah).	. . . .	Réduit de la batterie du Lion.	
. . . .	BONE (ouvrages détachés).	Batterie de l'anse des corailleurs. Batterie du mouillage du Fort-Génois. Fort-Génois. Batterie de la pointe du Fort-Génois.	
. . . .	LA CALLE (nouvelle ville et presqu'île)		
. . . .	GUELMA (ville et citadelle).		
BATNA (ville et citadelle).			
. . . .	BISKRA (ville et fort St-Germain, formant citadelle) .		
SÉTIF (ville et citadelle).			
. . . .	BORDJ - BOU - ARRÉ- RIDJ.	Redoute extérieure.	
	BOUÇAADA.		
BOUGIE (ville et citadelle ou casbah).			
. . . .	BOUGIE (ouvrages détachés). . . .	Batterie de l'Hôpital. Fort Gouraya. Blockhaus du Fossé. Fort Clauzel. Tour Doriac. Fort Lemercier. Fort Rouman. Redoute Salem. Maison-Crénelée. Blockhaus Rapatel. Blockhaus Doriac. Batterie basse de Bonack.	

Sociétés en commandite.

27 janvier 1588.

Décret qui promulgue la loi du 17 juillet 1856 sur les sociétés en commandite (B. 518).

24 juillet 1867.

Loi sur les sociétés non promulguée.
(B. Lois XI, n° 15328).

Société générale algérienne.

18 mai 1865.

Convention entre le ministre de la guerre et MM. Frémy et Talabot, agissant tant en leur nom personnel qu'au nom et comme représentants d'une société ayant pour objet de procurer des capitaux et d'ouvrir des crédits pour toutes opérations agricoles, industrielles et commerciales en Algérie, d'entreprendre ou de réaliser des opérations directement et par elle-même (B. O. 151).

Art. 1. — La société s'engage à réaliser, à la réquisition du gouvernement, dans les proportions qu'il jugera nécessaires, soit par voie d'appel de fonds sur les actions, soit par émission d'obligations et jusqu'à concurrence de 100 millions, dans le délai de six années, les sommes qu'elle devra employer en Algérie aux travaux ou opérations énumérées dans le préambule de la présente convention.

La société s'engage, en outre, à mettre à la disposition de l'État une autre somme de 100 millions qu'il devra employer, dans un délai de six années, à l'exécution de grands travaux d'utilité publique, consistant en routes, ports, chemins de fer, canaux, barrages, irrigations, etc.

Chaque année le programme des travaux à exécuter à l'aide de cette somme sera arrêté par le gouvernement sur l'avis d'une commission spéciale, la société entendue.

Ladite somme de 100 millions sera versée au Trésor public par sixième, d'année en année et par trimestre, le premier versement devant avoir lieu le 1er avril 1866.

Le montant de chaque versement sera remboursé par l'État à la compagnie au moyen d'annuités calculées au taux d'intérêt de 5 fr. 25 c. pour 100, et comprenant la somme nécessaire pour assurer l'amortissement en 50 années. Chaque annuité sera exigible par semestre et le premier terme semestriel sera payable le 1er avril 1867.

Les annuités de l'État seront affectées comme gage spécial aux obligations que la société émettra pour l'exécution des travaux dont il s'agit.

Art. 2. — Néanmoins, pendant le cours des trois premières années, qui commenceront à courir à partir du premier versement, le gouvernement aura la faculté de réduire à 72 millions la somme que la compagnie doit mettre à sa disposition.

Art. 3. — L'État promet de vendre à la Compagnie 100,000 hectares de terre qui lui seront délivrées par le gouvernement parmi celles disponibles dans le domaine de l'État en Algérie. Le prix de chaque hectare est fixé à 1 franc de rente par hectare et par an, payable annuellement à partir de chaque mise en possession et pendant 50 années. Le gouvernement s'engage, en outre, à concéder à la Compagnie les mines dont elle découvrira les gisements pendant un délai de 10 années.

12 juillet 1865.

Loi qui approuve une partie de la convention ci-dessus (B. O. 151).

18 septembre 1865.

Décret qui approuve la seconde partie de la convention du 18 mai 1865 (B. O. 154).

15 octobre 1866.

Décret qui autorise la société anonyme fondée à Paris sous la dénomination de Société générale algérienne (B. O. 213).

4 mars 1867.

Arrêté du gouverneur faisant remise à la Société générale algérienne de 82,544 hectares de terres (B. O. 217 bis).

Art. 1. — En exécution du décret du 18 septembre 1865, il est attribué à la Société générale algérienne, qui accepte, les immeubles ci-après désignés, à valoir sur les 100,000 hectares dont l'aliénation à été approuvée par ledit décret, savoir :

Province d'Oran. — Aux Ouled-Abdelli, 2,003 hectares ; à Relizane, rive gauche de la Mina, 1,283 hectares. — Total : 4,188 hectares.

Province d'Alger. — A l'Oued-Sly, 1,805 hectares ; à l'Oued-Fodda, 825 hectares ; aux Djendel, 823 hectares ; chez les Soumata, 490 hectares ; aux Beni-Bockni, 432 hectares ; aux Bou-Allouan, 798 hectares ; aux Oulad-Farès, 224 hectares ; à Amara, 1,158 hectares. — Total : 6,555 hectares.

Province de Constantine. — Circonscription de Bône : Oued-Besbès, 3,645 hectares ; Aïn-Mokra, 3,610 hectares ; Feldj-Moussa, 550 hectares ; Goucrsa, 2,180 hectares ; Bou-Hammam, 1,600 hectares. — Ensemble : 11,635 hectares. — Circonscription de Constantine : Oued-Zenati, 31,691 hectares ; Oulad Attia et Souhalia, 28,465 hectares. — Ensemble : 60,156 hectares — Total : 71,801 hectares.

Art. 2. — Mise en possession constatée par procès-verbaux.

Art. 3. — Actes administratif pour constater la livraison.

Art. 4. — Les terrains aliénés par l'État devant être utilisés pour la création de centres de population européenne et d'exploitations agricoles, les actes à passer en vertu de l'article 3 seront soumis pour leur enregistrement au droit fixe de 1 franc. — Les frais de timbre, d'enregistrement, de transcription et d'expédition seront supportés par la Société générale algérienne, conformément aux lois en vigueur.

11 décembre 1867.

Décret qui concède temporairement à la Société générale algérienne le Jardin d'acclimatation (B. O. 234).

V. *Jardin d'acclimatation.*

1er septembre 1869.

Décret approuvant la vente définitive de cent mille hectares à la Société générale algérienne, tels qu'ils sont délimités aux plans annexés (B. O. 316).

Sociétés secrètes.

28 novembre 1848.

Arrêté du chef du pouvoir exécutif portant interdiction (B. 300).

Art. 13. — Les sociétés secrètes sont interdites. Ceux qui seront convaincus d'avoir fait partie d'une société secrète seront punis d'une amende de 100 à 500 francs, d'un emprisonnement de six mois à deux ans, et de la privation des droits civiques de un à cinq ans. — Ces condamnations pourront être portées au double contre les chefs ou fondateurs desdites sociétés. — Ces peines seront prononcées sans préjudice de celles qui pourraient être encourues pour crimes ou délits prévus par les lois.

(Vu pour être promulgué en Algérie.)

11 mai 1852.

Décret qui abroge l'arrêté du 28 novembre 1848, sauf l'article 13 (B. 414).

Art. 1. — L'arrêté du 28 novembre 1848 est abrogé, à l'exception toutefois de l'article 13 de ce décret qui interdit les sociétés secrètes.

V. *Réunion.* — *Association internationale.*

Sous-préfets.

Les arrondissements sont administrés, en Algérie comme en France, savoir : celui du chef-lieu de département, par le préfet, et les autres par un sous-préfet. Les sous-préfets, divisés en quatre classes, au traitement de 5, 6, 7 et 8,000 francs, exercent les attributions déterminées par le décret du 13 avril 1851, applicable à la métropole, et celles plus étendues énumérées dans le décret spécial de l'Algérie, du 21 décembre 1861.

Le nombre des sous-préfectures est de douze. Nous avons indiqué dans le tableau ci-après les villes dans lesquelles elles sont situées, les départements dont elles dépendent, et la date de leurs créations, ou plutôt de leur reconstitution; car plusieurs d'entre elles, Guelma, Sétif, Mascara, Bel-Abbès

et Tlemcen, déjà érigées en 1858-1859, avaient été supprimées sous l'empire du décret du 7 juillet 1861, qui plaçait toute l'administration algérienne entre les mains de l'autorité militaire.

Départements.	Sous-préfectures.	Dates de création.
ALGER	Miliana	13 octobre 1858.
	Orléansville	27 juillet 1875.
	Tizi-Ouzou	11 septembre 1873.
CONSTANTINE	Bône	15 avril 1845.
	Bougie	27 juillet 1875.
	Guelma	27 juillet 1875.
	Philippeville	15 avril 1845.
	Sétif	20 janvier 1874.
ORAN	Mascara	20 janvier 1874.
	Mostaganem	27 juillet 1849.
	Sidi Bel Abbès	27 juillet 1875.
	Tlemcen	20 janvier 1874.

V. pour l'étendue de la circonscription de chaque sous-préfecture, les cartes placées à la fin du volume.

13 avril 1845.

Ordonnance qui crée des sous-directeurs de l'intérieur dans les arrondissements (article 46 (B. 207).

9 décembre 1848.

Arrêté du chef du pouvoir exécutif sur l'organisation (B. 313).

Art. 11. — Chaque arrondissement est administré par un sous-préfet.

13 mai 1854.

Décret qui promulgue le décret du 27 mars 1854 sur le traitement de non activité des sous-préfets (B. 640).

21 décembre 1861.

Décret promulguant le décret du 13 avril 1861 avec extension pour l'Algérie des pouvoirs des sous-préfets (B. O. 60).

Art. 1. — Les sous-préfets de l'Algérie statueront désormais, soit directement, soit par délégation des préfets, sur les affaires dont la nomenclature est donnée par l'article 6 du décret du 13 avril 1861, lequel sera promulgué et publié en Algérie, à la suite du présent.

Art. 2. — Ils statueront, en outre, sur les affaires ci-après désignées :

1° En matière de voirie : alignements et nivellements pour travaux à exécuter par des particu-

37

liers sur les routes impériales et provinciales et
sur les chemins de grande communication, dont
le tracé est définitivement arrêté;

2° Autorisation des établissements insalubres
de troisième classe;

3° Approbation des arrêtés pris par les maires
dans les limites de leurs attributions;

4° Ordonnancement secondaire des dépenses
inscrites tant au budget de l'État qu'au budget
provincial, par délégation du préfet.

Art. 3. — Les sous-préfets nommeront :

Les maires et adjoints des localités non érigées
en communes;

Les membres des commissions syndicales instituées par le décret du 16 avril 1856 (*Commune*,
1, 214);

Les agents de police de toute classe :

Les gardes champêtres ;

Les gardes champêtres arabes montés ;

Les chaouchs de l'amin des Berranis;

Les employés inférieurs musulmans;

Les maîtres adjoints des écoles arabes-françaises ;

Les maîtres des écoles primaires musulmanes;

Les sous-officiers, caporaux, brigadiers, tambours et trompettes de la milice.

Art. 4. — Les sous-préfets rendront compte de
leurs actes aux préfets, qui pourront les annuler
ou les réformer, soit pour la violation des lois et
règlements, soit sur la réclamation des parties
intéressées, sauf recours devant l'autorité compétente.

Décret du 13 avril 1861.

Art. 6.—Les sous-préfets statueront désormais,
soit directement, soit par délégation des préfets
sur les affaires qui, jusqu'à ce jour, exigeaient
la décision préfectorale, et dont la nomenclature
suit :

Légalisation, sans la faire certifier par les
préfets, des signatures données dans les cas suivants : — 1° actes de l'état civil, chaque fois que
la législation du sous-préfet est requise;—2° certificats d'indigence;—3° certificats de bonne vie
et mœurs ; — 4° certificats de vie ; — 5° libération
du service militaire ;—6° pièces destinées à constater l'état de soutien de famille ;

2° Délivrance des passe-ports ;

3° Délivrance des permis de chasse;

4° Autorisation de mise en circulation de voitures publiques;

5° Autorisation des loteries de bienfaisance jusqu'à concurrence de 2,000 francs;

6° Autorisation de changement de résidence,
dans l'arrondissement, des condamnés libérés ;

7° Autorisation de débits de boissons temporaires ;

8° Approbation des polices d'assurance contre
incendie des édifices communaux ;

9° Homologation des tarifs des concessions dans

les cimetières, quand ils sont établis d'après les
conditions fixées par un arrêté préfectoral;

10° Homologation des tarifs des droits de place
dans les halles, foires et marchés, lorsqu'ils sont
établis d'après les conditions fixées par arrêté
préfectoral;

11° Homologation des tarifs des droits de pesage, jaugeage et mesurage, lorsqu'ils sont établis d'après les conditions fixées par arrêté préfectoral;

12° Autorisation des battues pour la destruction des animaux nuisibles dans les bois des
communes et des établissements de bienfaisance;

13° Approbation des travaux ordinaires et de
simple entretien des bâtiments communaux, dont
la dépense n'excède pas 1,000 francs, et dans la
limite des crédits ouverts au budget;

14° Budgets et comptes des bureaux de bienfaisance;

15° Approbation des baux et fermes des biens
des bureaux de bienfaisance, lorsque la durée
n'excède pas dix-huit ans;

16° Placement des fonds des bureaux de bienfaisance;

17° Acquisitions, ventes et échanges d'objets
mobiliers des bureaux de bienfaisance.

18° Règlement du service intérieur de ces établissements;

19° Acceptation, par les bureaux de bienfaisance, des dons et legs d'objets mobiliers ou de
sommes d'argent, lorsque la valeur n'excède pas
3,000 francs, et qu'il n'y a pas de réclamation des
héritiers.

Les sous-préfets nommeront les simples préposés d'octroi.

27 juillet 1875.

*Décret qui crée une quatrième classe
de sous-préfets en Algérie* (B. G. 620).

Art. 1. — Il est créé en Algérie une quatrième
classe de sous-préfets, dont le traitement est
fixé à 5,000 francs.

Substances alimentaires.

11 septembre 1851.

Décret promulguant la loi du 27 mars 1851
(B. 391).

Art. 1. — La loi du 27 mars 1851, tendant à la
répression plus efficace de certaines fraudes dans
la vente des marchandises, sera promulguée en
Algérie et rendue applicable dans la colonie, à
partir du jour de cette promulgation.

Subventions (Commission d'examen).

22 novembre 1877.

Arrêté du gouverneur nommant une commission permanente (B. G. 706).

Art. 1. — Est instituée à Alger une commission permanente qui aura pour mission :

1° D'examiner au point de vue de leur valeur littéraire, scientifique et de leur utilité pour le pays, les ouvrages publiés sur l'Algérie ou pouvant l'intéresser à un titre quelconque;

2° De soumettre des propositions sur la suite à donner aux demandes de subventions ou de souscriptions qui seront formulées par les auteurs desdits ouvrages.

Art. 2. — Cette commission est ainsi composée :

MM. le conseiller d'État, directeur général des affaires civiles et financières, président;
le premier président de la Cour d'appel, membre;
le général de division, chef d'état-major général, membre;
le recteur de l'Académie d'Alger, membre;
le directeur de l'École préparatoire de médecine et de pharmacie d'Alger, membre;
Robe, avocat, membre du conseil général du département d'Alger, auteur de divers ouvrages de législation et de jurisprudence algériennes, membre;
conservateur, administrateur de la Bibliothèque et du Musée d'Alger, membre.

Ce dernier remplira en même temps les fonctions de secrétaire.

Successions vacantes.

26 décembre 1842.

Ordonnance contenant règlement général sur les successions vacantes (B. 139).

Art. 1. — Il sera institué en Algérie, dans le ressort de chacun des tribunaux de première instance, des curateurs aux successions vacantes.

Art. 2. — Une succession sera présumée vacante lorsqu'au moment de son ouverture aucun héritier ne se présentera, soit en personne, soit par un mandataire spécial, ou lorsque les héritiers présents ou connus y auront renoncé.

Art. 3. — Dans le ressort de la Cour d'appel, les curateurs aux successions vacantes sont nommés par le procureur général, sur la proposition du procureur de la République. — A dater du jour où leur nomination leur sera notifiée, ils auront la curatelle de toutes les successions ouvertes dans la circonscription territoriale qui leur aura été assignée (1).

(1) Ci-après arrêté du gouverneur général du 4 mars 1867.

Art. 4. — Les fonctions de curateur pourront être déférées à tout individu majeur, domicilié, jouissant de ses droits civils et offrant des garanties d'aptitude, de moralité et de solvabilité, et, de préférence, aux notaires et déf___urs. — Tout officier ministériel désigné pour exercer la curatelle ne pourra refuser ce mandat, à moins d'excuse légitime approuvée par le procureur général.

Art. 5. — Il sera procédé tous les deux ans, s'il y a lieu, au renouvellement des curateurs nommés en conformité des articles précédents. Devront néanmoins, ceux qui seront remplacés par suite de ce renouvellement, continuer jusqu'au terme fixé par les dispositions ci-après les gestions par eux commencées.

Art. 6. — Les curateurs seront placés sous la surveillance immédiate du procureur de la République de leur ressort. — Ceux qui seront établis en dehors des lieux où siègent des tribunaux de première instance seront, en outre, soumis à la surveillance du juge de paix. — Le directeur des contributions ou ses préposés surveilleront également les curateurs en tout ce qui concernera les mesures d'ordre et de comptabilité qui sont ou pourront être prescrites.

Art. 7. — En recevant la déclaration de tout décès, l'officier de l'état civil sera tenu de s'informer si les héritiers du défunt sont présents ou connus. En conséquence, les aubergistes, hôteliers, locateurs et toutes autres personnes chez lesquelles sera décédé un individu dont les héritiers sont absents ou inconnus, et si le décès a eu lieu dans un hôpital civil ou militaire ou autres établissements publics, les supérieurs, directeurs, administrateurs, préposés en chef ou maîtres de ces établissements devront, à peine de tous dépens et dommages-intérêts envers qui de droit, fournir à cet égard à l'officier de l'état civil tous renseignements qui pourront être à leur connaissance, et lui déclarer en même temps si le défunt a laissé ou non des sommes d'argent, des effets mobiliers ou papiers dans la maison mortuaire.

Art. 8. — S'il résulte des informations recueillies que les héritiers du décédé ne sont ni présents ni connus, l'officier de l'état civil en donnera sur-le-champ avis au procureur de la république et au juge de paix du ressort, ainsi qu'au curateur en exercice dans le territoire du lieu du décès. Il leur transmettra en même temps les indications qui auront pu lui être fournies sur les objets délaissés par le défunt.

Art. 9. — Sur l'avis qui lui sera donné comme il est dit dans l'article 8, ou d'après toute autre information, le curateur entrera de plein droit en fonctions et sans serment préalable.

Art. 10. — Si les scellés n'ont déjà été apposés, il en requerra sur-le-champ l'apposition. Dans le délai légal, il fera procéder à la levée desdits scellés et à l'inventaire, conformément aux articles 943 et 944 du code de procédure civile. — Les titres et papiers inventoriés seront déposés entre ses mains.

Art. 11. — Lorsqu'au moment de la levée des scellés, les valeurs mobilières de la succession seront présumées être inférieures à 1,000 francs, il en sera dressé, sans frais, par le juge de paix, ou, s'il n'y a pas de juge de paix, par le commissaire civil compétent, un procès-verbal descriptif. Ce procès-verbal tiendra lieu d'inventaire. — Le procureur de la république, à son défaut le juge de paix, ou, s'il n'y a pas de juge de paix, le commissaire civil, pourra dispenser le curateur, sur sa demande, de faire placer sous les scellés, et l'autoriser à en faire extraire : — 1° les objets sujets à dépérissement prochain, ou à dépréciation imminente, ou dispendieux à conserver ; — 2° les objets servant à l'exploitation d'un fonds de commerce, lorsque cette exploitation ne pourra être interrompue sans préjudice pour la succession. — La vente des objets mentionnés au numéro 1 de l'alinéa précédent pourra être faite immédiatement sur autorisation donnée comme il est dit au premier paragraphe du présent article. S'il s'agit de l'exploitation d'un fonds de commerce, elle aura lieu en vertu de la même autorisation à la diligence du curateur.

Art. 12. — Si le lieu du décès n'est pas celui du dernier domicile et du principal établissement du décédé, le curateur établi dans ce lieu se bornera aux opérations prescrites par les deux articles qui précèdent et transmettra, par l'intermédiaire du procureur de la république, du juge de paix ou du commissaire civil de son ressort, l'inventaire ou le procès-verbal descriptif qui en tiendra lieu au curateur en exercice dans le lieu du dernier domicile et du principal établissement du défunt. La suite de la curatelle appartiendra à ce dernier curateur. — En cas de concurrence et de difficultés sur le droit à la curatelle entre deux ou plusieurs curateurs, il sera statué définitivement d'office ou sur la demande des intéressés, savoir : par le procureur de la république, si lesdits curateurs appartiennent au ressort du même tribunal de première instance, et par le procureur général, s'ils appartiennent à des ressorts différents.

Art. 13. — Dans le cas prévu par l'article précédent, comme en tous autres cas, où des effets dépendant d'une succession vacante se trouveraient dans le ressort d'un curateur autre que celui auquel est dévolue la curatelle de cette succession, le curateur en titre dans ledit ressort sera tenu, selon qu'il en sera requis, soit de les faire remettre au curateur compétent qui lui fournira décharge, soit d'en faire opérer la vente sur les lieux, à charge de rendre compte à celui-ci du prix qui en proviendra, s'il s'agit d'effets mobiliers susceptibles de dépérissement, ou qu'il soit plus opportun de vendre sur place.

Art. 14. — Dans les dix jours après la confection de l'inventaire, le curateur poursuivant en fera un relevé sommaire indiquant l'évaluation approximative des biens meubles et immeubles composant l'hérédité. Un duplicata de ce relevé sera envoyé par lui avec une lettre d'avis aux héritiers, s'ils peuvent être connus, et l'autre au procureur de la République, qui le transmettra par la voie hiérarchique au ministre de la justice. — Un extrait dudit relevé sera inséré à la diligence du procureur dans le *Journal officiel de l'Algérie* et, par les soins du ministre, dans le *Journal officiel de la République*.

Art. 15. — Dans le mois qui suivra la clôture de l'inventaire, le curateur fera vendre les effets mobiliers de la succession autres que ceux mentionnés en l'article 529 du code civil. La vente aura lieu aux enchères publiques dans les formes ordinaires, et autant qu'il se pourra par le ministère d'un commissaire priseur.

Art. 16. — Si, dans la localité où doit s'opérer cette vente, il n'y a ni commissaire priseur ni aucun autre officier public ayant qualité pour y procéder, elle pourra être faite aux enchères publiques, le curateur présent, par tout individu spécialement commis à cet effet par le commissaire civil du ressort. — Dans ce cas, la personne chargée de faire fonctions de commissaire priseur dressera procès-verbal de la vente, dont le produit sera directement perçu par le curateur. — Le curateur pourra d'ailleurs dans le même cas, s'il y a avantage pour la succession, faire transporter tout ou partie des effets à vendre dans le ressort des commissaires priseurs, à l'effet d'en faire opérer la vente par le ministère de l'un de ces officiers ministériels.

Art. 17. — Le curateur exercera et poursuivra sans qu'il soit besoin d'une autorisation spéciale, tous droits et actions mobiliers et immobiliers de la succession vacante en Algérie, et répondra à toutes demandes formées contre elle. — Il recherchera et revendiquera tous biens meubles ou immeubles de ladite succession qui seraient en possession de tiers détenteurs.

Art. 18. — S'il se trouve dans la succession des immeubles, actions ou rentes constituées sur l'État ou sur des particuliers, et s'il est avantageux ou nécessaire de les aliéner, le curateur pourra les faire vendre dans la forme prescrite par l'article 1001 du code de procédure civile de France mais seulement après en avoir obtenu l'autorisation par écrit du procureur de la République du ressort, qui devra se concerter à cet effet avec le directeur des finances ou son préposé.

Art. 19. — Il est expressément interdit au curateur de se rendre directement ou indirectement adjudicataire d'aucun des biens meubles ou immeubles dont il poursuit la vente, à peine contre le contrevenant et ses prête-noms, s'il en existe, d'une amende double de la valeur des objets achetés et sans préjudice de la révocation du curateur, de la nullité de l'acquisition et de tous dépens et dommages-intérêts envers qui de droit.

Art. 20. — Le numéraire trouvé dans la succession et les deniers provenant soit du recouvrement des créances actives, soit de la vente des meubles ou immeubles, seront versés immédiatement par le curateur dans la caisse des dépôts et consignations, pour la conservation des droits de qui il appartiendra. Les versements ne pourront être retardés sous aucun prétexte. S'il y a lieu, le curateur sera mis en demeure de les effectuer, par le receveur des domaines, et passible d'une amende de 50 francs pour chaque jour de retard constaté par procès-verbal de cet agent.

Art. 21. — Le curateur n'acquittera directement aucune dépense ni aucune dette de la succession. — Tous payements à faire pour le compte et à la décharge de l'hérédité, seront opérés par le receveur des domaines, savoir : s'il s'agit de dépenses courantes, sur certificat du curateur avec pièces à l'appui, visés par le juge de paix, et à défaut du juge de paix, par le commissaire civil du lieu, et s'il s'agit de dettes passives, privilégiées ou autres, sur la production des titres visés ou certifiés par ledit curateur, et sur mandat du directeur des finances ou de son préposé. — Lorsqu'il y aura lieu à distribution par ordre ou contribution entre les créanciers, le receveur des domaines ne payera que sur bordereaux de collocation ou mandements judiciairement délivrés.

Art. 22. — Le curateur sera tenu d'ouvrir, dès son entrée en exercice, un registre sur papier libre, sur lequel il inscrira, par ordre de dates, toutes les successions dont il aura la curatelle. Ce registre, qui devra être coté et paraphé par le juge de paix du lieu, et à défaut du juge de paix par le commissaire civil ou l'autorité qui en fait les fonctions, fera mention, pour chacune des successions : 1° des nom, surnom, profession, domicile, et autant que possible, du lieu de naissance du défunt; 2° des noms et domiciles des héritiers absents s'ils sont connus, ou des renseignements propres à les indiquer; 3° des noms, profession et domicile du conjoint, de l'exécuteur testamentaire ou du légataire, s'il en existe; 4° de la date des insertions faites, aux termes de l'article 14 ci-dessus. — Le même registre relatera, en outre, jour par jour, tous les actes de l'administration du curateur, l'analyse de sa correspondance et le résultat définitif de la curatelle, soit que la succession ait été remise aux héritiers, soit qu'elle soit tombée en déshérence.

Art. 23. — Pareil registre sera tenu au greffe de chaque tribunal de première instance pour toutes les successions vacantes ouvertes dans le ressort, à l'effet de quoi le curateur devra fournir au greffier, tous les trois mois au moins, les documents et renseignements nécessaires. — Ce registre sera coté et paraphé par le président du tribunal.

Art. 24. — Indépendamment du registre prescrit par l'article 22, le curateur sera tenu d'avoir un livre-journal sur papier libre, coté et paraphé, comme il est dit au même article, et mentionnant jour par jour, sans blanc, lacunes ni transports en marge, tout ce qu'il aura reçu et fait payer pour le compte de chacune des successions dont il aura la curatelle. — Tous les trois mois au moins, il enverra au greffier du tribunal du ressort, pour qu'il en soit fait mention sur le registre tenu au greffe en exécution de l'article 23, une copie certifiée, sur papier libre, des inscriptions faites sur ledit livre-journal, pendant le trimestre précédent.

Art. 25. — Il sera donné communication, sans frais et sans déplacement, à toute partie intéressée qui la requerra, des registres et livre-journal dont la tenue est prescrite par les articles 22, 23 et 24; le procureur (de la République) et le directeur des (contributions) ou ses préposés pourront se les faire représenter et s'en faire délivrer des copies toutes les fois qu'ils le jugeront convenable. — Les registres et livre-journal des curateurs établis hors des lieux où siégent les tribunaux de première instance, seront vérifiés au commencement de chaque trimestre par le juge de paix, et à défaut de juge de paix par le commissaire civil; procès-verbal de cette vérification sera dressé et transmis au procureur de la République du ressort.

Art. 26. — Le curateur rendra compte annuellement, aussi longtemps que durera chaque curatelle, et dans les trois premiers mois de chaque année, de la gestion de toute succession devenue vacante non réclamée. Ce compte sera déposé au greffe du tribunal de première instance du ressort avec les pièces à l'appui. Le tribunal statuera en chambre du conseil, sur une simple requête du curateur et sur les conclusions écrites du ministère public. Il ordonnera préalablement, s'il y a lieu, communication du compte et des pièces justificatives au directeur des finances ou à son préposé, qui pourra intervenir dans l'instance par simple requête et former telles demandes que de droit contre le curateur. — Le curateur en retard de rendre ses comptes annuels sera poursuivi, s'il y a lieu, devant le tribunal civil du ressort à la diligence du procureur (de la République), et passible d'une amende de 100 à 500 francs par chaque mois de retard.

Art. 27. — La curatelle cessera à partir du jour où les héritiers ayant justifié de leur qualité, ou leurs fondés de pouvoirs, se seront fait remettre la succession. En ce cas le compte de curatelle pourra être réglé de gré à gré entre le curateur et les ayants droit. — Aussitôt que la succession sera réclamée, il en sera donné avis par le curateur au procureur (de la République), au directeur des finances ou à son préposé et au greffier du tribunal de première instance du ressort. Lorsque la remise de la succession aura été effectuée, le curateur en informera également ces fonctionnaires.

Art. 28. — Si la succession n'a pas été réclamée

dans le cours de trois années à compter du jour du décès, elle sera de plein droit, à l'expiration de ce délai, présumée en déshérence, et provisoirement acquise au domaine de l'État qui en demandera l'envoi en possession au tribunal de première instance dans le ressort duquel la curatelle aura été suivie. Il sera procédé, dans ce cas, conformément à l'article 770 du Code civil. Dans le même cas, la curatelle prendra fin aussitôt que le domaine aura été envoyé en possession par jugement définitif. Dans les trois mois de ce jugement au plus tard, le curateur sera tenu de rendre et faire juger son compte définitif contradictoirement avec le directeur des finances ou son préposé à qui il devra remettre tous les titres et papiers concernant l'hérédité ; à défaut de quoi il y sera contraint par toutes voies de droit et passible, pour chaque mois de retard, d'une amende de 100 à 500 francs, laquelle sera requise et prononcée comme il est dit au dernier alinéa de l'article 26 ci-dessus.

Art. 29. — Le domaine, mis en possession par jugement définitif, fera les fruits siens, et si les héritiers habiles à succéder se présentent et obtiennent contre lui la remise de la succession, il ne sera obligé qu'à restituer les biens tels qu'ils se trouveront au moment de la demande, ou le capital du prix s'ils ont été vendus, sans être tenu à aucune indemnité pour pertes ou dégradations.

Art. 30. — S'il y a lieu de remplacer le curateur, soit pour cause d'inconduite, de négligence ou d'infidélité constatée dans sa gestion, soit pour toute autre cause, il sera pourvu à la nomination d'un nouveau curateur par le procureur général.

Art. 31. — Le curateur remplacé sera tenu de remettre, aussitôt qu'il en sera requis, tous les titres, papiers, registres et documents de toute nature, relatifs aux curatelles dont il aura été chargé au nouveau curateur désigné, à peine, pour chaque jour de retard, d'une amende de 25 à 50 francs qui sera prononcée ainsi qu'il est dit en l'article 26, le tout sans préjudice de l'action en restitution de la part des ayants droit et de l'action criminelle s'il y échet. Si le curateur est décédé, ses héritiers ou représentants à un titre quelconque qui seraient reconnus détenteurs desdits titres, registres et papiers, devront, sous les mêmes peines, en opérer la remise.

Art. 32. — Le curateur qui voudra s'absenter de l'Algérie devra, sous peine d'être réputé démissionnaire, et sans préjudice de toutes autres peines, s'il y a lieu, en donner avis à l'avance au procureur du ressort, et indiquer à ce magistrat le lieu dans lequel il se proposera de se rendre, le motif et la durée présumée de son absence, ainsi que les mesures qu'il aura prises pour pourvoir à son remplacement provisoire. — Dans ce cas, le procureur (de la République) pourra, s'il le juge nécessaire, désigner un curateur intérimaire.

Art. 33. — Le notaire curateur ne pourra recevoir ou passer comme notaire les actes, de quelque nature qu'ils soient, auxquels donneront lieu les successions vacantes dont il aura la gestion comme curateur. — Les fautes ou contraventions qu'il commettrait dans ses fonctions de curateur pourront entraîner, suivant les cas, la suspension ou la révocation de ses fonctions de notaire. — Le cautionnement par lui fourni, en sa qualité de notaire, sera concurremment affecté à la garantie des curatelles dont il sera chargé. — Les dispositions des deux alinéas qui précèdent sont applicables à tous autres officiers ministériels ayant charge de curatelles. — Ces officiers ministériels ne pourront occuper et postuler dans les procès intéressant les successions vacantes qu'ils auront à gérer.

Art. 34. — Dans le cas où il y a lieu de présumer que les héritiers présents ne sont pas seuls habiles à succéder, les scellés pourront être apposés dans le plus bref délai, soit à la requête desdits héritiers, soit à la diligence du procureur (de la République) ou du curateur en exercice, soit même d'office par le juge de paix, ou à défaut de juge de paix, par le commissaire civil du lieu de l'ouverture de la succession. Dans le délai légal, il sera procédé, en présence du curateur, ou lui dûment appelé, à l'inventaire, dont un extrait en duplicata sera remis audit curateur, aux frais de la succession, conformément à l'article 14, qui sera exécuté ; seront également exécutées à la diligence des héritiers présents, et avec la participation du curateur, les dispositions de l'article 15 ; les deniers provenant de la vente du mobilier et le numéraire trouvé dans la succession, seront immédiatement versés à la caisse des consignations. — Six mois après la clôture de l'inventaire, si les héritiers présumés ne se sont pas présentés, les héritiers présents recueilleront seuls la totalité de la succession. Ils ne seront comptables des fruits envers les héritiers absents, s'il en existe, qu'autant que ceux-ci se présenteraient dans les trois premières années à dater du jour du décès. Après ce délai, ils gagneront les fruits par eux perçus de bonne foi, demeurant au surplus réservée aux ayants droit l'action en pétition d'hérédité.

Art. 35. — La curatelle d'une succession échue, en Algérie, à des mineurs absents, appartiendra à leur tuteur, s'il est présent ou représenté, et se prorogera en sa personne, même après l'expiration de sa tutelle jusqu'à ce que cette succession soit réclamée ou tombée en déshérence. — La succession, en ce cas, sera présumée en déshérence et le domaine pourra en demander l'envoi en possession, conformément à l'article 28, lorsqu'il se sera écoulé trois années à partir de l'époque où la tutelle aura pris fin sans réclamation de la part des ayants droit. Dans le même cas, le tuteur sera tenu de rendre compte au domaine. — Si dans cet intervalle de trois années, à dater de la cessation de la tutelle, le tuteur vient à décéder avant que l'héritier absent se soit présenté, le curateur entrera immédiatement en fonctions et continuera la curatelle de la succession jusqu'au terme fixé par le premier alinéa du présent article.

Art. 36. — Lorsque le défunt dont les héritiers seront absents ou inconnus, aura laissé un conjoint ou des enfants naturels prétendant droit à sa succession, à défaut d'autres parents, l'hérédité n'en sera pas moins reconnue vacante. Il sera procédé à l'apposition des scellés et à l'inventaire, à la diligence du prétendant droit ou du curateur qui se conformera à ce qui est prescrit par l'article 14. Le curateur sera mis en cause sur la demande d'envoi en possession. — Si l'époux survivant ou les enfants naturels ne peuvent fournir la caution exigée par l'article 754 du Code Napoléon, le mobilier sera vendu en présence du curateur et le produit en sera versé à la caisse des consignations. Il en sera de même de tous autres capitaux ou revenus provenant de la succession. Ces capitaux et les intérêts qu'ils auront produits seront remis aux envoyés en possession, si dans l'intervalle des trois années à dater du décès, il ne s'est pas présenté d'héritier; le tout sans préjudice des actions en pétition d'hérédité et autres droits réservés aux absents. — Dans le même cas, la curatelle cessera à l'expiration du délai ci-dessus de trois années.

Art. 37. — L'institution d'un exécuteur testamentaire, même avec saisine, ne dispensera pas le curateur de requérir, si déjà elle ne l'a été, l'apposition des scellés sur les meubles et effets mobiliers de la succession vacante, de veiller à ce qu'il en soit dressé inventaire régulier et de remplir les formalités prescrites par l'article 13. — En aucun cas l'exécuteur testamentaire ne pourra se mettre en possession des biens de la succession vacante avant d'avoir communiqué le testament au curateur qui y apposera son visa et qui pourra ensuite former toutes oppositions ou actions en nullité. — A l'expiration de l'an et jour à compter du décès du testateur, si les héritiers ne se sont pas présentés, ledit exécuteur testamentaire devra rendre compte de sa gestion au curateur, lequel sera tenu de l'y contraindre par toutes voies de droit sous peine d'être personnellement responsable de sa négligence.

Art. 38. — Si celui qui est décédé sans héritiers présents ou représentés était en société avec une ou plusieurs personnes, et si, aux termes de l'acte de société, son décès doit donner lieu à la dissolution de ladite société, il sera fait inventaire après l'apposition des scellés à la diligence du curateur en présence des associés survivants ou eux dûment appelés, de tous les titres, papiers et effets mobiliers de la société, à l'effet de quoi lesdits associés survivants seront tenus de représenter ceux des effets mobiliers et papiers qui pourront être entre leurs mains. Les registres et les livres de la société seront

paraphés et arrêtés par tous les assistants à l'inventaire.

Art. 39. — Dans le cas prévu par l'article 40, lorsque l'avoir de la société ne consistera qu'en effets mobiliers, le curateur en provoquera le partage et fera vendre ensuite dans les formes prescrites par les dispositions qui précèdent, la part afférente à la succession vacante. Néanmoins l'associé survivant demeure chargé du recouvrement des créances qui seraient en péril durant la procédure en partage. Il conservera aussi la direction des affaires commencées, pour la poursuite desquelles son concours serait nécessaire, sauf le droit de surveillance et même d'intervention directe des curateurs. S'il se trouve dans l'actif social des immeubles en même temps que des effets mobiliers, la société continuera entre l'associé survivant et la succession, jusqu'à ce qu'elle soit dissoute par licitation ou par tout autre mode de partage. Jusqu'au moment de cette dissolution, elle sera dirigée et administrée par l'associé survivant sous la surveillance, et, le cas échéant, avec la participation du curateur. Toutefois la dissolution ne pourra être retardée au delà du terme de deux années, à dater du jour du décès.

Art. 40. — Dans le cas où la société aurait été formée par le défunt pour raison d'une exploitation rurale par lui prise à ferme avec l'associé survivant, ladite société continuera avec la succession vacante pour tout le reste de la durée et du bail, le curateur se mettra aux lieu et place du défunt.

Art. 41. — La curatelle des successions délaissées en Algérie par tous militaires en activité de service qui seront décédés dans le ressort des tribunaux de première instance, ou qui, étant décédés en dehors des limites de ce ressort, auront laissé dans ledit ressort des biens meubles ou immeubles, appartiendra aux curateurs institués par la présente ordonnance.

Art. 42. — Les curateurs qui seront nommés en exécution de la présente ordonnance feront, chacun dans l'étendue de son ressort, la recherche de toutes celles des successions vacantes ouvertes en Algérie, avant la promulgation de ladite ordonnance dont il n'aurait pas été définitivement rendu compte à qui de droit, par les curateurs nommés judiciairement; ils se feront remettre la curatelle de ces successions pour la continuer en l'état où elle se trouvera, conformément à ce qui est prescrit par les dispositions qui précèdent.

Ils poursuivront, par toutes les voies de droit, le remboursement et le versement à la caisse des consignations de tous deniers provenant desdites successions qui auraient été perçus par les curateurs antérieurement nommés.

Les procureurs de la République veilleront, chacun en ce qui le concerne, à l'exécution de la présente disposition, et feront fournir aux curateurs tous renseignements qui pourraient leur être nécessaires à cet effet.

Art. 43. — Pour toutes successions dont la valeur ne s'élèvera pas au delà de 2,000 francs, il ne sera rien alloué au curateur à titre de vacations ou indemnités; il n'aura droit qu'à la répétition des simples déboursés dûment justifiés.

Art. 44. — Lorsque la valeur de la succession excédera 200 francs, il sera alloué au curateur, indépendamment de ses débboursés pour tous droits, vacations et indemnités, une remise proportionnelle dont le taux sera réglé sur l'importance de la succession et eu égard aux soins que la curatelle aura exigés. — Ces honoraires sont taxés, savoir : — 1° dans le cas où la succession aura été remise aux héritiers, et dans ceux prévus par les articles 12, § 1, 13, 34 et 36, par le président du tribunal de première instance du ressort; — 2° dans le cas où la succession sera remise au domaine, comme étant tombée en déshérence, par le jugement qui apurera le compte définitif de curatelle. — Ils seront payables par privilége, au vu de la taxe, sur les sommes déposées à la caisse des consignations, et sur toutes autres valeurs dépendant de l'hérédité.

Art. 45. — Pour toute infraction à laquelle la présente ordonnance n'attache pas une peine spéciale, les curateurs encourront une amende de 50 à 300 francs, sans préjudice des actions que pourrait intenter contre eux toute partie intéressée. En ce cas, comme dans ceux énoncés aux articles 19, 26, 28 et 31, l'amende sera prononcée, à charge d'appel, sur la poursuite du procureur du roi, par le tribunal de première instance du ressort. — Dans le cas prévu par les articles 19 et 20, l'amende sera recouvrable par voie de contrainte, comme en matière d'enregistrement, à la diligence du directeur des finances ou de son préposé. — Toute peine ou condamnation prononcée contre un curateur entraînera la contrainte par corps.

Art. 46. — Seront observées, en tout ce qu'elles n'ont pas de contraire à ce qui précède, les dispositions du code civil et des lois de procédure de France, applicables aux divers cas prévus par la présente ordonnance.

Art. 47. — Il n'est point dérogé par la présente aux règles particulières d'après lesquelles sont gérées les successions musulmanes et celles qui sont délaissées en Algérie par les étrangers.

Art. 48. — L'arrêté du 2 avril 1833 est abrogé.

11 juin 1844.

Ordonnance relative aux successions militaires (B. 170).

Art. 1. — Les effets mobiliers dépendant des successions laissées par des officiers ou soldats décédés en Algérie dans les hôpitaux militaires, continueront d'être soumis aux règles établies par les articles 935 et suivants du règlement général sur le service des hôpitaux, du 1er avril 1831.

Art. 2. — Les biens immobiliers provenant des successions vacantes laissées par des officiers ou soldats décédés en Algérie, soit dans les hôpitaux militaires, soit ailleurs, seront administrés conformément aux dispositions de l'ordonnance du 26 décembre 1847, sur la curatelle des successions vacantes en Algérie.

4 mars 1867.

Arrêté du gouverneur relatif à l'étendue de la circonscription des curateurs (B. O. 221).

Art. 1. — Les curateurs aux successions vacantes, établis au siége d'une justice de paix, exerceront dans tout le ressort de la juridiction du juge de paix.

V. *Justice*, décret du 10 août 1873.

T

Tabacs.

31 mai 1857

Décret créant des entrepôts de tabacs de France (B. 400).

Art. 1. — Il sera établi dans les villes de l'Algérie où il existe des entrepôts de poudres à feu, des entrepôts de tabacs fabriqués, autres que les cigares, provenant des manufactures de France.

Art. 2. — Ces entrepôts seront gérés par les entreposeurs des poudres à feu.

Art. 3. — Prix de vente.
(Remplacé par décret ci-après.)

11 mars 1873.

Décret relatif à la vente des tabacs en Algérie (B. O. 470).

Art 1. — Les tabacs fabriqués de toute espèce, vendus dans les débits ordinaires de la métropole, seront livrés par la régie aux agents des

ontributions diverses remplissant les fonctions
'entreposeurs de tabacs en Algérie,

Art. 2. — Le prix de vente des tabacs men-
'onnés à l'article 1 est fixé ainsi qu'il suit :

DÉSIGNATION DES TABACS.	PRIX DE VENTE par kilog.		
	aux entreposeurs.	aux débitants.	aux consommateurs.
Cigares vendus :	fr.	fr.	fr.
0 c. la pièce en France (250 cigares par kil.)	116 25	116 25	125 »
0 c. la pièce en France (250 cigares par kil.)	92 »	92 25	100 »
0 c. la pièce en France (250 cigares par kil.)	80 »	80 25	87 50
5 c. la pièce en France (250 cigares par kil.)	68 »	68 25	75 »
0 c. la pièce en France (250 cigares par kil.)	56 »	56 25	62 50
5 c. la pièce en France (250 cigares par kil.)	44 »	44 25	50 »
0 c. la pièce en France (250 cigares par kil.)	33 »	33 20	37 50
5 c. la pièce en France (250 cigares par kil.)	27 »	27 20	31 25
0 c. la pièce en France (250 cigares par kil.)	22 »	22 15	25 »
c. 1/2 la pièce en France (250 cigares par kil.)	16 50	16 60	18 75
c. la pièce en France (250 cigares par kil.)	11 »	11 10	12 50
Cigarettes vendues :			
n France à raison de 50 fr. le kil. de 1,000 cigarettes.	37 »	37 20	40 »
n France à raison de 30 fr. le kil. de 1.000 cigarettes.	23 »	23 15	25 »
a France à raison de 25 fr. le kil. de 1,000 cigarettes.	18 50	18 60	20 »
n France à raison de 20 fr. le kil. de 1,000 cigarettes.	13 »0	13 80	15 »
n France à raison de 15 fr. le kil. de 1,000 cigarettes.	11 40	11 50	12 50
abacs étrangers et supé- rieurs à priser, à fumer et à mâcher.	7 30	7 40	8 »
abacs ordinaires.	5 50	5 60	6 »

Art. 3. — Les tabacs de toute espèce seront
ndus dans les débits en paquets fermés de
kilogramme à 1/2 hectogramme, revêtus de
gnettes de la régie et d'étiquettes spéciales.
utefois le *minimum* de poids des tabacs à
ser pourra être maintenu à 2 hectogrammes,
celui des cigares et cigarettes être moindre
e 1/2 hectogramme.

Ces divers produits ne pourront être introduits
consommés en France. Toute infraction à cette
sposition sera considérée comme une importa-
n frauduleuse et punie comme telle.

Art. 4. — Les dispositions contenues dans les
icles précédents sont applicables au départe-
nt de la Corse.

Télégraphie.

Les télégraphes sont soumis en Algérie à la
même législation qu'en France, en ce qui concerne le service des dépêches, la police des
lignes et leur construction. D'où la double
conséquence : 1° que tout fait de nature à en-
dommager le matériel des lignes télégraphiques, ou à mettre leur service en péril est,
aux termes d'un arrêt de la Cour de cassation du 11 juin 1863, justiciable des tribunaux
ordinaires s'il a été commis volontairement,
et des conseils de préfecture s'il est dénué de
toute intention criminelle ; et, dans ce cas,
l'administration peut transiger avec le délinquant ; 2° que les propriétaires des terrains
sur lesquels les agents de la télégraphie ont à
exécuter des travaux publics ne peuvent pas
s'opposer à ce que ces agents pénètrent chez
eux et procèdent à leurs opérations, sauf indemnité en cas de dommage (arrêt de la Cour
de cassation du 4 mars 1852).

Le réseau télégraphique se compose, comme
dans la métropole, de stations à service de
jour et de nuit, et à service de jour seulement,
de bureaux secondaires et de bureaux municipaux. Ces derniers ont pris une extension
considérable grâce aux facilités accordées par
le gouvernement général et aux subventions
votées par les conseils généraux.

La taxe des télégrammes est fixée, savoir :
à l'intérieur de la colonie, à 5 centimes par
mot, sans que le prix total puisse être inférieur à 50 centimes (loi du 21 mars 1878) ; à
destination de France et de Corse, à 20 centimes par mot et le prix minimum de 2 francs
(décret du 1er août 1877) ; à destination de
Tunis, 2 fr. 40 pour vingt mots (décret du
30 décembre 1861) ; et enfin pour l'étranger,
aux prix fixés par la convention dite de Saint-
Pétersbourg, approuvée par la loi du 9 décembre 1875.

Les postes et les télégraphes fusionnés en
principe, aux termes des décrets des 20, 22
et 27 décembre 1877, ont vu en Algérie cette
organisation recevoir un commencement
d'exécution. Les bureaux de Djelfa et de
Laghouat réunissent les deux services en
conséquence d'un arrêté du gouverneur général du 6 avril 1878.

Quant au personnel, il est, en attendant les
modifications que pourra apporter la fusion
du télégraphe et de la poste, régi par un décret du 6 novembre 1867, un arrêté du

26 janvier 1869 et un décret du 30 novembre 1870, que nous publions à leur date.

Les franchises sont accordées par le gouverneur général en vertu d'une disposition spéciale du décret du 6 novembre 1867. Nous signalons dans l'appendice, tous les arrêtés relevés dans le *Bulletin officiel des actes du gouvernement*.

10 août 1853

Décret promulguant le décret du 27 décembre 1851 sur les lignes télégraphiques (B. 411).

7 janvier 1854.

Décret promulguant les lois relatives à la télégraphie électrique et mettant à la disposition des particuliers les lignes algériennes (B. 453).

Art. 1. — A partir de la promulgation du présent décret, les lignes de télégraphie électrique établies ou à établir en Algérie pourront être mises à la disposition des particuliers, en se conformant aux lois et règlements qui régissent en France la correspondance télégraphique privée.

Art. 2. — La loi du 29 novembre 1850, celle du 28 mai 1853, portant modification de la loi précédente, le décret du 17 juin 1852, portant règlement sur le service de la correspondance télégraphique privée seront promulgués en Algérie.

30 décembre 1861.

Arrêté du gouverneur portant que les dépêches télégraphiques de un à vingt mots, d'Algérie en Tunisie, paient 2 francs avec augmentation de moitié pour chaque dizaine excédant (B. G. 40).

6 novembre 1867.

Décret portant règlement sur le personnel de l'Algérie (B. G. 253).

Art. 1. — Les fonctionnaires et agents du service télégraphique de l'Algérie se recrutent dans les cadres du personnel de la métropole dont ils ne cessent pas de faire partie; ils exercent leurs fonctions en vertu d'une commission délivrée par le gouverneur général.

Art. 2. — Le personnel de l'Algérie se compose d'un inspecteur chef du service, d'inspecteurs en nombre égal à celui des provinces, de sous-inspecteurs, directeurs de transmissions, chefs de station, commis principaux, employés, surveillants et facteurs en nombre suffisant pour les besoins du service. — L'inspecteur chef du service est choisi dans la première classe de son grade.

Art. 3. — L'avancement a lieu conformément aux dispositions des décrets organiques du service métropolitain et sur la proposition du gouverneur général.

Art. 4. — Une indemnité coloniale d'un quart est attribuée aux agents de tous grades en sus de leur traitement. — Les surnuméraires reçoivent une indemnité fixe et annuelle de 1,200 francs.

Art. 5. — Sont rappelés dans le service de la métropole les fonctionnaires et agents qui ont exercé leurs fonctions pendant cinq ans en Algérie. Nul ne peut dépasser cette limite qu'avec l'assentiment du gouverneur général et du ministre de l'intérieur. — Peuvent être réintégrés en France, quelle que soit la durée de leur séjour en Afrique : les fonctionnaires ou agents qui justifient de graves raisons de santé; ceux qui ont obtenu de l'avancement ou qui seraient jugés impropres au service de l'Algérie.

Art. 6. — Le gouverneur général conserve la disposition de son budget. Il détermine la répartition du personnel dans le cadre du service colonial, les lignes à construire et les bureaux à créer. — Il jouit, pour la correspondance officielle en Algérie et pour la concession des franchises télégraphiques, de tous les droits attribués en France au ministre de l'intérieur.

Art. 7. — L'inspecteur chef du service prépare les états de proposition d'avancement et les transmet au gouverneur général, auquel il fournit d'ailleurs les renseignements qui lui sont demandés sur les diverses parties du service. — Il centralise la comptabilité des recettes de la télégraphie privée, et transmet mensuellement à l'administration métropolitaine un résumé succinct des opérations. — Il statue en outre sur les réclamations relatives aux dépêches échangées entre les divers bureaux de l'Algérie. — Chaque mois, il rend compte au gouverneur général et à l'administration métropolitaine de ses décisions et de leurs motifs. — Il adresse à l'administration métropolitaine tous les documents nécessaires à l'exercice de son contrôle sur la partie technique du service de l'Algérie, notamment — les rapports des inspecteurs de province sur le service des transmissions et du matériel; les projets, devis et comptes des travaux qu'ils sont chargés d'exécuter; toutefois, dans les cas d'urgence, dont le gouverneur général est seul juge, il est procédé immédiatement à l'exécution, sauf justifications ultérieures. — L'inspecteur chef du service accompagne ces différentes pièces de ses observations.

Art. 8. — L'inspecteur chef du service s'assure, par des tournées périodiques, de la régularité du service et de l'exécution des instructions.

Art. 9. — Tous les deux ans, un inspecteur général est délégué par l'administration centrale pour constater la marche du service, son organisation et les améliorations qu'elle paraîtra comporter. — Il rend compte du résultat de mission au gouverneur général et au ministre de l'intérieur. — Il a droit à des frais de tournée, qui sont à la charge du budget de l'Algérie.

Art. 10. — Les décrets, règlements et instructions en vigueur dans la métropole sont applicables au service de l'Algérie, sauf les modifications à y introduire de concert avec le ministre de l'intérieur et le gouverneur général de l'Algérie.

Art. 11. — Sont abrogés nos décrets des 16 août 1859 et 7 mai 1862, et notre décision du 29 septembre 1862.

26 janvier 1869.

Arrêté du gouverneur concernant les employés auxiliaires et leur mode de recrutement (B. O. 307).

Art. 1. — Les bureaux télégraphiques situés dans les localités autres que les chefs-lieux de province ou de préfecture, de subdivision ou de sous-préfecture, dont le service n'intéressera pas l'exploitation des lignes principales du réseau, peuvent être confiés : — 1° aux anciens serviteurs de l'État qui compteront au moins sept années de services militaires ou civils, ou qui, en cas de moindre durée, ne les auraient cessés que par suite de blessures ou d'infirmités contractées dans l'exercice de leurs fonctions ; — 2° aux femmes, filles ou sœurs d'anciens serviteurs de l'État qui se trouveraient dans les conditions ci-dessus indiquées ou qui seraient morts en activité de service.

Art. 2. — Les titulaires de ces emplois sont logés gratuitement dans les bâtiments de la station télégraphique, et jouissent d'une rétribution fixe et annuelle de 700 francs, non sujette aux retenues prescrites par la loi sur les pensions civiles. Cette rétribution pourra être portée à 8 et 900 francs, par augmentations successives de 100 francs. — Ils reçoivent d'ailleurs les indemnités spéciales qui sont attribuées aux gérants des bureaux télégraphiques à titre de frais d'abonnement. — Ceux qui seraient chargés d'assurer le port des dépêches à domicile toucheront, en outre, une remise de 10 centimes par télégramme privé d'arrivée. — Le port des dépêches officielles ne donne droit à aucune allocation.

Art. 3. — Les candidats, pour être admis, doivent être âgés de 20 ans au moins et justifier d'une aptitude morale et intellectuelle suffisante. — Ils sont tenus, en outre, de justifier d'un revenu annuel de 500 francs au moins et de s'assurer le concours d'un membre de leur famille, capable de les suppléer, en cas d'absence ou de maladie, dans la gestion des bureaux qui leur sont confiés.

Art. 4. — Les employés auxiliaires sont assimilés aux employés titulaires, en ce qui concerne l'exécution des règlements de l'administration.

Art. 5. — Les règles du décret du 20 avril 1858,

relatives au cautionnement des comptables du service télégraphique leur sont applicables.

Art. 6. — Ils auront droit aux frais de route et de séjour alloués aux employés titulaires par l'arrêté ministériel du 28 février 1868, lorsqu'ils seront appelés hors de leur résidence pour les besoins du service.

Art. 7. — Les employés auxiliaires sont nommés et révoqués par nous, sur la proposition de l'inspecteur, chef du service télégraphique de l'Algérie.

29 mars 1872.

Loi qui établit une surtaxe pour toute dépêche télégraphique (B. O. 407).

Article unique. — Il est ajouté au principal de la taxe de toute dépêche échangée entre deux bureaux d'un même département de France ou d'Algérie, une surtaxe calculée à raison de deux décimes par franc.

Cette surtaxe est portée à quatre décimes par franc pour les dépêches télégraphiques échangées entre deux bureaux quelconques de France ou d'Algérie, en dehors du cas précédent.

6 décembre 1873.

Loi relative à la modification du régime du service postal et du service télégraphique. (B. Lois XII, n° 2552.)

Article unique. — Un règlement d'administration publique déterminera, dans le plus bref délai, les mesures à prendre par les ministres de l'intérieur et des finances à l'effet d'apporter les modifications ci-après au régime du service postal et du service télégraphique :

1° Les agents du service des postes seront chargés du service télégraphique des bureaux dénommés *municipaux*, et autres d'ordre inférieur ;

2° L'usage de la poste et l'usage du télégraphe seront, pour les autres bureaux, offerts au public dans la même maison, ou dans les meilleures conditions possibles de proximité ;

3° La comptabilité de l'administration des télégraphes et ses éléments seront soumis, comme dans l'administration des postes, à la vérification de l'inspection générale des finances.

9 décembre 1875.

Loi qui approuve la convention télégraphique signée à Saint-Pétersbourg le 22 juillet 1875.

Article unique.—Le Président de la République française est autorisé à ratifier, et, s'il y a lieu, à faire exécuter la convention télégraphique, suivie d'un règlement et de tarifs annexes, signée à Saint-Pétersbourg, le 22 juillet 1875, entre la France, l'Allemagne, l'Autriche-Hongrie, la Belgique, le Danemark, l'Espagne, la Grèce, l'Italie, les Pays-Bas, la Perse, le Portugal, la Russie, la Suède et la Norvége, la Suisse et la Turquie. Une copie authentique de la convention sera annexée à la présente loi.

30 novembre 1876.

Décret portant modification à l'organisation du service télégraphique (B. G. 690).

Art. 1. — Les inspecteurs divisionnaires exercent les fonctions et prennent le titre de directeur de région.

Leur nombre est déterminé par celui des régions militaires.

Art. 2. — Les directeurs de transmission et les chefs de station prennent respectivement le titre de chef de transmission principal et de chef de transmission.

Leur nombre et leur répartition par classes sont fixés par décisions ministérielles suivant les besoins du service et dans la limite des crédits budgétaires.

Art. 3. — Les conditions d'admissibilité et d'avancement des agents spéciaux, chefs surveillants, surveillants et facteurs, sont réglés par le ministre de l'intérieur.

Art. 4. — Les fonctionnaires détachés aux colonies et dans les services autres que celui des régions et des départements sont considérés comme hors cadre, en conservant leur rang et leur droit à l'avancement

17 mai 1877.

Décision du gouverneur annulant la convention jointe à l'arrêté du 1er mars 1869 portant organisation des Bureaux municipaux et les remplaçant par la convention suivante (B. G. 695).

Entre :

1° Le gouverneur général civil de l'Algérie, agissant au nom de l'État,

D'une part;

2° Le maire de la commune de........., agissant au nom et pour le compte de cette commune, conformément à une délibération du conseil municipal, en date du........., annexée à la présente convention,

D'autre part;

Il a été arrêté et convenu ce qui suit :

Art. 1. — Le service télégraphique s'engage à relier la commune de........ au réseau de l'État, et à y établir un bureau télégraphique.

Il prend à sa charge les fournitures et frais de toute nature qu'entraîneront l'établissement de la ligne et celui du bureau, ainsi que leur entretien.

Art. 2. — Les heures où le bureau sera ouvert seront réglées par le service télégraphique.

Art. 3. — Le bureau sera géré par l'agent des postes, et à défaut par le secrétaire de la mairie, ou l'instituteur, ou enfin tout autre agent présenté par la commune et agréé par le service télégraphique.

Art. 4. — L'accès du poste télégraphique sera absolument interdit à toute personne étrangère au service.

Le gérant sera tenu de se soumettre à toutes les prescriptions qui régissent le service des bureaux télégraphiques.

Art. 5. — Le gérant recevra du service télégraphique :

1° Une indemnité de 500 ou de 300 francs, suivant que la moyenne journalière des transmissions aura été, pour l'année précédente, supérieure à douze dépêches ou bien inférieures ou égales à douze dépêches;

2° Une indemnité de 200 ou de 100 francs pour frais de distribution de dépêches d'arrivée dans la commune, suivant qu'il s'agira d'un bureau appartenant à la première ou à la seconde de ces deux catégories.

Art. 6. — La commune de...... s'engage à fournir, pour la création du bureau, une part contributive calculée à raison de 75 francs pour chaque kilomètre de ligne neuve à établir, fil compris, et de 40 francs pour chaque kilomètre de fil à poser sur les appuis d'une ligne existante.

Art. 7. — Si le bureau ne peut être géré par l'agent des postes, la commune s'engage à mettre gratuitement à la disposition du service télégraphique un local composé de deux pièces facilement accessibles, qui seront affectées au bureau et à la salle d'attente.

Art. 8. — La commune s'engage à faire exécuter à ses frais, dans ce local, les travaux d'appropriation nécessaires à l'installation du service et les réparations dont il aura besoin par la suite.

Art. 9. — L'État se réserve le droit de faire subir à l'organisation du bureau toutes les modifications dont l'usage pourra démontrer la nécessité.

11 août 1877.

Décret qui fixe le tarif des dépêches télégraphiques entre l'Algérie ou la Tunisie et la France (B. G. 698).

Art. 1. — La taxe des dépêches télégraphiques privées échangées entre l'Algérie (ou la Tunisie) et la France est fixée à vingt centimes (20 cent.) par mot, parcours sous-marin compris.

Le minimum de perception, par dépêche, est toutefois fixée à deux francs.

Art. 2. — La correspondance télégraphique échangée entre l'Algérie (ou la Tunisie) et l'étranger (ou les colonies) est assimilée, pour l'application de la taxe territoriale, à la correspondance échangée entre la France continentale et les mêmes points, la taxe sous-marine restant sans changement.

20 décembre 1877.

Décret qui perscrit la fusion des postes et du télégraphe.

15 janvier 1878.

Décret relatif à l'établissement de lignes télégraphiques (B. O. 711).

Art. 1. — Il est ouvert, au gouvernement général civil, au titre du chapitre V du budget ordinaire de l'exercice 1877, un crédit de trente et un mille sept cent quatre-vingt-cinq francs cinquante-quatre centimes (31,785 fr. 54 cent.), pour les dépenses d'établissement de lignes télégraphiques destinées à des compagnies concessionnaires de chemins de fer en Algérie; pour les dépenses d'établissement et de gestion des bureaux télégraphiques municipaux dans un certain nombre de communes de la colonie; pour la gestion de stations télégraphiques à l'usage d'une compagnie et d'une administration étrangère; ainsi que pour les frais de remplacement d'objets matériels dégradés, appartenant au service télégraphique.

Art. 2. — Il sera pourvu aux dépenses imputables sur les crédits ouverts par l'article précédent, au moyen des ressources versées au Trésor à titre de fonds de concours.

21 mars 1878.

Loi relative aux taxes télégraphiques (B. O. 714).

Art. 1. — La taxe télégraphique, pour le territoire de la République, est ainsi fixée :

Quelle que soit la destination, il sera perçu cinq centimes (0 fr. 05) par mot, sans que le prix de la dépêche puisse être moindre de cinquante centimes (0 fr. 50).

Cette disposition recevra son exécution au plus tard quatre mois après la promulgation de la présente loi.

Art. 2. — Les taxes sous-marine, sémaphorique et urbaine, et généralement les taxes accessoires, ainsi que les mesures propres à mettre les règles du service télégraphique intérieur en harmonie avec celles du service international, pourront être fixées par décrets : néanmoins, celles de ces dispositions qui pourront affecter les recettes de l'État devront être soumises à l'approbation des Chambres dans la prochaine loi de finances.

6 avril 1878.

Arrêté du gouverneur portant fusion des postes et des télégraphes dans les deux bureaux de Djelfa et de Laghouat (B. O. 717).

16 avril 1878.

Décret fixant au 1ᵉʳ mai 1878 la mise à exécution de la loi du 21 mars 1878 sur la taxe des dépêches télégraphiques (B. O. 718).

16 avril 1878.

Décret concernant la délivrance de récépissé des télégrammes (B. O. 718).

Art. 1. — Il n'est délivré de récépissé d'un télégramme déposé que sur la demande de l'expéditeur et contre le payement de la taxe de dix centimes édicté par l'article 18 de la loi du 23 août 1871.

Art. 2. — Les seuls télégrammes dont la remise aux destinataires reste subordonnée à la délivrance d'un reçu, sont les télégrammes internationaux et les télégrammes intérieurs, dits spéciaux.

Art. 3. — Les télégrammes collationnés ou recommandés pourront seuls, à l'avenir, donner lieu à remboursement dans les conditions prévues par l'article 31 du décret du 8 mai 1867.

Territoire.

Le territoire de l'Algérie se divise en territoire civil et en territoire militaire; le premier est administré par des préfets, des sous-préfets, des administrateurs et des maires; le second par des commandants de divisions, de subdivisions, de cercles et d'annexes. La limite du territoire civil, modifiée sans cesse depuis la conquête, a été fixée par une circulaire du gouverneur général en date du 21 mai 1868, puis étendue aux termes d'un décret rendu le 24 décembre 1870 par le gouvernement de la Défense nationale. Ce dernier décret a été suspendu en partie, en exécution d'un décret postérieur du 11 septembre 1873; quelques-unes des tribus replacées sous le commandement militaire y sont encore, d'autres ont été remises à nouveau à l'autorité civile; nous renvoyons pour déterminer la limite actuelle, aux cartes jointes à ce volume, et pour l'indication des tribus ou douars qui font partie de l'un ou de l'autre territoire, au décret du 10 août 1875, modifié par des actes postérieurs, et que nous avons reproduit au mot *Justice*.

Théâtres.

3 février 1864.

Décret promulguant le décret du 6 janvier 1864 établissant la liberté des théâtres (B. O. 106).

Timbre.

Même législation qu'en France. Les lois de la métropole ne deviennent cependant applicables qu'en vertu de décrets spéciaux.

10 janvier et 12 mars 1843.

Ordonnance établissant le timbre en Algérie (B. 146).

Art. 1. — A partir du 1er juillet 1844, seront applicables et exécutoires, en Algérie, les lois, décrets et ordonnances qui régissent actuellement en France l'impôt et les droits de timbre.

Art. 2. — Les lois et ordonnances qui seraient rendues par la suite en France, relativement aux droits de timbre, ne deviendront exécutoires, en Algérie, qu'en vertu de nos ordonnances spéciales.

19 octobre 1844.

Ordonnance portant que les expéditions et quittances délivrées par les administrations financières seront timbrées (B. 188).

Art. 1. — Les expéditions et quittances de droits délivrées par les administrations financières de l'Algérie seront timbrées. — L'administration des finances fera elle-même appliquer ce timbre et comptera de son produit. — Sont toutefois affranchies de la formalité du timbre les expéditions relatives au transport des grains, les manifestes des cargaisons et les déclarations qui doivent être fournies aux douanes.

Art. 2. — Le droit de timbre des expéditions et quittances délivrées par les administrations financières est fixé, conformément à la législation de la métropole, sans addition du décime.

Art. 3. — Les quittances des articles d'argent déposés à la poste seront constatées sur un mandat timbré de 35 centimes, lorsque la somme excédera 10 francs. — Les quittances de 10 francs et au-dessous sont affranchies de tout droit de timbre. — Le droit sera toujours payé par l'envoyeur.

Art. 4. — Le droit de timbre des expéditions et quittances sera perçu au profit du Trésor.

Art. 5. — La présente ordonnance sera exécutoire, en Algérie, à partir du 1er janvier prochain.

21 novembre 1848.

Loi qui exempte du timbre les pouvoirs et autres pièces à produire par les porteurs de livrets de caisse d'épargne (B. 336).

Art. 7. — Les pouvoirs à donner par les porteurs de livrets qui voudront vendre leurs inscriptions seront exempts du timbre.

Les autres pièces à produire pour la vente, dans certains cas, telles que certificats de propriété, intitulés d'inventaire, etc., sont aussi exemptes du timbre.

10 août 1850.

Décret promulguant la loi des 7 et 22 mars et 5 juin 1850 (B. 360.)

Art. 1. — Sont déclarées exécutoires, en Algérie, les dispositions de la loi des 7, 22 mars et 5 juin 1850, relative au timbre des effets de commerce, des bordereaux de commerce, des actions dans les sociétés, des obligations négociables des départements, communes, établissements publics et compagnies, et des polices d'assurances.

17 février 1858.

Décret promulguant l'article 12 de la loi du 26 juin 1857 (B. 519).

Loi du 23 juin 1857.

Art. 12. — Est abrogé l'article 1 de la loi du 6 prairial an VII qui assujettit au timbre spécial les avis imprimés qui se crient et se distribuent dans les rues et lieux publics, ou que l'on fait circuler de toute autre manière.

17 janvier 1860.

Décrets rendant exécutoires les articles 19, 20 et 21 la la loi du 11 juin 1859 sur les timbres mobiles (B. M. 56).

18 février 1860.

Décret rendant exécutoire le décret du 18 janvier 1860 sur le timbre mobile (B. M. 57).

14 juillet 1862.

Décret rendant exécutoires les articles 17 à 27 de la loi du 2 juillet 1862 sur le timbre (B. O. 60).

27 juillet 1862.

..cret rendant exécutoire le décret du 9 juillet 1862 relatif à l'exécution de la loi du 2 juillet ci-dessus (B. O. 60).

29 septembre 1862.

..cret rendant exécutoires les décrets des 3 et 30 juillet 1862 relatifs à l'exécution de la loi du 2 juillet ci-dessus (B. O. 63).

8 janvier 1863.

..cret rendant exécutoire le décret du 29 octobre 1862 relatif à l'exécution de la loi du 2 juillet ci-dessus (B. O. 75).

13 mai 1863.

..cret promulguant les décrets des 30 juillet et 8 décembre 1862 relatifs le premier au nombre de lignes et de syllabes que doivent contenir les copies d'exploits, le second aux allocations accordées aux greffiers et aux huissiers (B. O. 85).

5 octobre 1863.

..rêté du gouverneur général rendant applicable l'arrêté ministériel du 20 juillet 1863 sur les timbres mobiles (B. O. 96).

9 avril 1864.

..ret promulguant le décret du 23 janvier 1864 sur les timbres mobiles (B. O. 118).

24 décembre 1864.

..ret promulguant la loi des finances du juin 1864 et le décret du 24 novembre 1864 sur les timbres mobiles (B. O. 132).

14 juillet 1865.

..ret rendant exécutoires en Algérie les articles 6, 7, 8 et 9 de la loi du 13 mai 1863, l'article 7 de la loi du 8 juin 1864 et le décret du 11 décembre 1864 sur les timbres des titres de rentes et autres effets publics des gouvernements étrangers (B. O. 152).

..e décret ci-dessus contient la disposition suivante.

..rt. 2. — Les décrets qui paraîtront chaque ..ée pour fixer la valeur des monnaies étrangères ..n monnaie française seront exécutoires en Al-..e sans promulgation spéciale.

11 novembre 1865.

Décret rendant exécutoires en Algérie la loi des finances du 8 juillet 1864 et le décret du 21 juillet 1865 relatifs aux quittances délivrées par les comptables de deniers publics (B. O. 163).

20 février 1867.

Décret promulguant en Algérie la loi des finances du 18 juillet 1866 et le décret du 5 décembre suivant relatifs au timbre du papier des affiches.

16 septembre 1871.

Décret promulguant l'article 10 de la loi du 13 mai 1863 sur le timbre des récépissés délivrés par les compagnies de chemins de fer (B. O. 380).

25 novembre 1871.

Décret portant règlement pour l'exécution des articles 6 et 7 de la loi du 23 août 1871, relatifs à la taxe sur les assurances (B. O. 388).

27 novembre 1871.

Décret établissant pour l'exécution de la loi du 23 août 1871 un timbre mobile (B. O. 388).

12 décembre 1871.

Décret promulgant la loi du 23 août 1871 et le décret du 25 août suivant relatifs à l'augmentation des droits de timbre (B. O. 385).

12 décembre 1871.

Décret promulguant la loi du 23 août 1871 et le décret du 25 août suivant, relatifs aux droits de timbre sur les quittances, acquits, reçus ou décharges, sur les assurances et autres (B. O. 385).

23 mars 1872.

Décret promulguant en Algérie l'article 6 de la loi du 28 février 1872, imposant au bailleur de faire les déclarations de location verbale (B. O. 408).

22 juin 1872.

Décret promulguant en Algérie la loi du 30 mars 1872 et le décret du 30 avril sur le timbre des connaissements venant de l'étranger (B. O. 423).

22 avril 1873.

Décret qui rend applicable en Algérie l'article 6 de la loi du 27 juillet 1870, et le décret du 21 décembre 1872, relatifs aux timbres des affiches (B. O. 482).

26 novembre 1873.

Loi relative à l'établissement du timbre ou signe spécial destiné à être apposé sur les marques commerciales ou de fabrique (B. O. 560.)

Art. 1. — Tout propriétaire d'une marque de fabrique ou de commerce, déposée conformément à la loi du 23 juin 1857, pourra être admis sur sa réquisition écrite, à faire apposer par l'État, soit sur les étiquettes, bandes ou enveloppes en papier, soit sur les étiquettes ou estampilles en métal sur lesquelles figure sa marque, un timbre ou poinçon spécial destiné à affirmer l'authenticité de cette marque.

Le poinçon pourra être apposé sur la marque faisant corps avec les objets eux-mêmes, si l'administration les en juge susceptibles.

Art. 2. — Il sera perçu au profit de l'État, par chaque apposition du timbre, un droit qui pourra varier de 1 centime à 1 franc.

Le droit dû pour chaque apposition du poinçon sur les objets eux-mêmes ne pourra être inférieur à 5 centimes ni excéder 5 francs.

Art. 3. — La quotité des droits perçus au profit du Trésor sera proportionnée à la valeur des objets sur lesquels doivent être apposées les étiquettes soit en papier, soit en métal, et à la difficulté de frapper d'un poinçon les marques fixées sur les objets eux-mêmes.

Cette quotité sera établie par des règlements d'administration publique qui détermineront, en outre, les métaux sur lesquels le poinçon pourra être appliqué, les conditions à remplir pour être admis à obtenir l'apposition des timbres ou poinçons, les lieux dans lesquels cette apposition pourra être effectuée, ainsi que les autres mesures d'exécution de la présente loi.

Art. 4. — La vente des objets par le propriétaire de la marque de fabrique ou de commerce à un prix supérieur à celui correspondant à la quotité du timbre ou du poinçon sera punie, par chaque contravention, d'une amende de cent francs (100 fr.) à cinq mille francs (5,000 fr.)

Les contraventions seront constatées dans tous les lieux ouverts au public par tous les agents qui ont qualité pour verbaliser en matière de timbre et de contributions indirectes, par les agents des postes et par ceux des douanes, lors de l'exportation.

Il leur est accordé un quart de l'amende ou portion d'amende recouvrée.

Les contraventions seront constatées et les instances seront suivies et jugées, savoir : 1° comme en matière de timbre, lorsqu'il s'agira du timbre apposé sur les étiquettes, bandes ou enveloppes en papier; 2° comme en matière de contributions indirectes, en ce qui concerne l'application du poinçon.

Art. 5. — Les consuls de France à l'étranger auront qualité pour dresser les procès-verbaux des usurpations de marques et les transmettre à l'autorité compétente.

Art. 6. — Ceux qui auront contrefait ou falsifié les timbres ou poinçons établis par la présente loi, ceux qui auront fait usage des timbres ou poinçons falsifiés ou contrefaits, seront punis de peines portées en l'article 140 du Code pénal, et sans préjudice des réparations civiles.

Tout autre usage frauduleux de ces timbres ou poinçons et des étiquettes, bandes, enveloppes et estampilles qui en seraient revêtues, sera puni des peines portées en l'article 142 dudit code.

Il pourra être fait application des dispositions de l'article 463 du code pénal.

Art. 7. — Le timbre ou poinçon de l'État apposé sur une marque de fabrique ou de commerce fait partie intégrante de cette marque.

À défaut par l'État de poursuivre en France ou à l'étranger la contrefaçon ou la falsification desdits timbres ou poinçons, la poursuite pourra être exercée par le propriétaire de la marque.

Art. 8. — La présente loi sera applicable dans les colonies françaises et en Algérie.

Art. 9. — Les dispositions des autres lois en vigueur touchant le nom commercial, les marques, dessins ou modèles de fabrique seront appliquées au profit des étrangers, si, dans leur pays, la législation ou des traités internationaux assurent aux Français les mêmes garanties.

12 février 1874.

Décret rendant applicable en Algérie les articles 2, 3, 4 et 5 de la loi du 29 décembre 1873 et le décret du 30 décembre même année, sur le timbre des copies, exploits et significations de pièces (B. O. 525).

1er avril 1874.

Décret rendant applicables en Algérie la loi du 19 février 1874 et les deux décrets du même jour sur les contre-timbres et les timbres mobiles (B. O. 533).

18 mai 1874.

*Décret rendant exécutoire en Algérie
L'article 3 de la loi du 11 mai 1868, affranchissant du timbre les affiches électorales;
La loi du 30 mars 1872 et le décret du 24 suivant, portant règlement pour son exécution;
La loi du 25 mai 1872, relative au timbre*

des titres de rente, emprunts et autres effets publics des gouvernements étrangers;

Le décret du 24 juillet 1872 pour l'exécution de la loi du 30 mars 1872, et portant établissement de timbres mobiles;

La loi du 20 décembre 1872 sur le timbre des effets de l'étranger sur l'étranger circulant en France.

(B. O. 547).

25 juin 1874.

Décret contenant règlement d'administration publique pour l'exécution de la loi du 26 novembre 1873 (B. O. 560).

7 août 1874.

Décret rendant exécutoire en Algérie le décret du 25 juin 1874 (B. O. 560).

Art. 1. — Le décret du 25 juin 1874 est rendu exécutoire en Algérie.

Art. 2. — Pour l'application de l'article 5 dudit décret concernant l'apposition du timbre, le territoire de l'Algérie est divisé en trois circonscriptions, conformément au tableau ci-après :

NUMÉROS de la circonscription.	CHEF-LIEU de la circonscription.	INDICATION DES DÉPARTEMENTS composant chaque circonscription.	OBSERVATIONS.
1	ALGER.	Départ. d'Alger.	
2	ORAN.	d'Oran.	
3	CONSTANTINE.	— de Constantine	

Art. 3. — La déclaration et le dépôt proscrits en vue de l'application du poinçon, ainsi que l'apposition du poinçon, ne pourront être effectués en Algérie que dans les bureaux de garantie des matières d'or et d'argent désignés ci-après, au choix du déclarant :

Alger. — Oran. — Constantine.

23 juillet 1875.

Décret qui rend exécutoire en Algérie l'article 6 de la loi du 2 juin 1875 qui soumet aux décimes établis par la législation actuelle les droits de douane, de contributions indirectes et de timbre, existant avant 1870 et qui, depuis cette époque, n'ont pas été augmentés en principal ou en décimes (B. O. 618).

30 décembre 1876.

Loi portant : 1° que le droit de timbre établi par la loi du 5 juin 1850, cessera d'être perçu sur les contrats d'assurance passés à l'étranger et ayant exclusivement pour objet des meubles ou immeubles situés à l'étranger.

2° Que les mêmes dispositions sont applicables aux contrats de réassurances applicables à des polices souscrites à l'étranger et ayant pour objet des risques situés à l'étranger (B. O. 690).

V. Enregistrement.

Octobre 1876.

Décision ministérielle portant que les rôles et quittances relatifs à la taxe des loyers en Algérie établis par arrêté du 4 novembre 1848, sont exempts de l'impôt du timbre (B. Préfecture d'Alger, 288 de 1876).

16 mai 1877.

Décret accordant un délai de dix mois pour faire timbrer les actes passés entre musulmans (B. O.)

23 janvier 1878.

Décret prorogeant jusqu'au 31 décembre 1878 le délai pour faire viser pour timbre et enregistrer les actes sous seing privé entre indigènes musulmans (B. O. 712).

Art. 1. — Est prorogé jusqu'au 31 décembre 1878, le délai de six mois accordé par le décret sus-visé du 16 mai 1877.

Art. 2. — Le bénéfice de cette prorogation ne s'applique qu'aux actes et jugements d'une date antérieure audit décret du 16 mai 1877.

Les droits en sus ou amendes qui ont été perçus sur les actes et jugements enregistrés antérieurement au présent décret, ne sont pas restituables.

Titres (Usurpation de).

23 mai 1858.

Promulgation de la loi qui modifie l'article 259 du Code pénal (B. 325).

Topographie.

26 janvier 1874.

Arrêté du gouverneur général reconstituant le service topographique en Algérie (B. O. 519).

Art. 1. — Le service de la topographie est rétabli en Algérie, à partir du 1er février 1874.

Ce service est chargé de procéder aux travaux de triangulation, d'arpentage, de reconnaissance et d'estimation nécessaires pour la colonisation, et de la conservation et l'aliénation des biens domaniaux, de la constitution de la propriété individuelle. Il est également chargé de l'établissement des biens parcellaires qui serviront de base aux opérations cadastrales.

Il est placé dans les attributions des préfets; mais, en ce qui concerne les opérations, il relève des préfets ou des généraux commandant les divisions, suivant les territoires.

Art. 2. — Le personnel se compose :

1° D'un inspecteur pour les trois provinces, sous les ordres du directeur général des affaires civiles et financières ;

2° D'un géomètre en chef par province;

3° D'un vérificateur, chef de bureau, adjoint au géomètre en chef ;

4° De géomètres vérificateurs, chargés de la surveillance et du contrôle des travaux extérieurs ;

5° De commis sédentaires attachés aux bureaux du géomètre en chef ;

6° De géomètres et d'élèves géomètres.

L'importance des cadres portés sous les paragraphes 4, 5 et 6 qui précèdent sera déterminée par des décisions spéciales, suivant les crédits et les besoins du service.

Des commis et géomètres auxiliaires pouvant être adjoints temporairement au personnel titulaire, ils seront rémunérés à la tâche et pourront être licenciés dès que leur concours ne sera plus nécessaire.

Les traitements fixes assignés aux emplois ci-dessus sont réglés ainsi qu'il suit :

Inspecteur, 7,000 francs.

Géomètres en chef : première classe , 6,000 francs ; deuxième classe, 5,000 francs.

Géomètres vérificateurs : première classe, 4,000 francs ; deuxième classe, 3,500 francs.

Commis et géomètres principaux : première classe, 3,000 francs; deuxième classe, 2,700 francs.

Commis et géomètres ordinaires : première classe, 2,400 francs ; deuxième classe , 2,100 francs ; troisième classe, 1,800 francs; quatrième classe, 1,500 francs.

Élèves géomètres, 1,200 francs.

Art. 3. — Tous les agents du service de la topographie sont nommés par le gouverneur général, savoir :

L'inspecteur, sur la proposition du directeur général des affaires civiles et financières;

Les géomètres en chef, sur la proposition du préfet, le général, commandant la division, consulté;

Les géomètres vérificateurs et géomètres ordinaires de toute classe , sur la proposition du préfet;

Les élèves géomètres, à la suite d'un concours.

Art. 4. — Nul n'est nommé géomètre élève, s'il n'est né ou naturalisé Français, s'il est âgé de moins de dix-sept ans et de plus de vingt-cinq ans, s'il ne satisfait aux conditions du programme déterminé par le règlement du service.

Les anciens militaires peuvent, toutefois, concourir jusqu'à l'âge de trente ans ;

Art. 5. — Les 2/3 des emplois de géomètres de quatrième classe sont réservés aux élèves géomètres, le dernier tiers peut être attribué à des géomètres ayant exercé dans d'autres administrations publiques, civiles ou militaires, à la condition pour eux de justifier :

1° Qu'ils n'ont pas dépassé l'âge de trente ans ;

2° Qu'ils réunissent les conditions requises des géomètres.

Les anciens militaires peuvent, toutefois, concourir pour l'emploi de géomètres de quatrième classe, jusqu'à l'âge de trente-cinq ans.

Art. 6. — Aucun agent, les élèves exceptés, ne peut être nommé à une classe supérieure avant deux années de service dans le grade ou la classe immédiatement inférieure.

Art. 7. — Le personnel du service de la topographie se divise en deux catégories :

1° Personnel actif opérant sur le terrain;

2° Personnel sédentaire opérant dans les bureaux du géomètre en chef.

Le personnel de la troisième catégorie se subdivise lui-même en trois sections :

1° Géomètres chargés des levés généraux :

2° Géomètres chargés des travaux spéciaux du domaine;

3° Géomètres détachés auprès des commissions de séquestre, de constitution de la propriété individuelle et des forêts.

Art. 8. — Tout agent de service de la topographie doit exercer ses fonctions par lui-même.

Il ne peut occuper un autre emploi ou faire aucun commerce.

Il ne peut non plus faire aucun arpentage particulier sans autorisation.

Art. 9. — L'inspecteur est chargé, sous l'autorité du directeur général des affaires civiles et financières, du contrôle de tous les travaux du service et de la comptabilité.

Il s'assure que les instructions sont fidèlement exécutées ; il assiste le directeur général dans les études d'ensemble concernant la colonisation.

Art. 10. — Le géomètre en chef de province est chargé, sous l'autorité du préfet, de la direction du personnel et assure, sous l'autorité du préfet ou du général, commandant la division, suivant le territoire, l'exécution des travaux sur le terrain.

En cas d'empêchement ou d'absence, il est suppléé par le vérificateur le plus ancien.

Art. 11. — Les géomètres vérificateurs sont placés directement sous l'autorité du géomètre en chef et peuvent, suivant les besoins, être répartis sur les points de la province où s'effectuaient de grands travaux, afin d'assurer, d'une manière plus efficace, l'emploi du temps des géomètres.

Art. 12. — Les commis sédentaires, les géomètres du service actif et les élèves-géomètres sont également placés sous l'autorité du géomètre en chef.

Leurs attributions et leurs devoirs sont déterminés par un règlement.

Art. 13. — Indépendamment du traitement annuel afférent à leur grade et à leur classe, il est alloué aux divers agents du service, ci-après désignés, les allocations suivantes :

1° Pour frais de déplacements régulièrement autorisés, des indemnités journalières de 20 francs à l'inspecteur, de 15 francs aux géomètres en chef, pendant la durée de leurs tournées.

2° Pour les travaux qu'ils exécuteront, aux vérificateurs et aux autres agents du service actif, les indemnités proportionnelles prévues par les tarifs en vigueur.

Dans aucun cas, les géomètres en chef ne recevront d'indemnités proportionnelles pour la surveillance des travaux exécutés par les agents du service.

Art. 14. — L'arrêté du 31 décembre 1872 est rapporté.

31 mars 1874.

Arrêté du gouverneur général approuvant le règlement pour l'exécution de l'arrêté précédent.

Art. 1. — Sont approuvées toutes les dispositions contenues dans le règlement ci-annexé destiné à régler le recrutement du personnel de la topographie et à assurer le fonctionnement régulier de ce service.

Art. 2. — L'arrêté du 26 novembre 1861 est rapporté.

Traités.

L'Algérie est soumise aux traités conclus spécialement pour elle, tels que celui du 18 mars 1845 avec l'empereur du Maroc, et celui du 24 juillet 1860 avec la Suisse, et à ceux intervenus entre la métropole et les puissances étrangères, sauf pour les traités de commerce, qui n'y sont applicables qu'en vertu d'une disposition formelle. Nous pourrions dès lors nous borner à signaler ces divers traités; mais ceux qui concernent les Espagnols et les Suisses sont si souvent appliqués, qu'il nous a paru utile de les reproduire en entier. Nous en eussions fait de même pour le traité qui nous lie à l'Italie, si ce traité n'était pas expiré et ne devait être très-incessamment remplacé.

En dehors des traités généraux reproduits *in extenso*, nous avons extrait de divers traités des clauses d'un intérêt pratique usuel et les avons rangées par ordre alphabétique.

18 mars 1845.

Traité avec le Maroc (B. 211).

Les deux empereurs, animés d'un égal désir de consolider la paix heureusement rétablie entre eux, et voulant, pour cela, régler d'une manière définitive l'exécution de l'article 5 du traité du 10 septembre de l'an de grâce 1844 (24 cha'ban de l'an 1260 de l'hégire); — Ont nommé, pour leurs commissaires plénipotentiaires, à l'effet de procéder à la fixation exacte et définitive de la limite de souveraineté entre les deux pays, savoir :

L'empereur des Français, le sieur Aristide Isidore, comte de la Rue, maréchal de camp dans ses armées, commandeur de l'ordre impérial de la Légion d'honneur, etc.

L'empereur de Maroc, le Sid Ahmida ben Ali el Sadjnaï, gouverneur d'une des provinces de l'empire;

Lesquels, après s'être réciproquement communiqués leurs pleins pouvoirs, sont convenus des articles suivants, dans le but du mutuel avantage des deux pays et d'ajouter aux liens d'amitié qui les unissent :

Art. 1. — Les deux plénipotentiaires sont convenus que les limites qui existaient autrefois entre le Maroc et la Turquie resteraient les mêmes entre l'Algérie et le Maroc. — Aucun des deux empereurs ne dépassera la limite de l'autre; aucun d'eux ne s'élèvera à l'avenir de nouvelles constructions sur le tracé de la limite; elle ne sera pas désignée par des pierres. Elle restera, en un mot, telle qu'elle existait entre les deux pays avant la conquête de l'Algérie par les Français.

Art. 2. — Les plénipotentiaires ont tracé la limite au moyen des lieux par lesquels elle passe et touchant lesquels ils sont tombés d'accord, en sorte que cette limite est devenue aussi claire et aussi évidente que le serait une ligne tracée. — Ce qui est à l'est de cette ligne frontière appartient à l'empire de l'Algérie. — Tout ce qui est à l'ouest appartient à l'empire du Maroc.

Art. 3. — La désignation du commencement de la limite et des lieux sur lesquels elle passe est ainsi qu'il suit: — (suit le détail topographique de cette ligne.)

Art. 4. — Dans le Sahara (désert), il n'y a pas de limite territoriale à établir entre les deux pays, puisque la terre ne se laboure pas et qu'elle sert de pacage aux Arabes des deux empires qui viennent y camper pour y trouver les pâturages et les eaux qui leur sont nécessaires. Les deux souverains exerceront de la manière qu'ils l'entendront toute la plénitude de leurs droits sur leurs sujets respectifs dans le Sahara. Et toutefois, si l'un des deux souverains avait à procéder contre ses sujets, au moment où ces derniers seraient mêlés avec ceux de l'autre État, il procédera comme il l'entendra sur les siens, mais il s'abstiendra envers les sujets de l'autre gouvernement.

Ceux des Arabes qui dépendent de l'empire du Maroc, sont : les M'beïa, les Beni Guil, les Hamian Djenba, les Eümeur Sahara et les Ouled Sidi Cheik el Gharaba. — Ceux des Arabes qui dépendent de l'Algérie sont : les Ouled Sidi el Cheik el Cheraga et tous les Hamian, excepté les Hamian Djenba susnommés.

Art. 5. — Cet article est relatif à la désignation des kessours (villages du désert) des deux empires. Les deux souverains suivront à ce sujet l'ancienne coutume établie par le temps, et accorderont, par considération l'un pour l'autre, égard et bienveillance aux habitants de ces kessours.

Les kessours qui appartiennent au Maroc sont ceux de Yiche et de Figuigue. — Les kessours qui appartiennent à l'Algérie sont : Aïn Safra, S'fissifa, Assla, Tiout, Chellala, el Abiad et bou Semghoune.

Art. 6. — Quant au pays qui est au sud des kessours des deux gouvernement , comme il n'y a pas d'eau, qu'il est inhabitable, et que c'est le désert proprement dit, la délimitation en serait superflue.

Art. 7. — Tout individu qui se réfugiera d'un État dans l'autre, ne sera pas rendu au gouvernement qu'il aura quitté par celui auprès duquel il se sera réfugié, tant qu'il voudra y rester.

S'il voulait, au contraire, retourner sur le territoire de son département, les autorités du lieu où il sera réfugié ne pourront apporter la moindre entrave à son départ. S'il veut rester, il se conformera aux lois du pays, et il trouvera protection et garantie pour sa personne et ses biens. Par cette clause, les deux souverains ont voulu se donner une marque de leur mutuelle considération.

Il est bien entendu que le présent article ne concerne en rien les tribus; l'empire auquel elles appartiennent étant suffisamment établi dans les articles qui précèdent.

Il est notoire aussi que El Hadj Abd el Kader et tous ses partisans ne jouiront pas du bénéfice de cette convention, attendu que ce serait porter atteinte à l'article 4 du traité du 10 septembre de l'an 1844, tandis que l'intention formelle des hautes parties contractantes est de continuer à donner force et vigueur à cette situation émanée de la volonté de leurs souverains, et dont l'accomplissement affermira l'amitié et assurera pour toujours la paix et les bons rapports entre les deux États.

Fait sur le territoire français voisin des limites, le 18 mars 1845 (7 de rabïâ el ouel 1261 de l'hégire). — Puisse Dieu améliorer cet état de choses dans le présent et dans le futur!

18 mars 1862.

Promulgation de la convention conclue entre la France et l'Espagne, le 7 janvier 1862 (B. O. 55).

Art. 1. — Une convention consulaire ayant été signée, le 7 janvier 1862, entre la France et l'Espagne, et les ratifications de cet acte ayant été échangées à Madrid le 7 du présent mois de mars, ladite convention, dont la teneur suit, recevra sa pleine et entière exécution.

Art. 1. — Les sujets des deux pays pourront voyager et résider sur les territoires respectifs comme les nationaux; s'établir où ils le jugeront convenable pour leurs intérêts; acquérir et posséder toute espèce de biens meubles ou immeubles; exercer toute espèce d'industrie; faire le commerce, tant en gros qu'en détail; louer les maisons, magasins et boutiques qui leur seront nécessaires; effectuer le transport des marchandises et de l'argent, et recevoir des consignations aussi bien de l'intérieur que de l'étranger, en payant les droits et patentes, et en observant, dans tous ces cas, les conditions établies par les lois et les règlements en vigueur pour les nationaux. — Ils auront le droit, dans leurs ventes et achats, d'établir le prix des effets, des marchandises et des objets, quels qu'ils soient, tant importés que nationaux, soit qu'ils les vendent à l'intérieur du pays, soit qu'ils les destinent à l'exportation, sauf à se conformer aux lois et règlements du pays. Ils auront la faculté de faire et administrer eux-mêmes leurs affaires ou de se faire suppléer par des personnes dûment autorisées, soit dans l'achat ou vente de leurs biens, effets ou marchandises, soit pour le chargement, le déchargement et l'expédition de leurs navires.

Art. 2. — Les Français en Espagne et les Espagnols en France jouiront réciproquement d'une constante et complète protection pour leurs personnes et leurs propriétés. Ils auront, en conséquence, un libre et facile accès auprès des tribunaux de justice, tant pour réclamer que pour défendre leurs droits, à tous les degrés de la juridiction établis par les lois; ils pourront employer dans toutes les instances les avocats, avoués et agents de toutes classes qu'ils jugeront à propos, et jouiront enfin, sous ce rapport, des mêmes droits ou avantages accordés ou qu'seraient accordés aux nationaux.

Art. 3. — Les sujets de l'un ou l'autre État qui voudront se livrer au commerce ou s'établir, pour quelque but que ce soit, dans les pays respectifs, devront être pourvus d'un certificat d'immatriculation constatant leur qualité de Français ou 'Espagnols, qui leur sera délivré par les agents diplomatiques ou consulaires de leur pays, sur la présentation des pièces propres à établir leur nationalité. Ce certificat sera visé par les autorités territoriales compétentes, et servira de titre à celui auquel il aura été délivré, pour justifier de la nationalité et de son identité, dans les démarches qu'il aurait à faire, soit auprès des agents de la nation, soit auprès des autorités du pays. Sans la présentation dudit certificat d'immatriculation, les autorités françaises ne permettront, dans aucun cas, la résidence des Espagnols en France, ni les autorités espagnoles, celles des Français en 'spagne.

Art. 4. — Les Français en Espagne et les Espagnols en France seront soumis au payement des contributions, tant ordinaires qu'extraordinaires afférentes aux biens meubles qu'ils possèdent dans le pays de leur résidence, et à la profession ou industrie qu'ils y exercent, conformément aux lois et aux règlements généraux des États respectifs. Ils seront également soumis, comme les nationaux, aux charges et prestations en nature, ainsi qu'aux impôts municipaux, urbains, provinciaux ou départementaux auxquels ils pourraient être assujettis pour leurs biens meubles, leur profession ou industrie. — D'ailleurs, les Français en Espagne, comme les Espagnols en France, seront exempts de toute contribution de guerre, avances de contributions, prêts et emprunts, et de toute autre contribution extraordinaire, de quelque nature qu'elle soit, qui serait établie dans l'un des deux pays, par suite de circonstances exceptionnelles, en tant que ces contributions ne seront pas imposées sur la propriété foncière. — Ils seront également exempts de toute charge ou emploi municipal et de tout service personnel, soit dans les armées de terre et de mer, soit dans la garde ou milice nationale, ainsi que de toute réquisition aux services spéciaux de la milice, pourvu qu'ils présentent leurs certificats d'immatriculation, délivrés par leurs ambassades, légations ou consulats respectifs. Toutefois, les Français en Espagne et les Espagnols en France, possédant des biens-fonds et tenant un établissement commercial ou industriel, seront soumis, comme les nationaux, à la charge des logements militaires.

Art. 5. — Les Espagnols nés en France, lesquels, ayant atteint l'âge de vingt ans, y seraient compris dans le contingent militaire, devront produire devant les autorités civiles ou militaires compétentes un certificat établissant qu'ils ont tiré au sort en Espagne. Et, réciproquement, les Français nés en Espagne, qui y seraient appelés au service militaire, devront, dans le cas où les documents présentés par eux ne paraîtraient pas suffisants pour établir leur origine, fournir, l'année suivante, aux autorités compétentes, à l'époque du tirage, un certificat constatant qu'ils ont satisfait à la loi du recrutement en France. A défaut de ce document en bonne forme, l'individu désigné par le sort pour le service militaire, dans la commune où il est né, devra faire partie du contingent de cette commune.

Art. 6. — Les sujets des deux États pourront disposer à leur volonté, par donation, vente, échange, testament ou de toute autre manière, de tous les biens qu'ils possèderaient dans les territoires respectifs, et retirer intégralement leurs capitaux du pays. De même, les sujets de l'un des deux États, habiles à hériter des biens situés dans l'autre, pourront prendre possession sans empêchement des biens qui leur seraient dévolus, même *ab intestat;* et lesdits héritiers ou légataires ne seront pas tenus à acquitter des droits de succession autres ni plus élevés que ceux qui seraient imposés, dans des cas semblables, aux nationaux eux-mêmes.

Art. 7. — Les sujets des deux pays ne pourront être assujettis respectivement à aucune saisie, ni être retenus avec leurs navires, équipages, voitures et effets de commerce quels qu'ils soient, pour aucune expédition militaire ni pour aucun service public, sans qu'il soit accordé aux intéressés une indemnité préalablement convenue. — Ils seront néanmoins soumis aux réquisitions pour transports (*bagages*); mais dans ce cas, ils auront droit à la rémuneration officiellement établie par l'autorité compétente dans chaque département ou localité, pour les sujets du pays.

Art. 8. — Chacune des autres parties contractantes aura la faculté d'établir des consuls généraux, consuls ou vice-consuls ou agents consulaires dans les ports, villes et lieux du territoire de l'autre, se réservant respectivement le droit d'en excepter les points qu'elles jugeraient convenables. — Toutefois, cette réserve ne pourra être appliquée à l'une des hautes parties contractantes, sans qu'elle le soit également à toutes les autres puissances.

Art. 9. — Pour que les consuls généraux, consuls et vice-consuls soient admis et reconnus comme tels, ils devront présenter leurs provisions sur les productions desquelles l'*exequatur* leur sera délivré sans frais et suivant les formes établies dans les pays respectifs. — Sur la présentation de l'*exequatur*, l'autorité supérieure du département, province ou district, dans lequel résideront lesdits agents donnera les ordres nécessaires aux autres autorités locales, pour que, sur tous les points de leurs circonscriptions, ils soient protégés dans l'exercice de leurs fonctions officielles, et pour que leurs exemptions, prérogatives, immunités et priviléges conférés par la présente convention leur soient garantis.

Art. 10. — Les consuls généraux, consuls et vice-consuls sujets de l'État qui les nomme jouiront de l'exemption du service militaire et de toute charge ou service public qui aurait un caractère municipal ou autre. — Ils seront de même exemptés des contributions directes, personnelles, mobilières ou somptuaires, imposées par l'État ou par les communes. Toutefois, si ces agents étaient commerçants, s'ils exerçaient quelque industrie ou possédaient des biens immeubles, ils seront considérés, en ce qui concerne les charges et contributions générales, comme les autres sujets de l'État auquel ils appartiendront.

Art. 11. — Les consuls généraux, consuls et vice-consuls ne seront pas tenus de paraître comme témoins devant les tribunaux du pays où ils résideront. Mais ils ne pourront refuser leurs déclarations à l'autorité judiciaire qui se transporterait à leur domicile pour les recevoir de vive voix, ou qui les leur demanderait par écrit, ou qui déléguerait à cet effet un fonctionnaire compétent en France, ou un notaire public en Espagne. Dans chacun de ces cas, ils devront satisfaire au désir de l'autorité dans le délai, au jour et à l'heure que celle-ci indiquera, sans opposer de retards inutiles.

Art. 12. — Les consuls généraux, consuls et vice-consuls sujets de l'État qui les nomme jouiront de l'immunité personnelle, sans qu'ils puissent être arrêtés ni conduits en prison, si ce n'est pour crimes, à moins que lesdits agents ne soient sujets du pays de leur résidence ou commerçants, auquel cas cette immunité personnelle ne devra s'entendre que des dettes ou autres causes civiles, n'impliquant pas de délit ou l'idée d'un délit, ou qui ne se rapporteraient pas au commerce qu'ils exerceraient eux-mêmes ou par leurs employés.

Art. 13. — Les consuls généraux, consuls et vice-consuls pourront placer, au-dessus de la porte extérieure du consulat ou vice-consulat, l'écusson des armes de leur nation, avec cette inscription : *consulat* ou *vice-consulat de...* — Ils pourront également arborer le pavillon de leur pays sur la maison consulaire, aux jours de solennités publiques, religieuses ou nationales, ainsi que dans les autres circonstances d'usage; mais l'exercice de ce double privilège cessera, si lesdits agents résident dans la capitale où se trouve l'ambassade ou la légation de leur pays. — Ils pourront de même arborer le pavillon national sur le bateau qu'ils monteraient dans le port, pour l'exercice de leurs fonctions.

Art. 14. — Les archives consulaires seront inviolables en tout temps, et les autorités locales ne pourront, sous aucun prétexte, visiter ni saisir les papiers qui en font partie. Ces papiers devront toujours être complètement séparés des livres ou papiers relatifs au commerce ou à l'industrie que pourraient exercer les consuls ou vice-consuls respectifs.

Art. 15. — En cas d'empêchement, d'absence ou de décès des consuls généraux, consuls et vice-consuls, les élèves consuls, les chanceliers et secrétaires qui auraient été présentés antérieurement en leurs qualités aux autorités respectives seront admis de plein droit, dans leur ordre hiérarchique, à exercer, par intérim, les fonctions consulaires, sans que les autorités locales puissent y mettre aucun obstacle. Au contraire, celles-ci devront leur prêter assistance et protection, et leur assurer, pendant leur gestion intérimaire, la jouissance des exemptions, prérogatives, immunités et privilèges reconnus par la présente convention aux agents consulaires respectifs.

Art. 16. — Les consuls généraux et consuls pourront nommer des vice-consuls ou agents consulaires, dans les villes, ports et localités de leurs arrondissements consulaires respectifs, sauf l'approbation du gouvernement territorial.

Art. 17. — Les mendiants ou les vagabonds, déclarés tels par les lois de chacun des deux pays et qui auraient été détenus à la demande des agents consulaires respectifs ou par ordre des autorités territoriales pour être expulsés du pays, seront mis à la disposition desdits agents. — Ceux-ci seront tenus de pourvoir à leur entretien, jusqu'au moment où ils auront pris les mesures nécessaires pour les rapatrier, et les autorités territoriales devront leur prêter, à cet effet, un appui efficace.

Art. 18. — Les consuls généraux, consuls et vice-consuls ou agents consulaires pourront s'adresser aux autorités de leur arrondissement consulaire pour réclamer contre toute infraction aux traités ou conventions existant entre les deux pays, et contre tout abus dont leurs nationaux auraient à se plaindre. Si leurs réclamations n'étaient pas accueillies par les autorités de leur arrondissement consulaire, ou si les résolutions prises par celles-ci ne leur paraissaient pas satisfaisantes, ils pourront avoir recours, à défaut d'un agent diplomatique de leur pays, au gouvernement de l'État dans lequel ils résideraient.

Art. 19. — Les consuls généraux, consuls et vice-consuls ou agents consulaires des deux pays ou leurs chanceliers, auront le droit de recevoir dans leurs chancelleries, au domicile des parties et à bord des navires de leur nation, les déclarations que pourront avoir à faire les capitaines, les gens de l'équipage et les passagers, les négociants et tous autres sujets de leurs pays. — Ils seront également autorisés à recevoir, comme notaires, les dispositions testamentaires de leurs nationaux et tous autres actes notariés, lors même que lesdits actes auraient pour objet de conférer hypothèque. Lesdits agents auront, en outre, le droit de recevoir dans leurs chancelleries tous actes conventionnels passés entre un ou plusieurs de leurs nationaux et d'autres personnes du pays dans lequel ils résident, comme aussi tous les actes que quoique d'un intérêt exclusif pour les sujets du pays dans lequel ils sont dressés, concerneraient des biens situés ou des affaires à traiter sur un point quelconque du territoire de la nation à laquelle appartient le consul ou vice-consul par qui lesdits actes seront rédigés. Les copies ou extraits de ces actes, dûment légalisés par lesdits agents et scellés du sceau officiel des consulats ou des vice-consulats, feront foi, tant en justice que hors de justice, aussi bien dans les possessions de la France que dans celles de l'Espagne, et auront la même force et valeur que s'ils avaient été passés devant un notaire ou autres officiers publics de l'un ou de l'autre pays, pourvu que ces actes aient été rédigés dans les formes requises par les lois de l'État auquel appartiennent les consuls et vice-consuls, et qu'ils aient ensuite été soumis au timbre, à l'enregistrement ou à toute autre formalité en usage dans le pays où l'acte devra recevoir son exécution. — Dans le cas où un doute s'élèverait sur l'authenticité de l'expédition d'un acte public, enregistré à la chancellerie d'un des consulats respectifs, on ne pourra en refuser la confrontation avec l'original à l'intéressé qui en fera la demande et qui pourra assister à cette collation, s'il le juge convenable. — Les consuls généraux, consuls et vice-consuls ou agents consulaires respectifs pourront traduire toute espèce de documents émanés des autorités ou fonctionnaires de leur pays, et ces traductions auront, dans le pays de leur résidence, la même force et valeur que si elles eussent été faites par les interprètes jurés du pays.

Art. 20. — En cas de décès d'un sujet de l'une des parties contractantes sur le territoire de l'autre, les autorités locales devront en donner avis immédiatement au consul général, consul, vice-consul ou agent consulaire dans la circonscription duquel ledit décès aura eu lieu.

Ceux-ci, de leur côté, devront donner le même avis aux autorités locales, lorsqu'ils en seront informés les premiers. — Quand un Français en Espagne ou un Espagnol en France sera mort sans avoir fait de testament ni nommé d'exécuteur testamentaire, ou si les héritiers, soit naturels, soit désignés par le testament, étaient mineurs, incapables ou absents, ou si les exécuteurs testamentaires nommés ne se trouvaient pas dans le lieu où s'ouvrira la succession, les consuls généraux, consuls et vice-consuls ou agents consulaires de la nation du défunt auront le droit de procéder successivement aux opérations suivantes :

1° Apposer les scellés, soit d'office, soit à la demande des parties intéressées, sur tous les effets, meubles et papiers du défunt, en prévenant de cette opération l'autorité locale compétente, qui pourra y assister et apposer également ses scellés. — Les scellés, non plus que ceux de l'agent consulaire, ne devront pas être levés sans que l'autorité locale assiste à cette opération. — Toutefois, si, après un avertissement adressé par le consul ou vice-consul à l'autorité locale pour l'inviter à assister à la levée des doubles scellés,

celle-ci ne s'était pas présentée dans un délai de quarante-huit heures, à compter de la réception de l'avis, cet agent pourra procéder seul à ladite opération ;

2° Former l'inventaire de tous les biens et effets du défunt, en présence de l'autorité locale, si, par suite de la notification sus-indiquée, elle avait cru devoir assister à cet acte. — L'autorité locale apposera sa signature sur les procès-verbaux dressés en sa présence, sans que, pour son intervention d'office dans ces actes, elle puisse exiger des droits d'aucune espèce ;

3° Ordonner la vente aux enchères publiques de tous les effets mobiliers de la succession qui pourraient se détériorer et de ceux d'une conservation difficile, comme aussi des récoltes et effets, pour l'aliénation desquels il se présentera des circonstances favorables ;

4° Déposer en lieu sûr les effets et valeurs inventoriées, le montant des créances que l'on réalisera, ainsi que le produit des rentes que l'on percevra, dans la maison consulaire ou dans celle de quelque commerçant de la confiance du consul ou du vice-consul. Ces dépôts devront avoir lieu, dans l'un ou dans l'autre cas, d'accord avec l'autorité locale qui aura assisté aux opérations antérieures, si, par suite de la convocation dont va traiter le paragraphe suivant, des sujets du pays et d'une puissance tierce se présentaient comme intéressés dans la succession *ab intestat* ou testamentaire ;

5° Convoquer, au moyen des journaux de la localité et de ceux du pays du défunt, si cela était nécessaire, les créanciers qui pourraient exister contre la succession *ab intestat* ou testamentaire, afin qu'ils puissent présenter leurs titres respectifs de créance, dûment justifiés, dans le délai fixé par les lois de chacun des deux pays. — S'il se présentait des créanciers contre la succession testamentaire ou *ab intestat*, le payement de leurs créances devra s'effectuer dans le délai de quinze jours après l'inventaire fini, s'il y a l'argent nécessaire pour acquitter ces créances, et, dans le cas contraire, aussitôt que les fonds nécessaires auront pu être réalisés par les moyens les plus convenables ; ou enfin dans le délai consenti, d'un commun accord, entre les consuls et la majorité des intéressés. — Si les consuls respectifs se refusaient au payement de tout ou partie des créances, en alléguant l'insuffisance des valeurs de la succession pour les satisfaire, les créanciers auront le droit de demander à l'autorité compétente, s'ils le jugeaient utile à leurs intérêts, la faculté de se constituer en état d'union (*en concurso necesario de acreedores*). — Cette déclaration obtenue par les voies légales, établies dans chacun des deux pays, les consuls ou vice-consuls devront faire immédiatement la remise à l'autorité judiciaire ou aux syndics de la faillite, selon qu'il appartiendra, de tous les documents, effets ou valeurs appartenant à la succession testamentaire ou *ab intestat*, lesdits agents demeurant chargés de représenter les héritiers absents, les mineurs et les incapables ;

6° Administrer et liquider eux-mêmes ou par une personne qu'ils nommeront sous leur responsabilité, la succession testamentaire ou *ab intestat*, sans que l'autorité locale ait à intervenir dans lesdites opérations, à moins que des sujets du pays ou d'une tierce puissance n'aient à faire valoir des droits dans la succession; car en ce cas, s'il survenait des difficultés, provenant notamment de quelque réclamation, donnant lieu à contestation, les consuls généraux, consuls, vice-consuls et agents consulaires n'ayant aucun droit pour terminer ou résoudre ces difficultés, les tribunaux du pays devront en connaître selon qu'il leur appartient d'y pourvoir ou de les juger. — Lesdits agents consulaires agiront alors comme représentants de la succession testamentaire ou *ab intestat*, c'est-à-dire que, conservant l'administration et le droit de liquider définitivement ladite succession, comme aussi celui d'effectuer les ventes d'effets dans les formes précédemment indiquées, ils veilleront aux intérêts des héritiers et auront la faculté de désigner des avocats chargés de soutenir leurs droits devant les tribunaux. Il est bien entendu qu'ils remettront à ces tribunaux tous les papiers ou documents propres à éclairer la question soumise à leur jugement. — Le jugement prononcé, les consuls généraux, consuls et vice-consuls ou agents consulaires devront l'exécuter s'ils ne forment pas appel, et ils continueront alors de plein droit la liquidation, qui aurait été suspendue jusqu'à la conclusion du litige.

7° Organiser, s'il y a lieu, la tutelle ou curatelle, conformément aux lois des pays respectifs.

Art. 21.—Lorsqu'un Français en Espagne et un Espagnol en France sera décédé sur un point où il ne se trouverait pas d'agent consulaire de sa nation, l'autorité territoriale compétente procédera, conformément à la législation du pays, à l'inventaire des effets et à la liquidation des biens qu'il aura laissés, et sera tenu de rendre compte dans le plus bref délai possible, du résultat de ces opérations à l'ambassade ou à la légation qui doit en connaître, ou au consulat ou vice-consulat le plus voisin du lieu où se sera ouverte la succession *ab intestat* ou testamentaire. — Mais, dès l'instant que l'agent consulaire le plus rapproché du point où serait ouverte ladite succession *ab intestat* ou testamentaire se présenterait personnellement ou enverrait un délégué sur les lieux, l'autorité locale qui sera intervenue devra se conformer à ce que prescrit l'article 20 de cette convention.

Art. 22.—Les consuls généraux, consuls et vice-consuls ou agents consulaires des deux nations connaîtront exclusivement des actes d'inventaires et des autres opérations pratiquées pour la conservation des biens héréditaires, laissés par les gens de mer et les passagers de leur nation qui décéderaient à terre ou à bord des navires de leur pays, soit pendant leur traversée, soit dans le port de leur arrivée.

Art. 23.—Les consuls généraux, consuls et vice-consuls, ou agents consulaires pourront aller personnellement ou envoyer des délégués à bord des navires de leur nation après qu'ils auront été admis en libre pratique; interroger le capitaine et l'équipage; examiner les papiers du bord ; recevoir les déclarations sur leur voyage, leur destination et les incidents de la traversée; dresser les manifestes et faciliter l'expédition de leurs navires; enfin les accompagner devant les tribunaux de justice et dans les bureaux de l'administration du pays, pour leur servir d'interprètes et d'agents dans les affaires qu'ils auront à suivre ou les demandes qu'ils auraient à former.—Il est convenu que les fonctionnaires de l'ordre judiciaire et les gardes et officiers de la douane ne pourront, en aucun cas, opérer ni visites ni recherches à bord des navires, sans être accompagnés par le consul ou vice-consul de la nation à laquelle ces navires appartiennent. Ils devront également donner avis, en temps opportun, auxdits agents consulaires, pour qu'ils assistent aux déclarations que les capitaines et les équipages auront à faire devant les tribunaux et dans les administrations locales, afin d'éviter ainsi toute erreur ou fausse interprétation qui pourrait nuire à l'exacte administration de la justice. — La citation qui sera adressée aux consuls et vice-consuls par ces sortes de diligences indiquera une heure précise, et si les consuls et vice-consuls négligeaient de s'y rendre en personne ou dans la personne d'un délégué, il sera procédé en leur absence.

Art. 24. — En tout ce qui concerne la police des ports, le chargement et le déchargement des navires et la sûreté des marchandises, biens et effets, on observera les lois, ordonnances et règlements du pays. — Les consuls généraux, consuls et vice-consuls ou agents consulaires seront chargés exclusivement du maintien de l'ordre intérieur à bord des navires marchands de leur nation; ils régleront eux-mêmes les contestations de toute nature qui seront survenues entre le capitaine, les officiers du navire et les matelots et spécialement celles relatives à la solde et à l'accomplissement des engagements réciproquement contractés. — Les autorités locales ne pourront intervenir que lorsque les désordres survenus à bord des navires seraient de nature à troubler la tranquillité et l'ordre publics, à terre ou dans le port, ou quand une personne du pays ou ne faisant pas partie du rôle de l'équipage s'y trouvera mêlée. — Dans tous les autres cas, les autorités précitées se borneront à prêter tout appui aux consuls et vice-consuls, si elles en sont requises par eux, pour faire arrêter et conduire en prison quelqu'un des hommes inscrits sur le rôle de l'équipage, chaque fois que, pour un motif quelconque, lesdits agents le jugeront convenable.

Art. 25. — Les consuls généraux, consuls et vice-consuls ou agents consulaires pourront faire arrêter et renvoyer, soit à bord, soit dans leur pays, les marins et quelque autre personne que ce soit, faisant partie de l'équipage des navires marchands de leur nation qui auraient déserté. — A cet effet, ils devront s'adresser par écrit aux autorités locales compétentes, et justifier, au moyen de la présentation des registres du navire ou du rôle de l'équipage, ou, si le navire était parti par une copie authentique des documents susénoncés, que les personnes réclamées faisaient réellement partie de l'équipage. En vue de cette demande ainsi justifiée, on ne pourra refuser la remise de ces individus. On donnera, en outre, auxdits agents consulaires tout secours et toute assistance pour la recherche et l'arrestation de ces déserteurs, lesquels seront conduits dans les prisons du pays et y seront détenus à la demande et aux frais du consul ou du vice-consul, jusqu'à ce que celui-ci trouve une occasion pour les rapatrier. — Cet emprisonnement ne pourra durer plus de trois mois, après lesquels et moyennant un avis donné au consul trois jours à l'avance, la liberté sera rendue au prisonnier, qui ne pourra être incarcéré de nouveau pour la même cause. — Toutefois, si le déserteur avait commis quelque délit à terre, l'autorité locale pourra surseoir à l'extradition jusqu'à ce que le tribunal ait rendu sa sentence et que celle-ci ait reçu pleine et entière exécution. — Les hautes parties contractantes conviennent que les marins ou autres individus de l'équipage, sujets du pays dans lequel s'effectuera la désertion, sont exceptés des stipulations du présent article.

Art. 26. — A moins de stipulations contraires entre les armateurs, chargeurs et assureurs, les avaries que les navires des deux pays auront souffertes en mer, soit qu'ils entrent dans les ports respectifs volontairement ou par relâche forcée, seront toujours réglées par des consuls généraux consuls ou vice-consuls de leur nation; à moins que des sujets du pays dans lequel résident lesdits agents, ou ceux d'une tierce puissance ne se trouvent intéressés dans ces avaries, car dans ce cas, il appartiendra à l'autorité locale compétente d'en prendre connaissance et de les régler, s'il n'y a pas entente et conciliation entre tous les intéressés.

Art. 27. — Lorsqu'un navire appartenant au gouvernement ou à des sujets de l'une des hautes parties contractantes fera naufrage ou échouera sur le littoral de l'autre, les autorités locales devront porter le fait à la connaissance du consul général, consul, vice-consul ou agent consulaire le plus voisin du lieu où l'accident sera arrivé. — Toutes les opérations relatives au sauvetage des navires français, qui naufrageraient ou échoueraient dans les eaux territoriales de l'Espagne, seront dirigées par les consuls généraux, consuls, vice-consuls ou agents consulaires de France, et, réciproquement, toutes les opérations relatives au sauvetage des navires espagnols, qui naufrageraient ou échoueraient dans les eaux territoriales de la France, seront dirigées par les consuls généraux, consuls, vice-consuls ou agents consulaires d'Espagne. — L'intervention des autorités locales n'aura lieu, dans les deux pays, que pour donner aux agents consulaires les secours qui seront nécessaires pour maintenir l'ordre, garantir les intérêts des sauveteurs, s'ils sont étrangers à l'équipage, et assurer l'exécution des dispositions à observer pour l'entrée et la sortie des marchandises sauvées. — En l'absence et jusqu'à l'arrivée des consuls généraux, consuls, vice-consuls ou agents consulaires ou de la personne qu'ils délégueront à cet effet, les autorités locales devront prendre toutes les mesures nécessaires pour la protection des individus et la conservation des objets qui auront été sauvés du naufrage. — L'intervention des autorités locales dans ces différents cas n'occasionnera de frais d'aucune espèce, hors ceux auxquels donneront lieu les opérations du sauvetage et la conservation des objets sauvés, ainsi que ceux auxquels seraient soumis, en pareil cas, les navires nationaux. — En cas de doute sur la nationalité des navires naufragés, les dispositions mentionnées dans le présent article seront de la compétence exclusive de l'autorité locale. — Les hautes parties contractantes conviennent, en outre, que les marchandises et effets sauvés ne seront sujets au payement d'aucun droit de douane, à moins qu'on ne les destine à la consommation intérieure.

Art. 28. — En tout ce qui concerne le placement des navires, leur chargement et décharge ment dans les ports, bassins et rades des deux États, l'usage des magasins publics, grues, balances et autres machines de ce genre, et généralement, pour toutes les facilités et dispositions relatives aux arrivages, séjour et entrées et départs des navires, le traitement national sera accordé dans les deux pays, sans aucune différence; l'intention formelle des hautes parties contractantes étant d'établir, à ce sujet, l'égalité la plus parfaite entre les sujets des deux nations.

Art. 29. — Toutes les dispositions de la présente convention seront applicables et recevront leur exécution en France et dans les provinces de l'Algérie comme dans la péninsule espagnole, les îles adjacentes, Baléares et Canaries et dans les possessions espagnoles du nord de l'Afrique qui sont ouvertes actuellement ou qui pourraient l'être plus tard au commerce étranger. — Toutefois, attendu la situation spéciale où se trouve l'Algérie, le gouvernement de S. M. C. ne s'opposera pas à ce que les sujets espagnols qui y sont établis prennent les armes dans les cas urgents, avec la permission de l'autorité française, pour la défense de leurs foyers; mais ils ne pourront, en aucune manière, être mobilisés.

Art. 30. — Les clauses de cette convention, relatives aux successions testamentaires et *ab in-*

testat, aux naufrages et sauvetages, seront applicables aux possessions d'outre-mer de l'un et de l'autre État, sous les réserves que comporte le régime spécial auquel ces possessions sont soumises. — Il demeure convenu, en outre, que les consuls généraux, consuls, vice-consuls et agents consulaires respectifs, ainsi que les chanceliers, secrétaires, élèves ou attachés consulaires, jouiront dans les deux pays de toutes les exemptions, prérogatives, immunités et priviléges qui sont accordés ou seraient accordés, aux agents de la même classe de la nation la plus favorisée.

Art. 31. — La présente convention sera en vigueur pour dix années, à dater du jour de l'échange des ratifications; mais si aucune des hautes parties contractantes n'avait annoncé officiellement à l'autre, une année avant l'expiration de ce terme, son intention d'en faire cesser les effets, elle continuera à être en vigueur pour les deux parties jusqu'à ce que cette déclaration ait été faite, et pendant une année encore, quelle que soit l'époque à laquelle elle aura lieu.

Art. 32. — La présente convention sera approuvée et ratifiée par les deux hautes parties contractantes, et les ratifications seront échangées à Madrid, dans le délai de deux mois ou plus tôt si cela est possible.

26 Juillet 1865.

Publication de la déclaration relative à l'établissement des Suisses en Algérie et dans les colonies françaises (B. G. 152).

Art. 1. — Une déclaration relative à l'établissement des Suisses en Algérie et dans les colonies françaises ayant été signée, le 21 juillet 1867, par notre ministre secrétaire d'État au département des affaires étrangères et l'envoyé extraordinaire et ministre plénipotentiaire de la confédération suisse à Paris, ladite déclaration dont la teneur suit, est approuvée et sera insérée au *Bulletin des lois.*

DÉCLARATION.

Le gouvernement de S. M. l'Empereur des Français et le gouvernement de la confédération suisse, désirant assurer aux Suisses, tant en Algérie que dans les colonies françaises, le bénéfice du traité d'établissement conclu, le 30 juin 1864, entre les deux pays, les dispositions suivantes ont été arrêtées d'un commun accord :

1° Les stipulations du traité d'établissement du 30 juin 1864 sont étendues aux Suisses établis ou qui s'établiront, soit en Algérie, soit dans les colonies françaises;

2° Toutefois, attendu la situation spéciale où se trouve l'Algérie, le gouvernement de la confédération suisse ne s'opposera pas à ce que les citoyens suisses qui y sont établis prennent les armes dans les cas urgents, avec la permission de l'autorité française, pour la défense de leurs foyers; mais il ne pourront en aucune manière être mobilisés.

3° La présente déclaration recevra son exécution à partir du 1er septembre prochain, et elle aura la même durée que le traité d'établissement du 30 juin 1864.

TRAITÉ D'ÉTABLISSEMENT DU 30 JUIN 1864.

Art. 1. — Les Français, sans distinction de culte, seront reçus et traités dans chaque canton de la confédération, relativement à leurs personnes et à leurs propriétés, sur le même pied et de la même manière que le sont ou pourront l'être à l'avenir les ressortissants chrétiens des autres cantons. Ils pourront, en conséquence, aller, venir et séjourner temporairement en Suisse, munis de passe-ports réguliers, en se conformant aux lois et règlements de police. Tout genre d'industrie ou de commerce permis aux ressortissants des divers cantons le sera également aux Français et sans qu'on puisse en exiger aucune condition pécuniaire ou autre plus onéreuse.

Art. 2. — Pour prendre domicile ou former un établissement en Suisse, les Français devront être munis d'un acte d'immatriculation constatant leur nationalité, qui leur sera délivré par l'ambassade de France, après qu'ils auront produit des certificats de bonne conduite et de bonnes mœurs, ainsi que les autres attestations requises.

Art. 3. — Les Suisses jouiront en France des mêmes droits et avantages que l'article 1 ci-dessus assure aux Français en Suisse.

Art. 4. — Les sujets ou ressortissants de l'un des deux États établis dans l'autre ne seront pas atteints par les lois militaires du pays qu'ils habiteront, mais resteront soumis à celle de leur patrie. — Ils seront également exempts de tout service, soit dans la garde nationale, soit dans les milices municipales.

Art. 5. — Les sujets ou ressortissants de l'un des deux États établis dans l'autre et qui seraient dans le cas d'être renvoyés par sentence légale ou d'après les lois et règlements sur la police des mœurs et la mendicité, seront reçus en tout temps, eux et leurs familles, dans le pays dont ils sont originaires et où ils auront conservé leurs droits conformément aux lois.

Art. 6. — Tout avantage que l'une des parties contractantes aurait concédé où pourrait encore concéder à l'avenir d'une manière quelconque à une autre puissance, en ce qui concerne l'établissement et l'exercice des professions industrielles, sera applicable de la même manière et à la même époque à l'autre partie, sans qu'il soit nécessaire de faire une convention spéciale à cet effet.

Art. 7. — Le présent traité recevra son application dans les deux pays en même temps que le traité de commerce conclu sous la date de ce jour, et il aura la même durée.

19 octobre 1869.

Promulgation de la convention conclue le 15 juin 1869 entre la France et la confédération suisse, sur la compétence judiciaire et l'exécution des jugements en matière civile (B. O. 327).

Art. 1. — Une convention relative à la compétence judiciaire et à l'exécution des jugements en matière civile, suivie d'un protocole explicatif, ayant été conclue, le 15 juin 1869, entre la France et la confédération suisse, et les ratifications de cet acte ayant été échangées à Paris le 13 octobre 1869, ladite convention, ainsi que le protocole explicatif dont la teneur suit, seront insérés au *Bulletin des lois* et recevront leur pleine et entière exécution.

CONVENTION DU 15 JUIN 1869.

Des difficultés s'étant élevées entre la France et le gouvernement suisse relativement à l'interprétation de quelques dispositions du traité du 13 juillet 1828, S. M. l'Empereur des Français et la Confédération suisse ont jugé nécessaire de le soumettre à une révision, et ont, à cet effet, nommé des plénipotentiaires, lesquels après s'être communiqué leurs pleins pouvoirs trouvés en bonne et due forme, sont convenus des articles suivants :

I. — *Compétence et action en justice.*

Art. 1. — Dans les contestations en matière mobilière et personnelle, civile ou de commerce, qui s'élèveront entre Français et Suisses, soit entre Suisses et Français, le demandeur sera tenu de poursuivre son action devant les juges naturels du défenseur. Il en sera de même pour les actions en garantie, quel que soit le tribunal où la demande originaire sera pendante. Si le Français ou le Suisse défendeur n'a point de domicile ou de résidence connus en France ou en Suisse, il pourra être cité devant le tribunal du domicile du demandeur. — Si néanmoins l'action a pour objet l'exécution d'un contrat consenti par le défendeur dans un lieu situé, soit en France soit en Suisse, hors du ressort desdits juges naturels, elle pourra être portée devant le juge du lieu où le contrat a été passé, si les parties y résident au moment où le procès sera engagé.

Art. 2. — Dans les contestations entre Suisses qui seraient tous domiciliés ou auraient un établissement commercial en France, et dans celles entre Français tous domiciliés ou ayant un établissement commercial en Suisse, le demandeur pourra aussi saisir le tribunal du domicile ou du lieu de l'établissement du défenseur, sans que les juges puissent se refuser de juger et se déclarer incompétents à raison de l'extranéité des parties contractantes. Il en sera de même si un Suisse poursuit un étranger domicilié ou résidant en France devant un tribunal français, et réciproquement si un Français poursuit en Suisse un étranger domicilié ou résidant en Suisse devant un tribunal suisse.

Art. 3. — En cas d'élection de domicile dans un lieu autre que celui du domicile du défendeur, les juges du lieu du domicile élu seront seuls compétents pour connaître des difficultés auxquelles l'exécution du contrat pourra donner lieu.

Art. 4. — En matière réelle ou immobilière, l'action sera suivie devant le tribunal du lieu de la situation des immeubles. Il en sera de même dans le cas où il s'agira d'une action personnelle concernant la propriété ou la jouissance d'un immeuble.

Art. 5. — Toute action relative à la liquidation et au partage d'une succession testamentaire ou *ab intestat* et aux comptes à faire entre les héritiers ou légataires sera portée devant le tribunal de l'ouverture de la succession, c'est-à-dire s'il s'agit d'un Français mort en Suisse, devant le tribunal de son dernier domicile en France, et s'il s'agit d'un Suisse décédé en France, devant le tribunal de son lieu d'origine en Suisse. Toutefois, on devra, pour le partage, la licitation ou la vente des immeubles, se conformer aux lois du pays de leur situation. — Si dans les partages de succession auxquelles les étrangers sont appelés concurremment avec les nationaux, la législation de l'un des deux pays accorde à ses nationaux des droits et avantages particuliers sur les biens situés dans ce pays, les ressortissants de l'autre pays pourront, dans les cas analogues, revendiquer de même les droits et avantages accordés par la législation de l'État auquel ils appartiennent. — Il est du reste bien entendu par les jugements rendus en matière de succession par les tribunaux respectifs et n'intéressant que leurs nationaux sont exécutoires dans l'autre, quelles que soient les lois qui y sont en vigueur.

Art. 6. — La faillite d'un Français ayant un établissement de commerce en Suisse pourra être prononcée par le tribunal de sa résidence en Suisse, et réciproquement celle d'un Suisse ayant un établissement de commerce en France pourra être prononcée par le tribunal de sa résidence en France. — La production du jugement de faillite dans l'autre pays donnera au syndic ou représentant de la masse, après toutefois que le jugement aura été déclaré exécutoire, conformément aux règles établies en l'article 16 ci-après, le droit de réclamer l'application de la faillite aux biens meubles et immeubles que le failli possédera dans ce pays. — En ce cas, le syndic pourra poursuivre contre les débiteurs le remboursement des créances dues au failli; il poursuivra également, en se conformant aux lois du pays de leur situation, la vente des biens meubles et immeubles appartenant au failli. — Le prix des biens meubles et les sommes et créances recouvrées par le syndic dans le pays d'origine du failli seront joints à l'actif de la masse chirographaire du lieu de la faillite, et partagés avec cet actif, sans distinction de nationalité, entre tous les créanciers, conformément à la loi du pays de la faillite. — Quant aux prix des immeubles, la distribution entre les ayants droit sera régie par la loi du pays de leur situation ; en conséquence, les créanciers français ou suisses qui se seront conformés aux lois du pays de la situation des immeubles pour la conservation de leurs droits de privilége ou d'hypothèque sur lesdits immeubles seront, sans distinction de nationalité, colloqués sur le prix des biens au rang qui leur appartiendra d'après la loi du pays de la situation desdits immeubles.

Art. 7. — Les actions en dommages, restitution, rapport, nullité et autres qui, par suite d'un jugement déclaratif de faillite ou d'un jugement reportant l'ouverture de la faillite à une époque autre que celle primitivement fixée, ou pour toute autre cause, viendraient à être exercées contre les créanciers ou des tiers, seront portées devant le tribunal du domicile du défendeur, à moins que la contestation ne porte sur un immeuble ou un droit réel et immobilier.

Art. 8. — En cas de concordat, l'abandon fait par le débiteur failli des biens situés dans son pays d'origine et toutes les stipulations du concordat produiront, par la production du jugement d'homologation, déclaré exécutoire, conformément à l'article 16, tous les effets qu'il aurait dans le pays de la faillite.

Art. 9. — La faillite d'un étranger établi soit en France, soit en Suisse, et qui aura des créanciers français et suisses et des biens situés en France ou en Suisse, sera, si elle est déclarée dans l'un des deux pays, soumise aux dispositions des articles 7 et 8.

Art. 10. — La tutelle des mineurs et interdits français résidant en Suisse sera réglée par la loi française, et réciproquement la tutelle des mineurs et interdits suisses résidant en France sera réglée par la législation de leur canton d'origine. En conséquence, les contestations auxquelles l'établissement de la tutelle et l'administration de leur fortune pourront donner lieu seront portées devant l'autorité compétente de leur pays d'origine, sans préjudice toutefois des lois qui régissent les immeubles et des mesures conservatoires que les juges du lieu de la résidence pourront ordonner.

Art. 11. — Le tribunal français ou suisse devant lequel sera portée une demande qui, d'après les articles précédents, ne serait pas de sa compétence, devra, d'office, et même en l'absence du défendeur, renvoyer les parties devant les juges qui en doivent connaître.

Art. 12. — L'opposition à un jugement par défaut ne pourra être formée que devant les autorités du pays où le jugement aura été rendu.

Art. 13. — Il ne sera exigé des Français qui au-raient à suivre une action en Suisse aucun droit, caution ou dépôt auxquels ne seraient pas soumis, conformément aux lois du canton où l'action est intentée, les ressortissants suisses des autres cantons; réciproquement, il ne sera exigé des Suisses qui auraient à poursuivre une action en France aucun droit, caution ou dépôt auxquels ne seraient pas soumis les Français d'après les lois françaises.

Art. 14. — Les Français en Suisse et les Suisses en France jouiront du bénéfice de l'assistance judiciaire, en se conformant aux lois du pays dans lequel l'assistance sera réclamée. Néanmoins, l'état d'indigence devra, en outre des formalités prescrites par ces lois, être établi par la production de pièces délivrées par les autorités compétentes du pays d'origine de la partie et légalisées par l'agent diplomatique de l'autre pays, qui les transmettra à son gouvernement.

II. Exécution des jugements.

Art. 15. — Les jugements ou arrêts définitifs en matière civile et commerciale, rendus soit par les tribunaux, soit par les arbitres, dans l'un des deux États contractants, seront, lorsqu'ils auront acquis force de chose jugée, exécutoires dans l'autre, suivant les formes et sous les conditions indiquées dans l'article 16 ci-après.

Art. 16. — La partie au profit de laquelle on poursuivra, dans l'un des deux États, l'exécution d'un jugement ou d'un arrêt devra produire au tribunal ou à l'autorité compétente du lieu ou de l'un des lieux où l'exécution doit avoir lieu : — 1° l'expédition du jugement ou de l'arrêt légalisé par les envoyés respectifs ou, à leur défaut, par les autorités de chaque pays; — 2° l'original de l'exploit de signification dudit jugement ou arrêt, ou tout autre acte qui, dans le pays, tienne lieu de signification; — 3° un certificat délivré par le greffier du tribunal où le jugement a été rendu, constatant qu'il n'existe ni opposition, ni appel, ni autre acte de recours. — Sur la représentation de ces pièces, il sera statué sur la demande d'exécution, savoir : en France, par le tribunal réuni en chambre du conseil, sur le rapport d'un juge commis par le président et les conclusions du ministère public, et en Suisse, par l'autorité compétente, dans la forme prescrite par la loi. Dans l'un et l'autre cas, il ne sera statué qu'après qu'il aura été adressé à la partie contre laquelle l'exécution est poursuivie, une notification indiquant le jour et l'heure où il sera prononcé sur la demande.

Art. 17. — L'autorité saisie de la demande d'exécution n'entrera point dans la discussion du fond de l'affaire. Elle ne pourra refuser l'exécution que dans les cas suivants : — 1° si la décision émane d'une juridiction incompétente; — 2° si elle a été rendue sans que les parties aient été dûment citées et légalement représentées ou défaillantes; — 3° si les règles du droit public ou les intérêts de l'ordre public du pays où l'exécution est demandée s'opposent à ce que la décision de la juridiction étrangère y reçoive son exécution. — La décision qui accorde l'exécution et celle qui la refuse ne seront point susceptibles d'opposition, mais elles pourront être l'objet d'un recours devant l'autorité compétente, dans les délais et suivant les formes déterminées par la loi du pays où elles auront été rendues.

Art. 18. — Quand le jugement emportera contrainte par corps, le tribunal ne pourra ordonner l'exécution en cette partie de la décision, si la législation du pays ne l'admet pas dans le cas dont il s'agit au jugement. — Cette mesure ne pourra, dans tous les cas, être exercée que dans les limites et suivant les formes prescrites par la loi du pays où l'on poursuit son exécution.

Art. 19. — Les difficultés relatives à l'exécution des jugements et arrêts ordonnée conformément aux articles 15, 16 et 17, seront portées devant l'autorité qui aura statué sur la demande d'exécution.

III. — *Transmission d'exploits et actes judiciaires et extra-judiciaires. — Commissions rogatoires.*

Art. 20. — Les exploits, citations, notifications, sommations et autres actes de procédure dressés en Suisse et destinés à des personnes domiciliées ou résidant en France seront adressés directement par le gouvernement suisse à son agent diplomatique ou consulaire, placé le plus près du procureur de la République, chargé de les remettre aux destinataires. L'agent diplomatique ou consulaire les transmettra à ce magistrat, qui lui renverra les récépissés délivrés par les personnes auxquelles les actes auront été notifiés.—Réciproquement, le gouvernement français adressera à son agent diplomatique ou consulaire en Suisse, placé le plus près de l'autorité suisse chargée de les remettre aux destinataires, les exploits et actes dressés en France et destinés à des personnes domiciliées ou résidant en Suisse. L'autorité à laquelle les actes auront été transmis renverra à l'agent consulaire les récépissés qu'elle aura reçus.

Art. 21.—Les deux gouvernements contractants s'engagent à faire exécuter dans leurs territoires respectifs les commissions rogatoires décernées par les magistrats des deux pays pour l'instruction des affaires civiles et commerciales, et ce, autant que les lois du pays où l'exécution doit avoir lieu ne s'y opposeront pas.—La transmission desdites commissions rogatoires devra toujours être faite par voie diplomatique et non autrement. Les frais occasionnés par ces commissions rogatoires resteront à la charge de l'État requis de pourvoir à leur exécution.

Art. 22. — La présente convention est conclue pour dix années, à partir du jour de l'échange des ratifications. — Dans le cas où aucune des deux hautes parties contractantes n'aurait notifié, une année avant l'expiration de ce terme, son in-tention d'en faire cesser les effets, la convention continuera d'être obligatoire encore une année, et ainsi de suite d'année en année, jusqu'à l'expiration d'une année, à compter du jour où l'une des parties l'aura dénoncée. — Le jour où la présente convention sera mise en vigueur sera fixé dans le procès-verbal de l'échange des ratifications. — Les dispositions du traité du 18 juillet 1828 relatives à la juridiction et à l'exécution des jugements sont et demeurent abrogées.

PROTOCOLE.

Après s'être mis d'accord sur les termes des divers articles de la convention, les plénipotentiaires des deux pays ont pensé qu'il serait utile de déterminer, par des observations insérées en un protocole spécial, le sens et la portée de quelques-unes des stipulations de la convention, stipulations sur l'interprétation desquelles il pourrait s'élever des doutes ; à ces causes, les plénipotentiaires ont dressé les notes explicatives suivantes :

Art. 1. — Le dernier alinéa de cet article est ainsi conçu : « Si néanmoins l'action a pour objet l'exécution d'un contrat consenti par le défendeur dans un lieu situé, soit en France, soit en Suisse, hors du ressort desdits juges naturels, elle pourra être portée devant le juge du lieu où le contrat a été passé, « si les parties y résident au moment où le procès sera engagé. »—Le traité de 1828 dispose, dans son article 3, que les contestations personnelles sont portées devant les juges naturels du défendeur, « à moins que les parties ne soient présentes dans le lieu même où le contrat a été stipulé. »

Des difficultés se sont élevées sur l'interprétation des derniers mots qu'on vient de transcrire. Faut-il, pour que le tribunal du lieu où le contrat a été stipulé soit compétent, que les parties aient été présentes dans ce lieu au moment où le contrat a été passé, ou bien au moment où le procès est engagé ? — Des décisions ont été rendues en sens contradictoires par plusieurs cours impériales de France. — Le gouvernement suisse a toujours soutenu que, pour que les juges naturels cessassent d'être compétents il ne suffisait pas que les parties se trouvassent dans le lieu où le contrat a été passé au moment de la convention, mais qu'il était nécessaire qu'elles y fussent présentes au moment où le procès était engagé. — Le gouvernement français s'était, à plusieurs reprises, montré disposé à partager cet avis. Il convenait donc de trancher la question dans le nouveau traité.

En conséquence, une rédaction nouvelle a été adoptée : on a substitué aux mots « à moins que les parties ne soient présentes dans le lieu même où le contrat a été stipulé, » ceux-ci : « les parties y résident au moment où le procès sera engagé. »

En principe, l'interprétation du gouvernement suisse est donc adoptée; mais il a paru nécessaire d'expliquer que ce seul fait de la présence du Français en Suisse ou du Suisse en France ne suffirait pas pour rendre le tribunal du lieu du contrat compétent; les mots « y résident » ont pour objet d'indiquer que la dérogation au principe de la compétence des juges naturels n'aura pas lieu quand le défendeur se trouvera momentanément et en quelque sorte de passage dans le pays où le contrat aura été stipulé, par exemple, pour assister à une fête publique ou autre, pour un voyage d'affaires et de commerce, une foire, une opération isolée, un témoignage en justice, etc., etc., mais seulement quand le défendeur y aurait soit une résidence équivalente à domicile, soit même une résidence temporaire dont la cause n'est point déterminée par des faits purement accidentels, tels que ceux qu'on vient d'énumérer.

Art. 4. — Le paragraphe final de cet article donne compétence au tribunal du lieu de la situation des immeubles « dans le cas où il s'agira d'une action personnelle concernant la propriété ou la jouissance à cet immeuble. » — On a voulu prévoir les cas où un Français propriétaire en Suisse ou bien un Suisse propriétaire en France serait actionné en justice, soit par des entrepreneurs qui ont fait des réparations à l'immeuble, soit par un locataire troublé dans sa jouissance, soit enfin par toutes personnes qui, sans prétendre droit à l'immeuble même, exercent contre le propriétaire, et à raison de sa qualité de propriétaire, des droits purement personnels.

Art. 5. — La question s'est élevée, dans le cours des négociations, de savoir si l'article 2 de la loi française du 14 juillet 1819 pouvait encore être appliqué dans le cas où des héritiers français et suisses se trouveraient appelés concurremment à la succession d'un Français ou d'un Suisse décédé en laissant des biens dans les deux pays. Cet article est ainsi conçu : — « Dans le cas de partage d'une même succession entre des cohéritiers étrangers et français, ceux-ci prélèveront sur les biens situés en France une portion égale à la valeur des biens situés en pays étrangers dont ils seraient exclus, à quelque titre que ce soit, en vertu des lois et coutumes locales. »

Le gouvernement suisse exprimait le désir que les successions respectives des Français et des Suisses fussent réglées sans égard aux dispositions de cet article; le gouvernement français a expliqué qu'il ne pouvait, par un traité, abroger une loi faite en faveur des Français; que, d'après un arrêt de la cour de cassation du 18 juillet 1859, les traités antérieurs ne faisaient point obstacle à l'application de l'article 2 de la loi de 1819; que tout ce qu'il était possible de faire, c'était de stipuler la réciprocité; en conséquence, on a exprimé dans des termes généraux que si la législation d'un des deux pays accordait à ses nationaux des droits et des avantages particuliers sur les biens situés dans le pays, les nationaux de l'autre pourraient de même invoquer les droits et avantages à eux réservés par la législation de l'État auquel ils appartiennent.

Art. 11. — Le gouvernement suisse attache comme le gouvernement français un grand intérêt à ce que le tribunal saisi incompétemment d'une affaire qui appartient aux juges naturels du défendeur veille, même en l'absence de celui-ci, à la stricte application du traité, et renvoie le procès au tribunal qui doit en connaître. En imposant aux juges l'obligation de se déclarer incompétents, même d'office, l'article 2 disait suffisamment que même en l'absence du défendeur et de toute exception d'incompétence produite par lui, le tribunal devrait se déclarer incompétent; on a cependant ajouté ces mots: « et de même en l'absence du défendeur, » afin que celui-ci puisse, sans être tenu de se présenter à la barre pour soulever le moyen d'incompétence, adresser, soit au président du tribunal de commerce, soit au procureur de la République, quand il s'agira d'un tribunal où se rencontrera un officier du ministère public, des notes et observations propres à les éclairer sur l'application à sa cause des stipulations du traité. Ce moyen aura pour effet d'appeler utilement l'attention du tribunal sur sa propre compétence. Des instructions adressées aux tribunaux pour l'exécution du traité leur indiqueront d'ailleurs la portée des termes de l'article 11.

Art. 16. — Pour l'intelligence des mots « autorité compétente » qui se rencontrent plusieurs fois dans cet article, il est expliqué qu'en Suisse la demande d'exécution peut être portée, suivant les cantons, soit devant le tribunal entier, soit devant le président, soit même devant l'autorité exécutive; que, de plus, elle peut, en cas de difficulté être soumise au conseil fédéral, qui fait office, en ce cas, de cour supérieure : il a donc fallu se servir d'expressions générales et applicables à tous les cas. — En France, c'est toujours l'autorité judiciaire à ses divers degrés qui statuera sur les demandes d'exécution.

Art. 20. — Il est reconnu que le mode de transmission des exploits, citations et actes de procédure, tel qu'il est organisé actuellement, donne lieu à des correspondances géminées et à des retards fâcheux. On aurait désiré stipuler que ces actes seraient envoyés directement par le magistrat d'un pays à l'autorité correspondante de l'autre pays; mais le § 9 de l'article 69 du code de procédure civile français est impératif; il exige, à peine de nullité (article 79), que les exploits soient envoyés au ministre des affaires étrangères, qui les transmet au gouvernement étranger. Il y a donc lieu d'attendre que la révision du code de procédure et notamment celle du § 9 de l'article 69, permette au gouvernement français de consentir des stipulations plus appropriées aux besoins de célérité de notre époque. Dans l'état des choses, la clause insérée en l'article 20 a seule pu être admise.

Art. 21. — Quant aux commissions rogatoires,

le gouvernement français a tenu de conserver le mode actuel de transmission. Il importe, dans son opinion, que les gouvernements puissent surveiller avec soin l'exécution des mesures sollicitées par la justice étrangère et qui peuvent n'être point en rapport avec la législation du pays.

Le présent protocole, qui, de même que la convention du 15 juin 1869, a été expédié en double original, sera considéré comme approuvé et confirmé par les parties contractantes et comme ayant reçu la ratification par le fait seul de l'échange des ratifications de ladite convention, à laquelle le présent protocole se réfère.

.

EXTRAITS DE TRAITÉS DIVERS.

ACTES DE L'ÉTAT CIVIL.

Déclarations diplomatiques assurant entre la France et les nations ci-après nommées la communication réciproque des actes de l'état civil et la délivrance gratuite et dûment légalisée de leurs expéditions.

Italie. . . . . 13 janv. 1875.
Grand duché de Luxembourg. . . 11 juin 1875.
Belgique. . . . . 25 août 1876.

AGENTS CONSULAIRES.

Leurs priviléges et immunités.

V. *Consuls* et les traités spéciaux.

1er juin 1866.

Échange de notes avec l'Italie portant que la notification des actes judiciaires destinés aux sujets de chaque nation sera faite par l'intermédiaire des agents consulaires.

9 août 1866.

Circulaire ministérielle portant que les présidents des tribunaux de la France et de l'Italie sont autorisés à légaliser la signature des agents consulaires sur les actes qui doivent être exécutés dans leur ressort.

1 — 18 juillet 1870.

Échange de notes avec l'Italie autorisant les agents consulaires à avancer les frais de voyage aux témoins cités par les tribunaux de l'autre pays.

ASSISTANCE JUDICIAIRE.

L'assistance judiciaire n'est accordée aux étrangers que lorsqu'il est intervenu une convention entre la France et leur pays d'origine.

V. *Assistance judiciaire.*

CAUTIONS.

2 mars 1760.

Traité avec l'Italie portant que les sujets d'un des pays ne sont tenus qu'aux cautions exigées des sujets de l'autre, pour être admis en justice.

COMMERCE ET NAVIGATION (Traité de).

Traités applicables en Algérie (tarif officiel des douanes 1877).

Angleterre.	20 janvier	1860
	4 juin	1865
Turquie.	29 avril	1861
Belgique.	1 mai	1861
Italie.	13 juin	1862
	17 janvier	1863
Suisse.	17 janvier	1864
Pays-Bas.	7 juillet	1865
Suède et Norwége. . . .	14 février	1865
Autriche.	11 décem.	1866
Portugal.	11 juillet	1866
Allemagne.	10 mai	1871
Russie.	1 avril	1874

EXTRADITION.

4 juillet 1854.

Décret qui autorise la convention passée avec l'Angleterre relativement à l'extradition des matelots déserteurs (B. Lois XI, n° 1755).

12 mai 1870.

Traité avec l'Italie. L'article 5 de ce traité accorde aux agents consulaires la faculté de demander l'arrestation provisoire, laquelle ne sera point maintenue si, dans les vingt jours, le gouvernement n'est pas régulièrement saisi de la demande d'extradition.

15 août 1874.

Convention relative à l'extradition entre la France et la Belgique portant qu'en cas d'urgence l'arrestation provisoire est effectuée sur avis transmis par la poste ou le télégraphe de l'existence d'un mandat d'arrêt, à la condition, toutefois, que cet avis soit régulièrement donné par voie diplomatique au ministre des affaires étrangères du pays où l'inculpé s'est réfugié.

MARIAGE.

26 janvier 1876.

Circulaire ministérielle portant que l'article 100 du code italien qui prescrit aux sujets de ce royaume qui veulent se marier à l'étranger, de faire des publications au dernier domicile de leurs ascendants, quels que soient l'âge des époux et le temps depuis lequel ils résident à l'étranger, doit être appliqué en Algérie (B. ministère de la justice).

NATIONALITÉ.

Échange de notes sur la nationalité des mineurs des pays cédés par l'Italie à la France par le traité du 24 mars 1860.

NAUFRAGES.

Les consuls de nombreux États sont autorisés, par traités, à suivre les opérations de sauvetage des navires de leurs nations qui naufragent ou échouent sur les côtes françaises. Nous indiquons parmi les traités intervenus ceux qui nous paraissent susceptibles d'être appliqués en Algérie.

Danemark. . . . . 9 février 1842.
Belgique. . . . . 1er mai 1861.
Espagne. . . . . 7 janvier 1862.
Italie. . . . . 26 juillet 1862.
Suède et Norwége. . . . . . 14 février 1865.
Pays-Bas. . . . . 7 juillet 1866.
Portugal. . . . . 11 juillet 1865.
Autriche. . . . . 11 décembre 1866.
Allemagne. . . . . .10 mai 1871.
Russie. . . . . 1er avril 1874.
Grèce . . . . 1878.

23 février 1853.

Traité conclu avec les États-Unis et qui autorise les consuls à diriger personnellement le sauvetage des navires échoués ou naufragés (B. Lois XI).

Art. 11. — Toutes les opérations relatives au sauvetage des navires français naufragés sur les côtes des États-Unis, et des navires américains naufragés sur les côtes de France, seront respectivement dirigées par les consuls généraux, consuls et vice-consuls américains en France et jusqu'à leur arrivée, par les agents consulaires respectifs, là où il existera une agence. Dans les lieux et ports où il n'existerait pas d'agence, les autorités locales auront, en attendant l'arrivée du consul dans l'arrondissement duquel le naufrage aurait eu lieu, et qui devrait être immédiatement prévenu, à prendre toutes les mesures nécessaires pour la protection des individus et la conservation des effets naufragés.

Les autorités locales n'auront, d'ailleurs, à intervenir que pour maintenir l'ordre, garantir les intérêts des sauveteurs, s'ils sont étrangers aux équipages naufragés, et assurer l'exécution des dispositions à observer pour l'entrée et la sortie des marchandises sauvées. Il est bien entendu que ces marchandises ne seront tenues à aucun droit de douane, si elles doivent être réexportées, et que si elles sont admises à la consommation, on leur accordera les modérations de droits consacrées par la législation douanière des pays respectifs.

PROPRIÉTÉ LITTÉRAIRE.

Traités en vigueur (tarif officiel des douanes 1877).

Espagne. . . . . 15 novembre 1853.
Grand duché de Luxembourg. 4 juillet 1856.
Pays-Bas. . . . . 27 avril 1860.
Russie. . . . . 6 avril 1861.
Belgique. . . . . 1er mai 1861.
Italie. . . . . 29 juin 1862.
Suisse. . . . . 30 juin 1864.
Portugal. . . . . 11 juillet 1866.
Autriche. . . . . 11 décembre 1866.
Allemagne . . . . 10 mai 1871.
Angleterre. . . . . 1er août 1875.

SUCCESSIONS.

28 janvier 1873.

Circulaire du ministre des affaires étrangères portant que les conventions diplomatiques ayant trait aux successions ne régissent que les successions mobilières (B. Préfecture Alger, 13 de 1873).

« La solution de cette question ne saurait faire aucun doute : les conventions conclus avec l'Espagne et l'Italie, de même que tous les autres, n'ont rapport qu'aux successions mobilières. Quant aux biens immobiliers, situés en France et dépendant d'une hérédité étrangère, ils restent soumis au statut réel et par conséquent à la loi française. Si cette disposition n'est pas écrite en termes formels dans les actes diplomatiques susmentionnés, c'est que l'application du statut réel en matière immobilière est si universellement admise, qu'il a paru inutile de mentionner une exception incontestable. Du reste, en lisant avec soin les clauses des traités avec l'Espagne et l'Italie, on peut facilement se convaincre qu'elles ne concernent que la partie mobilière des successions. C'est ainsi, par exemple, que le droit de vendre aux enchères les biens héréditaires ne s'applique qu'aux effets mobiliers qui peuvent se détériorer et à ceux d'une conservation difficile.

« En général, les conventions de ce genre n'ont pas pour but de créer pour les agents consulaires des droits de juridiction qui ne sont pas de leur compétence, mais seulement de leur procurer des facilités pour prendre des mesures conservatoires dans l'intérêt exclusif de leurs nationaux et de nature à simplifier la tâche des tribunaux de leur pays. »

[Les stipulations relatives aux successions sont insérées dans les traités généraux de commerce; nous nous référerons en conséquence, pour les traités conclus et pour leur date, aux indications données au mot *Commerce* (Traités de).]

Transcription hypothécaire.

4 juillet 1855.

Décret promulguant la loi du 23 mars 1855 sur la transcription (B. 424).

Travaux civils.

12 novembre 1875.

Arrêté du gouverneur annexant divers ser- vices à l'Inspection des travaux publics (B. O, 629).

Art. 1. — Sont annexés aux bureaux de l'ins- pection générale des travaux civils :

1° Le bureau des renseignements techniques prévu par le conseil supérieur dans sa dernière session;

2° La partie des bureaux de la direction géné- rale où s'expédient les affaires intéressant les travaux publics et les travaux de colonisation, la construction et l'exploitation des voies de com- munication, ainsi que les grandes entreprises industrielles.

Art. 2. — Un ingénieur en chef des ponts et chaussées, adjoint à l'inspecteur général des tra- vaux civils, est placé à la tête des bureaux cons- titués comme il est dit ci-dessus.

Art. 3. — Les dépenses du personnel et du ma- tériel des bureaux de l'inspection générale des travaux civils sont imputées sur le chapitre XVI du budget du gouvernement général de l'Algérie, à l'exception de la solde de l'ingénieur adjoint, laquelle sera imputée sur le chapitre XV.

Art. 4. — Le directeur général des affaires ci- viles et financières conserve la signature, au nom du gouverneur général, pour l'expédition des affaires concernant les travaux publics.

Travaux publics.

27 janvier 1846.

Arrêté ministériel portant répartition des travaux publics entre les divers services (B. O. 210).

Art. 1. — Les travaux publics civils sont exé- cutés par quatre services distincts, savoir : — Le service des ponts et chaussées; — des mines et forages; — du génie; — des bâtiments civils (1).

Art. 2. — Les travaux à exécuter sont répartis entre ces trois services, conformément au tableau A annexé au présent arrêté.

Art. 3. — L'essence des arbres à planter sur les routes, chemins, canaux, fossés, etc , ainsi que les travaux préparatoires et d'entretien à exécuter pour la bonne réussite des plantations, sont déterminés sur les indications de l'agent chargé du service de la pépinière la plus rapprochée des localités où ces plantations doivent être faites.

Art. 4. — Sur les territoires mixtes et arabes le concours du service des ponts et chaussées pour les travaux d'irrigation, d'aqueducs et de distri- bution des eaux, n'a lieu qu'en vertu d'une déci- sion spéciale du ministre, lorsqu'il s'agit de travaux de quelque importance. — Ce concours s'établit par des conférences préalables, dans les- quelles les bases principales des projets sont discutées et arrêtées. — La rédaction des projets comme la direction des travaux demeurent exclu- sivement réservées au service du génie, confor- mément aux dispositions de l'ordonnance du 15 avril 1845.

Art. 5. — Les explorations géologiques rela- tives à la recherche des eaux souterraines et à l'établissement des puits artésiens sont confiées au service des mines et forages, dans toute l'étendue de l'Algérie. — Le forage des puits ar- tésiens est exécuté : — 1° sur les territoires civils, sous la direction immédiate et par les soins du service des mines et forages; — 2° sur les territoires mixtes et arabes, par les soins du ser- vice du génie, et d'après les projets concertés d'avance avec le service des mines et forages. — Toute modification quelconque à apporter au projet primitif de forage, dans son exécution, devra être préalablement concertée avec le service des mines et forages qui demeure, à cet effet, chargé de suivre la marche et d'apprécier les résultats des travaux entrepris.

Art. 6. — La recherche, la constatation et la description des monuments anciens sont placées dans les attributions de l'inspecteur général des bâtiments civils, sans distinction de territoire, conformément à la décision du 12 octobre 1845. — Les travaux de conservation et de restauration de ces monuments sont exécutés, sur les terri- toires civils, sous la direction et par les soins du service des bâtiments civils. — Le concert à éta- blir entre l'inspecteur général des bâtiments civils et le service du génie, pour ces travaux, sur les territoires mixtes et arabes, est réglé d'une manière conforme aux dispositions du der- nier paragraphe de l'article précédent.

Art. 7. — Le levé des plans des villes et cen- tres de population, soit anciens, soit à créer, et

(1) Ce dernier service supprimé par arrêté du gouver- neur du 19 décembre 1872 (B. O. 151).

la réduction des plans d'alignement appartiennent : — 1° sur les territoires civils, au service des bâtiments civils; — 2° sur les territoires mixtes et arabes, au service du génie.

Art. 8. — Les bases d'après lesquelles les nivellements et alignements doivent être exécutés dans chaque localité, sont préalablement déterminés par des commissions spéciales.

Sur les territoires civils, les commissions d'alignement sont composées ainsi qu'il suit :

1° Au chef-lieu d'arrondissement : — Le sous-directeur de l'intérieur et des travaux publics, président; — le maire de la ville; — le chef du génie; — l'ingénieur des ponts et chaussées; — le chef du service des domaines; — trois notables habitants propriétaires d'immeubles urbains; — l'architecte des bâtiments civils, secrétaire;

2° Au chef-lieu du cercle : — Le commissaire civil, président; — le maire de la commune; — le chef du génie; — l'ingénieur des ponts et chaussées; — l'agent des domaines; — trois notables habitants propriétaires d'immeubles urbains; — l'agent des bâtiments civils, secrétaire.

Sur les territoires arabes, les commissions consultatives instituées par l'ordonnance du 15 avril 1845, forment les commissions d'alignement. Dans ce cas, les fonctions de secrétaire sont remplies par un officier du génie que désigne le commandant supérieur.

Art. 9. — Les dispositions du présent arrêté seront immédiatement applicables aux nouveaux travaux civils à exécuter. — Il ne sera dérogé à ces dispositions que pour les travaux en cours d'exécution, et dont la direction ne pourrait être enlevée, sans inconvénients, au service qui les a commencés. Cette exception sera essentiellement temporaire.

Art. 10. — Toutes dispositions contraires à celles du présent arrêté sont et demeurent abrogées.

Tableau A indiquant la répartition des travaux civils en Algérie, entre les divers services appelés à concourir à leur exécution, et selon que l'exécution a lieu en territoire civil ou en territoires mixtes et arabes (aujourd'hui territoires militaires).

	Territoires civils.	Territoires arabes.
Routes nationales, stratégiques, provinciales et d'arrondissement.	P. et ch.	Génie.
Chemins vicinaux et de mulets,	Id.	Id.
Chemins de fer.	Id.	
Ponts, Ponceaux et autres ouvrages d'art se rattachant à ces diverses voies de communication.	Id.	Id.
Travaux maritimes.	Id.	P. et ch.
Phares, fanaux et feux de port.	Id.	Id.
Travaux de desséchement.	Id.	Génie.
Canalisation, endiguement et barrage des rivières et cours d'eau.		Id. P. et ch. et Gén
Canaux, bassins et tous autres ouvrages relatifs aux irrigations.	Id.	Id.
Travaux d'arrosage dans les pépinières.	Id.	Génie.
Nivellement et pavage des rues de grandes et de petite voirie.	Id.	Id.
Aqueducs, conduits et distribution des eaux et établissement de bornes-fontaines dans l'intérieur et à l'extérieur des villes et villages.		Id. Gén et P. et Ch.
Égouts.	Id.	Génie.
Plantation sur les routes et chemins, sur les berges des rivières, canaux et fossés de desséchement et d'irrigation au bord des aqueducs et sur les rues et places.	Id.	Id.
Découverte et exploitation des mines et minières.	M. et for.	M. et for.
Forage des puits artésiens.	Id.	M. et Gén.
Hôtels affectés au gouvernement et à l'administration générale.	Bât. civ.(1)	Génie.
Églises, temples, mosquées, synagogues et autres édifices consacrés au culte.	Id.	Id.
Tribunaux, prisons, pénitenciers.	Id.	Id.
Érection de monuments.	Id.	Id.
Fouilles et travaux pour la recherche, la restauration ou la conservation des monuments anciens		Id. G. et Bât. civ.
Bâtiments affectés à tous les services administratifs, financiers et municipaux.	Id.	Génie.
Bâtiments affectés au service des ponts et chaussées.		P. et ch. P. et ch.
Bâtiments affectés au service des bâtiments civils et des mines.	Bât. civ.	Génie.
Bâtiments domaniaux.	Id.	Id.
Bâtiments affectés à la marine nationale et aux services qui en dépendent.	Id.	Id.
Bâtiments et postes du service télégraphique.	Id.	Id.

(1) Aujourd'hui les ponts et chaussées.

	Territoires civils.	Territoires arabes.
Bâtiments des pépinières.	Id.	Id.
Hospices, dispensaires et tous établissements de bienfaisance.	Id.	Id.
Cimetières.	Id.	Id.
Bâtiments affectés à l'administration des Arabes.	Id.	Id.
Caravansérails, fondouks, bazars et tous édifices à l'usage des indigènes.	Id.	Id.
Salle de spectacles.	Id.	Id.
Fontaines, abreuvoirs, lavoirs et embranchements d'aqueducs ou de conduits destinés à les alimenter tant dans l'intérieur qu'à l'extérieur des villes et villages.	Id.	Id.
Rédaction des plans d'alignement et de nivellement des villes et villages existants et projetés.	Id.	Id.
Travaux d'installation de nouveaux centres de population, nivellements, construction de l'enceinte des édifices publics et des maisons destinées aux premiers colons, distribution des eaux qui s'y rapportent, plantations sur les rues et places des nouveaux villages.	Id.	Id.

19 octobre 1850.

Arrêté ministériel relatif aux aqueducs d'Alger.

Art. 1. — Une portion des crédits inscrits au budget de l'État pour la construction et l'entretien des aqueducs, égouts et fontaines est attribuée à la commune d'Alger. Le chiffre en sera déterminé chaque année par le ministre de la guerre, sur les propositions de l'autorité locale.— Les dépenses relatives aux travaux de petite voirie continueront d'être à la charge de la commune.

Art. 2. — La propriété des aqueducs d'Alger étant jusqu'à présent attribuée à l'État, l'eau nécessaire aux établissements nationaux continuera à leur être concédée gratuitement

(Les autres articles abrogés).

30 juillet 1851.

Arrêté ministériel concernant les travaux communaux (B. 302).

Art. 1. — Le service des ponts et chaussées, en Algérie, est chargé des travaux communaux

analogues à ceux qu'il fait exécuter pour le compte de l'État.

Art. 2. — Il sera alloué à ce service, pour les travaux communaux qu'il fera exécuter, une indemnité de 5 pour 100 des dépenses liquidées, à répartir entre les agents qui auront concouru à la rédaction des projets et à la conduite des travaux.

19 décembre 1856.

Arrêté ministériel sur les travaux communaux. — Agents spéciaux aux frais des communes (B. 504).

Art. 1. — Les communes régulièrement constituées sont libres, si elles possèdent les ressources suffisantes, d'entretenir à leurs frais des agents spéciaux pour l'exécution de leurs travaux communaux.

Art. 2. — Les communes qui, faute de ressources suffisantes ou pour tout autre motif, désireront recourir aux services de l'État, pour l'exécution de ces travaux, pourront, avec l'assentiment de l'autorité supérieure, employer les agents des ponts et chaussées et des bâtiments civils qui, dans ce cas spécial, relèveront exclusivement de l'autorité municipale.

Art. 3. — Le taux des indemnités à allouer par les communes aux agents des services de l'État pour la rédaction des projets, la conduite et l'exécution des travaux communaux, est fixé à 5 pour 100 des dépenses liquidées, quel que soit le lieu de la résidence des agents. Ces indemnités seront attribuées aux seuls agents qui auront rédigé les projets, conduit ou fait exécuter les travaux.

8 octobre 1858.

Décision ministérielle ordonnant la centralisation des travaux du génie à Alger.

23 octobre 1853.

Instruction ministérielle sur les travaux exécutés par le génie (Extrait B. M. 7).

Il y a en Algérie trois espèces de travaux exécutés par le génie militaire :

1° Ceux *purement militaires*, tels que fortifications, casernement, etc. qui continuent naturellement à être centralisés à Alger par le général commandant supérieur du génie;

2° Ceux exécutés *en territoire militaire dans un but civil* ou administratif, dans l'intérêt des communes ou du département, qui relèvent du général commandant la division; le directeur des fortifications les prépare, les fait exécuter et lui en rend compte; le commandant de la division correspond directement à ce sujet avec le prince chargé du ministère, sans qu'il y ait aucune centralisation à Alger;

3° Enfin *les travaux civils* exécutés exceptionnellement par le génie militaire en *territoire civil*. Pour ces derniers, le général commandant la division territoriale doit entrer en communication avec le préfet du département.

Trésorerie.

21 août 1839.

Ordonnance sur le régime financier.

Art. 88. — Le trésorier-payeur et les préposés payeurs remplissent dans la colonie les fonctions de receveurs des finances et de caissier central de la colonie. Les autres comptables leur versent le produit de leurs recettes.

Le trésorier-payeur fait office de directeur des postes (1).

Il reçoit, tant par lui que par ses préposés:

Les contributions extraordinaires de guerre;

Le reliquat de compte des débits des comptables de l'administration militaire en Afrique;

Le prix des effets militaires dégradés ou perdus;

Les recouvrements sur créances du Trésor poursuivies à la requête de l'agent judiciaire du Trésor public;

Et les produits qui, par leur nature, n'entrent pas dans les recouvrements des comptables des administrations financières.

Le trésorier-payeur reçoit, *à titre d'opération de trésorerie:*

Les versements des comptables de l'enregistrement et des domaines, des douanes, des contributions diverses et de l'entreposeur des poudres à feu;

Les produits appartenant à la caisse des invalides de la marine;

Les cautionnements à inscrire au Trésor ou reçus pour le compte de la caisse des dépôts et consignations;

Les produits de successions et des ventes d'effets des militaires décédés;

Le fond de masse des militaires congédiés;

Les retenues au profit de divers;

Les retenues exercées par suite de délégation ou d'opposition sur les traitements.

Art. 90. — Sont justiciables directs de la Cour des comptes pour toutes les recettes et dépenses, faites par eux ou pour leur compte, le trésorier payeur, les receveurs de l'enregistrement et des domaines, des douanes, et des contributions diverses, les conservateurs des hypothèques et l'entreposeur des poudres (2).

(1) Les postes ont été détachées en 1860.

(2) Il y a lieu d'ajouter les receveurs municipaux, ceux des bureaux de bienfaisance, des établissements hospitaliers.

16 décembre 1843.

Ordonnance portant que le service de la trésorerie centralisé entre les mains d'un seul trésorier payeur sera confié à trois trésoriers payeurs à Alger, Constantine et Oran; que chaque trésorier payeur aura les fonctions déterminées par l'ordonnance du 21 août 1839; qu'il sera justiciable de la Cour des comptes et qu'avant d'être installé il déposera un cautionnement en numéraire dont la quotité sera fixée par le ministre des finances.

Tramways.

21 avril 1875.

Décret qui autorise l'établissement de voies ferrées à traction de chevaux dans diverses communes d'Algérie (B. Lois XII, n° 4206).

Art. 1. — Est autorisé l'établissement de voies ferrées à traction de chevaux dans les communes d'Alger, de Sainte-Eugène, de Mustapha, d'Hussein-Dey et de la Maison-Carrée, département d'Alger.

Les travaux à exécuter pour l'établissement desdites voies sont déclarés d'utilité publique.

Art. 2. — Le gouverneur général civil de l'Algérie procédera, soit de gré à gré, soit par adjudication publique, à la concession de la construction et de l'exploitation desdites voies ferrées dans les conditions indiquées au cahier des charges ci-dessus visé et annexé au présent décret.

Art. 3. — En cas d'adjudication, un arrêté du gouverneur général civil de l'Algérie réglera les formes de l'adjudication, et indiquera celle des conditions du cahier des charges sur laquelle devront porter les enchères.

Le gouverneur général civil de l'Algérie approuvera l'adjudication.

Art. 4. — La redevance annuelle imposée au concessionnaire au profit des communes intéressées, en représentation des droits de stationnement, sera répartie, par arrêté du gouverneur général civil de l'Algérie, entre ces communes, au prorata de leur population respective d'après le recensement le plus récent.

21 avril 1875.

Décret qui autorise l'établissement de tramways dans les communes d'Alger, Saint-Eugène, Mustapha, Hussein-Dey et la Maison-Carrée. — Département d'Alger (B. O. 600*.

15 juillet 1875.

Adjudication par soumission cachetée de la concession pendant cinquante années de cette ligne de tramways (B. Préfecture d'Alger, 123 de 1875).

Tribunaux de commerce.

10 août 1834.

Ordonnance instituant un tribunal de commerce à Alger.

26 septembre 1842.

Ordonnance sur l'organisation de la Justice, portant, article 14, que les membres des tribunaux de commerce sont indéfiniment rééligibles, qu'ils ne peuvent rendre jugement qu'au nombre de trois, qu'ils ne reçoivent ni traitement ni indemnité, et qu'un greffier et des commis greffiers sont attachés à chaque tribunal, — et, article 36, que la compétence du tribunal de commerce d'Alger, à raison de la matière, est la même que celle des tribunaux de commerce en France. (B. 123.)

5 mars 1847.

Ordonnance qui crée, à Oran, un tribunal de commerce dont le ressort est le même que celui du tribunal civil de première instance d'Oran. (B. 252.)

12 février 1850.

Arrêté du gouverneur fixant la composition des deux tribunaux de commerce d'Alger et d'Oran, savoir, celui d'Alger : 1 président, 9 juges, 5 suppléants. Celui d'Oran : 1 président, 5 juges, 3 suppléants. (B. 340.)

27 décembre 1853.

Décret qui institue à Constantine un tribunal de commerce dont le ressort est celui du tribunal civil de première instance de Constantine et qui se compose d'un président, de cinq juges, de trois suppléants et d'un greffier. (B. M. 11.)

10 mai 1872.

Décret qui rend exécutoire en Algérie la loi du 21 décembre 1871 sur l'élection des membres des tribunaux de commerce. (B. O. 416.)

U

Uniformes.

17 avril 1846.

Arrêté ministériel fixant l'uniforme du personnel colonial en Algérie.

CONSEIL SUPÉRIEUR :

Les *Conseillers rapporteurs* portent le costume ci-après : habit frac en drap bleu de roi, fermant par neuf boutons sur la poitrine, à larges basques sans retroussés, avec collet droit doublé en velours noir, gilet blanc coupé droit, fermé par six boutons ; pantalon de drap bleu semblable à l'habit avec une ganse en soie noire brochée.

Broderie du Conseil d'État montée en or au collet, aux paremens, aux poches et un écusson à la taille de l'habit ;

Épée en poignée de nacre.

DIRECTION GÉNÉRALE.

Directeur général : Costume de préfet en France, broderie et ornements de préfets exécutés en or.

Chef de bureau : Habit frac en drap bleu à collet droit, fermant par neuf boutons sur la poitrine ; pantalon en drap bleu de roi ; gilet blanc coupé droit, fermant par six boutons. Broderie en argent au collet et aux paremens ;

Épée à poignée d'argent.

Sous-chef : Costume de chefs de bureaux, sans broderie aux paremens.

ADMINISTRATION PRÉFECTORALE.

Préfets : Costume et broderie de préfets en France.

Secrétaire général : Costume et broderie de sous-préfets.

Chef de bureau : Costume de chef de bureau de la direction générale.

Sous-chef : Costume des sous-chefs de la direction générale.

Sous-préfets : Costume et broderie des sous-préfets de France.

Secrétaire : Costume et broderie de sous-chef de préfecture.

Commissaires civils : Costume et broderie des sous-préfets, moins l'écusson à la taille.

Secrétaire : Costume de sous-chef de bureau de préfecture, moins la broderie au collet, remplacée par une simple baguette.

Maires et adjoints : Costume de France.

Commissaires de police : Habit de drap noir, brodé en soie noire au collet ; pantalon de drap noir, gilet de casimir noir, chapeau à claque sans plume ; — Boutons d'argent ;— épée à poignée en acier, ceinture en bleu de ciel, torsade en soie noire.

Inspecteur de police : tunique en drap bleu de roi, baguette argent au collet, pantalon de drap bleu, gilet de drap noir, képy de drap bleu avec filet d'argent, épée à poignée en cuivre.

Agents de police : tunique de drap bleu de roi avec passe-poil blancs au collet et aux parements, pantalon drap bleu, képy drap bleu avec passe-poils blancs, épée à poignée de cuivre.

Agents indigènes : costume indigène en drap bleu, turban blanc.

CONTRIBUTIONS DIVERSES.

Costume et broderies des agents du service des contributions directes en France. Boutons bombés en argent mat, ornés d'un soleil entouré d'un double rameau de lierre et d'olivier avec l'exergue : *Contributions directes. — Algérie.*

TOPOGRAPHIE

Costume et broderies des agents du cadastre en France. Boutons comme ceux des fonctionnaires des contributions diverses

V

Vaccination.

20 Juin 1843.

Arrêté du gouverneur portant règlement
(B. 260).

TITRE I.

ATTRIBUTIONS ET DEVOIRS DES COMITÉS DE VACCINE.

Art. 1. — Les comités de vaccine reçoivent communication de tous les documents, ordres, circulaires, etc., relatifs au service de la vaccination. Ils entendent les rapports des médecins conservateurs et vaccinateurs sur la situation des parties de service qui leur sont confiées. Ils signalent ceux d'entre eux qui ont fait preuve de plus de zèle et d'activité et qui ont obtenu les meilleurs résultats. Ils se préoccupent de l'intérêt qui s'attache à faire apprécier les bienfaits de la vaccine à la population indigène. Ils font, dans ce but, tous leurs efforts pour attirer dans leur sein et associer à leurs travaux le plus grand nombre possible de fonctionnaires ou notables musulmans.

Art. 2. — Les comités de vaccine doivent se réunir au moins une fois tous les six mois. Les procès-verbaux de leurs séances sont transmis, avec l'état semestriel des vaccinations opérées, au directeur des affaires civiles de la province.

Art. 3 et 4. — (Comité central et comités d'arrondissement supprimés par arrêté du 6 Janvier ci-après.)

TITRE II.

FONCTIONS ET DEVOIRS.

§ 1 — *Du directeur du service de vaccination* (1).

Art. 5. — Le directeur du service de vaccination, conservateur du dépôt du vaccin, entretiendra continuellement et sans intermittence le germe vaccinal par des vaccinations périodiques et successives de bras à bras, de manière à pouvoir continuellement fournir du vaccin aux conservateurs.

Art. 6. — Il prendra les mesures nécessaires

(1) Le directeur a été supprimé par arrêté du 6 Janvier 1859 et ses fonctions dévolues au directeur de l'École de médecine.

pour que les dépôts secondaires soient toujours abondamment pourvus, pour que le vaccin y soit renouvelé fréquemment et conservé avec soin ; il s'assurera que la vaccination est pratiquée publiquement et périodiquement dans tous les centres de population.

Art. 7. — Il rédigera les instructions auxquelles les conservateurs et les vaccinateurs devront se conformer ; ces instructions seront préalablement soumises à l'approbation du directeur général des affaires civiles.

Art. 8. — Il fixera et fera connaître aux vaccinateurs l'époque à laquelle ceux-ci seront tenus de commencer leurs tournées dans les centres ou communes de leur ressort.

Art. 9, 10, 11. — (Abrogés.)

§ 2. — Des conservateurs des dépôts secondaires de vaccine.

Art. 12. — Autant que possible, les conservateurs entretiendront continuellement le germe vaccinal dans leur dépôt par des vaccinations périodiques et successives de bras à bras. Quand ils en seront dépourvus faute de sujets, ils s'adresseront au directeur du dépôt central, qui leur en fera parvenir immédiatement.

Art. 13. — Ils satisferont gratuitement, en tout temps et sans délai, aux demandes de vaccin sec ou liquide qui pourraient leur être faites de tous les points de leur circonscription.

Art. 14. — Ils se pourvoiront, à leurs frais, de tous les instruments nécessaires, soit pour communiquer, soit pour envoyer le vaccin sec ou liquide.

Art. 15. — Toutes les demandes ou envois de vaccin, soit du conservateur du dépôt central, soit des conservateurs des dépôts secondaires, se feront sous le couvert de l'administration.

§ 3. — Des vaccinations.

Art. 16. — Les vaccinateurs vaccineront à leur domicile ou à la mairie, et à une heure déterminée, aux mois d'avril et d'octobre, tous les individus qui se présenteront. Ils leur délivreront un certificat huit jours après cette opération, en s'assurant qu'elle a donné tous les résultats qui en caractérisent le succès.

Art. 17. — Les vaccinateurs feront également deux fois par an, aux époques qui seront fixées par le conservateur-directeur du service, une tournée dans les communes ou localités qu'ils seront chargés de desservir. Ils vaccineront de bras à bras les sujets européens ou indigènes qui se présenteront. Huit jours après chaque tournée, ils en feront une seconde, à l'effet de constater le résultat de l'opération et de la renouveler s'il y a lieu.

Art. 18. — A la fin de chaque semestre, et après avoir soumis à la vaccination le plus grand nombre de sujets possible, les vaccinateurs feront certifier par l'autorité administrative locale l'état des vaccinations opérées par eux pendant le semestre. — Cet état sera transmis par l'autorité administrative locale au directeur des affaires civiles de la province.

Art. 19. — Les vaccinateurs visiteront les établissements dans lesquels nul ne doit être admis sans avoir justifié par un certificat qu'il a été atteint de la petite vérole ou vacciné.

Art. 20 — En cas d'invasion de la petite vérole, les vaccinateurs en donneront immédiatement avis au conservateur-directeur du service, qui prendra, de concert avec l'autorité administrative, les moyens nécessaires pour la combattre et la circonscrire.

Art. 21. — Les conservateurs des dépôts de vaccin, exerceront de droit, dans le chef-lieu de leur circonscription, les fonctions de vaccinateur. — Ils toucheront à ce titre, en sus de l'indemnité qui leur est allouée pour frais de conservation et d'expédition de vaccin, l'indemnité accordée à chaque vaccinateur pour les vaccinations réussies.

TITRE III.

DISPOSITIONS DIVERSES.

Art. 22. — Par application de l'article 5 d'une instruction du ministre de l'intérieur en date du 30 juin 1800, en vigueur dans la métropole et ainsi conçu : « Les indigents qui reçoivent des secours du gouvernement ou de la charité publique doivent prouver qu'eux et leurs enfants ont eu la petite vérole ou ont été vaccinés, » il ne sera accordé de secours aux indigents des villes et des campagnes qu'autant qu'ils produiront un certificat justifiant que leurs enfants ont été ou atteints de la petite vérole, ou vaccinés, ou inscrits pour être prochainement vaccinés. — En ce qui concerne les indigènes, ces dispositions ne seront rigoureusement applicables qu'à ceux qui touchent d'une manière régulière et permanente des secours sur les fonds de la Mecque et Médine.

Art. 23. — Les maires devront fournir aux médecins vaccinateurs, au commencement de chaque trimestre, la liste des enfants nés dans le trimestre précédent, avec indication de l'adresse des parents. Ils leur remettront également, en avril et octobre, la liste des enfants des deux sexes qui fréquentent les écoles.

Art. 24. — Aucun enfant ne sera admis dans les hospices, dans les établissements d'orphelins ou dans les écoles primaires, s'il n'a été vacciné ou atteint de la petite vérole, ou s'il n'est inscrit pour être vacciné.

Art. 25. — Les indemnités dont jouissent les instituteurs primaires en sus de leur traitement fixe, ne leur seront payées que sur le vu d'un certificat du vaccinateur de la localité portant qu'ils ont veillé, en ce qui les concerne, à l'exécution des dispositions de l'article précédent. Ce certificat ne devra pas être joint au mandat de payement.

Art. 26. — Les commissions administratives

des hospices n'admettront et ne conserveront pour le service de ces établissements aucun individu de l'un ou l'autre sexe qui ne justifiera pas, au moyen d'un certificat, qu'il a été vacciné ou atteint de la petite vérole.

Art. 27. — Les nourrices des enfants placés par les hospices ne recevront leur salaire que lorsqu'elles auront justifié que les enfants qui leur sont confiés et les leurs propres ont été vaccinés ou atteints de la petite vérole, ou qu'ils sont inscrits pour être vaccinés.

Art. 28. — Il sera alloué aux sages-femmes musulmanes, sur les fonds de la Mecque et Médine, pour chaque enfant indigène nouveau-né qu'elles feront vacciner, une prime dont le montant sera déterminé par le directeur général des affaires civiles.

6 janvier 1859.

Arrêté ministériel qui réorganise le service.
(B. M. 16.)

Art. 1. — Sont supprimés : — Le directeur spécial du service de la vaccination; — Le comité central de vaccine siégeant à Alger; — Les comités de vaccine d'arrondissement et de subdivision; — Les conservateurs d'arrondissement du virus-vaccin.

Art. 2. — La direction du service de la vaccination est dévolue au directeur de l'école préparatoire de médecine, avec les attributions définies par les articles 5, 6, 7 et 8 du règlement d'exécution du 20 juin 1848.

Art. 3. — Il y a au chef-lieu de chaque province un comité de vaccine dont le nombre des membres n'est pas limité. — Il y a au chef-lieu de chacune des provinces de Constantine et d'Oran un conservateur du virus-vaccin, nommé par le préfet et choisi par les vaccinateurs publics. — Les vaccinateurs de la province d'Alger s'approvisionnent au dépôt central.

Art. 4. — Sont spécialement chargés du service de la vaccination publique en Algérie : — Les médecins de colonisation. — Les médecins attachés aux bureaux arabes. — Les médecins et chirurgiens des hôpitaux civils. — Ils reçoivent, à ce titre, les instructions du directeur du service, et lui rendent, tous les six mois, compte de leurs opérations et observations.

Art. 5. — Sont de droit membres de chaque comité : le maire de la ville chef-lieu et le conservateur du virus-vaccin. — Les autres membres sont nommés par le préfet.

Art. 6. — Chaque comité de vaccine est présidé par le préfet. — La vice-présidence appartient au maire. — En l'absence du préfet et du maire, le comité élit son vice-président. — Les fonctions de secrétaire sont remplies par le conservateur du vaccin.

Art. 7. — Il est alloué pour frais de bureau, de correspondance, de conservation et d'expédition du virus-vaccin : — Au directeur du service, une indemnité annuelle de 600 fr.; — A chaque conservateur de province, une indemnité annuelle de 300 fr. — Ces indemnités sont payables par trimestre et à terme échu.

Art. 8. — Il est alloué à chaque vaccinateur public une rétribution de 50 cent. par vaccination réussie, jusqu'à concurrence de 500 vaccinations; au delà de ce nombre, la rémunération est purement honorifique. — Le prix des vaccinations réussies est ordonnancé par le préfet, sur états semestriels fournis par les vaccinateurs en double expédition, visés et certifiés par les maires des communes où les vaccinations ont été opérées.

Art. 9. — Indépendamment de la rétribution ordinaire, il peut être décerné, chaque année, sur les fonds votés à cet effet par les conseils généraux, des médailles d'honneur à ceux des vaccinateurs publics ou privés qui, dans chaque province, auront propagé la vaccine avec le plus de zèle et de succès. — Ces médailles sont décernées par le ministre, sur la proposition des comités de vaccine et l'avis du directeur du service.

Art. 10. — Le rapport annuel, prescrit au directeur par l'article 10 du règlement du 20 juin 1848, est adressé au ministre.

Art. 11. — Toutes dispositions contraires au présent arrêté sont et demeurent abrogées.

Vétérinaires.

12 janvier 1854.

Décret réglementant l'exercice de la profession de maréchal vétérinaire (B. 391).

Art. 1. — Nul ne peut prendre, en Algérie, le titre de médecin ou de maréchal vétérinaire, s'il n'est breveté par l'une des écoles vétérinaires de France, conformément au titre I" du décret du 15 janvier 1813.

Le titre de maréchal expert ne peut être pris que moyennant la justification d'un certificat d'apprentissage délivré dans les formes prescrites par les articles 15, 16 et 17 du décret de 1813 et par l'article 5 du présent décret.

Art. 2. — Les médecins et maréchaux vétérinaires et les maréchaux experts présentent leurs diplômes et leurs certificats à la mairie de leur résidence en territoire civil, et au bureau du commandant de place, en territoire militaire.

Art. 3. — Le préfet et le commandant de la division font enregistrer ces diplômes et dressent annuellement la liste des médecins et maréchaux vétérinaires, ainsi que des maréchaux experts exerçant dans la province. — Ces listes sont publiées et affichées dans toutes les communes.

Art. 4. — Nul ne peut être employé comme vétérinaire pour un service public, permanent ou temporaire, s'il n'est breveté médecin ou maréchal vétérinaire.

Art. 5. — Il y aura, dans les villes désignées par le ministre de la guerre, un médecin vétérinaire obligé d'y résider. Ce médecin recevra une indemnité de 800 francs à 1,200 francs prise sur les fonds du budget départemental. — Il sera tenu de former un atelier de maréchalerie et de faire des élèves. A la fin de la seconde année d'apprentissage, il pourra délivrer à ses élèves un certificat de maréchal expert; ce certificat sera visé par le préfet, en territoire civil, et par le général commandant la division en territoire militaire.

Dans les autres localités, tout médecin ou maréchal vétérinaire peut, sur sa demande, appuyée par le maire ou par l'officier public qui en remplit les fonctions, être autorisé par le préfet ou par le général commandant la division, suivant le territoire, à délivrer à ses apprentis, aux conditions fixées par le paragraphe précédent, des certificats de maréchal expert. — Ces certificats sont visés par le maire ou par l'officier public qui en remplit les fonctions.

Art. 6. — Aucun propriétaire ne peut prétendre à des indemnités pour pertes de bestiaux morts d'épizootie, s'il ne justifie qu'un vétérinaire breveté, civil ou militaire, a été appelé à les traiter. — Ce fait est constaté par un certificat émanant du vétérinaire appelé, et visé par le maire ou par l'officier qui en remplit les fonctions. — Toutefois, cette justification n'est pas nécessaire si, dans un rayon de 12 kilomètres autour de l'habitation où l'épizootie a régné, il n'existe pas de vétérinaire breveté.

Art. 7. — Les médecins et maréchaux vétérinaires, ainsi que les maréchaux experts actuellement établis en Algérie, se conformeront aux prescriptions de l'article 2 du présent décret dans le délai de deux mois à partir de sa promulgation.

La liste prescrite par l'article 3 sera publiée dans le délai de trois mois, à partir de la même époque.

Vétérinaires départementaux.

Il en existe dans les deux départements d'Oran et d'Alger. Les conseils généraux leur votent des subventions annuelles.

Vétérinaires militaires.

30 avril 1875.

Décret d'organisation (B. Lois XII n° 4380).

Art. 5. — Le cinquième vétérinaire principal

de première classe est attaché comme chef de service à l'armée d'Afrique.

Art. 6. — Trois vétérinaires principaux de deuxième classe sont attachés aux états majors des corps d'armée qui comptent le plus grand nombre de chevaux.

Voirie départementale.

21 avril 1874

Arrêté préfectoral qui organise la voirie départementale dans le département d'Alger.

21 avril 1874.

Arrêté préfectoral qui met au concours les emplois supérieurs et secondaires de la voirie départementale et vicinale dans le département d'Alger (B. préfecture d'Alger n° 17 de 1874).

20 mai 1877.

Arrêté préfectoral organisant le service de la voirie départementale dans le département d'Oran (préfecture d'Oran n° 4 de 1874).

Voitures publiques.

28 septembre 1875.

Décret plaçant dans les attributions du préfet d'Alger le règlement et la tarification des voitures publiques stationnant à Alger et aux environs (B. O. 675).

Art. 1. — Le règlement et la tarification des voitures publiques stationnant à Alger et dans les communes de Mustapha, El-Biar, la Bouzaréa, Saint-Eugène, La Pointe Pescade et Birmandreis sont placés dans les attributions du préfet d'Alger.

Art. 2. — Sont abrogées les dispositions antérieures contraires à celles du présent décret.

14 octobre 1876.

Décret préfectoral réglementant le service des voitures publiques dans la commune d'Alger et les communes suburbaines (préfecture d'Alger n° 59 de 1876).

Z

Zone frontière.

24 avril 1876.

Décret rendant applicables en Algérie la loi du 7 avril 1851 et les décrets des 16 août 1853 3 mars et 2 avril 1874 sur la zone frontière et la commission mixte des travaux publics (B. O. 656).

Art. 1. — Sont rendus exécutoires en Algérie, sauf les modifications résultant des articles ci-après, la loi du 7 avril 1851, et le décret du 16 août 1853, concernant la zone frontière et la commission mixte des travaux publics, le décret du 3 mars 1874, en ce qui concerne l'extension du rayon des enceintes fortifiées, et le décret du 2 avril 1874, relatif au mode d'intervention du ministre de la guerre dans les questions de création de chemin de fer en dehors de la zone frontière.

Art. 2. — La zone frontière, en Algérie, s'étend le long du littoral sur une largeur de dix kilomètres. Cette largeur est mesurée à partir du rivage, sauf autour des places de guerre et des postes militaires, situés dans la zone, où elle est comptée au delà et à partir des ouvrages extérieurs ou des forts détachés les plus avancés.

Les territoires réservés, dans cette zone frontière, sont restreints aux terrains situés tant dans la zone des fortifications autour des places de guerre et des postes militaires, telle qu'elle est définie à l'article 22 du décret du 10 août 1853 sur les servitudes défensives, que dans le rayon myriamétrique de ces points fortifiés.

Art. 3. — Sont de la compétence de la commission mixte :

DANS LES TERRITOIRES RÉSERVÉS :

Tous les objets énumérés à l'article 7 du décret du 6 août 1853.

DANS LA ZONE FRONTIÈRE :

Les mêmes objets, à l'exception de ceux qui sont mentionnés ci-après :

1° Les travaux concernant :

Les ponts à établir pour le service des chemins vicinaux ou forestiers, lorsque l'ouverture de ces ponts, entre culées, ne dépasse pas six mètres, s'il s'agit d'un pont avec voûte en maçonnerie, et douze mètres s'il s'agit d'un pont avec tablier en fer ou en bois et supports en maçonnerie;

Les ponts, quelle que soit leur ouverture, lorsque les supports sont en charpente;

Les cours d'eau navigables ou flottables;

Les canaux et rigoles d'alimentation, d'irrigation ou de desséchement, ainsi que tous les travaux qui les concernent, tels que barrages, retenues d'eau, endiguements, etc.;

Les desséchements des lacs, étangs et marais;

Les marais salants et leurs dépendances.

2° Les défrichements des forêts et des bois.

Art. 4. — Les travaux concernant les chemins vicinaux ou forestiers situés dans la zone frontière, hors des territoires réservés, sont de la compétence de la commission mixte, lorsque ces chemins ont, dans leur tracé général, plus de six mètres de largeur entre fossés ou plus de quatre mètres de largeur d'emplacement, et qu'ils n'ont d'ailleurs point été spécialement exonérés.

Art. 5. — Pour les affaires du ressort de la commission mixte concernant les territoires militaires, l'ingénieur en chef des ponts et chaussées du département d'Alger est chargé de l'instruction au second degré, comme pour les affaires concernant les territoires civils. Ce fonctionnaire désigne l'ingénieur ordinaire qui doit représenter son service dans les conférences au premier degré.

Ces conférences ne sont ouvertes que si l'ingénieur en chef ou le directeur des fortifications le juge nécessaire.

Art. 6. — Le commandant supérieur du génie peut, en tout cas, au nom du ministre de la guerre, adhérer à l'exécution des travaux mixtes proposés par l'administration civile dans le rayon des places de guerre et postes militaires non situés dans la zone frontière.

APPENDICE

- - -

Franchise postale

La franchise postale émane, ainsi que nous l'avons indiqué, du ministre des finances, du directeur général des postes ou du gouverneur général ; elle comprend : 1° la franchise générale accordée aux fonctionnaires, qui remplissent, en Algérie, les mêmes fonctions et sous le même titre qu'en France ; 2° la franchise spéciale concédée aux fonctionnaires particuliers à la colonie. La première résulte d'un texte remontant à l'année 1835, la seconde fait l'objet de plusieurs décisions, dont la plus importante, par le nombre d'agents auxquels elle s'applique, porte la date du 30 avril 1878.

V. *Postes.*

26 juin 1835.

Ordonnance sur le service des postes (B. 21).

Art. 4. — Les dispositions relatives aux franchises et contre-seings prescrits par l'instruction générale des postes du 29 mars 1832, seront applicables dans les possessions françaises du nord de l'Afrique.

19 mai 1844.

Ordonnance accordant la franchise à divers fonctionnaires militaires (B. 177).

Art. 2. — Les commandants des provinces sont autorisés à correspondre en franchise avec les préfets des départements de la métropole.

Art. 3. — Sont autorisés à correspondre en franchise, en Algérie, les fonctionnaires ci-après désignés, savoir : 1° le chef de l'état-major général de l'armée d'Afrique avec les officiers généraux, supérieurs et autres commandant les provinces ou divisions, les subdivisions, les cercles, les places, les corps et les détachements ; 2° le commandant supérieur de l'artillerie avec les commandants de l'artillerie des trois divisions et les commandants des batteries et détachements de cette arme ; 3° le commandant supérieur du génie avec les commandants en chef du génie ; 4° l'officier chargé de l'arsenal du génie à Alger avec les chefs du génie ; 5° les commandants de l'artillerie de chaque division avec les commandants de batterie et de détachements de leur division ; 6° les commandants du génie de chaque division avec les chefs du génie de leur division.

Art 4. — Les correspondances devront être expédiées sous bande. Toutefois, celles qui seront revêtues du contre-seing du général chef de l'état-major général, des généraux commandant les divisions, des commandants supérieurs de l'artillerie et du génie en Algérie et des préfets des départements de la métropole pourront être expédiées sous pli fermé, à la charge, par le contre-signataire, d'écrire d'une manière apparente sur l'adresse de chaque dépêche ces mots : *Nécessité de fermer.*

26 janvier 1850.

Décision ministérielle autorisant les préfets de l'Algérie à correspondre en franchise avec les consuls de France dans les États barbaresques, en Espagne, en Italie, à Malte, en Égypte et en Portugal.

31 janvier 1852.

Décision ministérielle autorisant à correspondre en franchise et sous bandes, savoir: les architectes en chef des départements de l'Algérie avec les (administrateurs) préfets, sous-préfets et maires; les chefs du service topographique avec le préfet du département et le général commandant la division; les géomètres, arpenteurs et triangulateurs du service topographique avec le chef de ce service (B. 408).

8 février 1855.

Décision ministérielle autorisant la franchise et sous bande aux chefs de service de l'enregistrement et des domaines avec les directeurs de ces services dans les départements continentaux (B. 474).

25 août 1859.

Arrêté relatif au commandant supérieur des forces de terre et de mer (B. M. 41).

Art. 1. — Le commandant supérieur des forces de terre et de mer en Algérie jouira des droits de franchise et de contre-seing attribués: 1° aux maréchaux de France, commandants supérieurs des divisions militaires; 2° aux officiers de la marine commandant en chef une armée navale, escadre ou division.

20 août 1861.

Décret ministériel fixant les franchises du gouverneur général (B. O. 28).

Art. 1. — Le gouverneur général de l'Algérie reçoit en franchise, sans condition de contre-seing, toute les lettres et dépêches qui lui sont adressées de tout lieu situé en France ou en Algérie.

Art. 2. — Il est autorisé à écrire en franchise, par lettres fermées, aux fonctionnaires et aux personnes désignés dans l'état ci-annexé. Son contre-seing s'exerce au moyen d'une griffe délivrée par l'administration des postes et portant ces mots : *Gouverneur de l'Algérie.*

Art. 3. — La correspondance adressée aux fonctionnaires dénommés à l'état précité et résidant dans les colonies françaises et à l'étranger, ne jouira que de l'exemption de la taxe française ; le gouverneur général acquittera les taxes dues pour le parcours extérieur, soit aux offices étrangers, en vertu des conventions internationales, soit aux capitaines des navires, en conformité de la loi du 15 mai 1827.

Art. 4. — Un second exemplaire de la griffe mentionnée à l'article 2, sera mis à la disposition du gouverneur général de l'Algérie pour la correspondance expédiée en vertu de ses délégations, par le directeur général des services civils.

12 avril 1864.

Arrêté ministériel accordant la franchise, sous bandes, au directeur de l'observatoire d'Alger avec les directeurs des stations météorologiques de l'Algérie (B. O. 109)

30 avril 1878.

Décision ministérielle qui autorise à circuler, en franchise et sous bande, la correspondance échangée entre les fonctionnaires de l'Algérie ci-après (B. O. 783) :

DÉSIGNATION DES FONCTIONNAIRES ET DES PERSONNES.		Arrondissement, circonscription ou ressort dans l'étendue duquel la correspondance, valablement contre-signée, circule en franchise.
autorisés à contre-signer leur correspondance de service.	auxquels la correspondance de service des fonctionnaires et des personnes désignés dans la colonne ci-contre doit être remise en franchise.	
Adjoints des sections annexes en Algérie).	Adjoints des sections annexes. . . . . Administrateurs des communes mixtes et indigènes. . . . . . Contrôleurs des contributions diverses. . . . . . Directeurs de l'enregistrement, des domaines et du timbre. . . . . Inspecteurs des contributions diverses. . . . . . Receveurs des contributions diverses. . . . . . Receveurs de l'enregistrement, des domaines et du timbre. . . . . . Répartiteurs ou recenseurs des contributions directes et du cadastre.	Département. ═ ═ ═ Circ. rec. cont. div. Arrond., s.-préfect. Département.

DÉSIGNATION DES FONCTIONNAIRES ET DES PERSONNES.

autorisés à contre-signer leur correspondance de service.	auxquels la correspondance de service des fonctionnaires et des personnes désignés dans la colonne ci-contre doit être remise en franchise.	Arrondissement, circonscription ou ressort dans l'étendue duquel la correspondance, valablement contre-signée, circule en franchise.
Administrateurs des communes mixtes et indigènes en Algérie.	Administrateurs des communes mixtes et indigènes. . . .	Départements.
	Adjoints des sections annexes.	
	Conservateurs des forêts.	Algérie.
	Contrôleurs des contributions diverses.	Département.
	Directeurs des contributions diverses.	—
	Directeurs de l'enregistrement, des domaines et du timbre.	—
	Gardes généraux des forêts.	—
	Ingénieurs en chef des mines.	—
	Ingénieurs ordinaires des mines.	—
	Inspecteurs des contributions diverses.	—
	Inspecteurs des forêts.	—
	Inspecteurs généraux des mines.	Algérie.
	Inspecteurs du télégraphe chargés d'un service départemental.	Département.
	Maires.	—
	Présidents des commissions administratives des hospices. .	—
	Receveurs des contributions diverses.	Circ. rec. cont. div.
	Receveurs de l'enregistrement, des domaines et du timbre.	Département.
	Recteurs d'académie.	Algérie.
	Répartiteurs ou recenseurs des contributions directes et du cadastre.	Département.
	Sous-inspecteurs des forêts	—
	Sous-inspecteurs du télégraphe chargés d'un service départemental.	—
Agents voyers d'arrondissem. en Algérie.	Cantonniers chefs.	Arrond., s.-préfect.
Agents voyers de canton en Algérie.	Cantonniers chefs.	—
Agents voyers communaux en Algérie.	Maires.	Commune.
	Préfets.	Département
	Sous-préfets.	Arrond., s.-préfect.
Amiral commandant la marine en Algérie.	Conservateurs des forêts.	Algérie.
Archevêques en Algérie.	Directeurs de l'enregistrement des domaines et du timbre.	—
Cantonniers chefs en Algérie.	Agents voyers d'arrondissement.	Arrond., s.-préfect.
	Agents voyers de canton.	—
	Inspecteurs voyers.	—
	Piqueurs voyers.	—
Chef du Génie militaire en Algérie. .	Gardes généraux des forêts.	Division militaire.
	Sous-inspecteurs des forêts.	—
	Commandants des divisions militaires.	—
	Commandants des subdivisions de régions militaires. . . .	—
Chefs du service topographique en Algérie.	Commissaires enquêteurs pour la constitution de la propriété indigène.	Département.
	Directeurs de l'enregistrement des domaines et du timbre.	—
	Inspecteur spécial du service topographique.	Algérie.
	Conservateurs d. forêts.	—
Command. des cercles militaires en Algérie.	Directeurs des contributions diverses.	Division militaire.
	Directeurs de l'enregistrement des domaines et du timbre.	Département.
	Gardes généraux des forêts.	Division militaire.
	Inspecteurs des forêts.	—
	Inspecteurs du télégraphe chargés d'un service départemental.	—
	Sous-inspecteurs des forêts.	—
	Sous-inspecteurs du télégraphe chargés du service départemental.	—
Commandants des divisions militaires en Algérie.	Chefs du service topographique.	—
	Directeurs des contributions directes et du cadastre. . . .	—
	Directeurs de l'enregistrement, des domaines et du timbre.	—
	Gardes-mines.	—
	Ingénieurs en chef des mines.	—
	Ingénieurs ordinaires des mines.	—

DÉSIGNATION DES FONCTIONNAIRES ET DES PERSONNES.		Arrondissement, circonscription ou ressort dans l'étendue duquel la correspondance, valablement contre-signée, circule en franchise.
autorisés à contre-signer leur correspon-dance de service.	auxquels la correspondance de service des fonctionnaires et des personnes désignés dans la colonne ci-contre doit être remise en franchise.	
Contrôleurs des con-tributions directes et du cadastre en Algérie.	Commissaires-enquêteurs pour la constitution de la pro-priété indigène en Algérie.	Département.
	Juges de paix.	—
	Receveurs des contributions diverses.	—
	Receveurs municipaux.	—
	Recenseurs ou répartiteurs des contributions directes et du cadastre	—
	Adjoints des sections annexes.	—
	Administrateurs des communes mixtes et indigènes.. . . .	—
	Gardes généraux des forêts.	—
	Inspecteurs des forêts.	—
Contrôleurs des con-tributions diverses en Algérie	Maires.	—
	Receveurs de l'enregistrement, des domaines et du timbre.	—
	Receveurs des établissements de bienfaisance..	—
	Receveurs des hospices.	—
	Receveurs municipaux.	—
	Sous-inspecteurs des forêts.	—
Contrôleurs des doua-nes en Algérie. .	Gardes généraux des forêts.	—
	Inspecteurs des forêts.	—
	Sous-inspecteurs des forêts.	—
Directeur de l'admi-nistration des mon-naies et médailles à Paris.	Directeurs des contributions diverses en Algérie.	—
Directeurs d'artille-rie en Algérie. . .	Directeurs des contributions diverses.	Division militaire.
	Directeurs de l'enregistrement, des domaines et du timbre.	Département.
	Commandants des divisions militaires.	Division militaire.
	Commandants des subdivisions de régions militaires.	
	Commissaires-enquêteurs pour la constitution de la propriété indigène. .	Département.
	Géomètres en chef du cadastre.	Algérie.
	Géomètres en chef de la topographie.	Département.
	Inspecteurs des forêts.	—
Directeurs des con-tributions directes et du cadastre en Algérie.	Juges de paix.	—
	Préfets.	—
	Présidents des tribunaux de première instance.	—
	Présidents des tribunaux de commerce.	—
	Procureurs de la république.	—
	Recenseurs ou répartiteurs des contributions directes et du cadastre.	—
	Sous-intendants militaires.	—
	Administrateurs des communes mixtes et indigènes.	—
	Commandants des cercles.	Division militaire.
	Commandants des subdivisions de région.	—
	Conservateurs des forêts.	Algérie.
	Directeur de l'administration des monnaies et médailles de Paris.	—
	Directeurs d'artillerie.	Division militaire.
Directeurs des con-tributions diverses en Algérie. . . .	Directeurs de l'enregistrement des domaines et du timbre.	Algérie.
	Directeurs de la garantie à Paris.	—
	Directeurs des manufactures de l'État.	Toute la République.
	Inspecteurs des finances.	Algérie.
	Inspecteurs des forêts.	Département.
	Inspecteurs généraux des prisons.	—
	Inspecteurs des prisons.	—
	Receveurs de l'enregistrement, des domaines et du timbre.	Algérie.
	Receveurs des établissements de bienfaisance.	Département.
	Receveurs des hospices.	—
	Receveurs municipaux.	—
Directeurs des dépôts de mendicité en Algérie.	Maires.	—
Directeur division-naire des douanes en Algérie.	Directeurs de l'enregistrement, des domaines et du timbre.	Algérie.

DÉSIGNATION DES FONCTIONNAIRES ET DES PERSONNES		Arrondissement, circonscription ou ressort dans l'étendue duquel la correspondance, valablement contre-signée, circule en franchise.
autorisés à contre-signer leur correspon-dance de service.	auxquels la correspondance de service des fonctionnaires et des personnes désignés dans la colonne ci-contre doit être remise en franchise.	
Commandants des divisions militaires en Algérie....	Inspecteurs généraux des mines . . . . Inspecteur spécial du service topographique. . . . . . . Inspecteurs du télégraphe chargés d'un service départe-mental . . . . Recteurs d'Académie. . . . . Sous-Inspecteurs du télégraphe chargés d'un service dé-partemental.	Algérie. Division militaire. Algérie. Division militaire.
Command. des sub-divisions de régions militaires en Al-gérie........	Chefs du service topographique. . . . . Directeurs des contributions diverses. . . . . Directeurs de l'enregistrement, des domaines et du timbre. Gardes-mines. . . . . Ingénieurs en chef des mines. . . . . Ingénieurs ordinaires des mines. . . . . Inspecteurs généraux des mines. . . . . Inspecteur spécial du service topographique. . . . . . . Inspecteurs du télégraphe chargés d'un service départe-mental. . . . . Sous-inspecteurs du télégraphe chargés d'un service dé-partemental.	Département. Division militaire. Algérie. Division militaire. —
Commandant supé-rieur de l'artillerie en Algérie.... Commissaire central de police en Al-gérie.	Conservateurs des forêts. . . . . Directeurs de l'enregistrement, des domaines et du timbre.	Algérie. Département.
Commissaires civils en Algérie. . . .	Inspecteurs et sous-inspecteurs du télégraphe chargés d'un service départemental. Directeur de l'enregistrement des domaines et du tim-bre. . . . . Receveurs de l'enregistrement, des domaines et du tim-bre.	- - — —
Commissaires enquê-teurs pour la con-stitution de la pro-priété indigène en Algérie.......	Chef du service topographique. . . . . Conservateurs des forêts. . . . . Contrôleurs des contributions directes et du cadastre. . Directeurs des contributions directes et du cadastre. . . . Géomètres en chef départementaux. . . . . Inspecteurs des contributions directes et du cadastre. . . Recenseurs ou répartiteurs des contributions directes et du cadastre.	Algérie, Département. — — —
Commiss. de l'ins-cription maritime en Algérie.... Commissaires de sur-veillance adminis-trative des che-mins de fer en Al-gérie........ Conservat. des forêts.	Directeurs de l'enregistrement des domaines et du timbre. Juges d'instruction. . . . . Procureurs de la République. . . . . Conservateurs des forêts en Algérie.	Département. Algérie. — —
Conservat. des forêts en Algérie.....	Administrateurs des communes mixtes et indigènes . . . . Amiral commandant la marine. . . . . Commandants des cercles. . . . . Commandants supérieurs de l'Algérie. . . . . Commissaires enquêteurs pour la constitution de la pro-priété indigène en Algérie. . . . . Conservateurs des forêts de la métropole. . . . . Directeurs des contributions diverses. . . . . Directeurs des douanes. . . . . Géomètres de chef du service topographique. . . . . . . Géomètres détachés près les commissaires forestiers. . . . Ingénieurs des mines. . . . . Inspecteurs chefs du service télégraphique. . . . . Intendants militaires. . . . . Receveurs des contributions diverses. . . . . Sous-intendants militaires.	— — — — — Toute la République. Algérie. — — — — — — — —

DÉSIGNATION DES FONCTIONNAIRES ET DES PERSONNES.		Arrondissement, circonscription ou ressort dans l'étendue duquel la correspondance valablement contre-signée, circule en franchise.
autorisés à contre-signer leur correspondance de service.	auxquels la correspondance de service des fonctionnaires et des personnes désignés dans la colonne ci-contre doit être remise en franchise.	
Directeurs des douanes en Algérie. .	Conservateurs des forêts.	Département.
	Inspecteurs des forêts.	—
	Administrateurs de communes mixtes et indigènes.	—
	Adjoints des sections annexes.	—
	Archevêque.	Algérie.
	Chefs du service topographique.	Département.
	Commandants de cercles.	—
	Commandants des divisions militaires.	—
	Commandants des subdivisions de régions militaires . . .	—
	Commissaires central de police.	—
	Commissaires civils.	—
	Commissaires de l'inscription maritime.	—
	Directeurs d'artillerie.	Algérie.
	Directeurs des contributions diverses.	—
Directeurs de l'enregistrement, des domaines et du timbre en Algérie. . .	Directeurs divisionnaires des douanes.	Département.
	Directeurs des ports de guerre.	Algérie.
	Directeurs des postes.	
	Évêques.	Département.
	Géomètres de circonscription.	
	Ingénieur des mines.	
	Ingénieurs de circonscription des mines.	Algérie.
	Inspecteurs divisionnaires des douanes.	Département.
	Inspecteurs des lignes télégraphiques.	Division militaire.
	Intendants militaires.	Département.
	Maires.	
	Préfets.	—
	Présidents des tribunaux.	
	Rapporteur près les conseils de guerre.	Division militaire.
	Sous-intendants militaires.	
	Sous-préfets.	Département.
	Trésoriers payeurs.	Algérie.
Direct. des établissements de bienfaisance en Algérie.	Inspecteurs des établissements de bienfaisance.	Département.
Directeur de la garantie à Paris. . .	Directeur des contributions diverses en Algérie.	—
Directeurs des hôpitaux et hospices en Algérie.	Intendants militaires.	—
	Maires.	—
	Préfets.	—
	Présidents des commissions administratives des hospices. .	—
	Sous-intendants militaires.	—
	Sous-préfets.	
Directeurs des manufactures de l'État.	Directeurs des contributions diverses.	Toute la République.
Directeurs des ports de guerre en Algérie.	Directeurs de l'enregistrement, des domaines et du timbre.	Département.
Directeurs des postes en Algérie. . . .	Directeurs de l'enregistrement, des domaines et du timbre.	Algérie.
Évêques en Algérie.	Directeurs de l'enregistrement, des domaines et du timbre.	Département.
	Administrateurs des communes mixtes et indigènes.	Division militaire.
	Chefs du génie.	Département.
	Commandants de cercles.	
	Contrôleurs des contributions diverses.	
	Contrôleur des douanes.	—
	Géomètre en chef du service de la topographie.	—
	Géomètres détachés près les commissions forestières. . .	—
Gardes généraux des forêts en Algérie.	Ingénieurs des mines.	—
	Inspecteurs des contributions diverses.	—
	Inspecteurs des douanes.	
	Intendants militaires.	Division militaire.
	Receveur des contributions diverses.	Département.
	Receveur des douanes.	
	Sous-inspecteurs des douanes	
	Sous-intendants militaires.	Division militaire.

DÉSIGNATION DES FONCTIONNAIRES ET DES PERSONNES		Arrondissement, circonscription ou ressort dans l'étendue duquel la correspondance, contre-signée, circule en franchise.
autorisés à contre-signer leur correspondance de service.	auxquels la correspondance de service des fonctionnaires et des personnes désignés dans la colonne ci-contre doit être remise en franchise.	
Gardes mines en Algérie.	Commandants des divisions militaires.	Division militaire.
Géom. en chef du cadastre en Algérie.	Directeur des contributions directes et du cadastre	Algérie.
Géomètre en chef du service de la topographie (1). . . .	Commissaires-enquêteurs pour la constitution de la propriété indigène.	Département.
	Conservateurs des forêts.	Algérie.
	Directeur des contributions directes et du cadastre. . . .	Département.
	Gardes généraux des forêts.	=
	Inspecteurs des forêts.	=
	Sous-inspecteurs des forêts.	=
Géomètres de circonscription en Algérie.	Directeurs de l'enregistrement, des domaines et du timbre.	=
	Inspecteurs, receveurs, sous-inspecteurs, vérificateurs de l'enregistrement, des domaines et du timbre.	=
Géomètres détachés près des commissions forestières en Algérie.	Conservateurs des forêts.	Algérie.
	Gardes généraux des forêts.	Département.
	Inspecteurs des forêts.	=
	Sous-inspecteurs des forêts.	=
	Administrateurs des communes mixtes et indigènes. . . .	=
Ingénieurs en chef des mines en Algérie.	Commandants des divisions militaires.	Division militaire.
	Commandants des subdivisions de régions militaires. . .	=
	Directeurs de l'enregistrement, des domaines et du timbre.	Département.
	Maires.	=
	Procureurs de la république. . . . '.	=
Ingénieurs de circonscription des mines en Algérie.	Directeurs de l'enregistrement, des domaines et du timbre.	=
Ingénieurs ordinaires des mines en Algérie.	Administrateurs des communes mixtes et indigènes.	=
	Commandants des divisions militaires.	Division militaire.
	Commandants des subdivisions de régions militaires. . .	=
	Conservateurs des forêts.	Algérie.
	Gardes généraux des forêts.	Département.
	Inspecteurs des forêts.	=
	Maires.	=
	Procureurs de la république.	=
	Sous-inspecteurs des forêts.	=
Inspecteur en chef du service télégraphique en Algérie. .	Conservateurs des forêts.	Algérie.
Inspecteurs des contributions directes et du cadastre en Algérie.	Commissaires-enquêteurs pour la constitution de la propriété indigène.	Département.
	Juges de paix.	=
	Recenseurs ou répartiteurs des contrib. dir. du cadastre.	=
	Adjoints des sections annexes.	=
	Administrateurs des communes mixtes et indigènes. . . .	=
Inspecteurs des contributions diverses en Algérie. . . .	Gardes généraux des forêts.	=
	Inspecteurs des forêts.	=
	Receveurs des établissements de bienfaisance.	=
	Receveurs des hospices.	=
	Sous-inspecteurs des forêts.	=
Inspecteur divisionnaire des douanes en Algérie. . . .	Directeurs de l'enregistrement, des domaines et du timbre.	Algérie.
Inspecteurs des douanes en Algérie. . . .	Gardes généraux, inspecteurs, sous-inspecteurs des forêts.	Département
Inspecteurs de l'enregistrement, des domaines et du timbre en Algérie.	Géomètres de circonscriptions.	=
Inspect. des établissements de bienfaisance en Algérie.	Directeurs des établissements de bienfaisance.	=

(1) Exerce, en outre, les droits de franchise et de contre-seing de l'Inspecteur du service topographique en Algérie et de l'Inspecteur du service topographique de l'Algérie, en tournée

DÉSIGNATION DES FONCTIONNAIRES ET DES PERSONNES		Arrondissement, circonscription ou ressort dans l'étendue duquel la correspondance, valablement contre-signée, circule en franchise.
autorisés à contre-signer leur correspondance de service.	auxquels la correspondance du service des fonctionnaires et des personnes désignés dans la colonne ci-contre doit être remise en franchise.	
Inspecteurs des finances en Algérie...	Directeurs des contributions diverses........	Algérie.
	Administrateurs des communes mixtes et indigènes....	Département.
	Commandants de cercles..............	Division militaire.
	Contrôleurs des contributions diverses..........	Département.
	Contrôleurs des douanes.............	—
	Directeurs des contributions directes et du cadastre...	—
	Directeurs des contributions diverses.........	—
	Directeurs des douanes............	—
Inspecteurs des forêts en Algérie....	Géomètre en chef du service de la topographie.....	—
	Géomètres détachés près les commissions forestières...	—
	Ingénieurs des mines.............	—
	Inspecteurs des contributions diverses........	—
	Inspecteurs des douanes............	—
	Intendants militaires.............	Division militaire.
	Receveurs des contributions diverses........	Département.
	Receveurs des douanes............	—
	Sous-inspecteurs des douanes..........	—
	Sous-intendants militaires...........	Division militaire.
Inspecteurs généraux des mines et Algérie........	Administrateurs des communes mixtes et indigènes....	Algérie.
	Commandants des divisions militaires.......	—
	Commandants des subdivisions de régions militaires....	—
	Maires..................	—
	Procureurs de la république............	—
Inspecteurs généraux des prisons en Algérie.	Directeur des contributions diverses.........	Département.
Inspecteurs des lignes télégraphiques en Algérie...	Directeurs de l'enregistrement, des domaines et du timbre.	—
Inspecteurs de Médraça en Algérie..	Recteurs d'académie............	Algérie.
Inspecteurs des prisons........	Directeurs des contributions diverses........	Département.
	Chef du service topographique.........	Algérie.
Inspecteur spécial du service topographique en Algérie.	Commandants des divisions militaires.......	—
	Commandants des subdivisions de régions militaires....	—
	Préfets..................	—
	Sous-préfets...............	—
Inspecteurs du service des enfants assistés en Algérie.	Maires..................	—
	Préfets..................	—
	Administrateurs des communes mixtes et indigènes....	Département.
Inspecteurs du télégraphe chargés d'un service départemental en Algérie.......	Commandants de cercles............	Division militaire.
	Commandants des divisions militaires.......	—
	Commandants des subdivisions de régions militaires...	—
	Commissaires civils.............	Département.
	Sous-préfets..............	—
Inspecteurs voyers en Algérie......	Exercent les mêmes droits de franchise et de contre-seing que les agents-voyers d'arrondissement........	Algérie.
	Conservateurs des forêts..........	Division militaire.
Intendants militaires en Algérie....	Directeurs de l'enregistrement, des domaines et du timbre.	Département.
	Directeurs des hôpitaux et bospices........	Division militaire.
	Gardes généraux des forêts..........	Département.
	Inspecteurs des forêts............	—
	Sous-inspecteurs des forêts..........	—
Juges d'instruction en Algérie.......	Commissaires de surveillance administrative des chemins de fer...............	Algérie.
	Contrôleurs des contributions directes et du cadastre...	Département.
Juges de paix en Algérie.......	Directeurs des contributions directes et du cadastre....	—
	Inspecteurs des contributions directes et du cadastre...	—
	Recenseurs ou répartiteurs des contributions directes et du cadastre.............	—
Maires en Algérie..	Administrateurs des communes mixtes et indigènes.....	Commune.
	Agents voyers communaux............	

DÉSIGNATION DES FONCTIONNAIRES ET DES PERSONNES		Arrond. ... ment, circonscription ou ... sort dans l'étendue duquel la correspondance, correspondance contresignée, circule en franchise.
autorisés à contresigner leur correspondance de service.	auxquels la correspondance de service des fonctionnaires et des personnes désignés dans la colonne ci-contre doit être remise en franchise.	
	Contrôleurs des contributions diverses.	Département.
	Directeurs des dé.ôts de men licité.	—
	Directeurs des hôpitaux et hospices.	—
	Ingénieurs en chef des mines.	—
	Ingénieurs ordinaires des mines.	—
	Inspecteurs des contributions directes.	—
Maires en Algérie.	Inspecteurs généraux des mines.	Algérie.
	Inspecteurs du service des enfants assistés.	—
	Médecins de colonisation.	Circ. méd.
	Présidents des commissions administratives des hospices.	Département
	Receveurs ou répartiteurs des contributions directes et du cadastre.	—
Maires des sections annexes en Algérie.	Receveurs des contributions diverses.	Circ. rec. cont. div.
	Directeurs de l'enregistrement, des domaines et du timbre.	Département.
Médecins de colonisation en Algérie.	Maires.	Circ. méd.
	Préfets.	Département.
Piqueurs voyers en Algérie.	Sous-préfets.	—
	Exercent les mêmes droits de franchise et de contre seing que les agents voyers de canton.	—
	Agents voyers communaux.	—
	Directeurs des contributions directes et du cadastre.	—
	Directeurs de l'enregistrement, des domaines et du timbre.	—
	Directeurs des hôpitaux et hospices.	—
Préfets des départements de l'Algérie.	Inspecteurs du service des enfants assistés.	Algérie.
	Inspecteur spécial du service des enfants assistés.	—
	Médecins de colonisation.	Département.
	Receveurs ou répartiteurs des contributions directes et du cadastre.	—
Préposés payeurs en Algérie.	Receveurs des contributions diverses.	Cir. rec. cont. dir.
Président des commissions administratives des hospices en Algérie.	Administrateurs des communes mixtes et indigènes.	Département.
	Directeurs des hôpitaux et hospices.	—
	Maires.	—
	Receveurs des contributions diverses.	—
Président des consistoires des églises réformées en Algérie.	Recteurs d'Académie.	Algérie.
Présidents des consistoires départementaux du culte israélite en Algérie.	Recteurs d'Académie.	—
Présidents des tribunaux de première instance et de commerce en Algérie.	Directeurs des contributions directes et du cadastre.	Département.
	Directeurs de l'enregistrement des domaines et du timbre.	—
	Commissaires de surveillance administrateurs des chemins de fer.	Algérie.
Procureurs de la République en Algérie	Directeurs des contributions directes et du cadastre.	Département.
	Ingénieurs en chef des mines.	—
	Ingénieurs ordinaires des mines.	—
	Inspecteurs généraux des mines.	Algérie.
Rapporteurs près les conseils de guerre en Algérie.	Directeur de l'enregistrement des domaines et du timbre.	Division militaire.
	Adjoints des sections annexes.	Département.
	Administrateurs des communes mixtes et indigènes.	—
Recenseurs des contributions directes et du cadastre.	Commissaires enquêteurs pour la constitution de la propriété indigène en Algérie.	—
	Contrôleurs, inspecteurs et directeurs des contributions directes et du cadastre.	—
	Juges de paix.	—
	Préfets.	—

DÉSIGNATION DES FONCTIONNAIRES ET DES PERSONNES		Arrondissement, circonscription ou ressort dans l'étendue duquel la correspondance contre-signée, circule en franchise.
autorisés à contre-signer leur correspondance de service.	auxquels la correspondance de service des fonctionnaires et des personnes désignés dans la colonne ci-contre doit être remise en franchise.	
Recenseurs des contributions directes et du cadastre...	Recenseurs ou répartiteurs des contributions directes et du cadastre...	Département.
	Receveurs des contributions diverses...	—
	Receveurs de l'enregistrement, des domaines et du timbre.	—
	Receveurs municipaux...	—
	Sous-préfets...	—
	Adjoints des sections annexes...	Cir. rec. cont. div.
	Administrateurs des communes mixtes et indigènes...	
	Conservateurs des forêts...	Algérie.
	Contrôleurs des contributions directes et du cadastre...	Département.
	Inspecteurs des forêts...	
Receveurs des contributions diverses en Algérie...	Gardes généraux des forêts...	
	Maires...	Cir. rec. cont. div.
	Préposés payeurs...	—
	Présidents des commissions administratives des hospices...	
	Recenseurs ou répartiteurs des contributions directes et du cadastre...	Département.
	Receveurs des contributions diverses...	
	Receveurs de l'enregistrement, des domaines et du timbre.	—
	Receveurs des hospices...	Cir. rec. cont. div.
	Sous inspecteurs des forêts...	Département.
	Trésoriers payeurs...	
Receveurs des douanes en Algérie...	Gardes généraux des forêts...	—
	Inspecteurs des forêts...	
	Sous-inspecteurs des forêts...	—
	Administrateurs des communes mixtes et indigènes...	
	Adjoints des sections annexes...	Ar. sous préfect.
	Commissaires civils...	Département.
Receveurs de l'enregistrement des domaines et du timbre en Algérie...	Contrôleurs des contributions diverses...	
	Directeurs des contributions diverses...	Algérie.
	Géomètres de circonscription...	Département.
	Recenseurs ou répartiteurs des contributions directes et du cadastre...	
	Receveurs des contributions diverses...	—
	Trésoriers payeurs...	
	Vérificateurs de l'enregistrement, des domaines et du timbre.	—
Receveurs des établissements de bienfaisance en Algérie	Contrôleurs des contributions diverses...	
	Directeurs des contributions diverses...	
	Inspecteurs des contributions diverses...	—
	Receveurs des contributions diverses...	Cir. rec. cont. div.
Receveurs des hospices en Algérie.	Contrôleurs des contributions diverses...	Département.
	Directeurs des contributions diverses...	
	Inspecteurs des contributions diverses...	
	Receveurs des contributions diverses...	Cir. rec. cont. div.
Receveurs municip. en Algérie...	Contrôleurs des contributions directes et du cadastre...	Département.
	Contrôleurs des contributions diverses...	—
	Directeurs des contributions diverses...	
	Recenseurs ou répartiteurs des contributions directes et du cadastre...	
	Administrateurs de communes mixtes et indigènes...	Algérie
	Commandants des divisions militaires...	
Recteurs d'Académie en Algérie...	Inspecteurs des medraças...	—
	Présidents des consistoires des églises réformées...	
	Présidents des consistoires départementaux du culte israélite...	—
Répartiteurs des contributions directes et du cadastre en Algérie...	Jouissent des mêmes droits de franchise et de contre-seing que les receveurs des contributions directes et du cadastre en Algérie...	—
Sous-inspecteurs des douanes en Algérie	Gardes généraux des forêts...	Département.
	Inspecteurs des forêts...	—
	Sous-inspecteurs des forêts...	
Sous-inspect. de l'enreg. des dom. et du timb. en Algérie	Géomètres de circonscription...	—

DÉSIGNATION DES FONCTIONNAIRES ET DES PERSONNES		Arrondissement, circonscription ou ressort dans l'étendue duquel la correspondance, valablement contre-signée, circule en franchise.
autorisés à contre-signer leur correspon-dance de service.	auxquels la correspondance de service des fonctionnaires et des personnes désignés dans la colonne ci-contre doit être remise en franchise.	
«	Administrateurs des communes mixtes et indigènes.....	Département.
	Chefs du Génie................................	Division militaire
	Commandants de cercles........................	—
	Contrôleurs des contributions diverses..........	Département.
	Contrôleurs des douanes.......................	—
	Géomètres en chef du service de la topographie...	—
	Géomètres détachés près les commissions forestières....	—
Sous-inspecteurs des forêts en Algérie.	Ingénieurs des mines..........................	—
	Inspecteurs des contributions diverses..........	—
	Inspecteurs des douanes.......................	—
	Intendants militaires.........................	Division militaire.
	Receveurs des contributions diverses...........	Département.
	Receveurs des douanes........................	—
	Sous-inspecteurs des douanes..................	—
	Sous-intendants militaires....................	Division militaire.
	Administrateurs des communes mixtes et indigènes....	Département.
Sous-inspecteurs du télégraphe chargés d'un service dépar-temental......	Commandants de cercles........................	Division militaire.
	Commandants des divisions militaires...........	
	Commandants des subdivisions de régions militaires....	
	Commissaires civils...........................	Département.
	Sous-préfets.................................	
	Conservateurs des forêts......................	Algérie.
Sous-intendants mili-taires en Algérie.	Directeurs des contributions directes et du cadastre....	Département.
	Directeurs de l'enregistrement, des domaines et du timbre.	Division militaire.
	Directeurs des hôpitaux et hospices............	Département.
	Gardes généraux des forêts....................	Division militaire.
	Inspecteurs des forêts........................	—
	Sous-inspecteurs des forêts...................	—
	Agents-voyers communaux.....................	Ar. sous-préfect.
	Directeurs de l'enregistrement, des domaines et du timbre.	Département.
	Directeurs des hôpitaux et hospices............	
	Inspecteur spécial du service topographique.....	
Sous-préfets en Al-gérie........	Inspecteur du télégraphe chargés d'un service départe-mental..	Algérie.
	Médecins de colonisation......................	Département.
	Recenseurs ou répartiteurs des contributions directes et du cadastre..................................	—
	Sous-inspecteurs du télégraphe chargés d'un service dé-partemental..................................	—
Trésoriers - payeurs en Algérie.....	Directeurs de l'enregistrement, des domaines et du timbre.	Algérie.
	Receveurs des contributions diverses...........	Département.
	Receveurs de l'enregistrement, des domaines et du timbre.	—
Vérificateurs de l'en-registrement, des domaines et du tim-bre en Algérie..	Géomètres de circonscription..................	—
	Receveurs de l'enregistrement, des domaines et du timbre.	—

Franchises télégraphiques.

Les franchises télégraphiques dépendent, France, du ministre des finances, depuis fusion des postes et du télégraphe. En Al-le elles sont accordées par le gouverneur néral. (V. *Télégraphie*.)

7 décembre 1857.

rêté ministériel accordant la franchise té-légraphique aux autorités militaires avec le ministre de la guerre.

8 mars 1858.

Arrêté ministériel accordant la franchise aux directeurs des ports de l'Algérie et au com-mandant de la marine avec le ministre de la marine, le préfet maritime à Toulon et le chef du service de la marine à Marseille.

12 février 1859.

Arrêté ministériel fixant les franchises (B. M. 18).

Je vous informe que je règle de la manière suivante le droit de transmission gratuite en Algérie.

La franchise télégraphique appartient aux fonctionnaires ci-dessous désignés :

Le commandant supérieur des forces militaires de terre et de mer; l'évêque; le premier président de la Cour impériale; le procureur général près la Cour impériale; le directeur des douanes; les préfets; les sous-préfets; les commissaires civils; les généraux commandant les divisions; les commandants des subdivisions; les sous-intendants militaires des subdivisions; les commandants des cercles; les procureurs impériaux et les juges de paix faisant fonctions de juges d'instruction; les généraux inspecteurs; le chef de la légion de gendarmerie en tournée; les présidents des assises; les présidents des conseils généraux pendant les sessions; le recteur de l'Académie (décision ministérielle du 30 mars 1860). Les autres fonctionnaires ne peuvent correspondre par la même voie qu'en soumettant leurs dépêches au visa de l'autorité supérieure dans chaque localité.

Je vous prie de veiller à ce que les fonctionnaires placés sous vos ordres ne fassent usage de ce moyen de correspondance qu'avec une extrême réserve, pour affaires de service, et seulement en cas de nécessité absolue, et de réprimer tout abus qui viendrait à se produire, ainsi que toute infraction aux règles prescrites par le présent.

20 juin 1872.

Arrêté du gouverneur autorisant les administrateurs d'arrondissement, le directeur des contributions diverses et les contrôleurs des postes, à Oran et à Constantine, à correspondre par le télégraphe en cas d'urgence (B. O. 422).

10 juillet 1874.

Arrêté du gouverneur portant franchise télégraphique pour certains magistrats (B. O. 554).

Art. 1. — Sont admis à correspondre par télégraphe, dans les cas d'urgence, les magistrats ci-après désignés :

Le premier président de la Cour d'appel. — Franchise administrative illimitée.

Les présidents des Cours d'assises; les présidents des tribunaux de première instance; les juges d'instruction; les juges de paix et les officiers relevant du commandement, investis des fonctions d'officiers de police judiciaire. — Franchise avec le premier président de la Cour d'appel.

7 janvier 1876.

Arrêté du gouverneur autorisant le procureur de la République à Bône à correspondre en
franchise, par le télégraphe, avec le consul général de France à Tunis (B. O. 635)

28 février 1877.

Arrêté du gouverneur accordant la franchise télégraphique au consul de Tunis à Bône (B. O. 600).

Art. 1. — Le consul de Tunis à Bône est admis à correspondre en franchise, par le télégraphe, avec le premier ministre du bey, et avec le consul général de France à Tunis.

Gouvernement général.

Deux décrets ont été rendus le 30 juin 1876. L'un d'eux, celui qui a créé trois directions auprès du gouverneur général, a été vivement attaqué dans le Parlement. Les crédits demandés pour les directeurs ont même été refusés; aussi n'est-il pas mis à exécution. Nous reproduisons toutefois ces deux décrets ainsi que l'arrêté du 10 juillet 1876 qui complétait le dernier.

30 juin 1876.

Décret relatif au contre-seing des décrets concernant l'Algérie (B. O. 604).

Art. 1. — Les actes de haute administration et de gouvernement qui doivent émaner du président de la République et qui concernent les travaux publics, les finances, l'agriculture et le commerce en Algérie nous sont présentés, sur la proposition du gouverneur général, par le ministre compétent qui contre-signe le décret intervenu.

30 juin 1876.

Décret qui constitue trois directions auprès du gouverneur général (B. O. 604).

Art. 1. — Il est institué auprès du gouverneur général de l'Algérie : un directeur de l'intérieur; un directeur des travaux publics; un directeur des finances.

Art. 2. — Le directeur de l'intérieur, le directeur des travaux publics et le directeur des finances au gouvernement général de l'Algérie, sont nommés par le président de la République.

Ils sont placés sous l'autorité du directeur général des affaires civiles et financières qui assure l'exécution des ordres du gouverneur général, le supplée en cas d'absence ou d'empêchement pour l'expédition des affaires civiles.

Art. 3. — Le directeur des travaux publics e

choisi parmi les membres du corps des ponts et chaussées mis à la disposition du gouverneur général de l'Algérie.

Le directeur des finances est pris parmi les fonctionnaires supérieurs du ministère des finances que désigne le ministre des finances.

Art. 4. — Les attributions du directeur de l'intérieur, du directeur des travaux publics et du directeur des finances sont fixées par arrêté du gouverneur général.

Art. 5. — En cas d'absence ou d'empêchement du directeur de l'intérieur, du directeur des travaux publics ou du directeur des finances, il est pourvu à leur remplacement momentané par le gouverneur général.

10 juillet 1876.

Arrêté du gouverneur fixant les attributions des directeurs (B. O. 608).

Art. 1. — Le cabinet du directeur général a dans ses attributions le dépouillement de la correspondance à l'arrivée, la préparation du travail du directeur général, le personnel de l'administration centrale, les souscriptions, les propositions pour la Légion d'honneur, les consulats, la conservation du matériel et de la bibliothèque.

Art. 2. — La direction de l'intérieur se compose de deux bureaux divisés l'un et l'autre en deux sections (*suit l'indication des attributions de chaque section*).

Art. 3. — La direction des finances se compose de trois bureaux et d'une section de comptabilité générale (*Indication de leurs attributions*).

Art. 4. — La direction des travaux publics se compose de deux bureaux (*un des travaux, l'autre de la statistique générale et des renseignements*).

Naturalisation.

24 octobre 1870.

Décret portant naturalisation collective des indigènes israélites (B. O. 313).

Les israélites indigènes des départements de l'Algérie sont déclarés citoyens français; en conséquence, leur statut réel et leur statut personnel seront, à compter de la promulgation du présent décret, réglés par la loi française, tous droits acquis jusqu'à ce jour restant inviolables. Toute disposition législative, tout sénatus-consulte, décret, règlement ou ordonnance contraires, sont abolis.

24 octobre 1870.

Décret portant de nouvelles prescriptions légales relativement à la naturalisation des musulmans et des étrangers.

Art. 1. — La qualité de citoyen français, réclamée en conformité des articles 4 et 5 du sénatus-consulte du 14 juillet 1865, ne peut être obtenue qu'à l'âge de 21 ans accomplis. — Les indigènes musulmans et les étrangers résidant en Algérie, qui réclament cette qualité, doivent justifier de cette condition par un acte de naissance; à défaut, par un acte de notoriété, dressé sur l'attestation de quatre témoins, par le juge de paix ou le cadi du lieu de la résidence, s'il s'agit d'un musulman, et par le juge de paix, s'il s'agit d'un étranger.

Art. 2. — L'article 10, paragraphe 1 du titre III, l'article 11 et l'article 14, paragraphe 2 du titre IV du décret du 21 avril 1866, portant règlement d'administration publique, sont modifiés comme il suit :

TITRE III.

Art. 10, paragraphe 1.

L'indigène musulman s'il réunit les conditions d'âge et d'aptitude déterminées par les règlements français spéciaux à chaque service peut être appelé, en Algérie, aux fonctions et emplois de l'ordre civil désignés au tableau annexé au présent décret (V. *Naturalisation*).

TITRE IV.

Art. 11.

L'indigène musulman qui veut être admis à jouir des droits de citoyen français, doit se présenter en personne devant le chef du bureau arabe de la circonscription dans laquelle il réside, à l'effet de former sa demande et de déclarer qu'il entend être régi par les lois civiles et politiques de la France.

Il est dressé procès-verbal de la demande et de la déclaration.

Art. 14, paragraphe 2.

Les pièces sont adressées par l'administration du territoire militaire du département au gouverneur général.

Art. 3. — Le gouverneur général civil prononce sur les demandes en naturalisation ainsi formées, sur l'avis du comité consultatif.

Art. 4. — Il sera dressé un bulletin de chaque naturalisation en la forme des casiers judiciaires. Ce bulletin sera déposé à la préfecture du département où réside l'indigène ou l'étranger naturalisé, même si l'individu naturalisé réside sur le territoire dit territoire militaire.

Art. 5. — Sont abrogés les articles 2, 4 et 5 du sénatus-consulte du 14 juillet 1865, les articles 13, titres IV et 19, titre VI, intitulé dispositions générales, du décret du 21 avril 1866. Les autres dispositions du sénatus-consulte et du décret sont maintenues.

7 octobre 1871.

Décret édictant les formalités imposées aux israélites indigènes, jusqu'à révision du dé-

cret du 24 octobre 1870, pour faire constater leur indigénat et être admis à exercer leurs droits électoraux. (B. O. 373.)

Art. 1. — Provisoirement et jusqu'à ce qu'il ait été statué par l'Assemblée nationale sur le maintien ou l'abrogation du décret du 24 octobre 1870, seront considérés comme indigènes, et à ce titre demeureront inscrits sur les listes électorales, s'ils remplissent d'ailleurs les autres conditions de capacité civile, les israélites nés en Algérie avant l'occupation française, ou nés depuis cette occupation de parents établis en Algérie à l'époque où elle s'est produite.

Art. 2. — En conséquence, tout israélite qui voudra être inscrit ou maintenu sur les listes électorales, sera, dans les vingt jours de la promulgation du présent décret, tenu de justifier qu'il est dans l'une des conditions déterminées par l'article 1.

Art. 3. — Cette justification se fera devant le juge de paix du domicile de l'israélite. Elle aura lieu, soit par la production d'un acte de naissance, soit par sept personnes demeurant en Algérie depuis dix ans au moins, soit par toute autre preuve que le juge de paix admettra comme concluante. La décision du juge de paix vaudra titre à l'israélite; il lui en sera immédiatement délivré une copie sans frais. — Au préalable, et comme condition de la délivrance de ce titre, l'israélite, s'il n'a pas de nom de famille et de prénoms fixes, sera tenu d'en adopter et d'en faire la déclaration devant le juge de paix. — Pour chaque décision ainsi délivrée, il sera dressé, en la forme des casiers judiciaires, un bulletin qui sera remis à la mairie du domicile de l'indigène, pour servir soit à la confection des listes électorales, soit à celle d'un registre de notoriété.

Art. 4. — L'israélite, dont la réclamation ne sera pas admise par le juge de paix, pourra, dans les trois jours qui suivront la prononciation de la décision, se pourvoir par simple requête adressée au président du tribunal de l'arrondissement, au pied de laquelle le président indiquera une audience à trois jours de date au plus. Le tribunal après avoir entendu l'israélite ou son défenseur et le ministère public, statuera en dernier ressort. Le pourvoi en cassation ne sera pas suspensif.

Art. 5. — A défaut d'avoir rempli les formalités, et satisfait aux conditions exigées par les articles qui précèdent, tout israélite actuellement inscrit sur les listes électorales en sera rayé et ne pourra y être rétabli que lors d'une prochaine révision.

Art. 6. — Tous actes judiciaires faits en vertu du présent décret et pour son exécution, seront dispensés des droits de timbre et d'enregistrement.

Art. 7. — La convocation des collèges électoraux n'aura lieu qu'un mois au moins après la promulgation du présent décret.

Préfets.

Nous publions ici l'arrêté du gouverneur du 31 décembre 1873, modifié par celui du 16 juin 1875, concernant les attributions déléguées aux préfets, et qui, par erreur, n'a pas été inséré à sa date sous le mot *Préfets.*

31 décembre 1873.

Arrêté du gouverneur portant délégations aux préfets et aux commandants de divisions (B. O. 518).

Art. 1. — Les préfets nomment dans leur département, en notre nom et en vertu de notre délégation, aux fonctions et emplois suivants :

1° Les receveurs municipaux des communes, quel que soit le chiffre du budget;

2° Les fonctionnaires et agents du culte musulman, les muphtis exceptés.

Art. 2. — (Ainsi modifié par arrêté du gouverneur du 16 juin 1875) :

« Les préfets délivrent des congés aux fonctionnaires, employés et agents de tous grades relevant de leur autorité, à l'exception des sous-préfets, secrétaires généraux, conseillers de préfecture, commissaires civils, administrateurs des communes mixtes ainsi que des chefs de service. »

Ils règlent la quotité du traitement à allouer aux porteurs de ces congés, pendant la durée de leur absence, dans les limites déterminées par les paragraphes 1, 2, 3, 4, 5, 6 et 7 de l'article 16 du décret du 9 novembre 1853.

Art. 3. — Sont déléguées par nous aux préfets, dans les limites de leur département, les attributions suivantes :

1° Délivrance des autorisations d'exercer les professions d'imprimeur et de libraire;

2° Composition des chambres syndicales des courtiers maritimes;

3° Approbation de locations de gré à gré d'immeubles domaniaux, dont la durée ne dépasse pas trois années, et le prix annuel, après estimation de la valeur locative, 3,000 francs;

4° Autorisation de cession de baux approuvés en vertu du paragraphe précédent;

5° Approbation du cahier des charges, pour vente aux enchères publiques, d'immeubles domaniaux;

6° Approbation des ventes de gré à gré d'immeubles domaniaux d'une valeur n'excédant pas 2,000 francs, mais dans les conditions déterminées par le décret du 25 juillet 1860;

7° Création de bureaux de débit de tabacs de la régie et de poudres à feu;

8° Approbation des délibérations des conseils municipaux de chef-lieu de département, portant vote de crédits supplémentaires, jusqu'à la somme de 3,000 francs, et ouverture de ces crédits aux budgets des communes, à charge d'en rendre compte au gouverneur général;

9° Création d'adjoints indigènes, nomination de ces agents et fixation de leur traitement, dans les conditions déterminées par les décrets des 27 décembre 1866 et 18 août 1868;

10° Fixation du tarif des droits à percevoir dans les abattoirs;

11° Règlement des budgets et comptes administratifs des communes indigènes;

12° Admission des colons, établissement, approbation et délivrance des baux de location, avec promesse de concession, conformément au titre II du décret du 16 octobre 1871 et dans les conditions indiquées par l'article 8 dudit décret;

13° Liquidation définitive des états des sommes restant à recouvrer à la fin de chaque exercice dans les bureaux des contributions diverses, sauf les cas où il y a lieu de prononcer des dégrèvements.

Art. 4. — Tous les pouvoirs délégués aux préfets, par les articles 1, 2 et 3 ci-dessus, sont attribués aux généraux commandant les divisions, pour les territoires dont ils ont l'administration.

Art. 5. — Les préfets et les généraux commandant les divisions rendront compte au gouverneur général de toutes les mesures qu'ils auront prises en exécution du présent arrêté, au moyen d'états collectifs, par nature d'affaires, dressés à la fin de chaque trimestre.

Art. 6. — Toutes les dispositions contraires au présent arrêté sont abrogées.

TABLE CHRONOLOGIQUE

DES

LOIS, ORDONNANCES, DÉCRETS, ARRÊTÉS, DÉCISIONS ET CIRCULAIRES

RAPPORTÉS OU MENTIONNÉS DANS L'OUVRAGE

ABRÉVIATIONS

A	arrêté.	Dn	décision
C	circulaire.	O	ordonnances.
D	décret.	L	loi.
	Sc	sénatus-consulte.	

TABLE CHRONOLOGIQUE.

TABLE ANALYTIQUE

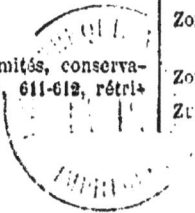

PARIS. — IMPRIMERIE C. MARPON ET E. FLAMMARION, RUE RACINE, 26.

www.ingramcontent.com/pod-product-compliance
Lightning Source LLC
Chambersburg PA
CBHW031442210326
41599CB00016B/2080